MONDIALISATION, CROISSANCE, DÉVELOPPEMENT ET ÉMERGENCE

Le Sénégal en quête d'un système économique performant et d'un système politique démocratique

Mélange du dit, du mal dit et du pas dit

Ce livre a été édité grâce au Fonds d'aide à l'édition
du ministère de la Culture
et de la Communication du Sénégal /
Direction du Livre et de la Lecture

Moustapha KASSÉ

MONDIALISATION, CROISSANCE, DÉVELOPPEMENT ET ÉMERGENCE

Le Sénégal en quête d'un système économique performant et d'un système politique démocratique

Mélange du dit, du mal dit et du pas dit

L'Harmattan Sénégal

DU MÊME AUTEUR :

1. L'industrie touristique : Contribution de la demande touristique dans le développement et la croissance. Edition FSEJ, 1976.
2. Du sous-développement au socialisme, Silex Éditions, 1988
3. Sénégal : Crise économique et ajustement structurel, Éditions Nouvelle du Sud, 1990.
4. L'Afrique endettée, NEA-CREA, 1992.
5. Démocratie et développement, Éditions NEA-CREA 1993.
6. Banque mondiale, FMI et l'agriculture sénégalaise, 1994
7. Le développement par l'intégration NEA.
8. L'État, le technicien et banquier face aux défis du monde rural sénégalais, 1996, Novelles Éditions Africaines (NEA).
9. Économie du Développement : les références théoriques, Éditions Panafrika Silex-Nouvelles du Sud 2000
10. Sortir du sous-développement, Éditions Panafrika 2001.
11. Intégration et partenariat en Afrique de l'UEMOA au NEPAD, Éditions Silex 2003.
12. La science économique et sa méthodologie, Éditions l'Harmattan, 2010 .
13. L'industrialisation africaine est possible. Quel modèle pour le Sénégal L'Harmattan 2013.
14. L'Économie du Sénégal : Les 5 défis d'une croissance atone, L'Harmattan, 2015.
15. Le Secteur privé la jambe faible de l'Émergence, entre entreprenants et entrepreneurs, Éditions L'Harmattan 2018.

Ouvrages collectifs :

16. L'urbanisation en Afrique : Febriao-Rome
17. GTZ : Les problèmes macro-économiques du Sénégal : l'approche « causes-effets ».
18. Moustapha Kassé, Saliou Mbaye, Gorgui Ciss et Ibrahima Sall : Le Sénégal des mutations, NEA, 1996.
19. Hakim Ben Hammouda et Moustapha Kassé : Repenser Bretton-Woods, Éditions Karthala-CODESRIA.
20. Hakim Ben Hammouda et Moustapha Kassé : L'Avenir de la Zone franc, Éditions Karthala-CODESRIA.
21. Moustapha Kassé et Hakim Ben Hammouda :
22. CEDEAO : Colloque des Économistes : Sortir du Sous-développement en 3 tomes, Éditions l'Harmattan.
23. Moustapha Kassé et H.Ben Hammouda : Le NEPAD et les enjeux du développement Edit. Maisonneuve et La Rose
24. J.L. Gregoire, PNUD : L'Afrique et les OMD, Éditions Economica
25. Sous la Direction du Pr. Moustapha Kassé, Bamba Abdoul Gadiry Commissaire de CEDEAO, Igué John : *Sortir du sous-développement* en trois volumes publiés par l'Harmattan, 2010 avec la contribution des universités de la CEDEAO.

10 VDN, Sicap Amitié 3, Lotissement Cité Police, DAKAR

http://www.harmattansenegal.com
senharmattan@gmail.com
senlibrairie@gmail.com

ISBN : 978-2-343-22717-7
EAN : 9782343227177

RECONNAISSANCE ET REMERCIEMENTS.

À Astou Sarré mon immense épouse inoubliable, tu resteras à jamais gravée dans ma mémoire et les prières de tes enfants et petits-enfants, tes frères et sœurs et tes amis. Du paradis continue de veiller sur nous et sur les derniers bourgeons que tu n'as pas eu l'opportunité de chérir : Mamadou de Vieux Mamadou Diodio, les jumeaux Cheikh et Saliou Mbacké de Mamadou Gankal et Mamadou Astou d'Abdoul Aziz. Repose en paix après une mission pleinement bien remplie, ta fille Bousso Kassé assume avec dévouement la bonne garde de toute ta famille.

Mon infinie reconnaissance aux Présidents Blaise Compaoré, Abdoulaye Wade, Jerry Rolling, Macky Sall, Dénis Sassou Nguesso, I.B. Keita, Roch Marc Christiane Kaboré. **Aux Éminences des Académies des Sciences et Techniques** du Sénégal et Hassan II de Rabat. **Mes hommages aux leaders politiques** assoupis Pr A.Bathily, Pr A.Kane, Dr L.Savané, Pr Sérigne Diop, Pr Demba Sy, Dr. Dialo Diop, Pr Magatte Thiam. A la mémoire de Majh, Seydou Cissoko et Sadio Camara.

J'exprime ma gratitude aux Recteurs A. Aly Mbaye, Aké NGBO, Kader Boye, Abdou Salam Sall, aux Doyens Chérif Sidy Kane, Mama Ouatara, Adama Diaw, Mathias Ninga, Malam Maman, Igué Charlemagne, Dr. Cherif Salif Sy, Pr. Thione Diop, Tito N. Tiehi, Pr. Abou Kane et Dr Samba Ka.

À mes distingués Collègues les professeurs Dr. Ibro Abdou, Agbobli Maurille, H.Ben Hammouda, Pr. Mama Ouatara, Pr Albert Ondo Ossa, Pr Tchiombiano, Pr. Tchabouré Gogué, Pr. Pam Zahonogo, Pr Matar Diouf, les collègues de la FASEG-UCAD et le recteur consort Diatara.

Amitiés fidèles au ministre Abdoulaye Daouda Diallo, Dr Cheikh Kanté, Amadou Ba, Karim Fofana, aux fonctionnaires talentueux Mamadou Ndione, Gnounka Diouf et Pierre Ndiaye, Débo Sow, Elhadji Sylla. Aux vaillants camarades des Syndicats de l'Enseignement Supérieur.

À toute ma lignée familiale Kassé, Sarré, Tall, Dioum, Diokhané, Diongue, Niass, Mbaye, et Fall. À mes adorables neveux Ibrahima Sarré, Moussa et Cheikh Sarré, Kassé Tall, Mass Thiam, Penda Sarré Sylla, Mamadou et Fatou Kassé, Nanette Sène Ndiaye, Yaye Khady Ndiaye, Magatte Ba, Joséphine, Papy Fal et Tantie Sarré. **À mes nièces** Bigué Seck, Mamy et Khady Sarré, Mimi Touré, Awa Niang. À mon neveu dévoué Edit. Abdoulaye Diallo. Á tous mes amis du CND, P. Goudiaby, Samba Sarr, Khoureyssi Thiam, Marie Sarr Mbodj. Aux vaillants combattants du PAI, M. Fofana, 2Abdou et Alla Kane, Pr. C. Faty, Matar Tall. À l'Amicale des Étudiants et Stagiaires en Algérie.

À Massamba Sarré, mon oncle Baba Dioum, mes tantes Bousso Kassé, Mariama Touré, Yayenab Guissé et au ministre Dr. Abdoulaye Seck. **À mes esclaves Pr** Mamadou Dramé Goudbiir, au Magistrat Assane Dramé et Youssou Niass. **À mes frères bien-aimés** Prof. Abdoul Aziz Kassé, Pr Magaye Kassé, Dr Cheikh Mbacke Kassé, Dr Modou Mada Kassé, Badou

Kassé, Awa Boundou, Ndéye, Fatou Badou, Mamour, Fatou Oumy et Ass Feut Tall. **À toutes les familles de la Cité des Professeurs** et son Chef de Village Pr Barry pour la volonté d'une vie familiale solidaire. **À toute la Presse sénégalaise** qui tente de tenir la barre malgré moult difficultés.

À mes inoubliables et constants amis d'enfance : Abdoukarim Aw Mbouss, Younouss Diaw Bill, Banagaly Kaba, Migrant, Fatou Kiné Ndiaye, Marième Kanté, Sagar Sall, Betty Ba Vilane, Dr. Suzanne Badji, Babacar Ly, Souty Touré, O. Blondin Diop, J.P. Noel. **Mon amitié fidèle** à l'infatigable Directeur de l'ISEP (Niamey) Dr Ibro Abdou. **Fierté et reconnaissance** à mes enfants Mame Saliou Sall, Pap Diallo qui dirigent les prestigieuses institutions de formation que sont le GPE, l'IPG, l'ISF. **À mes doctorants** de Dakar, Brazzaville et du GPE Abidjan. **Á mes assistants dévoués** Dr. Idrissa Diandy, Dr. Thierno Thioune, Dr. Alioune Seck et Dr. Mame Mor Sén.

Mes pieuses pensées aux illustres disparus, les professeurs Géro Amoussouga, Ibrahima Pierre Ndiaye, Amath Dansokho, S.B. Vilane, Moustapha Sourang, Iba Der Thiam, Doyen Alléchi Mbet. **Á mes compagnons** du CND disparus Djibo Ka, Dr. Daouda Sow, Mame Bassine Niang, Mansour Kama, Issa Fall, Madior Bouna Niang, Issa Fall. À Mor Talla Kane et aux Patronats du Sénégal.

À la jeunesse intellectuelle combattante Pr. Kako Nabupko, Pr Mounirou Ndiaye, Demba Moussa Dembele, Ndongo Sylla, Dr. S.A. Diagne, Lamine Sall, Pr. Bouba DIOP, Pr. Fatou Diop, Dr Marième Ndoye. À tous les Collègues des FASEG de St-Louis, Thiès, Ziguinchor et Bambey.

J'exprime ma dévotion totale et entière à la lignée d'Ahmadou Bamba, à ses fils, petits fils, talibés et au Khalif Général Sérigne Mountakha M'Backé. **Mon attachement** à Sérigne Mbacké Madina à ses enfants Sérigne Cheikh Bombaly, ses frères Sérigne Bass Abdou Khadar, Sérigne Makhfouss. **Mes pieuses pensées** à Sokhna Mai, Sérigne Mbacké Sokhna Lo, Sérigne Abdou Fata. **Mon amitié fidèle à Sérigne Abdou Karim**, Cheikh Abdou Ahad Gaiendé. Mon affection au grand érudit Sérigne Mansour SY Boroom Daradji.

PRÉFACE du Pr Albert ONDO OSSA de l'Université Omar Bongo de Libreville, Ancien Ministre de l'Éducation et Membre fondateur et responsable du PTCI.

Aborder autant de thèmes différents, qui en apparence n'ont aucun élément commun, est risqué et même hasardeux. Seul Moustapha Kassé peut se livrer à un tel exercice intellectuellement périlleux, tant il exige de se montrer capable de les maîtriser, les mettre en cohérence dans un ensemble et d'en sortir quelque chose de digeste et d'exploitable pour tous. C'est assurément le fruit d'une grande expérience, acquise au fil du temps, et d'une parfaite maîtrise des développements récents de la théorie économique.

Le principal intérêt du nouvel ouvrage du Pr Kassé, qui est en fait une compilation d'articles et d'interviews, avec une bonne reprise de nombreuses thèses défendues dans trois de ses ouvrages précédents (du sous-développement au socialisme ; économie du développement avec références africaines tome 2 et l'industrialisation africaine), c'est que tout économiste y trouve son compte : essayistes, micro-économistes, macro-économistes, spécialistes d'économie internationale, universitaires et praticiens de l'économie.

Les thèmes abordés sont regroupés en trois titres dans lesquels l'auteur interpelle, renvoie aux faits, apprécie et analyse différents sujets. Le titre 1 fixe le cadre théorique de son analyse, ce qui lui permet de traiter dans un titre 2 de la régionalisation et de la mondialisation, avant de se pencher sur la situation spécifique du Sénégal (le titre 3). Moustapha Kassé emprunte en cela une démarche appréciable qui lui permet de choisir un mode de raisonnement (plutôt déductif) avec des questionnements profonds et des remises en cause précises. Il traîne tout au long du texte une conviction, à travers laquelle se profile un engagement pour le développement de l'Afrique en général et du Sénégal en particulier.

D'entrée de jeu, il utilise un néologisme auquel il donne un sens profond : la « **démocratie scientifique** ». Moustapha Kassé en cela s'appuie sur le fait que la science évolue grâce à la contradiction. Or, la contradiction semble ne pas être conforme à la tradition et à l'éthique africaine qui privilégient le consensus. D'où le dilemme que de nombreux universitaires ont du mal à contourner, en étant à la fois Africains et scientifiques. Aussi condamne-t-il, à juste titre, leur propension à se complaire dans ce qu'il appelle « une attitude conservatoire des théories économiques », qui leur fait abandonner le champ des politiques publiques, cédé volontiers aux « techniciens » de la décision gouvernementale et au cercle restreint des bureaux d'études…», alors qu'ils devraient animer « en permanence le débat économique ». Il en arrive à la conclusion que, dans le contexte actuel, il est important de soumettre les politiques économiques au débat public en explicitant leurs enjeux, leurs succès et leurs contreperformances.

Sans sous-estimer l'ampleur les problèmes courants, Moustapha Kassé identifie les défis majeurs qui, depuis un demi-siècle, plombent la croissance et le développement en Afrique. Au passage, il donne son avis – ce qu'il a toujours fait - sur la modélisation dont le danger est la construction de modèles qui ont une faible capacité d'explication, de prévision et d'action. Au total, Moustapha Kassé trouve que l'Afrique est malade de ses élites qui sont décalées et désajustées face à des populations désemparées, d'une part, et aux attraits des grandes puissances hégémoniques, d'autre part. À ce qu'il semble, l'Afrique post indépendance n'a réussi à construire ni des systèmes économiques performants, ni des régimes politiques démocratiques, ce qui dénote la totale faillite des élites, comparées à leurs homologues d'Asie qui ont su saisir les opportunités de la mondialisation multipolaire pour bâtir, en l'intervalle d'une génération, de puissantes machines industrielles, financières et technologiques en vue de sortir des milliards d'individus de la pauvreté et de la précarité.

Par rapport au thème « mondialisation et développement économique », le Professeur Kassé pose plusieurs questions essentielles, notamment : la mondialisation contribue-t-elle vraiment au développement des pays pauvres, en l'occurrence les pays africains ? Conduit-elle à une plus grande égalité des chances ou tout au contraire à l'affaiblissement de l'État ? Quelles sont ses conséquences directes et indirectes sur les différents acteurs ? Il soutient alors que l'économie monde fonctionne dans un contexte de paradoxes et d'inégalités et qu'elle est, en se référant à Valaskakis, source de dualités aux conséquences graves : la fracture sociale entre riches et pauvres ; le fossé grandissant entre inclus et exclus (chômage structurel) et l'impuissance de l'État qui ne parvient pas à gérer l'interdépendance planétaire.

Moustapha Kassé estime par ailleurs qu'il est impérieux, pour l'Afrique, de sortir de la trappe à pauvreté, arguant au passage que ce qui manque aux élites africaines « c'est cette volonté clairvoyante de prendre en charge les problèmes de leur peuple », de leur trouver des solutions idoines grâce à la réflexion et par l'action. Les élites africaines ne veulent rien inventer, soutient-il, rien entreprendre pour tirer profit de toutes les opportunités offertes par une coopération internationale diversifiée et compétitive.

Pourtant, elles auraient pu tirer parti de l'expérience des nombreuses stratégies de développement qui se sont succédé à partir de la seconde moitié du XXe siècle et qui, bien que s'accordant toutes sur le rôle de l'industrie et de l'État, divergent quant à la place du commerce international à propos de laquelle deux thèses s'affrontent résolument :

1°) celle du développement autocentré, qui repose sur le développement du marché intérieur ;

2°) celle du développement extraverti de l'industrialisation par « substitution aux importations », qui repose sur la spécialisation et les exportations.

Le développement autocentré procède d'un « pessimisme pour les exportations » à la suite des spécialisations défaillantes. On a parlé « d'industries industrialisantes ». Du fait de la dégradation des termes de l'échange, la stratégie de développement autocentré s'est avérée en définitive ruineuse pour un grand nombre de pays spécialisés dans une monoculture et c'est pourquoi une partie des pays du tiers-monde, prenant appui sur la théorie néoclassique des avantages comparatifs, va suivre une autre stratégie d'industrialisation axée sur la participation au commerce international. Cependant, le développement extraverti n'aura été un succès que pour les pays qui ont su faire évoluer leur spécialisation en remontant la filière de leurs exportations. Attirant les investissements directs étrangers, grâce à une politique de crédit avantageuse et à une main-d'œuvre qualifiée et bon marché, ces pays ont bénéficié de transferts de technologie qui leur ont permis de concurrencer les pays développés dans la production des biens manufacturés de consommation courante.

En fait, la remise en cause du paradigme libéral, suite aux échecs des stratégies autocentrées, aurait dû permettre à l'Afrique d'explorer de nouvelles pistes, en vue d'une stratégie de développement adaptée, passant par la définition d'un nouveau paradigme, qui procède entre autres de la nécessité de prendre en compte le rôle des institutions, d'une part, et des libertés, d'autre part.

Concernant tout d'abord le rôle des institutions et eu égard à la critique faite aux Programmes d'ajustement structurel (PAS) de ne pas tenir compte des structures internes des pays, sachant qu'un développement imposé « par le haut » ne saurait être viable, le nouveau paradigme du développement de l'Afrique devrait être institutionnaliste et reposer sur deux institutionnalismes :

- le premier, d'origine néoclassique, a été développé au sein même des institutions internationales à la fin des années 1990. Il s'inspire des travaux de l'économiste américain Douglas North (prix Nobel d'économie en 1993), qui montre le rôle prédominant des institutions juridiques (formelles et informelles), comme facteur de réduction des coûts de transaction et donc de facilitation des échanges ;
- le second, qui provient des propositions néokeynésiennes sur la concurrence imparfaite, est en grande partie inspiré par les travaux de Joseph Stiglitz (prix Nobel en 2001), qui vise à fonder un nouveau modèle de développement intégrant les spécificités locales et reposant sur un processus participatif.

À ce sujet, Stiglitz préconise tout d'abord d'élargir la notion de développement retenue par les institutions internationales à des dimensions non économiques comme l'accès à la culture, à la démocratie, à l'éducation, à la santé et la réduction des inégalités. …). Il insiste ensuite sur le rôle capital que doit jouer l'État dans le développement (nécessité d'institutions représentatives et participatives). Enfin, il rejette les hypothèses de l'OMC et des institutions de Bretton Woods sur les avantages mutuels du commerce international.

S'agissant ensuite du développement des libertés, il est inspiré des thèses d'Amartya Sen (prix Nobel d'économie en 1998), qui introduit une dimension philosophique dans la théorie du sous-développement. Pour Sen, même si les stratégies de développement assurent la distribution des biens primaires nécessaires aux besoins essentiels (nourriture, logement...), les capacités des individus à en user librement sont inégales et non assurées. C'est dire que les stratégies de développement doivent avoir comme socle commun la démocratisation car, dans une société démocratique les libertés négatives (le fait que l'action d'autrui n'entrave aucune liberté individuelle), assurées par la presse libre et l'existence d'une opposition politique, permettent de sauvegarder les libertés positives de la population (la capacité pour chacun de jouir de ses libertés).

Prenant appui sur l'expérience africaine, on retiendra qu'il y a soixante ans, le monde d'après-guerre se découvrait coupé en trois : 1- les puissances capitalistes, sous l'égide américaine ; 2- le bloc socialiste, sous domination soviétique ; 3- le " Tiers-Monde " (selon l'expression de Sauvy par analogie au Tiers État de 1789), qui n'était à peu près rien encore et cherchait à combler à marche forcée le fossé qui s'était creusé entre lui et les deux autres. Soixante ans après, en dehors de quelques réussites spectaculaires, les désillusions sont nombreuses. Au tout État protectionniste qui avait donné le ton durant trente ans, a succédé depuis trente ans aussi, le tout-marché libre-échangiste. Échouant largement l'un comme l'autre à susciter un développement équilibré et durable des pays du Sud, seuls les pays qui ont su articuler forte intervention publique et insertion progressive dans la division internationale du travail ont réussi à tirer leur épingle du jeu.

En tout état de cause, la leçon à retenir est que le modèle de développement n'est pas un instrument neutre, puisque son efficacité dépend des choix préalables formulés par son auteur. Il n'est pas non plus un instrument universel, puisqu'il ne peut être appliqué indifféremment à n'importe quel pays sous-développé et à n'importe quel moment. Enfin, ce n'est pas un instrument parfait.

PRÉFACE du Pr Hakim Ben HAMMOUDA, Ancien Responsable du CODESRIA, de la CEA et de l'OMC. Ancien Ministre de l'Économie et des Finances de la Tunisie.

Moustapha KASSE, le Professeur qui a traversé le siècle des économies africaines !

Qui des chefs d'État africains et hauts responsables du continent, des économistes africains, des intellectuels et des universitaires ne connaît pas le Professeur Moustapha Kassé et sa bonhomie affable ? Moustapha Kassé a traversé le siècle des économies africaines et a été de toutes les grandes batailles pour leur indépendance aux côtés d'illustres économistes africains, dont le Pr Samir Amin et le Président Abdoulaye Wade.

Des combats pour l'indépendance économique de l'Afrique et l'autonomie du continent, le Pr Moustapha Kassé en a mené plusieurs. J'en retiendrai quatre qui me semblent majeurs. Le premier est celui de l'accompagnement des indépendances africaines par des projets économiques afin d'y apporter les conditions matérielles de leur exercice. Le Professeur Moustapha Kassé a arpenté tous les pays africains pour mettre sa compétence et son savoir à la disposition des jeunes leaders africains de l'époque et les aider à développer les projets de développement des États post-coloniaux. Du Sénégal à l'Algérie, de la République de Guinée, au Burkina Faso à la Côte d'Ivoire, de la Guinée-Bissau à l'Angola et au Mozambique, j'en passe, le Professeur Kassé a mis toute son énergie et toutes ses convictions au service de l'indépendance économique des pays africains.

Le second combat est celui face à l'ajustement structurel au début des années 1980. Même si le Professeur Kassé a critiqué la dérive des finances publiques des États africains qui a mené à la crise de la dette, il était opposé aux programmes d'ajustement structurel orthodoxes menés à l'époque par la Banque mondiale et le FMI dans tous les pays africains. Il a démontré à l'époque les incohérences théoriques de ces programmes et leur incapacité à régler les problèmes et les crises des économies africaines. Il s'est ensuite associé aux efforts du Pr Adedji Adébayo, à l'époque Secrétaire exécutif de la Commission économique des Nations-Unies pour l'Afrique, et du Pr Samir Amin, Directeur de l'IDEP, pour développer une vision africaine de l'ajustement et apporter des réponses endogènes à la crise de la dette des pays africains. Mais, en dépit de la pertinence des réponses données, le rapport de force international a imposé les solutions orthodoxes qui ont montré leurs limites et souligné la pertinence des analyses du Pr Kassé et des économistes africains.

Le troisième grand combat du Pr Kassé est celui sur la monnaie africaine et le Franc CFA. Sur cette question, il n'a pas cessé de souligner l'importance de la monnaie pour soutenir le développement et d'une politique monétaire dynamique dans la mise en place d'une nouvelle stratégie de développement. Mais, le Pr Kassé s'est toujours gardé éloigné des positions radicales dont celles de la sortie immédiate de la zone franc ou de la perpétuation de l'insertion des pays africains dans cette zone. Il a toujours défendu l'idée d'une évolution progressive de la zone vers une plus grande autonomie monétaire et l'histoire aujourd'hui lui donne raison.

Le quatrième combat est celui d'un nouveau projet africain avec la formulation du NEPAD. À l'appel du Président Wade, le Pr Kassé a réuni ce qu'il aime appeler, l'école de Dakar, pour finaliser le plan Oméga présenté par le Sénégal aux chefs d'État africains. Le NEPAD sera adopté par les chefs d'État africains avec le plan Omega et le plan de la Renaissance africaine du Président Thabo Mbeki pour devenir le cadre de référence du développement du continent.

Ainsi, le Professeur Moustapha Kassé a été de toutes batailles pour l'indépendance des économies africaines. Il a gagné toutes ces batailles, avec le respect et la reconnaissance des Chefs d'État africains et des grands leaders du continent, par son nationalisme, son engagement en faveur des grandes causes du continent, mais aussi son réalisme et son pragmatisme.

Enfin, le Pr Kassé a contribué à la formation et à la promotion de générations entières d'économistes dans tous les pays africains qui brillent et se sont engagés dans la grande voie qu'il avait ouverte pour l'indépendance économique du continent. Longue vie à ce combattant de toutes les grandes causes africaines.

PRÉFACE du Dr Chérif Salif Sy, Ancien Ministre Conseiller à la Présidence de la République. Secrétaire exécutif de l'École de Dakar

Directeur du Forum du Tiers-monde.

Depuis une dizaine d'années, des voix s'élèvent pour parler du 21e siècle, comme celui de l'Afrique », pour se lancer et s'émanciper. Dans le même temps, d'autres voix évoquent des crises à titre divers, des économies africaines : hausse de l'inflation, du chômage et des inégalités, pauvreté galopante et paupérisation des « classes moyennes » dans un contexte de mondialisation dans laquelle les pays ont du mal à trouver une place honorable. En vérité, nous ne sommes pas en face de situations critiques dont il faudrait s'extirper : il s'agit de s'adapter à un contexte économique mondial de nature très différente qui exige une organisation et une réactivité accrue, d'ouverture des marchés dans tous les domaines et d'innovation renforcée. Cette situation est caractérisée par une montée des inégalités, une remise en cause des solidarités traditionnelles, mais surtout de la persistance d'une pauvreté insoluble.

Pour les pays africains, restaurer une solidarité véritable en leur sein et avec leurs partenaires extérieurs, suppose une acceptation des ajustements et des changements nécessaires, imposés par la marche de la mondialisation économique. Pour les partenaires extérieurs, il faudra une remise en cause au sein de leur société, de toutes les positions acquises et protégées. Cela, en vue de redonner à l'État et aux organismes sociaux, de part et d'autre, les moyens de maintenir la cohésion sociale et de préparer l'avenir d'une nouvelle coopération. Les institutions économiques et financières internationales seront renvoyées à leurs propres responsabilités. À un moment où, jamais en matière de développement et de partenariat, il n'a été réalisé « un consensus aussi large et aussi parfait de tous les acteurs autour d'une problématique prioritaire : le combat contre la pauvreté ».

C'est à tout cela que nous invite avec pédagogie, le professeur Mamadou Moustapha Kassé qui passe en revue près de 60 ans d'échec relatif des stratégies de développement mis en place par les États, mais aussi des politiques impulsées par les partenaires au développement.

Après l'échec de l'industrialisation par substitution aux importations, la politique d'industrialisation a pris la forme d'une intégration croissante avec les grandes entreprises qui, filiales de sociétés mères installées dans les centres dominants. Or cette forme d'articulation dont l'objectif est d'introduire de nouveaux produits pour maintenir un certain rythme de croissance, accroit la tendance à l'élévation du coefficient du capital, ce qui, dans les conditions des pays africains, se traduit par une concentration croissante du revenu, créant des

« déséconomies » d'échelle (l'appareil productif travaillant pour un marché réduit). Au plan économique les principales limites de l'action modernisatrice de l'État, magistralement démontrée par Moustapha dans ses travaux, apparaissent à travers la crise de l'agriculture, de la paysannerie et du développement industriel qui s'est effectué aux dépens de l'agriculture, avec un système de prix relatifs qui n'a pas favorisé un transfert du surplus vers l'industrie.

La nature du développement industriel qui ne concernait plus que l'industrie légère avait très peu d'effets d'entraînement sur le reste de l'économie et n'a pas permis l'emploi de l'offre additionnelle de main-d'œuvre due à l'exode rural et à la croissance démographique, brillamment évoqué par le Professeur KASSE ; le tissu industriel étant fortement désarticulé, la croissance de ce secteur produit ses effets d'entraînement à l'extérieur et se traduit par une hausse des importations ; un recours massif à l'étranger pour l'importation des actifs technologiques nécessaires au développement industriel qui, en l'absence d'une capacité locale de maîtrise, s'est traduit par une forte dépendance technologique vis-à-vis des Firmes Transnationales (F.T.N.) ; L'ensemble de ces contradictions a entraîné le dysfonctionnement de l'équilibre externe et un recours de plus en plus massif à l'endettement international.

Si la décennie écoulée est marquée par des taux de croissance du PIB relativement élevés et partout, supérieur au taux de croissance de la population dans tous les pays africains, il n'en reste pas moins vrai que ces quarante dernières années, le recul est manifeste dans beaucoup d'autres domaines : part dans le commerce international, PIB mondial, valeur ajoutée manufacturière, consommation des ménages. Comme le relève KASSE, « bien que le monde n'ait jamais produit autant de richesses et de technologie, il n'a jamais créé autant d'inégalités et de pauvreté révélant ainsi son caractère dual : les uns vivant avec plus de 20.000dollars (20% de la population totale) et d'autres avec moins d'1 dollar (plus de 80%). Le dynamisme de l'économie mondiale n'a donc, pas eu une incidence favorable sur la croissance des économies africaines. Pour autant, rien n'est hors de la portée des pays africains et de leurs partenaires, à condition de « recentrer les objectifs autour du développement humain et le faire assumer par tous les acteurs afin de s'affranchir de la pauvreté ».

C'est en prenant en compte tous ces aspects spécifiques et caractéristiques des économies africaines, qu'il faudrait mettre en place des politiques adéquates comme réponses à la restructuration de l'économie mondiale, en veillant à leur bonne vulgarisation au sein des populations, que les pays en question parviendront à la modification des structures et à l'inversion des tendances à la stagnation et à l'endettement extérieur !

Je remercie infiniment mon ami le professeur Moustapha Kassé de m'avoir donné cette belle occasion de crier une nouvelle fois, que « le jeu semble compliqué, mais l'histoire n'est pas terminée ».

PRÉFACE du Pr Mathias Marie Adrien NDINGA,

Maître de Conférences agrégé, Doyen de la Faculté des Sciences Économiques de l'Université Marien NGOUABI

L'ouvrage du Professeur KASSE nous transporte dans l'univers ambigu et tumultueux des économies africaines. Il nous permet de faire, au moins, trois constats. Le premier est que *le non-développement,* je voulais plutôt dire *le faible développement* de ces économies est intimement lié à son passé colonial. Il en est ainsi parce que dès les indépendances en 1960, le fonctionnement des économies africaines était destiné à la mise en valeur coloniale, en dépit de quelques mutations formelles de la division internationale du travail (les entreprises d'exportation par exemple). À cet égard, l'analyse du Professeur KASSE montre que les économies africaines, pour la plupart, demeurent dans cette logique de l'économie de rente, pour ne pas dire l'économie de la cueillette.

Ce fonctionnement ambigu, entre recherche de développement et valorisation coloniale, a exposé les économies africaines aux aléas et périls de l'économie ouverte et fait naître les illusions d'une croissance transmise. À ce sujet, le Professeur KASSE fait la démonstration de ce que le renforcement de la dépendance par la technologie et le financement, qui a abouti au surendettement, est à l'origine de la crise qui a secoué les économies africaines, à partir des années 1970. Malheureusement, le Plan d'Action de Lagos (PAL, 1980-2000) et le Programme d'Action des Nations Unies pour le Redressement économique et le Développement de l'Afrique (PANUREDA, 1986-1990), qui ont été adoptés afin de lutter contre la crise et de redresser les économies, n'ont pas eu le temps d'être mis en œuvre, que très tôt, ils ont été substitués par les Programmes d'Ajustement Structurel (PAS, 1980-1990).

Le deuxième constat, dans l'évolution des économies africaines, est l'échec des PAS. À ce sujet, le Professeur KASSE montre qu'en raison de leur nature et des conséquences socio-économiques négatives qu'ils ont provoquées sur les économies et les sociétés africaines, les PAS apparaissent comme *une catastrophe* ou une *calamité économique* de l'histoire économique de l'Afrique. Ce fut, pour le moins que l'on puisse dire, un véritable drame humain caractérisé par une paupérisation d'une ampleur inquiétante que ni les nouvelles initiatives (les Documents de stratégies de réduction de la pauvreté, les Objectifs du Millénaire pour le Développement et maintenant les Objectifs de Développement Durable) des organisations internationales, ni le Nouveau partenariat pour le développement de l'Afrique (NEPAD), ne sauraient éradiquer sans de véritables stratégies endogènes, tirées de notre histoire, notre vécu quotidien et de nos traditions, qui constituent le fondement du processus réel d'avènement d'un nouvel ordre économique international équitable.

Oh ! faut-il s'en souvenir que le Professeur KASSE fut un acteur important des houleuses négociations internationales des années 1970/1980, pour ce nouvel ordre économique international qui n'est pas encore apparu. Son ouvrage nous donne l'explication de ce qui semble être, aujourd'hui, une illusion, afin de comprendre que la mondialisation actuelle, concept en vogue qui est l'élargissement et la consolidation de l'intégration des économies nationales, et africaines en particulier, à l'économie mondiale ne saurait être substituée à ce nouvel ordre économique international équitable.

En effet, la mondialisation que peint, au passage, le Professeur KASSE se nourrit et se renforce au moyen d'un développement sélectif, porteur des germes ou d'une tendance bien affirmée, de marginalisation et d'exclusion de l'Afrique. Le mot exclusion peut choquer, mais il est bien clair que l'Afrique n'a pas encore trouvé la stratégie lui permettant, à partir de sa position, de tirer avantage de la mondialisation. À ce sujet, les principes de la stratégie de MORONVIA (1979) et du PAL demeurent encore d'actualité. Il est encore possible de mentionner le Cadre africain de référence pour les programmes d'ajustement structurel en vue du redressement et de la transformation socio-économiques (CARPAS) qui constitue, toujours, un cadre et un instrument adéquat pour la conception, l'élaboration et l'application des programmes de développement appropriés à la situation réelle actuelle des économies et sociétés africaines. La finalité *d'enfermement dans les tiroirs* de ces initiatives purement africaines suggère que le problème de l'Afrique ne réside pas seulement au niveau de l'élaboration des stratégies appropriées, mais aussi dans sa capacité à les implémenter.

Le troisième constat, enfin, est la conviction partagée avec le Professeur KASSE que le NEPAD, dont les objectifs sont louables, et bien justifiés, ne serait connaître un succès, sans un changement de vision du développement de l'Afrique et du cadre de référence pour la transformation des systèmes et structures socio-économiques et politiques ainsi que de l'environnement international de l'Afrique. Il va s'en dire qu'il est nécessaire, dans la mise en œuvre du NEPAD et eu égard aux réalités africaines (gestion du développement peu orthodoxe), de procéder à une évaluation de l'expérience du passé afin d'en tirer des enseignements à capitaliser positivement, pour son succès. De même, pour mobiliser les investisseurs privés et les ressources financières complémentaires aux efforts des Africains eux-mêmes, la gestion du développement doit être améliorée sur fond de consolidation de la paix et de la démocratie qui sont des valeurs cardinales que les Africains doivent cultiver pour une véritable renaissance et réhabilitation de l'Afrique.

INTRODUCTION GÉNÉRALE

Revitaliser le débat sur le gâchis des pays ruinés par leurs élites politiques, administratives et intellectuelles : à la recherche d'alternatives nationales et démocratiques pertinentes.

Cette réflexion se veut vivifiante, dynamique et débattante sans œillères. Elle part de l'idée que le plus difficile n'est pas toujours de résoudre des problèmes, mais parfois de bien les poser. Il n'y a pas de pensée par temps d'apocalypse, il faut donc, comme l'écrivait le pasteur Dietrich BONHOEFER « risquer de dire des choses contestables, pourvu que des questions vitales soient soulevées ».

L'idée de « démocratie scientifique » n'est pas superflue. Dans son essence, elle repose sur le principe de réfutation, donc de la critique. D'une certaine façon, elle implique une philosophie du non. Or cette philosophie est la plus éloignée qui soit de la sociabilité africaine, dont le consensus et l'autorité constituent les fondements. Apprendre à dire « non » dans la recherche, et donc réfuter, apparaît comme la pédagogie nécessaire de la décision démocratique et d'une nouvelle sociabilité.

À y regarder de près, en Afrique, on n'entrevoit que deux usages des partis politiques la structuration forte de la clientèle de chaque chef, ou le support d'expression de signes d'identité ethnique, religieuse ou linguistique. Aucun parti politique ne dispose d'un projet de société cohérent, dynamique et global c'est-à-dire un idéal et des valeurs clairement affirmés, des stratégies concrètes de changement et de reconstruction nationale et patriotique portés par un peuple de militants motivés et mobilisés.

De ces analyses, résultent les monarchies républicaines suite à la dérive redoutable du parti qui parle au nom du peuple, puis l'appareil au nom du parti, les dirigeants au nom de l'appareil et, finalement un seul parlera au nom de tous. L'examen critique des propositions même les plus lucides est mal venu, discourtois, parce que « démobilisateur » alors, on aboutit à la sacralisation d'un homme qui sache tout, fait tout, décide de tout. Alors, la politique coupée des idées, les mauvais arguments chassent les bons.

Ouvrir l'économie au débat, la science économique étant la fille de la société[1].

Ce Mélange s'inspire de cette idée de VOLTAIRE « *Je n'aime pas ce que vous dites, mais je me bâterai pour que vous ayez le droit de le dire* » au service de la devise *d'A. COMTE« savoir pour prévoir afin de pouvoir* » en brisant les asymétries d'information. Ces deux idées accolées traduisent ma croyance à l'observation des faits qui sont têtus et à l'intelligence du doute. Conséquemment, je suis conforté par le mot de Jean BAECHLER, « *la liberté n'est pas menacée, tant que les démocraties s'attachent à réaliser la justice, au besoin corrigée par l'équité* » : voilà qui réclame de l'État sa fonction de régulateur ou implique la résistance citoyenne. Il doit alors se constituer un droit et une gestion des biens et moyens de subsistance qui assurent leur accès à chaque citoyen, selon ses besoins, et non selon ses possibilités. Il faut en débattre.

Il est vrai qu'aujourd'hui, le Sénégal manque d'institutions capables de susciter de vrais débats autour des grands choix économiques des pouvoirs publics. Le CND dans les années 80 ainsi que le GER avaient ouvert de larges discussions sur les PAS avec les plus hautes autorités publiques : premiers ministres, ministres, experts, universitaires et institutions de la République. À défaut de changer les programmes, ils ont été profondément amandés par les IBW. Aujourd'hui, c'est sans grandes discussions publiques préalables que l'État et son administration ont défini les grandes orientations qui ont présidé à la politique économique notamment le Plan Sénégal Émergent confié à un bureau d'étude étranger. En contrepartie de l'opacité et de l'extraversion de l'exercice, la virulence des critiques ont permis d'améliorer substantiellement les faiblesses et lacunes du texte originel.

Cet ouvrage esquisse un ensemble de réflexions et de pistes de recherches anciennes et nouvelles susceptibles de contribuer aux stratégies de croissance et de développement et d'animer le débat public citoyen sur ces questions économiques, politiques et sociales. L'unité des divers textes de ce mélange tient à leur commune critique des postures, de l'économie néo-libérale aujourd'hui dominante, qui parait s'intéresser au développement et à la croissance avec l'arrière-pensée de renforcer, de façon pernicieuse, les privilèges, déjà exorbitants, des élites politiques. Il est facile de critiquer et beaucoup plus difficile de faire des propositions constructives, clament toujours les tenants des systèmes officiels qui en tirent généralement prétexte pour mésestimer ou mépriser les critiques que les universitaires et chercheurs leur adressent. Bien qu'il faille ne pas oublier que d'un point de vue épistémologique, toute critique, la plus sévère possible, est l'amorce de tout correctif.

---

[1] Moustapha KASSE : *La science économique et sa méthodologie*. Edit. L'Harmattan 2010, 265p.

Soixante ans de politiques économiques et sociales autant d'échecs : croissance défaillante, précarités multipliées, chômage massif, pauvreté persistante, inégalités grandissantes, crises économiques à répétition, instabilités sociopolitiques permanentes. Comment l'élite politique (la plupart des dirigeants politiques), administrative et intellectuelle (dont la plupart des économistes) peut-elle se tromper à ce point ? Pourquoi sont-ils esclaves du mimétisme de modèles délabrés ? Pourquoi appliquent-ils toujours des solutions qui ont échoué auparavant ? Pourquoi cette incapacité à penser et à décider souverainement ? Quelle nouvelle politique économique et sociale mettre en œuvre pour affronter toutes les crises dans leur globalité qu'elle soit économique financière, politique, sociale et environnementale ? La persistance de ces questions qui décident du sort des populations particulièrement les plus démunies, en dépit des multiples tentatives pour y répondre, est certainement due au fait que la plus grande partie de la littérature, des visons, **des options, des exposés ont tendance à être d'une grande platitude ou d'une grande technicité. Les platitudes sont plus nombreuses et plus faciles à comprendre, mais ne servent à rien. Les exposés techniques peuvent être plus utiles, mais difficiles à comprendre surtout par les acteurs du changement**. Jean-Paul FITOUSSI[2], dans son ouvrage sur *« le théorème du lampadaire »*, à la suite de sa recherche sur la *« Politique de l'impuissance »* (Arléa, 2004), découvre la raison dans le fait que les élites ont souvent placé leur lampadaire au mauvais endroit.

La science économique est devenue, aujourd'hui, une gigantesque entreprise remarquable par l'ampleur de ses ressources intellectuelles et matérielles, en volumes de recherches et de publications. Elle est consanguinité avec toutes les disciplines du savoir. Elle a soumis la société des nations et des hommes. Elle a investi leurs relations jusqu'à en constituer le principal ressort. La réussite économique est la mesure de la valeur des individus, des politiques et des nations. Toute cette importance confirme ce qu'en disait K. MARX : *« elle est la sphère déterminante en dernière instance »*. Nonobstant tout cela, le débat public en économie en Afrique est d'une médiocrité affligeante : les intuitions, les aprioris et les émotions de même que les formulations prétentieuses y prédominent trop largement. Tout le monde parle du tout économique en mélangeant tout : les politiques économiques, l'économie de marché, la croissance, le développement, le chômage et aujourd'hui le mot fétiche l'émergence économique. Comme aux heures de gloire du Plan NEPAD nous avions établi la matrice, en référence à la théorie de la croissance endogène, à huit priorités, dont le capital physique, le capital social, les NTIC, l'agriculture, l'accès aux marchés, les activistes de tout bord y ont accolé des aspects qui n'avaient rien à voir avec la vision et la stratégie initiale. Il en va de même de l'émergence qui inaugure un nouveau

---

[2] Jean Pierre FITOUSSI : *Le théorème du lampadaire*, Edt. Les liens qui libèrent, 2013, 256 p. et *« La politique de l'impuissance »* Edit. Arléa, 2004.

fétichisme conceptuel à la fois flou et polysémique qui risque une fois encore d'obstruer la réflexion.

Hans TIETMEYER rappelle qu'*« Une politique intelligente se sert des lois économiques afin de concrétiser des objectifs, au lieu d'essayer d'atteindre ces derniers sans obéir à la raison économique. Cette thèse s'applique à tous les domaines de la politique économique, c'est-à-dire à la politique sociale comme à la politique monétaire. La volonté politique est essentielle, irremplaçable même, pour mettre en marche le changement. Mais l'efficacité économique des structures institutionnelles contribue de façon décisive à un succès durable »*[3]

Les enseignants et chercheurs universitaires ne participent que très faiblement aux discussions sur les politiques publiques et semblent se confiner dans une attitude conservatoire des théories économiques abandonnant le champ aux « techniciens » de la décision gouvernementale et au cercle restreint des bureaux d'études qui les entoure. Il faut qu'ils comprennent, comme le souligne Denis CLAIR, que *« la légitimation du discours économique ne passe pas uniquement par la reconnaissance des pairs, ou l'adoubement par le pouvoir politique ou encore par la consécration médiatique »*. Elle passe aussi par leur capacité à animer en permanence le débat économique, car leur discipline est la servante des sociétés, après tout, la vitalité d'une science comme celle d'une démocratie repose bien sur la raison critique et la controverse publique.

Dans ce contexte, cette réflexion se propose, au-delà des fantasmes et des discours politiciens, d'ouvrir au débat public les politiques économiques en explicitant leurs enjeux, leurs succès et leurs contreperformances de l'indépendance à nos jours. Loin de moi l'idée de restreindre le débat au cercle restreint des techniciens de la décision gouvernementale des spécialistes qui les entourent et aux enseignants et chercheurs économiques universitaires qui se contentent bien souvent d'être le conservatoire des théories économiques.

Les arguments d'autorité, les gesticulations technocratiques, les diverses pressions normatives caractéristiques connues du discours économique ont fini par exclure les citoyens et autres acteurs sociaux qui, cependant, sont partie prenante au débat à condition de les associer et de leur faire faire des sortes de mise à niveau, au mieux, pluridisciplinaire.

Sans sous-estimer l'ampleur les problèmes actuels, nous avons voulu lister les défis majeurs qui, depuis un demi-siècle plombent, la croissance et le développement. Mais il existe d'importantes raisons d'espérer infléchir le cours à l'avenir et être parmi les « petits pays » qui s'en sortent très bien. Le Sénégal, avec sa démographie équilibrée, ses infrastructures en voie de construction, ses institutions démocratiques, ses scientifiques bien formés et ses espaces agricoles importants, dispose de solides atouts. À condition de

---

[3] Hans TIETMEYER : *Economie sociale de marché et stabilité monétaire*. Edit. Economica, 1999, p298

surmonter ses antagonismes traditionnels pour dégager un diagnostic partagé et des priorités communes par de robustes politiques volontaristes et rigoureuses qui permettent de décoller et de s'insérer positivement dans la division internationale du travail.

Clarifier les termes et les problématiques et savoir de quoi on parle.

Deux sémantiques constituent la trame du développement : croissance, développement et émergence, il importe de s'entendre sur ces termes et la méthodologie de leur réalisation. L'émergence est devenue un référent que l'on utilise de façon abusive sans en connaître ni la grammaire ni la substance en conséquence on la fétichise. C'est malheureusement le cas de quelques figures médiatiques qui envahissent le landerneau sénégalais en s'affublant de qualification usurpée. Dans mon ouvrage d'Économie du Développement notamment au tome1, portant sur le panorama des théories économiques du développement, je soulignais, à la suite de Samir AMIN, les insuffisances de quelques lexiques caractérisant les pays en développement comme : les pays sous-développés, les pays en développement, les pays du sud, les pays du Tiers-monde, les pays pauvres, etc. Chacun de ces concepts a une connotation idéologique cachée ou une grammaire inexpliquée, leur utilisation fréquente se justifie par simple commodité.

Il faut questionner la notion d'émergence, au-delà de la logique financière qui avait présidé à sa genèse. On s'aperçoit, tout comme la mondialisation qu'elle est à la fois un concept flou et polysémique qui a pris son envol dans les médias, mais pas encore dans la littérature académique (économique). C'est ne rien comprendre si on la réduit à « un pôle d'attraction des IDE, qui accélère la croissance économique pour intégrer avec succès la mondialisation ». La pensée économique, même dans sa version ultra libérale, a dépassé depuis des décennies (1960-70) la vulgate qui reposait sur le dogme, implicitement ou explicitement décliné, que la croissance économique est assimilable au développement et qu'elle seule viendra à bout de la pauvreté comme décliné par le modèle de WATSON utilisé pour évaluer les Objectifs du Millénaire pour le Développement (OMD).

S'armer de connaissances et de méthodes efficientes pour analyser en vue de rendre lisibles et accessibles les problèmes économiques.

Le grand essor des statistiques et des modèles macro ou microéconomiques envahissent aujourd'hui le savoir économique et obstruent le débat économique[4]. S'il est vrai que ces instruments et techniques peuvent être des

[4] Moustapha KASSE : *La Science économique et sa méthodologie*, Édition l'Harmattan.

outils d'information utiles dans une société démocratique, il n'en demeure pas moins vrai selon la mise en garde de J.M.KEYNES que « *Trop de récentes « économies mathématiques » ne sont que pures spéculations ; aussi imprécises que leurs hypothèses initiales, elles permettent aux auteurs d'oublier dans le dédale des symboles vains et prétentieux, les complexités et les interdépendances du monde réel»*[5]. La pertinence de cette remarque n'enlève en rien le fait que la statistique publique, comme les indicateurs que nous utilisons usuellement, doit être définie et élaborée en fonction des besoins de la société, de ceux des chercheurs et des citoyens.[6] La transparence des données statistiques, leur qualité et la ponctualité des publications de bulletins d'information soulèvent de gros problèmes.

Le Rapport de la Commission présidée par J.STIGLITZ, Amartiya SEN et J.P.FITOUSSI sur *« Les instruments de mesure des performances économiques et sociales »,* observe qu'il existe *«un écart prononcé entre, d'une part, les mesures habituelles des grandes variables socio-économiques comme la croissance, l'inflation, le chômage, etc., et, d'autre part, les perceptions largement répandues de ces réalités».* Ce phénomène a, dans certains pays, sapé la confiance à l'égard des statistiques officielles (en France et en Grande-Bretagne, par exemple, un tiers des citoyens à peine fait confiance aux chiffres officiels, et ces pays ne sont pas des exceptions). Cela a une incidence manifeste sur les modalités du débat public sur l'état de l'économie et les politiques à conduire. Il en va de même pour un pays comme le Sénégal dont les services de la statistique publique, malgré la qualité de ses ressources humaines, manquent de moyens et de cohérence institutionnelle.[7]

Un autre volet des nébuleuses concerne la modélisation, attention grand danger de constructions qui ont une faible capacité d'explication, de prévision et d'action. Prenons le cas des Modèles d'Équilibre Général Calculable (MEGC) inspirés par la théorie de l'équilibre général walrasien qui se proposent d'estimer les réactions de l'économie face à des changements de politique économique, de technologie, de ressources, de faibles résiliences ou d'autres facteurs comme les instabilités internes et les chocs exogènes multiples. Les données nécessaires sont indisponibles de même que les composantes de l'économie nationale. Il n'existe pas de capacité de calcul ce

---

[5] J.M KEYNES : *Théorie générale de l'emploi, de l'intérêt et de la monnaie*, 1969, p.300-301

[6] Voir le Rapport de la Commission présidée par STIGLITZ, Amartiya SEN et FITOUSSI sur « La mesure des performances économiques et sociales », 2008 à consulter sur : **www.stiglitz-sen-fitoussi.fr**

[7] Dans ce cas, il devient important d'expliquer les méthodes de construction des données quantitatives, de développer à leur égard l'esprit critique et de favoriser la formation statistique des citoyens et des hommes de média.

qui vient tout compliquer[8]. L'abus d'utilisation de la modélisation donne l'image d'un débat économique accaparé par des experts qui excluent les non-initiés qui ne comprennent ni le langage, ni les hypothèses, ni les mesures qu'ils pressentent.

L'Afrique toujours malade de ses élites décalées face à des populations désemparées et aux attraits des idéologies des puissances hégémoniques[9].

« La façon d'être du nouvel intellectuel ne peut plus consister dans l'éloquence (...), mais dans le fait qu'il se mêle activement à la vie pratique, comme constructeur, organisateur, "persuadeur permanent" parce qu'il n'est plus un simple orateur et qu'il est toutefois supérieur à l'esprit mathématique abstrait » **A. GRAMSCI.**[10]

Le constat est unanime : la recherche, la réflexion et le débat sont au niveau minimal et manquent d'ampleur, de profondeur, de hauteur et d'animation sur des sujets nombreux et complexes : mondialisation marquée par de multiples incertitudes et risques (politiques, économiques sociaux, environnementaux et sécuritaires). L'Afrique est rejetée à la périphérie du monde multipolaire. Elle est secouée par l'élargissement de la pauvreté, du chômage et des précarités. Ces phénomènes produisent toute sorte de frustration et d'humiliation qui conduisent au radicalisme sève nourricière des conflits et des entreprises de violence (B.BADIE[11]). Les régimes politiques s'apparentent presque partout aux monarchies républicaines analysées par le Doyen VEDEL. Les espaces politiques sont déstructurés de même que les tissus sociaux. Tout cela est couronné par une crise d'efficacité du régionalisme (UA, CEA, NEPAD, Agenda 2063, Programme du Millénaire, les OMD, prochainement les ODD, etc.). En somme, l'Afrique après les indépendances n'a réussi à construire ni des systèmes économiques performants ni des régimes politiques démocratiques. Ceci est la marque de la faillite totale des élites africaines qui, contrairement, à leurs homologues d'Asie qui ont saisi toutes les opportunités ouvertes par la mondialisation multipolaire, pour bâtir en l'intervalle d'une génération de puissantes machines industrielles, financières et technologiques

---

[8] Toutes les recherches entreprises sous cette référence le sont par des économistes qui de surcroit ne sont ni statisticiens ni économètres. Ils se contentent de lectures de seconde main aussi bien de la théorie walrasienne ou celle de B.DECALUWE.

[9] Souhaitons que la récente déclaration du 30 AVRIL 2020 de plus de cent intellectuels africains dont le Prix Nobel 1986, Wole Soyinka, qui ont adressé une lettre ouverte aux chefs d'Etat et autres chefs de gouvernements africains afin qu'ils sortent des discours ampoulés. Selon eux, il est primordial de ne pas oublier que le continent dispose de suffisamment de ressources matérielles et humaines pour bâtir une prospérité partagée sur des bases égalitaires et respectueuses de la dignité de chacun. L'absence de volonté politique et les agissements de l'extérieur ne peuvent plus constituer des excuses pour nos turpitudes.

[10] GRAMSCI : *Gramsci dans le texte,* Éditions sociales 1975, pp 603

[11] B.BADIE : *Quand le Sud réinvente le monde : essai sur la puissance de la faiblesse* et surtout *« L'hégémonie contestée : les formes de domination internationale*. Edit. Odile Jacob.

et de sortir des milliards d'individus de la pauvreté et de la précarité. Les projections les plus rigoureuses établissent qu'en 2030, plus de la moitié de la production se ferait en Asie et la moitié des biens échangés le seront également avec la même région.

Les stratégies et politiques économiques issues du « Consensus de Washington » (ajustement structurel des années 70) ont produit, sur plus d'un quart de siècle, des conséquences désastreuses : effondrement de l'agriculture, absence d'industrialisation, pillage des matières, structuration d'une économie de rente où le processus d'accumulation productive n'a pu être réellement enclenché. Ces politiques néolibérales en voulant construire un capitalisme sans les capitalistes locaux et sans État providence ont démonté les pouvoirs publics et déstructuré la cohésion du tissu social avec un autisme, un entêtement et un aveuglement totalement absurde. Reprécisons que la légitimité communicationnelle de la décision des Institutions Financières Internationales (IBW) l'emporte de loin sur leur légitimité scientifique ce qui fait qu'elles rendent impossible la concurrence des méthodes et des modèles alternatifs. Leurs décisions ont un contenu éminemment politique d'autant plus sensible qu'en découlent des conséquences financières importantes. En clair, leurs analyses et leurs décisions relèvent moins du jeu de la vérité scientifique que du jeu politique.[12]

La majorité des sociétés africaines est restée dominée par un capital marchand qui ne favorise pas la production de biens et services (P.HUGON[13]). Elles ont engendré un retour massif du social avec l'avènement de la pauvreté de masse, le délitement des mécanismes traditionnels de protection sociale, l'urbanisation accélérée et chaotique, transformant les villes en de véritables volcans en ébullition. Les systèmes éducatifs et de formation sont complètement déliquescents et inefficients à une époque où la ressource humaine est la principale composante des sociétés du savoir **(capitalisme cognitif)**, les systèmes sanitaires défaillants, etc. Dans ce sens, P. HUGON note *que « L'Afrique peut bénéficier des coûts décroissants (par exemple, les ordinateurs ou Internet), faire des sauts technologiques dans l'économie verte, trouver de nouveaux créneaux de compétitivité. Elle peut tirer profit d'une diversification des partenaires, notamment asiatiques. L'efficience des nouvelles technologies dépend du tissu social, économique et technique permettant de se les approprier. »* La science, les NTIC, les innovations et la recherche peuvent être des raccourcis pour rattraper le retard de développement. L'expérience de la Chine le démontre à profusion. Il suffit de consulter « le Plan 2025 : made in China » qui veut faire de la Chine la première puissance technologique du 21ème siècle qui fait passer la Chine du

---

[12] Moustapha KASSE *: La science économique et sa méthodologie,* L'Harmattan, 2010 255p.

[13] P.HUGON : *La politique économique de la France en Afrique. La fin des rentes coloniales*, dans politique africaine n°105 pages 54 à 69. Voir aussi J.M. DEBRAT, J.J. GABAS et P.HUGON : *l'Aide et la coopération française* in La Documentation française 2005. P. HUGON : *L'Économie de l'Afrique*, Édit. La Découverte, 2013 ? Voir du même auteur *: nouveaux enjeux géopolitiques dossier/ mars 2010 / n° 399 51.*

statut d'atelier du monde à celui de bureau d'engineering dans les domaines décisifs des innovations : big data, intelligence artificielle, technologie des réseaux, etc.

Sur le plan politique le modèle démocratique standardisé inspiré du parlementarisme européen, rencontre des limites. Les systèmes politiques européens ont eu à faire face, il y a deux siècles, à trois enjeux majeurs : la formation de l'État-nation, l'émergence des régimes politiques de masse et la structuration des régimes partisans. Beaucoup d'analystes (Jacques Généreux dans son ouvrage « *Droite-Gauche-Droite*») décrivent la démocratie comme un système dans lequel la politique se gère comme un marché, sans pour autant, que le citoyen-consommateur ne dispose d'aucune garantie du produit qu'il aura choisi. Contrairement au précepte économique, ici, ce n'est ni l'offre ni la demande qui déterminent le choix, mais l'interaction entre les deux. Quand l'électeur demande des résultats, on lui vend des moyens. D'ailleurs au mieux, les produits politiques sont vendus par paquets, sous la forme de mesures programmatiques. Au finish, le citoyen-votant ne se prononce pas directement sur ces programmes de gouvernement : il désigne les hommes auxquels il souhaite confier le pouvoir.

Cette démocratie que l'Occident a mis des siècles à bâtir, reste imparfaite et peine à garantir à la fois les droits du citoyen et le fonctionnement de l'État simplement libéral. Sa mise en œuvre se heurte à plusieurs contraintes : dualité trop forte de la délégation des pouvoirs, précarité des partis politiques, déshérence du militantisme, sénilité et immobilisme structurel des classes politiques et une corruption latente. La démocratie mimétique en Afrique est limitée et bornée par les conditions sociales désastreuses des citoyens et l'immixtion permanente de la prétendue « communauté internationale » pour défendre ses serviteurs. L'Occident répand, depuis bientôt trois décennies, la grande illusion qu'il faut en Afrique des élections pour créer une société démocratique. Cela est historiquement faux et cache mal une pernicieuse volonté de déstabiliser ce continent par des désordres électoraux terrifiants. Soulignons, pour revenir sur les contraintes et limites de la démocratie mimétique que je développerai au Thème 28 (pages 449 et suivantes) qu'en Occident la société démocratique est précédée par l'État-nation qui a fondé les structures, les institutions et au bout la compétition électorale.

Face à cette demande de réflexions et d'idées novatrices, l'intelligentsia semble s'abstenir de peser sur le cours de l'histoire africaine et sur celle de leurs pays d'origine. Que sont devenues les élites intellectuelles qui ont lutté durement, au prix de leur vie pour la fin de la colonisation et l'avènement de l'indépendance?

L'engagement des élites au débat et à l'action est une exigence de la nouvelle citoyenneté et de l'indispensable approfondissement de la démocratie économique, politique et sociale. Le Manifeste du Parti Africain de l'Indépendance (PAI) soulignait, déjà en 1958, que *« la vague de honte qui monte risque d'éclabousser à jamais les générations présentes et futures »*[14] où sont nos vaillantes organisations de jeunesse, nos organisations estudiantines combattantes de la Fédération des Étudiants d'Afrique Noire en France (FEANF) à l'Union Générale des Étudiants d'Afrique Occidentale (UGEAO). Les acteurs politiques ne traduisent plus les aspirations populaires, le militantisme est en déshérence, la méfiance à l'égard des politiques est grande. À cela s'ajoutent l'immobilisme structurel des classes politiques, la banalisation de la non-décision, la régression des batailles d'idées, dans pareille situation c'est l'argent roi triomphe.

Le Parti de l'Indépendance et du Travail (PIT) avait tiré les leçons dans « Les thèses d'orientation et de programme », lors de son 11ème Congrès les 28-30 septembre en observant que *« bon nombre des erreurs et fautes s'expliquaient par l'immaturité politique et idéologique... Ces erreurs et ces fautes entrainent aussi parfaitement en résonnance avec la composition sociale du Parti où prédominait largement la petite bourgeoisie intellectuelle, et même à l'intérieur de cette dernière l'intelligentsia universitaire qui ne pouvait être totalement épargnée par la perception qu'elle avait de son rôle et de son avenir »*.La Ligue Démocratique avait fait une analyse assez voisine. Toutefois, avec l'écroulement de l'Union soviétique, toutes les organisations faute de débats internes et d'autocritiques, ce sont trouvés en mal d'idéal et d'idées. L'édifice n'étant pas défendu, il fut abandonné sans combattre. Alors vive les compromissions.

Il n'est pas de mon intention de déchaîner des polémiques stériles. Je veux convier les intellectuels, les élites de faire comme **ce petit oiseau insignifiant, le colibri, lorsqu'un incendie grave ravage la forêt :** au moment où tous les animaux terrifiés s'enfuient, ce petit oiseau continue de jeter de très petites gouttelettes d'eau sur le feu, manière, pour lui, de prendre sa part dans la solution du désastre. Nelson Mandela est la meilleure illustration *« J'ai dédié ma vie à la lutte pour le peuple africain. J'ai combattu la domination blanche et j'ai combattu la domination noire. J'ai chéri l'idéal d'une société démocratique et libre dans laquelle tous vivraient ensemble, dans l'harmonie, avec d'égales opportunités. C'est un idéal que j'espère atteindre et pour lequel j'espère vivre. Ne me jugez pas sur mes succès, jugez-moi sur le nombre de fois où je suis tombé et où je me suis relevé à nouveau. La mort est inévitable. Quand un homme a accompli ce qu'il considère comme son devoir envers les siens et son pays, il peut reposer en paix »*.

---

[14] Moctar Fofana NIANG : *Trajectoire et documents du Parti Africain de l'Indépendance (PAI) au Sénégal.* Les Éditions de la Brousse, Mars 2015. Cette phrase forte est de Majhmout DIOP. Notre paradoxe historique, que je soulignais dans mon ouvrage *« Du sous-développement au socialisme*, Silex Éditions, Paris 1988, 277 p, *a été de vouloir faire une révolution «prolétarienne» sans prolétariat ou du moins avec un prolétariat embryonnaire. »*

TITRE I/ SYNOPSIS DE QUELQUES RÉFÉRENCES DE THÉORIES ÉCONOMIQUES.

INTRODUCTION À LA THÉORIE ÉCONOMIQUE DE LA CROISSANCE ET DU DÉVELOPPEMENT.

Pr Moustapha KASSÉ, Conférence prononcée au Campus Commun des Cours à Option du PTCI (CCCO) à Dakar, 21 Sept. 2018.

La crise du développement est aussi une crise de la théorie du développement. La seule croissance économique, même rapide, n'apporte pas de solution aux problèmes sociaux, n'élimine pas la misère et le chômage. Pour amorcer un processus de développement de longue haleine, il faut beaucoup plus qu'une modernisation parcellaire de l'appareil de production et le mirage d'une urbanisation effrénée. ***Ignacy Sachs :*** *Pour une économie politique du développement.*

Galbraith a résumé en une boutade le caractère fondamental de l'objectif de croissance : *Tout s'y passe comme si saint Pierre, pour orienter les uns vers le paradis, les autres vers l'enfer, leur posait la question qu'as-tu fait, sur terre, pour augmenter le produit national brut ?*[15]

Makhtar DIOUF *renchérit, il a été prêté à Herman Goering ce propos : «Chaque fois que j'entends le mot ''culture'', je sors mon revolver». Moi, chaque fois que j'entends le mot ''croissance'' pour un pays africain, je regrette de ne pas disposer de mitraillette.*[16]

Pierre Bourdieu *rappelait que lorsqu'on se pose une question comme " Qui dirige l'économie mondiale ? ", on oublie généralement de parler du pouvoir des théories. Une théorie n'est pas seulement une description et une explication possible de l'économie mondiale : les théories politiques construisent notre réalité par l'intermédiaire des actions engagées en leur nom. Et si ceux qui agissent détiennent un véritable pouvoir, alors les représentations théoriques deviennent partie intégrante de ce que l'on considère comme l'ordre établi, celui qui, parce que nous l'acceptons, définit notre compréhension du monde et les limites que nous fixons à nos actions.*

L'objet de cette introduction pour des étudiants du Troisième Cycle-Interuniversitaire (PTCI)[17] est principalement de faire un tour d'horizon des courants de la Pensée économique en vue d'en tirer toutes les leçons en direction de l'élaboration d'une analyse rigoureuse du sous-développement et de la maîtrise des politiques et autres outils qui permettent d'en sortir. Que

---

[15] James K. GALBRAITH, *L'État prédateur. Comment la droite a renoncé au marché libre et pourquoi la gauche devrait en faire autant*, Seuil, 2009.

[16] Makhtar DIOUF : *Haro sur la croissance et le PIB* !

[17] Programme de Troisième Cycle Interuniversitaire (PTCI), institution que j'ai créé entre 1990-94 avec un groupe de collègues les professeurs Hervé KABORE, T. TCHIOMBIANO, A.T.GOGUE, Alléchi MBET, Ake NGBO, G.AMOUSSOUGA, Ondo OSSA avec l'appui de la Fondation FORD, de l'ACBF, du CERDI. Cette Institution a formé la majorité des enseignants chercheurs des Universités d'Afrique francophone. Parallèlement j'avais mis en place la Conférence des Institutions d'Enseignement et de Recherche

disent les théories économiques et que font les professionnels de l'économie face au développement et au sous-développement ? Les connaissances économiques rendent-elles plus aptes à la compréhension et à l'action dont la complémentarité est une nécessité absolue ? Au moment où l'Économie a complètement soumis les sociétés humaines, on décèle de graves impuissances pour les nations et les pays condamnés aux manques, à la pauvreté et à l'exclusion. En effet, l'hégémonie quasiment sans partage d'un seul courant théorique, le courant néo-classique présenté comme *"la" science économique*, interdit la libre confrontation des idées et l'apprentissage de la critique raisonnée.

Les "lois de l'économie" sont variées et souvent mobilisées à diverses époques pour justifier les choix politiques du moment. Elles étaient keynésiennes des années 50 aux années 70, monétaristes dans les années 80, libérales et mondiales dans les années 90, et d'aucuns annoncent déjà le retour de Keynes ou celui de Marx... La mission de l'université n'est pas de dissimuler cette prégnance permanente des préférences politiques dans notre discipline, et encore moins d'abrutir la démocratie et le débat public en accréditant l'idée d'une pensée unique. Elle est au contraire d'apprendre aux étudiants à disséquer et à analyser les enjeux et les choix politiques qui accompagnent inéluctablement la plupart des questions économiques.

Dans ce contexte, il semble indispensable d'interroger les différents courants de la Pensée économique pour cerner la diversité des référentiels de théories économiques pouvant contribuer à l'explication et à l'action. Ces référentiels et les controverses qui les accompagnent doivent permettre d'appréhender les profils différentiés du sous-développement ? Ils nécessitent de rendre possible d'une part, la construction d'appareils productifs nationaux capables de réaliser un développement durable, une croissance inclusive, de s'insérer dans la division internationale du travail (en se servant du régionalisme comme marchepied vers la mondialisation) en qualité d'exportateurs de produits manufacturés et d'autre part, de partager la prospérité en luttant contre la pauvreté, le chômage des jeunes (qu'ils soient diplômés ou non) et les inégalités sociales ? Dans cette optique, quel est le paquet d'ensemble de la gouvernance et des leviers de commande des stratégies et visions du développement et de la croissance notamment la nature de l'État et ses institutions, les politiques macroéconomiques (monétaire, budgétaire et d'équilibre extérieur), du logiciel mental collectif (valeurs, mentalité, comportement et habitudes des acteurs) et les mécanismes de stabilisation politique (démocratie, dictature éclairée ou pas et autres arrangements institutionnels du système politique, etc.) ?

En abordant ces questions, les chercheurs et les analystes du champ doivent prendre beaucoup de précautions, car dans les pays industrialisés, le développement a précédé la science économique. En conséquence, celle-ci ne s'était guère préoccupée de problèmes comme ceux qui aujourd'hui se posent aux pays sous-développés. Mais elle s'est plutôt intéressée par exemple aux questions d'équilibre, c'est-à-dire à la recherche d'une utilisation cohérente et optimale des ressources. Cette constatation explique le flottement sémantique que l'on retrouve dans la littérature économique de l'époque à savoir des mots comme « expansion », « croissance », « développement », « progrès » (en anglais Expansion, Growth, Développement, Progress)[18].

Le concept le plus universel de l'époque était celui de la croissance qui est aujourd'hui devenu une exigence des politiques, des professionnels, et des administratifs sous l'impulsion des Institutions Financières Internationales (FMI, Banque mondiale, OCDE, OMC) qui se proclament « partenaires techniques et financiers». Maintenant la croissance est accouplée au mot «développement» et les deux deviennent des exigences des politiques économiques et financières.

La plupart des recherches sur l'Afrique se ramènent parfois à trois interrogations majeures : Pourquoi des pays comme la Corée du Sud, la Chine de Taiwan, la Malaisie, la Turquie et beaucoup d'autres NPI ont maintenant un revenu réel par tête vingt fois supérieur à celui de l'écrasante majorité des pays africains qui étaient au même niveau de développement au moment de leur indépendance politique dans les années 1960 ? Certains de ces pays comme la Côte d'Ivoire, le Ghana et le Sénégal avaient même un niveau de revenu per capita légèrement supérieur. Quelle est la politique économique capable d'élever le rythme de croissance des économies afin de sortir de la trappe de la pauvreté et amorcer le rattrapage ? Comment éradiquer la pauvreté de masse ?

I/ Le monde immense des théories de la croissance : théories à la fois nombreuses et contradictoires pour inspirer des politiques de croissance rapide et inclusive.

> *La croissance, tout le monde court après. Les chefs de gouvernement pour flatter leur bilan, les chefs d'entreprise pour justifier leur salaire et leurs stock-options, et les économistes pour montrer qu'ils servent à quelque chose en arrivant à l'expliquer... La religion du taux de croissance ne suffit pas. Certes, mieux vaut un gouvernement qui fasse les bons choix de politique économique pour soutenir le plus possible la croissance et l'emploi. Mais cela reste largement insuffisant pour garantir la bonne santé d'une société et la vigueur de sa démocratie.* **Christian CHAVAGNEUX**.

En cherchant à donner un aperçu succinct de cette fresque des théories de la croissance : on peut les diviser en deux grands groupes : celui qui traite des

[18] Makhtar DIOUF a prodigieusement raison de souligner que *« Dans les pays industrialisés, la croissance économique est significative dans la mesure où elle est induite par le dynamisme interne de l'économie, crée des emplois et se traduit par une élévation sensible du niveau de vie. Le secteur manufacturier y est le moteur de la croissance. Par contre dans les pays africains, la croissance n'est tirée pour l'essentiel que de l'extérieur, par des facteurs exogènes : les recettes d'exportation de produits primaires, et l'argent envoyé par les immigrés à leurs familles.*

conditions de la croissance dans les pays développés, celui qui s'attache aux problèmes particuliers que posent les pays sous-développés. Toutefois, c'est la grande crise de 29 qui a amené les économistes à « réinventer » le problème de la croissance, et à retrouver la trace des grands ancêtres A.SMITH et D.RICARDO et quelquefois à découvrir l'existence de K.MARX.

Bien que KEYNES[19] ne soit pas à proprement parler un théoricien de la croissance, il a joué en la matière un rôle énorme : beaucoup de théoriciens de la croissance seront ses disciples, ou auront été influencés par lui. Parallèlement à lui, J. SCHUMPETER (« Business cycles »), HICKS, HANSEN ont contribué à recenser toute l'économie politique sur la croissance. Les premiers **outils conceptuels** de la théorie de la croissance sont keynésiens, et le demeurent encore largement aujourd'hui .ce sont l'investissement, la consommation, le revenu, l'épargne. C'est le **multiplicateur** qui est un coefficient qui permet de passer d'un investissement donné à l'accroissement total de revenu entraîné par cet investissement. KEYNES l'a emprunté à KAHN tout en élargissant la définition. C'est **l'accélérateur**, dont le père spirituel est AFTALION, et qui est destiné à traduire quel est l'effet inverse d'un accroissement du revenu sur le montant de l'investissement. C'est R.HARROD qui a introduit l'accélération dans la théorie de la croissance en cherchant à le combiner avec le multiplicateur pour prendre une vue d'ensemble de la dialectique des liens entre le revenu et l'investissement. SAMUELSON et HICKS vont entreprendre des recherches similaires. Quant à J. SCHUMPETER, HANSEN, HICKS, ils distinguent l'investissement autonome (sorte de variable stratégique de la croissance) et l'investissement induit. Toute une série de recherches, après la Seconde Guerre mondiale, est consacrée au coefficient de capital, forme transformée du multiplicateur. LUNDBERG essaie, par ses analyses de séquences, de tenir compte des délais et des concepts utilisés convergent vers la fabrication de modèles, dont certains sous une forme mathématique très élaborée. Ces modèles sont des sortes de représentations schématiques des principales variables qui, selon leurs auteurs, président au dynamisme de la croissance. Ce sont, si l'on veut, des équations représentant les fonctions (au sens mathématique du terme) de la croissance.

Comme l'observe Gilles DOSTALER dans son ouvrage (Keynes et ses combats, Edit. Albin Michel, 2005), le keynésianisme qui se développe et triomphe pendant les Trente Glorieuses est une créature hybride qui se présente sous de multiples avatars. Dans le courant dominant, qu'on a appelé la

---

[19] KEYNES : *Théorie générale de l'emploi, de l'intérêt et de la monnaie*, Edit. Payot, 1982. Gilles DOSTALER dans son ouvrage (Keynes et ses combats, Edit. Albin Michel, 2005).Keynes décline l'invitation qui lui est faite de se présenter aux élections de 1940 avec l'appui des trois partis. Il se définit alors comme un " publiciste extrêmement actif ", dont l'influence est d'autant plus grande qu'il reste éloigné des contingences de la politique quotidienne.

synthèse néoclassique -car on cherche à y concilier la macroéconomie keynésienne et la microéconomie néoclassique -, les idées de Keynes ont été traduites en quelques équations illustrées par un célèbre graphique, baptisé IS-LM, censé aider les décideurs à choisir les recettes budgétaires et monétaires permettant d'atteindre certains objectifs macroéconomiques

L'École de pensée postkeynésienne qui regroupait, au départ, les disciples les plus radicaux de KEYNES, frottés de marxisme ou d'institutionnalisme et qui avaient pour point commun de récuser l'approche néoclassique, même teintée de keynésianisme, ont joué un rôle déterminant dans l'élaboration des théories de la croissance. Les principaux auteurs que vous connaissez assez bien sont : M. KALECKI, Mrs. J. ROBINSON, N. KALDOR, R. HARRROD, Evsey DOMAR, ARROW, KALECKI, MARSHALL, J. GALBRAITH, L. PASINETTI ou P. SRAFFA etc. Les modèles HARROD ET DOMAR et celui R.SOLOW sont les plus usuels.

Au total, comme nous le verrons, après l'analyse des théories les plus contemporaines, tous ces modèles souffrent d'un excès de globalisme et de « mécanisme » qui les rend impropres à l'explication et à l'action. Aucun d'eux n'a réussi à appréhender la complexité du phénomène de la croissance, parce qu'ils reposent tous sur un petit nombre d'hypothèses schématiques et cela nonobstant les énormes capacités de calcul disponibles (big data). Aucun d'eux n'a mené à une découverte théorique de quelque importance qui n'ait été faite sous d'autres formes, et avec d'autres méthodes. La faute n'en incombe pas à la méthode des modèles en tant que tels, mais au fait que les résultants d'un modèle, si ingénieux soit-il, dépendent directement des aliments qu'on lui fournit, c'est-à-dire de la qualité des hypothèses de départ.

Quant au second groupe, des théories de la croissance s'intéressent aux pays en développement. La question centrale de cette analyse n'est plus : que faire pour assurer une croissance rapide et harmonieuse, équilibrée et débarrassée de toute fluctuation forte en hausse comme en baisse, mais la question est que faire pour commencer à croître ? Il est impossible de donner un aperçu, même ultra-simplifié, de la littérature sur le sous-développement et croissance économique. Quelques auteurs sortent du lot : MYINT («The economics of the developing countries », 1964), Nasir Ahmad KHAN (« Problem gowth»), MAHALANOBIS, Hans SINGER (« International development), Ch. KINDLEBERGER (« Economic development »), W. A.LEWIS (« La théorie de la croissance économique »), R. PREBISCH, Albert O. HIRSCHMANN (« Stratégie du développement économique »), F.PERROUX, M.BYE, G.MYRDAL, NURSKE, Gunder FRANK, S.AMIN, ROSENSTEIN-RODAN.

À partir d'une analyse des pays sous-développés, les théories de la croissance doivent répondre aux questions qui peuvent se résumer en une seule interrogation centrale : « Que faire pour commencer à croître » ? Ces pays accusent une faible base autonome d'accumulation et s'ils veulent s'en sortir et lever tous les obstacles qui s'opposent à leur expansion, ils doivent faire de la croissance l'objectif économique et politique majeur. C'est pourquoi la croissance doit être au premier rang de toutes les priorités, c'est-à-dire qu'il doit y avoir une articulation des facteurs de production telle qu'entre deux périodes un agrégat significatif de l'activité économique soit le plus élevé possible. Comment faire pour y arriver ? [20]

La problématique des discussions sur les voies de l'industrialisation est le « dilemme » : industrie lourde ou industrie légère. Les partisans du « textile d'abord » sont ceux qui « conseillent » aux pays sous-développés d'adopter un processus lent, « sage », d'industrialisation fondée sur les industries légères de biens de consommation et proposent de laisser le monopole de l'industrie lourde aux pays développés. D'autres économistes mettent en doute cette « sagesse » et même la possibilité réelle d'amorcer le développement de cette façon. Plus généralement la discussion débouche sur l'opposition entre « la croissance balancée » et « la croissance non balancée » : faut-il commencer le développement dans tous les secteurs, faut-il au contraire privilégier certains secteurs ?... Vaut-il mieux pour un pays sous-développé introduire tout de suite les techniques modernes, quitte à se résigner à un important chômage latent, ou bien au contraire employer tous les travailleurs, sur la base de techniques plus primitives ? Quels sont les « préalables » indispensables du développement : la disponibilité de capitaux, une classe d'entrepreneurs, le crédit, la formation des cadres? Pour chacun de ces problèmes se dessine ce qu'on pourrait appeler une « gauche » et une « droite dans l'économie politique dominante.

La croissance déséquilibrée sera particulièrement défendue par R. NURSKE et approfondie par R. ROSENSTEIN. En principe, le processus de croissance devrait concerner tous les secteurs de l'économie qui se développeront alors dans une proportion mutuelle correcte ou ne se développeront pas du tout. Concrètement, il s'agit d'organiser une intervention généralisée dans tous les secteurs. Ainsi, l'accroissement de l'offre induisant celui de la demande, les fameux cercles vicieux de la pauvreté seront levés par suite de l'élargissement des dimensions du marché subséquent aux revenus distribués. En plus, un autre avantage de cette politique réside dans les économies externes qu'elle autorise et qui pourront être optimalisées par une démultiplication des secteurs d'intervention.

Cette analyse a été très vivement controversée. Ainsi, F. MACHLUP rejette tout aussi bien le concept que les formulations analytiques. Il observe d'abord que le concept *« est un mot qui a tant de significations que l'on ne sait*

---

[20]Kako NUBUKPO : *« L'urgence africaine – changeons de modèle de croissance ».* 2020, Édit. O. Jacob. Cette analyse lucide reprend avec quelques thèmes forts et clairs, l'impérative urgence de changer de modèle de croissance et de rompre avec ces politiques néolibérales prônées par les IBW.

jamais de quoi parlent ceux qui l'emploient : il faut donc l'effacer du vocabulaire des savants ». Quant aux analyses, elles sont si globales qu'elles ne peuvent être expressives des changements réels à opérer. A.O. HIRSCHMAN ajoute que cette théorie de la croissance balancée est une application mécanique des résultats de l'analyse du processus de croissance des pays industriels avancés. Elle est donc inadaptée aux pays sous-développés, car son application exige une énorme somme de ces aptitudes qui sont rares dans ces pays. En d'autres termes, ajoute A.O. HIRSCHMAN si un pays est en mesure d'appliquer la théorie de la croissance équilibrée, il ne sera pas sous-développé au départ. Cette insatisfaction théorique a fortement contribué à l'élaboration, par A.O. HIRSCHMAN, de la théorie de la croissance déséquilibrée.

La Banque mondiale s'est fortement inspirée de cette approche sur des séquences de déséquilibrés successifs porte sur les investissements d'infrastructures et les investissements directement productifs. Chaque progrès dans la séquence est induit par un déséquilibre qui appelle une nouvelle avancée. C'est une série infinie d'effets d'entraînement qui affecte de proche en proche l'économie dans son ensemble. Il faut donc amorcer la croissance par les pôles ou des secteurs décisifs pouvant exercer des effets d'entraînement sur d'autres secteurs. Dans cette direction la Banque a beaucoup investi dans les infrastructures de base entre les années 50 et 60. La question est aujourd'hui ramenée en première ligne par le NEPAD qui postule que la solution des infrastructures devrait permettre de réduire le gap avec les pays développés.

Que la croissance soit équilibrée ou déséquilibrée, son niveau est fonction de celui de l'investissement. Une politique de croissance se ramène à investir chaque année une part la plus importante possible du revenu national. De plus, pour qu'elle soit équilibrée, il faut que l'investissement soit égal à l'épargne. En somme, le problème de la croissance devient avant tout un problème d'épargne. On découvre alors l'ordonnance de Rostow selon laquelle les pays sous-développés n'atteindront des taux de croissance élevés que s'ils épargnent et réalisent des investissements de l'ordre de 15 à 20% de leur revenu national. Les expériences des NPI d'Asie semblent conforter par l'évolution du taux d'épargne (épargne brute sur PIB).

Cependant, Eric BOUTEILLER et Michel FOUGIUN nuancent le rôle de l'épargne dans la croissance des pays asiatiques en soulignant que "le niveau de l'épargne n'est pas une condition préalable du "décollage" économique de ces pays. L'épargne de la Corée du Sud, par exemple, était nulle dans les années 50". Les auteurs soutiennent même l'idée que l'épargne élevée est une conséquence de la croissance rapide. En effet, observent-ils, les agents économiques considèrent, dans un premier temps, que les surplus de revenus, qu'ils obtiennent sont provisoires et qu'il vaut mieux les mettre de côté pour les temps difficiles. La croissance rapide de l'épargne seule rend la croissance rapide sur le long terme. Ce n'est pas l'équilibre qui permet au cycliste d'aller plus vite, mais la vitesse qui lui permet d'être en équilibre. Cette forme de détermination du taux de croissance aboutit à une impasse théorique, car il ne précise ni théoriquement ni pratiquement les proportions du revenu consacrées à l'investissement et à la consommation. La politique de fixation des taux de croissance devra se fonder exclusivement sur un jeu de scénarios.

Tous les modèles de croissance qui sont élaborés pour l'usage des pays en développement accordent à l'investissement une fonction motrice et s'appuient sur les théories néo-classiques et keynésiennes.

Le second volet des théories et politiques de la croissance concerne la détermination du taux de croissance qui est voulu le plus élevé possible. Les réponses théoriques s'organisent autour de l'idée que le taux de croissance est une fonction du taux d'accumulation du capital ou encore du taux d'investissement. Comme on l'a souligné plus haut, obtenir un taux élevé de croissance se ramène à investir en équipement la fraction la plus élevée possible du revenu national. On affame pour équiper, car des ressources sont extraites ainsi de la consommation. Évidemment la théorie ne dit strictement rien sur le pourcentage du revenu national à investir chaque année et les chiffres avancés par W.W. ROSTOW restent très arbitraires. Pourquoi entre 15 et 20% et pas moins ni davantage ?

En définitive, la plupart des théories de la croissance ont échoué devant ce qui constituait les deux objectifs essentiels : d'une part, donner une traduction simple, mais totale de la dynamique de la croissance et d'autre part dégager les bases d'une politique effective de croissance optimum. Souvent ces théories se fondent sur des modèles qui souffrent d'un excès de globalisme et de mécanismes qui les rend impropres à l'explication et à l'action. Aucun des modèles les plus usuels n'arrive à appréhender toute la complexité du phénomène parce que les paradigmes reposent sur un petit nombre d'hypothèses schématiques.

C'est dire que tout modèle élaboré sur des postulats trop simplistes ne peut être qu'inapproprié du fait de la fragilité de la trame d'hypothèses qui, de surcroît, n'ont absolument rien de commun avec la réalité telle qu'elle est structurée. Si l'objectif est de réduire ou d'éradiquer la pauvreté, la recherche économique devra se préoccuper davantage de la manière dont la croissance est structurée, ainsi que des bénéficiaires de celle-ci.

Tableau 1 : Les principales théories de la croissance

Théories de la croissance	**Origine de la croissance**	**Traits caractéristiques**
A. Smith (1776)	Division du travail.	Croissance illimitée.
D.Ricardo (1817)	Réinvestissement productif du surplus.	Croissance limitée en raison du rendement décroissant des terres.
R.Malthus (1799)	Réinvestissement productif du surplus).	Croissance limitée en raison de la loi de population.
K. Marx (1867)	Accumulation du capital.	Croissance limitée dans le monde de production capitaliste en raison de la baisse tendancielle du taux de profit
J.A Schumpeter (1911, 1939)	Grappes d'innovations.	Instabilité de la croissance, théorie explicative du cycle long type Kondratiev.
Modèle postkeynésien R. Harrod (1939), E. Domar (1946)	Le taux de croissance est fonction du rapport entre le taux d'épargne et le taux d'investissement.	Instabilité de la croissance.
Modèle néoclassique R. Solow (1956)	Population et progrès technique « exogène ».	Caractère transitoire de la croissance en l'absence de progrès technique.
Modèle du club de Rome Meadows (1972)	Ressources naturelles.	Croissance finie en raison de l'explosion démographique, de la pollution et de la consommation énergétique.
Théorie de la régulation M. Aglietta (1976) R. Boyer (1986)	Articulation entre régime de productivité et régime de demande.	Diversité dans le temps et dans l'espace des types de croissance.
Théories de la croissance endogène P. Romer (1986), R. Barro (1990), R. Lucas (1988)	Capital physique ; technologie ; capital humain ; capital public ; intermédiaires financiers.	Caractère « endogène » de la croissance ; réhabilitation de l'État ; prise en compte de l'histoire.

En définitive pourquoi avons-nous besoin d'une théorie du développement économique ? Principalement pour fournir une sorte de cadre d'organisation des faits économiques et sociaux qui permet d'évaluer ce qui représente des possibilités et des nécessités. En plus, la théorie doit redéfinir le capital et l'endogéneisation du progrès technique et des innovations, en somme, toutes les composantes d'une accumulation productive. À cela, il faut ajouter une dimension institutionnelle qui a une influence considérable sur le développement. L'analyse de celle-ci révèle deux approches : l'une plutôt macroéconomique (les institutions, vues par le haut), l'autre plutôt microéconomique (les institutions vues par le bas). Ces deux approches posent en termes différents le problème du tandem État-Marché. C'est dire que sur les deux registres, théorique et d'économie politique, l'économie du développement est le meilleur champ de confluence et d'interdépendance même si elle nous offre un arsenal conceptuel à géométrie variable. L'économie du développement est engagée dans des directions de recherche bi-disciplinaires, avec la science politique, ou le droit pour les questions de « gouvernance », avec la socio-anthropologie ou la gestion pour l'analyse de la rationalité et des interactions sociales avec la philosophie dans l'éthique du développement[21]. A.SEN, dans cette vision interdisciplinaire développe l'éthique du développement et la lutte contre la pauvreté sans se débarrasser de l'ontologie du marché.

Dans cette direction, R.E. LUCAS observait que « *le revenu de l'Inde double tous les cinquante ans, celui de la Corée tous les dix ans. Ces différences sont aussi étonnantes que celles entre les niveaux de revenus. Je ne vois pas comment on peut regarder l'éventail des taux de croissance sans voir qu'ils représentent des possibilités. Y'a-t-il quelque politique que le gouvernement indien puisse adopter ? Voici pourquoi nous avons besoin d'une théorie du développement économique pour fournir une sorte de cadre en organisant les faits de ce type, pour évaluer ce qui représente des possibilités et des nécessités* ».[22]

II/ Quels sont les apports des nouveaux modèles de la croissance endogène mitraillés par les Institutions Financières Internationales (IBW)?

Un taux de croissance élevé n'a constitué et ne constitue pas une garantie contre une aggravation de la pauvreté. MAHBUB UL HACQ[23].

Aujourd'hui, les économistes comme les institutions financières internationales (IBW) considèrent que la croissance est l'objectif majeur des pays en développement d'Afrique. L'économie semble ainsi retourner à ses sources. Les propositions en cours indiquent que la croissance présente trois caractéristiques. D'abord, elle n'est plus considérée comme le résultat d'un

---

21 Elsa ASSIDON : *Le renouvellement des théories économiques du développement*. Cahiers français n°) 360, Sept-Octobre 2002. Voir également : Moustapha KASSE : *Economie du développement tome1 : les références théoriques, pensée économique, développement et sous-développement*. Édit Silex/Nouvelles du Sud, 447 p.

22 R.E. LUCAS : *La croissance et le capital humain,* 1988.

23 C'est une figure de proue du débat sur le développement économique. Ancien de la Banque Mondiale, il a appartenu à toutes les Commissions du Développement : Commission Brand, Commission Sud ; Il a dirigé le groupe qui rédigé le premier Rapport du PNUD sur le Développement humain en 1990.

système, mais comme un objectif auquel doit être subordonné tout le système économique. Ensuite, elle n'est pas spontanée, mais résulte d'une impulsion provenant d'une régulation par le marché ou par l'État. Enfin, le continent africain du fait du retard de ses forces productives matérielles et du faible niveau de vie de ses populations a besoin d'une croissance rapide, harmonieuse et au rythme le plus élevé possible, compte tenu des ressources disponibles et des capacités des gouvernements.

Il revient alors à la politique économique de déterminer les objectifs, de sélectionner les moyens et pour y parvenir, et de s'appuyer sur un référentiel théorique indiquant les différentes articulations des déterminants de cette croissance et selon le schéma qui suit :

Le processus de la croissance peut donc être résumé par le schéma suivant :

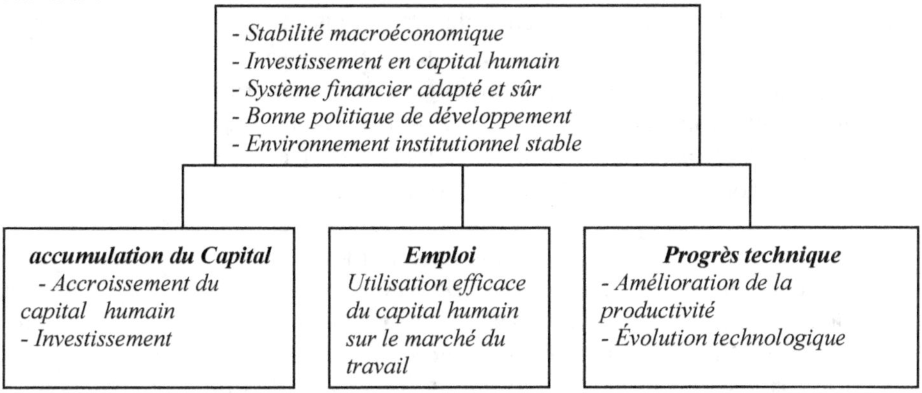

Comment les modèles de croissance endogène ont-ils été construits? Le retour à Adam SMITH semblait la seule voie possible, en incorporant les apports de SCHUMPETER, de Roy HARROD-Evsey DOMAR, d'ARROW, de N.KALDOR et de MARSHALL. Quatre idées fondamentales sont alors intégrées dans le modèle néoclassique de croissance équilibrée de SOLOW de 1956 qui repose essentiellement sur l'hypothèse d'une productivité marginale décroissante du capital dans la fonction de production.

Les facteurs de production sont utilisés de manière efficace et rémunérés à leur productivité marginale. SOLOW montre que cette économie tend vers un état stationnaire. D'abord, la division du travail est une source endogène de la prospérité (SMITH). Ensuite, l'innovation est le moteur de la croissance (SCHUMPETER) et elle naît d'un processus d'apprentissage de *learning by doing* (SMITH, ARROW), le progrès technique est une fonction de l'accumulation (KALDOR). Enfin, les externalités (MARSHALL) sont générées dans le temps par l'investissement. Sur cette base, les théoriciens de la croissance endogène élaborent trois modèles qui ont fortement contribué à éclairer les articulations des facteurs de la croissance comme les ressources humaines et les institutions qui génèrent les innovations technologiques servant de locomotive à la croissance économique. Il s'agit du modèle du prix Nobel ROMER (1986 et 1990), de LUCAS (1988) et de BARRO (1990). Ces modèles ont une caractéristique commune qui est que l'externalité positive peut provenir soit du capital physique (même si les biens en question sont publics), soit du capital humain, soit des innovations technologiques.

Après le capital physique, le capital humain et le capital de la connaissance qui sont des transverses, certains économistes ajoutent maintenant aux déterminants de la croissance un **capital social** définit comme un ensemble complexe de valeurs, normes comportementales, d'obligations et de canaux d'information visant à instaurer la confiance, à garantir l'application des contrats, à instituer des mécanismes d'assurance et à favoriser l'apprentissage social (PUTNAM, 1993). COLLIER (1998) ajoute de cette variable englobe la cohérence sociale et culturelle interne de la société, les normes et les valeurs qui gouvernent les interactions entre les individus et les institutions dans le cadre desquelles ces normes et valeurs entrent en jeu. Ces éléments constituent un bon point de départ pour l'étude négligée des transformations structurelles tout aussi importantes que les autres déterminants de la croissance.

En d'autres termes, la croissance endogène doit être au premier rang de toutes les priorités, c'est-à-dire qu'il doit y avoir une organisation, une articulation des facteurs de la croissance telle qu'entre deux périodes un agrégat significatif de l'activité économique soit le plus élevé possible.

Les recherches récentes tendent à créer un lien entre taux de croissance et réduction de la pauvreté et établissent qu'une croissance longue viendrait à bout de la pauvreté. Les études de DEMERY et WALTON (1998) tentent de montrer que si l'Afrique veut réduire de moitié la pauvreté, elle doit réaliser des taux de croissance réguliers d'au moins 7% sur une période de 25 ans. L'investissement devrait alors passer de l'ordre de 35 à 40% du PIB de chaque pays. Or, même en mobilisant le volume global de l'épargne intérieure, les excédents en devises, l'aide extérieure et les capacités d'endettement, le challenge est quasiment impossible. Il faut alors recourir à l'épargne extérieure et aux IDE pour atteindre cet objectif de croissance économique. Il suffit alors d'enclencher une telle croissance par des investissements lourds ce que les fameux de l'Émergence essaient de réaliser avec les grands projets structurants (infrastructures,) au détriment de politiques sectorielles cohérentes.

En définitive, les théories de la croissance, si elles ont amené une quantité d'études sur la dynamique des sociétés surtout capitalistes, si elles fourmillent de formulations astucieuses et sophistiquées, elles ont quelque part échoué devant ce qui était leurs deux (02) objectifs essentiels : donner une traduction simple, mais totale de la dynamique de la croissance et dégager les bases d'une politique effective de croissance optimum.

Les modèles élaborés dans cette direction souffrent d'un excès de globalisme et de mécanisme qui les rend parfois impropres à l'explication et à l'action. Aucun d'eux n'a entièrement réussi à appréhender la complexité du phénomène de la croissance, car ils reposent tous sur un petit nombre d'hypothèses schématiques. Aucun d'eux n'a véritablement mené à une découverte théorique de grande importance qui n'ait été faite sous d'autres formes avec d'autres méthodes.

À l'analyse, il est peu probable qu'une croissance, même rapide, résorbe la pauvreté dans des délais acceptables. Il est encore invraisemblable que cette croissance puisse être tirée par les seules exportations, comme la Banque mondiale l'a longtemps soutenue au mépris de l'histoire économique- y compris celle des pays asiatiques. Ce qui relève selon P. ENGELHARD d'un grand aveuglement intellectuel[24]. Passons en revue les quatre postulats implicites ou explicites qui sous-tendent l'ajustement :

- La croissance économique viendra à bout de la pauvreté. En admettant cette articulation, il convient de savoir ce qu'il faut faire si la croissance ne suffit pas à réduire la pauvreté. La critique prend du relief quand on sait qu'il faut un taux de croissance minimal oscillant entre 7 et 10%, or celui est bien en dessous de ce chiffre.
- La croissance des « riches » a nécessairement un effet d'entraînement sur le revenu des pauvres. Ce postulat est fragile, car la structure de la distribution des revenus est mal connue dans tous les pays et au même moment. Ensuite, il n'existe presque nulle part un État capable de redistribuer les richesses. Enfin, mais pour ce qu'on en sait, les inégalités sont telles qu'elles exercent plutôt des effets négatifs[25].
- Il n'y a de croissance que dans une économie non déficitaire. Ce postulat a un caractère fétichiste et n'est, de surcroît, jamais vérifié historiquement[26].
- La croissance saine est celle qui est tirée par les exportations et les IDE. Théoriquement comme empiriquement, cette assertion est fortement discutable.

Ce sont les organisations internationales qui ont décrété arbitrairement qu'avec un taux de croissance cumulé de 7% par an durant une certaine période, un pays sort de la pauvreté. Selon M.DIOUF, *« elles vont même jusqu'à se donner une coloration ''scientifique'' avec des précisions du genre 1% de croissance génère 0.15 à 0.25% de réduction du taux de pauvreté.*

---

[24] P.ENGELHARD *: L'Afrique miroir du monde ?* Edit. Arlea 1998, 222p.

[25] Mc NAMARA alors président de la Banque mondiale écrivait que *« les politiques qui ont pour effet d'enrichir les riches n'enrichissent pas la nation. Au contraire, elles entraînent inévitablement le déséquilibre économique et l'instabilité sociale. ».*

[26] Le postulat ne tient que si l'endettement est insoutenable au point de compromettre les équilibres à moyen et long terme, ce qui entrainerait des taux d'endettement plus élevés que ceux de la croissance.

C'est, nous dit-on, l'évolution du Produit intérieur brut (PIB) d'une année à l'autre. Et à partir du PIB, on détermine le revenu par tête d'habitant qui permet d'opérer une classification entre pays. Il faut donc ausculter le PIB qui est une foire de problèmes ».

L'échec des PAS et l'impuissance des théories et praxis de la croissance ont relancé les recherches et réflexions sur de nouvelles visions et l'élaboration de programmes alternatifs pour l'avenir fondé sur le développement. Pour être complet, celui-ci ne peut avoir pour centre que l'homme et sa volonté de transformation de la société dans laquelle il vit. En effet, durant les années 70 -80, la crise de la dette avait polarisé l'attention vers la recherche de solutions aux problèmes des déséquilibres externes et internes à court terme.

Les réflexions sur le développement et la stratégie de développement à long terme sont totalement reléguées à l'arrière-plan. Conséquemment, l'analyse économique du développement, comme le développement lui-même, est passée aux oubliettes. C'était l'époque où, selon Prenab BARDHAN, l'économie du développement a été une jeune fille aux mauvaises fréquentations (l'anthropologie, la psychologie, la science politique, etc.) dans sa quête pour comprendre le changement structurel[27]. Les principaux sujets de préoccupation études et de recherches portaient sur les conditions de la croissance, la stabilisation, l'endettement, l'aide extérieure pour s'achever sur l'ajustement structurel. Le PIB est une grandeur malléable à merci, jusqu'à être très élastique, pour devenir une statistique politique. Sur conseil de la Banque mondiale, le Ghana procède en 2010 à une refonte du calcul du PIB en adoptant comme nouvelle base l'année 2006 au lieu de 1993, pour y inclure d'autres activités comme la reforestation des terres dégradées, l'exploration pétrolière, le téléphone mobile (qui aurait relevé le niveau de vie des habitants). Résultat : le PIB par tête se trouve augmenté de 60 pour cent, ce qui place le Ghana en 3ème position derrière le Nigeria et le Cap-Vert en Afrique de l'Ouest. L'annonce est faite le 5 novembre 2010. Le *goorgorlou ghanéen* (le démuni, le pauvre) qui s'est couché la veille le ventre vide, se lève le matin, n'ayant encore rien à se mettre sous la dent est informé qu'il s'est enrichi de 60 pour cent pendant qu'il dormait. Si le ridicule tuait.

Quels enseignements des théories pour arriver à une croissance inclusive forte et durable dans l'équité ? La réduction de la pauvreté est directement corrélée au niveau de la croissance. Depuis les Classiques jusqu'aux théoriciens de la croissance endogène la croissance et le développement

---

[27] Cité par Elsa ASSIDON. Cette idée est toujours mentionnée sur tous les documents des Institutions Financières Internationales (IFI) sous le vocal de *« transformations structurelles »* dont on ne donne aucune indication ni de son contenu encore moins de ses méthodes et de son évaluation. Elsa ASSIDON : *Les théories économiques du développement,* Édit. La découverte, Coll. Repères 2002.

résultent fondamentalement de l'accumulation du capital qui permet simultanément d'élargir les capacités de production et la productivité globale des facteurs.

Manifestement les pays accusent une faible base autonome d'accumulation comme l'établit la quantité impressionnante de matériaux statistiques rassemblés. Dès lors, s'ils veulent s'en sortir et lever tous les obstacles qui s'opposent à leur expansion, ils doivent faire de la croissance l'objectif économique et politique majeur. Il faut alors, une croissance rapide avec les taux les plus élevés possible compte tenu bien sûr des ressources naturelles, financières et humaines qu'ils peuvent mobiliser. Ensuite, la croissance doit être régulière et débarrassée de toute fluctuation trop forte, en baisse comme en hausse. Enfin, elle doit être équilibrée, c'est-à-dire que les capacités de production et de consommation doivent correspondre et s'ajuster en permanence. En d'autres termes, la croissance doit être au premier rang de toutes les priorités, c'est-à-dire qu'il doit y avoir une organisation, une articulation des facteurs de la croissance telle qu'entre deux périodes un agrégat significatif de l'activité économique soit le plus élevé possible. **Que faire pour y arriver ? Quatre problèmes sont à résoudre : un État à la fois fort, visionnaire stratège conduit par un leadership transformationnel, une administration honnête de gestion du développement, un secteur privé dynamique et impliqué, une mobilisation des populations autour des valeurs d'équité et de justice sociale.**

III/ L'initiative du PNUD de se réapproprier le débat oublié et les recherches ajournées sur le développement économique et social.

Au demeurant, si les PAS ont permis à certaines économies d'améliorer et de rétablir leurs déséquilibres macroéconomiques, ils n'ont pas réussi à initier de nouvelles dynamiques de croissance durable, suite à l'essoufflement des stratégies d'import-substitution et des mauvaises politiques agricoles. De plus, ces réformes se sont traduites par une détérioration des conditions de vie des populations et un accroissement de la pauvreté. Une autre conséquence est l'accélération de la décomposition des anciennes normes sociales et notamment, le délitement des solidarités traditionnelles sans que ne se construise une protection sociale véritablement moderne de substitution. Cette situation sociale désastreuse des populations, surtout pour les plus défavorisées, avait amené les ONG ainsi que certaines organisations internationales à alarmer l'opinion mondiale dès le début des années 80.

Des organisations comme l'UNICEF[28], le BIT (1990), la FAO (1990) ainsi que des chercheurs comme P. HUGON (1989), H. SINGER (1989), LOXLEY

---

[28] UNICEF : *Ajustement à visage humain 1984* .Cet ouvrage est le premier à remettre en cause l'ajustement structurel des IBW.

(1990) ont directement mis en cause les mesures de stabilisation et d'ajustement structurel.

La corrélation est établie entre les mesures économiques et financières et l'accentuation des difficultés de la population par le biais du freinage de la demande et la compression des dépenses publiques, du recul des dépenses sociales, de la baisse des effectifs de la fonction publique, de la réduction de la fréquentation des écoles et des centres de santé. C'est dire que les réformes visant la réduction des déficits et la relance de la croissance débouchent sur une dégradation du développement humain avec une recrudescence de la pauvreté.

1°) Des critiques de la croissance aux interrogations sur le développement.

Les effets sociaux lourds ont amené le PNUD à se séparer progressivement du cadre de référence dominant en créant le concept du Développement Humain Durable (DHD).[29] Cet indicateur est calculé en combinant le PNB par tête (instrument de mesure de la situation économique d'une nation), avec d'autres indicateurs tels que : l'espérance de vie à la naissance, le taux d'alphabétisation des adultes et le taux de scolarisation. Le Rapport mondial sur le Développement Humain (RMDH) de 1994 marque un tournant significatif : le concept de développement humain est complètement dissocié de celui de la croissance économique.

Parallèlement, l'analyse économique conventionnelle et néoclassique dominante qui ne s'intéressait plus aux problèmes du développement économique, aux structures sociopolitiques et à la dimension humaine voit son modèle fortement contesté, puisque trop décalé de la réalité qu'il est chargé à la fois d'interpréter et de changer. Globalement, la théorie économique a connu des progrès considérables pouvant méthodologiquement contribuer à la compréhension et à la solution du sous-développement. C'est précisément le cas du modèle d'équilibre général qui facilite la compréhension des relations entre les marchés, les ménages, les régions, et leurs effets intertemporels. C'est aussi le cas de la croissance endogène dont le taux dépend des comportements des agents et des caractéristiques du système économique et social et cela, contrairement aux théories traditionnelles de la croissance pour lesquelles le taux de croissance est déterminé par les variables supposées exogènes : progrès technique et accroissement démographique. Les faibles résultats des politiques d'ajustement, la montée de la pauvreté et les rigidités structurelles permettent de réaliser d'une part qu'il faut d'autres objectifs que la simple croissance du PIB et d'autre part que le développement nécessite de profondes

---

29 PNUD : Rapport Mondial sur le Développement Humain (1990) : *La définition et la mesure du développement humain (1990)*

transformations qui ne sauraient être subordonnées à de simples exigences de réformes à court terme.

2°) Le PNUD ressuscite le paradigme fétiche de développement.

Après le débat des années 70 sur les besoins fondamentaux, le nouvel ordre économique mondial et surtout les contre-performances de la nouvelle orthodoxie, la déception envahit les organisations d'aide et de développement. Certains économistes parlent de « la décennie perdue pour le développement » et apostrophent les Institutions Financières Internationales (IFI) pour l'élaboration de nouveaux schémas pour relancer les enjeux du développement. Dans ce contexte, le PNUD prend l'initiative d'une nouvelle réflexion et ressuscite le paradigme fétiche de développement à l'occasion de la conception du premier Rapport Mondial sur le Développement Humain (RMDH, 1990).

Le projet est confié à MAHBUB UL HAQ un ancien fonctionnaire de la Banque mondiale qui, avec une équipe restreinte, confectionne le Premier RMDH[30]. L'équipe réhabilite la notion de développement qui a longtemps était discrédité et même disqualifié. Cette position novatrice a abouti à l'élaboration de l'Indice sur le Développement Humain (IDH). Indicateur composite, l'IDH comporte trois éléments : la durée de vie mesurée d'après l'espérance de vie à la naissance, le niveau d'instruction mesuré par un indicateur alliant pour deux tiers le taux d'alphabétisation des adultes et pour un tiers le taux brut de scolarisation combiné (tous niveaux confondus), et enfin le niveau de vie, mesuré d'après le PIB par habitant (exprimé en PPA, ou parités de pouvoir d'achat). L'IDH est ainsi égal à la moyenne arithmétique de la somme des trois indicateurs : durée de vie, niveau d'instruction et PIB corrigé par habitant en Parité de Pouvoir d'Achat. La rupture avec l'analyse en termes de croissance est consommée, car le concept d'IDH est fondé sur l'universalité du droit à la vie qui accorde à celle-ci une valeur intrinsèque sur laquelle s'appuient les concepts fondamentaux de liberté, d'égalité et de justice.

Le nouveau défi du développement devrait : i) être axé sur l'être humain, ii) considérer la croissance comme un moyen et non comme une fin, iii) préserver les perspectives offertes aux générations actuelles comme aux générations futures, et iv) respecter les écosystèmes dont dépend l'existence de tous les êtres vivants. Cette approche doit permettre à tous les individus de développer pleinement leurs capacités pour les utiliser au mieux dans tous les domaines : économique, social, culturel et politique» (RMDH, 1994). Cette prise en compte de la

[30] M. UL HACQ s'entoure d'une équipe restreinte comprenant entre autres Gustave RANIS et le prix Nobel Amartya K. SEN dont les travaux sur le développement humain sont remarquables.

dimension humaine du développement par les praticiens est en correspondance avec les avancées théoriques de la croissance endogène.

Plus qu'une simple notion, le développement humain durable (DHD) fait référence à un système complet de modèles : de production, de reproduction sociale, de répartition, de participation, d'institutionnalisation et de socialisation. Cette approche remet en question les idéologies, les mythes et les thèses comme celles des théories classiques de croissance, des ressources humaines, du **«Welfare Economics»** et des besoins fondamentaux. Dans ce contexte, le recentrage peut s'opérer, sans difficulté autour de la priorité aux pauvres et de l'effort d'élargissement de leur liberté de choix et de décision. Les enjeux du développement se formulent comme suit : « les nations en voie de développement, au lieu de consacrer leurs efforts à augmenter les taux de croissance de leurs PIB, PNN, PNB et autres agrégats, devraient plutôt tenter de réussir un « développement humain » ou un « développement exhaustif »[31]

Que recouvre précisément le concept de développement qui refait surface, mais qui oscille entre plusieurs significations ? Les réponses à cette question sont à la fois nombreuses et variables selon les Écoles de pensée et les Idéologies.

Trois auteurs, à des périodes historiques différentes, mais attentifs aux facteurs extra économiques proposent trois conceptions du développement. **D'abord François PERROUX** (1960) qui démarre par une distinction entre la notion de croissance et celle de développement. *« La croissance serait l'élévation soutenue d'un indicateur de dimension sur une ou plusieurs périodes longues. Elle s'accompagne de changements structurels (techniques, institutionnels), mais n'est pas définie par ces changements. Quant au développement, il débouche sur des structures sociales, des institutions, des habitudes d'esprit qui ne sont pas redevables des formes courantes des équilibres micro et macroéconomiques »*[32]. **Le second auteur est R.E. LUCAS (1988)** qui part du constat que *« si le revenu de l'Inde double tous les cinquante ans alors que celui de la Corée tous les dix ans, l'éventail des taux ne peut s'expliquer que par une théorie du développement qui fournirait le cadre qui organise les faits, pour évaluer ce qui représente des possibilités et des nécessités* ». **Le troisième auteur est J.STIGLITZ (1998)** pour qui le développement représente une transformation de la société, *« le passage de relations traditionnelles, de modes de pensée traditionnels, de façons traditionnelles de traiter la santé et l'éducation, de méthodes traditionnelles de production, vers des approches plus «modernes».* Par exemple, l'une des caractéristiques de la société traditionnelle est d'accepter le monde tel qu'il est. L'optique moderne reconnaît le changement, admet que nous pouvons agir individuellement et collectivement afin, par exemple, de réduire la mortalité

---

[31] K.BASU : *À propos des objectifs du développement*, in « *Aux frontières de l »économie du développement*

[32] F. PERROUX : *Économie au 20ème siècle p. 155, PUF*

infantile, d'augmenter l'espérance de vie et d'accroître la productivité. La clé de ces changements est l'évolution vers des modes de pensée «scientifiques», repérant les variables qui influent de façon déterminante sur la production, s'efforçant de faire des déductions fondées sur des données fiables et sachant reconnaître ce qu'on sait et ce qu'on ne sait pas ».

Malgré la distance temporelle, ces trois auteurs conçoivent le développement comme un ensemble de pratiques théoriques qui se démarquent du modèle **walrassien** en reconnaissant les imperfections du marché et l'incapacité des politiques de stricte croissance économique à opérer les transformations nécessaires pour asseoir justement une croissance durable.

La grande difficulté des politiques d'ajustement était de concilier les mesures d'ordre sectoriel pour obtenir la croissance avec les structures caractéristiques de la société. C'est justement en gommant ces dernières que l'on a pu établir un « modèle de PAS standard » applicable dans le temps et dans l'espace. Tous les facteurs non économiques d'ordre social, politique et institutionnel ainsi que les comportements des hommes étaient ignorés. Face à cette situation, les mesures spécifiques comme la protection des couches vulnérables, ainsi que la protection des intérêts de la population à long terme ont été complètement négligées. C'est par la suite que la dimension sociale (connue sous le sigle DSA) a été intégrée aux programmes d'ajustements et cela après de vives contestations sur le coût social élevé des PAS. Cet aspect a été très tôt mis en relief par des organisations comme le PNUD, l'UNICEF et l'UNESCO.

3°) Le PNUD approfondit les investigations sur le développement social.

Depuis le premier RMDH, le PNUD continue d'assumer et même d'approfondir l'orientation qui met l'homme au cœur de la logique de l'économie politique au moment où, dans la pensée économique, le débat se déplace progressivement de l'option du libéralisme versus interventionnisme vers les questions relatives à l'économie du développement et à l'être humain. Les thèmes abordés portent toujours tour à tour sur ces questions évidentes du développement économique et social :

- La définition et la mesure du développement humain (1990) ;
- Le financement du développement (1991) ;
- Les aspects mondiaux du développement humain (1992) ;
- La participation populaire au développement humain (1993) ;
- Les nouvelles dimensions de la sécurité humaine (1994) ;
- L'égalité sociologique entre les genres et le développement humain (1995)
- Le lien croissance économique et développement humain (1996) ;
- Le développement humain au service de l'éradication de la pauvreté (1997)

- Les modes de consommation et le développement humain (1998) ;
- La mondialisation à visage humain (1999) ;
- Les droits de l'homme et le développement humain (2000).
- Mettre les nouvelles technologies au service du DH (2001)
- Les OMD : un pacte entre les pays pour vaincre la pauvreté humaine (2003)

Le contenu des Rapports mondiaux s'est enrichi et s'est techniquement amélioré au fil des années avec un affinement plus poussé à la fois des thématiques et des instruments de diagnostic ou de mesure. Plusieurs autres indicateurs ont été élaborés dans les RMDH comme l'Indice de participation des femmes (IPF) rend compte des inégalités sociologiques entre les sexes en termes de représentation et de pouvoir de décision, l'indicateur sexo-spécifique du développement humain (ISDH) qui est un IDH corrigé qui tient compte des inégalités sociologiques entre les sexes, l'indicateur de la pauvreté humaine (IPH), l'indicateur de pauvreté monétaire (IPM), l'indicateur des pénuries de capacité (IPC), l'indicateur de pauvreté alimentaire (IPA).

Les RMDH vont remédier à l'hérésie qui consistait à restreindre le développement à la croissance économique. La démarche s'est imposée de placer l'individu – ses besoins, ses aspirations et ses capacités - au centre de l'effort de développement (RMDH, 1999). En ce sens, les RMDH fournissent sur les différents thèmes étudiés une démarche alternative et novatrice par rapport aux approches conventionnelles. Ils ont fini par utiliser une méthodologie et des orientations quelque peu différentes qui permettent de disposer d'éclairages nouveaux sur les questions de développement. Ils offrent, par conséquent, des instruments d'investigation et d'analyse au service d'une autre vision qui intègre toutes les dimensions de l'activité humaine.

4°) La Banque mondiale se convertit de l'ajustement à la lutte contre la pauvreté. Le FMI et BM élaborent une nouvelle stratégie.

Depuis leur création ces Institutions de Breton Wood (IBW) ont changé à plusieurs reprises, leurs domaines, leurs objectifs et leurs stratégies et cela chaque fois qu'elles ont vu dépérir leurs missions. Elles ont su se trouver de nouvelles raisons d'exister (AGLIETTA et S. MOATTI 2000[33] et M. LALART). Ce qui leur a permis de survivre dans une économie internationale totalement transformée. Après les échecs des PAS largement décriés en Afrique, elles ont cru opportun de publier des évaluations assez négatives sur l'efficacité de leurs interventions : lenteur des progrès de l'Afrique, enlisement dans une succession de programmes inefficients. Dans ce contexte le Sénat des États-Unis commet en mars 2000 une commission présidée par le professeur

---

[33] AGLIETTA et S. MOATTI : *le FMI, de l'ordre monétaire aux désordres financiers*, Economica 2000.

A.MELTZER[34]. L'étude est réquisitoire contre les IBW accusées d'imprévision des crises financières, de recours excessifs aux rescues packages et d'échecs dans les missions du développement notamment en Afrique. Elle va jusqu'à proposer la suppression du FMI.

Il en est résulté une avalanche de critiques sur l'efficacité de l'ajustement structurel et une remise en cause du consensus de Washington par des experts comme J. STIGLITZ, J. SACHS qui soulignent la rigueur macroéconomique malhabile, les libéralisations prématurées, l'ignorance des faits politiques, les lourds coûts sociaux et la négligence du rôle des savoirs. La Banque mondiale entame pour survivre une autocritique lente et d'une grande ampleur après un long travail d'analyse et d'observation de ses stratégies et objectifs. Depuis son Rapport mondial de 1997 elle remet l'État dans le jeu économique et la croissance, reprend les excès de rigueur dans la gestion macroéconomique, combat la corruption, elle réintroduit la politique, révise les conditionnalités et responsabilise les acteurs dans l'élaboration des nouveaux programmes.

Après un constat accablant de la montée de la pauvreté[35], elle proclame la réduction de ce phénomène comme son objectif prioritaire. Il est inadmissible alors que de nombreux pays jouissent d'une prospérité sans précédent que 2,8 milliards d'êtres humains soit près de la moitié de la population mondiale ont moins de 2 dollars et que 1,2 milliard d'entre eux vivent avec moins d'un dollar. La Banque mondiale analyse la pauvreté et élabore des instruments de mesure et d'action : les indicateurs de revenus, d'exclusion, d'inégalités internes et internationales. Elle réalise des études sociologiques et adopte l'analyse pluridimensionnelle de la pauvreté. Même changement d'orientation en matière de politique économique avec le passage des Documents de Politique économique au Document Stratégique de Réduction de la Pauvreté (DSRP).[36]

Le combat contre la pauvreté n'est pas une position nouvelle. En effet, sous R. MCNAMARA alors président, la Banque mondiale avait lancé la lutte contre la pauvreté sous l'angle de la satisfaction des besoins essentiels de base : nourriture, logement, éducation, santé. Pour vivre et être productif, les individus doivent disposer d'un environnement sain, de trouver un emploi donc un revenu, de se nourrir, de se vêtir, de s'éduquer et de se soigner[37] . Par rapport au passé les moyens mobilisés sont plus importants et les instruments d'intervention ont été modifiés : le crédit d'ajustement structurel devient désormais le crédit à la réduction de la pauvreté. L'allégement de la dette est

---

[34] MELTZER Allan : *Response to Professor Bird* World Economics, juillet-sept 2000.

[35] BANQUE mondiale : *Rapport sur le Développement dans le monde de 2001 : combattre la pauvreté.*

[36] La Banque modale commandite des études sociologiques à D.NARAYAN et P.PETESH sur « la perception de la pauvreté par les pauvres eux-mêmes ». L'objectif, écouter la voix des pauvres.

[37] Discours de R. MCNAMARA devant le Conseil des Gouverneurs (en Septembre 1973)

lié à l'initiative PPTE. Le FMI prend la même direction et aligne ses politiques sur l'impératif de réduction de la pauvreté.

5°) Théories de la croissance endogène en synergie avec l'économie politique du développement. SALA I MARTIN a réalisé une étude empirique originale.

Les auteurs au débat actuel en économie du développement s'accordent sur ce point : le développement économique contient l'idée de croissance, mais la dépasse. Autant les modifications de structures surgissent dans le processus de développement, autant celles-ci constituent les conditions inéluctables de la croissance économique et se présentent également comme la conséquence même de cette dernière. Ce qui veut dire que la croissance économique doit impérativement précéder le développement économique parce qu'on peut observer une croissance économique sans développement. Si l'objectif est une croissance au taux le plus élevé et qui soit harmonieuse et équilibrée, cela demande sa réconciliation avec le développement social. Ce lien fait aujourd'hui l'objet des recherches universitaires largement appuyées par les institutions financières et certains donateurs. Les programmes proposés par les Institutions Internationales et même par les Africains eux-mêmes comme les OMD du PNUD, les DSRP de la Banque mondiale et le NEPAD de l'Union Africaine mettent l'accent sur la notion de croissance qualitative et sur une certaine structure souhaitable de la croissance qui prenne en compte des critères de développement plus larges : réduction de la pauvreté, distribution plus égalitaire, protection de l'environnement.

Encadré 1 : Une analyse profane des théories de la croissance endogène.

La croissance économique est définie comme la variation du Produit Intérieur Brut(PIB) désignant la production de biens et de services dans une économie nationale sur une période donnée souvent longue. Cet indicateur le plus utilisé mais également le plus controversé est obtenu en sommant les valeurs ajoutées de tous les secteurs d'activité de l'économie. Les facteurs travail (L), capital (K) et technologie (T) constituent les déterminants primaires de la croissance économique. Toutefois, ces deux facteurs ne sont pas les seuls à justifier la croissance économique.

Pour analyser les causes de la croissance économique et les facteurs qui permettent de la maintenir sur le long-terme, différentes écoles de la pensée économique ont élaboré des théories desquelles, elles ont construit des modèles dont les plus usités relèvent de K.MARX (théorie de l'accumulation productive) et ses disciples, de J.SCHUMPETER, de la vaste famille de l'analyse néo-classique (R. Solow), de J.M.KEYNES et ses disciples, etc.

Les théoriciens de la croissance endogène qui apparaissent à la fin des années 80 symbolisent des syncrétismes de plusieurs théories en mettant en avant des variables clefs comme l'intervention de l'État et des institutions, l'économie du savoir (technologie, innovations). Globalement, les facteurs de la croissance retenus dans les différents modèles sont : la quantité du capital, le volume de la main-d'œuvre, la qualité de la main d'œuvre, le progrès technique et l'innovation. **Les auteurs les plus célèbres sont** :

1. **Robert LUCAS (1937)** fer de lance de la nouvelle macroéconomie classique fondée sur l'hypothèse de l'équilibre des marchés et des anticipations rationnelles, part d'une critique radicale de l'efficacité des politiques économiques. Le modèle qu'il propose conditionne l'accroissement de la croissance par l'élévation du niveau de formation des individus (capital humain).
2. **Paul ROMER (1955)** met l'accent sur la recherche et le développement (R&D), les innovations et la mise en place d'institutions capables de créer et de coordonner les externalités qui découlent de toute innovation.

3. **Robert BARRO (1944)** est celui qui a surtout théorisé la croissance endogène en définissant les sources de la croissance économique. Il critique et améliore le fameux modèle de SOLOW qui fonde la croissance sur le progrès technique (variable exogène) sans expliquer sa provenance.

Xavier SALA-I- MARTIN est co-auteur avec BARRO de l'ouvrage (Economic growth). Les travaux qu'il réalise en 1997 ont consisté, sur la base des théories développées et des études empiriques existantes sur la croissance économique, à identifier un nombre total de soixante-deux (62) variables explicatives dont trois (3) fixes. **Son modèle de base est une régression en coupe transversale de la forme: $y = \alpha + \beta 1x1 + \beta 2x2 + ... + \beta nxn + \varepsilon$ où : y : vecteur du taux de la croissance économique; x1, ... xn : vecteurs des variables explicatives**. Les différentes catégories de variables explicatives identifiées concernent la situation géographique, la politique, la religion, le marché, l'investissement, le secteur de production primaire, le commerce extérieur, l'organisation économique et la colonisation, etc. Certaines corrélations des variables significatives sont intéressantes et peuvent faire l'objet de débats de qualité particulièrement : **Variables régionales** : Afrique subsaharienne, Amérique latine sont négativement corrélées à la croissance, **Variables politiques :** règle et loi, droit politique, et liberté civile favorisent la croissance les révolutions, les coups d'État militaire et les guerres: sont mauvais pour la croissance **; Variables types d'investissement :** les Dépenses d'équipement et autres dépenses d'investissement: favorisent la croissance; **Type d'organisation économique :** le degré du capitalisme: est positivement corrélé à la croissance. La taille du gouvernement (administration, secteur public) n'a que peu d'importance. Par contre la qualité du gouvernement a beaucoup d'importance: les gouvernements qui causent l'hyperinflation, la distorsion des taux de change, des déficits excessifs ou une bureaucratie inefficace ont de très mauvais résultats. Il ajoute également que les économies les plus ouvertes tendent à croître plus vite.

6°) Des théories cohérentes réaffirmant le primat de l'accumulation du capital physique, humain, social et l'infrastructure pour le développement.

Depuis le début des années 80, on assiste à la percée d'une nouvelle approche théorique de la croissance, notamment à travers les théories de la croissance endogène, suite aux travaux de ROMER, BARRO, LUCAS et autres. Ces théories accordent le primat à l'accumulation du capital et une place prépondérante à la politique économique dont le champ est situé au niveau de l'accumulation des connaissances, du capital humain, des dépenses d'infrastructures publiques et de recherche pour créer et maintenir les conditions d'une croissance durable. La croissance économique doit être reliée aux caractéristiques internes de l'économie. Les auteurs sont en rupture avec la théorie néoclassique sur au moins trois points : d'abord, le taux de croissance dépend des comportements des agents et des caractéristiques du système économique, ensuite le taux ne s'annule pas à long terme, malgré l'accumulation de facteurs de production, et enfin dans les modèles le progrès technique est rémunéré et l'innovation technologique s'effectue grâce à l'accroissement du temps de formation ou des ressources consacrées à la recherche-développement.

Les théories de la croissance endogène ont élaboré trois modèles qui ont fortement contribué à éclairer les articulations des facteurs de la croissance comme le capital physique, les ressources humaines et les institutions qui génèrent les innovations technologiques servant de locomotive à la croissance économique. On peut rappeler qu'il s'agit du modèle du prix Nobel ROMER (1986 et 1990), ceux de LUCAS (1988) et de BARRO (1990). Ces modèles ont une caractéristique commune qui est que l'externalité positive peut provenir soit du capital physique (même si les biens en question sont publics), soit du capital humain, soit des innovations technologiques.

7°) Les foyers d'accumulation porteurs de croissance et d'emplois.

Les théories de la croissance endogène identifient quatre déterminants de la croissance : le capital physique, le capital humain, le capital public et l'innovation technologique. Cependant, l'accumulation de tels facteurs ne suffit pas à engendrer une croissance autoentretenue, encore faut-il la présence d'un mécanisme qui empêche ou compense la diminution des productivités marginales des facteurs de production au fur et à mesure de leur accumulation. C'est en introduisant les externalités dans l'analyse que les modèles parviennent à résoudre ce problème. Il y a externalité lorsque les décisions de consommation ou de production d'un agent affectent la situation autrement que par les relations de marché.

L'investissement dans l'éducation et la santé améliore directement le bien-être des populations, mais contribue également au renforcement des différentes formes du capital humain. Dans une économie mondiale où les capitaux, les biens et les technologies circulent librement, ce sont les ressources humaines qui vont différencier les performances. Dans ces conditions, les politiques éducatives comme celles relatives à la santé deviennent des composantes structurelles de la politique économique.

Aussi, un gouvernement qui prône la croissance doit s'atteler à fournir un cadre macroéconomique et institutionnel incitatif, motivant et en même temps favorable à l'entreprise et à l'investissement productif : dans l'infrastructure, l'éducation et la formation ; dans les industries naissantes (non pas indéfiniment et aveuglément, mais temporairement) et les PMI et dans les activités exportatrices.

Les recherches économiques corroborent largement le retour d'un vieux débat entre croissance et développement. Ces nouvelles théories de la croissance plus adaptées au contexte de l'Afrique sont, par ailleurs, largement confortées par les expériences historiques de développement observées dans le monde, notamment aux États-Unis entre les années 50 et 70, en Europe dans la période dite des «Trente glorieuses» années de croissance (1945-1975) et dans les économies émergentes d'Asie. Ces expériences ont pour dénominateur commun l'utilisation pleine et entière des principales sources de la croissance, à savoir d'une part, le capital physique comprenant les infrastructures de base, c'est-à-dire les routes, les chemins fer, les infrastructures portuaires et aéroportuaires, les ouvrages hydroagricoles, les télécommunications et l'énergie et d'autre part, le capital humain dont les composantes sont l'éducation, la santé et la nutrition.

Le concept de capital humain désigne la population valorisée par l'éducation et la santé. Il faut expliciter un peu plus les raisons qui fondent l'investissement dans le capital humain. Il est maintenant établi que dans un marché où les produits, les capitaux et les technologies circulent et s'échangent librement, ce sont les ressources humaines qui différencient les performances des divers pays. En conséquence, l'investissement dans l'éducation se présente comme une composante essentielle de la politique économique. Il est bien établi que pour un niveau donné de PIB par tête, les pays à fort taux de scolarisation ont enregistré un taux de croissance plus élevé que celui des pays à faible taux de scolarisation.

a) Le premier déterminant de la croissance : le capital physique qui se compose de l'infrastructure de base : la création des externalités positives pour la compétitivité.

De façon générale, ces infrastructures comprennent : les réseaux routiers (routes internationales reliant le pays à certains de ses voisins, routes nationales et départementales, routes urbaines et pistes de désenclavement) et le réseau d'assainissement ; les infrastructures portuaires et les projets d'extension des ports secondaires ; les infrastructures ferroviaires ; les infrastructures de télécommunication ; le réseau de fourniture d'eau et d'électricité ; les infrastructures aéroportuaires;

Dans la quasi-totalité des pays africains, la caractéristique marquante de ces infrastructures est leur insuffisance quantitative et leur état de délabrement très avancé : moins de 30% des routes revêtues sont en bon état, la plupart des ports secondaires ne sont plus fonctionnels, la fréquence des délestages sur la fourniture de l'énergie électrique en dit long sur la vétusté du matériel de production. [38]

L'état actuel d'insuffisance et de délabrement de l'infrastructure interdit de parler de fonctionnement de marché caractérisé par la libre circulation des biens, des personnes et des services. Si bien que les infrastructures constituent une contrainte majeure à la production et aux exportations des entreprises installées. Elles ajoutent à la morosité du climat des affaires et découragent les flux d'investissements directs étrangers.

C'est pourquoi le développement des infrastructures de base relance les enjeux de l'intégration. Plusieurs gains peuvent être associés à cette intégration qui découle entre autres facteurs, de l'élargissement des marchés, de l'accroissement du stock de capital humain et de la meilleure répartition des ressources productives. En effet, le problème crucial que rencontrent les firmes implantées en Afrique demeure la faiblesse des débouchés pour leur production. Cela résulte d'une part de la faiblesse de la demande intérieure solvable, et d'autre part de l'étroitesse des marchés des facteurs de production, des biens et des services. En permettant l'extension et le décloisonnement de ces marchés dans une optique de croissance endogène, l'intégration serait très bénéfique.

L'État est le principal producteur des biens publics d'infrastructures. En effet, ces biens publics ne peuvent pas être produits par le marché sauf dans les cas exceptionnels des biens publics mixtes comme les radios privées et les routes à péage. Les agents privés ne sont pas incités à les produire du fait qu'ils sont difficiles à rentabiliser. Par ailleurs, les consommateurs peuvent en bénéficier sans couvrir les frais d'accès. De plus, en présence de bien public, il n'y a pas d'efficience parétienne, l'environnement économique devenant non décomposable. Globalement, les infrastructures, comme la sécurité nationale, la défense nationale, l'éclairage public, sont des biens publics que le marché n'est pas incité à produire. Ces biens publics produisent des externalités positives, c'est-à-dire que l'agent privé qui les produirait aurait un avantage marginal à le produire comparé à ce que la collectivité dans son ensemble tirerait comme avantage de cette production. D'où la nécessité pour l'État de les offrir, d'autant plus que leur impact est positif sur le processus de croissance et de développement. Certaines études réalisées aux États-Unis montrent que la croissance de la productivité au taux moyen de 2% a coïncidé

---

[38] BANQUE mondiale : RDM de 1994 : *Une infrastructure pour le développement.* Elle va plus loin en élaborant *deux manuels d'évaluation des projets d'infrastructure routière et hydraulique.*
La Banque africaine de développement a étudié le rôle des infrastructures dans le développement en Afrique dans son *Rapport sur le Développement en Afrique de 1999.*

avec une augmentation de 4% du stock de capital public. Cet impact positif du capital public sur la croissance a amené certains économistes a préconisé l'application d'une politique systématique de grands travaux pour relever le niveau d'activité grâce à l'effet favorable sur la hausse de la productivité et aux externalités positives sur les entreprises.

b) Le second déterminant de la croissance : le capital humain.

L'une des grandes découvertes de l'analyse économique contemporaine est relative à la théorie du capital humain à partir des recherches de trois auteurs : SCHULTZ en 1983, G. BECKER, ROMER en 1986 et en particulier LUCAS en 1988. Les recherches théoriques comme empiriques (SCHULTZ, ROMER[39] et LUCAS) établissent une corrélation positive entre éducation et croissance économique. En effet, l'éducation crée des attitudes et des comportements favorables à la croissance économique, contribue à l'amélioration de la productivité du travailleur, confère aux individus des capacités à saisir toutes les opportunités de production, d'imagination et de création, développe l'esprit d'entreprise, de compétition et de recherche du progrès et enfin permet à l'économie de disposer d'une main-d'œuvre qualifiée. Dans une période caractérisée par les TIC et l'intelligence artificielle marquée, l'éducation devient un facteur déterminant de la performance des économies et de leur capacité compétitive. Ces techniques ne peuvent être mises en œuvre que par des travailleurs ayant les compétences et les niveaux de qualification requis. Puisque l'éducation est un moyen privilégié d'accumulation du capital humain, les dépenses publiques consacrées à ce secteur apportent alors une contribution essentielle au processus de croissance.

Le concept de capital humain désigne la population valorisée par l'éducation et la santé. Par ailleurs, certains travaux sur le capital humain ont montré qu'entre les années 50 et 70, la contribution de l'éducation à la croissance économique se serait élevée à 12% au Royaume-Uni, 14% en Belgique, 16% aux États-Unis. Plus récemment, une étude de la Banque Mondiale datant de 1993 et portant sur 113 pays révèle que l'éducation primaire est le facteur qui a contribué le plus à la croissance des économies, en particulier celle des pays d'Asie de l'Est. La corrélation est bien confirmée que pour un niveau donné de PIB par tête, les pays à fort taux de scolarisation ont enregistré un taux de croissance plus élevé que celui des pays à faible taux de scolarisation. C'est dire que l'investissement dans le capital humain est au cœur des stratégies mises en œuvre par de nombreux pays pour promouvoir la prospérité

---

[39] Paul ROMER note que « *Les idées devraient constituer notre principale préoccupation, car elles sont des biens économiques d'une importance extrême, bien plus grande que celle des éléments sur lesquels la plupart des modèles économiques mettent l'accent. Dans un monde physiquement limité, c'est la découverte de grandes idées, conjointement avec la découverte de millions de petites idées qui rend possible une croissance économique durable. Les idées sont les instructions qui nous permettent d'organiser des ressources physiques limitées selon des combinaisons toujours plus performantes* » (ROMER, 1996).

économique, l'emploi et la cohésion sociale. Les individus, les organisations et les nations sont de plus en plus conscients qu'un haut niveau de connaissances et de compétences est essentiel pour leur sécurité et leur réussite. L'accord sur ces principes a suscité sur le plan politique aussi bien que social de nouvelles attentes concernant la réalisation d'objectifs économiques et sociaux ambitieux, grâce à un investissement accru dans le capital humain. **Le concept coexiste avec celui de capital social qui englobe selon COLLIER (1998), la cohérence sociale et culturelle interne de la société, les normes et les valeurs qui gouvernent les interactions entre les individus et les institutions dans le cadre desquelles ces normes et valeurs entrent en jeu.** Celles-ci ainsi que les obligations et les canaux d'information visent à instaurer la confiance, à garantir l'application des contrats, à instituer des mécanismes d'assurance et à favoriser l'apprentissage social (PUTNAM, 1993).

Ce rôle prépondérant de l'éducation dans la formation du capital humain est confirmé par deux conférences ministérielles. **La première est le conseil des ministres de l'OCDE (1997)** qui, conscient de l'importance du capital humain insiste sur « l'urgence de mettre en œuvre des stratégies efficaces de formation tout au long de la vie pour tous, de renforcer les capacités des individus à s'adapter et à acquérir des qualifications et des compétences nouvelles ». **La deuxième est, à la même période, celle des ministres du travail** qui souligne « qu'il était important de se préoccuper des besoins de ceux qui en raison de l'insuffisance de leurs connaissances et de leurs qualifications ne peuvent pas participer pleinement à une économie fondée sur le savoir et qui ont des possibilités d'apprentissage à vie extrêmement limitées. Les enjeux sont très importants : un chômage élevé et persistant, ainsi que de faibles rémunérations affectant une part importante de la population en âge de travailler constituent une menace pour le tissu social si ces problèmes ne sont pas résolus efficacement et à court terme ». Cependant, il faut bien comprendre que les investissements dans l'éducation ne seront productifs que s'ils sont bien adaptés à leurs objectifs.

En définitive, les insuffisances quantitatives et qualitatives des infrastructures physiques de base, les faiblesses des systèmes éducatifs et de santé comme la dégradation des sols sont les facteurs qui bloquent l'élévation de la productivité et de la compétitivité des économies africaines. Ils expliquent alors les faibles performances du continent. Considérons l'exemple des maladies tropicales endémiques. Non seulement celles-ci détériorent la qualité du capital humain, mais elles entraînent des coûts élevés. Ainsi, l'Afrique enregistre annuellement 300 à 500 millions de cas de paludisme qui occasionnent environ un million de décès et coûtent 2 milliards de dollars. Il en va de même pour le fléau que constitue le SIDA. De plus, vivant sous les Tropiques, environ 60% des Africains souffrent d'endémies graves et paralysantes qui ont été éradiquées dans d'autres régions du monde. Les 45% de la population africaine sont âgés de 15 ans et vont alors exercer de fortes pressions sur les structures éducatives et de santé.

En somme, le développement du capital humain constitue un outil aussi bien pour assurer une croissance économique que pour lutter contre la pauvreté. De surcroît, dans un monde dominé par les Nouvelles Technologies de l'Information et de la Communication (NTIC), le savoir est un facteur majeur de la productivité des individus et des nations. Les effets externes du type *«learning by doing»* qui découlent de l'activité du capital humain permettent alors d'accroître la productivité des agents qui en bénéficient. Ainsi, à l'échelle globale, plus l'approvisionnement en capital humain est élevé, plus la production par tête est importante.

c) Le troisième déterminant de la croissance : l'innovation technologique.

Après le capital physique, le capital humain, le capital de la connaissance est considéré comme un déterminant de la croissance. Le progrès technique est compris comme l'accroissement de la capacité des hommes à maîtriser les lois de la nature et à les appliquer dans les activités productives primaires, secondaires comme tertiaires. Il accroît l'utilité du consommateur et élève la productivité du travailleur. Pour les théoriciens de la croissance endogène, le progrès technique résulte de l'activité économique et lui est, en conséquence, interne. Deux propriétés permettent de le considérer comme un facteur de la croissance : d'une part, c'est un bien cumulatif et d'autre part, c'est un bien public.

Selon le PNUD, « nombre de techniques sont aussi des outils du développement humain, qui permettent à la population d'améliorer son revenu, de vivre plus longtemps, d'être en meilleure santé, de participer davantage à la vie de la collectivité et d'être plus créative »[40]

La technologie et particulièrement les TIC sont en train de transformer structurellement les systèmes productifs et d'être les nouveaux vecteurs de la croissance économique. Les TIC introduisent aujourd'hui trois ruptures qui affectent les activités productives : d'abord, la production des richesses déplace son centre de gravité de l'activité productrice à la création (la conception et le pilotage intellectuel) c'est dire que la source de richesses vient principalement de l'activité de conception, ensuite, les transactions de toute nature et les liens qui en résultent ont tendance à s'imposer comme principaux générateurs de la valeur ajoutée et enfin, la hiérarchie des actifs est en train de se renverser avec les actifs immatériels qui deviennent déterminants au point de l'emporter sur les actifs matériels.[41]

---

[40] PNUD : RMDH 2001.Il m'a été confié, à la tête d'une équipe d'économistes africains, une réflexion vue d'Afrique sur les RMDH. Ce travail a été poursuivi par le Pr. Albert ONDO OSSA.

[41] P. CHAPIGNAC : *Les prémisses d'une transformation structurelle du système écon*omique. Problèmes économiques n° 2464-2465, mars 1996

Cette situation est la conséquence d'investissements massifs dans le secteur. Ainsi en prenant les NTIC, en 1994, les pays de l'OCDE ont investi quelque 186 milliards de dollars.

8°) Croissance endogène favorable à la promotion de l'intégration régionale.

Les théories de la croissance endogène peuvent être associées à la justification de l'intégration des pays en développement. L'intégration permet l'élargissement des marchés, l'accroissement du capital humain et la répartition optimale des ressources productives qui ont des incidences positives sur le développement. Dans une optique de croissance endogène, l'extension des marchés offre des débouchés aux nouveaux biens de production et de consommation. Dans le même temps, l'édification des infrastructures de base facilite la libre circulation des personnes et des biens dans l'espace intégré.

9°) Institutions d'impulsion de la croissance et d'insertion dans la mondialisation : indispensable retour de l'État et de la Planification.

« Il nous faut aussi approfondir la réforme de l'État et des services publics. Ils doivent être au service de tous, utiliser au mieux les ressources publiques et évoluer pour répondre aux besoins de nos concitoyens ». Martine AUBRY[42]

Les institutions font l'objet de grandes investigations au double niveau des chercheurs académiques et des organisations internationales. Que recouvre exactement ce terme « institutions » ? De quelle manière peut-on créer de bonnes institutions favorables à la croissance et au développement ? Depuis les économistes classiques du 17ème siècle, les facteurs et les structures institutionnels sont considérés comme déterminants dans le processus de la croissance économique. Ainsi, dès 1776, A. SMITH estime que l'État est indispensable, car il doit protéger la société de la violence et de l'invasion d'autres sociétés, protéger chaque membre de la société de l'injustice et de l'oppresseur et enfin entretenir certaines constructions et institutions publiques. Plus explicitement encore, Stuart MILL dans ses *"Principes d'Économie politique" (1848*) observe que les moyens de réaliser l'accumulation du capital sont : un bon gouvernement, l'amélioration de l'information du public, le déclin des usages ou des superstitions qui empêchent l'efficacité de l'industrie, la croissance de l'activité mentale qui éveille les esprits à de nouveaux objets de désir et l'introduction des arts étrangers et l'importation du capital étranger.

---

[42] Citée par J.J. LAFFONT : *Étapes vers un État moderne, une analyse économique*, Association des Économistes d'Afrique de l'Ouest, présidée par le Pr. Amoussouga GERO, Sept 1999.

<u>Encadré 2</u> : Les Institutions et le développement.

Une théorie complète du changement économique intégrerait donc des théories du changement relatives à la démographie, au stock de connaissances et aux institutions. Nous sommes loin d'avoir de bonnes théories dans ne serait-ce qu'un seul de ces trois domaines, sans même parler des trois, mais nous progressons. Le sujet central de la présente étude, qui est aussi la clé de l'amélioration des performances économiques, est l'effort délibéré accompli par les êtres humains pour maîtriser leur environnement.

Les institutions sont les contraintes que les êtres humains imposent à leurs propres relations. Ces contraintes (ainsi que les contraintes normales de l'économie) définissent l'ensemble des opportunités existant dans l'économie. Les organisations consistent en groupes d'individus liés entre eux par certains objectifs communs. Les entreprises, les syndicats et les coopératives sont des exemples d'organisations économiques. Les partis politiques, le Sénat, les agences de régulation sont des exemples d'organisations politiques. Les communautés religieuses, les clubs sont des exemples d'organisations sociales. Les opportunités procurées par la matrice institutionnelle déterminent les types d'organisations qui seront créées ; les entrepreneurs des organisations provoquent le changement institutionnel quand ils affrontent la concurrence omniprésente résultant d'un monde économique de rareté. Lorsqu'ils perçoivent des opportunités nouvelles ou modifiées, ils provoquent le changement d'efficacité des modalités d'application des règles ou l'efficacité des sanctions et autres moyens de coercition informels. Historiquement, quand les organisations, au cours de leurs contacts, font apparaître de nouveaux moyens d'échange informels, il peut y avoir dépérissement institutionnel en altérant les règles (soit directement par les organisations politiques, soit indirectement par la pression des organisations économiques ou sociales sur les organisations politiques) ; ou encore en altérant délibérément (et quelques fois accidentellement) la nature et l'et des normes sociales, conventions et codes de conduite.

Douglass NORTH : Le processus du développement économique, Éditions d'Organisation, 2005.

Les recherches contemporaines sont revenues sur les questions institutionnelles avec D. NORTH et WILLIAMSONS, si bien que nous avons maintenant une meilleure connaissance des structures institutionnelles et organisationnelles qui permettent d'obtenir le rythme et les caractéristiques voulus du changement économique. Ainsi, D. NORTH (1994, 1997) souligne que les institutions représentent *« les règles du jeu dans la société ou les contraintes humainement disponibles pour former les interactions humaines :* ***des règles de loyauté pour un jeu coopératif.*** *Il ne s'agit pas seulement des règles formelles (constitution, lois et règlements), mais aussi des contraintes informelles (normes de comportement, conventions, codes de conduite auto-*

imposés). C'est de l'ensemble de ces règles, normes et conditions de mise en pratique que dépend la performance économique ».[43] Il souligne entre autres que **les économies d'échelle, l'éducation et l'accumulation du capital ne sont pas les causes de la croissance, mais seulement ses manifestations. Les causes, il faut les rechercher du côté des aménagements institutionnels qui vont être plus ou moins favorables à la croissance. Dans le même sens, Dani RODRIK, montre que dans l'enchevêtrement de ces déterminants, c'est la qualité des institutions publiques qui est le facteur essentiel du développement.**[44]

À partir d'un objectif d'économie de coûts de transaction, les entreprises et les marchés mettent en place des institutions pour la gestion des contrats, de l'investissement et des affaires privées (O. WILLIAMSON, 1995). Plusieurs modes d'organisation sont possibles dont chacun détermine des incitations et des contrôles différents qui entraînent différents degrés de coopération ou de concurrence, différentes conditions crédibles d'investissement et de contrats. Ces institutions améliorent l'efficacité de l'allocation des ressources et réduisent les coûts de transaction. Tableau 2 : Le traitement des institutions[45].

Les « bonnes politiques »	Les facteurs non économiques de la croissance	La théorie de l'information imparfaite
Ouverture des économies (avantage comparatif, économies d'échelle), y compris à l'égard des IED (Krugman)(source d'externalités endogènes par le transfert de technologie, *via* les qualifications de la main d'œuvre) Politiques publiques d'accueil des IED (transport, capital humain, environnement juridique et financier stable, intégration régionale des marchés pour dégager des économies d'échelle) Problème : Insécurité économique et sociale et exposition au marché (Rodrik) Transfert technologique et temps d'apprentissage	Analyse institutionnelle avec une approche macroéconomique (North, Gief) Rôle des structures qui régissent les interaction sociales (émergence du dispositif juridique assurant la viabilité des contrats et limitant les coûts de transaction) Le courant néo-classique explique l'échec de l'Afrique par la faiblesse des institutions Problème : La préférence ethnique et la corruption existent aussi dans les pays à forte croissance	Courant néo-keynésien avec une approche microéconomique (Akerlof, Spence, Stiglitz) La main invisible est un conte ! Il n'existe que des marchés particuliers. L'échange peut ne pas avoir lieu à cause des asymétries d'information Les contrats et les organisations reflètent des comportements rationnels et stratégiques des partenaires dans l'échange Mise en évidence des défaillances sur des marchés cruciaux pour le développement (crédit, technologie, travail, terre)

10°) Régulation libérale et dysfonctionnements des marchés.

Les années 80 vont voir le triomphe théorique de l'analyse néo-classique et conséquemment, l'acceptation du marché comme mode presque exclusif de régulation de la vie économique. Au-delà de sa fonction allocative analysée par N. KALDOR, il est souligné que le marché s'adapte plus facilement aux

---

[43] D.NORTH : *Institutional Change and Economic Performance*.

[44] D.RODRIK : *Institutions rule: the primacy of institutions over geography and integration in economic development".*

[45] *On lira avec un grand* intérêt l'article de Kako NABUKPO *: Institutions, croissance et développement en Afrique de l'Ouest : vers de nouvelles alliances.* kakonubukpo@yahoo.com

changements qu'un système d'autorité et de plus, il favorise les innovations, le progrès technique, la mobilité. Dans cette fonction créative, il contribue à la croissance en déplaçant vers le haut la courbe des possibilités de production. Enfin, l'économie de marché entraîne l'habitude de la décentralisation et de l'individualisme liés à terme à la montée des institutions pluralistes et démocratiques.

Dans ce contexte, le marché se présente alors comme un instrument d'efficacité et d'allocation optimale. Cependant, il va révéler des imperfections, des défaillances et des insuffisances qui vont justifier le retour de l'État à une période où les économistes institutionnalistes commencent à souligner que l'économie de marché a besoin d'institutions et d'un pouvoir pour les faire respecter. Les imperfections du marché communément soulignées sont de trois ordres: d'abord, les imperfections liées aux marchés financiers et d'assurance qui peuvent empêcher de réaliser certains projets socialement rentables, mais trop risqués par rapport aux possibilités de couverture privée, ensuite les imperfections tenant à la présence d'externalités positives, c'est-à-dire de situation ou l'action de l'entreprise a un impact positif sur le reste de l'économie, sans que l'entreprise soit capable de récupérer la totalité des bénéfices et enfin, les imperfections issues de l'existence des rendements croissants et d'économies d'échelle.

11°) La leçon d'Asie des NPI : fonctions exorbitantes affectées à l'État « Pro» producteur, promoteur, prospecteur et programmeur.

Les théoriciens de la croissance endogène et les institutionnalistes ont particulièrement alors réhabilité l'intervention publique pour favoriser certaines formes d'accumulation du capital, des infrastructures, de la recherche et de la formation. La pratique des politiques économiques a fait le reste en conférant dans des pays à fortes performances économiques (Asie) un rôle prépondérant à l'État. La question de l'État dans le développement de l'Asie est, selon E.BOUTEILLER et M. FOUQUIN, l'occasion d'une grande confusion. En bien comme en mal, l'État a joué et joue toujours un rôle essentiel dans le développement. Il demeure le grand ordonnateur sans lequel les différents éléments du puzzle ne se mettraient pas en place spontanément. Rien n'est plus étranger aux conceptions libérales que l'expérience japonaise ou celle de la Corée du Sud, de Taiwan ou même de Singapour avec son système d'épargne forcée et sa planification omniprésente.

L'État en Asie est un **État développeur, organisateur, planificateur et producteur**, car, l'industrie lourde, l'industrie de haute technologie, les infrastructures ne sauraient apparaître spontanément. Dans ces domaines, l'État est moteur, les entreprises publiques omniprésentes C'est l'État qui décide et le marché sanctionne. L'un ne va pas sans l'autre. Toutefois pour l'Afrique, le problème réside plutôt dans la mauvaise qualité de l'État précarisé par le haut du fait de la mondialisation et informalisé à l'intérieur par le volume de ses déficits et un secteur informel qui lui échappe totalement alors même qu'il est écrasé par l'ampleur des surcharges sociales. Dans ce contexte, sa réforme est indispensable.

12°) L'État doit faire ce que les autres acteurs ne peuvent pas réaliser.

Les néolibéraux qui dirigent les Institutions Financières Internationales (IFI) ont toujours désigné l'État comme le principal fauteur de troubles conformément à la thèse sur la bureaucratie d'Anne KRUEGER (1974) récemment passée de la Banque mondiale à l'équipe de direction du FMI. Ils ont ignoré que l'État doit agir avec le marché et non contre lui. Par rapport aux autres agents selon le mot de J. M. KEYNES *"l'important pour l'État n'est pas de faire ce que les individus font déjà et de le faire un peu mieux ou un peu moins mal, mais de faire ce que personne d'autre ne fait pour le moment"*. En tant qu'institution, l'État doit être organisé officiellement pour protéger les contrats entre privés et instaurer ainsi une bonne efficacité contractuelle, condition sine qua non pour retrouver la confiance des investisseurs tant étrangers que nationaux. Il s'agit ici d'un ensemble de règles permettant d'instaurer un climat sain, susceptible d'attirer et de stimuler les investissements, qui à leur tour déterminent la croissance. **Ces mesures sont maintenant connues sous le vocable de bonne gouvernance qui signifie selon la Banque Mondiale** *"l'usage de l'autorité politique, la pratique du contrôle sur une société et la gestion de ses ressources pour le développement économique et social"*. L'État doit aussi s'atteler à contribuer à la mise en place d'un système financier nécessaire à la collecte et à l'affectation de l'épargne à des investissements privés. Le système financier, particulièrement le système bancaire, est très déterminant dans le financement des investissements et des entreprises privées qui sont au centre du processus de production parce qu'elles sont les moteurs de la croissance ; toutefois, il faut éviter que le système financier ne subisse les pesanteurs de l'État, car cela aboutirait à des effets d'éviction sur l'investissement productif. La crise bancaire des années 80 en apporte la meilleure preuve. Enfin, la mondialisation selon Président Henrico CARDOSSO impose de meilleures tâches à l'État. Outre les fonctions classiques, il doit être apte à accueillir dans un cadre démocratique des dépendances sociales pour plus d'équité.

Au demeurant, l'intervention de l'État soulève toujours la question de son efficacité ce qui fait penser aux coûts directs de fonctionnement de l'administration, aux coûts imposés au secteur privé, aux distorsions causées dans l'économie. L'État devra alors être rénové, maîtriser ses coûts d'intervention et se montrer convaincant pour la qualité de ses politiques.

13°) La réhabilitation de la planification et de l'aménagement du territoire dans un processus de décentralisation. *« Il n'y a pas de vent favorable pour celui qui ne sait où il va »* SÉNÈQUE.

La complexité des problèmes, l'exigence d'insérer les pays dans un système mondial productiviste et darwiniste, la nécessité de modifier les anciennes spécialisations désormais obsolètes et régressives, l'aménagement du territoire, tous ces facteurs dévoilent le besoin pressant de stratégie à moyen et long terme. L'analyse économique du développement devrait présenter un projet cohérent fixant les objectifs, déterminant les moyens et fixant les horizons temporels de réalisation. Devrait suivre, la mise en place d'institutions appropriées et fonctionnelles capables d'encadrer et de faire participer de manière démocratique les différents acteurs du jeu économique et politique. Comme l'observe R. BOYER, *«en dépit de la pluralité des facteurs de déstabilisation, les espaces nationaux sont loin de s'être fondus dans un nouvel ensemble complètement mondialisé».* Le temps des nations n'est donc pas fini. Ceci étant, il faut d'une part s'atteler à avoir une vision stratégique du développement économique qui aille bien au-delà du simple exercice de calcul d'indices qui catégorisent les pays sans leur indiquer la direction à suivre et les moyens à mettre en œuvre et d'autre part l'exploration des avenirs économiques possibles. Cela appelle la construction d'un nombre limité d'images du futur et de cheminements ainsi que l'élaboration de scénarios contrastés qui reposent sur une hiérarchisation des facteurs d'évolution et des objectifs, une différenciation spatiale et temporelle.

La réhabilitation de la planification est imposée par le mouvement d'urbanisation chaotique et accélérée qui commande la recherche de solution aux questions relatives à l'aménagement du territoire. Deux facteurs rendent aujourd'hui impérative la recomposition du territoire : la bipolarité de l'espace entre les mégalopoles et le reste des pays et la forte inégalité de distribution des activités et des revenus. De plus, la mégalopole exerce des effets d'attraction sur les hommes, les capitaux, les marchandises, les services, la vie intellectuelle et sociale. Il s'opère un double jeu d'un côté des effets d'attraction **(spread effects)** et de l'autre des effets d'appauvrissement (**backwash effects**) pour les régions de l'intérieur. Ces derniers effets se manifestent sous des formes diverses : émigration des éléments les plus jeunes et les plus actifs vers la mégalopole, émigration des capitaux, faibles opportunités d'investissements et d'industrialisation, régression de l'agriculture et insuffisance des services publics. C'est surtout au niveau social qu'un schéma d'aménagement du territoire est déterminant. La concentration des activités, créée une inégalité géographique devant l'accès aux ressources, aux services publics et à l'emploi.[46]

Deux autres enjeux de la politique d'aménagement du territoire doivent être soulignés. Il s'agit d'abord du renforcement de la décentralisation en vue de respecter l'identité et les spécificités des collectivités territoriales et qui leur donne les moyens de demeurer les garants du lien social et ensuite du rééquilibrage territorial par la recherche de « bassins » de développement moins vulnérable, donc plus diversifié. Car pour éviter les disparités régionales trop fortes, le développement des inégalités, il ne suffit pas de protéger des régions

---

[46] BANQUE mondiale *: Les services pour les pauvres, RMD 2003.*

pauvres en leur distribuant par des moyens artificiels des ressources financières ou autres.

En définitive, pourquoi avons-nous besoin d'une théorie du développement économique[47] ? Principalement pour fournir une sorte de cadre d'organisation des faits économiques et sociaux qui permet d'évaluer ce qui représente des possibilités et des nécessités. En plus, la théorie redéfinit le capital et l'endogéneisation du progrès technique et des innovations. À cela, il faut ajouter une dimension institutionnelle qui a une influence considérable sur le développement. L'analyse de celle-ci révèle deux approches : l'une plutôt macroéconomique (les institutions, vues par le haut), l'autre plutôt microéconomique (les institutions vues par le bas. Ces deux approches posent en termes différents le problème du tandem État-Marché.

Au demeurant, ces théories de la croissance endogène sont, sur beaucoup d'aspects, en phase avec les divers programmes actuellement en cours en Afrique comme le NEPAD, les OMD du PNUD, le DSRP de la Banque mondiale et même les ODD qui semblent faire de l'accumulation du capital un moyen privilégié d'enclenchement et d'entraînement de la croissance. À y regarder de près, la croissance repose sur le développement accéléré des infrastructures économiques et des ressources humaines de l'Afrique. Cela nécessite un encadrement institutionnel adéquat, donc fondé sur la bonne gouvernance politique et économique, la paix et la stabilité pour sécuriser l'environnement et amortir les risques et les incertitudes qui dissuadent les investissements privés comme publics.

Ces dix dernières années, certains pays ainsi que certaines organisations sous régionales africaines ont demandé aux différents États membres de s'engager dans la voie de l'émergence économique. Ce référent pratique, s'est généralisé à plusieurs États africains, facilité par une ribambelle de cabinets internationaux parmi lesquels on peut citer l'américain MCKINSEY. Il fait désormais figure de cabinet-conseil de certains gouvernements. Le groupe inclut les noms habituels tels que BOSTON CONSULTING GROUP (BCG), ROLAND BERGER OU BAIN & COMPANY, mais aussi les grandes sociétés d'audit. Le coût de leur consultance est simplement démentiel. Ainsi, l'élaboration du **« Plan Sénégal Émergent »** a entrainé des charges supérieures aux dépenses publiques consacrées à la R&D. L'étude rendue au gouvernement sénégalais comportait une série de slashs sur papier glacé avec des figurines dignes du Magazine Paris-Match. Inutilisable, les dirigeants sénégalais ont fini par découvrir qu'il disposait des experts nationaux qu'il fallait les mobiliser pour rendre le Plan simplement opérant.

Désormais les États africains, ont lancé des slogans du genre Sénégal émergent, Bénin émergent, Côte-d'Ivoire émergente, Congo émergent, Burkina

---

47 Alain PIVETEAU et Éric ROUGIER : *Émergence, l'économie du développement interpellée.*

émergent, etc., en mettant des bornes pour atteindre l'Émergence en 2025 pour les uns et 2035 pour d'autres. Le discours officiel de mobilisation économique tente de substituer ce nouveau référent à un autre le développement économique et social. Toutefois, non seulement la notion d'émergence reste peu discutée au niveau de la classe politique, des élites administratives et universitaires, de la société civile et des chercheurs et autres techniciens ; également les dirigeants africains ont feint d'oublier que les pays d'Asie qualifiés d'émergents ont réussi à sortir du sous-développement en appliquant d'excellentes visions stratégiques qui reposent solidement sur les vertus prussiennes de travail, de rigueur, de discipline, d'épargne, de patriotisme, de « compter d'abord sur ses propres forces » et d'une planification rigoureuse. En même temps, ils ont associé et soutenu, dans toutes les phases de développement, leur secteur privé national dans tous les grands projets et programmes structurants. Également, ces pays émergents se sont dotés d'États forts qui disposent d'appareils nationaux de production capables de réduire les importations et de s'insérer dans la division internationale du travail et d'un appareil institutionnel qui a permis à certains de ces États de disposer des mécanismes de répartition et de partage de la prospérité en luttant contre la pauvreté, le chômage des jeunes et les inégalités sociales.

Encadré 3 : Les Engagements de la Déclaration de Monrovia (Février 1979) gelés puis trahis par les élites politiques, administratives et intellectuelles africaines. Synthèse du Rapport d'Albert TÉVOÉDJERÉ.

L'objectif premier du développement ne peut être que la création d'un environnement matériel et culturel favorable à l'épanouissement et à la participation créative. D'où la nécessité d'une série de 3 ruptures :

- Rupture avec un nombre de concepts et d'habitudes, en commençant par le mimétisme abusif observé dans tous les domaines ;
- Rupture avec l'obsession de l'accumulation matérielle et financière, la confusion entretenue entre croissance et développement qui empêche la promotion d'une politique de meilleure redistribution des revenus en vue d'un développement endogène équilibré et harmonieux ;
- Rupture avec la malfaisance des mots trompeurs et des gloires apparentes, au bénéfice d'un courageux affrontement des réalités embarrassantes permettant d'agir dès aujourd'hui pour préparer l'avenir.

La vision d'une Afrique libérée de la faim, de la maladie, du chômage, d'inégalités sociales et culturelles et d'agressions extérieures passe nécessairement par l'auto dépendance, c'est-à-dire par un développement endogène avec la libre et effective participation de la population. Cela implique essentiellement la valorisation de l'utilité sociale des homes par l'emploi et constitue la priorité dont tout le reste devra découler.

Le deuxième objectif consiste à élaborer des politiques pour l'utilisation et l'exploitation rationnelle des ressources naturelles en assurant avant tout une autosuffisance sur le plan alimentaire et une transformation locale.

Le troisième objectif est pour permettre à l'Afrique d'assurer son autonomie, il faudra remettre en cause l'ensemble des systèmes d'éducation et de formation et abolir les barrières entre l'éducation, l'emploi et la société. C'est pourquoi la science et la technologie doivent être une priorité. Cela s'accompagne d'une politique de recherche autonome audacieuse, vigoureuse, adaptée aux besoins.

Le quatrième objectif découle de la constatation que les problèmes de la liberté et de la justice ne peuvent plus être marginalisés. L'avènement d'un État respectueux des libertés, ce rêve ne devra pas devenir un cauchemar.

Au total, il ne suffit pas d'identifier les mesures à prendre. Il faut les traduire en actes qui concrétisent la volonté politique de mener cette stratégie de changement et cela dans quatre directions : 1°) une nouvelle pédagogie de l'Unité africaine, 2°) la nécessité de valeurs scientifiques, culturelles et sociales qui sous-tendent une nouvelle vision du développement, 3°) la maitrise des instruments techniques et financiers indispensables au nouveau développement, et 4°) une orientation nouvelle de la coopération internationale diversifiée.

EN SAVOIR PLUS 1 : LE DÉVELOPPEMENT SELON LE PRÉSIDENT JULIUS K.NYÉRÉRÉ.

Dans la **Déclaration d'Arusha en 1967**, le Président Julius K. **NYÉRÉRÉ** a eu à souligner les points suivants :

- Amener le peuple à compter sur lui-même et sur son travail (le travail considéré comme la racine du développement) ;
- Construire un développement qui assure l'égalité entre les citoyens ;
- Ne pas attendre l'argent des autres ;
- Prendre l'agriculture comme base du développement.

Le Président Julius **K.NYÉRÉRÉ**, ponctue : *« Tout le monde désire le développement. La plus importante des conditions du développement est l'ardeur au travail. Nous devrions aller parler à nos populations dans les villages pour essayer de les amener à travailler davantage... Nous rendrions un très grand service à notre pays si nous allions dans les villages dire aux gens qu'ils possèdent ce trésor et qu'il dépend d'eux de s'en servir pour leur bénéfice propre et pour le bénéfice de notre nation tout entière... L'argent et le temps que nous dépensons à communiquer ces connaissances aux paysans sont mieux employés et rapportent davantage à notre pays que l'argent et le temps que nous consacrons à quantité d'autres choses que nous appelons développement ».*

***Aucun pays ne s'est développé par l'extérieur »,* a rappelé le président rwandais Paul Kagamé lors d'une réunion de l'UA. Oui mais comment ?**

LE RENOUVEAU DE L'ANALYSE ÉCONOMIQUE DU DÉVELOPPEMENT : LE POST-AJUSTEMENT : VISION HÉTÉRODOXE.

La critique du caractère réducteur du modèle néo-libéral qui se débarrasse des relations sociales et de leur dynamisme historique, qui réduit les économies à de simples appareils techniques qui servent à l'allocation des ressources rares. Les résultats, souvent irréalistes et dérisoires, qui en découlent, prennent source dans les analyses étroites et simplistes qui ignorent les complexités entourant les réalités socio-économiques des pays du Tiers monde. Peut-on alors concevoir une libéralisation économique sans une libéralisation politique parallèle, qui rende aux citoyens, aux collectivités territoriales et aux groupes socioprofessionnels la capacité de s'organiser librement pour avancer dans la construction d'une économie nationale performante, socialement plus équitable et politiquement plus conforme au schéma pluraliste? Ce sont ces critiques qui ont poussé à la recherche de nouvelles voies alternatives à la politique d'ajustement structurel (S.AMIN, KASSE, M.DIOUF, TANDIKA, etc. ; C'est cela que Ben HAMMOUDA a appelé le post-ajustement dont il faut analyser les quelques idées fondatrices qui se réduisent à 3 :

D'abord, l'aggravation de la pauvreté et l'absence d'un modèle de répartition des revenus. La mise en œuvre des politiques d'ajustement structurel a conduit les Institutions Financières Internationales à oublier la lutte contre la pauvreté qui constituait pourtant l'objectif essentiel revendiqué dans les années 1970. En pratique, ces politiques, du fait de leur priorité macro-économique, n'ont comporté aucun filet de sécurité, aucune mesure spécifique de correction, visant à endiguer l'aggravation de la pauvreté et la dégradation des conditions de vie des couches les plus démunies, directement et fortement touchées par les économies budgétaires (voir A.H. SARRIS).

Ensuite, le marché non seulement possède un pouvoir d'incitation limité, mais il est aveugle aux pauvres et aux inorganisés. *« Aujourd'hui, ce sont les fanatiques du marché qui dominent les IBW, ils ont la foi exclusive dans les vertus du marché ce qui les conduit à sous-estimer les capacités de réponse des agents économiques, et notamment des agriculteurs, aux incitations par les prix. Ils sont persuadés que le marché, très généralement, ça marche et que l'État, très généralement, ça ne marche pas. Pourtant, depuis plus d'une cinquantaine d'années, la science économique a expliqué quand et pourquoi les marchés fonctionnent bien, et quand ils ne le font pas. Elle a montré pour quelles raisons ils peuvent aboutir à sous-produire certains facteurs – comme la recherche fondamentale – et à en surproduire d'autres – comme la pollution. Leurs échecs les plus dramatiques sont les crises périodiques, les récessions et les dépressions qui ternissent le blason du capitalisme depuis deux cents ans : elles laissent un grand nombre de travailleurs sans emploi et une grosse partie du stock de capital sous-utilisé. (...) L'État peut jouer un rôle essentiel - et il l'a fait-, non seulement pour tempérer ces échecs du marché, mais pour assurer la justice sociale. (...) Dans les pays qui ont le mieux réussi – les États-Unis, l'Asie Orientale- l'État a pris en charge ces tâches et, dans l'ensemble, s'en est relativement bien acquitté. Il a assuré à tous une éducation de qualité, et a mis en place une grande partie des infrastructures[48] ».*

Les crises périodiques des marchés financiers, les récessions et les dépressions qu'elles fabriquent sont à l'origine de toutes les précarités sociales, pauvreté, chômage, inégalités. Elles font toujours payer la note aux classes populaires. En prenant l'exemple de l'agriculture, on s'aperçoit que l'offre agricole n'augmente pas toujours de manière aussi importante ou aussi rapide que prévu parce que l'incitation par les prix, si elle est une condition

---

[48] J. STIGLITZ : *La grande désillusion*, 2002 ; L'auteur rappelle qu'Adam SMITH était bien plus conscient des limites du marché – notamment des menaces de la concurrence imparfaite – que ceux qui s'en disent aujourd'hui les disciples. Il était aussi beaucoup plus conscient du contexte social et politique dans lequel toute économie doit opérer. Pour qu'une économie fonctionne, la cohésion sociale compte. »

nécessaire, n'est pas toujours une condition suffisante au développement de la production. Interviennent plusieurs facteurs : climatiques, troubles sociaux, épuisement des sols, volatilité des prix agricoles, problèmes liés au développement de l'agriculture vivrière, une bonne partie de la nourriture mondiale est perdue ou gaspillée dans l'ensemble du système alimentaire mondiale, etc. Suprême paradoxe la production agricole actuelle peut nourrir 21 milliards d'individus alors qu'il y a plus de 800 millions de personnes dans la famine. **Enfin l'impératif de la mondialisation avec un discours libéral et des pratiques protectionnistes. Les théories libérales des relations économiques internationales postulent** l'efficience maximum dans la valorisation des facteurs dont chaque pays est doté suppose une spécialisation internationale dans les productions pour lesquelles le pays possède les meilleures dotations factorielles naturelles. L'ouverture sans entrave apporte les mêmes chances aux différents partenaires (RICARDO amélioré par, HECSHER-OHLIN-LERNER-SAMUESON). En définitive, les IBW en poussant nos sociétés vers le néo-libralisme par l'individualisme et une vision court termiste **se sont efforcées de faire triompher les 10 poncifs de la "pensée unique du développement" (one best way) et le consensus de Washington lesquels ont pris pas mal de plomb dans l'aile comme très largement accepté, aujourd'hui, par la plupart des économistes (KASSE : La science économique et sa méthodologie p13-14).**

<u>Encadré 4</u> : Que signifient et que valent les concepts de croissance inclusive et de transformations structurelles propagés par les IBW ?

Pr. Moustapha KASSE : ***Le nouveau discours des IBW, Séminaire du CND à Kaolack.***

Depuis quelques années, les IBW commencent à s'intéresser à la qualité de la croissance, à sa durabilité et à sa capacité à profiter à d'assez larges couches de la population. **Elles ont introduit deux concepts nouveaux répétés à profusion : croissance inclusive et transformations structurelles des économies sans offrir des définitions claires et universellement acceptées.** Ces concepts deviennent des représentations fétiches au contenu jamais clarifié. Implicitement, les IBW comprennent que si la croissance est généralement nécessaire pour qu'un pays puisse élever le niveau de sa production, elle ne peut, seule, assurer la réduction de la pauvreté ou l'amélioration souhaitée du bien-être de tous. La croissance économique ne crée pas des opportunités pour tous les segments de la population et ne distribue pas équitablement à travers l'ensemble de la société les dividendes de la prospérité tant en termes monétaires que non monétaires. Pourtant, les acteurs devraient avoir des chances de contribuer à la croissance et que leur contribution devrait générer des retombées équitables c'est-à-dire égalité des chances et justice sociale.

Concernant les transformations structurelles, elles figurent dans tous les programmes d'investissements publics structurants, ceux du secteur privé qui permettent d'atteindre les objectifs de développement. L'**hypothèse selon laquelle**

les transformations structurelles représentent une source importante de la croissance économique a été initialement développée par A.LEWIS (1954). Cette réflexion fut relancée par S.KUZNETS (1979) qui observe qu'il est impossible à un pays de réaliser de façon durable des taux de croissance du produit intérieur brut (PIB) par tête en termes réels sans toutefois enregistrer des changements substantiels dans de nombreux secteurs de l'activité économique. Cette direction de recherche est poursuivie par plusieurs études académiques qui montrent que les transformations structurelles sont un facteur important pour expliquer les performances économiques des pays : CHENERY, ROBINSON et SYRQUIN (1995), NELSON et PACK (1999), BERTHELEMY (2001), AKKEMIK (2005) ; NGAI et PISSARIDES, (2007). Les modèles proposés au cours de la dernière décennie par ACEMOGLU (2008), SYRQUIN (2010), JIANG (2011) ont tenté de répliquer les transformations structurelles observées, en modifiant des hypothèses des modèles standards de croissance. Cela confirme parfaitement la proposition de Kako NABUPKU (2020) de préconiser la nécessité pour l'Afrique de changer de modèle de croissance. Une excellente étude des transformations structurelles est réalisée par Loesse Jacques ESSO et Nahoua YEO de la Cellule d'Analyse de Politique économique du CIRES: *Transformations structurelles et développement sectoriel en Côte d'Ivoire,* (Sept.2014).

Les transformations structurelles expriment la dynamique des réformes à opérer pour le passage d'une croissance extensive et éphémère à une croissance inclusive et durable. Six facteurs sont indispensables au déclenchement de ces réformes (transformations) structurelles de la société : 1) **une stratégie de développement** planifié bâtie sur des politiques sectorielles pertinentes ; 2) **un État dynamique souple** dans ses interventions, animé par un appareil administratif décentralisé, efficace et honnête, moins parasitaire et moins paralysant ; 3) **un leadership transformationnel** dont les caractéristiques sont : la Compétence technique avérée, la Forte intégrité, la Confiance en soi, la Large capacité intellectuelle à penser, l'Enthousiasme et articulation d'une vision claire, la Détermination pour réaliser sa vision, l'Implication les autres pour qu'ils se sentent détenteurs de la vision); 4) **une bonne gouvernance** qui garantit la participation populaire et celle des acteurs ainsi que l'existence d'institutions fortes et faciles d'accès démocratique ouvertes à la concertation avec les acteurs sociaux ; 5) **les préalables culturels et philosophiques qui constituent le logiciel mental collectif désignant l'ensemble de mentalités, d'attitudes et d'habitudes à l'origine de comportements tournés vers l'inertie, la régression ou le progrès** et 6) **un plan stratégique de communication**. Les populations n'adhèrent pas tout simplement parce qu'on ne leur explique pas les transformations structurelles indispensables pour atteindre les objectifs projetés. Aussi toutes les propositions de réforme qui n'indiquent pas le pourquoi, le pour qui et le comment sont vouées à rester des songes creux. Pour toutes ces approches, mieux vaut ne point trop compter sur la "main invisible" du marché pour enclencher les transformations structurelles, la croissance inclusive et le développement, créer des richesses et des emplois, éradiquer la pauvreté. Les forces du marché écrit G.MYRDAL, « *livrées à elles-mêmes, travailleront plus puissamment dans un pays pauvre à la création d'inégalités* *économiques et à l'aggravation de celles qui existent déjà* ». Le marché abandonné à lui-même est myope, mieux il est aveugle et ne voit ni les faibles, ni les pauvres et les inorganisés. De surcroit, il crée immanquablement des désordres qu'il est incapable de résoudre seul. Plus pragmatique, GALBRAITH constate que, « *parmi les pays récemment industrialisés, (...), il n'en est pas un qui se soit passé d'une intervention et d'un soutien très actifs de l'État. L'action publique permet de réduire les handicaps et les coûts sociaux* ».

La planification s'impose comme un instrument de régulation et de prévision qu'il faille réhabiliter impérativement pour la gestion des politiques de long terme, car l'avenir appartient à ceux qui ont la mémoire la plus longue. Toute organisation sociale a besoin de se projeter dans l'avenir pour mieux le préparer. La planification permet de soutenir les efforts vers la transformation structurelle. Elle est un réducteur d'incertitude et une technique de mise en œuvre consciente et rationnelle des ressources rares en vue de leur utilisation optimale pour atteindre les objectifs économiques et sociaux fixés. Elle. Pour prendre l'exemple de la Chine, c'est en 1979 que le plan 2050 a été élaboré avec l'objectif de faire du pays une grande puissance économique, technologique et financière. Puis le Plan 2025 « made in China » est élaboré par une centaine d'académiciens, d'universitaires, de techniciens et d'ingénieurs. Il est le Plan des innovations technologiques. Que dire sinon que les Hautes Autorités politiques fixent, après sérieuse expertise, les objectifs précis avec des horizons temporels des décisions, se donnent les moyens de tous ordres et imposent l'exécution les délais prescrits par les plans sous le contrôle rigoureux du Parti Communiste. Le travail de programmation est suivi en permanence, il est organisé et concerté. C'est en cela qu'il se différencie de l'expérience soviétique (URSS) du Gosplan trop centralisé, trop bureaucratique, trop inefficient. Il se différencie aussi des planifications africaines qui sont trop formalistes, manquent d'objectifs-ciblés, car se présente comme un véritable « catalogue de projets mal évalués» destiné plus à usage externe qu'interne, l'inexistence d'un arsenal statistique fiable rendant impossible l'élaboration de modèles macro-économiques prospectifs, le hiatus, généralement dans l'application entre gestion courante à court terme et programmation à moyen et long terme, très faible mobilisation des acteurs sociaux, absence de programmation financière et de définition d'horizon temporelle, défaillance des institutions de suivi-évaluation.

Les paramètres nécessaires sont manquants ou erronés.

THÈME 1 – LA SCIENCE ÉCONOMIQUE DANS LE CORPUS SCIENTIFIQUE EN MUTATION.[49]

Professeur Moustapha KASSE
Doyen Honoraire de la Faculté des Sciences économiques et de Gestion, Lecture à l'Académie des Sciences et Techniques du Sénégal.

À l'aube d'une brillante carrière académique, la grande Dame de l'économie scientifique Joan ROBINSON, auteur de plusieurs ouvrages s'est interrogée pour savoir si vraiment elle a mérité son salaire comme enseignante des sciences économiques dans une des plus prestigieuses universités de la Grande-Bretagne : la London School. Pareille interrogation traduisant un soupçon de procès récurrent n'est pas nouvelle dans la maison des économistes. La presse foisonne de questions comme : Pourquoi des économistes universitaires et à quoi servent leurs théories toujours divergentes ? Expertise et ambiguïté de la science économique ? Rhétorique et idéologie masquée par un formalisme inapte à l'explication et à l'action suite à l'irréalisme des hypothèses ? La pensée économique dominante est-elle pertinente du fait que les économistes arrivent bien souvent après la bataille (Daniel COHEN).

Que signifie ce questionnement : la fin ou alors l'existence d'une crise larvée ou un malaise profond d'une science arrivée à maturité et qui de surcroît est à la fois carrefour et boulimique. Pourtant, quel que soit l'angle d'analyse, la science économique s'est forgé une identité très forte, des principes, des instruments et des méthodes d'investigation à la fois propres et puissants. Elle est soutenue par une solide communauté de chercheurs et de professionnels qui animent des Écoles de pensée et élaborent des théories servant de référentiel à l'interprétation de la réalité et /ou à l'action. Dans cette optique, les questions évoquées ne doivent point être esquivées : elles reflètent l'ampleur des débats en cours dans une science caractérisée par la diversité des opinions, l'évolution rapide des faits et la confusion de ce qui est et ce qu'il faut faire (G.DEBERNIS).

Dans cette perspective, l'incontournable débat sur l'état des sciences économiques et ses interconnexions avec les autres corpus scientifiques appelle, d'abord la délimitation de la maïeutique du savoir économique actuel pour mieux cerner ce que font les savants. Pour reprendre J.VINER, « L'économie, c'est ce que font les économistes », ensuite l'analyse des problèmes qui naissent d'une extension rapide et de conquêtes de nouveaux champs (Théorie de l'agence, économie des organisations, économie des choix

[49] : Texte présenté à la Chambre de Commerce de Dakar à des syndicats patronaux

publics, économie des institutions, théorie des contrats et des droits de propriété, etc.) et enfin la réflexion, en conclusion, sur les perspectives évolutives.

Cette image montre les articulations entre les différentes Écoles de la science économique.

I/ la maïeutique du savoir économique : au juste, de quoi parlent les économistes ?

De nos jours, les activités économiques de production, de consommation et de répartition occupent les devants de la scène aussi bien au niveau des individus qu'à l'échelle des nations à telle enseigne que l'économie semble avoir complètement soumis non seulement toute la société des hommes, mais aussi l'espace mondial. Elle a investi systématiquement les relations entre les hommes et les biens de tous ordres et entre les biens eux-mêmes jusqu'à en constituer le ressort principal. En définitive, le savoir économique joue un rôle de plus en plus déterminant dans l'ensemble des activités humaines. Comment se définit-elle ? Et quelles sont ses évolutions marquantes ?

1°) Qu'est-ce que la science économique ?

La science économique est-elle une science ou simplement un art ? Cette question a longtemps été agitée par les économistes depuis l'École Classique anglaise au 17ème jusqu'aux économistes contemporains. Si la science est comprise au sens restrictif comme synonyme de savoir, la science économique en est une science. Elle traite de la production, de la distribution des richesses et étudie les mécanismes et lois qui gouvernent les comportements humains dans une relation entre des fins et des moyens limités (L.ROBINSON et G.BECKER). Il est peu probable que cette définition même synthétique fasse l'unanimité des économistes.

Toutefois, une grande majorité peut se reconnaître sans doute dans une caractérisation mettant l'accent, avec des pondérations différentes selon les écoles de pensée et les terminologies propres, sur l'analyse présentée par le Professeur MALINVAUD : « L'identité de la science économique ne réside pas seulement dans celle de son champ d'études. Elle tient aussi aux buts qu'on lui assigne. On n'attend pas d'elle seulement une description systématique, ni même une explication, mais aussi une prescription. Elle devrait bien diagnostiquer ce qui pourrait être amélioré et proposer de bons remèdes pour y parvenir. À elle de définir comment organiser au mieux l'allocation des ressources, c'est-à-dire l'utilisation des ressources de la nature et du travail, ainsi que plus généralement la production, la distribution et la consommation des biens. À elle de dire s'il faut réglementer tel ou tel marché et comment. À elle de dégager les avantages et inconvénients de divers systèmes fiscaux et de politiques économiques ou financières envisagées par les pouvoirs publics. À elle de dire comment résorber le chômage, etc. La vocation de la science économique est donc opératoire. »

À l'évidence, cette science doit rester une science appliquée réduite aux deux aspects qui permettent de distinguer la compréhension et l'action d'où la formule usuelle qualificative : comprendre pour agir. Ces deux éléments renvoient à la théorie économique sans laquelle, selon BUNGE, il n'existe point de science.

C'est formellement la théorie qui permet à l'économiste de décrire et interpréter les mécanismes reliant les différentes variables représentatives de la situation et de la dynamique d'un système économique. C'est encore elle qui devrait indiquer les moyens pour infléchir les variables dans le sens souhaité par les politiques économiques qui, en dernière analyse, fixent les fins et les objectifs. Un double débat est ainsi ouvert : le premier relatif à la fameuse 11ème Thèse sur FUERBACH de MARX qui postule que « les Philosophes n'ont fait qu'interpréter le monde alors qu'il faut le changer ». Cela donne en Science économique les deux domaines qualifiés d'économie positive et économie normative. L'économie positive dégage les concepts et les théories, tandis que l'économie normative formule les politiques économiques qui fixent les divers leviers et les moyens dont disposent les autorités publiques (ou tout autre agent) pour atteindre les objectifs désirés. La science économique dans ce contexte émet des hypothèses, construit des théories et des modèles, dégage des lois, utilise nécessairement une démarche, une méthode à la fois hypothético-déductive, inductive et déductive.

Le second débat concerne les deux courants de pensée qui sont à l'origine même de la philosophie de la science : le **rationalisme** qui pose la raison comme source de la connaissance (DESCARTES, SPINOZA et LEIBNIZ) et **l'empirisme** qui donne ce rôle à l'expérience (LOCKE, BERKLEY ET HUME).

Selon REDMAN, ces deux écoles de pensée ont fusionné actuellement pour donner naissance à une vision positiviste de la science, consistant à formuler des théories fondées sur la logique inductive qui peuvent être confirmées ou rejetées sur la base de tests expérimentaux ou des prédictions issues de modèles hypothético-déductifs. Cependant, le discours scientifique en économie se fonde sur un raisonnement abstrait et déductif construit à partir de **l'hypothèse de l'homo économicus qui n'obéit qu'à deux lois : celle de l'intérêt personnel et celle de 1'économie des forces.** C'est à partir de cette abstraction que 1'École classique et néo-classique dominante pense avoir découvert des caractères généraux et universels qui exercent sur I' activité économique une influence fondamentale. Dans cette optique, la science économique est essentiellement hypothétique et prend comme donnée le fait que I' homme agit et ne peut agir que rationnellement sous l'impulsion de son seul intérêt personnel. Le cadre est alors la concurrence pure et parfaite qui suppose l'inexistence de monopole, d'asymétrie d'informations et qui disqualifie I 'action de I 'État en ce qu'elle fausse l'ordre naturel et porte atteinte à la réalisation des lois économiques. Cette architecture théorique est décrétée irréfutable et infalsifiable puisque de vérification impossible. Cette vision est vivement critiquée par K. POPPER, mais également par E.MALINVAUD qui observe que « Sur beaucoup de domaines, la théorie économique ne permet guère de conclure, car bien des preuves manquent vis-à-vis de ce que des certitudes scientifiques exigeraient… »

Tous ces développements montrent que les différentes controverses qui ont cours dans les autres corps de sciences exactes, physiques ou sociales ne sont étrangères à la science économique qui est devenue une énorme entreprise ayant certes, accompli d'importants progrès.

2°) Quelles sont ses évolutions marquantes ?

En supposant avec G. LARGENTIERE qu'« un jeune économiste frais émoulu du Concours de l'Agrégation se soit endormi à la veille de la Grande Crise de 1929, et ne se réveille qu'aujourd'hui. Il ne reconnaîtra ni son monde, ni sa science. *Le vocabulaire, la façon de raisonner, la nature des problèmes débattus vont le plonger dans la perplexité et l'embarras ». Sa science était une vaste construction dont l'unité et la rigueur apparente étaient impressionnantes.* Au moment de son sommeil, tous les économistes étaient d'accord sur les grandes lignes de la construction classique, marginaliste, néo-marginaliste. Des controverses mineures subsistent au niveau de la théorie monétaire, de l'équilibre des marchés, du Système Monétaire International, mais elles n'entament en rien le prodigieux édifice central. Les économistes ne manifestent aucune crainte sur l'avenir du système capitaliste, le problème de la croissance ne se pose pas et les Pays sous-développés n'existent tout simplement pas pour la théorie économique. [50]

C'est surtout la crise de l'économie mondiale en *1929 qui, en ébranlant complètement les fondements du système capitaliste, impose un renouvellement des recherches et de la pensée économiques. J.M.KEYNES renonce à l'idée de l'équilibre de plein emploi, HANSEN s'interroge sur l'avenir incertain du capitalisme, J.SCHUMPETER s'attache à repenser une théorie du cycle. Avant et après la Seconde Guerre mondiale, la pensée économique est dominée par les keynésiens et les néo-keynésiens qui sont les gardiens de la nouvelle orthodoxie : HARROD, DOMAR, Mrs J. ROBINSON, N.KALDOR, KALECKI, HICKS, SAMUELSON, LUNBERG, TINBERGEN.* Tous ces auteurs s'efforcent de formaliser de nouveaux modèles de croissance, car croissance et développement sont devenus les préoccupations majeures.

Comme l'observe KUHN les grands changements dans le domaine scientifique ont lieu par l'intermédiaire de révolutions qui sont « ces épisodes de développement non cumulatifs dans lesquels un paradigme existant est

---

[50] Moustapha KASSE : *La science économique et sa méthodologie.* Edit. L'Harmattan, 2010, 265 p.

remplacé en partie ou en totalité par un nouveau paradigme qui lui est incompatible ». J.M.KEYNES réalise cette révolution dans le savoir économique. En pleine crise, il écrit en 1935 à son ami Bernard SHAW : *« Je crois que j'écris un livre qui va profondément bouleverser - sinon immédiatement, du moins dans les dix prochaines années- la manière dont le monde conçoit les problèmes économiques ».*

Au réveil de notre jeune économiste, le monde aura subi de profondes transformations, la science économique aussi. L'édifice de 1930 a complètement été ébranlé au point qu'il n'en reste que des ruines. Le système socialiste mondial a été une expérience porteuse d'espoir avant de s'écrouler au profit de la mondialisation comprise comme une nouvelle interdépendance de la production, des échanges, de la monnaie et des technologies. Ainsi, selon Guillaume DUVAL *« Les partisans et les adversaires de la mondialisation sont au moins d'accord sur un point : avec elle, nos économies se rapprochent de plus en plus de l'idéal libéral. Pour ceux qui s'en félicitent, le rêve de Léon WALRAS serait enfin en voie de se réaliser : le monde tendrait vers la concurrence pure et parfaite, et nous pourrions bientôt connaître les joies de l'équilibre général. Ceux qui sont (à juste titre) inquiets de cette perspective totalitaire montent sur les barricades et organisent la résistance face à la marchandisation du monde ».*

Depuis 40 ans, la théorie économique s'est profondément renouvelée. Les auteurs néoclassiques qui forment le socle de la pensée dominante commencent à reconsidérer le caractère surréaliste de leurs hypothèses et admettent que la concurrence n'est ni pure ni parfaite. Les maîtres piliers de l'homo économicus (individualisme méthodologique) et de la rationalité font l'objet de regards critiques. Citons longuement P.HUGON dans son article célèbre *« homo africanicus est-il homo economicus ».* En réponse à cette question, il écrit : « Les tenants de l'Homo oeconomicus, les économistes orthodoxes, appliquent leur grille d'analyse aux comportements économiques indépendamment des structures sociales. Ils postulent l'universalité des mobiles, l'utilitarisme, des modes opératoires - la rationalité substantielle, défendue également chez les anthropologues formalistes - et la coordination marchande. Pour l'économie orthodoxe, les agents économiques répondent aux jeux des prix et sont des calculateurs individuels. Dès lors, la boîte à outils des instruments standards peut être utilisée, depuis les anticipations rationnelles, en passant par les élasticités prix et revenus et les logiques d'optimisation… Les agents, ou les nations, ont intérêt à intensifier leurs activités plus qu'à intensifier, à diversifier leurs portefeuilles au lieu de se spécialiser. Dans un univers incertain, les agents n'ont pas une optimisation dynamique séquentielle. Ils choisissent le court terme leur permettant le plus grand nombre d'options futures. Ils raisonnent en termes d'espérance mathématique de gains ou d'utilité. Dès lors, il y a forte préférence pour la liquidité, pour le maintien d'un éventail d'options disponibles par rapport à l'irréversibilité de la décision d'investissement physique et le choix d'actifs monétaires et financiers aux dépens d'actifs physiques ».

L'analyse des économistes orthodoxes s'est enrichie avec l'introduction de l'asymétrie d'information et l'incertitude sur les comportements, cela va donner naissance à de nouvelles théories dans le domaine des contrats (sélection adverse, aléa moral), de la firme (coûts de transaction), des stratégies des acteurs (théorie des jeux) ou de la croissance (croissance endogène). Cependant, les plus orthodoxes de la pensée néo-classique cèdent peu de terrain en se présentant comme les gardiens de l'ultralibéralisme pour imposer la *pensée unique* consistant en 10 principes de la raison pure qui doit gouverner le monde : mondialisation inéluctable, suprématie de l'économique sur le politique, promotion du secteur privé, baisse des impôts, maîtrise de l'inflation et des déficits, liberté des échanges, baisse des taux d'intérêt pour faciliter la croissance.

Quant aux keynésiens, ils reconnaissent désormais l'inefficacité des politiques de relance et ont poussé leurs réflexions vers l'économie des conventions et les théories de la régulation qui concilient l'État et le marché.

Au total, le changement des préoccupations est total, pour ne rien dire du changement des instruments intellectuels, des outils, hypothèses et méthodes que mobilisent les économistes pour comprendre, analyser et évaluer le fonctionnement des systèmes économiques. Les économistes apprennent la modestie et commencent à se spécialiser tout en continuant à s'interroger sur les fondements de leur science. *La preuve est apportée par les travaux de recherche récompensés par le Prix Nobel qui se structurent en 7 thèmes :* ***Économie internationale*** *(Léontief, Ohlin, Meade, Samuelson, Tobin, Mundell),* ***Finance et la monnaie*** *(Hayek, Myrdal, Friedman Modigliani, Allais, Miller , Scharpe, Markowitz),* ***Entreprises*** *(Stigler, Coase),* ***Système global*** *(Frisch, Samuelson, Kuznets, Arrow, Hicks, Hayek, Solow, Bouchanan, Lewis, North, Sen),* ***Les individus*** *(Simon, Schultz, Becker, Lucas, Mirrlees, Vickrey),* ***Les marchés*** *(Koopmans, Debreu, Allais, Coase, Hicks, Samuelson),* ***L'État*** *(Frish, Kantorowich, Haavelmo).*

Aujourd'hui, la science économique est devenue une vaste entreprise scientifique remarquable par l'ampleur des ressources humaines et matérielles qui lui sont consacrées. Elle connaît d'importantes réalisations en termes de volume de recherches et de publication même s'il est vrai que 5 universités américaines HARVARD, le MIT (Massachussets Institute of Technology), CHICAGO, STRANTFORD et YALE constituent les pôles les plus actifs dans la production des théories économiques. En paraphrasant KUHN et LAKATOS une science ne saurait se définir seulement en fonction de son contenu ou de sa méthodologie empirique, mais plutôt selon la vision qu'en a la « communauté » des scientifiques. Alors comme l'écrit EICHNER *« la science est ce que font les savants »* regroupés dans une communauté scientifique d'économistes qui se structure en Écoles de Pensée évoluant chacune autour d'un référentiel théorique qui n'a pas toujours une prétention à l'universalité.

La science économique, ces dernières années, a énormément évolué pour devenir une sorte de science carrefour en relation avec la quasi-totalité des autres disciplines. Toutefois, plus la science économique se développe, plus on observe quelques signes de malaise exprimés par plusieurs économistes, mais c'est surtout son mariage avec les techniques quantitatives qui soulève les plus vives polémiques au point d'amener certains auteurs à parler de crise d'identité de l'économie politique.

II/ Extension, surdéveloppement et crise d'identité de la science économique contemporaine.

Les frontières entre l'économie et les autres domaines d'action et de réflexion sont moins nettes que ce que l'on pensait. ***Joseph Stiglitz***[51]

Le champ de la science économique ne cesse de connaître un développement extensif tout aussi bien vers les techniques quantitatives (mathématiques, statistiques et économétrie) que vers les autres sciences sociales (histoire, démographie, droit, politique, sociologie).

1°) Les apports reçus des sciences dures.

La science économique, ces dernières années, a évolué par l'utilisation de la formalisation mathématique. De fait, cette science dure a envahi systématiquement l'économique et a surtout permis des percées significatives. Globalement, la généralisation de l'utilisation des méthodes quantitatives c'est-à-dire l'ensemble des méthodes d'évaluation, d'estimation et de test permet de mieux préciser les valeurs des relations suggérées par la théorie économique. Il est aujourd'hui souligné que si l'économie a acquis un statut particulier dans les sciences sociales, c'est parce qu'elle se rapproche des sciences dures. Par ailleurs, pour certains auteurs, l'incorporation des techniques quantitatives et leur usage sont considérés comme une condition nécessaire et parfois suffisante de scientificité.

En effet, ces techniques doivent rendre plus aisés à la fois le contrôle de la cohérence interne du discours économique et la confrontation avec les faits. De plus, l'attraction formaliste et même sa généralisation est synonyme de rigueur en ce qu'elle consolide l' argumentaire, permet de mettre en évidence les enchaînements conceptuels. Dans ce sens, les mathématiques constituent un langage et un outil puissant pour les économistes si ceux-ci les appliquent à bon escient. Leur simple utilisation, ou celui de leurs homologues, les

---

[51] Joseph STIGLITZ *: La grande désillusion*, Édit. Fayard, 2002. Il estime dans son ouvrage *« Le triomphe de la cupidité »*. Ed. Les liens qui libèrent, 2010.) qu'il faut retrouver des projets collectifs de long terme.

statistiques, l'économétrie améliorent la qualité de l'argumentaire. Au Congrès de l'Association des Économistes Américains, des Prix Nobel de mathématiques étaient invités et tous se sont dits surpris par le haut niveau des débats. Toutefois, l'excès de formalisation soulève aujourd'hui beaucoup de questions aussi bien au niveau des étudiants qu'à celui de certains économistes de renom comme les prix Nobel W. LEONTIEFF, SAMUELSON, M. ALLAIS connus pour leurs travaux de formalisation.

Deux questions retiennent mon attention et si nous avions le temps, nous aurions pu en débattre plus en profondeur : quels réels progrès ont-elles permis ? Quels sont les rapports entre la forme mathématique et le fond ?

En 2000, des étudiants français regroupés dans un Mouvement dénommé « Mouvement pour une économie post-autiste » ont diffusé sur Internet une pétition dans laquelle, ils contestent avec sévérité la forme et le fond des enseignements dispensés en sciences économiques et qui sont marqués par l'omniprésence des techniques quantitatives. Dans leur manifeste, ils observent : « Nous sommes gênés par la construction permanente de mondes imaginaires : les constructions intellectuelles (les fameux modèles), dont la pertinence reste à démontrer. Nous posons aussi la question du manque manifeste de pluralisme (...). Ce que nous demandons est simple : disposer d'outils théoriques et empiriques nous permettant de comprendre le monde dans lequel nous vivons. Est-ce que les cours d'économie parlent de l'entreprise, de l'État ou même du marché ? Non. Nous apprennent-ils comment fonctionne l'économie française, européenne, japonaise ? Non. Est-ce que les cours nous ont mis en mesure de comprendre les récentes crises asiatiques, les fluctuations de l'euro (...). Non ».

Des universités comme Cambridge, le Missouri et même Harvard, se sont fait les échos de ce débat auquel beaucoup d'économistes ont participé, divisés en deux courants opposés, le premier (hétérodoxes) favorable à l'appel des étudiants comprenant entre autres Michel BEAUD, M. AGLIETTA et R. BOYER et le second (orthodoxes) défavorable conduit par P. ARTUS, C. DE BOISSIEU et M. DIDIER.

Ce débat n'est pas nouveau particulièrement au niveau des chercheurs et des professionnels de l'économie. Déjà, Wassilly LEONTIEFF avait lancé, dans son allocution de président de l'AEA, cet avertissement : *« L'enthousiasme sans aucun esprit critique pour la formulation mathématique a souvent tendance à cacher la fragilité du contenu du discours derrière la formidable façade de signes algébriques. Le fait de raisonner continuellement sur l'imaginaire et l'hypothétique plutôt que sur la réalité observable a peu à peu faussé les critères d'évaluation utilisés dans notre communauté académique pour apprécier et classer la performance scientifique de ses membres».* Un autre Nobel, Kenneth ARROW, est du même avis. Il s'inquiète de ce que le problème n'est pas limité aux enseignements universitaires : *« Les mathématiques, se développent de façon autonome parce qu'elles induisent une propension à prouver des théories dont l'intérêt est mathématique plus que scientifique.* » L'analyse empirique est dépréciée par rapport au raisonnement mathématique formel. En conséquence, la démarche hypothético-déductive et ses excès ainsi que le recours à 1'économétrie au détriment des travaux empiriques sont fortement dénoncés.

D'autres auteurs vont dans le même sens de MALINVAUD à F. BRENET et Lester THURROW (du Manchester Institute of Technology) qui observe que « nous ne savons pas de façon directe si le travail est payé à son produit marginal. Les économistes considèrent cela comme un article de foi. Et la théorie économique repose sur l'hypothèse que le travail est en effet payé à son produit marginal. Sans cette hypothèse, la plus grande partie de la théorie économique s'effondre. En particulier la théorie de la production. Cependant la commodité de l'hypothèse ne la rend pas exacte pour autant ». JOHNSON et MALINVAUD préconisent une véritable déontologie dans le recueil et le traitement des données. Pour ces auteurs, la satisfaction croissante dans le traitement des données rend les chercheurs indifférents à la qualité des données qu'ils utilisent. Un auteur, que MORISHIMA pense que I 'économisme n'explique pas tout. Quant à BAUMOL, il estime qu'il faut ouvrir 1'économie politique d'autres méthodes.

Ces développements établissent l'existence de déviations méthodologiques de 1'économie politique. Et les désillusions qu'elles entraînent trouvent leur concentré au cours de la décade des années 70 dans la formation d'une pensée économique politique radicale. Ces penseurs vont créer un certain nombre de revues comme par exemple : La Revue Radicale d'Économie Politique aux USA, le Journal de I 'Économie Radicale qui regroupe les Institutionnalistes, le Journal des Post- Keynésiens et le Journal de I 'Économie du Bien-être. Il y a donc un véritable débat méthodologique qui touche à des questions de politique et qui subordonne 1'économie politique à la recherche de la satisfaction des besoins collectifs.

Cet ensemble d'él éments incite à s'interroger sur la portée et les limites des méthodes de l'économie formalisée. Ni SCHUMPETER, ni HAYEK, ni SIMON, ni COASE, ni même WILLIAMSON ou Amartya SEN n'ont eu besoin de mathématiques compliquées pour faire accomplir à la science économique des progrès décisifs. Il faut alors être conscient que l'usage optimal des mathématiques à 1'échelle de la profession des économistes implique 1'éclectisme des approches, la reconnaissance du fait que le progrès de la connaissance est un processus partagé. L'économie n'est pas une science dure et ne le sera jamais. Seulement, elle doit utiliser une démarche scientifique qui repose sur la construction et le test de modèles explicatifs. Mais bien des raisons font que les énoncés dans les sciences économiques n'auront jamais le degré de solidité des lois physiques. Il faut en convenir, car 1'économiste a un contrôle trop imparfait des conditions d'observation des phénomènes qu'il étudie.

Au total, il semble que de nouvelles méthodes doivent être expérimentées par les économistes s'ils veulent que leur science continue à répondre aux sollicitations des sociétés des hommes dont l'économie doit être la servante.

2°) Les apports offerts aux sciences sociales.

Les recherches économiques contemporaines ont cheminé vers deux voies : celle d'une révision de la théorie standard (nouvelle microéconomie, nouvelle macroéconomie, théorie des jeux, etc.) et celle portant sur des sujets relevant d'autres corps de disciplines (New Economic History, théorie de l'information, approche des droits de propriété, théorie des coûts de transaction, la théorie des organisations et des institutions, théorie de l'agence, etc.). Ce deuxième volet relie la science économique à d'autres spécialités des sciences sociales comme l'histoire, le droit, la sociologie, la politique, la santé, etc.

Depuis longtemps l'économie a cheminé avec l'histoire. K.MARX et après lui J.SCHUMPETER ont montré que l'0histoire a fait faire à l'économie une percée remarquable. En effet depuis le 19ème siècle, le marxisme a fortement contribué à accrocher la science économique à l'histoire. En effet, selon MARX, personne ne peut espérer comprendre les théories économiques sans se conformer aux faits historiques et sans en proposer une interprétation ordonnée. Cet apport est aujourd'hui revitalisé par la « Nouvelle École Historique » qui reconnaît l'importance de l'histoire dans la compréhension des théories et des faits économiques. Dans ce sens, D. NORTH et Robert FOGEL, tous deux, Prix Nobel d'économie en 1993, ont inventé une nouvelle école des cliométriciens. Ce sont deux historiens qui se sont proposé comme mission de concilier l'analyse économique à I 'histoire.

Cette nouvelle école se distingue de l'ancienne par l'utilisation explicite de l'analyse quantitative à la vérification formelle de leurs hypothèses. Pour D. NORTH, la science économique a négligé l'histoire et elle semble devenir autosuffisante avec seulement des statistiques comparatives. Quant à FOGEL, il prétend que l'histoire comporte toujours implicitement une sorte de théorie et que la meilleure histoire doit reposer sur un modèle bien défini dont la cohérence logique peut être vérifiée, les hypothèses de base identifiées et les propositions essentielles testées. Désormais l'histoire doit être connectée à l'économie pour des éclairages mutuels.

Les recherches économiques ont permis d'établir de solides ponts avec le Droit, la Science Politique, la Sociologie par itération des instruments et méthodes de la science économique. Ainsi, plusieurs analyses économiques s'intéressent aujourd'hui à des thèmes comme le mariage, les activités illégales (criminalité, drogues, conflictualités, corruption…). En prenant par exemple la lutte contre la criminalité, elle passe par une parfaite compréhension de l'acte criminel mené par un individu rationnel opérant un calcul coût-avantage pour accomplir sa décision. Un autre exemple est le contrat de mariage qui peut être réfléchi à la lumière des outils de la gestion d'entreprise. Pour ce qui est de la science politique, les contributions des économistes sont nombreuses : les approches des « choix publics », les théories de la justice et de l'équité, les marchés politiques, le fonctionnement de l'État, le rôle de la société civile. Cette extension de l'empire des économistes est un processus indispensable à la recomposition de l'unité des sciences sociales. Pour paraphrase Marx, l'économie n'est que la sphère déterminante en dernière instance.

CONCLUSION

L'extension de la science économique aux autres corpus scientifiques est une preuve de grande vitalité. Toutefois, en reprenant H. BROCHIER *« ce dont souffre principalement le savoir économique de notre temps, c'est un déficit de réalisme : le travail théorique est important...La reconstruction de la science économique qui ne prétendrait pas exclusivement au statut de science positive, mais accepterait pleinement ses dimensions normatives passerait par trois démarches : revenir à un contenu descriptif fort, préférer les investigations empiriques aux hypothèses générales de rationalité et enfin concevoir une nouvelle manière d'articuler les dimensions normatives et positives ».* **Il définir un nouveau modèle de relations interdisciplinaires dans lequel chaque scientifique d'une discipline apporte aux autres ce qu'il sait le mieux faire.**

THÈME 2 – PAUL KRUGMAN : UNE REMARQUABLE PENSÉE ÉCONOMIQUE, ROBUSTE, DIVERSIFIÉE, LISIBLE ET ENGAGÉE.

Professeur Moustapha KASSE, Président de l'École de Dakar,
Texte publié dans la presse locale en 2008.

La presse foisonne de questions comme : Pourquoi des économistes universitaires et à quoi servent leurs théories toujours divergentes ? Expertise et ambiguïté de la science économique ? Rhétorique et idéologie masquée par un formalisme inapte à l'explication et à l'action suite à l'irréalisme des hypothèses ? La pensée économique dominante est-elle pertinente du fait que les économistes arrivent bien souvent après la bataille (Daniel COHEN). Pourquoi ce questionnement est-ce la fin ou alors l'existence d'une crise larvée ou encore le malaise profond d'une science arrivée à maturité et qui devrait être de surcroît la fille des sociétés. Pourtant, quel que soit l'angle d'analyse, la science économique s'est forgé une identité très forte suite à moult controverses, des principes, des instruments et des méthodes d'investigation à la fois propres et puissants.

Elle est soutenue par une solide communauté de chercheurs et de professionnels qui animent des Écoles de pensée et élaborent des théories servant de référentiel à l'interprétation de la réalité et /ou à l'action. Dans cette optique, les questions évoquées ne doivent point être esquivées : elles reflètent l'ampleur des débats en cours dans une science caractérisée par la diversité des opinions, l'évolution rapide des faits et la confusion larvée de ce qui est et ce qu'il faut faire. Aujourd'hui, la science économique est devenue une vaste entreprise scientifique remarquable par l'ampleur des ressources humaines et matérielles qui lui sont consacrées. Ces théoriciens ont bien compris que les énoncés dans les sciences économiques n'auront jamais le degré de solidité des lois physiques. Il faut en convenir.

Dans la famille des sciences sociales, la science économique occupe une place de choix certainement à cause de sa proximité avec les sciences dures. Elle s'accommode assez facilement à la pluridisciplinarité. Nonobstant tous les reproches les plus désobligeants, elle mérite la distinction du prix Nobel, sous réserve des apories idéologiques des membres du jury. À Abidjan, j'avais posé cette question à feu J.J. LAFFONT qui était incontestablement le meilleur nobélisable français en économie «à quand ton tour », il m'avait répondu avec une humilité désarmante, « il y a encore beaucoup de monde bien méritant et qui attend toujours ». Pour une fois, la communauté académique des économistes s'est quasi unanimement retrouvée dans le choix du jury du Prix de la Banque de Suède attribuant à Paul KRUGMAN le Nobel de 2008.

L'Académie Royale s'est posé deux questions déterminantes de l'économie contemporaine à savoir : « Quels sont les effets du libéralisme et de la globalisation? Quelles sont les forces agissant derrière l'urbanisation de toute la planète ? Elle trouve que Paul KRUGMAN a formulé une nouvelle théorie qui répond à ces questions », et estime qu'il a « intégré les champs de recherche auparavant dispersés du commerce international et de la géographie économique ». Depuis une trentaine d'années, le professeur Paul KRUGMAN est devenu incontournable à la fois comme économiste théoricien et comme participant actif au débat public concernant la globalisation et les politiques économiques. Je retiens de son cursus trois éléments caractéristiques : d'abord un scientifique rigoureux dans son analyse de problématiques pertinentes et actuelles, ensuite un chercheur prolixe avec des approches multidisciplinaires et enfin un pédagogue qui met la théorie au service du débat sur la politique économique.

En premier lieu KRUGMAN a élaboré une pensée robuste dans la «nouvelle théorie du commerce international». Partant de l'écart considérable entre les prédictions de la théorie traditionnelle et les constations empiriques, il remet en cause toutes les idées antérieures. En 1985, avec HELPMAN, il observe trois caractéristiques du commerce international non expliquées par les théories traditionnelles de Ricardo à Hecksher-Ohlin-Samuelson (HOS) : d'abord les échanges se développent le plus rapidement entre pays développés qui présentent des dotations factorielles voisines contrairement aux affirmations de la théorie HOS ; ensuite, le commerce intra branche constitue une part croissante des échanges ce qui reste inexpliqué aussi bien par la théorie ricardienne que celle de l'École suédoise et enfin les firmes multinationales dans leur forme actuelle ne peuvent s'intégrer dans le champ d'analyse des théories traditionnelles. Les faiblesses de ces théories reposent sur les hypothèses de concurrence alors que les firmes qui sont à l'origine du commerce international sont des oligopoles analysés par les études d'économie industrielle. Dans les années 1980 et 1990, il fut l'un des promoteurs de ce que l'on appelle la « nouvelle économie géographique » (NEG). Cette école de pensée prévoyait, entre autres analyses, une concentration économique autour des pôles à faibles coûts de transaction (grands centres urbains, carrefours logistiques) et un déclin des territoires à faible concentration humaine et économique (villes moyennes et petites, monde rural, régions périphériques).

En second lieu KRUGMAN, a produit une littérature et une recherche extrêmement diversifiées et riches. À côté de sa production académique, il s'est attaqué à beaucoup d'autres problèmes comme les inégalités et la démocratie américaine. En effet, en plus, de ses activités académiques, il est connu du grand public en écrivant deux fois par semaine une tribune dans le New York Times, plus proche des démocrates que des républicains et s'illustre depuis 2000 comme l'un des critiques les plus virulents de la politique générale et économique en particulier, du président George W. BUSH qu'il dénonce dans ses éditoriaux sous l'appellation "Bushéconomie" : le clientélisme, la volonté inégalitaire, l'affairisme, l'absence de politique sociale et la Guerre d'Iraq. C'est dire que le champ d'analyse de

Paul KRUGMAN est assez étendu et vérifie ce propos du Prix Nobel progressiste, Joseph STIGLITZ *«Les frontières entre l'économie et les autres domaines d'action et de réflexion sont moins nettes que ce que l'on pensait »*.

Son analyse de l'histoire des inégalités sociales aux États-Unis aboutit à la conclusion que seules des interventions étatiques fortes peuvent permettre de les maîtriser. La rapide accélération des disparités sociales au début du XXe siècle a été résolue par les politiques publiques du président Roosevelt. Or, depuis les années 70, l'éventail des inégalités s'est de nouveau élargi : comment peut-on l'expliquer ? Ni le progrès technique ni l'immigration n'en sont le moteur principal donc l'explication ne peut être que politique. Alors il plaide pour un nouveau New deal pour lutter contre les inégalités qu'il faut attaquer en amont, au sein et en aval du système productif tout en redonnant un rôle redistributif à la fiscalité.

Pour ce qui est de la politique, l'auteur étudie la montée en puissance des néoconservateurs au sein du parti républicain qui a entraîné une polarisation extrême de la vie démocratique américaine. Les républicains et l'administration G.BUSCH ont brisé le « consensualisme libéral » si bien qu'« Aujourd'hui, être libéral c'est être progressiste, et être progressiste implique d'être partisan. Mais le but ultime de cette démarche n'est pas d'imposer le règne d'un parti unique. C'est au contraire de permettre le rétablissement d'une démocratie vivante et concurrentielle parce qu'in fine, construire une vraie démocratie est ce qu'il y a de plus important pour un libéral». C'est cela qui justifie son engagement contre l'administration de George BUSCH dont il est un inlassable critique.

En troisième lieu P. KRUGMAN, c'est surtout une pensée compréhensible (simple), accessible, polémiste et engagée. Il dit vouloir s'affranchir des équations, des diagrammes illisibles, du jargon économique que seuls les docteurs en économie peuvent comprendre. Dans ce sens, il est très critique vis-à-vis des tenants de l'orthodoxie qu'il désigne sous l'appellation de «théorie pop» dont les auteurs se croient intelligents, sophistiqués et en avance sur leur temps alors qu'en réalité, ils ne font que répéter de vieux clichés trompeurs. Il pense même que ces analystes ne comprennent pas les concepts économiques les plus basiques et camouflent l'aspect simpliste de leur ratiocination en faisant référence à certaines théories qu'ils ne maîtrisent même pas. Cette posture de critique de l'économisme et cette démarche incitent à s'interroger sur la portée et les limites des méthodes d'une économie ultra formalisée. Ni SCHUMPETER, ni HAYEK, ni SIMON, ni COASE, ni même WILLIAMSON ou Amartya SEN n'ont eu besoin de mathématiques sophistiquées ou de langage compliqué pour faire accomplir à la science économique des progrès décisifs. Il faut alors être conscient que l'usage optimal des mathématiques à l'échelle de la profession des économistes implique l'éclectisme des approches, la reconnaissance du fait que le progrès de la connaissance est un processus partagé. Pour J. KRUGMAN, l'économie n'est pas une science dure et ne le sera jamais. Seulement, elle doit utiliser une démarche scientifique qui repose sur la construction et le test de modèles explicatifs appropriés.

Il reste que P. KRUGMAN partage avec certains auteurs les atouts de l'interdisciplinarité qui semble désormais un acquis dans les recherches en sciences économiques : l'exploration du champ sociologique par Gary BECKER, du champ juridique par Ronald COASE, du champ historique par FOGEL et NORTH, du champ philosophique par A. K. SEN et de la pensée progressiste avec J. STIGLITZ. Ces auteurs ne remettent pas en cause l'usage de la formalisation sous réserve de son adéquation au réel (applications parfois immédiates en politiques économiques et politiques publiques) et une meilleure anticipation des conjonctures économiques, etc.

En paraphrasant KUHN et LAKATOS une science ne saurait se définir seulement en fonction de son contenu ou de sa méthodologie empirique, mais plutôt selon la vision qu'en a la « communauté » des scientifiques. Alors comme l'écrit EICHNER « la science est ce que font les savants» regroupés dans une communauté scientifique d'économistes qui se structure en Écoles de Pensée évoluant chacune autour d'un référentiel théorique qui n'a pas toujours une prétention à l'universalité.

Au demeurant, P.KRUGMAN donne aux économistes africains une véritable leçon de compréhension de la science économique, de son objet et de son utilisation. Je suis de plus en plus affligé en parcourant les quelques écrits de nos collègues englués dans des analyses théoriques abstraites et illisibles trop éloignées des faits, ce que dénonçaient déjà en 2000 les étudiants français regroupés dans un Mouvement dénommé « Mouvement pour une économie post-autiste » qui ont diffusé une pétition dans laquelle, ils contestent la forme et le fond des enseignements dispensés en sciences économiques marqués par l'omniprésence des techniques quantitatives.

Christiane CHAVAGNEUX, le rédacteur en Chef de la Revue « L'Économie Politique » rappelle, qu'il faut rendre le débat économique au citoyen ce qui pousse à s'interroger sur les fondements de l'économie comme réalité sociale et discours sur la société. Dès lors, la nécessité de réanimer la discussion publique sur les politiques économiques. *« Un débat aujourd'hui largement monopolisé par les techniciens de la décision gouvernementale et le cercle restreint de spécialistes qui les entourent. Enseignement et recherche économiques universitaires se contentent bien souvent d'être le conservatoire de théories économiques opérant en vase clos. Seule une faible partie des universitaires participe de manière engagée au débat économique. De leur côté, les acteurs sociaux ne disposent que de faibles moyens d'expertises. Quant aux citoyens, ils ont rarement l'occasion de faire entendre leur voix. Il nous paraît donc essentiel de faire connaître à un public élargi les termes du débat sur la politique économique au sens large. Mettre au jour les enjeux du moment, relever les arguments sous-jacents et les choix implicites, ouvrir de nouveau l'éventail de ces choix là où ils sont oubliés ou refusés.»*

TITRE II : MONDIALISATION ET RÉGIONALISME AFRICAIN, LES NOUVEAUX DÉFIS D'UN BINÔME.

THÈME 3 – MONDIALISATION, DÉVELOPPEMENT ÉCONOMIQUE DE L'AFRIQUE ET LA SITUATION DES POPULATIONS.

Conférence prononcée au CCCO de Niamey, 21 aout 2003 et au GPE Abidjan.
Par
Professeur Moustapha KASSE. Doyen honoraire.

INTRODUCTION : Commençons par lever les quiproquos.

La mondialisation retient beaucoup l'attention du public, des chercheurs et des décideurs comme s'il s'agissait d'un phénomène nouveau. Le sujet est vaste, complexe, largement débattu, souvent diabolisé au détriment d'analyses robustes avec des statistiques crédibles. Ainsi, quand des ouvriers d'un abattoir de poulets se mettent en grève pour contester un aménagement de leurs horaires de travail, on décrète dès qu'ils se battent contre la mondialisation qui impose sa rationalité aux entreprises de ce secteur étroitement dépendant de ses performances à l'exportation. Tel gouvernement choisit de renoncer à exercer ses prérogatives pour s'aligner sur les positions des lobbies favorables au tout-déréglementation, il se justifie en se fondant sur les nouvelles exigences de la mondialisation[52]. Au demeurant, la mondialisation des activités productives, financières et commerciales, était célébrée par la théorie économique dominante comme l'aube du bonheur pour tous. **Il est vrai qu'aujourd'hui, les gains économiques et sociaux annoncés par les thuriféraires sont loin d'être positifs. Pire, cette mondialisation du bonheur semble virer au désastre social pour des millions d'individus harponnés par diverses précarités : inégalités, pauvreté, chômage de masse, maladies, famine, etc.** Kenneth ROGOFF ancien économiste principal du FMI reconnait « *qu'il n'y a aucun élément pour soutenir l'argument théorique selon lequel la mondialisation financière permet d'obtenir des taux de croissance plus élevés : les risques ont été sous-estimés et les gains surestimés* ». En 2006, lors de la réunion des banquiers centraux à Jackson Hole, Raghuram RAJA observe que *« les pays en développement qui ont relativement plus recours*

---

[52] R. Boyer et al : *Mondialisation au-delà des mythes*, Édit. La Découverte, 1997, 174p.

aux capitaux étrangers n'ont pas cru plus vite sur le long terme». **C'est dire que pour vivre dans la mondialisation, il faut bien la comprendre.**

Bien que les termes mêmes de "mondialisation", "globalisation", « internationalisation » soient aussi flous qu'utilisés, chacun pense que les conséquences (sans pouvoir bien les cerner) sont importantes. Pour certains nous entrons dans l'ère de la mondialisation à partir du moment où un pourcentage significatif du PIB de la nation est réalisé avec l'extérieur alors que pour d'autres, ce pourcentage est moins significatif que la "dépendance" ou l'indépendance" de la nation vis-à-vis de décisions prises par des agents de l'étranger, firme ou État compte tenu du caractère de **"price taker"** ou **de "price maker"** que détiennent ces acteurs sur le marché mondial. Pour d'autres enfin, mondialisation c'est l'ensemble des mécanismes qui contribuent à leur ruine par le biais des distorsions dans le processus de formation des marchés internationaux.

Malgré sa présence dans plusieurs secteurs, la mondialisation n'est pas encore universelle. Au contraire, une de ses particularités importantes est qu'elle est asymétrique et non homogène, dans la mesure où toutes les activités humaines ne se mondialisent pas au même rythme. Le fait que la mondialisation se déroule à plusieurs vitesses entraîne la multiplication des chocs asymétriques.

Pour le continent africain, la mondialisation soulève des questions fondamentales à savoir : Contribue-t-elle vraiment au développement des pays pauvres notamment des pays de l'Afrique ? Conduit-elle à une plus grande égalité des chances et des conditions ? Quelle est sa contribution en matière de croissance, d'emploi et de lutte contre la pauvreté ? Contribue-t-elle ou non à l'affaiblissement de l'État ? Quelles sont les conséquences directes et indirectes sur les différents acteurs surtout les plus faibles?

Au plan strictement économique, la mondialisation se caractérise par quatre interdépendances :

- L'interdépendance par les marchés qui se traduit par la disparition des frontières géographiques, l'abaissement des barrières tarifaires et non tarifaires ;
- L'interdépendance par la production se caractérisant par une décomposition internationale des processus productifs qui s'appuie sur un réseau de filiales ou de sous- traitants et le nomadisme de segments entiers des appareils de production selon la logique des avantages comparatifs ;
- L'interdépendance financière qui procède d'une interconnexion des places financières mondiales fonctionnant vingt-quatre heures sur vingt-quatre grâce à la conjugaison de trois éléments que sont la déréglementation, le décloisonnement des marchés et la désintermédiation ;

- L'interdépendance par les nouvelles technologies de l'information et de la communication (NTICs) qui, avec les transports, favorisent la mobilité et la flexibilité des capitaux, des biens, des services et des personnes.

Les pratiques et les tendances de l'économie mondiale, dans sa double sphère réelle et monétaire, laissent apparaître une triple interdépendance que l'on qualifie communément de mondialisation. Essayons de cerner de plus près ces interdépendances pour bien en mesurer toutes les conséquences à la fois sur les économies et sur les différents acteurs.

I/ Au-delà des controverses, définir la mondialisation par ses éléments caractéristiques : les quatre interdépendances celle du système productif, des échanges commerciaux, du SMI et des TIC.

1°) La première interdépendance est relative aux systèmes productifs dominés par les firmes multinationales.

Elle se caractérise par une décomposition internationale des processus productifs qui s'appuie sur un réseau de filiales ou de sous-traitant et le nomadisme de segments entiers des appareils de production selon la logique des avantages comparatifs. Ces deux évolutions marquantes sont le fait des firmes multinationales qui structurent l'espace mondial en réseaux de production. Cette stratégie leur permet de maximiser leurs profits à partir d'une optimisation de la localisation de leur production. Ce sont aujourd'hui, quelque 37 000 firmes multinationales de taille très inégale qui réalisent et contrôlent l'essentiel de la production mondiale de biens et services. Les 500 multinationales les plus puissantes font presque 30 à 40 % du PIB mondial soit 25 000 milliards de dollars et elles effectuent les 2/3 du commerce international sous forme d'échanges internes avec leurs 27 000 filiales soigneusement réparties dans l'espace mondial.

Les firmes multinationales ont opéré, selon une pure logique de la recherche d'un profit optimal, une délocalisation de leurs activités industrielles consistant en une séparation des lieux de production ou de transformation de certaines marchandises de leurs lieux de consommation. Cc proccssus se poursuit et s'amplifie sous l'influence de la nouvelle révolution des technologies de l'information et de la communication, de la dématérialisation de capitaux et de l'extension des aires géographiques du libéralisme. Il a surtout fortement contribué au décollage industriel de la plupart des pays industrialisés d'Asie. Les firmes multinationales sont de plus en plus nombreuses, puissantes et originaires de diverses zones. On compte selon la CNUCED, environ 38 000 firmes multinationales contrôlent 270 000 filiales étrangères.

Le négoce international des produits de base est largement sous le contrôle des firmes multinationales. On estime la production internationalisée à environ 1/3 de la production mondiale totale. Les principales transformations en cours concernent la multiplication des alliances et des fusions entre multinationales dans les secteurs stratégiques comme les industries aéronautiques et les télécommunications. La concentration transnationale augmente, de même que l'investissement international.

La globalisation financière a favorisé l'internationalisation de la production, en même temps qu'elle a modifié les modalités. Les entreprises se sont largement financiarisées pour se couvrir contre les risques internationaux, en diversifiant leurs produits.

Les investissements directs à l'étranger de moins de 40 milliards US $ en 1980 ont dépassé 200 milliards en 1995. Ils conduisent souvent à une délocalisation, transfert à l'étranger d'une activité de production (segment ou ensemble de la fabrication) localisée antérieurement sur le territoire national.

On observe une décomposition internationale du processus productif (Lassudrie-DUCHENE). Chacun des segments est localisé dans des espaces différents, pour des raisons liées aux coûts de production, aux dimensions du marché, à des risques ou à des réglementations.

2°) La seconde interdépendance est relative aux échanges commerciaux.

Le volume total des transactions quotidiennes sur les marchés des changes est passé d'environ 10 à 20 milliards de dollars en 1998. Dans les années soixante-dix à 1500 milliards de dollars en 1998. De 1983 à 1993, les achats et les ventes transfrontaliers de bons du trésor américain sont passés de 30 à 500 milliards de dollars par an. Les prêts bancaires internationaux ont progressé de 265 à 4200 milliards de dollars entre 1975 et 1994. On voyage également davantage. Le tourisme a plus que doublé entre 1980 et 1996. Le nombre de voyageurs passant de 260 à 590 millions par an. Malgré les restrictions sévères, les migrations internationales se poursuivent, de même que les envois de fonds des émigrants. Ces envois ont atteint 58 milliards de dollars en 1996. Le volume des appels téléphoniques internationaux s'est envolé entre 1990 et 1996, passant de 33 à 70 milliards de minutes. Les voyages internes et les médias stimulent la croissance exponentielle des échanges d'idées et d'informations.

Aujourd'hui, les individus s'engagent plus que jamais dans des associations transcendant les frontières nationales, depuis les réseaux informels jusqu'aux organisations ayant pignon sur rue.

Cette intégration mondiale est tirée par le multilatéralisme visant à promouvoir l'efficience économique via la libéralisation et la déréglementation des marchés nationaux et le désengagement de l'État de nombreuses activités économiques, ainsi que la restructuration de l'État providence. Mais ce sont surtout les innovations récentes dans la technologie de l'information et des communications qui favorisent l'intégration. Cependant celle-ci reste très partielle au niveau mondial. Ainsi, les mouvements de main d'œuvre sont restreints, les frontières étaient fermées aux individus sans qualification. L'interdépendance touche aussi les marchés financiers.

3°) La troisième interdépendance et globalisation des marchés financiers.

Elle est rendue possible par la conjugaison de trois éléments : d'abord, la désintermédiation, elle permet aux entreprises, à l'État de recourir directement sans passer par les intermédiaires financiers et bancaires pour effectuer des opérations de placement et d'emprunt. Ils peuvent accéder directement aux marchés financiers pour satisfaire leur besoin de financement. Ensuite, le décloisonnement qui se traduit par la suppression de certains compartiments des marchés. Enfin, la déréglementation qui indique l'abolition des réglementations des marchés des changes pour faciliter la circulation du capital.

Au début du 20ème siècle, les mouvements internationaux de capitaux participent au processus de mondialisation de l'économie. Mais le développement de la finance mondiale atteste d'une déconnexion croissante entre les flux de capitaux et les besoins de financement de l'économie réelle.

La globalisation financière se caractérise par l'interconnexion des marchés financiers, par un essor de nouveaux produits financiers et de marchés émergents. On observe également une organisation mondiale de la production dans certains secteurs stratégiques. Les marchandises circulent de plus en plus librement avec des coûts de transport décroissants, du fait de la déréglementation et des progrès de télécommunication permettant des baisses de tarifs. L'instantanéité des informations abolit temps et espace. La circulation des informations peut remplacer celle des hommes (télé-achat, télé travail).

Les opérations financières génèrent à l'infini ou presque des produits dérivés. Les produits négociés, bien que de plus en plus sophistiqués, sont standardisés.

Les transactions papier prennent, ainsi, une grande ampleur par rapport aux opérations physiques. On observe une déconnexion entre les opérations réelles (commerce et investissement) et la sphère finance-change. L'intégration financière résulte de la mobilité des capitaux et la substituabilité des actifs (H.BOURGUINAT).

Le développement des eurodollars (les dollars circulant hors des États-Unis) à partir de 1957 a marqué le début de la circulation internationale des capitaux hors de tout contrôle étatique. Après le passage aux changes flottants, l'accélération du processus de libéralisation de la finance internationale date principalement à la fin des années 70. Les États à la recherche de sources de financement pour leurs déficits, ont aboli les principales règles qui contraignaient les mouvements de capitaux.

Les mutations sur les marchés financiers sont simplement démentielles et d'une rare ampleur. Ainsi, ***les mutual funds*** aux États-Unis ont mobilisé quelque 2600 milliards de dollars en 1995 et les fonds de pension s'élèvent à

3600 milliards de dollars soit plus que l'encours des réserves de change de toutes les banques centrales de la planète. Les transactions opérées sur les marchés de change représentent environ 1500 milliards de dollars par jour soit plus de 50 fois les flux réels de marchandise. La valeur des titres cotés en bourse dans 80 pays a été multipliée par 10 en 20 ans. Elle est passée en 1980 à 1800 milliards à 18 000 milliards en 1998. En clair, la sphère financière est complètement déconnectée de la sphère réelle, car chaque jour 1500 milliards de dollars de mains sans contrepartie en termes de biens et services. Ces chiffres montrent que les marchés financiers ont acquis des pouvoirs très étendus qui leur permettent de contrôler l'essentiel des circuits de financement à l'échelle mondiale et peuvent, toute conséquence, déterminer les rythmes de croissance des économies.

La globalisation des marchés financiers laisse apparaître d'abord un surdimensionnement des marchés qui rend les activités des établissements financiers complètement incontrôlables et permet aux acteurs financiers de promener librement leurs capitaux dans l'espace mondial à la recherche de meilleures rémunérations, ensuite l'incapacité de mesurer le niveau optimal des moyens de paiement pour l'économie mondiale et enfin une montée en puissance des finances illicites, dont le produit mondial est estimé à environ 100 milliards.

Désormais les actifs financiers peuvent se promener librement à la recherche de meilleures rémunérations. Ces capitaux alimentent les investissements directs étrangers (IDE) qui peuvent alors s'orienter vers les marchés émergents des pays en développement. La séquence vertueuse est alors celle des bonnes politiques attractives qui conduisent à une entrée de capitaux privés pour le financement d'investissements productifs et qui, dans un environnement institutionnel favorable, pourraient entraîner la croissance.

La globalisation de la production, des marchés financiers et commerciaux s'accompagne de l'émergence de blocs économiques régionaux qui sont souvent les meilleurs instruments de compétitivité. En effet, la concurrence exige des pays et des entreprises un subtil dosage de protectionnisme et libre-échange, d'étatisme et de libéralisme. Dans le monde des affaires, on se soucie bien peu des extrêmes, et l'on navigue entre des combinaisons complexes qui seules sont à même d'atteindre la plus grande efficacité. Durant des décennies, la croissance a été stimulée par le marché et la concurrence. De nombreux secteurs financés ou gérés par les pouvoirs publics ont été privatisés. Des marchés débridés et des États aux pouvoirs diminués paraissaient la clé de la compétitivité mondiale des entreprises et des nations. Tout cela montre que la mondialisation est asymétrique et duale : elle fait des riches qui deviennent plus riches et des pauvres toujours plus pauvres en sommes des **« gagnants » et des « perdants »**. Ces asymétries ont engendré des dualités graves que les altermondialisations considèrent comme une conséquence des politiques néo-libérales qui façonnent la globalisation.

4°) La quatrième interdépendance est relative aux Technologies de l'Information et de la Communication (TIC).

Les technologies de l'information et de la communication sont en train de modifier les systèmes productifs et les perspectives de la croissance et de l'emploi. Elles déclenchent une explosion des activités économiques, recomposent les territoires industriels et interconnectent tous les marchés de la planète. Ce sont elles qui font précisément du monde un village planétaire. Des millions de kilomètres de fibre optique se croisent en permanence et relient des continents. Et 24 heures sur 24, des contrats, des transactions des informations de toutes sortes traversent les fuseaux horaires, les frontières et les cultures. Les nouvelles routes commerciales sont des éclats de laser et des rayons de satellites. Les marchandises transportées sont le savoir et la technologie. Les évolutions et les mutations technologiques donnent aujourd'hui la chair de poule tellement elles sont rapides et bouleversantes. Elles introduisent des transformations structurelles des systèmes productifs. P.CHAPIGNAC[53] y découvre trois ruptures qui ont une tendance assez nette à structurer les activités économiques autour du traitement de l'information :

- La production de richesse déplace son centre de gravité de l'activité productrice (la dialectique entre la machine et l'homme) à la création (la conception et le pilotage intellectuel). Il va en résulter le déplacement de la source des richesses vers l'activité de conception.
- Les transactions de toutes natures ont tendance à s'imposer comme principaux générateurs de la valeur ajoutée, ce qui déjà se constate dans la structure des entreprises où les fonctions commerciales, marketing et autres prennent une importance grandissante
- Le renversement des hiérarchies des actifs avec un caractère dominant des actifs immatériels.

Cela montre à souhait que nous faisons face à l'avènement d'un nouveau modèle de société, qui devrait entraîner de nouvelles réflexions et de nouveaux paradigmes sur le plan social. Cela ramène en surface le débat sur les technologies et la recomposition de l'emploi : la machine tue-t-elle l'emploi ou l'oblige-t-elle à se déplacer et à se recomposer ?[54]

À côté de ces éléments purement économiques, bien d'autres qui augurent des changements spectaculaires par exemple le retour du politique et du culturel qui n'ont plus le statut de variables muettes de la mondialisation qui prétend reposer sur des harmonies universelles.

---

[53] P.Chapignac, Communication au Congrès IDT-Marchés et industries, Paris, 1995

[54] J.B. Foucauld : Une nouvelle donne pour l'emploi, Revue Échanges et projets, janvier 1994

II/ Les asymétries remarquables de la mondialisation.

Dans une évaluation du système mondial, M. BEAUD[55] observe avec raison que jamais l'humanité n'a disposé d'autant de techniques et n'a produit autant de richesses, mais également jamais elle n'a créé autant d'inégalités et de pauvreté traduisant ainsi un monde assez fortement asymétrique. Le Produit mondial a connu au cours du siècle une croissance exceptionnelle, en dollars de 1975, il est passé de 580 milliards en 1900 à 25000 milliards au milieu des années 90 ce qui représente en moyenne 4500 dollars *per capita.* Cependant ce tableau idyllique est terni par une succession de crises graves qui sont autant de périls économiques, financiers et sociaux dont la dernière en date a failli mettre en faillite l'Asie des Nouveaux Pays Industrialisés offerts comme le modèle de référence aux PVD. En effet, la globalisation financière s'accompagne de la montée en puissance de la finance spéculative qui rend de plus en plus instable les équilibres des marchés boursiers et des marchés des changes. Le système financier international produit des risques, des incertitudes et des dysfonctionnements que les Institutions Financières Internationales ne peuvent point gérer faute de ressources suffisantes et d'instruments opérants de régulation. C'est le cas de la crise financière en Asie, au Mexique, au Brésil et en Uruguay.

Cette économie monde fonctionne dans un contexte de paradoxes et d'inégalités. Elle est selon le Professeur K. VALASKAKIS source de trois dualités aux conséquences graves pour les PVD :[56] la fracture sociale entre riches et pauvres ; le fossé grandissant entre inclus et exclus (chômage structurel) et l'impuissance de l'État dans l'interdépendance qui se manifeste dans le fait que les gouvernements, malgré les meilleures intentions du monde, n'arrivent pas à gérer l'interdépendance planétaire.

1°) La première dualité est relative à la fracture sociale entre riches et pauvres.

En effet, malgré le fait qu'on parle constamment de «crise» économique (en Europe, on parle de crise depuis des années soixante-dix), force est de constater que les pays de l'OCDE sont entre trois et quatre fois plus riches, aujourd'hui qu'à l'époque des Trente Glorieuses (1945-1975) années de forte croissance économique mondiale, à un moment où l'État-providence était omniprésent et nullement contesté. On notera d'ailleurs que les statistiques officielles sous-estiment considérablement l'abondance dont les élites bénéficient à présent, car les améliorations qualitatives dans les produits ne sont pas prises en compte. Jamais l'humanité n'a accumulé autant de biens matériels et des services au double plan qualitatif comme quantitatif à telle

---

[55] M.BEAUD : *Histoire du capitalisme de 15000 à nos jours*, Edt. Seuil, 380p

[56] K. VALASKAKIS : *Mondialisation et gouvernance*, Revue Futurible, Avril 1998

enseigne que s'il y a crise économique contemporaine, c'est plus une crise d'abondance que de rareté. Dans la grande majorité des secteurs de l'économie mondiale, il y a surproduction. Le secteur extractif affiche de grands surplus. Il n'y a plus d'insuffisances alimentaires : si la famine persiste encore dans plusieurs parties du monde, ce n'est pas par manque de denrées alimentaires. Les métaux et l'énergie sont aussi, *grosso modo*, en surproduction.

En faisant un bilan même approximatif de la mondialisation à la fin des années quatre-vingt-dix, on arrive à la conclusion que, dans l'ensemble, elle a enrichi environ 30% de l'humanité. Les 70% restant n'ont pas encore été conviés au banquet : ils se trouvent marginalisés et exclus. La mondialisation s'est donc avérée un excellent moteur de croissance, mais également un très mauvais instrument de distribution de ses fruits.

La dualité entre l'économie de la famine et celle de l'abondance n'est pourtant pas le résultat d'une conspiration quelconque de la part des nantis. Elle serait plutôt la conséquence normale et non maîtrisée d'une dynamique de marchés «darwiniste» et discriminatoire, qui privilégie la survie des plus forts, récompense généreusement les gagnants et n'a rien pour les perdants. Avant la mondialisation, la solidarité sociale au sein des pays permettait à l'État de jouer un rôle redistributif important pour atténuer la montée des inégalités et les menaces de fracture sociale. L'impôt progressif et les politiques de lutte contre la pauvreté permettent de diminuer quelque peu le bénéfice des gagnants pour en donner une partie aux perdants. Depuis la mondialisation, cette marge de manœuvre est sévèrement réduite, car toute politique de redistribution pourrait avoir des conséquences néfastes sur la compétitivité en augmentant les charges des entreprises qui, maintenant, ont l'option de s'établir ailleurs. D'où la tendance au nivellement par le bas et le renforcement de la dualité riches-pauvres dans les sociétés de plein emploi, telles que les États-Unis où les classes inférieures ont vu leur revenu réel baisser substantiellement depuis deux décennies.

2°) La deuxième dualité entre le travail et le chômage.

Cette dualité que l'on peut associer à la mondialisation est le chômage structurel qui creuse un fossé croissant entre «inclus» (ceux qui ont un travail rémunéré) et «exclus». Cependant, pareille dualité ne devrait pas être assimilée à la première sous peine de fausser la problématique. Aujourd'hui nous semblons presque vivre dans des « sociétés de chômage » au Nord comme au Sud. Les Pays de l'OCDE comptent présentement plus de 35 millions de chômeurs. En Afrique, il s'agit d'un véritable chômage de masse qui affecte plus de la moitié de la population active.

Les débats sur les marchés du travail montrent que le chômage n'est pas de récession, mais il est chômage de technologie, c'est-à-dire qu'il n'affecte pas comme l'observe L.STOLERU[57], les salaires dont le niveau continue d'augmenter ni l'économie qui peut voir sa croissance et sa productivité s'améliorer. C'est pourquoi, paradoxalement, ce chômage structurel qui affecte les sociétés contemporaines est un indicateur d'abondance plutôt que rareté. Comme on l'imagine, le bouleversement des TIC s'étend aux deux aspects de l'activité humaine : l'homme dans sa vie en société et l'homme dans sa vie au travail. Le chômage est alors le reflet de cette trop forte poussée technologique qui modifie complètement le profil des emplois futurs. Elle oblige l'emploi à se déplacer et à se recomposer. C'est cela qui explique toute la complexité des politiques de lutte contre le chômage.

3°) La troisième dualité est relative à l'impuissance des acteurs dans l'interdépendance.

Cette troisième dualité émanant de la mondialisation est la montée des interdépendances sans augmentation symétrique des moyens pour les gérer. À titre d'exemple, on peut identifier au moins deux dossiers d'interdépendance mondiale qui exigent des réponses mondiales (plutôt que locales) difficiles à obtenir. Le premier dossier est relatif à l'environnement. En effet, le changement climatique qui s'observe n'est manifestement gérable qu'à l'échelle mondiale, car il ne respecte aucune souveraineté nationale. Il en va de même pour les grandes épidémies comme le Sida ou des phénomènes de désertification. Les actions pour les maîtriser ne doivent donc être que collectives et universelles pour être efficaces. Mais si les interdépendances sont évidentes, les moyens de cette gestion le sont beaucoup moins. Certes, un accord comme celui de Kyoto obtenu en 1997 est un pas dans la bonne direction, mais l'absence de sanctions contre les pays délinquants réduit énormément la portée de cette convention. Si bien qu'en définitive le texte se réduit à de bonnes intentions et rien de plus. Le second exemple que l'on pourrait exhiber touche à la nouvelle technologie du moment, à savoir l'Internet. Les experts de l'OCDE estiment que, dans moins de cinq ans, les quatre technologies de télédiffusion, d'informatique, de téléphonie et de câble de distribution vont se fondre dans un seul instrument tout-puissant, à la fois téléviseur, ordinateur et téléphone. Dans cette optique le commerce électronique représentera plus de la moitié du commerce total dans les pays avancés pour finalement atteindre 80%.

Devant la montée en flèche de ce réseau mondial qui crée d'énormes interdépendances, l'action individuelle et réglementaire des gouvernements est sans effet puisque l'on peut contourner les juridictions. Pour contrôler l'Internet, seule une action concertée des grands acteurs pourra être efficace. Une conférence ministérielle des pays de l'OCDE a été organisée à Ottawa en octobre 1998 pour commencer à traiter de cette question, mais les solutions ne

---

[57] L ? Stoleru *: L'ambition internationale*, Edt. Seuil, Paris 1987, 319p.

sont pas évidentes, car le contrôle technique et institutionnel de l'Internet est extrêmement difficile. Pourtant, sans surveillance, l'Internet pourrait s'avérer une boîte de Pandore dont les conséquences (bonnes et mauvaises) seraient incalculables.

Ces interdépendances nous renvoient à la multiplicité des risques et des incertitudes inhérentes à l'organisation économique, politique et sociale mondiale et qu'il faut gérer. Le constat facile à faire est un déficit évident de régulation, ce qui impose l'urgence de la gouvernance de la globalisation. Cela devrait impliquer de revisiter, à l'aune de l'évolution de la globalisation, les accords de IBW[58] conclus il y a plus d'une cinquantaine d'années.

III/ L'Afrique paria de la mondialisation, entre marginalisation, pauvreté et précarité : entre la double ligne « émouvante » de la pauvreté et celle « révoltante » de la richesse.

« S'il y a selon McNAMARA, une ligne émouvante de la pauvreté et de la destitution, n'y aurait-il pas une ligne révoltante de l'accaparement et de l'opulence. Les représentants de l'accaparement et de l'opulence, insolemment debout sur leur ligne, ne sont-ils pas ceux qui dictent les politiques économiques et violent les droits des exploités, des sans-travail, des sans pouvoirs ? »[59] Pierre SPITZ

La distribution des revenus à l'échelle mondiale laisse apparaître deux types d'inégalités de plus en plus criantes : celles qui existent d'abord entre les pays et celles observées au sein même des pays, qu'ils soient du Nord ou du Sud. Pendant longtemps, l'écart entre la richesse des uns et la pauvreté des autres, s'élargit. Jamais l'humanité n'a produit autant de richesses, mais jamais la pauvreté n'a été aussi massive. Alors peut-on enrichir les pauvres sans appauvrir les riches, ce qui n'exclut pas d'enrichir ces derniers.

1°) Les inégalités marquantes de la mondialisation et le creusement des fractures sociales.[60]

Sur le premier type, les statistiques montrent que le monde est en phase de polarisation, avec un fossé de plus en plus large entre les pays pauvres et les pays riches. Concrètement, le revenu par habitant entre les pays industrialisés et les pays en développement a ainsi triplé, passant de 5 700 dollars en 1960 à 15 400 dollars en 1993. De plus sur les 23.000 milliards de dollars que

---

[58] H.. Ben HAMMOUDA et Moustapha KASSE : *Repenser Bretton Woods*, Édit. Karthala, 2002 316p.

[59] Pierre SPIITZ et al: *Il faut manger pour vivre : controverses sur les besoins fondamentaux*, PUF, Cahiers de l'IUED-Genève.

[60] Branko MILANOVIC : *Inégalités mondiales, le destin des classes moyennes*, Édit. La Découverte, 2019, 285 p.

représentait le PIB mondial en 1993, 18.000 milliards provenaient des pays industrialisés, contre seulement 5.000 milliards pour les pays en développement. Encore plus significativement, le cinquième le plus riche de la population mondiale dispose de plus de 80% des ressources et le cinquième le plus pauvre de 1%. Quelque 2,7 milliards d'individus (sur 6 milliards) vivent avec moins de 2 euros par jour et ils seront environ 4 milliards en 2015.

Au cours des trente dernières années, la part des 20% de personnes les plus pauvres dans le revenu mondial est tombée de 2,3% à 1,4%. Dans le même temps, la part des 20% les plus riches passait de 70% à 85%. L'écart de revenu entre les 20% plus riches et les 20% les plus pauvres a ainsi doublé, passant de 30/1 à 6/1. La fortune des 358 milliardaires en dollars que compte la planète est supérieure au revenu annuel cumulé des 45% d'habitants les plus pauvres de la planète. Au cours des trois dernières décennies, la proportion d'individus habitant des pays ayant connu une croissance annuelle de leur revenu supérieure à 5% a plus que doublé (passant de 12 à 27%), mais la proportion de la population mondiale connaissant une croissance négative de ce revenu a plus que triplé, passant de 5% à 18%.

Le second type d'inégalité est celui qui existe au sein même des pays. En prenant l'exemple de la France, le revenu mensuel moyen des ménages résidant dans ce pays était de 14 190 F en 1994. Mais 10% des ménages disposaient alors de moins de 4 530 F alors que 10% des ménages gagnaient plus de 25 890 F, soit un écart P9/P1 de 5,7 plus important que l'écart des seuls salaires qui s'établissait à 3,2. Dans les pays de l'OCDE, les inégalités salariales sont mesurées par le ratio P9/P1 qui s'élevait, en 1990, à 2 en Norvège, 2,5 en Allemagne, 3,4 au Royaume-Uni et 4,5 aux États-Unis.

Ces inégalités font aujourd'hui l'objet d'intenses controverses au niveau de l'analyse du développement. **Aujourd'hui, la recherche et le débat se focalisent sur cette question des inégalités avec le travail gigantesque de Thomas PIKETTY[61] et celui de Y. Noah HARARI[62].** En effet, certains économistes soutiennent avec force d'arguments que les inégalités sont favorables à la croissance économique. Ils prennent appui sur les prédictions de S.KUZNETS et avancent que si la croissance accroît les inégalités dans un premier temps, elle les réduit ensuite. À y regarder de près, cette assertion peut-être économiquement fondée, mais ne convient pas dans la perspective de lutte contre la pauvreté. Pour P. ENGELHARD[63], il faut s'interroger pour savoir à partir de quel seuil d'inégalité de la croissance de la richesse des uns ne compense plus la perte de richesse des autres ? RAWLS fournit une piste

---

[61] Thomas PIKETTY : *Le capital au 21ème siècle,* Édit. du Seuil, 2013,969 p.

[62] Yuval Noah HARARI : *21 leçons pour le 21ème siècle*, Édit. Albin Michel, 2018, 375 p.

[63] P.ENGELHERD : *L'Afrique mliroir du monde ? Plaidoyer pour une nouvelle économie.* Edit. Arléa, Paris, 1998, p.222

intéressante dans le second principe de sa *Théorie de la justice sociale*[64] : lorsqu'il y a des riches, les pauvres sont souvent moins pauvres que si tout le monde était pauvre. Mais alors sommes-nous encore dans un univers où l'accroissement de la richesse des riches garantit que la pauvreté des pauvres va diminuer. On peut observer que deux ou trois cents personnes parmi les plus riches de la planète ont un revenu qui équivaut à celui de deux ou trois milliards de pauvres. Qu'une inégalité permette à ces pauvres de vivre un peu mieux qu'ils ne le feraient si la richesse était un peu moins mal répartie n'est pas très vraisemblable.

Globalement, les inégalités se sont creusées entre les pays et au sein de la plupart d'entre eux. Ainsi, dans les pays opulents d'Europe occidentale, le nombre de pauvres n'a cessé d'augmenter depuis vingt ans. Toutefois, ces inégalités et ces pauvretés excessives deviennent inacceptables et dangereuses, car elles constituent le terreau sur lequel se recrutent les terroristes qui menacent les démocraties du monde.

Manifestement, les réseaux terroristes tirent leur origine dans la désespérance et les souffrances de la pauvreté que vivent certains peuples souvent dans l'indifférence totale de la communauté internationale. Les attentats de septembre sont intervenus dans une conjoncture de profonde détérioration des rapports Nord-Sud. : Dégradation des termes de l'échange, approfondissement des déficits, massification de la pauvreté, endettement qui hypothèque le financement du développement, baisse de la croissance. Dans les diverses négociations internationales à SEATTLE (OMC), à KYOTO sur le réchauffement de la terre négocié par 160 nations, à GÊNES (G8) et à DURBAN (ONU) dernièrement sur l'esclavage, les pays du Sud ont fait beaucoup de concessions, mais n'ont presque rien obtenu en retour. Ces éléments entretiennent des sentiments d'exclusion, de frustrations, de désespoir, tout cela sur fond de pauvreté ambiante.[65]

2°) Marginalisation et déconnexion de l'Afrique du processus de mondialisation.

La participation de l'Afrique à l'économie mondiale a fortement diminué ces cinq dernières décennies aussi bien du point de vue de son PIB, de ses exportations que des IDE reçus. Selon l'OCDE, la part de l'Afrique dans le PIB mondial mesuré en parité de pouvoir d'achat entre 1950-2000 a baissé d'un tiers alors que sa part dans les exportations a été divisée par 3. Il en va de même pour les investissements directs étrangers comme cela a été établi plus haut.

---

[64] J. RAWLS : *La théorie de la justice sociale,* Édit. Seuil, collection « La couleur des idées », Paris 1987, Voir aussi John RAWALS vie, œuvre et concepts, Collection ellipses

[65] Moustapha KASSE : *Récession mondiale et terrorisme*, Journal Info7 du 02 fev.2002

D'un autre côté l'économie mondiale a une assez faible incidence sur la croissance des économies africaines. Cela s'explique d'abord par la base de son système productif composée essentiellement de produits primaires et ensuite par son insertion faible dans des réseaux diversifiés de commercialisation.

On peut donc dire que les paramètres que pose la mondialisation ignorent le continent. Ni les investissements croisés, ni les échanges internationaux sur la base de la croissance de la production mondiale, ni la globalisation financière, ni les réseaux transnationaux, ni les firmes globales, nulle part on ne trouve une place à l'Afrique. À ces facteurs s'ajoutent d'autres qui sont endogènes et contribuent à la marginalisation du continent. Au titre de ces facteurs, on peut citer : l'absence d'infrastructures adéquates de communication ; l'étroitesse des marchés ; les incertitudes et risques nés des conflits et la mauvaise qualité des administrations publiques.

Les Programmes d'Ajustement Structurel ont tenté d'introduire des réformes qui ont pour objectif l'assainissement des économies en vue de la restauration de leur compétitivité extérieure par la réduction des déficits, budgétaires, une pression sur les salaires, la suppression des subventions, la privatisation et le dégraissage de la fonction publique. Une fois assainies, les économies devraient amorcer une croissance durable tirée par les IDE et les exportations. En définitive, on s'aperçoit qu'en fait l'assainissement ne finit jamais, les IDE se font attendre, la croissance n'est pas durable et la pauvreté est encore loin d'être éradiquée.

3°) pauvreté de masse, délitement du lien social et défaillance des systèmes de protection sociale.

Le continent est traversé par une crise sociale d'une très grande ampleur qui se manifeste dans l'accroissement du couple pauvreté et chômage. Cela entraîne une forte dégradation des conditions de vie : pénurie et insécurité alimentaires, diverses épidémies, non-accès aux services de base. Ce processus de paupérisation de masse s'accompagne paradoxalement d'un affaiblissement des formes modernes comme traditionnelles de protection sociale. En effet, le continent africain administrait la preuve d'une indiscutable « solidarité », découlant principalement d'un ensemble d'obligations et de droits complexes destinés à préserver la cohésion du groupe et à réduire l'incertitude économique. La logique du « don et du contre don », sans doute latente dans ce tissu d'obligations réciproques, instaure un contrat social implicite. Or, ce contrat social est en train de se déliter dangereusement. Dès lors, la protection sociale cesse de s'appuyer sur les réseaux de la famille élargie qui n'est plus en mesure de répondre aux sollicitations de ses membres les plus faibles et les plus démunis dans un contexte de crise économique. Au niveau des structures formelles, les choses ne vont pas mieux suite à la crise profonde du système public de sécurité sociale, symbole de « l'État-providence ». Il accuse une triple crise : une crise d'efficacité : effets pervers de prélèvements excessifs ;

une crise de légitimité : côté recettes : une redistribution à rebours et côté dépense : la solidarité déviée avec des difficultés d'évaluation et une crise d'adaptation.

Pris en tenaille entre l'accroissement soutenu des dépenses et le tarissement des sources de financement suite à l'assainissement économique et financier, le fonctionnement du système de redistribution et de protection sociale est de plus en plus bloqué. La crise économique et financière va finir par liquider tous les filets de protection et de redistribution. La conséquence est alors l'instauration de la pauvreté, de la précarité et de l'exclusion.

Pour sortir de cette situation, il est alors recommandé aux pays africains de poursuivre et d'approfondir l'ajustement structurel qui seul est à même de relancer la croissance économique pour éradiquer la pauvreté. À la suite de Philip Engelhard, on peut se demander : la croissance viendra à bout de la pauvreté. Or l'enrichissement des riches ne va-t-il nécessairement de pair avec celui des pauvres. Comment faire si la croissance ne suffit pas à réduire la pauvreté ? La croissance des « riches » par le biais ou non des IDE, aura-t-il nécessairement un effet d'entraînement positif sur le revenu des pauvres. Cette proposition n'est pas absurde, mais demande l'existence d'un État capable de redistribuer les richesses, or rien ne prouve que cette condition sera réalisée.

Il n'y a de croissance durable que dans une économie non déficitaire. C'est un postulat fétichiste qui ne se vérifie nulle part au monde. En plus la causalité inverse peut-être plaidée avec d'aussi bonnes raisons.

Une croissance saine est une croissance tirée par les exportations. Appliqué à l'Afrique le principe a quelque chose de surréaliste. Les statistiques montrent que ces exportations ont régressé de 14%.

IV/ « L'hypothèque » de la dette africaine, une problématique brouillée par les nouvelles conditionnalités du FMI sur sa soutenabilité.

Aujourd'hui, l'endettement n'est principalement considéré que du point de vue des créanciers étrangers et l'allégement de la dette comme un moyen de rétablir la crédibilité financière des pays, en vue de permettre aux gouvernements, aux IBW et aux créanciers publics et privés de leur prêter de nouveau. Il est évident que les pays en développement débiteurs doivent rétablir leur crédibilité financière, mais, à force de ne voir que cet aspect, le débat sur la dette a été totalement biaisé. Il importe d'apporter un peu plus de clarté dans ce débat. Les pays africains ont besoin d'une croissance rapide, au taux le plus élevé possible, une croissance harmonieuse et débarrassée de toute fluctuation trop forte en baisse comme en hausse, des pays qui, de surcroît, connaissent de lourds déficits d'épargne pour opérer leurs investissements productifs. Il faut rompre avec cette croyance mille fois proclamée que l'endettement extérieur est une option d'enchainement aux banques internationales ce qui risque de compromettre l'avenir des générations futures.

De fait, tous les gouvernements empruntent pour investir. Des investissements sérieux et rentables génèrent des ressources pour leur remboursement, soutiennent la croissance et aident à réduire la pauvreté. Afin d'attirer les capitaux étrangers nécessaires pour accélérer la dynamique de croissance, les pays en développement doivent montrer qu'ils sont capables de rembourser de manière raisonnable leurs crédits. La Banque mondiale a oublié ses recommandations datant de son Rapport 1986 : *« il y a un besoin urgent de créer un cercle vertueux de croissance et d'amélioration de la solvabilité du Tiers-monde »*. Les IBW semblent recommander un cercle vicieux où les remboursements risquent de compromettre la poursuite et l'approfondissement de la croissance. Quand on est débiteur de lourdes dettes que vous ne pouvez rembourser, votre créancier fera lui-même faillite s'il perd sa créance. Cela devrait l'obliger de faire cause commune avec son débiteur pour l'aider à repartir.

Il faut aller bien au-delà des stéréotypes et solutions simplistes des IBW qui imposent aux pays endettés de se serrer la ceinture pour rembourser leurs dettes (PAS). Ceux-ci devront donner tout ce qu'ils ont et n'auront donc plus aucun moyen de financer leur développement. Au bout du compte, accorder trop peu de crédits aux pays en développement, c'est étrangler leur dynamique de croissance.

Depuis le début des années 1980, à la suite notamment des chocs pétroliers de la décennie précédente, nombre de pays africains ont été confrontés à divers problèmes d'ordre macro-économique : déficits budgétaires, déficits de la balance des paiements, inflation. Ceci a conduit à l'élaboration de programmes d'ajustement structurel.

Ces programmes, qui avaient sans doute sous-estimé l'amplitude du problème, partaient de l'idée que l'équilibre macro-économique constituait un objectif structurel de base en dehors duquel aucune action de développement n'était possible. Par ailleurs, l'ampleur des déficits impliquait des actions vigoureuses : si les partenaires financiers acceptaient de contribuer sur le court terme, ils souhaitaient en contrepartie que des politiques économiques rigoureuses soient adoptées par les États, car le financement extérieur ne pouvait être assuré de manière durable. Cette formule procurait aux pays pauvres une aide de trésorerie substantielle et des financements pour leurs programmes de réforme, mais le stock de leur dette ne cessait de croître. En conséquence, les paiements au titre du service de la dette des pays pauvres très endettés sont passés en moyenne de l'équivalent d'environ 17% des recettes d'exportation en 1980 à une pointe d'environ 30% en 1996 (R. POWELL, 2000).

C'est dans ce contexte que la première initiative de réduction de la dette a été prise en 1996 par les pays développés ; l'initiative devait ensuite prendre davantage d'envergure en juin 1999 à la réunion du G7 de Cologne. En septembre de cette même année, a pris corps et s'est structurée l'idée que les ressources dégagées annuellement par les pays du fait de la réduction de leur dette devaient être investies dans des actions et programmes visant à une réduction substantielle de la pauvreté dans les pays concernés. Il a été décidé que le cadre stratégique pour la réduction de la pauvreté serait le document de référence pour toutes les actions en faveur des pays en voie de développement et que ce document serait un produit national élaboré par les gouvernements de ces pays, mais en large concertation avec les acteurs concernés et la société civile.

Pour certains, l'initiative PPTE (pays pauvres très endettés) a déjà eu un impact positif sur les pays pauvres lourdement endettés. 24 pays avaient atteint le point de décision et pouvaient bénéficier d'un allégement intérimaire. Quelques-uns seulement d'entre eux avaient atteint le point d'achèvement. La plupart de ces pays se situent en Afrique subsaharienne. Pour d'autres par contre, des efforts restent à faire eu égard aux objectifs mêmes de croissance et de réduction de la pauvreté. À cet effet, il existe une grande diversité de thèmes relatifs au problème d'endettement africain, et mieux à la gestion de la dette africaine dans le cadre PPTE. La présente réflexion s'inscrit sous cet angle.

1°) Brève historique de la gestion de la dette.

Le problème de l'endettement des pays en voie de développement trouve ses racines dans la fin des années 1960. Ces pays ont connu dans cette période des taux de croissance élevés compris entre 4 et 8% (M. KASSE, 1992) s'expliquant par la conjoncture mondiale favorable d'alors. Encouragés par un tel contexte, la plupart des pays se sont endettés pour financer leurs investissements. La dette permettait de réaliser des taux de croissance élevés. Elle soutenait aussi le commerce mondial, fortement déprimé.

Quand, vers la fin des années 1970, la situation favorable à une croissance rapide s'est détériorée, les pays en voie de développement ont continué de s'endetter ; les capitaux empruntés servaient de moins en moins à financer les investissements, mais couvraient principalement les déficits de la balance des paiements courants et les déficits budgétaires. Le cercle vicieux de l'endettement s'était installé. La diminution rapide des recettes d'exportation des pays endettés et l'élévation des taux d'intérêt réels ont fini par rendre patent l'échec de ce système d'endettement.

Après avoir connu un vent de panique en 1982, à la suite de la défaillance du Mexique, les créanciers occidentaux ont développé plusieurs systèmes pour augmenter la sécurité de leurs créances. Parmi ces mesures, la première fut un quasi-arrêt des flux de prêt, notamment privés, à destination des pays en voie de développement. Ainsi, depuis le milieu des années 1980, la somme des flux financiers en provenance des pays en voie de développement à destination des pays occidentaux est devenue supérieure à la somme des flux dans le sens inverse.

2°) La gestion de la dette : les mesures classiques.

Face au surendettement de certains pays et à leur incapacité à faire face aux échéances, différents mécanismes ont été mis en place (A. JOSEPH, 2000) :

• le Club de Paris regroupe la plupart des créanciers bilatéraux au sein des pays industrialisés. Les réunions du Club de Paris ont commencé en 1956 ; elles consistent en des négociations sur les restructurations de dette entre les créanciers et les débiteurs. Jusqu'à la fin des années 1980, le problème de la dette était considéré comme une crise de liquidité, et les mesures adoptées consistaient en un rééchelonnement des échéances. À partir de la fin des années 1980, devant l'enlisement de nombreux pays dans la crise de la dette, les objectifs du Club de Paris ont évolué : il ne s'agit plus uniquement de rééchelonner la dette, mais aussi de la réduire et d'apporter de l'aide aux pays les plus pauvres. Les créanciers du Club de Paris ont donc adopté des programmes de réduction de dette : termes de Toronto (1988), de Londres (1991), de Naples (1994) et de Lyon (1996) ;

• les créanciers commerciaux et les créanciers bilatéraux n'appartenant pas au Club de Paris doivent appliquer des rééchelonnements de dette comparables à ceux des créanciers du Club de Paris ;

• le Club de Londres regroupe les créanciers privés (principalement les banques) engagés envers les pays endettés. Au sein de ces pays, la part de la dette bancaire est assez faible. Les principaux mécanismes de réduction de la dette bancaire consistent en un rachat de créances ou en des réductions de l'encours et du service de la dette, ces opérations étant appuyées par des crédits spéciaux de l'Association internationale de développement (AID);

• les créanciers multilatéraux ont, d'une part, élaboré des programmes d'ajustement structurel et, d'autre part, augmenté leurs financements concessionnels aux pays en développement par l'intermédiaire des organismes spécialisés : la Facilité d'ajustement structurel renforcé (FASR), mise en place par le FMI, et l'AID, mise en place par la Banque mondiale.

En général, les analyses faites (A. MINGAT et J.TAN, 2001) ont souligné que ces programmes ne pourraient réussir tant que : premièrement, les pays seraient contraints de rembourser une dette extérieure (intérêts et capital) sans cesse alourdie par l'accumulation des intérêts, parfois jusqu'à l'insupportable ; deuxièmement, l'équilibre macro-économique était considéré comme étant l'objectif principal visé, alors que le seul objectif acceptable est celui du développement humain et de la réduction de la pauvreté.

Malgré les différents traitements appliqués, la situation au regard de l'endettement des pays pauvres très endettés ne s'est guère améliorée, d'où l'élaboration de l'initiative PPTE (M. KASSE, Marchés Tropicaux n°3000).

3°) L'initiative en faveur des PPTE : beaucoup d'appelés et peu d'élus.

La persistance des difficultés de remboursement de la dette extérieure des pays à faible revenu a conduit en 1996 la Banque Mondiale et le Fonds Monétaire International, suite aux propositions du G7 au sommet de Lyon, à créer un nouveau mécanisme pour alléger l'endettement des pays les plus pauvres, intitulé “ Initiative en faveur des pays pauvres très endettés ”, qui vient s'ajouter aux mécanismes traditionnels de retraitement de dette. En juin 1999, le sommet du G7 à Cologne, a élaboré les grandes lignes d'une amélioration de ce dispositif dont certains aspects, comme la sévérité de ses critères d'éligibilité, sa lenteur d'exécution ou sa trop faible ampleur, étaient critiqués.

Il est largement reconnu que l'endettement extérieur d'un certain nombre de pays à faible revenu, Africains pour la plupart, est devenu extrêmement difficile à gérer. Même les mécanismes classiques de rééchelonnement et de réduction de la dette, alliés à des apports continus de financement concessionnel et à la poursuite de politiques économiques saines, n'ont pas suffi pour ramener l'endettement extérieur de ces pays à un niveau supportable dans des délais raisonnables.

En septembre 1996, le FMI et la Banque mondiale ont lancé un programme pour remédier à cette situation : l'initiative en faveur des pays pauvres très endettés (PPTE). Cette initiative vise à fournir une assistance exceptionnelle aux pays admissibles mettant en œuvre des politiques économiques saines pour les aider à ramener la charge de leur dette extérieure à un niveau tolérable. Le but de l'initiative PPTE est d'encourager les politiques sociales en vue de réduire la pauvreté et de sortir définitivement les pays des rééchelonnements successifs de dette. Pour atteindre un niveau de dette soutenable, l'initiative PPTE envisage une réduction de la dette des créanciers multilatéraux, ce qui rompt avec les mécanismes dits traditionnels où les annulations ne concernaient que la dette bilatérale.

L'initiative constitue un dispositif global de réduction de la dette des pays pauvres qui requiert la participation de tous les créanciers. Elle vise à garantir qu'aucun pays ne soit confronté à une charge d'endettement intolérable. Pour bénéficier de l'initiative, les pays doivent s'engager à poursuive leurs efforts d'ajustement macroéconomique et de réforme des politiques sociales. Il s'agit en outre d'obtenir des financements supplémentaires pour les programmes sociaux, surtout en matière de santé et d'éducation de base.

Fonctionnement et éligibilité. Tous les pays qui sollicitent une aide au titre de l'initiative PPTE doivent passer par deux étapes :

Première étape pour pouvoir bénéficier d'une assistance, un pays doit adopter des programmes d'ajustement et de réformes appuyés par le FMI et la Banque mondiale et établir des antécédents satisfaisants. Durant cette période, il continuera à recevoir l'aide concessionnelle classique de tous les bailleurs de fonds intéressés, y compris les institutions multilatérales, ainsi qu'un allégement de dette de la part des créanciers bilatéraux (dont le Club de Paris). Au terme de la première étape, on procède à une analyse du degré d'endettement du pays pour déterminer s'il est ou non tolérable (point de décision). Si le ratio valeur actualisée nette de la dette extérieure/exportations dépasse 150 %, après application des mécanismes classiques d'allégement de dette, le pays peut être admis à recevoir une aide au titre de l'initiative. La valeur nominale du stock de la dette ne donne pas une idée exacte de la charge de l'endettement extérieur d'un pays si une fraction non négligeable est concessionnelle, c'est-à-dire assortie de taux inférieurs à ceux du marché. La valeur actualisée nette (VAN) de la dette rend compte de son degré de concessionnalité. Elle est égale à la somme de toutes les obligations futures au titre du service de la dette existante (principal et intérêts), à laquelle on applique un taux d'actualisation égal au taux d'intérêt du marché. Lorsqu'un prêt est assorti d'un taux d'intérêt inférieur à celui du marché, la VAN de la dette qui en résulte est inférieure à sa valeur nominale, l'écart représentant l'élément de don.

Dans le cas particulier des économies très ouvertes (ratio exportations/PIB supérieur à 30 %) ayant une charge d'endettement très élevée par rapport aux recettes budgétaires, le ratio valeur actualisée nette de la dette/exportations retenu comme objectif peut être fixé en dessous de 150 %. Dans ce cas, l'objectif retenu pour le ratio valeur actualisée nette de la dette/recettes budgétaires est de 250 % au point de décision.

Deuxième étape une fois déclarée admissible à une aide au titre de l'initiative, le pays doit continuer de donner la preuve qu'il exécute comme il convient les programmes soutenus par le FMI et la Banque mondiale. La durée de cette seconde période n'est pas limitée, mais dépend de la mise en œuvre satisfaisante des réformes structurelles clés convenues au point de décision et du maintien de la stabilité macroéconomique, ainsi que de l'adoption et de l'exécution d'une stratégie de réduction de la pauvreté élaborée selon un vaste processus participatif. L'emploi de dates «flottantes» pour le point d'achèvement permettrait aux pays performants de parvenir plus rapidement à ce stade. Durant la deuxième étape, les créanciers bilatéraux et les banques commerciales sont généralement censés rééchelonner les obligations venant à échéance en accordant une réduction atteignant 90 % de la VAN.

4°) Évaluation critique.

L'initiative PPTE permettra, selon les estimations du FMI, de réduire la dette des 26 pays éligibles de 12.5 milliards de dollars en VAN de 1998 au point d'achèvement (voir tableau 3). Ce chiffre représente (toutes choses étant égales par ailleurs) 9.1% de la VAN des 41 PPTE (en excluant le Liberia, la Somalie et le Soudan) en 1997. Sur ce montant, la part des créanciers multilatéraux a été estimée à 6.2 milliards de dollars (4.5% de la VAN) dont 2.4 milliards pour la Banque mondiale (1.7% de la VAN), 1.2 milliard pour le FMI (0.9% de la VAN) et le reste pour les autres institutions multilatérales. Les créanciers bilatéraux et commerciaux participeront à hauteur de 6.3 milliards de dollars (4.6% de la VAN).

Tableau 3 : Initiative PPTE et réduction de la dette

	Initiative PPTE Coût calculé au point d'achèvement	Initiative PPTE renforcée Coût calculé au point d'achèvement	Initiative PPTE renforcée Coût calculé au point de décision
Organisations multilatérales	**6.2**	**11.6**	**13.3**
Banque mondiale	2.4	4.6	5.1
FMI (Fonds fiduciaire PPTE)	1.2	1.9	2.3
Autres	2.6	5.1	4.9
Créanciers bilatéraux et commerciaux	**6.3**	**10.8**	**14.2**
Club de Paris	5.2	8.8	11.5
Autres créanciers bilatéraux	1.0	1.4	1.7
Créanciers commerciaux	0.1	0.5	0.9
Total	12.5	22.3	27.4

Note :
a) Il est équivalent de raisonner en terme de coût pour les créanciers ou en terme de réduction de dette pour les débiteurs.

Source : Banque mondiale (1999*b*), site internet.

Même en se projetant dans l'avenir et en prenant en compte l'ensemble des 22 pays "éligibles" pour un allégement, seuls 15% de la dette des PPTE (soit 1.6% de la dette du Tiers Monde) seront au mieux annulés (A. Zacharie, 2001).

Suivant l'étude effectuée par A. JOSEPH (2000) pour le compte de l'OCDE, en septembre 1999, sur les pays éligibles (selon la première version de l'Initiative PPTE), les Conseils de la Banque et du FMI ont étudié le cas de 14 d'entre eux. Deux d'entre eux (le Sénégal et le Bénin) ont un degré d'endettement soutenable ; sept autres ont passé le point de décision. Concernant les sept pays qui, en septembre 1999, ont atteint le point de décision, soit ils sont entrés dans la deuxième phase (Burkina Faso, Côte d'Ivoire, Mali), soit ils ont atteint le point d'achèvement (Ouganda, Bolivie, Guyana, Mozambique). En septembre 1999, quatre des six pays de l'Afrique émergente ont passé le point de décision : les trois pays de l'UEMOA, et l'Ouganda qui a déjà atteint son point d'achèvement.

Parallèlement plusieurs critiques sont formulées à l'endroit de l'initiative PPTE. A. ZACHARIE (2001) dénombre dix limites qui lui sont imputées. Pour cet auteur, l'initiative PPTE tend à encourager encore plus l'endettement. Dans la mesure où seuls les pays ayant une dette « insoutenable » ont accès à un allégement, un pays réussissant à se désendetter est exclu de l'initiative tandis qu'un pays laxiste s'endettant entrera dans les conditions d'accès à un allégement. Par ailleurs souligne-t-il, le nombre de pays éligibles étant limité à 41, d'une part, leur dette cumulée ne représente que 10% de la dette du Tiers Monde et d'autre part, la majorité des pauvres ne sont pas concernés par l'initiative. Enfin, L'accès à un allégement est conditionné à l'application de deux phases de réformes d'ajustement allant de trois à six ans, les mêmes que celles appliquées jusqu'ici au sein des programmes d'ajustement structurel. Étant minimes et étalés sur une longue période, ces allégements peuvent n'aboutir qu'à des diminutions minimes du service de la dette, voire à une augmentation. Le Mali par exemple, devra, selon les estimations du FMI, rembourser 16,1 millions de dollars en 2010 pour 19,7 millions actuellement. La Tanzanie ne verrait son service de la dette diminuer que de 7% dans le meilleur des cas. En outre, ces allégements sont répartis sous forme d'aides annuelles étalées sur trente ans en moyenne, ce qui signifie que des chocs extérieurs sont susceptibles d'accentuer l'endettement de ces pays durant cette période. E. Toussaint (2001) qualifie de « faux », l'allègement des PPTE. Depuis le début de l'initiative en faveur des PPTE, remarque-t-il, le stock de leurs dettes a augmenté de 10 milliards de dollars (plus de 400 milliards de francs belges) passant de 205 milliards de dollars en 1996 à 215 milliards de dollars en 2001. En 1999, les PPTE ont payé en remboursement 1.680 millions de dollars de plus que ce qu'ils ont reçu sous forme de nouveaux prêts. Entre 1996 et 1999, selon la Banque mondiale, le service de la dette des PPTE pris globalement a augmenté de 25% (passant de 8.860 millions de dollars en 1996 à 11.440 en 1999).

En général, les principales critiques adressées à l'égard de l'Initiative PPTE se résument à son insuffisance, un service de la dette important qui risque d'absorber une bonne partie des dépenses sociales, la restriction des critères d'admissibilité excluant certains pays très endettés, la longue période durant laquelle le pays doit appliquer des mesures avant de pouvoir bénéficier d'une réduction de dette (A. JOSEPH, 2000). Face à cette réalité, on peut alors s'interroger sur « les lendemains » de l'initiative PPTE.

5°) L'après PPTE : quelles perspectives ?

L'après-PPTE repose toujours la problématique de la gestion de la dette africaine. Ce problème peut être vu sous deux angles : du point de vue de la dette elle-même (stratégies de financement) et du point de vue des objectifs visés. D'une part, les gouvernements africains ont exprimé leur ferme intention de mobiliser des ressources intérieures. Ils ont cependant toujours besoin d'une aide financière extérieure considérable. D'autre part, l'aide publique au développement est essentielle pour appuyer et encourager les efforts des pays démunis en matière de réduction de la pauvreté et de développement économique. Par ailleurs, les différentes mesures entrant dans le cadre de la gestion de la dette sont liées aux objectifs de réduction de la pauvreté et de croissance lesquels sont eux-mêmes liés.

S'agissant de la gestion de la dette, si qu'au cours des vingt dernières années, le système international d'aide au développement n'a pas atteint son objectif d'accroître la croissance et d'améliorer le bien-être des pays pauvres, c'est en partie dû à l'existence de carences aussi profondes que systémiques dans la façon dont la coopération au développement est mise en œuvre (A. K. OLECHE, 2001). Les progrès en vue de réduire le stock de la dette officielle ont été lents, pour des raisons comptables et budgétaires qui préoccupaient les pays créanciers et parce qu'il fallait que tous les principaux organismes créanciers parviennent à un consensus. Les différents créanciers ne voient pas tous de la même façon leurs relations avec les pays à faible revenu, et ces différences se reflètent dans l'approche qu'ils adoptent pour parvenir au juste dosage d'allègement de la dette, de nouveaux prêts concessionnels et de dons, ainsi que dans l'importance qu'ils accordent à la conditionnalité.

En outre, les mécanismes par lesquels les différents créanciers financent l'allègement de la dette sont d'une importance cruciale, car cet allègement ne peut apporter de ressources additionnelles nettes que si son financement n'évince pas les formes d'aide plus traditionnelles (R. Powell, 2000). Bien que le stock de la dette de nombreux pays ait de beaucoup dépassé le niveau soutenable, les créanciers du club de Paris ont pu utiliser des techniques de rééchelonnement concessionnel pour contenir l'augmentation des paiements effectivement demandés souligne l'auteur. Il est donc nécessaire de repenser totalement la conception, les relations et les conditions qui régissent l'organisation de l'assistance au développement dans les pays les moins avancés (et pas seulement dans les PPTE). Les donateurs doivent alors accroître l'efficacité de leur aide en coordonnant plus efficacement les mesures d'aide axées sur les programmes bien pensés et mis en œuvre par les bénéficiaires et dans la mesure du possible, en harmonisant ces mesures. Ce faisant, la réflexion doit être faite par rapport aux objectifs.

S'agissant de ces derniers, l'expérience démontre que l'aide économique aux pays appliquant une saine gestion permet d'intensifier la croissance et d'améliorer la situation sociale. Les donateurs peuvent intervenir en dirigeant l'aide de façon plus efficace vers les pays démunis qui font la preuve d'efforts sérieux en vue d'apporter des réformes économiques et de réduire la pauvreté. Sur cette question, il fait peu de doutes que l'allégement des dettes pourrait grandement stimuler les efforts visant à réduire la pauvreté et à favoriser le développement humain. Mais comme le remarquent J. SERIEUX ET Y. SAMY (2001) la majorité des PPTE ont seulement pu assurer le service de moins de 50% de leurs dettes en moyenne, et alors toute réduction des dettes actuelles qui n'est pas importante et concentrée au début ne va pas aider à réduire la pauvreté. Aussi pour ces auteurs, la réduction des dettes devrait être nettement plus élevée que 60% pour qu'il y ait des progrès dans la réduction de la pauvreté et dans le développement humain. Le taux de remise de l'initiative renforcée en faveur des PPTE (54%) est presque certainement insuffisant pour éliminer le surendettement.

En ce qui concerne la croissance économique, il faudrait identifier au-delà de quel seuil la dette extérieure compromet les performances économiques et si l'effet d'un alourdissement de la dette dépend de son encours. Il apparaît que la dette aurait une relation en forme de courbe en U inversée (voir graphique) avec la croissance (C. PATTILLO, H. POIRSON et L. RICCI, 2002). À mesure que les ratios de la dette augmentent au-delà du point A, tout nouvel emprunt ralentit la croissance, même si l'encours global de la dette continue d'exercer un effet positif sur la croissance. Le point A peut donc être considéré comme le niveau de dette qui maximise la croissance. Mais, lorsque la dette atteint le point B, sa contribution devient globalement négative sur la croissance lorsque la dette représente de 160 à 170 % des exportations, et de 35 à 40 % du PIB (en valeur actuelle nette). L'impact marginal devient négatif (point A) dès qu'elle atteint environ la moitié de ces taux.

Graphique du seuil d'endettement

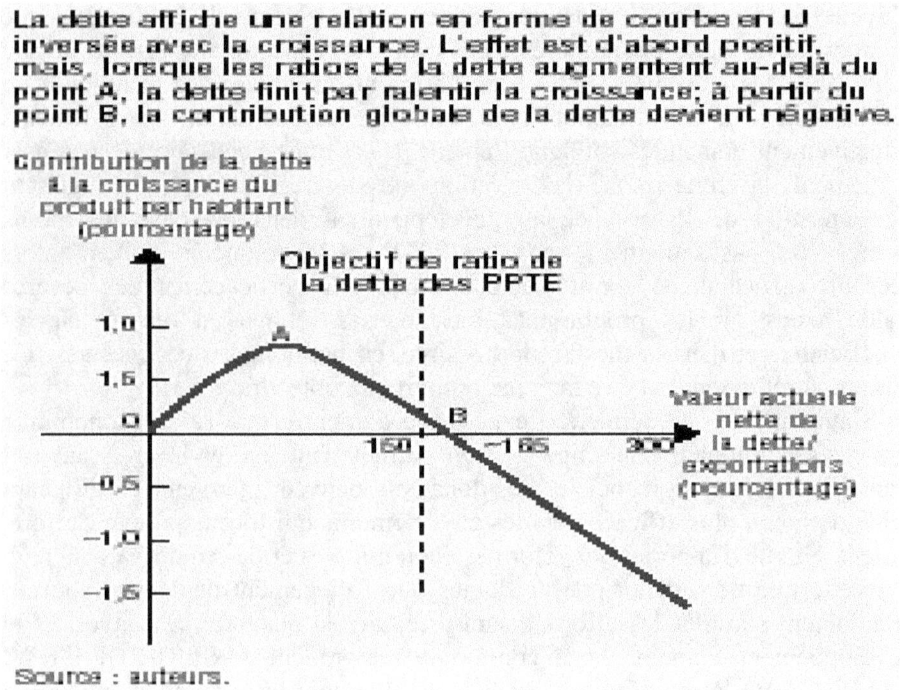

En chiffrant les dividendes de croissance attendus de l'allégement de la dette, la diminution de la dette de moitié pour la ramener de 200 % des exportations (chiffre proche du ratio dettes/exportations moyen des pays de l'échantillon[66] au cours des trente dernières années) à 100 % des exportations permettrait d'enregistrer un gain de croissance par habitant de l'ordre de 1/2 à 1 point. Quant aux pays susceptibles de bénéficier de l'initiative PPTE, la majorité de ceux qui sont sur le point d'obtenir un allégement de leur dette affiche un ratio dettes/ exportations de l'ordre de 300 %. Si leur dette est ramenée à l'objectif de 150 %, l'étude montre que leur croissance s'accélérera d'environ 1 point. Cette accélération pourrait amorcer un cercle vertueux qui, en l'absence d'un nouvel accroissement de la dette, abaissera encore le ratio d'endettement. Il est clair, cependant, que ce dividende de croissance risque de

[66] 93 pays en développement.

ne pas se matérialiser si le pays enregistre fréquemment des distorsions macroéconomiques et structurelles brutales.

En rapportant ces données aux taux de croissance et d'investissement nécessaires (voir tableau) afin de diminuer la pauvreté en Afrique de 50% d'ici à 2015, on pourrait logiquement déduire (moyennant quelques simulations) l'objectif cible auquel pourrait être ramenée la dette dans le cadre en particulier de l'initiative PPTE et dans le cadre de la dette africaine en général. On pourrait ainsi calculer l'augmentation de croissance espérée par rapport à l'objectif de 2015 laquelle augmentation qui comparée à la référence ci-dessus permettrait de déduire cet objectif cible.

Tableau 4 : Taux de croissance et d'investissement nécessaires afin de diminuer la pauvreté en Afrique de 50% d'ici à 2015

Sous-région	*Taux de croissance du PIB requis (%)*	*Coefficient marginal de capital*	*Taux d'investissement requis (%)*	*Taux d'investissement actuel (%)*	*Déficit d'investissement (investissements supplémentaires requis en % du PIB)*
Nord	5,60	3,8	21,3	24,2	s.o.
Ouest	7,61	4,8	36,5	17,6	18,9
Centre	6,70	7,3	48,9	20,0	28,9
Est	8,12	5,6	45,5	14,6	30,9
Sud	6,20	6,1	37,8	17,6	20,2
Afrique (moyenne)	**6,79**	**5,0**	**33,0**	**20,5**	**12,5**
Afrique subsaharienne	**7,16**	**5,8**	**40,0**	**17,4**	**22,6**

Source: Commission économique pour l'Afrique (CEA), Economic Report on Africa (Addis-Abeba, Éthiopie, 1999)

Selon le rapport Global Développement Finance 2001 de la Banque Mondiale, les pays du Sud ont remboursé au Nord, en 1999, 137 milliards de dollars de plus que ce qu'ils ont reçu sous forme de nouveaux prêts. En 2000, c'est 101 milliards de dollars ! Le mécanisme de la dette représente un transfert de richesses des peuples du Sud aux détenteurs de capitaux du Nord. Alors que demander de plus ? Au Comité pour l'annulation de la dette du Tiers monde (CADTM), ainsi qu'à Attac, il faut dire que l'annulation totale de la dette extérieure publique du tiers monde est, sans conteste, le premier pas indispensable vers la construction d'un monde où le but n'est pas le remboursement de la dette, mais la satisfaction des besoins humains fondamentaux. La dette écrasante, la trop grande pauvreté rendent impossible le financement des investissements collectifs sans lesquels le développement ne peut commencer.

V/ Quelle stratégie d'insertion dans la mondialisation ?

Le FMI, dans son rapport de 1996, montre qu'il sera illusoire de rejeter la mondialisation, car elle doit permettre aux pays, quel que soit leur niveau de développement, de saisir des opportunités. Dans son sillage, certaines économistes considèrent que la globalisation n'est pas un jeu à somme nulle et que les pays en développement et les pays industrialisés en tirent des effets d'entraînement réciproques conformément aux théories de l'échange international (RICARDO ET HOS). Celles-ci soulignent par ailleurs que le commerce sans entrave est favorable à tous les partenaires, quelle que soit leur taille pourvu simplement qu'ils se spécialisent dans les productions où ils ont les meilleures dotations factorielles naturelles. Il n'existe dès lors aucun obstacle insurmontable sinon l'État au développement des échanges. C'est cette logique qui préside à la création de l'OMC. À l'appui, l'OMC montre que la valeur du commerce mondial de marchandises s'est accrue en 1995 de 19%. Ainsi la valeur des Exportations mondiales passe de 164 milliards de dollars en 1960 à 4900 milliards en 1990. Le commerce mondial a été multiplié par 39. Il n'en va pas de même pour l'Afrique dont la progression est inférieure à la moyenne mondiale (5,4%).

Quel que soit l'indicateur considéré, on s'aperçoit que l'Afrique est marginalisée tout aussi bien dans le processus de production, d'échanges et dans la distribution des investissements directs étrangers. À cela viennent s'ajouter des termes de l'échange complètement défavorables contribuant à la détérioration du pouvoir d'achat des Africains.

C'est dans ce contexte qu'il est demandé aux pays africains de redresser leurs économies (ajustement structurel) et de les ouvrir sans entrave avec la levée de toutes les restrictions tarifaires et non tarifaires et l'annulation de toutes les subventions et l'instauration de libres marchés.

Beaucoup de chercheurs récusent, avec raison, cette vision optimiste plaçant l'Afrique parmi les grands bénéficiaires de la globalisation. L'argumentaire s'appuie sur deux éléments l'un théorique et fondé sur la compréhension de la théorie des avantages comparatifs et l'autre plus pratique portant sur les subventions agricoles.

Prenons cette dernière question. Les politiques agricoles restées jusqu'en 1986 à l'écart des négociations menées dans le cadre du GATT sont l'objet depuis d'une âpre bataille entre les deux puissances agricoles mondiales : les États-Unis et l'Europe de la PAC. Or les deux puissances n'ont en rien respecté l'accord de MARRAKECH qui postulait entre autres d'une part de faciliter les importations de produits agricoles en abaissant les droits de douane, et d'autre part d'améliorer les conditions de la concurrence entre pays exportateurs en réduisant les subventions et les aides publiques aux producteurs. Bien que la forme soit différente, l'agriculture américaine reçoit désormais une aide supérieure à son collègue européen. Ces subventions sont impérativement interdites aux Africains.

Tous ces faits montrent clairement que la globalisation constitue une grave menace pour l'Afrique. D'abord tous les paramètres qu'elle pose ignorent totalement le continent. Et lorsqu'elle l'appelle, c'est pour l'introduire comme un élément support au secteur des industries européenne et américaine qui ont besoin des matières premières. Autrement dit, ni les investissements croisés, ni les échanges internationaux sur la base de la croissance de la production mondiale, ni la globalisation financière, ni les réseaux transnationaux, ni les firmes globales, nulle part dans ce jargon de grands et de riches, on trouvera une place à l'ombre pour l'Afrique.

La théorie de la globalisation ignore royalement les États. Elle les confine au rôle de gestionnaire des collectivités sous l'œil vigilant de multiples observatoires que sont les institutions de gouvernance de l'économie mondiale dont l'architecture date des années 40.

VI/ Une mondialisation maitrisée est-elle possible ?

Cette question est au cœur des débats relancés par les ONGs et certains auteurs qui récusent le néo-libéralisme et ses conséquences et cherchent un modèle alternatif. Ces acteurs, défenseurs d'une nouvelle citoyenneté mondiale rendent l'idéologie dominante comme responsable des exclusions (avec le démembrement des sociétés traditionnelles). En outre, elle est vivement critiquée pour son opposition à l'État providence, au Sud comme au Nord et pour l'exigence, au nom de l'impératif de concurrence, de l'abandon des protections et du soutien étatique à l'emploi, du démantèlement des services publics et de la suppression des filets de sécurité sociale. Quelles sont alors les voies d'avenir ?

Le débat est ouvert à l'occasion de toutes les rencontres internationales convoquées par les grandes puissances ou par les institutions internationales. À ce propos, deux observations s'imposent pour mieux clarifier le débat ultra passionné ouvert récemment à PORTO ALEGRE. La première est une mise en garde : il faut se garder de tout simplisme et comprendre qu'il n'existe pas un modèle unique du capitalisme. Le cours qu'il va suivre ne sera ni linéaire ni cyclique : son avenir sera alors pluriel (R. BOYER). La deuxième observation découle de la précédente : il faut se refuser de diaboliser la mondialisation, car un phénomène de cette dimension charrie toujours le meilleur et le pire. Dès lors que la bonne société n'existe pas, il faut s'orienter vers la réalisation de profondes réformes qui sont susceptibles d'améliorer celle dans laquelle nous vivons. Sous ce rapport, il s'agit pour l'essentiel d'ouvrir au moins trois grands chantiers qui vont dans le sens du progrès social au niveau local, national et international :

1°) Le premier chantier est relatif à la régulation de la globalisation.

Aujourd'hui, on constate un important déficit de régulation de l'ordre économique, ce qui appelle une mobilisation politique pour redéfinir les institutions de gouvernance et élaborer des règles et des mécanismes si l'on ne croit pas que la main invisible du marché puisse protéger le faible contre le fort. Les questions qui se posent alors pour cette gouvernance mondiale sont de trois ordres : quelle devrait être l'architecture institutionnelle de la régulation internationale ? Comment réformer et gouverner les institutions existantes pour assurer la légitimité des décisions ? Quels seront les mécanismes de l'arbitrage entre les objectifs et les intérêts ?

Les réponses sont sans doute multiples et parfois contradictoires, mais elles devraient être guidées au moins par deux idées maîtresses : le caractère inopérant des solutions individuelles des États et conséquemment la nature plurielle des solutions. C'est pourquoi il faut aller bien au-delà du débat sur l'avenir et les perspectives des institutions financières internationales. Les controverses autour de ces institutions que sont le FMI, la Banque mondiale, la BRI et l'OMC sont marquées par un malentendu profond entre défenseurs et détracteurs. Les problèmes soulevés qui sont relatifs à leurs orientations, à leurs interventions et à la participation des pays en développement peuvent trouver des solutions pertinentes et acceptables par tous les acteurs. Pour autant, les questions posées plus haut ne seront pas résolues.

Ces dernières années, il a été beaucoup question de coiffer les institutions spécialisées par une instance plus politique ou économique (Conseil de Sécurité Économique Mondial) qui serait en mesure de fixer les orientations majeures, d'instituer et de gérer les mécanismes des arbitrages intersectoriels ou autres. Il est vrai que cette fonction est actuellement dévolue au G8 qui a décidé en 1991 de confier au FMI l'assistance aux pays en transition, qui a lancé en 1995 à Halifax les premières réflexions sur la réforme de l'architecture financière mondiale, qui a lancé l'initiative en faveur des pays lourdement endettés, qui a exigé l'ouverture des négociations commerciales multilatérales et qui vient de demander le soutien au Nouveau Partenariat pour le Développement de l'Afrique (NEPAD). Mais ses limites sont connues : il ne représente qu'une faible part de la population mondiale et ses réunions sont devenues des événements médiatiques plus riches en images qu'en contenu. Il est trop fortement contesté par la nouvelle citoyenneté internationale ayant pour tribune le Forum de Porto-Allègre.

2°) Le deuxième chantier concerne l'éradication de la pauvreté pour construire un monde plus humain.

Selon la Banque mondiale, plus de 300 millions d'Africains (près de la moitié du continent) n'ont en tout et pour tout que 0,65 dollar par jour (en termes de parité de pouvoir d'achat) pour subsister et leur nombre augmente sans cesse. À cela s'ajoutent des inégalités frappantes sur divers plans : ceux des revenus, des biens essentiels de base, de l'emprise sur les ressources publiques, de l'accès aux services publics et de l'insécurité omniprésente. Pour réduire cette pauvreté seulement de moitié à l'horizon 2015, il faut un taux de croissance moyen annuel d'environ 7% et une répartition plus équitable des revenus. Pour cela les investissements doivent être supérieurs à 20% du PIB.

3°) Le troisième chantier concerne la mise en œuvre concertée du Nouveau Partenariat pour le Développement de l'Afrique (NEPAD), une initiative essentielle d'une nouvelle solidarité mondiale avec le continent africain.[67]

C'est dans une optique de recherches de nouvelles solutions à la fois pertinentes et performantes que le système des Nations-Unies et toutes les institutions financières internationales s'interrogent pour savoir si «L'Afrique peut revendiquer sa place dans le 21ème siècle». **La Déclaration du Millénaire des Nations Unies** faite par les chefs d'État et de Gouvernement fixe avec clarté ce qui peut constituer les sept objectifs internationaux du développement à savoir : réduire de moitié entre 1990 et 2015 la proportion de la population vivant dans l'extrême pauvreté. Scolariser tous les enfants dans l'enseignement primaire d'ici 2015. Promouvoir l'égalité des sexes et l'autonomie des femmes en éliminant les disparités entre les sexes dans l'enseignement primaire et secondaire d'ici 2005. Réduire des deux tiers les taux de mortalité infantile et juvénile entre 1990 et 2015. Réduire des trois quarts les taux de mortalité liés à la maternité entre1990-2015. D'ici à 2015, assurer l'accès aux services de santé génésique entre 1990 et 2015. Appliquer des stratégies nationales axées sur le développement durable d'ici à 2005, de manière à réparer les dommages causés aux ressources environnementales d'ici 2015.

Ces objectifs définis clairement avec des horizons de réalisation fixés, sont avalisés par les décideurs les plus significatifs des institutions internationales : le Secrétaire Général de l'ONU, Kofi ANNAN, le Secrétaire général de l'OCDE, Donald Johnson, le Directeur Général du FMI, Horst KÖHLER, et le Président de la Banque mondiale, James WOLFENSOHN. Ils ont solennellement proclamé que leurs différentes institutions s'emploieraient à faire de ces objectifs de développement le fondement commun de leurs actions et de leurs programmes, et pour mesurer leur efficacité. De ce fait, les tendances actuelles devront être radicalement inversées pour que puissent se concrétiser ces objectifs.

---

[67] Ayant codirigé la rédaction du NEPAD sur instruction des Présidents Abdoulaye WADE (Plan Oméga) et Tabo MBEKI(MAP) l'évaluation de Jean COUSSY est truffée d'erreurs dans son article « Les utopies du NEPAD ». Il est inexact d'écrire que le NEPAD est « Créé pour séduire les investisseurs étrangers et faciliter les négociations internationales et d'en faire un discours libéral. Egalement, c'est une erreur de penser que le " Programme d'action pour l'Afrique " est différent du NEPAD. Il y'a bien d'autres. Le NEPAD est une proposition de l'Union Africaine issue de la synthèse de deux Plans le MAP et le Plan Oméga porté par les Présidents de l'Afrique du Sud, l'Algérie, l'Égypte et le Nigeria, du Sénégal.

Il faut alors au minimum réaliser un taux de croissance annuel moyen de 7% qui nécessite des investissements colossaux de l'ordre de 65 milliards de dollars pour des pays dont l'épargne intérieure est quasi inexistante. Le recours à l'épargne extérieure s'impose et cela exige le développement d'un partenariat de type nouveau avec les acteurs du système mondial ayant des excédents de ressources. C'est dire que l'Afrique a un besoin urgent d'un Programme d'action cohérent et opérationnel fondé sur une meilleure gouvernance économique et politique pour assurer des prestations efficaces aux divers opérateurs économiques et financiers sollicités. Ce Programme devrait être porté et soutenu par un leadership fort et solidement implanté.

C'est dans ce contexte que furent entreprises deux initiatives : *le Plan Omega (PLOM)* du Président Abdoulaye Wade et le *Millénium Partnership for the African recovery Program* (MAP) élaboré par le Président Tabo MBEKI avec la collaboration des Présidents Olusegun OBASANJO, Abdou Aziz BOUTEFLIKHA et Hosni MOUBARAK. La fusion de ces deux plans a été réalisée à Pretoria suite à une recommandation du 39ème Sommet de l'OUA à Lusaka (en juillet 2001) sous l'appellation de la Nouvelle Initiative africaine qui deviendra par la suite le NEPAD acronyme du sigle anglais *New Partnership for Africa Development*. Contrairement aux plans et programmes antérieurs (Plan de Lagos, Programme Prioritaire pour le Développement de l'Afrique, Décennie des Transports, Programme d'industrialisation, CARPAS...), les nouvelles initiatives sont conçues par des Chefs d'État qui en ont la paternité et qui de surcroît ont pris l'engagement de les réaliser en concertation avec des partenaires extérieurs.

***a) Les orientations générales peuvent être résumées comme suit* :**

Bâtir une stratégie apte à sortir l'Afrique de la trappe de la pauvreté de masse. Amorcer et consolider une croissance forte et durable dans l'équité sont la solution aux défis économiques et sociaux du continent. Or la croissance et le développement résultent fondamentalement de l'accumulation du capital.

Celle-ci permet simultanément d'élargir les capacités de production et d'élever la productivité. Elle se compose : **capital physique** : routes, chemin de fer, infrastructures pour le fret maritime et portuaire, ouvrages hydro-agricoles, parc informatique, télécommunications, énergie, etc. infrastructures pour la recherche-développement : laboratoires et équipements ; **capital humain** : éducation, santé, population et le **capital social** : un ensemble complexe de valeurs, normes comportementales, d'obligations et de canaux d'information visant à instaurer la confiance, à garantir l'application des contrats, à instituer des mécanismes d'assurance et à favoriser l'apprentissage social (Putnam, 1993).

Ces orientations expliquent que le NEPAD fait de l'accumulation du capital un moyen privilégié qui s'appuie sur un schéma de croissance reposant sur le développement accéléré des infrastructures économiques et des ressources humaines de l'Afrique. Cela nécessite la mise en place des préalables de stabilité et de bonne gouvernance pour amortir les risques et les incertitudes pour les investissements privés comme publics.

b) Les préalables : assurer la paix, la sécurité et la bonne gouvernance pour rendre l'environnement plus attractif pour les IDE.

Cette vision appelle des politiques économiques cohérentes et régionalisées en faveur d'un développement durable par l'intégration et dont les fondements pourraient être :la gestion des conflits qui déstabilisent l'espace africain ;l'amélioration de la gouvernance qui stabilise les institutions et les fondamentaux du cadre macroéconomique ;la mise en place d'un environnement incitatif pour les investissements dans les secteurs moteurs de la croissance qui accroissent à la fois la compétitivité et la diversification des économies.

À côté de ces aspects politiques, la gouvernance économique ne doit pas être en reste, car l'environnement économique est révélateur d'au moins quatre foyers de distorsions qui dissuadent les IDE :un environnement économique défavorable qui se traduit dans l'inefficacité des politiques sectorielles et une mauvaise structure d'incitations économiques ;la faible efficacité du capital humain imputable à la médiocre qualité des systèmes éducatifs et de formation en crise permanente; l'inadéquation et l'insuffisance quantitative et qualitative des infrastructures de base ;les coûts contrariants des facteurs techniques de production.

Il est également bien établi que le déclin des IDE en Afrique subsaharienne procède aussi de déterminants économiques stricto sensu à côté de facteurs plus diffus tels que les risques, les incertitudes et la confiance. Ces facteurs économiques qui peuvent freiner les investissements sont maintenant parfaitement bien connus. Il s'agit des déséquilibres macroéconomiques persistants, des taux d'inflation élevés, de la surévaluation des monnaies entraînant des taux de change réels dissuasifs, des politiques de protection inappropriées, des stratégies commerciales mal conçues et de la mauvaise gestion des affaires publiques.

Ces préalables sont aujourd'hui mis concrètement en pratique par deux mécanismes adoptés par les derniers sommets de l'Union africaine : la Revue par les pairs et mise sur pied prochaine du Conseil de Paix et de Sécurité.

c) Les secteurs prioritaires qui vont déterminer les besoins de financement.

Il est un point sur lequel tout le monde s'accorde : la hiérarchie des secteurs qui constituent de fait les leviers de la croissance. À ce niveau les deux initiatives (PLOM et MAP) montrent leur parfaite complémentarité en ce sens qu'elles mettent l'accent l'une sur la hiérarchie des secteurs et l'autre sur les structures d'encadrement et les préalables au développement durable. Ces secteurs retenus dans le Programme d'action sont au nombre de huit à savoir : l'accès aux marchés mondiaux et la diversification de la production. Les infrastructures de base. Les Nouvelles Technologies de l'Information et de la

Communication. L'éducation. La santé. L'agriculture. L'énergie. L'environnement.

En agrégeant certains secteurs, on peut retrouver les deux foyers de l'accumulation soulignés plus haut à savoir : le capital physique et le capital humain. **Le capital physique** comprendrait les infrastructures de base : routes, chemin de fer, infrastructures pour le fret maritime et portuaire, ouvrages hydroagricoles, parc informatique, télécommunications, énergie, etc. Le **capital humain** comprendrait : l'éducation, la santé, la nutrition et les infrastructures pour la recherche-développement.

Pour chaque secteur, le NEPAD estime que «l'objectif est de combler l'écart actuel entre l'Afrique et les pays développés afin d'améliorer la compétitivité du continent et de permettre à l'Afrique de participer au processus de mondialisation ». Les préoccupations d'une réduction des gaps au niveau des différents secteurs sont fort justement réaffirmées. Cela appelle des investissements massifs qui ne peuvent être attendus principalement que du secteur privé. Ces IDE devraient placer les pays africains individuellement et collectivement sur les chantiers d'une croissance soutenue qui mettra alors un terme à la marginalisation de l'Afrique.

Le mécanisme de mise en œuvre repose sur deux idées maîtresses : l'intégration économique et création d'espaces optimaux capables de rentabiliser les investissements et de produire des économies d'échelle ; le recours au secteur privé et aux investissements directs étrangers. Sur le premier aspect, en termes de stratégie, l'intégration économique africaine organisée autour du profil économique régional est à la fois plus pertinente et plus efficace. L'espace économique du continent est subdivisé en cinq régions qui développent chacune en son sein une ou plusieurs initiatives d'intégration qu'il importe de coordonner. Ces blocs fonctionnent de façon assez inégale et réalisent, par moment, des résultats appréciables dans les domaines respectifs du commerce inter-régional, de la coordination des politiques économiques et monétaires, de la mobilité des facteurs comme la main d'œuvre et les capitaux. Sur le second aspect, constatant l'impasse du financement par endettement et aide publique, le NEPAD accorde au secteur privé un rôle primordial dans le financement et la mise en œuvre des projets. Il s'agit, pour une fois, d'une véritable rupture avec « l'État développeur» et le rôle central conféré aux institutions publiques. C'est un véritable appel aux Investissements Directs Étrangers.

Dans ce contexte, le NEPAD appelle l'accélération des réformes politiques, économiques, sociales et institutionnelles avec de nouvelles règles de bonne gouvernance, de gestion publique transparente et de lutte contre la corruption.

CONCLUSION : L'exigence d'une véritable gouvernance mondiale.

Nous sommes confrontés aujourd'hui à de nombreux défis d'ordre économique, politique, culturel et social qui appellent sans nul doute des solutions à la fois urgentes, mais surtout inédites. La globalisation résulte d'une triple mutation : géopolitique avec l'effondrement du monde bipolaire ; économique et financière ; technologique avec la révolution des technologies de l'information et de la communication. Comme nouvelle donne mondiale, elle modifie conséquemment les modèles politique, social et culturel ainsi que les environnements institutionnels. Quoi de plus normal puisque l'on connaît depuis longtemps que la base matérielle commande et détermine toutes les superstructures. C'est dire que ces mutations ne sont pas des calamités, mais plutôt constituent sur bien des points des avancées progressistes qui ont donc une valeur positive. L'internationale est bien devenue le genre humain et ce n'est point un mot d'ordre conservateur. Il faut s'organiser pour tirer le meilleur parti de ces avancées de l'humanité tout en étant très alertes sur les risques potentiels. Comme l'observe Pierre SECKA «*La mondialisation, à la différence de la décolonisation (où les États pouvaient choisir par referendum d'être indépendants ou de demeurer sous le joug colonial) n'est pas une denrée à prendre ou à laisser dans sa totalité. Elle a ses vertus et ses défauts ; fortement enracinée dans son contexte, elle épouse parfaitement son temps et s'impose de ce fait à tous* ».

Face aux différentes contraintes inhérentes au processus, quelles mutations socio-économiques doit opérer l'Afrique pour profiter du phénomène ? Ne doit-elle pas se démocratiser davantage, former ses acteurs, transformer ses structures et adopter sa culture ?[68] Les questions sont d'autant plus pertinentes que la globalisation impose de nouvelles conditions de proximité et d'intimité entre entités économiques et sociales pourtant considérées jadis éloignées qui font que les idées, les identités et les modes de vie se mondialisent avec rapidité. Les nouvelles technologies ont complètement gommé le temps et ont relativement homogénéisé les pratiques de régulation sociales ainsi que les goûts et les consommations.

Toutefois l'émergence inéluctable et irréversible de cette mondialisation a consolidé les dualités externes et internes aux sociétés, creusé les irrégularités et les inégalités et approfondi les exclusions des acteurs les plus démunis et les fragiles souvent sans leur offrir un ascenseur social. La dissolution des filets traditionnels de protection sociale, les ruptures des solidarités familiales ainsi que la restructuration des rapports sociaux (Mathieu, 1990 ; Vidal, 1992), mettent en urgence à l'ordre du jour, la question sociale. La crise de l'État providence, le coût croissant du système formel d'assurance, d'assistance, et

[68] Pierre-Roche SEKA. Op. cit.

l'émergence de nouveaux risques sociaux résultant des mutations technologiques et de l'emploi commandent la réactivation des politiques sociales et de solidarité. Face à tous ces nouveaux risques, une nouvelle gouvernance de l'ordre interne et externe se pose.

Dani RODRIK a nourri le débat sur les politiques possibles dans la mondialisation : on ne peut pas avoir à la fois une hypermondialisation, des États-nations qui conservent un espace national de décisions politiques et la démocratie. L'auteur plaide pour une mondialisation modérée, encadrée par une coopération internationale.[69] Au bout du compte, **chaque gouvernement doit en effet être libre de suivre ses propres politiques économiques et de les protéger quand il recueille un assentiment populaire y compris en mettant des barrières aux frontières.**

<u>Encadré 5</u> : L'Économie mondiale racontée par cinq Prix NOBEL.

R.SOLOW (MIT) en 1987 pour ses travaux sur la croissance, G.AKERLOF (Berkeley), M. SPENCE (U. New York) et J STIGITZ (Columbia) en 2011, pour leurs analyses du marché en asymétrie d'information et P.KRUGMAN (Princeton) en 2008 pour ses travaux sur le commerce international.

Revue Finances et Développement Sept.2014 : **Cinq lauréats du Prix Nobel décrivent ce qui constitue le problème majeur auquel sera confrontée l'économie mondiale de demain**. George **A. AKERLOF** met en garde contre le réchauffement climatique et propose de relever les taux de taxation des émissions de carbone. **P.KRUGMAN** (La panne de la demande : la crise non résolue) considère que les pays riches vont devoir lutter contre une insuffisance de la demande persistante dans la mesure où ni la politique budgétaire ni la politique monétaire ne semblent désormais offrir de réponse satisfaisante. **R. SOLOV** revient sur le problème de la stagnation séculaire (les pays riches sont au point mort) dans les économies avancées où la croissance de la productivité globale des facteurs et celle de la population sont particulièrement lentes. Enfin Michael **SPENCE** (accompagner la croissance des pays en développement et s'y adapter) et **J. STIGLITZ** (L'économe devrait être au service de la société) s'interrogent sur les moyens de favoriser la convergence économique entre les pays en développement et les pays développés et sur la montée des inégalités dans les pays riches.

Les travaux de **M. SPENCE** présentent un grand intérêt pour les pays en développement. Pour lui, l'économie mondiale présente beaucoup de problèmes pressants, mais le plus crucial reste d'accompagner la croissance des pays en développement et de parachever le processus de convergence qui a débuté au lendemain de la Seconde Guerre mondiale. Il s'agit non seulement de réduire massivement la pauvreté, mais aussi d'ouvrir largement aux 85% de la population

[69] Dani RODRIK : *The globalization Paradox, Democracy and the Future of the World Economy,* Norton & Company, 2011 voir aussi Christian CHAVEUGNEUX : *La tentation de la « démondialisation »* in Alternatives économique n°303, juin 2011

mondiale qui a une croissance digne de ce nom... Cette expansion massive de l'inclusion pourrait être le trait marquant de ce siècle ; cette inclusion va nécessiter une massification profonde des politiques publiques et des institutions internationales comme nationales.

Toutes les économies reposent sur une base d'actifs matériels et immatériels. Si le processus de convergence est mené à bien, il triplera la taille de l'économie mondiale au cours des 25 à 30 prochaines années et la progression sera plus spectaculaire encore si on prend comme année de référence 1950 au lieu de 2014. Viennent ensuite les questions de distribution : il n'y a pas aujourd'hui de consensus sur la manière de remédier aux diverses formes d'inégalité. Certains pensent qu'il faut se concentrer sur la pauvreté et laisser les marchés faire le reste. D'autres se préoccupent des perdants absolus, les jeunes au chômage par exemple et au partage des charges surtout après les graves soubresauts économiques que nous avons connus récemment.

EN SAVOIR PLUS 2 : ÉLÉMENTS INTRODUCTIFS DE TROIS DÉBATS SUR LA MONDIALISATION ULTRALIBÉRALE.

PREMIER DÉBAT : La déstructuration des identités et valeurs culturelles par échange inégal des cultures.

À la fin des années 60, H. MARCUSE prédisait dans son célèbre ouvrage *« l'homme unidimensionnel »* la réduction de l'individu à une seule facette : un conformisme asservi par la technologie plutôt que par la terreur. Il déplorait la diffusion de la culture de masse qui réduit le citoyen au rang de simple consommateur, une quinzaine d'années plus tard, Vance PACKARD dans *« La persuasion clandestine »* dénonçait la stratégie des industriels publicitaires pour contrôler les mentalités des consommateurs et uniformiser leur comportement. Aujourd'hui avec la mondialisation, ces phénomènes prennent une dimension insoupçonnée[70] et remettent à l'ordre du jour les craintes de MARCUSE. Il semble selon Théodore LEVITT que *« le temps des différences régionales et nationales dues à la culture, aux normes et aux structures sont des vestiges du passé »*[71].

Que vont devenir les valeurs culturelles nationales ? Vont-elles se modifier pour épouser les logiques de compétition ou alors seront-elles étouffées ou gommer par la culture standardisée découlant de la mondialisation ? Ces questions sont au cœur de la crise qui secoue les sociétés africaines. En effet, la mondialisation par les moyens de communication de masse diffuse un modèle culturel global qui bouscule toutes les valeurs et comportements autochtones et les pousse à des formes multiples et complexes de refus et de

[70] Cité par le Recteur Sélim Abou lors du Colloque de Beyrouth sur la mondialisation, 28 avril 1998

[71] Théodor LEVITT : The marketing Imagination cité par le Recteur Sélim Abou.

résistance. Cheikh Anta DIOP avait bien perçu ces questions dans son ouvrage « les fondements culturels de l'unité continentale.

SECOND DÉBAT : Mondialisation libérale de haute compétition et construction de systèmes démocratiques.

Au plan politique, la mondialisation se traduit par un regain d'intérêt pour les problèmes de démocratie, de paix, de sécurité et de bonne gouvernance. Il est indiscutable que ces éléments sont des préalables du développement économique et social.

Le débat est clos assez vite par l'imposition d'un ajustement des PVD aux règles et normes démocratiques formelles et de bonne gestion de tous les centres de pouvoir. C'est le socle minimal de la nouvelle civilisation universelle de la démocratie et des droits de l'homme. Il repose sur l'idée implicite de l'existence de valeurs universelles dans lesquelles devait se reconnaître l'ensemble des « citoyens du monde ». En effet, il apparaît clairement que « la démocratie portative » dont parlait PARETO doit essentiellement réglementer la circulation des élites. Elle repose sur les règles de la démocratie représentative que l'Occident a mis des siècles à édifier autour du concept de Parti politique[72]. A-t-on le bon modèle ? Et dispose-t-on des instruments et des moyens pour les réaliser ? Et enfin, comment résoudre l'équation bien délicate des sanctions à appliquer en cas de défaillance? Alors que certains auteurs soutiennent que la mondialisation annonce la fin des conflits ou la *« La fin de l'Histoire et le dernier homme »*[73](FUJUYAMA), d'autres martèlent les préceptes de la « pensée unique » qui font de la mondialisation la voie royale du bonheur : plus le monde sera ouvert, plus la croissance sera élevée, plus le bien-être se généralisera. Toutes les institutions et tous les acteurs ont l'occasion d'y assister, sinon d'y participer, en direct ou «en temps réel». Cette vision idyllique ne correspond-t-elle à la globalisation fortement asymétrique effectivement observée. Qu'apporte-t-elle globalement au continent ?

TROISIÈME DÉBAT : Est-ce le début de la fin de la mondialisation ? De la tentation de la « démondialisation ».

Sous l'effet des crises multiples économiques, financières, politiques et sociales, la mondialisation qui avait promis le bonheur à l'humanité vire au cauchemar pour les économies, les finances, le commerce et des milliards d'individus. Plusieurs études et beaucoup d'académiciens, des experts des

---

[72] M. ROCARD dans son ouvrage *Pour une autre Afrique*, Éd. Flammarion 2001, note que *« les institutions africaines fondées sur des prises de décisions collégiales et consensuelles et en ce sens ne sont pas inférieures. La méthode en est l'arbre à palabre et l'instrument l'assemblée de village. Tout se passe comme si l'Occident à remplacer par la démocratie consensuelle africaine par son produit la démocratie conflictuelle. »*

[73]F.FUKUYAMA : *La fin de l'histoire*, Édit. Flammarion, Paris 1992

IBW, des économistes, des journalistes et des hommes politiques dans leurs rapports, leurs articles, leurs discours, reconnaissent que le bilan de la mondialisation ultralibérale est très loin d'être positif comme l'indiquaient les thuriféraires de la pensée économique dominante et les médias mainstream. Ce constat a imposé un débat sur la problématique de la « démondialisation » par la **Revue Alternatives Économiques**[74] autour d'une constellation d'idées qui proposent de changer la donne. Les principales thématiques sont les suivantes :

1°) Malgré sa progression, la mondialisation à dominante financière, celle où l'impulsion est donnée par les banques d'affaires internationales, les institutions financières (fonds de pension, compagnies d'assurances) et, surtout, ces dernières années, les sociétés d'investissement (« private equity firms ») et les « hedge funds », est à la fois vulnérable et instable avec une sous-estimation des risques financiers et une surestimation des gains. Où sont donc les gains et quels sont coûts ? Le système monétaire International est toujours sous la coupe du seigneuriage américain, jusqu'à quand ? Dans pareil contexte, il devient difficile de mener une politique monétaire nationale avec le choix des taux de change flottants, l'abandon du contrôle des changes par les banques centrales des États-nations.

2°) Quel est le bilan du libre-échange ? Quel est le coût de l'ouverture commerciale dès lors que les baisses des tarifs produisent un manque à gagner fiscal ?

3°) Les mirages de la gouvernance mondiale. Selon D. RODIK, peut-on voir une hypermondialisation, des États-nations qui conservent un espace national de décision politique et la démocratie. Concrètement, les IBW sont toutes en crise sans perspectives sérieuses de réforme : le FMI est en déficit, la Banque mondiale cherche sa voie, l'OMC est inaudible, l'OTAN et la CPI sont sérieusement houspillées même si, selon Georges CORM, le quarteron de puissances qui régente la mondialisation continue de penser que les politiques de puissance doivent tout résoudre.

Au terme de cette analyse, on peut penser à la fameuse formule de Paul VALERY, annonçant que « *Le temps du monde fini commence.*», surtout que la terre n'est pas plate. Le vocabulaire sans consistance de communauté internationale qui ne dispose d'aucun support institutionnel réel est une véritable supercherie des grandes puissances pour légitimer leurs funestes interventions. Le retour de l'État-nation s'amplifie. Les espoirs de développement autonome suscités par la conférence de Bandung, en 1955, se sont évanouis de même que la revendication des années 70, d'un «Nouvel ordre économique international» réclamé par 75 pays du tiers monde par la voix H.BOUMEDIENE à l'ONU.

---

[74] Revue Alternatives économiques n° 303 de juin 2011 : dossier spécial pp 55-63.

THÈME 4 – LA CRISE MULTIDIMENSIONNELLE DU SYSTÈME MONDIAL MULTIPOLAIRE : LES RÉPONSES DU SUD.

Pr Moustapha KASSE, Président du Comité Scientifique du Séminaire en Hommage au Pr. Samir **AMIN, Février 2019, Forum du Tiers-Monde**.

INTRODUCTION

Bien que les termes mêmes de "mondialisation", "globalisation", "internationalisation» soient à la fois flous et empreints d'ambiguïté, chacun pense que leurs conséquences (sans pouvoir les cerner précision) sont importantes. Pour certains auteurs, nous entrons dans l'ère de la mondialisation à partir du moment où un pourcentage significatif du PIB de la nation est réalisé avec l'extérieur alors que pour d'autres, ce pourcentage est moins significatif que la «dépendance » ou «l'indépendance» de la nation vis-à-vis de décisions prises par des acteurs de l'étranger : firmes ou États compte tenu du caractère de "price taker" ou de "price maker" que détiennent ces acteurs sur le marché mondial. Pour d'autres enfin, la mondialisation exprime l'ensemble des mécanismes qui contribuent à leur ruine par le biais des mécanismes connus de l'échange inégal caractéristique des distorsions dans le processus de formation des marchés internationaux et de distribution des revenus. Les deux phénomènes sont intimement liés.

Pourtant, la mondialisation n'est pas nouvelle. Selon l'historien Philippe MOREL (L'Histoire économique, globale, Édition du Seuil 2009, Il écrit aussi sur Blogs : histoireglobale.com) « Du début de l'Antiquité à la naissance du capitalisme, presque tous les progrès économiques et scientifiques ont vu le jour dans les empires orientaux et asiatiques. Puis l'Occident a pris le relais. Avant notre ère, les civilisations dominantes sont au Moyen-Orient (Mésopotamie, Égypte, Phéniciens), sur le continent indien et en Chine. L'Europe a parfois joué un rôle secondaire…. Les inventions indiennes et chinoises ont transité par les pays arabes avant d'atteindre l'Occident, où elles ont été améliorées …. La grande force de l'Occident, c'est d'avoir transformé et valorisé les inventions réalisées par les autres». Ferdinand BRAUDEL va dans le même sens et utilise le concept « d'économie monde sans État central ».

La dislocation de l'ordre ancien se fait sans qu'émerge le Nouvel Ordre International qui a été, à travers livres, rapports, séminaires et conférences, tant annoncé ou souhaité dans les années 70. Ni qu'on revienne à la case départ des repliements d'antan. Car le monde a changé. Comme l'observait A. GRAMSCI, « *le monde ancien se meure et le nouveau monde n'apparait pas encore entre les deux surgissent les diables »*[75]. Ils surgissent de partout en Afrique : les dictateurs, les boulimies du pouvoir, les demis dieux, etc.

Avec la mondialisation et les progrès, de l'idéologie du "tout- marché", la marée des rapports d'argent, transforme en épaves les nouveaux pauvres des pays riches, continue à corroder les cohésions sociales traditionnelles dans les pays du Sud et entraîne dans ses tourbillons des fragments des ex-sociétés de type soviétiques. Elle entraîne le recul de l'État-Providence, gomme les limites entre cadeaux d'affaires, financements politiques et corruption, brouille les distinctions entre public et privé, et même entre politique, affaires et activités maffieuses.

La mondialisation économique et financière a limité les capacités stratégiques nationales, affaibli les États, conduit nombre de grandes entreprises et de banques à surfer sur les vagues des taux d'intérêt, des taux de change et les déferlantes de l'incertitude. Bien sûr, il y a le FMI, le SME, le G7, le GATT ; mais ces instances sont efficaces par temps calme et petit temps : comme les banques centrales et les ministres des Finances, elles sont vite submergées par gros temps (krach d'octobre 1987, remous de l'automne 1992, la crise de 2008) et seraient impuissantes face à une panique monétaire et financière mondiale.

Malgré sa forte présence dans plusieurs secteurs et plusieurs régions du globe, la mondialisation n'est pas encore universelle. Au contraire, une de ses particularités marquantes est qu'elle est asymétrique et non homogène, dans la mesure où toutes les activités économiques, financières comme culturelles ne se mondialisent ni au même rythme ni de la même manière. Certaines, telles que la finance et les entreprises sont mondialisées depuis des siècles, alors que d'autres, comme la collaboration institutionnelle, l'équité sociale, et l'action des gouvernements restent, encore fortement chevillées dans des frontières géographiques nationales, dont elles portent les marques. C'est bel et bien une mondialisation à plusieurs vitesses entraînant des chocs asymétriques.

I/ Sens et portée de l'État-nation.

D'une certaine manière, l'État-nation a été l'acteur-clé de l'ordre et des désordres du monde dans les deux derniers siècles. C'est en son sein que s'est opéré le passage de l'échange marchand à l'économie de marché, que se sont opérées les grandes mutations technoéconomiques, qu'ont été institués les systèmes modernes de redistribution et de solidarité.

Ce sont les États-nations européens, convaincus de leur supériorité et de leur mission civilisatrice et poussés par la logique de l'expansion économique, qui, avec une participation de plus en plus marquée des États-Unis d'Amérique, ont été les acteurs de la conquête, puis du partage du monde, des deux grandes guerres (qu'ils qualifièrent de "mondiales") et des tentatives de

[75] GRAMSCI dans le texte, Editions Sociales, Paris 1975.

construction d'institutions internationales planétaires (SDN, puis ONU, GATT, FMI,...). C'est dans le cadre d'États-Nations qu'a été tentée la construction d'un système économique - le socialisme- dont l'avènement devait sonner le glas du capitalisme.

Le reflux néo-libéral contemporain tente de corroder l'État Providence, de disloquer les structures étatiques de différents pays du Tiers-Monde, transformant certains en simples "chaos bornés". Les cohésions des États-nations comme celles des villages s'effritent ; de nouveaux espaces se dessinent, petites régions ou grands ensembles plurinationaux ; de nouveaux peuples luttent pour leur reconnaissance ou pour leur survie ; le poids de nouveaux acteurs se révèle, diasporas, maffias, clans, réseaux...

De plus en plus d'études et de recherches soulignent, aujourd'hui, que le bilan de la mondialisation n'est pas aussi positif comme le clament les thuriféraires du dogme néo-libéral. Selon la théorie néo-classique, on parle de mondialisation si trois conditions sont réunies : un fort mouvement d'investissement direct à l'étranger (Décloisonnement, Déréglementation, Dérégulation dans l'espace mondial…), la libéralisation du commerce et la mise en place d'institutions de régulation transnationale. Cette conception théorique conduite à des binaires antagoniques : celui du marché contre l'État conçu comme le gardien des lois et de la propriété, du secteur privé contre les services publics, de l'individu contre la collectivité, des égoïsmes contre les solidarités.

II / L'effacement des frontières, point nodal des analyses libérales de la mondialisation, la terre est plate[76].

L'effacement des frontières va surtout permettre à la finance de prendre son essor dans des directions multiples dont le principe restera toujours le même : celui de l'effacement des frontières. Les premières les plus connues sont **les frontières géographiques.** La libre circulation internationale des capitaux va permet aux investisseurs de partir en quête de rendement financier partout où les pays s'ouvrent financièrement. La localisation des transactions est de plus en plus difficile à déterminer. Ensuite, **les frontières institutionnelles**, celles entre les établissements sont effacées. Avant c'était à chacun son métier ; les banques proposaient des prêts et des services de paiements, les assurances des polices d'assurance, les fonds d'investissement des placements risqués, etc. Désormais, les banques vendent des assurances et des plans de retraite tan disques les assureurs les assureurs et les fonds d'investissement achètent des prêts bancaires grâce au développement des marchés secondaires

[76] Á compter de la chute du mur de Berlin, démocratie et économie de marché n'ont plus d'ennemi, sinon dans d'exotiques pays situés aux confins du monde. **« La Terre est plate »**, écrira quelques années plus tard, l'éditorialiste vedette du New York Times, Thomas FRIEDMAN. Fukuyama introduira la fin de l'Histoire.

ce que l'on appelle « la titrisation » ce qui revient à faire circule les risques entre les acteurs financiers. Les frontières entre les différentes fonctions assurées par les instruments financiers ont aussi été effacées. Le développement de titres financiers de plus en plus sophistiqués a contribué à effacer les fonctions spécifiques attendues de chacun d'entre eux. Enfin, il y a **l'effacement des frontières entre les secteurs économiques**. En exemple ; les firmes industrielles ou de commerce vont développer des ensembles financiers complexes au nom évocateur de « banques non-banques » qui se mêlent du métier de banquier. Cet effacement de toutes ces frontières a pour résultats une complexité croissante des réseaux de circulation et de répartition de l'argent et des risques attenants. Garry SCHINASI (FMI) observe que *«le bateau de la finance navigue sur des mers hautes et quelquefois turbulentes sans carte sûre et bien établie sans compas »*

À cette situation trois (3) réponses : La première consiste à ne rien faire. C'est l'autorégulation, car les banquiers ne sont pas fous et peuvent surveiller leurs risques. La deuxième réponse considère qu'il faut mieux gérer la finance contemporaine, mais sans remettre en cause ses caractéristiques. Il s'agit de rendre les acteurs plus transparents afin que les régulateurs puissent faire leur travail. La troisième réponse est plus interventionniste et suit deux chemins : d'un côté chercher une meilleure gouvernance des entreprises qui prennent des risques pour gonfler leurs profits et de l'autre demander à l'État de freiner la partie des innovations financières qui contribue à l'opacification et à l'accentuation inutile pour l'économie réelle.

C'est le lieu de noter que la multiplication des crises financières illustre les grandes difficultés des grandes institutions internationales en charge de la régulation de la mondialisation financière : le FMI qui a échoué dans la surveillance des États et la BRI qui a échoué dans la surveillance des banques ? Depuis les années 70 le Comité de Bâle tente des dégager des ratios prudentiels connus sous les noms **de Bâle1, Bâle II et Bâle III** (M.KASSE[77]).

Face à l'instabilité grandissante des capitaux extérieurs publics et privés, la mobilisation des ressources internes redevient de nouveau le crédo (Cf. mon ouvrage sur l'Industrialisation). C'est une grosse erreur de croire qu'une croissance soutenue d'un pays puisse principalement provenir d'une mobilisation des seuls capitaux externes. Il faut davantage compter sur ses propres ressources (**Julius NYERERE)** en levant les obstacles qui entravent cette mobilisation : la mauvaise gestion des États qui dilapident les rentes issues des matières premières, le sous-développement des systèmes financiers, l'inefficacité et l'iniquité des systèmes fiscaux, etc.

---

[77] Moustapha KASSE : *Le secteur privé sénégalais, la jambe faible de l'Émergence, entre entreprenants et entrepreneurs,* Édit. L'Harmattan, 2018 460 p

III/ Crise de la mondialisation : beaucoup de questions alors même que les politiques traditionnelles ne fonctionnent plus.

« La mondialisation est-elle allée trop loin » s'interrogeait l'économiste Dani RODRIK en 1997 à l'époque où l'internationalisation croissante des activités productives, commerciales et financières était célébrée par la théorie économique dominante comme l'arrivée d'une mondialisation heureuse qui va faire le bonheur de tous. Dans les années 2000, les inégalités entre États et celles au sein des États augmentent avec un chômage massif, un accroissement de la pauvreté et de la précarité. Aux États-Unis comme en Europe les inégalités de revenus étaient élevées au début du 20ème siècle et ont commencé à diminuer dans les années 30. Avant d'augmenter dans les années 1970-1980 jusqu'à atteindre des niveaux encore plus hauts. Grâce aux travaux de Thomas PIKETTY[78] et le récent ouvrage de **Branko MILANOVIC** (Inégalités mondiales : Le destin des classes moyennes, les ultras riches et l'égalité des chances, Édition La Découverte, Paris 2019, 266 pages). Bien que les débats soient assez vifs, retenons brièvement qu'en 2015, environ les 1% les plus riches de la planète concentrent plus de richesses que les 99% restants. À cette époque **Barack OBAMA** déclarait « *Accepterons-nous une économie où seuls quelques-uns s'en sortent de manière spectaculaire* ? » La liberté ne doit pas légitimer la loi du plus fort. Le Forum Économique de Davos de 2015 était consacré à cette question. Il en va de même que l'OCDE et le FMI. En dehors des pays émergents, les pays en développement accusent une montée de la pauvreté. Ainsi, l'OCDE a étudié l'évolution du phénomène en 2011 et 2015 pour constater « toujours plus d'inégalité » en croissance comme en crise. Constatant que les inégalités nuisent à la croissance, elle va proposer plusieurs pistes de réflexion afin de les réduire.

Cette situation met en cause la mondialisation avec un marché du travail à deux vitesses où les inégalités grandissent entre travailleurs précaires et salariés bénéficiant d'un contrat de travail protecteur. Selon Jeremy RIFKIN[79] même ceux qui ont encore un travail régulier vivent dans l'angoisse de le perdre ? Quant à l'armée de réserve des sans-travail, des travailleurs à statut atypique ou à temps partiel, elle est poussée vers la délinquance pour subsister. La révolution des TIC est passée par là. Comme le note Yuval Noah HARARI [80] *« La fusion de l'infotech et de la biotech pourrait sous peu chasser des milliards d'êtres humains du marché de l'emploi tout en minant la liberté et l'égalité. Les algorithmes (méthode, procédée) BIG DATA pourraient créer des dictatures digitales au pouvoir concentré entre les mains d'une minuscule*

---

[78] Thomas PIKETTY : *Le capital au 21ème siècle, Édition du Seuil 2013*, 951 pages
[79] Jeremy RIFKIN **:** *La fin du travail,* Edition La Découverte 425 p,
[80] Yuval Noah HARARI : *21 leçons pour le 21ème siècle,* Albin Michel, 2018.

*élite tandis que la plupart des gens souffriraient non pas de l'exploitation, mais de quelque chose de bien pire : d'être devenus inutiles ».*Comment trouver un enracinement éthique solide dans un monde qui va bien au-delà de nos horizons et qui échappe totalement au contrôle de l'homme et tient pour respect tous les dieux et les idéologies. Les vigies qui auscultent toutes les révolutions techniques qui nous attendent dans le futur nous donnent des sueurs froides (Igor BOGDANOV et son frère GRISHKA[81]. Autrefois, disait A.EINSTEIN, l'on avait des buts parfaits, mais des moyens imparfaits. Aujourd'hui, l'on a des moyens parfaits et de grandes possibilités, mais des buts confus.

En définitive, rarement tourmentes et inquiétudes n'ont été aussi fortes : la mondialisation/globalisation qui était censée apporter prospérité et bonheur tourne au cauchemar pour des milliards d'individus. Soulignons deux opinions remettant en cause la mondialisation d'abord le très libéral hebdomadaire britannique THE ECONOMIST (2003) qui observe : « Désastres financiers périodiques, crises de la dette, fuite de capitaux, crise de changes, faillites de banques, krachs boursiers… C'est assez pour forcer un bon libéral à s'arrêter pour réfléchir » et ensuite un autre libéral du FMI, Kenneth ROGOFF écrit « les risques de la mondialisation ont été sous-estimés et les gains surestimés.» Les échanges économiques se sont considérablement intensifiés et ont surtout profité au Nord (20% de la population mondiale) qui accapare l'essentiel des flux commerciaux et financiers.

En ce qui concerne l'Afrique, elle demeure une économie de rente où le processus d'accumulation productive n'est réellement pas enclenché avec la majorité des sociétés dominées par le capital marchand. Elle est exclue des instances de régulation du système mondial. Il y a 173 États dans le monde qui représentent 100% des souffrances, 95% de la conflictualité, 90% des pathologies mondiales. Peut-on résoudre tous ces problèmes en les excluant de toutes les instances de la gouvernance mondiale (Bertrand BADIE).

IV/ Le mirage de la gouvernance mondiale ou de l'improbable régulation de la finance mondiale.

Ce capitalisme profondément inégalitaire soulève beaucoup de questions : Théories impertinentes, Erreur de diagnostic, Solutions erronées ou inadaptées avec des politiques de rigueur et d'austérité accompagnées par un assouplissement des politiques monétaires, etc. Le capitalisme financier peut être qualifié d'hypercapitalisme, car il donne un pouvoir exorbitant aux détenteurs du capital. Il exacerbe aussi au plus haut point les deux fléaux traditionnels du capitalisme : l'instabilité et les inégalités. L'instabilité est en effet au cœur du capital financier, aussi bien dans les entreprises - comme on vient de le voir - qu'au niveau macro-économique, ainsi que l'illustre

[81] BOGDANOV et GRISHKA : *La fin du hasard,* Éd. Grasset, 312 p

l'accélération des crises financières à l'échelle internationale depuis les années 90 et dont le dernier épisode est constitué par la crise des subprimes de l'été 2008. Les recettes traditionnelles appliquées, au Nord comme au Sud, ne fonctionnent plus. En atteste, le développement du chômage, de la précarité et de la pauvreté ainsi que l'amplification des inégalités des revenus et de patrimoine.

Un tel bilan, pour le moins mitigé, a de quoi nourrir le débat politique sur la mondialisation, et pas seulement à l'extrême droite ou dans les rangs de la gauche radicale. Les termes en ont été posés de manière intéressante dans un livre récent par l'économiste américain Dani RODRIK[82] sous forme d'un trilemme qui s'inspire du triangle d'incompatibilité de R.MUNDELL. Le triangle décrit une incompatibilité institutionnelle. Pour lui, on ne peut avoir à la fois une hypermondialisation, des États-nations, qui conservent un espace national de décisions politiques, et la démocratie.

Les paramètres nécessaires sont manquants ou erronés.

Une société possède trois choix réalisables : la démocratie, la souveraineté nationale et l'intégration économique poussée. Toutefois, il n'est jamais possible de combiner les trois simultanément et entièrement, car ces trois options ensemble sont incompatibles. Il est seulement possible de combiner deux des trois possibilités pour déboucher sur une des trois alternatives ouvertes : le Fédéralisme global, la « Camisole dorée » et le « Compromis de Breton Woods ». Il faut alors *« Préserver certaines limites à la mondialisation, tout en élaborant de meilleures règles globales pour gérer l'intégration qui peuvent être réalisés »*. Dans un papier essentiel, Dani RODRIK, montre que dans l'enchevêtrement de ces déterminants, **c'est la qualité des institutions publiques qui est le facteur essentiel du développement.**[83]

Si l'on accepte des États inscrits dans une mondialisation toujours plus poussée, alors leurs décisions ne consisteront plus qu'à vouloir attirer les entreprises et l'épargne mondiale au détriment de la préférence démocratique pour la protection des emplois, des revenus, de la stabilité financière, de l'État-providence, etc. C'est la tentation d'un monde ultralibéral telle qu'elle s'est exprimée à partir des années 1990 et jusqu'au début des années 2000. Mais elle fait désormais de moins en moins recette.

La montée constatée des inégalités dans le partage des richesses et des revenus (des riches de plus en plus riches avec l'aide aux pauvres de plus en plus pauvres démunie) a, entre autres, pour principaux ressorts la mobilité internationale du capital organisée par les politiques néolibérales de

---

[82] Dani RODRIK : *The globalisation paradox, Democracy and the future of the World economy, Norton and company,* 2011.

[83] Dani RODRIK : *Institutions rule: the primacy of institutions over geography and integration in economic development*

libéralisation financière. Grâce à sa capacité à se déplacer, le capital financier met en concurrence à l'échelle planétaire non seulement les entreprises, mais également les pays (et leurs systèmes fiscaux et sociaux) et les travailleurs, ces derniers étant des facteurs de production très peu mobiles à la différence du capital.

Nous sommes un certain nombre d'observateurs et d'analystes à avoir établi, à la suite d'éminents intellectuels, Joseph STIGLITZ (Le triomphe de la cupidité, Édition Les liens qui libèrent,2010, 466 p) Dani RODRIK (The globalisation paradox, Democracy and the future of the World economy, Norton and company, 2011), Paul KRUGMAN et Samir AMIN (La gestion capitaliste de la crise, L'Harmattan-Forum du Tiers-monde, 1996,131 p), un diagnostic d'une crise systémique, géopolitique, hégémonique et stratégique d'un ordre multipolaire qui impose une reconceptualisation autour de trois clés conceptuelles : la notion de multipolarité ; la notion d'intérêts nationaux et de souveraineté dans les processus de reconfiguration des États-nations et la notion d'alternatives ou la construction de réponses des pays de la périphérie sur le désastre. Il ne s'agit pas, par un quelconque tour de magie, de sortir de notre univers critique pour aborder la dizaine de sous-thèmes du Symposium.

Si on accepte l'hyper mondialisation et que l'on veut également la démocratie, il faut alors abandonner l'État-nation et passer à la gouvernance mondiale pour bâtir une autorité politique publique qui soit de même niveau que celle des marchés. Cette perspective reste très chimérique.

Encadré 6 : Résumé de cinq ouvrages sur la globalisation.

JACQUE ADDA, *La Mondialisation de l'économie. Genèse et problèmes. La Découverte, coll. "Repères", Paris, 2006.*

Cette nouvelle édition, entièrement revue, des deux tomes précédemment parus sous le même titre et dans la même collection propose une mise ne perspective richement documentée de la mondialisation et réfléchit aux problèmes fondamentaux qu'elles soulèvent : enjeux et limites de l'uniformisation planétaire, rapport entre globalisation financière et crises, rôle des États face à la toute-puissance des marchés, etc.

François CHESNAIS *(sous la direction de) La finance mondialisée. Racines sociales et politiques, configuration, conséquences, La Découverte, Paris, 2004.*

Cet ouvrage, qui s'inscrit dans le prolongement de la Mondialisation financière (Syros, 1996), dirigé également par François CHESNAIS, analyse le rôle et le pouvoir de la finance - symbolisée par les fonds de pension et les investisseurs institutionnels – dans l'économie mondiale et pose la question des liens avec le "complexe militaro-industriel" et le tournant sécuritaire.

Philippe NOREL (sous la direction de), L'Invention du marché. Une histoire économique de la mondialisation, Seuil, Paris, 2004. Remontant de la plus haute antiquité jusqu'à aujourd'hui, ce livre examine l'évolution des rapports de l'économie et du politique à travers l'histoire et montre que loin de se confondre avec le libéralisme, la mondialisation et l'aboutissement d'un processus historique dont la phase actuelle – la globalisation financière - n'a rien d'irréversible.

G. CHALIAND et M. JAN *« Vers un nouvel ordre du monde » éd. Seuil.*

Après l'homme, l'ouvrage. C'est donc *vers un nouvel ordre du monde* que nous emmène cette fois Gérard CHALIAND. Ce livre se veut généraliste, et plaira en priorité à tous ceux qui souhaitent suivre les grandes évolutions géopolitiques contemporaines. Ou plutôt l'évolution contemporaine des grandes puissances et des zones aux enjeux (devenus) primordiaux. Après un long chapitre introductif sur les mondialisations d'hier et un focus sur l'année 1979 (le genre d'exercices que nous autres, enseignants à Sciences-Po, adorons proposer à nos étudiants !), l'auteur passe successivement au crible l'Amérique, la Russie, les « émergents », l'Europe, le monde arabe et l'Iran. Les ultimes pages rédigées par CHALIAND, consacrées à l'Extrême-Orient, font transition avec la contribution de Michel JAN, spécialiste de la Chine, qui nous livre pour sa part un chapitre très complet sur ce grand émergent.

Bertrand BADIE : Nous ne sommes plus seuls au monde. **Edit. La Découverte, 2016.**

Le sens de la conflictualité mondiale se trouve particulièrement bouleverser. Devenue compétition de faiblesses, elle n'est plus territorialisée, n'oppose plus exclusivement des armées et des États ; peut-être a-t-elle même pour seule finalité de perpétuer des « sociétés guerrières ». Elle produit une violence diffuse, se déplace par rhizome, atteint tout le monde.

Les vieilles puissances peinent à l'admettre. Le système international se transforme, inévitablement, sans que les États n'en prennent la mesure : il intègre de nouveaux acteurs et réécrit l'agenda international jusqu'à faire des questions sociales les enjeux majeurs de notre temps (démographie, inégalités, sécurité humaine, migrations). Reste à inventer les remèdes à ces nouvelles « pathologies sociales internationales ».

EN SAVOIR PLUS 3 : SUR LE SYSTÈME-MONDE ET L'ÉCONOMIE MONDIALE. Michel BEAUD[84]

Au cours des derniers millénaires, la logique communautaire s'est maintenue dans des cadres circonscrits (famille large, village, monastère). Deux autres logiques se sont affirmées, en liaison avec le développement de la division du travail, des religions et du pouvoir religieux, des castes militaires et du pouvoir des armes, et des villes: la logique marchande, de l'échange monétaire et donc de l'avoir en argent et la logique de l'allégeance, de la dépendance informelle, du clientélisme, qui s'organise autour de centres de pouvoir et de richesse. Cette dislocation de l'ordre ancien se fait sans qu'émerge le Nouvel Ordre International qui a été, tant annoncé ou souhaité

[84] BEAUD Michel, *Le système national /mondial hiérarchisé* (une nouvelle lecture du capitalisme mondial). La Découverte, Paris, 1987.

dans les années soixante-dix. Avec la mondialisation et les progrès de l'idéologie du "tout- marché", la marée des rapports d'argent, transforme en épaves les nouveaux pauvres des pays riches, continue à corroder les cohésions sociales traditionnelles dans les pays du Sud et entraîne dans ses tourbillons des fragments des ex-sociétés de type soviétiques. Elle entraîne le recul de l'État-providence, gomme les limites entre cadeaux d'affaires, financements politiques et corruption, brouille les distinctions entre public et privé, et même entre politique, affaires et activités maffieuses.

La mondialisation économique et financière a limité les capacités stratégiques nationales, affaibli les États, conduit nombre de grandes entreprises et de banques à surfer sur les vagues des taux d'intérêt, des taux de change et les déferlantes de l'incertitude. Bien sûr, il y a le FMI, le SME, le G7, le GATT; mais ces instances sont efficaces par temps calme et petit temps : comme les banques centrales et les ministres des Finances, elles sont vite submergées par gros temps (krach d'octobre 1987, remous de l'automne 1992) et seraient impuissantes face à une panique monétaire et financière mondiale.

En outre, les inégalités se sont aggravées dans le monde. Des proportions énormes de jeunes générations de pays pauvres, sans travail et sans perspectives, ont chaque jour sous les yeux, par les touristes ou la télévision, le spectacle de l'opulence, du gaspillage.

Encadré 7 : Le nouveau désordre économique mondial : Aux racines des échecs du développement. Le sens perdu de l'économie politique.

Une analyse originale, des causes de la crise de l'économie mondiale et de l'incapacité des politiques, au Nord comme au Sud, à y répondre efficacement : méconnaissance du rôle des économies sous-terraines et de la corruption, illusions du libéralisme économique, erreurs répétées de la bureaucratie bancaire, permanence des visions idéologiques du développement... Des transformations économiques trop rapides dans un appauvrissement de la pensée. Ces transformations qui ont affecté au cours des trente dernières années et, en particulier, les relations financières internationales ont été si rapides et si brutales que la théorie économique semble s'essouffler à expliquer rationnellement le rythme de telles transformations. Les analyses restent le plus souvent du domaine de la description plus ou moins exhaustive... Pourtant, les problèmes sont là, plus lancinants que jamais, et rien ne sert de les ignorer. Il faut tenter d'y voir clair afin de poser les vraies questions.

Au-delà d'une critique mordante des grands acteurs de l'économie mondiale ; un vibrant plaidoyer pour la renaissance d'une véritable économie politique.

Georges CORM : Le nouveau désordre économique mondial, Éd. La découverte, Paris 1993.

Le prix de l'inégalité, par Joseph E. Stiglitz.

Le capitalisme contemporain est inefficace, instable et injuste, affirme d'emblée Joseph Stiglitz. Après avoir traité de l'instabilité dans son précédent ouvrage, il s'attaque cette fois-ci à l'injustice. La montée des inégalités sociales n'étant désormais plus contestable, surtout aux États-Unis, l'ouvrage s'attache d'abord à en déterminer les causes.

Or, la montée des inégalités a un coût. Elle nourrit l'instabilité économique : les riches épargnant davantage, quand ils accroissent trop leur part du gâteau, la demande manque ou ne survit qu'au prix d'un endettement déstabilisant ; les riches poussent aux politiques de déréglementation ; ils refusent les investissements publics nécessaires à l'efficacité économique de long terme ; ils bénéficient de rentes qui nuisent à l'efficacité.

Mais le coût est aussi politique, avec le recul de la participation électorale, surtout chez les moins bien lotis, la montée du poids de l'argent dans la politique et la capacité des riches à mener une bataille idéologique pour faire passer leurs intérêts particuliers pour l'intérêt général. La bonne nouvelle, affirme Stiglitz, c'est que la politique économique peut jouer un rôle pour réduire les inégalités. Il faut une politique budgétaire orientée vers la promotion de l'investissement public, taxer la pollution plus que le travail, augmenter les impôts sur les riches. Il faut en finir avec la soi-disant indépendance des banques centrales : les sortir du giron public les a mises aux bottes des intérêts privés. L'ouvrage se termine avec une trentaine de propositions pour arrêter la montée d'une société divisée, *"le cauchemar vers lequel nous marchons lentement"*. Peut-on l'éviter ? *"Aujourd'hui, cet espoir vacille"*, conclut un Stiglitz de plus en plus pessimiste au fil des ans.

THÈME 5 – LA CRISE FINANCIÈRE MONDIALE : COMMENT ET QUELS EFFETS SUR L'AFRIQUE ?

Par

Professeur Moustapha KASSE, École de Dakar

Conférence prononcée devant les étudiants de l'ISF, texte revu pour cette publication.

INTRODUCTION

L'année dernière dans le cadre des activités de l'École de Dakar nous avions introduit avec le professeur Dominique PLIHON, un débat avec des banquiers, des enseignants et des chercheurs sur l'imminence d'une crise financière d'une extrême gravité dont les subprimes n'étaient pratiquement qu'un effet de surface. Nous étions arrivés au constat que la formation de bulles immobilières dans certains pays riches (États-Unis), leur rapide propagation (Europe principalement) ainsi que la multiplication des déséquilibres financiers accroissent les risques d'une grave crise financière mondiale. *«Rêveries d'universitaire, simples spéculations alarmistes »* avait ironiquement rétorqué, un haut responsable de Banque. La bonne preuve ajoutait-il avec assurance, « les fondamentaux du système financier international sont solides, les mécanismes de solidarité le sont également». Aujourd'hui, suite à la crise des subprimes, plusieurs banques américaines, comme la Lehman BROTHERS, se sont mises sous la protection du chapitre 11 de la loi sur les faillites, simple contorsion pour dire que l'établissement financier est dans la banqueroute.

D'autres faillites effectives ou annoncées ont entrainé partout la dégringolade des marchés boursiers signe précurseur d'une des plus graves crises de l'économie internationale. Tout le monde s'accorde pour reconnaître, après le directeur général du FMI, Dominique STRAUSS-KAHN, que *« le pire de la crise financière est à venir»*. Chaque jour de nouveaux secteurs, de nouveaux établissements rentrent dans la tourmente. Dans ce sens, David WYSS ajoute que *«pour Wall Street et pour les marchés financiers, nous vivons là, la pire crise depuis la Grande dépression des années 1930 »*. Dans tous les pays les banques centrales multiplient les décaissements pour éviter une pénurie de crédits, préjudiciable à l'ensemble de l'économie cela d'autant plus que depuis le début de la crise financière introduite par les subprimes, ces établissements sont réticents à se prêter de l'argent entre eux sur le marché monétaire.

Personne ne doute que c'est le capitalisme mondial qui est rentré dans une crise globale d'une rare profondeur et d'une rare ampleur : elle est à la fois une crise financière, de liquidité, de dysfonctionnement des marchés minés par les spéculations. Elle est aussi économique et deviendra sociale avec toutes les contractions annoncées des systèmes productifs.

Malgré l'ampleur des mesures prises dans l'ensemble des pays développés, notamment par les autorités politiques, les banques centrales, il est encore impossible de conjecturer sur la stabilisation des turbulences des marchés financiers. La multiplication des bulles et des déséquilibres ne sont que la face visible d'une crise profonde du système monétaire international qui a suscité, ces dernières années, de nombreux travaux théoriques et statistiques qu'il faut analyser avec lucidité pour en comprendre à la fois les mécanismes et les conséquences particulièrement pour les acteurs les plus fragiles de la globalisation comme l'Afrique.

I/ La crise, quelle crise ?

1°) Une Analyse d'ensemble de la crise financière mondiale.

Commençons par rappeler que la crise financière peut être définie comme une fluctuation de grande ampleur affectant tout ou partie de variables financières que sont le volume d'émission et cours des obligations ou des actions, l'encours des crédits et de déports bancaires, le taux de change. Précisément, on parle de crise lorsque s'effondre la valeur de ces variables. Aujourd'hui, les bourses s'effondrent, les titres et obligations se déprécient, les banqueroutes se multiplient. Cette situation de crise partie des États-Unis est en train, par l'effet domino, de se propager dans la totalité des places boursières du monde entrainant la débâcle des banques et une forte restriction des crédits préjudiciable à terme à toute l'économie mondiale. En effet, ce resserrement du crédit, dans beaucoup de pays industrialisés va restreindre la consommation des ménages et les investissements des entreprises ce qui risque d'entrainer à terme la récession économique.

Les marchés financiers présentent, aujourd'hui, deux caractéristiques qui sont les principaux germes de la crise : le volume impressionnant des montants concernés ce qui leur donne un énorme pouvoir et leur contrôle de la sphère réelle. Concernant la première caractéristique, la finance mondiale (actions, obligations et crédits bancaires) a un poids démesuré et pèse l'équivalent de quatre fois le Produit Intérieur Brut Mondial. Cela a été possible grâce à la globalisation provenant de ce que D. PLIHON appelle les 3D : la désintermédiation, le décloisonnement des marchés et la déréglementation, trois situations qui ont permis véritablement la formation d'un quasi-marché planétaire unique de l'argent.

D'abord, l'effacement des frontières (décloisonnement) va permettre une libre circulation des capitaux qui n'obéît qu'à une logique unique de rendement optimal de l'argent : *une transaction peut se produire entre deux entités, dans deux endroits différents, pour le compte d'un client situé dans un troisième avant d'être conclu dans un quatrième endroit.* **Ensuite, les frontières institutionnelles vont également disparaitre complètement :** les institutions financières exercent désormais plusieurs métiers. Dans ce sens, les banques diversifient leurs activités traditionnelles de crédit vers des opérations d'intermédiation non prises en compte dans leur bilan. Enfin, les progrès technologiques vont introduire des innovations et des transformations majeures qui se traduisent par une importante diversification des produits et des instruments qui rendent la finance plus entremêlée, plus complexe et plus instable. Au titre de ces innovations on peut noter les progrès de l'ingénierie financière et des télécommunications qui permettent l'interconnexion des marchés qui peuvent fonctionner en instantané, les produits dérivés issus des actifs financiers (créances primitives, actions, obligations) qui prennent une place importante et circulent entre les agents financiers. À cela s'ajoute une grande diversification des acteurs financiers qui deviennent, du reste, de plus en plus imbriqués comme les fonds de retraite et de pension, les investisseurs institutionnels, les fonds d'investissement collectifs, les compagnies d'assurance. Ces multiples innovations sont source d'instabilité du fait de leurs effets ambivalents.

Pour ce qui est de la seconde caractéristique, elle est relative à la suprématie de la finance et son contrôle sur tous les acteurs de la production des biens, des services et des innovations ainsi que ceux de la consommation. Effet, les politiques de libéralisation et de privatisation ont largement facilité cette forte emprise de la haute finance sur le système productif. Dès lors, ce pouvoir exorbitant de la finance fait que sa déstabilisation se répercute immédiatement sur le rythme de croissance des économies, l'emploi et le bien-être des populations.

Le système financier international est particulièrement marqué par une logique purement spéculative. En effet, « les marchés financiers sont des « marchés de promesses »: nul ne sait ce que sera demain le « bon niveau » d'un taux d'intérêt, d'un taux de change ou du cours d'une action. Cette incertitude engendre une grande variabilité des paris effectués par les intervenants qui préfèrent généralement suivre la tendance générale et avoir tort avec les autres plutôt que raison tout seuls ». En simple, les actifs de crédits se divisent en trois catégories : les actifs à bas risques qui rapportent peu, mais sont très sûrs, ensuite les crédits plus risqués financièrement assez intéressants et enfin les crédits à très haut risque, dont font partie les « subprimes ». Ces actifs sont mis en circulation sur les marchés financiers où ils sont achetés par des banques du monde entier. Dans un système aussi fortement imbriqué, les difficultés d'un acteur se propagent, par *effet de domino*, à l'ensemble des autres acteurs du marché. R.BOYER souligne que les acteurs bancaires et financiers ont tendance à prendre d'autant plus de risques que la conjoncture est bonne et d'autant moins lorsque les perspectives sont défavorables.

<u>Encadré 8</u> : La démultiplication des crises financières mondiales : extrait de mon enseignement au GPE sur la configuration du système productif et financier mondial.

Les mutations sur les marchés financiers sont simplement démentielles. Par exemple, les *mutual **fund**s* aux États-Unis ont mobilisé quelque 2600 milliards de dollars en 1995. Dans la même période les fonds de pension s'élèvent à plus 3600 milliards de dollars soit plus que l'encours des réserves de change de toutes les banques centrales de la planète. Les transactions opérées sur les marchés de change représentent beaucoup plus de 1500 milliards de dollars par jour soit plus de 50 fois les flux réels de marchandise. La valeur des titres cotés en bourse dans 80 pays a été multipliée par 10 en 20 ans. En clair, la sphère financière est complètement déconnectée de la sphère réelle. Alors comment une hausse modeste des impayés au titre des crédits hypothécaires à risque (subprimes) représentant 34 Milliards de dollars supplémentaires de prêts douteux a-t-elle pu dérégler le système financier mondial?

- Politique d'injection de liquidité inefficace par la FED. Alan Greenspan facilite l'accès aux crédits généralisés (consommation, immobilier, étudiant, etc.) ;
- Titrisation et propagation au niveau international. Les grandes banques et sociétés de placement utilisaient des techniques financières de pointe pour titriser les crédits hypothécaires par le biais de produits dérivés et d'obligations structurées adossées à des emprunts ;
- L'approfondissement de la spéculation avec des pratiques à haut risque : la titrisation consiste à regrouper les crédits hypothécaires dans une structure ad hoc localisée dans un paradis fiscal extraterritorial. Cette situation vient confirmer les propos de G.CORM « les transformations dans les relations financières mondiales ont été si rapides et si brutales que la théorie semble s'essouffler à expliquer rationnellement le rythme de ces transformations».

La crise des « subprimes » avait entrainé une réaction lente des autorités sous prétexte que les pays ne seront pas touchés par la crise car le continent ne participe que faiblement à hauteur de 3% des échanges mondiaux et son système financier est chétif avec de faibles interconnexion bancaire. On a oublié que cette faible part des échanges dans le produit intérieur brut africain dépasse 50%, alors qu'elle est de 20% pour l'Union européenne ou les États-Unis. Cette analyse est totalement inexacte du fait de l'existence de plusieurs courroies de transmission : les bourses et les titres gérés, les investissements des différents fonds qui interviennent en Afrique, l'APD, les transferts de fonds des diasporas, la contagion des marchés d'exportation et globalement la récession des économies du centre toutes profondément affectées. Aujourd'hui, le problème de fonds est que faire pour mettre le continent à l'abri des effets de la crise financière qui est loin de se terminer ? Les pistes à explorer : développer les systèmes productifs et financiers pour les rendre plus résilients, renforcer les capacités de régulations des États, accélérer les processus d'intégration économique et monétaire.

Au total, le capitalisme financier présente quatre éléments de fragilité qui sont à la base de la crise qu'il traverse actuellement à savoir :

- L'incapacité de mesurer la quantité et la qualité de moyen de paiements au niveau mondial du fait de la multiplicité des produits comme les produits dérivés dont personne ne sait comment les gérer ;
- La difficulté à contrôler les activités des établissements financiers qui sont trop entrelacés avec des conglomérats qui brassent des ressources financières astronomiques ;
- La montée en puissance des finances illégales provenant de la corruption des rapines, de la drogue de l'argent sale qui est à la recherche d'espace de blanchiment. Le produit criminel brut est estimé à beaucoup plus de 1000 milliards de dollars (3 fois la dette africaine) ;
- La montée des risques et des incertitudes qui sont nourris très fortement par la spéculation. Observons que les fameux 1400 milliards de dollars qui s'échangent chaque jour sont pour beaucoup dans l'instabilité des taux de change qui encourage à leur tour la hausse des taux d'intérêt déclenchant alors la spirale spéculative conduisant directement aux bulles financières.

Cette constellation de faits corrélés et totalement incontrôlés avait conduit le Prix Nobel d'économie **Robert FOGEL à se demander s'il y avait un pilote dans l'avion mondial.** En d'autres termes, les marchés financiers paradoxalement ne sont régis par aucune règle et son sans aucun encadrement. Cela explique leur fonctionnement dans l'opacité la plus totale que même les ultra-libéraux dénoncent avec beaucoup de véhémence. Il n'existe dans pareille situation aucun mécanisme non marchand de protection des plus faibles et de correction des déséquilibres qui naissent des rapports de force inégaux.

Que faire ? La rapidité de la propagation ainsi que les désastres attendus, particulièrement, au niveau de l'économie réelle, rendent les recherches de solution urgente et impérative. En effet, cette crise est d'autant plus grave qu'elle a pris source aux États-Unis, le cœur même du système capitaliste mondial que FUKUYAMA avait magnifié comme le parachèvement des valeurs libérales au plan économique, politique et même culturel et qui matérialise en ce 21ème siècle «La fin de l'histoire ».

C'est donc bien une crise du modèle capitaliste : il semble que nous ayons heureusement atteint les limites d'un système prédateur reposant sur la captation par le capital de la valeur ajoutée et sur une dérégulation à outrance, mais rien aujourd'hui ne permet de croire que l'issue de la crise débouchera sur une remise en cause profonde du système économique et financier.

2°) la crise du Système Monétaire International (SMI) et celle de ses institutions de régulation IBW.[85]

On dissocie arbitrairement les trois fonctions que doit assurer le SME : la fourniture de liquidités internationales pour la réalisation des transactions; l'organisation d'une structure d'interparités monétaires suffisamment stables pour limiter les mouvements spéculatifs et l'insécurité des échanges et un mécanisme d'ajustement plus ou moins automatique des balances en cas de déséquilibre.

La reconnaissance de ces fonctions s'est faite historiquement par théorisation a posteriori de pratiques monétaires qui ont permis de caractériser les régimes monétaires à partir de deux critères : a) soit la nature de l'étalon international, ou équivalent général de référence, ce qui permet d'analyser les effets de domination monétaires et financiers dont bénéficient les monnaies clefs aussi bien au niveau des règlements que des investissements internationaux. C'est la nature de l'étalon qui répartit le pouvoir monétaire et fonde le «seigneuriage» ; b) soit le mécanisme d'interconnexion des monnaies nationales, ce qui répond à la distinction entre taux de change fixes ou flexibles, et caractérise donc les modalités théoriques de l'ajustement entre les flux externes des différentes économies nationales.

Par-delà les circonstances et les facteurs tenant à des évolutions cycliques, des causes plus structurelles ont rapidement miné le système mis en place à Bretton-Woods. Ces causes sont au nombre de deux causes principales : la difficulté de concilier la liquidité et la confiance et le « triangle d'incompatibilité » avec l'impossibilité d'avoir à la fois des taux de changes stables, une parfaite mobilité internationale du capital et des politiques monétaires nationales autonomes.

1°) Bretton-Woods en 3 crises : instabilité, incertitude et iniquité ;

Les externalités négatives du SMI actuel et les crises financières qui se multiplient encouragent la recherche d'un *nouveau Bretton Woods*. À défaut d'une solution globale, les solutions régionales doivent trouver et combiner de nouvelles modalités de coopération monétaire et de financement du développement régional.

a) Instabilité :

Dynamique des taux de change instables qui entrainent des déséquilibres globaux et installe instabilité comme l'observe J.STIGLITZ dans le Financial Times, du 1er avril 2011 *« The international monetary system needs*

---

[85] Face à la montée des crises financières mondiales, Ben HAMMOUDA et moi avions organisé un grand Symposium sous l'égide du CODESRIA en 2001à OUAGADOUGOU avec le soutien du Président Blais COMPARE. Cette rencontre avait réuni plus de 300 chercheurs avec des représentants du FMI et de la Banque mondiale. Nous avions par la suite publié les actes du Symposium dans ouvrage, Les Réformes des Institutions de Bretton-Woods, les réponses africaines, Éditions Karthala.

fundamental reform. It is not the cause of the recent imbalances and current instability in the global economy, but it certainly has been ineffective in addressing them ».

b) incertitude(s) :

La fourniture de liquidité est incertaine, voire même « capricieuse », comme le montre le schéma qui suit :

Dilemme de TRIFFIN
Le monde otage de la confiance dans la monnaie de réserve

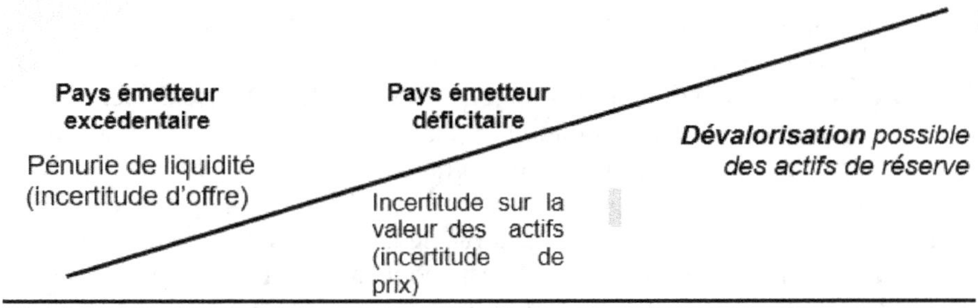

c) *Régime monétaire inéquitable* :

« Privilège exorbitant » des Etats-Unis Vs. Accumulation de réserves de change	*Contrainte de balance des paiements asymétrique et biais déflationniste*
Inéquitable car : Prêt à moindre taux d'intérêt aux Etats-Unis Réserves « stériles » (D.RODRIK)	**Inéquitable car** : La charge de l'ajustements supportée par les pays déficitaires (sauf Etats-Unis) >> « biais déflationniste anti-keynésien » (OCAMPO) pendant et après les crises

2°) Des échecs aux crises des IBW comme institutions de la gouvernance. Un des rôles de ces institutions consiste à veiller sur la santé de l'économie mondiale. Elles l'ont joué, à l'évidence, dans l'immédiat après-guerre. À l'époque, le FMI veillait à ce que les comportements monétaires non coopératifs de l'entre-deux-guerres (dévaluations compétitives et protectionnisme) ne se reproduisent pas. La Banque mondiale proposait des financements sains pour le développement, censés éviter une crise de la dette. Quant au Gatt, il permettait d'organiser les concessions commerciales qu'étaient prêts à s'octroyer les différents pays et veillait à empêcher le retour au protectionnisme. L'Organisation européenne de coopération économique a aidé à la reconstruction des pays européens en gérant l'aide américaine.

Aujourd'hui, toutes ces institutions sont au service d'un ordre libéral mondial orienté vers l'ouverture maximale des économies, avec la rentabilité comme critère premier de performance. La normalisation qu'elles imposent reflète alors les valeurs prioritaires que leur demandent de défendre leurs membres les plus puissants, au premier rang desquels les États-Unis. Pas d'aide du FMI et de la Banque mondiale sans l'acceptation des fameuses conditionnalités qui, d'économiques, ont tendance à s'étendre vers les domaines social et politique. Dès lors, la crise des IBW se manifeste à trois niveaux. **Premièrement, elles accusent toutes une crise de légitimité.** En effet, pour exercer son autorité et susciter l'adhésion, tout pouvoir a besoin de disposer d'une forte légitimité. Or, ces IBW fonctionnant au service et au bénéfice de leurs membres les plus puissants, elles ont exclu les membres les plus faibles qui constituent la majorité écrasante. **Deuxièmement, elles connaissent, une crise de leadership** : en rejetant le principe d'un État une voix, elles évoluent sous la domination des grandes puissances économiques et financières au premier rang desquelles, les États-Unis. **Troisièmement, aujourd'hui, leur épure idéologique inspirée de la théorie néolibérale se révèle à la fois impertinente et inefficiente.** Elle est contestée de l'intérieur comme en dehors. **Quatrièmement, elles sont concurrencées par de nouvelles Institutions** qui tentent de corriger leurs tares : le Programme des Nations unies pour le développement (PNUD), créé en 1964 et en charge des questions de développement, ou la Commission des Nations unies pour le Commerce et le Développement (CNUCED), créée en 1965 et censée faire entendre la voie du Sud dans l'organisation du commerce mondial, en sont des exemples connus.

II/ Face à la crise, les États et les Banques centrales montent des plans de sauvetage et de recapitalisation aux montants astronomiques à des milliers de milliards de dollars.

On peut facilement constater aujourd'hui que la crise financière internationale entraîne un ensemble de dysfonctionnement du système mondial avec :

- la récession qui pointe et qui, sans nul doute, va entrainer pour sûr un ralentissement de la croissance économique qui se répercutera négativement sur le système mondial de la triple dépendance de la production, des échanges, des finances et des technologies ;
- le chômage et la détérioration du pouvoir d'achat ainsi que la baisse de la consommation qui en résulterait. Ce fait est la suite de l'aggravation de la crise latente du fordisme qui se manifeste dans les fortes inégalités des productivités du travail ;
- des marchés contestables, mais où progressivement la concurrence n'est ni pure ni parfaite avec l'avènement des subventions et des protectionnismes de plus en plus intelligents et des marchés financiers

dominants, mais marqués par des turbulences aux conséquences graves ;

- la multiplication des risques pays définis comme le risque de matérialisation d'un sinistre, résultants du contexte économique et politique d'un État étranger, dans lequel une entreprise effectue une partie de ses activités ;
- le retour de la contestation des institutions et des systèmes de gouvernance de l'ordre mondial qui, une fois encore, vont révéler leur incapacité notoire à réguler l'ordre économique et financier mondial. L'exigence de leur réforme reviendra impérativement à l'ordre du jour.

Aujourd'hui, tous ces éléments se conjuguent dans un ensemble où les marchés financiers ont acquis un pouvoir économique exorbitant tel qu'ils sont à même de déstabiliser l'ensemble de l'économie mondiale. La globalisation est alors plongée dans un crash qui n'épargne aucun des acteurs du jeu économique et financier : les États, les entreprises multinationales, les PME/PMI et les citoyens.

Dans cette crise, les solutions s'organisent autour d'une série d'actions spectaculaires dont les objectifs majeurs se réduisent à ramener la confiance au niveau des marchés :

- Intervention massive des États pour réguler les marchés et conjurer leur dysfonctionnement ;
- Recapitalisation des banques menacées de faillite ;
- Action des Banques centrales pour accroître la liquidité ;
- Encouragements et incitations pour la reprise des prêts interbancaires.

Après les États, les banques centrales montent en première ligne et ont à leur disposition deux mesures. La première consiste à changer leur taux directeur et la deuxième à injecter de l'argent dans les établissements en difficulté (nationalisation) ou aux banques qui rachètent leurs consœurs en faillite. L'objectif visé est d'accroître les liquidités pour pallier un éventuel risque de pénurie de disponibilités de crédit qui compromettrait la croissance de la production et la consommation.

Toutefois, l'ampleur de la crise actuelle a amené des révisions déchirantes de la philosophie de l'action de l'ultra libéralisme qui découvre que J.M.KEYNES n'était pas un bolchevik impénitent et que l'État contrairement à toutes les affirmations précédentes n'est pas le problème, mais la solution. On entend des dirigeants politiques jusque-là connus pour leur adhésion au libéralisme économique, proposer de relancer la machine économique à coups d'investissements publics et dire qu'il faut refonder le capitalisme, réglementer - et même nationaliser - le système financier, dompter la spéculation, réunir un nouveau Bretton Woods. S'agit-il véritablement d'un retour de Keynes ? Plutôt d'un retour au keynésianisme, qu'il faut distinguer de la pensée de Keynes. Cette dernière est différente, plus riche, plus complexe et plus radicale que le keynésianisme qui s'imposera dans l'après-guerre. Dans la même foulée, on redécouvre la critique keynésienne du statut de la monnaie internationale ainsi que sa proposition de création d'un système public de paiement et une monnaie spécifique pour les règlements internationaux. À y regarder de plus près, les principes fondateurs de l'ultra libéralisme ont remis en question, entre autres :

- La croyance aux vertus des mécanismes des marchés et à leur capacité à allouer de façon optimale les ressources. Les tenants des cordons de la bourse ne louent plus les vertus du marché libre.
- La non-intervention de l'État dans l'économie pour rétablir les équilibres et relancer la machine.
- La circulation sans entrave des biens, des capitaux et des services.

Il est vrai que lorsque les résultats sont aussi désastreux, le discours idéologico-théorique perd complètement de sa crédibilité.

Conscients des dangers énormes qui les guettent les États des pays développés préparent partout des plans de sauvetage qui mutualisent les pertes des sociétés financières et les renflouent par des mises très fortes : 700 milliards aux États-Unis, 1700 milliards d'euros (mobilisés dans le désordre, puis coordonnés) en Europe, plus de 100 milliards en Asie et au Japon et quelques 200 milliards en Russie. Et ce n'est pas encore fini, car il n'existe aucune assurance que la reprise sera effective : ces mesures malgré le volume démesuré des ressources mobilisées couvrent actuellement les 1400 milliards de dollars de pertes calculées par les experts du FMI. De plus, l'argent injecté ne produira pas des effets drastiques et immédiats.

Cependant, les interventions massives des banques centrales et des États établissent que la finance internationale sort grand « gagnant » de la crise avec la socialisation de ses pertes : les perdants seront, pour une fois encore, les pauvres de la mondialisation qu'ils soient au centre du système ou à sa périphérie, c'est-à-dire ceux pour qui il n'est prévu ni parachute, ni filet de protection. Comme l'observait Alan GRENSPAN, « l'exubérance irrationnelle des marchés » et la mauvaise gestion sont récompensées. En effet, outre les fautes de gestion, leur trop grande irresponsabilité, les capitalistes financiers ne risquent rien dans la catastrophe mondiale qu'ils ont déclenchée *: les profits sont privatisés et les pertes socialisées.*

III/ L'Afrique est sans réaction : elle minimise les risques et ne prend aucune initiative d'envergure pour le moyen et long terme.

Même si c'est faiblement, l'Afrique est tout de même insérée dans le système mondial bien que de façon assez contrastée. Quatre éléments apparaissent pour indiquer les secteurs africains exposés à la crise :

- *les bourses peuvent être affectées* par la crise de liquidité là où elles fonctionnent (au Maghreb, en Afrique du Sud, au Kenya, au Nigéria et en Afrique de l'Ouest) ;

- *l'Aide Publique au Développement* malgré la faiblesse des engagements devrait diminuer (les donateurs ayant d'autres préoccupations),
- *les IDE* qui avaient commencé à prendre la direction de l'Afrique risquent d'être freinés ;
- *les matières premières et les exportations* en direction des pays en crise peuvent subir des évolutions drastiques.

Que deviendront les opérations d'investissements en cours ? L*es marchés des matières premières* qui étaient en plein boom : les cours vont-ils s'affaisser, ou encore la demande du fait de la récession mondiale ne va-t-elle pas accuser une baisse drastique ? À cela s'ajoutent deux questions importantes supplémentaires : Que deviennent les avoirs extérieurs des banques centrales placés sur les marchés financiers ? Que vont faire les ONG qui brassent pour l'Afrique bon an mal an quelque 300 milliards de dollars ?

La réponse à toutes ces questions exige une largeur de vue et des informations nombreuses et complexes. La dernière réunion de l'UEMOA de ce point de vue est loin d'être rassurante. En effet, pourquoi faire de la recherche des équilibres macroéconomiques, la priorité, dans une situation de récession annoncée ?

Au-delà de toutes ces allégations, tentons de cerner de plus près certaines répercussions de cette crise financière sur le système financier africain et l'économie réelle du continent ? En été 2007, au lendemain de l'éclatement de la crise, un banquier marocain affirmait, « nous n'avons rien à craindre : grâce au sous-développement nous sommes immunisés ! » Pas tant que ça, lui a répondu Jose Gijon SPALLA, économiste en Chef pour l'Afrique et le Moyen-Orient au Centre de Développement de l'OCDE. *« Les conséquences de cette crise, dit-il, peuvent varier selon le niveau de développement des pays ».*

L'effet de contagion peut donc atteindre des États comme l'Égypte, l'Afrique du Sud ou le Maroc, dont les systèmes financiers sont plus intégrés au système international. Des Fonds occidentaux en quête de diversification de leurs investissements ont injecté beaucoup d'argent sur ces marchés. Les baisses constatées sur les places boursières de ces pays paraissent donc normales. Il s'agit d'un problème de confiance, explique l'économiste de l'OCDE, parce que « les investisseurs se disent que si les États-Unis sont frappés, ce ne sont pas ces pays africains qui seront épargnés ».

Il faut, par ailleurs, noter que cette crise est d'abord une crise de financement. Les entreprises financières, notamment les banques de certains pays africains, vont être touchées. Car elles ne pourront pas recevoir de fonds de la part de leurs consœurs occidentales. Si les banques occidentales, pour des raisons de solvabilité, refusent de se prêter de l'argent entre elles, il y a de fortes chances qu'elles ne veuillent pas financer les banques africaines. Et si ces dernières ne peuvent pas bénéficier de ces crédits, elles se retrouveront dans l'incapacité de prêter à leurs clients (particuliers ou entreprises). Dès lors, la crise se répercutera sur l'économie réelle.

En second lieu, la crise financière actuelle peut affecter négativement l'Aide Publique au Développement et les Investissements Directs Étrangers pourraient en souffrir. Les appels pathétiques des Présidents des Commissions de l'Union africaine et l'Union européenne pour le maintien du niveau déjà trop faible de l'APD en est la meilleure preuve. Les pays développés avaient pris des engagements en matière d'aide vis-à-vis des pays pauvres ; seulement, « *si déjà en période normale, ils ont du mal à tenir ces promesses, sans doute qu'en temps de crise, ils auront encore plus de mal* » (M. SPALLA). Selon Mivédor EKUE (Chargé de portefeuille à la Banque africaine de développement), la plupart des gros projets (publics ou privés), en Afrique, sont financés par des fonds étrangers et quand ceux-ci n'ont pas de visibilité, ils deviennent réticents à investir c'est dire que des projets pourront donc être suspendus sur le continent. .

En troisième lieu, une conséquence d'ordre général, pour le continent, est soulignée par Jose Gijon SPALLA qui note que « Si une récession survient sur les marchés développés notamment aux États-Unis, cela pourrait entraîner la baisse de la demande, donc de la production. Conséquence : les demandes en matières premières vont reculer ». De même, cette crise peut aussi entraîner la chute du dollar : les matières premières étant cotées en billet vert, une baisse de son cours va provoquer la baisse du revenu des entreprises productrices, qui en général sont publiques. Les pays de zone F CFA, par exemple, en raison de l'arrimage à l'euro, vont produire dans une monnaie plus forte et vont vendre plus cher.

Que peuvent faire les États africains dans ces conditions ? « C'est difficile de prendre des mesures quand on est dans cette situation », indique l'économiste de l'OCDE. C'est sûr, les pays africains n'ont pas les moyens de changer le cours des événements sur les marchés. Les solutions qui peuvent être mises en œuvre pour amortir les effets de cette crise en Afrique seront essentiellement structurelles.

En attendant de constater les réels effets que la grave crise financière actuelle aux États-Unis pourra entraîner sur l'économie africaine à brève échéance, le continent s'interroge sur la manière de réagir aux conséquences négatives à long et moyen terme. Tout en ouvrant mardi la réunion annuelle de la Banque de développement du Marché Commun de l'Afrique de l'Est de l'Afrique australe (COMESA), le ministre ougandais des Finances, Ezra SURUMA, a invité ses homologues de 19 pays du continent africain à « chercher des marchés alternatifs pour nos produits ». Selon les dirigeants des économies de près de la moitié des pays du continent, les exportations africaines vers l'Europe et les États-Unis (le total de l'an dernier a effleuré la barre des 68 milliards de dollars) risquent de subir de graves impacts de la crise actuelle, dans la mesure où les contrecoups du krach d'établissements financiers et les dépenses gouvernementales pour y remédier pourraient aboutir à une révision des filières préférentielles assurées à des catégories de produits africains.

C'est pour cela, selon le ministre ougandais, que l'Afrique devrait « accroître ses exportations vers les pays asiatiques », notamment en Inde et en Chine. Lors de la réunion des ministres des Finances de l'Est du continent, le ministre SURUMA a également rappelé que la crise actuelle prouve que le concept de capitalisme devra être réexaminé. "*Le capitalisme ne pourra plus se maintenir en l'état, et la réglementation gouvernementale est peut-être inévitable. Nous devons nous préparer à un nouvel ordre mondial*", a ajouté le ministre ougandais. Le président du Conseil d'administration de la Banque de développement du COMESA, Mohit DHOORUNDHUR, s'est pour sa part montré plus prudent : selon lui, en effet, l'impact de la crise actuelle sur les économies africaines est encore imprévisible. Toutefois ajoute-t-il « les banques surtout, aussi bien au niveau national que continental, sont appelées "*à reconnaître la nécessité de changement, et à montrer leur détermination à entreprendre des réformes rapides, alors que la crise est encore loin*".

À l'analyse ces situations proviennent de plusieurs facteurs souvent imprévisibles et incertains. Comme, il est impossible aux acteurs de s'assurer contre tout, les firmes comme du reste les États se lancent dans la gestion des risques. Les objectifs sont alors de les anticiper en vue de faire des choix appropriés en matière d'assurance et de maîtrise des conséquences pour en atténuer les effets. Ces options sont loin d'être celles des élites africaines qui nous gouvernent, engoncées confortablement dans leurs positions, elles ne s'interrogent jamais sur ce qui va venir : elles attendent les solutions venues d'ailleurs et font subir, de fait, à leurs populations tous les effets négatifs des chocs externes. Cela a été le cas lors de la crise pétrolière, alimentaire et aujourd'hui financière.

IV/ La crise ramène le débat sur le modèle de la gouvernance financière mondiale et sa capacité à faire face aux turbulences financières.

Les très faibles réactions des IBW face à une crise financière aussi ample et aussi profonde, ont amené les États à apercevoir l'urgente nécessité d'une régulation et d'une coordination plus fortes de la mondialisation afin de conjurer le désastre planétaire. Face à la montée en puissance des forces du marché, les réponses individuelles de chacun des États s'avèrent de plus en plus inopérantes d'où le besoin d'agir à une échelle supérieure. Du reste, les institutions financières internationales étaient mises en place pour répondre à cette exigence. Ainsi, il était imparti au FMI, dans le système de Bretton Woods, trois fonctions essentielles : l'établissement des règles de parité entre les monnaies pour la convertibilité des monnaies dans la stabilité ce qui éviterait les dévaluations réparatrices nocives, la réalisation de la péréquation des liquidités internationales entre pays excédentaires et pays déficitaires et la gestion de la gouvernance de l'ordre monétaire international. Le décrochage du dollar par rapport à l'or en Avril 1971 et l'adoption en 1973 du système généralisé de flottement des monnaies est venue s'ajouter à la création des DTS en 1967 (pour accroître les liquidités et stabilisé le système) avaient pratiquement mis fin au mandat du FMI. Elle a survécu en se reconvertissant dans deux nouvelles fonctions : la gestion des politiques d'ajustement structurel des pays en développement surtout d'Afrique et l'insertion des anciens pays socialistes dans l'économie libérale internationale.

La crise que traverse l'économie financière internationale soulève au niveau de plusieurs secteurs d'opinion des interrogations sur le rôle et l'efficacité de ces Institutions internationales de régulation comme le FMI, la BM, la BRI, l'OCDE et le G8. Peuvent-elles et ont-elles les moyens de gérer les risques et toutes les incertitudes nées de la libéralisation internationale ? Peuvent-elles encore veiller sur la santé de l'économie mondiale ? Quel modèle de gouvernance de l'ordre économique et financier international ? Comment prendre en charge les préoccupations de l'Afrique prise dans le tourbillon de la mondialisation, de l'instabilité monétaire, des crises financières à répétition, des fluctuations incessantes des cours de matières premières, d'une marginalisation dans le commerce mondial.

Toutes ces questions pertinentes sont maintenant partout en discussion et donnent lieu à des propositions de plan ou projets de réforme de l'architecture de la gouvernance mondiale. Elles émanent de pays, groupe de pays, d'institutions internationales ou des organisations de la société civile internationale (altermondialistes). Comme pour y faire écho, le Directeur du FMI, Dominique Strauss KAHN rappelle avec beaucoup de lucidité que *« l'époque où le Fonds savait tout et les autres rien est révolue» (Discours devant le CAUCUS)*

Une chose est sûre : ces institutions n'ont jamais été aussi nombreuses et aussi visibles qu'aujourd'hui avec comme objectifs de veiller sur la santé de l'économie mondiale, de prévoir et gérer les risques de crise issus de la libéralisation des échanges en prescrivant des politiques économiques et financières. Elles ont tenté d'exercer trois rôles indissociables de médecins, de professeurs et de gendarmes, mais les crises répétées de la mondialisation (1972/73, 1982/83, 1987, 1998, 2007 et 2008) ont montré leur trop évidente inefficacité.

La panne des organisations de gouvernance mondiale et les diverses gesticulations des États des pays développés indiquent que les recherches de sortie de crise prennent une véritable dimension mondiale. Les propositions formulées par la Présidence française constituent une bonne base de réflexion et d'action à savoir :*1)* La création d'un système de régulation financière qui soit fondé sur le contrôle de tous les agents financiers. 2) La mise en place d'un gouvernement économique mondial qui ne serait pas réduit au G8 *e*t 3) La convocation d'un nouveau Bretton Woods qui aurait vocation à mettre en place un système de coopération monétaire entre les grands États. Il revient alors aux élites africaines de travailler sur « les réponses africaines ».

Encadré 9 : L'impossible consensus sur la gouvernance du système financier mondial.

Tant au niveau théorique qu'à celui de la pratique, les positions relatives à la régulation du système financier se montrent divergentes et cela depuis l'instauration de l'ordre monétaire et financier de Bretton Woods que certains auteurs proposent carrément son démantèlement. La globalisation financière fonctionne par des alternances de booms et de krachs. Les crises financières répétitives ont remis en cause la légitimité du système financier à dominer l'économie mondiale, à fixer les taux de change, à dicter la stratégie des entreprises, à drainer une part importante des profits et à distribuer des rémunérations élevées. Renforcer la surveillance des marchés bien que difficile n'est pas suffisant. La crise, amorcée en 2007, a amplement montré les dangers, en termes de stabilité et de soutenabilité, d'une croissance économique dominée par les firmes multinationales, les acteurs des marchés financiers et les stratégies nationales de certains pays, en l'absence d'institutions de gouvernance mondiale. La crise de 2007-2008 a non seulement fait imploser les marchés financiers mondiaux, mais aussi détruit les fondements théoriques censés justifier l'efficacité de cette finance globalisée. Les marchés financiers gèrent des masses énormes de capitaux en quête d'une rentabilité maximale et exercent une influence déterminante sur les taux de change, les cours boursiers et le financement des entreprises et des ménages. Mais ils sont aveugles, instables et moutonniers.

Selon Gilles DOSTALER, la crise financière actuelle, la plus grave depuis celle de 1929, a fait revenir Keynes à la mode. On entend des dirigeants politiques jusque-là connus pour leur adhésion au libéralisme économique, proposer de relancer la machine économique à coups d'investissements publics et dire qu'il faut refonder le capitalisme, réglementer - et même nationaliser le système financier, dompter la spéculation, réunir un nouveau Bretton Woods.[86]

---

[86] G. Gilles DOSTALER : *Keynes et ses combats* Edit. Albin Michel, 2005. *« Les spéculateurs peuvent être aussi inoffensifs que des bulles d'air dans un courant régulier d'entreprise. Mais la situation devient sérieuse lorsque l'entreprise n'est plus qu'une bulle d'air dans le tourbillon spéculatif.* Lorsque, dans un pays, le développement du capital devient le sous-produit de l'activité d'un casino, il risque de s'accomplir en des conditions défectueuses", écrivait Keynes en 1936, dans sa Théorie générale de l'emploi, de l'intérêt et de la monnaie (éd. Payot, 1982, page 171). Dans la foulée de la crise financière actuelle, la plus grave depuis celle de 1929, Keynes revient à la mode. La théorie économique s'inscrivait pour Keynes dans une vision d'ensemble de la société, appuyée sur des fondements éthiques et épistémologiques subtils. Le keynésianisme qui se développe et triomphe pendant les Trente Glorieuses est une créature hybride qui se présente sous de multiples avatars. Dans le courant dominant, qu'on a appelé la synthèse néoclassique - car on cherche à y concilier la macroéconomie keynésienne et la microéconomie néoclassique -, les idées de Keynes ont été traduites en quelques équations illustrées par un célèbre graphique, baptisé IS-LM, censé

1) Parmi la variété des théories la plus robuste, pour bâtir un système financier monétaire stable, est celle de MUNDELL[87] qui rappelle les propositions perspicaces de J.KEYNES.

Rappelons que dans son œuvre, Robert MUNDELL spécialiste des relations monétaires internationales, a cherché à appliquer la théorie keynésienne à une économie ouverte. Pour contrer la volatilité des taux de change, il préconise la constitution de zones monétaires optimales et la mise en place d'une monnaie internationale unique. Cette théorie économique est capable de dégager des mesures techniques appropriées de lutte contre l'instabilité inhérente au capitalisme financier. Plusieurs élaborations existent, sans nul doute, la plus robuste pourrait découler du théorème de MUNDELL contenu dans son fameux triangle d'incompatibilité qui est à la fois un outil technique et un outil de science politique. A la question est-il avantageux pour un ensemble de régions de renoncer à leur souveraineté monétaire en faveur d'une monnaie unique ? Pour MUNDELL, cela n'est viable que dans une région économique, qu'il appelle une " zone monétaire optimale ", dans laquelle il peut exister une mobilité importante des facteurs de production, des spécialisations relativement homogènes et où les chocs asymétriques donc les crises sont rares.

Brièvement, il montre qu'il est impossible d'avoir en même temps une libre circulation des capitaux, des taux de change fixes et une autonomie de la politique monétaire. C'est dire l'impossible combinaison des trois caractéristiques que sont un système financier stable, une profonde intégration financière entre les pays et des préférences nationales de politiques économiques. En 1969, il propose la création d'une monnaie européenne, qu'il appelle " europa ". L'idéal serait, pour MUNDELL, une monnaie mondiale unique, la zone monétaire optimale étant le monde. À défaut d'une " dollarisation globale " du monde, politiquement irréalisable puisqu'elle impliquerait une domination totale par les États-Unis, il propose un retour à la proposition initiale de KEYNES, avant les négociations de Bretton Woods. Il s'agit de la mise en place d'une monnaie internationale unique qui, sans se substituer à l'euro ou au dollar, serait utilisée pour les échanges internationaux de capitaux et de marchandises. Dans ce cadre, le FMI jouerait le rôle d'une Banque centrale mondiale dont le premier et plus important rôle est de préserver la stabilité financière par la gestion de liquidités en tant que prêteur en dernier ressort. Les nouvelles missions devraient s'inscrire dans la recherche de la cohérence d'ensemble du SMI et le développement et la gestion des Droits de Tirage Spéciaux (DTS) en vue de réguler les besoins mondiaux de liquidités. Dans nos discussions de l'époque, le Président Abdoulaye WADE préconisait la création de DTS spécialement conçus pour l'Afrique.

Manifestement, la gestion de cette architecture préfigurerait une véritable gouvernance mondiale qui liquiderait ce faisant la dollarisation du SMI de plus en plus décriée. La montée en puissance de la Chine et la sortie de l'Europe de la

---

aider les décideurs à choisir les recettes budgétaires et monétaires permettant d'atteindre certains objectifs macroéconomiques. »

[87] Oscar BAJO-RUBIO (dir.): Macroeconomic Policy in an Open Economy : Applications of the Mundell-Fleming Model. Edit. Nova Science Publishers, 2003.

servitude vis-à-vis des États-Unis rendra crédible ce scénario.

2) Qu'en est-il au niveau des propositions de réformes institutionnelles.

La crise financière a donné naissance à une prolifération d'articles, portant sur les conséquences de la gestion des crises, l'impact sur le Fonds monétaire international ou les conséquences en termes de réformes financières et monétaires. Ont été produits des Rapports et Déclarations officielles et quelques modestes propositions d'action sur les IBW notamment le FMI, la Banque mondiale, le groupe des 7, le groupe des 20, etc.

En analysant plusieurs propositions de programmes comme la régulation macroéconomique, les réformes des marchés financiers et le recentrage des banques sur leur arbre de métier, le consensus est simplement inexistant. Par exemple, les projets du G20 de mieux encadrer les risques pris par les banques et les marchés financiers doivent permettre de faire circuler les capitaux internationaux dans des tuyaux plus sains. Mais, ils ne répondent pas à la question des déséquilibres des échanges internationaux, qui nourrissent la masse croissante de capitaux et provoquent périodiquement des mouvements désordonnés des taux de change.

D'autres propositions suggèrent de fusionner le FMI, la Banque mondiale et la Banque des règlements internationaux pour constituer une superstructure unique de régulation des marchés financiers. Á l'origine de la crise actuelle, au-delà des dysfonctionnements de la sphère financière, on trouve un équilibre macroéconomique mondial peu satisfaisant, instable et fragile. Les taux de change des grandes monnaies ont été abandonnés au jeu des marchés. Paradoxalement, s'en remettre au marché qui sait mieux que tout le monde et en conséquence la meilleure procédure d'évaluation que l'on puisse imaginer, est une croyance, une foi. Cette croyance est à la base de toute la théorie des marchés financiers efficients sur lesquels on négocie des titres ou des monnaies et vont s'avérer imprévisible.

Certaines autres recommandent une réallocation marginale du pouvoir au sein du FMI à travers la modification des quotas. La répartition actuelle des pouvoirs au sein de cette institution est toujours le reflet de l'importance économique des pays au sortir de la Seconde Guerre mondiale : les États-Unis se sont arrogé la position de premier actionnaire et disposent d'un droit de veto sur toutes les décisions importantes. Les pays européens sont surreprésentés et les pays émergents, particulièrement, la Chine sont sous-représentés, une situation dont ces derniers ne s'accommodent plus au regard de leurs poids dans le système productif mondial.

Pr. Moustapha KASSE : Précisions amenées par les débats au cours de la *conférence.*

Le professeur Samir AMIN m'avait fait parvenir une note dans laquelle il écrit *: « il faut aller plus loin et oser franchir une ligne rouge. Non pas « réformer la Banque Mondiale, l'OMC, le FMI. Non pas se limiter à dénoncer les conséquences dramatiques de leurs politiques. Mais proposer des institutions alternatives, en définir positivement les tâches et en dessiner les contours institutionnels.»* C'est faisable techniquement, mais avons-nous l'autorité politique pour le faire ? J'ai plaisir à vous rappeler les propositions alternatives de J.M.KEYNES à Bretton Woods. Keynes voulait réformer un système qu'il n'aimait pas : « *Le capitalisme international, et cependant individualiste, aujourd'hui en décadence, aux mains duquel nous nous sommes trouvés après la guerre, n'est pas une réussite. Il est dénué d'intelligence, de beauté, de justice, de vertu, et il ne tient pas ses promesses. En bref, il nous déplaît et nous commençons à le mépriser. Mais quand nous nous demandons par quoi le remplacer, nous sommes extrêmement perplexes*...... : « La question est de savoir si nous sommes prêts à quitter l'état de laisser-faire du XIXe siècle pour entrer dans une époque de socialisme libéral, un système permettant d'agir en tant que communauté organisée avec des buts communs, et disposés à promouvoir la justice sociale et économique tout en respectant et protégeant l'individu ». Il esquisse même, en d'autres endroits, une nouvelle voie qu'il qualifie tour à tour de « nouveau libéralisme.» libéralisme ou socialisme libéral. Cette proposition est partagée par le Pdt A. WADE qui se réclame de ce keynésianisme. C'est aussi la position des sociaux-démocrates.

THÈME 6 – CRISE FINANCIÈRE ET PERSPECTIVE DE RÉFORME DE LA GOUVERNANCE MONDIALE : POUR L'AFRIQUE « NOUS PAS BOUGER ».

Par
Professeur Moustapha KASSE, Président de l'École de Dakar
Dakar, Novembre 2008, lors d'un Séminaire initié par le LARED et l'ISF.

Une fois encore, le Président Abdoulaye Wade, malgré l'étendue de ses responsabilités politiques, a pris l'initiative de la réflexion (le 11 octobre 2008) sur *«la réforme de la gouvernance mondiale»* afin que dans le chorus actuel la voix de l'Afrique se fasse entendre. Il a parfaitement raison d'observer cette attitude avec la démission totale des élites politiques et intellectuelles africaines qui trouvent mille et un prétextes de ne rien dire, car pour certains «L'Afrique n'est pas concernée par cette crise mondiale» alors que d'autres Africains admettent implicitement après tout « si les choses se gâtent, les autres penseront et agiront pour nous ». En clair, *«Nous pas bougé»*.

Il y'a plus de cinquante ans (juillet 1944) se tenait la Conférence de Bretton Woods pour structurer l'ordre économique et financier international de l'après 2ème guerre mondiale. L'objectif majeur était de mettre en place des mécanismes de régulation et de gouvernance du Système Monétaire International (SMI). Selon le mot de S. AMIN, *« les États-Unis avaient préféré une institution affaiblie (en rejetant l'option Banque centrale mondiale défendue par KEYNES), mais dépendante d'eux, à une institution plus efficace, mais dont ils auraient dû partager la responsabilité avec d'autres »*. Le plan WHITE retenu au détriment de celui de J.M.KEYNES reposait essentiellement sur le rôle pivot du dollar, mais nominalement rattaché à l'or (l'once d'or qui valait 35 dollars américains en 1971 est cotée en 2008 à plus de 1 000 dollars).

À l'occasion deux organismes étaient mis en place pour assurer la stabilisation du SMI et le financement de la reconstruction des pays touchés par la guerre : le FMI et la Banque mondiale. Au premier était impartie principalement la surveillance multilatérale des politiques macroéconomiques, monétaires et de change. Et pour le deuxième, il avait mission de financer la reconstruction et les infrastructures. Enfin, une troisième institution avait été prévue pour gérer le commerce international, mais l'OMC ne sera créé qu'en 1995 après les cycles de négociations du General Agreement on Tariffs and Trade (GATT). Dans l'édifice que voilà, aucune des préoccupations essentielles des pays du Tiers-monde, à l'époque majoritairement sous domination coloniale, n'était prise en compte.

C'est pourquoi, depuis les années 50, cet ordre économique et financier international a été, en permanence, contesté individuellement ou collectivement par les États du Tiers-monde sous les formes les plus diverses. Les premières revendications sont parties de BANDOUNG (dans les années 1950) et ont porté sur la libération politique et économique du joug colonial, un partage plus équitable des ressources de la planète et une participation plus large à toutes les sphères de la gouvernance mondiale. Ensuite, ces revendications seront par la suite plus formalisées dans plusieurs plateformes à caractère international ou de groupements d'États comme le Groupe des 77 et la Tricontinentale dans les années 70, les différents organismes d'intégration régionale. Elles peuvent être synthétisées en 4 exigences minimales :

- La Réforme des institutions financières internationales pour assurer aux pays du Tiers-monde un meilleur accès au financement.
- L'Ouverture des marchés des pays du Nord aux productions industrielles et agricoles.
- L'Amélioration des termes de l'échange pour les matières premières d'origine minière et agricole.
- Le Transfert des technologies pour le développement.

Les Institutions de Betton Woods (IBW) et particulièrement le FMI ont assuré une stabilité monétaire pendant la période des « Trente glorieuses années de croissance, 1945154-1975 ». Par la suite, lorsqu'en avril 1971 le dollar est déconnecté de l'or et qu'en 1973 le système de flottement des monnaies a été généralisé, on peut dire que le système monétaire international organisé (SMI) est démantelé et d'autre part que le mandat des IBW est achevé. Cela d'autant plus que, bien avant, les dispositifs de régulation avaient échoué dans l'objectif de stabilisation du SMI malgré la création des DTS (Droits de Tirage Spéciaux) en 1967. L'enchaînement de ces événements vont amener alors la remise en cause du FMI qui ne survivra qu'en s'offrant de nouvelles fonctions dont la gestion de l'Ajustement Structurel unilatéral des pays en développement puis, à partir des années 80, l'intervention dans les pays de l'Est en vue de leur réintégration dans le marché capitaliste international.

L'Afrique peut-elle rester indifférente au vent de réforme de l'architecture de la gouvernance ? Doit-elle volontairement se marginaliser des discussions qui agitent la planète entière, toutes positions idéologiques confondues, les politiques comme les élites intellectuelle ? Comme l'observe Gordon Brown « Parfois, une crise est nécessaire pour que les gens reconnaissent que ce qui est évident et aurait dû être fait il y a des années, ne peut plus attendre ». Les africains doivent-ils rejoindre le débat mondial et saisir l'opportunité qu'offre la crise actuelle pour avancer leurs réponses propres aux réformes des institutions de gouvernance mondiale ?

I/ L'Afrique est concernée au premier chef par la réforme des institutions de gouvernance du système qui exercent tous les pouvoirs initialement dévolus aux États.

Aucun analyste sérieux ne discute plus des lourdes conséquences que la crise financière actuelle peut avoir sur les économies africaines. Les canaux de transmission du choc externe sont bien clairs bien connus : baisse des prix des matières premières d'origine agricole et minière, baisse des IDE qui commençaient à prendre la direction africaine dans le financement de secteurs entraînant comme les infrastructures, baisse de l'Aide Publique au Développement malgré les faibles taux de réalisation des engagements antérieurs, diminution des transferts des migrants, accentuation des déficits extérieurs. Les problèmes sont banals, il reste seulement à en faire une évaluation exhaustive. En définitive, la croissance qui avait bien repris risque de se déprimer entraînant l'accentuation de la pauvreté. Les faibles taux de réalisation des Objectifs du Millénaire pour le Développement vont se déprécier.

L'Afrique est très fortement concernée par la crise financière mondiale et la réforme de l'architecture de la gouvernance mondiale. A cela trois raisons majeures : d'abord parce qu'elle est extrêmement insérée dans la mondialisation (son économie fonctionne par et pour l'économie mondiale), ensuite parce que ses États constituent la principale clientèle des organisations internationales même si leur poids et leur voix restent encore assez insignifiants et enfin parce que les nouvelles stratégies de lutte contre la pauvreté sont initiées par les IBW.

Pour la première raison, il est évident que l'Afrique est incluse dans la mondialisation par les exportations de plus de 80% de ses matières premières agricoles et minières pour financer plus de 80% de ses importations en biens et services et en capitaux. Ces relations fortement inégales sont à l'origine du déficit de la balance des paiements explicitement et de l'endettement massif des pays. Du reste, cet endettement est dû aux 2/3 aux IBW. Autre lien avec la mondialisation : l'essentiel des ressources financières publiques proviennent des droits et taxes extérieurs et des transferts comme l'Aide Publique Extérieure.

La deuxième raison tient au fait que depuis la fin des années 70, les États africains confrontés aux déséquilibres financiers, à l'amplification de l'endettement et à la stagnation de la production ont tous recouru aux politiques de stabilisation et d'ajustement structurel préconisées par les IBW qui ont mis sous tutelle toutes les économies de ces pays pendant un bon quart de siècle : elles sont, aujourd'hui, leurs principaux bailleurs de fonds.

La troisième raison d'un intérêt africain pour les IBW réside dans l'échec de leur toute dernière mission : la lutte contre la pauvreté qui a remplacé les Programmes d'Ajustement Structurel (PAS) par les Documents Stratégiques de Réduction de la Pauvreté (DSRP). Aux missions originelles du FMI devenues complètement caduques se sont surajoutées « l'assistance aux pays en voie de développement » à partir des années 80, les objectifs de diminution de la dette et de réduction de la pauvreté en 1998. Les nouveaux instruments techniques de mobilisation des ressources ne sont pas meilleurs que les anciennes facilités d'ajustement. Depuis, les évaluations de J. SACHS, tous les Rapports de l'ONU, du PNUD et les analyses de beaucoup d'experts montrent que la pauvreté ne recule pas et que les fameux OMD ne seront pas atteints en 2012. Les stratégies proposées sont inefficientes et incapables de changer le contexte même de lutte contre la pauvreté.

Toutes ces raisons et bien d'autres établissent une imbrication étroite entre l'Afrique et les IBW qui jouent, aujourd'hui, des rôles exorbitants dépassant trop largement leurs compétences comme par exemple la définition et la surveillance de toutes les institutions politico-administratives, la définition des systèmes scolaires universitaires et de formation. En bref, l'envahissement de tous les espaces du politique, du social, du culturel et même des institutions publiques se présente, pratiquement comme un transfert de pouvoir des États africains aux IBW qui jouent des rôles hégémoniques de médecin, professeur et gendarme de l'ordre économique, politique et social et cela sans aucune légitimité.

L'Afrique non seulement doit se faire entendre mais surtout elle doit, comme les autres pays du monde, se donner les moyens de parler d'une seule voix particulièrement concernant les questions en discussion.

II/ Les propositions en cours de réforme de la gouvernance du système international.

Lionel STOLERU fait remarquer que le mot crise en chinois est l'addition de deux signes : le premier signifiant « danger » et le second « opportunité ». Souvent, nos gouvernements ont trop tendance à ne voir que le premier signe : le danger. Or, c'est le second qui est essentiel : toute crise porte en soi une opportunité, une occasion de changement, d'adaptation. Ainsi, à la faveur de la crise, l'Europe a bien compris, qu'il fallait saisir l'opportunité historique pour introduire une pluralité de propositions de refonte du système financier international pour mieux équilibrer les rapports de force. Elle a, au moins, réussi à obtenir la tenue d'un sommet sur la question. Quels seront les dossiers mis sur la table avant que la nouvelle administration américaine ne s'installe ?

Le problème posé est de savoir comment réguler la globalisation et comment globaliser la régulation ? Aujourd'hui, beaucoup de forces sociales, intellectuels, hommes politiques, experts s'investissent à trouver des réponses à la crise financière et des IBW. Il faut les analyser avec lucidité car la régulation de l'économie mondiale demande de bien appréhender les institutions et les règles proposées, les rapports de force qui s'y expriment entre les différents acteurs étatiques, mais également entre ceux-ci et les acteurs privés.

Dans cette direction, deux personnalités politiques, le Président SARKOZY et le Premier ministre Gordon BROWN, ont avancé des idées d'une grande importance. Pour le premier, *«il faut un nouveau Bretton Woods destiné à refonder le capitalisme financier».* Il propose de travailler dans trois directions de mise en place d'un système de régulation financière qui soit fondé sur le contrôle de tous les agents financiers, d'un gouvernement économique mondial qui ne serait pas réduit au G8 » et d'un système de coopération monétaire entre les grands États. Pour le Premier ministre G.BROWN, il faut « maintenant nous devons créer la nouvelle architecture qui saura répondre à la mondialisation ».

La question de la refonte du SMI est la priorité dans l'ensemble des discours. Dans ce cas, il est avancé une pluralité de propositions qui passent toutes par une reconstruction complète du Fonds monétaire international *: « Le FMI doit être reconstruit pour s'adapter aux défis du monde moderne. Nous avons besoin d'un système d'alerte précoce pour l'économie mondiale »,* a déclaré Gordon BROWN. La chancelière allemande Angela MERKEL a, elle aussi, appelé à une réforme du Fonds monétaire international pour lui donner « un plus grand rôle de surveillance des marchés ». Le président français a également abordé la question à Bruxelles.

A y regarder de près, les propositions bien que contradictoires, sur certains points, ont pour dénominateur commun au moins sur deux idées majeures : d'abord face à la toute-puissance des forces de marché, les réponses individuelles de chacun des États sont totalement inopérantes et ensuite toutes les solutions devraient comporter trois volets technique, institutionnel et politique. Quelles sont les appréciations essentielles sur ces différents volets ?

En premier lieu, le volet technique consiste à la résolution de trois interrogations autour de la maîtrise des marchés financiers et de la limitation de la spéculation :

- Comment maîtriser ou limiter l'instabilité des changes entre les monnaies qui nourrit la spéculation et provoque la hausse des taux d'intérêts ?
- Comment réguler plus activement les marchés financiers ?
- Comment fiscaliser les revenus financiers ? Que vaut, aujourd'hui la fameuse taxe TOBIN ?

Quelle structure va alors opérer la mise en œuvre de ces politiques. Cela renvoie, ***en second lieu, au volet institutionnel*** qui doit éclairer sur les organes de régulation internationale les plus adéquats pour la prévention et la gestion des risques financiers et économiques aux lourdes conséquences. Deux séries de propositions sont actuellement avancées dans les divers secteurs d'opinion, décideurs, universitaires, société civile : la première consisterait à l'amélioration de l'existant en faisant comme si toutes ces Institutions Financières Internationales qui ont observé le profil bas dans cette crise n'étaient pas traversées par des dysfonctionnements insolubles (crise d'efficacité ou de légitimité) et la seconde proposition se réduit à la création de nouvelles institutions plus appropriées de régulation. **Ce dernier point qui concernait la création d'un conseil de sécurité économique et financier (version J.DELORS d'un gouvernement mondial) est maintenant moins discuté.**

Le mandat assigné au FMI de veiller à ce que les comportements monétaires non coopératif de l'entre-deux guerres (c'est-à-dire les dévaluations compétitives et le protectionnisme ne se reproduisent) appelle, sans nul doute, de nouveaux instruments de régulation. Quant au groupe de la Banque Mondiale, elle devrait proposer des financements sains pour le développement, éviter au monde une crise de la dette et gérer avec le FMI, les programmes d'Ajustement ou les Programmes de lutte contre la pauvreté, la Société Financière Internationale (créée en 1956) poursuivre le financement du secteur privé et l'Agence Internationale pour le Développement (créée en 1960) continuer de gérer l'aide au développement.

Toutes les propositions en cours semblent mettre l'accent sur l'accroissement substantiel des ressources et l'élaboration règles plus claires pour réguler l'ensemble des marchés. Avec de tels moyens financiers et institutionnels, les refondateurs pensent que les IBW ainsi réformées pourront mieux veiller sur la santé et le bon fonctionnement de l'économie mondiale. Qu'en sera-t-il pour l'Afrique où les IBW ont connu une triple crise de pertinence, de performance et de légitimité ? Faut-il rappeler que ce sont ces crises qui avaient conduit, dans le passé, à la création d'autres organisations comme le PNUD en 1964 pour les questions du développement et la CNUCED en 1965 pour faire entendre la voie du Sud dans l'organisation du commerce mondial.

Le troisième volet en débat sera, sans aucun doute, le volet politique de légitimation des Institutions devenues polycentriques. Beaucoup de réflexions critiques de certaines ONG et organisations des sociétés civiles dénoncent avec virulence l'absence de transparence dans les processus décisionnels et la répartition trop inégale des responsabilités qui aboutit à une trop criarde sous-représentation des pays pauvres. La conséquence en a été que les IBW ont toujours fonctionné en faveur de leurs partenaires les plus puissants.

Ces quelques points soulignés montrent l'ampleur des questions en débat qui nous concernent directement. D'autres questions comme les fonctions des Agences de notation, les fonds spéculatifs et les paradis fiscaux ne semblent pas présenter des intérêts immédiats pour l'Afrique. A l'exception des paradis fiscaux où un Rapport International affirmeraient que les africains y cachent environ 400 milliards de dollars. Ces acteurs sont fortement mis en cause dans le dysfonctionnement des marchés financiers et dans l'amplification de la crise financière mondiale : les agences de notation, payées par le système financier, ont été complaisantes dans l'évaluation des établissements spécialisés (théorie de la collision), et les fameux fonds spéculatifs (« hedges funds ») souvent basés dans des paradis fiscaux échappent à toute réglementation.

EN CONCLUSION

Cette analyse sur la gouvernance mondiale peut se terminer par les échecs répétés et les crises quasi permanentes des institutions de la gouvernance mondiale notamment les IBW. Nous avions souligné dans notre ouvrage « *Repenser Bretton Woods : les Réponses africaines* »[88] que ces institutions de la gouvernance mondiale ont pris une place croissante qui témoigne d'abord, de la nécessité de gérer les crises de la libéralisation financière suite à la formation d'un méga marché des capitaux provoquée par la Désintermédiation, la Déréglementation et la Dérégulation (PLIHON) et ensuite, de veiller sur la santé de l'économie mondialisée. Elles ont relativement réussi ces missions, dans l'immédiat après-guerre. Á l'époque, le FMI veillait au contrôle des comportements monétaires non coopératifs de l'entre-deux-guerres (dévaluations compétitives et protectionnisme), la Banque mondiale proposait des financements sains pour le développement, censés éviter une crise de la dette, le Gatt était chargé d'organiser les concessions commerciales qu'étaient prêts à s'octroyer les différents pays et veillait à empêcher le retour au protectionnisme et enfin l'Organisation européenne de coopération économique devait aider à la reconstruction des pays européens en gérant l'aide américaine (le fameux Plan Marshal). Depuis lors, toutes ces institutions fonctionnent au bénéfice exclusif de leurs membres les plus puissants et sont dirigées par les intégristes du néo-libéralisme.

Toutefois, aujourd'hui, face à la montée en puissance des forces du marché réelle ou supposée et de la spéculation, les réponses individuelles des États s'avèrent inopérantes, d'où la multiplication des appels en faveur d'une régulation et d'une coordination plus forte au niveau international. Ces IBW devenues plus nombreuses (OMC, OCDE,G7, G20, OTAN,CPI etc.) et plus tonitruantes peuvent-elles réussir leurs anciennes missions, traversées qu'elles sont par de multiples échecs et crises d'une rare gravité : manque de légitimité pour exercer leur autorité et susciter l'adhésion, absence de leadership malgré la marginalisation des institutions qui ont refusé de jouer leur jeu (Programme des Nations unies pour le développement (PNUD), la Commission des Nations unies pour le Commerce et le Développement (CNUCED) etc.), panne d'idéologie et impertinence de leur épure théorique ? Le libéralisme économique y est toujours dominant, personne ne croit plus à ses vertus alors

---

[88] Hakim Ben HAMMOUDA et Moustapha KASSE : *Repenser Bretton Woods, les Réponses africaines.* Edit. CODESRIA-KARTHALA, 2002, 316 p. Cet ouvrage est le produit d'un symposium qui a réuni plus de 300 économistes et experts africains à Ouagadougou, en juin 1999. Il a été clôturé par la Déclaration de Ouagadougou relativement aux thèmes suivants : L'Ordre international, le Développement, le commerce et les investissements, Monnaie et finance, la Dette. Dans les dispositions finales de la Déclaration, il était recommandé de mettre sur pied un Groupe de travail qui réunit tous les 2 ans un symposium d'évaluation.

même que des politiques alternatives non libérales font de plus en plus leurs preuves de leur efficacité.

En attendant les bras ballants, la sortie de la crise, les africains risquent, une fois encore, de rentrer « dans l'histoire à reculons » (CLAUDEL). Où sont donc passés les techniciens, les experts, les intellectuels et surtout nos distingués argentiers qui, réunis à Maputo 2007, avaient comme ultime revendication l'attribution au Continent d'un poste de Directeur Général Adjoint (excusez du peu) au FMI comme si les Calisto MADAVO, Alassane Dramane OUATTARA et Mouhamadou TOURE n'avaient jamais occupé avec brio une telle fonction. **Où est donc passé le CAUCUS Africain composé des 53 gouverneurs représentant leurs pays auprès des IBW et qui avait organisé, récemment à Nouakchott (Août 2008) et avec beaucoup de faste, une rencontre sur le thème :** *« le rôle des bailleurs de fonds non traditionnels dans le financement du développement en Afrique».* Nos éminences grises, nos cadres et experts, nos responsables politiques et nos chercheurs universitaires n'ont pas encore apporté de contributions minimales au débat qui traverse actuellement le monde. Ils sont presque tous aux abonnés absents, incapables d'élaborer ne fut ce que des positions ou visions qui prennent en compte nos préoccupations et notre participation dans le façonnement de notre planète. Tout ce beau monde attend que les décisions soient prises, pour déclencher, paraphrasant J.KI-ZERBO, des *« montagnes de lamentations et des fleuves de larmes »* : qu'importe ! Comme d'habitude, ils arriveront trop tard.

Alors face à cette démission collective, apparaissent des messies comme le Président N. SARKOZY (notre commun diviseur de par la géopolitique de l'UPM), qui se portent comme les meilleurs défenseurs de nos intérêts dans la refondation du SMI. Pour l'instant, l'Afrique du Sud est le seul porteur de nos problèmes au Sommet mondial sur la Réforme de l'architecture de la gouvernance. Faut-il souhaiter qu'elle ait, dans sa corbeille, des propositions susceptibles de concerner le continent dans toute sa diversité.

THÈME 7 – L'UNION POUR LA MÉDITERRANÉE ET LE LARGAGE » DE L'AFRIQUE SUBSAHARIENNE.

PAR
Professeur Moustapha KASSE
Conférence prononcée à Ouagadougou sur proposition du Président Blaise Compaoré en 2008 à la Salle de Conférence.

PROPOS INTRODUCTIF DU PRÉSIDENT GHANÉEN NANA AKUFO ADDO.

«Il est temps que les Africains cessent de conduire leur politique sur la base de ce que soutiennent ou souhaitent les Occidentaux, l'Union européenne ou la France. Ça ne marche pas, ça n'a jamais marché, ça ne marchera jamais. Arrêtons de nous demander ce que la France peut faire pour nous. La France fait de son mieux pour elle-même d'abord. Il est anormal que, soixante ans après l'indépendance, la moitié du budget ghanéen en matière d'éducation dépende de la charité des contribuables européens. Il est temps que les Africains financent eux-mêmes leurs dépenses de santé et d'éducation. Il est urgent de rompre avec notre mentalité d'assistés et de mendiants éternels... Pour cela, il faut de la bonne gouvernance, il faut des dirigeants qui utilisent l'argent public non pas pour eux-mêmes, mais pour le peuple, il faut des dirigeants qui rendent des comptes, il faut des institutions fortes. »[89]

Les intellectuels africains ont de nouveau manqué le débat en affichant un silence incompréhensible sur la formation d'une organisation, l'Union Pour la Méditerranée, (UPM) qui est partie pour diviser davantage l'Afrique et probablement faire éclater les laborieuses initiatives de régionalisation entreprises ces dernières années en vue d'une meilleure insertion de l'Afrique dans la mondialisation multipolaire. Une fois encore les Présidents Mouammar KADHAFI[90] et Abdoulaye WADE ont fait preuve de vision et de leadership sur une question stratégique qui tout de même mérite un traitement au niveau des intellectuels, des universitaires et des chercheurs. Pour le Guide «Nous sommes des pays membres de la Ligue arabe et aussi de l'Union africaine et nous ne prendrons en aucun cas le risque de disperser nos rangs. Il faut que nos partenaires (européens) comprennent bien cela». Par ailleurs, l'UPM est qualifié de «projet passager» voué à l'échec, car «l'UE veille sur son unité et refuse sa division … Si elle veut coopérer avec nous, qu'elle le fasse avec la Ligue arabe ou l'Union africaine (...) nous n'acceptons pas que l'Europe traite avec un seul groupe». Dans des situations de ce type, les intellectuels au Sud

---

[89] Discours prononcé le 30 novembre 2017 et publié par le journal Jeune Afrique du 11 décembre 2017 sous l'intitulé, « La leçon de Nana Akufo-Addo ».

[90] Moustapha KASSE : *L'agression militaire occidentale pour la reconquête de la manne financière et pétrolière libyenne,* article publié par le Quotidien Walfadjri

du Sahara restent sans réaction aucune contrairement à leurs homologues du Maghreb qui ont largement débattu et majoritairement exprimé leurs réticences et réserves sur un projet qui, selon Hichem BEN YAÏCHE *« manque de maturité politique et de moyens financiers pour sa réalisation »*

Dans l'évaluation des aires de puissance dans le monde, cinq paramètres sont généralement retenus comme déterminants :

- l'économie comprenant les trois volets que sont la production, les échanges et les ressources financières ;
- les technologies et les innovations productives mesurées par les budgets impartis à la R&D, le nombre de brevets, le volume de la communauté scientifique et les offres de formation des ressources humaines ;
- le poids démographique représenté par la pyramide des âges, ses rythmes de progression et sa répartition spatiale et l'urbanisation ;
- les ressources agricoles et minières avec particulièrement les matières premières, le potentiel énergétique, les capacités productives alimentaires ;
- les relations géopolitiques dont la composante essentielle est la puissance militaire. En les mettant en corrélation, on peut mieux mesurer la place de l'UPM dans le système mondial d'aujourd'hui et les enjeux de puissance que souhaitent lui faire jouer ses acteurs les plus agités.

La Méditerranée comparativement au Pacifique est une petite mer fermée que l'on peut contourner. Elle a un enjeu géopolitique mineur, car_elle est un espace de grandes tensions en manque d'intégration. Sa flotte marchande qui était la première du monde a vieilli et nécessite de lourds investissements. Le trafic entre les deux rives de la Méditerranée occidentale est extrêmement déséquilibré, les flux nord-sud du trafic de marchandises diverses étant largement supérieurs aux flux sud-nord. D'ailleurs, ce déséquilibre est l'obstacle majeur au développement de la conteneurisation. Tout cela est couronné par trois fractures qui empêchent l'émergence d'une zone de prospérité partagée. Il s'agit tout d'abord de l'aggravation du clivage entre zones urbaines littorales dynamiques et espaces ruraux intérieurs marginalisés ; ensuite l'approfondissement de l'écart technologique et numérique, et enfin, le creusement des inégalités sociales.

Ces faiblesses géopolitiques masquent à peine les convoitises de nouveaux acteurs qui s'investissent dans la sous-région : les États-Unis renforcent leur présence au nom de raisons sécuritaires, la Chine développe sa coopération économique et énergétique, la Russie, le Brésil et l'Inde pour des enjeux agricoles et de coopération Sud-Sud.

L'Europe en construction a, de tout temps, développé des relations avec toute la rive Sud de la Méditerranée : économiques, (accords commerciaux préférentiels), politiques (dialogues euro-arabes), financières (coopérations financières) et technologiques. La « **Déclaration de Barcelone** » se proposait d'être un nouvel élan novateur pour un « **Partenariat euro-méditerranéen** » stratégique. Selon les concepteurs de l'UPM, le processus de Barcelone a échoué, et Henri GUAINO s'en explique dans une interview au Figaro : *«Avec Barcelone, l'Europe a marqué son intérêt pour le Sud, mais elle a échoué à refonder sur d'autres bases le dialogue entre l'Occident et le monde du sud de la Méditerranée. Car ce dialogue était extrêmement déséquilibré. Il consistait, pour l'Europe, à offrir son aide, à formaliser des rapports de prestataires à clients. On reproduisait le rapport entre le Nord et le Sud, les dominants et les dominés... Une autre erreur a été de vouloir conditionner la coopération avec la Méditerranée à la résolution des questions politiques. Comme celles-ci étaient insolubles a priori, on n'a pas pu avancer sur les questions concrètes. Or, la paix, la démocratie, les droits de l'homme sont l'aboutissement d'un processus de coopération et non la condition de sa mise en chantier. C'est en avançant sur des coopérations concrètes, de plus en plus étroites, que l'on peut créer des liens de solidarité entre les peuples »*. À l'évidence, cette approche présente quelques différences avec celle d'Alain Le Roy, chef de la mission Union Pour la Méditerranée auprès du président SARKOZY. Pour lui, *« L'Union pour la Méditerranée repose sur un principe : combler le fossé entre un Nord plutôt riche et un bassin méditerranéen beaucoup plus pauvre. Le but ? Rétablir l'équilibre en assurant un espace de paix et de sécurité. Bref, nous cherchons à améliorer le dialogue entre les deux rives»*,

Il me semble qu'à l'arrivée, l'UPM a finalement pris le même format que le Processus de Barcelone : d'amendements en amendement, on a fini par adopter un schéma *à minima* assez éloigné des ambitions initiales. Toutefois, si le scénario de construction d'une Méditerranée à la carte sur des projets précis devrait prévaloir, alors la question est de savoir qui va financer ces projets d'infrastructure, d'environnement, de dépollution de la mer, de réhabilitation des flottes, de lutte contre les aléas climatiques, d'énergie, d'éducation et d'échanges culturels, etc. ?

Dans ce contexte deux questions se posent : quels sont les enjeux véritables du projet d'Union Pour la Méditerranée de Nicolas SARKOZY ? Quelles sont ses incidences sur l'Afrique Subsaharienne ?

I/ La méditerranée peut-elle redevenir une aire de puissance dans la mondialisation multipolaire ?

Dans les grandes lignes, nous savons que la Méditerranée a joué dans l'histoire un rôle majeur, mais elle connaît depuis quelques décennies une éclipse au profit du Pacifique qui est aujourd'hui le poumon de la mondialisation, l'aire de la croissance et de la prospérité en termes de production et d'échanges, de ressources financières et de technologie, mais aussi de capacités militaires.

Depuis toujours, la France comme pays riverain s'est proposée d'y jouer un rôle charnière pour maîtriser plus étroitement la détermination de son avenir à l'intérieur d'un sous-bloc sous-contrôle. Quelles sont les raisons qui président à l'acharnement dans l'édification d'un sous-bloc de la Méditerranée et quelles sont les incidences sur les pays situés aux berges de cette mer et qui avaient façonné des relations historiques de type impérial avec la France ?

En établissant une corrélation entre ces cinq paramètres dans un monde divisé en pôles de puissance, les conclusions qui ressortent de cette mise en relation sont extrêmement significatives. Elles montrent avec précision que l'interface méditerranéenne comparée aux autres pôles de puissance que sont la Triade (USA, Europe, Japon), les nouveaux acteurs internationaux qui montent en puissance notamment le BRIC (Brésil, Russie, Inde et Chine) avec le retour de la Russie et demain l'émergence de la Corée du Sud, de l'Indonésie, du Mexique et de la Malaisie, l'UPM risque de ne présentera que de bien faibles avantages comparatifs et compétitifs.

À grands traits, la mondialisation multipolaire comporte des instabilités marquantes à partir de contradictions majeures pour le contrôle de son fonctionnement : face au BRIC offensif avec une Chine triomphante, les États-Unis n'abandonneront jamais leur rôle prépondérant qui leur a conféré une énorme prospérité économique, un rayonnement extérieur considérable et une remarquable paix sociale à l'intérieur. L'UE qui a préféré son extension à l'Est traverse des instabilités multiples qui l'empêchent de n'avoir que de faibles prétentions hégémoniques. De plus, les liens très étroits et quasi-indéfectibles entre l'Angleterre et les États-Unis affaibliront les solidarités internes à l'UE et compliqueront l'avènement et la consolidation d'un leadership franco-allemand sur cet espace.

Dans le fatras de données quantitatives découlant de la paramétrisation, deux phénomènes ressortent clairement : d'une part, la perte d'hégémonie américaine économique et financière (suite à la guerre en Irak et aux multiples luttes contre le terrorisme) et d'autre part, l'impasse de la construction européenne (échecs répétés sur les référendums de l'UE). Cette situation offre à la France un scénario d'une stratégie offensive en Méditerranée qui s'appuierait sur des atouts comme son système productif, son potentiel scientifique et technique et sa diplomatie soutenue par sa force de dissuasion (technologique et financière, l'un n'étant rien sans l'autre) qui se réinsère progressivement dans l'OTAN et cela en rupture avec les tonitruantes options gaullistes largement partagées par les différentes Gauches françaises.

II/ Bataille pour le contrôle du « sous-bloc méditerranéen inoccupé » par les superpuissances anciennes et émergentes.

Les analyses les plus pointues insistent plus sur le déclin de la Méditerranée qu'une hypothétique renaissance. En matière géo économie mondiale, la zone accuse de médiocres résultats économiques tenant à la fois aux déficiences des échanges commerciaux internationaux et à la faiblesse des flux financiers liés au système monétaire international. La grande majorité des pays méditerranéens connaissent une croissance faible et parviennent peu à attirer les investissements étrangers. L'environnement est très fortement détérioré faisant du sous-bloc une zone vulnérable : les ressources en eau se raréfient et sa répartition inégale soulève de sérieuses et complexes tensions dans tout Proche-Orient, la pollution marine est grave, les terres arables diminuent. L'énergie pose aussi des défis environnementaux (corridor pétrolier, sécurité des approvisionnements, promotion des énergies renouvelables...). À cela s'ajoute des inégalités économiques et sociales trop grandes déjà soulignées comme en témoigne cette polarité autour d'un noyau dur (la France, Italie et Espagne) qui assure 80% du PIB global de la Méditerranée L'autre volet social est le développement du chômage des jeunes ce qui se traduit dans les importants flux de migration avec le surdéveloppement de ses formes clandestines.

Le partenariat avec l'UE s'était fixé comme la création d'une zone de libre-échange à l'horizon 2010, le développement d'une zone de paix et de stabilité, le renforcement des relations humaines et sociales. Toutefois, comme le note Sébastien ABIS, ce « partenariat n'a pas eu les moyens de ses ambitions : l'U.E. s'est prioritairement concentrée sur son élargissement à l'Est sans développer une politique étrangère commune. En comparaison avec les États-Unis, ceux-ci réalisent environ 20% de leurs investissements directs dans leur « Sud » alors que pour l'Union européenne le montant est de seulement 2%. En effet, aucun des grands engagements de Barcelone n'a été respecté sur le financier.

Ces faiblesses de divers ordres masquent à peine les âpres compétitions entre grandes puissances pour le contrôle de ce Sous-bloc régional. Car comme l'observe P. Moreau DEFARGES, *« bien que diminuée, la Méditerranée reste un enjeu géopolitique, car elle est bordée ou étroitement surveillée par diverses puissances du fait qu'elle lie l'Europe à l'Afrique et au Moyen-Orient»*. Les Américains renforcent leur présence par le biais du projet de *« Broader Middle East and North Africa »*, il en est de même de la Chine, de la Russie et de l'Inde.

L'appréciation des paramètres de puissance permet de comprendre certainement deux attitudes du Président Sarkozy : d'abord le déploiement en Méditerranée et le largage du continent. Deux attitudes qui peuvent sembler contradictoire car l'ouverture Nord-Sud programmée par l'UPM devrait être complétée par une intégration Sud-Sud concomitante. Au regard du jeu de puissance à l'échelle mondiale, les zones d'influence française se rétrécissent en Afrique, au Maghreb, au Proche et Moyen-Orient, dans les pays du Golf, etc. La bataille des mers et océans est totalement perdue : rôle minimal partout sauf en Méditerranée. Dès lors, le glissement vers cette aire est d'autant plus souhaitable qu'elle peut servir de relais pour accéder aux matières premières africaines et aux réserves pétrolières et gazières du Maghreb. C'est cela qui explique cette idée de N. SARKOZY soulignée par Henri GUAINO *« la France a cru qu'en tournant le dos à la Méditerranée, elle tournait le dos à son passé alors qu'en réalité, elle tournait le dos à son avenir »*.

Il peut sembler rationnel pour une puissance ayant des capacités financières, technologiques et de ressources humaines limitées de réduire ses ambitions à l'essentiel et de redéployer conséquemment ses moyens sur des régions qui pourraient avoir une plus grande rentabilité. En effet, objectivement, le Pacifique qui est devenu le centre névralgique de l'économie mondiale est la zone de confrontation des puissances anciennes et nouvelles que sont les États-Unis, la Chine, la Russie, le Japon, le Canada et même dans une certaine mesure l'Inde. Les potentialités françaises dans ce jeu du Pacifique sont quasi nulles. Dans ce contexte, il parfaitement compréhensible de chercher à disposer de deux fers dans le jeu mondial, l'un est archi connu c'est l'Afrique et l'autre ne peut être que la Méditerranée qui en est le corridor d'accès. L'Afrique se présentait comme une chasse gardée, une réserve de matières premières. Les intérêts sont en train de changer à très vive allure. Elle fait l'objet de multiples convoitises, ce qui apparaît dans le foisonnement de propositions avantageuses de partenariat, tout, tourner vers l'établissement de relations équitables avec l'Afrique pour permettre à ses populations d'être les premiers bénéficiaires de leurs ressources (TICAD, Plan d'Action de Beijing, Coopération Inde-Afrique dans la Déclaration de Delhi, MCA et AGOA). Ces propositions sont qualitativement plus avancées que celles avec l'UE (Accords de Cotonou et APE). Les nouvelles coopérations avec l'Inde, la Chine et prochainement le Brésil, contrairement à d'autres pays, prennent en compte les intérêts fondamentaux des peuples. Le partenariat sino-africain avance à pas de géant, organisé **autour des principes d'une coopération « gagnant-gagnant » :** le Forum sino-africain, créé en 2000, sert de tremplin efficace pour l'envol du couple Chine-Afrique (en trois ans 245 accords signés avec un montant de financement d'environ 40 milliards de dollars). Ces nouveaux partenariats vont affaiblir et à terme faire disparaître les prés carrés occidentaux.

Les capacités compétitives de la France sur ces deux espaces et ses moyens pour assurer une forte présence sont peu robustes comme en atteste l'évolution marquante de son Aide Publique au Développement (APDF). Le «généreux donateur» manque de moyens pour appuyer sa géopolitique : les chiffres sont en contradiction avec le discours de générosité. L'objectif, en prenant cet exemple, n'est point d'apprécier quantitativement et qualitativement l'APDF, mais il est de montrer que les manipulations et les comptabilités trompeuses masquent mal la faiblesse des moyens au service d'une géostratégie de puissance : il va alors falloir opérer des choix. En effet, selon une étude sur l'APD, la France se pose en parangon de l'équilibre et de la solidarité Nord-Sud avec un discours altruiste, volontiers, donneur de leçons vis-à-vis des autres pays riches alors même que son Aide publique au développement accuse une forte baisse : elle chute de 0,56 % du produit intérieur brut (PIB) en 1994 à 0,3 % en 2001. Malgré les effets d'annonce, elle ne devrait atteindre que 0,7% d'ici 2012.

Du reste, il convient d'analyser minutieusement les chiffres en corrélation avec leur origine véritable. En prenant l'exemple des augmentations de l'APDF de 1.866 millions d'euros entre 2001 et 2003, l'essentiel de cette augmentation est due à une explosion des annulations de dette (+ 1.515 millions d'euros sur la même période) au point que ces dernières représentent près du tiers de l'APD en 2003. Il devient clair que le principe fondamental de l'additionnalité explique ces accroissements de l'APD. À la mise en œuvre de l'initiative PPTE, il avait été souligné par **KOFFI ANNAN** que pour la réussite de l'IPPTE « *les mesures d'allégement de la dette devraient s'ajouter au montant global des transferts tel qu'il s'établissait avant que ces mesures n'interviennent*». Ce principe n'a pas été observé et cela a gonflé l'APD et caché sa baisse effective. Tout se passe comme si on donne de la main droite (en annulant la dette) pour mieux reprendre de la main gauche (en diminuant l'APD) selon la formule du Département d'Évaluation des Opérations (DEO) de la Banque mondiale,

En toute clarté, la réalisation du Projet de l'UPM appelle d'énormes ressources financières et tout indique que la France ne dispose pas assez de moyens à la hauteur des ambitions. La preuve est apportée par « la gêne constatée des diplomates français quand il s'agit de parler de gros sous ». Diverses sources de financement sont examinées en provenance des entreprises, des fonds souverains, de la Banque Européenne de Développement, de la Banque mondiale, de la Ligue des pays arabes et de la restructuration des mécanismes de l'ancien Processus de Barcelone (plus de dix milliards d'euros). Toutefois, la Commission européenne se réserve la gestion des 3 milliards d'euros de fonds communautaires qui seront alloués entre 2007 et 2010 aux 10 États du Sud.

On comprend alors pourquoi le largage de cette Afrique qui ne peut rentrer dans une mondialisation de haute compétition **(Discours malencontreux et malhabile de Dakar en juillet 2007 et multiples contradictions rocambolesques sur les ruptures avec la « françafrique » sitôt annoncées sitôt abandonnées).** Le choix est fait entre les « *mondialisables* » comme le Maghreb et autres Turquie et les « marginalisés » comprenant l'Afrique Subsaharienne moins l'Afrique du Sud, l'Angola, le Nigéria et le Kenya). Les premiers, moins nombreux, ont des dotations factorielles en matières premières stratégiques et des réserves financières substantielles (Algérie et Libye) et pour cela, participent déjà aux dynamiques liées à la mondialisation en tissant des réseaux relationnels actifs avec de grandes multinationales. Les élites intellectuelles sont intimement associées au pouvoir et s'expriment diversement à partir de multiples tribunes prises de parole : tribunes politiques (actions militantes), d'associations de type société civile non incrustées à l'abreuvoir des grandes officines occidentales ou de **« *think tanks* ».**

Quant au second groupe de pays de loin les plus nombreux, il se compose des *décrochés* ou *largués* de la mondialisation : spectateurs (grâce aux paraboles) et victimes (précarisation, paupérisation, inflation). Coupés des sphères décisionnelles et des lieux modernes de la socialisation, ils ne s'expriment pas (incapacité physique ou intellectuelle) ou ne s'expriment plus (grande panne de l'intelligentsia anesthésiée depuis une trentaine d'années par des Institutions Internationales devenues progressivement la tête bien-pensante des pouvoirs publics) et ont alors tendance à s'orienter vers des contestations violentes (montée des radicalismes politiques et religieux, rudes batailles autour d'une démocratie hors de portée).

Historiquement les responsables politiques français et leurs stratèges ont, en dehors du Général de Gaulle, de tout temps, manifesté une volonté d'élaborer une politique volontariste de contrôle de la Méditerranée et de l'Europe du Sud. Celle-ci présentait au moins deux avantages : d'abord, elle devrait permettre de doter la France d'un espace de déploiement de son système productif, de sa suprématie technologique, de son savoir-faire, de sa force de dissuasion et ensuite de former un sous-bloc au sein duquel, elle peut exercer un leadership déterminant en cas de crise et de rupture dans l'ordre mondial. Aujourd'hui, ce scénario est réchauffé par les initiatives du Président Nicolas SARKOZY qui devraient s'achever par la mise sur pied de l'UPM avec un ralliement indispensable et impératif du Maghreb (Grande mobilisation offensive de la diplomatie française dans cette région) épine dorsale de cette organisation.

Cette stratégie volontariste de construction de ce bloc méditerranéen est centrée sur l'inclusion du Maghreb (les lourdes statistiques le révèlent) et l'exclusion de «l'Afrique qui ne peut pas partir ». Prenons quelques exemples significatifs et caractéristiques. **Le premier exemple est l'UPM comme espace de production et d'échanges commerciaux** de ressources énergétiques : le bloc supporte 30% du commerce mondial des hydrocarbures bien qu'une très grande part de ce commerce résulte de flux de transit, exogènes à la région. Les dotations en ressources énergétiques sont fortement concentrées sur trois pays du Maghreb : l'Algérie, la Libye et l'Égypte, qui détiennent environ 3% des réserves mondiales de pétrole et 5% de celles du gaz naturel (soit plus de 80% de l'UPM). **Par ailleurs, les deux principaux gazoducs existants à ce jour et qui suscitent interdépendances et solidarités sont le *Transmed* (Algérie, Tunisie, Sicile, Italie) et le *gazoduc Maghreb-Europe* (Algérie, Maroc, Espagne, Portugal).** Également, les approvisionnements pétroliers impliquent le développement des capacités d'acheminement et d'évacuation vers la Méditerranée, soit en passant par le Bosphore (en 2002, 7400 pétroliers ont transporté 122 millions de tonnes de pétrole brut à travers le Bosphore), soit en rejoignant directement la Méditerranée par la Turquie.

Le deuxième exemple est le déploiement des Investissements Privés Étrangers (IDE) composante essentielle dans un système financier globalisé marqué par une spéculation intensive et la recherche frénétique de nouveaux marchés porteurs de placement des excédents de ressources. Les statistiques établissent que les pays du Maghreb attirent les flux les plus importants, environ plus de 10% de la formation brute en capital fixe (FBCF) même si les pays d'Europe Centrale et Orientale (PECO) dans la perspective de leur adhésion à l'UE induit une forte absorption des IDE pour plus de 20% de leur FBCF.

Le dernier exemple est la complexité de la géopolitique internationale avec une relative recomposition des équilibres socio-économiques du monde. Le bloc méditerranéen traîne de lourds handicaps qui l'empêcheront de devenir une véritable aire de puissance: fortes disparités de production et de revenus, zone d'instabilité et de tensions géopolitiques complexes (Proche-Orient, Égypte), lourd déficit en ressources en eau (inégalement réparties), pollution marine grave (rejets des eaux urbaines usées, trafic maritime intense, bétonnage du littoral...), diminution des terres arables, dérèglementation climatique et dégradation de la biodiversité et de la nature (impacts sur le tourisme). Il ne peut émerger que suite à l'échec de la construction européenne.

EN CONCLUSION : Dans la géopolitique actuellement favorable, l'Afrique doit retrouver ses courages perdus et mettre à plat ses partenariats avec les blocs constitués de la mondialisation multipolaire.

> *En définitive, on peut observer que la domination absolue de l'Occident, européen puis américain, n'aura duré que deux siècles (le 19ème et le 20ème). C'est la révolution industrielle qui leur avait donné une rente de situation. Aujourd'hui, l'Europe berceau de cette révolution du 19ème siècle, s'est progressivement faite rattraper puis distancer par d'autres zones géographiques : hier par l'Amérique du Nord et aujourd'hui par l'Asie.*

Croire que les ressources disponibles dans la zone suite aux excédents pétroliers et gaziers peuvent être facilement captées par des exportations exclusivement françaises est une véritable gageure : dans ce jeu, il faut compter avec les partenaires de même niveau l'Italie, l'Espagne et le Portugal qui prétendent à occuper des positions dominantes et également la venue d'autres acteurs de dimension. Raison supplémentaire pour dire qu'il est illusoire de vouloir reconstruire la Méditerranée en vase clos. Dès lors, l'erreur qui risque d'être fatale à l'Union, est justement de s'imposer des barrières rigides et des exclusions. Incontestablement, la problématique de l'immigration officielle comme clandestine fait partie des enjeux et des préoccupations. À l'évidence, les migrations sont en grande partie la conséquence des trop fortes disparités dans la distribution des revenus mondiaux. C'est pourquoi, cette question trop importante requiert une concertation internationale, car elle préoccupe tous les pays riches sans aucune exception. Toutefois, dans le cas de l'Europe la baisse de la natalité et le vieillissement de sa population, entraînera un déficit de main.

Le Maghreb est l'une des locomotives de l'Afrique, il ne joue pas entièrement ce rôle, car paralysé par l'interminable conflit du Sahara opposant l'Algérie et le Maroc. Manifestement, la réouverture de la frontière entre ces deux pays participerait fortement à booster les échanges commerciaux dans la région. La résolution de tous les conflits et tensions en Méditerranée ne sont pas à la portée de la seule France : l'Afrique y a son rôle.

Le contexte mondial en pleine mutation appelle de nouvelles réflexions sur l'Eurafrique et le rôle de la France, mais en dehors de toute logique de précarré. Les nouvelles puissances émergentes ont complètement reconfiguré la géo économie et la géopolitique mondiales et ont ouvert de nouvelles perspectives de coopération. L'Afrique n'est plus enferrée à un quelconque unilatéralisme avec les multiples nouveaux partenariats qui la sollicitent : Plan d'action de Beijing, Ticad, Coopération stratégique avec l'inde, Agoa, Mca, les pays du Golf et d'autres offres provenant du Brésil et de l'Amérique latine. Désormais, les États africains disposent de plusieurs alternatives crédibles et une meilleure posture d'indépendance, deux éléments qui permettent de rompre avec la situation de simples supplétifs de puissances extérieures exclusivement intéressées au maintien du statu quo des économies de rentes perpétuelles de caractère colonial ou néocolonial.

La meilleure illustration est l'APE unanimement rejetée par les pays africains francophones. J'ai été le rédacteur de la brochure avec le Président Abdoulaye WADE qui observait avec lucidité et courage politique à la Conférence de Lisbonne que «l'Afrique a clairement rejeté les APE que tout le monde s'accorde d'ailleurs à considérer comme un nouveau pacte colonial dans lequel l'Afrique devrait une fois de plus servir de cheval de Troie à l'économie européenne. Á n'en pas douter, ces accords constituent une œuvre destructrice depuis près d'un demi-siècle d'indépendance». Nous avons fait le bilan désastreux de trois décennies de coopération ACP-UE au moment où s'ouvrent de par le monde des partenariats marqués du sceau du « gagnant-gagnant». Notre analyse rigoureuse a démoli ces APE dont l'UE impose à la fois le contenu, le rythme et l'agenda. Spontanément plusieurs manifestations populaires (les paysans, les ouvriers, le patronat privé, les syndicats, la société civile, les cadres et les intellectuels) se sont déroulées pour rejeter les APE. Les représentants de toutes ces composantes sociales se sont rendues à Bruxelles pour remettre à la Commission le cahier de charge du « Non aux APE ».[91]

---

[91] NON aux APE oui aux APD : Un rassemblement pour le développement et l'unité de l'Afrique.

Encadré 10 : FRANÇAFRIQUE QU'EST CE QUI EN RESTE ? Le discours du Président E. Macaron, qu'il a souhaité fondateur, est-il une vraie rupture ?

L'économiste **Hugues SERRAT** dans un article très ironique et humoristique publié (2008) sous le titre : ***« Quand l'Afrique s'éveillera, la France l'enverra se recoucher»****. Pourquoi les économistes occidentaux s'obstinent à publier les faux chiffres sur l'Afrique: « On aimait bien les Chinois lorsqu'ils étaient pauvres. Mais ces irresponsables se sont enrichis (...) Franchement, c'est à vous dégoûter de prendre d'assaut les rues de Seattle si, dans un bel ensemble, les pauvres d'hier passent leur temps à s'enrichir, rendant nos discours de principe aussi creux qu'une assiette à potage. Il nous reste pourtant, et c'est assez réconfortant face à tant de désespérance tiers-mondiste, l'Afrique et ses difficultés chroniques (...) Traversé de conflits ethniques, pré carré de nos multinationales et de nos organisateurs de rallyes automobiles, écrasé par les pandémies, brisé par la désertification,* ***le continent noir reste indéfectiblement fidèle à notre vision de la pauvreté méritante, une pauvreté présumée exogène, western made, naturellement entretenue par notre égoïsme de nantis pâles et obèses ».*** **Que reste-il de la françafrique ?**

Le terme « françafrique » qui revêt plusieurs significations comprend, en paraphrasant Hervé GAYMARD, au moins trois types d'éléments: d'abord, des éléments politico-historiques qui indiquent la relation particulière liant la France à ses anciennes colonies indépendantes depuis les années 1960; ensuite, des éléments d'ordre économique et financier qui concernent l'ensemble de réseaux et de relations financières jugées opaques et enfin, plus récemment, des éléments qui tiennent aux multiples interventions militaires de la France sur le continent[92]. Ces divers éléments confortent les relations inéquitables, aux relents néocolonialistes de protection par tous les moyens des intérêts français et la perpétuation des économies de rente.[93] Cette vision et la praxis qui en découle est la chose la mieux partagée en France par tous les pouvoirs politiques qu'ils soient de gauche ou de droite : des styles des discours méprisants, paternalistes et autoritaires de F. MITTERAND, J. CHIRAC, N. ZARKOZY et F.HOLLANDE.

La perte française de parts de marché (de 9,7% à 4%) et les investissements massifs de la Chine depuis les années 2000 plus de 30 milliards d'euros loin devant les États-Unis (3 milliards) ou la France (1,8 milliard) et 55% des créances contre les 7% de la France sont des éléments caractéristiques du recul de la France. De plus, depuis 2017, la Chine est devenue le premier partenaire commercial de l'Afrique : ses exportations vers l'Afrique, qui étaient en 2017 de 68 milliards de dollars, vont progresser deux fois plus vite que ses exportations vers le reste du monde. Cette

[92] Hervé GAYMARD, rédacteur du Rapport très documenté, *« Relancer la présence économique française en Afrique : l'urgence d'une ambition collective à long terme».*

[93] François-Xavier VERSCHAVE : *La Françafrique, le plus long scandale de la République, 1998.*

poussée déclenche des réactions hystériques. Les médias mainstream des milliardaires, des officines diplomatiques occidentales (surtout française) ainsi qu'une bonne partie de l'intelligentzia opèrent des évaluations fantaisistes par moment complètement loufoques du genre la Chine pille l'Afrique, le nouveau néocolonialisme, la mauvaise qualité des infrastructures, le manque de transparence dans les appels d'offres, le surendettement de l'Afrique, etc. Dans cette offensive, on ne manque pas d'égratigner les autres pays qui élaborent des stratégies d'implantation en Afrique, notamment les autres pays émergents d'Asie, certains pays occidentaux (Allemagne, États-Unis, Grande-Bretagne, la Turquie, les pays du Golf.

Face à la perte de vitesse et d'influence, la France décline en Afrique. Plusieurs Rapports sont élaborés pour proposer une refondation des relations avec l'Afrique. On peut en citer au moins quatre : le Rapport du Club du Sahel (Pour préparer l'avenir de l'Afrique de l'Ouest), le Rapport au Ministre de l'Économie et des Finances par Hubert Védrine • Lionel Zinsou • Tidjane Thiam • Jean-Michel Severino • Hakim El Karou : Un partenariat pour l'avenir : 15 propositions pour une nouvelle dynamique économique entre l'Afrique et la France, celui de Hervé GAYMARD (Relancer la présence économique française en Afrique : l'urgence d'une ambition collective à long terme) et celui de l'Institut Montaigne (« Prêts pour l'Afrique demain? »). Tous ces rapports recommandent l'élaboration d'une politique et une stratégie de développement économique franche en Afrique dépouillée des oripeaux paternalistes et néocoloniaux.

Il est également proposé aux plus hautes autorités politiques françaises, notamment, au Président E. MACRON, de relancer la présence économique française en Afrique par une opération « remontada » en changeant de discours et de stratégie d'approche. Dans cette direction, il est proposé de créer un cadre réglementaire contraignant pour contrer la Chine, de jouer la carte des start-up et PME, de renforcer les partenariats publics-privés (PPP), de remettre l'Afrique au cœur de la politique européenne. Si on a beaucoup épilogué sur le discours du Président MACRON lors de sa tournée en Afrique en 2017, ses messages s'inscrivent dans la même lignée de ses prédécesseurs N. SARKOZY et F.HOLLANDE, avec un peu moins d'arrogance et des concessions mineures.

Plus aujourd'hui qu'hier foisonnent, surtout en Afrique de l'Ouest, les Associations de jeunesse marginalisées et désorientées « France dégage » qui fustigent les relations économiques et financières inégales, un système aliénant qui infantilise à la fois les populations et leurs dirigeants considérés comme des marionnettes, un système qui ne participe que faiblement dans la réalisation des grands projets structurants des infrastructures de base.

Prof. Moustapha KASSE

THÈME 8– SAMIR AMIN : LE PARCOURS D'UN MONUMENT DE LA SCIENCE ÉCONOMIQUE, UN ANALYSTE ROBUSTE DES ALTERNATIVES AU NÉOLIBÉRALISME.

Professeur Moustapha KASSE, Doyen Honoraire de la FASEG, membre de l'Académie des Sciences et Techniques, Commandeur de l'ordre National du Lion, Commandeur de l'ordre du Mérite universitaire du Congo Brazzaville et Officier des Palmes académiques du CAMES. **Texte publié par le journal « Le Soleil » et dans les Cahiers de la FASEG de l'Université Marian NGOUABI.**

L'Afrique vient de perdre l'une de ses meilleures têtes pensantes sur des questions de théories économiques à la lumière du marxisme (socialisme, développement, de droit, sociétés africaines, arabes, latino-américaines, etc.). Samir Amin a mené une carrière immense d'universitaire, de chercheur, d'écrivain prolifique et une variété d'activités de conseiller de gouvernements, de dirigeant d'organisations. L'immensité et la diversité de ce parcours nous rappellent que le marxisme n'est pas seulement une théorie économique, c'est aussi un système politique et un choix de société. En attestent ces quelques repères bibliographiques, parmi ses nombreuses publications :

Trois expériences africaines de développement : le Mali, la Guinée et le Ghana, éd. PUF (1965) ; Le développement du capitalisme en Côte d'Ivoire, éd. Minuit (1967) ; L'accumulation à l'échelle mondiale. Critique de la théorie du sous-développement, éd. Anthropos (1960), L'Afrique de l'Ouest bloquée. 1880-1970, éd. Minuit ; L'accumulation à l'échelle mondiale. Critique de la théorie du sous-développement, éd. Anthropos ; Le développement inégal.

Essai sur les formations sociales du capitalisme périphérique, éd. Minuit. L'échange inégal et la loi de la valeur. La fin d'un débat, éd. Anthropos (987) ; L'impérialisme et le développement inégal, éd. Minuit ; La loi de la valeur et le matérialisme historique, éd. Minuit (1977) ; La faillite du développement en Afrique et dans le tiers monde. Une analyse politique, éd. L'Harmattan ; L'empire du chaos. La nouvelle mondialisation capitaliste, éd. L'Harmattan (1989) ; Les défis de la mondialisation, éd. L'Harmattan (1996) ; Le virus libéral, éd. Le Temps des Cerises (2003). Pour un monde multipolaire, éd. Syllepse (2005).

Il a consacré toute sa vie au service de la science économique et de la recherche d'alternative à la pauvreté et à la misère des populations du Tiers-monde comme le montre ce raccourci de CV : 1952, diplôme de l'Institut d'Études politiques, 1956 : diplôme de l'Institut de Statistiques de l'Université de Paris, 1957 : il soutient en 1957 une thèse dirigée par François Perroux et Maurice BYE : " Les effets structurels de l'intégration internationale des économies précapitalistes : une étude du mécanisme qui a engendré les économies dites sous-développées "et 1966, reçu au concours d'agrégation en sciences économiques,1966 Professeur à l'université de Poitiers et de Paris VIII-Vincennes, 1970 professeur à l'université de Dakar, 1970 Directeur de l'IDEP candidature fortement appuyée par le Président L.S.SENGHOR. Il a travaillé respectivement comme économiste à l'Organisation de développement économique (la Moussassa) au Caire (1958), au service des études économiques et financières du ministère des Finances à Paris (1960), conseiller pour la planification à Bamako (1960), missions dans divers pays, dont la Guinée et le Ghana et Président du Forum mondial des alternatives (1997) et dirige le Bureau Dakarois jusqu'à sa mort.

Ce fils de deux médecins fut, dans sa prime jeunesse, membre des partis communistes français et égyptien, dont il a, par la suite, rejeté les positions. Depuis, il n'a jamais abandonné le cap d'une critique radicale du capitalisme et n'a jamais perdu l'espoir de voir naître un monde plus démocratique, plus égalitaire et plus humaniste, comme le montrent ses nombreuses publications. Ma chance historique est d'avoir été, à une période, dans la proximité intellectuelle de ce grand maître, avec qui, bien des fois, j'avais engagé des débats durs et sans concession qui m'ont toujours été très profitables.

De plus en plus, les économistes apprennent la modestie et commencent à se spécialiser tout en continuant à s'interroger sur les fondements de leur science. Ce constat est validé par les travaux de recherche récompensés par le Prix Nobel en Économie qui se structurent en 7 thèmes : Économie internationale, Finance et la monnaie, Entreprises, Système global, Les individus, Les marchés et l'État. L'auguste comité du Nobel n'a jamais évoqué deux monuments de la science, Cheikh Anta DIOP et Samir AMIN. Les raisons sont bien évidentes : ils sont Africains, scientifiques hétérodoxes et progressistes.

Toutes les théories économiques d'inspiration néo-libérale Samir Amin les qualifie de théorie standard qui tend à montrer que le capitalisme est éternel. Son œuvre peut être regroupée en trois rubriques qui retracent les grandes évolutions historiques du capitalisme et dégagent les alternatives que dessinent les bouleversements géopolitiques de la mondialisation triomphante. Il s'agit d'abord, de la réévaluation de l'analyse de l'accumulation productive dégagée de l'œuvre du «Capital», ensuite et conséquemment des études relatives à la formation du système périphérique dans ses principales composantes en Amérique latine, particulièrement en Afrique et dans le monde arabe et islamique et enfin des analyses de l'internationalisme des peuples dans cette période de démobilisation des forces populaires et des ralliements aux idées selon lesquelles le « socialisme est définitivement vaincu ».

Pourtant, dans beaucoup d'écrits K.MARX et F.ENGELS, avaient montré qu'il n'existe pas de modèle universel et homologué de socialisme que l'on plaquerait sur des réalités réfractaires. Poursuivant cette ligne réflexion, Samir AMIN établit que la longue transition vers le capitalisme à la périphérie a enfanté des formations sociales précapitalistes hybrides, en bref, un capitalisme misérable, peu performant et empêtré dans des crises sociales, économiques et financières graves.

Les marxistes ont découvert plus tardivement la correspondance de MARX et ENGELS sur le mode de production asiatique révélatrice, en raccourci, de deux idées fortes : la première est qu'il n'existe pas de modèle universel et homologué de socialisme que l'on plaquerait sur des réalités africaines réfractaires. Ainsi, lors d'une conférence à Alger dans les années 70, R. GARAUDY observait « *Qu'un algérien de culture musulmane peut accéder au socialisme scientifique à partir d'autres voies que Hegel, Ricardo et Saint-Simon : il a eu son socialisme utopique avec le mouvement des Carmathes, sa tradition rationaliste et dialectique avec Averroès, son précurseur du matérialisme historique avec Ibn Khaldoun ; c'est sur ses traditions qu'il peut greffer le socialisme scientifique* »[94].

À cette période, plusieurs Partis marxistes-léninistes au Sud du Sahara comme le PARTI AFRICAIN DE L'INDÉPENDANCE (PAI) programmaient de faire une révolution prolétarienne sans prolétariat ou du moins avec un prolétariat extrêmement embryonnaire. La seconde idée est que la longue transition vers le capitalisme à la périphérie a enfanté des formations sociales précapitalistes hybrides incapables de réaliser une quelconque révolution des forces productives matérielles et humaines tout en générant, de surcroit, famine, précarité et distorsions sociales graves. Cela veut dire que l'alternative socialiste soulève un ensemble complexe d'interrogations politiques, économiques et sociales inédites dont les réponses ne sont pas toujours inscrites dans le référentiel marxiste orthodoxe, ni dans les praxis historiques,

---

[94] R. GARAUDY : *Le marxisme du 20ème siècle,* Collection10/18.

pour rappel le débat inachevé sur le mode de production asiatique à la fin des années 70. Les analyses de Samir AMIN nous ont confortés dans ces recherches parfois avec des divergences de vue et de vives polémiques, mais qu'importe c'est cela qui fait avancer la Science.

Globalement, au centre, sur une période plus ou moins longue le capitalisme ne connaitra que de très faibles signes d'effondrement : la croissance rapide jusqu'aux trente glorieuses (1945-1975), l'avènement de la révolution technologique qui va modifier fondamentalement les systèmes productifs, les échanges internationaux, l'élévation de la productivité globale, la financiarisation grandissante même entachée de quelques crises marquantes (la dernière 2008) tout cela sur fond de fortes inégalités, de précarités et de paupérisation des pays pauvres suite à la baisse sur un temps long des termes de l'échange. Les prix des exportations des pays pauvres vers les pays riches tombent par rapport aux prix des importations des pays pauvres provenant des pays riches.

Dans ce contexte, les néo-classiques et toutes les versions keynésiennes pouvaient gausser : le capitalisme moribond se porte bien, car le monde contemporain est le théâtre de transformations d'une ampleur gigantesque. Les États-Unis sont devenus la première puissance industrielle, technologique et militaire. L'Europe s'est mutée en première puissance commerciale engagée dans une construction politique commune qui exclura probablement le retour aux guerres intra européennes. Le Japon se place comme une grande puissance économique et une bonne partie de l'Asie est engagée sur la voie d'un développement accéléré. Simultanément la disparition du système socialiste réellement existant laisse penser que le capitalisme constitue désormais le seul avenir possible de toutes les nations. Ce triomphe apparent du capitalisme mondialisé marque, selon certains auteurs comme F.FUKUYAMA et quelques autres, « la fin de l'Histoire ».

Conséquence de cette mondialisation néo-libérale, un quarteron des grandes puissances capitalistes s'érige en ***« communauté internationale »,*** nouvelle version de défense des zones d'influence (interventions brutales en Irak, en Syrie, en Libye, en Corée du Nord, en Iran et dans la crise des Balkans, etc.) et impose une gestion chaotique du monde portée par une diplomatie des sanctions et de la punition. L'arrière-pensée est que les politiques de puissance peuvent tout résoudre et que l'on peut même transiter le réel par la violence. Ce nouvel ordre néolibéral est servi par des organisations internationales qui jouent essentiellement un rôle de gestion des risques et de préservation de la « bonne santé économique » de la mondialisation libérale : l'OTAN, le FMI, la Banque mondiale, l'OMC, la CPI et la vaste nébuleuse d'ONG issue de la démocratisation, du développement des TIC et de la multiplicité des organisations internationales. Alors s'observent, pour reprendre l'intitulé de l'ouvrage du Pr. Bertrand BADIE[95] *les gérants de* ce *«nouveau désordre économique mondial », selon Georges CORM continuent de penser que les politiques de puissance doivent tout résoudre et que l'on peut même transiter le réel par la violence. Apparemment, ces succès expliquent la déshérence du militantisme, la grande méfiance à l'égard des politiques, la désertion des urnes et l'immobilisme structurel des classes politiques* ».

Dans cette situation, Samir AMIN observe que la classe dirigeante des États-Unis triomphe. Elle a toujours nourri un leadership d'une mondialisation unipolaire autour d'un projet depuis 1945 (doctrine de Monroe) qui vise aujourd'hui cinq objectifs : (i) neutraliser et asservir les autres partenaires de la triade (l'Europe et le Japon) et minimiser la capacité de ces États d'agir à l'extérieur du giron américain; (ii) établir le contrôle militaire de l'OTAN et "latinoaméricaniser" les anciens morceaux du monde soviétique ; (iii) contrôler sans partage le Moyen-Orient et ses ressources pétrolières : (iv) démanteler la Chine, s'assurer la subordination des autres grands États (Inde, Brésil) et empêcher la constitution de blocs régionaux qui pourraient négocier les termes de la globalisation ; (v) marginaliser les régions du Sud qui ne représentent pas d'intérêt stratégique. Les classes dirigeantes de la triade (États-Unis, Europe et Japon) ont du mal à inventer une nouvelle configuration internationale malgré le fait que leurs multiples interventions de puissance ont partout été des échecs cuisants.

Pourtant et sur un autre plan, les théories économiques libérales qui affichent des certitudes rassurantes sur la capacité du capitalisme à exploiter toutes les ressources naturelles et instaurer un processus irréversible de croissance, ont manifestement occulté le fait que les modèles de ce type ont accouché à la périphérie d'un capitalisme misérable, peu performant et empêtré dans des crises graves : crises agroalimentaires, faible industrialisation, déséquilibres économiques et financiers, détérioration des termes de l'échange, déficit structurel de la balance des paiements, endettement et accentuation du chômage, de la pauvreté et de la précarité. Cette situation ressort d'une analyse fine des deux formes d'accumulation productive dialectiquement liés que Samir AMIN décrypte : d'abord, l'accumulation sans fin qui définit le capitalisme, elle est synonyme de croissance exponentielle (exploitation ouvrière, rapine et expansion impérialiste) donc, elle est associée à des formes successives de dépossession à toutes les étapes de son déploiement, ensuite, précède l'accumulation à l'échelle mondiale.

[95] B.BADIE : *Le temps des humiliés, pathologie des relations internationales.* Edit Odile Jacob

I / Une analyse rigoureuse du capitalisme contemporain dont la base est l'accumulation à l'échelle mondiale qui établit comment la périphérie sauve le système central dans sa forme mercantiliste comme cognitive.

Depuis Alger en 1964-69 nous avions formé un groupe, « le marxisme par le texte », dans le but de remonter directement aux textes (Du CAPITAL, aux MANUSCRITS, au Marx DES GRUNDRISSE) plutôt que de s'arrêter aux lectures de seconde main. De retour au Sénégal Samir a supervisé ce travail et a offert toute la logistique, sa bibliothèque (un petit millier d'ouvrages dont plusieurs éditions du Capital). Ce travail collectif m'a semblé comme la meilleure voie de formation et de rupture avec le dogmatisme ambiant qui a retardé les luttes révolutionnaires en Afrique de l'Ouest et particulièrement au Sénégal (Mon ouvrage *"Du sous-développement au socialisme"*, édition Silex 1988 noter le chapitre 2).

Samir Amin établit tout au long de ses réflexions que la crise est la caractéristique permanente du capitalisme. Par preuve en moins d'un demi-siècle l'économie mondiale a connu quatre 4 crises majeures : la crise des années 1970-1975 du premier choc pétrolier, la crise des années 80 avec le second choc pétrolier (le resserrement de la politique monétaire américaine (1979) et le déclenchement de la crise de la dette), la crise du début des années 90 subséquentes à la politique monétaire indûment expansionniste et aux excès d'investissements avec la multiplication des créances douteuses ; et la crise issue du dysfonctionnement du Système financier international de 2007/2008 avec les surprimes. Manifestement, si la chute du capitalisme au sens de l'analyse originelle de Marx a été évitée, c'est grâce à l'exploitation historique de la périphérie (de l'esclavage, à la colonisation et la néocolonisation). L'impérialisme observe Samir AMIN de ses origines au XVIe siècle jusqu'à la Seconde Guerre mondiale, se conjuguait au pluriel. La Seconde Guerre mondiale s'est soldée par la substitution d'un impérialisme collectif de la « triade » (États-Unis, Europe, Japon) à la multiplicité des impérialismes.

Dans cette configuration, quelle est la capacité de l'Asie émergente à remettre en question l'ordre impérialiste ? La montée en puissance technologique, financière de ces pays au cours du dernier quart de siècle a permis à cette région d'engranger des taux de croissance économique remarquables, au moment même où tout le reste du monde s'enfonçait dans la stagnation. Se dirigerait-on vers un renouveau du système capitaliste mondialisé non empreint d'impérialisme et mieux « équilibré » en faveur de l'Asie sinon du reste du tiers monde. De surcroît la région dispose désormais de capacités militaires importantes en voie de modernisation et la Chine et l'Inde sont devenues des puissances nucléaires avec une parfaite maîtrise des quatre(4) grandes révolutions qui nous attendent dans les vingt prochaines années : la révolution numérique, la révolution biologique et génétique, la révolution énergétique et la révolution relative à l'espace. Ces révolutions technologiques rapides nous mettent à l'aube d'un capitalisme nouveau qui modifie les systèmes productifs et les perspectives de la croissance et de l'emploi, et réoriente le vers les pays à faible coût de la main-d'œuvre. Le capital physique devient une variable secondaire par rapport à la capacité de mobiliser en réseau les intelligences des hommes (économie du savoir), ce qui entraine un basculement vers une division cognitive du travail. Le capitalisme cognitif configure une nouvelle division du travail qui peut induire plusieurs mutations dans le système périphérique : Industrialisation, IDE, Délocalisation et transfert de technologie[96].

Parmi les quatre ouvrages de S. AMIN qui constituent son armature théorique « L'accumulation à l'échelle mondiale » (1970) est, sans doute, sa contribution majeure. Ses étudiants du troisième cycle dont feu El hadji CISSE, Pierre MOUSSA, Mamadou WADE et moi-même lui avions apporté un soutien modeste particulièrement dans la revue de la littérature. Cet ouvrage montre que le capitalisme est synonyme de croissance exponentielle, qui comme le cancer, conduit à une mort certaine. Stuart MILL l'avait compris en imaginant un « état stationnaire » qui mettrait un terme à ce processus irrationnel. KEYNES partageait cet optimisme de même que J. SCHUMPETER qui estimait que le capitalisme ne pouvait survivre. Toutefois, comment le dépassement nécessaire du capitalisme s'imposerait-il ? C'est surtout au chapitre II (Les formations sociales périphériques) que se développe la partie centrale de l'ouvrage.

La transition au capitalisme périphérique (pp163-193) est conçue comme l'étape de construction d'une formation sociale capitaliste spécifique à la périphérie à partir de la colonisation et de l'exportation de capital sur des modes de production précapitalistes. Le développement du capitalisme périphérique ou le développement du sous-développement (pp.197-338) selon S.AMIN se manifeste par des formations sociales capitalistes périphériques (pp.339-376), avec plus spécialement une caractérisation des formations sociales africaines de la péripétie qui partagent trois caractéristiques communes : (i) la prédominance du capitalisme agraire et commercial dans le secteur national ; (ii) la constitution d'une bourgeoisie locale dans le sillage du capital étranger dominant ; (iii) la tendance au développement bureaucratique original, propre à la périphérie contemporaine (p360), qui engagerait les formations sociales vers un « capitalisme d'État » parfaitement compatible avec les exigences du centre et la reproduction des rapports capitalistes internes aux Pays sous-développés (p.372). La question des relations de spécialisation et d'échange inégal entre Centre et Périphérie a entrainé des controverses qui se poursuivent toujours (A. EMMANUEL, C. PALLOIX,

[96] Moustapha KASSE : *L'Industrialisation africaine est possible*, L'Harmattan 2013).

C.A MICHALET, P. SALAMA, A.GUNDER FRANCK[97]). Malgré la vivacité, l'ampleur et la rigueur des controverses, ces auteurs reconnaissent, du reste, qu'ils n'ont pas su faire sauter l'apparente simplicité de la construction de l'auteur, sur la transposition mécanique de l'appareil conceptuel du prix de production du cadre national à celui de l'économie mondiale.

Sommairement, il résulte de tous ces développements que pour S. AMIN « Le capitalisme historique est tout ce qu'on veut sauf durable. Sa remise en cause fondamentale est la condition incontournable de l'émancipation des travailleurs et des peuples dominés de la périphérie qui représentent plus 80% de la population du monde, plus 50% la pauvreté et la précarité, plus de 80 % des pathologies, plus de 90% des souffrances, des humiliations et des conflits et qui ne siègent pas proportionnellement dans les instances où se règlent les affaires du monde.

II/ Quelles luttes idéologiques, politiques et sociales, pour sortir du système mondial : la déconnexion[98].

La réponse pour sortir du capitalisme est selon Samir AMIN la déconnexion incontournable, qui correspond à une stratégie politique de libération et de progrès dans une perspective socialiste. L'auteur entrevoit ici une longue transition qui passe par la construction d'une société nationale populaire (associée à celle d'une économie nationale autocentrée) qui associe des critères institutionnels, des modes d'opération de nature capitaliste et des réformes sociales en rupture avec la logique du capitalisme mondial. Elle associe aussi un certain degré d'ouverture extérieure contrôlée et la protection des exigences de transformations sociales progressistes en conflit avec les intérêts du capitalisme dominant. Les bourgeoisies nationales, contrairement aux classes populaires, du fait de leur caractère comprador ne peuvent s'accommoder aux politiques de la déconnexion.

Cette transition emprunte donc beaucoup au capitalisme dans ses méthodes d'organisation du travail et des rapports sociaux, dans ses méthodes de gestion tout en portant des transformations sociales progressives. C'est dire que la déconnexion ne saurait se réduire à des formules toutes prêtes valables pour toutes les situations et tous les moments historiques. Elle doit être repensée à la lumière des leçons de l'histoire et de l'évolution de la mondialisation capitaliste.

---

[97]A.Gunder Frank, penseur de l'économie mondiale et de la dépendance (*Développement du sous-développement),* a renouvelé l'analyse du sous-développement et de l'économie mondiale. Se décrivant lui-même comme un itinérant de type médiéval, à l'université de Chicago, où il a eu Milton Friedman comme professeur, on lui fait savoir, malgré ses succès aux examens, qu'il valait mieux qu'il parte, ses idées étant incompatibles avec celles du département.

[98] S.AMIN *: La déconnexion, Collection* La Découverte en 1986 et republiée en 2016.

Ce travail de Samir AMIN a suscité des critiques acerbes de beaucoup d'auteurs toutes disciplines confondues. Les questions soulevées sont à la fois nombreuses et complexes : Comment redresser l'économie, revitaliser l'agriculture et relancer la croissance ? Comment valoriser les matières premières (chaines de valeur) ? Comment financer l'industrialisation ? Comment profiter des progrès de la révolution scientifique et technologique (le fameux raccourci dont parlait Mao) ? Quel est le rôle du secteur privé fut-il embryonnaire ? Quelle est la place des relations économiques et financières internationales ? Quelle politique économique et sociale pour rendre équitables la répartition des revenus et le niveau de vie ? Quel État fort et transformationnel qui ne doit être ni mou (G. MYRDAL), ni prédateur (F.BAYARD), ni patrimonial (P.JACQUEMOT), ni surchargé (Banque mondiale), ni contourné (P.HUGON) ? Ce questionnement m'avait conduit à approfondir la problématique de la transition et surtout l'intermède d'une étape qui résorbe certaines contradictions spécifiques aux pays périphériques qui sortent d'une longue domination coloniale laquelle a perturbé toutes leurs structures avec un système d'accumulation fondé principalement sur la rente agricole et minière. Manifestement, ce qui freine la croissance n'est pas seulement l'insuffisance des ressources financières, technologiques, mais les paramètres institutionnels et politiques. À la vérité, les modèles d'État ont conduit partout en Afrique à l'État bonapartiste souvent incapable de construire un système économique performant, un régime politique démocratique. Ce modèle qui comprend plusieurs variantes a précarisé et dévoyé toutes les institutions législatives, judiciaires et exécutives. C'est pourquoi il suscite beaucoup de controverses relativement à ses défaillances, ses dysfonctionnements et ses impuissances instrumentales.

Pour ma part, l'organisation de la transition doit se concevoir dans un cadre national (État de Démocratie nationale). La mondialisation capitaliste est loin d'avoir supprimé les frontières[99]. Il ne faut rien céder à la pensée néo-libérale de délégitimer l'État et le pouvoir national comme levier possible de changement. C'est au niveau de l'État-nation que le capitalisme s'est affirmé et c'est à ce niveau également que les valeurs telles que l'équité, l'égalité des chances, la solidarité, la responsabilité à l'égard de la jeunesse, des plus démunis et des générations futures doivent être défendues pour devenir force sociale et exigence politique. Alors quelles sont les stratégies nationales, plurinationales, mondiales qui pourraient permettre d'aller dans ce sens ?

---

[99] Voir Régis DEBRAY, *l'Éloge des frontières,* Paris, Gallimard, 2010, 90 p

III/ Comment cristalliser les luttes anticapitalistes par la cinquième internationale et les forums sociaux mondiaux ?

Pour Samir AMIN, les peuples du Nord et les peuples dominés du Sud doivent s'articuler pour sortir du capitalisme. Les forums sociaux altermondialistes sont alors l'un des lieux donnant une visibilité aux luttes des forces démocratiques du Tiers-monde et des efforts énormes sont encore nécessaires pour ouvrir des voies nouvelles au socialisme du XXIe siècle.

Alors, les forums sociaux altermondialistes sont l'un des lieux donnant une visibilité aux luttes des forces démocratiques du Tiers-monde. Mais il reste beaucoup de chemin à parcourir pour que la convergence de ces luttes se cristallise dans des stratégies cohérentes et efficaces, capables de mettre en déroute les projets de contrôle économique, financier, technologique et militaire de la planète par la fameuse « communauté internationale ». Dès lors, il importe d'associer le combat démocratique au progrès social, reconstruire sur cette base l'internationalisme des peuples face au cosmopolitisme du capital, tel est le défi auquel toutes les gauches du monde sont confrontées. Toutefois, pour ma part, le cadre national constitue l'espace privilégié, soit pour se protéger contre les pressions du capitalisme mondial, soit pour le contrebattre ou tenter de construire un système économique alternatif. Manifestement, les contradictions entre reproduction de l'humanité et reproduction du capitalisme se sont manifestées à la première échelle où s'est affirmé le capitalisme : celui de l'État-nation. Au demeurant, la logique de la reproduction capitaliste élargie (versus baisse tendancielle des taux de profit) ne pouvait rester éternellement enfermée dans les limites d'un ensemble social ni dans les frontières d'un État-nation avec le dynamisme des marchés internationaux, des firmes multinationales. Aujourd'hui, cette logique a conduit à la création d'espaces nationaux et à une mondialisation multipolaire de l'économie avec tous les facteurs qu'elle implique : idéologiques, culturels, institutionnels, etc.

En définitive, la prise en compte de la dimension nationale est aujourd'hui nécessaire (mais évidemment pas suffisante). Michel BEAUD[100] observe « qu'entre le "local" et le "mondial", les États-nations ont été, au cours des derniers siècles, des lieux de plus en plus importants d'organisation de la reproduction sociale : d'où l'importance de l'étude des formations sociales nationales, des "économies nationales", des États nationaux.. » Dans un contexte des crises cycliques du capitalisme mondialisé, l'urgence commande de restaurer les fondements d'une croissance à long terme, protégée de l'inflation et des déséquilibres macro-économiques qui hypothéquaient l'investissement. Solder les comptes du passé n'est jamais facile pour un État

[100] M. BEAUD : *« Sur le système-monde et l'économie mondiale »*

et appelle une politique qui commande d'importants sacrifices à court terme, et qui court le risque d'être impopulaire. Également, le refus d'affronter la réalité et le changement n'est pas exempt de risques, lui non plus. Il faut l'organiser dans un cadre national (État de Démocratie nationale).

J'avais écrit en avril 2001 un article en direction de la première édition du Forum Social Mondial que la mondialisation à plusieurs vitesses entraîne la multiplication des chocs asymétriques et génère trois dualités graves : la fracture sociale entre riches et pauvres, le travail et le chômage structurel qui creuse un fossé croissant entre «inclus» (ceux qui ont un travail rémunéré) et «exclus» et ; la montée des interdépendances sans augmentation symétrique des moyens pour les gérer. Conscient que la bonne société n'existe pas, il fallait s'orienter vers la réalisation des réformes ou chantiers qui sont susceptibles d'améliorer celle dans laquelle nous vivons. Le premier chantier est relatif à la régulation de la globalisation ce qui appelle à une mobilisation politique pour redéfinir les institutions de gouvernance et à élaborer des règles et des mécanismes qui puisse tout au moins protéger le faible contre le fort. Le deuxième chantier concerne l'éradication de la pauvreté et le troisième est la mise en œuvre concertée du Nouveau Partenariat pour le Développement de l'Afrique(NEPAD) essentiel pour une nouvelle solidarité mondiale avec le continent africain. J'étais un des principaux architectes de la rédaction de cette nouvelle initiative parrainée par les cinq Chefs d' État que sont Tabo MBECKI, Abdoulaye WADE, le Général OBAJANJO, A.A.BOUTEFLIKHA et H. MOUBARAK après une participation technique à l'élaboration du Plan de Lagos et du CARPAS (Cadre Africain de Référence pour les Ajustements Structurels) sous la direction du Pr. Adédéji ADEBAYO.

CONCLUSION : Samir Amin a légué aux intellectuels une œuvre colossale qu'il faut poursuivre, réactualiser et approfondir.

Bien que les moments de querelles doctrinales ne soient jamais clos, il reste que l'instant d'un hommage n'est pas celui des polémiques et des quolibets sans consistance. Nous pouvons retenir de Samir Amin que la pensée néo-libérale qui gère la mondialisation nous conduit au désastre. Cela nous impose de poursuivre et d'approfondir la critique dans le cadre des recherches sur les alternatives. Le défi pour ceux qui luttent est un double approfondissement de la gestion économique et de la démocratisation véritable en dehors des mimétismes absurdes téléguidés de l'extérieur de nos sociétés.

Ce monument de la science sociale (la servante des sociétés) ne doit laisser aucun chercheur indifférent. Les critiques ne manqueront pas, particulièrement celles adressées à tous ceux qui, comme Roger Garaudy, réfléchissent sur les « alternatives au capitalisme ». Cet auteur écrit fort justement, dans son ouvrage « L'Alternative, Édition Robert Laffont, 1972 » : on nous accusera de substituer à la science le prophétisme et l'utopie. Ce sera bon signe si nous mettons en colère les réalistes et les positivistes... On nous accusera de substituer à la politique l'anarcho-syndicalisme. Ce sera bon signe si nous mettons en colère tous ceux pour qui la politique est devenue le métier de parler et d'agir aux noms des autres et en se substituant à eux. Heureusement les querelles doctrinales ne sont jamais closes parce qu'elles font avancer la science. Enfin, pour S.AMIN, le monde actuel est marqué par une polarisation instable et explosive. Les inégalités se creusent, alors qu'une majorité de la population mondiale vit dans des conditions intolérables, menacée par la famine et la pénurie d'eau. L'idéologie néolibérale, qui s'est imposée, trouve un complice plutôt qu'un adversaire dans l'islamisme politique. Devant ces perspectives déprimantes, il **n'a jamais abandonné le cap d'une critique radicale du capitalisme et n'a jamais perdu l'espoir de voir naître un monde plus démocratique, plus égalitaire et plus humaniste.**

EN SAVOIR PLUS 4 : SAMIR AMIN ET LE CAPITALISME COMME SYSTÈME MONDIAL À DÉPASSER par Gilles DOSTALER. Alternatives Économiques, N° 259 (06/2007).

Samir Amin a mené de front une carrière de chercheur et d'écrivain prolifique et une incessante activité de conseiller de gouvernements, de dirigeant d'organisations et de militant politique. Membre durant sa jeunesse des partis communistes français et égyptien, dont il a, par la suite, rejeté les positions, il n'a jamais abandonné le cap d'une critique radicale du capitalisme et n'a jamais perdu l'espoir de voir naître un monde plus démocratique, égalitaire et humaniste.

Cette position s'appuie sur une analyse théorique dont on trouve la première formulation dans une thèse de doctorat soutenue en 1957, thèse dirigée par François PERROUX et Maurice BYE : *" Les effets structurels de l'intégration internationale des économies précapitalistes : une étude du mécanisme qui a engendré les économies dites sous-développées "*. On en retrouve les thèmes essentiels dans « L'accumulation à l'échelle mondiale », publié en 1970, qui est l'un de ses livres les plus largement diffusés et les plus influents. Pendant les treize années séparant la thèse du livre, plusieurs auteurs, notamment Andre GUNDER FRANCK, Raul PREBISCH, Fernando CARDOSO, Celso FURTADO et Immanuel WALLERSTEIN, ont mis en avant les idées de développement du sous-développement, de dépendance, de polarisation et de structuration de l'économie mondiale entre un centre et une périphérie

Ce qu'on appelle malencontreusement le " sous-développement " ne serait pas un retard dans le développement, retard qu'on pourrait expliquer par des causes naturelles, politiques, idéologiques et culturelles. Amin critique et rejette cette vision tout comme les analyses en termes de dualisme. Le sous-développement est causé par le développement. Il lui est nécessaire et même essentiel. Adam SMITH, David RICARDO et Karl MARX ont bien vu que la croissance économique est le résultat de l'accumulation du capital et que cette accumulation découle du travail des ouvriers, de ce que Marx a appelé la plus-value.

Marx a expliqué comment l'émergence du capitalisme est liée à une accumulation primitive, fondée entre autres sur l'expropriation violente des paysans. Amin considère que cette accumulation primitive ne s'est pas arrêtée au XVIe siècle, mais qu'elle se poursuit jusqu'à ce jour. Par un processus continuel d'accumulation primitive à l'échelle mondiale, des ressources sont transférées des pays de la périphérie, situés pour la plupart au Sud, vers les pays du centre. Désarticulées, les économies de la périphérie doivent s'ajuster aux exigences de l'expansion des économies du centre. La loi de la valeur dont MARX a mis en lumière le fonctionnement à l'échelle des nations s'applique aussi à l'échelle mondiale. Elle provoque un échange inégal et un transfert de valeur de la périphérie vers le centre.

Pour Samir AMIN, le monde actuel est marqué par une polarisation instable et explosive. Les inégalités se creusent, alors qu'une majorité de la population mondiale vit dans des conditions intolérables, menacée par la famine et la pénurie d'eau. L'idéologie néolibérale, qui s'est imposée, trouve un complice plutôt qu'un adversaire dans l'islamisme politique.

Devant ces perspectives déprimantes, AMIN ne perd pas espoir. Il considère que des initiatives comme celles des forums sociaux mondiaux, dont il est l'un des animateurs, sont des pas dans la bonne direction : *" La civilisation humaine est donc à un carrefour dangereux : elle ne peut éviter la destruction qu'en s'engageant dans une nouvelle voie, une "alternative"* comme on dit, qui est pour moi synonyme d'une longue transition vers un socialisme mondial. La vision néolibérale du monde, bien qu'apparemment triomphante, n'est pas viable ".

UNE CONTRIBUTION AU DÉBAT DE CHARLES-ALBERT MICHALET. L'Économie politique, n° 036 (10/2007) Page 60.

L'ordre international a pourtant été bouleversé à partir des années 1960 par deux grands facteurs. D'une part, l'apparition d'un nouvel acteur, la firme multinationale, qui rivalise avec les États-nations dans le fonctionnement de l'économie mondiale. Et d'autre part, plus tard, la décision unilatérale du Président Nixon d'abandonner en 1971 le Gold Exchange Standard pour un système de taux de change flottants.

Dans les deux cas, la référence suprême aux frontières nationales délimitant un espace spécifique a été sérieusement ébranlée et à plusieurs titres. En premier lieu, les investissements directs à l'étranger effectués par les firmes devenues, du même coup, multinationales ont opéré une double transformation des territoires nationaux. D'une part, en passant de l'exportation des marchandises à celle des usines qui les fabriquaient, en sautant par-dessus les barrières protectionnistes dressées aux frontières. De l'autre, en " envahissant " le territoire national, par des implantations de filiales rachetant ou concurrençant sur place les firmes nationales. " Who is US ? "

S'interrogeait un économiste américain, et sa question se posait au Nord comme au Sud. Cette mobilité des facteurs a encore été accentuée plus récemment par l'accélération du mouvement de délocalisation, qui peut se traduire non seulement par la fermeture des usines " nationales ", mais aussi, à plus ou moins court terme, par l'importation des marchandises autrefois produites sur le sol national. Mouvement qui se traduit par des menaces sur l'emploi des pays d'origine, non seulement sur la main-d'œuvre non qualifiée, directement concurrencée par l'élargissement mondial du marché du travail, mais aussi sur l'emploi très qualifié. Car la fabrication des produits sophistiqués, la recherche-développement, les universités d'excellence se trouvent, elles aussi, ailleurs, hors des États-nations autrefois dominants. En conséquence, le seul espoir de ces derniers est que des investissements étrangers viennent créer des emplois et de la richesse sur le sol national. Paradoxalement, la vieille formule se retourne. Désormais : " Ce qui est bon pour Honda est bon pour les États-Unis ", et peut-être pourrions-nous dire aussi que ce qui est bon pour General Motors se trouve dorénavant hors des États-Unis.

Il en résulte, en second lieu, une transformation radicale de la spécialisation internationale. D'une part, le maintien incertain de l'avantage comparatif des pays de la Triade (États-Unis, Japon, Union européenne) repose de moins en moins sur des politiques industrielles et technologiques nationales, d'inspiration colbertiste, qui constituaient la pratique habituelle des gouvernements. **La politique industrielle " nationale " devient une politique de l'" attractivité ", qui doit répondre à la question : comment faire pour attirer les firmes étrangères sur le sol national et éviter la fuite des entreprises domestiques?** D'autre part, la spécialisation des économies émergentes ne se fait plus ex ante en fonction de leurs dotations de facteurs (travail, capital...), comme dans la théorie ricardienne, mais ex post en fonction des choix de localisation effectués par les grandes firmes globales. En un certain sens, l'impératif d'afficher les conditions d'implantation les plus attractives pour les investisseurs internationaux dans tous les domaines exprime la recherche de l'avantage absolu. Avec la globalisation, Smith prend sa revanche sur Ricardo !

En troisième lieu, sur le plan financier, il est devenu très difficile de mener une politique monétaire nationale avec le choix des taux de change flottants, l'abandon du contrôle des changes par les banques centrales des États-nations, la circulation instantanée des capitaux d'une place offshore à l'autre (dont l'antécédent est la création des " eurodollars " pour satisfaire les besoins de financement des multinationales américaines), la création dans le cadre de l'Union européenne d'une monnaie commune, l'euro, et d'une Banque centrale européenne. Il est devenu très difficile aussi, pour les États-nations européens, de conduire de façon autonome leur policy mix(5).

Il n'y a pas de parcours dessiné à l'avance pour les pays qui se sont engagés dans la voie du socialisme. Les échecs ont ainsi été nombreux après les expériences initiées par plusieurs pays nouvellement indépendants après la guerre. Les espoirs de développement autonome suscités par la **Conférence de Bandoung, en 1955**, se sont évanouis dans les années 70, alors que le " Nouvel ordre économique international " réclamé en 1975 par 75 pays du tiers monde est rejeté par les puissances occidentales et que l'ajustement de la périphérie aux exigences du centre - qu'Amin appelle la " recompradorisation " - s'accentue. Au même moment, le capitalisme mondial s'engage dans une crise structurelle qui met fin à une trentaine d'années de croissance relativement soutenue

Le nouvel état du monde avec le dynamisme de la globalisation bouleverse la conception habituelle des rapports Nord-Sud. Durant les années 1960, ceux-ci étaient conçus dans une problématique " centre-périphérie " marquée par l'inégalité et l'exploitation (10). Pour sortir de la dialectique implacable du " développement du sous-développement "(11), il semblait que le meilleur choix fût celui de la " déconnexion " du Sud d'une économie mondiale dominée par le Nord. C'est le contraire qui s'est passé. Tous les gouvernants des économies du Sud, et maintenant de l'Europe de l'Est, cherchent à s'intégrer à la mondialisation. L'inquiétude vient du risque d'être laissé sur le bord du chemin. Cette transformation s'est esquissée à partir du début des années 1980. Elle était largement liée à la question de l'endettement international et à l'effondrement du Bloc soviétique. Elle a conduit à l'abandon généralisé des modèles " import-substitution " pour des modèles « export-promotion », avec l'appui des organisations financières internationales de Bretton Woods.

L'apparition du soi-disant « consensus de Washington » va symboliser alors le nouvel état des choses. Celui qui se profile pour demain est novateur à plusieurs niveaux.

En premier lieu, il inverse la relation impérialiste. Depuis Lénine, inspiré par Hobson, l'économiste anglais du tout début du XXe siècle, la thèse la plus répandue était que l'épargne excédentaire des économies les plus industrialisées de l'époque, la Grande-Bretagne et la France, nourrissait des exportations de capitaux vers les économies moins développées et, souvent, colonisées. Aujourd'hui, ce sont les capitaux accumulés par les économies émergentes qui financent l'économie la plus puissante du monde. Cette épargne provient des surplus d'exportation manufacturière de certains pays (au premier rang desquels la Chine) ou par les exportations des pays riches en pétrole et en gaz. Pour les auteurs précités, les États-Unis seraient sans doute le parangon actuel d'une économie impérialiste, mais la condition de l'exportation des capitaux n'est plus remplie !

En second lieu, dans la même logique de remise en cause des idées reçues, depuis quelques années, le montant des flux privés d'investissements directs vers les économies moins avancées dépasse très nettement les flux de l'aide publique au développement. Certains pays d'Amérique latine, d'Afrique du Nord et d'Asie ont remboursé par anticipation leurs dettes au FMI ou à la

Banque mondiale, ce qui revient à mettre en doute la raison d'être de ces institutions. Le FMI est en déficit, la Banque mondiale cherche sa voie. La liquidité du marché financier mondial, le bas niveau des taux d'intérêt permettent aux institutions financières privées, aux firmes de private capital, d'occuper un rôle de plus en plus déterminant dans le financement du développement.

En troisième lieu, de nouvelles opportunités pour le développement industriel du Sud et de l'Est sont offertes par les nouvelles modalités de la globalisation. Le phénomène de délocalisation et d'externalisation a pour effet de menacer à terme les pays de la Triade de désindustrialisation, car les capacités industrielles se déplacent vers le Sud et l'Est. Le revers de la médaille de ce mouvement, qui inquiète de plus en plus l'opinion publique des économies les plus développées, c'est le processus d'industrialisation induit des économies moins développées. La segmentation de la chaîne de valeur ajoutée par les opérations d'externalisation risque de se montrer plus efficace que les « Plans de développement » lancés autrefois en grande pompe par les autorités étatiques du Sud.

Enfin, là encore, **le rôle de l'État-nation s'étiole ou, plutôt, se transforme, dans la mesure où il devient un instrument du mouvement de la globalisation.** En effet, il lui appartient désormais de construire les conditions nécessaires pour l'accueil des investisseurs, qu'ils soient étrangers ou domestiques. La puissance publique doit forger le cadre institutionnel, juridique et judiciaire ainsi que les biens publics qui favorisent l'initiative privée (12). C'est donc la responsabilité de l'État de donner à l'école, à l'Université et à la recherche les moyens nécessaires à la formation d'une main-d'œuvre qualifiée, capable d'utiliser, voire de perfectionner, les technologies les plus sophistiquées. Au terme de cette analyse, il est tentant d'évoquer la fameuse formule de Paul VALERY, qui annonçait que *" Le temps du monde fini commence... "*.

CONTRIBUTION DE Michel BEAU SUR L'ÉTAT-NATION DANS LA CONSTRUCTION DU CAPITALISME : Extraits de son ouvrage, Histoire du capitalisme. Edit.1981, nouvelles éd. 1987 et 1990.

Entre le "local" et le "mondial", les États-Nations ont été, au cours des derniers siècles, des lieux de plus en plus importants d'organisation de la reproduction sociale : d'où l'importance de l'étude des formations sociales nationales, des "économies nationales", des États nationaux. D'une certaine manière, l'État-Nation a été l'acteur-clé de l'ordre et des désordres du monde dans les deux derniers siècles. C'est en son sein que s'est opéré le passage de l'échange marchand à l'économie de marché, que se sont opérées les grandes mutations technoéconomiques, qu'ont été institués les systèmes modernes de redistribution et de solidarité. C'est dans le cadre de certains États-Nations que l'on peut donc nommer "économies nationales capitalistes" et, finalement l'histoire du capitalisme, depuis sa formation jusqu'à nos jours, doit nécessairement prendre en compte les capitalismes nationaux, leurs concurrences et leurs alliances, leurs affrontements et leurs entrelacements, sur la base de marchés nationaux, avec le soutien d'États nationaux.

Ce sont les États-Nations européens, convaincus de leur supériorité et de leur mission civilisatrice et poussés par la logique de l'expansion économique, qui, avec une participation de plus en plus marquée des États-Unis d'Amérique, ont été les acteurs de la conquête, puis du partage du monde, des deux grandes guerres (qu'ils qualifièrent de "mondiales") et des tentatives de construction d'institutions internationales planétaires (SDN, puis ONU, GATT, FMI,...).

C'est dans le cadre d'États-Nations qu'a été tentée la construction d'un système économique - le socialisme- dont l'avènement devait sonner le glas du capitalisme.

THÈME 9 – À LA RECHERCHE D'UN NOUVEAU CONTRAT MONDIAL POUR LE DÉVELOPPEMENT ÉCONOMIQUE DE L'AFRIQUE.

Par

Pr Moustapha KASSE, Extrait d'un ouvrage du PNUD codirigé avec Joel Luc Grégoire[101].

INTRODUCTION

Dans la première décennie des indépendances africaines, les stratégies de développement appliquées visaient notamment à transformer profondément le système productif et l'appareil administratif. Elles avaient alors conduit à la mise en place, au plan de l'équipement et de l'infrastructure sociale, de politiques coûteuses d'investissement se sont révélées, par la suite, massives, peu réalistes et d'une faible efficacité. Dans le même temps, la grave rupture survenue entre les structures de production – alimentaires en l'occurrence – et les structures de consommation a fondamentalement contribué à opérer une double extraversion : celle de la production et celle de la consommation. Il en est résulté un approfondissement du déséquilibre entre la production intérieure et la demande globale au sein de laquelle prédominaient une consommation finale excessive et, conséquemment, un accroissement du déficit en ressource. Celui-ci sera artificiellement entretenu et financé par l'aide publique et l'endettement extérieur. En effet, les excédents des pétrodollars avaient alors favorisé des emprunts publics à des taux relativement faibles. À la faveur de l'augmentation de la dette publique des États dans les années 1980, les marchés financiers sont arrivés aux commandes. Cela s'est traduit par une augmentation des taux d'intérêt, dont le niveau a dépassé non seulement l'inflation, mais la croissance.

Les États qui avaient un fort niveau d'endettement sans être producteurs de pétrole ont alors eu de plus en plus de mal à équilibrer leurs exercices budgétaires. Il a fallu emprunter pour rembourser les emprunts passés, à des taux qui promettaient d'engendrer de nouvelles difficultés. Faute de remèdes radicaux, cette situation vouait irrémédiablement les pays à la faillite. Il s'y ajoutait dans plusieurs cas, une énorme distorsion entre l'affectation théorique et l'utilisation effective de la dette extérieure, qui n'a pas favorisé la création de conditions adéquates de formation et de mobilisation de surplus indispensables à l'amortissement régulier du service de la dette (principal et intérêts échus). Cette situation risquait de constituer assurément le fondement d'une crise de paiements dont la perpétuation, si rien n'était entrepris, pouvait déboucher sur une crise sérieuse de solvabilité.

---

[101] L.J.GREGOIRE : *L'Afrique de l'Ouest et les OMD* avec une préface du Président Abdoulaye Wade, Édit. Economica, 2005, 635p.

La cessation de paiements se traduirait alors par un retrait des financements extérieurs et un effondrement des importations qui auraient des incidences sur la production par le biais des nombreux secteurs qui recourent à des biens d'équipement importés. Ces difficultés sont propres à la majorité des États qui avaient financé leur croissance par l'endettement. Elles ont naturellement été plus aiguës au Sud, mais les problèmes n'ont pas épargné le Nord, où l'État Providence a subi de nombreuses attaques, tandis que les politiques d'offre se sont partout substituées à la régulation par la demande.

Cette montée des déséquilibres, de l'endettement et de la stagnation de la production a rendu inéluctables les politiques de stabilisation et d'ajustement structurel. Aussi a-t-elle fait durement ressentir ses conséquences, du fait de la compression drastique des dépenses en vue d'une réduction des créances futures. Le choix, à l'époque, n'était pas entre le refus d'une telle politique et son acceptation passive, mais entre la possibilité d'entrevoir, au prix de sacrifices, un avenir meilleur, et la certitude de s'enfoncer dans la voie du déclin. Cette politique qui consiste à affamer pour développer n'est pas nouvelle.

La conjugaison de toutes ces situations a conduit progressivement tous les États africains à adopter des programmes de stabilisation et d'ajustement et les mécanismes de gestion qui les accompagnent avec l'appui de la Banque mondiale et du FMI au détriment des stratégies planifiées de développement. À une politique volontariste orientée vers la modernisation des bases du développement a ainsi succédé un ensemble de programmes de gestion des déséquilibres macroéconomiques et à court terme.

Toutefois, les stratégies de développement telles qu'elles se sont déployées durant un quart de siècle ont conduit à l'impasse au double point de vue des perspectives de développement national comme de celui d'une insertion qualitative dans l'ordre mondial. Les problèmes des nations comme ceux des individus ce sont multipliés et compliqués. Paradoxalement, l'abondance n'a pas apporté l'amélioration du niveau ou de la qualité de la vie aux populations. Elle a plutôt pollué l'environnement, gaspillé de gigantesques ressources, engendré la peur et le doute relativement aux relations intergénérationnelles.

L'incapacité à maîtriser les turbulences des systèmes économiques et financiers, à gérer les risques et les incertitudes et à gouverner l'ordre mondial sont les manifestations évidentes qui rendent indispensables et urgents des changements fondamentaux dans toutes les sphères des économies. L'Afrique d'être confrontée à l'aggravation de ses déséquilibres financiers, à la stagnation voire au recul de ses systèmes de production, mais encore à la pauvreté est grandissante avec un approfondissement du couple chômage et pauvreté. Les populations sont de plus en plus insatisfaites et impatientes et les jeunesses sont frustrées par leur impuissance face aux nécessités les plus élémentaires de la vie : nourriture, éducation, soins médicaux, logement, eau potable. Or, il est bien connu qu'un monde qui désespère est un monde qui va exploser.

Tous ces paramètres indiquent la crise profonde du développement caractérisée par plusieurs manifestations qui en expriment la profondeur et la gravité[102]. La première est l'existence et la perpétuation d'un sévère dysfonctionnement agroalimentaire découlant des politiques agricoles inadéquates et faisant du continent une zone d'insécurité alimentaire endémique.

L'Afrique a remplacé l'Asie et l'Amérique latine dans le recours à l'aide alimentaire internationale. Cette évolution procède de trois facteurs maintenant bien connus : des politiques agraires inadéquates privilégiant les cultures de rente (pourvoyeuses de devises) au détriment des cultures vivrières ; la faible croissance de la production agricole (1,3% en moyenne par an depuis 1960) insuffisante pour couvrir le croît démographique (entre 3 et 4%) et l'extraversion de la structure de consommation fondée sur des biens de consommation importée. Nulle part en Afrique, la révolution verte, même dans ses formes chaotiques et parcellaires, ne s'est réalisée. Ce qui dénote l'absence d'une amélioration substantielle et continue de la productivité par actif rural et par hectare cultivé. Les zones rurales abritent le pourcentage le plus élevé de pauvreté : entre 50 et 70% de la population. Ce phénomène est lié à des causes interdépendantes dont on peut énoncer une liste non exhaustive : mauvaises politiques agricoles, absence ou faiblesse du revenu monétaire, baisse de l'autoconsommation, difficultés d'accès au crédit et à la terre, faiblesse de la couverture des services sociaux de base, lourdeur du travail des femmes, faiblesse du niveau d'instruction, etc. Le revenu moyen rural est entre 3,5 et 20 fois inférieures à celui du milieu urbain. Cette forte inégalité entrave toute accumulation qui permettrait d'asseoir des entreprises génératrices d'excédents agricoles et de revenus. Paradoxalement, le monde rural est l'objet de divers prélèvements qui ne laissent aux paysans aucune base autonome d'accumulation.

La deuxième manifestation est l'échec de l'industrialisation d'import-substitution ou de valorisation des matières premières d'origine agricole ou minière. Le secteur industriel des décennies 1960 et 1970 devait occuper une place centrale dans le modèle d'accumulation : assurer la transformation des productions agricoles et minières, fournir aux agriculteurs les intrants qui améliorent la productivité du travail, employer la main-d'œuvre excédentaire, procurer des devises. L'incohérence des politiques industrielles avec le démantèlement des protections, l'absence d'incitation et d'un système financier adéquat, le désengagement de l'État a abouti à la liquidation de toute velléité d'industrialisation.

La troisième manifestation est l'urbanisation accélérée et chaotique. En 1960, 1 Africain sur 10 vit en ville, aujourd'hui le rapport est 4/10 et en 2015 il sera de 6/10. Cette urbanisation est la conséquence de l'échec des politiques agricoles 'est dire qu'elle n'est ni l'expression d'une croissance économique ni celle d'un processus de modernisation. Dans les villes vont se concentrer les

---

[102] Moustapha KASSE (1992) : *Démocratie et développement*, Edit CREA-NEAS.

pauvres qui n'ont que de faibles accès aux services de base. Les manques, les frustrations, le chômage, les différentes exclusions, les formes nouvelles de ségrégation, les inégalités entre les citadins des quartiers résidentiels et ceux des bidonvilles surchargés font des villes des volcans en ébullition, des zones de tempête qui peuvent exploser à la moindre étincelle.

La quatrième manifestation est l'endettement massif qui hypothèque tout financement du développement. Les ressources empruntées n'ont pas toujours servi à des investissements productifs, mais plutôt soit à financer des surconsommations urbaines ou des équipements publics sans réelle utilité soit à alimenter la corruption. Une part non négligeable des recettes d'exportations des pays endettés est transférée tous les ans vers les créanciers Nord. Ces prélèvements sur les ressources pèsent lourdement sur la capacité à investir et sur les niveaux de vie. Par ailleurs, cet endettement excessif a pour conséquence de créer un climat d'incertitude qui encourage les sorties de capitaux et décourage les arrivées d'investissements directs étrangers ou le retour des capitaux enfuis. Enfin, l'endettement pose un problème d'équité et de justice, car, ceux qui remboursent (les populations rurales et urbaines) ne sont pas les principaux bénéficiaires des projets financés par la dette. Les diverses remises de dette opérées au titre des différents programmes d'allégement non seulement sont restées modestes, mais leur impact sur les pays bénéficiaires est limité.[103] L'évaluation de ces éléments de la crise africaine met en exergue une disparité entre les zones urbaines qui regroupent en moyenne 20% à 30% des pauvres et les zones rurales qui dépassent le cap des 60 %.

Cette crise africaine est-elle celle du régime d'accumulation fondé sur la valorisation de la rente agricole, ou minière ou celle des institutions de régulation libérale conséquemment à la généralisation des programmes d'ajustement structurel issus du « *consensus de Washington* »[104]? Dans tous les cas, les études prévisionnelles ou prospectives sur l'évolution du monde au-delà de l'an 2025 sont formelles : l'Afrique restera toujours à cette échéance, à la périphérie d'une mondialisation déferlante, c'est-à-dire, classée dans la catégorie des pays les moins avancés avec une condition sociale désastreuse. Évidemment, ces prévisions sont loin d'être des prophéties ou encore des fatalités ; en conséquence, que doit faire le continent pour modifier cette trajectoire ? Cela suppose une évaluation sans complaisance des politiques économiques passées. Nonobstant le fait qu'elles étaient incontournables, pourquoi n'ont-elles pas réussi à assainir les systèmes économiques menacés de faillite ? Ont-elles créé un environnement favorable

---

[103] Moustapha KASSE : *L'Afrique endettée*, Édit Nouvelles du Sud, voir aussi *« L'initiative PPTE et après »*, Marchés Tropicaux n° 3000 mars 2003.

[104] Hakim Ben HAMMOUDA (1999): *L'économie politique du post-ajustement*, Édit. Karthala, 393p.

au développement de l'offre productive, au sein d'une économie ouverte ? Pourquoi n'ont-elles pas déclenché un processus durable de croissance permettant la conquête de marges de manœuvre propices à la lutte efficace contre la pauvreté ? Pourquoi n'ont-elles pas réconcilié justice sociale et efficacité économique ? Les réponses à ces questions devraient faciliter la découverte d'autres modèles et stratégies de développement plus appropriés que ceux qui ont eu cours jusqu'à maintenant.

Les chercheurs comme les partenaires au développement s'interrogent pour savoir s'il est possible de sortir le continent africain de ce scénario tendanciel de stagnation, voire de régression et amorcer un processus de développement durable qui satisfasse les besoins de la génération actuelle sans priver les générations futures de la possibilité de résoudre leurs propres besoins? Cette question est aujourd'hui au cœur des préoccupations des dirigeants africains qui l'ont manifesté à travers leur dernière initiative économique : le NEPAD. Mêmes préoccupations pour les institutions financières internationales comme la Banque mondiale, le FMI et le PNUD qui ont multiplié les Programmes comme les Documents Stratégiques de Réduction de la Pauvreté (DSRP), les Objectifs du Millénaire pour le Développement (OMD) et «l'affranchissement de la pauvreté par le travail ». Il existe des engagements émanant des différentes composantes du système des Nations-Unies comme la FAO, l'UNICEF, l'UNESCO, ainsi que des ONG. Partout, la lutte contre la pauvreté est érigée au rang de priorité de la communauté internationale. Plusieurs conférences internationales qui ont réuni la quasi-totalité des Chefs d'État du Monde ont pris l'engagement d'aider au développement de l'Afrique : **Sommet de la Terre à Rio (1992),** Sommet pour le Développement social de Copenhague (1995), la Quatrième Conférence Mondiale sur la Femme Pékin (1995), le sommet de la Terre de Johannesburg (2002). Les nouveaux schémas de développement sont-ils vraiment pertinents ? Ces engagements vertueux ne seront-ils jamais tenus alors même que les ressources nécessaires pour les réaliser sont dérisoires [105]? Les nouveaux Programmes mis en œuvre ne verront-ils jamais un début d'exécution ou resteront-ils de simples vœux pieux ?

La recherche économique s'intéresse à toutes ces questions et les auteurs redécouvrent le vieux débat sur le développement économique et la croissance avec la crise permanente des économies africaines, et ce malgré les efforts sans précédent des bailleurs de fonds internationaux pour instaurer un

---

[105] Pour le PNUD les montants de l'aide nécessaires pour financer les volets essentiels du développement durable tournent autour de 50 milliards de dollars, ce qui est insignifiant relativement aux sommes engagées pour faire la guerre en Iraq et reconstruire ce que l'on a détruit soit 400 milliards de dollars ; il s'y ajoute que les dépenses militaires dans le monde s'élèvent à quelque 780 milliards.

processus de croissance et d'éradication de la pauvreté[106]. La communauté des économistes académiques comme celle des institutions internationales s'aperçoit qu'elle a très peu réfléchi sur les modèles et stratégies de développement. Dans ce contexte, que disent et que font les économistes africains face à toutes ces questions ? À quoi servent toutes leurs théories, leurs recherches et leurs modèles ? Les rendent-ils capables de transformer par la force des idées pareille situation ? La question revêt une grande importance avec les multiples contestations de l'épure des PAS, suite à ses résultats mitigés : faible croissance, fort endettement et pauvreté de masse. Cela impose, aujourd'hui, un nouveau questionnement sur les stratégies du développement qui, tenant compte des enseignements du « miracle » des pays d'Asie, devraient déboucher sur de nouvelles formulations du développement africain.

Cette réflexion se propose, après une évaluation de la crise des économies africaines, de rouvrir le débat sur le développement et la croissance à la lumière des nouveaux engagements des Africains et de leurs partenaires internationaux qui placent l'éradication de la pauvreté, le développement humain, l'avènement de systèmes de gouvernement meilleurs et la protection de l'environnement au cœur des priorités. Un contrat mondial sur le développement économique et social de l'Afrique est-il possible ?

I/ La triple crise du développement économique, politique et sociale de l'Afrique : de bons diagnostics pour pister et résoudre les vrais défis.

Le cadre intellectuel qui a influencé les différentes approches des processus de développement économique du dernier quart de siècle gravitait autour de la croissance économique considérée comme voie unique de sortie du sous-développement. Les pays qui s'engageaient dans ce processus devaient réaliser une croissance à la fois accélérée, au taux le plus élevé possible et durable. De plus, il était souhaité que cette croissance soit harmonieuse, équilibrée et débarrassée de toute fluctuation trop forte en baisse comme en hausse. L'adaptation de ce modèle de croissance aux pays africains allait inclure d'autres facteurs : la quantité et la qualité de l'aide étrangère publique ou privée, les investissements directs étrangers (IDE) destinés à compléter le capital local insuffisant et les transferts de technologie. Les faibles efforts de mobilisation interne des ressources rendaient les estimations concernant les possibilités de croissance rapide sans grande valeur pratique dans le modèle alors même que les facteurs externes se sont fait attendre.

---

[106] La conférence organisée par l'Université de Zagreb et la Banque mondiale sur « L'avenir de l'économie du développement » est sur ce point assez édifiant. Le compte rendu est réalisé dans l'ouvrage intitulé « Aux frontières de l'économie du développement » réalisé par G.MEIER et J.STIGLITZ, Édit. BM- ESKA, paris 2002, 470p.

Beaucoup d'études de la Banque Mondiale (BM) et du Programme des Nations-Unies pour le Développement (PNUD) ont largement montré que les aides et les transferts de technologie ont principalement contribué à augmenter l'endettement extérieur qui est aujourd'hui insoutenable. C'est pourquoi, le Président Abdoulaye WADE, dans «Le Plan Oméga pour l'Afrique» avait fortement dénoncé le binôme aide-endettement qui est rentré dans une impasse totale imposant la recherche de nouvelles formules pour le financement du développement. En ce qui concerne la fameuse question du transfert des technologies, les firmes multinationales ne l'ont réalisé qu'à des coûts excessifs et souvent dans des secteurs d'import-substitution qui n'avaient que de très faibles liens avec la valorisation des ressources naturelles et la main-d'œuvre.

C'est pour enquêter sur la réalité et les résultats des efforts d'aide et de développement international des années 50 à 60 et pour les ajuster aux besoins de modernisation des pays pauvres d'Afrique que plusieurs Rapports ont été commandités pour sortir de la crise : ***Rapport Pearson, le Plan de Lagos, le Plan Berg, le Forum du Tiers-monde, le Rapport de la Fondation Dag Hammarskjöld[107], le Rapport Brand[108], la Commission Sud[109].*** Tous les Rapports partagent une préoccupation commune ; promouvoir le développement pour réduire ou éradiquer la pauvreté. En prenant l'exemple de LA COMMISSION PEARSON, elle fut créée en 1968 par la Banque Mondiale. Le Rapport avait abouti à l'époque à des conclusions défavorables : écart grandissant entre pays développés et pays en développement, aide insuffisante, faible transfert de technologie. Il préconisait comme solution pour ces pays en développement : un taux de croissance de 6% par an, une réduction des barrières douanières des pays développés, l'augmentation de l'aide étrangère privée et un transfert de 1% du PNB des pays développés aux pays en développement.[110]

Depuis, l'Afrique ne se remet que difficilement du séisme économique des Années 70 et 80 contrairement à l'Amérique latine et à l'Asie. Pourtant, dans les années 60, elle n'était ni indubitablement hors course, ni larguée par le système mondial. Il convient de savoir pourquoi elle a été aussi vulnérable au

---

[107] Rapport est intitulé « *Que faire* » est préparé en 1975 par un groupe de travail dirigé par Marc NERFIN comprenant entre autres Juan SOMAVIA, I. SACHS, L. EMMERIJ, H. CARDOSSO, L. YALKER.... Il devait être soumis à l'Assemblée générale des Nations-Unies

[108] « Nord-Sud : *Un programme de survie » est un rapport sur le développement préparé 1980* par une Commission indépendante présidée par Willy Brandt.

[109] Le Rapport de la Commission Sud est intitulé *« Défis du Sud »* (The challenge for the South). Il est le fruit d'une réflexion de plus d'un vingtaine de commissaires ayant une longue expérience du développement économique comme MAHBUB UL HAQ, Celso FURTADO, S .AMIN, ELMANDJARA, SUNKEL... La Commission a été mise sur pied sur l'initiative du Premier Ministre de Malaisie MAHATHIR Mohamed et la présidence est assurée par le Président J. NYERERE

[110] Vers une action commune pour le développement du Tiers-monde

point de faire massivement appel aux Institutions Financières Internationales. Elle est restée le seul continent au monde où la production globale et certains indicateurs significatifs de l'activité économique ont stagné ou reculé. À quelques exceptions, le cadre macroéconomique continue d'être marqué par un double déficit de la balance des paiements et des finances publiques, un endettement massif de plus en plus insoutenable, avec cependant une inflation relativement bien maîtrisée. Quant au revenu moyen africain qui représentait 14% du revenu des pays développés au milieu des années 60, il a diminué de moitié en 1997 et sous le même rapport.

Le taux de croissance annuel moyen du PIB entre 1965 et 1993 est resté de loin inférieur à celui de la croissance démographique (entre 2,9 à 4,1%).Les résultats du développement industriel et agricole sont aussi modestes. Non seulement le modèle d'industrialisation par substitution aux importations n'a pas abouti à la diversification des exportations, mais encore et paradoxalement, à l'atténuation des importations. De plus, il n'a point tissé des relations en aval comme en amont avec le secteur agricole. En définitive ses performances se sont révélées si décevantes que les dirigeants ont complètement renoncé à toute ambition d'industrialisation.

C'est surtout au niveau du secteur social que le couple pauvreté et chômage entraîne une forte dégradation des conditions de vie : manque d'accès aux services de base, pénurie et insécurité alimentaires, diverses épidémies. Quelle que soit l'approche retenue en termes de seuil ou de ligne de pauvreté, l'Afrique subsaharienne compte selon les plus récentes statistiques environ 250 millions de pauvres.[111] Globalement, un peu plus de 50% de sa population vivent en dessous du seuil de pauvreté. Outre la pauvreté alimentaire et monétaire, les femmes sont très peu présentes au niveau des pouvoirs de décision dans certains domaines clés de la sphère économique et politique. Il apparaît que le rythme de croissance de la pauvreté est plus rapide que celui de la production et des revenus. Ce processus est aggravé par une forte et incohérente croissance urbaine et une démographie galopante, deux phénomènes qui font exploser la demande sociale.

L'Afrique compte plus de 200 millions de personnes qui n'ont pas accès aux services de santé, 140 millions d'analphabètes et 2 millions d'enfants qui meurent chaque année avant leur premier anniversaire. De tous les continents, elle a connu l'évolution la plus catastrophique de la décennie 90 avec une croissance économique peu vigoureuse, incapable de s'élever au-dessus de la croissance démographique. Vingt des vingt-cinq États les plus pauvres du monde sont dans cette région. Le pourcentage d'individus risquant de mourir avant l'âge de 40 ans est très élevé (plus de 50%), celui des adultes analphabètes dépasse souvent 20%. Les ménages n'ayant pas accès à l'eau

---

[111] MBaya KANKWENDA, L.J.GREGOIRE, H. LEGROS ET H ; OUEDRAGO : *La lutte contre la pauvreté en Afrique subsaharienne,* Edit Economica, 1999,473p

potable sont de plus en plus nombreux. Les dépenses publiques de santé demeurent encore inférieures à 5% et le pourcentage d'enfants victimes de malnutrition est en progression constante.

En matière de consommation, celle des ménages est en recul de 20% par rapport à 1978. Ce processus de paupérisation de larges couches de la population s'accompagne paradoxalement d'un affaiblissement des formes modernes comme traditionnelles de protection sociale. En effet, le continent africain administrait la preuve d'une indiscutable « solidarité », découlant principalement d'un ensemble d'obligations et de droits complexes destinés à préserver la cohésion du groupe et à réduire l'incertitude économique. Les formes traditionnelles de protection sociales se sont totalement délitées.

La participation de l'Afrique dans l'économie mondiale est encore plus dérisoire. À la fin des années 90, l'Afrique représente 12% de la population mondiale, mais fournit moins de 1% du PIB mondial. En effet, la participation de l'Afrique à l'économie mondiale a fortement diminué au des cinq dernières décennies aussi bien du point de vue de son PIB, de ses exportations que des IDE reçus. Selon l'OCDE, la part de l'Afrique dans le PIB mondial mesuré en parité de pouvoir d'achat entre 1950-2000 a baissé d'un tiers alors que sa part dans les exportations a été divisée par 3. Il en va de même pour les investissements directs étrangers comme cela a été établi plus haut.

L'Afrique est complètement absente du commerce mondial dans les branches les plus dynamiques des produits manufacturés et des services. La mondialisation déferlante accroît les opportunités, mais multiplie les risques et les inégalités. Bien que le monde n'ait jamais produit autant de richesses et de technologie, il n'a jamais créé autant d'inégalités et de pauvreté révélant ainsi son caractère dual : les uns vivant avec plus de 20.000dollars (20% de la population totale) et d'autres avec moins d'1 dollar (plus de 80%). D'un autre côté l'économie mondiale a une assez faible incidence sur la croissance des économies africaines. Cela s'explique d'abord par la base de son système productif composée essentiellement de produits primaires et ensuite par son insertion faible dans des réseaux diversifiés de commercialisation.

On peut donc dire que les paramètres que pose la mondialisation ignorent le continent. Ni les investissements croisés, ni les échanges internationaux sur la base de la croissance de la production mondiale, ni la globalisation financière, ni les réseaux transnationaux, ni les firmes globales, nulle part on ne trouve une place à l'Afrique. À ces facteurs s'ajoutent d'autres qui sont endogènes et contribuent à la marginalisation du continent. Au titre de ces facteurs, on peut citer :

- la faiblesse des politiques macroéconomiques et des stratégies sectorielles ;
- l'absence d'infrastructures adéquates de communication ;
- l'étroitesse des marchés ;

- la corruption et la mal gouvernance suite à la chute de l'espace politique ;
- la mauvaise qualité des administrations publiques ;
- les incertitudes et risques nés des conflits.

L'étendue et la persistance de cette crise avaient suscité des débats de fond sur le «développement et ses solutions», entre groupes de spécialistes des sciences sociales désireux d'une part d'aller au-delà du Rapport Pearson et de son référentiel normatif d'analyse économique et d'autre part, d'examiner toutes les réalités économiques, mais aussi sociales et historiques dissimulées par l'ancien schéma analytique du développement. Tandis que le débat se développait, deux Écoles pouvaient clairement être identifiées : la néo-libérale se fondant sur l'analyse néo-classique et l'autre hétérodoxe (assez hétéroclite) regroupant plusieurs courants, dont les marxistes, les tiers-mondistes et les institutionnalistes. La première École, celle des tenants de l'orthodoxie de l'économie libérale, l'emporte et estime que trois facteurs sont essentiels dans la crise des économies africaines : d'abord les déficits budgétaires, la gestion monétaire laxiste et l'appréciation des taux de change. L'État intervient trop massivement et fausse complètement les mécanismes de formation des prix. Il faut réformer le système productif et institutionnel, désengager l'État, supprimer tous les dysfonctionnements des marchés et redéfinir la philosophie et les objectifs du développement qui se réduisent pour l'essentiel à la croissance économique. Le nouveau discours remet à l'ordre du jour les théories de l'avantage comparatif pour critiquer les choix d'import-substitution ou d'industrialisation liée au marché interne ; il justifie la nécessaire insertion dans la mondialisation par une ouverture sans entrave et la régulation par le marché. Ces éléments constituent l'épure de l'ajustement structurel. La nouvelle orthodoxie dans sa phase ascendante se refuse « à toute mise en concurrence des méthodes et des modèles alternatifs »[112]. Elle se refuse à toute « réfutation » et écrase toutes les autres formulations.

II/ Assainissement et réforme pour une économie libérale selon le « consensus de Washington » : une épure imposée et impertinente[113].

La libéralisation des économies ressemble à la traversée d'un champ de mines ; chaque pas risque d'être le dernier ». Mac KINNON

[112] Philip ENGELHARD : *« Le paradigme de la Banque mondiale et sa contestation : une curiosité épistémologique »* Il note que « les arguments de la BM et ceux de ses adversaires se développent dans des univers privés d'intersections. Comme si finalement on assistait à un dialogue de sourds » in Environnement africain, vol VII, 1989 pp321-342.

[113] Confère annexe 1 pour un exposé détaillé du référentiel théorique. Voir également Hakim Ben HAMMOUDA : *L'économie politique du post-ajustement,* Edition Karthala, 1999.

L'ampleur des déséquilibres macroéconomiques et macro financiers ainsi que leurs conséquences sociales vont contraindre les États africains à appliquer des politiques de stabilisation et d'ajustement structurel au détriment des options pour le développement planifié[114]. Ces PAS vont viser quatre objectifs majeurs pour assainir les économies et restaurer leur compétitivité extérieure :

- l'ouverture des économies sur le système des relations économiques et financières internationales ;
- la réduction des déficits budgétaires ;
- la réduction du rôle de l'État dans les choix de production et d'allocation des ressources, ce qui implique la réduction du secteur public, le démantèlement des monopoles publics naturels et la privatisation ;
- l'élimination des distorsions dans le libre jeu de tous les marchés ;
- la promotion du secteur privé dans toutes les activités productives.

Cette intervention des institutions de Bretton Woods dans le débat sur le développement va s'accompagner de profondes transformations, tant dans la réflexion que dans la pratique. Cette nouvelle ère en matière de développement par le fameux « *consensus de Washington* » est de fait une remise en cause de la théorie du développement et de la spécificité des sociétés sous-développées. Il constitue en somme une sorte de revanche de la théorie néo- classique qui va prolonger le champ d'application de son cadre d'analyse (celui des pays développés) aux sociétés sous- développées.

La Conférence de Bretton Woods avait attribué des fonctions précises aux Institutions financières internationales (IFI) : veiller à la bonne santé de l'économie mondiale, exercer un gardiennage sur la régulation du système et trouver des solutions aux pays en difficulté. Dans ce cadre, la Banque mondiale doit aider au financement du développement, le FMI assure la stabilisation du système monétaire et veille à ce que les comportements non coopératifs ne se généralisent. Globalement, notamment la Banque mondiale et le FMI, le GATT puis l'OMC servent de lieu de négociation et d'arbitrage pour un commerce sans entrave. Le PNUD crée en 1964 prend en charge les toutes les questions de développement et la CNUCED mise en place en 1965 est en charge des problèmes de commerce extérieur des pays en développement. Pour être complet, il faut y ajouter la Banque des Règlements Internationaux qui réunit les banques centrales pour assurer la stabilité du système bancaire et financier ainsi que l'OCDE qui est une organisation de concertation et de négociation des pays les plus riches de la planète. Toutes ces IFI œuvrent à la promotion d'un ordre libéral mondial fondé sur la libre

[114] Moustapha KASSE (1991) : *Sénégal : crise économique et ajustement structurel, Édit. Nouvelles du Sud*,

concurrence et l'ouverture maximale des économies[115]. Il y a eu progressivement un partage des rôles entre les deux IFI : la Banque mondiale (Bm) s'occupe de développement et de reconstruction et le FMI de gestion de l'architecture financière internationale.

III/ Contractualiser le développement de l'Afrique à partir de la vision partagée de la « communauté internationale ».

Au cours de ces dernières décennies, la communauté internationale a consenti des investissements sans précédent pour accélérer le développement en Afrique et au bout du compte les déceptions l'emportent sur les succès. Toutefois, ces énormes ressources n'ont pas été au service d'options et de schémas pertinents de développement. Cela explique, sans nul doute les médiocres résultats qui font que le continent africain est toujours embourbé dans situation économique, financière et sociale catastrophique. Pourtant, l'Afrique a absorbé trois fois plus de ressources financières que le PLAN MARSHALL. Cela soulève alors la nécessité de réviser la manière d'envisager le développement économique, sa nature, ses causes et les choix correspondants de politique économique et sociale.

1°) Recentrer les objectifs autour du développement humain et le faire assumer par tous les acteurs.

Aujourd'hui, beaucoup d'initiatives indiquent que la communauté internationale manifeste une volonté unanime pour accélérer le développement en vue d'éradiquer la pauvreté. L'analyse des programmes élaborés par les IBW montre une parfaite identité de vue pour recentrer la croissance autour de l'homme et de l'amélioration de son bien-être. La Banque mondiale change de discours et réoriente son action vers la résolution de la pauvreté. Ce serait faire preuve de beaucoup de myopie en déchiffrant cette nouvelle orientation comme un nouvel habillage du néo-libéralisme. Les réflexions menées au sein de la Banque mondiale ainsi que les nombreux travaux d'analyse et d'observation de la pauvreté montrent que l'institution est convertie à une nouvelle vision que tentent de concrétiser les DSRP. Le FMI adhère à cette nouvelle stratégie tout en conservant ses missions financières traditionnelles. Le BIT est dans la même mouvance. Dans le Rapport de son Directeur général, il est affirmé que l'objectif majeur est, aujourd'hui, de « S'affranchir de la pauvreté par le travail ». En effet, « le travail décent est un outil puissant qui permettra d'atteindre les objectifs et les résultats visés par la **Déclaration du Millénaire en matière de développement humain** »[116]. Les dirigeants

---

[115] Toutes ces fonctions sont indissociables et peuvent être assimilées à des rôles de médecins, professeurs et gendarmes de la mondialisation.

[116] BIT : *S'affranchir de la pauvreté par le travail,* Rapport du Directeur Général à la 91ème Session 2003.

africains par le biais du NEPAD et du Programme de l'Union africaine partagent les mêmes convictions. Les économistes professionnels rouvrent le dossier de l'analyse du développement. La convergence dans la pensée comme dans l'action se retrouve dans les investissements du PNUD sur le développement humain. Les RMDH offrent une bonne grille de lecture qui permet d'éviter l'engrenage des écoles de pensées et leurs controverses pas toujours adossées au réel. Ils ont toujours établi que le défi majeur des PVD est la réduction de la pauvreté et des inégalités.

Pendant une bonne décennie, les RMDH se sont attelés à la conception et à la construction d'indicateurs de mesure et de comparaison des niveaux de pauvreté et de développement humain dans le monde lesquels dépassent le cadre restrictif du PNB. L'élaboration de ces indicateurs, malgré leur limite technique, a permis de mesurer l'énorme retard des pays d'Afrique subsaharienne en matière de développement humain et conséquemment, l'état de la pauvreté.

Tableau 5 : Indicateurs économiques et sociaux dans le monde [117]

	PIB/hbt en 1998 (en francs français de 1999)	Espérance de vie (en années)	Taux d'alphabétisation des plus de 15 ans (en %)	IDH
Pays de l'OCDE	134 000	76,4	97,4	0,89
Europe de l'Est et CEI	40 900	68,9	98,6	0,78
Amérique latine	43 000	69,7	87,7	0,76
Asie de l'Est (Chine incluse)	23 500	70,2	83,4	0,72
Pays arabes	27 300	66	59,7	0,63
Asie du Sud (Inde incluse)	13 900	63	54,3	0,56
Afrique subsaharienne	10 600	48,9	58,5	0,46
Ensemble du monde	43 000	66,9	78,8	0,71

Le RMDH de 2000 révèle ainsi que l'IDH de l'Afrique subsaharienne atteint en moyenne 0,46, ce qui traduit un gap de 0,536 en termes de développement humain. Depuis 1990, environ 35 des 50 pays classés derniers

[117] **Indicateurs synthétiques : tout en un.** Les statistiques économiques et sociales sont partout. Et pourtant, nous ignorons le plus souvent la manière dont elles sont construites. Dès qu'on entre dans la cuisine des chiffres on les découvre toujours entachés de relativité et d'arbitraire. Mais on ne peut pourtant pas s'en passer : pas de bonnes mesures au sens politique, sans de bonnes mesures au sens statistique

en fonction de l'IDH sont africains. Compte tenu de l'aggravation de la pauvreté et des inégalités dans le monde, et particulièrement dans les PVD, il apparaît aujourd'hui nécessaire d'aller au-delà de l'aspect statistique des analyses menées pour adopter une démarche dynamique qui fasse le lien entre ces indicateurs de qualité de vie et le profil de la croissance économique.

Le bilan de plus d'une décennie de recherche et de lutte contre la pauvreté est fortement contrasté. Les actions de lutte contre la misère et la famine ont donné quelques résultats positifs indéniables avec l'augmentation de la production alimentaire du système périphérique et le recul de la faim. Toutefois, depuis les années 80, le nombre de pauvres augmente au même rythme que la population (KANKWENDA, 1999) sans que l'on soit en mesure de répondre à la question fondamentale, à savoir : Quelle politique efficace faut-il mettre en œuvre pour l'éradiquer ?

La réponse la plus usuelle est qu'il faut un développement soutenu et durable qui s'appuie sur une croissance économique forte. Si les deux concepts ne sont pas automatiquement liés, ils vont souvent de pair. Selon G. RANIS, si l'on définit le développement humain comme le processus permettant d'élargir les choix des personnes, afin qu'elles puissent mener une vie longue, saine et créative ou améliorer leurs revenus, ce développement humain est étroitement lié à la croissance.

Pour réfléchir sur les mécanismes par lesquels le processus du développement peut s'enclencher, il faut concevoir les formes d'organisation étatique les plus aptes à assurer une efficacité maximale, les stratégies étatiques les plus crédibles et les règles par lesquelles la société civile peut à la fois freiner le comportement prédateur des groupes de pression et le gaspillage des ressources qu'il risque d'entraîner et imposer au pouvoir politique le respect de la justice et des préférences des populations avec leurs potentialités diverses.

2°) Les nouvelles visions programmatiques pour le développement de l'Afrique : NEPAD, OMD et DSRP.

C'est dans une optique de recherche de nouvelles solutions à la fois pertinentes et performantes que tous les acteurs impliqués dans le développement de l'Afrique ont mis en place en place des initiatives convergentes de relance d'une croissance forte et durable dans l'équité, pour résoudre les difficultés économiques et sociales du continent. Or la croissance et le développement résultent fondamentalement de l'accumulation du capital.

De l'interrogation de la Banque mondiale de savoir si *«L'Afrique peut revendiquer sa place dans le 21ème siècle»*[118] à la Déclaration du Millénaire des Nations Unies en passant par la mise en œuvre du NEPAD, semble se dégager

[118] Rapport de la BANQUE mondiale (2002) : *L'Afrique peut-elle revendiquer sa place dans le 21ème siècle.*

un consensus : relever le défi du développement africain. Au moment de la Déclaration du Millénaire, les décideurs les plus significatifs des institutions internationales à savoir le Secrétaire Général de l'ONU, KOFI ANNAN, le Secrétaire général de l'OCDE, Donald JOHNSON, le Directeur Général du FMI, Horst KÖHLER, et le Président de la Banque mondiale, James WOLFENSOHN ont solennellement proclamé *« que leurs différentes institutions s'emploieraient à faire de ces objectifs de développement le fondement commun de leurs actions et de leurs programmes, et à mesurer leur efficacité ».*

3°) Le NEPAD acte fondateur de l'Union africaine[119].

Le NEPAD est un sursaut de l'Afrique, un défi qu'elle se lance, une vision pour s'insérer dans la mondialisation. Son objectif majeur est de créer les conditions d'une croissance forte et durable capable de sortir le continent de la pauvreté de masse et des déséquilibres de tous ordres. Il comprend des préalables indispensables à la création d'un environnement propice aux investissements, un Programme d'actions sectorielles et des institutions de mise en œuvre.

Les préalables sont de deux ordres : assurer la paix, la sécurité et la bonne gouvernance politique et économique pour rendre plus attractifs les marchés africains aux IDE. Pour ce faire, il s'impose d'abord de gérer les conflits qui déstabilisent l'espace africain ensuite d'améliorer la gouvernance qui stabilise les institutions et les fondamentaux du cadre macroéconomique et enfin de mettre en place un environnement incitatif pour les investissements dans les secteurs moteurs de la croissance qui accroissent à la fois la compétitivité et la diversification des productions. Quant à la gouvernance économique, elle doit résoudre les quatre foyers de distorsions qui dissuadent les IDE :

- l'environnement économique défavorable qui se traduit par l'inefficacité des politiques sectorielles et la mauvaise structure d'incitations économiques ;
- la faible efficacité du capital humain imputable à la médiocre qualité des systèmes éducatifs et de formation qui sont en crise permanente ;
- l'inadéquation et l'insuffisance quantitative et qualitative des infrastructures de base ;
- et les coûts contrariants des facteurs techniques de production.

Il est aujourd'hui clairement établi que le déclin des IDE en Afrique subsaharienne procède aussi de déterminants économiques stricto sensu à côté

---

[119] Ben HAMMOUDA et Moustapha KASSE (2003) *: Le NEPAD et les enjeux du développement en Afrique*,
Moustapha KASSE (2003) : *Intégration et partenariat en Afrique : de l'UEMOA au NEPAD*, Édition Silex/Nouvelles du Sud, 254 p. Voir également Maître Abdoulaye Wade : *NEPAD : entre Doutes et Espoirs,* Conférence à Sciences PO Paris, 09 Avril 2003.

de facteurs plus diffus tels que les risques, les incertitudes et la confiance. Ces facteurs économiques qui peuvent freiner les investissements sont maintenant parfaitement bien connus. Il s'agit des déséquilibres macroéconomiques persistants, des taux d'inflation élevés, de la surévaluation des monnaies entraînant des taux de change réels dissuasifs, des politiques de protection inappropriées, des stratégies commerciales mal conçues et de la mauvaise gestion des affaires publiques. Les politiques nationales devraient procéder à leur maîtrise.

Ces préalables sont nécessaires pour créer progressivement un environnement de gestion économique, politique et sociale cohérent, adapté, diversifié et prévisible. C'est pour rendre effective ces options qu'un mécanisme de REVUE DES PAIRS (PEER REVIEW) dont la limite principale est son caractère facultatif et non contraignant.

Le second volet du NEPAD concerne le Programme des priorités sectorielles qui comprend les huit secteurs qui suivent :

- L'accès aux marchés mondiaux et la diversification de la production.
- Les infrastructures de base.
- Les Nouvelles Technologies de l'Information et de la Communication.
- L'éducation.
- La santé.
- L'agriculture.
- L'énergie.
- L'environnement.

En les agrégeant, on peut recomposer les deux foyers de l'accumulation soulignés plus haut à savoir : le capital physique et le capital humain. Le capital physique comprendrait les infrastructures de base : routes, chemin de fer, infrastructures pour le fret maritime et portuaire, ouvrages hydroagricoles, parc informatique, télécommunications, énergie, etc. Le capital humain comprendrait : l'éducation, la santé, la nutrition et les infrastructures pour la recherche-développement.

Pour chaque secteur, le NEPAD estime que «l'objectif est de combler l'écart actuel entre l'Afrique et les pays développés afin d'améliorer la compétitivité du continent et de permettre à l'Afrique de participer au processus de mondialisation ». Les préoccupations d'une réduction des gaps au niveau des différents secteurs sont fort justement réaffirmées. Cela appelle des investissements massifs qui sont attendus principalement du secteur privé.

La mise en œuvre du NEPAD repose sur trois piliers : la mobilisation des populations, l'intégration économique et financière du continent avec création d'espaces optimaux capables de rentabiliser les investissements et de produire des économies d'échelle et le recours à un nouveau partenariat avec la communauté internationale et le secteur privé pour un retour massif des investissements directs étrangers.

4°) Les OMD : un pacte entre les pays pour vaincre la pauvreté, un bon diagnostic mais des résultats très insuffisants.

Les OMD engagent les pays du globe à redoubler d'efforts pour s'attaquer à l'insuffisance des revenus, à l'omniprésence de la faim, aux inégalités sociologiques entre hommes et femmes, à la dégradation de l'environnement et au manque d'instruction, de services de santé et d'eau potable. Huit objectifs sont ainsi définis et assortis de cibles chiffrées qui doivent être atteintes dans un délai de 25 ans (1990-2015), et d'indicateurs pour mesurer les progrès accomplis dans chaque domaine.

Ces objectifs et la promotion du développement humain procèdent d'une même motivation et témoignent d'un même engagement vital à promouvoir le bien-être des individus fondé sur les principes de dignité, de liberté et d'égalité de tous[120]. Le tableau ci-dessous présente la relation entre les visées du développement humain et les objectifs du Millénaire pour le développement :

Tableau 6 : la relation entre les visées du développement humain et les objectifs du Millénaire pour le développement

Capacités essentielles au développement humain	**Objectifs du millénaire pour le développement**
Vivre longtemps et en bonne santé	Objectifs 4, 5 et 6 : réduire la mortalité des enfants, améliorer la santé maternelle et combattre les principales maladies
Accéder à l'éducation et à l'instruction	Objectifs 2 et 3 : assurer une éducation primaire pour tous et l'autonomisation des femmes en œuvrant à l'égalité des sexes dans l'éducation
Disposer d'un niveau de vie décent	Objectif 1 : réduire la pauvreté et la fin
Conditions essentielles au Développement humain	**Objectifs du millénaire pour le développement**
Durabilité des ressources écologiques	Objectif 7 : assurer la durabilité des ressources écologiques
Égalité, en particulier égalité des sexes et l'autonomisation des femmes	Objectif 3 : promouvoir l'égalité des sexes
Environnement économique mondial favorable	Objectif 8 : renforcer le partenariat entre pays riches et pauvres

Source : RMDH. 2003

Pour réduire la pauvreté de moitié à l'horizon 2015, certains États africains ont mis en place de manière soutenue, une politique économique et sociale

[120] PNUD, RMDH 2003 : *Les Objectifs du Millénaire pour le Développement : un pacte entre les pays pour vaincre la pauvreté humaine,* Economica.

permettant de relever significativement les performances socio-économiques et de placer leurs pays sur le sentier du développement humain durable. À cette fin, ils ont initié le processus participatif de préparation de la stratégie de réduction de la pauvreté, fondée sur la croissance redistributrice et la satisfaction des besoins de base des populations pauvres. Le consensus autour de cette stratégie met l'accent sur la nécessité d'une mobilisation des décideurs politiques, des acteurs nationaux et des partenaires au développement pour lutter contre la pauvreté et l'exclusion à travers l'établissement d'un lien étroit entre la réduction de la pauvreté, le progrès économique et le renforcement des capacités.

5°) Le nouveau cadre stratégique de lutte contre la pauvreté : les DSRP

Les modestes performances des politiques d'ajustement se sont traduites par une série impact négatif sur l'emploi, sur les revenus et sur la prestation des services sociaux. De plus, ces politiques sont perçues comme un facteur d'aggravation de la misère ou d'expansion de la pauvreté. Les diverses investigations ont alors abouti à placer la lutte contre la pauvreté au cœur des préoccupations. En conséquence de ce choix, la Banque mondiale modifie ses modalités d'intervention et réoriente ses financements.

À l'échelle nationale, les programmes d'ajustement cèdent la place au Document Stratégique de Réduction de la Pauvreté (DSRP) qui est préparé par les gouvernements après de larges concertations avec les opérateurs économiques et la société civile. Les nouveaux Programmes ne sont pas imposés d'en haut par des experts avec des conditionnalités (comme jadis dans les Documents de Politique économique), mais sont apprêtés par les pays en relation avec toutes les forces vives mieux à même de cibler les politiques de la lutte contre la pauvreté. Le cadre stratégique contient généralement quatre éléments essentiels :

- la description du processus de préparation, fondé sur la participation des acteurs ;
- le diagnostic de la pauvreté, avec l'identification des obstacles au recul de la pauvreté et à la croissance ;
- les objectifs, les indicateurs et les systèmes de suivi, fondés sur le diagnostic de la pauvreté ;
- les mesures prioritaires que les pays s'engagent à prendre - dans les limites imposées par leur budget- pour atteindre les objectifs établis.

En clair, toutes les initiatives sont complètement abandonnées aux pays de manière à ce qu'ils prennent en charge leurs réformes économiques en enclenchant un exercice fondé sur la concertation large et participation de tous les acteurs du développement économique et social : les pouvoirs publics et les donateurs, les communautés locales et les organisations de la société civile, comme les organisations non gouvernementales (ONG), les syndicats, les organisations religieuses, les Instituts de Recherche et les universités. En définitive, les nouvelles politiques de l'État se résument en six points majeurs :

- Satisfaire l'attente des citoyens et renforcer la société civile.
- Assurer l'équité.
- Sécuriser les personnes et les biens.
- Développer les marchés et pallier leurs insuffisances.
- Professionnaliser l'administration.
- Systématiser les mécanismes de compte tendu.

Ces nouvelles politiques présentent entre autres objectifs le resserrement des liens entre le service public et les usagers. Ce qui resterait serait alors de faire en sorte que la démarche participative soit une exigence pour tous les démembrements du pouvoir à quelque niveau qu'il puisse être dans le processus administratif.

Du fait du processus participatif qui fonde sa légitimité, le DSRP sera le cadre de référence de toutes les interventions de tous les acteurs. Il servira de base pour l'élaboration des plans sectoriels de développement et des programmes d'investissement. On peut noter que dans ses grandes lignes, la démarche participative retenue par les États pour élaborer le DSRP a impliqué aussi bien au niveau local que national l'ensemble des acteurs du secteur public, du secteur privé, de la société civile et les partenaires au développement selon des procédures et degrés d'implication différents.

Globalement, l'analyse des causes, des déterminants, des manifestations et du vécu de la pauvreté à l'échelle des pays, suggère une stratégie axée sur quatre leviers fondamentaux : la création de richesses, le renforcement des capacités et la promotion des services sociaux de base, l'amélioration des conditions de vie des groupes vulnérables et une approche participative de mise en œuvre et de suivi-évaluation basée sur la décentralisation du pilotage et de l'exécution.

Au Sénégal, par exemple, les analyses des déterminants de la pauvreté montrent bien l'importance du facteur « insuffisance de revenus » et justifient amplement que la promotion de la création de richesses dans un cadre macro-économique sain et stable constitue le premier pilier de la stratégie, dans le but de favoriser l'émergence et le renforcement de l'emploi productif des pauvres. Le Sénégal a retenu le renforcement des capacités et l'accès aux services sociaux de base comme second pilier de sa stratégie en vue notamment de relever le stock de capital humain, social et naturel, base d'une croissance durable, de répondre à la demande sociale et de favoriser la participation des populations dans la gestion des affaires de leurs communautés de base, notamment à travers une véritable politique de développement local et de décentralisation administrative. La protection des groupes vulnérables constitue le troisième pilier de la stratégie. Ainsi, des programmes ad hoc seront mis en œuvre pour réduire les facteurs d'exclusion sociale, notamment en faveur des populations pauvres dont les capacités d'action sont affectées par le statut social (genre), l'âge, les handicaps physiques ou les conjonctures particulières (victimes des inondations ou des conflits sociaux et politiques), afin que ces groupes aient les mêmes chances et potentiels que les autres acteurs pour bénéficier des opportunités économiques de création de richesse et d'accès aux services sociaux.

À travers l'exemple du Sénégal, un simple et rapide coup d'œil permet de mettre en exergue la pertinence et la qualité des articulations entre le DSRP et le suivi des Objectifs du Millénaire. Le même et simple rapide coup d'œil montre tout autant la pertinence et la qualité des articulations entre le NEPAD et le suivi des Objectifs du Millénaire.

Ces représentations graphiques montrent que les différents objectifs que retracent le DSRP et le NEPAD sont en majorité dépendants de l'objectif huit du Millénaire pour le développement. Il faut dire en effet que les pays les plus pauvres auront du mal à atteindre les objectifs fixés si la mise en place d'un partenariat pour le développement n'est pas acquise. Les pays pauvres, bien que déterminés, ne peuvent agir seuls. Ils auront besoin d'importantes ressources financières en matière d'investissements en santé, éducation, environnement et autres infrastructures. Par ailleurs, l'intervention des pays riches se justifie par le fait que l'accès aux échanges internationaux des pays pauvres se trouve restreint ; le retard technologique requiert le déploiement de ressources et de savoir-faire mondiaux, afin de remédier aux problèmes de santé, de communication et d'énergie.

EN CONCLUSION : Quelle gouvernance du consensus sur l'éradication de la pauvreté ?

Jamais la fameuse « Communauté internationale » n'a réalisé un consensus aussi large et aussi parfait de tous les acteurs autour d'une problématique prioritaire : le combat contre la pauvreté. Les domaines d'action comme les instruments convergent dans une parfaite harmonie. Aussi, dans le cadre du pacte international destiné à permettre la réalisation des OMD, les responsabilités sont dégagées tant au niveau des pauvres qu'au niveau des pays riches. Les premiers doivent améliorer leur gouvernance afin de mobiliser et gérer leurs ressources plus efficacement et équitablement. Les seconds doivent renforcer l'aide, alléger la dette, permettre l'accès aux marchés et faciliter les transferts de technologies.

Du côté des bénéficiaires :

- Responsabilité, transparence et lutte contre corruption : la décentralisation tend à améliorer la transparence là où elle est mise en œuvre. Aussi les sommes affectées au développement sont moins souvent détournées à des fins de corruption.
- Des projets plus viables : la décentralisation renforce la durabilité des projets de développement, car la population locale est davantage

susceptible d'être associée à leur élaboration, réalisation et suivi. La participation à la budgétisation et la responsabilisation accroissent l'efficience et la transparence, tout en permettant aux projets de mieux tenir compte des besoins de chaque sexe.

- Un élargissement des possibilités de représentation politique : la décentralisation permet à la population de mieux faire entendre sa voix dans les décisions liées aux politiques publiques qui la concernent directement. Elle peut déboucher sur une fourniture de services sociaux nettement meilleure en facilitant la participation des communautés au processus de prise de décision et peut contribuer à remédier aux problèmes liés au partage des coûts de ces services.

Du côté des pays riches :

- Liaison entre technologie et développement humain et mobilisation du savoir international : les pays riches peuvent apporter une contribution essentielle à la réalisation des objectifs en favorisant l'accès aux technologies. Les investissements consacrés au développement technologique visant à combattre la pauvreté et à réaliser les objectifs doivent être portés à la hauteur des besoins existants.
- Ouverture des marchés et réduction des subventions : les pays riches disposent de gigantesques possibilités pour élargir l'accès à leurs marchés et promouvoir les importations en provenance des pays pauvres, par le biais de réduction des droits de douane et des subventions
- Une aide plus généreuse et plus efficace : l'aide doit se concentrer sur les pays pauvres. Mais une injection de ressources financières ou techniques massives peut entraîner des distorsions, submerger les programmes nationaux déjà précaires et créer une dépendance vis-à-vis de l'aide.
- Respect des engagements énoncés : encourager les pays riches à préparer des rapports qui exposent les priorités de leur action, ce qui contribuerait à une stratégie mondiale de lutte contre la pauvreté. L'accent pourrait être mis sur les domaines dans lesquels ils doivent redoubler d'efforts pour respecter leurs engagements.

Cette position commune est un pas important vers la définition d'un véritable contrat de développement tel que l'avait défini l'OCDE lors de son 25ème anniversaire : « La différence entre le contrat de développement et le programme d'ajustement réside dans les engagements qui doivent être souscrits par les donateurs, et par les banques. Le contrat peut prendre des formes multiples, mais il conviendrait qu'il inclue le plus souvent les grands pays industrialisés, les grands pays en développement, les IBW et les Organisations internationales compétentes et dépendantes ou non des Nations unies. Les contrats de développement ont donc pour caractéristiques essentielles la polyvalence, la durée et la réciprocité des engagements contractuels »[121].

Encadré 11 : OPTIMISTES ET PESSIMISTES SUR LE DÉCOLLAGE DE L'AFRIQUE.

Les questions de développement économique de l'Afrique sont souvent abordées par les experts, les universitaires ou les hommes d'affaires sous deux rubriques : les optimistes et les pessimistes. Les premiers parlent d'embellie qui augure que le temps de l'Afrique est arrivé. De multiples facteurs sont évoqués pour expliquer la dynamique de croissance.

Les motifs d'espoir sont multiples : la croissance du PIB atteint plus de 5% depuis les années 2000, les prix des matières premières sont en hausse, la région attire plus d'IDE qui dépasse les flux de l'APD, la pauvreté absolue diminue, l'éducation s'est développée quantitativement, l'espérance de vie a augmenté de 10%, etc.

Les pessimistes soulèvent des questions importantes : la pérennité et la qualité de la croissance africaine qui n'a fait que suivre la courbe ascendante des matières premières d'origine agricole et minière, la majorité des pays peinent à réduire la pauvreté et les autres formes de précarité. Les grands déséquilibres macroéconomiques persistent : déficit commercial lourd, déficit des finances publiques, endettement pas toujours soutenable. Les politiques sectorielles manquent de performance surtout l'industrialisation. L'instabilité sociale et politique demeure malgré le recul des régimes militaires, la démocratie mimétique prend difficilement racine, la mal gouvernance et la corruption gangrènent bien d'États, les inégalités se creusent, l'École et la santé sont toujours malades. L'IDH est l'un des plus bas au monde.

Dans le fond ces deux courants peuvent être réducteurs, il importe d'abandonner la macro analyse pour s'orienter vers plus d'analyse microscopie.

Ce basculement dans un monde à quatre vitesses est réalisé par J.WOLFENSON ancien président de la Banque mondiale permet aujourd'hui de dépasser la simple dichotomie Nord-Sud. Il donne un aperçu plus saisissant de la carte du développement dans le monde et révèle les grandes puissances économiques, financières et technologiques du futur notamment la Chine et l'Inde qui présentent de solides performances. L'Afrique peut briser les rapports inégaux avec l'Occident et rompre avec ses fléaux actuels qui sont la pauvreté, la famine, le chômage, etc.

Au cours des trente dernières années, la part des 20% de personnes les plus pauvres dans le revenu mondial est tombée de 2,3% à 1,4%. Dans le même temps, la part des 20% les plus riches passait de 70% à 85%. L'écart de revenu entre les 20% plus riches et les 20% les plus pauvres a ainsi doublé, passant de 30/1 à 6/1. La

---

[121] Louis EMMERIRIJ : *Nord-Sud : la grenade dégoupillée*. Édit First, Paris 1992 p 196 .il semble que le concept de « contrat de développement » a été avancé pour la première fois par Thorvald Stoltenberg, ministre norvégien des Affaires Etrangères. Il l'a défini comme une suite logique aux PAS.

fortune des 358 milliardaires en dollars que compte la planète est supérieure au revenu annuel cumulé des 45% d'habitants les plus pauvres de la planète. Au cours des trois dernières décennies, la proportion d'individus habitant des pays ayant connu une croissance annuelle de leur revenu supérieure à 5% a plus que doublé (passant de 12 à 27%), mais la proportion de la population mondiale connaissant une croissance négative de ce revenu a plus que triplé, passant de 5% à 18%.

Une étude de l'Institut fédéral suisse de technologie a montré le degré très élevé de concentration. Selon cette étude 147 sociétés, essentiellement des banques dont l'activité représente 60% du chiffre d'affaires mondial, exercent sur le monde des affaires une influence en étant liées entre elles par un système complexe de participations financières. Les implications de cette hyper concentration sont considérables. Si une telle imbrication permet au secteur financier de se diversifier, elle favorise également le risque de crise financière. L'hégémonie des GAFA en est une illustration. Les GAFA (Google, Apple, Facebook et Amazon) génèrent aujourd'hui 316 milliards de dollars de revenus et emploient 252000 personnes.

THÈME 10 – COMMENT FINANCER LES ODD AVEC PLUS D'OBJECTIFS ET PLUS DE BESOINS ? OÙ TROUVER LES RESSOURCES INDISPENSABLES ?

Par Professeur Moustapha KASSE

Contribution au Symposium du LARED et du PNUD autour du thème « Réaliser les Objectifs du Développement Durable », les 12 et 13 avril 2016.

INTRODUCTION

L'ambition des ODD est mobilisatrice mais elle n'a de vraisemblance et de portée que si à l'énoncé de chaque objectif sont associés des politiques pour y parvenir, des financements pour les supporter et des indicateurs pour en évaluer les résultats. Sans ces trois éléments, il est inapproprié de parler d'objectifs crédibles.

Pierre JACQUEMOT,

Il est souvent souligné que les faibles ressources financières constituent la contrainte majeure à la réalisation du développement économique : les politiques sectorielles (agricoles, industrielles, tertiaires, technologiques), les projets structurants au niveau des infrastructures routières, hydrauliques et énergétiques. Le manque de capitaux et le faible niveau des ressources humaines techniquement et scientifiquement assurées freinent ou ralentissent la croissance. Pourtant, aujourd'hui, le monde regorge de surplus financiers impressionnants, rendant ces contraintes quasi insurmontables. Comme l'indiquent les Perspectives économiques, « les sources extérieures de revenu et les rentrées fiscales disponibles pour le développement en Afrique n'ont jamais été aussi élevées. Elles ont triplé depuis dix ans. En 2011, les finances extérieures ont retrouvé leurs niveaux d'avant la crise, les investissements étrangers, l'APD et les transferts des migrants représentant environ 152.2 milliards USD. En pourcentage du PIB du continent, les apports extérieurs ont doublé entre 2000 et 2006, de 6.8 à 12.3 %, mais sont retombés à 8.2 % selon les estimations en 2011 »[122]. Pour répondre au défi du financement du développement, plusieurs engagements sur le financement du développement ont été adoptés lors de la **Conférence de Monterrey** (2002), de Doha (2008) et de la Résolution sur les Mécanismes innovants de financement du développement (2010).

[122] OCDE : *Les Perspectives économiques de l'Afrique.*

Le premier texte a été la déclaration de MONTERREY sur le financement du développement, en mars 2002, la communauté internationale avait pris de nombreux engagements importants en faveur de l'aide publique au développement (APD) qui devrait augmenter de 12 milliards de dollars US par an jusqu'en 2006. Également, il avait été noté que l'action commune en faveur de la croissance, de l'élimination de la pauvreté et du développement durable impose une mission essentielle, l'instauration dans chaque pays les conditions requises pour mobiliser l'épargne publique et privée qui servira à financer l'investissement nécessaire dans les biens productifs et le développement humain. Pour cela, il est impératif de disposer d'un cadre national favorable est indispensable pour mobiliser les ressources nationales, accroître la productivité, réduire la fuite des capitaux, stimuler le secteur privé et attirer l'investissement étranger et l'aide internationale et les employer à bon escient.[123]

Le texte avait dressé un tableau idyllique du rôle des marchés, des mouvements de capitaux privés ou de la libéralisation du commerce. Il est resté très en deçà des besoins réels et n'a pas permis des avancées significatives, car il n'avait proposé aucun mécanisme pour mobiliser de nouvelles sources de financement afin d'atteindre les objectifs de développement du Millénaire. Le Programme des Nations unies pour le développement (PNUD) avait estimé qu'au rythme de mobilisation des ressources, l'Afrique n'atteindra pas les OMD avant 2147.[124]

Le second texte concerne la Conférence de DOHA en 2008 qui avait mis en évidence de nouveaux aspects du financement avec la montée en puissance des pays émergents, à la fois bénéficiaires de l'aide et donateurs, des fonds souverains des pays exportateurs de matières premières, des grandes fondations privées et des fonds mondiaux spécialisés.

Le troisième texte concerne la troisième Conférence internationale sur le financement du développement tenue à Addis-Abeba en 2015. Elle a eu pour but de trouver les ressources nécessaires pour financer la mise en œuvre des 11 Thématiques, des 17 objectifs de développement durable et des 169 indicateurs des Objectifs du Développement Durable pour éradiquer l'extrême pauvreté. Plutôt que d'établir un budget chiffré des dépenses et de chercher à

---

[123] Il faut observer qu'en dépit de diverses critiques, exprimées notamment par le président vénézuélien Hugo Chavez au nom de 133 pays en développement, Cuba fut le seul à rejeter formellement la déclaration finale, surnommée Consensus de Monterrey. Approuvée par acclamation, cette déclaration est identique, à la virgule près, au projet favorable au libre-échange et à l'économie de marché rédigé dès janvier.

[124] Les mêmes engagements étaient pris auparavant lors du sommet du G8 tenu à KANANASKIS avec l'adoption du plan d'action pour l'Afrique considéré comme un cadre d'action pour soutenir le NEPAD et particulièrement les gouvernements intègres qui investissent dans leur population et défendent la liberté économique. La mise en œuvre du plan d'action a été réévaluée lors du Sommet du G8 à Évian, le 1er et 2 juin 2003. Depuis, aucune avancée subséquente.

l'équilibrer, la Conférence a estimé qu'il est plus utile de se demander quel genre de politiques au niveau national et international en vue de générer les ressources indispensables pour le développement.

Malgré les divers engagements de la communauté internationale, l'expérience montre que les médiocres résultats de certains de programmes comme les OMD et le NEPAD qui avaient suscité beaucoup d'espoir, s'expliquent pour une bonne part par l'insuffisance des ressources financières mobilisées.

Cette communication se propose d'analyser comment mobiliser l'épargne privée et publique interne, les Investissements Directs Étrangers, les Fonds souverains, les ressources des Institutions Financières Internationales, l'Aide Publique au Développement, les envois des immigrants et les capitaux enfuis. Nous développerons alors cinq problématiques importantes.

I/ Les contraintes liées aux politiques monétaires en Afrique subsaharienne.

La pensée économique sur une quantité impressionnante de recherches a clairement établi la corrélation entre les conditions financières et la croissance bien que les économistes ont eu des opinions différentes en ce qui concerne l'importance de ce lien. Dans ce sens, W.BAGEHOT (1873) et J.HICK (1969) avaient soutenu que le système financier a initié l'industrialisation en Angleterre en facilitant la mobilisation du capital pour « d'immenses travaux» d'infrastructures, J.SCHUMPETER (1912) avait soutenu que le bon fonctionnement des banques a imposé l'innovation technologique en identifiant et en finançant ceux des entrepreneurs qui ont de meilleures chances d'innover les produits et les processus de production. Et plus récemment, McKINNON et B.SHAW ont développé des modèles économétriques dans lesquels la libéralisation et le développement financiers accélèrent la croissance. Cette libéralisation trouve ses fondements au niveau de deux principaux axes : D'une part, le rejet des politiques monétaires de M. FRIEDMAN fondées sur des règles fixes de décélération de la croissance de l'offre de monnaie. Ces politiques ne favorisent pas la production et affaiblissent la croissance : un système flexible de taux d'intérêt bancaires peut permettre l'augmentation des taux d'intérêt nominaux ce qui va entraîner une hausse de l'épargne, puis des marges bancaires. Il devrait s'en suivre une augmentation de l'investissement et conséquemment la croissance de la production en volume. D'autre part, la libéralisation financière est portée par une volonté de réprimer le « marché noir » du crédit (économie souterraine ou marché informel). En effet, la différence entre les taux d'intérêt débiteurs informels et créditeurs aussi bien dans le secteur informel, que dans le secteur officiel a pour effet une réduction des fonds prêtables dans l'économie et aura pour conséquence la dépendance de la décision d'investissement ex-ante au niveau de l'épargne préalable. C'est le principe de la monnaie relais au capital de Mc KINNON selon lequel, il existe une complémentarité entre capital physique et capital financier en l'absence de marché boursier et d'intermédiation financière. Ce qui est le cas de la plupart des pays ouest-africains surtout francophones.

En somme, Mc KINNON et SCHAW concluent que les PSD souffrent moins d'un manque de ressources financières que d'une intermédiation essentiellement bancaire devenue inefficace du fait des distorsions liées à l'administration des taux d'intérêt. Cela représente les symptômes de la répression monétaire terme que MC KINNON a employée en 1973 pour montrer tout simplement que le système financier des pays en développement est réprimé, c'est-à-dire contraint à rester petit à cause des nombreuses interventions de l'État. La conséquence de ces interventions est le maintien des taux d'intérêt réels à un niveau très bas, voire négatif. Cette analyse a été reprise par J.Tchundjang POUEMI dans *« Monnaie et servitude »*[125]

Ainsi la répression financière conduit à une allocation inefficiente des ressources. Analytiquement, il existe une incidence négative sur la fonction d'investissement. Ces références d'analyses financières constituent les fondements mêmes des politiques de libéralisation financière prônées par les Institutions Financières Internationales dans le cadre des Programmes d'Ajustement Structurel. En prenant l'expérience de l'Afrique de l'Ouest francophone, une forme de répression financière sévit toujours dans la sous-région avec un taux élevé de réserve obligatoire auprès de la Banque Centrale. Même si KAPUR (1992) reconnaît qu'elle assure la stabilité à l'ensemble du système financier, force est de constater que ces réserves sont particulièrement élevées au sein de l'UEMOA, Ary TANIMOUNE (2001) rapporte le niveau des réserves obligatoires constituées par les banques auprès de la BCEAO représente sept (7) fois le niveau requis en juin 1999. Une politique adéquate visant à utiliser, ne serait- ce qu'une partie de ces ressources à des fins d'investissement ne pourra que promouvoir la croissance et le développement.

La volatilité du taux de change réel ou une surestimation irrégulière de la monnaie domestique ne sont pas en faveur de la croissance du ratio d'épargne. Ce type de politique cause du tort à la croissance du fait de leurs impacts négatifs sur l'épargne et l'irréversibilité de l'investissement. Dans ces conditions, il serait de l'intérêt de la BCEAO d'opter pour une politique de change flexible capable d'amortir des chocs externes et d'assurer la compétitivité des produits des entreprises de la sous-région face à une concurrence internationale assez sévère.

---

[125] J.Tchundjang POUEMI dans *« Monnaie, servitude* et liberté. La répression monétaire en Afrique». L'ouvrage a été publié par le Club de Dakar et Jeune Afrique dédicacé par M. DIAWARA. J'en ai fait une synthèse devant l'Assemblée du Club. Cette recherche devait se poursuive et un premier manuscrit a été distribué, après le décès de ce précurseur des analyses monétaires en Afrique.

Les besoins financiers liés à l'agenda 2030 couvrant des questions économiques, sociales et environnementales ont un estimé à 2 ou 3 trillions (milliers de milliards) de dollars. Le seul volet économique se chiffre à 2500 milliards de dollars. Il faut rappeler théoriquement que les mécanismes monétaires ne sont pas créés pour eux-mêmes, ce sont des instruments qui financent la production et les échanges. En conséquence, les instruments financiers doivent refléter les mécanismes productifs et s'y conformer. Il y a dans ce secteur des préjugés aussi difficiles à détruire qu'un atome : on pense que l'épargne est nulle parce que le revenu est faible, on ne cherche donc pas à mobiliser celle qui existe, on croit savoir que la planche à billets est inflationniste, on s'interdit de façon rigide tout déficit budgétaire, ou bien, à l'opposé, on ne mesure pas les limites du déficit et on dérègle les mécanismes avec les dépenses inopportunes de l'État. Ces préjugés conduisent à l'inefficacité des politiques monétaires. De plus en plus, ce sont les ressources intérieures qui soutiendront le financement du développement les autres ressources devront venir en complément comme le montre le schéma suivant :

Deux sources internes de financement doivent permettre de sortir de ces préjugés, il s'agit d'une part, de la mobilisation de l'épargne des individus et des sociétés privées intérieures, qui sont des ressources que le secteur financier transforme en investissement productif et d'autre part, de la mobilisation de l'épargne publique pouvant provenir de trois sources l'excédent des recettes sur les dépenses publiques, l'emprunt à travers l'émission de bons du Trésor et le don à travers l'altruisme.

Dans une analyse globale de l'épargne dans l'ensemble des pays en développement, elle est chiffrée par Elias GANNAGE [126] entre 15 et 20% du PNB. La source dont l'apport est le plus important est l'épargne des sociétés constituée par les provisions pour dépréciation et par les bénéfices non distribués. Pour mobiliser cette épargne, il faut mettre en place un cadre national favorable et indispensable pour canaliser ces ressources nationales. Cela demande de profondes réformes des systèmes financiers afin que les ménages, les individus et les diverses catégories d'entrepreneurs privés puissent s'adresser à une institution financière adaptée à ses besoins de croissance ou de diversification. C'est dire qu'il faut briser le cloisonnement de l'économie entre, d'une part, le secteur informel de la débrouillardise et d'autre part, le secteur dit structuré qui se confinerait dans des activités dites modernes. Ce décloisonnement entrainerait une nouvelle dynamique du système financier à même de capter la moindre épargne. Il faut aussi créer un marché financier actif et ouvert aux classes moyennes et à tous les petits épargnants de la nation.

En ce qui concerne l'épargne publique, elle est fonction des recettes de l'État, mais aussi de la dépense publique qui est souvent sous haute

---

[126] Elias GANNAGE : *Le Financement du développement,* PUF

surveillance des institutions financières internationales. Selon les données 2012 des *Perspectives économiques en Afrique*, les recettes fiscales collectées entre 2000 et 2010 ont augmenté, de 141 à 416.3 milliards USD, représentant une part moyenne non pondérée de 20.3 % du PIB. En 2010, le total des impôts a été plus de huit fois supérieur au volume de l'APD allouée à l'Afrique. « *L'édition 2010 des Perspectives économiques en Afrique* avait souligné l'importance de la progressivité des réformes. À court terme, l'assiette doit être élargie en réduisant les privilèges fiscaux et en négociant une fiscalité plus équitable avec les multinationales. À moyen terme, les capacités des administrations fiscales doivent être renforcées. À long terme, les pays africains doivent améliorer l'équilibre entre les différents impôts. Il s'agit de renforcer la légitimité budgétaire de l'État, qui doit aller de pair avec un débat public sur une meilleure gouvernance, la transparence et l'utilisation des recettes publiques supplémentaires par le gouvernement.

Au total, le recouvrement des impôts en Afrique a nettement progressé, puisqu'il est passé d'une moyenne non pondérée de 18.1 % du PIB en 2000 à 19.9 % en 2009. Mais cette progression est surtout à imputer aux taxes frappant les ressources dans les pays exportateurs de pétrole, les cours ayant bondi après 2007. Les recettes fiscales sont de très loin supérieures à l'APD : les recettes totales collectées en 2012 en Afrique étaient dix fois supérieures au volume de l'Aide au Développement consentie au continent. Les pays africains peuvent encore faire mieux en améliorant la qualité de leurs systèmes d'imposition en élargissant leur assiette fiscale. Ils perdent des milliards de dollars chaque année du fait de la fraude fiscale. Ces recettes devraient compléter les apports extérieurs pour aider les États à fournir des services publics de qualité et à poursuivre des politiques économiques propices au renforcement de la croissance et à l'attraction de capitaux étrangers »[127].

II/ Les ressources externes des APD, des IDE, des IFI, des fonds souverains et autres financements innovants sont loin du compte.

Dans une note de discussion intitulée « From Billions to Trillions: Transforming Development Finance » produite par le FMI et un ensemble de banques multilatérales de développement (BMD), il est défini, dans les grandes lignes, leur rôle en vue de la conférence d'Addis-Abeba sur le financement du développement et au-delà[128]. Pour arriver à ces niveaux énormes de financement la communauté internationale doit changer d'échelle, pour passer des milliards d'aide publique au développement à plusieurs

---

[127] OCDE : *Perspectives économiques de l'Afrique* Édition 2010

[128] Les banques multilatérales de développement (BMD) et le Fonds monétaire international (FMI) ont produit une note commune de discussion intitulée « From Billions to Trillions: Transforming Development Finance » où ils définissent dans les grandes lignes leur rôle en vue de la conférence d'Addis-Abeba sur le financement du développement.

milliers de milliards d'investissements tous azimuts, humains et matériels, et provenant de sources publiques et privées, nationales et internationales. Selon cette note « ces solutions de financement peuvent être regroupées en quatre grandes catégories recouvrant chacune des approches et des instruments spécifiques pouvant être adaptés aux conditions particulières d'un objectif ou d'un programme, sachant qu'il n'existe pas de solution toute faite :

Additionnalité, mise en commun, habilitation : on trouve ici les nouveaux types d'apports (taxes et redevances par exemple) et les « flux » publics (hors instruments financiers ou investissements traditionnels) susceptibles de créer une valeur économique ou financière. Les orientations stratégiques et les prêts peuvent renforcer les politiques intérieures, l'environnement juridique, fiscal, réglementaire et institutionnel d'un pays et, ce faisant, améliorer ses ressources disponibles et sa cote sur les marchés internationaux. Elles peuvent aussi accentuer l'impact des opérations de développement et attirer les investissements privés.

Instruments d'emprunt opportuns : ce sont des instruments qui permettent d'assurer un flux stable et prévisible d'apports financiers en faveur des programmes de développement. Reposant sur l'émission d'obligations sur les marchés internationaux, ils permettent de mobiliser en amont des fonds publics en faveur du développement.

Mécanismes de gestion des risques financiers (a) : ces initiatives sont un moyen de lever des fonds publics pour inciter le secteur privé à investir, à travers des mécanismes qui corrigent les défaillances du marché et atténuent le risque souverain et/ou les vulnérabilités macroéconomiques/climatiques. Les garanties, les produits dérivés, les financements mixtes, les supports collectifs et les instruments d'élaboration de projets en font partie. Tous offrent une protection, à travers le partage ou le transfert des risques.

Financement axé sur les résultats : cette approche consiste à décaisser les fonds une fois atteints les résultats attendus. Elle a notamment le mérite de transférer la réussite ou le risque d'échec aux entités chargées de mettre en œuvre le projet, ce qui renforce la responsabilité et l'appropriation, améliore la gestion et optimise la prestation de services. Elle accroît aussi les chances de multiplier les sommes allouées aux objectifs de développement »[129]

Les mouvements de capitaux et en particulier les Investissements Directs Étrangers (IDE), constituent la voie privilégiée pour les PSD pour résorber leur déficit important d'épargne. Ces IDE se présentent sous deux formes dominantes : celle des flux financiers qui cherchent à se rentabiliser dans un système monétaire globalisé complètement décloisonné et déréglementé et celle des Firmes multinationales qui visent à augmenter leurs profits, leur rentabilité, leur compétitivité par le contrôle de leurs espaces de valorisation ce qui leur permet d'échapper aux contraintes et législations nationales dans le

[129] Ibd note de discussion du FMI et des BMD.

domaine productif. L'aboutissement des deux formes est le transfert de flux financiers et la délocalisation de la production qui accroissent leur rentabilité et améliorent les conditions de leur valorisation.

Les mouvements de capitaux et en particulier les Investissements Directs Étrangers (IDE), constituent la voie privilégiée pour les pays d'Afrique de résorber leur déficit important d'épargne. Ces IDE se présentent sous deux formes dominantes : celle des flux financiers qui cherchent à se rentabiliser dans un système monétaire globalisé complètement décloisonné et déréglementé et celle des firmes multinationales qui visent à augmenter leurs profits, leur rentabilité, leur compétitivité par le contrôle de leurs espaces de valorisation ce qui leur permet d'échapper aux contraintes et législations nationales dans le domaine productif. L'aboutissement des deux formes est le transfert de flux financiers et la délocalisation de la production qui accroissent leur rentabilité et améliorent les conditions de leur valorisation.

Dès lors, l'objectif est clair : créer un environnement favorable et rendre l'investissement privé plus attractif et de sorte à attirer plus particulièrement l'IDE cela d'autant plus que deux facteurs concomitants vont approfondir le mouvement des IDE vers l'Afrique : d'abord, avec un taux de croissance de près de 5 %, qui augure le doublement du PIB dans les dix prochaines années et ensuite, le retour sur investissement de 24 à 30% selon la Banque mondiale. En conséquence, l'Afrique est en train de prendre une place de plus en plus importante dans l'économie mondiale. Si l'Afrique a reçu 3.6 % des IDE internationaux en 2011, contre 4.2 % en 2010, ce chiffre reste quatre fois supérieur aux 0.8 % de 2000, mais nettement inférieur au record de 2009, de 5.9 %.

Parmi les investisseurs étrangers qui ont décidé de miser sur l'Afrique, sont très souvent originaires des pays du BRIC : Chine, Brésil et Inde qui ont profité de la désertion sur ce continent, de nombreuses entreprises occidentales en provenance des anciens empires coloniaux pour s'y implanter durablement. Ces pays émergents disposent, aujourd'hui, de plus de 50% des réserves financières du monde, il est de l'intérêt de l'Afrique de se tourner vers ces pays pour espérer obtenir à des conditions douces pour les capitaux dont elle a besoin pour son industrialisation. En définitive, la Conférence des Nations Unies sur le commerce et le développement (CNUCED) table sur un retour des IDE vers l'Afrique à leurs niveaux moyens d'avant la crise mondiale d'ici 2014.[130] L'augmentation tendancielle de la part des puissances émergentes

[130] Un rapport publié par les consultants ERNST & YOUNG (E&Y) intitulé «Building Bridges» accorde une importance capitale aux IDE. L'étude note le nombre de projets s'accroit et entre 2003 et 2011, les infrastructures (transport, communication et énergie) attirent la part du lion (38%), suivies de l'industrie manufacturière (29,6%) et de l'industrie minière (27,6%). E&Y souligne qu'une partie des investissements est dirigée vers les produits de consommation destinés à une classe moyenne en expansion. E&Y indique également que 26 pays sont à présent membres de l'une des trois zones africaines de libre-échange, soit un

dans ces investissements étrangers devrait se maintenir proportionnellement à leurs besoins en ressources naturelles.

Les Fonds Souverains sont nombreux à s'investir en Afrique, certains sont mis en place par les pays émergents qui y recyclent leurs excédents. Il existe une deuxième catégorie, les fonds de capital-investissement de stature mondiale qui se développent avec rapidité et qui, antérieurement, avaient longtemps boudé l'Afrique, lui préférant les marchés matures. Ces *private equity* sont devenus très actifs dans la mobilisation des fonds et contribuent à donner plus de visibilité aux autres acteurs du domaine. Les plus en vue sont: Carlyle deuxième acteur mondial du capital-investissement par les actifs gérés (96 milliards de dollars), Helios Investment Partners, le fonds sud-africain Paladin Capital Group, le fonds britannique Actis, l'Association du capital-investissement dans les marchés émergents (EMPEA) qui possède 165 pourvoyeurs de fonds dont 89% des investisseurs privés et institutionnels, jugent le continent attractif. Ces investissements ouvrent d'excellentes perspectives à long terme, ce qui correspond au besoin de financement de l'industrialisation africaine.

Cette nouvelle confiance accordée au continent s'observe aussi au niveau des levées de fonds pour l'Afrique. Ils ont atteint 6 milliards de dollars entre 2006 et 2008 contre 2 milliards de dollars entre 2000 et 2005. Les pays émergents, ont reçu 3 % du total et l'Afrique 4 % 2009.et 6,4 % en 2010.

III/ L'aide publique au développement : les promesses des différents G (G7, G8 et G20) à coup de milliards de dollars, jamais tenues. Les pays émergents tentent péniblement de prendre le relai.

En progression dans les années 80, les montants alloués à l'aide publique au développement (APD) n'ont cessé de se réduire pendant les années 90, même si ce mouvement s'est stabilisé au début des années 2000, mais à son niveau le plus bas. Cette baisse trouve des explications contradictoires selon que le pays est donateur ou bénéficiaire. Dans les pays donateurs, on l'accuse l'APD d'être inefficace et d'alimenter la corruption et, en conséquence, une certaine opinion demande sa suppression ou tout au moins sa réduction. Dans les pays bénéficiaires, la baisse de l'aide est dénoncée du fait que son octroi

---

bassin de population de 600 millions d'habitants et un produit intérieur brut de 1000 milliards de dollars. Le commerce intra-africain a augmenté de 35 millions de dollars en 2002 à 103 millions en 2010. L'étude révèle surtout que les Africains eux-mêmes veulent aussi profiter de l'énorme potentiel de leur continent. Les investissements intra-africains ont connu une croissance exponentielle, venus essentiellement des puissances régionales que sont le Kenya, le Nigeria et l'Afrique du Sud. Ils représentent désormais 17% du total. Entre 2003 et 2011, les investissements intra-africains ont progressé de 23% par an. Et cette croissance s'est accélérée depuis 2007 (42% en moyenne).

est de plus en plus soumis à un nombre impressionnant de contraintes et d'exigences des bailleurs.

La diminution importante du volume de l'ADP (20% en 2001 par rapport à 1999), résultant du désengagement des plus gros donateurs dont les USA (0.1% de leur PNB), l'Allemagne (0.28%) et le Japon (0.27%) et de la baisse des décaissements des organisations multilatérales, a coïncidé avec d'une part, la baisse des taux de croissance et l'accroissement des difficultés notamment les dysfonctionnements des institutions, rencontrées dans les pays africains, et d'autre part, l'émergence d'une nouvelle philosophie qui assigne désormais à l'aide publique des objectifs de long terme ambitieux, dont la lutte contre la pauvreté et le soutien au développement durable.

Désormais, tous les partenaires semblent prendre conscience de la nécessité d'une véritable refondation de l'APD afin de la rendre efficace et plus conforme aux priorités du développement des pays bénéficiaires. Cette refondation est la conséquence de la critique interne de la mondialisation libérale qui, dans ses dimensions Nord-Sud, est révélatrice de très profondes inégalités sociales.

La Déclaration de Paris sur l'efficacité de l'aide, entérinée en mars 2005, est un accord international conclu entre donateurs et bénéficiaires de l'APD. L'objectif principal de ce texte est de réformer les modalités d'acheminement et de gestion de l'aide pour augmenter son efficacité, notamment en matière de réduction de la pauvreté et des inégalités, de consolidation de la croissance, de renforcement des capacités et de progression vers les OMD (article 2). Cette déclaration repose sur 5 principes :

Les conditions d'efficacité de l'APD.

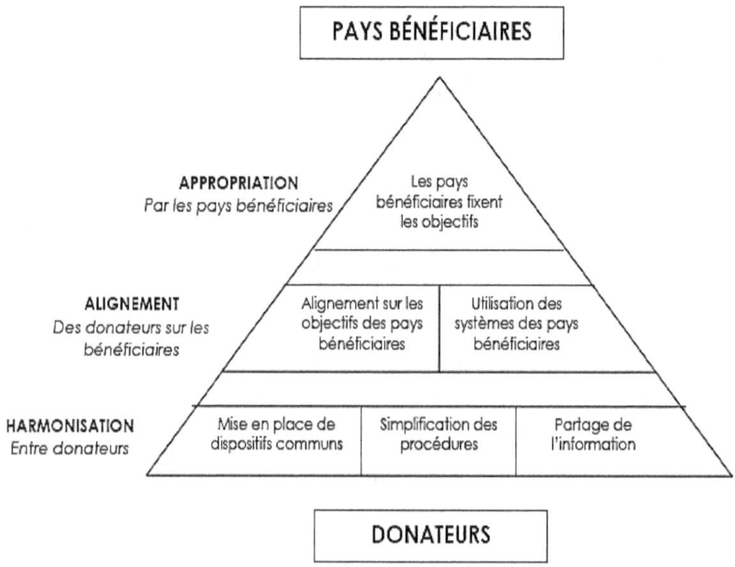

Á propos de l'APD, il est observé dans « Les Perspectives Économiques de l'OCDE » que pour l'Afrique, en 2005, les IDE ont ravi à l'APD la première place des apports extérieurs. L'article souligne, cependant, pour 20 des 28 pays à faible revenu, qui représentent 52 % de la population du continent, l'APD reste la principale source de financement en 2010.

Au moment où l'APD baisse avec en même temps une crise d'efficacité, l'aide chinoise semble prendre le relai qualitativement et quantitativement. La Chine est, aujourd'hui, le premier donateur financier du continent africain. Les investissements directs chinois sont supérieurs à ceux de toutes les anciennes puissances coloniales réunies. Cette aide financière est faite de prêts bonifiés ainsi, pour la période 2010/2012, la Chine a prêté 10 milliards de dollars au continent pour financer des projets d'infrastructures. En plus, des institutions financières chinoises ont accordé 1 milliard de dollars sous forme de prêts spéciaux aux petites et moyennes entreprises africaines. S'y ajoutent les annulations de dette réalisées en faveur des 31 pays africains les plus pauvres.

IV/ Les transferts de fonds des migrants plus importants que l'APD.

Les transferts de fonds des migrants constituent l'une des principales sources financières des pays en développement. Ils ont été d'un apport déterminant en Chine où les diasporas ont joué une partition extrêmement appréciable dans le financement du développement et de l'industrialisation. Selon une étude de la Banque africaine de Développement, en 2007 leur montant est estimé à plus de 320 milliards de dollars. Différentes études empiriques montrent que les envois de fonds effectués par le biais des canaux informels pourraient représenter au moins la moitié de ce montant estimatif officiel, ce qui en fait la principale source de capitaux extérieurs pour de nombreux pays en développement. De nos jours, 1 personne sur 10 à travers le monde participe directement aux envois de fonds, soit en envoyant soit en recevant ces fonds. En 2007, on estimait à quelque 125 millions le nombre de travailleurs migrants qui aident de la sorte 500 millions de personnes, membres de leurs familles restés dans leur pays d'origine.[131]

Ces envois de fonds en Afrique sont estimés à quelques 50 milliards de dollars et constituent pour de nombreux pays africains la source principale et la plus stable de flux de capitaux et dépassent à la fois l'IDE et l'APD. Quelques exemples méritent d'être cités : au Maroc, ces envois de fonds représentent 637 % de l'IDE et 452 % de l'APD, en Égypte, ils représentent 467 % de l'IDE et 225 % de l'APD, au Cap-Vert, ils représentent 929 % de l'IDE et 103 % de l'APD. L'étude de la BAD arrive à la conclusion que,

[131] BAD : «L'approche de la Banque en matière de transferts de fonds des migrants » L'initiative Migrations et Développement, Mars 2009.

globalement, ces envois de fonds représentent 9 % à 24 % du PIB et 80 % à 750 % de l'APD.[132]

Encadré 12 : Le rôle croissant des envois de fonds en Afrique.

Si l'IED, l'APD et la dette sont traditionnellement les principales sources de financement extérieur en Afrique, les envois de fonds ont gagné en importance ces dernières années. En 1990, l'Afrique ne recevait qu'environ 8,9 milliards de dollars en envois de fonds, représentant quelque 11 % des flux globaux et 26 % des flux vers les pays en développement. En 2012, d'après les estimations, le continent a reçu 62,4 milliards de dollars, soit 12 % des flux globaux et 17 % des flux vers les pays en développement. Les envois de fonds retiennent également davantage l'attention des décideurs en Afrique, car ils ont tendance à être une source de financement moins instable que l'APD et l'IED, et il est bien connu que l'instabilité a des incidences négatives sur l'investissement et la production. Bien que les envois de fonds soient souvent associés à l'exode des cerveaux, ils ont aussi des incidences positives sur le développement. Ils jouent en particulier un rôle important dans la réduction de la pauvreté et le développement du capital humain. En outre, les données et les études disponibles montrent que, contrairement à l'idée selon laquelle ils ne servent qu'à financer la consommation des ménages, les envois de fonds ont aussi des incidences notables sur l'investissement et l'épargne (UNCTAD, 2012b). Dans une étude consacrée aux pays africains, BALDE (2011) observe que bien qu'ils soient quantitativement plus modestes que l'aide publique dans la plupart des pays, les envois de fonds ont des effets plus positifs sur l'investissement et l'épargne, et donc sur la croissance. Dans ces conditions, les pays africains devraient accorder une plus grande attention aux envois de fonds en tant que source potentielle d'un financement stable et non générateur de dette.

CEA : Rapport de 2014 : Catalyser l'investissement pour une croissance transformatrice.[133]

V/ Les capitaux enfuis et flux financiers illicites.

Les capitaux enfuis constituent des pertes énormes de ressources financières. Selon deux chercheurs, Léonce NDIKUMANA et James K. BOYCE[134], les fuites de capitaux dont a été victime l'Afrique subsaharienne entre 1970 et 2004 s'élèvent au total à 341,6 milliards de dollars (en dollars de

[132] Évidemment le volume de ces transferts dépend fortement des crises économiques et financières des pays d'accueil ainsi, en 2009, ces transferts ont beaucoup décliné, en pourcentage du PIB, dans des pays comme le Liberia (3.1 %), le Soudan (1.5 %), le Cap-Vert (1 %), le Sénégal (0.9 %), le Maroc (0.7 %), l'Égypte (0.6 %) et l'Éthiopie (0.5 %).

[133] CEA : Rapport de 2014 : *Catalyser l'investissement pour une croissance transformatrice p.26*

[134] Léonce NDIKUMANA et James K. BOYCE: *New Estimates of Capital Flight from Sub-Saharan* African Countries, October 2007

2004). Si l'on inclut les intérêts rapportés par ces placements, les 40 pays couverts par cette étude ont souffert d'un manque à gagner sur la période de 476 milliards de dollars, soit le double de leur stock de dette extérieure. Les auteurs montrent, par ailleurs, que les fuites de capitaux sont étroitement corrélées à l'endettement extérieur : pour chaque euro emprunté, en moyenne 60 centimes repartent à l'étranger, dès la première année. Cette recherche sur les flux financiers illicites a été confiée par la CEA à un Groupe de Haut Niveau composé de dix membres et présidé par l'ancien chef d'État Thabo MBÉCKI. Il a rendu son Rapport en 2015 et chiffre à 50 milliards de dollars que perd annuellement le continent africain avec des conséquences entre autres la perte du capital investissement et l'affaiblissement des institutions publiques.[135]

En conclusion, l'Afrique est revenue, aujourd'hui, au cœur des enjeux géopolitiques d'un monde qui prend une claire conscience de ses atouts : d'abord un stock immense de matières premières objet d'une vive compétition, une dynamique démographique avec 1 milliard d'habitants, une urbanisation accélérée avec une classe moyenne en augmentation soutenue qui crée un marché interne, une croissance économique qui frise le taux de 7% .alors même que l'Occident est plongé dans une sévère récession. Les systèmes politiques et économiques connaissent une relative stabilité. Dans ce contexte, toutes les prévisions établissent que la prochaine décennie serait celle de l'émergence du continent. Elle doit être celle de l'industrialisation du Continent qui est la condition première du développement. Cette embellie doit être mise à profit pour approfondir et élargir l'industrialisation dont les principaux paramètres se mettent progressivement en place : les projets, les entrepreneurs, les capitaux et les ressources humaines.

Les gouvernements africains ont tendance à mettre l'accent sur l'allocation des ressources plutôt que sur leur mobilisation dans la conduite de la politique industrielle. Ils doivent la renforcer recourant à l'épargne intérieure, en empruntant auprès des institutions de financement du développement et des fonds souverains, en favorisant les Investissements étrangers directs (IDE), en tirant parti des nouvelles sources de financement de la coopération Sud-Sud, en utilisant de façon efficiente les transferts de la diaspora, en encourageant les partenaires traditionnels à accroitre l'Aide publique au développement (APD) et en luttant pour limiter les capitaux enfuis et travailler plus positivement à leur retour.

Dans cette direction, il importe de mettre en œuvre, voire consolider un environnement macro-économique stable se caractérisant par un niveau faible et

---

[135] Ces flux recensés concernent principalement l'évasion fiscale activités criminelle notamment le blanchiment d'argent, les produits de la drogue, le commerce des armes et la traite des êtres humains. Au-delà des recommandations, le GHN se propose d'interpeller les gouvernements occidentaux, les organisations internationales et les divers partenaires économiques et financiers des pays africains.

constant de l'inflation, un déficit budgétaire soutenable, un taux de change adéquat, un encours de la dette supportable et un système bancaire efficace. Un tel environnement constitue le gage d'une crédibilité et d'une meilleure lisibilité de la politique économique sur la base de laquelle les agents formulent leurs anticipations. Il facilite les décisions d'investissement et de planification, encourage l'épargne et l'accumulation privée du capital et sécurise les investisseurs étrangers.

EN CONCLUSION

Il ressort de toute cette analyse que la disponibilité des ressources financières n'est ni une contrainte ni un goulot d'étranglement infranchissable. Au plan interne comme externe, il existe des ressources financières à suffisance pour faire face aux besoins de financement non seulement de la politique industrielle, mais de toute la politique sectorielle.

EN SAVOIR PLUS 5 : SELON L'OCDE DE PLUS EN PLUS, CE SONT LES RESSOURCES INTÉRIEURES QUI DOIVENT SOUTENIR LE DÉVELOPPEMENT ET LA CROISSANCE.[136]

Selon l'OCDE, c'est aux pays qu'il incombe de piloter leur propre développement. Les pays doivent prendre en charge leurs propres priorités de développement. Les ressources intérieures propres, telles que les impôts, sont la plus importante source de recettes, même dans les pays les plus démunis. L'OCDE a mis en place deux programmes — Fiscalité et Développement et Inspecteurs des impôts sans frontières — en vue d'améliorer les recettes fiscales. Face à ces enjeux de portée mondiale, il est nécessaire de mobiliser la participation de tous les acteurs — et chacun doit prendre sa part de responsabilité dans l'action, qu'elle soit individuelle ou collective.

Concernant les fonds souverains, leur énorme capacité financière, alimentée, c'est selon, les excédents d'exportations de biens divers ou de matières premières, notamment des hydrocarbures. Ils effraient autant qu'ils avivent des convoitises. La critique majeure adressée concerne leurs intentions réelles et leur possible utilisation comme arme géopolitique par les gouvernements des pays dont ils sont censés préparer l'avenir. La *China Investment Corporation* (CIC, 300 milliards de dollars d'avoir), l'un des deux fonds souverains chinois, est avant tout un outil stratégique pour Pékin dans sa rivalité économique et politique avec Washington. La suspicion est la même vis-à-vis des fonds du Golfe à l'image des déboires de l'Émirat de Dubaï qui,

[136] Rapport de l'OCDE 2000 : L'OCDE a mis en place deux programmes — Fiscalité et Développement et Inspecteurs des impôts sans frontières — en vue d'améliorer les recettes fiscales. Face à ces enjeux de portée mondiale, il est nécessaire de mobiliser la participation de tous les acteurs — et chacun doit prendre sa part de responsabilité dans l'action, qu'elle soit individuelle ou collective.

via *Dubaï Ports*, propriété de l'un de ses holdings publics, a été obligé de renoncer en 2006 à l'acquisition de six ports américains. Il est vrai que la transparence n'est pas le point fort de ces géants. Rares sont ceux qui, comme le fonds norvégien (*Government Pension Fund*, 500 milliards de dollars d'avoir), publient le montant exact et l'évolution de leurs avoirs. Rares sont aussi ceux qui communiquent ouvertement sur leurs opérations. Les fonds souverains qui exposent et explicitent leurs stratégies d'investissement au grand jour ne sont guère nombreux. Sur les vingt principaux fonds mondiaux, seuls deux – le fonds souverain australien (*Australian Future Fund*, 50 milliards de dollars .d'avoir) et *China Investment Corporation* – déclarent viser des rendements nets de l'ordre de 5%.

Selon le rapport 2020 sur le développement économique de l'Afrique, publié par la Conférence des Nations unies sur le développement **(CNUCED), Le continent perd au moins 76 milliards d'euros (88,6 milliards de dollars) par an.** *« Ces flux, qui privent les Trésors publics de ressources nécessaires au financement du développement, sont considérables et ne cessent de croître ».* Le rapport précise que *« les principaux mécanismes d'évasion fiscale et de fraude fiscale sont la fausse facturation dans le commerce international, la manipulation des prix de transfert, le transfert de bénéfices et l'arbitrage fiscal ».* Dans cette architecture, on comprend mieux qu' *« au niveau mondial de 30 % à 50 % des investissements directs étrangers transitent par des sociétés-écrans offshore »*, avec pour conséquences directes une volatilité accrue des capitaux investis, une part croissante des bénéfices réalisés déclarée dans des paradis fiscaux et une instabilité chronique des États de se développer. Dans ce contexte, la CNUCED appelle à *« renforcer a participation de l'Afrique à la réforme de la fiscalité internationale »*, ou à *« intensifier la lutte contre la corruption et le blanchiment d'argent ».*

THÈME 11 – LES PLANS DE DÉVELOPPEMENT DE L'AFRIQUE : DU PLAN DE LAGOS AU NEPAD.

Par

Professeur Moustapha KASSE, Doyen de la FASEG, UCAD.

INTRODUCTION

La décennie des années 80 a été, pour l'Afrique, marquée par de graves difficultés économiques et sociales. Entre 1980 et 1989, il y a eu un déclin constant et général de l'activité économique, du bien-être social et des niveaux de vie en Afrique. La crise grave qui a traversé l'Afrique au cours des années 80 s'est manifestée sous trois formes à savoir :

- la détérioration générale des indicateurs macro-économiques principaux ;
- la désintégration des structures de production et des infrastructures ;
- et la dégradation rapide du bien-être social, notamment l'éducation, la santé publique et le logement ainsi qu'une détérioration écologique accélérée.

La genèse de la nouvelle politique de l'OUA, consignée dans le Plan d'Action de Lagos (PAL) pour le développement économique de l'Afrique 1980-2000, remonte à la XVIème session ordinaire de la Conférence des Chefs d'État et de Gouvernement, tenue à Monrovia en juillet 1979, précédée par des travaux d'experts économistes, et clôturée par «*une déclaration sur les principes directeurs à respecter et les mesures à prendre pour réaliser l'autosuffisance nationale et collective dans le domaine économique et social, en vue de l'instauration d'un nouvel ordre économique international*».

Par cette déclaration, les Chefs d'État et de Gouvernement de l'OUA «*s'engageaient, au nom de leurs gouvernements et de leurs peuples à promouvoir le développement économique et social et l'intégration de leurs économies en vue d'accroître l'auto dépendance et favoriser un développement endogène et autoentretenu*» pour faciliter et renforcer leurs rapports sociaux et économiques ; pour l'édification aux niveaux national, sous-régional et régional d'une économie africaine dynamique et interdépendante, pour l'établissement, chaque année, de programmes spécifiques pour matérialiser cette coopération économique sous-régionale, régionale et continentale. La mise en œuvre de cette déclaration a été faite en avril 1980, est consignée dans un Plan d'Action, dont l'ambition est à la mesure du retard dramatique constaté par tous, embrasse des domaines aussi variés que :

- l'agriculture et l'alimentation dont le plan de développement a été approuvé à Arusha et adopté dans la déclaration de Monrovia de juillet 1979 ;
- l'industrialisation du continent par la poursuite d'objectifs à long, moyen et court terme, visant à atteindre en l'an 2000 au moins 2% de la

production industrielle du monde, conformément aux objectifs de la conférence de Lima ;

- l'exercice de la souveraineté totale des pays africains sur leurs ressources naturelles, en s'appuyant sur la formation des hommes capables de maîtriser les technologies appropriées ;
- le développement et l'utilisation rationnels des ressources humaines nécessaires à ce plan d'action ;
- la mise de la science et de la technologie au service du développement du continent aux niveaux national, sous régional et régional ;
- l'adoption et la mise en œuvre d'une stratégie générale en matière de transports et de communications ;
- et la promotion et l'intensification des échanges commerciaux et financiers sur le plan national interafricain.

Cette énumération non exhaustive montre, si besoin en était encore, l'ampleur qui a été donnée à ce PAL, ainsi que les grands espoirs qu'il a suscités à l'occasion de son adoption et de sa promulgation. Malgré cela les 90 vont montrer de maigres résultats dans la réalisation des objectifs du PAL. Quelles en sont les raisons ?

I/ Les évaluations critiques internes et externes[137].

Pourquoi le PAL et la forte détermination qui l'a inspiré n'ont-ils pas réussi à pousser l'Afrique sur la voie de la croissance et du développement économique et social ? Le PAL a-t-il été abandonné au profit du Programme d'Ajustement Structurel (1981), du Programme Prioritaire Africain pour le Rétablissement économique (APPER) élaboré en vue de la Session Spéciale ? Ou du Programme d'Action des Nations Unies pour le Développement de l'Afrique(1986) ?

Cette énumération n'est point exhaustive, car il faut y ajouter bien d'autres programmes qui ont avorté comme les diverses décennies par exemple du «développement industriel», des «Transports et des télécommunications» et également le CARPAS qui était censé être un Cadre Africain de Référence pour les Programmes d'Ajustement Structurel en vue du redressement et de la transformation socio-économique du Continent.

Au bout du compte les résultats ont été bien en de ça des espérances, ce qui a justifié les évaluations sévères comme «la décennie gâchée», «la décennie des espoirs déçus» ou plus fréquemment «la décennie perdue». En effet, qu'il s'agisse de la croissance économique, de la résorption du double déficit structurel de la balance commerciale et des finances publiques, de la dette extérieure et intérieure, des niveaux de pauvreté, de la nutrition, de la santé, de

---

137 Moustapha KASSE : *Le NEPAD et les enjeux du développement* Edit. Maisonneuve et La Rose p.283 et mon article : *Le NEPAD dévoyé ou l'éclipse d'une grande espérance.*

l'éducation en un mot de l'amélioration du bien-être social les performances sont extrêmement médiocres voir insignifiantes.

Ces Plans et Programmes et notamment le PAL ont suscité des critiques à la fois internes et internationales, notamment sur le plan de la stratégie globale de développement qu'ils préconisaient.

1°) les critiques internes : un quasi-constat d'échec.

Bien que, d'une manière générale, les plans de développement national soient conformes au Plan d'Action de Lagos, il est établi que l'Afrique dans son ensemble n'a pu atteindre les objectifs fixés, en matière de performances socio-économiques, dans le Plan d'Action de Lagos aux niveaux sectoriel et macro-économique.

Par rapport aux objectifs macro-économiques fixés pour les années 80 dans le Plan d'Action de Lagos, en 1988, le taux de croissance du PIB par habitant a atteint le chiffre médiocre de 0,88%, l'agriculture a enregistré une croissance de 2,3%, l'industrie 4,9%, les industries extractives 4,7% tandis que la part de l'investissement dans le PIB passait de 25,2% en 1978 à 15,8% en 1988, et les taux de croissance des exportations et des importations n'étaient que de 3,8 et 0,3% respectivement, ce qui était très en deçà des taux enregistrés en 1978. Il se pose donc la question suivante : pourquoi la performance effective des indicateurs économiques et la situation sociale n'ont pu être à la mesure des espérances suscitées par le Plan d'Action de Lagos ? L'écart entre les intentions et la réalité pourraient être imputables aux raisons suivantes. En premier lieu à l'incapacité chronique des pays africains à traduire les principes directeurs adoptés au niveau continental en politiques, programmes et projets nationaux ; le manque d'une détermination à poursuivre sans relâche les stratégies et politiques convenues, avec pour corollaire, la non-application de ces politiques et programmes. Les plans nationaux de développement et les budgets annuels ont plutôt eu tendance à perpétuer, voire renforcer les structures économiques que l'Afrique a héritées de l'ère coloniale. En troisième lieu on constate la différence de conception et de perspective entre l'Afrique, d'une part, et les donateurs et institutions multilatérales, d'autre part, quant à la voie à suivre en Afrique et surtout le manque d'enthousiasme des partenaires de l'Afrique en matière de développement à aider le continent à atteindre les buts et objectifs qu'il s'est fixés. En troisième lieu, on observe l'illusion entretenue que chaque pays peut s'en tirer seul pour surmonter les énormes difficultés de la transformation socio-économique. En traitant, chaque pays concerné comme une île sans tenir compte de ses voisins, les programmes d'ajustement structurel classiques ont renforcé cette illusion d'un développement national indépendant, portant ainsi préjudice à la notion de coopération régionale, d'entraide et d'autosuffisance collective. En quatrième lieu chaque pays se préoccupe des crises à court terme, notamment, la gestion des déséquilibres financiers extérieurs et intérieurs et la dette extérieure. Dans de nombreux pays, les services des départements de planification, de prévision, de statistique sont détournés de leur fonction de formulation et de conception de plans de développement socio-économique à long terme pour entreprendre des tâches de routine quotidiennes consistant à formuler et appliquer des programmes d'ajustement structurel. En outre, les autorités sont sans cesse occupées à négocier des restructurations de dette qui n'ont jamais véritablement résolu la crise de la dette nationale. En cinquième lieu, on observe le rôle néfaste des «experts» et cadres étrangers qui participent directement ou indirectement à la prise de décisions économiques nationales. Il en résulte bien des fois à une perte de souveraineté économique Il en était ainsi en ce qui concerne les programmes d'ajustement structurel parrainés par la Banque Mondiale et le FMI. À ces cinq facteurs viennent s'ajouter d'une part les chocs externes provenant de la détérioration de l'environnement économique international et la marginalisation continue de l'Afrique et d'autre part, les effets de la sécheresse et de la désertification, des cyclones (dans les États côtiers et insulaires de l'Océan indien), les acridiens et autres prédateurs ; l'extrême vulnérabilité de l'agriculture africaine aux aléas climatiques. De plus, les guerres civiles et les diverses conflictualités ont déstabilisé certains pays et ont perturbé les activités économiques normales, détruit certaines infrastructures, entraîné le déplacement de millions de personnes et obligé les gouvernements à détourner les rares ressources des activités de développement.

2°) les critiques internationales conduites par Banque mondiale.

Dans cette optique une institution comme la Banque Mondiale a à trois reprises, publié des rapports qui sont de véritables contre-propositions au PAL. Le premier est paru en 1981 sous le titre «**le développement accéléré en Afrique au sud du Sahara : programme indicatif d'action**». Plus connu sous le Plan BERG, du nom de son principal rapporteur, ce plan d'action allait directement à l'encontre du PAL (qui rappelons-le privilégiait le développement endogène, autoentretenu et autocentré) recommander une orientation de la stratégie du développement vers la dynamique des exportations, donc vers une plus grande insertion des économies africaines aux marchés internationaux. Le deuxième rapport, paru en 1983, est intitulé «**Rapport intérimaire sur les perspectives et programme du développement**». Tout en adoptant l'essentiel du **Rapport BERG**, il tient compte d'une part de la place qu'occupe l'environnement commercial et financier international dans les résultats des économies africaines et d'autre part des mesures que certains gouvernements africains ont prises dans les domaines aussi importants que la politique des prix, la valorisation des produits de l'agriculture locale, l'utilisation plus rationnelle des ressources nationales dans le secteur public. Le troisième et dernier rapport de la Banque Mondiale daté de 1984 sous le titre «**Un programme d'action concertée pour le développement stable de l'Afrique au Sud du Sahara**». Ce rapport, tout en reprenant le thème fondamental des deux précédents, s'en distingue par son insistance sur le caractère capital des changements politiques institutionnels, l'emploi plus rationnel des ressources d'investissements intérieures et extérieures, l'endettement de plus en plus lourd pour des pays. Le Rapport insiste aussi sur les contraintes imposées par la forte croissance démographique, le faible développement des ressources humaines et de la technologie ainsi que sur l'épuisement inquiétant de certaines ressources naturelles comme les forêts.

La succession de ces trois Rapports de la Banque Mondiale, en l'espace de trois ans, traduisait en réalité une évolution de la pensée de cette institution et une incertitude évidente sur les solutions proposées, qui d'ailleurs butaient sur un problème essentiel : les moyens financiers et non financiers exigés par les objectifs que le programme de Lagos s'était assigné.

II/ les autres initiatives africaines des années 8o : l'échec des décennies du développement.

Suite aux modestes performances du PAL, d'autres expériences ont été entreprises souvent en relation avec la Communauté internationale, cela a été le cas de certaines initiatives comme les décennies du développement industriel et celle relative aux transports et aux communications en Afrique.

1°) La décennie du développement industriel.

Dans la décennie du développement industriel de l'Afrique, 1980-1990, un certain nombre d'objectifs à long, moyen et court terme ont été définies et des mesures concrètes recommandées pour leur réalisation, dans la poursuite des objectifs du Plan d'Action. C'est ainsi qu'en 1985, il était escompté que l'Afrique aurait jeté les fondements du développement des industries de base ; c'est-à-dire des industries métallurgiques, mécaniques, électriques et chimiques et, qu'à tout le moins, elle aurait porté sa part de la production industrielle mondiale à 1%. Les mesures qui auraient permis au continent de réaliser l'autosuffisance dans le traitement des produits alimentaires, en matière de produits industriels, d'habillement et d'énergie en 1990 ont été également définies. La décennie préconisait le renforcement de la coopération industrielle intra-africaine par la définition, la préparation et l'exécution de projets industriels multinationaux viables (sous-régionaux et multinationaux).

Plusieurs pays africains se sont lancés dans le renforcement des institutions nationales existantes ou la création de comités de coordination nationaux et de centres de liaison opérationnels pour la décennie. Nombre de pays se sont également efforcés d'incorporer les principes directeurs et les orientations de la décennie dans les volets industriels de leurs plans nationaux de développement. Dans certains pays, des objectifs ont été fixés pour accroître la part en pourcentage de l'industrie dans le PIB, et dans d'autres un accent particulier a été mis sur l'établissement et le renforcement de liens entre l'agriculture et l'industrie. Dans quelques pays, le développement des petites et moyennes industries a été intensifié en vue de parvenir à un développement autosuffisant et autonome conformément aux principes du Plan de Lagos.

En dépit des progrès réalisés dans la mise en œuvre du programme de la décennie, le secteur industriel en Afrique est demeuré exigu et fragmenté, pratiquement sans relation intra-sectorielles et inter-sectorielles. Pour le continent tout entier, la valeur ajoutée moyenne dans la production manufacturière par habitant a peu progressé entre 1980 et 1990 pour passer à 61,7 dollars des États-Unis. En outre, le grand nombre d'industries de substitution aux importations existant en Afrique se sont avérées comme d'importantes sources de fuites de devises en raison des importants croissantes de matières premières, de pièces de rechange et, parfois aussi, de main-d'œuvre spécialisée étrangère.

2°) La décennie des transports et des communications.

Dans le cadre des transports et communications, l'accent dans le Plan d'Action de Lagos est mis sur l'importance de la Décennie des Nations Unies pour les transports et les communications en Afrique, 1978-1988. Dans le cadre du programme de cette décennie, les projets nationaux, sous-régionaux et régionaux qui permettraient la mise en place d'une infrastructure intégrée et diversifiée de transports et communications en Afrique avant l'an 2000 ainsi que le désenclavement des pays sans littoral et des régions isolées de l'Afrique ont été également définis.

Pour ce qui est de l'exécution toutefois, la première phase de la Décennie n'a pas réussi en raison des difficultés financières et de l'application des seuls critères géographiques pour l'établissement des projets prioritaires. Néanmoins, dans la phase II de la Décennie (1984-1988), l'accent a été placé avec juste raison sur l'entretien et la remise en état, ainsi que sur la formation et l'assistance technique. En général, un taux d'exécution plus élevé a été enregistré pour le secteur des transports (60%) par comparaison au secteur des communications (26%). Le sous-secteur de la radiodiffusion a enregistré le taux d'exécution le plus faible, soit 15% seulement, tandis que le sous-secteur des ports a connu un taux d'exécution de plus de 70%. Il ressort des informations disponibles sur les résultats de la phase II que le secteur des transports le taux d'exécution a été plus élevé que dans le secteur des communications avec l'achèvement de 109 des 578 projets (19%) dans les transports et seulement de 55 des 470 projets (12%) pour les communications. Ici encore seuls six projets sur 135 avaient été achevés dans le sous-secteur de la radiodiffusion, d'où un taux d'exécution de 5%.

III/ La nécessité d'une autre vision : les points de rupture du NEPAD jusqu'à son dévoiement[138].

Au début de ce 3ème millénaire, jamais l'humanité n'a disposé d'autant de moyens techniques et financiers, mais également jamais les inégalités n'ont été

---

[138] Moustapha KASSE et Hakim BEN HAMMOUDA : *Le NEPAD et les enjeux du développement*, Edit. Maisonneuve et La Rose, 2002, 283 p et mon article : *Le NEPAD dévoyé, publié* par Le journal Le Quotidien.

aussi criardes avec l'avènement en Afrique d'une pauvreté de masse. En effet, l'Afrique compte aujourd'hui un peu plus de 250 millions de pauvres soit environ 45% de sa population. Plus grave encore, la pauvreté est en sensible progression en raison d'une stagnation de la croissance des revenus (2,1% sur la période 1991-1995).

Dans la décennie 1990, l'Afrique est le seul continent qui s'est autant appauvri. La croissance, même si elle n'est pas suffisante est essentielle pour réduire la pauvreté ne fusse que par amélioration soutenue des revenus des personnes. Si le continent veut réduire de moitié la pauvreté à l'horizon 2015, il faut un taux de croissance cible de deux chiffres sur au moins deux décennies. Cela nécessite des investissements massifs de l'ordre de 35 à 40% du PIB de chaque pays. Même en agrégeant le volume global de l'épargne intérieure, les excédents en devises, l'aide extérieure et les capacités d'endettement, le challenge est quasiment impossible. S'y ajoute que contrairement à d'autres régions notamment l'Asie et l'Amérique latine, la production moyenne de l'Afrique, par habitant et en prix constants, à la fin des années 90, était inférieure à ce qu'elle était il y a trente ans et que sa production industrielle comme sa part dans le commerce mondial ont reculé. Plus grave encore, le Continent est passe d'être laissé en rade de la révolution mondiale des technologies de l'information et de la communication.

À l'analyse, les moyens de résoudre la crise des économies africaines existent. En effet, le système mondial dispose des moyens techniques et financiers tandis que l'Afrique possède d'importants atouts d'un énorme potentiel des ressources exploitées, ainsi que de réserves démographiques et culturelles porteuses de croissance.

Ce qu'il faut alors c'est une vision nouvelle d'un développement durable par l'intégration et dont les fondements seraient premièrement l'amélioration de la gouvernance qui stabilise les institutions et les fondamentaux du cadre macroéconomique, deuxièmement les investissements dans les secteurs moteurs de la croissance qui augmenteraient alors la compétitivité et la diversification des économies et troisièmement la forte réduction de la dépendance du binôme aide et endettement. Ce modèle de développement devrait vaincre tous les obstacles et handicaps afin d'instaurer un système politique démocratique et une économie performante capable d'enclencher un processus de croissance régulière, harmonieuse et au taux le plus élevé possible compte tenu des ressources disponibles.

Le PLAN OMÉGA se veut être cette approche à la fois stratégique et originale en tous points comparable aux nouvelles théories de la croissance endogène qui font dépendre le taux au comportement des agents et aux caractéristiques des systèmes économiques contrairement aux théories traditionnelles pour lesquelles le taux de croissance est déterminé par des variables supposées exogènes comme le progrès technique et l'accroissement démographique (modèle de SOLOW). Ainsi, les modèles traditionnels supposaient que le taux de croissance à long terme dépendait de l'expansion de la population et des gains de productivité qui permettent d'améliorer l'efficacité du travail ; ce taux était dépendant de la propension à épargner. En clair, le taux de croissance à long terme était « exogène », en ce sens qu'il ne dépendait ni du comportement des agents (épargne, investissement, recherche….), ni de la politique économique (budget, fiscalité…). Une telle approche n'est pas satisfaisante, puisqu'elle ne permet pas d'expliquer les écarts entre pays ni les disparités persistantes de niveau de vie. Les recherches empiriques récentes ont fait apparaître une forte corrélation entre le capital au sens large y compris le capital humain et la croissance.

Dans ces nouvelles formulations, la croissance est portée par quatre sources principales qui ne sont rien d'autre que les secteurs prioritaires du Plan Oméga à savoir : le capital physique (infrastructures de base), le capital public, le capital humain (éducation et santé) et l'innovation technologique. Encore, faut-il la présence d'un mécanisme qui empêche ou compense la diminution des productivités marginales des facteurs de production au fur et à mesure de leur accumulation. Sur la première source, on peut observer que le manque de moyens de communication constitue un obstacle majeur à l'organisation des marchés et au fonctionnement des prix ; la difficulté des transports augmente les coûts de transaction qui séparent le prix perçu par le producteur de celui qui est payé par le consommateur. Lorsque ces coûts augmentent les échangent tendent à décroître ce qui va favoriser le retour de l'économie de subsistance.

Trois modèles sont maintenant bien connus : ceux du prix Nobel ROMER (1986 et 1990), du prix Nobel LUCAS (1988) et de BARRO (1990). Quel est le principal enseignement de ces approches qui inspirent OMÉGA ? C'est fondamentalement l'introduction des externalités découvertes initialement par certains auteurs comme AUKRUST, KALDOR et même par les planificateurs français du Plan MONNET. C'est en introduisant les externalités dans l'analyse que les modèles de croissance endogène parviennent à résoudre le problème de la diminution des productivités marginales des facteurs accumulés. En effet, il y a externalité lorsque les décisions de consommation ou de production d'un agent affectent la situation d'un autre agent autrement que par les relations de marché. L'externalité peut alors être positive ou négative. Dans les modèles de croissance endogène, l'externalité positive peut provenir soit du capital physique (même si les biens sont publics), soit du capital humain (learning by doing) soit des innovations technologiques.

Ces nouvelles théories de la croissance sont non seulement plus adaptées au contexte de l'Afrique, mais elles sont, surtout, largement confortées par les expériences historiques de développement observées dans le monde notamment aux États-Unis entre les années 50 et 70 (développement des grandes infrastructures de base et des grands travaux dont le New Deal. Ces grands projets sont largement théorisés par **la Nouvelle École Historique** américaine appelée les «cliométriciens» avec le prix Nobel D. NORTH), en Europe dans la période dite des «Trente glorieuses» années de croissance (1945-1975) et en Asie avec les économies émergentes d'Asie. Ces différentes expériences historiques ont pour dénominateur commun l'utilisation pleine et entière des principales sources de la croissance. Ces sources sont : **le capital physique** comprenant les infrastructures de base, c'est-à-dire les routes, les chemins fer, les infrastructures portuaire et aéroportuaire, les ouvrages hydroagricoles, les télécommunications et l'énergie ; **le capital humain** qui se compose de l'éducation, de la santé et de la nutrition et **l'agriculture au sens large** comprenant les activités agricoles, l'élevage, la pêche et les forêts.

Manifestement, les insuffisances quantitatives et qualitatives des infrastructures physiques de base, les faiblesses des systèmes éducatifs et de santé comme la dégradation des sols sont les facteurs qui bloquent l'élévation de la productivité et de la compétitivité des économies africaines.

En définitive, si les investissements sont laissés aux seuls efforts de l'Afrique par les deux modes de financement (crédit et aide), on peut estimer que la disparité infrastructurelle ne sera pas résorbée avant une cinquantaine d'années au moins, durée qui serait préjudiciable à la croissance et au développement durable.

Dès lors, l'option essentielle du Plan Oméga est d'évaluer tous les besoins en investissements dans les secteurs prioritaires des infrastructures physiques de base, de l'éducation, de la santé et de l'agriculture afin de les faire prendre en charge par une Autorité internationale. Les financements seront mobilisés et animeraient la croissance de l'Afrique et de l'économie mondiale.

Voilà pourquoi, le Plan Oméga s'inscrit dans une dynamique de rupture d'avec toutes les visions antérieures d'un développement national autocentré mené par un État dit «développeur». Il est un Plan d'action stratégique qui s'appuie principalement sur une construction économique et dans un cadre d'intégration régionale. En effet, l'État libéré de ces investissements devrait se consacrer à de nouvelles missions qui participeraient à l'amplification du processus de croissance. En effet, il disposera de moyens budgétaires plus substantiels en vue de

- créer un cadre macroéconomique et institutionnel favorable à l'investissement privé ;
- élaborer une politique fiscale plus compatible avec le niveau souhaité d'activités productives ;
- gérer la politique monétaire et les risques de change ;
- mettre en place des fonds d'amortissement et de gestion des charges récurrentes ;
- réformer les politiques commerciales pour un meilleur accès aux marchés extérieurs ;
- accroître les emplois rémunérés et les revenus des personnes ;
- gérer les fonds de prévoyance et de sécurité sociale.

Ce Plan OMÉGA présente d'autres intérêts en ce qu'il permet une croissance durable et autoentretenue. Il est une avancée inappréciable par rapport aux visions antérieures et postule la réhabilitation du rôle économique de l'État et l'intégration africaine comme marchepied sûr à la mondialisation. À ce niveau, il est indispensable d'apporter quelques clarifications théoriques.

Dans l'analyse néo-classique, soubassement des politiques d'ajustement structurel version déflationniste, une politique de dépenses publiques n'a pas d'effet expansif sur le niveau des activités surtout lorsqu'elle est financée par des emprunts ou par des prélèvements fiscaux sur les surplus des ménages, car cela entraînerait ipso facto des effets d'éviction des dépenses privées. Dès lors, il est possible de perdre plus que l'on ne gagne, car l'État est toujours producteur d'inefficacités et perturbe les équilibres qu'une main invisible établit. De plus, ce modèle ignore les effets multiplicateurs des dépenses publiques. C'est cela le fondement du fameux «moins d'État et mieux d'État ».

Les théories de la croissance endogène réintroduisent fort opportunément l'État dans le jeu économique par la fonction de production agrégée de biens et services non exclusifs (infrastructures de base, éducation, santé, nutrition, etc.) et pour lesquels le rendement privé pourrait être inférieur au rendement social et de surcroît ces biens et services sont producteurs d'externalités positives. C'est une tout autre question de la possibilité ouverte de leur commercialisation privée (autoroutes ou simples routes à péage). ROMER comme LUCAS montrent que l'écart entre les taux de croissance d'équilibre et l'optimum social peut être résorbé par des subventions à l'investissement ou au système éducatif. Dès lors, il est admis un impact très important de la dépense publique dans les secteurs de l'investissement en capital physique, en capital humain et en recherche-développement.

On peut souligner toute l'originalité du Plan Oméga au regard des modes de financement de caractère carrément exogène. Si les ressources sont essentiellement d'origines à la fois internes et publiques, elles ne peuvent provenir que de la fiscalité. Or, une augmentation du taux d'imposition aurait un double effet : l'arbitrage des agents entre consommation et épargne va se faire au détriment de la seconde (mauvais donc pour la croissance) et ensuite le rendement de l'investissement risque de baisser. En conséquence l'État étant l'agent le plus habilité à valoriser le capital physique et le capital humain, il faut lui trouver des ressources financières spéciales.

Le plan Oméga à la lumière de la théorie de la croissance endogène préconise l'intégration économique qui présente un triple avantage : l'élargissement des marchés qui permet la réalisation des économies d'échelle et l'élimination de la contrainte des débouchés ; la rentabilisation des infrastructures qui du reste permettent la formation des marchés et une répartition optimale des ressources.

Cette logique de croissance du Plan Oméga explique sans nul doute sa complémentarité avec le Millennium Partnership for the African Recovery Program (MAP) a plutôt des préoccupations développementalistes comme en témoigne sa structure

- La place de l'Afrique dans la communauté mondiale
- L'Afrique et la révolution mondiale

- Le cas de l'Association mondiale
- Les priorités clefs
- Pour un nouveau partenariat avec les institutions multinationales.

En définitive, les deux Plans s'ils ont les mêmes objectifs d'élaboration de nouvelles stratégies de développement et d'insertion du Continent dans la mondialisation, procèdent cependant de démarches différentes qui apparaissent tout aussi bien dans les orientations, les domaines d'action et les instruments de réalisation. Ainsi, le Chapitre du MAP traitant des priorités clefs comporte les éléments qui suivent : la paix, la sécurité et la gouvernance, la diversification de la production, l'accès aux marchés, les investissements dans les TIC, le développement des mécanismes de financement, la dette et les mouvements des capitaux. Certaines de ces questions comportent des paramètres extra économiques qui donnent un peu plus de lisibilité aux variables du Plan Oméga. Cela a rendu possible l'élaboration d'une initiative commune à partir d'une restructuration du MAP autour de cinq axes principaux : introduction, l'Afrique dans le temps mondial : entre pauvreté et prospérité, une nouvelle volonté politique pour en sortir, les domaines d'action prioritaire ou le programme d'action, l'impératif d'un nouveau partenariat et conclusion.

Revenant sur les idées maîtresses du Plan Oméga, elle fonde son Programme d'Action sur les secteurs prioritaires Oméga, car dans une économie en croissance, les arbitrages en faveur du bien-être sont mieux réalisés. En effet, la croissance permet de favoriser le développement des infrastructures sociales, de réduire la pauvreté par un plus grand accès aux services de base, d'accroître l'emploi, de réformer l'État afin de permettre la réduction des dépenses publiques meilleur moyen d'alléger les impôts et les charges qui pèsent sur les personnes physiques et morales, d'encourager et de financer les créations d'entreprises et les initiatives locales qui fondent la richesse d'un pays, de réformer le système éducatif et de formation afin de mieux l'adapter aux exigences de l'entrée des jeunes dans la vie active, de révolutionner l'agriculture pour en faire le moteur du développement, de maîtriser les Nouvelles Technologies de l'Information et de la Communication au service d'un système industriel dynamique et compétitif et d'assurer une meilleure ouverture du Continent.

EN CONCLUSION : Quel crédit accordé à l'agenda 2063 de l'Union Africaine ?

Dans la Déclaration solennelle du 50ème anniversaire, les chefs d'État et de gouvernement de l'Union africaine (UA) ont réaffirmé leur volonté d'un développement accéléré du continent et de réalisation de progrès économiques, sociaux et technologiques. Ces engagements étaient présents dans la Déclaration de Monrovia (1979) et dans le préambule du Plan de Lagos (1980-2000). Cette vision de long terme a permis à la Chine en 1979 de préparer son pays à devenir la première puissance mondiale en 2050 avec un plan intérimaire en 2025 intitulé « made in China ». Des centaines de techniciens, experts, académiciens et politiques ont été mobilisés dans le montage. **L'Agenda 2063 de l'UA soulève des questions essentielles qui ne plaident pas à sa crédibilité et son opérationnalité : Quels sont les objectifs fixés? Quels organes et mécanismes d'application ? Quel degré d'adhésion et de volonté politique des États aux situations contrastées ? Quel échéancier de mise en œuvre des politiques ? Quel plan de financement ?** Outre la faiblesse organique et fonctionnelle de l'UA, s'ajoute l'absence totale de la supranationalité. Un simple agenda qui énumère des projets faramineux ou des objectifs ambitieux sans un minimum d'autorité communautaire de programmation sectorielle, d'exécution, de planification et de contrôle des étapes, est un vœu pieux. Contrairement aux chinois qui disent ce qu'ils font et font ce qu'ils disent, les Chefs d'État africains eux se satisfont de beaux discours, de généreuses paroles ponctuées de forts applaudissements en oubliant superbement cette parole de N.MANDELA *: «une vision qui ne s'accompagne pas d'action n'est qu'un rêve. Une action qui ne découle pas d'une vision, c'est du temps perdu. Une vision suivie d'action peut changer le monde.».* Malheureusement, nos dirigeants ont une trop forte propension à confondre le verbe et l'action.

<u>Encadré 13</u> : La Zone de Libre-échange Continental en Afrique (ZLEC ou ZLECAF), vers une Union Économique Africaine.

Pr. Moustapha KASSE, extrait de mon intervention au Colloque de Cotonou, Novembre 2019.

Á la célébration solennelle de l'entrée en vigueur de la Zone de Libre-échange Continental en Afrique (ZLEC ou ZLECAf) en juillet 2019, une partie de l'opinion africaine, les grandes puissances occidentales et surtout les IBW ont salué avec beaucoup d'enthousiasme cet événement que le Président de la Commission de l'Union africaine (UA) a qualifié d'historique. Nous devons sortir des affirmations péremptoires et des agrégats trompeurs du genre : 1 ; 2 milliards d'individus, un PIB de 2500 milliards de dollars, l'accroissement du commerce intra-africain qui stagne à 15% (qui est d'environ 47% en Amérique, 61% en Asie et 67% en Europe) pour atteindre plus de 50 % cela rapporterait au Continent 16 milliards de dollars. On a vite oublié que bâtir une zone de libre-échange débouchant sur l'avènement d'une Communauté économique africaine, est assez complexe et appelle des recherches plus profondes et plus large. Le Traité d'Abuja de 1991 projetait de créer la Communauté Économique Africaine en une trentaine d'années. Il était écrit que « la première mesure à prendre concerne la mise en place d'un marché commun africain basé sur une coordination et une intégration progressive qui se ferait par cercles concentriques en fonction des zones économiques existant. Il faut ensuite renforcer les dispositions favorisant la libre circulation des hommes et des biens sur le continent »[139]. Par la suite, un mimétisme simple et naïf du schéma d'intégration de

[139] Edem Kodjo, Adebayo Adédedji et Michel Doo Kingué, Albert Téodjéré : *Quelle Afrique en l'an 2000, Edit IIES ? 1979.* Cet ouvrage est issu du Colloque de Monrovia de février 1979

l'Union Européenne, s'est imposé en oubliant que ce processus parti de l'édification de la « Communauté du charbon et de l'acier » pour s'achever, via le marché commun, à la monnaie unique a duré 62 années selon un étapisme bien maitrisé.

Ayant eu la chance de participer durant cinq décennies à l'élaboration de plusieurs initiatives africaines (la Déclaration de Monrovia, le Plan de Lagos, le Traité d'Abuja de création de la Communauté Économique Africaine, le CARPAS, le NEPAD, les Projets économiques de la charte de l'UA notamment la Banque centrale et le Fonds Monétaire Africain), le Projet de Financement Inclusif de l'UA, le Désendettement de l'Afrique etc.), toutes ces initiatives dorment tranquillement dans le cimetière des projets africains.

En conséquence, sans être un pessimiste impénitent, je suis, aujourd'hui, moins enclin à fantasmer sans une posture critique cela d'autant plus que la ZLEC n'est pas une nouvelle idée et les conditions initiales de sa réalisation sont loin d'être réunies. Il s'agissait de : (1) la volonté politique inébranlable des dirigeants panafricanistes orientés à défendre les intérêts politiques, économiques et sociaux du Continent, (2) l'abandon de la souveraineté des États-nations au profit d'une autorité supranationale, (3) la création des Communautés Économique Régionales (CER) fonctionnant avec des mécanismes inclusifs, participatifs et consultatifs de tous les acteurs, (4) la mise en place d'institutions solides et pertinentes de gouvernance en capacité d'évaluer les gains et pertes potentiels sur le système productifs et sur les acteurs, (5) l'amélioration des différentes transverses(les infrastructures, les ressources humaines, les énergies etc.), (6) l'élaboration d'une libéralisation échelonnée, stratifiée et ciblée, (7) la création d'une systèmie bancaire fonctionnelle (8) la planification pour assurer le suivi / évaluation des impacts des objectifs de court, moyen et long terme, (9) des mécanismes de solidarité et de compensation des infériorités relatives, (10) des instances et autorités de négociation et d'ajustement etc.

préparant les perspectives de développement économique et institutionnel de l'Afrique à l'horizon 2000-2020. Ce Colloque a introduit les grands thèmes de la Déclaration de Monrovia pour l'élaboration du Plan de Lagos(1980) et le traité d'Abuja créant la CEA (1992). J'ai eu l'énorme privilège de participer à toutes ces rencontres. Après la sortie du Rapport E.BERG que j'avais connu au Michigan State dirigeant alors le CRED notre réaction a été de lancer le plus rapidement sur convocation du Pr. ADEDEDJI de la CEA, le CARPAS le Cadre de Référence aux Politiques d'Ajustement Structurel.

THÈME 12 – COMMENT SORTIR LE RÉGIONALISME AFRICAIN DE L'IMMOBILISME : S'INTÉGRER OU PÉRIR.

Prof. Moustapha KASSE Doyen Honoraire de la FASEG
Membre de l'Académie.

Texte présenté au «Vendredi de l'UA» devant les Ambassadeurs à Addis-Abéba.

Ce début du 3ème millénaire a vu les grands décideurs d'Afrique élaborer de nouvelles visions de l'unité africaine par deux initiatives majeures : la création de l'Union africaine et l'élaboration d'une nouvelle initiative économique pour un partenariat avec le monde industrialisé et les institutions financières internationales. L'Acte Constitutif de l'Union africaine s'inscrit ainsi dans une logique de réactualisation de la Charte de l'OUA visant à doter le continent d'une ambition éclairée et des objectifs réalisables pour un nouveau départ de l'unité africaine. Conscients des énormes potentialités de l'Afrique, ils prennent l'initiative d'élaborer des stratégies qui doivent placer le continent au cœur des enjeux du nouveau millénaire. Ce sont alors les nouvelles voies de la renaissance africaine. C'est dire que l'Afrique quant à elle devrait prendre en compte deux facteurs qui rendent impérative l'intégration : l'un externe, la mondialisation incontournable et l'autre interne qui est la situation d'extrême pauvreté et de précarité sociale caractéristique.

La configuration actuelle et future de la mondialisation multipolaire se caractérise par la formation de blocs régionaux de haute compétition avec la multiplication des Accords Régionaux de coopération. L'OMC en compte 130 actifs. Ces accords se multiplient, car ils ne sont plus antinomiques au multilatéralisme. Dans une vingtaine d'années, les 5 grandes puissances du monde seront dans l'ordre : la Chine, les États-Unis, l'Inde, l'UE et le Brésil c'est-à-dire 2 fédérations et 3 pays continents. Quelles seront les perspectives d'avenir pour l'Afrique des 54 micro-États ? Déjà, on observe que les paramètres que pose la mondialisation ignorent le continent. Ni les investissements croisés, ni les échanges internationaux sur la base de la croissance de la production mondiale, ni la globalisation financière, ni les réseaux transnationaux, ni les firmes globales, nulle part on ne trouve une place à l'Afrique. En dernière analyse, il est indéniable que face à ces nouveaux défis de la mondialisation et de la globalisation des échanges, la seule alternative semble être l'unification à l'échelle continentale des marchés nationaux. « **L'Afrique doit s'intégrer ou périr**». À ces facteurs s'ajoutent d'autres qui sont internes et qui constituent de véritables freins au développement et à la croissance : l'absence d'infrastructures adéquates de communication ; l'étroitesse des marchés ; les incertitudes et risques nés des conflits et la mauvaise qualité des administrations publiques. De tels marchés, de faible dimension et très cloisonnés, sont peu propices au développement d'une production de masse et à la réalisation d'économies d'échelle. À quoi s'ajoute la propagation des conflits d'origines ethniques ou ethno-tribalistes. Ces conflits africains sont de type nouveau avec armées irrégulières, des structures de commandement mal définies, des frontières de combats assez imprécises avec l'objectif principal de contrôler des ressources (or, pétrole, diamant, drogue) ou des civils. Aujourd'hui, malgré des efforts incontestables, un Africain sur cinq vit dans une économie bouleversée par une guerre civile. À titre d'illustration, dans 11 pays affectés ces conflictualités, le nombre de morts serait compris entre 4 et 7 millions, soit 5% de leur population totale.

Depuis bientôt un demi-siècle maintenant, les schémas d'intégration se sont montrés notoirement inefficients. Les expériences de Communautés Économiques Régionales (CER) ne parviennent pas à renverser la tendance et à relever le défi en créant des nouveaux courants commerciaux aussi bien dans le cadre des échanges régionaux que multilatéraux. Les échanges intracommunautaires atteignant difficilement 10% de la totalité de leurs échanges. De plus certaines CER malgré des performances réalisées restent de dimension relativement modeste et sous-optimale. Cela reviendrait alors à s'écarter totalement des démarches adoptées jusqu'ici et qui ont conduit les États africains dans une impasse totale, pour s'approcher d'une solution de redressement de l'économie de l'Afrique. Cette dernière loin d'être une solution de second rang ("second best") ou un palliatif, à l'image de celles souvent apportées aux problèmes des mêmes systèmes économiques africains, est une reformulation profonde avec une définition précise de conditions nécessaires et préalables (mais non suffisantes) à la construction l'Union africaine.

Il y a comme une sorte de faillite des États-nations ce qu'avaient déjà prédit, les plus lucides des pères fondateurs des indépendances africaines, les éminents intellectuels et les élites. Beaucoup avaient compris que hors de l'intégration point de salut. Pourtant, en dépit des déclarations politiques et des efforts durablement déployés par les gouvernements, les institutions et les autres organismes, les résultats concrets en faveur de l'unité du continent sont extrêmement minces. Certes, l'Union africaine a été créée après de multiples et laborieuses tractations, comme l'avait été du reste l'OUA. Certes, il y a un retour de débat sur les États-Unis d'Afrique et Conférence d'Accra de l'Union africaine des Chefs d'État et de Gouvernements, en 2008, avait grandement ouvert le dossier sur le gouvernement continental. La bipolarisation des visions et des points de vue entre le Groupe dit des « gazelles » qui proposait de courir vite et celui des « éléphants » qui recommandait d'avancer prudemment, mais sûrement, semblait porteur d'espoir d'une conscience nouvelle comme quoi, si l'Afrique veut survivre et prospérer elle n'a pas d'autre alternative que l'intégration économique sous- régionale et régionale.

Il semble aujourd'hui que le dossier est à nouveau clos : l'unité du continent est quasiment rejetée aux calendes africaines. Dans cette contexture, l'UA renoue avec ses démons éternels d'immobilisme et d'inefficacité.

I/ La régionalisation africaine à petits pas.

En dépit de l'abondance des recherches et réflexions et la multiplicité des expériences, les réalisations restent encore extrêmement modestes et fragiles : faibles résultats des organisations d'intégration, échecs de certaines politiques, succès mitigés de certains programmes. Tous les évènements qui se sont accumulé ces dernières années au niveau économique avec la triple crise alimentaire énergétique et financière, au niveau politique avec les crises au Darfour, en Somalie, en Côte d'Ivoire et l'insolente intervention en Libye et cela sans réaction énergique et coordonnée de l'UA, ont fini par installer de sérieux doutes sur l'utilité des organisations d'intégration totalement incapables de défendre les peuples et les États face aux multiples agressions extérieures. Tous les acteurs, naguère entièrement acquis à l'intégration, s'attristent sur des organisations qui ont tout perdu jusqu'au courage de protester.

En effet, que peut bien valoir une unité africaine qui, après cinquante années d'existence, ne peut présenter aucune réalisation économique et sociale significative et qui reste impuissante face aux crises politiques du continent, aux milliers d'Africains quotidiennement rapatriés dans leurs pays d'origine, aux marchandises et camions bloqués par des barrières les plus diverses. Le discours liturgique sur la nécessité et l'opportunité de l'intégration africaine comme seul moyen de résoudre les contraintes liées aux micromarchés africains et de développer les échanges, faisait de l'intégration la mère des vertus pour surmonter les handicaps structurels et amorcer un développement solidaire. Paradoxalement, les grandioses initiatives programmatiques, du Plan de Lagos au NEPAD en passant par le Traité d'Abuja instituant la Communauté Économique Africaine, ont échoué dans la concrétisation de leurs objectifs essentiels. C'est dire que malgré un long processus, l'intégration régionale en Afrique n'a guère produit de résultats concrets, en dépit des déclarations politiques et des efforts durablement déployés.

Les facteurs des contreperformances dans la réalisation de l'intégration sont multiples : absence de volonté politique solide, faibles convergences des politiques économiques et monétaires, absences d'infrastructures et de programmes intégrateurs, faible participation du secteur privé et des populations, faibles programmes de résolution des questions transversales de paix, sécurité et des conflits. Le facteur bloquant le plus important concerne les architectures institutionnelles des organisations chargées de gérer l'intégration : produit d'un mimétisme inachevé, elles sont aériennes et artificielles et ne disposent pas de procédures décisionnelles pertinentes et efficaces.

II/ Que nous apprennent les praxis passées d'intégration : les meilleures pistes pour cerner les errements et les non-décisions.

Comme l'observe Aimé Césaire, *« le plus court chemin qui mène vers l'avenir passe par le passé »*. L'Afrique a expérimenté toutes les approches d'intégration qui se sont déroulées ailleurs en Amérique et en Europe. Ce qui manque c'est un regard sans complaisance sur nos pratiques concrètes en matière de régionalisme pour savoir avec précision pourquoi nous réussissons si mal. En effet, historiquement, plusieurs tentatives de regroupements politiques et économiques ont été opérées au début des années 60 parfois sous la conduite même des pères fondateurs de l'unité africaine : K. NKKUMAH, Sékou TOURE, Modibo KEITA, J. NYERERE, L.SENGHOR[140]. Sous ce rapport, six tentatives de regroupement ont été conduites. Il importe de les évaluer objectivement pour en tirer toutes les leçons. Il s'agit principalement :

- De l'Organisation de l'Unité africaine : 1963-2000 et du Traité d'Abuja 1991.
- Du Plan d'Action de Lagos (1980-2000).
- De la Fédération du Mali créée entre le Sénégal et le Mali : 1960.
- De l'Union Ghana-Guinée-Mali : 1960-1962.
- De l'East African Community, 1967-1977.
- De la Confédération Sénégambienne : 1982-1987.

1°) Au niveau de l'OUA : une liquidation indispensable, mais réalisée dans la douleur sans un projet substitutif mûrement préparé.

Pour ce qui concerne l'OUA, elle est le résultat d'un compromis initialement équivoque entre deux groupes d'États africains : les modérés et les radicaux. Pendant une trentaine d'années, ses objectifs de développement économique et social ont été systématiquement occultés et certaines commissions spécialisées et organes techniques n'ont pratiquement jamais fonctionné. Outre ces faiblesses organiques et fonctionnelles, la Charte contient une lacune majeure : l'absence de supranationalité. En prenant l'exemple de la Conférence des Chefs d'États et de gouvernement, elle ne dispose d'aucun pouvoir de décision qui est laissé au Sommet c'est-à-dire à

[140] **Les trois leaders que j'ai fréquentés, SEKOU TOURE, K.NKRUMAH, T.SANKARA présentent les traits de leadership charismatique qui s**elon Max Weber repose sur la dévotion à la sainteté exceptionnelle, à l'héroïsme ou au tempérament exemplaire d'une personne individuelle, et des modèles ou de l'ordre découvert ou ordonné par lui. Ces **leaderships charismatiques** inspirent la confiance, la foi et la conviction en eux-mêmes. Ils sont traités comme doté de puissances ou de qualités surnaturelles, surhumaines spécifiquement exceptionnelles.

l'appréciation des États souverains qui ne peuvent prendre les décisions que par consensus.

Vers la fin des années 90, il était apparu que les conditions du monde avaient profondément changé. Ensuite, les organes de l'OUA avaient créé une série d'organismes subsidiaires et d'institutions spécialisées, adopté un ensemble de décisions et de règles et forgé une stratégie pour l'action : Plan d'Action et Acte Final de Lagos, le Traité d'Abuja instituant la Communauté Économique Africaine. La nécessité s'est imposée d'une révision de la Charte de l'OUA qui exigeait des modifications profondes dans son architecture institutionnelle, dans ses principes de gouvernance voire même dans sa vision fondatrice. L'Union africaine est née après de laborieuses tractations autour de l'idée de la Renaissance africaine. Et le fameux Acte Unique (2002) n'a point réglé l'indispensable mise en œuvre d'une structure institutionnelle capable de gérer tous les dysfonctionnements antérieurs et ayant autorité élaborer et exécuter les programmes économiques, politiques et sociaux.

2°) Le Plan d'Action de Lagos techniquement bien conçu est ajourné, torpillé au profit des Programmes d'Ajustement Structurel et de libéralisation imposés au Continent par les Institutions financières internationales (IBW).

Le plan de Lagos (PAL) pour le développement économique et social (1980-2000) de l'Afrique cherchait à résoudre au niveau continental, régional, sous-régional et national les grands problèmes du développement économique et social. Les Chefs d'État et de Gouvernement au nom de leurs peuples s'étaient solennellement et unanimement engagés à promouvoir le développement économique, la croissance et l'intégration de leurs économies par un développement endogène et auto entretenu pour faciliter et renforcer leurs rapports sociaux et économiques pour l'édification au niveau national, sous-régional, régional et continental d'une économie africaine dynamique et interdépendante passant par l'exécution, chaque année, de programmes spécifiques pour matérialiser cette coopération économique.

Les insuccès ou encore le grand écart entre les intentions affirmées dans plusieurs résolutions et les réalisations concrètes étaient imputables à beaucoup de facteurs dont le plus important est l'imposition, au moment même de l'adoption du PAL, des Programmes d'ajustement et de libéralisation. L'aide publique au développement, les transferts de ressources financières et technologiques étaient, désormais, rigoureusement conditionnés par l'adoption de Programmes d'Ajustement Structurel. Alors le Plan de Lagos est ajourné, mis aux oubliettes au profit des PAS qui durant plus d'une trentaine d'années ont abouti à de médiocres résultats. En effet, entre 1981 et 1983, la Banque mondiale publie successivement trois rapports qui seront de véritables contrepropositions au Plan de Lagos : « Le développement accéléré en Afrique au Sud du Sahara : programme indicatif d'action» (dit Plan Berg en 1981), « Rapport intérimaire sur les perspectives et programme du développement»(en 1983) et « Un programme d'action concertée pour le développement stable de l'Afrique au Sud du Sahara»(en 1984).

3°) La Fédération du Mali : les forces néocoloniales de la françafrique ont réussi à réduire la fédération à deux pour ensuite faire éclater l'initiative d'elle-même.

Cette Fédération est née au moment de l'indépendance entre le Sénégal et le Mali avec une Constitution approuvée, un Exécutif Fédéral et une Assemblée, le tout était chapeauté par un Parti Fédéral Africain synthèse des deux partis dominants dans le jeu politique des deux pays. L'expérience a été de très courte durée suite à une série de contradictions relatives à la différence de conception de l'expérience fédérale ; au désaccord sur le type de relations à entretenir avec l'ex puissance coloniale ; aux vues controversées sur les attributions des organes fédéraux et leurs liens avec les administrations nationales et aux divergences sur la formation d'un marché commun.[141] Mamadou DIA s'en est expliqué, mais trop brièvement dans la postface de son ouvrage : « *Nations africaines et solidarité mondiale* ». Il a compris, mais bien après que *« l'impérialisme français savait que l'indépendance acquise dans la balkanisation ferait de l'Afrique francophone sa chasse-gardée avec des États-nains, des quasi-nations, des proto-nations qui seraient livrés à lui poings et pieds liés. »*

4°) L'Union Ghana-Guinée-Mali : la volonté politique elle seule est insuffisante pour la réalisation de l'unité africaine.

Elle est proclamée en fin 1958 et fut dissoute en 1962. Ses dirigeants étaient tous membres de l'aile radicale du panafricanisme : NKRUMAH, S.TOURE et M. KEITA. Ces leaders politiques avaient joué un rôle déterminant dans la formation de l'OUA. Annoncée à la fin de 1958, l'Union Ghana-Guinée, entre les deux premières colonies africaines ayant accédé à l'indépendance, se présentait comme « le noyau des États-Unis de l'Ouest africain ». Bien qu'étendue au Mali en avril 1961, elle est restée parfaitement virtuelle. Si bien qu'on n'y fait même pas référence lorsque, le 2 mars 1966, venant de Pékin où il a appris sa destitution, le président ghanéen Kwame NKRUMAH est accueilli chaleureusement à Conakry par Sékou TOURE, qui le nomme coprésident de la République de Guinée. [142]

---

[141] Mamadou DIA : « *Nations africaines et solidarité mondiale* ». PUF

[142] J'ai discuté de cette question avec **le Président Ahmed Sékou TOURE en Avril 1980** au cours d'un déjeuner qui a réuni, autour de sa table, son Premier ministre BEAVOGUI, le professeur Ibrahima FALL, Doyen de la Faculté de Droit et des Sciences économiques et le Recteur de l'Université Gamal Abdel NASSER, le Pr DOUKOURE.

5°) East African Community : une communauté réussie, mais liquidée pour des raisons géostratégiques dans une région vitale pour l'Occident, mais traversée par des mouvements de libération nationale.

Elle a été initiée par la Tanzanie (J.NYERERE), le KENYA (J.KENYETTA) et l'Ouganda (M.OBOTE) en 1967 et fut dissoute en 1977. Elle restera un Regroupement exemplaire dans le sens de la création d'une Union Douanière. En effet, cette organisation avait réussi à mettre en place des projets véritablement communautaires dans des domaines aussi stratégiques que les infrastructures de transport et dans le tourisme. Également au plan monétaire des arrangements compensatoires avaient été mis en place via la Banque d'Angleterre ce qui a considérablement accéléré les échanges intracommunautaires. ARUSHA à équidistance entre les États était destiné à être la première métropole de cet espace. Tous les facteurs d'une libre circulation des hommes, des biens et des capitaux étaient réunis ou en phase de l'être. La langue de communication en l'occurrence le SWAHILI était disponible. La capitale de la Communauté, Arusha est équidistante des trois capitales des pays membres. Elle fut dotée d'infrastructures importantes.

Cette Communauté présentait tous les aspects d'une institution assez solide qui pouvait être exemplaire dans toute l'Afrique. Elle n'a pas pu survivre suite aux dissensions politiques et aux multiples pressions extérieures dans une zone de turbulence à cette époque de guerre froide.

6°) La confédération sénégambienne 1982-1987 : l'inacceptable remise en cause de l'intangibilité des frontières héritées de la colonisation.

Elle est née après le coup d'État manqué en Gambie après bien des tractations entre les deux pays. La préoccupation principale était d'assurer la sécurité des deux États ce qui se traduit par une utilisation des ressources financières pour assurer la défense. Dans la stratégie de mise en œuvre, le schéma retenu était dans une première étape l'unification des forces de défense et dans une seconde étape la réalisation de l'union économique et monétaire. La Confédération se dote de certaines institutions : une Présidence assurée par le Président du Sénégal et la Gambie assume la Vice-présidence, un Conseil de Ministres et une Assemblée Confédérale. En dépit de cette belle architecture institutionnelle, la rupture est intervenue en 1989 suite à des questions politiques et d'interprétation des protocoles particulièrement la répartition des responsabilités administratives.

À ces expériences, on aurait pu ajouter le Plan complété par le Traité d'ABUJA signé en 1991 et qui entrevoyait la création d'un marché commun africain en 2025 par la Communauté économique africaine. Le traité est ratifié par tous les États, mais reste toujours à l'état de non-exécution.

III/ Quels sont les facteurs contraignants de la non-opérationnalité des modèles d'intégration ?

Eu égard à leurs missions, les institutions des organisations d'intégration africaine analysées sont non-opératoires dans la mesure où elles sont trop empreintes d'interétatisme qui s'exprime par l'absence totale de tout élément de supranationalité, la faiblesse du système décisionnel et la non-application des actes et la piteuse implication des peuples à l'action des institutions.

1°) L'absence de pouvoir supranational.

Lorsqu'on analyse le modèle institutionnel des organisations africaines, l'on est frappé par leur caractère hautement hiérarchisé. La charte de l'OUA débute par la formule « nous Chefs d'État et du Gouvernement », alors que le texte de l'article 8 dispose que la conférence des Chefs d'État et de gouvernement est l'organe suprême de l'organisation, que l'organe est formé des seuls États, que les décisions sont prises en dernier ressort par les seuls chefs d'État. La structure politique interne des États influence grandement l'Organisation internationale. Il en va de même pour toutes les autres organisations sous-régionales. Dans aucune d'entre elles, on ne trouve le moindre embryon de supranationalité. L'irréductible souveraineté nationale domine partout. De plus, comme il l'a si bien constaté, il n'y a pas de domaine où les pays africains ont consenti de transférer les pleins pouvoirs à la commission de l'UA et il est certain que dans l'intérêt collectif ne surclassera nullement le micro ambitions individuelles dans pareille situation.

2°) L'absence de volonté politique claire en faveur de l'intégration.

À l'évidence, aucune tentative d'intégration ne peut survivre sans la volonté politique de ces membres à la soutenir. Une volonté politique claire de réaliser un espace économique, politique et social intégré facilitera l'élimination des différentes barrières (au commerce par exemple), la mise en place de politiques communes et d'institutions supranationales qui exerceraient alors un leadership réel et effectif. Aussi, cela suppose au préalable que la barrière de la souveraineté et de prise de décisions soit levée au préalable.

3°) L'absence d'un modèle opératoire de prise de décision.

Une faiblesse remarquable de toutes les institutions africaines d'intégration provient de la procédure de prise de décision qui est le consensus. En effet, l'ensemble des actes ou décisions sont pris à l'unanimité. De fait chaque État dispose d'une sorte de droit de véto et n'a pratiquement aucune obligation à charge pour l'exécution des décisions. Cette procédure de vote a souvent condamné les organisations africaines à toujours rechercher de laborieux compromis qui s'avèrent totalement inopérants. Militerait-on pour l'immobilisme qu'on ne s'y prendrait pas autrement. En revanche, si l'objectif est de progresser vers l'unité, la règle de la majorité qualifiée doit devenir la procédure de décision courante. L'exemple de l'Europe est de ce point de vue très édifiant. L'odyssée vers l'Union européenne a été parsemée de remous, de rupture, de la politique de la chaise vide et de laborieux compromis qui ont cependant permis de faire chaque fois des progrès substantiels dans le sens de l'unité.

4°) La non-participation des peuples aux efforts d'intégration.

Les organisations régionales ou sous-région ales d'intégration négligent d'organiser et d'exploiter ses soutiens populaires. Au niveau institutionnel, il résulte des modèles africains d'intégration que même des organes consultatifs qui, ailleurs, permettent aux représentants des États membres d'apporter la caution de leurs peuples à l'entreprise commune sont inexistants.

IV/ Quel schéma opératoire pour les États-Unis d'Afrique ?

Dans ce sens, le gouvernement continental est innovateur, car c'est une première dans un schéma d'intégration qui peut véritablement créer la rupture avec toutes les praxis antérieures. La grande question est alors comment le faire ? En d'autres termes : Quelles sont les transitions à respecter pour arriver aux objectifs ultimes ?

Le travail des chercheurs africains devrait consister maintenant à réfléchir autour des axes suivants qui me semblent être les plus déterminants :

- Quels sont la vision, les Objectifs et comment les hiérarchiser pour mieux les opérationnaliser ?
- Quelle est l'architecture institutionnelle de gestion de l'ordre continental au triple niveau économique, politique et social ?
- Quels mécanismes de répartition des gains et de compensation des moins-values ?
- Quelle est la taille optimale du Gouvernement continental ? Quelles sont ses attributions et ses compétences ? Quels sont les liens organiques et institutionnels avec les pouvoirs locaux ?
- Comment passer des Structures actuelles à celles d'un Gouvernement continental ?
- Quels mécanismes pertinents de financement interne de l'Union ?

À l'heure actuelle, il serait prétentieux de prétendre avoir trouvé la solution d'un schéma d'intégration que les africains cherchent depuis près d'un demi-siècle et continuent à chercher d'ailleurs. Cependant, voilà quelques questions relatives au Gouvernement Continental qui méritent et doivent être l'objet d'une large et urgente réflexion. Toutefois, la véritable menace serait de tomber encore sur deux travers : l'antagonisme aveugle et la primauté des intérêts individuels. Sinon, les exemples d'intégration mentionnés ne sont pas partis sur de meilleures bases que ceux sur lesquelles se fonde l'Afrique en ce moment. Seulement, eux n'ont pas perdu beaucoup de temps à se poser trop de questions. Car une fois le processus lancé, les gains de l'intégration sont immédiats et perceptibles.

- L'importance des schémas institutionnels et de la loi dans la mise en œuvre de l'intégration.
- Mise en œuvre d'une réglementation commune axée sur des règles de loyauté pour un jeu coopératif.

- Associée à une Administration Centrale dont l'autonomie doit être recherchée. Cela pose la question du pouvoir supranational.
- Comment les institutions peuvent-elles résoudre la participation des acteurs. Prenons l'exemple de l'UE qui est notre cadre de référence.

Encadré 14 : Quatre idées et quatre déceptions sur l'intégration africaine.

Prof Moustapha KASSE : *Développement par l'intégration* (NEA).

Première idée

Des pages et des pages ont été écrites à ce sujet. C'est maintenant un fait généralement accepté que si l'Afrique veut survivre et prospérer elle n'a pas d'autre alternative que la coopération et l'intégration économiques sous-régionales et régionales. L'objet de notre réunion, permettez- moi de le répéter, est de prendre acte de ce qui a été accomplie en Afrique pendant ces deux dernières décennies, d'évaluer les succès et les échecs et de considérer les perspectives pour l'avenir.

Deuxième idée

Cinq décennies bientôt, des doutes s'emparent d'esprits naguère entièrement acquis à l'intégration. D'avoir tant espéré, n'ont-ils pas raison de désespérer ? Assurément non. En dépit de la multiplicité des projets avortés, des échecs, succès mitigés ou insignifiants, le processus est irréversible même si son cours n'est point impétueux.

Troisième idée

Des institutions peu opératoires :

Eu égard à leurs missions, les institutions des organisations d'intégration africaine sont inopératoires dans la mesure où elles sont trop empreintes d'inter-étatisme qui s'exprime par une absence totale de tout élément de supranationalité, et d'une non-association des peuples à l'action des institutions.

L'absence de tout élément de supranationalité

Lorsqu'on considère le modèle institutionnel des organisations africaines, l'on est frappé par leur caractère hautement hiérarchisé. La charte de l'OUA débute par la formule « nous Chefs d'État et du Gouvernement », alors que le texte de l'article 8 dispose que la conférence des Chefs d'État et de gouvernement est l'organe suprême de l'organisation, que l'organe est formé des seuls États, que les décisions sont prises en dernier ressort par les seuls chefs d'État. L'UA reconduit les mêmes clauses.

Quatrième idée

Un des enseignements à retenir de l'expérience accumulée (au cours des vingt dernières années en matière de politique de développement c'est qu'aucun État ne peut isolement, en tirer tout seul face à un environnement économique mondialisé et dominé par les pays développés devenus s de plus en plus égoïstes.

En dépit des multiples stratégies adoptées par nos États «croissance du PIB.» Industrialisation par substitution des importations". «Révolution verte-, etc... force est de reconnaître que les économies africaines sont demeurées essentiellement basées sur 1 exportation des matières premières vers les pays développés. Il devient donc évident que si nous voulons aboutir à une amélioration rapide du niveau de vie de nos populations. Nous devons résolument nous engager dans la voie de la restructuration de nos économies nationales par la mise en commun de nos ressources et de nos moyens

Cinquième idée : les 12 contre-performances dans la mise en œuvre de l'intégration africaine.

1. Faible volonté politique;
2. Faibles effets de l'Intégration commerciale et des marchés:
3. Convergence et politiques monétaires non réglées;
4. Les infrastructures intégrationnistes à faire;
5. Faible intégration des politiques économiques;
6. Contraintes à la libre circulation des facteurs;
7. Rationalisation des Communautés;
8. Architecture institutionnelle présente d'énormes lacunes;
9. Beaucoup de Programmes de modestes réalisations;
10. Le financement des institutions est entier;
11. Faible participation du secteur privé;
12. Paix, sécurité et conflits comme questions transversales restent encore des préoccupations.

EN CONCLUSION

Sur le plan purement théorique, les avantages qu'on peut tirer de l'intégration économique sont nécessairement liés aux possibilités de spécialisation, aux échanges des marchés nationaux et à l'exploitation des économies d'échelle. Là où sont réunies tes conditions nécessaires, les membres d'un groupement entier tireront des avantages des sources précitées. Mais pour les membres pris individuellement, il est peu probable que ces avantages soient répartis de façon équitable. Cette propension à l'inégalité explique par 1 effet de polarisation qui a trait à 1 amélioration globale de la situation économique relative ou absolue d'un pays membre ou de certaines régions de la zone intégrée en raison de l'existence d'activités commerciales concentrées ou de l'attrait de la main-d'œuvre et du capital.

Tableau 7 : Les différentes conceptions de l'intégration régionale selon le Pr. P. HUGON.

Libérale par le marché	**Volontariste par le Plan.**	**Territoriale par les firmes.**	**Institutionnaliste par les règles.**	**Diplomatique par les transferts de souveraineté.**
		CONCEPTION		
- Cadre de la concurrence pure et parfaite et de l'équilibre, ajustement par le marché ▶ Coordination ex-post des activités par les prix sur un marché élargi ▶ Libéralisation et ouvertures extérieures ▶ Jeu des avantages comparatifs	- Vision volontariste d'un plan régional de développement ex-ante et de programmation par les États ▶ Protection vis-à-vis de l'extérieur ▶ Déconnexion	- Concurrence imparfaite ▶ Vision d'acteurs pluriels en situation asymétrique ▶ Coordination non-marchande (réseaux intra firmes) ▶ Coûts de transaction ▶ Effets d'agglomération ▶ Conflits/jeux coopératifs	- Environnement institutionnel réducteur d'incertitude ▶ Ancrage des politiques ▶ Signal	- Transfert de souveraineté ▶ Union politique
		OBJECTIFS		
- Bien-être des consommateurs ▶ Concurrence ▶ Création de trafic ▶ Libre circulation des produits et des facteurs de production ▶ Respect des avantages comparatifs ▶ Économie d'échelle	- Coalition, pouvoir de négociation ▶ Industrialisation ▶ Complémentarité entre régions ▶ Programmation de la production et aménagement des territoires planifiés à long terme au niveau des États ▶ Objectifs redistributifs et spatiaux	- Interdépendance des acteurs ; externalités positives ▶ Coopération fonctionnelle ▶ Maîtrise des variables jouant à l'échelle régionale ▶ Réduction des coûts de transaction ▶ Compensation des asymétries	- Création institutionnelle ▶ Crédibilité des politiques économiques ▶ Ancrage monnaie ▶ Banque régionale ▶ Coordination ou unification des politiques économiques	- Confédération ou fédération des États ▶ Prévention des conflits, sécurité ▶ Dilution des préférences ▶ Échanges et projets joints moyens de dépasser rivalités politiques ▶ Production de biens publics régionaux ▶ Pouvoirs de négociation
		MOYENS		
- Zone de libre-échange, association de coopération ▶ Unions douanières :	- Institutions et autorités régionales ▶ Protection de l'espace	- Politiques incitatives vis-à-vis des acteurs à vocation régionale	- Accords Nord-Sud ▶ Accords d'intégration régionale	- Accords de stabilisation monétaire ▶ Union monétaire

politiques tarifaires ▶ Union monétaire : vérité du change, marché libre des changes, convertibilité des monnaies et libre transfert des capitaux	régional ▶ Investissements publics ▶ Infrastructures régionales ▶ Mécanismes compensateurs et redistributifs forts (péréquation) ▶ Planification régionale	▶ Appui de pôles régionaux ▶ Favoriser des apprentissages ▶ Conventions et accords limitant les incertitudes des acteurs ▶ Actions régionales *ad hoc* ▶ Mécanismes compensateurs	▶ Mécanismes stabilisateurs régionaux ▶ Innovation institutionnelle ▶ Transfert de crédibilité	▶ Unification des politiques sectorielles et macro-économiques ▶ Instances de prévention des conflits ▶ Forces d'intervention régionales
		INDICATEURS		
- Avantages comparatifs révélés ▶ Mobilité régionale des facteurs ▶ Réduction des coûts de production ▶ Élargissement du marché par hausse du revenu par tête ▶ Ouverture commerciale ▶ Création de trafic détournement ▶ Économie d'échelle **« Régionalisme ouvert »**	- Unification des politiques économiques et sociales ▶ Projets conjoints ▶ Capacité de négociation internationale des instances régionales ▶ Degré de protection tarifaire et non tarifaire de l'espace régional ▶ Économie d'échelle pour industries régionales **« Régionalisme fermé »**	- Importance des relations économiques marchandes et non-marchandes transfrontières ▶ Horizon spatial des acteurs ▶ Degré de maîtrise de l'information au niveau régional ▶ Coordination des actions au niveau régional ▶ Échanges officiels et non-officiels ▶ Importance des réseaux et des relations de proximité ▶ Effets d'agglomération **« Régionalisme polarisé »** ***de facto***	- Unification du droit et des règles ▶ Convergence des politiques économiques ▶ Production de normes et de règles ▶ Attractivité des capitaux ▶ Horizon long termiste des opérateurs **« Régionalisme normatif »** ***de jure***	- Degré de transfert de souveraineté ▶ Action des pays hégémoniques ▶ Poids des lobbies ▶ Production de biens publics régionaux **« Régionalisme fédérateur »**

THÈME 13 – QUE FAUT-IL À L'AFRIQUE POUR INTÉGRER LA GLOBALISATION ?

Prof. Moustapha KASSE, Président de l'École de Dakar : Conférence faite aux étudiantes au Restaurant CLAUDEL. Le texte a été revu et enrichi.

Tout dans le discours de N.SARKOZY (qualifié ironiquement de ***« sarkozeries »)*** du 26 juillet 2007 à l'Université de Dakar n'était ni totalement inexact, ni aussi cynique comme le laissent entendre les critiques acerbes, mais intelligentes de Mamadou KOULIBALY et Achille MBEMBE et Malick NDIAYE.

Certes ce discours est provocateur, irrévérencieux, blessant, méprisant, vexatoire et que sais-je encore ? En cela nous pouvons le maudire ou le haïr, mais, il contient en filigrane deux vérités irréfragables qui ne doivent plus échapper à nos réflexions : les Africains ont été historiquement des peuples faibles et ses élites politiques et intellectuelles continuent encore de se montrer incapables de poser avec clarté les véritables problèmes de leurs peuples en vue de leur trouver des solutions idoines. Que l'on n'aille pas énumérer tout un chapelet de prouesses historiques et de brillants faits de civilisation : ils n'ont servi à rien, car, si tant est qu'ils aient existé, ils n'ont pas permis au Continent de résister victorieusement et d'échapper hier à l'esclavage et à la colonisation et aujourd'hui à la néo colonisation et à la marginalité.

L'Afrique peut-elle intégrer et tirer profit du système mondial multipolaire ? Voilà la bonne question que nous retrouvons dans toutes nos investigations sans jamais y apporter des réponses claires. La gravité et l'acuité de cette question se révèlent dans l' examen rétrospectif des débats homériques des années 60, dans les heures de gloire de l'Université de Dakar, entre historiens (Cheikh Anta DIOP, Abdoulaye LY, L.S.SENGHOR, Pathé DIAGNE, Amady DIENG, etc.), entre sociologues (FOUGEROLLAS, L.V.THOMAS, Abdoulaye DIOP, V. MONTEIL, Boubacar LY) entre philosophes (Thomas MELONE, L.V. THOMAS, Stanislas ADOTEVI, Alassane NDAO etc.) et entre économistes (Samir AMIN, Anson MEYER, Abdoulaye WADE, Paul DESNEUF etc.).

Depuis quatre décennies, les âpres polémiques entre d'un côté Cheikh Anta/SENGHOR, et de l'autre Cheikh Anta DIOP, KI-ZERBO et J.S.CANAL, relayées par de jeunes chercheurs particulièrement talentueux comme Mamadou Diouf, Momar Coumba DIOP n'ont pas fait avancer d'un pouce la connaissance des évolutions marquantes des sociétés africaines. Plus simplement elles n'ont apporté qu'un très faible éclairage sur les raisons profondes de la formation du sous-développement de l'Afrique subsaharienne au triple plan économique, politique et social. Pour revenir aux termes originels du débat, l'antériorité, même si elle était scientifiquement établie, du fait nègre dans l'histoire de l'humanité, n'apporte aucun éclairage particulier sur le constat qu'« *aujourd'hui, les premiers sont bel et bien les derniers de la classe mondiale* ». Paraphrasant M. GORKI « *le carrosse du passé ne vous conduit nulle part* ». Alors, posons-nous la bonne question, la seule qui vaille : pourquoi sommes-nous incapables d'être dans le temps mondial ? À cette question d'importance, il importe d'apporter des réponses simples, sans fioriture. Seulement après quoi, ce qu'il faut faire nous apparaîtra avec plus de clarté.

Dans le fonds, à y regarder de près, les deux vérités soulignées plus haut qui résultent du discours de Dakar, sont intimement liées : les infirmités des sociétés et de ses élites sont consubstantielles aux faiblesses passées et présentes de l'Afrique. Il est intéressant d'établir un parallèle entre ces sociétés et celles des pays d'Asie comme le Japon et la Chine. Elles partagent des processus communs et des trajectoires historiques en beaucoup de points semblables. La différence fondamentale est que les élites politiques et intellectuelles asiatiques ont cherché et trouvé dans leurs traditions historiques et leurs cultures les éléments théoriques et pratiques qui vont permettre de relever, en l'intervalle d'une génération, tous les défis de la modernisation par des réformes amples et profondes de leurs sociétés. Dans cette perspective, il faut réinterroger le plus simplement possible les faits massifs de l'histoire pour exhumer les facteurs inhibant de l'évolution des sociétés africaines. C'est dire qu'il est absolument indispensable de visiter cette histoire sans complaisance et avec des démarches non « historicistes » et nous interroger avec simplicité : Qui sommes-nous ? Que voulons-nous ? Que devons faire ?

I/ « Du passé faisons table rase » : des faiblesses congénitales conséquences de toutes les dominations.

Qui sommes-nous ? Quelles que soient l'ampleur, la qualité technique et la pertinence des réponses, en termes simples, nous avons été historiquement des sociétés extrêmement faibles. À cela plusieurs raisons, dont deux sont essentielles : en paraphrasant a contrario A.CESAIRE, nous ne sommes jamais rentrés dans l'histoire parce que nous n'avons inventé ni la poudre (l'art de la guerre), ni l'écriture (accès aux savoirs, à la science et à la technologie, préservation et transmission de référentiels et de valeurs). D'ailleurs les deux vont ensemble. Cette double faiblesse historique a incontestablement prédisposé l'Afrique aux pires malédictions que sont l'esclavage, la colonisation et les diverses dominations économiques et culturelles. Les conséquences sont bien évidentes : les Africains ont été durant des siècles dominés, humiliés, ballottés, férocement exploités et en définitive appauvris pour une longue période.

Sans nul doute, il a existé des empires et des royaumes qui ont connu des périodes de grandeur et des organisations politiques structurées. Toutefois, l'absence d'écriture et de monuments architecturaux ne permet pas d'en témoigner avec exactitude. En clair, cette asthénie historique est la cause principale de l'esclavage et la colonisation. Les territorialisations coloniales et leur façonnement pour une insertion dans la mondialisation sont une preuve de la faiblesse des pouvoirs africains. Ils n'ont pu à aucun moment résister au remodelage de l'espace et à l'instauration d'un système reposant sur la domination politique et l'exploitation coloniale qui a pris le relai de l'esclavage. Depuis lors, les sociétés africaines sont bel et bien insérées dans la mondialisation, mais de manière régressive comme le montre toute l'infrastructure théorique de l'échange inégal (A. EMMANUEL, S.AMIN, M. DIOUF) : elles fonctionnent par et pour l'économie mondiale. L'accession à l'indépendance des pays africains depuis les années 60 n'a pas modifié fondamentalement toutes les asymétries issues de la colonisation qui sont la source des crises économiques et de la pauvreté.

Le diagnostic chiffré est simplement apocalyptique : parmi les 49 pays les moins avancés (PMA) les 35 sont en Afrique Subsaharienne ; 581 millions de personnes, sur une population totale de 767 millions, vivent toujours dans le dénuement et 277 d'entre eux dans la « pauvreté absolue », soit avec moins de 1 dollar par jour ; plus de 50% de la population est âgée de moins de 20 ans et le taux de chômage atteint un niveau record. Plus de 70% de la population vivent dans les campagnes. L'Afrique est la seule région du monde où le PIB a régressé : la croissance économique sur une longue période (+3,4%) est à peine plus élevée que la croissance démographique (+3,1%) ; les indicateurs économiques et financiers (PIB, budgets publics) et sociaux (éducation, santé, environnement) sont mal orientés, surtout depuis les années 1980. L'Afrique au Sud du Sahara est presque aussi pauvre aujourd'hui qu'au moment des indépendances, il y a près d'une quarantaine d'années avec des niveaux des revenus plus bas. Pour toutes ces raisons st sans doute bien d'autres, l'Afrique est le siège de toutes les instabilités qui bloquent sérieusement son décollage économique.

Pourtant, suprême paradoxe : l'Afrique est la réserve mondiale des matières premières stratégiques, une aire géographique pouvant contenir et nourrir au moins quatre fois la population actuelle de la planète. Comme quoi les enfants de Chams s'ils ont été « les esclaves des esclaves de leurs frères » ne sont pas aussi maudits des dieux. Même s'il est vrai que la légende de Noé a été manipulée par les idéologues de l'Occident, il n'en demeure pas moins vrai que l'esclavage et la colonisation se sont abattus sur des peuples africains précisément parce qu'ils étaient faibles.

Que voulons ? En termes simples : sortir de la pauvreté matérielle et intellectuelle et morale. Ensuite, tenter de compter un peu plus dans la marche du monde. Dans ce contexte, le principal combat est de vaincre la pauvreté, la misère et la famine qui pèsent sur les populations comme des fatalités. Ce sont ces fléaux qui prédisposent le Continent à être le réceptacle des plus graves endémies du monde que sont le paludisme, le sida, la grippe aviaire et bien d'autres maladies infectieuses. Nous n'avons été épargnés que par la crise de la vache folle, c'est bien parce que le cheptel souffre d'endémies bien pires. Cette pauvreté est aussi la cause principale de la destruction de l'environnement et des écosystèmes.

Que devons-nous faire ? En pratique comme en théorie, les élites intellectuelles et politiques ne nous livrent pas encore une production massive relativement au « ce qui est et ce qu'il faut faire». C'est la meilleure preuve de leur asthénie dissonante. Il est vrai que l'oralité dominante de leur environnement semble leur dispenser de prendre l'initiative de la réflexion sur les grands défis du développement en Afrique. Si les recherches et les analyses ont le bénéfice d'exister, elles sont extrêmement molles et s'alignent souvent sur les schémas de modernisation /occidentalisation souvent élaborés par les multiples officines idéologiques travaillant au maintien des liens de dépendance et de contrôle du continent.

Ces schémas censés répondre aux besoins des pays africains au Sud du Sahara reposent sur le modèle de démocratie de marché et les valeurs occidentales qui l'accompagnent : libéralisme, libertés individuelles et publiques, magistrature indépendante, droits de l'homme, etc. Pourtant, bien que dominant aujourd'hui dans le temps mondial, la corrélation entre démocratie, marché et développement n'a jamais fait ses preuves en vraie grandeur nature dans des pays où une tradition démocratique est inexistante et qui doivent se développer, de surcroît à partir de rien, avec une absence partielle ou totale d'acteurs économiques autonomes capables d'exploiter toutes les opportunités de développement par leurs propres forces. Ce modèle au double niveau politico-institutionnel et économique est suggéré, encouragé par moment imposé (fameuses conditionnalités de l'aide et de la coopération). Tant pis même si cette occidentalisation avorte et risque conduire à l'anarchie et au chaos. Pour les idéologues du tout libéral, c'est le prix à payer pour arriver au bout de course au modèle global de modernisation, aux schémas de comportement et aux mêmes valeurs pour toute la planète. Quelles sont les conséquences de ce placage de la démocratie ?

II/ Le nouveau chaos des vaines tentatives d'occidentalisation par la démocratie de marché, le libéralisme et les valeurs sélectives des droits de l'homme : « les élites africaines sont-elles piégées ? »

L'Occident n'est plus le seul centre d'initiative historique, le seul créateur de valeurs, de civilisation et de culture. Il faut s'ouvrir aux problèmes que les Africains se posent et les réévaluer à la lumière des progrès scientifiques et techniques et des stratégies planifiées de développement économique et social, dépouillées de tout européocentrisme.

Les prétentions des tenants de la nouvelle recomposition de l'ordre mondial sont d'unifier les normes de fonctionnement des systèmes politiques, institutionnels à l'image de l'économique et du financier. Il faut arriver, par tous les moyens, à faire avaliser un projet politique capable de faire fonctionner un système démocratique et une économie libérale le tout appuyé sur les valeurs occidentales dominantes au premier rang desquelles la protection des droits de l'Homme. Dans le fond et à la pratique, il s'agit moins de bâtir un nouvel ordre mondial que de définir un ensemble de règles pour faire fonctionner un ordre public international favorable aux intérêts de l'occident. C'est pourquoi ce modèle décrété universel est transplanté de gré ou de force dans des environnements culturels et sociaux totalement différents de ceux où il a pris naissance. Extrême justification, il est avancé l'existence d'une corrélation étroite entre démocratie et développement, entre liberté politique et prospérité. Pourtant, l'histoire récente montre à souhait que ce schéma n'est absolument pas universel, il exprime une longue tradition historique occidentale.

Certes, il est communément affirmé (en référence à Montesquieu, Tocqueville), que le système démocratique est le moins mauvais des systèmes politiques. Justement, selon Montesquieu, la démocratie est impensable sans des citoyens vertueux. Dans le même sens, dans une longue réflexion sur la démocratie américaine, Tocqueville notait que « la démocratie pouvait être la moins mauvaise ou la pire des choses. Elle n'est jamais achevée ; elle est l'enfant fragile d'un couple en proie aux scènes de ménage, mais qui doit rester uni : celui de la liberté et de l'égalité. La conscience civique en est la condition sine qua non ».

Certaines expériences historiques de développement doivent leur réussite à des systèmes qui ne se fondent ni sur les principes ni sur les valeurs de la démocratie occidentale. En prenant le cas des Pays asiatiques, ils doivent leurs succès beaucoup plus à la cohésion et au contrôle social, au volontarisme politique et à l'exceptionnelle prise en compte des contraintes économiques internationales, mais certainement pas à la vitalité d'un quelconque pluralisme politique caractéristique de la démocratie à l'occidentale.

Au niveau des valeurs, la démocratie est accouplée aux droits de l'homme : lorsque Dieu créa l'ordre naturel, les hommes étaient libres et égaux en droit, mais avec la vie en société de multiples contraintes apparaissent imposant la protection des droits fondamentaux pour stabiliser l'ordre. La Déclaration adoptée par l'Assemblée générale de l'ONU en 1948 et les deux pactes de 1966 destinés à les mettre en œuvre comportaient d'un côté les droits civils et politiques et de l'autre les droits économiques, sociaux et culturels. Toutefois, son interprétation sous les tropiques est devenue progressivement restrictive avec une connotation éminemment politique : les droits de l'homme sont simplement réduits à la préservation des libertés individuelles et collectives. Ne rentre presque plus dans son champ la préservation des vies humaines, l'éradication de la pauvreté, le droit à la vie, le droit à une éducation, le droit à un emploi décent, le droit à la santé, le droit au partage des progrès économiques et sociaux, etc. Il est totalement hypocrite de ravaler les droits de l'homme à la simple préservation de la liberté d'expression, du reste souvent assez mal assurée.

Les droits de l'homme sont constamment et partout violés dans une planète où il existe encore plus de guerres, plus de pauvreté, plus d'exclusion. Certaines organisations s'émeuvent de ce qui s'est passé à Tiananmen, au Tibet, au Darfour, au Libéria, au Zimbabwe, mais restent respectueusement silencieuses sur ce qui se passe en Irak, en Afghanistan, en Israël, dans les bouches des Métros, dans les grandes banlieues des mégalopoles occidentales. En clair, le discours faussement universaliste des droits de l'homme cache une ségrégation sociale face à la mondialisation ultralibérale. C'est pourquoi, certains auteurs chinois estiment que les droits de l'homme, est un concept développé en Occident et toujours interprété dans un sens politique. Dans ce sens, Pan Wei se demande «où donc les vies humaines sont-elles le plus respectées ? Les États-Unis tuent tous les jours en Irak. Le discours des droits de l'homme est une hypocrisie intolérable pour les Chinois. Ici, on réduit la pauvreté, on garantit le progrès à un cinquième de l'Humanité. Le droit à la vie, le droit à l'éducation, c'est cela le plus important ».

Au plan théorique et pratique, la corrélation démocratie et développement fait l'objet d'importantes réserves. Mentionnons trois réflexions d'auteurs provenant d'aires culturelles différentes : Lee Kuan YEW[143] (Corée), Pan WEI (Chine) et M. ROCARD (Europe). En 1992, Lee Kuan YEW, grand maître de Singapour depuis de nombreuses années et un des meilleurs artisans au monde d'une politique économique réussie, déclarait lors d'un passage aux Philippines «Je ne crois pas que la démocratie amène le développement, nécessairement. Je crois que ce dont un pays a besoin pour se développer, c'est de discipline plus que de démocratie «. Cette idée rejoint l'opposition entre Goethe et Popper, le premier affirmant « qu'il vaut mieux une injustice qu'un désordre » et le second soutenant « qu'aucune réforme sociale, aucun progrès économique ne peuvent être obtenus par la violence ».

Le professeur de sciences politiques Pan WEI de l'Université de Pékin, le plus renommé des idéologues de sa génération et formé à Berkeley, tente de construire et de promouvoir un nouveau *«modèle chinois»* basé sur l'héritage communiste et la réussite économique actuelle. Dans toutes ses analyses, il démontre que la démocratie occidentale n'est nullement un préalable au progrès économique et social. «Mettre en opposition la démocratie et l'autocratie relève d'un obscurantisme politique qui s'est développé après la guerre froide, et surtout après l'éclatement de l'Empire soviétique. Beaucoup de Chinois rejettent cette dichotomie et estiment qu'elle sert surtout à alimenter une croisade contre notre pays. La Chine actuelle ne correspond pas à l'image simpliste d'une autocratie : c'est une méritocratie. Chacun doit grimper l'échelle sociale et politique et faire la preuve de sa valeur. Le droit de vote n'est pas un droit universel, nous avons d'autres méthodes pour sélectionner nos dirigeants. Ce n'est pas une démocratie, mais pas non plus

---

[143] M. KASSE : *Démocratie et développement* Edit NEAS-CREA, Collection Point Sur.

une autocratie au sens occidental.» En fait, la réalisation des objectifs de développement impose un État confucéen fort pour maintenir l'ordre et la marche forcée. Personne ne cache qu'il existe annuellement entre 70.000 et 120.000 révoltes et émeutes souvent très sévèrement réprimées. Mais elles n'ébranlent pas encore le régime, car, pour l'essentiel, toute la population est persuadée qu'il faut travailler dur pour atteindre le but ultime des dirigeants politiques qui est de changer la société chinoise. Cela passe principalement par «le développement n'est pas fondé, à long terme, sur les différentiels actuels de salaires. Le choix du bas coût de la main-d'œuvre est temporaire. Ce n'est pas non plus la stratégie de « copiage » suivie par le Japon après-guerre, avant de maîtriser soi-même la technologie. Les Chinois veulent raccourcir cette phase en accélérant la formation des cerveaux et la R&D en vue de créer vers 2050 un système entier, si possible autonome. Ainsi, le pays serait capable d'échapper, dans tous les domaines, aux spécifications ou standards américains (exemples nombreux dans la presse). Ils doivent, pour cela, « aider » les États-Unis à perdre leur capacité à tenir le monde.

Quant à Michel ROCARD, il estime que *« tout se passe en Afrique comme si l'Occident colonisateur avait efficacement détruit une amorce de sociabilité locale que l'on peut appeler la démocratie consensuelle et n'arrivait pas à faire prendre la greffe de son produit de remplacement, la démocratie conflictuelle. Notre système de démocratie représentative exige, en effet, à la fois une multiplicité de partis politiques, l'existence entre eux de conflits identifiables, une compréhension relative des enjeux par la population et le déroulement de périodes d'intensification, dites campagnes électorales, à l'issue desquelles une cristallisation du conflit fournit une représentation collective déclarée détentrice de la souveraineté populaire ».*

Ces trois auteurs remettent en cause la validité des théories qui priment sur le marché idéologique de l'après-guerre froide : l'imposition du modèle démocratique donné comme une sorte de « prêt-à-porter » universel. Or, pour l'Afrique il est complètement hors de portée. Les preuves ne manquent pas : intervention massive de l'extérieur sous différentes formes (démocratie sous-tutelles et infantile), faiblesse institutionnelle (des acteurs publics impliqués dans le processus), absence de citoyenneté et de traditions (suite à la faible alphabétisation de l'écrasante majorité des populations et la pauvreté ambiante).

Également, de rares pays ont atteint un haut niveau de développement en imitant systématiquement cette trajectoire historique propre à l'Occident. Au contraire les deux exemples les plus significatifs de pays de peuplement non blanc et de culture non occidentale qui ont vaincu le sous-développement et la pauvreté ont suivi un autre chemin. Quels sont les facteurs de leur réussite contemporaine, à travers les exemples du Japon et de la Chine ?

L'expérience du Japon est symptomatique d'un pays qui a réussi à construire un système économique performant qui n'est pas porté par un modèle démocratique. Schématiquement le cursus du développement japonais s'est déroulé sans le référentiel occidental : développement induit par l'État, passage à une économie de marché sous contrôle, démocratie adaptée en fonction de la domination culturelle des valeurs de groupe. Jusqu'à présent le Japon s'est soigneusement gardé de revendiquer sa différence s'attachant au contraire à tenir le langage des valeurs occidentales dominantes (libéralisme, démocratie, droits de l'homme) tout en niant les adaptations qu'il a opérées. Cette attitude est stratégiquement compréhensible pour un pays ayant atteint un haut degré de puissance économique sans être véritablement une puissance militaire. Cette situation est d'autant plus atypique « que le Japon possède une base industrielle et technologique capable de se convertir en une production d'armement sophistiqué à grande échelle y compris l'armement nucléaire » (Zaki LAÏDI).

Durant toute la période de guerre froide, le Japon ne pouvait avoir qu'un alignement sur les positions d'un Occident qui lui permet de préserver et de défendre ses intérêts vitaux. À cette période n'importe quel conflit dans le monde pouvait constituer une menace pour le pays qui dépend des approvisionnements des marchés extérieurs. Dans ce contexte, le Japon avait appliqué la diplomatie du ***sogo ampo*** c'est-à-dire celle de la sécurité globale consistant à s'arrimer, sans état d'âme à la puissance dominante : les États-Unis. Mais aujourd'hui, avec la fin de la guerre froide, cet alignement est à géométrie variable pour reprendre l'expression de Zaki LAÏDI, ce qui apparaît clairement dans ses prises de position sur la scène économique et politique mondiale, c'est la diplomatie du ***jshu gaiko.***

En ce qui concerne la Chine, elle travaille dur pour asseoir sa puissance (changer de catégorie) et faire partie de ceux qui mènent le monde. Dans ce sens, elle a parfaitement planifié sa marche : le projet pour 2050 est déjà publié avec l'objectif central de ramener le pays parmi les plus grandes puissances économiques, financières et militaires. Elle se donne les moyens techniques et financiers et mobilise tout son peuple (au besoin par la contrainte). Depuis 1980, elle a compris que le monde est en situation de « guerre » : les États-Unis sont au bord d'affrontements armés un peu partout (Irak, Afghanistan, Syrie, Iran, Corée du Nord, Amérique Latine, etc.). Réalistes, les dirigeants chinois comprennent qu'au regard des rapports de force le différentiel de puissance est tel qu'aucun pays ne peut s'opposer à ceux qui ont décidé d'imposer leur ordre dans le monde actuel. Il faut donc mener le combat par d'autres moyens : « elle a trouvé une direction à suivre, la modernisation à outrance, au nom de la « réforme » ; elle a trouvé les moyens qui lui manquaient, le financement par les capitaux étrangers et le commerce international, au nom de « l'ouverture ». Enfin, ses dirigeants pensent avoir trouvé les trois orientations à suivre : poursuivre à tout prix le développement, participer à tout va à la *globalisation* (comme les Américains, car ce terme est économique) et parachever le renouveau de la civilisation chinoise sur des bases « socialistes ».

Ces options devraient lui permettre de retrouver sa juste place parmi toutes les grandes puissances dans le monde tel qu'il va se construire, quel qu'en soit le dessin. Dans ce sens, Pan WEI note *« Sans trouble politique majeur, l'économie continuera à progresser, même s'il y aura des turbulences dans les prochaines années, comme aux États-Unis. Nous profiterons encore de notre main-d'œuvre à bas coût, et la Chine restera compétitive. Elle deviendra plus égalitaire qu'aujourd'hui. Nous serons toujours dans un système d'économie socialiste à caractéristiques chinoises. Mon souhait est de nous orienter vers un système où règne «la règle de la loi», similaire à celui qui existe à Hongkong ou à Singapour. Avec une minorité éclairée et méritante qui décide de la marche à suivre et dont la priorité est de faire respecter le droit ».*

En fait, les Chinois veulent développer des rapports avec tous les pays du monde en se fondant partout (y compris les pays industrialisés) sur les mêmes principes du « gagnant-gagnant » qui ne sont en rien contradictoires avec une conception impitoyable en relations d'affaires. Ces relations qu'elles soient politiques, économiques et financières internationales s'inscrivent dans la durée et dans l'espace. Selon P. GENTELLE, *« la Chine s'interdit d'exercer des contraintes, pour ne donner à aucune autre puissance (surtout aux Américains) le moindre prétexte à le faire. C'est pourquoi, au plan économique, le dynamisme des exportations conduit les dirigeants à proposer des compensations aux pays qui en sont victimes particulièrement les PSD.*

Pour revenir à l'Afrique le modèle de démocratie à l'occidentale, dans ses formes actuelles montre des limites qui, à l'extrême, se présentent comme des facteurs d'instabilité de tous ordres : contestations virulentes et violentes de toutes les élections, coups d'État militaires réparateurs des dérapages (rectification) et contre coups d'État de sauvegarde ou de préservation de la démocratie, etc. Toutes ces actions sont manipulées par les élites loin de toute participation des populations qui, du reste, ne possèdent ni pouvoir réel ni capacité véritable pour départager ces luttes pour la conquête ou le contrôle des institutions politiques. **Une première limite est liée à l'électorat trop pauvre et trop peu instruit** pour départager les joutes partisanes des formations politiques souvent sans programmes structurés de gouvernement et qui ne vivent que le temps d'une élection. Houphouët-BOIGNY soulignait déjà qu'« un homme qui a faim ne peut pas être un citoyen libre». **Une seconde limite tient au caractère inadapté des institutions et leurs dysfonctionnements** qui les rendent incapables de garantir la transparence des systèmes électoraux : fiabilité des fichiers électoraux, indépendance des organes de supervision des élections et de résolution des conflits. **Une troisième limite est relative aux coûts financiers exorbitants à la fois pour l'État, les citoyens et les protagonistes du jeu politique qui ont tropicalisé les campagnes électorales à l'américaine**. Les États africains attendent toujours les aides financières extérieures pour organiser les élections si celles-ci tardent à se manifester les élections sont renvoyées sine die. En définitive, les carences au niveau des fondamentaux rendent alors le système très peu crédible. C'est pourquoi sa mise en œuvre à travers des élections dites libres, pluralistes et disputées commence par la guerre civile verbale et se termine souvent en émeutes meurtrières. Sur un autre registre, l'élection devient un gaspillage phénoménal de ressources rares et un déversement de multiples formes de corruption. Appréciant la démocratie indienne Amartya SEN observe qu'elle coûte 1 à 2% de point de croissance économique.

À ces limites viennent s'ajouter d'autres comme l'appel à l'ethnicité et au tribalisme, l'asymétrie de l'information, l'absence de programmes des Partis politiques le tout couronné par la faiblesse à la fois des groupes de pression et celui des « fouilles-merde » qui donnent au journalisme moderne ses lettres de noblesse en rendant encore moins opaque «l'espace politique». Ces éléments plombent le marché politique et conduisent à l'évidence à un fonctionnement pervers. C'est l'échec de la greffe de la démocratie en Afrique subsaharienne. La double crise des Institutions et de la représentation politique fondée sur le principe dualiste de la délégation et l'aliénation du pouvoir par « les professionnels de la représentation populaire » aggrave encore la situation.

Ces développements permettent de tirer deux enseignements clairs. La première est manifestement que la démocratie non seulement ne développe, mais elle est à l'origine de toutes les instabilités : c'est le nouveau traquenard des élites africaines. Dès lors, on peut soupçonner que son utilisation comme conditionnalité majeure de l'APD est la nouvelle méthode d'enfermement des États africains dans le non développement et l'instabilité permanente. Les élites se lancent partout dans une course effrénée vers un modèle démocratique qui, de toute évidence, est voué à l'échec et elles oublient l'essentiel : comment sortir de la trappe de la pauvreté. Le deuxième enseignement est relatif à une démission des intellectuels ou tout moins leur faible volonté de penser les problèmes de leurs peuples en vue de leur trouver des solutions. Beaucoup d'institutions internationales hautement intentionnées travaillent à leur crétinisation par imposition d'un « prêt à penser ». Prenons acte de cette déclaration de Dominique Strauss KAHN à la réunion du CAUCUS à Nouakchott (Août 2008) : *« L'époque où le Fonds savait tout et les autres rien est révolue ! J'ai besoin de vos avis et de vos commentaires»*. Les élites intellectuelles et techniques vont-elles saisir cette perche ?

III/ Que faire pour sortir de la trappe de la pauvreté ?

Sur beaucoup d'aspects, l'Asie et l'Afrique présentent des similitudes frappantes : des pays dominés sous diverses formes et conséquemment appauvris. Ils ont reçu de multiples agressions qui les ont complètement anesthésiés. Ils veulent désormais avoir prise sur l'histoire et intégrer le système mondial tel qu'il est en y exploitant toutes les opportunités qui s'y offrent. Ces d'Asie comme ceux d'Afrique doivent trouver en eux-mêmes les raisons, les forces et les moyens de se remettre en conformité et en toute indépendance avec la marche du monde. C'est ce que les Chinois ont compris en observant que s'ils ont été vaincus, à plusieurs reprises dans le passé c'est qu'ils n'avaient pas su adapter leur civilisation (et eux-mêmes) aux mutations du monde. Ils ont analysé et accepté leur propre culpabilité dans leur déconvenue historique. Les élites politiques et intellectuelles ont alors choisi de « se battre » pour être au même niveau que ceux qui, autrefois, les ont colonisés. Cette volonté inébranlable est traduite par les premières paroles de l'hymne national chinois : ***« Debout ! Nous qui refusons d'être esclaves ! »*** Ce refrain devrait être le programme de tous les Africains du bas au sommet. Voilà comment concrètement on entre dans la mondialisation. **Ces élites asiatiques ont trouvé la direction de la modernisation à outrance par la « réforme et l'ouverture »** ; elles ont trouvé les moyens qui faisaient défaut à leur développement : le financement par les capitaux étrangers et le commerce international grâce à l'ouverture. Enfin, elles ont utilisé leur propre tête pour penser leurs problèmes en vue de leur trouver leurs propres solutions. **Elles ont interrogé leurs sociétés pour y découvrir et valoriser les comportements les plus favorables au développement. La vision est claire : travailler à être parmi tous les peuples du monde et aussi dans le système mondial tel qu'il va se construire et quel qu'en soit le dessin.**

On comprendra alors que ce qui manque aux élites africaines, c'est cette volonté clairvoyante de prendre en charge les problèmes de leur peuple afin de leur trouver les solutions les meilleures par la réflexion et par l'action. Ils ne veulent rien inventer, rien entreprendre de consistant pour tirer profit de toutes les opportunités offertes par une coopération internationale diversifiée et compétitive. Aujourd'hui, elles sont à la recherche d'une nouvelle vision, d'un paradigme et d'un programme alternatif pour transformer les sociétés. La question centrale est alors comment mettre en place un système économique et financier performant qui sorte les populations de la pauvreté et de la misère. Dans ce contexte, il faut tirer toutes les leçons du miracle asiatique. La croissance rapide de ces pays a montré que le développement était possible et qu'il pouvait s'accompagner d'une réduction de la pauvreté, d'une amélioration largement partagée du niveau de vie et même d'un processus de démocratisation. Évidemment, dans la phase ascendante des PAS les expériences asiatiques étaient considérablement dérangeantes pour les défenseurs des solutions orthodoxes, car ces pays ne se sont pas conformés aux prescriptions habituelles des Institutions Financières Internationales. Dans la plupart des cas, l'État a joué un rôle efficace de création et d'orientation des ressources vers des projets à long terme. Cet État a été qualifié **d'État «*pro*»** c'est-à-dire promoteur, producteur, prospecteur et programmeur.

Les gouvernements africains ont suivi certaines des prescriptions techniques habituelles, comme la politique macroéconomique stable, mais ils ont ignoré les autres. Par exemple, au lieu de privatiser, ils ont créé des entreprises hautement productives et plus généralement ils ont mené une politique industrielle pour développer certains secteurs. Les pouvoirs publics intervenaient dans le commerce, même si c'était plus pour favoriser les exportations que pour limiter les importations. Également, ils se sont engagés dans un timide encadrement du secteur financier, en abaissant les taux d'intérêt et en augmentant la rentabilité des banques et des entreprises. En clair, nous savons parfaitement tous les facteurs des succès asiatiques ce que nous connaissons moins bien c'est souvent leurs enchainements et leurs synergies.

L'insertion de l'Afrique dans le temps mondial exige une élite plus patriotique, plus déterminée, plus studieuse. Une élite qui recherche et qui débat avec une grande plasticité intellectuelle. Présentement, elle est à la péroraison et non à l'écriture. Pour la distraire il lui offert séminaires, ateliers, colloques, forums c'est-à-dire des espaces de grande palabre « à l'africaine ». Les anciennes tribunes de débats et de réflexions comme le **« Club de Dakar»** ou le **«Club Afrique»** qui fonctionnaient sur le modèle du **«Club de Rome»** ont complètement disparu. Aujourd'hui, les débats sont renvoyés à l'intérieur des différents corps de discipline : Économie, Sociologie, Philosophie, Politique, etc. Cette mort du débat cache mal celle des intellectuels, une classe qui se caractérise par sa volonté d'éclairer et d'alerter les citoyens sur les problèmes de société. Ce grand vide est saisi par les maîtres à penser du monde qui ont trouvé en Afrique la terre de prédilection de leur pensée unique. L'intelligentsia africaine doit porter à l'Asie et à la Chine une attention nouvelle comme l'avaient fait, du reste, les intellectuels de l'Europe des Lumières.

Encadré 15 : Quelques approches de la pauvreté.

Par Pr. Moustapha KASSE.

DE BEVERIDGE à RAWLS : La théorie de la justice sociale.

Il y a un siècle il ne faisait pas bon être pauvre dans les sociétés riches (Calvin, Elisabeth 1, Malthus pour qui « les pauvres n'ont aucun droit à être entretenu». La révolution industrielle avec ses excès va contribuer à la naissance du sociale chez Fourrier, Proudhon, Louis Blanc, etc. Il a fallu attendre Lord Beveridge pour théoriser les protections sociales dans les années trente au moment où Keynes lance sa pensée économique. Deux phrases 1) mieux vaut qu'un seul homme meure pour le peuple pour que la nation ne périsse pas (CAIPHE) ; 2) Mieux vaut une injustice qu'un désordre (GOETH).

Aujourd'hui, les violences viennent des entrailles de nos sociétés malades de la pauvreté et des **inégalités qui déstructurent le tissu social, créent des** frustrations lesquelles créent le radicalisme et le fondamentalisme. Tels sont les enseignements que dégage Bertrand BADIE dans son ouvrage sur les pathologies des relations internationales

TROIS VISIONS RESSORTENT DES DISCOURS SUR LA PAUVRETE. Chacune se réfère plus à un type d'agent qu'à un autre (les pouvoirs publics, les pauvres eux-mêmes, les intellectuels et la société civile, le donateur). **Quelles réponses à la**

triple interrogation : Comment peut-on appréhender la pauvreté dans ses principales dimensions ? Quels mécanismes dans l'économie et dans la société secrètent la pauvreté ? Quelles politiques les décideurs peuvent-ils mettre en œuvre ?

La vision technocratique. Elle est celle des Institutions Financières, elle s'exprime sur le mode de la pathologie et emploie souvent un langage mi- médical, mi- guerrier. La pauvreté est une maladie à "éradiquer" et pour ce faire, il faut mettre en place "des stratégies pour les pauvres".

La vision assistantielle-répressive. La charité est un instrument de gestion des menaces sociales. La pauvreté est perçue comme un danger social et politique en ce qu'elle menace les fondements mêmes des régimes et en ce qu'elle peut entraîner des implosions (émeute de la faim) pouvant compromettre tous les équilibres internes et entraîne des conséquences incalculables. Il faut alors désamorcer cette bombe sociale par l'assistance, la rééducation ou la répression.

La vision caritative. Elle est généralement celle des ONG. La pauvreté est décrétée inacceptable en soi pour des raisons transhistoriques et non liées à une préoccupation gouvernementale. On distingue généralement deux formulations : le caritativisme classique religieux, laïc ou démocratique qui repose sur des transferts privés de ressources monétaires ou en nature et le caritativisme qui privilégie "la solidarité des pauvres entre eux". On mise sur une capacité collective des pauvres à trouver des solutions à leurs problèmes.

Dans un article coécrit avec le Président Abdoulaye WADE, nous avions observé que l'objectif de réduire le nombre de pauvres de moitié à partir d'un niveau de croissance de 7% pourrait être erroné si les pauvres eux-mêmes ne participent pas à la création de cette richesse. En tout cas, le Pr. A. WADE a toujours soutenu « *qu'aucune logique économique ne permet à un individu ou un groupe voir même une entreprise de bénéficier des fruits d'une croissance si ces derniers n'ont pas participé à sa création* ». En conséquence, l'objectif numéro 1 des OMDS devrait être l'intégration totale des pauvres ou à défaut, la moitié de leur nombre dans le système de production et de consommation. À ce stade ils pourront espérer franchir un pas en avant, et verront leurs revenus augmenter, ce qui pourrait sortir un certain nombre des pauvres de leur pauvreté initiale, mais malheureusement on constate une montée de la pauvreté dans la plupart des pays en développement. S'en suivent les Controverses épistémologiques et méthodologiques que l'on retrouve dans les travaux de beaucoup de chercheurs africains.

J'ai tenté dans mon ouvrage, « le Sénégal des mutations » de montrer que la pauvreté n'est pas un phénomène homogène ce qui apparait dans ces différentes appellations de la langue wolof : neew-ji-doolé, miskiin, walakana, walavokin, tuskaré et ndool. Chacun de ces termes traduit un statut de la pauvreté. Au Sénégal, l'enquête sur les priorités n'a point spécifié avec rigueur ces catégories, ce qui a constitué une limite à la compréhension et à la saisine du phénomène.

THÈME 14 – DE L'OUA À l'UNION AFRICAINE : LES QUESTIONS PENDANTES DE L'INTÉGRATION AFRICAINE.

Par

Moustapha KASSE, Doyen de la Faculté des Sciences Économiques.

Texte de conférence aux diplomates africains accrédités à l'UA.

INTRODUCTION

Ce début du 3ème millénaire voit les grands décideurs d'Afrique élaborer avec de nouvelles visions de l'unité africaine par deux initiatives majeures : la création de l'Union africaine et l'élaboration d'une nouvelle initiative économique pour un partenariat avec le monde industrialisé et les institutions financières internationales. L'Acte Constitutif de l'Union africaine qui vient d'être adopté s'inscrit ainsi dans une logique de réactualisation de la Charte de l'OUA visant à doter le continent d'une ambition éclairée et d'objectifs réalisables pour un nouveau départ de l'intégration africaine. C'est dire que les leaders africains ont désormais une réelle vision historique et une véritable conscience des défis nationaux et continentaux. Conscients des énormes potentialités de l'Afrique, ils prennent l'initiative d'élaborer des stratégies qui placent le continent au cœur des enjeux du nouveau millénaire. Ce sont alors les nouvelles voies de l'afro-renaissance pour reprendre le mot de Jean Marc ELA. Pour ce faire, l'Afrique doit s'unir.

Bien que difficile à réaliser, l'intégration n'en demeure pas moins d'une importance capitale pour l'Afrique, principalement parce qu'elle permet de mettre en commun des ressources pour l'investissement, d'élargir les marchés locaux. Cet élargissement des marchés présente trois avantages fondamentaux. D'abord, il favorise l'avènement des économies d'échelle de production et de consommation capables d'attirer les investissements directs étrangers (IDE) privés et rend efficace le processus d'industrialisation qui peut tirer parti des possibilités d'intégration verticale transfrontalière et de partage de la production. Ensuite, les mêmes avantages d'échelle permettent d'atténuer certains effets défavorables de l'environnement international. Enfin, il devrait contribuer au renforcement du pouvoir de négociation du continent dans le système des relations économiques et politiques internationales. Ainsi, l'intégration est le meilleur marchepied vers cette mondialisation de très haute compétition de surcroît multipolaire. La nécessité et l'opportunité sont bien connues : les multiples organisations d'intégration mises en place depuis les années 60 l'attestent. **Cependant, une question demeure : comment intégrer un espace de 700 millions d'habitants regroupés en 53 États composés de plus de 1.000 ethnies parlant environ quelque 5.000 dialectes dans des frontières souvent arbitrairement délimitées et évoluant dans des systèmes économiques et monétaires trop fortement différenciés ? Quel est le schéma d'intégration suffisamment flexible qui peut prendre en compte toutes ces contraintes ?**

De l'analyse de l'Acte Constitutif de l'Union africaine transparaît ce désir des rédacteurs de vouloir aller plus vite et plus loin. Cette option s'impose, en effet, comme un préalable pour sortir le continent de l'immobilisme et de la marginalité. Sans verser dans un quelconque afro pessimisme, un regard dépourvu de toute complaisance montre que l'Afrique est aujourd'hui la région du monde la plus pauvre. Son PNB dépasse à peine celui de la Belgique. À la fin des années 90, la production moyenne par habitant de en prix constants, était inférieure à ce qu'elle était il y a 30 ans. La contribution au commerce mondial compte pour moins de 2%. À ce compte, le continent est à la marge de l'expansion industrielle mondiale et risque d'être exclu de la Nouvelle Révolution de la Technologie de l'Information de la Communication.

Plus de 45% des 700 millions d'Africains vivent dans la pauvreté absolue avec moins d'un dollar par jour. Les indicateurs du développement humain sont extrêmement faibles et montrent que la majorité des Africains n'ont pas accès à la santé (200 millions), à l'éducation (150 millions d'analphabètes), au logement, à l'eau potable (250 millions). À cela s'ajoute la propagation des conflits d'origines ethniques et autres. Les conflits africains sont de type nouveau : armées irrégulières avec des structures de commandement mal définies, des frontières de combats assez imprécises avec l'objectif principal de contrôler des civils et des ressources (or, pétrole, diamant, drogue). Aujourd'hui, au moins un Africain sur cinq vit dans une économie profondément bouleversée par une guerre civile. À titre d'illustration, dans 11 pays affectés, le nombre de morts dans les conflits serait compris entre 4 et 7 millions, soit 5% de leur population totale. En prenant, le conflit angolais, il a coûté environ 2 milliards de dollars, fait plus d'un million de morts et 800.000 déplacés. La guerre est le pire ennemi du développement et inversement le développement est la meilleure forme de prévention des conflits. Paix, sécurité, stabilité et bonne gouvernance deviennent des variables du développement économique et social.

Cette marginalisation et cette précarisation imposent de réinventer de nouvelles façons de penser et d'agir. Pour y arriver, il fallait donc réformer profondément la Charte de l'OUA qui, après plus de trois décennies, nécessitait des modifications et des amendements relatifs à ses principes directeurs, ses orientations d'ensemble, ses objectifs, son fonctionnement, ses structures d'encadrement et d'administration. S'il présente quelques innovations importantes, l'Acte Constitutif comporte des limites de fond qui restreignent notablement sa portée comme instrument mobilisateur.

Sans nul doute, sur certains aspects, l'Acte Unique trace des voies de l'avenir en s'inspirant beaucoup de l'Union européenne et aussi de l'Union économique et Monétaire Ouest-Africain (UEMOA) qui sont des modèles de régionalisme ouvert fondé sur 2 piliers : des institutions unifiées de gouvernance (Commission, Conseil Exécutif, Parlement, Cour de Justice, Conseil économique et Social) et des critères de convergence (déficits internes et externes, inflation, endettement, budget, etc.). Ces deux fondements rendent possible l'élaboration de politiques économiques et monétaires communes. Dans ce contexte, il importe d'urgence d'opérer une analyse critique pour mettre l'accent sur les limites et les insuffisances de l'Acte Unique, afin de dépasser les modestes résultats qui caractérisent le régionalisme africain. En effet, l'analyse de l'Acte unique révèle des lacunes qui se situent à quatre niveaux : *celui des institutions et de la gouvernance de l'union ; des stratégies et des priorités ciblées ; des projets d'institutions financières ; des options stratégiques oubliées ou esquivées et que devrait combler la «Nouvelle Initiative africaine», fusion du Plan Oméga et du MAP c'est-à-dire le NEPAD.*

I/ Contraintes liées aux institutions et á la gouvernance de l'Union.

À travers l'Acte Constitutif de l'Union africaine, les décideurs, en l'occurrence les Chefs d'État et de Gouvernement, semblent s'être donné comme objectif majeur l'accélération du processus d'édification de l'unité africaine en arrêtant toutes les mesures destinées à établir progressivement l'unité organique du continent. Étant donné que ces traités internationaux tiennent souvent lieu de loi constitutionnelle pour les communautés ou unions qui les ratifient, on est en droit d'attendre de l'Acte Constitutif qu'il ait un caractère formel qui lui permette d'identifier, de définir et de légitimer une nouvelle union d'une cinquantaine d'États. Il devrait notamment comporter des règles détaillées qui aideraient à la réalisation des objectifs et à la définition des obligations des diverses institutions de l'Union et des États membres. Il devrait également clairement définir les droits des citoyens, de même que les libertés économiques fondamentales comme la libre circulation des personnes, des biens, des services et des capitaux, la liberté de s'établir, de fournir des services, d'importer ou d'exporter des agents économiques.

Une unité africaine qui, après quarante années d'existence, voit encore des milliers d'Africains quotidiennement rapatriés dans leur pays d'origine, des marchandises et des camions bloqués par des barrières les plus diverses, ne présente aucun intérêt, sinon diplomatique. Or, l'Acte Constitutif dans son contenu comme dans sa forme actuelle ne répond à aucun de ces soucis majeurs et, de surcroît, ne permet pas de déterminer une politique audacieuse de développement et d'intégration dont il assurerait la mise en œuvre.

D'une trop grande simplicité, il présente des lacunes substantielles dans son système normatif. Ainsi, pour ce qui concerne les organes déterminants du dispositif institutionnel, leur composition et leurs attributions sont simplement énumérées. Ni les conflits de compétence entre l'ordre interne et la législation de l'Union, ni les sanctions en cas de défaillance des États ou de non-exécution complète ou partielle des obligations ne sont évoqués.

Cette question prend toute son importance au regard des milliers de résolutions et recommandations prises assez laborieusement par l'OUA et qui restent lettre morte. Sur un autre plan, l'Acte définit les objectifs de l'Union en des termes trop généraux qui n'indiquent pas clairement les moyens nécessaires pour les réaliser encore moins leurs délais de mise en œuvre.

L'Union ne dispose que de compétences d'attribution dans des domaines spécifiques. Certaines institutions comme le Parlement et la Cour de Justice qui sont parmi les piliers de l'Union, voient leur composition, leurs pouvoirs, leurs attributions et leur organisation renvoyées à des protocoles y afférents. Par exemple, quel est le rôle du Parlement et surtout va-t-il disposer d'un pouvoir de contrôle sur les différentes décisions des institutions de l'Union ? Il existe une foule de questions de ce genre qui sont renvoyées à des protocoles qui seront négociés ultérieurement. Il en va de même pour la Cour de justice.

Il apparaît, alors, que l'exécution des décisions incombe aux États et non aux institutions de l'Union ; cela fragilise complètement le pouvoir communautaire dont l'efficacité, une fois encore, sera totalement subordonnée au soutien des États. Il est évident qu'une Union qui se veut durable doit être assise sur de très solides règles de droit. Or le texte est muet sur bon nombre de questions fondamentales : Quelles sont les compétences d'attribution c'est-à-dire les compétences contentieuses, les compétences préjudicielles et les compétences consultatives ?

Le texte est encore plus imprécis quand il s'agit des articles traitant de l'économie et des finances, notamment les règles détaillées concernant les domaines de construction de l'Union africaine. Les objectifs de politiques économiques et sociales, scientifiques et de recherche technologique ainsi que de celles concernant l'environnement et les ressources humaines ne sont nulle part définis avec précision, si bien qu'aucun engagement des États n'est mentionné. Pour d'autres domaines comme l'éducation, la défense et les politiques extérieures c'est un silence complet. Il y a comme une sorte de fuite en avant quand, au lieu de régler les questions précises liées à la conflictualité africaine, on avance la création d'une armée continentale dans un monde où la guerre est une affaire de haute technologie et de mécanique.

Une faiblesse remarquable de l'Acte provient de la procédure de prise de décision qui est le consensus ou à défaut, la majorité des deux tiers des États membres. C'est cette procédure de vote qui a souvent condamné les organisations africaines à toujours rechercher de laborieux compromis qui s'avèrent totalement inopérants. Militerait-on pour l'immobilisme qu'on ne s'y prendrait pas autrement. En revanche, si l'objectif est de progresser vers l'unité, la règle de la majorité qualifiée doit devenir la procédure de décision courante.

L'exemple de l'Europe est de ce point de vue très édifiant. L'odyssée vers l'Union européenne a été parsemée de remous, de rupture, de la politique de la chaise vide et de laborieux compromis qui ont cependant permis de faire chaque fois des progrès substantiels dans le sens de l'unité. C'est notamment à partir du moment où elle a adopté la règle de la majorité qualifiée que l'Europe est allée très vite, malgré une opposition farouche de Mme THATCHER, des Danois et des Grecs. Depuis, elle est complètement sortie de la période d'indécision et d'immobilisme. Tel n'est pas le cas de l'Afrique qui reste fortement chevillée à l'unanimisme et au consensus comme processus décisionnel sur des questions extrêmement complexes relevant des institutions, du développement économique et social.

Les discours ringards et les sempiternelles incantations culturalistes, historicistes et «politicistes» n'ont pas encore réussi à faire décoller l'OUA. En effet, l'Europe va achever en l'an 2002 son unité économique et monétaire alors que l'Afrique en est encore à la recherche d'un schéma acceptable d'unification. Or, seulement quelque six ans séparent la date de ratification du traité de Rome (mars 1957) de l'adoption de la Charte de l'OUA (juillet 1963). Si depuis plus d'une trentaine d'années, l'intégration africaine n'avance point, il importe, par conséquent, d'en tirer définitivement les leçons et de s'inscrire dans la dynamique d'une stratégie du possible et du réalisable.

Il faut, par conséquent, oser sortir des consensus et des unanimités de façade, car il ne peut exister pour des pays aussi hétérogènes économiquement, socialement et culturellement des solutions acceptables par tous. De plus, comment un Gouvernement pourrait-il consentir à une décision s'écarte trop des intérêts dont il a la charge ? Comment dès lors lui reprocher d'exagérer la manière dont il défend ces derniers ?

Au niveau du système de gouvernance, son analyse révèle l'existence de graves faiblesses pouvant entraîner des dysfonctionnements institutionnels ou alors refréner les ambitions du continent. En premier lieu, l'organe d'administration et de gestion de l'Union présente au départ des déficiences organiques et fonctionnelles. Il est parfaitement compréhensible que l'administration de l'Union soit confiée à une structure assurément souple qui est la Commission et cela à l'image de l'UE et de l'UEMOA. De par sa composition et ses attributions, ce dispositif est loin de pouvoir répondre aux besoins d'une organisation internationale dont les États sont non seulement trop nombreux, mais, en outre, caractérisés par une trop grande hétérogénéité politique et sociale et par de trop fortes disparités économiques et financières. En second lieu, sur un plan strictement juridique, les organes principaux n'ont pas des compétences et des attributions différenciées. Autrement dit, le Président de la Commission n'est pas responsable devant le Conseil Exécutif qui lui-même ne possède pas de pouvoir gouvernemental de contrôle et d'imposition ; ce qui lui aurait donné des compétences pour faire exécuter les décisions arrêtées. Soulignons que dans le cas de l'Union européenne, par contre, la Commission propose, le Conseil Exécutif décide et la Commission exécute. En troisième lieu, il est évident que les objectifs que l'Union s'est fixée, à savoir le développement économique et l'intégration de l'Afrique nécessitent une autorité supranationale forte capable de mettre en forme les décisions et de les faire exécuter. Or la lacune majeure est l'absence de cette supranationalité, c'est-à-dire l'existence d'un pouvoir de décisions immédiates accepté par tous. Même la Conférence des Chefs d'États et de gouvernement qui est censée être l'organe suprême de l'Union ne dispose pas de ce pouvoir.

Sous ce rapport, la diversité et la spécificité des États africains appellent la mise en place d'un Exécutif fort et collégial, non d'un Président investi pour un an et ne disposant d'aucun pouvoir réel. Ce délai est loin d'être suffisant pour assurer la continuité et le contrôle des décisions arrêtées, même s'il ménage les susceptibilités du pays organisateur tout en procurant à son Chef des satisfactions de prestige.

II/ Du choix des stratégies et des priorités.

Le nouvel intérêt stratégique devrait permettre au continent africain de mieux se positionner dans le paysage des relations internationales. Pour qu'ils fassent mieux entendre leur voix dans le monde, les pays africains doivent développer leur propre pensée stratégique. Le destin d'un peuple, sa prospérité et sa sécurité se déterminent de plus en plus à l'échelle régionale, voire planétaire, il est plus qu'urgent pour le berceau de l'humanité de parler d'une seule voix. Cela passe nécessairement par l'émergence d'une pensée stratégique qui devrait constituer la clé du destin du continent, la boussole de son avenir et le moteur de son développement. Plus que jamais, le moment est venu pour les cadres africains et surtout pour les jeunes d'aujourd'hui, qui feront l'Afrique de demain, de s'outiller et de maîtriser les questions de stratégie et tous les instruments de prise de décisions, afin de mieux faire face à la concurrence des autres continents.

L'Acte Constitutif prévoit la mise en place de sept (7) Commissions Techniques spécialisées qui couvrent les principaux domaines d'activités et qui sont chargées de préparer les projets et programmes de l'Union et d'assurer le suivi des décisions ainsi que la coordination et l'harmonisation des projets. La formation de ces Commissions constitue certes une avancée significative, mais leur composition ne leur permettra pas d'être de véritables laboratoires d'analyse et de décisions. En effet, elles sont composées de Ministres ou de Hauts fonctionnaires qui ne sont pas à proprement parler des experts, mais des politiques n'ayant pas toujours les compétences requises. Par ailleurs, elles risquent d'avoir un personnel pléthorique et d'être, en conséquence, complètement inefficientes. Dans la défunte Charte de l'OUA, ces organes techniques existaient bel et bien, mais en réalité, ils n'ont jamais fonctionné à cause de la lourdeur de leurs structures.

En outre, si l'un des objectifs majeurs de l'Union africaine est le développement économique et l'intégration du continent, il faut concevoir une stratégie à long terme qui exige des priorités bien ciblées, une exécution rationnelle des actions retenues avec une claire spécification des moyens et un contrôle régulier. Or, tel ne semble pas être le cas dans l'Acte Constitutif de l'Union africaine. En parcourant ce texte, on est séduit par ses intentions plausibles et louables, mais un flou entoure les instruments susceptibles d'être mobilisés pour leur mise en œuvre.

III/ Faisabilité des projets d'institutions financières : quel système monétaire africain ?[144]

L'Acte Constitutif prévoit opportunément un ensemble d'institutions monétaires et financières. Sans conteste, c'est un notable avancé par rapport à la Charte de l'OUA. Cependant, l'intérêt et la faisabilité de ces institutions soulèvent beaucoup d'interrogations. En effet, dans le contexte actuel de globalisation financière, le continent est confronté à une double contrainte : financière et monétaire. Toutes les économies africaines sont sous la coupe d'un ajustement structurel dont l'objectif principal est de garantir le remboursement de leur dette extérieure par les États majoritairement débiteurs (51 sur 53). Dans nombre d'entre eux, le service de la dette absorbe plus d'un tiers des ressources budgétaires. À cette contrainte s'ajoute une seconde de nature monétaire. Les monnaies africaines appartiennent à une fresque de zones monétaires dont la plupart ne sont pas interconnectées par des systèmes de change. Autre situation : ces zones monétaires peuvent être arrimées à des monnaies fortes, ce implique des politiques monétaires et financières dépendantes. Dans un espace soumis à cette double contrainte financière et monétaire, et surtout composé d'une telle mosaïque de zones monétaires et qui de surcroît, n'ont défini entre elles aucun système de change, aucune règle de convertibilité et d'émission monétaire, il est techniquement illusoire de parler de Banque Centrale.

Une Banque Centrale est toujours au cœur d'un dispositif de gestion d'un actif financier émis en contrepartie des avoirs extérieurs et des créances sur les États et sur les économies. Cet actif, accepté comme équivalent général, repose d'un côté sur les fondamentaux des économies et de l'autre sur la confiance que K. ARROW considère comme une importante institution invisible. Aucun élément ne vient corroborer aujourd'hui la moindre amorce d'un processus de création d'une Banque Centrale à l'échelle africaine.

Pourtant sur cette question, on dispose d'une expérience édifiante qui est celle de l'Union européenne. Elle est pleine d'enseignements sur les différentes étapes caractéristiques de la création d'une monnaie unique et du dispositif technique qui peut y mener. L'Europe monétaire a démarré en 1979 (écu) et devrait s'achever en l'an 2002 avec l'émission de la monnaie commune. En réalité, l'Ecu n'était pas une monnaie comme les autres : elle servait à mesurer la valeur des biens produits et échangés (fonction d'étalon de valeur), ensuite, elle était peu utilisée comme moyen de paiement dans les transactions (fonction d'intermédiaire) enfin, elle est une monnaie panier dont la valeur est déterminée par les valeurs pondérées des différentes monnaies de la Communauté.

---

[144] Moustapha KASSE : *Le développement par l'intégration, chapitre 2, pour un ordre monétaire régional.* Edit. NEA

Avec le Traité de Maastricht, les modalités de mise en place d'une monnaie commune est entrevue à partir du Rapport Delors. L'Euro sera émis par un organisme bancaire : la Banque centrale européenne. Sa valeur sera fonction des performances européennes ainsi que de la confiance qui lui sera accordée. C'est dire que le processus de création d'une Banque centrale est passé de l'expérience difficile du «serpent monétaire» avec ses parités ajustables à la coordination des politiques monétaires nationales marquée par une gestion vigilante et rigoureuse de l'inflation et des taux d'intérêt. La première phase qui s'est achevée le 31 décembre 1993 a consacré la fin des financements des déficits publics générés par la création monétaire dans les États membres. La seconde a débuté en janvier 1994 et s'est achevée le 1er janvier 1999 avec l'établissement de l'interdépendance des Banques centrales et la création de l'Institut Monétaire Européen composé des gouverneurs des banques centrales des États membres. La troisième phase qui a démarré en janvier 1999 dans le respect des critères de convergence, du calendrier et des procédures établis par le Traité de Maastricht sera aussi marquée par la fixation irrévocable des parités entre les monnaies des pays adhérents, la définition et la mise en œuvre de la politique monétaire unique, la conduite d'une politique de change et l'utilisation de l'euro sur les marchés de change, l'émission par les États membres des nouveaux titres négociables de la dette publique en euro et la disparition de l'écu-panier officiel.

Cette expérience de l'Union européenne montre que si l'objectif est de réaliser une monnaie unique africaine, ce que préfigure la création d'une Banque centrale, cela devrait passer impérativement par une rigoureuse harmonisation des politiques économiques, monétaires et financières établie à partir de critères de convergence.

Au demeurant, la monnaie est à la fois un excellent facteur d'accélération de la croissance et des échanges au sein de l'Union, et de clarification des conditions de la compétition. Elle est aussi un facteur de rayonnement et de puissance sur la scène internationale. Toutefois, mal gérée, elle devient un facteur de désintégration et de rupture. Elle est donc trop importante pour être évoqué de façon aussi laconique qu'elle l'a été dans l'Acte Constitutif (Article 19). Si la volonté politique existe de créer effectivement une banque centrale, des réponses claires sous forme d'orientations, de dispositifs, de procédures et de chronologie de mise en œuvre devraient être apportées aux questions fondamentales suivantes : pourquoi une Banque Centrale ? Quelle sera l'architecture financière d'ensemble ? Quels seront les fonctions, les principes et les règles de l'émission monétaire et les déterminants de la politique monétaire ? Quel sera le degré d'indépendance de la Banque centrale africaine par rapport aux autorités monétaires nationales ? La Banque centrale étant le prêteur en dernier ressort, quelle politique de crédit sera appliquée ? Quel est le chronogramme préparatoire à la phase opérationnelle ?

Ces questions techniques et bien d'autres appellent des préalables politiques sur lesquels les décideurs doivent au moins se prononcer avec clarté. Il est vrai que la Nouvelle Initiative africaine souligne et insiste sur la nouvelle volonté politique des décideurs qui veulent ramener l'économie et le partenariat au rang des urgences prioritaires.

IV/ Des options stratégiques esquivées, mais qui sont, par la suite, améliorées par « le Nouveau Partenariat pour le Développement de l'Afrique » issue de la fusion du plan OMÉGA et du MAP.[145]

Sur cette question, on ne dira jamais assez que le continent a besoin d'une vision économique à moyen et long terme pour stabiliser les crises et amorcer un processus de croissance durable. Or, dans l'Acte Constitutif de l'Union africaine non seulement des voies réalistes du futur ne sont pas clairement tracées, mais des questions stratégiques extrêmement importantes, de surcroît, réalisables sont tout bonnement esquivées.

Les politiques qui valorisent le capital physique, le capital humain et certains secteurs déterminants de l'activité économique doivent constituer le fondement même d'un véritable contrat communautaire. Les domaines d'action qui peuvent ouvrir les chemins de l'unité sont certes nombreux, mais il importe de les explorer en vue de leur réalisation effective par rapport à l'objectif final d'intégration africaine. Dans ce sens, les secteurs retenus par « Le Nouveau Partenariat pour le Développement de l'Afrique » à savoir les infrastructures, l'éducation, la santé, l'agriculture, l'énergie, les Nouvelles technologies de l'Information et de la Communication, l'Accès aux marchés peuvent contribuer à la formation d'un vaste programme qui peut promouvoir les investissements productifs et instaurer un rythme de croissance dynamique pendant une longue période. Cette stratégie est nettement supérieure à celle d'un simple libre échange régional. Dans ce sens, d'importants chantiers sont actuellement ouverts et ils constituent des investissements massifs mobilisant des ressources financières privées comme publiques : le HIGHT LAND WATER PROJECT qui est un projet d'édification de 5 barrages et 2000 km de Tunnels du LESOTHO à l'Afrique du Sud, les Barrages de KELETA en Guinée, de NOUMBIEL au Burkina, de la SOUANDA au Congo-Brazza, D'ADJARALA au Togo et de MANANTALI de l'OMVS. Ces ouvrages vont sans conteste moderniser les économies agricoles de ces pays. À ces projets

[145] Le Sommet du G8 de Kananaskis avait accrédité le NEPAD comme cadre de référence obligé pour la mise au point des stratégies de développement et de la coopération avec l'Afrique. En tant que président du G8 en 2002, le Canada a été le fer de lance de l'élaboration de la réponse présentée au Sommet de Kananaskis : le Plan d'action pour l'Afrique du G8. Le Canada s'était engagé à affecter 6 milliards de dollars en ressources nouvelles et existantes sur cinq ans (2002-2007) pour appuyer le Plan d'action pour l'Afrique et le développement africain, qui inclut la création du Fonds canadien pour l'Afrique d'un montant de 500 millions de dollars.

s'ajoutent d'autres, en cours de réalisation, comme l'oléoduc reliant le Sud du Tchad au Cameroun et dans le domaine de l'infrastructure de base la construction du port en eau profonde de Kribi au Cameroun, l'agrandissement des ports de Richard BAY, de Durban et de Saldanha en Afrique du Sud, la réhabilitation d'environ 1000 km de rail, le troisième pont d'Abidjan et le nouvel aéroport de Dakar.

Ces grands travaux relancent la croissance et dopent en conséquence l'investissement direct étranger. Le secteur privé va alors découvrir que l'on peut faire des affaires en Afrique. Le «Nouveau Partenariat pour le développement de l'Afrique» qui vient d'être adopté en octobre à Abuja ouvre de sérieuses perspectives d'exploitation de toutes les potentialités du continent et de résorption du sous-équipement en matière d'infrastructure de base : routes, autoroutes, chemin de fer, ports, aéroports, communication et télécommunication, électrification, adduction d'eau et irrigation. Toutefois, les décideurs africains doivent contourner le piège d'un partenariat qui ne soit pas adossé aux réalités des besoins dûment identifiés au niveau des secteurs prioritaires retenus.[146]

EN CONCLUSION

Au terme de cette analyse, la question centrale reste toujours de savoir : quelle Afrique veulent réellement les peuples et les élites ? Le débat doit être relancé et approfondi à la lumière des expériences passées et des questions lancinantes de résolution des conflits, d'amélioration de la gouvernance, d'élargissement et de diversification des appareils productifs, d'augmentation de la compétitivité des secteurs et des facteurs de production, de lutte contre la pauvreté et de recherche des voies d'insertion à l'économie mondialisée.

Au niveau institutionnel, il apparaît important dans le cadre du dispositif institutionnel de doter la Conférence des Chefs d'État et de Gouvernement d'un pouvoir de délibération qui lui permette de définir les orientations, d'approuver les projets soumis et d'apporter une solution aux problèmes politiques et diplomatiques. En vue d'améliorer ce dispositif institutionnel, la mise en place d'une autorité exécutive supranationale sous la forme d'une Commission Exécutive serait déjà un grand acquis. Par ailleurs, les Communautés devenant pérennes, il importe de promouvoir un système parlementaire qui permette aux acteurs politiques, mais également à la société civile de défendre à la fois les intérêts de l'Union et ceux des populations qu'ils représentent. Il est important également de concevoir une politique extérieure commune et de mettre en

[146] Il est arrivé au NEPAD ce qui arrive à toutes les grandes initiatives africaines : un dévoiement total, une bureaucratisation lourde et couteuse. Ces tares m'avaient amené à écrire cet article intitulé : « *Le NEPAD dévoyé ou l'éclipse d'une grande espérance*». Cet article avait enthousiasmé le Président Abdoulaye Wade qui avait boudé, à raison, certaines réunions du NEPAD en voie de bureacratisation.

place un mécanisme non militaire de prévention des conflits du fait de la multiplication des conflits. En effet, le continent constitue aujourd'hui l'image d'un volcan de conflits, d'instabilité et d'insécurité aux conséquences dramatiques sur le plan humain, économique et social. Il est important aujourd'hui de lancer un vaste programme africain de grands travaux particulièrement dans les équipements de c'est la voie royale pour effacer les barrières physiques qui rendent impossible la création d'un véritable marché africain.

L'important est de développer une volonté politique claire de réaliser un espace économique, politique et social intégré par des décisions prises à la majorité qualifiée. La configuration de l'économie mondiale exige désormais de raisonner non plus en termes de pays, mais de région justement parce que les entités nationales sont coincées entre la globalisation des marchés financiers et celle des réseaux de production. En clair, une Afrique éparpillée en une multitude d'États-nations serait très mal préparée aux enjeux et contraintes de la mondialisation qu'elle devrait s'employer à transformer en atout.

THÈME 15– APRÈS SOIXANTE ANS DE POLITIQUES PUBLIQUES EN AFRIQUE DE L'OUEST ET LA CRISE PERSISTE.

INTRODUCTION

L'indépendance des années 60 était attendue avec enthousiasme et beaucoup d'espérance. Elle devait pensait-on permettre aux pays de s'engager dans un développement accéléré autour de trois objectifs: l'élévation du niveau des forces productives matérielles, la réduction des déficits extérieurs et de la dépendance et l'amélioration du niveau de vie des populations. 50 années après, malgré quelques succès notables, mais encore limités, ce sont les désillusions avec la dégradation des indicateurs économiques et sociaux et la montée de la pauvreté de masse.

Le diagnostic chiffré est apocalyptique : parmi les 49 pays les moins avancés (PMA), les 35 sont en Afrique Subsaharienne ; sur une population totale d'un peu moins de 1 milliard, plus de la moitié est dans la pauvreté absolue; plus de 50% de la population est âgée de moins de 20 ans et le taux de chômage atteint un niveau record. Plus de 50% de la population résident dans les campagnes en sous-activité criante : les paysans y travaillent en moyenne 600 heures par an quand leurs homologues d'Asie font 10 ou 15 fois plus.

L'Afrique subsaharienne est presque aussi pauvre aujourd'hui qu'au moment des indépendances. Pour toutes ces raisons et sans doute bien d'autres, elle est le siège d'instabilités qui bloquent sérieusement son décollage.

Les difficultés actuelles des économies ouest-africaines dont la manifestation la plus tangible réside dans la persistance de déséquilibres internes et externes, trouvent leur origine lointaine dans les bouleversements des structures économiques intervenus durant la période coloniale. Ces changements ont imposé, partout en Afrique de l'Ouest, un mode spécifique de valorisation conforme à la logique de la division internationale du travail. Cette situation, malgré la crise de l'ordre économique et monétaire mondial des années 70 et la persistance d'un cycle de sécheresse, dans la bande sahélienne, sera gérée par la mise en place de plusieurs politiques publiques qui n'ont pas réglé pour l'essentiel la sortie du sous-développement.

Modelé et inséré dans l'économie mondiale fortement productiviste, les pays d'Afrique de l'Ouest, du fait de leur spécialisation régressive dans des productions primaires à faible valeur ajoutée locale, présentaient le double handicap de ne pouvoir ni accélérer la constitution d'un important fonds d'accumulation à l'échelle des nations, encore moins de promouvoir un développement équilibré, autonome et autoentretenu. Une analyse plus structurelle et donc plus approfondie, pour bien appréhender les crises et les ruptures au niveau de ces économies, commande de remonter à la racine, c'est-à-dire à l'organisation socio-économique standard dont les fondements remontent à la colonisation. Ce modèle repose sur quatre(4) éléments caractéristiques qui, de nos jours, persistent encore pour l'essentiel :

- la forte sensibilité de la croissance aux variations de la Production et de l'exportation des produits de rente ;
- l'utilisation insuffisamment productive des ressources tirées de la rente agricole et minière et des apports extérieurs (Aide Publique au Développement) ;
- la répartition fortement inégalitaire des revenus au profit des élites et des hyper consommations urbaines ;
- l'extrême vulnérabilité des économies à l'égard des variables exogènes comme les variations erratiques du climat qui conditionnent l'instabilité des productions physiques, des cours mondiaux des matières premières qui déterminent le niveau de la rente agricole et minière et les turbulences du système monétaire international qui commande les évolutions des taux d'intérêt.

Cette organisation sociale produit une double extraversion structurelle qui caractérise les économies ouest-africaines contemporaines : l'extraversion du système productif essentiellement orienté vers la satisfaction prioritaire de la demande extérieure et celle de la structure de consommation marquée par des importations massives et couteuses de produits alimentaires et de biens manufacturés non localement fabriqués. Il en découle une distorsion entre capacités de production et capacités de consommation. Sur le plan monétaire, concernant les pays francophones, cette logique économique a été accompagnée par la surévaluation structurelle du franc CFA. Dès lors, l'ensemble de la zone africaine francophone était artificiellement soustraite de la concurrence que les autres pays industrialisés économiquement plus performants pouvaient éventuellement livrer à la France sur ces marchés captifs. Subséquemment, ces derniers servaient de débouchés relativement faciles pour les exportations industrielles françaises. Quelles sont les politiques publiques qui ont été appliquées depuis 60 ans ?

I/ La gestion du développement et les politiques publiques au lendemain des indépendances.

En accédant à l'indépendance en 1960, la plupart des pays francophones d'Afrique de l'Ouest comptabilisait plus d'un siècle de domination coloniale directe qui les marquait politiquement, économiquement, socialement et culturellement. Ils ont hérité de la colonisation d'une agriculture spécialisée dans la production des cultures de rente et des cultures vivrières exsangues, d'un tissu industriel encore embryonnaire et d'un secteur tertiaire (commerce, assurance, banques, transports) contrôlé essentiellement par le capital privé étranger. Les infrastructures de base étaient nettement insuffisantes et les cadres nationaux peu nombreux. Devant l'immensité des tâches de construction d'une nation jeune et nouvellement indépendante, et tenant compte du très faible niveau de développement des forces productives matérielles et humaines, de l'inexistence d'un secteur privé et d'une bourgeoisie nationale, l'État décida de prendre en charge la promotion du développement, occupant progressivement une position stratégique dominante dans toutes les sphères de l'économie nationale. C'était le début de la mise en place des institutions de **"l'État développeur".**[147] **Mamadou DIA** dans *« Les lettres d'un vieux militant »* plaide pour l'avènement d'un État national, démocratique et populaire. *Il ne s'agit pas de retouches et de plâtrage, il faut des réformes radicales changeant la nature même de l'État et ses fondements idéologiques. Il faut promouvoir un État national, démocratique et populaire. C'est-à-dire l'union de toutes les forces démocratiques et populaires (en priorité ouvrières et paysannes), d'organiser et faire aboutir l'effort collectif en vue de la libération nationale et du progrès social. »*

La planification fut adoptée comme devant être l'instrument qui définit les tâches et objectifs du développement ainsi que les moyens de les réaliser. Elle doit fixer les ressources à mobiliser et déterminer les délais de réalisation des objectifs ; elle devient un instrument essentiel de régulation et de direction de la vie économique et sociale.

Les objectifs déclarés et poursuivis par les politiques publiques étaient: 1) d'élever rapidement et substantiellement le niveau des forces productives matérielles et humaines en récupérant le surplus économique jusque-là accaparé par le capital étranger et en le réinvestissant ; 2) d'élargir la base productive interne. Il devait théoriquement en résulter l'amorce d'un processus cumulatif et irréversible d'accumulation productive et de développement soutenu de l'économie.

1°) La gestion du développement par l'État développeur.

La majorité des dirigeants ouest-africains avaient opté pour des stratégies du développement qui s'inspiraient des grandes idéologies de l'époque : l'option capitaliste libérale (Côte d'Ivoire), l'option socialiste (Mali, Guinée et Ghana) et le socialisme africain(Sénégal). Toutefois, ils étaient tous d'accord pour des politiques publiques endogènes ; autocentrées et auto entretenue qui devraient engendrer un processus soutenu de croissance économique.

Quelle que soit la nature des options, l'État était amené à occuper des fonctions exorbitantes et à jouer les premiers rôles au plan administratif, économique et social, même s'il n'en avait manifestement pas ni les traditions ni les moyens matériels et humains. Cette intervention massive dans le double

---

[147] Mamadou DIA : *« Les lettres d'un vieux militant- Contribution à la Révolution Démocratique »,* p.90. Gia.201p.

appareil technico-économique et politico-administratif était justifiée par six séries de raisons à savoir :

- le souci d'un meilleur contrôle sur les grands services d'utilité publique en vue de rendre fluide et transparent le jeu des mécanismes économiques et monétaires ;
- la mainmise grandissante sur les secteurs clés de l'économie d'abord pour améliorer leur fonctionnement et ensuite pour en faire des instruments d'accumulation productive pour le financement du développement et des facteurs sociaux ;
- la volonté de disposer d'instruments opérants d'action et de gestion de la stratégie du développement ;
- la volonté de promouvoir et de contrôler la réalisation de certains projets importants pour l'ensemble de l'économie nationale, mais dont le financement n'est pas à la portée du secteur privé et de l'initiative individuelle ;
- le contrôle de certains établissements bancaires et financiers en vue d'orienter le crédit et sa répartition en fonction des priorités retenues dans la politique de développement;
- le contrôle des secteurs d'importation et de commercialisation des denrées alimentaires pour éviter les pénuries et la spéculation.

La réalisation de ces tâches économiques avait fini par entrainer la constitution d'un vaste secteur public et parapublic dont la gestion s'est avérée, par la suite, désastreuse pour les ressources financières de l'État. Ainsi, on a observé, dans la période 1970-1980, des faillites retentissantes d'entreprises publiques entrainant des conséquences financières et sociales très lourdes et des déficits qui ont été couverts par des subventions budgétaires.

Ces charges sont venues se greffer au déficit croissant de la balance commerciale découlant d'une part de l'élévation des dépenses d'importation de produits vivriers et pétroliers et d'autre part de la baisse de valeur des exportations par suite d'une détérioration des cours et d'une baisse de production.

2°) Les politiques sectorielles mal conçues et inappropriées.

Les politiques agricoles mises en œuvre depuis 1960, aggravées par le poids de divers facteurs exogènes (fluctuations pluviométriques, attaques biologiques), ont installé, partout en Afrique, une crise agroalimentaire dans les campagnes. L'exode rural qui s'en est suivi a contribué à vider les zones rurales de leurs bras valides. Or, au même moment, les faibles performances enregistrées au niveau du secteur industriel n'ont pas permis de résorber cette main-d'œuvre additionnelle issue du milieu rural. Il ne restait plus à celle-ci que la seule possibilité d'un reversement direct (et sans transition) dans le tertiaire, généralement informel, spontané et non structuré.

Dans le secteur industriel, l'option d'une politique d'industrialisation substitutive aux importations juxtaposée à la création d'enclaves industrielles que constituent les exploitations minières, n'a pas favorisé la mise en place d'un véritable tissu industriel suffisamment intégré au reste de l'économie nationale.

Quant au secteur tertiaire, son hypertrophie anormale attestait particulièrement de l'incapacité des deux premiers secteurs à absorber efficacement le flux additionnel de main d'œuvre qu'implique la croissance démographique.

Enfin, au niveau du quaternaire, si d'appréciables efforts ont été réalisés en matière d'éducation, de formation et de santé, d'énormes besoins restaient encore à satisfaire et seront de plus en plus limités dans leur réalisation par les contraintes budgétaires draconiennes auxquelles les pays devraient faire face.

En effet, toutes les caractéristiques défavorables ci-dessus énumérées et amplifiées par le dérèglement économique et monétaire international du début des années 70, précipiteront les pays d'Afrique de l'Ouest dans un cycle ininterrompu de déficits et de déséquilibres de divers ordres dont le caractère éminemment structurel commence à être de mieux en mieux perçu.

La persistance de ces déséquilibres économiques et financiers et particulièrement le double déficit de la balance des paiements et des finances publiques débouche inéluctablement sur la montée de l'endettement extérieur qui sera amplifié par l'utilisation peu efficiente des emprunts conjuguée à un durcissement des conditions d'emprunt. Cette situation ouvre la double problématique de la crise de paiements et de solvabilité.

II/ Crise mondiale, montée des déséquilibres et ajustement structurel.

La fin des années 60 coïncide avec l'effritement tendanciel du modèle économique de type "fordien" et se manifeste notamment par :

- la baisse continue des gains de productivité au niveau de l'activité économique ;
- l'accroissement soutenu de la part du travail improductif ;
- et l'épuisement de la norme de consommation de masse axée pour l'essentiel, dans les pays développés, autour de l'automobile, l'immobilier et les appareils électroménagers.

1°) De la crise mondiale à l'essoufflement des économies de rente : l'ajustement à la division internationale du travail.

Cet essoufflement de la croissance "fordienne" s'accompagne, au début des années 70, de deux événements majeurs : d'une part, la suppression de la convertibilité illimitée du dollar US en or, à partir du 15 août 1971, qui met ainsi fin à 26 ans de stabilité monétaire internationale, et d'autre part, l'avènement du premier "choc pétrolier" qui s'est manifesté sous la forme d'un relèvement massif et inattendu du prix du baril de pétrole par les pays membres de l'OPEP en octobre 1973.

Cet éclatement de la crise économique mondiale des années 70-80, en déréglant le système économico-financier international, viendra extérioriser toutes les faiblesses structurelles des économies ouest-africaines, notamment :

- la non-émergence d'une agriculture performante capable de satisfaire une demande alimentaire fortement croissante et d'améliorer le pouvoir d'achat du monde rural ;
- la persistance d'une industrie mono polaire peu compétitive et fortement protégée ;
- l'avènement d'un sous-emploi de plus en plus massif qui affecte particulièrement les jeunes et progressivement va s'étendre aux diplômes du système d'enseignement supérieur et de formation ;
- l'hypertrophie du secteur public et parapublic caractérisée par les pesanteurs d'une bureaucratie lourde et paralysante ayant une forte propension à élargir ses privilèges en contribuant ainsi à accentuer les déficits chroniques et cumulatifs des finances publiques et de la balance des paiements.

Dans ce contexte, les pays d'Afrique de l'Ouest frisent la catastrophe en traversant une triple crise économico-financière, agroalimentaire et d'endettement ; cela va alors entrainer une détérioration de la situation politique et sociale et une fragilisation des États.

Les IBW (FMI, Banque mondiale) devenues les principaux bailleurs de fonds des pays d'Afrique vont intervenir massivement dans le débat sur le développement en dédoublant leur pouvoir financier par un pouvoir intellectuel servi par une très forte concentration d'experts autour d'une épure qui forme le fameux *« consensus de Washington »* fondement des programmes d'ajustement structurel (PAS) qui seront imposés à tous les pays sans exception.

2°) Les réformes et programmes inspirés par la Banque mondiale et le FMI pour sortir de la crise : the same size for all.

Dans un travail de fourmi, Zaki LAIDI montre l'influence considérable de la Banque mondiale, à cause de son pouvoir financier et de sa grande capacité d'influence auprès de gouvernements africains peu attentifs aux travaux de leur propre intelligentsia sur les politiques économiques et financières préconisées par les IBW. Il révèle de façon claire le mode de fonctionnement de cette institution ainsi que les arcanes plus ou moins voilés de son pouvoir. À partir d'une masse d'informations inédites, il analyse le noyau intellectuel qui élabore les modèles théoriques souvent sommaires et l'idéologie néolibérale, deux éléments constitutifs de la formulation des propositions de politique économique, d'ajustement structurel et d'endettement. Cette étude est un véritable bréviaire des insuffisances des programmes conjoncturels de la Banque mondiale, comme les PAS, et son incapacité à y intégrer le long terme.[148]

L'épure de l'ajustement s'inspire de la théorie néo-classique et de la doctrine libérale: théorie quantitative de la monnaie, théorie des parités de pouvoir d'achat et théorie des coûts comparatifs. À partir de ce fond doctrinal, le FMI élabore une politique générale d'ajustement qui a la prétention d'être valable pour tous les pays confrontés à des déséquilibres macroéconomiques : **The Same Size For All.** Le caractère universel de ces solutions procède du fait que pour le FMI, tous les pays africains ont un mal identique: les difficultés de balance des paiements et celles des finances publiques. Ainsi, les économies sont considérées comme des « boîtes noires » qui réagissent de façon uniforme aux mêmes stimulants : salaire, prix, taux d'intérêt, taux de change. Cette épure permet de mieux comprendre les divers enchaînements des réformes préconisées par le FMI pour atteindre les grands équilibres. Il est imparti à la Banque mondiale la responsabilité de créer le cadre institutionnel incitatif, de réformer tous les centres de pouvoir pour accompagner la mise en œuvre des politiques sectorielles et d'imposer la bonne gouvernance considérée comme la capacité institutionnelle de gestion des affaires publiques.

Toutes les politiques publiques sont désormais articulées autour de la priorité accordée aux équilibres financiers internes, aux exportations (dans une conjoncture de restriction de la Demande au Nord et de la montée du protectionnisme), à la manipulation des taux de change (dans une période d'instabilité et d'érosion monétaire), au désengagement de l'État et à l'ouverture plus grande à l'initiative privée (au moment où l'État libéral devient du fait de la crise, un instrument de régulation et de relance par ses importants déficits et le gonflement de sa demande).

Globalement, on peut résumer tout le processus d'ajustement en deux séquences temporelles aux objectifs spécifiques: le volet de court terme et le volet de moyen et long termes. Concernant le volet court terme, on peut observer que, dans la courte période, et en raison de l'ampleur des déséquilibres enregistrés, les autorités nationales ont principalement axé leurs efforts sur la maîtrise de la demande intérieure et son adaptation à l'offre de ressources disponibles. Le but visé est le rééquilibrage de la balance des paiements courants ainsi que celui des finances publiques. Il fallait réduire la pression exercée par le besoin de financement de l'État sur les crédits à l'économie destinés au soutien de la production intérieure. Au niveau budgétaire, il est recommandé de comprimer les dépenses courantes, notamment en gelant le recrutement de personnel dans la fonction publique,

---

148 Zaki LAIDI : *Enquête sur la Banque mondiale*, Édit. Fayard, Paris 1989,358p.Rolland SÉROUSSI a fait un travail moins documenté dans son ouvrage *: GATT, FMI et BANQUE MONDIALE : les nouveaux gendarmes du monde*, Édit. Dunod, 1994, 208 p.

en initiant des départs volontaires des agents antérieurement en poste, en évitant de les remplacer et en supprimant la quasi-totalité des subventions publiques. Parallèlement, les entreprises publiques doivent être restructurées ou privatisées et les exemptions fiscales et douanières ont été réduites, voire supprimées. Des efforts sont engagés en vue d'améliorer le recouvrement des impôts et de fiscaliser, à terme, le secteur non structuré.

À propos du volet moyen et long terme, il est constitué d'une série d'initiatives et de mesures mises en œuvre par le Gouvernement et destinées à éliminer les goulots qui étranglent l'appareil de production et à libérer ainsi les capacités d'offre. Dans ce sens, les programmes d'ajustement vont être orientés à partir de la fin des années 80 vers la recherche de la croissance de l'activité grâce à l'instauration progressive d'une plus grande concurrence intérieure, à l'abaissement du coût des facteurs techniques de production et à la conquête des marchés extérieurs.

3°) Les impasses et faillites de l'ajustement structurel : trois décennies perdues pour le développement économique et social.

Les PAS se sont d'abord donné comme objectif l'assainissement des économies et la restaurer un cercle vertueux de croissance par élimination ou réduction des déficits internes et externes, compression de la demande, suppression des distorsions pour le fonctionnement des marchés, privatisation et promotion du secteur privé. Même si les modalités des réformes imposées changent considérablement dans le temps, les objectifs sont restés permanents. En fait la succession des programmes établit que l'assainissement ne finit jamais. Ce qui fait dire à Mac KINNON que « la libéralisation des économies ressemble à la traversée d'un champ de mines ; chaque pas risque d'être le dernier ».

En définitive, après trois décennies d'ajustement, on peut observer sans conteste l'incapacité de ces politiques à sortir les pays de la crise et amorcer un cycle vertueux de croissance saine et durable. À l'analyse, les indicateurs économiques les plus caractéristiques montrent que les résultats sont dérisoires.

- La croissance n'est toujours ni assez soutenue ni suffisamment forte pour éradiquer la pauvreté rampante. Les PAS n'ont pas réussi à initier de nouvelles dynamiques de croissance durable : sur une période suffisamment longue (1970-2000) et même dans les moments les plus favorables (immédiat post-dévaluation), la croissance est presque un pari perdu : elle n'a pas permis une amélioration appréciable du bien-être national ni contribué à l'éradication de la pauvreté.
- Les déficits internes et externes demeurent toujours chroniques.
- L'endettement est toujours insoutenable.
- Les coûts sociaux deviennent excessifs.

- Les réformes ne sont pas internalisées par les acteurs.

En définitive, la Banque mondiale (1993) reconnaît elle-même que le processus d'ajustement interne suivi en Afrique n'a pas donné les résultats escomptés même les plus modestes. Les divers plans à moyen terme de redressement économique et financier ainsi que les documents-cadres de politique économique n'ont guère pu corriger les déséquilibres externes et internes par une compression des dépenses intérieures, un ajustement des prix et des salaires, et des politiques commerciales idoines. Rétrospectivement, il apparaît que la politique déflationniste a conduit à une sévère compression budgétaire et à la réduction des dépenses publiques dans les domaines prioritaires. L'insuffisance des moyens administratifs a sérieusement limité l'efficacité des politiques commerciales qui n'étaient que des expédients, et aucune politique crédible des revenus n'a été mise en place. Le processus d'ajustement interne, qui n'a guère été mené jusqu'au bout, n'a donc pas provoqué la dépréciation nécessaire du taux de change réel et les exportations s'en sont ressenties, les industries nationales n'étant pas en mesure de concurrencer les importations, et les investissements privés ont diminué.

III/ Ajourner l'ajustement ou réformer les réformes ? Quel modèle et quelle trajectoire ?

Le caractère globalement décevant des performances enregistrées par les PAS qui s'accompagnent, par ailleurs, d'une profonde dépréciation de la situation sociale, était prévisible au regard du référentiel théorique manifestement impertinent et inadéquat qui sous-tend les politiques et programmes imposés.

1°) Les impasses de l'ajustement.

Si les politiques d'ajustement structurel se sont avérées aussi peu efficaces, c'est parce qu'elles ont, comme le note J.STIGLITZ, confondu les moyens avec les fins : la libéralisation, la recherche des grands équilibres, les privatisations sont prises comme des fins plutôt que des moyens d'une croissance durable, équitable et démocratique. Elles se sont «beaucoup trop focalisées sur la stabilité des prix plutôt que la croissance et la stabilité de la production. Elles n'ont pas su reconnaître que le renforcement des institutions financières est aussi important pour la stabilité économique que la maîtrise des déficits budgétaires et de la masse monétaire. Elles se sont concentrées sur les privatisations, mais n'ont guère attaché d'importance à l'infrastructure institutionnelle nécessaire au bon fonctionnement des marchés, et particulièrement à la concurrence.

Au plan strictement institutionnel, l'affaiblissement de l'État et son extinction programmée ont conduit parfois au développement de la corruption et à la constitution de fortunes sur la base de situation de rente, alors que son désengagement et la libéralisation économique se sont traduits par l'émergence, dans la plupart des pays, de nouveaux acteurs politico-financiers qui ont cherché à contrôler l'économie.

Les nombreuses évaluations critiques de l'ajustement menées par des chercheurs universitaires (T.MKANDAWIRE, Samir AMIN, Ben HAMMOUDA, M.KASSE, M.DIOUF, etc.) ont abouti à l'exigence de trouver de meilleures réponses techniques mieux chevillées à la réalité. C'est le thème du nouveau discours sur le *« post-ajustement »* dont l'un des points de départ est la réfutation des PAS au double niveau de leur pertinence et de leurs performances. En définitive, il faut se garder de vouloir coûte que coûte maintenir des recettes magiques fondées sur un fétichisme économique douteux et qui, de surcroît, entraîneraient des coûts sociopolitiques énormes. En acceptant tout simplement qu'il n'existe pas de « modèle universel », hors de l'espace et du temps, c'est à dire valable en tous lieux et en tout temps, les IFI doivent au minimum admettre une mise en compétition de leur modèle et de leurs méthodes. **L'Ajustement est mort, vive les Documents Stratégiques de Réduction de la Pauvreté (DSRP).** En effet, en réponse aux nombreuses critiques relatives aux faibles performances des PAS, la Banque mondiale et le FMI changent de discours et mettent en place un «Nouveau Programme de Lutte contre la Pauvreté ». Depuis le démarrage, il y a bientôt une décennie, le bilan des **DSRP est mitigé et les critiques fusent pour qualifier le dispositif de "processus néocolonial" qui ne rompt pas fondamentalement avec la logique de l'ajustement**.

2°) A la recherche d'un nouveau discours de développement : chercher du côté des pays émergents : Comment ont-ils fait ?

Peut-on continuer de laisser à l'extérieur la définition de nos stratégies et des trajectoires de notre propre avenir ?

Aujourd'hui, les réflexions doivent s'orienter vers la recherche d'une politique alternative en évitant de tomber dans des propositions de stratégie de développement dépourvues de réalisme et qui seraient alors vouées à l'échec. Cette réflexion est engagée dans le nouveau discours sur le post-ajustement même au niveau des Institutions de Bretton Woods pour trouver les conditions fondamentales d'un développement conçu comme un projet émancipateur multidimensionnel. Si l'on veut aller plus loin que de simples réformes des réformes, il faut orienter les réflexions vers la recherche d'un modèle alternatif tourné vers une nouvelle croissance économique sans laquelle il n'existe pas de développement. Il s'agit fondamentalement d'une véritable remise en cause qui ne doit pas refléter seulement une réforme de l'ancien cadre du développement économique que l'on souhaiterait rendre un peu plus efficace par incorporation d'un peu plus de justice sociale et distributive. **Elle doit également redéfinir les orientations (approche positive) et les politiques à mettre en œuvre (approche normative).**

Une ère nouvelle est ouverte dans le champ de l'économie du développement depuis le milieu des années 90 qu'on qualifiera de *période de post-ajustement* (Hakim BEN HAMMOUDA) caractérisée par des recherches sur nouvelles stratégies de développement pertinentes et performantes. À ce niveau, les derniers Rapports sur le Développement de la Banque Mondiale offrent une illustration de cette évolution marquante encore insuffisante, car toutes ces IBW travaillent pour leurs membres les plus puissants. Dans cette direction, le Rapport d'un groupe d'experts de l'Université des Nations-Unies sur le Développement Humain et Social avait fortement contesté la nouvelle approche des fondamentalistes du néo-libéralisme en observant clairement que *«le développement n'a fondamentalement rien à voir avec les chiffres de revenu national et sa croissance ; il n'a rien à voir avec seulement les taux d'épargne et les coefficients de capital ; il a à voir avec les êtres humains, par eux et pour eux. Le développement doit, par conséquent, commencer par l'identification des besoins humains. Son but est de relever le niveau de vie des masses et de donner à tous les hommes une chance de développer leurs potentialités ».*

Cela implique que l'on réponde à des besoins comme ceux d'un travail permanent, de salaires réguliers et convenables, d'écoles plus nombreuses et meilleures qualités, d'un meilleur service médical, de transports bon marché, d'un niveau général de revenu plus élevé. Cela implique aussi que l'on satisfasse aux besoins et désirs non matériels : auto-détermination, autonomie, liberté politique et sécurité, participation à la prise des décisions affectant travailleurs et citoyens, identité nationale et culturelle, et désir de sentir que la vie et le travail ont un sens».

L'École hétérodoxe composée pour l'essentiel des différents courants marxistes et néomarxistes ainsi que des institutionnalistes et des «tiers-mondistes», reprend à son compte certaines de ces critiques de l'Université des Nations-Unies, mais avec des formulations techniques nettement améliorées. Malgré son caractère idéologiquement hétérogène, les auteurs s'éloignent du modèle walrassien en reconnaissant les imperfections du marché et l'incapacité des politiques de stabilisation et d'ajustement orthodoxe à opérer les transformations nécessaires à une reprise durable de la croissance dans le Tiers-Monde.

Dans ce sens, J. STIGLITZ, ancien économiste principal de la Banque mondiale, «si les politiques économiques issues du *consensus de Washington* se sont avérées aussi peu performantes dans ce qui était leur **objectif principal à savoir l'instauration d'un processus vertueux de croissance économique harmonieuse ; c'est parce qu'elles ont confondu les moyens avec les fins».** En effet, *même «un taux de croissance élevé n'a constitué et ne constitue pas une garantie contre une aggravation de la pauvreté»* (MAHBUB UL HACQ : Banque mondiale). La libéralisation, la recherche des grands équilibres, les privatisations sont prises comme des fins plutôt que comme des moyens d'une croissance durable et équitable. De plus, ces politiques se sont beaucoup trop focalisées sur la stabilité des prix plutôt que sur celle de la croissance et de la production. Elles n'ont pas su reconnaître que le renforcement des institutions financières est aussi important pour la stabilité économique que la maîtrise des déficits budgétaires et de la masse monétaire. Elles se sont concentrées sur les privatisations, mais elles n'ont guère attaché assez d'importance à l'infrastructure institutionnelle nécessaire au bon fonctionnement des marchés, et particulièrement à la concurrence et à la compétitivité.

Au bout du compte, si les analystes ne semblent pas imputer totalement la stagnation économique des pays subsahariens aux seuls programmes d'ajustement structurel en tant que tels, ils soulignent cependant qu'en accordant une prépondérance quasi absolue aux mesures de stabilisation à court terme, au lieu de s'attaquer aux problèmes structurels fondamentaux, ces programmes ont en fait amené les économies africaines à s'écarter de la voie d'une croissance durable (CORNIA, 1991 ; STEWART, 192). Certains estiment même avec force d'arguments tirés de l'analyse économique qu'un cadre de développement modifié peut encore fonctionner «efficacement» :

- si la justice sociale ou distributive est intégrée dans les modèles ;
- s'il existe des institutions fiables, démocratiques et transparentes de coordination des transactions des acteurs et qui soient capables de faire fonctionner un système de planification techniquement rénové essentiellement du haut vers le bas («top down») ;
- si la participation populaire dans la gestion du développement est assurée ;
- et si les Institutions Financières Internationales et les systèmes économiques des Nations Unies assurent un processus continu de transfert pour une part raisonnable des ressources des pays riches aux pays pauvres.

En définitive, le continent africain est à la recherche d'une nouvelle vision, de nouveaux paradigmes et d'un programme alternatif de développement considéré comme une transformation de la société. La question centrale est alors comment mettre en place un système économique et financier performant et jeter les bases de fonctionnement d'une société démocratique. Dans ce cadre, il faut tirer, pour le continent africain, toutes les leçons du miracle réalisé par les Nouveaux Pays Industrialisés d'Asie qui ont réglé dans l'intervalle d'une génération le sous-développement par un processus de croissance soutenu. La croissance rapide des pays d'Asie de l'Est a montré que le développement était possible et qu'il pouvait s'accompagner d'une réduction de la pauvreté, d'une amélioration largement partagée du niveau de vie et même d'un processus de démocratisation.

De ce fait, la tâche des intellectuels est d'appréhender la situation d'ensemble des pays africains, d'identifier les éléments qui permettent de définir un nouveau cadre général en phase parfaite avec l'axiomatique de la rationalité économique. Les éléments à inclure dans ce cadre de concepts peuvent être :

- l'assainissement du cadre macroéconomique pour retrouver les grands équilibres ;
- la définition d'objectifs strictement économiques qui permettent de s'engager dans la voie d'un développement durable et d'échapper au piège de la pauvreté;
- la réhabilitation de la planification du développement économique et social ;
- la restructuration des institutions de gouvernance et la reconstruction de l'État en vue de la création d'un environnement institutionnel plus incitatif pour les politiques de développement ;
- la promotion du secteur privé et des investissements directs étrangers dans les secteurs prioritaires ;
- la mise en œuvre de politiques sectorielles pertinentes dans le cadre d'une estimation réaliste de la dotation en ressources naturelles, des politiques qui accordent à l'agriculture et aux technologies et innovations un rôle moteur dans la réalisation de la croissance ;
- l'élaboration de politiques publiques efficaces d'allocation optimale des ressources en faveur des activités productives;
- le choix d'une politique de redistribution des revenus qui maximise les potentialités endogènes de développement ;
- la mobilisation de la communauté internationale dans le cadre des nouveaux partenariats qui accroisse les ressources financières à long terme et les investissements privés directs étrangers ;
- l'implication de la société civile dans l'élaboration et l'exécution des projets.

L'Afrique doit tirer les leçons des promesses jamais tenues à coup de milliards de dollars par les différents G (G7, G8 et G20).

Ces éléments peuvent être la trame de politiques qui permettront comme en Asie, l'avènement d'économies africaines émergentes, c'est-à-dire capables d'enclencher un processus vertueux et irréversible de croissance. Du reste, il est possible d'inverser la problématique en nous interrogeant sur les politiques publiques conduites par ces pays asiatiques et qui ont permis de vaincre le sous-développement et la misère en l'intervalle d'une génération. Ce n'est pas un mal de copier sur la bonne ardoise.

EN CONCLUSION : Que faire, après ce panorama des politiques publiques ?

Malgré l'ampleur et la profondeur de la crise économique, politique et sociale africaine – détérioration des principaux indicateurs macroéconomiques, déficits structurels, endettement insoutenable, inflation galopante, malnutrition, famines et pauvreté – les défis du développement peuvent être relevés, mais par une mobilisation des savoirs, des ressources et des acteurs au premier rang desquels les populations. Dans cette optique, l'Afrique doit s'en sortir et *« Revendiquer sa place dans le 21ème siècle »* en mettant en œuvre des stratégies claires et pertinentes qui améliorent la production, offrent des emplois et réduisent la pauvreté.

Cet ouvrage est une sorte d'exégèse de ce que «nous avons appris pour soutenir cette affirmation. Beaucoup de bonnes raisons justifient cet optimisme et reposent toutes sur les recherches relatives à la science du développement, les expériences accumulées en matière de stratégies et de politiques économiques et les engagements ciblés de la communauté internationale pour accélérer la croissance et le développement de l'Afrique. Faire repartir l'Afrique n'est plus un souhait, mais une exigence forte face à la mondialisation déferlante qui, sans gommer les États-nations, les oblige, au contraire, à plus d'efficacité et de responsabilité.

Que reste-t-il à faire ? Agir !!!

L'heure de vérité semble sonner pour toute l'élite africaine : le milliard d'Africains et les 400 millions de pauvres disséminés en une poussière d'États-nations et paradoxalement assis sur la réserve mondiale de matières premières n'accepteront plus d'être la banlieue de la mondialisation.

Les élites politiques et intellectuelles d'Asie nous donnent l'exemple. Elles ont interrogé leurs sociétés pour y découvrir et valoriser les comportements les plus favorables au développement et ont formulé une vision : travailler à être parmi tous les peuples du monde et aussi dans le système mondial tel qu'il va se construire. Elles ont alors choisi de « se battre » pour être au même niveau que ceux qui, autrefois, les ont colonisés. Cette volonté inébranlable est traduite par les premières paroles de l'hymne national Chinois : ***«Debout ! Nous qui refusons d'être esclaves !».*** Ce refrain devrait être le programme de tous les africains de bas en haut. Voilà comment on entre dans la mondialisation. Elles ont trouvé la direction à suivre à savoir la modernisation à outrance par la «réforme et l'ouverture». Elles ont trouvé les moyens qui faisaient défaut à leur développement : le financement contrôlé par les capitaux étrangers et le commerce international. Enfin, elles ont utilisé leur propre tête pour penser leurs propres problèmes et trouver leurs propres solutions.

<u>Encadré 16</u> : Politiques néolibérales et la déstructuration de l'économie productive.

Moustapha KASSE : Sénégal, crise économique et ajustement. Éditions Nouvelles du Sud 1990

Jan TINBERGEN, *avec la rigueur mathématique qui le caractérise a calculé que la mise en œuvre des Politiques d'Ajustement Structurel recommandées par la Banque mondiale finirait par résoudre les drames sociaux et les précarités dans exactement 908 ans.*

La crise mondiale des années 80 (fin de la convertibilité du dollar le 15 août 1971 et le premier choc pétrolier) va déséquilibrer et accentuer les difficultés internes et externes du Sénégal : explosion des importations (produits alimentaires et énergétiques), amplification des déficits de la balance des paiements, massification de l'endettement, dégradation de la compétitivité, distorsions entre structures de production et structures de consommation. Face à la montée de ces déséquilibres, le Sénégal est transformé en champ d'expérimentation des politiques d'ajustement structurel: Programme de stabilisation à court terme (1979-1980) ; Plan à moyen terme de Redressement économique et Financier (P.R.E.F.) 1980-1985 ; Programme d'Ajustement structurel à Moyen et Long Terme (P.A.M.L.T.) 1985-1992 ; Plan d'Urgence mort-née de 1993 ; Plan Post dévaluation 1994-1999).

Ces programmes fondés sur la trilogie libéralisation, privatisation et dérégulation visant à construire un capitalisme local sans État providence, ont arrêté tous les moteurs du système productif par démantèlement des politiques sectorielles et des entreprises appelées à les réaliser (plus d'une centaine). En détruisant toutes ces usines, comment va-t-on faire pour résorber le chômage et la pauvreté ?

Au bout du compte, les mécanos du néolibéralisme ont complètement éteint le début d'industrialisation, au moment même où l'extension du système éducatif et la démographie galopante augmentaient, à rythme effréné, les demandes d'emploi. L'agriculture est retournée à l'économie de rente avec l'abandon des options de diversification et de réalisation de l'autosuffisance alimentaire : « importer le riz, c'est moins couteux que de le produire localement » proclamait, de docte manière, la banque mondiale. L'agriculture n'est pas seulement bloquée, elle est également déstabilisée par le système des prix imposé par l'ouverture sans protection.

Manifestement, si ces politiques se sont avérées aussi peu efficaces, c'est parce qu'elles ont confondu les moyens avec les fins : la libéralisation, la recherche des grands équilibres, les privatisations sont prises comme des fins plutôt que comme des moyens d'une croissance durable, équitable et démocratique. Les moyens d'intervention de l'État sont réduits avec la faiblesse des ressources fiscales. Elles n'ont pas su reconnaître que le renforcement des institutions financières est aussi important pour la stabilité économique que la maîtrise des déficits budgétaires et de la masse monétaire. Elles se sont concentrées sur les privatisations, mais n'ont guère attaché d'importance à l'infrastructure institutionnelle nécessaire au bon fonctionnement des marchés, et particulièrement de la concurrence.

Le quart de siècle d'ajustement structurel a produit des désastres sociaux qui ont conduit les citoyens à sanctionner, en 2000, le gouvernement socialiste de Mr. Abdou DIOUF. Du reste, l'alternance a coïncidé avec le mea-culpa et le nouveau crédo du développement de la Banque mondiale : le Document Stratégique de Réduction de la Pauvreté rebaptisé Document de Politique économique du Sénégal.

BREF RAPPEL SUR LES POLITIQUES NÉO-LIBERALES : La politique économique ne peut consister à subir les fatalités.

Avec un aveuglement et un entêtement totalement absurdes ont aboli à des conséquences catastrophiques, la meilleure preuve est l'effondrement de l'agriculture et de l'industrialisation. Les recettes néolibéralisme ont voulu faire du capitalisme sans capitalisme local fait de PME ni État providence n'a fait que renforcer la classe dirigeante qui va accaparer la rente. Le déficit d'une classe d'entrepreneurs parce qu'on n'a pas construit un système institutionnel et fiscal qui le favorise. Il faut en faire un axe stratégique majeur de développement. Ces politiques dites « vertueuses » se sont révélées contre-productives car, au résultat, on a reculé ou stagné sur plusieurs fronts: la croissance est médiocre, le chômage s'est aggravé, la pauvreté, la précarité et les inégalités se sont creusées.

Qu'a gagné le Sénégal dans la privatisation de ses entreprises publiques ? Souvent mises en œuvre pour se conformer aux injonctions des IBW et soulager les finances publiques, cinquante ans après les premières cessions des années 70, le bilan est décevant. Ces cessions apparaissent, aujourd'hui, comme une grande braderie souvent mal préparée, sans objectifs clairs, ni motivation. Les rares succès ont été des rétrocessions faites à des multinationales comme le cas de la SONATEL.

Les pays d'Asie de l'Est, ont un revenu par tête aujourd'hui près de 8 fois supérieur à son niveau de 1960 et 3 fois supérieur à son niveau de 1980. En revanche, au Sénégal, il est actuellement moins élevé qu'en 1960.

Toutefois, les pays émergents ne sont pas arrivés là par hasard n'ont pas une situation qu'on leur a prodigué. Ils revendiquent un espace économique et politique de manière totalement légitime. Les africains doivent prendre conscience que seuls la rigueur et le travail peuvent payer. Ils ont appliqué les vertus prussiennes d'épargne et de rigueur

Extraits de mon ouvrage : *L'Économie du Sénégal : Les 5 défis d'un demi-siècle de croissance atone,* Edit. L'Harmattan, 2015

THÈME 16– PÉNURIES ALIMENTAIRES, ÉMEUTES DE LA FAIM : MANGER POUR VIVRE, LES ENJEUX DES POLITIQUES AGRAIRES EN AFRIQUE.

Prof. Moustapha KASSE, Président de l'École de Dakar
Texte soumis au Forum Dakar Agricole comme Président du Comité Scientifique.

La faim n'a honte de personne, ni peur de Dieu. Elle recule seulement devant le travail organisé et conscient des hommes et des femmes. **B.L. OUEDRAGO.**

Le monde va vers une très longue période d'émeutes, de conflits, des vagues de déstabilisation régionale incontrôlable, déclarait Jean ZIEGLER, Rapporteur spécial des Nations Unies pour le droit à l'alimentation. Il en est ainsi, car des décennies après la promotion des cultures de vivrières, celle-ci est restée un slogan vide de sens, puisque les politiques appliquées ont été notoirement insuffisantes et n'ont guère réglé le déficit alimentaire croissant. L'économie monétaire en dépouillant les paysans de leurs surplus et en les empêchant d'en accumuler, ne les oblige-t-elle pas à se livrer aux cultures d'exportation ou à travailler comme manœuvres agricoles pour le bénéfice des classes dirigeantes et des multinationales.

Dans le même sens, Joachim VON BRAUN, Directeur général de l'Institut de Recherche International sur les Politiques alimentaires à Washington note que « c'est un problème de sécurité sérieux". Il explique avoir été bombardé, ces dernières semaines, de notes provenant d'officiels du monde entier, qui lui posaient une seule question : combien de temps va durer cette crise ? *« Les perspectives sont sombres. Les gouvernements doivent gérer les protestations, mais la baisse des prix n'aura sans doute lieu que dans une décennie ».* Ces prédictions sont avérées puisqu'on assiste à une vague importante de hausse des prix liée essentiellement à une pénurie alimentaire. Elle est suivie partout par des émeutes et des protestations qui n'épargnent aucune ville africaine. Quelles sont les sources de cette pénurie alimentaire et quelles implications elle pourrait avoir quant à une réarticulation de la politique agricole au Sénégal?

I/ Aux sources de la pénurie alimentaire : Greniers pleins en Asie, greniers vides en Afrique[149].

La flambée des prix des produits alimentaires s'est traduite par de violentes manifestations en Égypte, au Cameroun, au Burkina Faso, en Côte d'Ivoire, en

[149] Moustapha KASSE : *L'État, le technicien et le banquier face aux défis du monde rural sénégalais,* Édit NEAS-CREA, 1996, 255 p.

Éthiopie, à Madagascar, en Indonésie et en Haïti. Selon la Banque mondiale, le prix du blé a augmenté de l'ordre de 181% à l'échelle mondiale en février sur une période de 36 mois tandis que la hausse mondiale des prix alimentaires était estimée en moyenne à 83% sur la même période. Or une étude interne de l'ONU qui s'appuie sur des données du Fonds international de développement agricole (FIDA), l'augmentation de 1% du prix des denrées de base contribue à plonger 16 millions de personnes supplémentaires dans l'insécurité alimentaire. Il s'en suit que 1,2 milliards d'êtres humains pourraient avoir chroniquement faim d'ici 2025 ; soit 600 000 millions de plus que les prévisions précédentes.

Concernant le riz, les augmentations sont encore plus spectaculaires. En trois mois les cours riz sur les marchés mondiaux ont presque doublé, passant de 360$ à 760$ la tonne. Or, le riz n'est pas seulement une ressource alimentaire, c'est aussi un puissant facteur d'organisation des *sociétés* et des *paysages* qui s'étendent sur 170 à 180 millions d'hectares dans 120 pays avec 90 % de la production provenant essentiellement d'Asie. La consommation totale continue d'augmenter de pair avec l'expansion démographique, l'urbanisation accélérée et l'accroissement des revenus.

Cette crise véritable déferlante mondiale est qualifiée par le Commissaire européen au développement et à l'action humanitaire Louis Michel de « tsunami » potentiel pour les Africains pauvres. Elle tire son origine de la conjonction plusieurs facteurs liés notamment à l'accroissement rapide de la demande, aux restrictions de l'offre et à l'intrusion de la spéculation financière.

Le premier facteur déséquilibrant est le rapide accroissement de la demande céréalière suite à l'explosion démographique, à l'urbanisation accélérée et à l'augmentation des revenus. Si la demande de biens alimentaires des pays industrialisés tend à se stabiliser du fait du ralentissement démographique et d'une saturation de la consommation pour certains produits (pain, lait frais, fruits et légumes), en revanche celle émanant des pays émergents d'Asie, d'Amérique latine et des Centres urbains africains augmente rapidement. Concernant l'Afrique, la ville avec un taux de croissance supérieur à 8%, elle fait exploser la demande alimentaire et se comporte comme agent de propagation du modèle de consommation fondé sur les biens importés. En effet, une des caractéristiques de l'alimentation urbaine en Afrique est la part importante occupée par les produits importés : blé, riz, viande, produits laitiers. Ainsi, la « rizification » de la consommation des villes en Afrique de l'Ouest est la meilleure illustration : dans les pays du Sahel, les importations de riz par personne ont été multipliées par sept en trente ans. Dans une ville comme Abidjan, selon les enquêtes DSA, le riz et le pain sont consommés respectivement par 90,1 % et 85 % des ménages, bien loin devant les tubercules et les féculents comme l'attiéké (76%), l'igname (73 %), la banane plantain (72 %) et le manioc frais (60%). En somme l'ancienne configuration endogène de la consommation est en train de se modifier profondément. Il en va de même pour l'Asie avec l'apparition d'une nouvelle classe moyenne des centres urbains qui fait exploser la demande riz : la consommation per capita est passée en Asie de 60 kg à plus de 130 dans des périodes assez courtes. L'enrichissement croissant de pays comme l'Inde, la Chine ou le Brésil ont entrainé une hausse et une diversification de la consommation alimentaire. Dans ces pays, la demande de biens céréaliers s'est accrue. En Chine, par exemple, on estime que cette consommation a été multipliée par cinq d'où une hausse de la demande de grains pour le bétail sur le marché mondial. Ces demandes additionnelles nouvelles ont conduit à la baisse des stocks sur le marché mondial des céréales.

Les pressions du marché alimentaire mondial proviennent aussi des restrictions constatées au niveau de l'offre. La plupart des pays exportateurs de céréales sur le marché mondial comme l'Australie, les USA, l'Ukraine, la Russie ont connu des sécheresses importantes ces dernières années. Le phénomène est plus marquant encore pour ce qui concerne le riz. Alors qu'au niveau mondial la demande reste soutenue, la production ne suit pas le rythme, pour un potentiel commercial qui représente 5 à 6% de la production mondiale dans laquelle l'Asie (Thaïlande, Vietnam, Inde, Chine, ...) se taille la part du lion avec 90 % de la production et 70 % des exportations. Pour certaines céréales les effets de substitutions de production peuvent faire baisser l'offre : c'est le cas du biocarburant. En effet, leur essor conduit à substituer l'usage de surfaces/productions à des fins de satisfaction de la consommation humaine à celle destinée à un usage énergétique. Selon le PAM, pas moins de 100 millions de tonnes de céréales sont utilisées chaque année pour la fabrication d'éthanol ou de biodiésel. Ainsi aux USA, le cours du maïs suit de plus en plus celui du pétrole.

Certaines pressions inflationnistes tirent leur origine de la hausse du coût du fret suite à la flambée des prix du pétrole qui impose aux importateurs des surcoûts additionnels même si la baisse du dollar atténue un peu cette augmentation du prix du baril du pétrole. D'autres biais d'augmentation des prix viendraient de la hausse des prix des facteurs de production moderne.

Le dernier facteur de la surchauffe des marchés réside dans l'envahissement des capitaux spéculatifs dans la production et les échanges de l'alimentation. L'essentiel de la production et de la distribution sont le fait de quelques multinationales très puissantes qui font d'énormes profits en introduisant des distorsions dans le fonctionnement des marchés. Ainsi, les réserves alimentaires ont été privatisées et sont maintenant gérées par les multinationales de l'alimentation qui se préoccupent plus de spéculation que de protection des producteurs et des consommateurs.

L'Organisation des Nations unies pour l'alimentation et l'agriculture (FAO) estimait que les pays les plus pauvres verraient leur facture céréalière s'accroître de près de 10%.

Le Sénégal tout comme la plupart des pays sahéliens importateurs nets de céréales est dans une position vulnérable. Le modèle de consommation comporte une forte prééminence de produits à base de céréales importés : blé, riz d'origine asiatique, pâte alimentaire et lait. En 7 ans (2000-2007), la facture des importations céréalières a doublé. Le riz et le blé représentent plus de 80%des importations brutes de céréales. Pendant longtemps, l'État s'était réservé le contrôle intégral de l'achat et des importations des produits. Par ce moyen, il poursuivait en principe deux objectifs : encourager l'accroissement de la production vivrière et assurer au consommateur un approvisionnement régulier. Le second objectif a fini par l'emporter avec la fixation des prix, les subventions à la consommation urbaine et le recours à l'aide alimentaire.

En dépit de ses potentialités importantes en termes de terres irrigables et malgré les vœux pieux, l'offre locale contribue de moins en moins aux approvisionnements en céréales qui dépendent plus des achats sur le marché mondial. Ainsi alors que le plan céréalier fixait à l'horizon 2000, une autosuffisance de l'ordre de 80%, l'analyse des données de la DAPS atteste que la couverture des besoins céréaliers à partir de la production domestique avait fléchie passant de 59% à 58% puis 49% au cours des périodes respectives de 1980-1983, 1984-1993 et 1994-2000. [150]

II/ La crise alimentaire : une occasion rêvée pour concilier deux objectifs clés de la politique agricole : la diversification et l'élévation de la productivité du travail agricole par hectare cultivé et par actif rural.

Historiquement, la politique agricole du Sénégal a généralement été articulée autour de deux objectifs clés qui ont été difficilement conciliés : la sécurité alimentaire et l'accroissement du revenu des agriculteurs. Le premier objectif s'appuyait sur le développement des cultures d'exportation (l'arachide essentiellement et dans une moindre mesure, le coton) articulées à des segments de l'industrie. Le second était assis sur l'accès à bas prix aux céréales. Les bas prix administrés n'offraient pas aux producteurs suffisamment d'incitations dans le secteur de la céréaliculture. Par ailleurs, la baisse des cours de l'huile d'arachide a fini par conduire au déclin de l'économie arachidière et conséquemment à la baisse accentuée des revenus ruraux.

Cette crise alimentaire offre une grande opportunité pour réarticuler la politique agricole de sorte à atteindre l'objectif de sécurité alimentaire et accroître les revenus monétaires des agriculteurs qui aujourd'hui proviennent principalement de la commercialisation de l'arachide et accessoirement du coton.

Compte tenu de sa substituabilité avec le pétrole, les biocarburants relancent dans leur essor le cours des produits agricoles utilisés. Dans les pays

[150] Kako NUBUKPO : L'insécurité alimentaire en Afrique subsaharienne, Édit. L'Harmattan 2000,210 p

développés ou émergents, l'agriculture étant de type intensive, peu de flexibilité existe pour inverser la tendance amorcée de substitution de la production à usage énergétique à celle à consommation humaine. En revanche, dans un pays en développement comme le Sénégal, l'agriculture est essentiellement de type extensif. En d'autres termes, la production s'accroît plus en raison d'une hausse des superficies que d'une augmentation de la productivité. Une intensification de la production agricole suppose donc que moins de terres seront dorénavant nécessaires pour produire les mêmes quantités qu'hier. Cette stratégie de production basée sur la hausse de la productivité et non sur l'expansion des surfaces cultivées aura pour effet de libérer des terres qui pourraient être mobilisées pour accroître, d'une part, l'offre céréalière et, d'autre part, contribuer à une offre agricole dans le segment des biocarburants.

En effet, face à la lutte contre les gaz à effets de serre, les biocarburants s'imposent de plus en plus comme un substitut de choix face au pétrole. De plus, l'examen des sources de la crise alimentaire atteste qu'elles reposent plus sur des facteurs structurels. Par conséquent, les prix des produits agricoles, en général, et des céréales à usage de consommation humaine ou énergétique, seront de plus en plus incitatifs pour les producteurs. Les Philippines, théâtre récent d'émeutes de la faim, ont décidé de tabler sur la production d'agro carburants afin de faire face à l'épuisement des cours du pétrole et se sont fixées pour objectif d'intégrer 5% d'éthanol à l'essence ordinaire.

Le Sénégal a donc l'opportunité de poursuivre concomitamment ses objectifs de sécurité alimentaire et de hausse du revenu de ses agriculteurs et réduire en même temps sa dépendance du pétrole. Toutefois, cela dépend en grande partie, de la mise en place en amont comme en aval d'instruments de politique pertinents tels que la maîtrise du facteur eau, l'accès aux engrais et à des variétés de semences à haut rendement, une réforme foncière courageuse, la construction d'infrastructures de transports, de stockage et de commercialisation.

EN SAVOIR PLUS 5 : ASIE GRENIERS PLEINS, AFRIQUE GRENIERS VIDES.

À la veille de l'indépendance, le pouvoir colonial a laissé un héritage lourd dans le secteur agricole : une monoproduction arachidière avec de formes de production et d'exploitation archaïques donnant des rendements dérisoires, une paysannerie doublement appauvrie d'abord par des prix très peu rémunérateurs et ensuite par divers usuriers qui contrôlaient tous les rouages de la distribution et de la commercialisation, une agriculture vivrière exsangue, un système coopératif inopérant[151]. Cette situation est aggravée par l'explosion démographique, l'exode rural et les instabilités climatiques. Dans ce contexte l'État était intervenu massivement en créant un vaste secteur public agricole[152]qui fut littéralement démoli par les PAS. Partout en Afrique, les politiques de libéralisation ont fait régresser l'agriculture[153]. On peut observer qu'il y'a une soixantaine d'années la situation alimentaire de l'Asie inquiétait tous les experts et les donateurs internationaux alors que l'Afrique ne connaissait pas ces problèmes même au Sahel. Aujourd'hui, les greniers sont pleins en Asie et quasi vides en Afrique.

Depuis 1960, la production alimentaire mondiale a augmenté de 145%, mais en Afrique subsaharienne elle a baissé de 10% largement à cause du sous-investissement dans ce secteur. L'usage de l'engrais est étonnamment limité seulement de 13 kilos à l'hectare au lieu de 71 en Afrique du Nord. 24% de la production de céréales utilise des graines améliorées contre 85% en Asie de l'Est. L'absence d'apports de nutriments a entrainé une usure dramatique des sols.75% des terres agricoles de l'Afrique subsaharienne ont été dégradées par la surexploitation 4% seulement des récoltes étant irriguées au lieu de 40% en Asie du Sud, la région est à la merci des fluctuations des prix alimentaires mondiaux. Les nouvelles technologies et l'urbanisation ne sont pas les seules sources de croissance. Il y a aussi le vaste potentiel inexploité de l'agriculture africaine qui en fait a régressé.

LA FAIM DANS LE MONDE ET LA QUESTION FONCIÈRE.

Un tiers de la nourriture mondiale est perdue ou gaspillée dans l'ensemble du système alimentaire mondiale soit 1,3 milliards de tonnes par an, 1 personne sur /8 est sous-alimentée soit 868 millions de personnes dans le monde. 227 millions d'hectares, l'équivalent de l'Europe occidentale, ont été vendues principalement à des investisseurs internationaux. Un modèle technico-économique d'offre intensif, financiarisé et mondialisé est aujourd'hui en fonctionnement[154]. Un homme sur 9 souffre encore de la faim selon la FAO cela donne 800 millions. L'élimination de la faim et de la malnutrition reste un objectif central des ODD et cela d'ici 2030. Le principe de la souveraineté alimentaire (aider chaque pays à se nourri lui-même demande de réinventer le système alimentaire lutter sérieusement contre les

---

151 M. KASSE : *L'État, le technicien et le banquier face aux défis du monde rural*, Edt. NEAS, 1996, 255 p

152 Cette intervention était particulièrement réalisée par le président du Conseil Mamadou DIA qui a créé plus d'une vingtaine de sociétés d'intervention en milieu rural qui seront liquidées par les PAS.

153 Louis SANMARCO/ Le monde rural sacrifié : de l'injustice au risque écologique. Revue Afrique contemporaine n° 164,1992

154 Revue Futuribles n° 388 sept 2012, *L'Avenir du système alimentaire mondial : un essai de prospective à l'horizon 2050.*

gaspillages. Les problèmes de malnutrition, de sous-alimentation, de pauvreté rurale, de sous-investissement n'ont pas disparu. L'agriculture représente 60% du PIB et présente un important potentiel. Cependant, elle est dépendante des IDE avec un environnement instable. En Afrique, 868 millions de personnes sont mal nourries. 34 pays sont dans une situation d'insécurité alimentaire. Plusieurs facteurs expliquent cette situation catastrophique : climatiques, troubles sociaux, épuisement des sols, volatilité des prix agricoles, problèmes liés au développement de l'agriculture vivrière, etc.

Carte globalisation foncière, nouvel enjeu de la mondialisation. Depuis 2006, ce sont près de 30 M ha de terres, l'équivalent de la SAU (Surface Agricole Utile) française, qui ont fait l'objet de transactions dans le monde. L'hectare devient un actif à la mode. Des financiers comme George SOROS, des fonds spéculatifs comme ALTIMA ou QUANTUM font de la terre leur placement spéculatif favori face à la volatilité des marchés céréaliers. La variété et l'imprécision des chiffres fournis donnent la mesure du phénomène : peut-on parler de 20 M ha, comme l'évaluent la Banque mondiale et la FAO (Food and Agriculture Organisation) ? De 10 M ha cédés dans le seul sud du Sahara en 2008, de 30 M ha ou de 45 M ha en 2009 dans cette même zone ? Ces seules imprécisions valent aveu de confusion, de précipitation sur cette nouvelle richesse. Après le pétrole, les minerais, les terres rares, les minerais stratégiques : les terres agricoles à cultiver.

THÈME 17 – GOUVERNANCE, RÉFORMES ÉCONOMIQUES ET CROISSANCE DURABLE EN AFRIQUE.

Par Professeur Moustapha KASSE.

INTRODUCTION : Déficit d'épargne et recours aux Investissements Directs Étrangers (IDE) pour financer la croissance.

Tous les Pays en voie de développement (PVD) font de la croissance économique un objectif à la fois majeur et prioritaire. Encore convient-il de préciser qu'ils veulent une croissance rapide. Le taux doit être le plus élevé possible compte tenu des ressources dont ils peuvent disposer. Cette croissance doit en outre être continue, régulière et indemne autant que possible des fluctuations en baisse comme en hausse par trop fortes. Enfin, elle doit être équilibrée. Le moyen qui s'impose pour atteindre ces objectifs est l'investissement. En effet, le taux de croissance est une fonction du taux d'accumulation du capital ou encore du taux d'investissement. Plus l'investissement sera élevé, plus la croissance sera forte. En plus, elle ne sera équilibrée que si le volume d'investissement est le même que celui de l'épargne. Par conséquent, une croissance rapide et équilibrée nécessite un volume suffisant d'épargne pour financer l'investissement. En clair, le problème de la croissance dans les PVD devient avant tout un problème d'épargne.

Dès lors, pour réussir leur programme de développement économique et social, ces PVD doivent mobiliser tout le potentiel d'épargne pour relancer ce levier essentiel de la croissance qu'est l'investissement. Cependant, la faiblesse des systèmes financiers africains ne permet pas de canaliser le faible volume d'épargne disponible en vue de sa transformation en investissement productif. L'alternative est alors le recours aux investissements directs étrangers (IDE) qui permettent de drainer des capitaux et d'accéder en même temps aux nouvelles technologies.

Encadré 17 : Évolution récente des IDE.

Les entrées mondiales d'IED ont diminué en 2014. Les entrées mondiales d'IED ont diminué de 16 % en 2014 à 1 230 milliards de dollars, principalement à cause de la fragilité de l'économie mondiale, de l'incertitude des investisseurs quant aux politiques publiques et des fortes tensions géopolitiques. De plus, les nouveaux investissements ont été contrebalancés par quelques très importantes opérations de cession.

Les entrées d'IED dans les pays en développement ont atteint le montant record de 681 milliards de dollars (+2 %). Les pays en développement, au premier rang desquels se trouve la Chine, demeurent donc les premiers destinataires d'IED en part des entrées mondiales. Parmi les 10 premiers bénéficiaires de l'IED au niveau mondial, 5 sont des pays en développement.

Les flux d'IED à destination des pays développés sont restés faibles en 2014. Malgré une reprise des fusions-acquisitions internationales, les entrées d'IED dans ces pays ont chuté de 28 % pour s'établir à 499 milliards de dollars. Ce recul est dû en grande partie à une mégacession aux États-Unis.

Les investissements réalisés par les entreprises multinationales des pays en développement ont aussi atteint un niveau sans précédent, avec en tête les entreprises asiatiques. Sur les 20 premiers pays investisseurs dans le monde, 9 étaient des pays en développement ou des pays en transition. Leurs entreprises ont continué d'acquérir des filiales étrangères d'entreprises de pays développés installées dans les pays en développement.

La plupart des groupements et initiatives régionaux ont vu leurs entrées d'IED baisser en 2014. La part cumulée des entrées d'IED des groupes de pays qui négocient le Partenariat transatlantique de commerce et d'investissement (TTIP) et l'Accord de partenariat transpacifique (TPP) a diminué. L'Association des nations de l'Asie du Sud-Est (ASEAN) (+5 % à 133 milliards de dollars) et le Partenariat économique régional global (+4 % à 363 milliards de dollars) ont résisté à la tendance.

La reprise de l'IED mondial est en vue. Les entrées mondiales d'IED devraient augmenter de 11 % à 1 400 milliards de dollars en 2015. Cette hausse devrait se poursuivre pour atteindre 1 500 milliards de dollars en 2016 et 1 700 milliards de dollars en 2017. Le modèle prévisionnel de la CNUCED sur l'IED et une enquête de conjoncture qu'elle a menée sur de grandes entreprises multinationales annoncent une hausse des flux d'investissement dans les années à venir. Le pourcentage d'entreprises multinationales qui prévoient d'accroître leurs dépenses d'IED pendant les trois prochaines années (2015-2017) est passé de 24 % à 32 %. Les fusions-acquisitions internationales devraient aussi reprendre en 2015. Toutefois, un certain nombre de facteurs économiques et politiques, notamment les incertitudes qui continuent de planer sur la zone euro, les possibles répercussions des tensions géopolitiques et certaines fragilités des pays émergents, pourraient remettre en cause la reprise attendue.

CNUCED : Rapport sur l'investissement dans le monde 2015[155]

---

[155] CNUCED : Rapport sur l'investissement dans le monde 2015[155] : Réformer la gouvernance de l'investissement international.

La mondialisation et la globalisation financière ont induit d'immenses flux internationaux des capitaux et le développement de nouvelles règles du jeu, à la fois dans les stratégies d'investissement des firmes multinationales et dans la concurrence accrue qu'exercent les territoires, les pays et les firmes connaissant des déficits d'épargnes et des besoins de financement substantiels.[156] Le manuel de la balance des paiements du Fonds Monétaire International définit l'Investissement Direct Étranger (IDE) comme l'opération effectuée par un investisseur non-résident afin d'acquérir ou d'accroître un intérêt durable dans une entité résidente et de détenir une influence dans sa gestion. La Banque Mondiale considère que l'IDE correspond à un flux net d'investissement permettant d'acquérir au moins 10% du capital d'une firme de nationalité différente de celle de l'investisseur. Quant à l'OCDE, l'IDE est un type d'investissement transnational effectué par une entité résidente d'une économie dans le but d'établir un intérêt durable dans une entreprise résidente d'une autre économie. L'organisation affirme que l'IDE est bénéfique pour les pays d'origine et d'accueil et fait partie intégrante d'un système économique international ouvert et efficace et constitue l'un des principaux catalyseurs du développement. Elle ajoute que *« les avantages qu'il procure ne se manifestent, cependant, pas de manière automatique et ne se répartissent pas équitablement entre les pays, les secteurs et les collectivités locales »*[157]. Le dénominateur commun de toutes ces définitions est que l'IDE se traduit sous forme de participation étrangère dans des opérations de commerce et d'industrie, de bâtiments et de travaux publics, de tourisme, etc. dans le but d'en tirer du profit.

Répartition des IDE par région

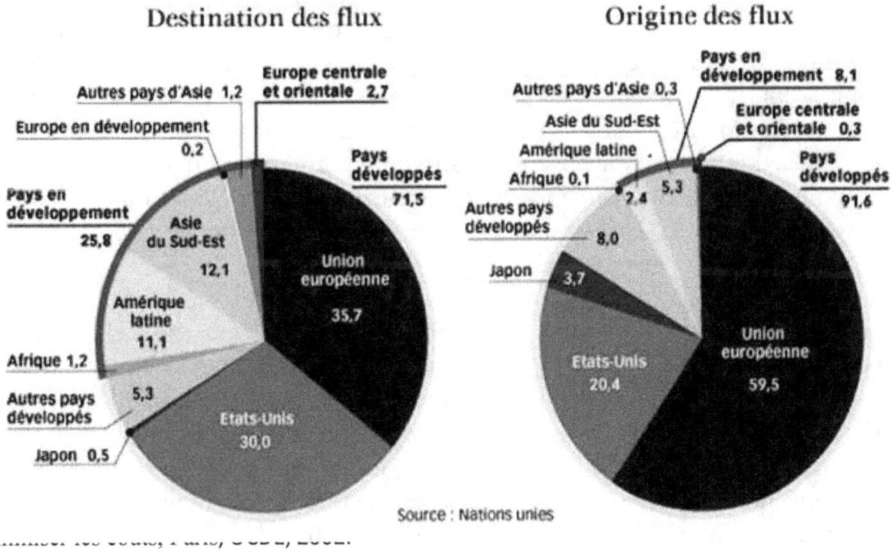

Les recherches théoriques insistent sur les apports significatifs des IDE dans la croissance des pays qui connaissent des déficits d'épargne et de capitaux. Pour BOSWORTH et COLLINS (1999), l'IDE produit une augmentation remarquable de l'investissement intérieur lorsque les entrées de capitaux de portefeuille semblent n'avoir pratiquement aucun effet sensible sur l'investissement et les prêts un impact mitigé. L. FONTAGNE et M. PAJOT, montrent que les IDE améliorent la compétitivité des entreprises installées sur le marché intérieur du pays récepteur et ont un impact positif sur les échanges extérieurs, en particulier sur les exportations. Ils entraînent aussi des externalités positives via les effets de sous-traitance et d'exploitation du progrès technologique. Dès lors, les principales raisons qui motivent cette recherche frénétique des IDE résident dans le fait qu'ils peuvent être un important catalyseur du développement économique et de la prospérité en ce qu'ils :

- permettent des transferts de technologie, en particulier sous forme de nouveaux types d'intrants de capital fixe, ce que les investissements financiers ou le commerce des biens et services ne peuvent assurer ;
- promeuvent la concurrence sur le marché intérieur des intrants.
- s'accompagnent souvent de programmes de formation du personnel des nouvelles entreprises contribuant ainsi au développement des ressources humaines du pays hôte.
- contribuer à l'affermissement des services publics locaux et à l'économie décentralisée.
- engendrent des bénéfices qui peuvent contribuer à l'amélioration quantitative des recettes fiscales du pays bénéficiaire, mais qui, malheureusement sont rapatriés à l'extérieur.

Ces éléments contribuent à l'accélération de la croissance économique, à condition d'avoir des politiques adéquates, dans les pays d'accueil, qui optimisent les avantages et minimisent les coûts. En ce qui concerne les entreprises, investir dans un autre pays permet notamment de tirer parti d'une part de certains avantages comparatifs pour mieux maîtriser leurs réseaux mondiaux d'approvisionnement, de production et de distribution et pour s'assurer l'accès à des ressources essentielles et de profiter de la proximité des consommateurs et des marchés essentiels.

La CNUCED insiste surtout sur les grandes raisons strictement économiques identifiées qui sous-tendent les IDE à savoir : la recherche de la compétitivité globale qui se manifeste par la segmentation des chaines de production et la localisation de sites disposant de moindres coûts de production, l'accès à des marchés porteurs et aux ressources en matières premières, en main-d'œuvre à faible coût, en infrastructures qui amoindrissent les coûts de transaction. Dès lors, la décision d'investissement peut s'analyser comme le choix de l'affectation de ressources à un projet industriel, commercial ou financier en vue d'en retirer un supplément de profit. C'est donc un pari sur l'avenir, traduisant à la fois un risque, mais aussi une certaine confiance qui justifie les dépenses actuelles et les gains futurs pouvant être incertains ou aléatoires. Les principaux opérateurs des IDE : les multinationales, les divers investisseurs institutionnels.

Certaines études indiquent que la prévisibilité de l'environnement des affaires accroit la probabilité de nouveaux investissements d'environ 30% au niveau de pays qui ont une pénurie structurelle de capitaux propres. Il revient à l'État de créer un climat ou un environnement des affaires favorables avec un cadre macroéconomique de croissance, un espace d'incitations fiscales et des dispositifs législatifs et réglementaires qui répondent aux normes internationales. Quelle interprétation donnée à ces notions de climat ou d'environnement des affaires ? En l'absence d'une compréhension universelle, le secteur privé et la plupart des acteurs s'accordent à dire que le climat des affaires est l'ensemble des facteurs qui influencent la décision d'investir ou l'exploitation d'une affaire. Dans ce sens, beaucoup de facteurs peuvent être considérés comme la stabilité politique, la sécurité, les fondamentaux macroéconomiques, les réalités géophysiques, etc. En conséquence, ces derniers permettent à tout opérateur économique quel que soit le secteur où il opère et nonobstant le niveau et l'origine des investissements qu'il réalise, de prendre des initiatives privées et de conduire des opérations dans le but d'en tirer du profit.

Dans le contexte de mondialisation, d'ouverture et de globalisation des marchés, le code des investissements conçu depuis l'indépendance des années 60 ne suffit plus pour attirer les investisseurs même s'il demeure un élément de référence pour une prise de décision en matière d'investissement. Aujourd'hui, l'investisseur accorde, si ce n'est en premier lieu, une importance primordiale à des éléments comme l'environnement de l'entreprise, la paix sociale, la transparence dans la gestion de l'économie nationale, la crédibilité de l'ordre juridique et judiciaire, la qualité des infrastructures, bref à un espace économique prévisible et sain susceptible de garantir une évolution normale et un bon développement des affaires.

Au total, les volumes des IDE restent encore relativement modestes, bien en deçà des ambitions du PSE en la matière. Cependant, ils sont en hausse par rapport à la période de 2004/2008 (en moyenne à 1,6 % du PIB). Selon la CNUCED, ils sont ainsi passés de 276 M$ en 2012 à 343 M$ en 2014, soit une progression notable. Le ratio stock d'IDE sur PIB atteint près de 25 % en 2014. Pour le FMI, les IDE nets représentaient un niveau honorable de 2,5 % du PIB en 2016 contre en moyenne 2,6 % du PIB de l'Afrique subsaharienne.

Tableau 8 : Les flux d'IDE

IDE	2013	2015	2016
Flux d'IDE entrants (M$)	311	403	345
Stocks d'IDE (M$)	2.709	2.753	2.808
Nombre d'IDE greenfield	14	6	10
IDE entrants (en % de la FBCF	8,3	10,3	9,8
IDE entrants (en % de la FBCF)	18,2	17,9	20,5

Source : CNUCED, Rapport 2016

Les investissements greenfield selon la définition retenue par la CNUCED correspondent à la création de filiales ex nihilo par la maison mère alors que la formation brute de capital fixe (FBCF) est un indicateur mesurant la somme des investissements, essentiellement matériels, réalisés pendant une année.

À côté des IDE classiques, sont en train de se développer des formes nouvelles de mobilisation de ressources qui ne concernent pas seulement l'Afrique, mais l'ensemble des pays émergents, elles sont connues sous des appellations diverses : **eurobonds,** obligations souveraines, emprunts souverains, investissements innovants. Beaucoup d'économistes commencent à s'interroger sur l'incidence de plus en plus massive et fréquente des **eurobonds** pour financer les économies africaines : n'est-ce pas une voie ouverte pour gonfler l'endettement ?

Nous sommes dans un contexte de mondialisation du marché des capitaux, qui laisse la possibilité aux acteurs de pouvoir arbitrer entre les différentes sources de financement. En effet, l'essentiel consiste à bien cerner les variables fondamentales des différents compartiments du marché des capitaux, d'en avoir une bonne lecture sur les tendances de ces variables et d'avoir une bonne maîtrise des instruments qui y sont traités, c'est-à-dire savoir mesurer les risques et les avantages associés aux opérations de marché.

Ces fabuleuses ressources financières que sont les euros-bonds procèdent de deux phénomènes qui tirent leurs sources des conséquences de la crise financière de 2008-2009. D'abord, les banques centrales des pays européens et américains, ont opéré des injections monétaires d'une grande ampleur, ensuite il s'en est suivi une chute vertigineuse des taux d'intérêt (devenus parfois négatifs) obligeant les bénéficiaires de ces fonds à chercher de nouveaux territoires de placement (pays a grand besoin de ressources) à des taux d'intérêt très rémunérateurs. Ces taux varient de 4% à 9% selon la durée des emprunts et les risques d'insolvabilité. Le taux d'intérêt de 6,25% servi au Sénégal sur 15 ans et presque le même que celui servi à la Côte d'Ivoire. La Zambie, qui avait emprunté sur dix ans en 2012 à 5,63 % a dû se contenter d'un taux de 8,6 % en 2014 et, pire, de 9,4 % en 2015, en raison de la chute du cours du cuivre, sa première source de recettes.

En conséquence, les taux des prêts contractés en monnaies étrangères flambent au fur et à mesure que la situation économique empire et que leur note souveraine est dégradée par les agences de notation[158]. Au niveau mondial, en 2016, les levées de fonds sont en très forte croissance, à titre illustratif : 9 milliards de dollars pour le Qatar, 16,5 milliards pour l'Argentine et 17,5 milliards pour l'Arabie Saoudite, la Russie et Chypre et l'Irak ont aussi réussi des mobilisations substantielles. Pour l'Afrique, « l'Égypte a lancé le mouvement en janvier avec une levée de 4 milliards de dollars. Le mois suivant, la Tunisie a pris le relais avec une émission de 850 millions d'euros, suivie du Nigeria en février-mars pour 1,5 milliard de dollars et du Sénégal en mai pour 1,1 milliard de dollars d'eurobonds. En juin, c'était au tour de la Côte d'Ivoire avec le lancement d'obligations pour près d'1,75 milliard d'euros ». En octobre 2016, la Côte d'Ivoire, le Sénégal et le Togo ont levé 766 milliards de francs CFA sur la Bourse régionale des Valeurs immobilières (BRMV) à travers cinq sukuk (obligations islamiques). Cette explosion de l'endettement en eurobonds se déroule au moment où les taux d'intérêt tendent à devenir négatifs sur beaucoup de marché suivant en cela les évolutions des taux directeurs des banques centrales du monde développé. En n'investissant pas les ressources mobilisées dans des projets rentables, la flambée des taux d'emprunt conjuguée avec la dégradation de la situation économique conduira inévitablement au cycle infernal de l'endettement. Ces emprunts doivent être suivis avec attention au regard de leur capacité à arrêter les moteurs de la croissance économique.

Cette situation a relancé, aujourd'hui, le débat sur l'endettement aidé en cela par le discours nébuleux du FMI sur la question. Ce débat sur la problématique lancinante de l'endettement doit être sorti des polémiques politiciennes qui ne permettent ni d'en comprendre la substance ni d'entrevoir les solutions. L'emprunt extérieur est de tout le temps considéré comme une source de financement des déficits internes et externes (modèles à doubles déficits de CHENERY et STROUT, 1966). Au niveau interne, le déficit renvoie à l'insuffisance de l'épargne intérieure pour financer les besoins d'investissement. L'emprunt extérieur permet ainsi de desserrer certaines contraintes intérieures et ouvre la possibilité de différer des mesures de politique économique impopulaires comme l'augmentation de la pression fiscale, la dégradation et la paupérisation des populations, etc. Les mouvements de capitaux sont également considérés comme des mécanismes de transmission de la croissance à travers la substitution progressive de l'épargne locale aux flux extérieurs de capitaux. En fait, de tels modèles

[158] Estelle MAUSSION : *Pourquoi l'Afrique est-elle « bancable » ?* Magasine Afrique-Méditerranée n°20 Aout-Septembre 2017.

s'interrogent sur le niveau d'endettement extérieur compatible avec le taux de croissance de la production. En d'autres termes, il s'agit de déterminer les conséquences du financement extérieur sur la croissance et l'équilibre de la balance des paiements. La réponse la plus ancienne à cette question constitue la " théorie des stades de la balance des paiements " [CAIRNES, 1874 ; BASTABLE, 1899].[159] Il reste que les ressources empruntées doivent servir à des investissements productifs, mais non à financer des consommations somptuaires ou des équipements publics sans réelle utilité ou à alimenter la corruption. Il est vrai que l'endettement pose un problème d'équité et de justice si, ceux qui remboursent (les populations rurales et urbaines) ne sont pas les principaux bénéficiaires des projets financés par la dette.

Les néolibéraux du FMI, viennent obscurcir la question en nous bassinant, depuis des décennies, avec ses mises en garde sur d'imminentes catastrophes de l'endettement et cela pour faire passer ses politiques d'austérité qui n'ont produit, nulle part, des solutions intangibles. Pour des pays sérieusement engagés dans un processus d'émergence donc potentiellement solvable, le problème est de leur prêter assez pour ne point étrangler leur cadence de développement sans leur prêter trop, ce qui les étoufferait sous le poids de la dette. Tout cela explique en partie que malgré le retour des IDE dans les pays du Sud, depuis le début des années 90, leurs flux vers les pays en développement (PVD) demeurent toujours relativement faibles.

Le Rapport de la CNUCED relatif à l'Investissement note que les flux mondiaux d'investissement étranger direct (IED) ont poursuivi leur recul en 2018, chutant de 13 % pour s'établir à 1.300 milliards de dollars. Les flux à destination des pays développés sont tombés à leur niveau le plus bas depuis 2004, enregistrant un repli de 27 %. Les entrées en Europe ont diminué de moitié pour s'établir à moins de 200 milliards de dollars en raison de sorties supérieures aux entrées dans quelques grands pays d'accueil, d'où des fonds ont été rapatriés, et d'une baisse sensible au Royaume-Uni. Les flux vers les pays en développement ont résisté, avec une progression de 2 %. Du fait de cette hausse et de la baisse anormale qu'ont connue les pays développés, la part des pays en développement dans les flux mondiaux d'IED a atteint pour la première fois 54 %. Malgré une baisse dans de nombreux grands pays bénéficiaires, les flux d'IED vers l'Afrique ont augmenté de 11 % pour s'établir à 46 milliards de dollars. Cette hausse a été stimulée par des entrées soutenues dans le secteur des ressources naturelles, par des investissements

[159] Moustapha KASSE *: L'endettement de l'Afrique, quelles voies de sortie après PPTE ?* Marchés Tropicaux n°300, 2004. V*oir* aussi, Moustapha KASSE et Karim DAHOU : *Endettement extérieur, croissance et pauvreté au Sénégal,* février 2008, avec Fidèle Ange DEDEHOUANOU *: La dette de l'Afrique : quelle solution après les PPTE et* deux études réalisées pour la CEA et l'UA.

diversifiés et par une reprise en Afrique du Sud après plusieurs années de faibles entrées. Quant aux flux vers l'Asie en développement, première région bénéficiaire, ils ont progressé de 4 %. Signe d'un dynamisme persistant la valeur des projets de création de capacités annoncés dans la région a doublé après avoir stagné en 2017.[160]

L'Afrique continue à recevoir principalement des ressources provenant de sa Diaspora, de l'Aide Publique au Développement publiques au Développement (APD) qui forment l'essentiel des flux globaux de capitaux bien que ces derniers commencent également à manifester une nette tendance à la baisse. En effet, la part de l'Afrique francophone dans l'orientation des IDE concerne aussi les investissements français dont les flux globaux sont passés de 3,727 milliards de FF en 1993 à 1,156 milliards de FF en 1995 c'est dire que la dévaluation du franc CFA n'a point provoqué l'afflux de capitaux attendus. Pour les grandes entreprises françaises, elles ne comptent en Afrique subsaharienne que 1030 filiales dont 720 en zone franc soit 12,6% du total (3,3% pour le Maghreb et 5,5% dans la Zone Franc). Elles sont accompagnées par des PME-PMI indépendantes attirées par l'Afrique pour 25,3% de leurs effectifs à l'étranger.

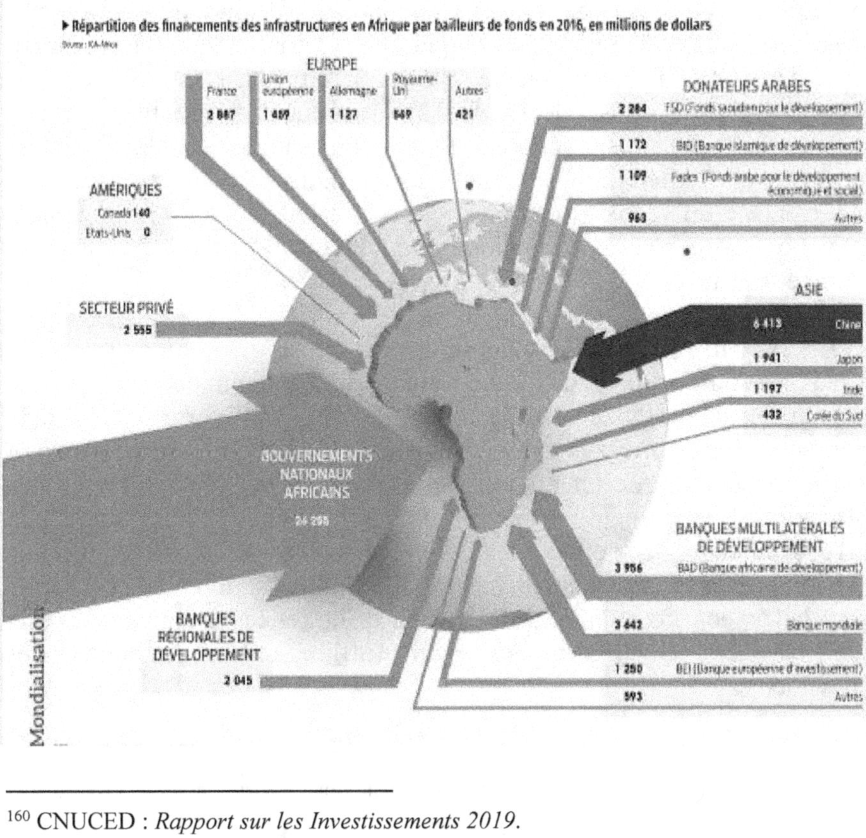

[160] CNUCED : *Rapport sur les Investissements 2019.*

Le stock d'IDE de la Chine qui était de 1,59 milliards est passé à 43,297 en 2017. La part de la Chine comme premier partenaire commercial de l'Afrique selon McKinsey tient au fait que 10.000 entreprises chinoises sont installées sur le continent. De ce point de vue, la Chine est devenue la première source de financement extérieur de l'Afrique devant les autres partenaires. Elle répond mieux et plus efficacement aux énormes besoins en infrastructures (routes, ports, aéroports, etc.) et partant se place loin en tête des partenaires africains nouveaux comme anciens (les banques de développement multilatérales (BAD, Banque mondiale, Fond saoudien, etc.).

En définitive, la corrélation étant bien établie entre niveau d'investissement et taux de croissance, l'objectif de cette réflexion va tourner autour de deux interrogations majeures

- Quels sont les facteurs explicatifs de la faiblesse des flux d'investissement direct étranger vers l'Afrique subsaharienne ;
- Que faire pour renforcer les capacités nationales à attirer les investissements privés en général et les IDE en particulier ?

I/ Les facteurs qui bloquent l'afflux de capitaux en Afrique.

La faiblesse constatée de l'investissement en Afrique ne saurait être expliquée par les simples facteurs classiques tels les contraintes à l'importation et le taux d'intérêt, mais le "problème repose sur l'environnement tout entier à partir duquel se prennent les décisions d'investissement et la perception d'un risque aggravé par des signaux flous conflictuels de la politique économique"[(161)]. Celle-ci repose plutôt sur une pluralité de facteurs que l'on peut regrouper en deux catégories : les facteurs d'ordre strictement économique (cadre macro-économique, etc.) et les facteurs institutionnels, politiques et sociaux.

1°) Les facteurs strictement économiques.

Depuis les Années 80, L'ASS traverse une crise économique et sociale à la fois débilitante et profonde qui se manifeste sous trois formes d'abord la détérioration des principaux indicateurs macroéconomiques et macro financiers, ensuite la désintégration des structures de production et des infrastructures de base et enfin la dégradation du bien-être social notamment la santé, l'éducation, le logement et l'écologie. Ceci a entrainé une chute profonde de l'espace politique: processus démocratique limité par moment confisqué, guerres civiles, conflits ethniques. Il est clair qu'un tel cadre global comporte trop de risques et d'incertitudes pour l'afflux et la rentabilité des investissements.

---

161. CHIBBER & al.: Reviving private investment in developing countries: empirical studies and policy lessons, North Holland, Amsterdam, 1992, p. 10.

L'analyse de l'environnement économique qui est, en dernière instance, la sphère la plus déterminante a révélé au moins quatre foyers de distorsions qui, incontestablement, peuvent limiter ou dissuader la poussée des IDE à savoir :

- l'environnement macroéconomique défavorable avec l'inefficience des politiques sectorielles et les distorsions de la structure des incitations économiques ;
- la très faible efficacité du capital humain par suite de la crise permanente des systèmes éducatifs et de formation ;
- la dégradation et l'inadéquation des infrastructures de base ;
- coûts défavorables des facteurs techniques.

a) Un environnement macro-économique défavorable.

Depuis la fin des Années 70, les pays d'Afrique confrontés à la stagnation de la production, aux déséquilibres financiers, à la massification de l'endettement ont mis en place des politiques de stabilisation et d'ajustement dont l'un des objectifs importants est de permettre l'accroissement de l'investissement privé [(162)]. En réalité, ce sont les investissements d'aujourd'hui qui font les profits de demain et les emplois d'après-demain. Les Nouveaux Pays Industrialisés et le Japon en ont fait une variable déterminante. C'est ainsi qu'un pays comme le Japon consacre 30% de son PIB à l'investissement ([163)]. Au Sénégal, ce taux d'investissement, de l'ordre de 12% dans les années 80, il est estimé en 1996 à 16,6%.

Toutefois, plus de deux décennies d'application des PAS n'ont pas encore permis de sortir de la crise et d'amorcer un processus irréversible, ce qui s'explique aisément à travers la fonction d'investissement de IBARRA (1995)[(164)] :

$$\frac{I_t}{K_t\text{-}1} = k_0 + k_1 \frac{I_t\text{-}1}{[K_t\text{-}2]} + k_2 + E_t^1\,[\Delta ln(y_t)] + k3\,E_t\,\Delta ln \frac{wkt}{[P_t]} + k_4\,[\theta_t]$$

La variable dépendante est ici le taux d'investissement et ses différents arguments sont respectivement : le taux d'investissement à l'année t-1, la variation anticipée de l'output global si la réforme macroéconomique est durable, le coût anticipé des services du capital et enfin, la globalité (θ_t) que l'environnement macroéconomique se dégrade du fait de l'abandon de la réforme liée à l'application des PAS. Cette probabilité est le point nodal et elle

---

162. BIGSTEN A. : Constraints on african growth in New directions in development economics by LUNDAHL M. & NDULU B., Rouledge, London, 1996, p. 60.

163. BOISSONNAT J. : Une crise de l'argent, L'Expansion, 4/17 Mars 1993, p. 79

164. Luiz Alberto IBARRA: Credibility of trade policy reform and investment = the mexican case. Journal of Development Economics, vol. 47, pp. 39-60.

est négativement liée à l'investissement privé et peut être affectée par plusieurs facteurs. D'abord par des facteurs politiques ; c'est le cas lorsqu'il y a risque que le gouvernement reporte des mesures annoncées *ex ante*, c'est également le cas lorsqu'il y a incertitude quant à l'avenir du régime politique en place. En second lieu, cette probabilité s'accroît s'il y a risque de crise de la balance des paiements dus à une politique monétaire ou fiscale expansionniste, une appréciation du taux de change réel, une baisse non anticipée des secteurs d'exportation. Toutes choses qui sont caractéristiques à des degrés divers -il est vrai- de l'environnement économique des pays africains. En effet, les indicateurs d'augmentation de l'investissement privé du cadre macro-économique sont, en général, défavorables avec un double déficit des finances publiques et de la balance des paiements, un taux de change surévalué, une inflation rampante, un encours de la dette insupportable et un taux de croissance inférieur à celui de la croissance démographique. Et ces distorsions sont assez dissuasives de l'investissement.

Concernant le déficit budgétaire, l'étude économétrique réalisée par EASTERLY & REBELO en 1993 et portant sur une centaine de PVD arrive à la conclusion qu'un déficit budgétaire énorme exerce un effet d'éviction sur le secteur privé résultant d'un faible accès de celui-ci au crédit bancaire, d'un taux d'intérêt réel élevé et d'un taux de change réel s'appréciant de plus en plus et donc un impact défavorable sur la croissance[(165)]. En effet, le taux d'épargne, l'allocation des ressources réelles et financières et les incitations à l'innovation rencontrées par le secteur privé sont affectés à la fois par la fiscalité et les dépenses publiques.

Le niveau d'endettement exerce à son tour un effet négatif sur l'investissement. Dans une étude sur le comportement de l'investissement privé dans les PED, CHIBBER & al. (1992)[(166)] ont établi que dans les pays où les politiques sont volatiles et le poids de la dette élevé, l'investissement a souvent tendance à baisser. En effet, un niveau appréciable de l'encours de la dette accroît la vulnérabilité de l'économie aux "chocs externes" et en même temps, il devient un indicateur du risque de volatilité de la politique économique pour les investisseurs potentiels. Allant encore plus loin, FAINI & DE MELO (1992) [(167)] ont établi que l'accès aux flux d'IDE est souvent retardé dans les pays à dettes élevées. Le montant de la dette de l'Afrique subsaharienne est estimé en 1995 à 223 milliards de dollars, soit l'équivalent de 265% des recettes d'exportations des pays concernés [(168)]. Au Sénégal, l'encours de la dette s'élève à environ 67,1% du PIB en 1996. De surcroît ; une part

165. DIAGNE A., Op. Cit.,1998, p. 11

166. CHIBBER & al., op. cit., 1992

167. FAINI & DE MELO : Adjustment investment and the real exchange rate in developing countries, in CHIBBER & al., op. cit., 1992

168. ALIBERT J. : L'évolution de la dette africaine, Afrique Contemporaine, n.178, p. 41

importante de cette dette est le fait de l'État qui l'a souvent utilisée comme un moyen pour résoudre la crise des finances publiques.

Enfin le système bancaire et financier est un instrument essentiel de mobilisation de l'épargne et de sa transformation en investissement. Cependant, suite aux faillites bancaires des années 80, le système bancaire affiche désormais une méfiance vis-à-vis des opérateurs privés; cela va induire des difficultés plus grandes pour obtenir des prêts à long terme en raison de la crainte des mauvais prêteurs. Dans ce contexte va fonctionner l'effet d'AKERLOFF par lequel les mauvais prêteurs chassent les bons d'où la disparition, à terme, du marché du crédit. Par ailleurs, la maîtrise de facteurs tels les infrastructures et les facteurs techniques s'avèrent indispensables au bon fonctionnement d'un cadre macro-économique adéquat.

b) L'inadéquation des infrastructures

Compte tenu de leur contribution à l'efficience du marché, J.W. MELLOR & A. RAISUDDIN (1988) [(169)] attribuent aux infrastructures un rôle important dans la mobilité de la population, des biens et de l'information permettant la réalisation du potentiel de production. En effet, lorsque les coûts d'utilisation du marché à des fins de transaction sont relativement élevés par rapport aux bénéfices qu'en tirent les acteurs, les marchés ont tendance à échouer. La faiblesse de la densité routière, de la couverture en moyens de télécommunications, de la couverture sanitaire peuvent favoriser un processus de "sélection adverse" En d'autre terme, l'augmentation des coûts de transactions (coûts de transport, coûts d'obtention de l'information, etc.) a pour effet de dissuader les investisseurs potentiels voire d'éliminer les investisseurs du marché en raison de l'ampleur des coûts de transactions ; ce qui se traduit, en définitive, par la baisse du taux d'investissement.

c) Coût des facteurs techniques défavorable.

Pour les facteurs techniques tels que l'eau, l'électricité, la main-d'œuvre qualifiées, leurs coûts se comparent défavorablement à ceux des pays de l'OCDE et à ceux des NPI. Par exemple, le coût de l'eau et de l'électricité au Sénégal est 2,5 à 3 fois plus élevé que dans les pays comme l'Inde, la Corée du Sud et le Brésil. Quant à l'eau, son m_3 d'eau coûte 31% plus cher par rapport aux USA, 96% par rapport aux pays concurrents tels le Kenya, l'Éthiopie, etc.

C'est dire que le coût élevé des facteurs de production constitue une entrave à l'afflux d'IDE. En tous les cas, une des priorités au plan macro-économique devrait être de réhabiliter le profit par rapport à la rente. De stimuler l'investissement (qui agit sur l'offre, en la modernisant, et sur la demande, en distribuant un supplément de revenus dans les industries d'équipements) de préférence à la consommation.

---

169. MELLOR J.W & RAISUDDIN A. : "Agricultural price policy for developing countries", IFPRI, John Hopkins University press, London, 1988, p.24

d) Le retour sur investissement.

Le retour sur investissement (ROI) est un indicateur essentiel pour choisir entre plusieurs projets et déterminer celui qui rapportera le plus d'argent par rapport aux sommes initiales investies. Beaucoup d'études montrent que les taux de retour sont très importants. Il est d'une évaluation relativement facile. Le ROI en (%) = (gain de l'investissement – coût de l'investissement) / coût de l'investissement. Un Rapport de recherche de la McKinsey & Company, publié récemment, montre que, dans les pays africains, le retour sur investissement était en moyenne supérieur de 60 % à celui dans les pays asiatiques, dont la Chine, l'Inde et le Vietnam. Dans le domaine, l'Afrique compte parmi les régions les plus rentables du monde. Il importe d'y ajouter dans l'évaluation de l'investisseur, les risques particulièrement les risques financiers qui sont liés au développement macroéconomique tel que l'évolution des taux de change, le recouvrement de la dette publique, l'équilibre budgétaire et des paiements. Il s'agit d'analyser la capacité du pays à honorer ses engagements financiers vis-à-vis de ses créanciers (la fameuse des notations des agences).

2°) Les facteurs institutionnels, politiques et sociaux.

Au chapitre de ceux-ci, on distingue essentiellement les facteurs d'ordre institutionnel, politique et social.

a) Les facteurs d'ordre institutionnel et politique qui concernent la stabilité et la prévisibilité des actions gouvernementales.

En réalité, les avatars de l'État et de son administration en Afrique tirent leur source des rapports qu'ont entretenus les pays africains, essentiellement les pays francophones, avec l'ancienne métropole (la France) et qui a fait d'eux des otages de leur avatariseme. Selon ABWA D. (1997) **[(170)]**, «La France a développé des rapports de maître à collaborateur au détriment du partenariat qui aurait consisté à s'associer à des indigènes qui, tout en cherchant à satisfaire les intérêts de la France, sauvegarderaient en même temps les intérêts de l'Afrique»[171]. La collaboration dictée par la France aux Africains a laissé chez ces derniers de nombreuses séquelles dont deux semblent les plus pernicieuses : la mentalité d'assisté et le règne de la médiocrité. Cette mentalité d'assisté est la caractéristique essentielle de tout collaborateur qui est en fait un individu qui répugne à prendre des initiatives ou qui n'en prend que lorsqu'il

---

170. ABWA D. : De la collaboration au partenariat : le défi du 21ème siècle des relations France-Afrique, African Journal of International Affairs, Vol.1, 1997, p.1

171 Selon la CNUCED), la France accueille sur son sol le 7ème stock mondial d'IDE entrants (729 Md$ à la fin 2014) derrière les États-Unis, la Chine et le Royaume-Uni. En 2015, ces entrées d'IDE progressent très fortement. Concernant le Sénégal, le stock d'IDE est essentiellement d'origine française : 727 millions d'euros en 2012 soit 40% du total ; près de 20 000 emplois crées par les entreprises françaises qui représentant environ 25% du PIB et des entrées fiscales du Sénégal. En deux ans on a vu 5 supermarchés s'installer plus 2 indiennes et une chinoise.

est convaincu qu'elles vont plaire au maître. En effet, cette mentalité d'assisté par rapport à leur maître (l'ancienne métropole), ils vont également l'imposer à leur concitoyen réduisant au minimum la propension de ces derniers à l'initiative. Il est ainsi généralement admis en Afrique francophone que l'initiative ne doit venir que du supérieur hiérarchique et comme chacun dispose d'un supérieur, même au niveau le plus élevé de l'État, c'est la paralysie quasi généralisée. On a là une explication plausible de l'incapacité de la bureaucratie en Afrique –plus particulièrement en Afrique francophone- à servir d'interface crédible aux investisseurs. Il est de plus en plus admis qu'une économie efficiente requiert un environnement d'institutions efficientes.

***b) l'émergence d'une classe moyenne* motrice de la croissance.**

Selon la Banque africaine de développement et les analystes du McKINSEY Global Institute, l'Afrique compte désormais 350 millions de personnes dans la classe moyenne dont seulement un peu moins de 50 millions appartiennent à la middle class (critère Banque mondiale) c'est-à-dire des personnes disposant entre 12 et 18 dollars en Parité de Pouvoir d'Achat. Il est estimé que les dépenses générales en consommation à travers le continent devraient dépasser la barre du trillion (1000 milliards) de dollars. Pour l'ensemble du continent cela ouvre une grande opportunité d'investissement pouvant booster la croissance économique qui sera alors tirée par la hausse de la consommation intérieure. Cela explique l'expansion rapide des supermarchés dans les macrocéphalies urbaines. Toutefois, cette évolution reste fragile, car pour prospérer la classe moyenne a besoin d'un contexte politique de stabilité, des institutions de confiance envers l'avenir et de sécurité. Or, de nombreux pays sont incapables de satisfaire à l'ensemble de ces critères.

c) Les facteurs d'ordre social.

Au chapitre des facteurs sociaux, le constat que l'on peut faire est la précarité dans laquelle est confinée une grande partie de la population dans beaucoup de pays africains. Au Sénégal, le nombre de ménages vivant en dessous du seuil de pauvreté est estimé à 30%. En effet, les 60% du sénégalais vivant en milieu rural ont vu leur revenu par tête baisser de 4,6% en moyenne au cours des deux dernières décennies. Dans la période 1979-1995, les revenus en milieu rural atteignent à peine 16% des revenus réels urbains qui, eux-mêmes, connaissent une tendance à la baisse (source : DPS, MEFP). Comme dans la plupart des pays africains, la mise en place des PAS a eu des conséquences négatives sur le pouvoir d'achat des ménages sénégalais. D'où l'émergence de groupes vulnérables confrontés à des problèmes sérieux d'insécurité alimentaire. La Banque Mondiale a répertorié trois groupes ayant un accès inadéquat à l'alimentation : les pauvres des villes, les ruraux sans terre et les petits producteurs.

Si en milieu rural, l'insécurité alimentaire tire sa source de politiques agricoles inadéquates, en milieu urbain, par contre, la mise en œuvre, dans le cadre des PAS, de la politique d'absorption qui a précédé l'ajustement du taux de change en est la principale cause. En raison de la contradiction des objectifs qui caractérisait cette politique : d'une part, stabiliser l'économie puis relancer l'activité, d'autre part, réduire les dépenses. Cette dernière consistait à comprimer la demande globale en réduisant les revenus, or ce faisant, on rétrécit le marché d'où, par enchaînement, une baisse de l'activité économique et des revenus et donc l'augmentation des groupes vulnérables. L'accès au surplus alimentaire dégagé par les zones rurales et aux produits de première nécessité importés devient dès lors difficile pour tous ces groupes vulnérables. L'investissement est un objectif intermédiaire de la croissance qui ne peut être atteint que si les conditions de vie de la population permettent de libérer une main-d'œuvre en bonne santé pour produire et être rémunérée afin de participer à la demande.

II/ Bonne gouvernance et renforcement des capacités nationales pour attirer les investissements privés en vue de la croissance.

Les efforts qui ont été déployés depuis le début des années 80, dans le cadre des politiques d'ajustement structurel pour restaurer la primauté du marché, ont eu des effets positifs sur l'équité – par exemple le biais urbain des politiques agricoles s'est fortement atténué. De même, un groupe relativement important de pays africains a renoué avec la croissance économique.

L'expérience n'a pas tardé à montrer néanmoins qu'il ne suffit pas que de bonnes politiques économiques soient élaborées, que le secteur public soit considérablement réduit, pour qu'une croissance forte et durable s'installe. Le nouveau paradigme a sous-estimé la grande complexité des mesures requises pour que les marchés fonctionnent correctement après des décennies d'interventions étatiques massives. Il a même laissé penser qu'une condition suffisante du développement est le libre fonctionnement des marchés. On a fini par comprendre que l'État ne va pas disparaître même dans les pays en développement où l'économie de marché s'est le mieux implantée. Il a un rôle crucial à jouer dans l'élaboration et la mise en œuvre des réformes favorables au marché. De la qualité de l'action étatique dépend la réussite des réformes à promouvoir. Un constat a mené les institutions internationales et les autres acteurs du développement à mettre l'accent sur la bonne gouvernance et à élargir leur vision des réformes à entreprendre pour accélérer la croissance et promouvoir l'équité. Le concept de « Bonne gouvernance » apparu il y a une dizaine d'années dans le domaine du développement est utilisé pour la première fois en 1989, dans une étude de la banque mondiale. Il s'agissait à l'époque, pour les promoteurs des programmes d'ajustement structurel (PAS), de corriger l'approche « économiciste » de ces programmes et de mettre davantage l'accent sur l'importance de leur environnement normatif et institutionnel.

Le concept a été par la suite affiné par de nombreuses institutions internationales et partenaires au développement (PNUD, Banque Mondiale,

OCDE …). Ainsi la Bonne Gouvernance désigne la capacité d'un pays à créer un cadre d'ordre et de stabilité, à formuler et à exécuter des politiques performants et à construire un environnement au développement économique et social. La bonne gouvernance intègre donc toutes les dimensions de l'activité économique et sociale, ainsi que les mécanismes d'allocation et de répartition des ressources. Elle recouvre deux volets importants : le volet politico-institutionnel, qui concerne avant tout l'État en tant qu'acteur ou agent de régulation et le volet relatif à la gestion des ressources.

Il faut dire que, depuis une dizaine d'années, sous l'instigation des partenaires au développement et des institutions internationales, des efforts louables sont entrepris en Afrique pour mettre en œuvre la bonne gouvernance. Ces efforts sont orientés vers plus de participation, de responsabilité, de décentralisation et de transparence. En effet, de nombreux programmes visant à étendre le champ de la responsabilité publique (politique ou administrative) ont été mis en œuvre ces dernières années. Les principaux donateurs ont contribué, toute fois, à rapprocher les décisions prises du lieu de leur mise en œuvre et à accroître la soumission des autorités publiques au droit, notamment, à travers la décentralisation et le contrôle de l'égalité qui l'accompagne, d'une part, le renforcement de l'indépendance de la justice, d'autre part.

Dans le même temps, ils ont renforcé la transparence, grâce à un appui conséquent aux médias indépendants, à la publication des procédures de passation des marchés publics, à la création de structures d'observation des élections et au renforcement des capacités. Toutes ces mesures ont contribué à promouvoir et à renforcer l'État de droit, support essentiel de la bonne gouvernance.

En dépit de ces progrès, il est à craindre que les politiques de bonne gouvernance ne puissent être aussi efficaces qu'elles devraient l'être pour accélérer le processus de croissance durable en Afrique. On doit se demander ainsi les conditions d'une application effective des politiques de bonne gouvernance.

En fait la gouvernance est liée pour une grande part à la conception de l'État. Et deux principales conceptions de l'État émergent aujourd'hui :

1°) la vision jacobine, inspirée de ROUSSEAU, qui repose sur une conception utopique du pouvoir politique et de la vie démocratique, autrement dit sur un postulat général de bienveillance des hommes politiques et de l'administration. Cette conception est caractérisée par l'absence des incitations monétaires et de sanction ;

2°) la conception inspirée de MONTESQUIEU, qui consacre la non-bienveillance des gouvernements et prend compte, à cet effet, l'influence des groupes d'intérêt. L'organisation de l'État est repensée en termes de contre-pouvoirs.

La plus ou moins bonne gouvernance étant indéniablement liée à la forme d'organisation de l'État, force est de reconnaître que le modèle jacobin, utile à une certaine époque, est devenu inadapté, voire inefficace, à cause essentiellement de la complexité de la société et de l'économie. Or, les pays africains semblent prisonniers de la vision jacobine dont ils ont hérité de colonisation française et qui devient un véritable vecteur de corruption.

Les institutions internationales sont elles aussi prisonnières de cette vision jacobine. Les politiques d'ajustement dont elles préconisent l'application prônent une réduction des salaires réels – déjà très bas – dans la fonction publique, mettent en place des incitations au départ volontaire des fonctionnaires, incitations dont profitent les employés de l'État les plus dynamiques qui peuvent saisir les opportunités des conditions de travail plus favorables qui leur sont offertes hors de la fonction publique (le secteur privé).

La théorie du choix public et la nouvelle économie publique dont elle fournit une marque, en écarte l'hypothèse que les décideurs politiques ne sont guidés que par la poursuite de l'intérêt général. En lieu et place de cette vision platonique, la théorie du choix public insiste sur le fait que ces décideurs, comme on le suppose dans la théorie économique standard, se comportent comme «l'homoéconomicus» : ils maximisent leur bien-être économique personnel.

Sans doute, il serait excessif d'aller jusqu'au bout de la logique de la nouvelle économie politique qui déboucherait sur ce que Jagdish BHAGWATI 1989 a appelé «le paradoxe du déterminisme » (paradox determinacy). Si les politiciens et les bureaucrates déterminent leurs actions dans le but de maximiser leur bien-être personnel, alors l'analyse normative n'a aucune chance d'influencer la politique. Il faut cependant reconnaître qu'il faut s'interroger sur les conditions préalables à la mise en place des politiques de bonne gouvernance qui sont dans une large mesure à l'application des politiques économiques profondes dont l'Afrique a besoin.

Supposons que, en suivant J.J. LAFFONT (1999), pour repenser la structuration du gouvernement au sens large – ministres et administrations – l'organisation du secteur public, les modalités pratiques de l'action administrative et la séparation des pouvoirs, le concept clé soit la délégation de pouvoir. Il convient alors de réfléchir sur le système d'incitation à mettre en place pour que les fonctionnaires tout autant que les hommes politiques acceptent d'appliquer des réformes économiques, source d'une croissance durable et d'une plus grande équité. L'objectif est clair : créer un environnement favorable et rendre l'investissement privé plus attractif de sorte à attirer, plus particulièrement, l'IDE.

1°) Au niveau économique.

Il faut mettre en œuvre, voire consolider un environnement macro-économique stable. Un environnement macro-économique est dit stable s'il se caractérise par un niveau faible et constant de l'inflation, un déficit budgétaire soutenable, un taux de change adéquat, un encours de la dette supportable et un système bancaire efficace. Par ailleurs, la levée des restrictions quantitatives sur le commerce, la baisse voire l'élimination du contrôle des prix, la réduction et la simplification des barrières tarifaires au commerce, des facteurs de production plus compétitifs -après des études en amont sur les mesures d'accompagnements minimales- participeraient à donner de bons signaux aux investisseurs. Cet environnement entretenu dans le temps constitue le gage d'une crédibilité et d'une meilleure lisibilité de la politique économique sur la base de laquelle les agents formulent leurs anticipations. Il facilite les décisions d'investissement et de planification, encourage l'épargne et l'accumulation privée du capital" et sécurise les investisseurs étrangers. Il s'agit, en réalité, de créer les conditions d'une nouvelle efficience. Cela passe nécessairement par un train de mesures pour corriger les distorsions qui caractérisent les économies africaines. Et c'est ce à quoi s'attellent les PAS et on a pu noter quelques résultats, même s'ils sont faibles.

Il s'est agi de procéder à la libéralisation et à l'ouverture des économies de sorte à favoriser une dynamique d'efficacité grâce à la valorisation des avantages comparatifs, à la construction d'avantages compétitifs, à une allocation plus efficiente des ressources ; soit, en définitive, la promotion du développement à travers la croissance du secteur privé.

a) La libéralisation des économies

Le souci d'une allocation optimale des ressources suggère la privatisation des entreprises paraétatiques et étatiques qui constituaient la source majeure des crises financières de l'État. Une opinion répandue juge que la faiblesse des résultats des États que par l'inefficacité des réformes. Mais si, le rapport publié par la Banque Mondiale en 1989 constate la faiblesse des résultats enregistrés dans le cadre des PAS, elle reconnaît, en définitive, la nécessité d'avoir -au-delà de l'ajustement– une vision de développement à long terme à la fois crédible et cohérente. La non prise en compte de cette dernière explique, en grande partie, le tassement voire la régression de l'investissement, de la production et de l'emploi qui ont accompagné la mise en place de la Nouvelle Politique Industrielle (NPI) dans certains pays comme le Sénégal. Dans ce pays, la rapidité de la mise en œuvre de la NPI n'a pas permis les adaptations nécessaires : il aura fallu moins de deux ans après le 14 avril 1986 –date de libéralisation des produits de la mécanique et de la métallurgie- pour que tous les secteurs jusque-là protégés de la concurrence extérieure –à l'exception du ciment et du sucre- soient libéralisés. Ce qui fit assimiler cette cure à un "remède de cheval" par certains industriels. Par contre, en Côte d'Ivoire, le processus s'est étalé sur cinq ans avec des études minutieuses qui ont permis la mise en place d'une surtaxe dégressive qui s'est appliquée à différents produits étrangers en vue d'amortir le choc d'une ouverture sur des secteurs sensibles. De plus, les révisions fréquentes de la fiscalité de porte, la hausse continue des impôts et leur complexité dans le cadre de cette NPI n'ont pas manqué de perturber les industriels.

La création de zones franches décloisonnées combine en même temps la zone franche industrielle, la zone franche commerciale et la zone franche de services, toutes ces zones ont comme dénominateur commun : l'entreprise exportatrice qui bénéficie d'un statut d'entreprise franche sur l'ensemble du territoire. À la lumière des expériences passées (dispositions fiscales volatiles [172], procédures lourdes, coût prohibitif des facteurs de production et extérieurs – chinoises [173] notamment), les zones franches décloisonnées seraient un moyen de cristalliser et de rendre plus saillants les signaux d'incitations envoyés aux investisseurs étrangers.

b) L'amélioration des infrastructures

Néanmoins, en dépit des changements significatifs dans leur environnement macro-économique, les firmes et/ou les entreprises peuvent éprouver des difficultés à profiter de ces nouvelles opportunités si une meilleure attention n'est pas apportée à l'amélioration des infrastructures et au développement du capital humain qui constituent des externalités positives souvent recherchées par les investisseurs d'où rôle prépondérant des investissements publics. Du reste, l'accumulation de capital physique permet d'accéder à la technologie tandis que l'investissement en capital humain facilite l'absorption et le développement des nouvelles technologies. Les investissements publics constituent, par ailleurs, le seul moyen d'irradier l'économie d'infrastructures qui constituent en réalité le socle de la croissance.

2°) Au niveau juridique et institutionnel.

Il n'existe pas de modèle standard d'un environnement juridique, réglementaire et judiciaire propice à l'investissement et donc à la croissance, mais l'expérience des pays développés suggère que cet environnement doit comprendre :

- des mécanismes justes et prévisibles veillant à l'application des contrats dans les cours de justice de première instance et de premier appel ;
- des mécanismes administratifs et des entités d'arbitrage ainsi que tout un ensemble de moyens de résolutions des litiges moins formels ;
- un système bien défini de lois et réglementations économiques adaptées aux besoins du marché, notamment les droits de propriété, le Code du travail et le nantissement ;
- la transparence, la responsabilisation et le caractère ouvert de l'information relative à la gouvernance qui repose sur une séparation claire des pouvoirs législatif, exécutif et judiciaire ainsi que des lois à l'appui de cette séparation du pouvoir.

---

172. Entre février 1991 et février 1993, le Syndicat Patronal des Industriels Sénégalais (SPIDS) avait noté une progression de 66,7% des impôts prélevés sous différentes formes. Par contre dans le même temps, l'impôt sur les propriétés bâties avait baissé de 20%.

173. En Chine, l'astuce pour attirer les capitaux étrangers –ceux de la diaspora chinoise, en particulier– a consisté à permettre l'implantation d'entreprises bénéficiant d'un statut d'entreprise franche sur tout l'ensemble du pays.

3°) Les limites des politiques de mobilisation des IDE.

En dépit de l'importance cruciale accordée à l'investissement et à la prise de conscience de la nécessité de mettre en place des incitations pour attirer les IDE, les résultats d'ensemble atteints sont restés bien en deçà des attentes. Malgré l'engouement et les énormes efforts déployés par les nombreuses institutions publiques, elles peinent encore à atteindre les résultats escomptés sur l'attractivité des IDE. Ces institutions sont trop dispersées et ne disposent pas d'instruments pertinents d'évaluation de leurs performances de sorte que les résultats qu'elles affichent sont sujets à caution. Les nombreuses études documentées ne cernent pas tous les effets et impacts sur la croissance économique et la nécessaire réorientation des IDE vers des secteurs à forts potentiels qui souffrent bien souvent d'une carence en investissement privé durable, ce qui est le cas du secteur primaire. Plusieurs raisons expliquent cette situation dont trois semblent essentielles : d'abord l'analyse insuffisante de la portée et des limites des IDE, ensuite, l'évaluation des déterminants ou paramètres qui motivent les investissements étrangers, ce qui devrait permettre des politiques adéquates d'attractivité des IDE et enfin, l'identification des secteurs à grand potentiel de croissance et de rentabilité.

En premier lieu, on constate qu'il est extrêmement rare que les nombreuses études sur les IDE se posent cette question importante et déterminante à savoir si ces investissements sont bénéfiques pour le pays d'accueil ? Autrement, comment optimiser les avantages et minimiser les coûts? En effet, il est souvent observé que les avantages attendus ne se manifestent pas de manière automatique et ne se répartissent pas équitablement entre les différents secteurs et les collectivités locales. L'analyse économique soulève beaucoup d'effets négatifs et procède parfois à leur estimation économétrique malgré les déficiences liées aux statistiques officielles. À côté des incidences positives (bénéfices), on peut déceler un ensemble d'effets négatifs (coûts) comme la dégradation de la balance des paiements du fait du rapatriement des bénéfices, l'alourdissement de la dette, la perte de contrôle sur des ressources stratégiques, le poids démesuré des concessions fiscales, les préjudices causés sur l'environnement, notamment dans le cas des industries extractives et les industries lourdes, le risque de corruption des administrations publiques dans l'octroi des concessions aux entreprises étrangères contre compensation financière, asphyxie des industries nationales naissantes mises en concurrence avec de grandes sociétés multinationales, les perturbations sociales entraînées par la commercialisation accélérée dans les pays en développement et les effets exercés sur la concurrence au niveau des marchés nationaux.

En second lieu, les institutions publiques de promotion évaluent assez mal les déterminants des IDE et se contentent de s'occuper principalement des réformes recommandées par les Institutions Financières Internationales pour améliorer et avoir un meilleur classement au Doing Business et cela en dépit de toutes les réserves sur cet indice fétiche que beaucoup d'évaluations remettent en cause (COMMANDER Simon and Katrin TINN, 2007) et démontrent la faible corrélation entre l'IDE et les indicateurs du Doing Business[174]. De plus, d'autres analyses soulignent, plus précisément, l'inexistence d'une relation significative entre les réformes mesurées par l'évolution des indicateurs Doing Business et les taux globaux d'investissement et d'emploi (EIFFERT, 2007). Il faut se méfier de ces fameux indices fétiches trompeurs qui pullulent et auxquels les décideurs africains accordent une importance injustifiée au regard du flou qui entoure leur calcul et de leur utilité opérationnelle douteuse. Ainsi, le magazine *Foreign Policy* dans son analyse « Baseline Profitability Index» fait gagner au Sénégal 14 places en 2015 ; l'Indice de Perception de la Corruption de Transparency International qui exhibe une progression de 7 places en 2105 dans son classement; l'Indice de Compétitivité Globale de Word Economic Forum affiche un gain dans son classement de 2015. Il en va de même de l'indice du Doing business et de l'IDH que l'on cite de moins en moins. Concernant le Doing Business, par exemple, il s'est développé dans la recherche économique de plusieurs études économétriques très fouillées sur les déterminants. Ces études économétriques montrent, pour la plupart, que les flux d'IDE ne sont pas significativement corrélés ni avec le fonctionnement démocratique des institutions politiques, ni avec l'efficacité de l'administration, ni avec le respect des lois, ni avec la stabilité politique, ni avec la liberté de fonctionnement des marchés, ni même avec la corruption.[175] Ce faisant, on oublie d'une part, d'insister sur les réformes concernant des éléments déterminants comme la Productivité Globale des Facteurs qui conditionne à la fois la compétitivité et le retour sur investissement et d'autre part, de doter les différentes agences d'attractivité (comme l'APIX) d'outils d'évaluation et de diagnostic robustes et fiables sur l'ensemble des politiques sectorielles pour cerner les «fameuses transformations structurelles » qui appuient ou bloquent la croissance.

Dans cette direction de réflexion, Dr. DRAMANI et Oumy LAYE ont tenté de mettre au point un indicateur du climat des affaires qui appréhende mieux l'impact de l'environnement socioéconomique et politique et qui est de loin supérieur à celui du «Doing Business» qui n'est calculé que depuis 2003.

---

[174] Consulter, l'IEG (Groupe indépendant d'évaluation) de la Banque Mondiale, 2008 : *« Doing Business: une évaluation indépendante »* document dans lequel les indicateurs Doing Business de la Banque mondiale–IFC sont passés au crible. Banque Mondale, Washington, http://www.worldbank.org/ieg. Voir surtout EIFFERT, Benn: *The Economic Response to Regulatory Reform, 2003–06*. Paper commissioned for the Center for Global Development. 2007 et COMMANDER, SIMON, and Katrin TINN. 2007. *Evaluating Doing Business*. Background paper prepared for this evaluation. Available at: www.worldbank.org/ieg.

[175] Consulterr sur ce point trois études d'un grand intérêt : Dr.Latif DRAMANI et Oumy LAYE : *Les déterminants de l'investissement privé au Sénégal : Une Approche V.A.R Structurel*, ANSD, Aout 2008, ZARZOUR Joseph Blaise François : *Les déterminants de l'investissement privé dans l'UEMOA*, travail sous la direction du prof Moustapha KASSE, 11ème Promotions du NPTCI 2006 et Jean-Philippe PAYET : Étude stratégique pour une meilleure attractivité du Sénégal en IDE Think Tank Ipode, 2014.

Bien qu'il faille se méfier de ces indices qui foisonnent actuellement, leurs travaux butent, au plan méthodologique, sur la longueur des séries chronologiques.

Une meilleure prise en charge de ces éléments, par les pouvoirs publics comme l'APIX au Sénégal et les autres agences de promotion, devrait contribuer à l'élaboration d'une politique plus performante d'attractivité fondée sur une sorte d'analyse du «marché» des IDE comme la rencontre d'une «demande» et d'une «offre» vers des projets d'investissements bien ciblés ou des secteurs à forts potentiels, mais peu exploités. C'est dire que ces institutions doivent avoir un outillage technique d'évaluation qui leur permet de mesurer l'attractivité, mais également les facteurs internes qui limitent les flux intrants comme les facteurs de production et leur productivité, le système financier, la qualité des ressources humaines, les institutions de recherche et d'innovation, la gouvernance économique et sociale.

Il s'agit de façon volontariste d'identifier des opportunités d'affaires et de vendre des business plans aux capitaux à la recherche d'opportunités d'investissement. Au mieux, si l'APIX dispose de bons instruments d'évaluation, elle peut apprécier pour les investisseurs potentiels le retour élevé sur investissement comme d'ailleurs l'avait opéré le rapport de recherche de la MCKINSEY & COMPANY, pour montrer que, dans les pays africains, le retour sur investissement était en moyenne supérieur de 60 % à celui des pays asiatiques, dont la Chine, l'Inde et le Vietnam. Cela a fortement contribué à désigner l'Afrique comme l'une des régions les plus rentables du monde. Le rapport financier annuel de 2009 de l'entreprise chinoise de télécommunication ZTE Corporation confirme les résultats de cette recherche menée par Paul COLLIER, professeur en sciences économiques de l'University of Oxford.[176]

En troisième lieu, la promotion des investissements doit être fortement appuyée par une communication efficace, à grande échelle et au double plan interne et surtout externe de ce que Jean-Philippe PAYET appelle une stratégie de marketing adaptée ; cette stratégie doit s'appuyer sur l'une des 4 composantes existantes : la segmentation des marchés, l'optimisation du marketing mix, le positionnement perceptuel et l'investissement marketing. J.P. PAYET souligne, *« la compréhension des aspirations du pays, de ses capacités, de sa vision et de ce qu'elle a à offrir est la première étape de l'étude de segmentation des marchés. Le pays s'attachera ensuite à comprendre les besoins des investisseurs potentiels. Ces réflexions se font généralement par une analyse de forces, faiblesse, opportunités, menaces et*

[176]Cette année-là, les recettes brutes de cette compagnie étaient de 33,02 % en Chine, et en moyenne de 22,32 % dans certains autres pays asiatiques, tandis que celles en Afrique atteignaient 53,51 %, bien que les activités sur ce continent n'aient représenté que 11,38 % de ses activités principales.

par l'analyse des forces de la concurrence. Les résultats de ce travail seront consignés dans un plan stratégique qui coordonnera les actions des intervenants et les alignera sur une même vision à long terme. » [177]

En définitive, le défi majeur, aujourd'hui, pour les pays africains n'est pas tant d'entreprendre des réformes pour avoir un meilleur classement au Doing Business, mais plutôt de doter les agences d'attractivité d'outils d'évaluation et de diagnostic sur l'ensemble des politiques sectorielles, de disposer d'importantes ressources financières pour une politique adéquate de communication, de markéting stratégique pour mieux vendre les véritables besoins de financement des pays récepteurs.

C'est qu'en réalité, l'absence de démocratie et des libertés individuelles affectent le taux d'accumulation et l'efficacité des facteurs de productions. Pour MICHAILOFF S. «*l'État doit demeurer l'arbitre et le responsable de l'élaboration des règles du jeu et de leur respect ; règles du jeu qui s'imposent à tous et à lui-même au premier chef*». Les entreprises ont besoin pour travailler d'un environnement adéquat et stable où les règles connues et comprises de tous s'appliquent à tous sans passe-droit ou dérogation. En d'autres termes, les entreprises souhaitent un État de droit, en rupture avec le système de "gestion par l'exception". C'est que l'investissement direct, domestique ou étranger, par nature irréversible, est fortement influencé par la crédibilité des gouvernements qui mettent en œuvre les réformes. Ainsi, dans la situation d'incertitude née du manque de confiance des investisseurs aux États africains et de la réputation entachée des institutions internationales (suite aux échecs répétés des PAS qui, en outre, ne semble pas avoir d'horizon temporel défini), on a assisté, excepté dans le secteur pétrolier et les investissements de la France -dont les motivations s'inscrivent dans une dynamique de *coopération particulière*-, à un arrêt puis, à un retrait des firmes étrangères, animées, en définitive, par une *certitude négative*. Ce mouvement s'est d'autant plus accentué que les firmes ont substitué au marché de l'Afrique, les "marchés de développement" émergents de l'Asie du Sud-Est et de l'Amérique Latine où se développent des opportunités d'investissement.

Dès lors, la restauration d'institutions crédibles devrait constituer le credo des États africains dans la quête d'une reprise de l'afflux d'IDE. **C'est dire qu'en définitive, la reprise des investissements en Afrique dépend de la restauration de ce qu'ARROW appelle les "institutions invisibles" : la confiance et la réputation qui sont des facteurs éminemment géopolitiques.**

---

[177] Jean-Philippe PAYET du Think-Tank **Ipode** : op.cit. L'auteur note qu'« Un renforcement des moyens de l'Agence pour la Promotion de Investissements permettrait de mettre en œuvre une nouvelle dynamique s'articulant autour de trois composantes, (I) l'Appui au dialogue public et privé et aux réformes du climat d'investissement (II) l'Appui à l'entrepreunariat et à la promotion de l'investissement ; une troisième composante (III) dédiée à la Gestion, la coordination et l'évaluation du projet.

CONCLUSION

Il est clair que pour le cas de l'Afrique subsaharienne, on note, hormis le secteur pétrolier et les *investissements préférentiels* de la France, une forte désaffection des IDE. En effet, des travaux ont pu révéler que les IDE n'y sont pas déterminés par leurs arguments classiques (taux de croissance du PIB, taux de croissance anticipé du PIB, taux de croissance démographique, revenu par tête, encours de la dette, taux d'investissement, coefficient de variation des exportations).

Au Sénégal, selon le Rapport du Global Impact Investing Network (GIIN), en 2013, les flux d'IDE s'élevaient à 272 millions de dollars, soit 2% du PIB national. Ils ont principalement concerné les secteurs de l'agro-industrie et de l'agroalimentaire. Les services liés aux technologies de l'information (TI), avec notamment les centres d'appel, de même que la construction et l'immobilier ont également attiré des flux importants d'IDE. La France représente l'investisseur historique (50% des IDE entre 2006 et 2011) ; mais les investissements de la Chine, du Moyen-Orient et de l'Afrique du Nord (MENA) sont de plus en plus actifs aussi bien au Sénégal qu'en en Afrique occidentale francophone.[178]

Répartition sectorielle des investissements directs des Institutions Financières de Développement (IFD), de janvier 2005 à juillet 2015 :

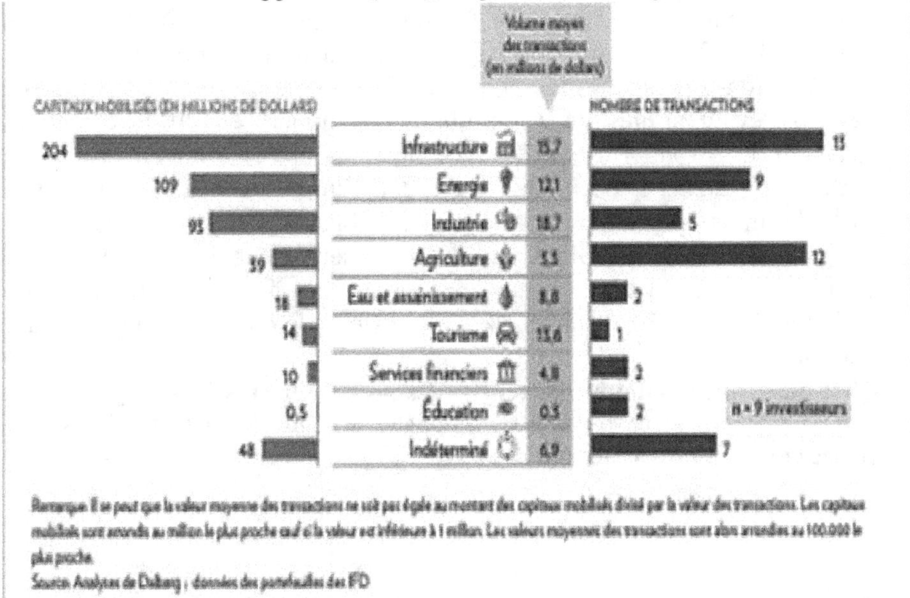

Source : Rapport GIIN.

[178] Rapport du Global Impact Investing Network (GIIN) : « *Le marché de l'investissement d'impact en Afrique de l'ouest : Etat des lieux, tendances, opportunités et enjeux actuels*». Juin 2016.

Par ailleurs, le Rapport note que « près de 97% des investissements d'impact au Sénégal sont mobilisés par les IFD sous forme de financements par emprunt direct, essentiellement dans les infrastructures, l'électrification, l'agro-industrie et l'industrie. La durée de ces investissements varie en fonction du financement du projet spécifique, mais dure généralement au moins cinq ans. Les IFD sont également actives dans de plus petits marchés : parmi les 8 IFD, 6 ont effectué des investissements de moins de 5 millions de dollars, avec une activité particulièrement soutenue de la part de la Société Belge d'Investissement pour les Pays en Développement (BIO) au profit d'une IMF et de plusieurs entreprises agroalimentaires. Une douzaine d'investissements variés ont également été mobilisés par la Banque Ouest Africaine de Développement (BOAD). Cette dernière est active au Sénégal et dans les pays de l'UEMOA. Les gestionnaires de fonds des autres types d'investissements d'impact font principalement de petites transactions, utilisant un peu plus des instruments autres que ceux d'emprunt. En ce qui concerne les prêts et les capitaux propres, les gestionnaires de fonds préfèrent généralement mobiliser des capitaux sur un délai de cinq ans. Il convient de souligner que bien qu'il existe une longue liste d'autres types d'investisseurs d'impact au Sénégal dans des régions ciblées, seuls 12 ont effectivement mobilisé des capitaux dans le pays. »

Comparativement aux transferts de fonds de sa diaspora, le Sénégal au niveau mondial figure parmi les 25 premiers pays au monde recevant ces transferts de fonds de sa diaspora après le Libéria et la Gambie en Afrique de l'Ouest. S'élevant à plus de 1,3 milliards de dollars en 2011, ces fonds représentent 11,2% du PIB en 2011 (contre 5% et 0,4% au Nigéria et au Ghana). Ces transferts occultent largement l'impact des IDE. La grande majorité des transferts de fonds au Sénégal est consacrée aux dépenses de base des ménages telles que l'alimentation, avec seulement 1,3% à 5,7% (en fonction de la source) destinés aux investissements dans les entreprises. En revanche, au Nigeria, 20,1% à 21,7% des transferts de fonds sont investis dans les entreprises.

C'est dire, qu'en définitive, la reprise des investissements en Afrique dépend de la restauration de ce qu'ARROW appelle les "institutions invisibles" : la confiance et la réputation qui sont des facteurs éminemment géopolitiques.

<u>Encadre 18</u> : Le déclin des IDE français en Afrique à travers deux études :

1°) Relancer la présence économique française en Afrique : l'urgence d'une ambition collective à long terme de Herve Gaymard Avril 2019 et

2°) une étude de la COFACE.

Ce rapport de Hervé Gaymard traite de la présence économique française en Afrique et intervient à mi-chemin entre le discours prononcé par le président de la République devant les étudiants de l'Université de Ouagadougou le 28 novembre 2017, et le sommet Afrique France en juin 2020. Quatre grands axes se dégagent : le premier est celui d'un nécessaire retour sur les faits, le second est celui d'une identification des objectifs de politique publique pour la France, dans une optique de long terme, le troisième temps est celui du bilan, au regard de ces objectifs et enfin, le dernier temps est celui des propositions concrètes, au-delà des inflexions stratégiques proposées.

Le message principal est à retenir: il y a urgence, car les relations économiques franco-africaines de 2050 se construisent aujourd'hui. La France doit se donner ne ambition à long terme. Soixante ans après les indépendances, j'ai la conviction que nous devons dépasser la conception classique de l'aide, pour construire celle de l'investissement pour le développement. Une telle ambition à long terme ne peut être qu'une ambition collective. Elle doit bien entendu être portée par les pouvoirs publics : l'une des urgences est la reconstruction en dix ans d'un outil français d'expertise technique de rang mondial, analogue à celui dont dispose l'Allemagne. Elle doit également être portée par les acteurs privés. Le continent africain n'est pas le continent des coups, mais de la capacité à résister aux coups.

Les parts de marché de la France en Afrique ont été divisées par deux depuis 2001, de près de 12% à environ 6%, d'après une récente étude menée par trois économistes de la COFACE. Sur longue période, le niveau des parts de marché de la France en Afrique converge autour de 4%. Cette perte française de parts de marché est à comparer aux investissements massifs de la Chine depuis les années 2000 plus de 30 milliards d'euros loin devant les États-Unis (3 milliards) ou la France (1,8 milliard) et 55% des créances contre les 7% de la France sont des éléments caractéristiques du recul de la France. De plus, depuis 2017, la Chine est devenue le premier partenaire commercial de l'Afrique : ses exportations vers l'Afrique, qui étaient en 2017 de 68 milliards de dollars, vont progresser deux fois plus vite que ses exportations vers le reste du monde. C'est cette poussée qui déclenche des réactions hystériques.

THÈME 18 – LE PÉTROLE UN ENJEU PLANÉTAIRE : LANCER LA RECHERCHE SUR LES ÉNERGIES DU FUTUR.

Par

Professeur Moustapha KASSE, Doyen de la FASEG

INTRODUCTION

La situation énergétique mondiale est devenue une grande préoccupation à la fois des décideurs politiques, de l'Agence internationale de l'Énergie et des scientifiques. Aujourd'hui, les systèmes productifs, les activités industrielles et humaines reposent sur un modèle énergétique à base de ressources non renouvelables, qu'elles soient fossiles (pétrole, charbon et gaz) ou minérales (uranium). Plus précisément, le pétrole s'est imposé comme principale source énergétique, et ses sous-produits sont déterminants pour les économies modernes, ce qui entraîne une hausse constante de la demande mondiale. Mais, l'offre semble avoir du mal à suivre cette demande.

I/ Le pétrole : une variable clé dans la géostratégie mondiale.

Dans ces conditions la flambée des prix du pétrole qui a franchi la barre des 80 dollars a suscité de vives inquiétudes et des débats passionnés sur les véritables enjeux géostratégiques planétaires du pétrole.

La configuration de la planète en fonction des dotations pétrolières laisse apparaître 4 groupes qui ont des perceptions différentes de l'enjeu du pétrole dans les relations internationales :

- les pays riches, riches en pétrole comme les États-Unis et la Russie
- les pays riches et pauvres en pétrole comme l'Europe et le Japon
- les pays riches en pétroles et non encore industrialisés comme les pays du Moyen-Orient et du Golf
- les pays pauvres et pauvres en pétrole comme la plupart des pays africains.

Cette configuration établit que le pétrole est une variable stratégique comme instrument d'allocation des ressources financières à l'échelle mondiale (superprofits des majors du pétrole par exemple pour Exxon/Mobil 490 milliards de francs, BP/Amoco/ Arco plus de 167 milliards de francs), Total/Petrofina/Elf 80 milliards de francs et accroissement des réserves des pays producteurs comme l'indique le tableau qui suit) et comme facteur de régulation de la compétition mondiale (par le biais des surcharges des coûts de production) dans les échanges internationaux. Pour les pays pauvres, le pétrole est l'un des facteurs des déséquilibres macroéconomiques graves qui ont conduit à l'endettement massif. Toutes ces raisons expliquent que cette matière première extrêmement sensible n'a jamais été laissée uniquement aux forces du marché. Au contraire, les États interviennent directement ou indirectement pour exiger ou imposer une gestion concertée des stocks restants. Voilà pourquoi, beaucoup d'auteurs le considèrent comme un bien public international.

En définitive le pétrole est à l'origine des trois crises qui secouent actuellement le système mondialisé: la première crise est le réchauffement climatique qui est à la base des perturbations comme la sécheresse, les inondations et d'autres catastrophes naturelles dus aux émissions des gaz à effet de serre, la deuxième crise est celle liée à la recomposition de l'espace du Moyen-Orient source principale d'approvisionnement pétrolier des pays industrialisés et la troisième crise est celle de la dette des Pays en développement victimes de l'augmentation des prix du pétrole. Ces pays sont condamnés à continuer d'emprunter au Fonds monétaire international (FMI) et à la Banque mondiale pour faire face à leurs déséquilibres externes.

À cela s'ajoute les fortes inégalités dans l'accès aux ressources pétrolières qui se traduisent dans le fait que les ¾ de la production mondiale sont consommés par le ¼ de la population, soit o, 8 Tonne Equivalent Pétrole par habitant pour les PVD et 4,7 TEP pour les pays industrialisés. Malgré ces faiblesses relatives des consommations énergétiques, les factures pétrolières deviennent insoutenables pour les PVD particulièrement les non-producteurs.

La situation énergétique mondiale est aujourd'hui préoccupante. La question se pose de savoir comment satisfaire des besoins fortement croissants sous la contrainte de ressources limitées et de respect de l'environnement ? Pour y répondre, il importe d'opérer une analyse exacte de la carte de consommation, mais aussi de la production. C'est dire qu'il faut dépasser les explications simplistes tendant à justifier les difficultés du jeu pétrolier mondial par les pays producteurs qui agiraient indûment sur l'offre pour accroître leur rente de situation ou par l'apparition de nouveaux demandeurs comme la Chine qui consommerait trop.

Sans nul doute, la demande en pétrole a fortement augmenté sous l'effet conjugué de plusieurs facteurs comme l'accélération de la consommation aux États-Unis, en Europe et dans la plupart des pays d'Asie provenant du retour de la croissance dans les principaux pays industrialisés, du regain d'activité dans certains secteurs comme le bâtiment, les travaux publics et surtout les transports. Mais elle s'explique aussi par des calculs géostratégiques plus complexes liés notamment à la gestion des risques par la recherche d'un approvisionnement stable et sécurisé, à la recherche d'économie de rente qui apparaît de plus en plus dans l'idée d'un réajustement équilibré pour garantir les transferts intergénérationnels, à la volonté de puissance et de domination. Au demeurant, pour rattraper leur retard d'industrialisation, les pays émergents d'Asie pèsent de plus en plus dans la consommation mondiale et continueront à exercer une forte pression sur la demande dans les années à venir.

Dans quel sens ces facteurs vont-ils évoluer ? Le dilemme est-il d'accroître l'offre ou de modifier le modèle de consommation énergétique ? Quels sont les choix énergétiques à moyen et long terme ? De quelles marges peuvent disposer les pays non producteurs ?

II/ Quels choix énergétiques à moyen et long terme ? « Au commencement est l'énergie ; tout le reste en découle »[179]

L'énergie consommée dans le monde provient, pour environ 60%, des ressources en hydrocarbures qui sont par nature non renouvelables. Tous les Instituts de recherches dans le domaine établissent que le pétrole qui sort des puits mondiaux passerait dans les prochaines années par un *«pic»* qui empêchera l'offre des pays producteurs de suivre la demande mondiale. En d'autres termes, les capacités mondiales de production vont atteindre leur maximum avant de décroître inéluctablement. Dans cette optique, l'AIE a construit un scénario de " référence " qui montre que le stock exploitable d'hydrocarbure liquide est de 45 ans, celui du gaz naturel de 60 et celui du charbon de 250 ans et qui en même temps évalue le « pic » : si les tendances actuelles se maintiennent la consommation actuelle de 9 milliards de TPE devrait doubler aux environs de 2050 ; le « pic » interviendrait à l'horizon de 2030 et les prix du pétrole seront forcément liés à la proximité du pic de production. Le tableau qui suit synthétise parfaitement les consommations des différentes sources d'énergie, leurs réserves, leurs conséquences sur le climat et les tendances actuelles relatives à l'évolution des prix.

Tableau 9 : Importance et évolution prospective des énergies dans le monde

source	pétrole	gaz	charbon	nucléaire fission	renouvelables
Consommations primaires **Monde** **Europe** **France** (proportion sur la consommation finale)	37 % 41 % 35 % *(45 %)*	21 % 24 % 14 % *(21 %)*	24 % 15 % 5 % *(4 %)*	7 % 14 % 40 % *(21 %)*	9 % 5 % 7 % *(10 %)*
inconvénients	Effet de serre Répartition de la ressource : concentrée au Moyen-Orient	Effet de serre Répartition de la ressource : concentrée en Russie	Effet de serre Équitablement répartie dans le monde, mais la plus polluante	Énergie qui cristallise les peurs au regard des risques et des déchets	Énergie diffuse et aléatoire dépendant souvent de la météo
Réserves *(en années de consommation actuelle)*	prouvées : 40 ultimes : 135	prouvées : 65 ultimes : 230	prouvées : 220 ultimes : 1400	prouvées : 70 (3000 avec les surgénérateurs) ultimes : 280 (12000 avec les surgénérateurs)	infinies
Prix	tendance forte à la hausse avec l'épuisement	tendance forte à la hausse avec l'épuisement			Tendance à la baisse avec le progrès

Source : Économie et Politique 620-621Mars Avril 2009

[179] Cheikh Anta Diop : *Les fondements économiques et culturels d'un État fédéral d'Afrique Noire.* Je garde l'article qu'il m'avait confié pour reproduction dans les actes du premier Colloque sur l'intégration.

Tout le défi énergétique du 21ème siècle se situe à ce niveau. En effet, le scénario de l'AIE indique clairement que les mécanismes de marché (tels qu'ils ont été modélisés par cette institution peu suspecte de défiance à leur égard) ne fourniront pas d'incitations suffisamment fortes pour éviter l'impasse énergétique planétaire. En effet, dans ce cas de figure, les prix pourraient atteindre, selon les prévisions, les 300 $ le baril. Manifestement, il faut définir des choix de politique énergétique, au plus vite, car 2030, est déjà là. Cette question interpelle les décideurs politiques malgré leur vision bornée par leur renouvellement à court terme, les scientifiques et les chercheurs de toutes les disciplines qui ensemble devront repenser l'intégralité du modèle énergétique depuis la production, la conversion et l'utilisation de l'énergie dans les modes de vie.

Les réflexions en cours menées par les Instituts de Recherche et divers scientifiques gravitent autour de trois axes fondamentaux à partir desquels, il est souhaité que les pouvoirs publics élaborent des politiques volontaristes. Il s'agit

- du retour de la filière nucléaire comme axe central de la politique énergétique avec la fabrication de nouvelles générations de réacteur à haut rendement, mais suffisamment sécurisées pour être à l'abri du risque d'accident grave, de type Tchernobyl. En effet, l'énergie nucléaire semble être la solution la plus robuste pour fournir de l'électricité aux populations urbaines, sans accroître les désordres climatiques. Il demeure que le développement du nucléaire relève davantage de la politique industrielle ;
- du développement des énergies renouvelables qui ne couvrent actuellement que 10% des besoins mondiaux malgré les avancées technologiques assez significatives particulièrement dans l'hydroélectricité ;
- de la promotion des biocarburants qui font des percées remarquables dans certains pays comme le Brésil

Il reste que toutes les sources alternatives aux énergies fossiles, le nucléaire comme les énergies renouvelables comportent des contraintes. Les Pays industrialisés notamment les États-Unis, l'Europe et le Japon ont engagé des investissements lourds dans des programmes de recherche pour maîtriser les nouvelles technologiques caractéristiques des énergies du futur. Certains pays émergents comme la Chine, l'Inde et le Brésil mènent des politiques similaires de recherche de sources substitutives. L'Afrique risque, une fois encore, d'être laissée en rade alors qu'elle pourrait selon le mot du Président Abdoulaye Wade « aspirer à être demain le fournisseur d'énergie propre du monde ».

III/ Assurer l'accès des États et des peuples africains à toutes les sources énergétiques. La perspective a été largement étudiée par Cheikh Anta DIOP[180]

En regardant la distribution de la consommation énergétique, on observe des inégalités criantes d'accès à cette ressource devenue indispensable à la vie économique et sociale. En moyenne, un Africain consomme 13 fois moins d'énergie qu'un Américain. Toutefois, dans ce domaine comme dans bien d'autres, on observe un énorme paradoxe africain : la production de pétrole du continent excède une centaine de fois les besoins de consommation. La traduction financière de ce paradoxe est d'un côté une accumulation importante de réserves financières pour les producteurs et de l'autre une asphyxie financière pour les non producteurs suite à un alourdissement de leur facture pétrolière. La carte qui suit montre qu'en l'absence des plus gros producteurs africains (la Libye, l'Algérie, le Nigeria, l'Angola, ...) les producteurs moyens peuvent individuellement ou collectivement satisfaire largement la demande sans grand préjudice pour leurs recettes d'exportation.

En conséquence, il importe d'œuvrer au plus vite, à la résorption de cette fracture énergétique pour reprendre un concept cher au Président A.WADE. Ce réajustement énergétique est d'autant plus urgent que sur le Continent, trois phénomènes conjugués l'urbanisation accélérée, l'industrialisation et les réformes agraires vont accroître de façon substantielle la demande énergétique. Ces facteurs vont peser lourdement sur l'aggravation de la facture pétrolière qui risque de compromettre sérieusement toutes les prévisions de développement et de croissance particulièrement pour les Pays Africains Non Producteur de Pétrole (PANPP) selon la dénomination du Président Abdoulaye WADE. L'envol des prix du baril de pétrole a complètement laminé leurs ressources financières qui devraient servir à financer le développement et augmenté la taille de l'endettement. De fait, les annulations de la dette suite à la Conférence du G8 de GREENEAGLES n'auront plus que de faibles effets le développement social. Une nouvelle fois, les Objectifs du Millénaire pour le Développement seront encore compromis.

Ouvrant la conférence ministérielle pour la création de l'Association des Pays Non Producteurs de Pétrole (le 27 juillet 2006), le Président Abdoulaye

---

[180] Il m'avait demandé de publier cet article dans les actes du Premier Colloque de la Faculté de Droit et des Sciences économiques de l'Université de Dakar. En pleine préparation du Second Colloque à Conakry nous avons manqué de ressources pour publier les actes des 2 Colloques et les autorités guinéennes ne partageant pas les orientations du Premier Colloque ouvert par le Président L.S. SENGHOR, elles n'ont pas voulu contribuer au financement du Colloque de Dakar malgré mon insistance auprès du Président Sékou Touré. Le ministre Mamadi KEITA et Diaby Ouatara Secrétaire Exécutif adjoint de la CEDEAO m'avaient alors prié de venir à CONAKRY pour superviser la publication des 2 volumes du Colloque de Conakry.

WADE a mille fois raisons d'insister sur le caractère insoutenable de la facture pétrolière. À titre d'exemple souligne-t-il, « la facture pétrolière du Sénégal a plus que doublé entre 2002 et 2005 passant de 200 milliards de F CFA à 426 milliards de F CFA soit une surcharge cumulée de 320 milliards de FCFA. Dans le même temps, les subventions pétrolières qui se chiffraient à 23 milliards de FCFA en 2002 pourraient s'établir à 117 milliards de F CFA en 2006. » Cette situation est le lot de la quasi-totalité des pays non producteurs comme le Burkina Faso, le Bénin, le Niger, la Guinée, le Mali, le Maroc et Madagascar.

IV/ Résorption de la fracture énergétique, redéfinition des modèles et mécanismes opératoires de financement.

Le monde est contraint de sortir de la période d'énergie abondante et bon marché, dans ce contexte, la définition de politique énergétique vigoureuse devient une priorité particulièrement pour les PNPP qui doivent éviter que la facture pétrolière ne devienne insupportable au point de compromettre les faibles capacités de financement du développement. Ces pays ont des avantages relatifs pour les énergies propres à savoir les énergies renouvelables et les biocarburants. D'abord, il semble que les énergies renouvelables peuvent être d'un grand apport et doivent en conséquence être mises à forte contribution. Leur potentiel de développement est important, particulièrement pour l'hydroélectricité. Compte tenu de leur espace d'implantation (agriculture, centres urbains secondaires) elles peuvent être des solutions. Toutefois, pour certains secteurs comme l'industrie ou les grandes mégalopoles, elles ne peuvent point répondre adéquatement à la demande du fait que leur production de masse appelle de grandes surfaces.

En matière de biocarburant les potentialités africaines sont énormes. En effet, la production de carburant à base de végétaux comme cela se fait par exemple au Brésil ou en Allemagne où de l'huile pure de colza et d'autres oléagineux. Ce biocarburant est aujourd'hui utilisé dans le transport qui est grand consommateur d'énergie (de nombreux véhicules, voitures, camions, tracteurs agricoles...). Techniquement, l'utilisation de ce biocarburant ne nécessite que de légères modifications des moteurs et présente l'avantage d'être plus écologique et bien moins onéreux.

Les pouvoirs publics doivent déterminer les objectifs, le calendrier, les moyens octroyés pour atteindre les résultats escomptés et agir dans trois directions :

- l'encouragement de la recherche et de la formation des scientifiques, des ingénieurs et des techniciens
- la promotion des productions par des investissements par des incitations financières intéressantes (suppression des droits de douane pour le matériel importé, facilités pour les entreprises, les administrations)

- la motivation des particuliers candidats à la consommation des énergies renouvelables.

Cette politique énergétique nécessite des moyens financiers énormes qui peuvent provenir d'un Fonds d'Investissement du Secteur de l'Énergie. Ces ressources pourraient provenir de plusieurs sources dont deux sont parfaitement mis en exergue par le Président Abdoulaye Wade : prélèvement sur la rente des PAPP au profit des pays non producteurs (PANPP) ; financement par la Communauté internationale de la surcharge qui efface les effets positifs des annulations de dettes au titre des Initiatives en faveur des Pays Pauvres et Très Endettés (PPTE) et d'Allègement de la Dette Multilatérale (IADM).

EN CONCLUSION

Les débats intenses qui agitent, aujourd'hui, les milieux des décideurs politiques, les spécialistes du jeu pétrolier, les scientifiques, les chercheurs, les journalistes et les simples citoyens sur le pétrole indiquent l'ampleur et la gravité des problèmes que suscite la flambée actuelle des prix du pétrole. Tout le monde semble prendre conscience que les besoins énergétiques vont croître dans des proportions exponentielles suite à l'expansion démographique, l'urbanisation accélérée et l'accès au développement les pays du Sud alors même que l'offre est déclinante.

Il faut s'orienter dès maintenant sur une triple voie. Il faut tout d'abord engager une dynamique très forte d'économies d'énergie afin d'obtenir une meilleure efficacité énergétique des hydrocarbures. Ensuite, à très court terme, il faut développer l'emploi du gaz naturel pour suppléer le pétrole - mais pendant à peine vingt ans - et, surtout, s'engager dans la voie de subventions massives pour la recherche et le développement dans le domaine des énergies renouvelables et pour la construction des infrastructures nécessaires à un régime énergétique fondé sur l'hydrogène. Il ne faut surtout pas attendre la fin des énergies fossiles parce que la création de ces infrastructures prendra entre vingt-cinq et cinquante ans.

Nous pouvons espérer dans les prochaines décennies, une augmentation de la demande énergétique mondiale induite par Il serait inacceptable qu'une pénurie d'énergie freine l'indispensable mouvement de résorption des inégalités de niveau de vie entre les peuples.

L'alternative pourrait être une réorientation profonde des institutions monétaires- financières internationales avec la création d'un fonds monétaire mondial pour le développement de l'accès à une énergie respectueuse de l'atmosphère. Ce fonds viserait une création monétaire, sous la forme par exemple de droits de tirage spéciaux (DTS), en vue de la distribution de crédits à taux faibles, avec des critères d'allocation soutenant un développement prenant en compte les défis environnementaux. Les projets ne seraient plus jugés à l'aune de leur rentabilité financière, mais en fonction de leur efficacité sociale et environnementale. Il faut s'engager dans la voie de subventions massives pour la recherche et le développement dans le domaine des énergies renouvelables et pour la construction des infrastructures nécessaires à un régime énergétique fondé sur l'hydrogène. Il ne faut surtout pas attendre la fin des énergies fossiles parce que la création de ces infrastructures prendra entre vingt-cinq et cinquante ans.

L'administration de notre pays a souvent manqué de vision à court, moyen et longs termes, le renchérissement du cours du pétrole était prévisible en raison de la demande de plus en plus forte, de l'instabilité régnant dans certaines régions productrices et de catastrophes naturelles de plus en plus dévastatrices. Pour éviter le risque de voir notre économie ébranlée par l'ascension inexorable des prix du pétrole, il faut sérieusement songer à réduire et nos importations et notre dépendance quasi totale vis-à-vis de cette source d'énergie.

Encadré 19 : Le pétrole en dessous de zéro, enjeux de la finance mondiale et des Banques centrales : que doivent faire les Trésors des États africains ?

Par Pape DIALLO, Directeur Général de l'Institut Supérieur de Finance (ISF) basé à Dakar, Sénégal Extraits de l'article du 27 avril, 2020[181].

« Il faut comprendre que dans le contexte actuel, la baisse des cours du pétrole n'offre pas d'opportunités majeures à nos pays. Les finances de nos États sont sous pression comme partout dans le monde. On pourrait être tenté de financer l'achat de pétrole par les reports d'échéance des services de la dette. L'État peut arbitrer pour cette solution dans le cas d'un contexte de crise économique normale. Il se trouve que les autres secteurs économiques subissent les externalités négatives de la crise sanitaire. La priorité des États se trouve alors dans la prise en charge du coût économique et social de la COVID-19 qui reste très élevé et ne laisse aucune marge de manœuvre à nos États de faire des achats anticipés au cours spot (ou cours au comptant) sur le marché du pétrole afin de tirer profit de la situation actuelle de baisse des cours du pétrole et permettre, ainsi, à nos finances publiques de souffler à l'avenir. Cependant, ils peuvent réaliser des opérations à terme pour la livraison de décembre 2020 ou acheter des options dans ce cas, ils auront à payer une prime qui est le prix de l'option. À l'échéance, ils pourront exercer si le cours garanti est plus intéressant que le cours du marché (cours garanti est inférieur au cours du marché) ou renoncer à l'exercice de l'option et d'aller directement sur le marché pour acheter le pétrole au cours spot (cas où le cours du baril sur le marché est plus intéressant que le cours garanti par le vendeur de l'option). L'autre facteur à ne

[181] Fort de plus de vingt-cinq ans d'expérience comme expert dans le secteur bancaire et financier, il est ingénieur financier diplômé en Banque Finance Gestion des Risque (Université Sorbonne-Paris Nord/Paris 13). Texte publié dans l'excellente revue Financial Afik dirigé par Adama Wade.

peut pas négliger et qui influence le coût des importations du pétrole, c'est la variable dollar dont aujourd'hui, il existe une panoplie d'instruments qui permettent de gérer le risque associé à l'évolution de la parité USD/FCFA (XOF).

Les stratégies d'anticipation ne peuvent pas être identiques dans les deux zones de la **CEMAC et de l'UEMOA,** car les effets du marché du pétrole diffèrent d'une zone à une autre. Nous avons deux observations majeures à faire par rapport à cette question, d'une part la zone UEMOA à une position un peu plus enviable que la zone CEMAC pour une raison simple. Elle est de l'autre côté du marché (acheteur) par rapport aux pays de la zone CEMAC (côté vendeur) et d'autre part les revenus tirés des activités pétrolières contribuent à plus de 60% dans le financement des dépenses publiques des pays de la zone CEMAC. À cet effet, le contexte actuel du marché pétrole est en train de compromettre la réalisation des politiques publiques dans les pays de la CEMAC. À cette situation vient se greffer le coût économique et financier de la pandémie mettant presque à terre la situation financière de nos pays. Ce Choc économique est partagé par les pays deux zones.

Effectivement, jusqu'à une date récente, les fonctions principales des banques centrales se limitaient au ciblage de l'inflation (stabilité monétaire) et prêteur de dernier ressort (PDR) du secteur bancaire. La dernière crise financière a montré les limites de celles-ci. Les banques centrales n'ont pas vu venir la crise financière de 2007 – 2008 à cause du principe de séparation de la politique monétaire (sous la supervision des BC) et la stabilité bancaire et financière (sous la responsabilité d'autres autorités) dans les pays du G7 et même au niveau de la BRI.

Ce qui n'est pas le cas de la BCEAO dans la zone UEMOA, où elle remplit ces deux fonctions, car la commission bancaire est placée sous la supervision de la banque centrale et la BCEAO a à en charge le pilotage de la politique monétaire. À la suite de la dernière crise financière, cette séparation a été abolie, il est reconnu aux banques centrales les fonctions de superviseur et prêteur en dernier ressort qui ne se limitent plus au secteur bancaire, mais qui s'étalent aussi aux gouvernements. Il en découle comme conséquence fondamentale que la banque centrale a en charge la stabilité bancaire et financière. Sur ce point, la FED et la Banque d'Angleterre ont été en avance même si aujourd'hui toutes les Banques Centrales du G7 se sont toutes appropriées ce nouveau statut. Ce rôle élargi des banques centrales soulève trois (03) observations : (i) Conflit d'objectifs à cause des instruments requis (« Quantitative Easing ») qui se traduit par des achats massifs de titres toxiques, des dettes publiques, de dettes des entreprises publiques et privées et du gonflement du bilan des banques centrales ; (ii) Sur cet angle, les banques centrales doivent coordonner les politiques monétaire et budgétaire (optimal policy mix) ; (iii) Se pose un problème de démocratie, car les Banques centrales doivent rendre des comptes. Dès lors se pose le problème de l'indépendance des banques centrales.

Par conséquent, comme toutes les Banques centrales modernes, la BCEAO doit plutôt disposer d'une autonomie, mais elle ne peut pas se prévaloir d'une indépendance si elle n'assumait pas convenablement ces responsabilités dans le cadre de la politique budgétaire de nos états. Ainsi, elle est placée sous l'autorité effective et opérationnelle de la Commission de l'UEMOA et devra rendre compte nécessairement en tant que partie des politiques monétaire et budgétaire dans la zone.

Dans un contexte d'évolution des mécanismes d'intervention des banques centrales pour accompagner les États et les entreprises, la BCEAO doit se montrer plus active dans la gestion de la dette publique en mettant en place un fonds de cantonnement de la dette publique par achat de titres publics, ce qui aurait donné une bouffée d'air importante à nos finances publiques et permettre à l'état de réallouer les services de la dette vers d'autres dépenses publiques prioritaires. Ce mécanisme pouvait être élargi à certaines catégories de la dette privée.

Au-delà, je pense qu'il est important pour la BCEAO de faire évoluer sa cartographie des risques et d'avoir une approche dynamique de la gestion des risques dans le cadre l'émergence de la nouvelle finance qui s'articule autour du financement climatique et de la transition écologique (finance verte), de la digitalisation (finance numérique) et de la finance sociale. Des efforts sont faits avec la mise en place d'une politique macro-prudentielle, mais ce n'est pas suffisant à mon avis. En l'état actuel, la supervision macro-prudentielle ne prend pas en compte les risques potentiels associés à la nouvelle finance dont le développement est irréversible. La supervision macro-prudentielle ne fait que compléter le maillon manquant de la chaine entre la supervision microprudentielle et la politique monétaire. »

Un Bref rappel de la fameuse « malédiction des ressources naturelles » africaines élaborée par l'orthodoxie économique.

Jusqu'à la fin des années 1980, l'orthodoxie économique considérait l'abondance de matières premières comme un important vecteur de développement, qui permettait d'attirer les investisseurs et d'accroître les revenus d'exportation. Pourtant, l'histoire économique ne manque pas de contre-exemples, à commencer par le déclin espagnol, à partir du 16ème siècle, alors que le royaume de Castille exploitait les richesses minières de ses dépendances latino-américaines. Dans un ouvrage paru en 1993, l'économiste britannique Richard AUTY (Resource-based industrialization, Clarendon Press, Oxford, 1990) aurait utilisé l'expression « malédiction des ressources » pour décrire un paradoxe apparent : les pays en développement dotés d'abondantes ressources extractives (pétrole, gaz et minerais) affichent de moins bonnes performances. La thèse de SINGER-PREBISCH avance la dégradation des termes de l'échange. Ces pays souffre des nombreux travers associés à la richesse du sous-sol : État rentier, corruption et lutte violente pour la captation de la rente, dégâts environnementaux, manque de diversification économique, vulnérabilité face à la volatilité des cours, faiblesse des institutions étatiques, inégalités etc.

TITRE III/ LE SÉNÉGAL EN QUÊTE D'UN SYSTÈME ÉCONOMIQUE PERFORMANT ET COMPÉTITIF.

INTRODUCTION GÉNÉRALE SUR LE RÔLE STRATÉGIQUE DES POLITIQUES SECTORIELLES, LES TROIS (3) CLEFS DU DÉVELOPPEMENT.

L'ampleur actuelle du retard des PSD est liée dans une très grande mesure à des facteurs démographiques qui compliquent considérablement les problèmes avec un doublement de la population tous les 20 ans. La population augmente et demeure principalement rurale, l'intensification de l'agriculture est extrêmement lente dans la plupart des PSD. Le retard de l'agriculture entraîne à son tour une pénurie aigüe de produits alimentaires que les pays doivent importer en quantités croissantes. Cette aggravation du problème alimentaire a aussi une incidence négative sur l'industrialisation, car premièrement, une part toujours plus importante des recettes en devises est employée à l'achat de produits alimentaires à l'extérieur et, deuxièmement, la nécessité d'accroître la production agricole nationale restreint les investissements dans l'industrie. Selon les prévisions démographiques, la croissance de population. Le problème alimentaire concerne avant tout le monde sous-développé où des millions de personnes souffrent de la sous-alimentation et de la disette. Certains États disposent de richissimes ressources minérales et énergétiques et possèdent en même temps une base extrêmement restreinte de croissance économique avec un niveau scientifique et technique extrêmement bas. Malgré leurs immenses richesses, les populations les États ne profitent pas des acquis de la Révolution Scientifique et Technique. La dynamique de la productivité du travail n'est pas non plus à l'avantage des PSD. La part de ces pays dans les dépenses de recherche-développement n'est qu'un peu plus de 4%.

L'agriculture se voit impartir des fonctions socio-économiques exorbitantes et pour les réaliser des réformes profondes du secteur s'avèrent indispensables. Il y a un peu plus d'une quarantaine d'années, la situation alimentaire était catastrophique en Asie suite à une gestion désastreuse du secteur agricole et largement excédentaire en Afrique. Aujourd'hui, elle s'est totalement inversée avec « des greniers pleins en Asie et vides en Afrique. Cette nouvelle donne a une triple signification : elle est un cri d'alarme, une mise en garde et un massage d'espoir. En une quarantaine d'années, l'Asie a entrepris d'immenses réformes agraires et mis en culture 70 millions d'hectares, exactement l'équivalent des terres cultivées en Afrique. Cette production céréalière a augmenté de 175% dans la période alors que celle de l'Afrique s'est accrue de seulement 17%.

Toutefois, les performances asiatiques apportent la preuve que l'Afrique qui a plus de dotations factorielles peut s'en sortir à condition de mettre en œuvre des stratégies vigoureuses de développement agricole. Cela suppose entre autres mesures : moderniser les méthodes culturales, implanter un régime de prix incitatifs, conserver dans les zones rurales une offre illimitée de main d'œuvre qui doit contribuer à maintenir les salaires à un niveau très bas, créer un module de développement et une forme de distribution qui permette de transférer une partie des surplus vers les villes et enfin accélérer la formation et l'expansion du marché intérieur, à travers une offre croissante de multiples produits commerciaux.

Qu'en est-il de l'industrialisation que la théorie économique désigne comme la voie royale de création de capacités productives ? L'industrie est notre avenir ! Après avoir pendant des décennies considéré qu'une politique industrielle n'était pas utile dans le cas des Pays Sous-développés d'Afrique, la Banque mondiale a révisé radicalement sa position en déclarant dans son Rapport de 2009 que *« pour mieux profiter de cette embellie et finalement augmenter sa part de la production et du commerce mondiaux, l'Afrique doit privilégier l'industrialisation comme moteur de croissance et de développement».* Une des raisons qui motivent cette reconquête industrielle est le mauvais état de santé de nombreuses économies nationales. Préserver les capacités de production sur le sol national est indispensable pour préparer l'avenir. Le troisième fait est la sortie des naïvetés idéologiques néolibérales annoncée par les reniements des institutions comme la Banque mondiale qui déclare dans son Rapport de 2009 que le développement de l'Afrique est conditionné par l'industrialisation.

Les théories économiques tentent d'établir que l'industrialisation doit être un objectif majeur, car elle autorise : la valorisation des matières premières locales, et partant, l'accroissement de la valeur ajoutée pour la quasi-totalité des agents économiques, la résorption du sous-emploi, et une augmentation du savoir-faire, du savoir quoi-faire des acteurs. Toutefois, compte tenu du stock limité des capitaux physiques et humains, de la diversification des tissus industriels et des nouvelles spécialisations, des formes multiples de délocalisation, la question se pose de savoir quel modèle d'industrialisation adopter ? La question est d'autant plus importante que le modèle d'import substitution a produit de médiocres résultats avec de faibles liaisons avec les autres secteurs notamment l'agriculture. La réponse asiatique a été la réalisation d'une transition de l'Industrialisation de substitution aux importations à l'industrialisation par promotion des exportations. Comment réaliser les principales articulations : Agriculture/industrie, Industries légères/industries lourdes, Techniques fortes consommatrices de main d'œuvre /techniques à forts coefficients capitalistiques ?

Un volet important du développement concerne la politique technologique qui est une question transversale. Les NTIC ont marqué l'entrée dans la nouvelle ère d'une troisième révolution industrielle entrainant des bouleversements majeurs tant pour les entreprises que pour les salariés. Au rythme auquel le savoir progresse, la somme des connaissances de l'humanité sera cinq ou six fois plus importante qu'elle ne l'est au moment où un enfant né aujourd'hui sortira de l'université. Quand il aura 50 ans, je l'espère pour ma troupe de petits enfants, 97% de ce qu'il saura auront été inventés depuis sa naissance.

La recherche scientifique et technique, condition désormais première de richesse et de puissance est devenue une fin en soi. Autrefois disait EINSTEIN, *l'on avait des buts parfaits, mais des moyens imparfaits. Aujourd'hui, l'on a des moyens parfaits et de grandes possibilités, mais des buts confus.* Contrairement aux révolutions précédentes, la nouvelle favorise les plus qualifiés, les compétences et s'avère assez impitoyable avec les autres.

En fait, les innovations technologiques de plus en plus nombreuses et rapprochées bouleversent complètement les systèmes productifs et modifient profondément les conditions de la compétitivité. Cela fait dire à KONDRATIEF et J. SCHUMPETER que ces révolutions techniques qui apparaissaient une ou deux fois par siècle engendraient les grands cycles de la vie économique. Dans cette période de mutations technologiques accélérées avec une diffusion verticale rapide de la recherche vers l'application et une diffusion horizontale également rapide d'un secteur à l'autre, la question se pose pour les pays africains de savoir comment gérer cette nouvelle variable qui peut hâter le développement ou alors les larguer complètement dans la compétition mondiale. Selon Yuval Noah HARARI, (21 leçons pour le 21ème siècle, Albin Michel, 2018), la fusion de l'infotech et de la biotech pourrait sous peu chasser des milliards d'êtres humains du marché de l'emploi tout en minant la liberté et l'égalité. « *Les algorithmes (méthode, procédés Big data) pourraient créer des dictatures digitales au pouvoir concentré entre les mains d'une minuscule élite tandis que la plupart des gens souffriraient non pas de l'exploitation, mais de quelque chose de bien pire : d'être devenus inutiles* » L'Afrique peut bénéficier des coûts décroissants (par exemple, les ordinateurs ou Internet), faire des sauts technologiques dans l'économie verte, trouver de nouveaux créneaux de compétitivité. Elle peut tirer profit d'une diversification des partenaires, notamment asiatiques. L'efficience des nouvelles technologies dépend du tissu social, économique et technique permettant de se les approprier.

Il faut développer les ressources humaines et sortir du paradoxe de notre système éducatif et formation dans lequel l'enseignement technique qui devrait normalement, former plus de la moitié des hommes actifs compte dix fois moins, que l'enseignement général, qui prépare dix fois moins à l'emploi.

<u>Encadré 20</u> : Le SÉNÉGAL dans le temps mondial : Extrait de mon exposé au Groupe de Cadres du Parti Socialiste lors de l'élaboration de la Profession de Foi de 2000 qui m'avait été confiée par le Bureau Politique.[182]

L'analyse de la crise africaine est triple. Elle est à la fois économique, politique et sociale. Elle peut se réduire principalement à la crise du modèle d'accumulation productive fondé sur la rente agricole, minière et des services inégalement répartie et improductivement utilisée. L'instauration d'une économie nationale, démocratique et populaire capable de créer de la richesse, de générer des emplois et d'enrayer la pauvreté et certaines précarités, suppose la reformulation des stratégies de développement et de croissance dans le double sens de l'efficacité et de la justice sociale qui soit selon la formule d'Olof PALME ***« plus douce pour les faibles et plus exigeantes pour les forts »***.

Le passage d'une logique de rente à une logique productive est réalisé par un État fort sous la conduite d'un leadership transformationnel qui s'appuie sur un système politique et social stable qui mobilise les forces vives vers des objectifs précis de développement et de croissance et un système de gouvernance efficace et performant. Le point nodal se focalise sur une stabilité à long terme de l'environnement macroéconomique avec une bonne maitrise du carré magique de la politique économique à savoir : la politique budgétaire, la politique monétaire, la réduction des déficits publics et l'équilibre du commerce extérieur. La politique sociale doit être une composante majeure de la politique économique car selon le mot de Jacques DELORS, ***« mieux le gâteau est réparti, plus il est gros »*** ce qui entraine le rattachement du revenu au mérite, à la compétence et à l'efficacité.

Ces réformes sont indispensables pour une meilleure insertion (ouverture) dans le système mondial qui n'est pas seulement une réalité économique mais intègre aussi une grande dimension politique par l'imposition de la démocratie libérale comme le seul modèle de modernité politique. Cette issue s'est imposée particulièrement depuis la chute du mur de Berlin et la faillite des expériences de démocratie populaire. La démocratie libérale est imposée comme l'horizon indépassable de l'humanité en matière d'organisation politique. Ainsi, parallèlement à la conditionnalité économique, dans les années 90 une conditionnalité politique a émergé, qui fait du respect des principes démocratiques une condition au déboursement des appuis financiers des bailleurs de fonds. La démocratie libérale devient de ce point de vue le modèle universel d'organisation des sociétés humaines (FUKUYAMA et le Consensus de Washington). Cinq points de débat s'imposent pour enrichir le programme :

[182] Pr. KASSE, S. MBAYE, G. CISS et E. I.SALL : *Le Sénégal des mutations*, préfacé par le Président Abdou DIOUF, NEA 1996.

I - Le Sénégal dans le temps mondial : ouverture et réformes.

1. Rappel historique d'un modèle d'organisation socio-économique fonctionnant par et pour l'économie mondiale.
2. Une situation géostratégique centrale avec beaucoup d'atouts
3. Un ajustement à l'économie mondiale par construction d'une économie de marché tirée par les exportations.
4. Une forte diaspora éparpillée dans l'espace mondial avec des transferts financiers substantiels.

II-**Á l'indépendance, des avantages appréciables** et de meilleures dotations factorielles supérieurs à ceux de la CORÉE, MALAISIE et de beaucoup de pays asiatiques :

1. infrastructure de base moyenne
2. Rente agricole importante mais improductivement utilisée
3. Industrie unipolaire de substitution aux importations
4. Effets de polarisation et de domination économique, politique, sociale et culturelle à l'ancienne métropole : forts relents néocoloniaux.

III-Les réformes tardives du modèle de mise en valeur coloniale entraînant crise et déconstruction de l'État.

1. Fin des gains de productivité et crise de l'économie agricole
2. Industrialisation avortée
3. Montée des déséquilibres macroéconomiques
4. Urbanisation accélérée et explosion démographique, déficit alimentaire
5. Implosion et crise sociale évitée grâce à APD massive.
6. Ampliation des déficits macroéconomiques et macro financiers et recours aux IFI en 1979 qui marque le départ de l'ajustement structurel.

IV-Besoins du monde pour réaliser le projet d'une économie émergente.

1. Besoins d'investissements et de nouveaux marchés : bien acheter et bien vendre, politiques sectorielles pertinentes, protectionnisme éducateur et patriotisme économique.
2. Mobiliser les IDE suite au déficit d'épargne et mobilisation du secteur privé national.
3. Ouvrir de nouveaux partenariats.
4. Une diplomatie compétente et agressive.

V-Pour une insertion gagnante dans la mondialisation.

1. D'abord, réussir l'édification d'un système économique performant fondée sur une autre carte de spécialisation, polling de la décentralisation et régions homogènes.
2. Ensuite, édifier une démocratie ouverte, libérale, pluraliste et favorable au développement social avec un modèle équitable de répartition des revenus et une bonne gouvernance institutionnelle menée par un État stratège.
3. Enfin l'exigence d'un leadership sur les grandes questions de l'ordre africain, régional et mondial avec consolidation du régionalisme africain.

Au demeurant, quelles que soient les orientations et moyens que met en place une société démocratique pour sortir le pays de la crise par un processus de développement durable et de croissance inclusive, régulière, harmonieuse et équilibrée, elle ne peut réussir que si les objectifs sont ressentis comme prioritaires par la majorité des populations.

RAPIDE COUP D'ŒIL SUR LA CROISSANCE ET L'ENDETTEMENT.

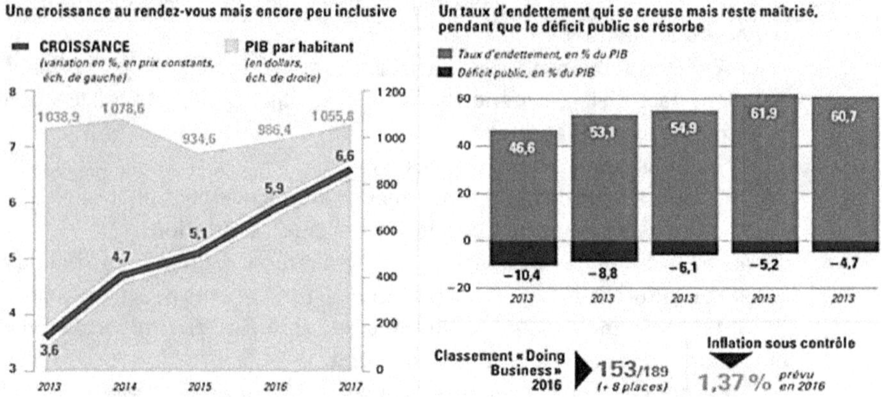

THÈME 19 – L'AJUSTEMENT STRUCTUREL : DES DÉCENNIES PERDUES DE DEVELOPPEMENT ECONOMIQUE ET SOCIAL : impossible Construction d'un capitalisme sans capitalistes locaux et sans État providence.

Par

Professeur Moustapha KASSE, Doyen de la Faculté des Sciences Économiques et de Gestion (FASEG) Université Cheikh Anta DIOP, texte présenté à la Conférence du Club Nation et Développement en présence du Premier ministre et du Ministre des Finances.

INTRODUCTION

Au moment des indépendances africaines, la stratégie de développement appliquée en Afrique visait notamment à transformer profondément le système productif et l'appareil administratif et avait alors conduit à la mise en place, au plan de l'équipement et de l'infrastructure sociale, de politiques coûteuses d'investissement qui se sont révélées, par la suite, massifs, peu réalistes et d'une faible efficacité. Dans le même temps, la grave rupture survenue entre les structures de production – alimentaires en l'occurrence – et les structures de consommation, a fondamentalement contribué à opérer une double extraversion : celle de la production et celle de la consommation. Il en est résulté un approfondissement du déséquilibre entre la production intérieure et la demande globale au sein de laquelle prédominaient une consommation finale excessive et, conséquemment, un accroissement du déficit en ressources. Celui-ci sera artificiellement entretenu et financé par l'aide publique et l'endettement extérieur.

Le boom pétrolier avait favorisé des emprunts publics à des taux relativement faibles. À la faveur de l'augmentation de la dette publique des États dans les années 1980, les marchés financiers sont arrivés aux commandes. Cela s'est traduit par une augmentation des taux d'intérêt, dont le niveau a dépassé non seulement l'inflation, mais la croissance. Les États qui avaient un fort niveau d'endettement sans être producteurs de pétrole ont alors eu de plus en plus de mal à clore leurs exercices budgétaires. Il a fallu emprunter, pour rembourser les emprunts passés, à des taux qui promettaient d'engendrer de nouvelles difficultés. Faute de remèdes radicaux, cette situation vouait irrémédiablement le pays à la faillite. S'y ajoutait dans le cas du Sénégal, une énorme distorsion entre l'affectation théorique et l'utilisation effective de la dette extérieure qui n'a pas favorisé la création de conditions adéquates d'extorsion de surplus nécessaires à l'amortissement régulier du service de la dette (principal et intérêts échus). Cette situation risquait de constituer assurément le fondement d'une crise de paiements dont la perpétuation, si rien n'était entrepris, pouvait déboucher sur une crise sérieuse de solvabilité. La cessation de paiements se traduirait alors par un retrait des financements extérieurs et un effondrement des importations qui auraient des incidences sur la production par le biais des nombreux secteurs qui recourent à des biens d'équipement importés.

Ces difficultés n'ont pas été le propre du Sénégal, mais de la majorité des États qui avaient financé leur croissance sur l'endettement. Elles ont naturellement été plus aiguës au Sud, mais les problèmes n'ont pas épargné le Nord, où l'État Providence a subi de nombreuses attaques, tandis que les politiques d'offre se sont partout substituées à la régulation par la demande. Cette montée des déséquilibres, de l'endettement et la stagnation de la production a rendu inéluctables les politiques de stabilisation et l'ajustement structurel. Aussi a-t-elle fait durement ressentir ses conséquences, du fait de la compression drastique des dépenses en vue d'une réduction des créances futures. Le choix, à l'époque, n'était pas entre le refus d'une telle politique et son acceptation passive, mais entre la possibilité d'entrevoir, au prix de sacrifices, un avenir meilleur, et la certitude de s'enfoncer dans la voie du déclin.

La conjugaison de toutes ces situations a conduit progressivement tous les États africains à adopter des programmes de stabilisation et d'ajustement et les mécanismes de gestion qui les accompagnent avec l'appui de la Banque mondiale et du FMI au détriment des stratégies planifiées de développement. À une politique volontariste orientée vers la modernisation des bases du développement a ainsi succédé un ensemble de programmes de gestion des déséquilibres macroéconomiques.

À l'heure du bilan, il importe de savoir si les politiques de rigueur, nonobstant le fait qu'elles étaient décrétées incontournables, **ont-elles réussi à assainir les systèmes économiques menacés de faillite ? Ont-elles créé un environnement favorable au développement de l'offre productive, au sein d'une économie ouverte ? Ont-elles déclenché un processus durable de croissance permettant la conquête de marges de manœuvre propices à la lutte efficace contre la pauvreté ? Ont-elles opéré la réconciliation de la justice sociale et de l'efficacité économique ?** À cet égard, l'évaluation des résultats obtenus appelle au préalable l'étude historique et analytique de l'ajustement dans le cas exemplaire du Sénégal, pays qui a vécu deux décennies de stabilisation et d'ajustement. En la matière le pays est présenté comme le laboratoire de ces programmes.

I/ De la crise à l'ajustement : les politiques de stabilisation ont-elles réussi.

Le Sénégal est le pays le plus aidé parmi ceux qui sont épargnés par la guerre.[183]

L'« enfant gâté » face aux «bons samaritains » de la finance du développement[184].

Aujourd'hui, le Sénégal après deux décennies d'application mouvementée de politiques de stabilisation et d'ajustement se présente comme un laboratoire exemplaire en la matière. Cette longue expérience est très riche d'enseignements relativement à la pertinence et aux performances de telles politiques. En effet, modelé et inséré dans l'économie mondiale fortement productiviste, le Sénégal, du fait de sa spécialisation régressive dans des productions primaires à faible valeur ajoutée locale, présentait le double handicap de ne pouvoir accélérer la constitution d'un important fonds d'accumulation à l'échelle nationale, et encore moins promouvoir un développement équilibré et autonome.

Une analyse plus structurelle et donc plus approfondie pour bien appréhender les crises et les ruptures au niveau de cette économie commande de remonter à la racine, c'est-à-dire à l'organisation socio-économique qui repose sur des éléments caractéristiques comme

- la forte sensibilité de la croissance aux variations de la production et de l'exportation des produits de rente principalement d'origine agricole et minière ;
- le système prédateur de prélèvement et d'utilisation insuffisamment productive des ressources tirées de la rente et des apports externes (aide et endettement) ;
- la répartition inégale du revenu national au profit d'une hyperconsommation urbaine, publique et privée ;
- la vulnérabilité chronique de l'économie à l'égard de variables exogènes comme le climat, les cours mondiaux des matières premières, le taux d'intérêt.

Un tel mode de fonctionnement ne peut que générer des crises. D'une part, on ne peut pas indéfiniment ponctionner sur un surplus sans pour autant mettre en place une politique d'accumulation susceptible de le rendre pérenne pour financer le développement. D'autre part, une économie de cette nature réagit mal aux chocs externes comme la morosité de l'économie mondiale, la baisse

---

183 Banque mondiale : *Mémorandum économique, 1984*. Une armada d'experts de la Bm était venue de Washington pour participer au lancement du document avec tous les chercheurs du CREA de la FASEG : 2 journées d'échanges houleux, mais fort utiles.

184 G. BECKER et J.BUCHANAN cités par M .F.JARRET et F.R. MAHIEU : *La Côte d'Ivoire de la déstabilisation à la refondation* p 10, L'Harmattan, 2002

des cours des matières premières dont l'arachide, les dérégulations brutales du système monétaire. Ces chocs externes intervenus tout au long des années 70 ont entraîné des effets désastreux sur le déficit budgétaire, le taux d'inflation, la croissance du PIB, l'endettement et le taux de change.

1°) À l'origine des déséquilibres.

La crise de l'économie sénégalaise dont la manifestation la plus intangible réside dans la montée et la persistance de multiples déséquilibres internes et externes, trouve son origine dans les bouleversements des structures économiques intervenues durant la période coloniale et qui ont imposé un mode spécifique de valorisation conforme à la logique de la division internationale du travail. Cette situation, du fait d'un ensemble d'incertitudes optionnelles, sera entretenue et même amplifiée au lendemain de l'indépendance en 1960. Ainsi dans la période 1960/1980, l'économie arachidière est devenue fortement aléatoire et stagnante avec une chute de la production, une dégradation rapide des sols du bassin arachidier, une détérioration en termes réels des prix entraînant un appauvrissement des producteurs, ce qui avait amené l'épongement de la dette du monde rural pour environ 30 milliards de FCFA. La baisse de la rente agricole qui a résulté de cette situation n'a pas été relayée par de nouveaux secteurs productifs, dynamiques et générateurs de surplus et d'emplois. Ainsi, l'économie phosphatière et minière n'a produit qu'une rente épisodique (1973) et les secteurs de la pêche et du tourisme sont restés encore marginaux et cela jusqu'au coup de fouet apporté par la dévaluation de 1994. Le secteur industriel n'a pas atteint non plus de grandes performances, ni un dynamisme lui permettant d'aller à la conquête des marchés extérieurs et de contribuer positivement à l'amélioration de la balance commerciale[185].

Ces différentes évolutions vont aboutir à un ralentissement de la croissance du PIB qui passe d'un taux moyen annuel de 2,5 % dans la période 1960-70 à 1,8 % en 1975-80 et à une accentuation des déficits chroniques et cumulatifs des Finances Publiques et de la Balance des Paiements. Avec un croît démographique de 2,3 % par an de 1960 à 1970 et de 2,9 % de 1975 à 1980, la croissance du PIB par tête devint négative dans la période de 1970-85. L'excès de demande sur les ressources produites fut accentué par un accroissement continu de la part des dépenses de consommation dans le PIB : celle-ci s'élève à plus de 100% en 1979. La part de l'épargne intérieure dans le PIB chute à -6,7 % en 1981. Le déficit du compte courant passe de 10,4% du PIB en 1970 à 25,8% en 1981, pendant que celui des finances publiques s'éleva de 0,6% à 12,5 % dans la même période. La perte de compétitivité de l'économie a tendu à faire des capitaux extérieurs une source indispensable de financement des déficits commerciaux. Le service de la dette qui ne représentait que 3,8% de la

[185] Moustapha KASSE : *Sénégal de la crise à l'ajustement structurel*, Édit. Nouvelles du Sud, Paris 1991

valeur des exportations en 1970 se fixe à 25,7% en 1981, alors que la dette extérieure s'élevait à 71,6% du PIB.[186]

Ce constat laisse apparaître que l'éclatement de la crise économique mondiale des années 70, en déréglant le système économico-financier international, viendra extérioriser toutes les faiblesses structurelles d'une économie sénégalaise quasi déliquescente et parfaitement incapable de s'ajuster à la conjoncture. Ainsi, au moment d'aborder le début des années 80, le pays va connaître une grave et insoutenable crise de paiement. L'ajustement économique et financier devenait presque un impératif indiscutable. C'est dans ce contexte qu'en 1979, le gouvernement démarre un processus ininterrompu d'ajustement devant permettre la stabilisation des déficits par assainissement des structures d'intervention coûteuses et peu productives, et poser les bases d'un développement censé être soutenu à long terme. L'enjeu est décisif et sa contrainte est de minimiser les risques sociaux liés au rétablissement des grands équilibres.

Les déséquilibres à caractère macroéconomique ont des causes plurielles et profondes qui, à y regarder de près, se rapportent principalement à l'inefficience des investissements réalisés pour la plupart sur concours extérieurs publics et privés, aux distorsions entre structures de production et structures de consommation ainsi qu'aux dérapages de la demande de consommation publique et privée.

a) Des investissements impertinents et non rentables.

La rationalité économique et financière voudrait que toute décision d'investissement – surtout lorsque celle-ci est fondée sur un emprunt extérieur – soit subordonnée à un nécessaire calcul coûts/avantages. Plus précisément la viabilité – surtout financière – d'un projet implique que le taux de rentabilité de l'investissement dépasse le coût de l'emprunt. Or, dans le cas du Sénégal, ce principe de base semble avoir été peu ou très mal appliqué. Et cela en pleine période de flambée des taux d'intérêt internationaux, de dégradation et d'instabilité chronique de l'environnement extérieur, toutes choses qui rendent aléatoires la rentabilisation des projets économiques internes.

La multiplication des chocs exogènes, en renchérissant notamment les coûts internes de production, a contribué à amoindrir, voire annuler la rentabilité des investissements. La Banque mondiale établit ainsi qu'au debout des années 70, le coefficient marginal de capital était d'environ 8% pour un taux brut moyen de 12,5% de rendement des investissements ; or, ce taux de rendement va brutalement tomber à 6% alors qu'au même moment le coût marginal des investissements montait à 13-15%[187]. En fait cette baisse de

---

[186] Rapport National sur le Développement humain : *Gouvernance et Développement humain,* PNUD 2001

[187] H. GHANEM, H. KHARAS et R. MYERS (1984) « *le Sénégal : Étude de solvabilité* », Banque Mondiale, octobre.

rendement des investissements reste essentiellement due, à partir de 1974, à l'extension du secteur public et à la création d'un vaste secteur parapublic, dont le mode de gestion n'était pas des plus orthodoxes. Ce secteur public et parapublic absorbait annuellement plus de la moitié des crédits bancaires internes et plus de 90% des emprunts extérieurs.

En outre, il convient de noter que l'accroissement, dans la production interne, des biens non commercialisables internationalement (comme la construction d'édifices publics sur emprunts extérieurs) a également été déterminant dans la chute de rendement des investissements. En effet, la diminution des produits nationaux échangeables (comme corollaire de ce qui précède) implique une baisse conséquente des recettes d'exportation et donc des difficultés à honorer les échéances du service de la dette, le renouvellement des investissements sur fonds propres et la poursuite de la croissance. Il n'est que de considérer ce que la Banque Mondiale dit à ce sujet : « Si en 1970, 43% du PIB du Sénégal pouvait être considérés comme échangeable, en 1980, ce chiffre tombait à 37% ».[188] Autrement dit, 63% du PIB en 1980 ne pouvait faire l'objet de commerce international alors même qu'une importante partie de ces biens et services était directement ou indirectement produite sur la base d'emprunts extérieurs.

b) Les distorsions entre structures productives et structures de consommation.

Liée principalement à des contingences historiques, à des traditions productives technologiquement attardées, ainsi qu'à des comportements de consommation largement conditionnés par l'extérieur, la liaison sphère de production/structure de consommation présente au Sénégal une double distorsion. Celle-ci demeure liée d'une part à la nature des produits et d'autre part au coût de production des biens considérés. C'est ainsi que dans le domaine agricole, la perpétuation après 1960 de l'agriculture coloniale de traite a inexorablement conduit le pays à une crise agro-alimentaire. Elle a provoqué le développement des cultures des rentes au détriment de la production vivrière locale, engendrant ainsi une explosion des importations de produits alimentaires.

Les importations alimentaires ont doublé en sept (7) ans pour atteindre environ 70 milliards en 1984. Elles représentaient près de 5 fois le service de la dette rééchelonnée en 1981, plus du double de celui de 1982, plus du triple de celui de 1983 et près du triple de celui de 1984. Autrement dit, si après l'indépendance, les structures productives agraires avaient été réorientées vers la couverture prioritaire des besoins alimentaires internes, un problème de rééchelonnement ne se serait pas posé en considérant toutes choses égales par ailleurs.

---

188 H. GHANEM, H. KHARAS et R. MYERS (1984), op. Cit.

Dans le secteur des activités industrielles, la distorsion s'exprime en termes de coûts pour les produits de l'industrie légère de transformation et en termes de nature du produit pour les biens manufacturés livrés par l'industrie lourde des pays développés. En effet, la politique de promotion d'industries légères substitutives d'importations a généré dans la plupart des cas des coûts de production non compétitifs ; cela a engendré des importations massives de biens manufacturés pourtant localement fabriqués. Par ailleurs, l'inexistence d'industries lourdes intégrées implique la nécessaire importation des biens de consommation de luxe comme les voitures, des appareils électroménagers, etc. En somme, la distorsion industrielle se traduit d'une part par la production locale de biens manufacturés "légers" difficilement écoulable tant à l'intérieur qu'à l'extérieur parce que non compétitifs, et d'autre part par l'importation massive de biens industriels "lourds" que le tissu industriel national ne produit pas.

Cette double distorsion a pour inévitable corollaire l'accentuation du déficit commercial du pays et du solde de la balance des paiements lorsque les mouvements compensatoires de flux de capitaux demeurent insuffisants.

c) L'Expansion non maîtrisée de la demande publique et privée.

Jusqu'au milieu des années 70, la situation économique au Sénégal était caractérisée par une relative stabilité des rapports entre l'évolution de la demande globale et celle du PIB, soit environ 2% en moyenne annuelle en termes réels pour chacun des deux agrégats. En effet, le déficit en ressources, lorsqu'il y en avait, se maintenait en deçà de 5% du PIB. L'épargne intérieure avoisinait en moyenne près de 10% du PIB et finançait environ 75% de l'investissement global. Seulement, après l'éclatement de la crise en 1973 et plus particulièrement à partir de 1975, une série de déséquilibres vont s'enclencher, entraînant la rupture brutale de l'équilibre économico-financier. Il s'agit notamment de :

- l'effondrement brutal de la croissance (0,6% par an de croissance réelle du PIB entre 1975 et 1980) lié aux fluctuations spectaculaires de la production agricole et au ralentissement survenu dans l'industrie ;
- "l'envolée" du tertiaire (notamment le gonflement des effectifs de l'administration publique par essence fortement improductive) qui enregistre un taux de croissance plus rapide qu'avant 1975 ;
- le maintien des niveaux de consommation individuels et l'exploitation de la consommation publique (environ 6,7% par an en termes réels) alors même que la production par tête était en très net recul.

La conséquence ne se fit pas attendre : l'épargne intérieure devint négative impliquant un recours massif à l'endettement extérieur pour financer les investissements et une part importante des dépenses de consommation publique et privée qui atteint 101,8% du PIB en 1980, soit une épargne intérieure négative de –1,8%. Par ailleurs, outre l'augmentation rapide de la masse salariale de la fonction publique qui passe de 25,8 milliards de FCFA en

1974 à 100 milliards en 1984, on assiste à une extension des subventions d'exploitation accordées aux entreprises publiques qui passent de 7 milliards en 1978 à 20 milliards en 1982. Ces subventions ont eu pour effet de réduire le coût unitaire réel du produit ou service fourni aux consommateurs privés. C'est dire que l'État, en accroissant son déficit budgétaire sur la base d'emprunts extérieurs, a favorisé l'expansion du secteur public et le maintien du niveau de la demande privée de consommation.

En réalité, l'aide et les emprunts extérieurs vont de fait jouer le rôle de fonction d'investissement avec, en conséquence, un impact extrêmement limité faute de pouvoir se greffer sur des projets productifs rentables et capables d'engendrer des effets d'entraînement sur les activités économiques tournées vers le marché intérieur et l'emploi. Cette politique d'emprunt et d'aide ne peut se poursuivre que moyennant des réformes dont le package constitue le Programme d'ajustement structurel. C'est dire alors que la crise de la dette est à l'origine de la vague d'ajustement structurel qui, à partir des années 1980, a submergé le Tiers Monde en général, et l'Afrique en particulier. Ces Pays en voie de développement (PVD) et les Institutions financières multilatérales (IFM) vont implicitement passer le contrat suivant : maintien des financements et réduction du montant des échéances contre politiques de stabilisation macro-économique (privatisations, dérégulation, réduction des dépenses publiques, etc.). L'objectif ultime restait principalement le rétablissement de l'équilibre des comptes extérieurs alors que les objectifs intermédiaires se ramenaient à la réduction du déficit budgétaire et au renforcement de la compétitivité externe du pays.

Globalement, différentes mesures ont ainsi été décidées, visant à rendre opératoire cette stratégie de conquête des marchés mondiaux :

- l'élimination des distorsions dans le libre jeu de tous les marchés ;
- la promotion du secteur privé dans toutes les activités productives ;
- l'ouverture de l'économie sur le système des relations économiques et financières internationales ;
- la réduction du rôle de l'État dans les choix de production et d'allocation des ressources ce qui implique la réduction du secteur public, le démantèlement des monopoles publics naturels et la privatisation.

On a donc opté en faveur d'un scénario de croissance externe, où l'augmentation du volume des exportations était censée stimuler la demande de travail et de biens d'équipement de la part des entreprises tournées vers le marché mondial. En principe, le processus de déversement industriel aurait dû agir comme courroie de transmission, et diffuser l'impulsion initiale vers l'ensemble de l'économie.

Pratiquement, l'ensemble de ce qui caractérisait le “ compromis keynésien ”, processus de négociation politique qui déterminait la gestion de l'économie dans le giron de l'État-Providence, a brutalement été remis en cause comme dans les pays développés, mais dans une bien plus grande mesure.

2°) Les programmes d'ajustement inspirés par la Banque mondiale et le FMI.

L'intervention des IBW dans le débat sur le développement va s'accompagner de profondes transformations, tant dans la réflexion que dans la pratique. Une nouvelle ère en matière de développement par le fameux « *consensus de Washington* » qui est de fait une remise en cause de la théorie du développement et la spécificité des sociétés sous-développées. Il constitue en somme une sorte de revanche de la théorie néo- classique qui va étendre le champ d'application de son cadre d'analyse aux sociétés sous- développées.

<u>Encadré 21</u> : Théories du mécanisme d'ajustement de la balance des paiements.

1°) Approche postkeynésienne du mécanisme du revenu et de la dépense : l'absorption.

Dans le cadre de cette approche, il est considéré qu'une trop forte quantité de revenus distribués débouche sur un excès de demande globale par rapport à l'offre disponible, ce qui dégénère en inflation qui a tendance à déséquilibrer la balance des paiements. Ainsi, le déficit de la balance des paiements est identifié comme un excèdent de l'absorption sur le revenu national. Le raisonnement part de l'équation fondamentale de l'équilibre macroéconomique :

$Y = C + I + X + M$ (où Y = revenu, C = consommation, I = investissement, X = exportations et M = importations de biens et services y compris les services des facteurs)

Dans cette relation : $(C + I)$ représente la demande, c'est-à-dire l'absorption totale de biens et services ou tout simplement la part de revenu national consacrée à des emplois domestiques ; $(X - M)$ représente le solde de la balance des paiements courants. On peut alors écrire : $(X - M) = Y - (C + I)$. Ce qui signifie que la balance des paiements courants est positive, c'est-à-dire excédentaire, si le revenu est supérieur à la dépense (absorption ou la demande globale) et négative, c'est-à-dire déficitaire, dans le cas contraire.

2°) L'approche monétaire : la théorie monétariste de la balance des paiements.

Développée par l'école de Chicago avec comme chef de file Milton FRIEDMAN, l'approche monétaire de la balance des paiements s'appuie sur la théorie quantitative de la monnaie pour démontrer que le déficit extérieur a essentiellement pour origine un excès d'émission monétaire. Le raisonnement se fonde sur deux hypothèses. Dans la première la vitesse de circulation de la monnaie est stable du fait de l'existence d'une fonction stable de demande de monnaie (Md) par rapport au revenu, les agents économiques désirant détenir sous forme d'encaisses liquides une proportion constante de leurs actifs totaux tandis que dans la seconde hypothèse, l'offre de monnaie (Mo) est exogène par rapport à la demande de monnaie, les autorités monétaires pouvant contrôler l'émission du crédit intérieur.

Or, l'offre totale de monnaie (analysée par les contreparties de la masse monétaire) est égale à la somme des variations de la distribution interne de crédits (concours à l'économie et au trésor public) et des variations des réserves extérieures du pays ; d'où Mo **= C + R** (avec C= crédit et R = réserves extérieures).

Par ailleurs, la variation des réserves extérieures correspond au solde de la balance des paiements.

Et puisque d'une part, ex-post, Mo = Md (équilibre monétaire) et que d'autre part, Md (fonction stable du revenu) et Mo (contrôlée par les autorités monétaires) sont considérées comme données, l'ajustement entre quantités de monnaie offerte et demandée va alors se faire par la variation des réserves extérieures (Δ R).

Ainsi : Mo = Md implique : Md = ΔC + ΔR d'où ΔR = Md – ΔC ce qui traduit le fait :

- Si la variation des réserves du crédit intérieur est supérieure à la demande de monnaie, la variation des réserves extérieures devient négative et la balance de paiements est alors déficitaire ;
- Inversement, Si la variation des réserves du crédit intérieur est inférieure à la demande de monnaie, la variation des réserves extérieures devient négative et la balance de paiements est alors excédentaire ;
- Enfin, dans le cas limite où la variation des réserves du crédit intérieur coïnciderait à la demande de monnaie, la variation des réserves extérieures serait nulle et la balance de paiements serait en équilibre.

En résumé, l'approche monétaire de la balance des paiements conclut que le solde de la balance des paiements étant nécessairement à la différence entre la demande de monnaie et l'offre de monnaie, un déficit des paiements extérieurs est nécessairement causé par une émission de crédits trop importante.

3°) L'ajustement « monétariste » du FMI : le modèle de POLACK.

J.J. POLACK, condisciple de MILTON FRIEDMAN, s'appuie évidemment sur la théorie monétariste de la balance des paiements pour élaborer son modèle économique d'ajustement qui sert depuis plusieurs décennies de cadre référentiel strict aux programmes d'ajustement soutenus par le FMI.

Polack s'appuie essentiellement sur la théorie quantitative de la monnaie qui dit que

MV = PQ (M = masse monétaire, V = Vitesse de circulation de la monnaie,

P= niveau général des prix et Q = volume des transactions).

Il reprend l'hypothèse de la vitesse de circulation de la monnaie et lui ajoute une deuxième qui porte sur la consommation du volume de la production intérieure (n'oublions pas en effet que nous sommes dans la courte période, horizon traditionnel des programmes appuyés par le Fond). On a ainsi, dans la première hypothèse V = constante puisque la part de la nouvelle émission monétaire qui va se convertir en demande est stable. Dans la seconde hypothèse c'est Q qui est constante car, à court terme, l'offre interne de biens et services est relativement rigide (plus particulièrement dans les pays en développement caractérisés par l'existence de nombreux goulots d'étranglement au niveau de leur appareil de production).

Par conséquent, tout accroissement de la masse monétaire (M) c'est-à-dire essentiellement le crédit intérieur (principale contrepartie de M), va automatiquement engendrer une pression à la hausse sur les importations et surtout un accroissement proportionnel du niveau général des prix (P). Il s'ensuit alors une forte poussée inflationniste qui réduit la compétitivité extérieure du pays, contracte ses exportations, alourdit les importations et finalement donc diminue ses avoirs extérieurs.

Polack en tire la principale conclusion suivante : il existe une relation linéaire inverse entre la variation des avoirs extérieurs (solde de la balance des paiements) et la variation du crédit intérieur.

De ce raisonnement et de sa principale conclusion, le FMI déduit pour rétablir l'équilibre de la balance des paiements (notamment dans les pays en développement où l'offre est rigide à court terme), il faut impérativement : **maîtriser,** et au besoin, **réduire le crédit intérieur.** Pour ce faire, le FMI édicte les principales mesures déflationnistes (politique de stabilisation) suivantes :

- la mise en œuvre d'une politique monétaire restrictive par le resserrement et l'aggravation des conditions d'accès au crédit ;
- la réduction de la masse salariale de la fonction publique par des compressions et licenciements massifs ;
- la mise en œuvre d'une politique budgétaire restrictive par la réduction des dépenses dites sociales (éducation, santé...) ainsi que des subventions publiques de soutien à la consommation populaire
- la dévaluation de la monnaie locale pour consolider la réduction du pouvoir d'achat interne et modérer ainsi la demande de produits surtout d'origine importée du fait de leur renchérissement par le changement de la parité, et surtout rétablir la compétitivité externe du pays afin de relancer ses exportations.

Au total, il apparaît que le modèle de référence qui sous-tend les programmes d'ajustement du FMI combine à la fois la théorie de l'absorption (excès de demande globale) et le monétarisme (émission excessive de monnaie) pour identifier une seul et même cause de déficit de la balance : l'inflation, phénomène essentiellement monétaire comme le dirait Milton Friedman. Par conséquent, l'ajustement de la balance des paiements (dont le solde, exprimé par la variation des avoirs extérieurs, est aussi d'essence monétaire) est assuré par des variations des prix intérieurs et du taux de change.

a) Le référentiel théorique et les recommandations du consensus de Washington : une épure séduisante[189] mais impertinente.

Les programmes d'ajustement s'inspirent de la théorie néo-classique et de la doctrine libérale : théorie quantitative de la monnaie, théorie des parités de pouvoir d'achat et théorie des coûts comparatifs[190].

---

[189] Confère annexe 1 pour un exposé détaillé du référentiel théorique. Voir également Hakim Ben HAMMOUDA *: L'économie politique du post-ajustement*, Edition Karthala, 1999.

[190] Moustapha KASSE *: L'Afrique endettée*, Édit. NEAS-CREA, 1992, chapitre1 de la Partie2 pp72-73

La théorie quantitative de la monnaie est invoquée pour expliquer et justifier que tout processus d'inflation est ruineux et entraîne de multiples distorsions qui auront une incidence négative à la fois sur la balance des paiements et sur l'allocation des ressources pour la croissance. Or, la demande excessive de monnaie est la source principale de l'inflation et des difficultés de paiements. Dès lors, les experts du Fonds s'efforcent d'évaluer un agrégat monétaire déterminant dont le niveau dépend à la fois du volume du crédit intérieur, de la dette extérieure et du déficit budgétaire. Ces trois éléments vont alors constituer des variables macro-économiques sur lesquelles il faut agir pour enrayer ou amoindrir l'inflation. Ainsi la limitation du crédit devra avoir une incidence sur les décisions du secteur privé et public. Elle pourra contraindre le secteur public à réduire de ce fait ses déséquilibres. Quant à la restriction de l'endettement, elle doit se traduire par une compression de crédit et un contrôle de ses effets sur l'accumulation interne, car en fait, il faut veiller à ce qu'une dette excessive ne vienne compromettre la réalisation des investissements productifs. Le déficit budgétaire constitue le dernier élément de la demande excessive de monnaie. Ce déséquilibre, pour le Fonds, procède de l'entretien d'une fonction publique pléthorique et surtout, de subventions au secteur public et parapublic.

Ces trois variables macro-économiques seront surveillées strictement et maintenues à des niveaux relativement bas pour empêcher une élévation de la masse monétaire qui serait génératrice d'inflation.

La théorie de la parité des pouvoirs d'achat, quant à elle, montre que l'évolution du change doit refléter le différentiel d'inflation existant entre deux pays. Elle constitue la référence dans l'élaboration des politiques des taux de change et de l'intérêt. Les taux d'intérêt selon le FMI sont souvent maintenus dans les pays en voie de développement à des niveaux bas. Il en résulte alors une érosion et une mauvaise affectation de l'épargne intérieure.

Enfin, c'est à la théorie des coûts comparatifs qu'on fait appel pour justifier la nécessité d'un commerce sans entrave sur la base d'une spécialisation des pays dans les productions où elles ont les meilleures dotations factorielles naturelles, car le commerce extérieur élève la rémunération des facteurs. Il est alors avantageux pour tous les partenaires à l'échange. En conséquence, les pays doivent s'ouvrir aux relations économiques internationales, car l'ouverture des frontières confère les mêmes chances de développement aux partenaires. Les techniciens du Fonds évoquent la théorie des coûts comparatifs pour recommander la promotion des échanges internationaux qui sont un moyen pour réaliser le bien-être mondial.

C'est sur ce fond doctrinal d'apparence très cohérente, que le FMI élabore une politique générale d'ajustement qui a la prétention d'être valable pour tous les pays confrontés à des déséquilibres macroéconomiques. Le caractère universel de ces solutions procède du fait que pour le FMI, le diagnostic permet d'établir pour tous les pays du Tiers-Monde un mal identique : les difficultés de balance des paiements. Ainsi, les économies sont considérées comme des « boîtes noires » qui réagissent de façon uniforme aux mêmes stimulants : prix, taux d'intérêt, taux de change. À partir de tels diagnostics les PAS doivent permettre de parvenir dans un délai raisonnable à une situation de paiements extérieurs équilibrés.

Dès lors, le rétablissement de l'équilibre passe par des modifications structurelles renforçant le rôle du marché dans la régulation de l'économie. Le consensus de Washington va remettre alors en cause toute forme d'interventionnisme étatique et proclamer la suprématie du marché dans l'allocation des ressources.

À partir de cette épure, on saisit mieux les divers enchaînements des réformes préconisées par le FMI pour le rétablissement des grands équilibres[191]. C'est alors à la Banque mondiale que revient la responsabilité de la création préalable d'un cadre institutionnel incitatif et la réforme de tous les centres de pouvoir pour accompagner la mise en œuvre des politiques sectorielles et de la bonne gouvernance. Cette dernière est considérée comme la capacité institutionnelle de gestion des affaires de l'État fondée sur une logique entrepreneuriale et reposant essentiellement sur des principes de transparence, de participation, de responsabilité, d'équité et de probité. Elle est alors une sorte de catalyseur qui doit réconcilier l'efficacité économique et l'équité, l'État et les citoyens et ériger la démocratie comme noyau dur de la participation des individus à la vie de la cité.

Quelle est l'efficience desdites politiques et notamment leur capacité à résorber les principaux déséquilibres en vue de relancer le processus d'une croissance économique soutenue et durable ? Quels sont les enseignements qui découlent de plus de deux décennies d'ajustement au Sénégal.

b) Deux décennies de praxis de politiques d'ajustement structurel au Sénégal.

En 1978, l'économie sénégalaise est entrée dans une crise profonde d'insolvabilité avec une dépréciation profonde de l'ensemble du cadre macroéconomique. Les principaux indicateurs laissaient nettement apparaître les principales caractéristiques suivantes :

- Une stagnation de la production en termes réels ;
- Un déficit chronique de la balance commerciale et des finances publiques ;
- Une détérioration prononcée des avoirs extérieurs nets et d'importantes difficultés de balance des paiements.

---

191 Il existe entre les deux institutions une division des tâches et une collaboration fixée par une directive de 1986. Les attributions ne se chevauchent pas : le FMI a pour responsabilité première l'examen de la politique macroéconomique, alors que la Banque mondiale intervient dans le domaine des réformes structurelles et institutionnelles et dans l'appui aux secteurs privés et publics (voir R.SEROUSSI, *Les nouveaux gendarmes du monde*, Édit. Dunod, 1994)

Selon les IBW, ces déséquilibres, si rien n'était fait, devaient déboucher inéluctablement sur une cessation des paiements de l'État et conséquemment des bouleversements socio-politiques incalculables. Tous les financements extérieurs étaient bloqués. Pour consentir de nouveaux décaissements, les IBW, principaux bailleurs de fonds, vont imposer la mise en œuvre par les pouvoirs publics d'une série de programmes dont l'ensemble constitue le processus d'ajustement structurel de l'économie. Il s'agit chronologiquement :

- du programme de stabilisation à court terme (1979-1980) ;
- du Plan à moyen terme de Redressement Économique et Financier (P.R.E.F.) : 1980-1985 ;
- du Programme d'Ajustement structurel à Moyen et Long Terme (P.A.M.L.T.) : 1985-1992 ;
- du Plan d'Urgence mort-né de 1993 ;
- du Plan Post dévaluation 1994-1998.

Globalement, deux séquences temporelles aux objectifs spécifiques sont à observer quant au contenu des différents programmes ainsi mis en œuvre : le volet de court terme et le volet moyen et long termes.

Au niveau du volet à court terme, on peut observer que, dans la courte période, et en raison de l'ampleur des déséquilibres enregistrés, les autorités nationales ont principalement axé leurs efforts sur la maîtrise de la demande intérieure et son adaptation à l'offre de ressources disponibles. Le but visé était le rééquilibrage de la balance des paiements courants ainsi que celui des finances publiques. Il fallait réduire la pression exercée par le besoin de financement de l'État sur les crédits à l'économie destinés au soutien de la production intérieure.

Dans le domaine budgétaire, le Gouvernement a cherché à comprimer les dépenses courantes, notamment en gelant le recrutement de personnel dans la fonction publique, en initiant des départs volontaires des agents antérieurement en poste, en évitant de remplacer les départs à la retraite et en supprimant la quasi-totalité des subventions publiques. Parallèlement, les entreprises publiques ont été restructurées ou privatisées les et les exemptions fiscales et douanières ont été réduites. Des efforts sont engagés en vue d'améliorer le recouvrement des impôts et de fiscaliser à terme le secteur économique non structuré.

Concernant le volet à moyen et long terme, il est relatif à la mise en œuvre, par le Gouvernement d'une série d'initiatives et de mesures destinées à éliminer les goulots qui étranglent l'appareil de production, libérant ainsi l'offre. Dans ce sens, les programmes d'ajustement vont être orientés à partir de la fin des années 80 vers la recherche de la croissance de l'activité grâce à l'instauration progressive d'une plus grande concurrence intérieure, à l'abaissement du coût des facteurs techniques de production et à la conquête des marchés extérieurs.

Dès 1987, la législation sociale est assouplie à travers la révision du Code du travail qui introduit une forte dose de flexibilité dans les conditions d'utilisation de la main d'œuvre par les entreprises. Sur le plan institutionnel, il est créé un Groupe de Réflexion sur la Compétitivité et la Croissance (GRCC) ainsi qu'une Cellule d'Appui à l'Environnement des Entreprises (CAEE) chargés de mener des réflexions, recherches et études permettant de restaurer et de consolider la croissance économique interne. La création du Guichet Unique s'inscrit également dans le cadre de la mise en place de ce dispositif. Il est destiné à permettre la simplification des procédures de création d'entreprises et d'accélérer celles d'agrément au code des investissements.

L'État accompagne ce mouvement général en favorisant depuis le début des années 90, l'implantation d'entreprises franches, de points francs ainsi que de nouveaux domaines industriels. La dévaluation du franc CFA intervenue le 12 janvier 1994 a, pour sa part, contribué à consolider la relance en cours des exportations, induisant ainsi un retour progressif de la croissance qui a atteint un taux réel de 4,5% en 1995.

De même, le programme de privatisations des entreprises du secteur concurrentiel appartenant anciennement à l'État, partiellement ou en totalité, s'accompagne parallèlement d'un plan de démantèlement progressif de la plupart des monopoles publics dans un contexte d'institution d'une politique-vérité des prix, de suppression des subventions publiques et d'arrêt des mesures protectionnistes.

Incontestablement, le Sénégal a réalisé quelques avancées significatives dans le domaine du redressement économique et financier. L'environnement macro-économique a été assaini dans un cadre institutionnel beaucoup plus indicatif. Cela établit une bonne réputation de solvabilité qui est à la base même de la confiance des Bailleurs de fonds. La gestion de la demande a très fortement atténué le laxisme incompatible avec la croissance. Les aides extérieures se réduisent, la masse salariale est bien maîtrisée et l'Administration fiscale gagne en efficacité et tente de mettre en place un système fiscal plus juste et plus équitable. Cependant, des efforts énormes restent encore à faire, et cela en dehors même des défis sociaux.

Les politiques d'offre qui sont mises en place au niveau des secteurs agricoles et industriels n'améliorent pas substantiellement le niveau de la production et la productivité demeure faible affaiblissant ainsi les bases de la compétitivité de l'économie sénégalaise. Par ailleurs l'équilibre villes-campagnes est encore mal assuré avec une détérioration des prix relatifs des biens échangeables par rapport aux biens non échangeables. Les relations d'interdépendance entre le secteur agricole et le secteur industriel sont faibles ce qui ne facilite pas une bonne circulation des flux réels et monétaires. Des distorsions dans le système de formation des prix subsistent.[192]

II / Les impasses et les failles des Programmes d'Ajustement Structurel (PAS).

Les PAS se sont d'abord donnés comme objectif d'assainir les économies et de restaurer un cercle vertueux de croissance par élimination ou réduction des déficits internes et externes, compression de la demande, suppression des distorsions pour le fonctionnement des marchés, privatisation et promotion du secteur privé. Il est vrai que les modalités des réformes économiques changent considérablement dans le temps, à chaque période va correspondre un paquet de nouvelles mesures réputées capables de promouvoir le développement. Au fur et à mesure que des efforts sont accomplis pour mettre en œuvre ces mesures, apparaissent de façon plus nette ses limites, ce qui suscite le besoin d'une nouvelle réforme plus complexe encore, mais mieux adaptée. En fait la succession des programmes établit que l'assainissement ne finit jamais. C'est cela qui fait dire à Mac KINNON que *« la libéralisation des économies ressemble à la traversée d'un champ de mines ; chaque pas risque d'être le dernier »*.

Manifestement, on peut exhumer des statistiques pertinentes qui montrent que les performances économiques depuis les décennies 1970, 1980 et 1990 sont restées plutôt très médiocres à telle enseigne que la productivité n'a point été améliorée. Il en est résulté une faible compétitivité qui conduit doublement à la massification de l'endettement. La croissance des secteurs productifs a été constamment faible et quelquefois négative conduisant à la baisse de la production par tête d'habitant. Pareille situation débouche toujours sur une rupture des grands équilibres financiers et surtout la montée des secteurs non productifs, c'est-à-dire l'envol de l'informel.

En ce qui concerne le Sénégal, les indicateurs économiques montrent que les résultats obtenus par les programmes d'ajustement structurel sont dérisoires, et ce depuis 1979 : les besoins de financement public et extérieur sont tout juste stabilisés en francs courants, à des niveaux très élevés ; la dette extérieure représente plus de deux ans d'exportation, la dette publique plus de trois ans de recettes fiscales, l'une et l'autre continuent de s'accroître rapidement. La production stagne ou régresse, l'emploi également, alors que les demandes non satisfaites s'accroissent à tous les niveaux de qualification. La concentration des revenus s'est accrue, au détriment de la justice distributive et parfois également de l'efficacité économique, au risque de

---

[192] Les objectifs et les résultats de ces différents plans et programmes sont récapitulés dans un petit document d'annexe.

paupériser et de marginaliser certaines couches nombreuses des populations, à la ville comme à la campagne.

1°) Au niveau de la croissance économique

Si les PAS ont permis à certaines économies d'améliorer et de rétablir leurs déséquilibres macro-économiques, ils n'ont pas réussi, par contre, à initier de nouvelles dynamiques de croissance durable. En effet, dans la période d'application du PREF au Sénégal, l'activité économique est marquée par une évolution erratique ; ainsi, une année de croissance est suivie de deux années de quasi-stagnation, voire de recul de la production conduisant à une baisse moyenne annuelle de 0,6% du PIB / habitant.

Les mêmes contre-performances sont également notées au niveau de la réalisation des objectifs du PAMLT. Malgré de bonnes performances en 1986 (4,5%), en 1987 (4,4%) et en 1988 (4%) le taux de croissance du PIB va connaître quatre années d'évolution instable avec une année de croissance positive suivie d'une autre négative : (-1,40%) en 1989, (3,8%) en 1990, (-0,40%) en 1991, (2,21%) en 1992 et (-2,2%) en 1993.

2°) Les déficits internes et externes.

Si au cours des années 80, la performance macroéconomique s'est améliorée, l'économie sénégalaise a enregistré peu de croissance. Les années 1991-1993 ont été caractérisées par une dégradation du déséquilibre fondamental entre production et demandes internes, se traduisant par de graves déficits budgétaires et des paiements extérieurs ainsi qu'un accroissement rapide de l'endettement extérieur.

L'un des objectifs les plus constants de l'ajustement est de promouvoir une croissance tirée par les exportations et l'investissement. Les exportations sénégalaises revêtent deux caractéristiques majeures : la faible valeur ajoutée des principaux produits exportés et leur forte concentration. En effet, elles portent essentiellement sur les produits halieutiques (avec 33% des exportations de marchandises), les engrais et l'acide sulfurique (13%), les produits arachidiers (6%), le phosphate et le tourisme.

La persistance des contraintes structurelles et la faible part des exportations non traditionnelles expliquent pourquoi l'économie sénégalaise n'a pas tiré un meilleur parti de la politique de libéralisation mise en œuvre dans les années 80 et 90. Les mêmes causes expliquent également l'absence de profits issus des gains de compétitivité résultant de la dévaluation du franc CFA. Compte tenu de la faible progression des exportations (dont le niveau stagne à environ 21% du PIB depuis la dévaluation) et la rigidité à la baisse des importations (environ 27% du PIB), la balance commerciale et celle des transactions courantes demeurent structurellement déficitaires respectivement de –6% et –2% du PIB en moyenne.

Malgré la croissance en volume des exportations et la baisse des importations, la détérioration des termes de l'échange (chute de plus de 20% des prix moyens des produits arachidiers, inflation de 13%) conduit en 1979 à un double déficit commercial de 50 milliards de FCFA et de la balance des paiements de l'ordre de 19 milliards de FCFA. Quant aux avoirs extérieurs, ils se sont dégradés entre décembre 1978 et décembre 1979 en passant de (– 41,7) milliards à (– 60,4) milliards.

Les résultats du PREF montrent que la position extérieure reste caractérisée par un important déficit de la balance des biens et services non-facteurs durablement supérieur à 10% du PIB et, d'autre part par une dégradation marquée des avoirs extérieurs qui conduit à un déficit persistant de la balance des paiements. Les finances publiques sont aussi marquées par un déficit chronique qui représente encore 8,2% du budget.

Par ailleurs, l'analyse des résultats du PAMLT indique que le taux de couverture des importations par les exportations demeure désespérément inférieur à 75% engendrant par conséquent un déficit permanent de la balance commerciale et une dégradation notable des avoirs extérieurs nets qui atteignent (-274) milliards FCFA en fin 1988. Quant aux finances publiques, même si elles ont connu trois années (1985 à 1988) de réduction de déficit, celui-ci augmente à nouveau en 1988-1989 atteignant près de 36 milliards.

La Banque Mondiale (1993) reconnaît elle-même, que le processus d'ajustement interne suivi au Sénégal n'a même pas donné les résultats modestes visés dans le plan à moyen terme de redressement économique et financier et les documents-cadres de politique économique. Pour devenir compétitif, le Sénégal a tenté de corriger les déséquilibres externes et internes par une compression des dépenses intérieures, un ajustement des prix et salaires, et des politiques commerciales de second choix. Rétrospectivement, il apparaît que la politique déflationniste a conduit à une sévère compression budgétaire et à la réduction des dépenses publiques dans les domaines prioritaires. L'insuffisance des moyens administratifs a sérieusement limité l'efficacité des politiques commerciales qui n'étaient que des expédients, et aucune politique crédible des revenus n'a été mise en place. Le processus d'ajustement interne, qui n'a pas été mené jusqu'au bout, n'a donc pas provoqué la dépréciation nécessaire du taux de change réel et les exportations s'en sont ressenties, l'industrie nationale n'étant pas en mesure de concurrencer les importations, et les investissements privés ont diminué. À l'avenir, le blocage des salaires nominaux, pour maintenir l'inflation nationale au-dessus de l'inflation mondiale et permettre une dépréciation réelle, ne changera pas fondamentalement la compétitivité du Sénégal. Avec un écart annuel de 2 points de pourcentage, il faudrait 15 ans au Sénégal pour réduire les coûts de production relatifs d'un tiers en termes réels. Qui plus est, des programmes d'austérité ne peuvent sérieusement être maintenus pendant un grand nombre d'années consécutives.

3°) Au niveau de la dette.

Les performances des plans et programmes d'ajustement au Sénégal en matière de dette extérieure peuvent être appréhendées comme suit :

- Le service de la dette explose, passant de 27,3 milliards FCFA en 1981 à 60 milliards en 1984 et représentant pour cette même année plus de

40% des recettes ordinaires de l'État. Cette situation va d'ailleurs imposer quatre rééchelonnements successifs pendant le PREF en 1981, 1982, 1983, 1984 ;

- L'encours de la dette publique extérieure ne cesse de croître franchissant la barre des 1000 milliards FCFA en fin 1988 (soit 70% du PIB) et générant un service de plus en plus insupportable pour les finances publiques : 83,2 milliards en 1986-1987, 93,9 milliards en 1987-1988, 100,3 milliards en 1988-1989.

Le Sénégal a bénéficié, ces dernières années, d'un allègement substantiel de sa dette extérieure par de multiples rééchelonnements et remises de dette. Malgré tout, celle-ci demeure un fardeau pour l'économie au point d'hypothéquer fortement le financement de la croissance. L'amélioration du profil de la dette extérieure vient de ce que celle-ci se compose désormais essentiellement de prêts concessionnels notamment auprès des organismes multilatéraux que sont la Banque Mondiale et le FMI. Si le ratio dette/PIB a brutalement augmenté en 1994 en passant de 66,5% en 1993 à 88,6%, il a ensuite diminué pour s'établir à 71,4% environ en 1998, c'est-à-dire nettement en deçà du niveau considéré comme le seuil de solvabilité (150%). De même, le ratio service de la dette/exportations est passé de 23,7% en 1990 à 9,6% en 1998, alors que le seuil à partir duquel la liquidité d'un pays risque d'être compromise est fixé à 20%. Le service de la dette, qui représentait près d'un tiers des recettes budgétaires en 1990, est également descendu à moins d'un cinquième des recettes fiscales en 1998.

4°) les coûts sociaux de l'ajustement structurel.

En fait, les programmes d'ajustement structurel, partout où ils sont appliqués, et quel que soit le résultat ont induit des conséquences négatives sur les dépenses sociales. Aussi bien en matière de revenus, d'emploi, de logement, de santé et d'éducation, les coûts unitaires ont été fortement augmentés.

Selon les analystes du développement, les pays en développement qui ont le mieux réussi à réduire la pauvreté, notamment les pays de l'Asie, ont dû engager très tôt leur transition démographique, mais surtout sont parvenus à fournir des services essentiels de santé et d'éducation à la majorité de la population aussi bien en milieu urbain qu'en milieu rural et ont lourdement investi dans les services sociaux. Or, dans les années 80, on a enregistré au Sénégal une baisse nette de près de 2% des dépenses réelles de santé publique par habitant. Selon la Banque Mondiale, de 1986-87 à 1989-90, les dépenses réelles de fonctionnement du secteur de la santé n'ont représenté que 89% des dépenses budgétisés, alors que pour l'ensemble du budget de l'État, le pourcentage correspondant était de 97%, ce qui semble indiquer que, lorsque des problèmes de liquidité surgissent, le secteur de la santé ne reçoit sa part du budget de fonctionnement qu'après d'autres secteurs. Le montant global des dépenses publiques de santé par habitant, en particulier des dépenses consacrées au matériel et fournitures, est tombé de 0,9% du PIB en 1980 –81 à 0,67% seulement en 1989-90. La qualité des services en a souffert ; entre 1978 et 1986, le nombre de consultations a baissé de 58% malgré une augmentation de la population de 28%, du fait de l'augmentation des coûts des consultations et des soins. Ces détériorations ont des conséquences sur le niveau de vie actuel et futur : la faible productivité et les revenus inférieurs engagent ces familles dans un cercle vicieux de la pauvreté d'une génération à l'autre.

D'ailleurs la pauvreté est devenue progressivement un phénomène de masse. Ainsi de larges couches de la population sont affectées par le phénomène de la pauvreté. Si l'on en croit l'Enquête sur les priorités (ESP) de 1991 et l'Enquête sénégalaise auprès des ménages (ESAM) de 1994, on serait passé en quatre ans d'un tiers (33%) à près de trois cinquièmes (58%) des ménages vivant au-dessous du seuil de pauvreté. Ainsi plus d'un ménage sénégalais sur deux ne dispose pas des ressources permettant un niveau de consommation de 2 400 calories par jour et par équivalent adulte. Pour qualifier la pauvreté, on peut dire qu'elle est rurale et féminine. La pauvreté affecte beaucoup plus les zones rurales où 79 % des ménages, soit quatre ménages sur cinq sont pauvres, contre moins d'un ménage sur cinq à Dakar (DPS). Un des défis majeurs auquel doit répondre le gouvernement est la réduction de la pauvreté qui touche plus de trois cinquièmes de la population.

5°) La non-internalisation de l'ajustement par les acteurs.

« Je dis que la manière dont nous procédons n'est pas fonctionnelle. L'idée que nous puissions décider de cela à partir de 12.000 à 16.000 km d'ici est ridicule... »[193]

« Nous ne sommes même pas capables de savoir si ce qu'on nous propose est bon ou mauvais pour nous »[194]

« Ce que l'on fait pour nous, mais sans nous est peut-être contre nous »[195]

Malgré une longue expérience d'ajustement structurel, les institutions publiques chargées de la mise en œuvre, du suivi et de l'évaluation des programmes sont rarement associées à l'élaboration de ceux-ci, à la définition des objectifs poursuivis et des stratégies à mettre en œuvre. En définitive, le gouvernement impose, sans concertation, des mesures généralement décidées avec les institutions de Bretton Woods, et les autres acteurs de la vie économique et sociale finissent par ne plus faire de distinction entre les choix de l'un et les exigences des autres.

C'est cette perception qui explique qu'un grand nombre d'opérateurs économiques considèrent que les programmes de réforme sont le reflet fidèle des prescriptions de la Banque mondiale et du FMI. Dès lors, ni l'État, ni son administration, ni les opérateurs économiques ne s'approprient les réformes

[193] E.V. JAYCOX, Vice-Président de la Banque Mondiale ; Discours devant la DAC

[194] Mot d'un ministre africain lors d'une Session des IFI.

[195] Lamine GUÉYE, Premier Président de l'Assemblée Nationale sénégalaise

compromettant ainsi leur réalisation. Souvent les mesures qui en découlent sont perçues non point comme des éléments d'une stratégie nationale de développement, mais comme de simples politiques acceptées pour rassurer les bailleurs de fonds en vue d'obtenir les indispensables ressources financières. Les PAS ont une crédibilité à acquérir au niveau des différents acteurs du jeu économique. Elles ne seront internalisées que si ces derniers en acquièrent la paternité.

Évaluant les PAS, E. BERG le père spirituel de ces programmes constate *« qu'il y a un plus grand nombre de preuves de stagnation continuelle que de signes de changement »*. Les raisons qu'il évoque sont à chercher au niveau de l'inefficacité avec laquelle le PAS a été mis en œuvre et le caractère insuffisant des réformes.[196] C'est pourquoi l'ajustement est comme ajourné.

En somme, après deux décennies d'ajustement, on doit s'interroger sur la capacité de ces politiques de sortir les pays de la crise et d'amorcer un processus de croissance saine et durable. Plus de deux décennies d'application et de « règne sans partage » des PAS, la médiocrité des résultats économiques et financiers a amené la Banque mondiale à opérer une évaluation exhaustive et autocritique des politiques mises en œuvre. Elle publie en 1994, le Rapport «*Adjustment in Africa*» qui montre que les rythmes des réformes restent encore faibles et conséquemment, le niveau de la croissance ne permet pas encore une réduction de la pauvreté et une résolution des nombreux problèmes sociaux liés à une démographie galopante et une urbanisation rapide et chaotique, deux phénomènes conjugués qui font exploser la demande sociale.

Le moins que l'on puisse en dire est que ces politiques ont échoué dans ce qui était leur objectif majeur : l'instauration d'un processus vertueux de croissance économique (M. KASSE, 1991). Le caractère globalement décevant des performances enregistrées qui s'accompagnent par ailleurs d'une grave et profonde dépréciation de la situation sociale, provient pour l'essentiel du fonds théorique manifestement inadéquat qui sous-tend le modèle de référence des politiques d'ajustement.

Si elles se sont avérées aussi peu efficaces, c'est parce qu'elles ont, comme le note J.STIGLITZ, confondu les moyens avec les fins : la libéralisation, la recherche des grands équilibres, les privatisations sont prises comme des fins plutôt que comme des moyens d'une croissance durable, équitable et démocratique. Elles se sont « *beaucoup trop focalisées sur la stabilité des prix plutôt que la croissance et la stabilité de la production. Elles n'ont pas su reconnaître que le renforcement des institutions financières est aussi important pour la stabilité économique que la maîtrise des déficits budgétaires*

---

[196] Eliot BERG : *Ajustement ajourné : réforme de la politique économique du Sénégal dans les années 80*, Document ronéoté par l'USAID/Dakar, Octobre 1990. Conférence que l'auteur m'a imposé d'y prendre la parole.

et de la masse monétaire. Elles se sont concentrées sur les privatisations, mais n'ont guère attaché d'importance à l'infrastructure institutionnelle nécessaire au bon fonctionnement des marchés, et particulièrement à la concurrence »[197].

Au demeurant, si les PAS ont permis à certaines économies d'améliorer et de rétablir leurs déséquilibres macroéconomiques, ils n'ont pas réussi à initier de nouvelles dynamiques de croissance durable, suite à l'essoufflement des stratégies d'import-substitution. Par ailleurs, ces réformes se sont traduites par une détérioration des conditions de vie des populations et par un accroissement de la pauvreté. Également, les programmes n'ont pas favorisé la construction de nouvelles normes économiques et sociales pour succéder aux normes en crise. Au contraire, ils ont accéléré la décomposition des normes en crise et approfondi ainsi la régression économique et sociale. Cette crise économique et sociale a eu des conséquences politiques importantes à travers la contestation de la légitimité de l'État. Par ailleurs, le désengagement de l'État et la libéralisation économique se sont traduits par l'émergence, dans la plupart des pays, de nouveaux acteurs politico-financiers qui ont cherché à contrôler l'économie. L'affaiblissement de l'État et son extinction programmée dans certaines régions ont conduit parfois au développement de la corruption et à la constitution de fortunes sur la base de situation de rente.

III/ Que faire aujourd'hui ?

Il faut cesser de prêcher un ultralibéralisme que nous ne pratiquons pas et n'avons jamais pratiqué aux premières heures de notre développement.

Louis EMMERITZ[198]

Les nombreuses évaluations critiques de l'ajustement menées par des chercheurs universitaires (T.MKANDAWIRE, Samir AMIN, Ben HAMMOUDA, M.KASSE, M.DIOUF, etc.) ont abouti à l'exigence de trouver de meilleures réponses techniques mieux chevillées à la réalité[199]. C'est le thème du nouveau discours sur le *« post-ajustement »* dont l'un des points de départ est la réfutation des PAS au double niveau de leur pertinence et de leurs performances. Il faut alors se garder de vouloir maintenir des recettes magiques fondées sur un fétichisme économique douteux et qui, de surcroît, entraîneraient des coûts socio-politiques énormes. En acceptant tout simplement qu'il n'existe pas de "modèle universel", hors de l'espace et du temps, c'est à dire valable en tous lieux et en tout temps, les IFI doivent au minimum admettre une mise en compétition des méthodes et des modèles.

---

197 STIGLITS J., *« Vers un nouveau paradigme pour le développement »,* Revue économique Politique n°5 pp 6-39.

198 Louis EMMERIRIJ : *Nord-Sud : la grenade dégoupillée.*

199 Moustapha KASSE et H.B. HAMMOUDA *: Repenser Bretton Woods : les réponses africaines,* Edt. Karthala, 2002

En conséquence, Il importe de trouver des alternatives en évitant de tomber dans des propositions de stratégie de développement dépourvues de réalisme et qui seraient alors vouées à l'échec. Cela impose simplement d'enclencher un processus de réflexion stratégique sur les conditions fondamentales d'un développement, conçu comme un projet émancipateur multidimensionnel, c'est-à-dire au plan économique, technique, social, politique, culturel et de genre. Si l'on veut aller plus loin que de simples réformes des réformes, il faut mener des réflexions pour chercher un modèle alternatif tourné vers une nouvelle croissance économique sans laquelle il n'existe pas de marge de manœuvre. Les axes essentiels tourneraient autour de

- l'assainissement du cadre macroéconomique pour retrouver les grands équilibres ;
- la définition d'objectifs strictement économiques qui permettent de s'engager dans la voie d'un développement durable et d'échapper au piège de la pauvreté ;
- la restructuration des institutions de gouvernance et la reconstruction de l'État en vue de la création d'un environnement institutionnel plus incitatif pour les politiques de développement ;
- la promotion du secteur privé et des investissements directs étrangers ;
- la mise en œuvre de politiques sectorielles pertinentes dans le cadre d'une estimation réaliste de la dotation en ressources naturelles et qui accordent à l'agriculture et aux technologies un rôle moteur dans la réalisation de la croissance ;
- l'élaboration de politiques publiques efficaces d'allocation optimale des ressources en faveur des activités productives ;
- choix d'une politique de redistribution des revenus qui maximise les potentialités endogènes de développement ;
- la réhabilitation de la planification du développement économique et social ;
- la mobilisation de la communauté internationale dans le cadre d'un nouveau partenariat qui accroisse les ressources financières à long terme et les investissements privés directs étrangers ;
- l'implication de la société civile dans l'élaboration et l'exécution des projets.

Une telle stratégie de développement centré sur l'être humain : est mieux à même de répondre aux besoins fondamentaux réels exprimés par les peuples[200]. L'expérience de l'Afrique a été assez édifiante sur la faillite du

[200] Une grande attention scientifique doit être prêtée aux réflexions novatrices de P.ENGELHARD pour faire de l'économie populaire la base économique ce qui passe par une réduction des coûts des biens et services de base pour améliorer le bien-être des populations. Voir, « L'Afrique miroir du monde » qui est un plaidoyer pour une nouvelle économie politique.

modèle néoclassique imposé comme un modèle clé en main. Plus l'on parle de taux de croissance, plus la pauvreté se répand. Or à quoi sert une "croissance" qui broie les êtres humains et accroît la misère et l'exclusion ? La conclusion coule de source.

CONCLUSION : Mille fois répétées : ces politiques imposées avec un aveuglement et un autisme absurde, ont fortement contribué, la preuve par mille, au retard du développement.

Au cours des vingt-cinq dernières années, les IBW, le Fonds monétaire international (FMI) et la Banque mondiale ont conditionné leur aide financière aux pays africains en difficulté à la mise en œuvre de programmes de réformes libérales. Certains pays ont ainsi suivi ce genre de politiques sur une période allant de dix à trente ans, un espace de temps suffisamment long pour juger de la pertinence du projet: FMI et Banque mondiale n'ont pas réussi à imposer le libéralisme économique aux pays dans lesquels ils sont intervenus comme en atteste la réponse claire de ce dossier. La légitimité communicationnelle de la décision des IBW l'a emporté sur leur légitimité scientifique. Leurs décisions ont un contenu politique d'autant plus sensible qu'ils en découlent des conséquences financières importantes. En clair, leurs analyses et leurs décisions relèvent moins du jeu de la vérité scientifique que du jeu politique. La valeur médiatique estompe dans le monde contemporain leur valeur de vérité.

À l'issue de cette conférence, j'avais présenté, á la demande des autorités gouvernementales, sept (7) recommandations résumées avec en moins les tableaux statistiques comme suit :

1. **Évaluer et réviser de fond en comble les pas qui ont produit des résultats catastrophiques**: Tout est dit lors de la conférence sur les résultats catastrophiques des PAS. En un mot, ces politiques ont représenté deux décennies (1979-2000) perdues du développement économique et social
2. **Redéfinir le rôle stratégique de l'ÉTAT** : Dans le cadre d'une nouvelle stratégie de développement nous devons abandonner le mythe d'une société capable de s'autoréguler par les seules forces du marché. En effet, dans l'histoire, les sociétés humaines ont cherché à définir des normes et des institutions dont la fonction essentielle réside dans la régulation des intérêts contradictoires. L'État a été de ce point de vue une importante institution de régulation économique et sociale.
3. **trouver de nouvelles sources de croissance.** La nouvelle dynamique de croissance à mettre en place doit s'inscrire dans la même logique d'articulation entre les secteurs exportateurs et les secteurs liés au marché interne. En ce qui concerne les secteurs exportateurs, l'action doit être double. D'abord, il faut rationaliser les segments exportateurs du secteur textile afin d'en tirer meilleur profit. Mais, il faut également favoriser une remontée de filières pour ce secteur. En ce qui concerne, les secteurs liés au marché interne un effort doit être effectué afin de rationaliser les secteurs agro-alimentaires et de construction. Mais, un effort de développement doit toucher la filière métallique et mécanique afin d'élargir la gamme des produits destinés au marché interne mais également à l'exportation. Une stratégie de développement ayant pour objectif de mettre en place ces nouvelles priorités devrait permettre le développement d'une nouvelle dynamique de croissance

4. **équilibrer marché interne / marché externe** : Une nouvelle stratégie de développement devrait privilégier une complémentarité entre les secteurs exportateurs et les secteurs liés au marché interne. Il serait dangereux et illusoire de penser que le marché externe puisse remplacer les dynamiques internes dans la croissance économique. En effet, depuis le début des années 90, l'économie mondiale connaît une forte récession. Nos partenaires européens ont été les plus touchés par cette conjoncture morose du fait des politiques de désinflation compétitive appliquées par ces pays depuis la fin des années 80. Si dans ce contexte, nous lions définitivement notre croissance à l'économie mondiale nous courons le risque de vivre la même conjoncture récessionniste. Or, si nous continuons à préserver les mécanismes internes de la croissance (demande privée et demande publique) nous pourrons faire face aux risques de récession qui règnent de nos jours sur l'économie mondiale. Ainsi, il est nécessaire de préserver cette articulation étroite entre le marché interne et le marché externe dans les dynamiques de croissance au Sénégal.
5. **Répartition équitable des revenus en faveur de l'équilibre social.** Or, ce contexte a beaucoup changé aujourd'hui. En effet, l'État diminue de plus en plus son intervention en matière de subvention des produits de base ce qui entraîne une hausse des coûts de la force de travail. Par ailleurs, les gains de productivité ont diminué ce qui veut dire que toute hausse salariale aurait des conséquences importantes sur les coûts de production des entreprises.
6. **Adopter une politique vigoureuse de promotion des nouvelles technologies** : Un nouveau paradigme technologique est aujourd'hui en train de naître et d'émerger dans la plupart des pays développés. Ce système s'articule autour de l'utilisation de la micro-électronique et de l'automatisation des systèmes de production, des biotechnologies et des nouveaux matériaux. L'utilisation de ces nouvelles technologies est en train d'opérer d'importantes modifications dans les organisations productives comme dans les relations économiques Nord-Sud. En effet, l'automatisation réduit la place du travail dans le processus productif et diminue les avantages des coûts de main d'œuvre faible. Les biotechnologies remplacent de plus en plus certains produits qui jusque-là étaient fournis exclusivement par certains pays sous-développés. Enfin, les nouveaux matériaux pourraient à terme remplacer certains produits miniers et diminuer la dépendance des pays développés vis-à-vis des pays du Tiers-Monde. Ainsi, les nouvelles technologies sont en train d'opérer une nouvelle configuration des échanges et des systèmes productifs au niveau international. De ce point de vue, la maîtrise des nouvelles technologies devient une question centrale pour toute stratégie de développement.
7. **S'orienter vers un nouveau système de formation-emploi qui dépasse le paradoxe du système éducatif actuel où l'enseignement technique qui devrait normalement former plus de la moitié des hommes actifs compte dix fois moins, que l'enseignement général, qui prépare dix fois moins d'emplois.**

Un important effort a été effectué dans le domaine des nouvelles technologies dans un double objectif : favoriser l'accès des entreprises à ces nouvelles innovations et structurer un nouveau système de formation capable d'assurer un accès rapide des jeunes aux nouvelles technologies. En effet, les écoles d'ingénieurs se sont multipliées et ont été renforcées par d'autres écoles supérieures d'enseignement technologique. Face à cet important travail effectué, il est nécessaire aujourd'hui de donner une plus grande cohérence aux différentes activités de formation et de leur assurer une plus grande adéquation avec les besoins en matière d'emploi des entreprises.

THÈME 20 – LES CONTRAINTES EXTÉRIEURES DU SÉNÉGAL. PEUT-ON SE DÉVELOPPER EN IMPORTANT SANS EXPORTER ?

Par Professeur Moustapha KASSE

Intervention réalisée au Ministère des Finances, de l'Économie et du Plan.

INTRODUCTION

Au lendemain de son indépendance, l'économie sénégalaise bénéficiait en guise d'héritage de l'AOF (Afrique Occidentale Française), d'infrastructures relativement modernes et d'un certain niveau d'industrialisation capables de lui assurer un bon décollage économique par rapport aux autres colonies africaines et asiatiques. Mais malheureusement ces avantages n'ont pas été bien exploités par le Sénégal. En effet, l'économie sénégalaise s'est essentiellement tournée vers une agriculture coloniale de traite au détriment de la production céréalière locale engendrant ainsi une explosion des importations de produits alimentaires.

Au niveau industriel, il faut noter que même si le Sénégal disposait d'un certain avantage dans ce domaine, l'industrie était essentiellement alimentaire, peu dynamique et tournée vers le marché intérieur. Elle était totalement contrôlée par l'état et son niveau de développement embryonnaire nécessitait des importations de biens manufacturés en provenance des pays développés.

En 1978, l'économie sénégalaise est entrée dans une crise profonde avec l'apparition de nombreux déséquilibres principalement au niveau du cadre macroéconomique. La conséquence sur le tableau d'ensemble de l'économie reflète des tendances de déséquilibre structurel :

- le PIB moyen en termes réels est de 2,1% inférieur au croît démographique (2,7%);
- le taux de consommation finale est très élevé dépassant 100% ;
- le taux d'investissement relativement faible tourne autour de 15% ;
- le déficit budgétaire est très important et représente près de 12% du PIB, avec une masse salariale absorbant plus de 50% des recettes courantes ;
- la dette extérieure représente 32% des exportations en 1979/80 ;
- le déficit commercial est devenu insupportable (125 milliards en 1981);
- l'inflation est élevée en raison du choc pétrolier et des politiques expansionnistes du crédit.

Le niveau élevé des importations en produits alimentaires et manufacturés a inévitablement été à l'origine du déficit commercial du pays et du solde négatif de sa balance des paiements dès lors que les flux de capitaux ne suivaient pas. Pour remédier à ces déficits prolongés et chroniques, l'État a dû recourir à l'endettement public extérieur. Le poids de la dette extérieure du pays s'amplifiera non seulement sous l'effet des difficultés budgétaires de l'État, mais aussi à cause de la facilité avec laquelle les pays pouvaient s'endetter grâce à la disponibilité des pétrodollars provenant des chocs pétroliers des années 1970. Et l'usage peu efficient de ces capitaux finira de plonger le pays dans une crise sévère de la dette (son service était passé de 11 milliards à 43,8 milliards de francs CFA) qui a nécessité plusieurs mesures de politiques économiques connues sous le nom de politiques d'ajustement structurel.

Pour juguler ces déséquilibres macro-économiques, le Sénégal s'est engagé depuis 1979 dans un processus d'ajustement ordonné de son économie. Ce choix dépendait de la mise en œuvre de programmes économiques et financiers pour les périodes 1979-1991 et (1994-2000) avec les IBW. Les objectifs fondamentaux assignés à ces programmes étaient le rétablissement des grands équilibres, la maîtrise de l'inflation et la réalisation d'une croissance économique saine et durable.

Aujourd'hui la globalisation des échanges qui s'est approfondie dicte les règles de conduite à suivre par les nations. On ne choisit pas la mondialisation, on s'y conforme. Les nations qui s'y refusent (Corée du Nord, Cuba…) sont systématiquement mises en ermite avec des conséquences que l'on sait pour les populations. Le Sénégal dont l'option est de poursuivre sa quête du développement dans un environnement mondialisé, doit irrémédiablement se mettre dans le moule des nations émergentes : transformations structurelles de son économie et surtout mise en œuvre de politiques adéquates tenant fortement compte des comportements stratégiques du reste du monde. Il ne s'agit plus de déterminer ses actions en fonction d'optimum simple, mais en fonction des contraintes imposées par la mondialisation. Dans ces conditions quels types d'actions publiques à mener pour un Sénégal gagnant dans la mondialisation ? La résolution d'un tel problème semble s'apparenter à un exercice de comparaison de la batterie de politiques économiques recommandées dans les théories économiques du développement. Ce faisant nous nous orienterions vers un débat dont la pertinence était notoire dans les années 1950-1960, mais que la mondialisation a rendu caduc, du fait que les champs de la compétition n'a de limites que celles de la terre. Le reste du texte s'articulera comme suit : mode d'organisation socio-économique au Sénégal dans une première partie, ensuite nous nous attarderons sur les contraintes et ajustements à l'économie mondiale, la troisième partie montrera comment le Sénégal a tenté de construire une économie tirée par les exportations sans succès, la balance des paiements nous servira de loupe pour mieux apprécier les relations économiques du Sénégal avec le reste du monde dans la quatrième partie, enfin il sera question des perspectives pour une meilleure participation à l'économie et les instruments nécessaires pour les saisir seront traités dans la cinquième et sixième partie.

I/ Le modèle d'organisation socio-économique de l'économie sénégalaise.

1°) Économie sénégalaise : caractéristiques et évolution.

On ne peut rien comprendre à l'évolution de l'économie sénégalaise si on ne la replace dans son contexte historique. L'étude de l'économie politique de l'agriculture coloniale organisée autour de la monoculture arachidière avait débouché sur une tendance lourde : la modification des structures paysannes et l'introduction des petites technologies n'ont pas été accompagnées par une amélioration des rendements agricoles et une augmentation de la productivité. Le mode de valorisation a progressivement inséré le secteur indigène à l'économie mondiale (échanges) sans être réellement intégré à son schéma de production aux normes réputées productivistes.

Par ailleurs l'impérieuse nécessité d'approvisionner les industries de la métropole en matières premières d'origine agricole d'une part et la recherche de débouchés extérieurs en vue d'écouler sur des marchés captifs, les excédents de produits manufacturés métropolitains d'autre part, ont inéluctablement conduit à l'abandon progressif des cultures vivrières, principalement au profit des cultures de rente. Corrélativement, la production céréalière, jadis abondante, va être progressivement supplantée par des importations de biens alimentaires. Ainsi s'amorce et s'approfondit la double extraversion structurelle qui caractérise l'économie sénégalaise contemporaine : extraversion du système productif orienté essentiellement orienté vers la satisfaction prioritaire de la demande extérieure et celle de la structure de consommation marquée par des importations massives de produits alimentaires et de biens manufacturés non localement fabriqués.

Le consensus général qui s'est formé pour dater le déclenchement de la crise économique et financière s'appuie sur des indicateurs macroéconomiques, mais qui sont insuffisants pour traduire le constat des déséquilibres quasi permanents et l'impuissance des différentes réformes entreprises par les Programmes d'Ajustement Structurel (PAS) sur une période de trois décennies. Ces déséquilibres s'inscrivent dans des tendances lourdes historiques caractéristiques du modèle traditionnel de fonctionnement de l'économie. En d'autres termes, les racines des difficultés actuelles de l'économie sont donc à rechercher plus loin, au-delà des chiffres de conjoncture, au sein même du système d'organisation socio-économique.

De quelque côté que l'on mène l'analyse, il apparaît que le modèle de base de l'économie sénégalaise peut être identifié par quatre traits caractéristiques qui établissent la prééminence des variables liées à l'extérieur :

- une forte sensibilité de la croissance du PIB aux variations de la production et de l'exportation des produits du secteur primaire;
- une répartition inégale du revenu national, au profit surtout des consommateurs urbains ;

- un emploi insuffisamment productif du PIB et des apports extérieurs
- une vulnérabilité croissante de l'économie à l'égard des variables exogènes (climat, cours mondiaux, taux d'intérêt, etc.), résultat pour partie des trois caractéristiques précédentes.

2°) Bilan des politiques d'ajustement structurel.

Le Sénégal, après plus de deux décennies d'ajustement et de stabilisation, apparaît comme un laboratoire en la matière. Pour juguler ces déséquilibres macro-économiques, le Sénégal s'est engagé depuis 1979 dans un processus d'ajustement ordonné de son économie. Ce choix dépendait de la mise en œuvre de programmes économiques et financiers pour les périodes 1979-1991 et (1994-2000) avec les institutions de Breton Woods. Les objectifs fondamentaux assignés à ces programmes étaient le rétablissement des grands équilibres, la maîtrise de l'inflation et la réalisation d'une croissance économique saine et durable.

Dès lors il est important de passer en revue la portée de ces politiques. Les objectifs de ces plans d'ajustement et de stabilisation ont été bâtis autour de grands programmes :

a) La phase de stabilisation (1979-84).

Elle est caractérisée par le programme de stabilisation à court terme sur la période (1979-80) considérée comme un plan d'urgence de stabilisation de la détérioration des agrégats macro-économiques. Ce programme est suivi d'un plan de redressement économique et financier (1980-1984) avec comme objectifs précis : l'équilibre des finances publiques, des échanges extérieurs et des marchés de l'emploi ainsi que la maîtrise de l'inflation dans le cadre de la maîtrise de la demande globale.

Les résultats furent mitigés, car la croissance moyenne par an du PIB s'est établie à 1,6%, en deçà de la croissance démographique estimée à 2,7%, en raison notamment d'une évolution fortement marquée par le comportement erratique des conditions climatiques.

b) Le programme d'ajustement à moyen et long terme (1985-1991).

Le document-cadre de politique économique et financière soumis au Groupe consultatif pour le Sénégal en décembre 1986 marque une rupture dans l'approche de l'ajustement. En effet, le programme d'ajustement à moyen et long terme 1985-91, appelé à maintenir les acquis obtenus dans la réduction de la demande, a été centré sur la promotion des exportations et la mise en œuvre des politiques sectorielles. C'est à ce titre qu'ont été adoptés les Nouvelles Politiques Industrielles (NPI) en juillet 1986, le désengagement de l'État dans les activités marchandes en 1987 ainsi qu'une nouvelle approche en matière d'investissements. Aussi le système des incitations industrielles a été révisé afin de rendre le secteur plus compétitif sur les marchés intérieurs et extérieurs.

Les résultats : L'activité économique en termes réels a cru de 2,9% en moyenne entre 1985 et 1991 soit un taux légèrement supérieur au croît démographique. Le solde budgétaire est passé d'un déficit de 5,7% en 1985/86 à 1,1% en 1990/91 avec un poids réduit de la masse salariale de la Fonction publique qui représente 41% des recettes courantes. Les arriérés de l'État sont passés de 45 milliards en 1985/86 à 10 milliards au 30 juin 1991. Le solde courant extérieur ne représente que 3,6% du PIB en 1991. Les avoirs extérieurs se sont améliorés nettement de 43,8 milliards entre décembre 1985 et décembre 1991. Il en est de même pour la position nette du gouvernement qui s'est améliorée de (20,8 milliards sur la période) limitant l'effet d'éviction que l'État suscitait en recourant massivement au système bancaire.

En dépit du programme d'ajustement à moyen et long terme (PAMLT), le Sénégal demeurait confronté à des problèmes d'ordre structurel. Non seulement la structure des finances publiques révélait une précarité dans les améliorations, mais la balance commerciale se caractérisait toujours par une rigidité des importations et des exportations.

Globalement, les résultats n'ont pas pu restaurer la capacité financière de l'État. Par ailleurs, le taux de change effectif réel s'est substantiellement apprécié, entravant sérieusement la compétitivité de l'économie. La conséquence de tous ces facteurs qu'on retrouvait dans la plupart des pays de l'UMOA sera la dévaluation du F CFA de 50% en 1994.

c) le programme post-dévaluation (1994-2000).

Il s'inscrit dans la logique de l'approfondissement de l'ajustement. Mais il bénéficie de la dévaluation du franc CFA de 50%. Avec le changement de parité du franc CFA intervenu le 12 janvier 1994, le Gouvernement du Sénégal s'est engagé dans la voie de l'ajustement global avec comme principal objectif l'amélioration de la compétitivité de l'économie dans le cadre d'une croissance économique durable.

La nouvelle stratégie est basée sur la mise en œuvre d'une série de programmes d'ajustement et de réformes économiques en vue de rétablir les conditions d'une croissance durable et d'assurer la viabilité extérieure et intérieure, notamment par la mise en œuvre de réformes de libéralisation de l'économie, de réduction de la taille du secteur public, de promotion du secteur privé et de maîtrise de l'inflation.

Pour ce faire, le Gouvernement a mis en œuvre depuis 1994, un programme d'ajustement macro-économique et de réformes structurelles. Ce programme a été appuyé par le Fonds Monétaire International (FMI) dans le cadre d'un arrangement de trois ans (1994-1997) au titre de la facilité d'ajustement structurel renforcée (FASR) qui a été approuvé le 29 août 1994. Le troisième et dernier accord annuel au titre de cet arrangement a été approuvé le 13 janvier 1997 et a expiré le 12 janvier 1998.

Un second arrangement de Facilité d'Ajustement Structurel Renforcée (FASR) d'une durée également de trois ans (1998 — 2000) a ensuite été approuvé. Depuis décembre 1999, le document-cadre est remplacé par un « Document de Stratégie de réduction de la Pauvreté et de Croissance ».

II/ Les contraintes extérieures et l'ajustement à l'économie mondiale.

1°) Caractérisation de la mondialisation inéluctable.

D'après BOYER (1997) la mondialisation "économique" se caractérise par un accroissement des mouvements d'échanges marchands, mais aussi des investissements productifs : la globalisation de la production, la mondialisation financière et la perte d'autonomie des États-nations. La mondialisation revêt aussi une dimension politique et institutionnelle. Cet aspect intègre le rôle très actif des grandes institutions de la "gouvernance mondiale" (OMC, FMI, BM... et G7), mais aussi les décisions politiques majeures du gouvernement des USA. À ce titre se raccrochent les nouvelles politiques issues de la fin de l'affrontement Ouest/Est depuis la chute du mur de Berlin, allant de "tempête du Désert" (guerre de Bush père) à la guerre totale et préventive (de Bush junior).

La mondialisation présente un caractère de contrastes et de paradoxes. Les statistiques des Organisations internationales montrent que jamais le monde n'a disposé d'autant de techniques et n'a produit autant de richesses, pourtant, jamais elle n'a produit autant d'inégalités et de pauvreté révélant ainsi la marque d'une humanité socialement duale.

À défaut d'un consensus sur la définition, les pratiques et les tendances de l'économie mondiale, dans sa double sphère réelle et monétaire, laissent apparaître une triple interdépendance que l'on pourrait qualifier de mondialisation. Essayons de cerner de plus près ces interdépendances pour bien en mesurer toutes les conséquences à la fois sur les économies et sur les différents acteurs :

- L'interdépendance par la production se caractérise par une décomposition internationale des processus productifs qui s'appuie sur un réseau de filiales ou de sous- traitants et le nomadisme de segments entiers des appareils de production selon la logique des avantages comparatifs ;
- L'interdépendance par les marchés qui se traduit par la disparition des frontières géographiques, l'abaissement des barrières tarifaires et non tarifaires qui accélère alors les échanges commerciaux ;
- L'interdépendance financière qui procède d'une interconnexion des places financières mondiales fonctionnant vingt-quatre heures sur vingt-quatre grâce à la conjugaison de trois éléments que sont la déréglementation, le décloisonnement des marchés et la désintermédiation ;
- L'interdépendance par les Nouvelles Technologies de l'Information et de la Communication (NTIC) qui, avec les transports, intensifient la mobilité et la flexibilité des capitaux, des biens, des services et des personnes.

Ce sont ces interdépendances qui déterminent les relations entre les différents acteurs du jeu économique, financier, politique et social mondial.

Les États doivent avoir une perception claire de cette configuration mondiale pour en évaluer les coûts et les opportunités par des politiques économiques et financières appropriées. Il faut savoir vivre dans la mondialisation.

2°) Le Sénégal dans l'espace mondial.

L'impact de la mondialisation peut se lire à partir de la balance des paiements qui peut exprimer parfaitement les gains ou pertes de l'ouverture. Le développement des exportations est une nécessité évidente pour des pays en développement tout d'abord parce qu'elles sont l'instrument qui permet d'accroître la capacité d'importation et de remédier aux pénuries en devises. Selon LINDER, trois types d'importation sont utiles pour un pays lancé sur le sentier du développement qui ne peut produire ces biens eux-mêmes : les importations de fonctionnement, les importations de remplacement et les importations d'expansion. Le commerce international permet aussi des gains statiques d'allocation des ressources et des gains dynamiques (économies d'échelle, transferts de technologie) décrits par les théories néo-classiques du commerce international. La théorie keynésienne ajoute l'effet multiplicateur du commerce extérieur sur la production et l'emploi.

La balance des paiements révèle trois variables déterminantes de la croissance d'une économie nationale comme celle du Sénégal. On peut donc se fonder sur le niveau de ces variables pour cerner l'impact de la mondialisation. Il s'agit : des flux d'investissement qui forment les IDE ; des échanges de biens et services qui déterminent le niveau de la balance commerciale ; de l'apport des Technologies dont les Technologies de l'Information et de la Communication (TIC) qui conditionnent les innovations donc la productivité et la compétitivité.

Sur le premier point, l'analyse des marchés financiers a montré les principales directions qu'empruntent les capitaux : les IDE qui propulsent la croissance dans les pays les moins favorisés et réduisent le chômage ont tendance à converger vers les pays offrant les rendements plus élevés et la meilleure sécurité.

En dépit des avantages qu'il incarne par le biais des effets multiplicateurs, les IDE restent insuffisants au Sénégal pour favoriser une croissance assez significative et une réduction du chômage pour ainsi rompre le cercle vicieux de la pauvreté. Les raisons sont multiples et tiennent pour l'essentiel à l'insuffisance des incitations fiscales et institutionnelles et l'instabilité politique dans certaines localités du pays (en l'occurrence la Casamance). À cela quelques problèmes de gouvernance.

Sur le second point relatif aux échanges internationaux, la libéralisation du marché s'opère avec le démantèlement de toutes les protections et diverses barrières conformément aux accords de l'UEMOA avec la mise en place du Tarif Extérieur Commun (TEC). La conséquence immédiate a été l'explosion des importations et les difficultés des secteurs exposés à la concurrence. Cette situation reste plus manifeste au niveau des produits agricoles qui, rappelons-le, occupent plus de 60% de la population active. Ce secteur reste tributaire des aléas climatiques, de la pauvreté des sols, de l'insuffisance des intrants et du caractère vétuste et rudimentaire des outils de production. Les transferts internationaux de technologie et de pratiques culturales ne lui ont guère profité. Au contraire l'agriculture sénégalaise subit le poids de la concurrence internationale et la dégradation quasi permanente des cours mondiaux. C'est pourquoi sa contribution au PIB a même baissé passant de 23,7% en 1979 à 17,4% en 2003.

Le troisième point concerne l'apport des technologies qui peuvent présenter une grande profitabilité de l'insertion à l'économie mondiale. Les énormes progrès techniques et l'extraordinaire accroissement de la circulation des connaissances ont donné naissance à des mutations profondes à l'échelle des systèmes productifs et du travail. Les TIC sont devenues la clef de voûte de la nouvelle compétition internationale.

Désormais, le Sénégal, à l'instar des autres pays du continent africain, n'est plus à l'écart de la révolution de l'information et des communications. Avec un taux de croissance de 36 %, l'Internet se répand en Afrique à une vitesse deux fois supérieure à la moyenne mondiale. Ceci est soutenu par un partenariat international solide et diversifié qui tente de se servir des NTIC comme une nouvelle chance pour accélérer le développement économique et social de l'Afrique.

Il reste qu'en Afrique aucun pays n'a encore pu inverser de façon probante les tendances à l'appauvrissement à grande échelle. P. ENGELHARD a bien raison de croire que « selon toute vraisemblance, les pays pauvres- ou abritant une importante proportion de pauvres- n'ont que deux issues : soit faire le pari très risqué qu'une croissance longue permettra aux pauvres d'avoir accès à des services de base dont le coût et la qualité sont ceux de la modernité occidentale, soit faire le pari qu'ils peuvent rapidement avoir accès aux services de base à un coût beaucoup plus faible, mais selon des techniques et des modes d'organisation qui diffèrent de ceux de pays riches ».

3°) Les contraintes extérieures révélées par la balance courante.

L'un des objectifs assignés à la dévaluation du FCFA en 1994 est d'accroître la compétitivité des pays utilisant cette monnaie. Avant 1994, le Sénégal se retrouvait dans une situation de recul de ses exportations du fait du coût trop élevé sur le marché mondial. Le réajustement de la parité du FCFA constituait alors un facteur qui tendait à corriger les handicaps cumulés pendant plus d'une décennie d'ajustement non assortie d'une politique adéquate de change, ce qui pénalisait les exportations, lesquelles étaient ciblées comme devant tirer désormais la croissance. D'après l'analyse de la courbe en J, on devrait aboutir à moyen terme à la résorption du déficit courant pour aboutir finalement à un compte courant excédentaire. Malheureusement les fruits n'ont pas tenu la promesse des fleurs et plus de dix ans après le déficit extérieur est toujours d'actualité.

a) La facture alimentaire : quand les deltas asiatiques nourrissent le Sénégal.

Le tableau suivant montre une croissance continue des importations des produits vivriers entre 1992 et 1998. En effet de 91,9 milliards en 1992, les importations alimentaires sont passées à 195,1 milliards de FCFA en 1995 pour atteindre 198,7 milliards en 1998. De plus un rapport de la BCEAO de 2001 a montré que le niveau des importations alimentaires a progressé de 25,7% par rapport à 2000. Cette évolution des importations est surtout due à un effet prix. Les prix du blé et du riz ont augmenté dans des proportions élevées, doublant voire même triplant. Toutefois il y a un effet volume, mais ce dernier est relativement faible surtout pour le sucre.

Le schéma ci-dessous, montre que les importations de produits alimentaires ont connu une croissance extraordinaire entre le 1er trimestre 2004 et le 3è trimestre 2005. Le recul de la production agricole et vivrière en général et vivrier en particulier accompagné de la hausse du pouvoir d'achat des ménages sénégalais sont à l'origine de cette hausse, qui du reste explique en partie l'aggravation du déficit précédemment évoqué.

b) La facture pétrolière pour un pays pauvre, pauvre en pétrole.

La facture pétrolière n'est pas non plus en reste quant à la persistance du déficit extérieur du Sénégal. En effet (et comme le montre le tableau ci-dessous), les importations de produits pétroliers ont évolué de manière progressive entre 1992 et 1998, elles étaient de 39,7 milliards de FCFA en 1992 elles ont presque triplé en 1997. Une baisse a été enregistrée en 1998, mais la facture reste toujours élevée. Comme pour les produits vivriers, c'est aussi l'effet prix qui explique en grande partie cette évolution des importations.

Selon le rapport de la BCEAO (2001), la facture pétrolière, qui s'est établie à 242,5 milliards de FCFA en 2000, a connu une baisse de 4,2% s'établissant ainsi à 232,4 milliards en 2001. Et toujours selon ce rapport cette baisse est due à la baisse du cours du baril (qui est passé de 28,2$ en 2000 à 24,3$ en 2001).

Sur la période 2004-2005, les importations ont connu également une tendance haussière. Les bonnes performances de l'économie en termes de croissance ont un coût en ce qui concerne l'énergie. Même avec sa raffinerie (SAR), le Sénégal reste fragile aux chocs pétroliers, car important le brut dont les prix sur le marché mondial ont connu une évolution extraordinaire. Par ailleurs les exportations en direction des pays comme le Mali demeurent négligeables par rapport aux importations dont la hausse est imputable à la croissance des volumes, mais surtout à la hausse des cours mondiaux. Entre le 2è et le 3è trimestre 2005, le prix de l'énergie a connu un bond extraordinaire. Depuis on enregistre une certaine hystérèse qui porte aujourd'hui les prix du baril du brut au-dessus de la barre des 70 dollars. Ceci peut s'expliquer par les effets de la guerre en Irak et les perspectives peu reluisantes des réserves mondiales. Du point de vue demande, cette hausse des prix est due à la pression exercée par la demande de l'économie chinoise qui est entrée dans une phase d'expansion extraordinaire. Cette hausse est une contrainte extérieure qui s'impose au Sénégal et qui mine sérieusement sa compétitivité en termes de coût de production. À court terme cette contrainte ne saurait être levée par la seule volonté des acteurs de l'économie sénégalaise, l'énergie étant vitale. Toutefois à moyen et long terme il faudrait songer à des sources d'énergie alternatives. L'intégration économique régionale pourrait servir de courroie pour des projets transnationaux destinés à produire l'énergie hydraulique dans les pays naturellement dotés et à en répartir dans la région. Le cadre institutionnel existe déjà (NEPAD), il ne reste plus qu'à traduire ces volontés politiques en réalité. Le financement de la recherche dans l'énergie solaire et éolienne est également à encourager.

c) ***Les autres contraintes : l'absence d'une politique monétaire indépendante : le coût de la servitude (C.POUEMI).***

Le Sénégal est un État membre de l'UEMOA, ce qui l'astreint à un certain nombre de limites dans la conduite de sa politique économique.

En effet sa participation à l'union monétaire lui enlève toute autonomie en matière de politique monétaire qui du reste est gérée par un organisme supranational, la BCEAO. De même le principe de solidarité retenu dans l'union le prive de disposer de façon discrétionnaire ses réserves de change. En ce qui concerne la politique budgétaire et la politique commerciale, elles se trouvent tenailler par l'étau des critères de convergence de l'UEMOA et les accords signés avec les organismes multilatéraux OMC, FMI, Banque Mondiale…

Les politiques d'ajustements ont montré leurs limites dans la lutte contre la pauvreté. Même s'il faut remarquer que les finances publiques ont été assainies, les résultats du point de vue de l'amélioration de la productivité sont médiocres. Pour mieux tirer profit de la mondialisation il urge pour le Sénégal d'adopter des politiques sectorielles adéquates dans un environnement hautement compétitif et très contraignant

4°) Les contraintes internes.

Le Sénégal fait face à plusieurs facteurs qui bloquent sa compétitivité. Ces facteurs sont d'ordre social, écologique, structurel. Ils sont aussi liés à la nature du système éducatif et à un environnement défavorable.

Comme outil de base, nous allons emprunter le modèle développé par Jean Claude Barthélémy, Abdoulaye SECK et Anne VOURCH (1996). Ce modèle analyse les déterminants de la compétitivité des produits offerts par le Sénégal en termes de leur impact sur les prix. Il se présente comme suit :

$$P = (1-s)(1+m)\left(\frac{1}{e}\right)\left(\frac{w}{PM_L} + \frac{r}{PM_K} + \frac{P_iC_i}{Q}\right)$$

Avec :

P : prix du produit en $ U.S. — PM_L : productivité moyenne du travail

S : le taux de subvention — PM_K : productivité moyenne du capital

m : le taux d'inflation | P_i : coût de la consommation intermédiaire
e : le taux de change réel. | C_i : consommation intermédiaire
w : le coût du travail | r : le coût du capital
Q : la quantité produite

Pour déterminer le taux d'inflation et le taux de subvention, ils utilisent le prix des inputs et celui du travail combinés aux facteurs institutionnels. La productivité du travail dépend de la combinaison de l'éducation et de l'habileté incorporées à la main-d'œuvre disponible (capital humain).

L'interprétation du modèle démontre nettement que les subventions, le niveau du taux de change réel, la productivité moyenne du travail, la productivité moyenne du capital et la quantité produite agissent négativement sur le niveau du prix donc positivement sur la compétitivité tandis que le taux d'inflation, le coût de la main-d'œuvre, le coût du capital et le coût de la consommation intermédiaire agissent négativement sur la compétitivité.

a) Aléas climatiques, productivité et compétitivité du Sénégal.

L'agriculture est encore tributaire des conditions climatiques naturelles. En effet le faible niveau d'irrigation de l'agriculture accroît sa vulnérabilité face aux aléas climatiques. En effet ni les conditions climatiques ni la structure des investissements ne sont favorables à cette branche d'activité. Un tel niveau élevé d'incertitude accroît le risque d'où les anticipations défavorables aux investissements dans l'activité. De même l'appauvrissement des sols exerce une pression à la baisse des surfaces cultivables. Toutes choses qui conduisent à la baisse des rendements et de la productivité dans le sous-secteur agricole. L'exemple de la saison 2001-2002 est édifiant à ce niveau. Il a été enregistré une baisse notable de la production agricole dont les causes ont été identifiées du côté de l'offre. Le risque élevé dans l'activité agricole combiné à une évolution des prix défavorable sur le marché international mine sérieusement l'investissement dans la branche. L'étude SESS (2001-2002) a relevé une faible productivité dans la branche or GOLUB et MBAYE (2000) ont montré que la faible productivité a affecté négativement la compétitivité de l'économie sénégalaise.

Selon unc étude de l'Organisation de Coopération et de Développent Économique (OCDE, 2001), ce sont des contraintes du côté de l'offre plus quc les difficultés d'accès aux marchés qui sont responsables des mauvais résultats du Sénégal à l'exportation. Le coût des facteurs de production et leur disponibilité (par exemple, s'agissant de l'eau, de l'électricité de la main-d'œuvre, etc.) sont connus comme un obstacle majeur à la compétitivité des entreprises sénégalaises. L'insuffisance des infrastructures empêche les exportateurs d'accéder facilement aux marchés régionaux et extrarégionaux. L'accès au financement reste l'obstacle le plus souvent cité par les dirigeants des PME. Les banques commerciales ont un excédent de liquidité et les taux d'intérêt ne sont pas très élevés, mais les garanties exigées empêchent les PME d'avoir accès au crédit. En matière d'accès aux marchés, grâce au régime préférentiel prévu par la Convention de Lomé, le Sénégal bénéficie des conditions très favorables à son principal marché, l'Union Européenne. Cependant, les exportations se heurtent de plus en plus à des barrières non tarifaires, en général sous la forme d'exigences techniques et de normes de qualité. Selon l'étude, certaines de ces barrières sont imposées par la loi, d'autres par les importateurs qui profitent du faible pouvoir de négociation des exportateurs sénégalais. Une autre cause des difficultés des exportations sénégalaises à accéder aux autres marchés, est l'insuffisance de maîtrise de la commercialisation de leurs produits et de leur pouvoir de négociation vis-à-vis des importateurs.

Le graphique précédent montre l'évolution de la productivité globale, de celle du travail et de celle du capital dans l'industrie et les services. De 1998 à 2004, on se rend compte que la productivité n'a pas connu une croissance significative. Or l'économie mondiale, notamment les économies émergentes progressent par accroissement substantiel de la productivité, il est donc évident que ce retard dans le cumul de la productivité va éroder la compétitivité internationale du Sénégal. La mondialisation sans cesse croissante a transformé l'économie mondiale en un ensemble où les économies nationales n'ont plus comme seules concurrentes leurs compatriotes, mais subissent la concurrence de n'importe quelle entreprise à travers le monde.

Les analyses sont tirées d'une étude du Professeur Aly MBAYE (2001) qui a établi que la productivité du Sénégal par rapport à d'autres pays émergents, ici la Corée du Sud et le Zimbabwe, a baissé. Le constat est surtout frappant pour la Corée du Sud en ce qui concerne les domaines de la manufacture et de l'industrie. Cet écart important peut expliquer la baisse de compétitivité du Sénégal par rapport à ses concurrents et expliquer aussi le grand écart de développement qui sépare les deux pays, qui rappelons-le étaient au niveau de développement dans les années 1960. Pour le cas du Zimbabwe, cet écart est surtout dû au secteur agricole. Cet environnement international très compétitif constitue une limite à la stratégie de croissance du pays. Les produits chinois qui défient les produits sénégalais sur leur propre marché (notamment le textile, la maroquinerie…) en proposant des prix défiant toute concurrence, constitue un exemple illustratif.

Le Sénégal étant tenu par les accords de l'OMC, il est très difficile de solliciter la politique commerciale pour tenter de protéger l'économie sénégalaise. Le salut passe nécessairement par un effort accru des investissements publics pour accroître la productivité globale. D'énormes défis attendent les pouvoirs publics dans le sens de la formation des ressources humaines conformément aux mutations de l'économie mondiale, en même temps qu'il faut promouvoir l'appropriation des NTIC par les agents économiques.

b) Les facteurs sociaux.

Il s'agit du poids des solidarités communautaires qui amènent certains opérateurs à capacité de financement non pas à réinvestir leurs épargnes dans l'économie, mais plutôt à prendre en charge des parents ou proche qui sont en situation de précarités. La productivité est affectée par un déficit d'investissement ; ce qui du coup agit négativement sur la compétitivité. Ce déficit est aggravé par le « potlatch » qui consiste en un gaspillage de ressources surtout pendant les cérémonies familiales (baptêmes, décès, mariages ...).

À cela s'ajoutent les facteurs religieux. En effet, pays abritant de nombreuses confréries avec chacune ses rituels, le Sénégal compte beaucoup de jours fériés diminuant ainsi la productivité du travail. Ceci explique une dynamique de positionnement entre confréries religieuses qui cherchent à asseoir une plus grande influence sur l'appareil d'État, au moment où le pouvoir politique cherche aussi à s'attirer leur soutien.

c) Les facteurs écologiques.

Une enquête réalisée en milieu rural montre que la crise y est très profonde. Ces crises sont en fait liées à l'utilisation des technologies très peu performantes, un manque d'accès aux intrants de qualité, etc. Cependant une des causes fondamentales demeure les aspects liés à l'environnement notamment l'irrégularité des pluies, l'appauvrissement des sols et la dégradation des écosystèmes. Il a été mis en place quelques mesures pour pallier ces crises, mais celles-ci ont été insuffisantes. Il s'agit de la construction de barrages et de forages, du reboisement, etc. Un **second défi est que le pays doit faire face à une détérioration continue de ses ressources naturelles de bases ;** malgré la protection qui touche officiellement 11% des terres, les zones forestières ont connu une réduction de près de 70% avec des pertes annuelles de 450km2 au cours de la décennie 1990 -2000.

Des entretiens réalisés avec des membres du patronat ont révélé des préoccupations portant sur l'écologie urbaine. Dakar a en effet atteint un niveau de pollution critique auquel s'ajoutent des problèmes d'encombrement et d'assainissement de certains espaces publics. Ce qui pourrait dissuader la venue de touristes et l'installation d'investisseurs.

d) Les facteurs Structurels et administratifs.

- *les facteurs liés au système éducatif qui ne prépare aux métiers.*

Le système éducatif est loin d'être en adéquation avec les besoins en main-d'œuvre des entreprises. L'enseignement public donne une orientation générale qui ne permet pas une opérationnalité immédiate, tandis que la formation professionnelle et technique ne tient pas compte du travail intermédiaire dont les entreprises ont tant besoin. On a donc une main d'œuvre hautement qualifiée ou très peu qualifiée, ce qui pousse l'entreprise à engager des dépenses de recyclage alourdissant ses coûts de production (d'où une perte de compétitivité)

- *les facteurs administratifs.*

Le premier obstacle auquel s'exposent les investisseurs privés est la lenteur dans les procédures administratives. Les investisseurs se verraient donc rebutés par l'énorme masse de documents à présenter lors de la création d'entreprise, mais aussi le manque de diligence dans la prise de décision administrative. Il existe en cela dans l'administration une force d'inertie qui retarde les procédures. L'obligation, pour l'investisseur de se procurer des autorisations ailleurs qu'au guichet unique (qui a été pourtant conçu pour centraliser toutes les démarches administratives), en est une parfaite illustration

e) Un environnement défavorable à l'investissement privé.

En plus de cela le système fiscal et douanier constitue pour plus d'un investisseur une contrainte. Le problème qui est déploré par les décideurs tant publics que privés est l'étroitesse de l'assiette fiscale qui accable d'impôts les rares contribuables que sont les salariés et les entreprises du secteur formel. Par ailleurs d'autres investisseurs révèlent que les droits de douane sont exorbitants, de même que les autres charges entraînant ainsi une élévation des prix domestiques.

L'accès difficile au crédit n'est pas aussi en reste. En effet, le système classique octroie très peu de crédit du fait de l'incapacité de beaucoup de demandeurs à fournir des garanties requises.

La compétitivité est aussi menacée lorsque les syndicalistes sénégalais défenseurs des acquis sociaux s'opposent toujours aux décisions des investisseurs ou État pour l'intérêt général des entreprises (en cas de restructuration). Tandis que dans la plupart des pays avec lesquels le Sénégal échange, le syndicalisme a été fortement réprimé et des mesures idoines ont été prises pour améliorer la compétitivité. Il va donc de soi que ces pays y gagnent.

III/ Est-ce possible de construire une économie de marché tirée par les exportations ? Peut-on s'enrichir en important sans exporter ?

Au moment d'aborder les années 1980, le Sénégal traverse une phase critique dans son processus de développement avec l'approfondissement du double déficit de la balance des paiements et des finances publiques bien que le pays soit le plus assisté d'Afrique. La manifestation la plus visible était alors la menace d'une crise grave d'insolvabilité appelant la nécessité de trouver de nouvelles ressources financières pour faire face aux difficultés. Pourtant, si les politiques d'emprunt devaient se poursuivre au même rythme que par le passé, il en résulterait des déséquilibres financiers insoutenables. Dans ce contexte, l'ajustement économique et financier devenait donc un impératif indiscutable, mais cet ajustement est conçu dans une optique purement comptable et à court terme, sans autres préoccupations, ce qui a engendré un processus déflationniste cumulatif et amplifié encore davantage les déséquilibres financiers qu'il était censé initialement résorbé.

1°) Nature des déséquilibres.

Après la perte de ses marchés de l'ex-AOF à l'indépendance, le Sénégal fut confronté, dès la fin des années 1970, à une grave crise financière. Celle-ci a mis en évidence l'inaptitude fondamentale de l'économie à s'adapter aux changements de l'environnement international. Après avoir vécu, pendant toutes les années 1960 et 1970, sur des bases matérielles et des structures productives héritées du colonialisme, le Sénégal n'a pas en effet su mettre en place une dynamique susceptible de se substituer au schéma de dépendance dans lequel il s'était installé deux décennies durant. Le programme de renouvellement et de diversification de l'appareil industriel, amorcé au début des années 1970, se heurta très rapidement à la petite taille du marché intérieur. Par ailleurs, les recettes d'exportation alimentant plus la consommation que l'épargne intérieure, l'essentiel des investissements effectués par l'État sera financé par des ressources extérieures, ce qui eut pour conséquence d'accélérer l'endettement extérieur du pays.

Ces différentes évolutions aboutissent à un ralentissement de la croissance du PIB dont le taux passe d'une moyenne annuelle de 2,5 % dans la période 1960-70 à 1,8 % en 1975-80. Dans le même intervalle le croît démographique s'élève d'un taux moyen annuel de 2,3 % entre 1960 et 1970 à 2,9 % de 1975 à 1980. En conséquence, la croissance du PIB par tête devient négative durant la période de 1970-85.

2°) Contexte de mise en œuvre des PAS.

En 1978, l'économie sénégalaise s'installe dans une crise profonde d'insolvabilité avec une dépréciation profonde de l'ensemble du cadre macro-économique. Les principaux indicateurs laissaient nettement apparaître les caractéristiques suivantes : une stagnation de la production en termes réels ; un déficit chronique de la balance commerciale et des finances publiques ; une détérioration prononcée des avoirs extérieurs nets et d'importantes difficultés de balance des paiements.

Pendant que les importations continuaient à croître, les exportations fluctuaient au gré de la pluviométrie et des cours de l'arachide et du phosphate sur les marchés extérieurs. Conjugués aux effets de l'inflation mondiale, l'effondrement de ces cours et la succession d'années de sécheresse plongèrent l'économie dans une crise financière sans précédent. Le déficit du compte courant passe de 10,4% du PIB en 1970 à 25,8% en 1981, pendant que celui des finances publiques s'éleva de 0,6% à 12,5 % dans la période. L'excès de demande sur les ressources produites fut accentué par un accroissement continu de la part des dépenses de consommation dans le PIB : celle-ci s'éleva à plus de 100% en 1979. La part de l'épargne intérieure dans le PIB chuta a -6,7 % en 1981. Le service de la dette qui n'était que 3,8% de la valeur des exportations en 1970 passa à 25,7% en 1981, alors que la dette extérieure s'éleva à 71,6% du PIB.

La perte de compétitivité de l'économie a tendu à faire des capitaux extérieurs une source indispensable de financement des déficits. Ces déséquilibres, si rien n'était fait, devaient déboucher inéluctablement à la cessation des paiements de l'État et conséquemment des bouleversements socio-politiques incalculables. En 1979, tous les financements extérieurs étaient bloqués. Pour consentir de nouveaux décaissements les Institutions

Financières Internationales, principaux bailleurs de fonds, vont imposer la mise en œuvre par les pouvoirs publics d'une série de programmes dont l'ensemble va constituer le processus d'ajustement structurel de l'économie.

Le Plan de redressement économique et financier adopté en 1980 fut la première tentative sérieuse de réponse à ces déséquilibres. Il visait à stopper l'hémorragie financière de l'économie par la stabilisation du déficit budgétaire, la restructurer le secteur parapublic et la relance des exportations. Mais, du fait des dérapages dans les finances publiques liés aux élections de 1983, le gouvernement ne put satisfaire les engagements pris avec le FMI et la Banque mondiale.

Il a fallu attendre la réunion du Groupe Consultatif pour le Sénégal de décembre 1984 pour renouer le dialogue avec les institutions financières internationales. Elle fut l'occasion du lancement du premier programme d'ajustement structurel dont les objectifs macroéconomiques furent complétés par des réformes spécifiques concernant les secteurs agricole, industriel et parapublic notamment. Concrètement, il s'agit à court terme de maîtriser la demande intérieure et de l'adapter à l'offre de ressources disponibles en vue du rééquilibrage de la balance des paiements courants ainsi que des finances publiques. À moyen et long terme, il faudra éliminer les goulots qui étranglent l'appareil de production et libérer l'offre grâce à une plus grande concurrence intérieure, à l'abaissement du coût des facteurs techniques de production et à la conquête des marchés extérieurs entre autres.

3°) Tirer toutes les leçons de la faillite des PAS : deux décennies perdues de développement économique et social.

Nonobstant les avancées significatives enregistrées dans le domaine du redressement économique et financier grâce à l'assainissement par les pouvoirs publics du cadre institutionnel de l'environnement macro-économique, les politiques d'offre qui sont mises en place au niveau des secteurs agricoles (NPA) et industriels (NPI) n'améliorent pas malheureusement de manière substantielle le niveau de la production et de la productivité affaiblissant ainsi les bases de la compétitivité de l'économie sénégalaise.

De plus, la contribution des différents secteurs dans la formation du PIB a été sensiblement modifiée en faveur des secteurs secondaire et tertiaire. La part du secteur primaire dans le PIB est passée de 26.5% en 1960-1966 à 21.3% en 1985-1989. Entre 1997 et 1998, la part du secondaire est passée de 19.8% à 20.6% et celle du tertiaire de 50.4% à 51.3%. Sur la même période, la part du primaire a enregistré une légère baisse passant de 19 à 17.8%.

Les modifications enregistrées sont le résultat d'une série de réformes engagées depuis quelques années pour libéraliser l'économie nationale et encourager l'initiative privée. Stimulé par l'environnement international, le commerce a joué un rôle capital dans l'économie du Sénégal. Les tonnages importés ont suivi son mouvement d'ascension enclenché au début des années 1960, ainsi que les produits exportés qui ont cependant marqué plusieurs fléchissements notamment en 1978, 1987 et 1994. Entre 1960 et 1994, le volume des exportations du Sénégal a été plus important que celui de ses importations. La tendance sera inversée à partir de 1994, avec un écart de plus en plus croissant entre les deux agrégats.

Malheureusement, l'évolution des prix n'a pas suivi celui des quantités. En valeur, les échanges extérieurs sont marqués par une progression plus rapide des importations par rapport aux exportations, entraînant de surcroît un déficit structurel de sa balance commerciale. La baisse de la valeur des produits exportés et la hausse des prix des produits importés qui l'a accompagnée ont provoqué systématiquement la détérioration des termes de l'échange.

C'est ainsi que pour sa consommation et son équipement, le Sénégal doit importer davantage de produits à prix élevés qu'il ne peut exporter de produits élaborés (huile d'arachide, tourteaux d'arachide, conserve de poisson, légumes verts…) ou de matières premières (phosphates).

Les échanges extérieurs ont donc subi une évolution qui traduit de profonds changements dans la structure économique du pays. La balance commerciale du Sénégal est chroniquement déficitaire à cause notamment de la hausse des importations de biens plus soutenue que celle des exportations. La valeur des importations de produits de consommation, de produits intermédiaires et de biens d'équipement très onéreux contraste avec celle des exportations de matières premières soumises aux aléas du climat et des cours mondiaux. Il en a résulté une dégradation du taux de couverture des importations qui passe de 95.8% en 1966 à 41.8% en 2001.

En plus, nonobstant les progrès notables accomplis dans le domaine de la libéralisation des échanges pendant les années 1990, les politiques commerciales du Sénégal restent en moyenne relativement efficaces avec un taux de dépendance de l'économie au commerce extérieur qui oscille entre 31.1% et 73%. Par ailleurs, les deux indicateurs ont sensiblement les mêmes évolutions entre 1970 et 1997. Au-delà de cette période, la détérioration du taux de couverture s'accompagne d'une plus grande dépendance de l'économie sénégalaise au commerce extérieur.

Dans ce contexte, quel pourrait bien être l'impact à moyen et long terme de l'environnement international sur le Sénégal ? Toute balance commerciale est révélatrice des relations qu'un pays entretient avec l'Extérieur. Alors quels sont les achats et les ventes du Sénégal à l'Extérieur ?

IV/ Les relations avec le reste du monde vues à travers la balance des paiements.

Dans la logique de la mondialisation libérale, le commerce extérieur est une variable déterminante. Il est considéré par la théorie néo-classique comme un jeu à somme non nulle, car dès lors que les pays se spécialisent dans les productions où ils ont les meilleures dotations factorielles naturelles, il est mutuellement favorable à tous les partenaires de l'échange. Ainsi, la contrainte que constitue l'équilibre extérieur est un enjeu de politique économique de taille. Il s'exprime dans la balance des paiements et sa composante essentielle : la balance commerciale. Il se pose différemment selon le pays et le régime de change. Pour les pays de l'UEMOA (dont le Sénégal) qui possèdent un système de change fixe, l'équilibre extérieur est une contrainte supplémentaire dans le maintien de la parité. La forte ouverture du Sénégal sur les marchés internationaux où il est « Price tanker » et sa faible maîtrise des conditions naturelles de production des exportables le rendent fortement sensible aux chocs exogènes. La balance des paiements qui retrace toutes ces relations économiques et financières avec l'Extérieur constitue alors une bonne grille de lecture du degré d'insertion dans la mondialisation.

Durant les toutes premières années de l'accession à la souveraineté nationale, les exportations du Sénégal étaient dominées par les produits arachidiers, les importations par les produits alimentaires, pétroliers, et de part et d'autre avec des partenaires commerciaux peu diversifiés. L'ANSD dans ses notes sur le commerce extérieur en donne une présentation assez suggestive :[201]

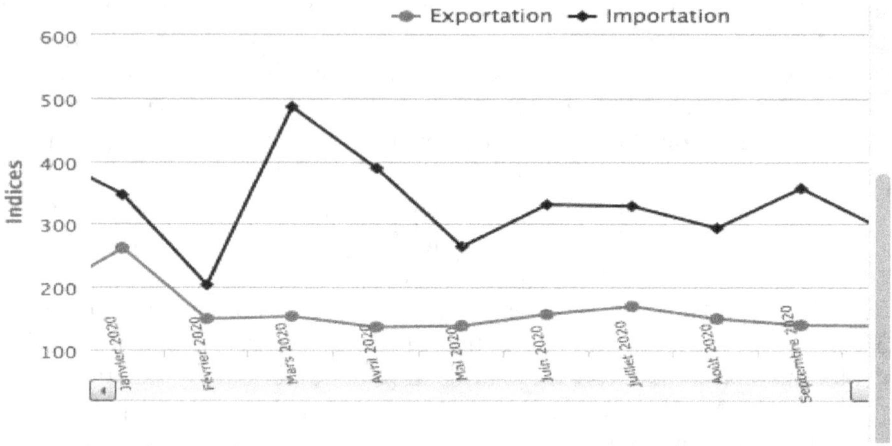

Avec la série de réformes des années 1980, les partenaires commerciaux du Sénégal se sont diversifiés et la part relative des produits arachidiers a baissé avec la chute des exportations ainsi que celle des produits alimentaires malgré leur prépondérance au niveau des importations. En effet, les exportations de biens et services du Sénégal sont concentrées sur un nombre limité de produits

[201] Pour actualiser un tant soit peu l'écart entre Export et Impôt, dans une note d'analyse du commerce extérieur, l'ANSD observe les exportations du Sénégal sont ressorties en 2019 à 1985,1 milliards de FCFA contre 1670,0 milliards de FCFA, soit une hausse de 18,9%. Au cours de la période 2015-2019, les importations du Sénégal ont globalement évolué atteignant 4229,3 milliards de FCFA en 2019 contre 3032,9 milliards de FCFA en 2015, soit un taux d'accroissement moyen annuel de 8,9%. En outre, elles ont progressé de 8,0% en 2019 par rapport à 2018 où elles sont évaluées à 3916,3 milliards de FCFA. Ce schéma révèle la trop grande disparité.

de base, incorporant peu de valeur ajoutée et pour lesquels sa part de marché ne cesse de baisser, passant de 0.033% à 0.020% entre 1986 et 1996, mais aussi la croissance moyenne annuelle des expéditions sénégalaises, durant la même période, était deux fois moins importante que celles de l'ensemble des exportations mondiales.

Si, après la baisse en valeur réelle de 6.0% entre 1990 et 1993 et la hausse de 8.2% en 1997, il s'en est suivi un recul de près de 2.0% en 2000 par rapport à 1999, les exportations ont fortement progressé en 2001 avec un taux de 16.4% en comparaison de l'année 2000. Le tonnage global des produits exportés à lui aussi enregistré un recul de 3.1% en moyenne entre 1990 et 1993 et de 3.4% entre 1999 et 2000 avant la hausse de 11.2% entre 2000 et 2001.

L'analyse des recettes d'exportation montre qu'elles sont essentiellement dominées par les produits de la pêche (37.9% en 2000 et 31.4% en 2001), les produits pétroliers (11.6% en 2000 et 15.7% en 2001), les produits arachidiers (12.1% en 2000 et 11.5% en 2001) et l'acide phosphorique (9.6% en 2000 et 9.5% en 2001). Ces produits contribuent pour près de 75.1% aux recettes d'exportation. Leur prépondérance s'explique essentiellement par une hausse parfois conjuguée des quantités et des prix sur les marchés extérieurs durant les périodes de conjoncture favorable. Quant à faible hausse de 0,8 % en 2003, elle est liée à la bonne tenue des ventes à l'extérieur de produits pétroliers, de coton et d'autres produits non traditionnels.

Les exportations de produits pétroliers sont passées de 23,4 milliards en 2002 à 32,8 milliards en 2003 à la faveur d'un accroissement des volumes écoulés (33,5 %) et des prix (5,1 %). Les ventes à l'extérieur de coton, de produits non traditionnels, de produits horticoles, de produits halieutiques et de sel ont également progressé respectivement de 21,6 %, 9,1 %, 5,7 %, 0,7 % et 7,0 %. En revanche, les recettes tirées des produits arachidiers, des phosphates et des produits chimiques des ICS ont baissé respectivement de 26,4 %, 40,2% et 18,0 %. Cette évolution défavorable des exportations de produits arachidiers est imputable à la fois à l'huile brute et aux tourteaux qui se sont repliées respectivement de 20,2% et 48,0% consécutivement à la baisse des volumes écoulés malgré l'augmentation des prix de cession de 24,0 % pour l'huile brute et 17,2 % pour les tourteaux. Quant aux exportations de produits chimiques des ICS, le repli est lié à la baisse des volumes écoulés et à l'affaissement du cours de l'acide phosphorique.

Parallèlement au comportement des exportations, le Sénégal achète régulièrement à l'extérieur une variété de produits. En 2001, les quantités importées ont augmenté de 24.2% par rapport à 2000. Elles l'ont été à la faveur de l'application du tarif extérieur commun, qui a coïncidé avec une période de croissance de 5.6% de l'économie.

L'augmentation de la facture des produits importés s'explique principalement par les produits pétroliers (22.5% en 2000 et 23.2% en 2001), les machines et matériels (15.6% en 2000 et 13.1% en 2001), les produits céréaliers (9.1% en 2000 et 10.3% en 2001), les matériels de transport et pièces détachées (7.1% en 2000 et 7.7% en 2001) et les métaux et ouvrages en métaux (5.96% en 2000 et 5.6% en 2001). La progression de 5,6 % en 2003 résulte d'une part, de la hausse des achats de produits pétroliers de 20,9 % conséquemment à l'accroissement des volumes importés de pétrole brut (36,1%) ainsi qu'au relèvement des prix d'acquisition de 2,8 % pour le pétrole brut et 5,8 % pour les produits finis ; d'autre part, de l'augmentation des biens intermédiaires et de biens d'équipements de respectivement 6,7 % et 1,6 %.

Concernant la facture alimentaire, elle s'est inscrite en baisse de 1,8 Md à la faveur notamment du repli des prix d'acquisition du riz (-7,3 %) et du blé (-18,8 %) même si le volume de riz a progressé de 21,4 milliers de tonnes par ailleurs, suite à la mauvaise campagne agricole 2002-2003.

L'écart entre les produits importés et ceux exportés correspond au surplus qui va aux pays fournisseurs. Pour le Sénégal, la perte cumulative de surplus a entraîné un déficit chronique de sa balance commerciale dont les résultats cachent le niveau de contribution de chaque partenaire. D'où l'intérêt d'analyser l'impact des flux d'échanges par continent sur le comportement à moyen et long terme de la balance commerciale du Sénégal.

1°) Les principaux partenaires commerciaux du Sénégal.

La France demeure le partenaire majeur du Sénégal (1er fournisseur, 2ème client après l'Inde quand on réintègre les importations de produits halieutiques) et sa part reste élevée dans les importations comme dans les exportations sénégalaises. Au premier semestre 2002, les importations de produits français s'établissent à 264 millions d'Euros (soit 26.7 % de l'ensemble des importations), tandis que les exportations vers la France - hors produits halieutiques - atteignent 24 millions d'Euros (soit 7,2% de l'ensemble des exportations). À noter aussi, la progression de l'Allemagne, désormais 4ème fournisseur du Sénégal et l'apparition de l'Italie parmi les dix premiers clients du Sénégal. L'Union Européenne est donc l'un des principaux partenaires du Sénégal avec 49,5 millions d'importations en provenance du Sénégal et 521,7 millions d'exportations vers le Sénégal. Vient ensuite l'Asie, dont l'Inde (1er client du Sénégal) importe l'essentiel de la production sénégalaise d'acide phosphorique et d'engrais azotés et la Thaïlande qui exporte massivement du riz au Sénégal. Ainsi, l'Asie exporte pour 176 millions d'euros vers le Sénégal et importe pour 89,7 millions d'euros en provenance du Sénégal.

Le Sénégal exporte aussi vers ses voisins d'Afrique de l'Ouest : le Mali, la Gambie, le Bénin, la Mauritanie, la Côte d'Ivoire, la Guinée Bissau et la Guinée Conakry, qui représentent à eux seuls 37% des exportations sénégalaises. Pour les approvisionnements, le Nigeria (3ème rang à cause du pétrole) et la Côte d'Ivoire sont les principaux fournisseurs du Sénégal. Les échanges du Sénégal avec le reste du continent africain demeurent mineurs en comparaison avec les échanges Sénégal-Afrique de l'Ouest, région qui prend de plus en plus de poids dans les échanges commerciaux du pays.

a) L'analyse conjoncturelle confirme la persistance des relations déséquilibrées avec l'Extérieur.

En 2003, la balance des paiements du Sénégal laisse apparaître un solde global déficitaire de 14,6 milliards contre un excédent de 123,7 milliards en 2002. Cette évolution défavorable est due pour l'essentiel à la dégradation de la balance courante suite à celle des biens et services. En effet, d'un niveau de 211,6 milliards ou 6,0 % du PIB en 2002, le déficit courant est estimé à 257,5 milliards en 2003, soit 6,9 % du PIB. Cette dégradation enregistrée en dépit de la hausse de l'excédent des transferts courants (259,5 milliards en 2003 contre 240,0 milliards en 2002 grâce aux transferts publics qui progressent de 16,8 milliards), est due à l'aggravation du déficit commercial (–415,0 milliards en 2003 contre –358,9 milliards en 2002) et des services nets (–20,6 milliards en 2003 contre –12.4 milliards en 2002 à cause de l'augmentation des paiements au titre du fret). Rapporté au PIB, le solde courant passe de - 6,0 % en 2002 à - 6,9 % en 2003. Hors dons, il ressortirait respectivement à - 6,3 % et - 8,7 %.

Par ailleurs, le compte de capital et d'opérations financières est arrêté à 242,9milliards en 2003 contre 334,3 milliards en 2002. Les transferts en capital sont évalués à 99,2 Mds en 2003 contre 87,8 Milliards en 2002, soit une hausse de 11,4 milliards due à l'augmentation des dons en capital, qui passent de 60,2 milliards à 75,0 milliards. L'aide intérimaire reçue au titre de l'initiative PPTE serait en baisse, passant de 25,1 milliards en 2002 à 21,7 milliards en 2003 contrairement à l'aide budgétaire qui est ressortie à 20,0 milliards en 2003 contre 1,9 Md en 2002.

Le solde excédentaire du compte d'opérations financières s'est établi à 143,7 milliards en 2003 contre 246,5 milliards en 2002, soit un repli de 102,8 milliards imputable à la fois aux capitaux privés (84,2 milliards en 2003 contre 156,4 milliards en 2002) et publics nets (90,0 milliards en 2002 contre 59,5 milliards en 2003). Somme, la balance des paiements dégage en 2003 un solde déficitaire de 14,6 milliards qui, compte tenu de la contrepartie de réévaluation des engagements à l'égard du FMI (21,8 milliards), s'est traduit par une amélioration de 7,2 milliards des avoirs extérieurs nets du système bancaire. Les avoirs extérieurs nets de la Banque Centrale s'améliorent de 36,4 milliards et ceux des banques de dépôt se dégradent de 29,2 milliards.

b) Déficit extérieur, endettement et fléchissement de l'Aide publique au Développement (APD).

Les déficits ont été réglés principalement par endettement et recours massif à l'Aide Publique au Développement. Pour ce qui est de la dette extérieure, le Sénégal a bénéficié, ces dernières années, d'un allègement substantiel par de multiples rééchelonnements et remises de dette. Malgré tout, celle-ci demeure un fardeau pour l'économie au point d'hypothéquer fortement le financement de la croissance. L'amélioration du profil de la dette extérieure vient de ce que celle-ci se compose désormais essentiellement de prêts concessionnels notamment auprès des organismes multilatéraux que sont la Banque Mondiale et le FMI. Si le ratio dette/PIB a brutalement augmenté en 1994 en passant de

66,5% en 1993 à 88,6%, il a ensuite diminué pour s'établir à 71,4% environ en 1998, c'est-à-dire nettement en deçà du niveau considéré comme le seuil de solvabilité (150%). De même, le ratio service de la dette/exportations est passé de 23,7% en 1990 à 9,6% en 1998, alors que le seuil à partir duquel la liquidité d'un pays risque d'être compromise est fixé à 20%. Le service de la dette, qui représentait près d'un tiers des recettes budgétaires en 1990, est également descendu à moins d'un cinquième des recettes fiscales en 1998.

Pour ce qui est de l'APD, il est observé depuis la fin des années 90 une baisse notable du volume en destination des pays d'Afrique au Sud du Sahara. La part dans le PIB d'Afrique passe de 53% en 1986 à 26% en 1997. Pour le cas du Sénégal, l'APD nette passe de 645 millions de dollars en 1994 à 427 millions en 1997 et sa part dans le PIB a très peu évolué. Les principaux donateurs demeurent pour le Sénégal la France et l'Union Européenne qui fournissent un peu plus de 90 % de l'APD. La baisse des apports a introduit un autre partenaire : la Chine avec plus de 40 projets.

2°) Les apports extérieurs en IDE ont-ils pris le relais de l'APD ?

Le flux d'investissements étrangers au Sénégal se maintient depuis trois ans autour de 50 millions d'euros, dont les deux tiers environ (socle de base de 30 millions) sont d'origine française. En effet, la France est le premier bailleur de fonds bilatéral, un donateur important dans les programmes d'aide au développement de l'UE, le premier partenaire commercial, le premier investisseur et le premier opérateur touristique. A travers plus de 250 entreprises, la présence économique française au Sénégal est d'une part le fait de filiales françaises ou de participations minoritaires (une centaine), et d'autre part celui d'entrepreneurs français à l'origine de sociétés de droit local créées par eux, généralement avec des partenaires sénégalais.

Les secteurs privilégiés sont :

- le secteur secondaire avec l'agroalimentaire et la transformation de produits de la pêche, les produits pharmaceutiques, le raffinage pétrolier, la production de ciment, le textile, l'emballage, la mécanique et la métallurgie ;
- le secteur tertiaire avec les banques et les assurances, la distribution de l'eau, l'hôtellerie / restauration, les transports, les télécommunications, la distribution de biens d'équipement et de biens de consommation, les services informatiques et les hautes technologies, l'audiovisuel, les services portuaires.

Cette présence a contribué à créer plus de 22 000 salariés (dont 500 expatriés environ), soit 22% de l'emploi dans le secteur privé "formel".

Toutefois, le Sénégal n'est pas le premier bénéficiaire des IDE français. Selon la Banque de France, il est classé en 2001 au 60ème rang des pays d'accueil des investissements directs français dans le monde et à la 8ème position en Afrique Sub-saharienne. Il est le 75ème stock d'investissements français à l'étranger à la fin de 2000.

Au cours des deux dernières années, de nouvelles implantations ont été enregistrées le plus souvent d'investisseurs français individuels dans le secteur informatique, les téléservices, le tourisme, l'immobilier, et le commerce. De plus, les autres implantations étrangères ne sont pas marginales et sont le fait entre autres du Portugal, de l'Espagne, du Maroc, des États-Unis, de la Suisse, de l'Inde, des Pays Bas et du Liban. Malheureusement, les estimations du CNUCED montrent que les IDE au Sénégal ont enregistré une évolution inverse. Ils convergent vers 56 M USD d'IDE net en 2001 contre près d'une centaine de millions de dollars en 1999.

Cette tendance à contre-courant (en termes de volume) s'explique entre autres par le fait que le pays ne bénéficie plus depuis 2000 des retombées des privatisations, tandis qu'aucun grand projet à actionnariat étranger n'a vu le jour récemment. Tout repose donc sur les futurs grands projets d'infrastructures et de mise à niveau du secteur électrique, à la fois pour attirer les partenaires stratégiques, et pour relâcher les goulots d'étranglement endémiques qui limitent l'accès aux facteurs de production. Malgré tout, le pays maintient une place honorable dans le classement des récipiendaires africains de flux d'IDE. Au sein de l'UEMOA par exemple, il se place en seconde position, juste après la Côte d'Ivoire qui reçoit généralement deux fois plus d'IDE.

Ainsi, en nous appuyant sur ces analyses, il apparaît clairement que le Sénégal n'a pas bénéficié de flux substantiels d'IDE durant la décennie 2000. Par contre il continue d'importer plus qu'il n'exporte de produits accentuant ainsi le déficit de sa balance commerciale. De ce fait le Sénégal profite-t-il réellement de l'Extérieur ?

Pays de forte émigration, les transferts de fonds des émigrés bien que substantiels se transforment imparfaitement en investissements productifs.

Les Banques, La Poste, les Réseaux Western Union et Money Gram et leurs Correspondants Bancaires et Postaux à l'étranger ainsi que les « Circuits et le Secteur Informels » sont les principaux canaux de transferts de fonds des émigrés.

En 2001, les transferts de fonds des travailleurs officiellement recensés dans les statistiques de la balance des paiements ont atteint près de 160 milliards de FCFA. Ce chiffre serait largement inférieur à la réalité des transferts reçus estimés entre 300 et 400 milliards de FCFA par an et encore plus au potentiel de transfert lié à l'existence de gisements non encore exploités. En 2002, les statistiques de la BCEAO montrent que le volume des transferts reçus s'élève à plus de 178 milliards de FCFA, soit une hausse de 25 % par rapport à 2001.

Cependant, au-delà des enjeux et retombées fiscales directes pour l'État - objet d'un litige fiscal non encore tranché entre le Système bancaire et l'Administration Fiscale - il s'agit de réfléchir aux voies et moyens d'optimiser l'allocation, le recyclage de ces flux financiers au sein de l'économie nationale et leur orientation vers le financement de projets productifs, générateurs de croissance et d'emplois. En effet, la plupart des transferts de fonds servent aujourd'hui à soutenir la consommation (dépenses alimentaires, santé, éducation, équipement des ménages…) ou sont orientés vers l'investissement immobilier (à usage d'habitation et locatif) principalement.

Ces données chiffrées montrent l'ampleur de la masse monétaire que drainent les immigrés. La mondialisation financière a de multiples effets sur la vie journalière des économies : elle se répercute sur l'évolution conjoncturelle des taux d'intérêt et des taux de change, compte tenu de la politique des banques centrales. En ce qui concerne le Sénégal mis à part le litige fiscal qui existe entre le système bancaire et l'Administration fiscale, il serait intéressant de voir dans quelle mesure la mondialisation pourrait permettre d'optimiser l'allocation de ces ressources financières. En effet, si l'État parvient à optimiser l'allocation de ces ressources financières et si les transferts parviennent à compenser le déficit de la balance commerciale, la balance des opérations courantes sera affectée positivement. L'explosion de la sphère financière est le phénomène majeur de cette fin de siècle. À cet effet, nous pourrons conclure positivement à l'intégration du Sénégal à la mondialisation.

Lorsqu'on observe les intentions d'investissement enregistrées par le guichet unique de l'APIX, il en ressort une tendance globalement haussière, mais la part des projets à composante étrangère y est faible. Pour les 10 premiers mois de 2002, les projets d'investissement agréés (qui bénéficieront des avantages fiscaux du code des investissements) atteignent 387 milliards de CFA (590 millions d'euros), à comparer avec un total de 199 milliards pour l'ensemble de l'année 2001.

Ce doublement du volume annuel est en soi intéressant, mais il repose essentiellement sur l'investissement d'origine locale, et très peu sur les IDE (6 à 7 milliards sur387). Il est donc clair que la tendance naturelle des flux d'IDE au Sénégal se maintiendra à un faible niveau tant que des éléments d'attraction nouveaux n'interviendront pas. Toutefois, on espère pallier à l'insuffisance des IDE à travers essentiellement les quatre grandes opérations de privatisations et de projets ci-après :

- la concession ferroviaire de la Ligne DAKAR - BAMAKO, pour laquelle deux groupements sont en lice : celui de Bolloré associé à la SNCF International, et celui du canadien CANACS. Malgré le faut pas qui a conduit à la disqualification des deux candidats (divergences financières), de nouvelles bases de consultation sont en négociation actuellement
- la reprivatisation de la SENELEC après l'annulation, en novembre 2000, de son rachat partiel par ELYO et HYDRO-QUEBEC. En novembre 2001, les négociations avec Vivendi Environnement et AES n'avaient pas abouti et l'invalidation de la consultation avait été déclarée. Une "task force" des bailleurs de fonds et des autorités sénégalaises se penche actuellement sur le schéma institutionnel qu'il conviendrait de retenir pour favoriser le retour d'un partenaire stratégique ;

• la privatisation de la SONACOS devant conduire à la transformation de l'arachide en huile et tourteaux est également envisagée. Elle est en principe déjà inscrite au calendrier 2003.

3°) Les perspectives des grands investissements nationaux portés par le NEPAD.

Ces projets de grande envergure ne sont pour la plupart qu'au stade de négociation, mais leur réalisation devrait permettre au Sénégal de créer des emplois (réduction du chômage) d'une part et de créer de la valeur ajoutée dans différents secteurs d'autre part. Ces différents projets ne creuseront-ils pas davantage la dépendance du Sénégal par rapport à l'extérieur.

Les grands projets présidentiels, pour lesquels l'APIX bénéficie d'un don de 315 000 USD pour le financement de l'étude de faisabilité concernant l'autoroute qui reliera Dakar à Thiès et surtout au futur aéroport international, dont les négociations ont été engagées en gré à gré avec la société européenne ABB ; une autoroute à péage ; une cité des affaires ; un port MINERALIER A BARGNY ; l'exploitation des mines de fer du Sénégal oriental ; l'exploitation des phosphates de Matam. À cela s'ajoutent le Chemin de fer à grands écartements Dakar-Bamako et Tambacounda-Ziguinchor ainsi que le Projet de la nouvelle capitale administrative.

4°) La désillusion du développement des NTIC comme moteur de la croissance.

Les nouvelles technologies de l'information et de la communication sont en pleine expansion au Sénégal. En s'appuyant sur l'opérateur public, l'État a consenti des investissements massifs en infrastructures de télécommunications à partir des années 1980. Mais si cette course aux investissements a entraîné un important transfert de technologies en faveur du Sénégal, une expansion des opportunités pour la relance de l'économie et la construction d'une base de diffusion et d'application des nouvelles technologies de l'information et de la communication à divers segments d'activité, elle n'a pas encore permis de surmonter toutes les difficultés liées à leur appropriation.

La privatisation et les investissements réalisés ont apparemment plus servi à renforcer la dépendance technologique du pays vis-à-vis des grands opérateurs internationaux (appelés partenaires « stratégiques ») qu'à enclencher la croissance économique attendue du développement des infrastructures de télécommunications. Progressivement, l'État s'est rendu compte que le transfert de technologies ne peut se substituer au long et coûteux processus d'innovation scientifique et d'apprentissage technologique. Plus particulièrement, l'accumulation de capital scientifique et technologique, l'intensification des efforts de Recherche - Développement (RD) de la part des entreprises et le renforcement des réseaux de firmes innovantes sont des préalables pour une maîtrise et une utilisation efficace des nouveaux outils.

De plus, si la libéralisation peut favoriser la création d'entreprises, elle tend aussi à limiter l'accès des nouvelles technologies de l'information et de la communication aux seuls secteurs solvables de l'économie et à creuser le fossé qui sépare les couches urbaines privilégiées de l'ensemble de la population. Sans oublier le fait que l'impact sur les revenus agricoles d'un accès à Internet et aux marchés extérieurs serait nul si les routes, les ports, les aéroports ou moyens permettant d'acheminer et de livrer les récoltes font défaut. Fort de ces remarques, la mise en place de politiques volontaristes dans le secteur de l'éducation notamment et en faveur de l'implantation des infrastructures de télécommunications et du réseau électrique dans les zones isolées est fortement entreprise.

Au total, il apparaît donc que le lien entre innovation technologique et croissance économique ne peut être mécanique. L'innovation technologique est sans aucun doute une condition essentielle à la croissance. Mais, pour que celle-ci soit forte et durable, la qualité de la régulation macro-économique, sociale et politique compte au moins autant que les potentialités technologiques.

En résumé, on a pu constater que jusqu'au début du 21e siècle, l'économie du Sénégal se caractérise par un déficit persistant de sa balance commerciale, accompagné d'une détérioration du taux de couverture des importations par les exportations et d'une relative dépendance de l'économie au commerce extérieur. Les échanges commerciaux sont essentiellement orientés vers la France pour l'UE, l'Inde et la Thaïlande pour l'Asie, le Nigeria et la Côte d'Ivoire pour la CEDEAO. Les 58,5% des exportations sénégalaises sont composés de produits agricoles qui accusent de mauvaises performances. C’est notamment le cas de l’huile de même que les tourteaux d’arachide qui restent la première source de devises avec 44,6% des recettes procurées par les exportations des produits agricoles. C’est cela qui occasionne les sévères pertes de marché constatées. En revanche, les sous-secteurs présentant un bon profil de compétitivité sont très faiblement valorisés ce sont notamment l’horticulture, les fleurs, les cultures industrielles.

Le groupe constitué de produits exportés de la pêche et des produits chimiques représente plus de 40% des recettes d’exportations. Pour la pêche la demande mondiale s’est accrue très vite. Il faut donner plus de place aux produits dont les perspectives d’avenir semblent meilleures.

En nous fixant comme horizon temporel l'année 2015, nous constatons que le déficit de la balance commerciale du Sénégal va persister de plus en plus et s'accompagner d'une détérioration plus poussée du taux de couverture des importations par les exportations. Cette détérioration pourrait s'expliquer, entre autres, par le caractère peu diversifié et peu compétitif des exportations nationales, la lente progression du revenu par habitant, le coût du transport et l'enclavement par rapport à certains grands marchés permettent de constater que sur un horizon temporel (2015), la balance commerciale du Sénégal resterait déficitaire malgré la diversification des partenaires vers l’Europe, l’Afrique, l’Amérique et l’Asie qui affectent significativement les flux commerciaux. Comment expliquer ce déficit commercial sur un horizon temporel lointain ? Cela signifierait-il que l'extérieur en l'occurrence la France, achète moins qu'elle ne fournit au Sénégal des produits ? Ainsi, quel serait l'intérêt de l'accentuation de l'ouverture sur l'extérieur si en contrepartie ces relations ne contribuent point à résorber le déficit de la balance commerciale.

Hormis ce fait, la détérioration des termes de l'échange s'approfondit. Autre renvoi à la question de savoir à quoi bon insister sur l'insertion dans l'économie mondiale si elle ne permet point d'améliorer la balance commerciale globale. C'est dire qu'en se limitant aux résultats du modèle on peut dire que la mondialisation affecterait négativement le Sénégal, par conséquent il serait plus judicieux de rester en dehors du processus. Alors, si la mondialisation est inévitable, il faudrait impérativement choisir d'autres champs de spécialisation présentant un meilleur profil davantage comparatif offrant plus d'opportunités au pays.

Dès lors, il importe de réfléchir sur les tendances lourdes de modification de l'appareil de production et de redéfinir le rôle de l'État afin de mieux orienter les politiques d'insertion dans le processus de mondialisation par une la politique commerciale active et gagnante.

V/ Les perspectives de positionnement par structuration de nouveaux champs de spécialisation.

1°) Les programmes post ajustement.

La stratégie d'ouverture vers de nouveaux champs de spécialisation du Sénégal pourrait reposer sur essentiellement les trois volets suivants : l'assainissement sectoriel du cadre macro-économique ; la Stratégie de Croissance Accélérée (SCA) et les politiques de réformes sectorielles ; un type d'État pour accompagner les réformes sectorielles.

2°) Poursuite de l'Assainissement du cadre macro-économique en évitant un ajustement déguisé.

Tous les experts tant nationaux qu'étrangers s'accordent à dire que l'État doit mettre en œuvre les réformes structurelles et sectorielles nécessaires pour renforcer les infrastructures de base et améliorer la compétitivité de l'économie nationale dans un contexte de mondialisation des processus de production et d'échanges. Mais, ce consensus n'est plus lorsqu'il s'agit de dire ce qu'il faut exactement réformer ? Comment le faire et par où faudrait-il commencer ? Faudrait-il réformer concomitamment ou progressivement ?

En tenant compte des risques généralement rattachés aux réformes simultanées et brutales et surtout des résultats obtenus lors du diagnostic de l'évolution de la situation économique du Sénégal dans le contexte de mondialisation, nous pouvons préconiser des réformes sectorielles progressives, bien planifiées, inscrites dans une dynamique d'intégration des populations et qui s'orientent vers le redressement du secteur primaire en priorité et l'expansion des secteurs secondaire et tertiaire ensuite.

Une telle orientation des réformes se justifie au moins à quatre niveaux :

- premièrement, l'agriculture sénégalaise occupe près 77% de la population active, réparties dans 480 000 exploitations, mais qui ne contribuent qu'à hauteur de 20% au PIB, ce qui met en évidence sa faible productivité ;
- deuxièmement, les secteurs secondaire et tertiaire sont tous les deux tributaires du primaire ;
- troisièmement, le solde de la balance des paiements est fortement dépendant de celui de la balance courante en général et commerciale en particulier alors que les exportations ont pendant longtemps étaient dominées par les produits du primaire ;
- quatrièmement, l'amélioration du secteur primaire va permettre une meilleure redistribution du revenu qui par effet d'entraînement facilitera l'absorption de la production du secondaire et encouragera le développement du tertiaire. .

Compte tenu principalement de ces quatre motifs, les différentes réformes doivent être axées sur plusieurs aspects dont notamment :

- **la lutte contre les contraintes d'ordre naturel** liées à la faiblesse et à la variabilité de la pluviométrie (en 20 ans le Sénégal a connu 11 sécheresses), la saturation et la dégradation des terroirs (près de 50% des terres de culture sont dégradées).
- **la lutte contre les contraintes d'ordre structurel** liées à la taille moyenne des parcelles cultivées (les superficies moyennes cultivées par actif en arachide et en céréales sont de 0,27 ha et 0,37 ha au niveau national). En zone irriguée, la taille moyenne des parcelles individuelles se situe entre 0,25 et 1ha. Le nombre de personnes par exploitation agricole varie de 6 à 13 avec une moyenne nationale de 10, tandis que le nombre d'actifs moyen est compris entre 5 et 10, avec une moyenne nationale de 8.
- **la lutte contre les contraintes d'ordre économique** qui provoquent la baisse du revenu réel des paysans et réduisent très sensiblement l'utilisation des intrants agricoles.
- **la lutte contre les contraintes d'ordre social** : le ménage agriculteur comprend près de 11,2 personnes. La population en âge de travailler montre une relative insuffisance (33,3%) de la tranche d'âge la plus apte au travail agricole (25-49 ans). Le niveau d'instruction des exploitants agricoles qui peut être un facteur important de réceptivité au conseil agricole et rural accuse des lacunes importantes. 91,3% des exploitants agricoles n'ont même pas le niveau d'éducation primaire.
- **la lutte contre les contraintes liées aux insuffisances des politiques agricoles** comme l'accès difficile au système de crédit, la non disponibilité de semences de bonne qualité en quantité suffisante notamment pour la filière arachide, l'obsolescence du matériel agricole, les rigidités et les insuffisances de la loi sur le domaine national, qui constituent une entrave pour la

sécurisation des investissements et la gestion durable des exploitations et l'absence de financements conséquents notamment dans le sous-secteur de l'élevage.

- **la lutte contre les contraintes d'ordre technique** liées aux transferts de technologies et de connaissances souvent inadéquates et sans rapport avec les niveaux des ressources tirées de l'exploitation agricole.

Pour le cas spécifique de la pêche, elle pouvait bien jouer un rôle de moteur du développement au Sénégal au regard des ressources halieutiques disponibles et des conditions maritimes. Tel n'est cependant pas encore le cas à cause notamment de quelques obstacles majeurs.

Les réformes doivent être orientées vers la lutte contre le délabrement, l'armement et la chute des cours. Ces facteurs transparaissent au niveau de la pêche industrielle par le nombre important d'entreprises en difficulté qui souffrent presque toutes des mêmes maux à savoir : une faible valeur ajoutée ; un niveau élevé des coûts de production et un système commercial peu développé.

Ces contraintes ont limité, dans une large mesure les performances du secteur annihilant ainsi ses possibilités de développement. L'évolution de l'offre ne parvient pas à suivre celle d'une demande nationale et internationale de plus en plus forte.

3°) Les nouvelles politiques sectorielles gagnantes dans d'ouverture extérieure.

Le Sénégal dispose d'atouts certains comme son exceptionnel emplacement géographique, avec un accès préférentiel aux marchés européen (Accords UE/ACP) et américain (AGOA). Fondées entre autres sur ces deux opportunités d'affaires pour les entreprises sénégalaises, les nouvelles politiques de réformes sectorielles auront pour effet d'accompagner et de renforcer l'assainissement du cadre macro-économique. Elles devront être orientées en priorité vers le secteur primaire dominé par l'agriculture. En effet, l'agriculture contribuant pour environ 10 % à la formation du PIB et en occupant environ 60% de la population sénégalaise, elle est considérée comme un des principaux moteurs de l'économie en termes de revenu, de budget et de balance commerciale.

De ce fait, les politiques sectorielles devront porter sur principalement deux volets :

- ***de nouvelles réformes*** : elles devront encourager l'exploitation des superficies disponibles et conduire à une utilisation efficiente de la main-d'œuvre disponible. En effet, seulement 63,15 % des superficies sont cultivées dans un secteur rural qui occupe plus de 50 % de la population Elles devront aussi permettre aux producteurs de mieux profiter de l'existence du climat favorable à une double culture (hivernale et de contre-saison) et de valoriser le potentiel en ressources hydriques estimé à 35 milliards de m3 par an ;

• ***au niveau des politiques sectorielles existantes*** : elles doivent être poursuivies en vue de renforcer les acquis des réformes entreprises par le gouvernement pour éliminer les distorsions et améliorer le cadre macro-économique et sectoriel.

En somme, il s'agira de poursuivre l'aménagement et l'exploitation optimale des ouvrages hydro-agricoles pour les cultures irriguées, de poursuivre la privatisation et la restructuration des entreprises publiques chargées du développement rural et agricole, la responsabilisation des agriculteurs avec un transfert à leur profit de certaines fonctions anciennement dévolues aux organismes publics, la suppression d'un certain nombre des subventions et la libéralisation des prix, des marchés et du commerce des produits agricoles.

La poursuite des réformes déjà entreprises se justifie par les résultats satisfaisants enregistrés depuis leur mise en application au lendemain de la dévaluation de 1994. En effet, les réformes ont permis de créer un environnement favorable à l'investissement dans l'agriculture. Elles ont abouti à la libéralisation des importations de riz en octobre 1995, à la privatisation des rizeries précédemment gérées par la Société d'Aménagement et d'Exploitation des Terres du Delta du Fleuve (SAED) et à la dissolution de la Caisse de Péréquation et de Stabilisation des Prix (CPSP) en février 1996.

La Société Nationale de Commercialisation des Oléagineux (SONACOS) est en cours de privatisation et le fonds de stabilisation des prix des oléagineux a été réorganisé en 1995. La Société Pour le Développement des Fibres Textiles (SODEFITEX) est en cours de réorganisation dans le but de séparer ses activités de service public de ses activités marchandes (agro-industrielles). Pour le moyen terme, l'objectif est d'ouvrir le capital de la SODEFITEX au secteur privé et aux organisations de producteurs.

Ces réformes, ainsi entreprises dans le secteur de manière générale, ont permis d'assainir financièrement les filières agricoles, de lever les principales distorsions des marchés agricoles liées aux prix et aux mesures non tarifaires. Par ailleurs, la participation des organisations paysannes et des opérateurs économiques privés à la gestion des filières est devenue effective. Elle a permis de mettre en place des cadres de concertation interprofessionnels dans les différentes filières (arachide, horticulture, riz, élevage, coton, tomate industrielle, viande, produits avicoles). Ces dernières ont procédé à des relèvements de prix des produits agricoles indexés sur le marché international pour encourager la production.

Globalement, la politique des prix s'est traduite par une augmentation des prix réels de la plupart des cultures et en particulier des céréales locales (maïs, mil, sorgho). La compétitivité du secteur s'est légèrement améliorée pour certaines filières depuis l'ajustement monétaire de Janvier 1994.

L'horticulture et l'élevage se sont révélés être des sous-secteurs de dynamisme avec des rythmes de croissance moyenne respectifs de 3,2% et de

4%. Les cultures industrielles (arachide, coton) n'ont connu que peu d'augmentation de la production par l'intensification.

La riziculture irriguée dans le bassin du fleuve Sénégal, malgré ses contraintes structurelles qui sont en train d'être levées dans un cadre consensuel avec les partenaires nationaux et internationaux a enregistré des performances encourageantes ces trois dernières années avec une croissance moyenne de la production de près de 30%.

L'exploration de nouvelles filières telles que le sésame, et les perspectives de la floriculture, de l'aviculture révèlent de nouvelles voies dans la diversification de la production agricole.

Encadré 22 : Les réponses des nouvelles stratégies.

L'échec des politiques d'ajustement et l'engagement de la communauté internationale à éradiquer la pauvreté ont fait naître au Sénégal de nouvelles approches en matière de gestion du développement. Les recommandations du document de stratégie de la réduction de la pauvreté ainsi que les objectifs du millénaire ont conduit le Sénégal à réorienter sa politique vers une stratégie de croissance accélérée, tant il est vrai qu'aucune lutte efficace ne peut se faire de façon durable contre la pauvreté si elle ne repose sur un cadre adéquat de création permanente de richesse.

Les objectifs de développement économique et financier à moyen et long terme continueront de s'inspirer des orientations déclinées dans le DSRP avec notamment la nécessité de satisfaire la demande sociale croissante. Aussi, le Sénégal entreprend-il d'accélérer sa croissance.

Les objectifs de croissance que le Gouvernement s'est fixé rentrent dans le cadre d'une Stratégie de Croissance Accélérée (SCA) qui vise à porter, à moyen et long terme, le taux de croissance réel du PIB à plus de 7% en moyenne annuelle.

Cette Stratégie de croissance accélérée repose sur le premier levier de la stratégie de réduction de la pauvreté, à savoir la création de richesses. Elle s'articule autour de trois (03) ou quatre (04) grappes caractérisées par (i) une bonne marge de progression à moyen et long terme (fort potentiel de croissance), (ii) une forte intensité de création de nouveaux emplois et enfin (iii) un fort potentiel de compétitivité internationale (tournées vers l'extérieur), en vue d'augmenter la contribution encore faible des exportations à la croissance économique et de ramener, à long terme, le déficit du compte extérieur courant hors dons en dessous du seuil de 5% retenu dans le cadre de la surveillance multilatérale au sein de l'UEMOA.

Cette stratégie reposera sur un environnement macroéconomique favorable marqué par l'atteinte du point d'achèvement de l'initiative PPTE intervenue en avril 2004, l'éligibilité du Sénégal au « MILLENIUM CHALLENGE ACCOUNT » (MCA), la mise en œuvre du Programme National de Bonne Gouvernance (PNBG) et la mise en œuvre des réformes du système de gestion des finances publiques et des marchés publics (CFAA et CPAR).

Cette série de réformes, conjuguée aux politiques visant la création d'un environnement favorable au développement du secteur privé, l'efficacité du système judiciaire, la lutte contre la corruption, l'amélioration de la gouvernance locale et des services de l'administration publique, devraient davantage renforcer l'attractivité de l'économie sénégalaise, mieux inspirer confiance à la communauté internationale suite notamment aux notes « B » à court terme et « B+ » à long terme, attribuées au Sénégal par l'Agence de notation internationale Standard & Poor's en avril 2004.

4°) Nécessité de l'intégration régionale.

Les dirigeants africains reconnaissent que la mondialisation peut faciliter les indispensables apports d'investissement privé et transferts de technologie, et élargir l'accès des exportations de leurs pays aux marchés mondiaux. Ils ont aussi clairement indiqué que la participation de leurs pays aux bénéfices de la mondialisation dépend principalement de l'initiative et de la volonté de leurs gouvernements. Autrement dit, les pays africains doivent mener sans fléchir des politiques propres à créer les conditions requises pour attirer l'investissement, intérieur et étranger, et développer les échanges. L'intégration régionale, si elle est bien conçue, offre de multiples moyens d'aider les pays africains à surmonter les obstacles auxquels ils sont confrontés. Un resserrement des liens commerciaux entre les pays africains les rendrait plus à même de participer aux échanges mondiaux. Avec 48 économies de taille relativement modeste et aux coûts élevés, l'Afrique devrait poursuivre l'intégration régionale afin de favoriser l'harmonisation des politiques nationales et de créer de plus vastes marchés.

Les économies d'échelle dans la production et la distribution, notamment sous forme de coûts de transaction plus faibles et d'une plus grande fiabilité, rendront les producteurs intérieurs plus efficients et plus compétitifs. Les pays africains pourraient aussi bénéficier de la mise en place d'infrastructures régionales, tant physiques que financières. Une approche régionale des questions structurelles fondamentales — comme la réduction et l'harmonisation des tarifs douaniers, les réformes juridiques et réglementaires, la rationalisation des systèmes de paiement, la réorganisation des secteurs financiers, l'harmonisation des régimes d'incitation et de la fiscalité de l'investissement et les réformes du marché du travail — permet aux pays participants de mettre en commun leurs ressources et de puiser dans les ressources institutionnelles et humaines de la région pour se doter de compétences techniques et administratives plus grandes que si chacun ne pouvait compter que sur soi-même. En outre, la mise en place de réseaux communs d'approvisionnement en énergie, de télécommunications et de transports n'est pas seulement efficace en termes de coûts, mais favorise l'unité entre les pays dans l'élaboration de politiques communes.

En retour, la poursuite de cette approche régionale mettra les pays dans une position plus solide et plus sûre pour promouvoir leurs intérêts sur la scène internationale. Enfin, les conditions et obligations associées à la participation à un programme de réforme ambitieux au sein d'une organisation régionale permettent aussi aux autorités nationales de mettre en œuvre dans leur pays des mesures politiquement difficiles, comme l'abaissement des tarifs douaniers ou des réformes en profondeur des appareils réglementaire et judiciaire — réformes dites de la deuxième génération. La surveillance à l'échelle de la région et le dialogue entre les différents membres de l'organisation régionale aident aussi à réduire les risques de dérapage macroéconomique, contribuant à un environnement plus stable et prévisible — condition clairement indispensable à l'essor du secteur privé. La plupart des pays ont déjà un même objectif qui est de parvenir à la stabilité macroéconomique en appliquant des programmes appuyés par le FMI. La participation à une organisation régionale incite plus fortement les pays à mettre en œuvre les mesures nécessaires pour parvenir à la stabilité souhaitée. On peut déjà voir des effets positifs de cette pression. Cette intégration doit se faire pour le Sénégal par un approfondissement des regroupements existants (UEMOA, CEDEAO, ...) et se poursuivre avec l'intégration effective dans des ensembles beaucoup plus grands et plus puissants.

Cette nécessaire intégration régionale ne doit pas étouffer le tissu relationnel qui existe entre le Sénégal et les grands lobbies comme l'Union Européenne (accord ACP-UE, accords de pêche et autres accords bilatéraux), les États-Unis (AGOA, Millenium Challenge Account...). La concurrence sans limite et impitoyable qui caractérisent la mondialisation, concurrence à laquelle les nations sont astreints par les accords de l'OMC nécessite des accords préférentiels pour les pays les performants, en attendant qu'ils ne surmontent leur retard.

VI/ Les instruments de réalisation des nouvelles stratégies de l'Émergence.

Sans entrer dans la polémique sémantique, ni même dans la problématique rigoureusement traitée par Alain PIVETEAU et Éric ROUGIER sur « Émergence, l'économie du développement interpellée», elle désigne des trajectoires de changements économiques et sociaux étroitement articulées à la globalisation et reste liée aux contextes nationaux qu'il s'agisse du particularisme des configurations institutionnelles ou de la nature des politiques publiques poursuivies[202]. L'on prête à Archimède la phrase célèbre : *« Donnez-moi un levier et je vais soulever le monde »,* le levier étant considéré comme un « un instrument » qui, placé à bon endroit peut soulever une très grande masse. On en distingue plusieurs, entre autres, l'État et ses institutions, les stratégies politiques économiques et sociales, le capital humain et social, les infrastructures ou le capital physique etc.

---

[202] Alain PIVETEAU et Éric ROUGIER, « *Émergence, l'économie du développement interpellée* », *Revue de la régulation,* 2010.

1°) Nécessité d'un État fort appuyé sur de solides institutions et une administration honnête.

Les économistes ont beaucoup discuté ces dernières années sur les fonctions de l'État avec la critique de l'interventionnisme par les institutions financières internationales. À la limite l'État doit se cantonner à un rôle de veilleur de nuit sur l'économie nationale. Il devrait se recentrer sur deux fonctions principales : l'une de production des externalités positives à savoir la sécurité, l'éducation, la santé, l'environnement et l'autre de corrections des dysfonctionnements des marchés. Cependant cette analyse est très partielle, car l'État est un instrument irremplaçable dans le développement économique et social. En Asie, il a joué un rôle massif et efficace dans l'organisation de l'économie et dans l'allocation des ressources vers des projets porteurs. Les problèmes qui sont soulevés concernent plutôt l'État africain qui accuse en vérité une faillite instrumentale par suite d'une marginalisation par le haut par le système mondial et d'une précarisation par le bas par le secteur informel. La faillite est aussi financière et se manifeste dans le déficit budgétaire chronique, le déficit du secteur public, l'endettement interne et externe.

Le gouvernement est le premier acteur de la mondialisation. Il a presque partout utilisé l'argument du "déficit zéro" pour couper dans les dépenses publiques en santé et en éducation, pour vendre les entreprises d'État et pour éliminer les règles qui nuisent au commerce. C'est lui qui signe les accords internationaux qui réduisent sa capacité d'orienter le développement économique et social. De ce fait, malgré le discours sur son impuissance face à la mondialisation, il n'en demeure pas moins le principal acteur.

L'État doit donc commencer par réduire sensiblement sa forte présence dans le secteur agricole et celle des monopoles privés qui entraînaient des distorsions sur les prix, la distribution des intrants, la transformation, la commercialisation des produits agricoles et l'importation des intrants agricoles et des produits agro-alimentaires.

Il doit davantage centrer ses efforts actuels sur la création d'un climat favorisant le développement du secteur privé et permettant aux populations d'accéder aux services sociaux de base (santé, éducation, eau, etc.).

Des progrès significatifs ont été réalisés dans ce sens et les acquis devront être consolidés grâce à l'implication totale des organisations de producteurs qui apparaissent maintenant comme des partenaires de l'État et le processus de décentralisation habilite progressivement les élus locaux et les communautés rurales à participer à la gestion de leurs ressources et de leur propre développement.

L'État doit également surmonter les obstacles au développement, liés à l'existence d'un grand nombre de défis à relever et d'un déficit de coordination dans la mise en œuvre des politiques et stratégies nationales de développement ainsi que l'absence d'une promotion des offres du Sénégal.[203]

À la lumière de la théorie et de l'expérience, il est clair que l'État ne devrait plus prendre à son compte des activités de production. Le secteur privé est mieux outillé mieux indiqué dans ce rôle. Toutefois le rôle de l'État ne doit pas se limiter aux traditionnelles missions régaliennes auxquelles le renvoient les tenants d'un État « zéro » dans l'économie. En effet il est apparu au Sénégal que le déclin la compétitivité de l'économie était imputable au faible en partie au faible niveau des investissements publics. L'accompagnement du secteur privé exige un engagement de l'État sénégalais à relever de façon substantielle le niveau de la productivité globale des facteurs. La mise en œuvre des politiques déclinées dans le DSRP exige un État fort aussi bien dans sa capacité à mobiliser les ressources pour financer les réformes, mais aussi dans sa capacité à imposer de telles réformes dans un environnement où l'informel a pris le dessus sur toute forme structurée et réglementée des activités économiques. Mieux le commerce international apparaît aujourd'hui comme le reflet des rapports de force existant entre les nations du monde où les plus forts imposent leurs règles aux plus faibles. D'où la nécessité pour le Sénégal de poursuivre sa quête de leadership en Afrique dans l'optique d'une fédération des regroupements régionaux qui à terme permettra à l'Afrique de tirer meilleure partie lors des négociations commerciales.

2°) L'absence d'une politique monétaire flexible appelle la réforme du CFA.

Plusieurs études réalisées sur le Système Monétaire International (SMI) et le Système Monétaire Européen (SME) montrent que l'une des tendances marquantes au sein de l'économie mondiale, depuis 1945, consiste en un mouvement d'intégration croissante entre les différentes économies nationales. Pour les pays africains, cette solution bien que peu retenue ne sera certainement pas évitable dans l'avenir.

À long terme, la stabilité de la monnaie d'un pays dépend de la convergence de son économie et de la coordination de sa politique avec celles de ses partenaires. De ce point de vue, la Zone Franc comme accord de change peut découler de l'intégration croissante des marchés financiers dans le cadre de la mondialisation de l'économie avec la règle des 3 D (désintermédiation, déréglementation, décloisonnement).

Aujourd'hui, les enjeux de la globalisation financière posent la question du gouvernement du monde par les marchés financiers. Ainsi, les citoyens de la planète ont commencé à suivre, en temps réel, la fiche de santé de l'économie mondiale au travers des indices financiers des grandes bourses (CAC 40,

---

[203] Mamadou DIA, président du conseil a été le premier à introduire l'État dans la politique économique avec la formation d'un secteur public puissant surtout dans l'agriculture.

Indice Nikkei, Down Jones,…). Dans ce contexte, les mécanismes de transmission de la politique monétaire confèrent un rôle plus accru à la politique de change et, l'absence de celle-ci sera un sérieux handicap pour tout pays ou groupe de pays.

L'ouverture internationale d'un pays est pertinente lorsque ses produits sont compétitifs. Pour mesurer la compétitivité d'un pays et ses variations, on utilise généralement le Taux de Change effectif Réel (TCER), qui apprécie la variation du taux de change effectif nominal par rapport au taux d'équilibre (PPA). Le TCER donne une bonne estimation des conséquences sur la balance extérieure des variations du TCEN, liée aux modifications de prix résultants des changements d'efficacité du système productif. Il procure une bonne appréciation de l'évaluation des coûts de production domestique des biens internationaux, ceux qui font l'objet d'une demande mondiale et suivants doivent guider la spécialisation. Pour que l'indice de compétitivité reste stable, il faut que les coûts nationaux de production des biens échangeables restent proches de ceux des autres pays concurrents, et donc que l'inflation interne reste voisine de celle des pays partenaires. Ce qui signifie, faut-il le rappeler sous une forme que toute hausse des prix internes qui serait supérieure à la haute des prix internationaux, pondérés par le taux nominal, entraînera une baisse du TCER, c'est-à-dire une surévaluation du taux réel, et donc une perte de compétitivité. Au contraire, pour améliorer la compétitivité nationale, il convient de diminuer le taux nominal, c'est-à-dire dévaluer la monnaie nationale ou diminuer le prix domestique ou encore, augmenter les prix internationaux.

On remarque que l'analyse ne conduit pas aux mêmes décisions de politique économique selon que le pays se trouve en régime de changes fixes ou variables. Ainsi ; ce sont les nécessités de la compétitivité qui imposent de faire de la Zone Franc un accord de change pour lui permettre de faire face à ses principaux concurrents tant en Afrique même (Nigeria, Maroc, Tunisie, Ghana…) qu'en Asie (Chine, Thaïlande, Pakistan), lesquels peuvent modifier favorablement leur TCER pour améliorer leur degré de compétitivité.

Le Sénégal n'a de cesse de voir sa compétitivité internationale décliner au fil des années. Même s'il est raisonnable d'imputer cette perte à la baisse de la productivité, l'on ne saurait occulter l'absence d'une politique monétaire active et autonome pour le pays dans le contexte de l'UMOA. Dans un monde où les principaux concurrents du Sénégal disposent d'une politique monétaire et de change active qui leur permet de répondre efficacement aux chocs externes voir de stimuler leurs exportations, la politique monétaire si elle doit continuer à faire dans le cadre communautaire devrait nécessairement gagner en flexibilité.

Dans les faits, face à l'évolution de la situation économique et financière de certains membres de la Zone Franc, la déconnexion est beaucoup agitée en ce moment par des cercles d'économistes et d'observateurs de la vie économique et financière du continent africain.

Deux sous hypothèses peuvent être envisagées :

La déconnexion par éclatement de la Zone Franc : les tenants de cette formule s'appuient sur un échec patent des politiques d'ajustement mises en œuvre avec la dévaluation et qui se traduirait par de nouveaux déséquilibres, l'accumulation de déficits internes et externes et des pressions accentuées de la communauté financière internationale en faveur d'une seconde dévaluation. Mais, compte tenu des disparités caractéristiques des pays de la Zone, en terme de niveau de développement ou de besoin de financement ou encore de politiques économiques nationales, il peut s'avérer extrêmement difficile de faire accepter un taux de dévaluation uniforme, comme ce fut le cas en 1994. En effet, les résultats dissemblables enregistrés ces dernières années devraient conduire à l'adoption de taux de dévaluation différenciés. Dès lors, le risque est grand de voir éclater la solidarité monétaire organisée jusque-là autour d'une gestion commune des réserves de change.

La déconnexion concertée en direction de l'intégration économique et monétaire en Afrique : la stabilité d'une monnaie peut être défendue par sa banque centrale, mais pas indéfiniment. À long terme, la stabilité de la monnaie d'un pays dépend de la convergence de son économie et de la coordination de sa politique avec celles de ses partenaires. Dans les pays en développement, la difficulté s'accroît avec la nécessité de donner à cette politique des objectifs à plus long terme. Il ne s'agit plus seulement de rétablir l'équilibre extérieur par la politique macroéconomique traditionnelle, mais d'assurer une croissance durable de l'économie et d'initier une véritable politique de développement.

EN CONCLUSION : Les solutions pour une économie compétitive et gagnante dans la mondialisation.[204]

En général, de meilleures performances économiques et commerciales résultent non seulement d'une amélioration des politiques commerciales nationales, mais également de la performance en matière de gouvernance. C'est ce que confirme une étude récente de la Banque mondiale montrant que plus de 60% de la variance dans certaines mesures de la performance économique, parmi lesquelles la croissance des exportations, s'explique plus par les politiques nationales que par les tendances mondiales. La performance des exportations de tout pays va dépendre essentiellement de l'environnement des affaires, lequel est également important pour attirer des investissements directs étrangers (IDE). Ceux-ci ont joué un rôle clé dans plusieurs pays en voie de développement qui ont réussi à revitaliser leurs exportations. De même, les petites et moyennes entreprises (PME), qui forment souvent le

---

[204] Ces solutions ont été approfondies dans mon ouvrage : Moustapha KASSE *: « L'Economie du Sénégal : Les 5 défis d'un demi-siècle de croissance atone. »* L'Harmattan, 2015, 270p.

réservoir d'où émergent de nouvelles exportations, ne peuvent se développer que dans un environnement des affaires qui leur est favorable. Il faut, par conséquent, accorder à la mise en place et au maintien d'un environnement favorable aux affaires une très haute priorité dans l'agenda de toute stratégie d'exportation.

Lorsqu'on compare le Sénégal à d'autres pays en voie de développement qui ont réussi à relancer leurs exportations, notamment dans les classements à l'échelle mondiale établis par *l'International Country Risk Guide*, *Transparency International* et *l'Index de Développement Humain* des Nations Unies, on constate qu'il accuse un retard en ce qui concerne la perception de la gouvernance et plusieurs indicateurs de capital humain. Le renforcement de la gouvernance et l'amélioration des indicateurs de capital social et humain sont à l'agenda de développement du Sénégal et représentent des mesures à long terme. Entre temps, *l'Agence de Promotion des Investissements et des Grands Travaux* (APIX), nouvellement créée, et l'*Agence de Promotion des Exportations*, ainsi que *l'Office du Tourisme* devraient œuvrer à améliorer l'environnement des affaires tant pour les entrepreneurs sénégalais que pour les investisseurs étrangers. Pour favoriser cette initiative, le Sénégal pourrait requérir la confection d'un *Guide des Investissements* à l'instar de ceux qui ont été réalisés par la CNUCED-CCI pour le Bangladesh, l'Ouganda et le Mozambique. Ces guides, qui présentent le climat d'investissement du pays et les formalités requises, se sont avérés être des instruments très utiles et sophistiqués de marketing du pays et ont donné aux investisseurs potentiels un outil crédible leur permettant d'évaluer les opportunités. D'autre part, bien que la réponse limitée du côté de l'offre à la dévaluation de 1994 s'explique par d'autres facteurs que le taux de change effectif réel (REER), il pourrait être utile pour les autorités sénégalaises de surveiller la compétitivité du pays en surveillant le REER et d'autres indicateurs tels les parts du marché mondial. Nous avons jugé nécessaire de faire quelques recommandations de politiques économiques en vue d'améliorer la compétitivité globale de l'économie :

1°) Résoudre les problèmes des secteurs de base :

Le secteur des énergies. C'est un secteur sur lequel s'appesantissent beaucoup les investisseurs dans leurs prises de décision. Il serait donc bon que certaines mesures visant à améliorer son efficacité soient entreprises : D'abord, relancer les négociations avec les soumissionnaires pour un contrat de gestion de la SENELEC lorsque les conditions d'affaires s'amélioreront. Ce qui devrait aboutir à rendre plus attractifs les barèmes, de façon à mieux cibler l'accès des pauvres à l'électricité et diminuer les charges au niveau des utilisateurs industriels; diminuer sinon même rayer complètement les coupures répétitives de l'électricité qui entravent sérieusement le bon fonctionnement des activités économiques ; inclure des clauses de révision des tarifs (à la fois à la hausse et à la baisse) de façon à refléter auprès des utilisateurs les changements de coût dus aux fluctuations des prix mondiaux de carburant.

Les télécommunications.

Le secteur des télécommunications au Sénégal est l'un des plus dynamiques de l'Afrique de l'ouest voire même de l'Afrique subsaharienne. Cependant, des efforts restent encore à faire dans le domaine notamment pour une meilleure ouverture du secteur à la concurrence internationale. Ce qui aboutirait à terme à l'adoucissement de la tarification, à l'extension du réseau et à sa diversification.

Les transports.

Le gouvernement du Sénégal fait face à plusieurs déficiences, et il faut maintenant passer à l'action et rapidement. Les mesures envisagées sont les suivantes :

- Assurer que l'investissement dans la chaîne de froid de l'aéroport de Dakar soit achevé à temps et satisfasse aux exigences du secteur. Il faudrait aussi prendre en compte ces considérations dans la construction du nouvel aéroport de Diass.
- Rechercher systématiquement des partenaires privés pour investir et gérer les infrastructures portuaires.
- Poursuivre l'option de privatisation du chemin de fer en mettant l'accent sur la mobilisation du capital nécessaire à la réhabilitation de l'infrastructure.
- Finaliser la base de données d'infrastructures routières qui permettra de mettre en œuvre un programme d'entretien routier efficace.
- Poursuivre les initiatives en cours destinées à diminuer les coûts très élevés qui résultent d'un système routier inefficace.

2°) L'amélioration du cadre juridique et fiscal.

Par rendre plus fluide l'environnement des affaires au Sénégal en vue de mieux attirer les investisseurs étrangers, les autorités doivent créer des tribunaux de commerce dotés de juges bien formés et accélérer l'instruction des affaires et publier les jugements en vue de l'information du public de façon à améliorer la cohérence et la transparence. Ceci va requérir : la modernisation de l'instruction en utilisant systématiquement des techniques de gestion informatisée ; la définition d'objectifs en termes de réduction du délai d'instruction ; l'engagement à un programme destiné à améliorer la transparence des jugements qui auront été rendus.

Sur le plan fiscal, un régime incitatif plus transparent réduirait la complexité administrative liée à la gestion de la pléthore actuelle de régimes préférentiels. Le code des investissements proposé par l'UEMOA met l'accent sur des facteurs positifs encourageant l'investissement (par exemple des droits de propriété bien définis), et ouvre la voie à une simplification du régime incitatif, tout en allégeant le fardeau fiscal sur l'ensemble des entreprises, tant en ce qui concerne les taxes à l'importation sur les biens d'équipement et les biens intermédiaires que les impôts sur les sociétés.

Des procédures douanières compliquées et onéreuses entraînent un traitement discriminatoire des exportations, et ce de deux façons : (i) Elles peuvent être considérées comme une imposition supplémentaire des importations, avec pour effet d'encourager la production de produits de substitution d'importation ; et (ii) elles produisent l'effet de taxes à l'exportation soit en compliquant l'accès des exportateurs aux intrants importés en franchise, soit en compliquant les exportations. L'efficacité d'une administration douanière qui applique les procédures douanières aura par conséquent un effet significatif sur la compétitivité de l'économie. Il est dès lors particulièrement important de surveiller son fonctionnement, et en particulier de vérifier que cette administration accomplit son mandat traditionnel au moindre coût pour les importateurs et les exportateurs (perception des recettes, mise en application des normes de sécurité et de santé, ainsi que des politiques de protection des importations du pays).

Les indicateurs à surveiller tout particulièrement sont les suivants : e temps nécessaire au dédouanement des marchandises en douane ; la prévalence de « cadeaux » aux agents des douanes pour accélérer les formalités et l'accès aux intrants en franchise pour les exportateurs ; et (iv) la transparence dans laquelle s'effectuent les opérations des douanes.

3°) L'amélioration du capital humain par de larges et profondes réformes du système éducatif et de formation.

Pour développer une base d'exportation plus dynamique, il faut d'urgence améliorer le premier cycle de l'enseignement secondaire et l'enseignement technique pour le jeune sortant de l'école primaire et du premier cycle de l'enseignement secondaire, de façon à fournir la main-d'œuvre qualifiée requise par les investissements directs étrangers dans les industries de transformation et de services. Pour améliorer la formation professionnelle, il faut non seulement que le secteur public autorise la prestation de services privés de formation et implique l'industrie dans la conception et l'exécution des programmes, mais aussi adapter le plus possible cette formation aux exigences du marché du travail. Un tel programme pourrait bénéficier d'une meilleure utilisation de l'impôt sur le revenu du travail et des recouvrements de coûts.

4°) La mise en place de stratégies d'exportation dynamiques en relation organique avec les acteurs du secteur privé créateur de richesses et d'emploi.

Le Sénégal n'a pas encore une stratégie d'exportation, bien définie et jouissant d'un appui solide sur le plan politique, qui lui permette d'éliminer les contraintes à l'exportation et de façon plus générale, de redynamiser la performance des exportations. Pour permettre à ces exportations de réaliser leur véritable potentiel, le Sénégal se doit de définir un programme cohérent de développement des exportations, qui pourra se prévaloir de l'appui politique au niveau le plus élevé. Ce programme devrait définir très clairement les priorités, assigner les responsabilités de mise en œuvre à des institutions et des acteurs bien identifiés et mettre en place un mécanisme bien défini pour surveiller les progrès de son exécution, motiver toutes les parties intéressées et les obliger à rendre compte de leurs actions. Il faudrait aussi que les autorités étudient profondément les avantages comparatifs dont dispose le Sénégal et qu'ils mettent particulièrement l'accent sur les secteurs porteurs qui répondent mieux aux exigences de la demande internationale. La plupart des contraintes auxquelles font face les exportateurs ne sont pas directement liées au commerce, mais touchent à des problèmes au niveau de l'offre.

THÈME 21 – ENDETTEMENT EXTÉRIEUR, CROISSANCE ET PAUVRETÉ AU SÉNÉGAL.

Professeur Moustapha KASSE.

Texte présenté au PTCI revu et actualisé. Beaucoup d'éléments sont tirés de mon étude pour l'Union Africaine sur « le désendettement de l'Afrique ».

INTRODUCTION : Dette, croissance et répétition des crises financières.

L'emprunt extérieur a pendant longtemps été considéré comme une source de financement des déficits internes et externes (modèles à doubles déficits de CHENERY et STROUT, 1966). Au niveau interne, le déficit renvoie à l'insuffisance de l'épargne intérieure qui doit financer les besoins d'investissement. Au niveau externe, il s'agit de trouver les ressources nécessaires au financement du solde déficitaire de la balance courante. Nombre de pays ont donc recours à l'épargne externe pour couvrir leurs besoins de consommation et d'investissement. De ce fait, le financement extérieur vient s'ajouter aux recettes d'exportations pour autoriser des niveaux de dépenses supérieurs aux revenus réels permanents des économies endettées. Ainsi, le boom des recettes d'exportations tirées du pétrole a dirigé – au-delà même de ces recettes – d'importants flux de capitaux vers les pays qui en ont bénéficié. Comme le dit l'adage, " on ne prête qu'aux riches " ! JARRET et MAHIEU [1991] montrent, à travers l'exemple de la Côte-d'Ivoire, que ces apports de capitaux bénéficient également à des pays rentiers non pétroliers. Les mouvements de capitaux sont en effet guidés par les variations de taux d'intérêt, qui découlent elles-mêmes de la rareté relative du capital.

L'emprunt extérieur permet ainsi de desserrer certaines contraintes intérieures. Il donne la possibilité de différer des mesures de politique économique impopulaires, comme l'augmentation de la pression fiscale. Les mouvements de capitaux sont également considérés comme des mécanismes de transmission de la croissance à travers la substitution progressive de l'épargne locale aux flux extérieurs de capitaux. En fait, de tels modèles s'interrogent sur le niveau d'endettement extérieur compatible avec le taux de croissance de la production. En d'autres termes, il s'agit de déterminer les conséquences du financement extérieur sur la croissance et l'équilibre de la balance des paiements. La réponse la plus ancienne à cette question constitue la " théorie des stades de la balance des paiements " [CAIRNES, 1874 ; BASTABLE, 1899]. Selon elle, les économies passent par quatre phases successives qui marquent la transformation à terme des pays nouvellement emprunteurs en pays prêteurs évolués.

Tableau 10 : Les quatre stades de la balance des paiements

Situation du pays Stades de la balance des paiements	Pays nouvellement emprunteur	Pays emprunteur évolué	Pays nouvellement prêteur	Pays prêteur évolué
Balance commerciale	Négative	Positive	Positive	Négative
Balance des revenus	Négative	Fortement négative	Négative puis positive	Fortement positive
Balance des capitaux	Positive	Positive	Négative	Négative
Balance interne (S - I)	Négative	Positive	Positive	Négative

Note : La balance interne ne comprend que l'épargne domestique sur le revenu intérieur.

Les signes de la balance commerciale et de la balance interne sont forcément identiques, puisque **S - I = X - M.**

Les modèles tirés de cette théorie reposent donc sur l'hypothèse que le financement extérieur est destiné à l'investissement productif. En vertu des modèles de croissance HARROD-DOMAR, il n'y a pas de substitution entre les facteurs de production : l'offre de travail est parfaitement élastique, la croissance ne dépend donc que de la croissance du stock de capital. Le financement extérieur vient combler le déficit extérieur (déficit de la balance courante, auquel s'ajoute le service de la dette extérieure). Ainsi, les épargnes internes et externes sont considérées comme complémentaires. Or, dans de nombreux cas, la relation négative entre l'épargne interne et les flux financiers internationaux est démontrée.

Par ailleurs, on suppose que les capitaux extérieurs financent l'investissement interne. Cette dernière hypothèse ne se vérifie pas toujours. Dans bien des cas, le financement extérieur est venu combler le déficit budgétaire ; il en est ainsi au Sénégal. Aussi bien, cela peut signifier qu'il existe des niveaux d'endettement plus ou moins soutenables. Au-delà d'un certain seuil, les emprunts nouveaux permettent seulement, dans le meilleur des cas, de rembourser les emprunts passés. Au pire, ils ne permettent même plus d'assurer le service de la dette. C'est l'effet " boule de neige ". Quand le taux d'intérêt de l'emprunt est supérieur au taux de croissance de l'économie, le poids de la dette dans le PNB s'accroît indéfiniment. Dès lors, il devient essentiel d'évaluer le niveau d'endettement que peut supporter une économie. Pour cela, on peut utiliser des critères simples, tels que les ratios suivants :

- **Endettement total sur PNB**. Si le ratio est inférieur à 30 %, alors – selon le FMI – le pays est faiblement endetté
- .**Endettement sur recettes d'exportations de biens et services**. Si ce ratio est inférieur à 165 % – toujours selon le FMI –, le pays n'a pas atteint un niveau d'endettement inquiétant.
- **Service de la dette sur recettes d'exportations de biens et services**. Si le pays consacre annuellement plus de 30 % de ses recettes d'exportations de biens et services à rembourser le capital et les intérêts,

il est dans une situation financière difficile. Si le service de la dette absorbe moins de 18 % des recettes d'exportations, la situation financière a toutes les chances d'être saine.

- **Service de la dette sur PNB**. Ce ratio mesure la part des richesses produites par un pays qui sera prélevée pour être versée à l'extérieur. Ainsi lorsque le service dépasse 4 % du PNB et 18 % des recettes d'exportations, l'emprunteur aura des difficultés à remplir ses obligations.
- **Charge des intérêts sur recettes d'exportations de biens et services**. Ce ratio n'a de sens que lorsque les pays emprunteurs ne remboursent plus ou partiellement le capital emprunté. Du fait des rééchelonnements, le service de la dette se limite aux versements des intérêts ; et si ces versements dépassent 20 % des recettes d'exportation, le pays se trouve dans une situation financière difficile.

Les crises d'endettement ne sont ni nouvelles ni historiquement localisées dans le Tiers-monde. Elles sont non seulement récurrentes, mais n'admettent pas de solutions faciles. Des pays aujourd'hui industrialisés ont connu de graves crises financières. Ce fut le cas des USA entre 1839 et 1843. Sept États cessèrent de payer les intérêts de leur dette, et deux autres – le Mississipi et la Floride – répudièrent purement et simplement leurs dettes.

D'autres pays ont bénéficié d'un apport considérable de capitaux étrangers sans que cela ne se traduise par des progrès significatifs en matière d'industrialisation. C'est le cas de l'empire ottoman durant la période 1854-1875, qui bénéficia d'un apport important de capitaux extérieurs à des taux d'intérêts (6 %) relativement élevés pour l'époque. En 1876, L'État ottoman se déclara en cessation de paiements. Le cas turc n'est pas isolé. En effet, ce fut aussi celui de l'Égypte et de la Tunisie à partir de 1870, de la Grèce à partir de 1897, du Venezuela à partir de 1903, de St Domingue à partir de 1905. Plus près de nous, à la fin des années 1980, les États-Unis ont à nouveau atteint des niveaux d'endettement record. L'État et les ménages consommaient au-delà de leurs moyens, tandis que les recettes d'exportation étaient largement inférieures au coût des importations. Cette situation n'a pas été sans provoquer des différends importants avec des pays prêteurs et exportateurs, notamment le Japon, dont l'excédent d'épargne a alors largement été mis à contribution.

I/ L'endettement du Sénégal est-il soutenable ?

On s'intéresse ici aux trois premiers ratios de soutenabilité de la dette, ce qui ne signifie pas que le Sénégal ne soit pas entré dans le club des pays endettés bénéficiant d'un rééchelonnement.

En ce qui concerne le ratio dette/PNB, il passe de 50,5 en 1980 à 82,3 en 1995. En 1980, ce ratio soulignait déjà le caractère préoccupant de la situation financière. Elle devient explosive en 1995. En effet, la dette extérieure, en pourcentage du PNB, ne doit pas excéder 30 %. Au Sénégal, ce ratio dépasse la limite admise depuis 1980. Pire encore, l'ajustement, dont l'un des objectifs est de permettre le remboursement de la dette extérieure, a contribué à compromettre la situation financière du pays.

S'agissant du deuxième ratio (dette/recettes d'exportations de biens et services), le même constat doit être fait. Le pays atteint un niveau d'endettement inquiétant au regard des normes généralement indiquées par le FMI (165 %). En 1995, le Sénégal culmine à 224,3 %.

Le troisième ratio retenu est le service de la dette/les exportations de biens et services. D'après celui-là, l'économie est en meilleure posture. En effet, les recettes d'exportations permettent d'assurer le service de la dette sans que la situation financière ne se dégrade. On peut même dire que rien ne s'oppose à ce que la situation ne redevienne saine, toujours relativement à l'opinion des bailleurs de fonds.

On pourrait tout de même signaler les contradictions que soulèvent ces chiffres, tirés du Rapport sur le développement dans le monde de 1997. En effet, si le volume de la dette est une contrainte, comment concevoir que le remboursement soit aisé ? Ceci s'expliquerait par les rééchelonnements de la dette intervenus depuis le milieu des années 1980. Cette situation serait également le fruit des annulations et conversions de dettes. Elle serait encore censée résulter des effets bénéfiques de la dévaluation du F CFA en 1994. Mais, pour ne retenir que la dévaluation, il n'est pas sûr que ses effets aient été aussi bénéfiques qu'on veut trop souvent l'admettre. L'hypothèse de départ, c'était que les exportations devaient tirer la croissance. L'augmentation de la production dans les industries exportatrices entraînerait un accroissement de la demande de travail et de biens d'équipement de leur part. Cette augmentation bénéficierait à l'ensemble de l'économie par effet d'entraînement.

Mais dans les faits, le ratio des exportations par rapport aux importations est resté stable, avant comme après dévaluation, dans les années 1990 (environ 60 %). La valeur des exportations a grosso-modo doublé, après dévaluation, tout comme celle des importations. C'est la conséquence d'un effet-prix et d'un effet volume. Il reste à savoir, pour chacune des deux augmentations, lequel des deux effets a été le plus important.

S'agissant des exportations, il est clair que l'effet volume a été le plus important, étant donné la diminution de leur valeur nominale. En revanche, le renchérissement des importations est probablement beaucoup plus dû au renchérissement de leur valeur qu'à l'augmentation de leur volume (leur valeur globale a doublé, ce qui constitue sans doute une conséquence mécanique d'une dévaluation de 50 %).

La signification de tout cela, c'est que le volume des exportations a augmenté, mais pas suffisamment pour compenser le renchérissement de la valeur des importations. Le ratio est, en effet, toujours égal à 60 %. Davantage: si M/X est resté constant, l'augmentation des volumes respectifs des importations et des exportations s'est traduite par une détérioration des termes de l'échange. Le solde négatif a donc augmenté.

Dans une analyse, certes sommaire de la vulnérabilité, Kako NUBUPKO passe en revue, « les travaux les plus récents sur la question : (i) A partir d'un seuil donné la dette extérieure décourage la consommation et l'investissement, et, par conséquent, réduit la croissance économique [KRUGMAN(1988), SACHS (1989) et COHEN (1992)] ; (ii) Thèse du fardeau virtuel de la dette extérieure : relation dette /croissance forme de courbe en U inversée [PATILLO et al , 2002] ; (iii) les effets de seuils : 160 à 170% du ratio de la dette sur les exportations et de 35 à 40% de celui de la dette sur le PIB [Patillo et al , 2002] et Seuil de 90% (REINHART et ROGOFF, 2010) ». Cela lui permet de dégager et d'interpréter les 4 indicateurs de vulnérabilité:[205]

- Les Indicateurs de la dette extérieure et intérieure Le profil des échéances, le calendrier de remboursement, la sensibilité aux taux d'intérêt, et la composition en devises.
- Les Indicateurs d'adéquations des réserves Savoir dans quelle mesure un pays est apte à éviter les crises de liquidités : Le ratio des réserves au volume de la dette à court terme la vulnérabilité des pays dont l'accès aux marchés de capitaux est élevé mais entouré d'incertitudes.
- Les indicateurs de solidité financière adéquation des fonds propres des institutions financières, •la qualité des actifs et des positions hors bilan des banques, •la rentabilité et la liquidité des banques, ainsi que sur le rythme et la qualité de l'expansion du crédit.
- Les indicateurs du secteur des entreprises. Indicateurs liés aux niveaux d'emprunt, de rentabilité et de trésorerie, ainsi qu'à la structure financière des entreprises.

Sur ces points, nos conclusions sont largement convergentes : « *le plafond d'endettement ne peut pas être un objectif comme le FMI a tendance à vouloir l'imposer aux pays en développement, Ce qui importe, c'est de s'assurer, à côté de l'impératif de croissance forte, inclusive et durable, que le risque d'insoutenabilité de la dette n'engendre pas une incapacité des pays à atteindre les ODD à l'horizon 2030* ». Dans la même direction ces propos leader de l'opposition revêtent une signification profonde « *Pour la réalisation de plusieurs projets, le Sénégal fait toujours recours à des prêts. Bien que l'endettement ne soit pas toujours une mauvaise chose, il faut savoir ou mettre les ressources dont nous disposons. Si malgré l'investissement, nous ne sentons pas la différence dans certains secteurs, il est temps de demander si toutes les ressources reçues ont été mises dans les dits projets ou si elles ont été mal géré. Voilà quelques prêts que nous allons devoir repayer avec des intérêts alors que nous étions capables d'éviter l'endettement pour les*

---

[205] Kako NUBUPKO : *Les vulnérabilités liées à l'endettement et les priorités et politiques nationales et multilatérales pour y faire face.*

réaliser. Nous pouvons trouver de l'argent dans nos caisses pour s'autofinancer et non s'endetter pour financer nos projets de développement. Les exonérations fiscales nous coûtent environ 500 milliards par an pour des compagnies ne créant pas assez d'emplois et qui rapatrient leurs bénéfices dans leurs pays d'origine. Le conseil économique social, et environnemental nous coûte environ 6,2 milliards par an. Le budget de la présidence qui s'élève à 88 milliards devrait être réduit. Le budget de la primature qui est 12.922.273.980 pour 83 ministres devrait être réduit, car le Sénégal peut fonctionner avec 30 ministres au maximum. Le secteur informel nous coûte plus de 300 milliards par an. Ne pouvions-nous pas financer certains des projets ci-dessous au lieu de s'endetter ?

II/ Endettement extérieur et croissance au Sénégal ou encore emprunter pour enrichir.

L'analyse de l'endettement extérieur sénégalais peut être découpée en trois temps (Cf. graphique suivant).

La première période, qui va de la fin des années 1970 à 1982, est caractérisée par des taux de variation de l'encours de la dette exponentiels. L'encours de la dette publique à moyen et long termes, qui se chiffre à 112 mds de FCFA en 1977, augmente régulièrement entre cette date et 1982 à des taux de croissance élevés (de 38,15 % en moyenne). L'encours passe alors à 532 mds de FCFA en 1982. Cette hausse fulgurante est à mettre en relation avec les déficits pluviométriques, la détérioration des termes de l'échange, la conjoncture financière internationale favorable des années 1970 (prêts à des taux concessionnels), ainsi qu'avec la flambée des prix du pétrole. Durant cette période, l'encours de la dette extérieure rapporté au PIB est de 35 % en moyenne.

La deuxième période, qui va de 1982 à 1985, correspond à la cessation de paiements du Mexique et à la première demande de rééchelonnement du Sénégal. Elle est marquée par une baisse relative (- 1,42 %) de l'encours de la dette extérieure.

Le troisième temps, qui se situe entre 1985 et aujourd'hui, correspond à une période de *resserrement des contraintes financières*. L'encours de la dette recommence d'abord à croître relativement vite (mais à des niveaux inférieurs à 10 %). Avec le changement de parité intervenu en 1994, le taux de variation passe brutalement de 9 à 75 %. Au lendemain de la dévaluation, l'encours de la dette extérieure est de 1793 mds de FCFA, malgré les rééchelonnements répétés (leur montant passe de 0,4 en 1980 à 345,2 mds de FCFA en 1996). La multiplication des démarches menées auprès des bailleurs ne permet guère qu'une élimination des arriérés de paiements intérieurs et extérieurs fin 1995. En effet, à partir de 1993, l'encours de la dette excède le PIB réel.

Au début de la décennie 1980, la dette bilatérale et les crédits commerciaux représentent 80 % de la dette extérieure. La France et les pays de l'Organisation de coopération et de développement économique (OCDE) jouent un rôle moteur, en ce qui concerne les prêts à leurs ex-colonies. Les crédits commerciaux restent actifs jusqu'au milieu des années 1980. À partir de cette date, les crédits commerciaux comme l'aide bilatérale des pays occidentaux s'estompent pour laisser la place à l'aide bilatérale des pays arabes et, surtout, aux crédits et dons multilatéraux. La dette rééchelonnée fait alors son apparition, stigmatisant les difficultés de paiement du Sénégal. En effet, avec l'application des PAS, la Banque mondiale devient prépondérante dans le volume de l'emprunt international. Depuis 1989, les crédits multilatéraux et la dette rééchelonnée représentent en moyenne 70 % de l'encours de la dette extérieure du Sénégal. La dette extérieure est alors façonnée par le recul de la coopération bilatérale et la disparition des crédits commerciaux au profit de la coopération multilatérale et de la dette rééchelonnée.

Cette période est celle de l'ajustement. En échange de conditionnalités, les institutions financières internationales accordent un certain nombre de facilités qui vont progressivement limiter la croissance de l'encours. Évoquons le passé pour mieux comprendre.

Tableau 11 : Agrégats des entrées et des sorties nettes de capitaux (en millions de dollars US).

	11980	11989	11990	11991	11992	11993	11994	11995	11996
Entrées nettes de capitaux	**263**	**512**	**691**	**365**	**572**	**395**	**551**	**419**	**406**
Emprunts à LT	171	242	81	26	220	97	8	16	17
IDE	15	0	57	- 8	21	- 1	67	32	49
Dons privés	0	0	0	0	0	0	0	0	0
Aide (hors coop tech.)	78	270	553	347	331	299	476	371	340
Mémo : Aide coop. Tech	122	1342	180	172	201	180	164	189	160
Transferts nets	**161**	**335**	**574**	**234**	**483**	**335**	**458**	**322**	**308**
Intérêts sur dette à LT	67	149	84	92	47	23	55	57	64
Transferts sur IDE	34	28	33	39	42	37	38	40	34

Source : Banque Mondiale, 1998

À partir de 1989-1990, le pays a contracté de moins en moins de dettes, et ses ressources nettes en devises proviennent, dans leur grande majorité, de l'aide multilatérale sous forme de dons. Il s'agit des contreparties offertes par les institutions financières internationales en échange de l'ajustement.

L'encours n'a donc pas diminué – il est resté sensiblement équivalent –, alors même que le Sénégal a bénéficié d'importants transferts nets à titre gratuit. De fait, cela signifie que la dépendance du pays vis-à-vis de l'extérieur (que l'ajustement était censé réduire), s'est encore accrue. Cette situation s'explique aisément dès lors que l'on prend connaissance de l'évolution de l'indice de la production.

Tableau 12 : PNB du Sénégal (en millions de dollars US)

Année	1980	1989	1990	1991	1992	1993	1994	1995
PNB	2916	4424	5521	5346	3925	3978	3740	4713

Source : Banque Mondiale, 1998

La légère reprise amorcée en 1996 a tout juste permis de retrouver le niveau du début de la décennie. En réalité, au cours des années 1990, le revenu réel par habitant a diminué. En effet, tandis que le volume de la production stagnait, l'encours de la dette publique se situait conjointement à un niveau insoutenable (entre 70 et 100 % du PNB depuis 1989), nécessitant ainsi d'importants remboursements, et la croissance démographique demeurait forte (2,7 %).

Tableau 13 : PNB/habitant (en dollars US)

	1990	1991	1992	1993	1994	1995
PNB/hab	754	706	759	666	422	516

Source : DPS, déc. 1997

Ces indications traduisent la réalité d'une économie qui a basculé dans la pauvreté.

III/ Endettement extérieur et pauvreté au Sénégal.

Les secteurs de la santé et de l'éducation, les plus sensibles à l'évolution de la population, sont les plus sévèrement touchés par les mesures d'ajustement structurel. En effet, les dépenses budgétaires de santé sont inférieures à 1,8 % entre 1980/81 et 1990/91 et pour l'éducation, seulement 2 % des dépenses sont consacrées à l'achat de matériel didactique et pédagogique. Depuis 1985, les dépenses de fonctionnement sont, en francs constants, de 25 à 35 % inférieures à leur niveau de 1980. Tandis que les recettes fiscales restent, durant la période 1985-90, 10 à 17 fois inférieures à leur niveau de 1980, les PAS tendent à faire l'impasse sur le rôle de l'État dans la redistribution des richesses. En effet, depuis le début des années 1980, la discussion sur une meilleure répartition des richesses n'est plus d'actualité, supplantée qu'elle est par les PAS. Avec leur pertinence parfois douteuse, les PAS dictent des coupes franches dans les budgets sociaux.

La stratégie de la Banque mondiale et du FMI est de favoriser le facteur capital au détriment du facteur travail (les conditions de vie des populations). Les déflations, les fermetures d'entreprises, leurs restructurations, leurs privatisations et autres aménagements permettent un assainissement des finances publiques, mais rendent la situation socio-économique davantage explosive.

L'*évaluation des conditions de vie* [Banque mondiale, 1994], qui se fonde sur un seuil alimentaire de 2400 calories par jour et par personne qui constitue la norme officielle de l'Organisme de Recherches sur l'Alimentation et la Nutrition Africaines (ORANA) et de l'OMS en matière de maintien du métabolisme de base, donne la distribution spatiale de la pauvreté au Sénégal (cf. tableau suivant).

Tableau 14 : Distribution de la pauvreté au Sénégal (nombre d'individus, ménages)

Régions du Sénégal	Ménages pauvres	Individus pauvres	% ménages urbains	% ménages ruraux	% total ménages pauvres
Dakar	22.695	277.320	12,5	nd	12,5
St-Louis	10.270	123.137	10,8	14,7	13,2
Diourbel	13.732	152.290	7,9	22,7	19,1
Thiès	22.433	247.535	12,3	25,8	20,9
Ziguinchor	17.712	164.383	22,5	53,6	37,8
Tamba	16.296	170.126	17,1	44,3	38,9
Kaolack	35.564	379.890	17,4	48,3	40,1
Louga	21.264	219.885	14,0	45,8	40,4
Fatick	23.902	261.405	24,6	46,7	43,9
Kolda	31.892	306.826	24,9	57,1	52,6
Total	215.760	2 302.797	13,0	37,0	32,0

Source : Banque mondiale [1994]

Selon le tableau, 32 % des ménages sénégalais vivent dans la pauvreté. La pauvreté rurale est liée à des causes interdépendantes dont on peut citer une liste non exhaustive : absence ou faiblesse du revenu monétaire, baisse de l'autoconsommation, difficultés d'accès au crédit et à la terre, faiblesse de la couverture des services sociaux de base, lourdeur du travail des femmes, faiblesse du niveau d'instruction, etc. Le revenu moyen rural est 3,5 fois inférieur à celui du milieu urbain et, de ce fait, entrave toute accumulation qui permettrait d'asseoir des entreprises génératrices d'excédents agricoles et de revenus. Paradoxalement, les sources de revenu monétaire des couches pauvres rurales sont issues des activités non agricoles, des transferts sociaux (solidarité nationale) et de revenus (provenant, par exemple, de membres familiaux installés dans les pays développés ou dans les centres urbains nationaux). Moins du tiers de leurs revenus provient de la culture de l'arachide. La paupérisation rurale se manifeste au niveau communautaire et semble plus aiguë et plus structurelle que son corollaire urbain.

Dans les zones urbaines, la pauvreté présente un autre visage, elle ne se situe plus au niveau communautaire, mais au niveau des individus, des familles et des ménages. Si la pauvreté urbaine exprime des inégalités qui augurent le plus souvent d'un processus moins structurel et peut-être réversible, il n'en gagne pas moins du terrain en termes d'ampleur.

En milieu urbain, la pauvreté est localisée dans les ménages de grande taille (12 personnes contre 7,7 pour les non pauvres à Dakar) dont le chef a bénéficié d'une faible instruction et exerce une activité précaire aux revenus incertains. À Dakar, seulement 24 % des pauvres – 13 % dans les autres villes – sont salariés et donc, bénéficient de la sécurité sociale institutionnelle.

L'analyse spatiale de la pauvreté met en exergue une disparité entre les zones urbaines qui regroupent en moyenne 17 % des pauvres et les zones rurales qui dépassent le cap des 40 %. Parmi les dix régions du Sénégal, six dépassent la moyenne nationale. À part Fatick, Tambacounda et Ziguinchor qui bénéficient de structures touristiques, les autres régions (Kaolack, Louga et Kolda) ne tirent leurs revenus que de l'agriculture et dans une moindre mesure de la pêche (Kaolack). Ces moyennes cachent d'importantes disparités qu'une analyse au niveau du département ou du district pourrait mettre en lumière.

IV/ La gestion de la dette : est-il possible d'avoir une politique économique et une stratégie de désendettement ?

Les ressources empruntées n'ont pas toujours servi à des investissements productifs, mais plutôt soit à financer des consommations ou des équipements publics sans réelle utilité soit à alimenter la corruption. Une part non négligeable des recettes d'exportations des pays endettés est transférée tous les ans vers les pays du Nord. Il semble difficile voire inacceptable que les pays du Tiers monde continuent à payer les intérêts alors que ce prélèvement sur leurs ressources pèsent lourdement sur leur capacité à investir et sur leurs niveaux de vie. Par ailleurs, cet endettement excessif a pour conséquence de créer un climat d'incertitude qui encourage les sorties de capitaux et décourage les arrivées d'investissements directs étrangers ou le retour des capitaux enfuis. Enfin, l'endettement pose un problème d'équité et de justice, car, ceux qui remboursent (les populations rurales et urbaines) ne sont pas les principaux bénéficiaires des projets financés par la dette.

Les deux principales mesures de gestion de la dette internationales que sont les Programmes d'ajustement structurel (PAS) et les rééchelonnements sont nécessaires, mais insuffisantes. À ces deux solutions s'ajoutent la réduction des taux d'intérêt, les rachats de dettes, les conversions de dettes en actifs réels ou en obligations et les annulations de dettes. Les PAS se manifestent par une déflation de la demande intérieure (publique et privée), une réduction des déficits budgétaires, une amélioration de l'équilibre de la balance des paiements courants. Pour cela, il faut freiner la progression des salaires de la fonction publique et assainir la situation financière des entreprises publiques. Parallèlement, par des mesures fiscales et/ou monétaires, encourager l'épargne intérieure et limiter la consommation de biens de luxe, généralement importés.

Les rééchelonnements sont des aménagements négociés des échéances de remboursement. Des délais de grâce sont alors accordés sans que les intérêts ne continuent de courir.

▪ **Les rachats de dettes " debt buy backs** ". L'emprunteur rachète la dette en profitant d'une décote qu'elle subit sur le marché secondaire des dettes. Il évite à l'avenir d'avoir à verser les intérêts afférents à la dette et à rembourser la totalité du capital emprunté. En revanche, cet achat s'opère dans des devises, car le prêteur souhaite que le remboursement se fasse dans la monnaie d'emprunt ou tout au moins en monnaie convertible. C'est l'importance du coût en devises pour le pays endetté qui limite le nombre de ces rachats. Plus la décote est élevée, moins l'effort demandé à l'emprunteur est grand. Ainsi, la banque créancière qui récupère de " l'argent frais " assainit son bilan, mais subit une perte d'actifs équivalant à la décote.

▪ **Le rachat-conversion en actifs réels " debt equity swap** ". L'emprunteur échange une créance contre une participation dans une entreprise publique ou, plus généralement, il rachète en monnaie locale et, avec la somme reçue, la banque investit dans le pays ou prend des participations dans des établissements financiers locaux. Cette opération met en relation une banque, un pays emprunteur et un investisseur.

▪ **Les conversions en obligations " exit bonds ".** Ce sont des obligations échangées sur la base d'une décote contre un titre généralement libellé dans la même devise que la dette. Leur durée est longue, de l'ordre d'une vingtaine d'années. Ces titres sont souvent négociables c'est-à-dire qu'ils peuvent être vendus librement sans l'accord de l'émetteur à toute personne morale ou physique désireuse de les acquérir.

▪ **La réduction des intérêts ne s'applique en général que sur les dettes non concessionnelles.** Elle s'opère si les pays du Nord consentent à octroyer des subventions aux banques qui acceptent de réduire leurs intérêts.

▪ **L'annulation des créances.**

CONCLUSION ACTUALISÉE aux nouvelles conditionnalités d'un endettement soutenable préconisé par les IBW.

Dans une période récente, en décembre 2019, la problématique de l'endettement est revenue en force dans le débat économique. Le débat a été lancé par l'économiste principal du bureau de la Banque mondiale à Dakar, qui soulignait *« le niveau trop élevé de la dette publique du Sénégal »*. Julio Ricardo LOAYZA, s'exprimait lors du lancement de la nouvelle édition du Rapport Africa's Pulse sur la situation économique de l'Afrique. Le Fmi semblait partager les mêmes préoccupations lorsqu'à l'occasion de la dernière revue de l'Instrument de soutien à la politique économique (ISPE), Monsieur Ali MANSOOR, le chef de la mission du FMI, étalait ses inquiétudes sur « le surendettement du Sénégal». Bien évidemment, la presse locale et certains collègues ont biffé une partie importante de la déclaration du Représentant de la Banque mondiale à savoir « *La dette du Sénégal est soutenable mais il y a des nuances. Elle ne met pas en danger la stabilité du cadre macro-économique mais coûte cher» Selon lui, si on compare la dette avec les revenus de l'État, elle se situe autour du 10 % des revenus de l'État. Donc, le gouvernement est obligé de payer la dette au lieu d'utiliser cet argent dans le financement des infrastructures de base comme les routes, les hôpitaux, les écoles, etc.*

Dans un pays qui accuse un énorme déficit d'épargne et qui connait malgré tout un niveau de croissance appréciable, le plafond d'endettement tel qu'imposait par les IBW n'est pas un objectif pertinent. Dans l'Étude que m'avait confié l'Union Africaine, sur « l'Endettement et le désendettement du Continent africain », j'avais précisé, dans une approche keynésienne, que si les investissements financés par la dette sont pertinents et rentables l'endettement n'entraine pas des coûts pour les générations présentes et même futures : comparons, ex post, les politiques en la matière des Présidents AHIDJO et H. BOIGNY le premier quittant le pouvoir en laissant des excédents financiers appréciables dans un environnement sans infrastructure et l'autre empruntant massivement pour investir dans les transverses.

Le point important à débattre me semble être[206] : tant que la croissance reste solide, robuste, au-dessus de 6%, avec une inflation contenue autour de 2%, la dette ne pose aucun problème d'insolvabilité et cela moyennant des mesures de politique économique rigoureuses à savoir : 1°) sa restructuration (réduction des exonérations fiscales, notamment celles à faible impact socio-économique, une plus grand efficacité dans la mobilisation des recettes fiscales, une augmentation du rendement fiscal, l'intégration des recettes parafiscales au budget ces éléments soulèvent la question du multiplicateur budgétaire que très souvent les IBW ont sous-estimé, etc.) ; 2°) veiller à son utilisation plus productives (pertinence et efficacité en relation avec le taux de rentabilité interne des projets) et 3°) procéder à une sélection et une exécution des projets à partir des critères techniques et avec une plus grande implication du secteur privé. Il faut veiller à ce que le taux d'intérêt de la dette soit inférieur au taux de croissance économique. D'ailleurs, on peut souligner qu'au moment où ce débat s'est instauré, l'agence de notation Moody's avait procédé au rehaussement de la notation du crédit souverain du Sénégal qui passe de B1 positif à Ba3 avec une perspective stable.

---

[206] Moustapha KASSE : voir mon article trop polémique qui a fait l'objet d'échanges pointus avec certains Collègues de la FASEG : *Endettement et performances économiques du Sénégal : un débat mal mené.*

EN SAVOIR PLUS 6 : LA COVID-19 A L'ASSAUT DE LA DETTE.

En réponse à la pandémie de coronavirus, le 19 mars 2020 les ministres africains des Finances appelaient « à l'exonération des paiements d'intérêts sur la dette et les obligations souveraines ». Le 23 mars, David MALPASS, président du groupe de la Banque mondiale, appelait à *« alléger la dette des pays les plus pauvres »*. Le 25 mars, FMI et Banque mondiale confirmaient conjointement cet appel. Quelques jours plus tôt, l'Organisation mondiale de la Santé (OMS) appelait l'Afrique à « se réveiller » et à prendre des mesures pour protéger la population face à la propagation du virus. Si le premier appel est plus que légitime, plusieurs critiques peuvent être faites sur les trois suivants. Dans le même temps, les mouvements plaidant pour l'annulation de la dette s'organisent. Sur fond de crise de la dette, analyse de la situation actuelle du continent.

L'appel des ministres africains des Finances « à l'exonération des paiements d'intérêts sur la dette et les obligations souveraines » est tout aussi légitime que mesuré.

Légitime d'abord. Avec une dette extérieure publique qui a plus que doublé entre 2010 et 2018, passant de 160 milliards $US à 365,5 milliards $US [6] ; une hausse du ratio dette publique/PIB (comprenant la dette intérieure et la dette extérieure) toute aussi marquée, la médiane du continent passant de 38 % en 2008 à 56 % en 2018, avec de fortes disparités selon les pays (ces chiffres impressionnants ne prennent par ailleurs pas en compte les arriérés de paiement et les pénalités de retard ; un service extérieur de la dette publique en proportion des revenus des gouvernements passant en moyenne de 6,7 % en 2008 à 13 % en 2018, l'Afrique plie littéralement sans rompre – pour le moment – sous le poids de sa dette. Le service extérieur de la dette publique africain en proportion des revenus est passé de 6,7 % en 2008 à 13 % en 2018

Ensuite, un appel mesuré, car les pays du continent risquent de subir de plein fouet les effets de la crise financière et économique en cours dont le coronavirus n'est qu'un élément détonateur.

Baisse des revenus tirés des exportations, poursuite de la spéculation et chute des actions des banques. Risque de tarissement dans ressources financières. À la recherche de placements sûrs, les investisseurs risquent également de bouder les émissions d'obligations des pays africains, leur principale source d'emprunts ces dernières années. Par ailleurs, les taux d'intérêts scandaleusement élevés qui leurs sont imposés ne font qu'aggraver la situation.

Eric Toussaint interviewé par Christophe KOESSLER pour le quotidien Le Courrier (Genève) 20 avril 2020

Selon le Comité pour l'abolition des dettes illégitimes (CADTM), les ressources limitées des pays du Sud devraient servir à lutter contre la pandémie plutôt qu'à rembourser les créanciers internationaux.

La crise du coronavirus et ses conséquences économiques en cascade pourraient bien plonger nombre de pays du Sud dans une crise sans précédent, enfonçant des millions de personnes dans la pauvreté. Anticipant le désastre, de nombreuses ONG et mouvements sociaux appellent une nouvelle fois à l'annulation des dettes extérieures – très souvent insoutenables – que la plupart des pays en développement ont contracté auprès des États riches et des institutions multilatérales internationales.

Du pape François au G20 en passant par le président français et le *Fonds monétaire international* (FMI), plusieurs appels et déclarations fracassantes se succèdent depuis quinze jours. Le coronavirus serait-il le déclencheur de la résolution de la crise de la dette pour les pays pauvres ? Réponse de l'économiste Eric Toussaint, infatigable militant du Comité pour l'abolition des dettes illégitimes (CADTM).

Lundi, le FMI a annoncé le versement d'une « aide d'urgence » à vingt-cinq pays parmi les plus pauvres du monde, qu'en pensez-vous ?

Eric Toussaint : C'est une arnaque, une fois de plus. Le FMI a annoncé que le paiement de la dette sera allégé pour un montant de 500 millions de dollars. Quand on vérifie, on se rend compte que le FMI sera bel et bien remboursé ! Les dix-neuf pays africains concernés et les six autres bénéficiaires devront puiser dans un fonds créé par le FMI et alimenté par certains pays riches, comme les Pays-Bas. Le FMI ne renonce donc pas à recevoir l'argent.

Ces dons ne vont donc pas permettre aux pays pauvres de faire face à la situation sanitaire – pour acheter du matériel médical et embaucher du personnel notamment –, mais ils vont servir à rembourser le FMI. C'est une méthode utilisée par l'institution financière avec les pays africains depuis très longtemps. Se faire rembourser grâce à la contribution d'autres pays afin de maintenir le lien débiteur-créancier qu'impose le FMI. Cela a entraîné une énorme dégradation du secteur de santé et des services publics, et les désarme face à l'épidémie actuelle.

Le G20 a donné mercredi son aval à une suspension du *service de la dette* des pays les plus pauvres. Est-ce un grand pas en avant ?

Eric Toussaint : Non, car il ne s'agit pas d'une annulation, mais d'un report de paiement octroyé au cas par cas. Cela ne concerne que la dette bilatérale et donc exclut une grande partie des dettes de ces pays : les dettes multilatérales et celles dues au secteur privé. La décision du G20 concerne tout au plus septante-six pays très pauvres. Parmi eux seront choisis ceux qui ne sont pas en retard de paiement à l'égard du FMI et de la *Banque mondiale*.

Or la plupart des dettes réclamées à ces pays sont illégitimes, car elles n'ont pas servi les populations, elles ont été utilisées contre leurs intérêts. Elles doivent être annulées.

Fin mars, la Conférence des Nations Unies sur le commerce et le développement (CNUCED) a justement demandé d'aller plus loin en annulant la dette des pays en développement à hauteur de 1000 milliards, qu'en pensez-vous ?

Sur ce point, la CNUCED a raison. L'ONU reconnaît qu'il faut passer par pertes et profits les *créances* de nombreux pays du Sud. La CNUCED a aussi précisé que les pays débiteurs peuvent se déclarer unilatéralement en suspension de paiement sans que les créanciers puissent exiger des arriérés à l'avenir.

Le président Emmanuel Macaron a déclaré lundi que la dette africaine devra être annulée. Est-ce le signe d'un changement ?

Eric Toussaint : C'était un pur effet d'annonce. Le lendemain, son ministre des Finances a dit que cela ne sera pas possible faute d'accord des autres pays européens.

Pensez-vous que les créanciers vont tout de même devoir renoncer à une partie de leurs dettes en raison de la crise actuelle ? Ils n'ont pas intérêt à ce que des pays entiers « fassent faillite »...

Franchement, je ne ferai pas de pari là-dessus. Tant d'années se sont écoulées sans qu'aucune authentique annulation de dette n'ait été octroyée malgré tous les arguments valides qui plaident en ce sens. Les annulations qui ont eu lieu durant ces trente dernières années ont toutes été liées à des intérêts géostratégiques. Au début des années 1990. Quatre-vingts pour cent des dettes de l'Irak ont été gommées en 2004 après le renversement de Saddam Hussein parce que cela arrangeait la grande puissance et ses sociétés pétrolières. Il y a d'autres exemples.

Pourtant, en 1996, une initiative avait été lancée pour réduire le fardeau des pays les plus pauvres très endettés (PPTE). N'a-t-elle pas abouti ?

Eric Toussaint : Cette opération lancée par la Banque mondiale et le FMI a octroyé des allégements au compte-goutte, conditionnés à des politiques d'*ajustement structurel* qui ont affaibli les services publics et les économies en question.

Ces pays ont dû suivre un parcours du combattant pour satisfaire à des tas de conditions en échange d'une remise. On se rend compte qu'ils sont très vite repartis vers le même niveau d'endettement et l'ont même dépassé. Cela n'a donc pas du tout été une solution. Car les politiques économiques qui leur ont été dictées ont maintenu de fait leur dépendance fondamentale envers les dettes.

Qu'est ce qui permet malgré tout d'espérer des annulations plus conséquentes ?

Eric Toussaint : J'espère aujourd'hui que cette crise sanitaire va pousser les populations à se mobiliser et faire pression sur leurs gouvernements. Je suis en contact par exemple avec des activistes en Afrique du Sud, car c'est un des pays les plus impactés par le coronavirus et il se trouve dans une crise extrêmement forte de la dette. Il est possible que la pression de la rue s'accentue.

Les principaux créanciers de pays du Sud peuvent-ils renoncer au remboursement de ces dettes sans se mettre en danger eux-mêmes ?

Eric Toussaint : L'annulation ne représenterait pas un effort important pour eux. En réalité, s'ils ne renoncent pas à leurs créances, c'est avant tout pour conserver les relations de subordination qui existent entre pays débiteurs et créanciers. La dette des pays pauvres à l'égard de l'ensemble de ces créanciers représente grosso modo 1000 milliards de dollars. Ce n'est pas une somme considérable pour les pays riches. À titre de comparaison, le plan de relance annoncé aux États-Unis dans le cadre de la crise actuelle du Coronavirus se chiffre à 2000 milliards, celui de l'Allemagne à 1000 milliards.

L'Argentine vient de décider de repousser le paiement de sa dette jusqu'à 2024-2025. Montre-t-elle l'exemple ?

Eric Toussaint : C'est une mesure tout à fait incomplète. Le nouveau président anti néolibéral Alberto FERNANDEZ, entré en fonction en décembre dernier, avait toutes les cartes en main pour mettre sur pied un audit, sous contrôle citoyen, de la dette argentine. Il ne l'a pas fait. Les nouveaux prêts contractés par son prédécesseur Mauricio MACRI auprès du FMI, d'un montant de 44 milliards de dollars, avaient été fortement contestés, y compris par des procédures juridiques, jugeant que ces accords violaient la Constitution. Alberto Fernández les avait lui-même dénoncés durant sa campagne. Une fois en place, il aurait été tout à fait légitime pour lui de dénoncer les accords signés. Mais il a préféré entrer en négociation avec le FMI. Depuis, la situation de l'Argentine s'est dégradée et elle est entrée dans une suspension sélective de paiements.

L'Équateur a décidé, lui, fin mars, de payer rubis sur l'ongle 324 millions de dollars. Pourquoi ?

Eric Toussaint : L'Assemblée nationale équatorienne avait voté la veille une résolution demandant au gouvernement d'ajourner ce paiement. Le président Lenin MORENO a pourtant versé l'argent. Il ne manquait pas d'arguments pour le différer puisque son pays était directement touché par le virus. On est confronté à un gouvernement qui préfère donner la priorité aux créanciers qu'aux besoins vitaux de sa population. Une décision dramatique quand on sait que le système de santé se trouve dans un état lamentable, affaibli par deux années de politique antisociale imposée par le même FMI.

THÈME 22 – PERSPECTIVES DE RÉFORME DE LA ZONE FRANC : POUR DES AJUSTEMENTS CONCERTÉS.

Par Professeur Moustapha KASSE, Doyen Honoraire de la FASEG. Conférence prononcée au Club des Banquiers et Techniciens des Finances.

INTRODUCTION : Les monnaies africaines dans le Système Monétaire International.

Les questions monétaires et financières, maillon essentiel dans la vie économique et sociale reviennent au premier rang des préoccupations majeures des pays en voie de développement. Il est alors indispensable de mettre un accent particulier sur l'ensemble de ces questions afin, d'une part de dégager le maximum de clarté sur les politiques monétaires fiscales et d'autre part de procéder à des comparaisons spatiales pour mieux appréhender les éléments d'une stratégie sous-régionale en la matière.

Les théories monétaires qui prévalent actuellement en Afrique et qui prétendent se référer aux doctrines libérales semblent sur beaucoup de points occulter le rôle de la monnaie dans le développement. Ces théories enseignent entre autres que l'inflation est un phénomène qui ruinerait systématiquement les efforts de développement et perturberait le fonctionnement normal des mécanismes économiques. Son origine résiderait principalement dans les politiques monétaires laxistes, au triple plan du taux de change, de la gestion des réserves et de la stabilisation, qui finissent toujours par réduire à la fois production et l'emploi avec en plus le déclenchement et l'entretien de la hausse des prix.

La monnaie est ainsi rendue responsable à la fois de l'inflation et des perturbations du système économique qui déboucheraient sur la réduction de la production et de l'emploi avec une persistance de la hausse des prix (stagflation). Pour en sortir, une politique monétaire restrictive s'imposerait qui opérerait une décélération progressive de la masse monétaire, créant ainsi un environnement propice à l'économie privée que l'on assimile à la stabilité des prix. Au plan externe, cette politique monétaire recommande le maintien d'un taux de distorsions dans l'orientation des ressources productives et pourraient entraîner un accroissement de la masse monétaire mettant alors en péril la stabilité recherchée.

Ces politiques reposent en définitive sur les postulats de la théorie quantitative qui se fonde sur la dichotomie « réelle » et « monétaire » que Friedman transforme en encaisses monétaires réelles (ou quantité de monnaie) et en monnaie nominale (désignant la monnaie et la théorie libérale qui postule une supériorité de la régulation par le marché.

Ce fonds doctrinal sur lequel repose ces politiques monétaires est fragile. S'il est vrai que toute augmentation démesurée de la masse monétaire déclenche l'inflation, l'efficacité des mesures restrictives est fortement douteuse. Dans les économies qui veulent une croissance rapide et où l'épargne est limitée et de surcroît très mal mobilisée, tout contrôle et toute restriction des crédits bancaires et des capacités publiques de financement se traduiront par une stagnation ou une faible progression des investissements ; (1) ce qui compromettrait la croissance. C'est donc dire que les mesures anti-inflationnistes se répercutent négativement sur le rythme de l'activité économique globale.

Si les théories monétaires en arrivent là, c'est parce qu'elles ne réussissent pas à se départir du quantitativisme monétaire primaire qui n'est capable de percevoir l'inflation qu'à partir d'une augmentation des moyens de paiement. Pourtant, beaucoup de recherches établissent que l'inflation dans les économies en voie de développement, n'est pas toujours liée à l'accroissement de la masse monétaire ou à une politique incontrôlée de crédit intérieur. Elle peut procéder ou à une politique incontrôlée de crédit intérieur. Elle peut procéder aussi des rigidités structurelles qui rendent l'appareil de production inélastique pour satisfaire toutes les demandes additionnelles, ainsi que de la hausse des prix extérieurs qui affecte la structure même des coûts, donc les prix internes.

Plus fondamentalement, il faut se souvenir que les mécanismes monétaires ne sont pas créés pour eux-mêmes. Ce sont des instruments qui doivent faciliter la production et les échanges. En conséquence, comme dirait R. NURSKE, les instruments monétaires doivent refléter les mécanismes productifs et s'y conformer. D'ailleurs, J.Tchundjang POUEMI s'érige contre ces préjugés aussi difficiles à détruire qu'un atome. En effet, selon lui, les préjugés sur l'inefficacité des politiques budgétaires et monétaires conduisent souvent à se dispenser même de toute tentative.[207] On sait a priori que l'épargne est nulle parce que le revenu est faible, on ne cherche donc pas à mobiliser celle qui existe. On sait aussi que la planche à billets est inflationniste, on s'interdit de façon rigide tout déficit budgétaire, ou bien, à l'opposé, on ne mesure pas les limites du déficit et on dérègle les mécanismes avec les dépenses de l'État.

On découvre de plus en plus dans les pays en voie de développement que les systèmes monétaires n'ont pas joué un rôle actif dans une croissance restée très modeste durant ces trois décennies de développement. C'est le cas notamment des pays de l'UMOA où l'épouvantail de l'inflation a appelé l'instauration de politiques déflationnistes imposant à des pays qui connaissent

---

[207] J.Tchundjang POUEMI : *Monnaie, servitude et liberté : la répression monétaire en Afrique*. Ouvrage financé par le Club de Dakar et préfacé par son président Mouhamed DIAWARA.

des déficits d'épargne, une orthodoxie financière qui s'est révélée pas toujours favorable au développement.

A titre d'illustration, en 1979, les créances de la BEAO auprès de ses membres qui connaissent des besoins de capitaux, ne représentaient pas plus de 5% de leurs recettes annuelles. C'était le cas du Burkina-Faso, du Niger et du Sénégal alors que dans la même période, des États qui avaient une indépendance monétaire connaissaient un pourcentage supérieur : 150% pour le Mali, 50% pour la Gambie, 30% pour la Mauritanie. C'est dire que les États de la Zone Franc n'ont utilisé que très prudemment les marges de manœuvre qui leur étaient octroyées.

S'il apparaît que la croissance soutenue et régionalement équilibrée est un objectif majeur, ni les pays, ni les organisations d'intégration ne pourraient continuer d'accorder à la monnaie une place marginale. Dans un processus d'intégration qui restructure les divers systèmes de production, le volet monétaire sous la forme d'un système techniquement approprié aura au moins trois fonctions principales de financement des opérations productives communautaires, de compensation multilatérale des soldes financiers entre partenaires, et de financement des difficultés de trésorerie d'un pays membre.

La première fonction a trait à l'objet même de la politique monétaire qui, à partir d'une centralisation des réserves en devises, met les moyens financiers à la disposition des unités communautaires. Cela suppose l'unification des institutions monétaires et financières pour rendre possible l'instauration de rapports monétaires et une politique régionale de crédit. Le crédit est un acte économique qui unifie les procès de production et de circulation. Il est selon le mot de M. AGLIETTA, une assignation sur la production future et en même temps une condition de l'achat des moyens de production pour la mise en valeur du capital. Il est alors une variable clef de l'investissement donc de la croissance.

La seconde fonction fait de la monnaie un instrument d'accroissement des échanges communautaires. Dans le cadre de pays liés par une division du travail, la monnaie confère à ses usagers deux principaux avantages : l'usage potentiel d'un espace plus étendu pour les transactions réelles et financières et une garantie pour ces mêmes transactions. Ainsi serait mis sur pied un système qui permettrait une compensation multilatérale des soldes financiers résultant des échanges commerciaux. Dans ce cadre, les Banques Centrales pourraient se concéder des lignes de crédits réciproques.

Quant à la troisième fonction de la monnaie, elle réside dans la possibilité de création de mécanismes de péréquation qui feraient circuler les surplus financiers des pays excédentaires vers les pays déficitaires et dans la mise en place des structures de coopération qui permettraient de régler les difficultés de trésorerie d'un pays moyennant de rigoureuses conditionnalités concernant l'intégralité de la gestion du développement.

Rappelons que depuis plus d'une cinquantaine d'années, la théorie économique, cherche les critères à partir desquels on peut considérer que, des espaces monétaires nationaux ont intérêt à s'intégrer pour ne former qu'une seule zone monétaire avec une monnaie unique pour résorber les déséquilibres provoqués par des chocs asymétriques. La phase pionnière était introduite par R.MUNDELL dans un article de 1961) où il démontre pour qui le coût d'une monnaie commune est qu'elle est un frein à l'ajustement en cas de chocs asymétriques. Il conclut que l'organisation optimale est celle d'une monnaie unique pour des régions dont les facteurs sont mobiles. Ensuite, viennent les prolongements de MCKINNON (1963) avec son critère d'ouverture pour montrer que les petits pays ont davantage intérêt à miser sur un régime de changes fixes, et qu'un taux d'ouverture élevé est une condition d'optimalité monétaire. Quant à KENEN (1969), il examine la problématique de la diversification des économies qui pourrait être à l'origine des demandes croisées et donc de l'augmentation du commerce.

Les débats de théorie économique sur la Zone Monétaire Optimale (ZMO) ont tourné autour des propositions de R.MUNDELL souvent déformées ou ramenées à son article de 1961. Le résultat initial est que l'État-nation n'est pas forcément l'espace le plus efficace pour la circulation d'une monnaie. Une ZMO est une « région » plus large, économique plus que politique, définie comme un territoire où les facteurs de production (le travail, le capital) sont immobiles, alors qu'ils sont mobiles entre les régions. Dans ce monde idéal, les monnaies circuleraient d'abord au sein de ces régions. Cependant, l'auteur n'a jamais affirmé que ce monde idéal pouvait voir le jour, ni que les critères économiques, comme la mobilité des facteurs, étaient suffisants pour savoir si des unions monétaires pouvaient se faire et durer. Il prévenait même qu'elles ne pourraient «être possibles que si elles s'accompagnent de profonds changements politiques ». Donc, une question de faisabilité politique, pas d'efficacité économique. En terme de politique économique, il développe le triangle d'incompatibilité qui est selon Jacques ADDA est une nouvelle illustration du vieux principe selon lequel on ne peut tout avoir en même temps : boire ou conduire, le beurre ou l'argent du beurre, la vie est pleine de ces aphorismes. En l'occurrence, la politique économique doit faire un choix entre trois objectifs (d'où le triangle) :

- la stabilité du taux de change, qui assure un horizon économique clair aux entreprises ;
- l'indépendance de la politique monétaire, qui permet de fixer le niveau des taux d'intérêt en fonction des besoins internes de l'économie ;
- l'intégration financière qui permet d'accéder aux marchés mondiaux des capitaux au meilleur prix.

Un pays peut décider librement du choix de deux de ces trois variables, mais la troisième lui est imposée. Par exemple, en instaurant la liberté de mouvement des capitaux avec le souhait d'appliquer une politique monétaire différente de celle des voisins (par exemple, des taux d'intérêt plus bas), alors il faut se résigner à avoir un taux de change flottant : parce que cette baisse de la rémunération du capital chez moi par rapport à celle qui existe chez mes voisins aura pour conséquence d'engendrer un flux de sortie de capitaux, qui est incompatible à la longue avec l'existence d'un taux de change fixe.

Ces différents apports des théories économiques n'offrant pas de mécanismes adéquats d'édification et même d'appréciation d'une ZMO, c'est vers la pratique, c'est-à-dire, les expériences historiques concrètes de création d'une monnaie unique, l'euro, qu'il faut alors se tourner. En effet, l'avènement de l'Euro constitue une étape logique et essentielle d'un mouvement qui portait en lui l'ambition de faire de l'Europe un seul et même marché. Dans cette optique, l'euro est le résultat d'une évolution longue et progressive d'une volonté méthodique et délibérée des États de s'intégrer économiquement et monétairement.

Dans les turbulences monétaires actuelles, les unions monétaires quelles que soient leurs formes, constituent des moyens de maintien des échanges commerciaux. C'est précisément la leçon principale que l'on peut tirer de l'organisation du Système Monétaire Européen (SME) institué en 1979 après les expériences peu concluantes du « Serpent Monétaire ». Cette institution, malgré ses imperfections, ses difficultés de fonctionnement parfois même ses blocages, est généralement acceptée comme indispensable à travers les objectifs :

- de création d'une zone de stabilité dans un ordre monétaire international en déconfiture, fluctuant et incertain ;
- de changement du contexte de la lutte contre l'inflation dans l'ensemble de la l'union ;
- d'établissement des bases et fondements d'une coopération monétaire, donc d'un développement solidaire sous la double forme de l'instauration des conditions de mise en commun des réserves de change et d'accroissement des concours aux États membres ayant des problèmes de financement.

En plus le SME doit, selon R. JENKINS Président de la Commission des Communautés Européennes, contribuer à ressusciter la demande pour juguler le chômage, donner une plus grande vigueur aux constructions européennes, monter une nouvelle marche vers l'intégration et résoudre les déséquilibres régionaux en Europe (1).

Le SME, même s'il est fragile depuis sa naissance et parfois incertain dans son évolution, n'en demeure pas moins une expérience qui préfigure les voies monétaires du futur. Toutes les évaluations montrent depuis sa création jusqu'à nos jours, qu'il a atteint des résultats appréciables qui sont selon Lionel STOLERU de trois ordres : d'abord il a bien fonctionné dans a mesure où il a techniquement permis aux États d'échapper aux turbulences monétaires, ensuite il a permis à l'ECU d'absorber les fortes hausses et baisses du dollar et du yen et aux monnaies par rapport aux fluctuations et aux mouvements spéculatifs de capitaux (1). Jacques DELORS confirme tous ces succès du SME qui a fait selon lui « l'objet de renforcements successifs qui ont permis à nos économies de traverser les récentes turbulences sans trop de dommages ». Il faut alors ajoute-t-il continuer dans cette direction par l'intégration au mécanisme de change des de l'ECU privé dans les transactions commerciales et financières, par la création d'un marché substantiel des créances en ECU, par la décision de donner un rôle actif au Fonds Européen de Coopération Monétaire qui pourrait intervenir directement sur le marché des changes pour le compte des pays membres du SME » (2). Ainsi le SME est bel et bien un instrument approprié de résistance aux désordres monétaires et financiers et deviendra progressivement un facteur plus actif d'unification économique et financière de l'Union Européenne[208].

Dès lors, les États africains doivent tirer les leçons de cette donne monétaire préparer pour juguler toutes les conséquences négatives qui naissent du grand marché unique européen et de l'avènement d'une zone monétaire de l'Euro. Ils devraient saisir l'opportunité que leur offre la restructuration en cours de l'ordre monétaire international pour trouver leur propre formule d'organisation. Ils peuvent s'inspirer du SME qui indique les problèmes auxquels il faut apporter des solutions à savoir l'établissement d'un système de changes et d'organisations de règles de stabilisation, d'un système de changes et d'organisation de règles de stabilité, d'un système de règlements et d'organisation des règles de convertibilité et d'un système de création monétaire et de mise en place d'un Fonds Monétaire. La solution indispensable à ces questions passe en Afrique de l'Ouest par la mise en place d'un Système Monétaire Régional (SMR) qui délimitera les domaines d'évolution, les règles de fonctionnement des rapports monétaires et de crédit des divers États membres. Cela est d'autant plus nécessaire que l'appartenance à plusieurs zones monétaires amoindrie les échanges commerciaux et la formation d'un capital productif sous-régional.

L'extrême poussiérisassions des statuts monétaires actuels face à l'accentuation des déséquilibres macro financiers facilite la satellisation à des zones monétaires extérieures au détriment de la recherche obstinée d'une formule d'intégration monétaire. Le cas du Mali est de ce point de vue révélateur. Les responsables de ce pays rejetaient appartenance à l'Union Monétaire ouest-africaine qui venait d'être créée. L'argument avancé était qu'une telle structure ne permettait guère de se développer car « la banque centrale est conçue pour favoriser uniquement le commence de traite et d'importation » (1). Le Mali devrait alors assumer en toute responsabilité sa souveraineté monétaire. Toutefois, vingt années après, le Mali a commencé à courir derrière une réintégration de l'Union Monétaire que certains membres

208 Il est important dans cette investigation de lire deux rapports relatifs au processus qui a conduit à la création de la zone euro : le Rapport Emerson de 1990 et le Rapport de la Commission de 2003.

lui refusaient jusqu'à une date récente pour des raisons politiques. Pourtant, les structures de cette organisation n'ont pas évolué de façon significative et certaines remarques à l'époque formulées restent encore actuelles. Dès lors, il faut s'interroger sur le reniement malien et son acceptation de réintégrer l'Union au prix de coûts économiques, financiers et sociaux assez lourds. L'histoire économique du Mali depuis son indépendance se résume dans une très large mesure à son histoire monétaire et budgétaire. Sortie de la Zone Franc en 1962, le Mali y est donc revenu au début des années 80 après avoir exercé une souveraineté monétaire aux résultats désastreux : très forte inflation, double déficit de la balance des paiements et des finances publiques, cessation de paiements et insolvabilité absolue en un mot faillite générale du système bancaire et financier.

Cependant, cet échec de l'expérience malienne n'est pas un mystère ; il procède, entre autres d'une politique relativement défaillante du système financier en général et monétaire en particulier. Dans cette direction, J.Tchundjang POUEMI observe que la constante de la gestion monétaire malienne, même après les mesures restrictives prises suite à la réintégration de l'UMOA, a toujours été le recours systématique à la création monétaire pour les financements non productifs notamment ceux de l'État. Ainsi, le crédit intérieur de 166,8 milliards en 1975, celui consenti à l'État se fixait à 64,6 milliards. Ceci est la conséquence d'un déficit budgétaire chronique qui avoisinait 48% des recettes du budget général. La mauvaise organisation du système financier est venue aggraver la situation de déséquilibre du financement bancaire dont 80% du financement sont assurée par l'institut d'Émission et les 20% restants par trois banques : la BIAO, la Banque du Développement avec une très forte proportion pour la première qui bénéficie en fait des dépôts de l'État. Cette situation résultait d'une kyrielle de facteurs liés dont la mauvaise politique de taux d'intérêt qui ne permet pas une mobilisation effective de l'épargne, la très grande réticence du public et notamment des grands opérateurs économiques à effectuer des dépôts auprès des banques commerciales et la trop faible capacité de monnaie scripturale.

Ce que l'on ne souligne pas assez, c'est qu'il existait à côté de la catastrophe malienne des gestions monétaires d'une rigueur exemplaire (Rwanda et Burundi) avec des finances publiques saines et des modes de financement remarquables et originales : émission de bons du Trésor et de bons de développement ou tirage sur la Banque Centrale. Par ailleurs, les dépenses de l'État portaient prioritairement sur les secteurs productifs.

Enfin, ces deux petits pays savaient réussi à mettre en place des organismes de collecte de l'épargne. Ainsi, le Rwanda devait instituer une Banque Nationale de Développement, une Banque d'épargne, un Fonds de sécurité sociale, une Banque hypothécaire. En même temps, il avait opéré une spécialisation fonctionnelle des intermédiaires financiers, pour diversifier les placements des nationaux. Parallèlement, l'Institut d'Émission s'était efforcé d'équilibrer l'ordre d'épargne et la demande d'investissement en mettant des marges appréciables entre les taux d'intérêt créditeurs et débiteurs.

On pourrait également souligner le cas de la Côte-d'Ivoire qui a exploité avec beaucoup d'à-propos les marges de manœuvre offertes par les règles de la Zone Franc en créant une bourse des valeurs pour amorcer une intermédiation financière des bons émis par la Caisse Autonome d'Amortissement qui sert des taux d'intérêts plus élevés. C'est dire qu'il n'existe pas d'incapacité congénitale à la gestion monétaire.

Dès lors, le problème n'est point pour les pays d'Afrique de l'Ouest de savoir si le SME ou un tout autre système est une bonne ou mauvaise affaire, mais plutôt de savoir plus exactement ce qu'il faut faire pour établir les conditions de création et de fonctionnement d'un Système Monétaire Régional (SMR). En effet, selon le mot de R. NURSKE, le capital doit être généré localement pour être un instrument qui facilite la production et l'échange des biens et services. Personne aujourd'hui ne met en doute ce principe, pas plus que ses implications dont la plus importante est la nécessité de créer des institutions et instruments financiers efficaces et diversifiés.

L'Afrique de l'Ouest, en la matière, est caractérisée par l'existence de plus d'une dizaine de monnaies nationales différentes et d'une pluralité de politiques et de régimes monétaires. Selon Y. DEMBELE, *« ces monnaies sont souvent rattachées à des monnaies étrangères sans possibilité de liens réciproques à cause des contrôles de change rendus obligatoires par l'inconvertibilité »*. Ce cloisonnement est donc un obstacle au développement des échanges, mais aussi à l'instauration d'une politique monétaire et de crédit. Par ailleurs, l'extrême variété des systèmes financiers n'autorise pas encore l'harmonisation des législations bancaires et celle des politiques de taux d'intérêt.

Quel système monétaire mettre en place ? Quelles en seraient les étapes de réalisation ? Ces deux questions ont fait l'objet de plusieurs réflexions et propositions (3) dont il faut rendre compte pour mieux avancer vers l'établissement d'institutions monétaires et financières qui centralisent les ressources et les traduisent en investissements productifs.

La théorie monétaire de l'intégration, nous rappelle Y. DEMBELE est fortement dominée par le concept de définition. La mobilité des facteurs de production, la structure des échanges extérieurs et la structure productive et sociale, ne sont pas réunies en Afrique de l'Ouest. Toutefois, il faut, nous recommande l'auteur, sortir le débat de la confusion et de l'abstraction et porter une zone dans laquelle il est possible de concilier l'équilibre voulu à l'intérieur et à l'extérieur, même si cette conciliation ne donne pas des résultats optimaux. F.B de la GIRODAY observe qu'il se peut que les zones monétaires deviennent de plus en plus impraticables parce qu'elles sont de plus en plus ouvertes les unes sur les autres. On tendra alors à l'intérieur de ces zones à utiliser de plus en plus une monnaie étrangère à un certain stade. Il serait alors préférable de transformer cette intégration monétaire de fait en intégration de droit.

Les mécanismes monétaires ne sont pas créés pour eux-mêmes : ce sont des instruments qui facilitent la production et les échanges. En conséquence, ils doivent refléter les mécanismes productifs et s'y conformer. *« L'Histoire de l'Union Monétaire Ouest-Africaine »* est analysée par la BCEAO dans un ouvrage peu connu des chercheurs (Éditions Georges Israël, en 3 volumes, 1200 pages). Les avantages, les inconvénients et tous les projets élaborés depuis soixante ans y sont largement développés. Également, le rôle du système financier est examiné ainsi que l'efficacité de la politique monétaire. L'une des limites concerne les perspectives évoquées au quatorzième et dernier chapitre de l'ouvrage. Elles auraient pu faire l'objet d'une analyse plus approfondie, malheureusement, ce chapitre ne comporte que douze pages au moment où la zone a atteint un cycle optimal de vie et doit conséquemment subir des réformes adaptatives devenues inévitables dans le contexte d'une mondialisation darwinienne, de haute compétition.

Les mutations démentielles intervenues dans la globalisation financière ont permis aux marchés financiers d'acquérir des pouvoirs trop étendus, de contrôler l'essentiel des circuits de financement à l'échelle mondiale et de déterminer les rythmes de croissance des économies. Les transactions opérées sur les marchés de change représentent environ 1500 milliards de dollars par jour soit plus de 50 fois les flux réels de marchandises. Cette globalisation financière provoque la multiplication et le durcissement des chocs asymétriques, généralise le régime de change fixe ajustable permettant de tirer meilleur profit des avantages compétitifs, globalise l'écosystème financier avec la formation d'un méga marché des capitaux qui installe l'instabilité et les risques au cœur du Système Monétaire International. Les risques de cette mondialisation financière ont été sous-estimés et les gains surestimés, elle expose les autorités monétaires à défendre quotidiennement leur taux de change face à la spéculation. Le très libéral hebdomadaire britannique « The Economist » observait, en 2003, *« Désastres financiers périodiques, crises de la dette, fuites de capitaux, crises de change, faillites de banques, krachs boursiers... C'est assez pour forcer un bon libéral à s'arrêter pour réfléchir ».* Cette conjoncture coïncide avec une crise des organisations internationales de régulation (FMI, Banque mondiale, BRI, l'OMC) révélée par l'impertinence de leur épure théorique, la panne d'idéologie, le manque de légitimité, la concurrence d'autres organes de régulation (PNUD, CNUCED etc.). Cette crise a notablement affaibli leurs diagnostics et remèdes malgré leur entêtement à les maintenir.

C'est dans ce contexte qu'un groupe d'économistes réaniment un vieux débat dans un ouvrage intitulé *« Sortir l'Afrique de la servitude monétaire.*

À qui profite le franc CFA ? ». La réflexion technique est dirigée par le Pr. Kako NUBUKPO[209] Pourquoi sortir ? Comment sortir ? Quelles propositions alternatives ? Quelles incidences sur les États membres aux situations économiques asymétriques ? En résumant les idées de ces auteurs qu'on peut appeler « les souverainistes », on trouve pèle mêle : le démantèlement de la zone franc (souveraineté monétaire), la mise en place de politiques monétaires nationales autonomes permettant une manipulation des taux de change et des taux d'intérêt (Références incomplètes et analyses trop insuffisantes du système monétaire des pays émergents d'Asie), l'abandon de la parité fixe et de l'arrimage à l'Euro, la résiliation du Compte d'opération pour une utilisation plus productive des ressources de la BCEAO et les changements institutionnels de celle-ci.

I/ L'impératif de création d'un système monétaire régional.

Dans cette optique, les zones monétaires qui existent actuellement en Afrique de l'Ouest (CFA, Cédi, dollar, Naira, Léone, ...) présent des limites évidentes, leur instabilité, leur décote et les marchés parallèles qu'elles secrètent en sont des preuves irréfutables. A cela s'ajoute le fait que l'organisation d'une DRT et l'intensification souhaitée des échanges commerciaux commande de disposer de mécanismes monétaires et financiers appropriés. Même dans un processus de simple libéralisation commerciale, la coopération monétaire s'impose en ce qu'elle peut contribuer à densifier les flux. Elle est encore importante s'il s'agit de créer un processus productif communautaire. La monnaie prend dans ce cadre une part active dans l'élargissement des bases économiques de l'intégration. Dans ce cadre les États doivent créer un système Monétaire comment organiser (SMOA). Alors la question qui se pose est de savoir comment organiser cet ordre monétaire régional dans un espace caractérisé par un morcellement extrême des monnaies. L'organisation du SMOA devrait s'articuler autour de trois axes :

1°) L'établissement d'un système de changes et l'organisation de règles de stabilité

Il est question de définir, en s'inspirant de l'ECU du système Monétaire Européen (SME), une unité de compte composite dont la valeur serait ajustable à un panier de monnaies de tous les pays membres. Ainsi, des cours pivots seront calculés pour chaque monnaie par rapport à l'unité de compte qui pourrait être dénommée Unité de Compte des États Ouest-Africains (UCAO). Sur cette base seraient évalués les cours pivots bilatéraux. Une conférence

[209] Kako NUBUKPO ouvrage bien lancé et ayant rapidement eu un succès évident auprès de l'opinion publique ouest-africaine exaspérée par l'omniprésence française. L'auteur, actuel Doyen de la Faculté des Sciences économiques de Lomé, publiera par la suite un travail remarquable d'intelligence technique et pédagogique un ouvrage : *L'urgence africaine, changeons le modèle de croissance*, Édit. Odile Jacob. Message clair que nous partageons

d'experts pourrait déterminer les coefficients de pondération pouvant être liés soit au PIB de chaque pays, soit au commerce régional et aux marges de fluctuation de part et d'autre du taux pivot pour chaque monnaie. Une fois les règles de fonctionnement clairement établies, il appartiendra aux États, par le biais des banques centrales, de résoudre les différentiels qui pourraient apparaître.

2°) L'établissement de règlements et l'organisation des règles de convertibilité

Cette organisation procède d'une volonté de défense communautaire des différentes monnaies par l'organisation de mécanismes de crédits réciproques. On pourrait s'inspirer alors de l'Accord de Brême qui préconisait la mise en place de trois mécanismes de crédit communautaire : financement à très court terme de facilité de crédits, soutien monétaire à court terme, et concours financier à moyen terme. A partir des expériences accumulées on peut trouver la formule techniquement appropriée et acceptable par tous les partenaires.

3°) La mise en place d'un système de création monétaire et d'un Fonds Monétaire Régional (FMR)

Ce fonds doit être considéré comme un instrument essentiel de la politique monétaire communautaire. Il doit être une structure de financement des déséquilibres, de péréquation des ressources et de concertation monétaire. Ainsi, le FMR prendrait progressivement la place de la Chambre de Compensation puisqu'il le remplacerait dans les objectifs essentiels qui lui étaient assignés à savoir : promouvoir l'utilisation des monnaies des pays membres dans les transactions commerciales ; réaliser des économies dans l'utilisation des réserves extérieures ; encourager les partenaires à libéraliser davantage les échanges commerciaux entre eux ; stimuler la concertation, la coopération et les consultations entre les pays.

En ce qui concerne les ressources, elles pourraient provenir des réserves de change des pays, des émissions de valeurs, de la contribution d'institutions financières internes et externes à la sous-région. Les règles de fonctionnement ainsi que les modalités de recours aux ressources du FMR peuvent s'inspirer de la même rigueur des conditionnalités du FMI. Cependant, il faut non seulement sanctionner les mauvaises gestions et conduites économiques mais aussi, plus positivement, aider à trouver les ressources suffisantes qui permettent aux pays en déséquilibre de la réaliser toutes les conditions d'une relance sainte.

Une politique monétaire communautaire appelle le développement d'un système financier diversifié, capable de mobiliser toutes les sources d'épargne, surtout intérieure en vue du financement des opérations productives. En l'absence de ce système, la monnaie ne pourra jouer aucun rôle déterminant dans le processus de création d'une DRT.

En conséquence, la communauté doit impulser une politique d'intégration et de développement de l'intermédiation bancaire et financière. Tout d'abord, le système bancaire doit se diversifier et être suffisamment flexible pour pouvoir contribuer à la prise en charge de toutes les opérations et projets d'envergure régionale, susceptibles d'apporter des changements significatifs dans les structures productives des États. Ensuite, les banques doivent s'organiser pour mobiliser des ressources extérieures considérables que n'auraient probablement pas pu obtenir les États, puis les affecter dans des projets rentables et qui renforcent l'intégration et le développement équilibré. Enfin, elles doivent s'impliquer dans ces projets par des achats de parts et le contrôle de leur réalisation. Cette participation peut être une garantie de bonne gestion.

En plus de cette modification des pratiques bancaires, il faudra parallèlement harmoniser, puis unifier les législations bancaires avec les pays anglophones. En effet, la législation bancaire dans les pays anglophones est beaucoup plus souple, ce qui est une qualité appréciable en matière commerciale. La conséquence la plus nette sera sans doute la densification et la spécialisation du réseau bancaire. Par ailleurs, les pratiques de contrôle de change et de convertibilité doivent être monnaie sous-régionale. La réalisation de cette politique communautaire ne passera pas un réaménagement des institutions les plus rigides et les moins susceptibles d'autonomie.

Au terme de cette analyse, il apparaît que la création d'un ordre régional est un acte de stratégie de développement, donc des mécanismes de la pauvreté et de la famine. Les pays africain, du fait de leur espace réduit et de leur spécialisation dans les cultures de rente destinées au marché mondial, s'avèrent incapables de développer en permanence leurs forces productives, d'utiliser les acquis de la science et de la technique, d'élever l'efficacité de la production, d'améliorer le niveau de la productivité du travail et d'assurer le mieux-être des populations.

En conséquence, l'intégration devrait contribuer à la mise en place de Politiques économiques optimales produisant des effets qui n'auraient pas été possibles sans elles : croissance des échanges, mise en valeur des matières premières, meilleure allocation des ressources, dimension optimum des unités économiques, spécialisation plus rationnelle, abaissement des coûts de production, en somme économie d'échelle à la production comme à la commercialisation.

Tous les espaces abstraits à partir desquels nous avons raisonné, ont montré que l'intégration offre une solution au développement extraverti et peut déboucher sur :

- Une uniformisation tendancielle des processus nationaux de production avec comme base la création d'unités communautaires dans les secteurs vitaux pour les économies nationales ;
- Une uniformisation des rapports monétaires, financiers et de crédits devant déboucher sur un ordre monétaire régional rendant possible une politique monétaire sous-régionale ;

- Une uniformisation des politiques économiques pour la réalisation des objectifs de développement et la suppression des obstacles différents et parfois contradictoires.

Dès lors, l'intégration ne saurait être pensée en termes simple d'abolition des frontières nationales mis d'élargissement de la communauté d'intérêts. Elle devrait faciliter la promotion d'une agriculture capable de satisfaire les besoins alimentaires et de dégager un surplus sans oublier la création d'une industrie de base, d'une technologie et d'une infrastructure routière qui n'auraient pas été possibles au niveau d'États nationaux isolés du fait de leurs faibles ressources financières et de leur insolvabilité.

Comment devrait fonctionner l'intégration en Afrique de l'Ouest ? Quelles sont les politiques sectorielles à mettre en œuvre et comment celles-ci devraient-elles s'articuler aux politiques de développement de chaque pays ? Si l'intégration s'est quelque peu enlisée et si le mouvement s'est également éparpillé, cela procède des réponses insatisfaisantes apportées aux questions d'édification d'un ordre communautaire véritable.

II/ Réactivation du débat sur la souveraineté monétaire : *sortir l'Afrique de la servitude monétaire. À qui profite le franc Cfa ? »* [210]

Le débat mené en ces termes est éminemment politique avec des soubassements analytiques et empiriques plus empreints d'idéologie et d'émotion que de techniques rigoureuses d'approche. Ni les coûts de sortie, ni les incidences sur les systèmes productifs ne sont évalués. On est bien en deçà des travaux des 300 chercheurs africains réunis à Ouagadougou en 2001, travaux consignés dans l'ouvrage : *« L'avenir de la zone franc »* que nous avons coédité *(aux Edition Karthala)* avec le Professeur Hakim Ben HAMMOUDA, bien en deçà, également, de la recherche collective menée par des économistes et universitaires de la CEDEAO autour du thème *« Sortir du sous-développement, quelles nouvelles pistes pour l'Afrique de l'Ouest* ?». Nous avons assuré, pendant deux ans, la présidence du Comité scientifique comprenant les Professeurs Bamba Abdoul GADIRI (P*roblématique de la convergence*), IGUE John (*Historien Le Bénin un État entrepôt*) et G. SEMEDO (*La Zone franc Mécanismes et perspectives*) et des auteurs anglophones (*Nigéria, Ghana, Cap-Vert…*). Un symposium de restitution a été organisé à Ouagadougou en juin 2010, suivi de la publication d'un ouvrage (en 2 tomes).

---

[210] Kako NUBUKPO, Bruno TINEL, Martial-Ze BELINGA **et** Demba Moussa DEMBELE : *Sortir l'Afrique de la servitude monétaire - À qui profite le franc CFA*, Édit. La Dispute, 2016, 243 p. Cet ouvrage collectif écrit sans grande technicité se propose de relancer le débat en Afrique, en Europe et particulièrement en France pour en finir avec cette servitude monétaire. Il a eu l'avantage de faire bouger les lignes ce que nous avons peu réussi à faire de J.T. POUEMI, S.AMIN et moi-même. Il faut en arriver désormais au **« Que faire ? »**

L'expérience montre que l'introduction de nouvelles monnaies nationales engendre : **premièrement** de *lourdes contraintes de régulation institutionnelle pour quelle économie et quelle politique monétaire pour chacun des États qui ont des situations fortement contrastées. Comment gérer les* inéluctables mouvements spéculatifs, les fortes anticipations inflationnistes, les réajustements en cascade qui charrieront une perte de confiance aux monnaies nationales respectives et l'intensification de la fuite des capitaux ? En exemple, les cas spectaculaires du Zaïre de Mobutu, du Franc malien, du dollar de Zimbabwe, des monnaies qui font de leurs populations des milliardaires qui ne peuvent pas payer une baguette de pain ; **deuxièmement** *des coûts attachés à l'impression et à la fonte d'une nouvelle monnaie* faites forcément à l'étranger. Ce sont les fameux **«coinage costs»** ; **troisièmement** *des coûts d'apprentissage de la gestion monétaire et de création d'une nouvelle* gouvernance monétaire et financière nationale; **quatrièmement** *des coûts liés aux effets externes négatifs* des déficits budgétaires considérables et la monétisation de la dette, l'intensification de la fuite des capitaux et **cinquièmement** *les coûts quasi permanents d'ajustement et de réajustement monétaire* pour faire face à l'asymétrie des chocs externes qui deviendront plus nombreux et aux multiples incidences sur le productif et financier.

Les défauts de réponses concrètes à ces problèmes intangibles et complexes nous conduisent à analyser les avantages de la Zone franc ainsi que ses inconvénients pour mieux cerner les réformes adaptatives et les ajustements indispensables en sachant que rôle économique de la ZF dans l'économie française est marginal : 4% des échanges et des investissements à l'extérieur et 1,5% de sa masse monétaire globale.

III/ Les avantages liés à l'appartenance à la Zone Franc.

La Zone franc a produit des avantages bien connus qui sont au nombre de cinq : la stabilité de la monnaie que recherchent toutes les monnaies du monde ; la convertibilité qui encourage les Investissements Directs étrangers rendus nécessaires par le lourd déficit d'épargne ; l'accroissement des échanges avec l'UE qui est la première puissance commerciale mondiale par suite de l'absence de risque de change et de commission; le levier pour l'assainissement des finances publiques et la lutte contre l'inflation ; un espace de solidarité et de coprospérité tiré par les principaux moteurs que sont la Côte d'Ivoire et le Sénégal : les excédents des uns ont toujours comblé le déficit des autres.

Ces avantages ont créé un climat de confiance qui a facilité les Investissements Directs étrangers et ont eu pour conséquence d'abord une croissance économique appréciable des États (que de bonnes politiques d'offre peuvent accroitre), ensuite une faible croissance monétaire et une inflation maitrisée (qui influe sur le pouvoir d'achat), en outre, une forte surliquidité des banques et enfin un niveau appréciable des réserves extérieures de la Banque Centrale. À cela s'ajoute une rigoureuse discipline monétaire consistant à contenir l'expansion de la liquidité pour éviter les tensions inflationnistes ruineuses (Exemples du Mali, du Zaïre, du Zimbabwe, etc.).

Il faut souligner deux autres aspects remarquables de la zone franc : la croissance et l'inflation. Les travaux réalisés avec le Prof. Karamoko KANE (*Mondialisation et indépendance monétaire : Le CFA face à l'Euro)* montrent que les performances sur ce binôme croissance/inflation ont été et demeurent, encore aujourd'hui, plus importantes dans la Zone que dans le reste de l'Afrique. Le Rapport "Perspectives économiques mondiales", publié par la Banque mondiale en 2016, observe qu'en « *Afrique de l'Ouest, les pays francophones de l'espace UEMOA ont enregistré une progression globale de la croissance supérieure à 6 % pour la quatrième fois en cinq ans (6,3 %). Si la Côte d'Ivoire et le Sénégal ont réalisé les meilleures performances (7,8 % et 6,6 %), la croissance a continué à être robuste dans les autres pays, notamment au Mali où elle s'est établie à 5,6 %, après avoir été de 6,0 % en 2015 et de 7,0 % en 2014* ».

Il en va de même quant à la maîtrise de l'inflation non seulement pour l'activité économique mais aussi pour la sauvegarde du pouvoir d'achat des populations. C'est pourquoi le ciblage de l'inflation est un objectif important de la politique monétaire ce qui est confirmé par **le Programme de la Coopération Monétaire en Afrique (PCMA), adopté en 2002, par le conseil des gouverneurs de l'Association des Banques centrales africaines (ABCA).** Cet organisme fait de l'inflation un critère de premier rang en matière de convergence. Sur ce plan, les réussites de la Zone franc sont sans pareil en Afrique : dans la zone CEDEAO l'inflation serait de 8,3% en 2015 contre 7% l'année précédente alors qu'elle est restée dans l'UEMOA maîtrisée à 1% en dessous de la norme communautaire de 3%.

IV/ Le système de change, l'arrimage à l'euro avec un taux de parité fixe, cette question fortement controversée appelle des analyses plus rigoureuses.

L'analyse économique a répondu à la question, pourquoi choisir un régime de change fixe ? Il existe une palette de régimes de change alternatifs qui peuvent être regroupés en deux avec des variantes à l'intérieur de chacun : le régime de taux de change fixe (change fixe pur, change fixe mais hybride, fixe mais ajustable, le currency board, les parités glissantes) et le régime de taux de change flottant (flexible pur, flexible géré). Quels sont les avantages attachés au régime de change fixe ?

Trois arguments théoriques : d'abord, il limite le recours permanent à des dévaluations compétitives, ensuite, il impose une discipline monétaire rigoureuse dans la conduite de la politique économique et enfin, il a permis de construire l'Europe monétaire après la renonciation au change flottant du Système Monétaire Européen. Dans le débat actuel, il est souvent proposé deux idées : la résiliation du taux de change fixe et la déconnexion de l'euro. Il faut observer que le flottement proposé comporte des inconvénients majeurs : une forte instabilité des taux qui accroit l'incertitude et les risques entrainant le retard des investissements comme des désinvestissements (P. KRUGMAN) et pénalise à la fois les importateurs et les exportateurs. La seconde idée est que l'arrimage à l'euro monnaie forte pourrait entrainer un manque de dynamisme du CFA pour impulser la croissance. Il y a deux omissions graves dans ce type de raisonnement d'abord, le taux de change nominal entre l'euro et le dollar a suivi une « courbe en U », l'euro s'est déprécié dans un premier temps (1999 et 2000) et s'est par la suite apprécié (2003). La deuxième omission est que l'Europe est notre principal partenaire commercial cela empêche le risque de change et de commission. Il est parfois proposé le rattachement à un panier de monnaies constitué par les monnaies des principaux partenaires, cette modalité n'établit en rien une liaison économique rationnelle entre le taux de change et les « fondamentaux » de l'économie. Pour l'histoire, le Malawi est le premier pays africain à rattacher sa monnaie à un panier comprenant la livre sterling, le dollar et le DTS en 1973, il fut suivi de la Mauritanie en 1975, du Kenya, de la Guinée, de l'Ouganda et de la Tanzanie, aucun pays, sauf le Nigéria, n'a appliqué le flottement pour une brève période (P. JACQUEMOT, *Politique économique en Afrique*). Par ailleurs, la valeur externe future d'une monnaie rattachée à un panier de monnaie est forcément soumise à une plus grande incertitude.

V/ Que faire des réserves de la BCEAO ?

Actuellement, les surplus sont placés auprès du Trésor public français (Compte d'Opération) qui les rémunère au taux de fiscalité marginal de la Banque Centrale Européenne. Il semble apparaitre un paradoxe apparent entre des besoins de financement des États et des réserves substantielles de la BCEAO. En réalité, cette question se décompose en deux interrogations, la première est de savoir si effectivement les réserves extérieures de la BCEAO sont excessives par rapport à leurs utilisations et la seconde étant, si tel était le cas, comment tirer profit des excédents.

Théoriquement, le niveau des réserves d'une Banque centrale est apprécié selon des ratios clairement établis et qui sont de quatre ordres: (i) *le respect d'un ratio des réserves rapportées à la masse monétaire, c'est le taux de couverture de l'émission monétaire dont le niveau dépend des caractéristiques institutionnelles* (il est à 60%, de 183% au Japon, de 53% en Corée et de 71% en Thaïlande, ce taux est modifiable); (ii) *l'amortissement des risques de change* face à la montée en puissance des forces du marché réel ou supposé, les actions individuelles des États seraient inopérantes suite à la spéculation financière; (iii) *la couverture des importations* (elle est de sept mois pour l'ensemble des États, toutefois elle est modifiable) et (iv) *les avoirs déposés par le système bancaire* caractérisé par sa surliquidité provenant de l'optimisation des profits en fonction de la nature des crédits. Ces divers ratios conjugués montrent que le volume des réserves extérieures brutes est moins important que les chiffres faramineux avancés dans le débat. A ce montant restant après ces diverses couvertures, il faut encore soustraire le total des utilisations obligatoires, les accumulations d'arriérés extérieurs des États et les dépôts du système bancaire. On obtient un surplus disponible au compte d'opération géré par le Trésor français. Ce surplus est rémunéré par un taux de placement supérieur à celui de l'EURIBOR, du LIBOR et à certains taux d'intérêt des obligations émises par les Trésors publics des États membres.

Quelles sont les affections possibles de ces excédents (surplus ou bénéfices)? Leur utilisation relève du Conseil des Ministres de l'UMOA (art 67 des statuts). Quatre scénarios d'emploi sont possibles : *le premier pourrait être* le *transfert d'une partie aux Trésors publics des États membres.* Cela reviendrait tout bonnement à faire des avances directes de la Banque Centrale aux trésors publics. Dans le passé, cette pratique s'est avérée contreproductive : règlement du déficit, utilisation pour le calendrier électoral. *Le second serait la répartition des excédents aux États membres au prorata de leurs apports respectifs dans les avoirs extérieurs*. Dans ce cas de figure, la Côte-d'Ivoire et le Sénégal raflent la mise, certains pays auront des parts modestes et d'autres pourraient ne rien avoir. *Le troisième scénario serait l'Émission d'obligations publiques*, soit à la diligence des États ou de la Commission de l'UEMOA pour financer par exemple le Programme Économique Régional (PER) en vue de consolider la gouvernance et d'approfondir l'intégration par le développement des infrastructures économiques, les investissements productifs dans des projets intégrateurs, la promotion des ressources humaines, les innovations et la recherche. *Le quatrième scenario pourrait être l'affectation d'une partie des ressources excédentaires à la BOAD* qui emprunte sur les marchés externes pour prêter aux États membres.

VI/ Les réformes institutionnelles et de gouvernance de la BCEAO : de nouvelles missions vers une banque centrale indépendante.

La principale mission de BCEAO, prêteur en dernier ressort, demeure toujours de garantir la stabilité de la monnaie avec de nombreuses règles prudentielles, d'assurer un certain niveau des liquidités pour lutter contre l'inflation comme objectif central (contestée par les partisans de la *free banking)*. Depuis la dure crise financière de 2007/2008, les Banques centrales ont de nouvelles attributions : booster l'économie, protéger les États par des taux directeurs très bas, injecter plus de liquidités afin d'inciter les banques à accroitre les prêts. Ces fonctions prennent du relief pour un système bancaire caractérisé par une forte concentration de l'activité sur le court terme, l'absence de différenciation de l'offre bancaire (mêmes types de produits et de services), la présence de plus en plus affirmée de non banques sur certains segments de marché bancaire (*marchés contestables avec entrée et sortie à moindre coût, Pape Diallo, ISF, Financial Afrik*).

La caractéristique est que ce système bancaire ne finance pas le long terme et sert des taux d'intérêt élevés. En évaluant la courbe des taux, les rendements à court terme sont de loin supérieurs aux rendements à long terme ce qui signifie que les banques arbitrent logiquement aux profits des opérations de court terme donc au détriment de l'investissement productif. Seule la BCEAO peut inverser cette courbe des taux pour ramener les rendements à long terme supérieurs à ceux du court terme. Les leviers existants sont multiples par exemple établir une corrélation entre taux directeur et taux d'intérêt, exonérer les crédits d'investissements lourds de la TOB, réviser à la baisse ou éliminer même les réserves obligatoires des banques (nonobstant les recommandations de Bale 1,2 et surtout 3). Toutes ces fonctions sont celles d'une Banque centrale indépendante bien qu'il soit vrai que la souveraineté de la Banque Centrale n'est pas inscrite dans les traditions monétaires en France et même en Europe. Cette option d'autonomie de la BCEAO est réalisable progressivement par amélioration des organes d'audit, de contrôle interne de gestion et par révision de la réglementation bancaire en supprimant les multiples protections dissuasives. Le Sénégal de par sa stabilité pourrait abriter des *«Banques offshore»* (Le premier Président sénégalais de la Chambre de commerce, Issa DIOP, avait fait la proposition au Président SENGHOR dans les années 70).

EN CONCLUSION :

Ces réformes adaptatives peuvent être mises en relation avec la création d'un ordre monétaire régional dans un espace caractérisé par un morcellement des monnaies. Les réformes à venir de la Zone Franc peuvent être articulées aux propositions de création d'une monnaie unique de la CEDEAO qui devraient définir de nouvelles règles de parité entre toutes les monnaies, de convertibilité et de gestion de la monnaie centrale (KASSE, *Pour un Système monétaire régional, 1994*). La constitution de la monnaie unique de la CEDEAO reportée à 2020 est un véritable serpent de mer car, depuis l'élaboration de la stratégie «approche accélérée de l'intégration» formulée en décembre 1999 à Lomé », les échéances sont toujours ajournées.

D'initiative en initiative, cette stratégie tarde à se matérialiser à cause des difficultés d'instaurer des mécanismes de convergence économique et d'harmonisation budgétaire et fiscale. Cette limite a conduit au blocage de la première phase relative à la création de la seconde zone au sein de la CEDEAO, dénommée Zone Monétaire de l'Afrique de l'Ouest (ZMAO) sensée regrouper des pays à indépendance monétaire mais fortement asymétriques (Nigéria, Ghana, Guinée, Sierra Léone, Gambie). Les reports successifs du lancement de cette Zone ont alimenté le pessimisme quant à la volonté politique des États de la ZMAO d'aller, comme prévu, à la création et à la fusion de différents mécanismes monétaires avec ceux de l'UEMOA pour former l'union monétaire de la CEDEAO. Malgré l'établissement de la feuille de route, les progrès sont faibles et l'échéance projetée à 2020 reste encore incertaine.

<u>Encadré 23</u> : L'ÉCO OU LA CONTINUITÉ DES FONDAMENTAUX DU CFA : un casting désastreux après la déclaration insultante d'Abidjan des Présidents A.OUATTARA et E. MACRON.

Par Professeur Moustapha KASSE

Je ne suis pas surpris par l'effacement du CFA et la continuité de ses fondamentaux dans une nouvelle institution monétaire : l'éco. Depuis les années 80, dans plusieurs articles et ouvrages toutes mes recherches ce sont focalisées sur l'impérative nécessité des réformes adaptatives, encouragé en cela par le Professeur Samir Amin. Je dois rappeler trois écrits qui, depuis les années 90, jalonnent mes réflexions sur l'impérative nécessité de réformes adaptatives de la Zone Franc en vue de l'organisation d'un Système Monétaire Régional en Afrique de l'Ouest (SMR) comme alternative aux crises permanentes du Système Monétaire International (SMI) et aux défaillances des organisations internationales de régulation (FMI, Banque mondiale, BRI, l'OMC) révélée par l'impertinence de leur épure théorique, la panne d'idéologie, le manque de légitimité, la concurrence d'autres organes de régulation (PNUD, CNUCED etc.).

En premier lieu, dans mon ouvrage sur le *« Développement par l'intégration »* au chapitre 4 relatif à la création d'un système monétaire régional (aux NEA) dans lequel j'avais conduit une évaluation critique de la disparition de la Chambre de compensation de l'Afrique de l'Ouest (CCAO) dont la faillite était évidente du fait de certains facteurs dont les difficultés opérationnelles notamment l'instabilité du taux de change, les mauvaises télécommunications, le retard dans le traitement des transactions, l'accumulation d'arriérés importants payables en devises étrangères, la faiblesse des systèmes de paiements dans certains pays etc.).

En second lieu, nous avons organisé avec le Professeur Hakim Ben HAMMOUDA un Colloque qui a réuni à Ouagadougou, en 2001, plus de 300 chercheurs africains. Les travaux ont été consignés dans l'ouvrage : *« L'avenir de la zone franc »* (*Éditions Karthala*). Dans la même direction, dans le cadre de l'Union Africaine, le Congrès des Économistes africains a traité, en 2009, à Nairobi de l'unification monétaire en Afrique conformément à la Charte Constitutive de cette organisation panafricaine. En 2009, nous avons assuré la présidence du Comité scientifique d'une recherche collective regroupant les économistes et universitaires de la CEDEAO autour du thème *« Sortir du sous-développement, quelles nouvelles pistes pour l'Afrique de l'Ouest »*. Cette organisation regroupait les Professeurs Bamba Abdoul GADIRI (*Problématique de la convergence*), IGUE John Historien *(« Le Bénin un État entrepôt »*) et G. SEMEDO (« *La Zone franc Mécanismes et perspectives* ») et des auteurs anglophones (*Nigéria, Ghana, Libéria, Cap Vert etc...*), un symposium de restitution a été organisé à Ouagadougou en juin 2010, suivi de la publication d'un ouvrage en 3 tomes sur le même titre (Éditions L'Harmattan).

En troisième lieu, nous avons publié en 2016 un article de synthèse intitulé : « **Perspectives de réformes adaptatives de la zone franc : Pour des ajustements concertés ».** Je soulignais en toute lucidité les avantages des fondamentaux du CFA et les réformes qui peuvent être introduites.

1) Quels sont les apports du défunt système.

Dans toutes les mutations, il faut savoir sauvegarder les bonnes règles qui ont induit des progrès certains. La Zone franc a produit des avantages bien connus qui sont au nombre de cinq : la stabilité de la monnaie que recherchent toutes les monnaies du monde ; la convertibilité qui encourage les Investissements Directs étrangers rendus nécessaires par le lourd déficit d'épargne ; l'accroissement des échanges avec l'UE qui est la première puissance commerciale mondiale suite à l'absence de risque de change et de commission; le levier pour l'assainissement des finances publiques et la lutte contre l'inflation ; un espace de solidarité et de coprospérité tiré par les principaux moteurs que sont la Côte d'Ivoire et le Sénégal : les excédents des uns ont toujours comblé le déficit des autres.

Ces avantages ont créé un climat de confiance qui a facilité les Investissements Directs étrangers et ont eu pour conséquence d'abord une croissance économique appréciable des États, ensuite une faible croissance monétaire et une inflation maitrisée (influe sur le pouvoir d'achat), en outre, une forte surliquidité des banques et enfin un niveau appréciable des réserves extérieures de la Banque Centrale. À cela s'ajoute une rigoureuse discipline monétaire consistant à contenir l'expansion de la liquidité pour éviter les tensions inflationnistes ruineuses (des exemples édifiants : Zaïre, Mali, Zimbabwe, etc.).

2) Que faire des réserves de la BCEAO ?

Antérieurement, 50% des avoirs étaient placés auprès du Trésor public français (Compte d'Opération) qui les rémunérait au taux de fiscalité marginal de la Banque Centrale Européenne. Il semblait apparaitre un paradoxe apparent entre des besoins de financement les États et les réserves substantielles, mais brutes de la BCEAO. En réalité, cette question se décompose en deux interrogations, la première est de savoir si effectivement les réserves extérieures de la BCEAO sont excessives par rapport à leurs utilisations et la seconde étant, si tel était le cas, comment tirer profit de l'ampleur de ces réserves.

Le compte d'opération est fermé, mais la question demeure toujours de savoir que va-t-on faire de ces ressources trop fortement fantasmées en ignorance totale avec les utilisations de tels avoirs dans une Banque Centrale ?

Théoriquement, le niveau des réserves de toute Banque centrale est apprécié à partir de ratios clairement établis et qui sont de quatre ordres: (i) *le respect d'un ratio des réserves rapportées à la masse monétaire, c'est le taux de couverture de l'émission monétaire dont le niveau dépend des caractéristiques institutionnelles* (il est à 60%, 183% au Japon, 53% en Corée et 71% en Thaïlande, ce taux est modifiable); (ii) *l'amortissement des risques de change* face à la montée en puissance des forces du marché réel ou supposé, les actions individuelles des États seraient inopérantes suite à la spéculation financière), (iii) *la couverture des importations* la couverture de sept mois d'importation pour l'ensemble des États est modifiable et (iv) *les avoirs déposés par le système bancaire* caractérisé par sa surliquidité qui relève d'une optimisation des profits en fonction de la nature des crédits. Ces divers ratios conjugués montrent que le volume des réserves extérieures brutes est moins important que les chiffres faramineux avancés dans le débat. À ce montant brut, il faut soustraire le total des utilisations obligatoires, les accumulations d'arriérés extérieurs des États et les dépôts du système bancaire. C'est le surplus disponible qui formait le compte d'opération géré par le Trésor français était rémunéré par un taux de placement supérieur à celui de l'EURIBOR, du LIBOR et à certains taux d'intérêt des obligations émises par les Trésors publics des États membres.

Alors quelle serait l'affection possible des excédents (surplus ou bénéfices)? L'utilisation de ces bénéfices relève du Conseil des Ministres de l'UMOA (art 67 des statuts). J'avais postulé quatre scénarios d'emploi possibles : *le premier pourrait être* le *transfert d'une partie des réserves extérieures restantes de la Banque Centrale aux Trésors publics des États membres.* Cela reviendrait tout bonnement à faire des avances directes de la Banque Centrale aux trésors publics. Dans le passé, cette pratique s'était avérée inefficiente, le second serait la *répartition des avoirs entre les États de l'Union au prorata de leurs parts respectives,* dans ce cas de figure, la Cote d'Ivoire raflerait la mise, suivi du Sénégal ? Certains pays auront des parts modestes et même d'autres pourraient ne rien avoir. *Le troisième scénario serait l'Émission d'obligations publiques*, soit à la diligence des États ou de la Commission de l'UEMOA. *Le quatrième cas de figure pourrait être l'affectation d'une partie des ressources excédentaires à la BOAD* qui emprunte sur les marchés externes pour prêter aux États membres.

3) Quelles mutations institutionnelles et de gouvernance de la BCEAO : quelles nouvelles missions pour une Banque centrale indépendante.

Selon Dominique PLIHON, « *Dans leur histoire, les Banques centrales ont rempli plusieurs fonctions (financement des États, stabilité économique et monétaire, etc.), 1) depuis leur création, elles ont dû évoluer pour s'adapter aux transformations de leur environnement ; 2) au cours de la seconde moitié du 20e siècle : deux générations de banquiers centraux « keynésiens » et « monétaristes » ont appliqué les mutations de leur chapelle idéologique et 3) au début du 21e siècle, elles tentent de s'adapter pour faire face à trois défis majeurs : L'instabilité financière, le changement climatique et la transition écologique (économie verte).*

La principale mission de la BCEAO, prêteur en dernier ressort, demeure toujours de garantir la stabilité de la monnaie avec de nombreuses règles prudentielles (les règles de Bale) et d'assurer un certain niveau des liquidités pour lutter contre l'inflation comme objectif central (contestée par les partisans du *free banking).* Depuis la dure crise financière de 2007/2008, les Banques centrales ont de nouvelles missions : booster l'économie, protéger les États par des taux directeurs très bas, injecter plus de liquidités afin d'inciter les banques à accroitre les prêts. Cette mission prend du relief pour notre système bancaire caractérisé par une forte concentration de l'activité sur le court terme, l'absence de différenciation de l'offre bancaire (mêmes types de produits et de services), la présence de plus en plus affirmée de non-banques sur certains segments du marché bancaire (*marchés contestables avec entrée et sortie à moindre coût, Pape Diallo, ISF, Financial Afrik*). Ce système ne peut guère financer le long terme et sert des taux d'intérêt élevés.

En évaluant la courbe des taux, les rendements à court terme sont supérieurs aux rendements à long terme ce qui signifie que les banques vont arbitrer en faveur des opérations de court terme donc au détriment de l'investissement productif. Seule la BCEAO peut inverser cette évolution pour amener les rendements à long terme à un niveau supérieur à ceux du court terme. Les leviers existent par exemple l'établissement d'une corrélation entre taux directeur et taux d'intérêt, l'exonération des crédits d'investissements lourds de la TOB, la révision à la baisse ou l'élimination même des réserves obligatoires (sous réserve des recommandations de Bale 1,2 et 3). Ces missions sont celles d'une Banque centrale indépendante même s'il est vrai que la souveraineté de la Banque Centrale n'est pas inscrite dans les traditions monétaires françaises. Cette option d'autonomie de la BCEAO est réalisable progressivement par amélioration des organes d'audit, de contrôle interne de gestion et par révision de la réglementation bancaire en supprimant les multiples protections dissuasives. Le Sénégal de par sa stabilité pourrait abriter des *«Banques offshore»* (le Premier président sénégalais de la Chambre de commerce de Dakar, Issa DIOP, avait fait la proposition au Président SENGHOR dans les années 70).

EN CONCLUSION. Les réformes à venir de la Zone Franc qui viennent d'être prises notamment le changement d'appellation, la fermeture du compte d'opération, l'éviction des représentants de la France dans les diverses instances monétaires, l'arrimage à l'euro avec une parité fixe constituent des pas importants qu'il faut articuler au projet de création d'une monnaie unique de la CEDEAO. Les autorités politiques font preuve d'un engagement renouvelé pour une mise en œuvre rapide du projet : les institutions chargées de la mise en œuvre redoublent d'effort pour une collaboration accrue ; les pays membres sont plus que déterminés à accélérer ou au moins soutenir le processus de mise en œuvre; des progrès même s'ils sont insuffisants ont été faits dans le cadre du Programme de Coopération Monétaire.

En définitive, d'initiative en initiative, cette stratégie tarde à se matérialiser à cause des difficultés d'instaurer des mécanismes de convergence économique et d'harmonisation budgétaire et fiscale. Pourtant, les critères, arrêtés depuis 2000 déjà, ne sont pas très éloignés de ceux en vigueur dans l'UEMOA à savoir : l'inflation devait être réduite à 10% en 2000 puis 5% en 2003, le déficit budgétaire à 5% en 2000 et 4% en 2002, la limite maximale des avances par la Banque centrale à 10% des recettes fiscales de l'année précédente, les réserves de change de trois mois en 2000 et six mois en 2003, la pression fiscale d'au moins 20%, des investissements publics et d'au moins 20% des recettes fiscales et une masse salariale de 30% au maximum des recettes fiscales.

Ces insuffisances et d'autres ont conduit au blocage de la première phase relative à la création de la seconde zone au sein de la CEDEAO, dénommée Zone Monétaire de l'Afrique de l'Ouest (ZMAO) qui est sensée regrouper des pays à indépendance monétaire, fortement asymétriques (Nigéria, Ghana, Guinée, Sierra Léone, Libéria, Cap-Vert, Gambie). Les reports successifs du lancement de cette Zone ont alimenté le pessimisme quant à la volonté politique des États de la ZMAO d'aller, comme prévu, à la fusion des différents mécanismes monétaires. Si tout cela était réglé, il faudrait finir par définir de nouvelles règles de parité entre toutes les monnaies, de convertibilité et de gestion de la monnaie centrale (KASSE, *Pour un Système monétaire régional, 1994*). Depuis l'élaboration de la stratégie «d'Approche accélérée de l'intégration» formulée en décembre 1999 à Lomé », les échéances sont toujours ajournées ce qui me fait dire que la monnaie unique de la CEDEAO est un véritable serpent de mer. Voyons cela plus en détail.

EXTRAIT d'une Conférence prononcée à l'Institut Supérieur des Finances (ISF) sur la question de l'intégration monétaire ouest-africaine, un serpent de mer. «L'éco» en 2020 est-il un pari perdu ?

L' adoption de la monnaie unique de la CEDEAO est une vieille question en débat depuis les années 60 avec la création de la Chambre de Compensation (Sierra Léone) sur la base de deux études techniques : celle de Samir AMIN et celle de TRUFFIN qui ont abouti à la création de la CHAMBRE DE COMPENSATION DE L'AFRIQUE DE L'OUEST(CCAO) pour promouvoir le commerce entre les États qui formeront par la suite CEDEAO. Un MÉCANISME DE COMPENSATION MULTILATÉRAL c'est-à-dire des arrangements monétaires pour les paiements et les transferts liés aux transactions de compte courant (commerce visible et invisible), avait été mis en place. Il faut rappeler brièvement que **la faillite du mécanisme de compensation** a été attribuée à certains facteurs dont les difficultés opérationnelles (instabilité du taux de change, mauvaises télécommunications, retard dans le traitement des transactions, etc.), l'accumulation d'arriérés importants payables en devises étrangères, l'absence d'amélioration des systèmes de paiements dans certains pays. **Cependant, il faut souligner qu'à la même période un mécanisme assez semblable, était appliqué et géré par la Banque d'Angleterre, pour le compte des pays qui avaient construit un modèle réaliste et pertinent d'intégration à savoir la EAC (East African Community) formée de la Tanzanie, de l'Ouganda et du Kenya avec comme capitale Arusha**. Une véritable Division du travail était constituée autour d'activités comme le tourisme et l'établissement de solides infrastructures communautaires en matière de route, de transports (aériens et ferroviaires), de formation etc. Tout cela était possible grâce à un Exécutif de commandement basé à Arusha et jouissant d'un abandon partiel de souveraineté de la part des États membres. Cette intégration est morte suite à des divisions politiques favorisées par les grandes puissances et les IBW.

Ce Mécanisme devait faire place à l'Agence Monétaire de l'Afrique de l'Ouest (AMAO) en 1996 en vue de promouvoir la coopération monétaire, d'harmoniser et de coordonner les politiques monétaires et budgétaires, de mettre en place le PCMC et de réaliser des études relatives à la facilitation de l'intégration économique et monétaire de la CEDEAO[211]. Entre 1999 et 2006 certaines mesures ont été prises dont 2 sont essentielles : la création de la ZMAO (lancement du processus de la monnaie commune) et le Mécanisme de Surveillance Multilatéral de la CEDEAO. Il sera, par la suite adopté dans le cadre de la Multi-feuille de route conduisant à la monnaie unique (plan d'action de Banjul). Il est important d'interroger une expérience comme celle de l'UE qui a réalisé laborieusement le processus de la monnaie unique (Rapport Emerson de 1990, le passage du Serpent monétaire à l'ECU et à l'Euro, avec un

[211]AMAO, Deux textes importants peuvent être consultés : *Etat de la mise en œuvre de la feuille de route* et *La marche vers la monnaie unique.*

« **étapisme** » bien régulé.

Dans nos débats sur la Zone Monétaire optimale, la Zone franc et le franc CFA, il est souvent évoqué le récent prix Nobel MUNDELL et cela sans une référence de la prudence scientifique de l'auteur ce qui témoigne d'une analyse insuffisante. Á la question : **Vaut-il la peine, pour un pays donné, d'abandonner sa monnaie, donc une partie de sa capacité d'action (la politique monétaire, l'action sur le taux de change) au profit d'une monnaie commune ?**

On prête généralement à R.MUNDELL, que renoncer à agir sur le taux de change, c'est, dans la majorité des cas, se condamner à devoir effectuer des ajustements réels (en pouvoir d'achat et en niveau d'activité économique) beaucoup plus douloureux lorsque l'un des pays membres de l'union monétaire est victime d'un choc asymétrique. Cependant, à cette réponse d'inspiration keynésienne, il apporte beaucoup de bémols, en se fondant sur l'approche monétariste (existence d'un taux de chômage naturel indépendant du niveau d'inflation) ou sur celle des anticipations rationnelles (on peut berner les acteurs économiques une fois, pas deux). Ces deux approches ont en commun l'idée que la monnaie, au fond, ne peut guère agir sur le niveau d'activité. Se priver de l'arme du taux de change n'est donc pas très important, puisque c'est une lame émoussée, sans efficacité. Aussi, pour l'auteur, si l'union monétaire peut réduire les coûts de transaction, pourquoi pas ? Une fois encore, **l'État-nation n'est pas forcément** pour R.MUNDELL **l'espace le plus pertinent pour la circulation d'une monnaie.** Une zone monétaire optimale est une " région " plus large, économique plus que politique, définie comme un territoire où les facteurs de production (le travail, le capital) sont immobiles, alors qu'ils sont mobiles entre les régions (le fameux triangle d'incompatibilité et également le trilemme de D.RODRIK)

Dans un monde idéal, les monnaies circuleraient d'abord au sein des régions. Mais R.MUNDELL n'a jamais dit qu'il pensait que ce monde idéal pouvait voir le jour, ni que les critères économiques, comme la mobilité des facteurs, étaient suffisants pour savoir si des unions monétaires pouvaient se faire et durer. **Il prévenait même qu'elles ne pourront *"être possibles que si elles s'accompagnent de profonds changements politiques"*. Une question de faisabilité politique, pas d'efficacité économique.** Cette prudence cartésienne a été oubliée par des générations successives d'économistes africains qui insistent dogmatiquement sur les critères économiques de la définition des zones monétaires optimales. L'unification monétaire de l'Europe n'a été évaluée qu'à l'aune de ces critères. Les aspects politiques ont été relégués en arrière-plan ou tout simplement qualifiés de non pertinents. Faisons une grande attention à ces questions monétaires. Une grande partie de la littérature et des exposés médiatiques ont tendance à être d'une grande platitude ou trop techniques. Les platitudes sont faciles à comprendre mais ne servent à rien. Toutefois les approches trop techniques peuvent être utiles mais difficiles à comprendre (R.L ; ACKOFF, 1973).

Pr. Moustapha KASSE : Président COPS de l'ISF.

EN SAVOIR PLUS 7 : Le Programme de Coopération Monétaire de la CEDEAO: Réalisations, Enjeux et Perspectives.

Séminaire de l'AMAO à Bamako, avril 2011

Cette synthèse recoupe les trois interventions introductives du Professeur Moustapha KASSE, du Prof. Ben Oumar NDIAYE Secrétaire Exécutif de l'AMOA et Alassane DIALLO Président de l'Association des Banques et Établissements financiers.

1°) LES OBJECTIFS CONCERNANT LA MONNAIE UNIQUE ONT ETE POSES EN 1975 au moment de la création de la CEDEAO à savoir : « Promouvoir la coopération et l''intégration en vue de la création d'une Union Économique en Afrique de l'ouest afin de relever le niveau de vie de ses peuples, de maintenir et d'améliorer la stabilité économique, de renforcer les relations entre les États membres et de contribuer au progrès et au développement du continent africain ». Dans la poursuite de ces objectifs, l'harmonisation des politiques dans les domaines monétaire, financier, et des paiements a toujours été considérée comme une étape importante (art 51 b) du traité de la CEDEAO). Toutefois, l'existence de plusieurs (8) monnaies non convertibles dans la région constitue un handicap majeur. D'où la nécessité d'une coopération monétaire pour faciliter la création d'une union économique.

2°) LA GENESE DE LA COOPERATION MONETAIRE : Naissance et disparition de la Chambre de compensation de l'Afrique de l'ouest (CCAO). **La faillite du mécanisme de compensation** a été attribuée à un certains facteurs comme les difficultés opérationnelles (instabilité du taux de change, mauvaises télécommunications, retard dans le traitement des transactions, etc.), l'accumulation d'arriérés importants payables en devises étrangères, la nécessaire amélioration des systèmes de paiements dans certains pays.

3°) LE PROGRAMME DE COOPERATION MONETAIRE DE LA CEDEAO (PCMC) lancé en 1987 a **l'objectif ultime étant création d'une monnaie unique au sein de la CEDEAO. En 1996, transformation de la CCAO en AMAO en vue de prendre en charge du PCMC** pour promouvoir la coopération monétaire et les consultations entre États membres pour aider les États membres dans l'harmonisation et la coordination de leurs politiques monétaire et budgétaire, assurer le suivi, la coordination et la mise en œuvre du PCMC et entreprendre des études.

4°) EN 1999-2000 APPROBATION D'UN CERTAIN NOMBRE DE MESURES POLITIQUES EN VUE D'ACCELERER LE PROCESSUS D'INTEGRATION, à savoir: l'extension des critères macroéconomiques de 4 à 10, classés en critères de premier rang (4) et de second rang (6) et l'adoption de l'initiative Fast-Track qui comprend un plan de création d'une seconde zone monétaire (ZMAO). C'est ainsi qu'en **2000** les Chefs d'État des six pays de l'Afrique de l'Ouest, en dehors de la zone CFA et du Cap Vert, déclarent formellement leur intention de créer la ZMAO et de lancer une monnaie commune dans cette zone, **l'Eco en 2003**. **En 2001,** le Mécanisme de Surveillance Multilatéral de la CEDEAO est mis en place avec comme objectif d'assurer une coordination étroite des politiques économiques et la convergence des économies nationales afin de réaliser une union économique et monétaire viable. Le mécanisme comprend les organes suivant: le Conseil de convergence, le Comité technique de suivi, le secrétariat conjoint et les Comités Nationaux de Coordination (CNC) Les critères de convergence de 1er rang et de second rang ont été fixés par Décision A/DEC.17/12/01.

En matière de bilan, les progrès réalisés dans le cadre du PCMC ont été insuffisants et n'ont pas pu appuyer le lancement de l'union monétaire. Le délai d'exécution du programme a été reporté plusieurs fois: de 1998-2004-2020 et le Projet de la ZMAO initié dans le cadre du PCMC a été également reporté plusieurs fois: de 2003-2005-2009-2015

Dans le cadre de la Zone Monétaire de l'Afrique de l'Ouest (ZMAO), des efforts sont déployés afin de mettre au même niveau les systèmes de paiement de ses États membres: Ghana et Nigeria se sont dotés d'un système opérationnel pour les « RTGS ». Ce système est en train d'être mis en place dans les trois autres pays membres (La Gambie, la Guinée et la Sierra Leone) grâce à un financement de la Banque Africaine de Développement (BAD). Pour les chèques, la ZMAO a également adopté des normes et standards communs. Une réglementation commune en matière de système de paiement a été également élaborée et est en voie d'adoption. Au niveau individuel, chacun des pays membres déploie de gros efforts pour se mettre au diapason des développements récents en termes de système de paiement.

5°) DÉFIS DU PROGRAMME DE COOPERATION MONETAIRE DE LA CEDEAO : Promouvoir la coopération et l'intégration en vue de la création d'une Union économique en Afrique de l'Ouest afin de relever le niveau de vie de ses peuples, de maintenir et d'améliorer la stabilité économique, de renforcer les relations entre les États membres et de contribuer au progrès et au développement du continent africain. Dans la poursuite de ces objectifs, l'harmonisation des politiques dans les domaines monétaire, financier, et des paiements a toujours été considérée comme une étape importante (art 51 b) du traité de la CEDEAO). Toutefois, l'existence de plusieurs (8) monnaies non convertibles dans la région constitue un handicap majeur. D'où la nécessité d'une coopération monétaire pour faciliter la création d'une union économique. Les défis du Programme de Coopération Monétaire de la CEDEAO de cinq ordres :

- Persistance de l'instabilité macroéconomique et de manque de convergence macroéconomique durable due à plusieurs facteurs;
- Niveau insuffisant d'harmonisation des politiques budgétaires, monétaires et financières, en particulier dans les domaines de taux de change, du commerce, de la libéralisation des capitaux, le manque d'harmonisation de la réglementation bancaire comme les lois bancaires et la supervision bancaire;

- Existence de contrôles transfrontaliers limitant la libre circulation des personnes, des biens et des services et le faible engagement dans la mise en œuvre de décisions de politiques pertinentes et de protocoles;
- Chocs exogènes (chocs des termes de l'échange et du pétrole brut); et
- Instabilité politique due à la mauvaise gouvernance et à un faible niveau de démocratie.

6°) NOUVELLE APPROCHE POUR LA MISE EN OEUVRE DU PCMC : FEUILLE DE ROUTE (FRPCMC). En Juin 2007: La Conférence, après avoir exprimé sa préoccupation relative à la lenteur de la mise en œuvre du PCMC, a demandé à la Commission de réexaminer la stratégie de l'approche à deux vitesses et d'examiner son remplacement éventuel par une approche unique.

7°) NOUVELLE APPROCHE POUR LA CREATION DE LA Monnaie Unique : FEUILLE DE ROUTE (FRPCMC)

Les autorités politiques font preuve d'un engagement renouvelé pour une mise en œuvre rapide du projet elles en appellent aux institutions chargées de la mise la mise en œuvre de redoubler d'effort pour une collaboration accrue ? Les pays membres se proclament plus que jamais déterminés à accélérer ou au moins soutenir le processus de mise en œuvre de la feuille de route. Elles recommandent alors d'améliorer les progrès qui sont insuffisants ont été faits dans le cadre du Programme, d'assainir leur économie et pour harmoniser leurs politiques budgétaires, monétaires et financières, de libéraliser les comptes courants et de capitaux a connu des avancés, de parachever la mise en œuvre du projet de la seconde Zone (ZMAO) et de travailler davantage la convergence des économies.

LA FEUILLE DE ROUTE (FRPCMC).

	ACTIVITES PRINCIPALES	CALENDRIER
1.	Harmonisation des critères de convergence macroéconomiques et opérationnalisation des CNC dans le cadre du mécanisme de surveillance multilatérale	2010
2.	Harmonisation de la réglementation et de la supervision des banques et des autres institutions financières, du cadre comptable et du reporting des banques, des transactions du compte courant et de capital, du cadres de politique monétaire, et de l'infrastructure des systèmes de paiements	2013
3.	Harmonisation des statistiques, de la fiscalité intérieures, du cadre juridique, comptable et statistique des finances publiques	2014
4.	Introduction de la monnaie unique de la ZMAO	2015
5.	Intégration des marchés financiers et stabilisation du taux de change	2018
6.	Introduction de la monnaie unique de la CEDEAO	2020

THÈME 23 – L'AGRICULTURE, MOTEUR DE LA CROISSANCE ET DU DÉVELOPPEMENT, RÉALITÉ OU SEMPITERNEL SLOGAN ?

Par

Pr. Moustapha KASSE présenté au Séminaire de l'École de Dakar avec le Ministère de l'agriculture.

Dans les premières étapes de l'industrialisation, particulièrement en Europe au 19ème siècle, l'agriculture a été le facteur primordial du développement économique et social. Dans la plupart des pays, plus de la moitié de la population vivait directement de l'agriculture qui fournissait la partie essentielle de la production. Il est donc évident que le développement global suppose et débute souvent avec le développement de l'agriculture. La génération d'un surplus agricole (au-delà de ce qui est nécessaire pour nourrir les travailleurs du secteur) a permis de financer l'industrialisation en lui fournissant les gains de devises. L'expérience historique montre d'ailleurs que toutes les révolutions industrielles en Europe comme en Asie ont été précédées par d'importantes révolutions agraires. Plus près de nous, en Asie, l'agriculture se trouve à l'origine de l'industrialisation. Après avoir réalisé sa réforme agraire, le Japon a transformé toutes ses colonies d'Asie en colonies agricoles productives et prioritairement en greniers à riz. L'agriculture conditionnait les investissements dans le secteur industriel naissant et bénéficiait d'importantes infrastructures de base : énergie hydro-électrique, infrastructures de transport et de communication, infrastructures portuaires. Tout cela avait été précédé par une confiscation des terres des hobereaux locaux par l'administration coloniale. Après leur libération, ces pays ont continué de faire de l'agriculture la clef de leur stratégie de développement. En définitive, les rendements agricoles ont souvent été supérieurs au croît démographique, ce qui n'est pas le cas en Afrique.

Globalement dans les PSD, l'agriculture occupe une place centrale et exerce des fonctions importantes. Elle est souvent la principale source d'activités économiques et sociales et la plus grande pourvoyeuse d'emplois grâce à une main-d'œuvre abondante et peu formée. Également, elle est la première source de revenus dans les zones rurales où vivent encore actuellement la majorité des pauvres. En effet, malgré cette importance capitale et ses multiples incidences sur le PIB, l'emploi, et la balance commerciale, les statistiques établissent d'une part, que le niveau de vie de la paysannerie reste encore très faible et qu'il ne cesse de se détériorer et d'autre part, que les niveaux de productivité et le degré d'utilisation des facteurs modernes de production reste assez modeste.

En poussant un peu plus le constat, on s'aperçoit que l'agriculture africaine est dans une situation encore plus grave : une crise larvée aussi bien au niveau du secteur vivrier qu'à celui des cultures de rente : baisse de la production alimentaire par tête d'habitant, diminution des exportations de produits de rente en volume et en valeur, détérioration du niveau de vie des populations rurales complètement gagnées par la pauvreté. L'Afrique a remplacé l'Asie et l'Amérique Latine dans le recours à l'aide alimentaire. Un Rapport prospectif de la Banque mondiale (1990-2020) est encore beaucoup plus pessimiste, puisqu'il prévoit dans l'intervalle le doublement des importations alimentaires.

Ce tableau des indicateurs comparés des agricultures d'Afrique, d'Asie et d'Amérique Latine montre le retard de l'Afrique par rapport aux deux autres continents et il révèle surtout le manque de compétitivité de ce secteur dont dépendent plus de 70% de sa population. La Banque mondiale résume la situation comme suit : En Afrique, moins de 7 pour cent de la surface cultivée sont irrigués. L'achat d'intrants y est limité de même que la mécanisation, les rendements de céréales (reflet de la productivité des terres consacrées à la production céréalière sont inférieur à la moitié de ceux qui sont observés dans d'autres régions en développement. Même dans le cas des tubercules et de la banane plantain qui trouvent de bonnes conditions agro écologiques en Afrique, les rendements sont inférieurs à ceux obtenus en Asie et en Amérique latine la productivité du travail n'est pas très forte en agriculture ; dans le passé, le produit marginal du travail a été à peu près le même que le produit moyen, tandis qu'en Asie et en Amérique Latine, le produit moyen du travail est nettement supérieur au produit.

<u>Encadré 24</u> : Situation comparative de l'agriculture dans 3 Continents.

En Afrique, moins de 7 pour cent de la surface cultivée est irriguée, l'achat d'intrants y est limité de même que la mécanisation, les rendements de céréales (reflet de la productivité des terres consacrées à la production céréalière sont inférieur à la moitié de ceux qui sont observés dans d'autres régions en développement. Même dans le cas des tubercules et de la banane plantain qui trouvent de bonnes conditions agro écologiques en Afrique, les rendements sont inférieurs à ceux obtenus en Asie et en Amérique latine la productivité du travail n'est pas très forte en agriculture ; dans le passé, le produit marginal du travail a été à peu près le même que le produit moyen, tandis qu'en Asie et en Amérique latine, le produit moyen du travail est nettement supérieur au produit marginal (DELGADO ET RANADE 1987). En 1988 – 92 le stock de capital agricole par hectare de terre agricole en Afrique représentait environ le sixième de celui d'Asie et moins du quart de celui d'Amérique latine (CNUCED 1998).La sous-capitalisation est liée au manque de compétitivité des produits africains sur les marchés mondiaux. D'autres facteurs viennent encore aggraver cette situation ; coût élevé des transactions (AHMED ET RUSTAGI 1987 ; JAFFEE et MORTON 1995), faiblesse des institutions et des services de soutien (EICHER 1999) manque de diversification et d'intégration verticale (Delgado 1998b) en conséquence, l'agriculture africaine s'est trouvée constamment marginalisée dans le commerce mondial (NG et YEATS 1996) Histoire et politiques.

L'agriculture africaine est marquée par des siècles de mauvaises politiques et d'échecs sur le plan institutionnel, et elle porte un lourd passé d'extraction des ressources et d'imposition fiscale dans les zones rurales. Les améliorations apportées aux politiques entre le milieu des années 1950 et la fin des années 1960 n'ont pas eu d'effets durables. Les distorsions ultérieures de ces politiques – sous la forme d'une évaluation des taux.

Source : Banque mondiale.

L'expérience montre que les agricultures des PSD n'ont pas rempli les rôles historiques qu'elles ont tenus ailleurs en Europe, en Asie et même dans certains pays d'Amérique Latine. En résumé ce rôle se présente sous les fonctions suivantes :

- la couverture des besoins vivriers d'une population en augmentation rapide (parfois à un taux supérieur à 2,5%) ;
- la formation de surplus substantiels pour l'élargissement de ses bases sociales et matérielles, et le financement d'autres secteurs comme l'industrie ;
- la libération d'une partie de la main-d'œuvre pour d'autres secteurs par suite d'une augmentation de la productivité du travail agricole ;
- la formation d'une demande de biens industriels et de services.

La première fonction est la plus importante et elle consiste à répondre à la demande de produits vivriers d'une population croissante et fortement urbanisée et disposant d'un niveau de revenu par tête qui augmente. Dans ce cadre, une production agricole stagnante entraînerait une hausse des prix alimentaires et pour le secteur industriel une hausse des salaires, ce qui réduirait d'autant plus le potentiel d'épargne et d'investissement et accroîtrait les importations alimentaires. Dans pareille situation, les moyens en devises disponibles pour l'achat par exemple de biens d'équipement industriel nécessaire à la poursuite de l'industrialisation vont diminuer. Cette situation se présente lorsque les conditions d'existence et de travail des paysans sont précaires, du fait de l'archaïsme des méthodes et moyens de travail, du faible niveau de mécanisation et d'irrigation, du bas niveau d'utilisation des facteurs modernes de production agricole, de la faible diversification et prédominance de la monoproduction de rente , de la faiblesse des marchés urbains et de la faible consommation finale et intermédiaire de produits manufacturiers et de l'absence de liens avec l'industrie.

Dans le cadre des PSD, le secteur vivrier est loin de répondre aux besoins en biens alimentaires d'une population en expansion rapide et d'une urbanisation accélérée. Ce déséquilibre en Afrique est à la base d'une crise alimentaire aggravée par des facteurs liés aux instabilités de la nature (les sécheresses, les inondations, le péril acridien, et d'autres calamités) et ceux découlant de la détérioration des espaces politiques avec les guerres civiles et les divers conflits qui affectent principalement les populations rurales (déportés et déplacés). À cela viendra s'ajouter le modèle de consommation des villes qui porte principalement sur des biens importés et non produits par les systèmes agraires locaux (riz, blé et autres céréales).

Quant à la deuxième fonction, elle est relative aux surplus provenant des agricultures. Ils sont déprimés d'abord par le niveau peu rémunérateur des prix agricoles souvent fixés par les administrations publiques. Les paysans sont purement et simplement spoliés par les diverses officines de commercialisation privées ou publiques. La différence entre le prix d'achat aux paysans et le prix de commercialisation extérieure est souvent importante. Elle se répartit entre les coûts d'usinage et de transport, les marges de commercialisation et autres prélèvements des intermédiaires. Les producteurs directs finissent par ne percevoir qu'environ les 2/5 du prix d'achat.

La troisième fonction concerne la libération de l'excédent de main-d'œuvre qui relève d'une logique toute spécifique, car elle n'est pas commandée par une élévation de la productivité du travail agricole. En effet dans le cas des pays développés, l'agriculture familiale a été modernisée à un moment où l'industrie et l'économie urbaine étaient en pleine expansion et pouvaient absorber sans difficulté les surplus de main d'œuvre d'origine rurale. Également à cette période, il était possible de protéger le marché national et de subventionner l'agriculture. Aujourd'hui, du fait des accords internationaux signés avec les Institutions Financières Internationales, les États ne peuvent plus utiliser certains instruments de politique économique ni continuer à soutenir et orienter de façon efficace l'agriculture et le monde rural. Conformément à leurs engagements internationaux, les États suppriment les subventions sur les intrants, les mécanismes de péréquation et de garantie des prix agricoles, éliminent les barrières non tarifaires à l'importation et baissent ou suppriment les droits perçus à l'importation de certains produits. En toute conséquence, la détérioration des conditions du travail agricole entraîne une demande de plus en plus forte d'activités et d'emplois non agricoles en milieu rural pour une population qui continue de croître. Cela crée le chômage endémique qui pousse à un exode rural massif vers les centres urbains, la pauvreté urbaine étant plus attrayante que la pauvreté rurale.[212].

Enfin la quatrième fonction a trait à l'élargissement du marché intérieur par les achats provenant de la population rurale. Seulement, la campagne africaine est aujourd'hui, le siège de la pauvreté absolue qui fait que la demande rurale de biens de consommation, au regard de la faiblesse des revenus, est

---

[212] Le cas du Sénégal, assez symptomatique, est analysé dans mon ouvrage : *L'État, le Banquier et le Technicien face au monde rural sénégalais* » (Édit. NEA, 1992). Dans le cas qui nous intéresse, l'application des Programmes d'ajustement Agricole (PASA) a produit deux résultats intangibles et paradoxaux : un recul net des deux principales cultures d'exportation (l'arachide et le coton) et une progression rapide des importations de produits alimentaires pour combler le creusement du déficit vivrier.

extrêmement étroite. De plus, on observe dans le monde rural africain un changement des habitudes de consommation en faveur des biens importés.[213] Comme cela a été souvent répété (peut-être de manière simpliste), le riz et le blé sont en train de chasser, jusque dans les campagnes, les céréales et tubercules cultivés localement.[214] À ce constat, diverses explications ont été proposées comme les faibles cours mondiaux, l'insuffisance des productions céréalières locales, les effets pervers de l'assistance alimentaire.

Toutes ces restrictions observées sont souvent la preuve de l'échec des politiques agricoles et ce, malgré de nombreuses réformes structurelles et divers aménagements entrepris par les États africains : politique d'ajustement du secteur agricole, socialisation et collectivisation des campagnes ; peu importe : les résultats dans les deux cas sont simplement décevants. En effet, ces politiques n'ont pas réussi à réduire la pauvreté de masse, le chômage et les inégalités. Il est vrai que des réformes, si volontaristes et si pertinentes qu'elles soient, ne sauraient remplacer une politique agraire assise sur des options claires appuyées par des institutions pertinentes de mise en œuvre. Quelles sont ces réformes entreprises et quelles sont leurs limites effectives ?

I/ Les médiocres résultats des réformes du secteur agricole.

Dans les PSD, la terre représente la principale source de richesse et la source du pouvoir économique, politique et social. Dans ces conditions, le système de tenure tend à refléter les rapports de production et les structures de classe. Dès lors, sa restructuration, sa répartition par des règles et procédures vont impliquer des changements dans la position économique, politique et sociale des individus ou de certains des groupes dominants au sein de la société. Dans cette optique, l'un des premiers éléments de toute réforme agraire sera d'apporter des modifications significatives et substantielles dans le système de tenure, le régime de propriété et de contrôle des terres ainsi que des ressources en eau. Ces modifications sont posées comme préalables à la création d'emploi et à la redistribution du revenu qui sont devenues des nécessités urgentes.

En effet, deux mesures sont souvent considérées comme les préalables à toute réforme agraire : d'une part l'expropriation des grandes propriétés et la redistribution des terres aux cultivateurs individuels et d'autre part la collectivisation des terres issues de l'expropriation. Dans le premier cas, la

[213] En Afrique de l'Ouest par exemple, la consommation de riz est en train de se généraliser au point de remplacer les céréales et beaucoup de féculents locaux. C'est ce que j'appelle la rizification du modèle de consommation qui s'explique par l'absence de liens entre la production et la consommation (double extraversion) et la structure des prix.

[214] Cette opinion doit être nuancée, car ces deux biens alimentaires sont introduits différemment du point de vue quantitatif selon les pays et les régions.

réforme est d'obédience libérale et se propose d'exploiter toutes les potentialités du capitalisme agraire ; dans l'autre cas, la réforme est d'inspiration socialiste et s'appuie sur la collectivisation et la socialisation de l'agriculture avec une forte intervention de l'État. Il importe alors d'analyser ces deux modes d'organisation du monde rural et d'évaluer leurs performances et surtout leurs capacités à transformer économiquement et socialement le monde rural africain.

II/ Les modes d'organisation et de transformation inspirés de principes du libéralisme donnent encore de médiocres résultats : le capitalisme rural ne prend pas racine.

La vision libérale a pour objectifs majeurs la mise en place d'une organisation qui permette l'établissement dans les campagnes de rapports de production et de travail capitalistes ainsi que l'organisation de marchés libres. Ces orientations devraient se traduire par :

- la généralisation de la forme privative d'appropriation des terres orientée vers la recherche de la rentabilité de l'exploitation agricole que celle-ci soit de petite ou de grande taille ;
- l'introduction de combinaisons de facteurs de production tournées vers l'efficacité et le profit : investissements en capital, en technologie et en travail qualifié ;
- la formation d'un salariat agricole.

Si de telles conditions étaient réunies, le capitalisme s'instaurerait pour impulser dans les campagnes son dynamisme propre et son mode de reproduction. Pour les libéraux, cette forme de développement agricole est mieux à même d'exploiter toutes les opportunités et de valoriser les capacités humaines pour rendre possible la réduction de la pauvreté de masse, du chômage et des inégalités particulièrement entre villes et campagnes. Si bien que toute réforme dans le secteur agricole soulève les questions comme : qu'est-il advenu de la pauvreté, du chômage et des inégalités ? Le comportement de ces indicateurs (réduction de la pauvreté, du sous-emploi, et accroissement des revenus), permet de juger positivement ou non les performances du développement agricole. Ainsi, si un ou deux de ces indicateurs arrivent à s'aggraver, et tout particulièrement s'il en est ainsi des trois, alors il paraîtra hasardeux de qualifier le résultat de positif, même lorsque la croissance économique du pays (ou son revenu per capita) est appréciable.

Les Réformes libérales introduites dans les campagnes ont presque toutes comme objectifs principaux l'amélioration de ces indicateurs de performance. Il est bien évident que le développement global suppose et doit souvent débuter avec celui de l'agriculture qui constitue l'activité majeure de la plus grande partie de la population (entre 40 et 70%). Sans la production d'un surplus agricole (au-delà de ce qui est nécessaire pour nourrir les travailleurs de l'agriculture), l'industrialisation ne peut continuer en l'absence de sources alternatives de gains de devises. Il est donc attendu de l'agriculture qu'elle remplisse les fonctions motrices dans le développement économique et social en répondant, entre autres, aux besoins vivriers d'une population en expansion rapide et d'une urbanisation accélérée.

Les régimes de propriété de la terre et les réformes de ces derniers constituent un volet important de toute réforme agraire. Alors les systèmes de tenure comprennent tous les arrangements légaux ou contractuels par lesquels la population des campagnes a accès aux opportunités de productivité de la terre. Il reflète les règles et procédures qui gouvernent les droits, devoirs, libertés et positions des individus et des groupes dans l'usage et le contrôle des ressources de base de la terre et de l'eau. En fait, ils commandent aussi bien l'utilisation des facteurs de production (capital, travail et technologie), l'emploi, que la distribution des revenus dans le secteur agricole. Ils influencent le processus de formation des prix sur les marchés agricoles et le recours au crédit (sûreté).

Les formes privatives introduites par les changements significatifs et substantiels dans les systèmes de tenure devraient se traduire en fait, par l'amélioration des perspectives d'augmentation de la production et de la productivité et pour autant que soient créées les conditions permettant l'augmentation des investissements et du travail à travers une distribution plus équitable. Par ailleurs, cette libéralisation doit être facilitée par les services de support à l'agriculture : Crédit Agricole, commercialisation, recherche, offre d'inputs, transformation et stockage. Ainsi, pour réussir, la réforme doit être complétée par la mise en œuvre d'une infrastructure importante dans les domaines de l'énergie hydro-électrique, des transports, des communications, et des infrastructures routières et portuaires.

Cependant, l'analyse de la quasi-totalité des agricultures africaines montre un mauvais comportement des indicateurs de performance, ce qui dénote les insuccès des réformes introduites : perpétuation du dualisme avec la coexistence d'un sous-secteur dit moderne où évoluent les rapports capitalistes de production et un sous-secteur traditionnel archaïque. Les bases du premier sont extrêmement réduites et ne manifestent aucune tendance à l'exclusivité, même s'il arrive parfois que des propriétaires fonciers se transmutent en capitalistes agraires et utilisent des salariés agricoles, alors que le second sous-secteur est régénérateur de formes précapitalistes avec des méthodes et techniques de production peu productives. Les formes de collectivisation de l'agriculture ne font guère mieux : inefficacité de l'intervention massive de l'état et du mouvement coopératif.

Les pays qui ont appliqué ces réformes avaient pour base doctrinale que l'édification d'une société moderne devait s'appuyer sur le développement prioritaire de l'agriculture qui est le premier foyer de l'accumulation productive. Pour l'État, il s'agissait d'extorquer la rente d'origine agricole et minière par des mécanismes divers (fiscalité, termes de l'échange interne, manipulation monétaire et fixation des prix agricoles).

1°) Intervention massive des États par le biais d'un secteur public rural devant permettre un contrôle total sur la production et la commercialisation.

Les réformes inspirées des principes des divers socialismes sont largement minoritaires en Afrique. Progressivement, et à juste titre, les États s'installent au cœur du système rural en mettant en place un vaste réseau de sociétés d'intervention pour réaliser les axes de la politique agraire. On va alors assister, partout en Afrique, à la prolifération des sociétés publiques dans les domaines des services de support à l'agriculture : Crédit Agricole, commercialisation, recherche, offre d'inputs (engrais, produits phytosanitaires, semences, recherche et vulgarisation), transformation et stockage, gestion de l'aide alimentaire. Elles sont chargées de promouvoir le développement rural, d'encadrer les paysans et de diffuser les technologies susceptibles d'améliorer la productivité du travail et les rendements. Toutefois, au fil des années, elles vont connaître des problèmes à la fois financiers, techniques et sociaux suite parfois à des gestions bureaucratiques inefficientes. Elles deviendront des gouffres financiers qui grèveront lourdement les finances publiques. Elles seront les premières victimes de l'ajustement structurel. Dans les pays où elles ont été mises en fonctionnement, la Banque mondiale et le FMI ont exigé systématiquement leur démantèlement.

Cette option d'une gestion socialiste de l'agriculture a toujours été accompagnée par l'impulsion d'un Mouvement Coopératif dont il faut analyser les grandes lignes, bien qu'il n'existe pas en Afrique un modèle unique.

2°) Le mouvement coopératif pourtant indispensable dans les transformations structurelles.

Dans la plupart des réformes d'inspiration socialiste les paysans sont regroupés dans des coopératives de production ou de commercialisation. La société coopérative est un moyen par lequel les faibles producteurs cherchent à se défendre en se groupant. Aussi l'adhésion à la coopérative doit être libre et la gestion de l'organisme démocratique ; il doit y avoir une répartition équitable des fruits, mais aussi des risques de l'entreprise. L'édification d'un système coopératif autonome n'a pas été à l'origine un mouvement spontané des paysans.

Le mouvement a été souvent organisé, structuré et surtout contrôlé par les États dans le but de se substituer aux anciennes compagnies coloniales qui avaient le monopole de la distribution, de l'approvisionnement et de la commercialisation des produits agricoles. Dans beaucoup de pays, la structure coopérative, dans sa conception comme dans sa structuration et son fonctionnement s'apparentait plus à un rouage de l'administration publique qu'à une organisation de solidarité et de responsabilisation de producteurs librement associés. Le mouvement s'est largement étendu à beaucoup de pays, quelles que soient leurs options idéologiques. Cela procède d'une volonté d'exercer un contrôle intégral sur toute la production et la commercialisation des produits agricoles.

Cette intervention massive de l'État a conduit à l'affaiblissement du mouvement coopératif en Afrique. Toutefois, un exemple intéressant de regroupements collectifs dans l'agriculture a été celui établi en Tanzanie dans les années 60. La politique de base est « la villagisation » ou UJAMAA qui a trait au concept traditionnel de coopération communale et de partage. L'UJAMAA constitue autant une unité économique qu'un mode de vie, ou une entité politique. Les principaux aspects des orientations sont les suivants :

- La technologie moderne, le renforcement de la production, l'augmentation des revenus, rendue possible par les nouvelles techniques sont désirables, mais un système d'organisation s'impose si l'on veut éviter l'aggravation des inégalités qu'engendre le processus de modernisation quand il est abandonné aux seules forces du marché ;
- La population doit être distribuée dans l'espace de façon à assurer les services et les qualifications nécessaires à une agriculture moderne : éducation, santé, assistance technique, commercialisation et crédit. Une telle distribution favoriserait l'établissement de petites industries dans les zones rurales ;
- La « villagisation » avec la réduction des inégalités qu'elle entraîne, réduit les migrations rurales-urbaines. Cette politique devrait introduire deux changements fondamentaux dans le système traditionnel : les mouvements physiques de population et le fonctionnement communal d'entreprises.

Pour réussir, la coopération doit reposer sur un des principes clairement définis qui doivent assurer :

- une gestion démocratique des unités coopératives qui se manifesterait dans l'élection des organes dirigeants, le contrôle du fonctionnement et des finances ;
- une liberté totale et absolue d'adhésion ou non à la coopérative sans aucune espèce d'obligation ou de contrainte ; cela permet l'instauration d'une compétition stimulante entre les coopératives et d'autres formes d'exploitation ; la coopération est condamnée à faire preuve de sa supériorité d'organisation et d'efficience ou disparaître dans le cas contraire ;
- un bénéfice mutuel qui permet de régler les intérêts de la coopérative en tant que personne morale et ceux de ses membres ; il est donc question des conditions de formation et de répartition du fonds d'accumulation, mais aussi de la rémunération de la force du travail.

Dans ce domaine aussi, la coopération doit faire la preuve qu'elle offre, à court ou moyen terme, des ressources financières ou matérielles plus importantes.

La coopérative est souhaitée, car on estime qu'elle est une forme d'organisation plus efficiente permettant une meilleure valorisation de la production et du travail agricoles. Les interventions publiques d'encouragement et d'assistance au mouvement coopératif procèdent de la conviction qu'au plan socioéconomique l'exploitation coopérative est supérieure à la petite exploitation individuelle et par ailleurs, qu'elle peut rendre ces avantages accessibles à la grande majorité des paysans. Par sa dimension et la libération du producteur, l'exploitation coopérative permet la réalisation plus efficiente des facteurs modernes de production et une division sociale du travail favorable à une élévation de la productivité. Ce cadre structurel réalise les meilleures conditions de génération d'un surplus beaucoup plus important pouvant être utilisé pour des réinvestissements internes pour améliorer les instruments de production ou améliorer le niveau de vie des coopérateurs.

En somme, une coopération menée avec clairvoyance et lucidité à partir d'objectifs matériels, clairs, accessibles et acceptés par les paysans, constitue le meilleur moyen, la voie la plus simple pour lever les obstacles et les contraintes relatifs à l'instauration d'une agriculture moderne et efficace capable de répondre à la demande croissante en produits vivriers et en matières premières pour les agro-industries. Cependant, dans la quasi-totalité des pays sous-développés, les politiques agraires devront opérer des réorientations de la production agricole dans une double direction d'un abandon progressif des monocultures de rente destinées à l'exportation et d'un développement de nouvelles productions permettant de satisfaire les besoins internes.

III/ Les résultats des réformes.

Beaucoup d'études relatives aux agricultures africaines sous le régime de la réforme depuis un quart de siècle établissent un bilan assez mitigé. Relativement aux fonctions attendues de l'agriculture qui occupe en Afrique entre 40 et 70% de la population et fournit parfois jusqu'à 90% du PIB. C'est aussi le secteur qui offre le plus d'emplois.

Des réformes agraires, un ensemble d'effets sont attendus. D'abord elles doivent rendre le secteur capable de couvrir les besoins vivriers en augmentation rapide, d'augmenter l'emploi, d'influer positivement sur les investissements et la productivité et d'accroître les revenus des producteurs ruraux. Malgré les nombreuses réformes adoptées et appliquées dans la plupart des pays, les résultats globaux dans le domaine de l'alimentation et de l'emploi ont été décevants. Beaucoup d'indicateurs évoqués se sont détériorés de manière notable.

Au niveau de l'alimentation par exemple, des études récentes montrent que la production alimentaire par habitant a augmenté au taux négatif de 0,52% par an entre 1981 et 1989. Pour l'ensemble du continent, la perte totale de céréales par rapport à la production a augmenté légèrement, passant de 13,5% en 1983 à 13,8% en 1989 pour atteindre 14% en 2000[215]. En fait, l'accroissement démographique s'est combiné à la stagnation de la production alimentaire et agricole ; il en est résulté une augmentation de la facture d'importations céréalières faisant reculer l'horizon de l'autosuffisance alimentaire. Entre 1981 et 1989, les importations alimentaires africaines ont été en moyenne de 11,8 milliards de dollars et si les tendances actuelles se poursuivent, elles atteindraient 21 milliards de dollars en 2010 (en prix constants). Dans la même période, les recettes d'exportations de produits agricoles seraient au mieux de 12 milliards de dollars. Le moins que l'on puisse dire est que la production vivrière s'accroît moins vite que la population dont la demande alimentaire se diversifie en faveur des biens alimentaires importés et de l'aide alimentaire.

En 2002, 2003 et 2004, l'agriculture africaine a enregistré quelques embellies avec des taux de croissance respectifs de 2,7%, 3,8% et 5% supérieurs à ceux de la population. Toutefois, il semble que l'amélioration des cours mondiaux des produits agricoles soit l'une des raisons principales. Sinon, la production a été stagnante avec des déclins dans certaines régions : Afrique australe, Centrale et de l'Ouest suite à la mauvaise qualité des politiques agraires, aux fléaux naturels (sécheresse, invasion de criquets) et politiques (afflux de réfugiés et de déportés).

En prenant l'emploi, l'exode rural est la meilleure preuve d'une double dégradation des revenus et de l'emploi. La tendance à abandonner les campagnes est un phénomène cumulatif. Dans la plupart des pays, le système productif est rudimentaire et repose sur de petites exploitations familiales et paysannes qui demandent peu de main d'œuvre pour accomplir les principales tâches de production. Il va s'en suivre une réduction de la force de travail des familles paysannes non compensées par une amélioration et une modernisation des moyens de production et d'accroissement de la productivité. C'est le processus infernal d'exode rural aggravé par l'explosion démographique caractéristique des PSD. À cela viendra s'ajouter comme fait aggravant la détérioration des revenus des paysans ce qu'exprime de manière significative Louis SANMARCO *« Pendant qu'Abidjan se transformait à vue d'œil triomphante dans ses gratte-ciels et ses nombreux embouteillages tentaculaires dans ses bidonvilles, les villageois dans l'ensemble ne changeaient guère, habitant les mêmes paillotes, vivant des mêmes menus,*

215 En prenant l'Afrique de l'Ouest, la production par tête était dans les années de 20 à 25% inférieure à celle des années 60. Seulement 1% de la production mondiale de céréales est récoltée en Afrique de l'Ouest et% pour l'ensemble du continent.

dans les mêmes habits. À peine paraissaient-ils dans l'ensemble plus vieux»[216]. *La situation est la même pour toutes les capitales africaines ? »*

IV/ Les raisons des contre-performances des réformes dans l'agriculture.

À l'évidence, les réformes entreprises, quel que soit leur soubassement doctrinal, ont produit de médiocres performances globales. L'organisation libérale de l'économie rurale basée sur la petite exploitation familiale et la propriété privée de la terre n'a permis ni la diversification et l'accroissement de la production, ni l'augmentation des investissements ni la réduction substantielle des grandes inégalités existantes dans la plupart des PSD. Le système collectif, bien que fournissant une garantie plus grande contre la réapparition des inégalités susceptibles d'émerger dans un système où prédominent la propriété privée et les fermes familiales, présente à son tour certaines difficultés : le processus décisionnel y est plus complexe et rend difficile la formation de capacités d'entreprise potentielles et la libération des initiatives individuelles.

Ces résultats s'expliquent par plusieurs séries de raison que l'on peut regrouper en deux : celles qui sont internes à l'agriculture et les secondes qui sont externes.

1°) Les raisons internes.

Elles se définissent comme un ensemble de facteurs internes à l'agriculture qui bloquent l'instauration et le développement de rapports de production capitalistes efficients à savoir :

L'abondance de la terre et les formes traditionnelles de son appropriation sociale. C'est un trait important qui explique que le paysan peut échapper à toute forme de domination et d'exploitation qui s'établirait à partir du contrôle sur le moyen de production que constitue la terre. Cette perspective d'autonomie du paysan individuel se renforce par le fait qu'il a toujours la possibilité de développer des cultures destinées à sa consommation personnelle. Dans des économies non intégralement monétarisées, la culture de rente est un « complément de revenu ». L'Exploitation n'est donc pas une fatalité.[217]

L'exploitation familiale dans des formes traditionnelles de production se fait aux moindres coûts pour le marché mondial. Ce facteur établit que la production agricole se déroule dans des conditions sociales spécifiques d'une reproduction traditionnelle de la force de travail. Une main d'œuvre nourrie au

---

[216] L.SANMARCO : *Le monde rural sacrifié : De l'injustice au risque écologique* Afrique contemporaine n°164 nov.-déc. 1992

[217] Cette phrase est prêtée à CHE GUEVARA par Amath DANSOKHO lors d'une rencontre à Alger avec des révolutionnaires africains après sa fameuse tournée clandestine en Afrique (1965).

mil, maïs et manioc, coûte certainement moins cher que celle nourrie au beefsteak. En conséquence, faisant jouer exclusivement la logique du profit, les consommateurs externes gagnent au maintien des exploitations familiales archaïques dans lesquelles la reproduction de la force du travail s'effectue aux moindres coûts.

L'instabilité des écosystèmes et les contraintes naturelles accroissent les risques pour l'investissement privé. Les investissements ont besoin de conditions de valorisation marquées du sceau de la stabilité et du moindre risque ce qui raccourcit d'autant les délais de récupération des capitaux engagés et garantissent la rentabilité. Cette logique détermine, de façon générale, le choix des branches d'intervention. Or, à y réfléchir de près, on s'aperçoit que les contraintes naturelles ne permettent pas la réalisation de cette logique. Les instabilités liées aux phénomènes naturels récurrents et incontrôlables accroissent les risques des investissements dans le secteur agricole. C'est dire que l'ampleur des risques ne milite pas en faveur d'une implantation du capitalisme dans un milieu naturel caractérisé par son extrême fragilité et son instabilité. Même au cas où le capitaliste voudrait contourner ces difficultés, il se trouverait dans l'obligation d'engager de lourdes charges d'infrastructures qui augmenteraient ses coûts de production et partant amoindriraient le niveau global de ses profits sous contrainte d'un marché extérieur favorable.

Incontestablement, ces trois séries de raison expliquent, certainement en partie, les restrictions et le blocage de l'expansion des rapports de production capitaliste dans les campagnes. Il s'y ajoute d'autres raisons de nature externe au secteur agricole.

2°) Les raisons externes.

On peut repérer un certain nombre d'obstacles externes qui s'opposent à l'extension des bases mêmes du capitalisme dans les campagnes :

Les diverses formes d'extorsion, de mobilisation et d'utilisation improductive des surplus issus de la rente agricole ne permettent pas la formation d'une base autonome d'accumulation pour l'investissement et l'élévation de la productivité sectorielle. Tout un arsenal de mesures comme la répartition inégalitaire des revenus et les diverses ponctions réalisées par différents agents (État, usuriers, marchands) ne laisse que de faibles surplus aux producteurs agricoles qui ne peuvent disposer de moyens financiers pour améliorer les conditions matérielles d'existence et de travail. Ces surplus ponctionnés se dirigent généralement vers des activités de nature improductive notamment la spéculation immobilière et commerciale. Ces mécanismes de ponction doivent être soulignés, car certains persistent encore : impôts, prix administrés, prêts usuraires, termes de l'échange interne défavorables à l'agriculture, etc. La conséquence est la détérioration du pouvoir d'achat des producteurs. La paysannerie africaine est incapable de revendiquer pour obtenir une répartition plus équitable de la rente agricole : les raisons procèdent de son inorganisation politique et syndicale, du conservatisme rural et de sa forte dispersion.

La dégradation des termes de l'échange interne et la fixation administrative des prix profitent aux secteurs non agricoles et aux États. Cet aspect est d'une importance capitale. Il montre que des ressources financières substantielles sont extorquées aux producteurs par le rapport de prix des produits industriels et agricoles défavorables à l'agriculture. Un exemple : sur 2 ans, nous avons eu une augmentation du prix du coton de 6% et une augmentation du prix d'un mètre de tissu de 16%. Le paysan achetant le tissu subventionne l'industrie du textile. Le problème est qu'aucun capitaliste n'accepterait de s'insérer dans un tel rapport inégal qui l'oblige à transférer, tout ou partie, de ses profits à un autre agent économique !

Il est bien connu que les monopoles légaux de commercialisation des prix agricoles, d'ailleurs n'obéissent pas toujours à des motifs économiques et participent presque toujours à l'exploitation de la paysannerie. Le biais des prix permet aux États de retirer une bonne partie de leurs ressources financières pour le budget de la masse salariale. C'est dire que le caractère irréaliste de la politique des prix est l'une des causes fondamentales de l'échec de la politique agricole et notamment vivrière. À cause des ponctions, les prix aux producteurs ne sont pas incitateurs. Contrairement aux idées largement répandues d'une prétendue incapacité des paysans à répondre aux « messages » du marché, des études ponctuelles sur l'Afrique ont révélé une « très grande élasticité de la production agricole africaine par rapport aux modifications du système de prix et même par rapport aux variations de prix relatifs »[218]. À la suite des travaux de M. NERLOVE et de T. W. SCHULTZ[219], il est clairement établi que l'offre agricole réagit positivement aux augmentations des prix. Cependant, l'élasticité-prix de l'offre étant parfois très élevée, il convient de moduler dans la pratique les hausses de prix aux producteurs. En effet, un relèvement substantiel des prix aux producteurs qui serait trop brusque pourrait engendrer une spéculation extensive par la valorisation du capital financier par de « faux agriculteurs », ce qui, au terme, risquerait de peser de façon anormale sur les prix à la consommation populaire et transformer une grande partie des paysans en ouvriers agricoles sur leurs propres terres remettant ainsi en cause l'ensemble de la stratégie.

L'inexistence d'institution de financement des opérations liées directement à la production agricole : le crédit est une nécessité vitale pour toute valorisation de capital. Or, on peut constater un désintérêt total du capital financier pour le financement des activités de production agricole qui accusent

---

218 Banque Mondiale. *Le développement accéléré en Afrique au Sud du Sahara, 1981.*

219 M. Nerlove, *The dynamics of supply: estimation of farmers's response to price*. J. Hopkins, 1958 T.W. Schultzn Transforming traditional agriculture, Yale University, 1964.

des taux de rentabilité moins élevés que les autres secteurs d'activités économiques.

À l'époque de la colonisation, le Crédit Agricole était totalement inexistant, alors même que les institutions bancaires avaient dégagé des mécanismes parfois inédits de financement de la commercialisation des productions agricoles. Cette situation n'est pas incitatrice pour l'établissement de rapports capitalistes dans les campagnes. Les États africains ont voulu corriger cette carence par intervention directe par l'intermédiaire de Banques Nationales de Développement créées à côté du système bancaire commercial, succursale de la métropole. L'objectif visé était de mettre en place des institutions spécialisées ou des lignes de crédit pouvant prendre en charge le financement des opérations agricoles. Bien entendu, les résultats n'ont pas toujours été probants.

Au demeurant, la conjugaison de tous ces facteurs établit clairement que les conditions de fonctionnement d'une agriculture capitaliste sont loin d'être réunies particulièrement dans les sous-secteurs de production des biens destinés au marché mondial. À l'évidence, le réaménagement structurel même volontariste entrepris par l'État (imposer et élargir les rapports de production capitaliste et étendre leur domaine d'évolution) a abouti à un échec. Ces « réformes » en Amérique Latine et au Maghreb ont eu pour conséquence la paupérisation des masses rurales avec quelques îlots de prospérité, la crise agricole qui se manifeste dans l'incapacité de nourrir une population en expansion et les centres urbains, les faibles productivités et rendements dans le secteur, etc.

V/ Les axes d'une stratégie de développement pour faire de l'agriculture le secteur moteur de la croissance.

Nul doute que la transformation de l'agriculture africaine sera longue et pénible. Sans avoir la prétention de proposer les éléments d'une politique agricole africaine, la préoccupation essentielle est d'indiquer les grands axes de réflexions et de recherches pour faire de l'agriculture l'un des moteurs de la croissance et du développement économique et social. En effet, il est toujours important en analysant lucidement la situation de l'Afrique de considérer que le développement global suppose et doit souvent débuter avec le développement de l'agriculture, car sans la production d'un surplus agricole (au-delà de ce qui est nécessaire pour nourrir les travailleurs de l'agriculture), l'industrialisation risque d'être illusoire. Or, le secteur agricole abandonné à lui-même reproduit sa crise permanente qui se manifeste dans l'archaïsme des moyens et méthodes de production, la stagnation des rendements et de la production, la baisse de la productivité du travail et la dégradation de la condition sociale des producteurs. L'intervention de l'État dans le sens de l'imposition de la propriété et de l'exploitation privées n'a pas systématiquement levé les contraintes et obstacles structurels qui bloquent l'expansion de l'agriculture. Bien au contraire, là où elle s'est systématisée, elle s'est accompagnée d'une grande souffrance des grandes masses de paysans sans terre et qui n'ont bénéficié d'aucune forme d'assistance publique. Finalement, cette intervention publique a approfondi objectivement la stratification sociale sans améliorer véritablement la production.

Cette charge de réflexion et de recherche concerne les problèmes qui suivent et qui doivent être nettement articulés dans une démarche d'ensemble :

1°) Mettre un État de qualité au cœur du dispositif de transformation et modernisation des campagnes africaines.

Les PAS ont accrédité l'idée que l'État africain est rentré dans une triple crise économique (déficit chronique des finances publiques), politique (faible démocratisation) et sociale (incapacité à réguler le chômage et la pauvreté) qui le met « hors-jeu » et le condamne à un désengagement. S'il en est ainsi, c'est parce que l'État a enflé sur le plan économique en étendant ses tentacules au secteur public ; il a enflé sur le plan social en se voulant le protecteur de tous contre tous les aléas.

C'est au niveau de l'agriculture que l'État, en l'absence d'opérateurs économiques capables de saisir toutes les opportunités d'investissement, est massivement intervenu pour réaliser la modernisation du secteur. Cette intervention, s'est traduite par le gonflement de la masse salariale des effectifs de l'administration, la démultiplication des entreprises du secteur public rural avec accumulation de déficits, l'accroissement du volume de la subvention, etc. À y regarder de près, ces éléments sont les conséquences des facteurs de déséquilibre interne et externe qui ont amené les bailleurs de fonds à incorporer dans les conditionnalités le retrait de l'État de l'agriculteur. Cette désétatisation se fonde selon ses auteurs sur deux certitudes : la première postule que le marché est le meilleur instrument de régulation et d'allocation de ressources ; il suffit alors de laisser faire, et la seconde avance que le retrait même précipité de l'État débridera toutes les initiatives privées et ramènera les organisations paysannes à occuper la place laissée vacante par l'État et ses divers démembrements. Objectivement, ces idées ne découlent ni d'une théorie cohérente et infaillible ni d'un constat adossé sur le réel à travers les expériences des Nations. On serait tenté de dire que le néo-libéralisme est une nouvelle théologie. Trois observations nous amènent sérieusement à douter de la qualité de ces certitudes sur le désengagement de l'État.

La première observation est de type théorique et découle des travaux de Garry BECKER (I)[220], Robert BARRO et J. F. MÉDARD qui établissent que

[220] Le débat sur le marché et le rôle de l'État est revenu en force relancé par les travaux de R. ARRO (Université de Harward) et ceux du prix Nobel d'économie de 1992 Gary BECKER (Université de Chicago) autour de la question : quel genre d'imperfections de marché, l'État peut-il avoir à corriger ?

le marché même s'il est reconnu efficace peut connaître des imperfections qui ne peuvent être corrigées que par une intervention de l'État.

Dans cette optique, on peut invoquer au moins trois imperfections majeures révélées par les recherches et que seul l'État peut résoudre. Il s'agit :

• d'abord l'existence d'externalités positives c'est-à-dire de situation où la rentabilité de l'entreprise découle d'actions que les seules forces du marché sont incapables de créer ;

• ensuite l'existence de rendements croissants et d'économies d'échelle découlant d'une situation de monopole qui prive l'économie des aspects positifs de la concurrence. L'État est seul à même par son intervention de ramener le fonctionnement du marché ;

• enfin, les imperfections de marché financier qui empêchent le financement de projets socialement rentables, mais trop risqués pour les opérateurs privés ou alors des projets économiques indispensables mais à rentabilité différée. Le secteur agricole offre une parfaite illustration. Là encore l'intervention de l'État est impérative pour corriger ces imperfections en assurant les risques.

Ces trois situations sont couramment observées dans beaucoup de pays et plus particulièrement dans les pays sous-développés. Dès lors, le désengagement de l'État peut parfaitement se traduire par des coûts énormes et nuire en conséquence à la rentabilité.

Les Nouveaux Pays industrialisés qui ont réglé le sous-développement en l'intervalle d'une génération offrent une parfaite illustration du rôle moteur joué par l'État dans la dynamique au développement. Dans la quasi-totalité de ces pays, l'État est le principal artisan de la modernisation de l'agriculture. En prenant les exemples de la Thaïlande et de l'Indonésie, on peut mesurer le rôle moteur de l'État dans la transformation du secteur agricole. **Le fait que la Thaïlande soit aujourd'hui le premier exportateur mondial de riz (couvrant 32% de la demande mondiale) avec une production agricole considérablement diversifiée est la conséquence d'une politique gouvernementale fortement interventionniste.** Le « GREATER CHAO PHRAYA PROJET » fondé sur la construction de grands barrages et de canaux d'irrigation relève de la pratique des grands travaux agricoles publics avec des effets d'entraînement et de multiplication favorables à la croissance. **De même pour l'Indonésie « le régime militaro technocrate »** a impulsé une vigoureuse stratégie de développement ayant pour base l'agriculture vivrière. L'État a mobilisé d'importants moyens institutionnels, financiers, technologiques et humains pour moderniser et développer l'agriculture. Selon Jean-Luc MAURER, l'État a indubitablement utilisé ses pétrodollars (contrairement au Nigeria) à remettre en état le système d'irrigation, à soutenir une politique très coûteuse de subventions des engrais, à maintenir une subtile politique des prix agricoles, à financer un système préventif de constitution des stocks, un crédit rural et une politique de vulgarisation. C'est toute cette politique fortement interventionniste qui a profondément bouleversé les campagnes et a contribué à redéfinir la place de l'agriculture dans l'économie nationale[221]. Globalement dans la majorité des pays asiatiques, l'État a mis en place l'infrastructure créant ainsi des conditions incitatives à l'investissement privé, un réseau routier de qualité, la scolarisation généralisée et la création d'universités fonctionnelles.

L'État est même intervenu directement au niveau des prix aux producteurs ou des taxes sur les produits. En Inde, l'autosuffisance alimentaire a été atteinte grâce à l'intervention vigoureuse de l'État qui a soutenu le secteur céréalier par une politique adéquate de prix.

La deuxième observation est que la délimitation des fonctions de l'État dépend d'un choix purement national, car rien dans les mécanismes de l'interdépendance mondiale n'oblige les nations à augmenter ou à diminuer le rôle de la puissance publique. Dans ce sens l'observation de L. STOLERU est très instructive : que *« le Japon a un État très fort et très centralisé, les États-Unis un État moins fort et plus décentralisé et la Suède un État assez faible. Ces trois États ont d'excellentes performances sur le marché mondial unifié ».* Il apparaît alors que le débat entre « plus d'État » et « moins d'État » est largement trompeur et reste dans le fond assez superficiel.

La troisième observation concerne particulièrement les pays africains comme le Sénégal où l'État est le seul instrument suffisamment fort pour structurer la société caractérisée par des tendances lourdes à l'hétérogénéité structurelle créant plusieurs centres autonomes de décision. De plus, si l'on prend en considération la triple crise des cultures vivrières, des cultures d'exportation et de l'écologie, l'État est le seul acteur à même d'opérer les redressements indispensables.

À l'analyse, le monde rural en Afrique, est complètement déstructuré, disloqué et surtout dévitalisé par les effets conjugués de la crise économique et des diverses agressions naturelles comme la sécheresse. Peut-on raisonnablement penser dans ce contexte que les paysans peuvent s'en sortir sans État surtout au moment où ils sont totalement déconnectés de l'économie de marché avec le développement de l'autoconsommation et de beaucoup d'activités non marchandes. En clair, dans cette situation, les incitations du marché s'avèrent insuffisantes, seul l'État possède la légitimité et les moyens d'une recomposition des structures et d'une revitalisation de la production.

Ces observations indiquent que le choix n'est pas entre « plus d'État et moins d'État », car les restructurations qu'appellent les PAS de même que la nécessaire insertion de l'économie nationale dans le marché mondial exigent un État fort. Le problème fondamental concerne plutôt la nature de l'État qui serait capable de conduire les transformations structurelles notamment au niveau de l'agriculture en vue d'amorcer un processus irréversible de

[221] Jean-Luc MAURER, *« Autonomie d'un décollage alimentaire : le cas de l'Indochine »*, in Asie-Afrique : greniers pleins, Éditions Économica, Paris, 1986, p 59-77

modernisation de toute la société rurale et de changer les comportements et les mentalités des divers acteurs dans les campagnes.

Au moment des indépendances africaines, il y a environ plus d'une quarantaine d'années, la situation alimentaire en Asie était catastrophique avec une gestion désastreuse du secteur agricole alors que l'Afrique ne connaissait point ce type de problème. Aujourd'hui, il est caractéristique que « les greniers sont pleins en Asie et vides en Afrique ». Cette nouvelle donne a une triple signification : elle est un cri d'alarme, une mise en garde et un message d'espoir. Pourquoi le continent africain qui a toutes les dotations factorielles pour produire des richesses, secrète-t-il la pauvreté ? Force est de constater qu'en trente ans, l'Asie a mis sous céréales 701 millions d'hectares, exactement l'équivalent du total des terres africaines cultivées. Cette production céréalière a augmenté de 175% alors que celle de l'Afrique s'est accrue très peu, de 17%. Pendant une longue période, l'Asie s'est transformée en atelier de sueur et de labeur et l'Afrique en continent d'immobilisme.

Les performances en Asie montrent que l'Afrique peut s'en sortir à condition qu'elle opère les ruptures indispensables comme l'ont fait les régimes militaro technocratiques et les élites asiatiques qui ont mis en place de vigoureuses stratégies de développement basées sur l'agriculture.

L'État devra intervenir systématiquement pour apporter l'assistance économique, technique et financière, de même qu'il devra apporter tous les aménagements structurels en fonction des impératifs de l'élargissement des bases de l'accumulation et de l'instauration des formes de propriété et d'exploitation socialistes. Il s'agit là d'un programme volontariste et hardi dont la réalisation sera forcément très lente et comptera d'énormes difficultés. Seulement, son accomplissement dépendra d'une part du degré d'adhésion et de participation enthousiaste des paysans eux-mêmes. D'autre part, il reviendra à l'État de veiller pour que son assistance et son encadrement n'aboutissent à l'installation d'une bureaucratie lourde, inefficace et paternaliste qui finira par mépriser les capacités de création et de travail des populations rurales.

2°) La réalisation programmée d'une infrastructure de base pour l'agriculture : l'eau, les routes, les innovations et l'énergie, les clefs de voûte du développement agricole.

C'est le second axe de réflexion en direction des politiques agricoles. Il se traduit par la mise en place progressive d'une infrastructure matérielle rendant possible l'accélération et l'intensification de la production agricole. Cette infrastructure tourne autour de l'exploitation du potentiel hydraulique et énergétique et de la création d'un réseau routier permettant une circulation des productions et des facteurs agricoles.

Le développement agricole passe par la maîtrise de l'eau et la réalisation de grands travaux d'irrigation. Ces deux éléments constituent la condition essentielle d'un accroissement de la production et d'une réduction des calamités naturelles et de leurs effets. Ces dernières années, le puissant Mouvement écologiste Européen a relancé le débat sur les choix alternatifs entre la petite et la grande hydraulique. Beaucoup d'arguments ont été développés pour condamner les grands barrages auxquels, il est reproché :

- les effets déstabilisateurs des écosystèmes fragiles,
- les effets négatifs sur l'environnement humain et la santé dans les abords des régions irrigués,
- les coûts excessifs des investissements qui vont accentuer la dépendance financière,
- la dépendance technologique et l'écoulement de la production découlant de la délocalisation vers les pays sous-développés des activités industrielles.

Ce sont là quelques arguments plus ou moins raffinés qui sont souvent brandis à l'encontre des politiques de grande envergure appliquées pour une agriculture moins tributaire des aléas de la nature. La solution alternative proposée par les écologistes tourne autour de la petite hydraulique aux coûts financiers et humains beaucoup moins excessifs et aux effets sur l'environnement moins dévastateurs.

Tous ces arguments demeurent totalement légers au niveau économique, social et scientifique et traduisent profondément les préoccupations de personnes que la famine et la misère ne menacent guère et qui de surcroît, n'ont absolument pas les échéances d'élever dans les délais les plus brefs, le niveau des forces productives matérielles et humaines.

Comment peut-on demander aux pays sahéliens de continuer à développer des politiques agraires aux faibles rendements totalement dépendants des caprices du climat, de l'instabilité de l'environnement. Ces pays ont besoin de contrôler toutes les composantes de la production depuis l'irrigation jusqu'aux facteurs modernes de production agricole. Ils doivent utiliser non pas de petites technologies alternatives très peu performantes, mais les techniques les plus progressistes de la révolution scientifique et technique. Les formations sous-développées doivent se raccorder aux technologies les plus avancées possible pour refaire leur retard économique et accroître particulièrement leur savoir-faire.

Ces visions que l'on nous offre sous des vocables d'une apparente innocence comme technologies appropriées, technologies douces, secteur informel, auto-développement à partir des communautés de base, relèvent de conceptions totalement anesthésiantes et rétrogrades qui veulent maintenir les pays sous-développés dans l'arriération économico-sociale. Elles émanent toujours de personnalités scientifiques de pays avancés qui n'ont donc plus un problème de savoir-faire, mais de savoir quoi faire. Que l'exploitation capitaliste ait entraîné une exploitation bornée et anarchique de l'environnement, c'est un fait entièrement incontestable, comme il est également incontestable qu'il n'existe aucune limite technique à la valorisation de la nature. C'est cette technique qu'il faut maîtriser et mettre au service du développement économique et social.

Les grands barrages quels que soient leur coût, reste une option progressive d'une maîtrise de l'eau. Le problème fondamental ne se situe pas dans les effets négatifs qu'ils peuvent produire, mais réside dans les orientations de production, les formes d'exploitation et en dernière analyse la politique agraire qui est appliquée. Si celle-ci est réfléchie et reste au service des masses laborieuses, elle doit permettre l'exploitation de toutes les perspectives de développement qui s'ouvrent et dans ce sens, la petite hydraulique ne saurait être écartée. Il importe aussi de la développer en la corrigeant, car les formes minifundiaires qu'elle encourage sont souvent tournées vers l'exploitation privée aux conséquences sociales qui pourraient être lourdes.

Les pays sous-développés peuvent ne point être concernés par ces luttes idéologiques des écologistes qui veulent les condamner à être naturalistes, quitte même à reproduire stagnation et misère du monde rural.

Si la maîtrise de l'eau est une nécessité impérieuse, elle doit être accompagnée d'une politique énergétique cohérente et adéquate. L'énergie est une variable essentielle dans le développement agricole. Dans cette direction, un rapport de la National Academy of Sciences observe que « le processus de la croissance économique a pris naissance au moment où la machine a remplacé l'homme pour les travaux agricoles, industriels et domestiques … La production phénoménale de l'agriculture aux États-Unis et dans d'autres grands pays exportateurs d'aliments s'explique en grande partie par une utilisation massive d'énergie et d'engrais, l'apport de la main d'œuvre diminuant très rapidement à mesure que s'intensifient les pressions exercées par l'accroissement des salaires dans les industries secondaires et tertiaires ». Il importe alors d'élaborer une politique énergétique qui permette d'obtenir un accroissement de la production agricole, et qui pourrait s'organiser autour de l'évaluation exhaustive des besoins énergétiques pour une agriculture en expansion et de l'exploitation de toutes les ressources énergétiques disponibles, de l'utilisation des technologies les plus avancées de l'énergie pour l'augmentation de la production et des rendements.

Il s'agira là aussi d'utiliser toutes les sources sans aucune exclusivité. Les coopératives de production peuvent être aidées pour la réalisation de programmes d'utilisation d'énergies renouvelables pour le développement rural.

Le développement d'une infrastructure de base passe aussi par la création d'un réseau routier qui autorise le désenclavement de toutes les zones de production agricole et la constitution du marché national, facteur essentiel d'allocation des facteurs de production.

L'État devra par le plan, fixer les objectifs à atteindre, les moyens à mobiliser pour réaliser le programme et les ressources internes disponibles. Cette programmation empêchera l'apparition de distorsions dans l'utilisation des fonds.

3°) L'utilisation généralisée des facteurs modernes de production et exploitation des opportunités de la technologie et de Révolution Verte au service de la transformation de l'agriculture africaine.

C'est là un des volets extrêmement important des politiques agraires et sur lequel les insuccès sont notoires. La recherche techno-agronomique n'est pas encore un domaine prioritaire comme si la fameuse « Révolution Verte » en Inde n'était pas partie des universitaires et chercheurs. Pourtant, rien absolument ne justifie ce traitement. Une agriculture performante a particulièrement besoin d'une utilisation systématique de la révolution scientifique et technique pour atteindre des niveaux élevés d'investissement et de productivité du travail. Cela est d'autant plus vrai que les projections de la demande alimentaire pour les prochaines générations au niveau des PSD ne peuvent point être couvertes ni par la production interne ni par l'aide alimentaire mondiale. Toute projection pousse au développement d'une agriculture intensive et productiviste qui ne peut provenir que de la science et de la technologie. Le modèle IMPACT de l'IFPRI[222] conclut que pour l'ensemble des pays en voie de développement et sur une période de 28 ans, les taux de croissance moyens de la demande se chiffrent à 1,7% pour le blé et 1,2% pour le riz tandis que pour la viande de poulet le taux projeté est de 3,7%, pour le lait de 3,3%, pour l'ensemble des huiles 2,8% et pour le manioc 2,2%. Une moyenne de 2% pour l'ensemble des produits agricoles destinés à l'alimentation humaine apparaît plausible à la lumière de ces résultats. Les taux sont bien en dessous du croît démographique.

C'est pourquoi selon Michel PETIT « la recherche agronomique doit s'ouvrir davantage aux disciplines biologiques (biologie moléculaire, biologie intégrative, dépasser le modèle de la boîte noire où l'on s'intéresse seulement aux « intrants » et aux produits sans s'intéresser aux mécanismes internes). Elle doit s'ouvrir plus particulièrement à l'écologie et à la modélisation des systèmes complexes ; elle doit développer les pratiques pluridisciplinaires, voire transdisciplinaires, pour utiliser la terminologie très pertinente ici de PIAGET, et engager des recherches sur les systèmes d'acteurs avec lesquels elle travaille pour transformer les agricultures. Mais il faut bien convenir que ces prescriptions sont plus faciles à formuler qu'à mettre en œuvre. Elles appellent des partenariats nouveaux ou élargis plus approfondis et plus réels, que ce que l'on rencontre le plus souvent sur le terrain. »[223] L'auteur en déduit avec pertinence que « *La recherche est en effet appelée à jouer un rôle stratégique face au défi alimentaire mondial. Le défi à relever n'est pas*

---

[222] Les calculs sont réalisés par Michel PETIT à partir du scénario de base du modèle IMPACT pour l'année 2002,

[223] Michel PETIT Communication au colloque « *Enjeux et perspectives de la recherche agronomique pour les pays en développement* » Académie d'Agriculture de France/CIRAD, Paris, 13 octobre 2004.

simple, car il faut à la fois fournir une alimentation à bon marché à ceux qui sont des acheteurs nets de nourriture et assurer un revenu aussi élevé que possible à ceux qui tirent l'essentiel de leurs revenus, en argent et en nature, de l'exercice d'une activité agricole dans les zones défavorisées et qui ont intérêt à ce que les prix agricoles soient aussi élevés que possible. »[224]

a) Nécessaire formulation d'un Programme de recherche.

Cela pose en premier lieu la nécessité de la formulation d'une politique cohérente de recherche pour le secteur agricole et qui viserait :

- la modernisation des procédés de culture et la rénovation des instruments de production,
- l'expérimentation scientifique et la diffusion de nouvelles techniques, ce qui implique la création d'unités expérimentales qui ont pour vocation d'être de véritables incubateurs du développement agricole,
- la formation de cadres compétents au plan techno-agronomique et techno-administratif. Cette question soulève les limites des systèmes universitaires des PSD qui ne s'intéressent que très marginalement aux activités rurales qui pourtant fournissent parfois jusqu'à 30% des ressources nationales. Une Faculté d'Agronomie a beaucoup d'intérêt économiquement et socialement que les institutions de formation littéraires qui absorbent jusqu'à plus de la moitié des universités africaines. Il existe une pensée totalement fausse et qu'il faut corriger selon laquelle les paysans feront eux-mêmes la révolution technique et scientifique. Celle-ci sera le fait des savants et techniciens évoluant dans les campagnes et y opérant des recherches systématiques. C'est pourquoi la connexion entre l'Université et le monde rural est déterminante. Ces recherches seront impulsées et organisées par l'État et cela à trois (03) niveaux :
- celui de l'identification des produits et systèmes agraires pouvant contribuer à la croissance économique du pays,
- celui de la localisation dans l'espace et des contraintes sociologiques,
- celui des technologies les plus appropriées pour atteindre les niveaux de production et de productivités les plus élevés.

Un colloque récent réunissant plusieurs spécialistes a tenté de définir un cadre général servant à identifier les priorités de recherche et les objectifs de développement technologique[225]. Les PSD qui connaissent des retards importants et qui évoluent dans des environnements naturels défavorables à l'agriculture doivent accorder une grande importance aux activités de recherche qui auront pour objectifs d'éliminer les contraintes et obstacles naturels et technologiques qui empêchent une expansion soutenue de l'agriculture.

---

[224] MICHEL PETIT : op cit

[225] D. DANIELS et B. NESTEL : Affection des ressources à la recherche agricole. Colloque tenue à Singapour du 8 au 10 juin 1981, p. 81.

b) La révolution verte est-elle encore utile à l'Afrique ?[226]

Il faut observer que le terme « Révolution » Verte utilisé par certains auteurs grossit exagérément l'impact de l'utilisation des N.V.H.R de blé et de riz. En fait, le phénomène est plus limité que ne suggère le terme. Les premiers pays à l'expérimenter dans la décennie 1960 sont le Mexique, l'Inde (État du Panjab) et le Pakistan. L'Indonésie, la Malaisie, la Thaïlande et même la Chine l'ont réalisé par la suite. Concernant l'Afrique, son extension est limitée au Nord du continent (Maroc, Libye, Egypte et Tunisie) ; elle ne pénètre pas encore en Afrique subsaharienne. Dans ce sens, A. LOUAT observe que « *l'essor de la production agricole sur les différents continents correspond à l'extension de la révolution verte est fort en Asie, sensible en Amérique et faible en Afrique. Dans les pays concernés, les rendements et les volumes de productions sont multipliés par 5 à 15 en une trentaine d'années et des pays comme le Mexique et l'Inde sont devenus auto suffisants. Les variétés de riz mises au point par l'IRRI en 1965 ont permis une progression du rendement moyen de 40 % et de la production de 60% en vingt ans en Asie alors que sa population augmente de 55% pendant cette période. La moitié des variétés de riz existant actuellement dans le monde ont au moins un"géniteur" venu de l'IRRI* »[227]

En dépit de ces résultats positifs, la Révolution verte présente des limites bien évidentes. Tout d'abord l'utilisation de nouvelles semences est limitée à deux cultures vivrières dont on suppose qu'elle a induit un ensemble d'effets irréversibles particulièrement dans l'agriculture indienne (PENJAB). Ensuite, les résultats produits sont largement inégaux en Asie et ailleurs. Enfin, le potentiel de développement des semences parait limité et elles n'ont pas les performances que l'on bien voulu leur prêter.

L'ampleur des pénuries alimentaires et des déficits vivriers en Afrique aggravés par une démographie galopante et une urbanisation accélérée font que des menaces graves de famine pèsent sur de nombreux pays africains. Dans un pareil contexte, la révolution verte se présente comme une nécessité impérative pour le continent. Elle est une stratégie qui, lorsqu'elle est disponible et possible, peut contribuer à accroître les réserves alimentaires. Toutefois, sa conception et sa mise en œuvre doivent être soumises aux chercheurs même s'il est maintenant prouvé qu'il existe d'autres moyens pour augmenter la production vivrière : amélioration des systèmes de polyculture, de la qualité des semences, locales et de l'efficacité de l'utilisation des ressources locales.

Les pays doivent chercher à tirer le maximum de profit de la révolution verte en la systématisant et en l'adaptant aux conditions de leur environnement

---

226 F.BROWN et Vandama SHIVA *: L'Afrique peut-elle se permettre une « Révolution agraire »,* PNUD Revue du Développement Humain, Juillet 1993.

227 A. LOUAT : *Le sous-développement, stratégies et résultats*, Éditions Ellipses.

physique et humain. Car, elle a permis de remporter une incontestable victoire dans la lutte séculaire contre la pénurie alimentaire.

Les pays africains engagés dans ce processus pourront ainsi développer l'expérimentation et les recherches au niveau :

- des produits chimiques pour étudier les conditions d'accélération de la croissance des plantes en vue de l'amélioration des rendements et les effets de l'utilisation des pesticides et engrais sur la production et les sols ;
- des manipulations génétiques pour améliorer les espèces et accroître les rendements ;
- de la photosynthèse, de la prévision météorologique.

En dépit de ces avantages, il est généralement reproché, entre autres, aux technologies de la révolution verte d'aider le plus souvent les agriculteurs riches des pays en développement tout en encourageant une sujétion excessive aux engrais chimiques. Une autre critique est qu'elle fait une place plus grande aux considérations économiques au détriment de l'environnement. C'est dire qu'elle produit une société rurale duale et creuse les inégalités entre la paysannerie traditionnelle pauvre et une élite technicienne de propriétaires fonciers.

Ces critiques proviennent d'universitaires qui n'ont jamais connu les problèmes réels des PSD. Étant donné les problèmes croissants de sécurité alimentaire et les progrès constants de la biotechnologie, les scientifiques africains doivent travailler sur les conditions de réalisation d'une deuxième « révolution verte ».

4°) Les enjeux et perspectives du développement des OGM.

Les techniciens comme les décideurs face à la famine rampante sur le Continent ont engagé le débat autour de la question de savoir « **Si les biotechnologies constituent une opportunité pour l'Afrique** ». Les prises de position se multiplient, mais beaucoup d'entre elles restent encore essentiellement idéologiques ou alors inspirées par « les mouvements écologistes ». Dans ce sens, la Zambie confrontée à une famine qui a affecté 2,4 millions de sa population voit son Président Levy MWANAWASA refuser catégoriquement l'aide alimentaire d'urgence proposée par la FAO en affirmant avec force conviction que : *« Ce n'est pas parce que mon peuple a faim qu'il faut lui donner du poison, lui donner une nourriture qui est potentiellement et intrinsèquement dangereuse pour sa santé ».* Cette opinion est trop éloignée de celle du Président B. COMPAORÉ du Burkina Faso, de l'Afrique du Sud qui a initié des systèmes de culture transgénique, du Kenya et de l'Égypte qui ont engagé des Programmes de Recherche en partenariat avec des universités américaines. Quant à la Commission Économique pour l'Afrique, elle plaide en faveur du développement des recherches dans le domaine qui ne reçoit que 2% des ressources allouées à la recherche agricole. Elle recommande, en conséquence, l'instauration d'une politique de recherche qui mette l'accent sur le manioc, le mil, le sorgho, la patate douce, l'igname, le maïs, le riz et le blé.

Comment va progresser la réflexion pour véritablement éclairer les enjeux de la recherche agronomique ? Malgré l'âpreté des controverses, il se dégage nettement deux directions d'impulsion de la recherche :

La première direction concerne pour les PSD une maîtrise parfaite des TIC appliquées à l'agriculture qui seront d'un apport décisif pour l'avenir. Comme l'observe Hal HELLMAN, dans le futur *« non seulement les ordinateurs dirigeront le matériel agricole, mais encore ils tiendront la comptabilité, surveilleront le progrès des cultures et de l'élevage, calculeront les meilleurs mélanges de nourriture et d'engrais en fonction des besoins et des prix et même établiront les programmes d'irrigation d'après des prévisions météorologiques enregistrées automatiquement sur bandes magnétiques »*[228]. Il ne s'agit pas d'une option de généralisation, mais d'une recherche systématique des services que l'ordinateur peut rendre dans le processus de révolutionnarisation des campagnes. C'est dire que l'agriculture du futur doit se préparer à une utilisation des équipements et des découvertes scientifiques.

Cela signifie en clair que la mécanisation est un volet essentiel de la politique agraire et doit contribuer à une modernisation rapide du secteur rural. Elle seule permet d'élever la productivité du travail et d'approfondir la division du travail à l'intérieur même du secteur agricole. Il faut bien comprendre que la mécanisation est un objectif vers lequel on tend par étapes successives passant du perfectionnement des instruments agricoles traditionnels à la machine fonctionnant sans même l'intervention de l'homme. Tout ce processus nécessite une organisation rigoureuse et une gestion adéquate. La planification s'impose pour une gestion rationnelle de la politique de transformations structurelles radicales des campagnes.

La deuxième direction va concerner les OGM. Dans ce domaine, les avancées biotechnologiques sont spectaculaires avec les manipulations génétiques qui permettent d'introduire certains gènes étrangers dans le patrimoine héréditaire des semences. Les avantages pour les cultures sous pluies sont qu'ils offrent une meilleure résistance aux maladies, à la sécheresse et à la salinité des sols et absorbent plus facilement les nutriments par les racines. La culture devient moins dépendante de la pluviométrie, des pesticides et des engrais azotés et ne dégrade ni les ressources naturelles ni la biodiversité locale.

Sur cette question, la position de la CEA est sans doute la meilleure : au-delà du principe de précaution, l'agriculture transgénique est une solution indéniable pour les régions agricoles les plus pauvres du monde. De fait si l'Afrique devrait se fermer aux OGM, elle se mettrait à la marge des rapides progrès de la science et de la technique. Cela d'autant que plusieurs pays

---

[228] Hal HELLMAN : *Nourrir l'homme de demain.*

prennent le train en marche. Le risque est grand pour l'Afrique de rater le coche des TIC. Comme le souligne M. WEILL *« les pays africains sont insérés dans la mondialisation où se développent des flux de marchandises. On peut alors se poser la question de la compétitivité de la production africaine aussi bien à l'exportation que pour se prémunir d'autres importations qui déstructurent leurs propres agricultures. »*[229] L'auteur considère que le moratoire sur les OGM est en train de sauter, des autorisations de production de culture transgénique ont de nouveau été accordées et des mesures de précaution sont mises en avant afin de rassurer l'opinion publique. Évidemment, il est incontestable que la monnaie d'échange des PSD sera une dépendance accrue vis-à-vis des grandes firmes multinationales détentrices de brevets, telles Monte-sac ou Novartis.

Ces Firmes Multinationales réalisent des expériences à grande échelle principalement aux États-Unis où sont situés 75 % de la superficie mondiale consacrée à ce type de culture. Également, elles ont introduit avec succès des plantes transgéniques dans l'agriculture vivrière en Asie et en Amérique latine et elles commencent à pénétrer en Afrique (Zimbabwe, Gabon, République démocratique du Congo ? Burkina Faso). Elles affûtent les stratégies du futur pour un contrôle de l'alimentation mondiale par la maîtrise du pouvoir technologique. Le potentiel considérable du domaine végétal donne une idée des enjeux des OGM dans un futur pas trop éloigné.

<u>Encadré 25</u> : OGM, un potentiel considérable du domaine végétal.

Parent pauvre de la génétique (à peine 10%du total des crédits de recherches lui ont affectés), le domaine végétal offre pourtant un potentiel considérable. Un petit tour dans les laboratoires de Ciba.

L'industrie semencière mondiale est à l'aube d'un véritable chambardement.

700 expérimentations en plein champ ont été réalisées dans le monde, dont environ 300 aux États-Unis et une centaine en France. Les nouveaux venus mettent le paquet, persuadés qu'ils détiennent la clef de la caverne d'Ali Baba. Dans dix ans, on ne vendra plus des graines, mais des kits complets : Telle plante sera associée à tel herbicide, à tel pesticide. Difficile de donner une estimation précise des ventes potentielles, d'autant que les chiffres avancés dans l'euphorie du début des années 90 ont été revus sérieusement à la baisse. D'ici là, une partie serrée va se jouer, entre semenciers et les chimistes d'un côté, les autorités, les consommateurs et les industries de l'agroalimentaire de l'autre. Car tout est allé si vite que le public reste perplexe. Voire carrément hostile.

Les avancées biotechnologiques des années 90 sont spectaculaires depuis que des manipulations génétiques permettent d'introduire certains gènes étrangers dans le patrimoine héréditaire des semences. Ces Organismes Génétiques Modifiés

229 Revue Problèmes Économiques *: Quelle place pour les OGM* n°2786, nov.2002

(OGM) offrent une meilleure résistance aux maladies, à la sécheresse et à la salinité des sols et absorbent plus facilement les nutriments par les racines. La culture devient moins dépendante de la pluviométrie, des pesticides et des engrais azotés et ne dégrade ni les ressources naturelles ni la biodiversité locale.

Les avantages sont évidents et les FMN détentrices de brevets, telles Monte-sac ou Novartis, associées dans de redoutables groupes de pression, présentant l'agriculture transgénique comme une solution miracle pour les régions agricoles les plus pauvres du monde. Elles l'expérimentent à grande échelle aux États-Unis où sont situés 75 % de la superficie mondiale consacrée à ce type de culture. Elles ont déjà introduit avec succès des plantes transgéniques dans l'agriculture vivrière en Asie et en Amérique latine et elles commencent à pénétrer en Afrique (Zimbabwe, Gabon, République démocratique du Congo). Elles affûtent la technologie, dite « Terminator » qui stérilise les semences et empêche de les utiliser d'une année sur l'autre.

En fait, ces FMN déploient une stratégie globale de l'alimentation dont l'enjeu est l'exercice du pouvoir technologique orienté vers la maîtrise des marchés du Tiers Monde.

D'après A. LOUAT : Sous-développement, stratégies et résultats.

L'État sera le vecteur de tous les changements, de toutes les modifications, comme cela été le cas dans un pays ultra libéral comme les États-Unis. Dans ce pays, comme dans bien d'autres, l'État est constamment intervenu en mobilisant des moyens financiers et technologiques massifs pour permettre aux agriculteurs d'affronter l'environnement national et international diversifié et changeant. L'agriculture est le secteur où les principes du libéralisme n'ont jamais fonctionné comme l'annoncent nos manuels et nos théories.

VI/ La nécessité d'élaborer et de mettre en place une politique adéquate de crédit agricole.

C'est le quatrième élément de la réflexion sur l'agriculture qui devrait rendre possible le financement des opérations productives qui permettent à l'agriculteur de se redresser. Le système bancaire en Afrique garde fortement les stigmates des structures de financement de l'économie de traite qui a contribué au renforcement des distorsions structurelles caractéristiques du sous-développement. Le système bancaire surtout commercial ne prévoit qu'accessoirement le financement des activités agricoles. Malgré l'énormité des besoins financiers dans le secteur, le maillon manquant est un système de crédit fonctionnel et approprié au monde rural. Au niveau citadin, la question est partiellement résolue avec les pratiques des tontines et de la microfinance. Cette forme de financement se fonde sur des relations très personnalisées entre les divers acteurs du système. Cette pratique s'est maintenant généralisée dans toutes les villes des PSD d'Afrique, d'Asie et d'Amérique Latine en bousculant les banques primaires qui ont toujours manifesté peu d'intérêt pour le secteur informel.

Dans l'optique d'une profonde révolution agraire qui exige un recours à la mécanisation, à l'utilisation des facteurs modernes de production et même à certains travaux d'infrastructures, le problème du crédit doit être impérativement résolu. Le Crédit Agricole doit permettre aux producteurs de disposer de ressources diversifiées, suffisantes et à des taux concessionnels pour le financement de leurs opérations productives.

La politique de crédit doit être sérieusement étudiée sur le plan des institutions de financement, des conditions d'octroi, des opérations à financier et des taux applicables. L'État devra alors élaborer une stratégie de financement du monde rural, car il a capacité à mobiliser des ressources diversifiées pouvant provenir : des budgets, des bailleurs de fonds, des institutions de crédit en leur offrant garantie et cadre fiscal motivant, du système bancaire intérieur et de l'épargne rurale qui est parfois loin d'être négligeable. Cette stratégie devrait comprendre deux volets : celui concernant le système bancaire formel et celui de la microfinance et du microcrédit.

1°) Inciter la finance formelle pour un engagement dans le secteur agricole.

Sur le premier volet concernant le système bancaire formel, les recherches sont nombreuses et les questions sont mieux maîtrisées. Les problèmes se réduisent à savoir comment assurer la garantie des prêts pour un secteur à haut risque, quelles sont les incitations et quelle manipulation des instruments purement monétaires. Ce dernier aspect touchant les taux d'intérêt est essentiel, car il faut éviter de les mettre à un niveau très bas, ce qui ferait du crédit une espèce de secours social ou très élevé ce qui découragerait certains utilisateurs. Il faudra alors appliquer des taux différenciés selon la nature de l'opération productive et probablement la durée du crédit.

2°) Aider au développement de la microfinance et du microcrédit.

Le second volet est relatif à la microfinance et au microcrédit. De plus en plus de réflexions sont consacrées à ces structures qui ont proliféré au niveau des PSD et particulièrement dans les centres urbains. Il faut préciser que la microfinance concerne l'ensemble des services financiers (épargne, crédit, assurance, transferts de fonds des émigrés à leurs familles) offerts aux populations pauvres qui sont exclues du système bancaire traditionnel. Quant au microcrédit, il correspond à des prêts de faible montant destinés à des personnes à bas revenus exclues des banques parce que leur solvabilité est considérée comme insuffisante et/ou parce que les coûts de gestion de tels prêts sont jugés trop élevés. Ces prêts leur permettent de créer ou de développer des micros entreprises ou des activités génératrices de revenus.

Le phénomène a pris tellement de l'ampleur et tellement bien installé qu'il fait l'objet d'un intérêt mondial : le premier sommet mondial sur le microcrédit a été organisé en 1997 à Washington, le dernier à Halifax en 2006, l'année 2005 a été dédiée par l'ONU au microcrédit et en 2007 Mouhammad

YUNUS le père du microcrédit a été honoré par le prix Nobel de la paix. Le bilan est remarquable : la GRAMEEN BANK est implantée dans 73000 villages du Bangladesh, elle a 7 millions de clients (dont 97% de femmes) et a prêté 6 milliards de dollars. L'Afrique compte 6 millions de bénéficiaires du microcrédit contre 80 millions en Asie.

VII/ La politique des marchés pour des prix incitatifs pour les grands produits et les prix des intrants.

1°) La détermination des prix par le marché.

À la suite des travaux de M. NERLOVE et de T. W. SCHULTZ[230], il est clairement établi que l'offre agricole réagit positivement aux augmentations des prix. Les tests économiques réalisés au niveau de quelques pays confirment que la modification des termes de l'échange en faveur de l'agriculture entraîne une hausse corrélative de la production soit par le biais des emblavures soit par un accroissement des rendements. La libéralisation des marchés des produits agricoles préconisée par la Banque mondiale est fondée sur une étude que cette institution a entreprise et qui montre une « très grande élasticité de la production agricole africaine par rapport aux modifications du système de prix et même par rapport aux variations de prix relatifs »[231]. Les PAS des années 80 ont particulièrement insisté sur les réformes du système des prix agricoles pour produire des effets positifs sur l'intégration spatiale, la fluidité et les coûts des transactions de la commercialisation intérieure. La portée de cette libéralisation est limitée par certaines contraintes comme l'insuffisance, voire l'absence d'infrastructures routières de qualité, l'enclavement en matière de communication de flux d'information des marchés, l'absence de capacité de collecte, d'analyse et de diffusion de l'information sur les comportements des marchés et des systèmes agricoles et alimentaires.

Certains analystes se fondant sur les élasticités positives en arrivent à soutenir que les médiocres performances agricoles en Afrique sont la conséquence logique des politiques inadéquates des prix appliquées par les pouvoirs publics. La désaffectation des paysans pour certaines cultures peut s'expliquer par l'absence d'une politique incitatrice de prix. En effet, certains prix, parfois administrativement fixés ne sont pas assez rémunérateurs pour inciter le producteur à accroître le volume de sa production et à procéder à des réinvestissements pour améliorer ses instruments de travail. En clair, la problématique des relations inégales entre villes campagnes à travers les relations de prix doit être résolue.

---

230 M. NERLOVE, *The dynamics of supply : estimation of farmers's response to price*. J. Hopkins, 1958 T.W. Schultzn Transforming traditional agriculture, Yale University, 1964.

231 Banque Mondiale. Le développement accéléré en Afrique au Sud du Sahara, 1981.

2°) Portée et incidence de la fixation administrative des prix.

Des économistes marxistes continuent de soutenir que les intérêts fondamentaux de la classe ouvrière et de la paysannerie sont, quant au fond, absolument divergents tant qu'existe le marché et que le mode de production capitaliste domine[232]. Par les rapports de prix agricoles et industriels s'opèrent toujours des transferts de valeur des campagnes vers les villes, de la paysannerie vers les autres classes sociales. Cet échange inégal est l'essence même de l'accumulation primitive qui profite aussi à la classe ouvrière. Il est aussi caractéristique de l'accumulation socialiste comme l'avaient établi les travaux de PREOBRAJENSKY dans la « Nouvelle Économique ». Cette réflexion a éclairé les mécanismes de financement de l'industrialisation par la paysannerie. On peut se poser la question de savoir si le fait d'avoir fait payer l'industrialisation principalement par la paysannerie n'explique pas en partie les échecs des politiques agraires et la crise de l'agriculture des pays socialistes d'Europe de l'Est. Beaucoup de travaux de l'époque établissaient et insistaient sur la désaffection de la paysannerie des systèmes productifs et rouages économiques officiels pour créer des structures de production et de commercialisation parallèles qui fonctionnaient de façon très efficiente. Cette économie parallèle finit par se structurer très solidement, car elle rétablit des termes de l'échange favorablement aux activités rurales et corrige en toute conséquence les déséquilibres des revenus et des conditions d'existence entre ruraux et citadins.

Ce sont ces objectifs que doivent viser et réaliser la politique des prix agricoles. Une paysannerie pauvre ne saurait contribuer à transformer les campagnes. Elle fera même obstacle et s'alliera plus facilement aux rentiers comme quoi la pauvreté n'est pas une condition nécessaire et suffisante de la transformation des campagnes.

VIII/ Les subventions agricoles qui ruinent les agricultures africaines.

Il est temps que les États-Unis et l'Europe réduisent les subventions à l'agriculture. À l'heure actuelle, ces subventions sont plus élevées que la totalité de ce que reçoivent les pays d'Afrique en aide au développement. Ces subsides font baisser les prix et ferment effectivement la porte aux producteurs des pays en développement. ***Jean CHRETIEN***

L'agriculture est le moteur de l'économie africaine et contribue aux modes de subsistance de la majorité de la population (entre 40 et 90% selon la FAO, 2004). En outre, toutes les statistiques établissent que la pauvreté africaine se concentre principalement dans les zones rurales (entre 60 et 70%). L'essentiel des revenus agricoles provient de monoproductions destinées au marché

232 Michel GUTELMAN, op. cit. p. 198.

mondial : la rente agricole est alors une composante des surplus financiers dont bénéficient l'État (par le biais de la fiscalité) et les autres acteurs entretenant des relations marchandes avec le secteur rural. Ces quelques éléments campent parfaitement tous les enjeux des négociations mondiales concernant les agricultures africaines.

Deux grandes questions agitent aujourd'hui le monde de la recherche et des décideurs politiques : les subventions agricoles et le protectionnisme agricole dans les PSD. Dans les faits, ces deux problématiques sont intimement liées, car le volume des subventions élève la compétitivité-prix et peut se comporter comme une sorte de protection tarifaire. Quel danger la concurrence internationale représente-t-elle pour la production agricole des PSD ? Selon M. PETIT *« Pour répondre à cette question, il faut commencer par préciser les ordres de grandeur de quelques variables-clés*. En effet, la pression de la concurrence internationale est souvent présentée comme irrésistible, risquant de conduire à la ruine des agricultures pauvres, un tel scénario impliquant une augmentation massive des importations et, par là même, un accroissement de la dépendance alimentaire. On constate effectivement que pour certains pays la part de la consommation totale couverte par la production intérieure, que l'on appelle le coefficient d'autosuffisance, est devenue très faible. Tel est le cas par exemple de l'Algérie, où ce taux pour les céréales a oscillé autour de 25% au cours des années récentes, les céréales jouant dans ce pays comme dans beaucoup d'autres un rôle emblématique dans les débats sur cette question. Qu'en est-il de façon plus générale ?

Depuis l'Uruguay Round les produits agricoles ont été intégrés dans les négociations en l'étendant tout d'abord au secteur agricole. Il a été admis comme règle que les droits de douane doivent être la forme privilégiée de protection et que les subventions à l'exportation sont interdites. Dans le même temps les possibilités d'utiliser les règles sanitaires et phytosanitaires à des fins protectionnistes ont été limitées. Toutefois, après la formation de l'OMC, les pays en développement considèrent qu'ils ont été floués dans l'Accord agricole de Marrakech en avril 1994. En effet, non seulement l'accès aux marchés des pays développés est resté largement prohibitif, mais les soutiens et subventions internes ont augmenté. Également, l'accord agricole institue une forte inégalité de traitement, en leur défaveur, en matière d'instruments possibles de politique agricole.[233]

---

[233] En dépit de l'échec de la conférence ministérielle de Seattle, en janvier 2000, les deux points clés qui reviennent concernent l'accès aux marchés et la réduction des subventions à l'agriculture.

• En **novembre 2001**, la conférence de Doha aborde, dans son **communiqué final** la question de la suppression des subventions -notamment européennes- à l'agriculture, mais ne fixe pas de date butoir.

• En **mars 2003**, un **projet d'accord**, dit "Proposition Harbinson", est discuté au sein du Groupe des négociations agricoles.

Ces raisons justifient leur revendication pour une plus grande discipline en matière de politique agricole dans les pays développés, un meilleur accès à leur marché et, pour eux, une plus grande flexibilité en matière de politique agricole. En 2005, selon le Premier Ministre canadien J. CHRETIEN, *« l'aide publique au développement totalise 50 milliards de dollars par an. Les subventions américaines et européennes sont sept fois plus élevées : elles dépassent le cap des 350 milliards de dollars. À elle seule, l'Union européenne représente les deux tiers de ces subventions à l'exportation, loin devant les États-Unis »*[234]. La liste des produits agricoles subventionnés par l'Union européenne est longue : bœuf, volaille, sucre, blé, coton, aubergines... qui sont déversés sur les marchés africains à prix artificiellement bas, ces exportations désorganisent les filières, ruinent les producteurs[235].

Dans son Rapport 2007 sur les politiques agricoles des pays membres, l'OCDE évalue à 214 milliards d'euros le montant total des subventions versées par les 36 pays membres de l'organisation. L'aide à l'agriculture est tombée désormais à 1,1% du PIB total des pays membres, contre 2,5% dans les années 1980. L'Union européenne est restée de loin le grand *« subventionneur »,* avec 110 milliards d'euros versés aux paysans en 2006, devant le Japon (32 mds), les États-Unis (23 mds) et la Corée du Sud (20 mds). En proportion du revenu des agriculteurs, les Coréens sont en revanche les plus subventionnés (63%), devant les Japonais (53%), les Européens (32%) et les Américains (11%). Le taux de subventionnement est resté stable en Corée entre 2005 et 2006, mais il a reculé de deux points au Japon comme

---

• Le **13 août 2003**, les États-Unis et l'Union européenne font une proposition commune en vue de la conférence de Cancún : **Cadre pour une approche commune sur des questions agricoles**" (texte en anglais)

• Lors de la **Conférence de Cancún, 10-14 septembre 2003**, le Groupe des 21, (coalition de vingt-deux pays en développement constituée pour la conférence, parmi lesquels la Chine, l'Inde et le Brésil), représentant plus de la moitié de la population mondiale, rejette le projet de déclaration finale, considérant les efforts des pays du Nord insuffisants.

• Enfin, pour préparer la conférence de Hong-kong de décembre 2005, les États-Unis le **10 octobre 2005**, puis la Commission européenne le **28 octobre 2005** font de nouvelles offres sur les tarifs douaniers agricoles.

234 La prochaine « Farm bill », votée tous les cinq ans, s'élèverait à 286 milliards de dollars. Elle comprend les subventions aux agriculteurs américains et le financement des programmes fédéraux sur l'alimentation et la nutrition. Ce texte de loi est actuellement l'objet de vives discussions entre le Congrès américain qui reproche à l'administration Bush de ne pas réduire les subventions aux agriculteurs. Le financement et le montant de ces aides sont d'ailleurs l'objet de tensions permanentes lors des négociations à l'OMC. Les adversaires des subventions estiment qu'elles permettent aux agriculteurs des pays riches de déverser leur production subventionnée sur les marchés mondiaux à des prix très bas, privant leurs homologues des pays pauvres en développement de débouchés lucratifs.

235 . *« Comment voulez-vous que la ménagère m'achète un poulet à 1 800 FCFA pièce quand elle peut se procurer du congelé à 900 FCFA le kg ? »,* En Afrique de l'Ouest, et particulièrement au Burkina Faso, au Mali et au Niger, les importations européennes ont réduit d'environ 50 % le prix du bœuf produit par les éleveurs locaux.

dans l'UE et de cinq points aux États-Unis, où les soutiens sont étroitement liés au niveau des prix. Parmi les pays qui aident le plus leur agriculture, on retrouve l'Islande (66% du revenu), la Norvège (65%) et la Suisse (63%).[236]

L'exemple du coton est symptomatique des incidences négatives des subventions agricoles sur l'ensemble des économies africaines concernées. Le coût de production du coton en Afrique de l'ouest et du centre (AOC) est inférieur à celui de la plupart des autres pays. Les producteurs africains sont capables d'affronter la concurrence des pays développés sur le marché mondial, pourvu que celle-ci ne soit pas faussée par des subventions massives. L'Afrique de l'Ouest et du Centre a produit, en 2001/2002, 991 000 tonnes de coton fibre, ce qui représente environ 5% de la production mondiale. Les exportations combinées de 9 pays membres de la CMA/AOC représentaient 15% des échanges mondiaux de coton en 2001/2002, ce qui fait de la région le troisième exportateur mondial de coton, après les États-Unis et l'Ouzbékistan. Quant à l'Afrique de l'Ouest, avec près d'un million de tonnes de fibres produites soit 17% du marché mondial en 2002, le coton représente une des principales sources de revenus de nombreux pays de la sous-région. Il contribue pour 50% à 80% des recettes d'exportation du Mali, du Bénin, du Togo et du Burkina Faso. Actuellement, les filières cotonnières africaines sont en danger mortel du fait du dumping américain, pratique qui consiste à vendre le coton sur le marché extérieur à des prix beaucoup plus bas que ceux du marché national pour éliminer des concurrents.

Les subventions et le dumping américains ont fait subir aux 8 pays producteurs de l'Afrique de l'Ouest une perte de 191 millions de dollars. En plus, elles encouragent la surproduction et font dégringoler les prix mondiaux qui sont aujourd'hui au niveau le plus bas depuis 1930. Les estimations du Conseil Consultatif International sur le coton (CCCI) font savoir que le retrait des subventions américaines rehausserait les cours du coton de 26%. Plus concrètement encore le Mali a perdu 43 millions de dollars, soit 1,7% de son PIB et 8% de ses recettes d'exportation, le Bénin 33 millions de dollars, soit 1.4% de son PIB et 9% de ses recettes d'exportation et le Burkina Faso 28 millions de dollars, soit 1% de son PIB et 12% de ses recettes d'exportation. Outre l'Afrique, cette crise a affecté le Brésil en lui infligeant des pertes d'un montant de 640 millions de dollars (en 2001/ 02) dues à la baisse des cours et à la réduction de la part de ce dernier dans le marché mondial.

Les éleveurs d'Afrique Australe se plaignent également des effets néfastes de ces subventions sur leurs ventes. La Namibie, dont le bœuf représente 70 % des exportations agricoles, subit de plein fouet la concurrence de la viande bovine européenne sur le marché sud-africain. Déjà, 70 % à 80 % de la viande utilisée dans les conserveries sud-africaines est importée d'Europe.

L'objectif avoué de l'Organisation Mondiale du Commerce dans le cycle des négociations est l'élimination de tous les obstacles qui empêchent

---

[236] OCDE : *Les politiques agricoles*, 2007

l'agriculture d'être un secteur économique comme les autres, entièrement soumise aux effets de la libéralisation tous azimuts. Les deux obstacles majeurs à l'heure actuelle se réduisent d'une part au refus « de faire le jeu avec les mêmes règles pour tous » et d'autre part au fait que plus de 90 % de la production agricole est consommée dans les pays où elle est produite et en conséquence les principaux pays exportateurs, l'Union européenne et les États-Unis cherchent à écouler leurs surplus de production tout en continuant à soutenir leur agriculture par de généreuses subventions. On arrive alors au paradoxe des positions des Grandes Puissances agricoles mondiales au niveau de l'OMC : protéger l'accès à leurs propres marchés tout en obtenant l'accès aux marchés des autres. Les exigences africaines ne sont pas la demande de traitement de faveur, mais le respect de la loi du marché en conformité avec les principes fondamentaux de l'OMC. Il est donc temps d'aller vers une réduction effective, voire une suppression obligatoire de ces subventions, si les pays de l'OCDE veulent rejoindre leur logique de lutte contre la pauvreté ou de commerce équitable.

IX/ De quelques directions de conclusion sur les enjeux du développement agricole africain.

À ce niveau de notre réflexion, on peut dire que dans les formations sous-développées, la politique agraire à appliquer doit offrir une alternative à la situation présente de l'agriculture qui se caractérise par :

- le développement de monoculture de rente destinée à l'exportation avec des techniques stagnantes et de faible productivité du travail,
- la régression vers des formes archaïques d'autosubsistance,
- la paupérisation absolue de la population entraînant un exode rural massif de travailleurs que ni l'industrie, ni le secteur tertiaire ne peuvent absorber par suite de leur absence totale de qualification professionnelle,
- le repli vers des visions et idéologies bornées totalement hostiles au progrès économique et social favorisant les formes autarciques d'existence et les barrières ethno tribales.

Les recherches théoriques et l'analyse des programmes et des actions de développement dans le secteur agricole africain, au-delà des grandes diversités, laissent transparaître la coexistence de deux options qui sans être totalement incompatibles n'ont pas la même portée et les mêmes résultats de terrain

Premièrement, une agriculture basée sur l'investissement de détenteurs privés de capitaux, la privatisation de la terre, le recours aux techniques modernes de production et l'utilisation d'une main-d'œuvre rémunérée, a été appliquée dans beaucoup de pays souvent suite aux recommandations des bailleurs de fonds soucieux d'instaurer la libéralisation totale du secteur agricole. Ce mode d'organisation et de production serait pour certains, la seule option pour une agriculture productive et compétitive. Les grandes exploitations horticoles et d'élevage intensif, certaines exploitations irriguées privées des deltas et des surfaces irriguées préfigurent une telle agriculture. Les réformes foncières, le développement de l'irrigation et la mise en place d'un crédit adapté permettraient aux investisseurs privés de développer ce type d'agriculture. Cette agriculture serait plus à même de rentabiliser les investissements coûteux dans l'irrigation et les chaînes motorisées et d'accroître les exportations de produits agricoles et l'approvisionnement des industries locales de transformation. Personne ne défend cette option comme une vision exclusive ou dominante.

Donner l'exclusivité ou la priorité à cette première option soulève des questions redoutables. Que faire des paysans ? Va-t-on juste les soutenir pour que la pauvreté en milieu rural reste acceptable politiquement et socialement ? Que faire, face à une explosion de l'exode rural qui risque d'en découler ? Les États ont-ils les moyens de soutenir en même temps une agriculture familiale et une agriculture à base de capitaux ? Cette dernière ne risque-t-elle pas de se développer sur les terres des paysans et de transformer ceux-ci en ouvriers agricoles peu rémunérés ? En fait, les détenteurs, de capitaux désireux d'investir dans l'agriculture n'ont pas de problème d'accès au foncier : les États n'ont jamais refusé d'attribuer des terres à ceux qui désirent investir dans de grandes exploitations. Si « l'agriculture entrepreneuriale » ou « l'agriculture sans paysan » ne s'est pas plus développée, c'est sans doute pour des problèmes de rentabilité et non d'un environnement institutionnel qui ne lui serait pas favorable. À moins que ses partisans souhaitent être subventionnés par les États ou bénéficier d'avantages qui ne seraient pas conformes aux règles d'une saine concurrence.

Deuxièmement, une option courante en Afrique est la construction d'une économie agricole basée sur la transformation et la modernisation de l'exploitation familiale paysanne. Cette option pose aussi beaucoup de problèmes ardus. Comment éviter le développement d'exploitations familiales morcelées, sur des terres pauvres et dégradées, avec pour conséquences l'extension endémique de la pauvreté et de l'exode rural ?

En définitive la synthèse que l'on peut retenir est que ces deux options ne sont pas incompatibles. Elles peuvent être combinées dans une vision qui donne la priorité à la modernisation des agricultures africaines pour des raisons d'efficacité économique et d'équité sociale. On ne peut abandonner à son sort à une population rurale qui, à l'horizon 2015, constituera encore plus de 60% de la population africaine. Ce serait un handicap insurmontable pour le développement économique et social des pays. Aucun secteur de l'économie urbaine ne semble pour l'instant en mesure de les intégrer. En effet, les pays du Nord ont modernisé leur agriculture familiale à un moment où l'industrie et l'économie urbaine étaient en pleine expansion et pouvaient absorber sans difficulté les surplus de main d'œuvre rurale, où la croissance de la population rurale était en baisse et où il était possible de protéger son marché national et de subventionner son agriculture. Les PSD doivent réussir cette modernisation dans un contexte où l'industrie et l'économie urbaine connaissent une faible expansion et donc ne sont pas en mesure d'absorber une main d'œuvre rurale en très forte croissance et dans un contexte de libéralisation et de mondialisation de l'économie.

Troisièmement cette synthèse commande de pousser la recherche vers l'appui à la formulation d'une politique cohérente de développement agricole et rural. Les 7 axes de réflexion esquissés constituent parfaitement un programme de Recherche pour une nouvelle économie rurale qui doit être confrontée aux politiques des États pour en proposer des améliorations éventuelles et pour dégager les orientations et les stratégies d'une politique de formation agricole et rurale qui les complète et les renforce. Pour dépasser cette situation, il s'impose une transformation radicale des structures à partir d'un autre modèle et vision du développement économique et social. Dans cette direction, la politique agraire doit être entièrement repensée et reformulée pour rendre l'agriculture apte à dégager un surplus important et à élever la productivité du travail.

Des mesures ponctuelles, si habiles et appropriées qu'elles soient ne sauraient remplacer une politique cohérente qui seule peut permettre à l'agriculture :

- de créer des surplus importants donc d'alimenter les fonds nationaux d'accumulation pour le financement du développement économique et social[237],
- d'accroître et de diversifier la production agricole et de couvrir ainsi les besoins vivriers en croissance rapide du fait de l'explosion urbaine,
- d'élever la productivité et l'efficacité du travail ; ce qui va permettre de libérer une partie de la main d'œuvre pour d'autres activités productives,
- d'élargir et de diversifier les bases de l'industrialisation.

Si l'agriculture doit accomplir ces fonctions économiques et sociales, elle doit être rationnellement réorganisée par l'État à qui il revient de créer des fermes ou des exploitations d'expérimentation et de recherche qui contribueront à lui permettre une plus grande maîtrise du développement des forces productives dans le secteur.

Pour dépasser cette situation, il s'impose une transformation radicale des structures à partir d'un autre modèle et vision du développement économique et social. Dans cette direction, la politique agraire doit être entièrement

[237] Michel GUTELMAN observe dans ce sens que *dans toute réforme agraire la question essentielle est de savoir où est passée la rente.* Celle-ci peut être utilisée à la consommation somptuaire et personnelle de celui qui la perçoit ou bien elle peut être transformée en capital technique soit dans le secteur agricole, lui-même soit dans le secteur industriel. C'est cette transformation de la rente qui est désignée par l'expression «capitalisation de la rente» (p.183).

repensée et reformulée pour rendre l'agriculture apte à dégager un surplus important et à élever la productivité du travail.

Une attention particulière sera attachée au progrès technique, à la recherche scientifique. Les pays sous-développés n'ont ni les mêmes échéances ni les mêmes exigences que les formations sociales mûres que celles-ci soient capitalistes ou socialistes ; ils doivent trouver des raccourcis pour combler le retard de leurs forces productives matérielles et humaines. Ils ne peuvent le faire qu'en utilisant systématiquement et de façon généralisée les technologies les plus avancées, les plus progressives. Le progrès technique est à mettre, quel qu'en soit le coût, au service du développement économique, car si le progrès technique se tourne contre l'homme, cela tient à la nature même des rapports sociaux et de production. La recherche est à élever au rang des préoccupations fondamentales. Les tâches en la matière se résument principalement dans les orientations et options suivantes :

- élaboration d'une politique et d'une administration non bureaucratisée d'impulsion et de gestion de la recherche techno-agronomique qui auront vocation de coordonner, harmoniser toutes les recherches entreprises par des institutions nationales privées et publiques,
- mobilisation des moyens financiers, mais aussi humains et matériels en vue de l'équipement et du fonctionnement de laboratoires et autres stations d'expérimentation,
- création de banques de données pour tous les chercheurs et autres professionnels de l'agriculture ainsi que l'institution de puissants moyens de diffusion et de vulgarisation des résultats obtenus,
- réforme radicale des institutions universitaires de formation et de recherche pour les impliquer davantage au processus de transformation de l'agriculture.

Ces institutions mettront à la disposition de l'agriculture des cadres techniques et en même temps prendront en charge la recherche fondamentale et diffuseront dans la jeunesse estudiantine des modes de pensée favorable à l'agriculture.

La politique agricole ne triomphera dans les PSD que si elle réussit à revaloriser profondément l'agriculture et à transformer les paysans en une force sociale dynamique, politiquement et techniquement préparée à assumer un vaste et profond processus de changement de leur environnement socio-géo-économique. Il faudra comme le souligne une étude du Club de Dakar considérer les paysans non pas comme une source d'alimentation des caisses de l'État, mais comme une force dynamique, capable de contribuer à la construction nationale. Les promesses faites par les hommes politiques et les fonctionnaires n'ont pas été tenues, par conséquent, le monde rural est retombé dans la prostration et l'apathie… Les vieux qu'on trouve dans les villages sont fatigués et les jeunes des villes ne veulent pas s'y rendre sans être assurés de pouvoir profiter de tous les avantages du monde moderne. Il faudrait alors revaloriser le monde rural, lui redonner ses valeurs culturelles et lui indiquer des méthodes de production, seules susceptibles de promouvoir un développement autocentré »[238]. Ce sont là des tâches que l'État seul peut entreprendre et réussir s'il sait échapper au travers bureaucratique, au paternalisme et au volontarisme, aux folles prétentions d'apporter du dehors et d'en haut les modifications structurelles du milieu rural. Il doit alors trouver la voie et les formes les plus accessibles et les plus acceptables aux populations rurales pour réaliser toutes les mutations économiques et sociales.

<u>Encadré 26</u> : Mamadou DIA, le pionnier du développement des politiques sectorielles publiques.

Le Président du Conseil Mamadou DIA fut la figure de proue, depuis l'indépendance du socialisme autogestionnaire. Il en était le théoricien et son œuvre en atteste largement depuis ses ouvrages : *Nations africaines et solidarité mondiale* (PUF) et *Réflexions sur l'économie de l'Afrique* (Présence africaine). L'écroulement du système socialiste mondial après la chute du mur de Berlin, n'a point ébréché ses convictions. Il écrit dans *Lettres d'un vieux militant* : *«face à la faillite des méthodes de commandement dans les pays socialistes, face aux drames sociaux du libéralisme économique, il n'y a pas d'autres voies que ce socialisme à visage humain, un socialisme autogestionnaire basé sur l'exercice réel des pouvoirs politiques et économiques par les communautés de base »* (170 p).

Il a été l'initiateur et le père spirituel de toutes les réformes du système économique et social sénégalais notamment dans l'économie agricole avec la création de toutes les sociétés d'intervention dans le monde rural depuis la production jusqu'à la commercialisation. Son diagnostic, après sa sortie de prison, est sans appel : l'ONCAD un gouffre à milliards, les coopératives sont pillées et accaparées par des protégés du régime, les meilleures terres sont confisquées aux paysans et cédées au capital agro-industriel étranger (BUD-Sénégal, CSS) et aux sociétés d'intervention (SAED, SODEFITEX, SODEVA et SOMIVAC), la politique d'équipement du monde rural (SISCOMA) assujettie aux exigences du capital étranger. Ces échecs n'ont rien d'une fatalité, ce sont les conséquences d'une gestion néocoloniale. Il observe que ce qui disqualifie le gouvernement, c'est qu'il a tourné le dos à l'équité et à la justice sociale ; sa propension à pénaliser le travail, la

[238] Club de Dakar : *Évolution passée et situation actuelle des pays francophones. Rapport de M. ILLY de l'Afrique Équatoriale.* Document ronéoté. Il écrit que ce qui manque au niveau des gouvernements, c'est une prise de conscience sans réserve et une appréciation approfondie des actions de développement menée depuis l'indépendance, une mise en évidence des défaillances humaines, politiques et administratives. Ce qui se produit dans les démocraties à travers les débats parlementaires, les changements de pouvoir et une presse éclairée compétitive, n'est point possible en Afrique : on crée et entretient des tabous et des mythes, des terrains sacro-saints et une communication à la hauteur de radiotrottoir.

compétence, l'honnêteté pour encourager l'oisiveté, l'incompétence et la magouille.[239] Ces critiques sont bien tardives et ne peuvent disculper l'auteur.

Mamadou DIA est également avec le Père LEBRET, l'auteur du Premier Plan de Développement Économique et Social qui considérait qu'aucun programme ne peut réussir sans la participation de ceux-là même qui en sont les principaux bénéficiaires. Il avait conçu un modèle d'industrialisation en liaison avec le secteur agricole. Il est le promoteur des réformes territoriales et locales. Il était convaincu que la décentralisation doit s'accompagner de son pendant économique ce qui devrait contribuer à fixer les populations dans leur territoire, équilibrer le processus du développement et limiter l'intervention de l'État aux seules impulsions et coordination de tout le mouvement.

L'échec politique de Mamadou DIA soulève plusieurs interrogations bien qu'il exprime son engagement pour une révolution populaire avec au bout la construction d'une société socialiste autogestionnaire. Il semble que l'élite sénégalaise et africaine ne lui jamais pardonné trois mesures hautement impopulaires : la dissolution du PAI suivie d'une traque à ses dirigeants qui sont tous partis à l'exile, ensuite le transfert de la capitale du Sénégal de Saint-Louis à Dakar et la répression féroce des syndicalistes en grève avec le licenciement de plusieurs travailleurs. Et enfin la rupture avec les hiérarchies religieuses qui sont à la fois des stabilisateurs sociaux et une soupape de sécurité sociale.

Il s'est expliqué sur ces questions mais n'a jamais véritablement fait une autocritique sérieuse. On peut relire avec beaucoup d'intérêt trois de ses ouvrages importants :

- *L'Économie africaine : études et problèmes nouveaux*, Edit PUF, 1975.
- *Mémoire d'un militant du Tiers-monde : si la mémoire ne ment pas*, Publisud, 985.
- *Corbeille pour l'an 2000*, Edit Paix et développement, 1995.

[239] Mamadou DIA : *Lettres d'un vieux militant, contribution à la Révolution Démocratique* pp62-63

THÈME 24 – L'ÉCONOMIE ARACHIDIÈRE : QUE FAIRE DE LA PAYSANNERIE SÉNÉGALAISE ?

Par Moustapha KASSE

Texte publié par Le Quotidien national « Le Soleil » près une présentation au Club Nation et Développement (CND).

INTRODUCTION

Il faut commencer par un constat terrifiant : en plus du pétrole et du capital minier, la disponibilité de terres agricoles et de forêts s'impose désormais comme un instrument de puissance économique pour l'Afrique subsaharienne. La boulimie foncière et la chasse à l'acquisition de milliers d'hectares par des investisseurs étrangers et des compradors nationaux a commencé sans que les modalités des contrats d'exploitation des terres constitue une question essentielle. Quel sera le rôle de l'État dans la conduite et la gestion de ce processus d'accaparement?

À l'orée de chaque hivernage, le Sénégal est toujours angoissé par son agriculture et le sort de sa principale culture de rente : l'arachide. C'est le temps des évocations et de toutes les inquiétudes des acteurs de la vie sociale et de la sphère gouvernementale sur les difficultés présentes et les perspectives d'avenir du monde rural. Les sempiternelles questions des années 70 et 80 sont agitées sous des formulations diverses ce qui dénote de la permanence des problèmes donc de la faible qualité des réponses et des solutions : malaise paysan, menaces de famine et de disette. La pauvreté affecte beaucoup plus ces zones rurales du bassin arachidier où 79 % des ménages, soit quatre ménages sur cinq sont pauvres, contre moins d'un ménage sur cinq à Dakar (selon l'enquête de la DPS). Ces paysans appauvris seront attirés vers les villes : la pauvreté urbaine est plus attractive que la pauvreté rurale. L'exode rural est le coût social de l'échec des politiques agricoles.

Les réformes entreprises, depuis la liquidation du secteur public rural en passant par la Nouvelle Politique Agricole (NPA,1984), la Politique d'Ajustement Structurel Agricole (PASA), le PISA et les autres projets de restructuration de l'agriculture, n'ont pas réussi à régler les problèmes essentiels relatifs à la production, la commercialisation, le crédit et les vivres de soudure en cas de risques. La filière arachidière est la meilleure illustration des orientations et dispositions disparates prises pour assainir un secteur qui concerne l'espace rural le plus densément peuplé et le plus intensément cultivé[240].

---

[240] Moustapha KASSE : *Le nouveau discours économique des IBW au Sénégal,* CREA décembre 1986, 25 p. Ce thème a été développé lors d'un séminaire du CND à Rufisque. Le texte prenait le contrepied du discours de Mouhamadou TOURE alors ministre de l'Économie

L'agriculture est un des éléments du système d'accumulation productive de l'économie sénégalaise. En effet, la rente agricole est mobilisée par l'organisation très complexe de prélèvements exécutés sur chaque filière de production et d'échange par l'État, divers opérateurs et intermédiaires. Les ponctions opérées ne laissent au secteur aucune base autonome d'accumulation ce qui le condamne à évoluer dans une situation d'instabilité, d'incertitude et de risque.

Il faut dépasser le débat politicien extrêmement creux dans lequel on veut nous enfermer par le biais de batailles ridicules de chiffres sur le volume des investissements réalisés pendant telle ou telle période et qui se sont avérés comme des gâchis énormes de ressources rares au regard de l'acuité et de la permanence des problèmes du secteur. Car dans l'agriculture en général comme dans le sous-secteur arachidier en particulier, on compte plus d'éléments de stagnation continuelle que de signes de changement véritable. Aujourd'hui, trois questions essentielles se posent au niveau de cette filière :

- Quels sont les enjeux de l'arachide dans l'économie ?
- Quels sont les coûts et bénéfices de la filière ?
- Quelles sont les perspectives d'avenir ?

I/ Le modèle arachidier est-il essoufflé comme déclamé par les IBW?

Une analyse rapide de l'économie arachidière révèle quatre éléments essentiels. D'abord, cette production couvre entre 45 et 58 % de la surface cultivée dans les quatre régions constitutives du Bassin arachidier. Ces superficies sont d'environ 25 % en Casamance, 20 % au Sénégal Oriental et 7 % au Fleuve. L'arachide apparaît alors comme la culture qui occupe le plus l'espace rural et fournit conséquemment le plus d'emploi. Ensuite, l'arachide occupe un peu plus de 60% de la population active, mais surtout elle fournit l'essentiel des revenus monétaires et avec eux les moyens de travail : semences, engrais, machines, (semoir et houe, produits de traitement phytosanitaire). Des enquêtes récentes montrent que 60% des revenus monétaires du bassin proviennent de la culture arachidière. D'ailleurs, malgré une baisse nette de l'apport des cultures de rente dans le PIB, globalement pour l'ensemble les producteurs agricoles, l'arachide est restée la principale source de revenus monétaires. En outre, la production est très fortement fluctuante et dépend de paramètres externes au secteur. Les variations erratiques observées proviennent de trois facteurs essentiels : la faible productivité par actif rural et par surface cultivée avec des rendements qui baissent de 4% par an, la forte dépendance vis-à-vis des conditions climatiques

---

devant le Conseil National du Parti Socialiste. L'intervention était intitulée *Politique d'ajustement économique et financier*, mai 1985, 124 p.

et l'extrême instabilité des cours mondiaux. Le dernier élément concerne la progression rapide de la consommation locale d'huile d'arachide de 4% par an. Les besoins risquent de ne point être couverts et le Sénégal pourrait devenir un importateur net d'huile d'arachide.

Ces éléments illustrent que le niveau de la production est fortement tributaire du déroulement de l'hivernage, si bien que les conditions climatiques constituent la première variable agissant directement sur les quantités d'arachides livrées par les paysans. De plus deux autres facteurs peuvent déteindre sur le niveau de la production à savoir les intrants et le revenu réel versé au paysan.

La partie du pays où vit la majorité de la population rurale dispose de peu de possibilités pour augmenter les terres cultivables et les pluies y sont très irrégulières et, partant, la production est extrêmement variable au gré de facteurs non encore maîtrisables. Pratiquement, toutes les terres du Bassin sont extrêmement sujettes à l'érosion (1%) et reçoivent peu d'investissement réel pour leur gestion. Ceci, combiné au taux élevé de croissance démographique produit de nombreux impacts négatifs :

- la baisse constante des superficies cultivées par travailleur agricole ;
- la baisse des rendements ;
- l'extension de l'agriculture aux terres marginales ;
- la réduction des cultures vivrières et conséquemment l'accroissement du déficit vivrier.

L'appauvrissement des sols est allé de pair avec l'utilisation des intrants et des semences sélectionnées prouvant la disponibilité des paysans à innover dès l'instant qu'ils en acquièrent la capacité et que ces innovations leur sont favorables. Manifestement, les sols du bassin arachidier ne sont pas indéfiniment extensibles et en plus d'un siècle ils ont tout donné et ont maintenant besoin d'un soutien extérieur massif pour continuer à satisfaire les cultivateurs. Les ressources en sol ont été surexploitées au point qu'elles ne peuvent plus produire assez de vivres pour nourrir le même la population rurale. La surchauffe actuelle des prix du mil en milieu rural en est la meilleure preuve (250frcs kg).

Les données statistiques cachent, cependant, la corrélation qui existe entre l'utilisation d'engrais et le rendement du fait que les années à rendements élevés sont justement celles où les conditions écologiques ont été bonnes. Il n'en demeure pas moins que la non-utilisation de l'engrais, surtout après l'instauration de la vente au comptant de ces intrants chimiques, décidée à partir de 1985/1986 a entraîné des conséquences négatives sur la productivité dans l'ensemble du bassin arachidier.

L'incitation par le prix n'a point eu d'effets directs d'amélioration des rendements et de la productivité. L'analyse des élasticités montre que le relèvement du prix au producteur par exemple en 1985-1986 ne s'est traduit, l'année suivante, par une augmentation de la production tout comme l'abaissement de 1988-1989 n'a entraîné qu'une légère contraction par rapport au niveau de 1987-1988. En ce qui concerne les emblavures, le Pr. François BOYE a établi une relation entre le comportement des paysans et une modification des prix. Dans 45 % des cas où le prix au producteur a connu une variation (1973, 1979, 1981, 1985, 1988), les paysans ont réagi irrationnellement : en modifiant leurs emblavures d'arachides en discordance avec l'évolution de leur rémunération unitaire. De cela, il découle que le revenu réel versé aux paysans est un facteur explicatif de l'utilisation parcellaire de l'engrais, mais pas des superficies ensemencées. La politique des prix pratiquée jusqu'à présent, si elle permet de limiter la vente sur le marché parallèle de la récolte ou le retour de la paysannerie à une culture d'autosubsistance, ne saurait à elle seule suffire à déterminer le niveau de la production.

Contrairement aux idées avancées par beaucoup d'auteurs et de rapports techniques, les paysans auraient continué à maintenir un niveau de production leur permettant d'acquérir un revenu monétaire substantiel quel que soit la politique des prix du gouvernement. Il y a eu une période courte ou l'arachide sénégalaise était écoulée sur le marché gambien, mais l'explication provenait d'une politique délibérée de modification du taux de change réel pour qu'il soit plus favorable au dalasi. La surévaluation du CFA a remis les choses en ordre et le mouvement s'est inversé. Le marché parallèle a peu fonctionné suite à l'organisation des circuits officiels durant la période 1980-1985.

II / Coûts et bénéfices de la filière arachidière : les limites de l'évaluation financière dans la perspective de l'assainissement économique.

En termes de coût, l'État a un bilan largement négatif pour les effets directs de la filière arachidière. Le calcul est rendu difficile par l'indisponibilité et la qualité des statistiques qui n'autorisent pas l'utilisation de modèle économétrique faute de données de panel ou de série chronologique. C'est ce qui explique les évaluations approximatives réalisées dans mon ouvrage sur « L'État, le technicien et le banquier face aux défis du monde rural sénégalais ». Rappelons l'architecture des comptes pour avoir, ne fut-ce qu'une image plus claire sur le niveau et l'origine des coûts et bénéfices de la filière pour bien camper les termes du débat même s'il est vrai que l'évaluation a été opérée à une période antérieure. Les données du problème ont très peu variées. En prenant une période où ces données ont été rendues disponibles et assez bien travaillées (THENEVIN, 1987) les postes en déficit se présentent comme suit :

- 15,6 milliards en 1981, principalement à cause du déficit de la filière semencière (-9,6 milliards, car la SONAR n'a pas eu de recettes en 1981, année de transition après la disparition de L'ONCAD) et des dépenses de péréquation sur les huiles consommées au Sénégal (-6 milliards) ;

- 20,3 milliards en 1982 par la suite du déficit de la SONAR (-7,1 milliards) et du barème de commercialisation (-14,5 milliards, les frais de commercialisation et d'achats des graines aux producteurs excédent considérablement les recettes procurées par les ventes des graines aux huiliers à cause de cours internationaux exceptionnellement bas) ;
- -9,3 milliards en 1983, dont 4,1 milliards pour la SONAR et 3,5 milliards pour le barème de la commercialisation des graines par suite des ventes à bas prix en début d'année ; la SEIB a reçu une subvention de 4,1 milliards, car elle a vendu son huile exporté à bas prix de sorte que l'État est déficitaire de 400 millions vis-à-vis des huiliers, malgré les bons résultats obtenus par la SONACOS et péréquation positive de l'huile vendue localement (augmentation du prix de vente aux consommateurs an août 1982) ; 7,6 milliards en 1984, dont - 6,6 milliards pour la SONAR.

Ces statistiques montrent que les trois grands postes du déficit de la filière sont : la filière semencière, la SEIB qui travaille dans de mauvaises conditions financières et triture des quantités de graines insuffisantes par apport à sa capacité de production. Les coûts fixes élevés et le manque de souplesse financière permettant de vendre au moment opportun expliquent le coût considérable que représente la SEIB pour la filière et le barème de commercialisation qui comprend les faibles recettes (lorsque les cours internationaux sont bas), les coûts excessifs de certains postes : pertes et fraudes (dépassant 3,3 milliards en 1982-1983), les frais financiers (les huiliers se finançant sur le poste du barème en retardant le paiement de leurs achats de graines) ; les transports.

Les coûts sont supportés par l'État qui était au cœur du dispositif de production, de commercialisation et de financement. En conséquence, ils ont contribué à creuser le déficit budgétaire dont la recherche de l'équilibre est l'une des conditionnalités des Institutions Financières Internationales.

En mettant en corrélation ces dépenses avec les recettes estimées à partir d'hypothèses de prix internationaux des graines en F CFA, on peut établir le bilan de la filière au moins pour la fin des années quatre-vingt. À l'époque une étude de la Banque mondiale (1987) postule que les prix indexés dégagés par le mécanisme d'ajustement se situent à un niveau inférieur à celui du prix pratiqué qui est de 90F/KG. Sur la base de ces hypothèses, en 1987-1988, pour une production de 850 000 tonnes d'arachide, la production à triturer devrait être de 556 000 tonnes. Le déficit "normal" devrait alors s'élever à : 556 000 x (90 - 54) soit 20 milliards de F CFA pour l'arachide. Ce travail peut être poursuivi et même affiné si les statistiques agricoles sont disponibles. En raccourci, pour les partenaires au développement, il est établi au plan comptable que la filière risque de rester pour longtemps déficitaire, ce qui amène à se poser la question de savoir : Qu'en faire? Les Institutions

Financières Internationales répondent, dans l'optique de l'assainissement économique et financier, par une double alternative soit la restructuration profonde de la filière ce qui revient à œuvrer pour la réalisation de son équilibre ; soit alors son abandon pur et simple et à chercher à promouvoir des activités agricoles substitutives.

La politique préconisée par les IBW se focalisant essentiellement sur la libéralisation complète et totale de l'agriculture avec en toile de fond le désengagement de l'État et la privatisation. Dans le cas d'espèce, elle recommande la suppression par privatisation ou par liquidation pure et simple des postes qui occasionnent les déficits : les semences (SONAGRAINE), les huileries (SONACOS, SEIB) et les surcoûts issus de la commercialisation. L'objectif est de ne point faire supporter au budget de l'État des déficits insoutenables. C'est la même logique qui avait dicté les suppressions précipitées des sociétés d'intervention dans le milieu rural sans aucune assurance que les fonctions abandonnées pouvaient être assumées par les acteurs.[241]

Si cette logique est techniquement justifiée au plan strictement de l'équilibre financier de la filière, elle est totalement parcellaire dans son évaluation et ne tient pas compte de certaines dimensions économiques (effets indirects et effets multiplicateurs) et sociales (effets de revenus et d'appauvrissement).

Au plan strictement économique, le rôle que joue l'arachide directement et indirectement dans l'ensemble de l'économie est très important. Nous avions tenté dans notre étude de quantifier les effets induits de la production arachidière sur l'économie. En effet, si l'on tient compte des effets indirects dus aux effets d'entraînement de l'économie par les consommations intermédiaires des entreprises, la situation du déficit s'améliore puisqu'une valeur ajoutée supplémentaire de 8,1, 14,3, 15,1 et 10,7 milliards est créée respectivement en 1981, 1982, 1983 et 1984. Le bilan de l'État se serait amélioré de plutôt dans la même période de 0,8 milliard en 1981, 1,7milliard en 1982, 1,8 milliard en 1983 et 1,1 milliards en 1984. Le budget général de l'État profite de l'entraînement de l'économie, par la pression fiscale sur les revenus des agents et la taxation de la consommation des ménages. Avec une pression fiscale et une taxation de la consommation correspondant à un taux d'environ 20 % des revenus des seuls ménages producteurs et salariés, l'État recevrait 4, 11, 14 et 7 milliards de 1981 à 1984. On peut donc dire que du point de vue du budget de l'État, la filière arachide est neutre sur l'ensemble de la période 1981/1984. Ce résultat est évidemment bien inférieur à celui que l'on observait il y a quelques années, mais il n'est pas aussi mauvais que

241 Moustapha KASSE : *Les problèmes du secteur rural : perspectives et limites de la Nouvelle Politique Agricole (NPA),* Document de travail du Centre de Recherche économique Africain (CREA), mai 1986 34 p.

certains le prétendent. En ce qui concerne les revenus des entreprises (transports, services principalement) et les salaires, ils ont augmenté entre 6 et 9,8 milliards selon les années pour les entreprises, et 2,1 à 4,6 milliards pour les salariés. Ces effets directs et indirects de la filière ne sont pas bien pris en compte dans les évaluations financières sommaires réalisées sur la filière.

III/ Les perspectives : que faire des paysans ? Comment les soutenir pour réduire ou éradiquer la pauvreté rurale ?

Il faut noter que les industries alimentaires sont dominées par les huileries si bien que la liquidation de ce secteur entraînerait des importations d'arachide d'huilerie. Bien que les coûts de production de l'huile raffinée soient élevés, que les subventions aux prix aux producteurs soient de plus en plus contraignantes pour le fonds de garantie de l'arachide, la fermeture des huileries est financièrement justifiable, mais économiquement pas souhaitable. Il n'est pas du tout sûr que les économies réalisées sur l'importation d'huile raffinée servent à financer le développement économique de la nation sans oublier que cela revient à accentuer la dépendance alimentaire du pays vis-à-vis de l'étranger. Si pour une raison quelconque les prix étrangers venaient à augmenter de façon vertigineuse, le pays se trouverait complètement pris au dépourvu, car l'huile d'arachide est aussi vitale que le riz consommé en grande quantité.

L'autre élément déterminant est d'ordre social. Donner l'exclusivité ou la priorité à la suppression de la filière soulève de redoutables questions : Que faire des paysans ? Va-t-on juste les soutenir pour que la pauvreté en milieu rural reste acceptable politiquement et socialement ? Comment faire face à une explosion de l'exode rural qui risque d'en découler ?

Le secteur arachidier est l'un des plus intégrés et le mieux organisé de l'économie. Il est indéniable que des réformes profondes s'imposent, mais, ces réformes ne sauraient se résumer au couple désengagement et privatisation. Cette vision confond les moyens avec les fins : la libéralisation, la recherche des grands équilibres, les privatisations sont prises comme des fins plutôt que comme des moyens d'une croissance durable, équitable et démocratique. Elle se focalise beaucoup trop sur les prix plutôt que sur la croissance et la stabilité de la production, sur la maîtrise des déficits budgétaires plutôt que la stabilité économique et sociale. Elle se concentre sur les privatisations, mais n'a guère attaché d'importance à l'infrastructure institutionnelle nécessaire au bon fonctionnement des marchés, et particulièrement à la concurrence. Elle oublie le rôle de l'État qui est central dans le jeu de l'économie globale.

EN CONCLUSION : RÉFORMER LES RÉFORMES PAR UNE STRATÉGIE OPÉRANTE DE MODERNISATION DE L'AGRICULTURE, D'INDUSTRIALISATION ET DE VALORISATION DES CHAINES DE VALEUR.

En définitive, très fortement structuré, le secteur arachidier peut parfaitement représenter un exemple d'intégration verticale réussie : toute la production commercialisée étant transformée en huile et tourteaux ce qui contribue à accroître la valeur ajoutée en offrant des produits transformés. Le secteur a encore de belles perspectives et peut toujours participer à la relance de la croissance économique, malgré la vision pessimiste des bailleurs de fonds. Seulement, il faudra élaborer une véritable politique arachidière en cohérence avec les autres éléments de la stratégie proposée de développement rural.

Le premier défi majeur est la réintroduction dans le secteur d'un État qui soit stratège et régulateur sans lui donner des fonctions économiques exorbitantes, mais sans le réduire au rôle marginal de simple veilleur de nuit sur les trois sphères de la production, de la commercialisation et du financement. L'économie administrée et protégée des années 60 et 70 est à jamais révolue, car elle n'a pas réalisé les investissements rentables et massifs pour un développement durable de l'agriculture.

Le second défi est à long terme. Il faut arriver à s'affranchir des aléas climatiques par une politique d'irrigation, mais avant cela, il importe de procéder, à court terme, à un phosphatage de l'ensemble des sols du Bassin arachidier en vue de l'utilisation des innovations techniques plus performantes susceptibles d'améliorer les rendements et la productivité par hectare cultivé et par actif rural.

Le troisième défi concerne le statut de la SONACOS. Il doit être clarifié et ses missions mieux redéfinies. Sa gestion doit être confiée à des techniciens compétents et avertis. Son bradage a été évité de justesse par des lobbies obscurs de levantins.

Le quatrième défi est relatif à la valorisation et à la responsabilisation de la paysannerie. Celle-ci sera efficace surtout quand elle sera informée, formée et encadrée. Les organisations paysannes doivent être revitalisées pour se présenter comme une sorte de société civile paysanne capable de se prendre en charge et de participer à tous les processus de concertation avec les autres acteurs du monde économique et rural. Par exemple La compétitivité de l'industrie agroalimentaire ne pourra se faire indépendamment de la production agricole. En effet, l'agriculture est au cœur de la chaine de production de l'Industrie Agro-Alimentaire. Ainsi, il est important de développer un véritable partenariat entre les transformateurs et les producteurs agricoles afin d'assurer un système agro-industriel sain fondé sur des chaines de valeur agricoles. Il est impossible de transformer l'agriculture sans un minimum de ruptures organisationnelles et sans une vision sociale. Aujourd'hui, l'élaboration d'une stratégie agricole globale et concertée s'impose.

Aujourd'hui, les villes africaines sont dans une situation de dépendance structurelle aux importations alimentaires, ce défi persiste et s'amplifie depuis plusieurs décennies au risque d'empêcher les dynamiques inclusives et résilientes de jouer leur plein effet sur la croissance. En témoignent les nombreuses manifestations comme les émeutes de la faim, les luttes contre la vie chère. La réponse des politiques publiques est de créer les fondements d'un nouveau modèle de croissance capables de répondre rapidement à cette demande urbaine croissante en biens de consommation agricole et vivrière. Le sermon Hippocrate nous rappelle de faire « *Que ta nourriture soit ton médicament et que ton médicament soit ta nourriture*. »

THÈME 25 – INDUSTRIALISATION ET DÉVELOPPEMENT : QUELLES PERSPECTIVES POUR L'AFRIQUE ?

Pr Moustapha KASSE Introduction à un débat avec les ingénieurs et stagiaires en Allemagne, rencontre financée par la GTZ.

INTRODUCTION

« Parce que précisément, après avoir reconquis leur indépendance, les pays africains ne se sont pas engagés suffisamment, pas engagés du tout même, dans la voie d'une industrialisation accélérée. Je dis le contraire de ce que l'on dit généralement : l'industrialisation, c'est pour plus tard. L'Afrique n'est pas mûre pour l'industrialisation. On disait ça de la Chine il y a cinquante ans. On disait ça de la Corée du Sud. Ce sont précisément les pays qui se sont industrialisés, rentrés dans l'industrialisation, d'une façon décidée, qui sont aujourd'hui les pays émergents. Alors 'Afrique a pris plus de cinquante ans de retard » **Samir AMIN**[242]

Faut-il encore des politiques industrielles ? [243] « GHANDI et son rouet, MAO et ses hauts fourneaux de campagne ont cherché des voies nouvelles. Derrière eux, nombre d'intellectuels, partisans de la technologie « intermédiaire », « adaptée », appropriée ou « pertinente », restent persuadés que l'on peut écrire pour chaque situation une histoire industrielle spécifique...[244] ».

Lors du Second Congrès des Économistes Africains à Dakar, les chercheurs ont observé que la plupart des expériences réussies dans le monde s'appuie d'abord sur la contribution de l'industrie qui a une capacité réelle d'absorption des innovations technologiques. Les avantages comparatifs entre l'industrie et l'agriculture militent en faveur de l'industrie qui favoriserait plus le développement que le domaine agricole où l'offre des terres est très limitée. Plusieurs questions ont été abordées au cours de cette rencontre :

- L'Afrique peut-elle se développer sans s'industrialiser ?
- Quels sont les facteurs bloquants de l'industrialisation en Afrique ?
- Le transfert de technologie favorise-t-il l'industrialisation en Afrique ?

---

[242] Samir AMIN : *Déclaration à Christophe CHAMPIN (RFI) sur le Cinquantenaire des pays africains* où il dresse le bilan de 50 ans de relations entre les États africains et le reste du monde.

[243] C'est le titre d'un article de Philippe FREMEAUX. À la Session de 2001 de l'École de Dakar, j'avais introduit une question pas très éloignée de celle –là : L'industrialisation est-elle encore possible ? Alors quel modèle pour le Sénégal ? Cette réflexion sera publiée comme une évaluation concrète du système industriel africain dans mon ouvrage sur *: L'Industrialisation africaine est possible. Quel modèle pour le Sénégal.*

[244] H.R.D'ORFEUIL : *Le Tiers monde, Colletions Repères*, Édit. La Découverte, 1997, p58

- Quels sont les rapports entre l'agro-industrie et l'industrialisation africaine ?
- Comment résoudre les problèmes institutionnels de financement et les difficultés liées à l'environnement des affaires pour promouvoir l'industrialisation en Afrique ?[245]

L'industrialisation s'est toujours posée, au niveau des PSD comme une priorité pour la valorisation des ressources naturelles d'origine agricole et minière, dans la recherche des nombreuses externalités positives qu'elle exerce sur l'ensemble des secteurs de l'activité économique et sociale : création de valeur ajoutée, effets d'impulsion sur d'autres secteurs d'activités (économiques, agricoles et tertiaires), nombreux effets induits, création d'emplois, augmentation des revenus des individus et des finances publiques, incidences sur l'organisation sociale et le bien-être des populations. En toute conséquence, le système industriel contribue d'une part à une meilleure exploitation des ressources naturelles et d'autre part à accroître le savoir-faire et les innovations technologiques.

Pourtant, malgré ces effets positifs attendus, deux idées défavorables sont véhiculées concernant les politiques industrielles. Selon la première, à l'heure de la mondialisation, les politiques industrielles ne seraient plus nécessaires ; quant à la seconde, elle affirme qu'aujourd'hui ces politiques ont radicalement changé de nature, car elles intéressent des territoires ayant des attractivités qui les rendent compétitives comme les infrastructures de base, la qualité de l'environnement institutionnel et des affaires, la sécurité des biens et des personnes, la disponibilité de pôles de recherche et d'innovation et des systèmes pertinents de formation des ressources humaines.

Les débats sur la politique industrielle sont ainsi bien relancés surtout à la lumière des préoccupations des PSD qui se caractérisent généralement par leurs faibles bases industrielles. Ce qui avait amené l'ONUDI à la Conférence de Lima (1975) à fixer l'objectif de 25% de la Production industrielle mondiale en 2005 à atteindre par les Pays du Tiers-Monde. Trente années après, on est trop éloigné de l'objectif, car ces pays réalisent à peine 10%, même si certains d'entre eux ont créé des espaces industriels assez denses notamment en Asie et en Amérique Latine.

Dans cette direction, trois questions se posent et doivent être nettement élucidées au double plan théorique et pratique :

1°) Quels sont les effets attendus de toute forme d'industrialisation, autrement dit, quelles ont été les fonctions essentielles de l'industrialisation dans les processus historiques de développement économique et social des pays actuellement développés ?

---

[245] Toutes ces questions ont été soulevées et réglées dans mon ouvrage *L'Industrialisation africaine est possible. Quel modèle pour le Sénégal*, Édition l4Harmattan 2013, 435 p.

2°) Ces fonctions peuvent-elles se reproduire dans les PSD fortement articulés à la mondialisation par une spécialisation dans l'exportation des matières premières agricoles et minières industriellement valorisées à l'extérieur ? Une stratégie conséquente d'industrialisation dans ces pays dépendants et aux structures productives extraverties est-elle encore possible ?

3°) Malgré une présumée inexistence de perspective industrielle au regard de l'organisation des nouveaux territoires industriels au Nord, les NPI d'Asie se sont ouverts des boulevards ; cette voie inédite appelle de nouvelles questions : « comment ont-ils fait ? Le processus est-il ouvert pour les PSD, y compris ceux d'Afrique ? Où sont-ils irrémédiablement condamnés à être des exportateurs de matières premières agricoles et minières et importateurs nets de biens industriels ? »

Si ces trois (03) problématiques ne sont pas clairement éclaircies, on ne saura jamais de quoi on parle en matière d'industrialisation, et encore moins ce qu'il faut réellement faire.

I/ Quelques observations sur les bénéfices produits et attendus de toute industrialisation.

Si les débats sur les perspectives et modèles d'industrialisation dans les pays en voie de développement sont d'une affligeante pauvreté, cela procède souvent des obscurités de départ sur le rôle historique de l'industrialisation dans le processus de développement économique et social. Faute d'avoir profondément analysé ces fonctions industrielles, les théoriciens sont balancés entre deux extrêmes : la première qu'on pourrait qualifier d'industrialisme tente d'expliquer toutes les évolutions socio-économiques par la révolution industrielle ; en d'autres termes, c'est elle qui introduit toutes les ruptures dans le système productif et même social pour installer des mécanismes et un dynamisme nouveau : l'industrie est une condition nécessaire et suffisante du développement économique et social. On sert de la barbarie par transformation des outils. Le second extrême considère l'industrialisation comme l'étape la moins importante. Pour sortir de ces visions extrémistes, il importe de retracer les fonctions de l'industrialisation telles qu'elles se révèlent dans l'expérience des pays actuellement industrialisés.

À grands traits, l'histoire des pays établit que l'industrie a produit cinq (05) séries d'effets qui font qu'elle est désirée et considérée comme une variable essentielle du processus de transformation des forces productives matérielles et humaines. Ces séries d'effets se résument comme suit :

- l'accroissement de la productivité du travail et de celle des autres sous-secteurs de l'activité économique ; en d'autres termes, l'industrie en assistant les bras de l'homme et les autres secteurs d'outils fonctionnels, accroît leur niveau d'efficacité[246]; c'est ainsi que certains goulots d'étranglement sont liquidés, ce qui permet l'avènement d'un travail plus efficient ;

- la valorisation des ressources naturelles conformément aux besoins des autres secteurs. De ce fait, l'industrie devient la source d'importantes économies externes. C'est cela qui permet le fonctionnement d'un système productif cohérent au niveau des différentes activités de production ;
- la formation et l'accroissement du capital productif national. Le processus d'industrialisation est largement générateur de surplus financiers qui peuvent être réinvestis pour accroître les capacités intra-sectorielles de production (investissement autonome) ou transférés vers d'autres utilisations productives. Ainsi, l'industrie se présente comme une source importante d'accumulation ;
- l'industrie contribue largement à la création et à l'affermissement du marché national, c'est-à-dire qu'elle ne peut exister sans élargir la sphère de la circulation des biens et briser les barrières régionales. De fait, elle contribue ainsi à la création d'une infrastructure de base. Comme l'observe J. E. RWEYNEMAMU, l'industrie a «développé les économies en les intégrant et en les rendant souples et capables d'engendrer elles-mêmes une croissance autonome»[247] ;
- l'industrie accroît et diffuse la technologie et devient ainsi un vecteur d'élargissement du potentiel scientifique et technique, un amplificateur du savoir-faire.

Ces effets attendus justifient la mise en place de politiques industrielles qui en dernière instance, permettent non seulement une amélioration de la productivité globale et des aptitudes techniques, mais aussi une valorisation ou une exploitation conformément aux besoins de l'activité économique des ressources naturelles.

Cependant, ces effets ne peuvent être produits dans les meilleures conditions par n'importe quelle structure industrielle. Si le secteur des biens d'équipement est jugé prioritaire, c'est principalement à cause de sa capacité à optimaliser chacune des cinq (05) fonctions retenues. On dit alors que la forme industrielle optimum est l'industrie industrialisante qui possède la capacité à installer une structure industrielle ayant d'importants effets d'entraînement et

---

[246] L'industrie, c'est la possibilité de créer des outils qui améliorent systématiquement les conditions de travail des producteurs et dans les branches. C'est ce qui fait écrire à A. EMMANUEL que « sommairement parlant, la production de richesses est fonction de la quantité d'outils et de matière grise dont les bras de l'homme sont absents dans le travail productif » (Le prix rémunérateur).

[247] J.F. RWEYEMAMU : *Le modèle de développement industriel capitaliste perverti* – IDEP/ET/CS/2367-18.

de polarisation, possédant les moyens internes de formation et de diffusion d'une importante technologie.

Bien entendu, les conditions de création de cette forme d'industrialisation ne sont pas toujours présentes. Historiquement dans les pays développés, elles ont été facilitées par deux facteurs : d'un côté la nécessité objective de produire ces biens en l'absence de toute autre possibilité et de l'autre, le fait qu'il n'y ait pas eu une grande disparité entre les technologies modernes et les technologies traditionnelles.

Ces deux facteurs sont largement battus en brèche dans les formations sous-développées par d'une part, les possibilités d'importation des biens d'équipement qui ne rendent plus nécessairement impératif leur production interne et d'autre part, l'important gap technologique qui sépare le secteur moderne et le secteur traditionnel. Ces spécificités n'enlèvent rien au fait que l'industrie qui maximise les effets est l'industrie industrialisant.

Cette structure industrielle peut-elle être induite dans les formations sous-développées articulées à la Division Internationale du Travail (DIT) ?

II/ L'industrialisation avortée des pays africains.

Le processus d'industrialisation des formations sous-développées insérées à la DIT se caractérise selon l'expression de Samir AMIN par une « distorsion en faveur des branches et techniques légères » qui apparaît, au demeurant, dans les deux formes dominantes de l'industrialisation par substitution aux importations et la délocalisation faisant suite à l'émergence tendancielle d'une nouvelle DIT. Il faut alors s'interroger sur les perspectives qu'offrent ces deux (02) modèles d'industrialisation extravertie, c'est-à-dire animée financièrement et technologiquement par l'extérieur, principalement selon la logique même de la valorisation internationale du capital.

1°) Les effets de l'industrialisation par substitution aux importations.

La littérature sur la question est aujourd'hui fort variée, mais il n'existe aucun auteur pour soutenir que le modèle d'industrialisation a produit des effets d'entrainement sur les économies concernées. L'unanimité semble même se faire autour de l'idée que les statistiques confirment, selon laquelle l'industrie par substitution aux importations (ISI) part d'une demande préexistante formée par les besoins de la minorité fortunée liée aux activités exportatrices, spéculatives d'origine commerciale et immobilière ou aux hautes sphères des fonctions publiques dotées d'un modèle de consommation similaire à celui des pays capitalistes développés. Cette demande détermine les techniques à adopter, c'est-à-dire le coefficient de capital. Le processus d'industrialisation sera donc totalement conditionné par ces préalables et fonctionnera en circuit fermé pour les minorités locales fortunées. La conséquence comme le souligne M. IKONICOFF est que ni la disponibilité des facteurs, ni la constellation des ressources à l'échelle nationale ne sont des données significatives du choix de la technologie[248], autrement dit, le vecteur de l'industrialisation est la demande interne à satisfaire, en conséquence les effets induits par les facteurs de production seront limités. Dans ces conditions, « l'ISI, loin de constituer une prolongation de l'appareil productif traditionnel ou une transformation de ce dernier, constitue un transfert du centre vers la périphérie d'activités productives liées à une clientèle consommatrice conditionnée et contrôlée »[249].

Par ailleurs, ce modèle d'industrialisation augmente, accentue les déséquilibres dans le système productif et dans la structure sociale. En effet, il exclut de la consommation des biens manufacturés de trop larges couches de la population. C'est ainsi que va se renforcer l'hétérogénéité structurelle caractéristique des pays sous-développés et défavorable au progrès socio-économique.

Toute la littérature sur l'industrialisation de substitution d'importation s'accorde sur un certain nombre de constatations à savoir :

- que le modèle ne contribue ni à la création de biens d'équipement ni à l'accroissement des économies externes des autres secteurs de l'activité économique avec lesquels il a du reste des liens très réduits, ni même à l'augmentation de la productivité du travail ;
- que le modèle accroît la dépendance technique et financière, sans que celle-ci ne soit quelque peu compensée par des retombées positives sur la technologie, la productivité et l'accumulation interne de capital. Dans cette optique, l'ISI contrôlée au triple niveau technique, financier et gestionnel est à la fois un facteur d'endettement et de déséquilibre extérieur ;
- qu'il consolide, les enclaves industrielles, désarticule l'économie et favorise la création de structures oligopolistiques non concurrentielles ;
- qu'il développe des effets sociaux importants en creusant «la dichotomie entre d'une part, la masse marginalisée des ruraux et des populations périurbaines et d'autre part, les minorités liées aux secteurs modernes industriel, administratif et commercial des villes»[250].

Pour des pays dont le système des forces productives accuse un retard énorme, et qui ont par conséquent besoin d'une industrialisation accélérée augmentant, quel qu'en soit le coût, la productivité du travail et des autres secteurs, permettant une mise en valeur intégrale des ressources naturelles,

---

[248] M. IKONICOFF : « *Transfert de technologie et conditions d'industrialisation* ». Revue Coopération Technique, juin 1973.

[249] Abdel Kader S. AHMED : « *Sous-développement, industrialisation et dépendance* ». Revue algérienne, sept. 1976.

[250] Patrice ROBINEAU : « *Impact de l'industrialisation sur la production agricole et le développement rural* ». Monde en développement, n° 31/32, 1980.

l'industrialisation par substitution d'importation n'est pas la voie. Même si l'ISI est la source d'une croissance reposant sur des actions polarisées, elle restera toujours limitée par l'étroitesse du marché intérieur circonscrit principalement aux hauts niveaux de revenus urbains[251]. C'est en cela que l'ISI est une forme avortée d'industrialisation, c'est-à-dire qu'à terme, elle connaîtra irrémédiablement un blocage insurmontable qui la ramène à une industrie fonctionnant en circuit fermé[252]. Le processus restera bloqué tant que le système industriel ne s'élargit pas à la demande des populations rurales et des autres secteurs décisifs de la vie économique. Seulement, si cette extension s'opérait, cela signifierait que l'industrialisation cessera d'être de substitution aux importations.

En clair, l'avenir industriel n'est pas dans la stratégie d'industrialisation par substitution aux importations qui est imposée et non maîtrisée dans ses différentes composantes par les formations sociales sous-développées. Un tel système fonctionne par et pour les économies centrales.

Qu'en est-il de la seconde tendance que l'on observe dans les pays sous-développés articulés à la division internationale du travail : la délocalisation industrielle ?

2°) La délocalisation industrielle est- elle industrialisante ?

La crise de l'économie mondiale sans être aussi spectaculaire que celle de 1929, n'en demeure pas moins plus ample, plus étendue, plus profonde et plus longue.

D'abord, elle est caractéristique par son ampleur, car elle affecte toutes les composantes de la vie économique et tous les pays, quels que soient leur taille, leur poids et leurs options de système. Certains, à la vue de ces faits, ont pensé que l'on est arrivé à la phase ultime du libéralisme et qu'il s'amorce une nouvelle phase d'autarcie ou de multilatéralismes partiels. L'ordre productif est sérieusement ébranlé, de même que les échanges et le système monétaire tombé en ruine.

Ensuite, la crise actuelle est caractéristique par sa profondeur et l'étendue de ses effets. L'inflation s'est généralisée en s'imposant comme un phénomène permanent. Elle exprime la crise monétaire internationale et l'installation de fortes fluctuations monétaires, une dégradation de toutes les

---

[251] MONTASSER fait observer que la phase de substitution n'est pas toujours caractéristique, mais ce qui est important, c'est que la production de substitution pourrait être le moteur de la croissance. Seulement, le niveau de cette production sera toujours fonction de la demande de minorité possédante. L'extension ne pourrait venir que d'une nouvelle distribution des revenus ou d'une extension des bases de l'exportation (sur le marché mondial) de la production interne. Il y a là une série de problèmes qui se transmettent en facteur de blocage de l'ISI.

[252] Alexandre FAIRE : *« Stratégie du Nord et Stratégie du Sud » in. L'Avenir Industriel de l'Afrique* Édit. L'harmattan.

institutions monétaires et les structures de coopération et de concertation. L'insécurité est la cause de l'instabilité monétaire permanente et générale. Le chômage est l'autre composante et affecte des millions de travailleurs. Jamais l'armée de réserve n'a été aussi imposante quantitativement et qualitativement.

Dans les formations sous-développées terriblement endettées, la famine et la misère s'installent et pèsent comme une rude fatalité sur des millions de personnes condamnées à tendre la main pour survivre et à attendre leur existence de la bonne volonté et de la générosité internationale.

Enfin, la crise actuelle est caractéristique par sa durée. Elle a démarré vers les années 1970 et elle dure encore. Les crises passées, quelle que soit leur rigueur, ont été relativement de courte durée.

Pour en sortir, il faut un bouleversement radical de l'ordre politique, social et économique mondial, une restructuration de l'espace mondial, de la division internationale du travail. Il semble que la réponse capitaliste tourne autour de l'éclatement de la DIT et de la constitution de blocs relativement autonomes correspondant à une stratégie de division des risques. Il s'agit donc de créer une nouvelle hiérarchisation fondée principalement sur la maîtrise de certains éléments du pool technologique. La délocalisation industrielle procède de cette logique du monde multipolaire. Quel en est le principe ?

Dans l'optique de l'internationalisation, chaque entreprise utilise au mieux de ses intérêts l'espace régional de déploiement du capital. Elle essaiera de découvrir le lieu optimal de production et de commercialisation et en conséquence, décomposera les processus de production. C'est la tendance à la création de filiales-relais[253], notamment dans les formations sous-développées où les coûts de la main d'œuvre sont faibles.

Selon A. FAIRE, les bases objectives de la délocalisation sont l'épuisement des innovations technologiques majeures au Centre et le fait que la concurrence devient essentiellement une concurrence par les coûts qui pousse les groupes vers des régions à faibles rémunérations du travail. En effet, les groupes qui ont les coûts les plus faibles peuvent élargir leurs marchés aux dépens des autres[254] .

Ce processus de délocalisation tendant à rejeter vers la périphérie certains segments de production concerne principalement les secteurs industriels déclinants, certaines productions technologiquement banalisées ou absorbant une forte quantité de main-d'œuvre[255]. Comme l'obverse A. FAIRE, "qu'il s'agisse d'unités de production de produits banalisés contrôlés par les groupes multinationaux … ou appartenant aux secteurs non monopolistes de l'industrie

---

[253] Dimitri GERMIDIS : *« Firmes multinationales et transferts technologiques dans les PVD ».* Revue Civilisation, n° 3-4, 1978.

[254] Alexandre FAIRE *: « l'Avenir industriel de l'Afrique »,* p. 100. Édit. L'Harmattan.

[255] B. MADEUF : *« Le transfert de technologie et la nouvelle DIT ».* Revue d'Économie Industrielle, n° 14, 1980.

du centre (textile, habillement, cuirs et chaussures, …), la relative stagnation des marchés centraux provoquée par la crise, rend considérablement plus sévère la concurrence par les coûts ... Dans la mesure où la crise a déjà réinstauré le leadership américain dans le monde occidental, on pourrait penser que rien ne s'oppose plus à un mouvement important de délocalisation industrielle vers les pays du Tiers-Monde, concernant l'ensemble des branches industrielles, à l'exception des industries de pointe »[256].

Ces transferts peuvent être importants et concerner des secteurs décisifs (sidérurgie, pétrochimie) seulement, au meilleur des cas, ils forment un processus industriel de contrôle constituant un facteur d'articulation au marché mondial et ayant un coût financier et social excessif. En effet, comme l'observe D. GERMIDIS, les firmes délocalisées jouent le rôle de sous-traitant à l'échelle internationale et cela entraîne une modification du transfert technologique vers le pays d'accueil.

La délocalisation ne saurait alors présider à une stratégie conséquente d'industrialisation. La décision échappe au contrôle des décideurs[257].

L'ISI comme la délocalisation industrielle ne constituent pas des modèles d'une politique industrielle conséquente. Elles procèdent de la volonté du capitalisme mondial de dominer ses marchés extérieurs comme prolongements indispensables des marchés intérieurs, d'opérer une installation efficiente au mieux de ses intérêts et de réaliser ainsi une valorisation internationale du capital. C'est dire que le capitalisme périphérique extraverti n'offre aucune perspective transparente d'une industrialisation indépendante et capable de produire d'importants effets induits sur l'emploi, la technologie, la productivité. Quelle est la stratégie d'industrialisation la plus progressive ?

3°) Quel modèle alternatif pour l'industrialisation des PSD ?

Les axes d'une politique industrielle indépendante et autocentrée se formulent aisément et se réduisent d'une part à la définition et à la mise sur pied d'une industrialisation rurale qui ne procède d'aucune accumulation primitive. Cependant, celle-ci s'organise pour fournir des moyens de production et de biens de consommation nécessaires à l'expansion de l'agriculture ; d'une part l'industrie doit rendre possible la révolution agricole. Et d'autre part elle doit participer à l'élaboration d'une politique, de mécanismes d'appropriation et de diffusion de la technologie permettant une amélioration de la technique et de la productivité du travail.

La réalisation de tels objectifs passe par une analyse des articulations expressives :

---

[256] A. FAIRE, op. Cit. pp. 101-103.

[257] Les Zones Franches constituent une parfaite illustration de cette industrialisation d'enclave. On installe ainsi dans un pays sous-développé une filiale atelier qui échappe totalement au contrôle des autorités locales.

- Agriculture – industrie,
- Industries lourdes – industries légères,
- Technologie à coefficient capitalistique élevé – technologie utilisatrice de main-d'œuvre.

Cette analyse permettra de dégager les directions d'action, donc les domaines d'allocation des ressources financières et humaines.

a) L'industrialisation rurale : l'organisation des relations de production intersectorielle.

Les PSD sont principalement des sociétés où l'agriculture est dominante par les ressources qu'elle procure et la population qu'elle occupe. Pour cette double raison et également pour les fonctions qu'elle a historiquement jouées dans le développement économique et social, elle est un élément essentiel, une pièce centrale dans la stratégie des transformations socio-économiques. La crise profonde dans laquelle elle est placée, qui se matérialise dans la faiblesse de la productivité du travail, le caractère rudimentaire des outils, le faible volume des surplus formés et la dégradation permanente de l'existence des producteurs, trouve sa solution dans deux (02) directions : d'une part les transformations structurelles et d'autre part, son articulation en amont comme en aval avec le secteur industriel.

Disons-le clairement, les formations sous-développées ne pourront accéder à une mutation structurelle adéquate et une transformation radicale de leur agriculture si elles ne constituent pas un système industriel qui satisfasse les besoins en amont et en aval de l'agriculture. En amont, ce système industriel doit fournir les instruments de travail mécanique, les produits phytosanitaires, les fertilisants nécessaires pour réaliser une expansion régulière de la production. En aval, l'industrie doit contribuer à la valorisation de la production agricole ; ce qui commande la promotion des industries agroalimentaires, textiles, des cuirs et pharmaceutiques.

C'est de cette manière que l'industrie, contrairement à l'expérience historique européenne, rendra possible et relancera la révolution verte indispensable. Dès lors, les relations entre l'agriculture et l'industrie deviennent déterminantes pour un développement économiquc équilibré. Elles vont constituer un ensemble de systèmes complexes qui sera au cœur des préoccupations des décideurs politiques et des techniciens du développement.

Comme le recommande Pierre GONOD[258], l'élaboration d'un modèle entendu comme la schématisation grossière d'une réalité riche et complexe est nécessaire pour représenter les diverses articulations entre les deux (02) secteurs et pour opérer des choix décisionnels. Les axes pourraient être :

Premièrement, l'analyse du système rural pour saisir l'ensemble des éléments interconnectés et appréhender toutes les contraintes et obstacles qui

---

[258] Pierre F. GONOD *: « Vers un rééquilibrage des relations entre l'agriculture et l'industrie »*. Revue «Monde en Développement_», n° 31-32, 1980.

s'opposent aux transformations. Cela concerne l'écosystème, la force de travail, l'ethnie, la culture. Cette analyse revêt toute son importance, car elle devra permettre de décrypter toutes les relations des divers éléments de la structure agraire complexe. On verra alors les modifications à apporter et la méthode à utiliser.

Deuxièmement, la spécification des moyens de production nécessaires et adaptés au système rural considéré comme un tout intégré. Pierre GONOD distingue trois (03) catégories de moyens de production : les moyens de production exogènes, c'est-à-dire ceux fournis par l'industrie (moyens mécaniques, chimiques, énergétiques). On pourra observer que chaque catégorie de moyens peut donner lieu à la constitution d'une industrie. On aurait alors trois (03) sous-secteurs industriels liés aux activités agricoles :

- celui de l'aménagement des infrastructures de base : réseaux d'irrigation, barrages, bâtiments de stockage, etc.,
- celui des biens de consommation intermédiaires que l'on appelle les intrants agricoles : les machines-outils, les engrais, les produits phytosanitaires,
- celui de la valorisation, de la conservation et de la transformation de la production agricole.

Il apparaît clairement à la simple énumération de ces domaines d'action, que le secteur agricole peut et doit en dernière instance, définir le contenu de l'industrialisation. En d'autres termes, la structure industrielle à développer devra être orientée pour servir principalement l'expansion soutenue de la production et des activités agricoles.

Troisièmement, les techniques de production trouveront à articuler de façon harmonieuse celles qui sont extensives avec celles qui sont intensives.

C'est à ce niveau que l'on perçoit tout l'intérêt de l'industrialisation rurale. Selon l'observation de P. F. GONOD, *« les unités agricoles en tant que centre de pouvoir réagissent aux perturbations économiques externes »*. Elles sont obligées d'améliorer leur forme d'organisation et de gestion pour ne point subir de sanctions économiques négatives qui les condamneraient à la disparition.

Elles vont se trouver ainsi dans l'obligation d'épouser une nouvelle rationalité en cherchant les combinaisons les plus efficientes des intrants industriels pour maximiser les profits. Ainsi, l'industrie déclenche au niveau de l'agriculture non seulement un esprit productiviste, mais aussi de nouvelles normes de décision, de production et de gestion des unités économiques. De même, la propension à l'utilisation de technologie progressive dans le monde rural va s'élargir. La paysannerie comprendra toute seule, ou aidée par les divers services de recherches et de vulgarisation, que l'obtention d'une production élevée, donc des revenus monétaires appréciables est directement fonction d'une agriculture intensive au double niveau de la productivité du sol et du travail. Or, ces objectifs de productivité sont atteints par une utilisation des engrais et de la mécanisation.

Si la socialisation de l'agriculture est recherchée, c'est bien pour obtenir des unités économiques de dimension optimale permettant une utilisation efficiente des intrants de l'industrie rurale. C'est l'une des raisons pour lesquelles le socialisme doit d'une part, lutter, mais très démocratiquement contre le principe travailliste de la terre à ceux qui la travaillent et d'autre part, mettre sur pied de façon non bureaucratique des fermes d'État. Dans un premier cas, le morcellement des terres installe des formes minifundiaires qui posent plus de problèmes qu'elles n'en résolvent. Comme le note A. BOUZIDI, « saisir les terres puis les redistribuer selon ce principe ne règle absolument pas la question de savoir dans quel cadre doivent travailler ceux qui perçoivent la terre, pour quels objectifs précis doivent-ils le faire et comment les emmener à le faire effectivement »[259]. Ce problème est important, seulement il doit être réglé démocratiquement par une persuasion de la petite paysannerie pauvre et parcellaire pour l'entraîner vers la coopération. Dans le second cas, l'État devra donner l'exemple en réorganisant l'agriculture de façon rigoureuse et conséquente. Il pourra alors créer des unités de dimensions appropriées pour recevoir la mécanisation et les autres facteurs modernes de production agricole. Il reste entendu que le travers bureaucratique devra être dépisté et impérativement éliminé.

Au total, l'unité de décision qui optimise les intrants de l'industrie doit être de grande taille, car s'il n'en était pas ainsi, les investissements techno-agronomiques réalisés ne pourraient être rentabilisés. En effet, toute baisse tendancielle des surplus monétaires de la paysannerie serait un frein au processus recherché de modernisation de l'agriculture.

Par l'industrialisation, les formations sous-développées doivent amorcer dans les meilleures conditions, une profonde révolution agraire. Il s'agit de mettre la science et le savoir-faire technique au service d'un vaste mouvement de transformation radicale et profonde des structures et de la base matérielle du secteur agricole.

Le second aspect de l'industrialisation concerne la valorisation en aval de la production agricole. Ces industries d'aval exercent d'importants effets sur les techniques de production. Il s'agit principalement d'un feed-back qui «se manifeste sous forme contractuelle dans le cas d'intégration verticale par le respect de programmes de production, de livraison, de standards de qualité, qui sont directement liés à l'utilisation de techniques déterminées »[260]. En plus, de telles industries fournissent aux populations rurales un complexe de biens permettant de couvrir certains besoins quotidiens. Enfin, elles contribuent dans une large mesure à la décentralisation industrielle.

---

[259] A. BOUZIDI, op. cit, p. 300

[260] Pierre F. GONOD: op. cit. p.281.

Au total, l'industrialisation rurale permet :

- Premièrement, le double accroissement de la productivité du sol et du travail, donc l'augmentation de la production ;
- deuxièmement, le développement conséquent d'une substitution aux importations, donc d'une réduction du déficit extérieur,
- troisièmement le transfert et la diffusion technologique,
- et quatrièmement, elle augmente l'efficience de l'ensemble des structures de production et même de commercialisation.

La Chine comme l'Inde ont offert des expériences édifiantes en matière de politique économique de l'industrialisation rurale. Par exemple, pour soutenir son agriculture, la Chine a développé un système diversifié d'industries en amont et en aval du secteur, selon le principe de la ligne de masse qui consiste à « prendre les grandes entreprises comme ossature tout en multipliant les moyennes et les petites entreprises ». Ce principe apparaît très tôt comme le seul capable de traduire dans les faits les mots d'ordre « d'indépendance et d'autonomie », « de compter sur ses propres forces », « de lutter directement et d'édifier le paysage avec diligence et économie »[261]. Ainsi, l'industrie rurale sera intégralement au service de l'agriculture et permettra la constitution d'un réseau industriel fait de grandes et petites unités locales. Cette expérience chinoise, comme le note Patrice ROBINEAU, ne peut être reproduite de façon mimétique. Seulement, elle indique des directions d'action pour valoriser économiquement et socialement le monde rural d'une part en s'appuyant sur les acquis séculaires de la paysannerie et d'autre part, en offrant aux paysans pauvres de profondes motivations pour le travail créateur en le libérant des pires formes d'inégalité et d'exploitation[262].

Le Vietnam développe la même expérience et cette politique industrielle d'envergure commence à produire un ensemble d'effets bénéfiques sur la production agricole et les structures agraires.

Cette industrialisation au service du monde rural a permis aux pays socialistes d'Asie d'atteindre un niveau minimal de sécurité alimentaire. C'est là un acquis de taille comparée aux situations désastreuses des pays du Sahel où les dirigeants tendent la main pour nourrir les populations rurales. L'instabilité de l'environnement ne saurait cacher les énormes erreurs des politiques agraires.

Tous les développements établissent en conclusion que les relations entre l'agriculture et l'industrie sont déterminantes pour l'amorce d'un processus de croissance et d'expansion économique et sociale. L'industrialisation, pour être

---

[261] Patrick TISSIER : *La Chine : transformations rurales et développement socialiste*. Édit. Maspero.

[262] Patrice ROBINEAU : *« L'impact de l'industrialisation sur la production agricole et le développement rural ; une analyse des effets économiques et socioculturels ».* Monde en Développement, n° 31-32, 1980.

effective, doit prendre en charge tous les besoins du secteur agricole. Celui-ci connaîtra alors des niveaux élevés de productivité et les populations rurales auront des revenus monétaires plus importants permettant la formation d'une demande de biens de production et de services à l'industrie qui, à son tour, va se consolider, améliorer ses performances techniques et élargir progressivement ses bases.

L'industrialisation rurale permet de résoudre les distorsions sectorielles caractéristiques des formations sous-développées ainsi que la dichotomie croissante et socialement dangereuse entre villes et campagnes.

b) Le modèle asiatique d'industrialisation par Promotion des Exportations (IPE).

Ce modèle est apparu dans les années 80 en Asie quand l'ISI s'est complètement essoufflée. Il est à la base de la caractérisation de ces pays comme les Nouveaux Pays Industriels (NPI) certainement pour montrer qu'ils ont en quelque sorte, renouvelé les processus d'industrialisation dans le contexte actuel de mondialisation. Cela leur a permis de refaire leur retard sur les pays industrialisés. Le modèle se présente sous des formes différentes selon les pays, du Japon qui en a été l'inspirateur jusqu' à la Chine qui l'a porté à une échelle lui ayant permis de devenir, aujourd'hui, la Grande Usine du Monde. En faisant la synthèse des différentes politiques des divers NPI, les enchainements constitutifs du modèle se résument dans la mise en synergie de 4 éléments :

- Le tissu industriel produit des biens destinés à l'exportation par utilisation de la main-d'œuvre abondante et très bon marché (du fait de l'offre illimitée de la force de travail) ;
- Les industries développées sont fortement intensives en main-d'œuvre
- Elles sont localisées dans les campagnes ou à la périphérie des villes et utilisent la main d'œuvre féminine qui va bénéficier de l'apport de revenus complémentaires ce qui les fixe dans leur espace où elle peut développer d'autres activités. [263]
- L'État joue un rôle déterminant de soutien aux industriels en leur permettant de s'endetter et d'exploiter tous leurs avantages comparatifs.

Cette stratégie d'industrialisation passe par la création de Zones franches industrielles valorisant la main d'œuvre et fortement intégrée au marché mondial. Ce qui permet d'avoir des produits extrêmement compétitifs (jusqu'à parfois 50 à 100 fois moins chers) destinés aux meilleurs marchés (les plus solvables, États-Unis et Europe).

Les conséquences de cette stratégie sont de trois ordres :

- Une amélioration de la résorption de l'emploi productif

[263] Cette utilisation abusive de la main-d'œuvre féminine s'est traduite par un double mouvement l'accélération de l'émancipation de la femme et la baisse de la fécondité : deux phénomènes positifs pour le développement.

- Un accroissement des revenus pour les Individus comme pour l'État
- Une augmentation de l'épargne

Bien évidemment les conditions de travail et de production sont très dures et rappellent curieusement les conditions ouvrières de l'industrialisation naissante en Europe au 19ème siècle. C'est pourquoi les zones franches en Asie sont encore appelées des *« sweats shops »* (ateliers à sueur) avec l'utilisation abusive de la main d'œuvre féminine et juvénile.

III/ Le dilemme industrie lourde–industrie légère : la nécessité de l'élaboration d'une politique cohérente de filières industrielles valorisant les ressources naturelles de base.

Dans les développements antérieurs, il a été établi qu'historiquement l'industrie lourde a été à la base du développement de tous les systèmes sociaux (capitaliste comme socialiste.) Tous les processus d'industrialisation véritable sont partis de tendances lourdes qui ont amené des mécaniques nouvelles qui vont détruire et remplacer systématiquement toutes les vieilles techniques. Ainsi, le capitalisme a vaincu tous les autres systèmes sociaux antérieurs en révolutionnant systématiquement les moyens de production. C'est ce constat qui faisait dire à MARX que la bourgeoisie a joué un rôle historique éminemment progressiste qui a été de tirer l'humanité de la stagnation, de la barbarie. Et depuis, le pays qui a le plus développé les tendances lourdes a dominé la division internationale du travail et s'est soumis les autres systèmes productifs. Conformément aux schémas de la reproduction élargie et dans ses versions européennes, le socialisme réel a développé prioritairement l'industrie lourde c'est-à-dire le développement prioritaire du secteur des biens de production.[264]

Les PSD qui visent la réalisation d'un développement rapide de leurs forces productives doivent avoir une politique industrielle comportant deux composantes : d'une part, le développement prioritaire des industries rurales et d'autre part, la constitution simultanée de secteurs de valorisation des ressources naturelles existantes. Bien entendu, cette politique d'industrialisation doit articuler, comme le note S. AMIN, « un secteur moderne de l'industrie rénové dans ses orientations au secteur des petites

---

[264] Voir sur ce point l'article de G. DEBERNIS : le Sous-développement, analyses ou représentation. In Revue Tiers-Monde, n° 57, janvier-mars 1974. L'auteur y observe avec pertinence qu'il faut se méfier cependant des similitudes qui dissimulent des différences essentielles. De même, il faut se méfier des recettes que l'on prétend tirer de l'expérience européenne. Elles n'ont de sens que si elles ne proviennent pas d'une réduction du processus européen d'industrialisation à des phénomènes tout à fait secondaires : le textile non la mécanique, le taux d'épargne et non le modèle de consommation.

industries rurales qui permettent de mobiliser les forces latentes du progrès»[265].

Ce développement industriel, essentiellement au service des besoins internes, s'appuie sur les secteurs suivants :

- La production des biens d'équipements industriels permettant de valoriser les matières premières locales, de production de machines-outils et d'instruments qui peuvent être destinés au secteur rural,
- L'industrie chimique : industrie chimique minérale (électrochimie, souffre), engrais, produits phytosanitaires, produits pharmaceutiques, produits de la chimie organique,
- L'énergie, car ce secteur est vital en ce qu'il accompagne et conditionne le développement industriel.

Dans ce sens, l'élaboration d'une structure industrielle cohérente et autocentrée s'impose inévitablement aux décideurs des formations sous-développées. Ces pays ayant besoin de faire leur retard, l'industrie industrialisante s'impose à eux comme l'alternative unique.

Dans cette optique, l'État est appelé à jouer des fonctions importantes au triple niveau de la définition des secteurs prioritaires, de l'allocation intersectorielle des ressources et de la socialisation. Cela se traduira surtout par le fait que l'État sera l'initiateur et le réalisateur (à titre principal) du programme industriel qui devra être très fortement concentré. Il faudra bien sûr éviter d'écraser les initiatives privées, même externes, qui exploitent dans de meilleures conditions certains secteurs industriels et satisfont aux moindres coûts certaines demandes de biens manufacturés. C'est souvent le cas dans les industries de transformation.

L'État devra éviter une intervention directe et massive dans ce secteur des industries de transformation qui doivent être partiellement ou totalement abandonnées à l'initiative privée. Il faudra l'aider et l'encadrer pour que d'une part, elle utilise au maximum et de façon efficiente les matières premières locales existantes et d'autre part, qu'elle satisfasse les besoins prioritaires de consommation.

Certains États se sont énormément distraits à vouloir contrôler tous les compartiments du secteur industriel. Dans ces cas d'espèce, ils ont souvent installé des bureaucraties lourdes gérant parfois un vaste secteur industriel composé pour l'essentiel d'unités de production déficitaires et maintenues grâce à des subventions financières. Il y a là un énorme gaspillage de ressources rares qu'il faut éviter en circonscrivant l'intervention de l'État dans les unités véritablement décisives de l'industrie de base. De telles unités nécessitent de lourdes immobilisations financières qui ne sont pas à la portée des entrepreneurs privés nationaux ou étrangers. Ceux-ci ne pourraient point

---

[265] Samir AMIN : *Développement autocentré, autonomie collective et nouvel ordre économique international.* L'Avenir industriel de l'Afrique, p.30.

s'intéresser à de telles entreprises si la rentabilité économique et financière est lointaine ou simplement douteuse.

La création de complexes industriels qui ont un caractère industrialisant entraîne trois séries de conséquences qu'il faut entièrement assumer, à savoir :

- Une dépendance souvent très forte vis-à-vis de l'engineering international,
- Une dépendance financière à l'égard des institutions financières externes,
- Une dépendance vis-à-vis des marchés internationaux sur lesquels il faut écouler les surplus de production du système industriel.

Cette triple dépendance est souvent dénoncée particulièrement par les forces politiques dites progressistes, comme si elle était évitable. Dans le fond, il faut savoir avec exactitude ce que l'on veut dans une politique économique. Si la finalité reste la construction d'un système industriel, il faut chercher les moyens partout où ceux-ci peuvent se trouver et accepter les conséquences en essayant cependant de les atténuer.

Il en est ainsi parce que les pays ne contrôlent pas les éléments essentiels de l'industrialisation. Ils doivent accepter cette triple dépendance pour s'en libérer progressivement avec d'une part, l'émergence d'un engineering national et d'autre part, la création de surplus financiers importants. Si les formations sous-développées refusent l'alternative de l'autarcie et de la stagnation, leur processus d'industrialisation passera par une période de dépendance externe. Seulement, elle est voulue contrôlée et surtout transitoire.

Le « raccourci de rattrapage » passe par l'acceptation de cette dépendance. Dans cette optique, même MAO-TSE-TOUNG admettait que « sans aide étrangère, en prétendant ne compter que sur nos propres forces, nous n'y arriverons pas ». Le « forcing » industriel est donc à ce prix. Il est certain qu'il comptera des gaspillages, des retards et des pannes, mais comme l'observe A. EMMANUEL, si on veut le développement accéléré, c'est à ce prix.

C'est de la sorte que le Japon, l'Union Soviétique et la Chine se sont industrialisés. Analysons rapidement ces trois expériences de pays qui se sont industrialisés par une ouverture très grande sur l'extérieur et l'acceptation momentanée de la dépendance.

Pour le Japon, il faut dire d'après A. EMMANUEL que « ce pays, loin de s'opposer à l'afflux de la technologie occidentale est allé la chercher. Il l'a imitée, copiée, plagiée, contrefait à tour de bras et à la limite de la légalité. Résultat, loin d'aggraver sa dépendance, il a ce faisant forgé les instruments de sa libération et mis en place les moyens qui lui ont permis ensuite d'entreprendre ses propres recherches scientifiques et techniques »[266]. Il en va autrement pour l'Union Soviétique qui depuis LÉNINE a systématiquement

---

[266] Arghiri. EMMANUEL : *Technologie appropriée ou technologie sous-développée,* Édit. PUF.

accepté la dépendance extérieure contrôlée pour maîtriser la révolution scientifique et technique. On peut se souvenir de la loi de LÉNINE du 23/11/1920 sur les concessions qui offraient des avantages et concessions sérieusement exorbitants pour obtenir un afflux de capitaux et de technologie. Dans ce sens, la NEP n'était pas un recul. De même, la Chine est aussi un exemple édifiant d'acceptation d'une dépendance externe dans le domaine de l'industrialisation et de la technologie. Les importations massives venaient d'Union Soviétique et maintenant du Japon.

À la Conférence sur la question des intellectuels[267], les Dirigeants Chinois reconnaissaient l'indispensable nécessité du recours aux technologies étrangères. C'est bien cela qui se passe actuellement dans leur processus d'industrialisation qui s'accompagne d'une dépendance externe et d'un endettement très lourd[268]. Il s'agit de contraintes avec lesquelles il faut donc compter. L'essentiel ne se situe donc pas à ce niveau, mais il réside dans la définition d'objectifs réalistes, dans la mise en place d'une structure institutionnelle pour gérer adéquatement et rigoureusement le modèle industriel et dans la spécification de l'ensemble des moyens à mobiliser. C'est certainement cette gestion du modèle industriel qui a manqué à l'Algérie.

Au total et au sein même de la division internationale du travail, l'industrialisation lourde passe par la recherche de compromis, de formules nouvelles, de collaboration capable de permettre aux PSD d'accéder dans les délais les plus brefs aux technologies et industries de pointe. C'est de la sorte que s'établiront les bases d'une économie nationale homogène et autodynamique. Bien entendu, la politique appliquée accepte l'insertion à la mondialisation, même si celle-ci est soumise aux nécessités du développement dont les objectifs et finalités sont clairement fixés et bien maitrisés.

IV/ Définition des domaines d'action industrielle dans le cadre des États africains.

1°) Une méthode de spécification des domaines : les grappes industrielles.

La littérature économique s'intéresse depuis quelque temps à la recherche de méthodes et techniques de structuration ou d'organisation du tissu productif qui tranchent avec la notion traditionnelle de secteur. Dans cette optique, la notion de grappe est consacrée pour désigner les producteurs de biens ou de services orientés vers l'exportation (secteurs en tête ou secteurs locomotives), ainsi que toutes les activités annexes contribuant à la compétitivité de ces

---

[267] Le 20/1/1956

[268] G. DEBERNIS : *« L'Algérie à la recherche de son indépendance : nationalisation et industrialisation »*. In l'Afrique de l'indépendance politique à l'indépendance économique, Édit. François MASPERO ; *« Les industries industrialisantes et les options algériennes »*. Revue Tiers-Monde, n°47, juillet-septembre 1979.

industries. Les activités annexes sont souvent contrôlées par de petites et moyennes entreprises privées appelées industries de support telles que les fournisseurs de biens intermédiaires. La notion de grappe met l'accent sur les complémentarités et les interrelations qui existent entre différents acteurs. Ce type d'approche a fait l'objet de nombreux développements théoriques et a donné lieu dans plusieurs régions du monde à la mise en œuvre de stratégies visant à exploiter les potentialités. Ainsi apparaissent quelques notions (grappes, clusters, maillages, districts, filières) regroupées sous l'appellation de grappes industrielles dans les résultats des recherches théoriques et empiriques[269].

Le concept de grappes industrielles a fait l'objet de multiples définitions, de sorte qu'il est difficile d'identifier une approche universelle de ce type. En combinant les résultats des différentes recherches théoriques et empiriques consacrées à ce thème on peut stipuler qu'une grappe regroupe des entreprises de tailles diverses unies par une communauté d'intérêts (besoins et contraintes communs), des complémentarités ou interdépendances et développant volontairement des relations de coopération dans plusieurs domaines.

2°) Définition des filières industrielles au niveau africain par le Plan de Lagos.

Les réflexions sur le devenir industriel du continent ont été élaborées dans deux documents : « le Plan de Lagos » et la « Décennie du développement industriel ». C'est particulièrement à l'échelle de l'Afrique que l'OUA et la CEA avaient défini des Programmes de développement industriel[270]. Les objectifs étaient consignés dans le Plan de Lagos qui proposait la réalisation rapide d'une croissance industrielle autoentretenue ; une industrialisation qui devait permettre de satisfaire les besoins nationaux. Le plan préconisait entre autres, les stratégies suivantes qu'il est important de rappeler en vue d'une relance du débat sur la question industrielle :

- création d'une structure de production industrielle permettant de faire face aux besoins locaux ;
- exécution d'activités de production, de commercialisation, de recherches propres à promouvoir la croissance économique d'ensemble ;
- expansion et restructuration des marchés nationaux en intégrant l'économie rurale au secteur industriel ;
- une intégration économique sous-régionale visant à développer les industries de base et l'industrie des biens d'équipement sur des marchés intégrés.

---

[269] Dominique GRAITON, économiste au CESRW : Rapport présenté lors de la conférence wallonne de l'innovation, grappes industrielles : concept et méthodologie 2000

[270] OUA : *Plan de Lagos pour le Développement économique de l'Afrique 1980-2000.*

CEA : Un programme pour la décennie du développement industriel, New-York, 1983, ID/287.

Le document élaboré par la Commission Économique pour l'Afrique, l'Organisation de l'Unité Africaine et l'Organisation des Nations-Unies pour le Développement Industriel apportait en complément au Plan de Lagos un schéma directeur solide et cohérent d'une industrialisation de l'Afrique. Les projets industriels intégrés dans les sous-secteurs prioritaires ont été identifiés. Ils concernent l'alimentation, le textile, les matériaux de construction, l'énergie, les forêts, les métaux, les produits chimiques, l'ingénierie et les petites industries. Les projets, selon le document, ont été choisis sur la base d'un ou plusieurs des éléments suivants :

- priorités accordées dans le Plan d'Action de Lagos,
- fourniture de facteurs à d'autres industries et activités économiques, principalement l'agriculture,
- utilisation optimale des ressources nationales surtout pour la consommation africaine suivant l'objectif de l'autosuffisance,
- remplacement des facteurs essentiels importés dans les États membres dont la capacité d'importation ne cesse de diminuer,
- exploitation de l'effet multiplicateur des industries de base[271].

Dans cette direction, il a été recensé les variables qui sont à la base de l'autonomie et de l'autosuffisance d'un développement intégré, à savoir les ressources naturelles, les matières premières et l'énergie. À partir de ces variables alors vont s'élaborer des projets industriels. Deux (02) catégories de projets sont alors distinguées : les projets de sous-secteurs industriels hautement prioritaires, les facteurs de production et les

Le point de départ de l'analyse du contenu de ces sous-secteurs est hautement significatif et consiste en un rejet systématique de la stratégie de substitution aux importations suivie par les États africains. Il est alors affirmé que «les pays africains ne peuvent et ne devront plus continuer dans ce chemin de substitution aux importations qui les mène vers le désastre»[272]. Ils devront alors changer radicalement la structure existante et se diriger vers l'autonomie collective et le développement de l'autosuffisance qui ne peuvent se réaliser qu'à partir d'un développement systématique de priorités fondées sur des ressources et des industries de base, avec des effets multiplicateurs et des relations optimales avec d'autres secteurs économiques. Les activités retenues dans cette direction sont :

Les industries de transformation alimentaires : elles sont appelées à jouer des fonctions économiques extrêmement importantes surtout dans l'optique de

---

[271] CEA-OUA-ONUDI : *Un programme pour la décennie du développement industriel de l'Afrique*. Nations-Unies, New York 1983, ID/287.

[272] *CEA-OUA-ONUDI: op. cit, p. 117.*

Par ailleurs, clarté rare dans le document de l'ONU, il est porté justement une évaluation radicale de l'ISI qui devient une lourde charge avec l'épuisement rapide des devises étrangères disponibles.

la recherche systématique de l'autosuffisance alimentaire. Elles sont à la base d'un approvisionnement régulier en vivres et produits alimentaires, d'une sécurité alimentaire et d'une réduction progressive des importations. Par ailleurs, elles permettent aussi la stimulation de la production rurale en offrant à celle-ci des débouchés préalables et sûrs pour l'accroissement des investissements agricoles, le développement des secteurs connexes et l'élévation du niveau général de la productivité du travail. Bien entendu pour que ces effets se produisent, il faudra élaborer une politique claire en la matière qui intègre à la fois les activités de production, de transformation et de commercialisation[273]. Dans cette optique, les projets suivants peuvent parfaitement être réalisés, s'ils ne fonctionnent déjà de façon dispersée en Afrique :

- transformation des céréales, racines et tubercules, produits localement pour la production de farine,
- transformation des huiles comestibles,
- transformation de fruits et légumes,
- production d'aliments pour bétail,
- industrie de la viande, du lait et produits laitiers,
- produits marins.

De telles unités permettent d'une part une réduction importante des importations[274] et d'autre part, des capacités supplémentaires d'emplois[275]. L'excellente étude Massamba DIENG et Moussa SECK[276] note que l'industrie agroalimentaire (IAA) est un secteur qui contribue au développement économique du pays. En effet, elle concentre plus du tiers (35,46%) de la production industrielle nationale en 2009 et est créatrice d'emplois et de la valeur ajoutée (38,5% de la valeur ajoutée globale du secteur industriel). En outre, ses interdépendances vis-à-vis de l'agriculture, de la pêche et de l'élevage et la densification des réseaux de distribution aussi bien dans les zones urbaines que dans la campagne font dudit secteur un véritable pourvoyeur de ressources

---

[273] *Le Plan de Lagos avait une dizaine d'objectifs pour atteindre l'objectif d'autosuffisance alimentaire et le fonctionnement d'une agriculture efficiente.*

[274] *Les économies sur les importations peuvent être énormes et permettre le financement ou le remboursement des prêts contractés pour monter ces industries de transformation. En prenant le blé, les simples accroissements de la demande ont été de 26% entre 1970-1978 en valeur. L'investissement annuel de transformation des céréales d'importation est de 221 millions de dollars en Afrique (1978).*

[275] *De même, cette industrie est créatrice de main d'œuvre : le rapport de l'ONUDI établit que :*

- *une boulangerie de dimension moyenne 340 kg/24 emploie 2 ingénieurs et 4 ouvriers qualifiés,*
- *une usine de jus d'orange de 800 kg (en 8h) : 5 ingénieurs et 10 ouvriers qualifiés,*
- *une usine de transformation de lait d'une capacité de 6.000 litres en 6 heures : 3 ingénieurs et 1 ouvrier qualifié.*

[276] Massamba Dieng et Moussa Seck: *L'industrie agroalimentaire du Sénégal, enjeux et défis*. Direction de l'Appui au secteur privé, Janvier 2012.

financières pour une frange importante de la population et constituent par conséquent un moyen de lutte contre la pauvreté. En dépit de ces efforts, les entreprises de ce secteur sont confrontées à de nombreuses contraintes d'ordre technique, financier et humain qui entravent leur compétitivité et le Sénégal reste toujours dépendant vis-à-vis de l'extérieur en produits alimentaires. Pour lever ces contraintes, **il convient de mettre en place des politiques devant permettre, entre autres, (i) une meilleure maitrise des technologies de transformation, de conservation et de conditionnement des produits, (ii) l'essor de la recherche & développement, (iii) la facilitation du partenariat entre producteurs de matières premières agricoles et transformateurs et (iv) l'accès plus facilement au financement aussi bien pour les producteurs de matières premières que pour les transformateurs.**

La réalisation de cette industrie doit s'accompagner positivement de l'imposition généralisée d'un modèle de consommation fondé sur l'utilisation des produits locaux et négativement de mesures protectionnistes permettant aux entrepreneurs privés ou publics, de saisir toutes les situations de pénurie pour réaliser des investissements productifs.

Une politique sérieusement volontariste s'impose dans ce domaine stratégique. Elle va se fonder sur la définition des objectifs d'alimentation, la spécification du volume de la demande globale, la formulation d'un programme intégré de développement d'une industrie alimentaire et la définition d'une politique de prix, de subvention et de stimulation.

L'industrie textile et l'habillement **:** elle constitue un domaine où il est possible de réaliser assez rapidement l'autosuffisance, d'autant plus qu'il est l'objet d'une très importante délocalisation industrielle. Cela accroît les chances d'un développement des productions locales (tissus et fibres artificielles) et d'une baisse des importations. Le secteur absorbe beaucoup de main-d'œuvre souvent non qualifiée. Dans un pays comme la France, la main-d'œuvre immigrée est en grande partie, utilisée dans ce sous-secteur.

Les industries à base forestière : il s'agit d'un sous-secteur dont l'importance n'a nullement échappé au Plan de Lagos. C'est une industrie qui peut satisfaire certains besoins dans le domaine du logement, de l'habillement, du papier, de l'ameublement et surtout de l'énergie. Les analyses de l'ONUDI révèlent que pour ce secteur, «les importations régionales de produits forestiers ont quintuplé passant de 221 millions de dollars en 1967 à 1,74 milliards en 1978, tandis que les chiffres correspondants pour les exportations ont triplé passant de 266 millions à 837 pendant la même période»[277]. Ces chiffres sont révélateurs des perspectives d'une industrie forestière. Ils montrent en effet qu'il existe bel et bien une demande solvable. Les interventions industrielles pourraient se situer dans la création : de scieries et d'usines de panneaux : sous-secteurs pour lesquels l'investissement total nécessaire serait d'environ 3

---

[277] CEA-OUA-ONUDI, op. cit., p. 134.

milliards de dollars pour une création de 30.000 emplois, meubles dont le marché est très vaste : usines de pâte à papier et de papier, de charbon de bois.

Là comme ailleurs, les décideurs doivent élaborer des politiques de développement des industries forestières qui permettent une exploitation rationnelle de ces ressources qui ont d'importants effets sur l'environnement et le milieu physique. En effet, pour éviter un épuisement grave des ressources forestières, préjudiciable aux générations futures, la valorisation industrielle doit être systématiquement accompagnée de vastes et sérieux programmes de reboisement.

Les industries du bâtiment et des matériaux de construction : les fortes tendances de l'urbanisation (plus de 5%) commandent qu'un grand intérêt soit porté à ce sous-secteur. À cela s'ajoute le fait que, même dans les formations sous-développées, la croissance économique et sociale est grandement tributaire des activités industrielles de la construction. Elles contribuent entre 40 et 60% à la formation brute du capital en Afrique et apportent entre 4 et 10% du PIB. Par ailleurs, l'industrie de la construction est très grande consommatrice de main-d'œuvre. Toutes ces raisons sont parfaitement saisies par le Plan de Lagos (§.56) qui recommande la création rapide d'une base industrielle axée sur une valorisation des ressources locales. Toutes les études et analyses mettent l'accent sur les matériaux de construction, car ils constituent la composante essentielle et la résultante de l'industrialisation dans le sous-secteur. Ils procurent la valeur ajoutée la plus importante. Cependant, ils exigent d'importantes recherches pour trouver la technologie la plus efficiente pour l'utilisation systématique des matériaux locaux. C'est cela qui permet un abaissement notable des coûts de production et de rendre en conséquence l'habitat (par exemple) à la portée des titulaires de revenus moyens.

Les industries métallurgiques et mécaniques, électriques et électroniques : Le développement de ces secteurs constitue la clef de l'industrialisation. Ils permettent la production d'équipements de base et les machines-outils nécessaires à l'expression du secteur agricole. « La sidérurgie est généralement considérée par les formations sous-développées comme l'industrie de base, industrialisante au premier chef par l'utilisation des matières premières locales, ses effets sur l'emploi, la distribution des salaires, la hausse du niveau de vie et les échanges commerciaux qu'elle entraîne »[278]. Ce secteur immobilisant des capitaux extrêmement importants, il importe d'étudier très rigoureusement les conditions de sa création, ses modalités de fonctionnement et de gestion. À cause des dimensions excessivement réduites des marchés nationaux (isolés de surcroît), il s'avère nécessaire de rentabiliser les investissements lourds dans l'industrie de la sidérurgie et dans celle du cuivre ou de l'aluminium. À cet effet, la politique à élaborer devra systématiquement s'opérer dans le cadre d'une

---

[278] Pierre CHAULEUR : *l'Afrique industrielle*, p. 125.

coopération intra-africaine, régionale ou sous régionale. Il s'agira principalement de définir des projets multinationaux prioritaires comme :

- Des unités d'aciérie et de sidérurgie sur la base des ressources existantes et utilisant les procédés de réduction directe et des fours électriques ou de hauts fourneaux classiques ;
- des unités industrielles d'aluminium. À ce niveau, la CEA observe que l'Afrique possède environ 43% des ressources mondiales de bauxite, mais ne fournit qu'environ 15% de la production mondiale et convertit environ 2,6% de la production mondiale de bauxite et alumine et aluminium primaire ;
- des unités industrielles de cuivre : là encore, les ressources naturelles existent il s'agit de les valoriser ; les autres industries devant aussi être exploitées sont : le plomb, le zinc, l'étain. La création d'unités industrielles s'impose.

D'une façon générale, on peut observer que le développement de ces sous-secteurs a des effets industrialisant très puissants ; seulement, ce sont des industries très coûteuses par les capitaux qu'elles immobilisent, les facteurs technologiques qu'elles concernent. En conséquence, la politique à entreprendre doit être extrêmement hardie, dûment planifiée pour éviter des erreurs fatales. Pour ce faire, la collaboration avec les multinationales et autres sociétés minières s'avère indispensable.

Les industries chimiques : Pierre CHAULEUR observe que c'est «une industrie qui a pris en Afrique depuis un demi-siècle, un essor impressionnant, tant sur le plan de la chimie minérale que sur celui de la chimie organique. La grande industrie chimique fournit aux pays africains suivant leur degré de modernisation, l'Air Liquide, l'acide sulfurique, l'acide nitrique, la soude caustique, l'ammoniac, le chlore et les engrais minéraux dont ils ont besoin »[279]. Le Plan de Lagos a parfaitement saisi l'importance liée à ce secteur (§.56. a) qui contient des effets de liaison appréciables en aval comme en amont et peut permettre le remplacement de certains produits manufacturés souvent importés.

Les principaux projets industriels pourraient graviter autour :

- des unités de production des produits destinés à l'agriculture ; c'est le cas des engrais et pesticides qui contribuent d'une part à augmenter la production et d'autre part à réduire les pertes alimentaires et de production [280]
- des unités de production pharmaceutique qui sont indispensables pour réduire et liquider les importations qui se sont élevées à 1,326 milliards

[279] Pierre CHAULEUR : op. cit. p. 161.

[280] Il faut dire que la dotation africaine est particulièrement importante pour le phosphate (47,2 milliards de tonnes, soit 70% des réserves mondiales). Ce sont ces engrais qu'il faut développer prioritairement.

de dollars en 1978. Par ailleurs, de telles unités devront contribuer à produire des produits à base de plantes médicinales traditionnelles[281] ;

- des unités de production de pesticides, notamment à base d'oxyde de cuivre, des insecticides chlorés à base de phosphore. Des efforts gigantesques sont à faire dans ce sous-secteur où les africains sont presque totalement tributaires des importations.

3°) Le cadre particulier des petites et moyennes industries (PMI) : elles doivent fusionner, avec l'appui de l'État, pour mieux gagner (création de clusters).

Elles jouent des fonctions essentielles dans le développement économique et social et prennent des formes de plus en plus modernes. Dans cette direction E. STALEY et R. MORSE notent que lorsqu'un pays « traverse la phase de transition qui le fait passer du stade d'une économie où les structures traditionnelles prédominent à celui d'une économie plus moderne, le caractère de sa petite industrie se modifie … son industrie artisanale se transformera, son industrie à domicile sera remplacée et que ses usines petites, mais modernes se développent » [282]. La PMI présente des avantages importants dont quelques-uns méritent d'être soulignés :

- elle complète la grande industrie par la sous-traitance, le traitement ou la production de certains biens indispensables à la grande entreprise et le traitement des déchets,
- elle permet la décentralisation industrielle et la valorisation de la petite production locale. C'est ainsi que les villages et les petites villes rurales vont présenter certains avantages naturels favorables à l'implantation de la PMI, notamment de traitement de produits d'origine agricole,
- elle permet la centralisation et la transformation productive de l'épargne locale,
- elle contribue, plus que la grande entreprise, à la création de l'emploi et procède facilement à la formation de la main-d'œuvre,
- elle favorise la naissance et la consolidation de l'esprit d'entreprise comme l'observent E. STALEY et R. MORSE «la puissance de la PMI réside surtout dans sa souplesse, ses possibilités d'adaptation, ses étroites relations personnelles et la faculté qu'elle possède, dans une certaine mesure, de s'émanciper de l'administration bureaucratique et de tous les frais généraux qui en résultent» [283] ;

---

[281] Ph. ENGELHARD et Dr I. LO :

[282] Eugnène STALEY et R. MORSE : *La petite industrie moderne et le développement*, T.1, p.57. Éditions «Tendances Actuelles».

[283] E. STALEY et R. MORSE : *La PMI et le développement, Tome 2, p. 216.*

- elle contribue à la recherche et à la diffusion technologique[284]. Par ailleurs, elle atteint rapidement le seuil optimum de rentabilisation de la technologie.

La PMI est véritablement une entreprise à la mesure de la capacité créatrice. Structure assez souple, elle s'adapte sans grande difficulté aux situations les plus fluctuantes et satisfait des besoins sociaux aux meilleures conditions de prix et de qualité.

Enfin, la petite et moyenne industrie est un vecteur essentiel du développement équilibré, car elle est le cadre de production le plus approprié qui s'adapte le mieux au secteur traditionnel en redonnant des conditions nouvelles de travail et d'efficience à l'artisanat. Dans cette optique, elle catalysera l'exode rural notamment les artisans ruinés.

Tous ces effets positifs justifient obligatoirement un recours systématique aux PME et PMI dans la politique d'industrialisation. Elles doivent occuper une place centrale et remplir des fonctions socio-économiques décisives dans la stratégie d'industrialisation. Cette importance n'a pas échappé au Plan de Lagos qui recommande aux États la création d'un réseau dense et diversifié de petites et moyennes industries qui peuvent constituer le principal facteur de modernisation de l'économie rurale. En effet, la PMI peut réaliser d'une part l'intégration sans encombre de l'agriculture à l'économie monétaire et d'autre part, sortir le secteur rural du traditionalisme par le développement des industries agricoles.

Pour que la PMI exerce toutes ces fonctions dans le processus d'industrialisation, il faut élaborer une politique systématique et rigoureuse de sa promotion. Cela nécessite les actions suivantes :

- élaboration d'un programme complet et cohérent de développement des PMI ; il s'agit de situer toutes les opportunités de production, d'élaborer des projets de réalisation englobant tous les aspects financiers, technologiques et institutionnels. Ainsi, les opérateurs économiques disposeront d'une Banque de Projets et seront mieux édifiés sur les occasions d'investissement qui s'offrent ;
- la définition d'une politique globale de promotion spécifiant avec clarté d'une part les avantages et concessions accordés aux PMI, les diverses protections vis-à-vis d'une concurrence inégale et déloyale et d'autre part, toutes les obligations qui pèsent sur elles en matière de valorisation des

[284] Sur ce point, KENNEDY et THIRWELL (1972) affirment que depuis l'origine du changement technologique jusqu'à l'application commerciale, il n'apparaît pas que les grandes entreprises ou les industries monopolistiques soient nécessairement plus dynamiques ou progressives, ou produisent des changements technologiques fondamentaux. Dans le même sens, Alexis JACQUEMIN observe en conclusion générale l'absence d'effets positifs de la taille sur la profitabilité, sur la croissance et sur la recherche industrielle.

productions locales, de diffusion technologique, et d'utilisation et de formation de la main-d'œuvre ;

- la définition d'une politique de prix qui protège les intérêts divergents des producteurs, travailleurs et consommateurs ou tente de le faire. La structure flexible des coûts de production permet la réalisation de cette mécanique d'économie concertée ;
- la définition de cadres appropriés de sous-traitance industrielle (qu'elle soit nationale ou internationale.) Il s'agit de délimiter les forces de la sous-traitance : la sous-traitance de capacité et de complément, la sous-traitance de spécialité, la sous-traitance marginale lorsque la grande entreprise reçoit trop de commandes et la sous-traitance d'économie. Le cadre juridique à définir devra protéger les intérêts des différentes parties et encourager la promotion de la sous-traitance acceptée comme un des instruments du développement industriel[285] ;
- la définition d'une politique de financement avec l'appui à la création d'institutions financières spécialisées dans le financement des opérations productives propres aux PMI et PME ;
- l'élaboration d'une politique de formations de cadres capables de répondre aux exigences de production et de gestion de la PMI. Il s'agit d'une formation strictement professionnelle pour disposer d'une main-d'œuvre qualifiée, des cadres et un personnel compétent.

V/ Cette stratégie d'industrialisation complexe doit être menée de façon volontariste et permanente par l'État.

Toutes les analyses établissent que si l'industrialisation est une nécessité impérieuse pour combler le retard, elle n'est pas une voie facile ni une solution simple par suite d'une part des intérêts fort complexes qui sont en jeu et d'autre part de la pluralité des variables qui sont combinées. Analysant les expériences historiques d'industrialisation dans le bassin méditerranéen, René GENDARME tire trois enseignements significatifs qu'il faut avoir souvent à l'esprit dans toute réflexion sur l'industrialisation dans les formations sous-développées :

- d'abord, que l'industrialisation n'est qu'un des moyens de parvenir au développement et elle ne saurait exclure les autres moyens ; elle doit même les articuler, les rendre plus urgents et plus nécessaires ;
- ensuite, qu'autant que des usines, l'industrialisation exige une transformation des hommes ; ce qui veut dire qu'industrialiser c'est aussi changer les structures, le contenu et le système d'éducation ; enfin, que le

---

[285] S. ZAMETTI : *« La sous-traitance industrielle internationale et les pays en voie de développement ».* Revue Reflets et Perspectives, n° 1, 1973.
La sous-traitance (surtout internationale) a permis l'industrialisation rapide et profonde de certains pays d'Asie. Mais aussi elle a donné à des pays comme le Japon le moyen de présenter une structure de coûts de production extrêmement compétitifs.

succès d'une industrialisation dépend aussi des politiques des autres États du système mondial[286].

L'évolution des techniques et des organisations se traduit par un appel croissant, de la part des entreprises, à des ressources externes, qu'elles soient marchandes ou non marchandes que seul l'État peut mobiliser. En plus, la mondialisation de l'économie avec les multiples interdépendances qu'elle crée ainsi que l'élargissement des marchés et l'accélération des mouvements de restructuration-concentration des entreprises qu'elle engendre, met impérativement l'État au cœur du processus de développement économique. Il se présente comme un acteur majeur de la construction de la compétitivité des territoires. Toute la question concerne son champ d'intervention et les instruments qu'il peut mettre en œuvre pour la réussite de son action, car la réussite de toute politique industrielle qui organise la compétitivité des territoires dépend de la qualité des politiques publiques. Cette intervention concerne les aspects fondamentaux de la stratégie d'industrialisation :

- la définition des orientations et des options claires fixant les domaines d'intervention publique, les moyens nécessaires à mobiliser et la durée de réalisation des objectifs considérés comme prioritaires ;
- la fixation d'une structure non bureaucratique d'administration et de gestion de la totalité organique de la politique industrielle ;
- la détermination d'un vaste cadre juridique fixant toutes les règles de fonctionnement, toute la législation de stimulation, d'intéressement et de promotion de l'initiative privée nationale et étrangère ;
- la détermination de politiques financières, technologiques et de formation de cadres techniques et administratifs pour le secteur industriel.

Il faut bien préciser au départ que l'État doit se concentrer principalement sur la création d'un environnement favorable plutôt que de vouloir se substituer aux entreprises, bien qu'il doive disposer de moyens sûrs d'une intervention directe pour amener les impulsions nécessaires et les transformations permettant une rationalité industrielle.

Dès lors, le domaine d'intervention de l'État se situe en premier lieu dans les industries de base qui permettent la valorisation des matières premières. Ainsi, le développement et la croissance vont pouvoir désormais s'amorcer sur la base d'une exploitation des ressources internes. Le second aspect de l'intervention publique consiste en la création d'une infrastructure institutionnelle adéquate et fonctionnelle de gestion et d'administration.

Le dynamisme des grandes économies est fondé sur la diversité de leur portefeuille d'activités. Cette diversité est non seulement nécessaire à l'attractivité des territoires, mais elle est à l'origine de la création de nouveaux

---

[286] René GENDARME : *« L'industrialisation des PVD a-t-elle toujours été bien comprise ? Réflexions à propos de quelques expériences méditerranéennes ».* Revue « Monde en Développement » n° 2, 1973.

produits et d'innovations dans les procédés de fabrication. Un processus qui ne peut être organisé et pensé d'en haut.

La planification s'avérera comme indispensable pour une gestion effective et efficace de l'ensemble de la politique industrielle. Elle doit spécifier les grands projets, maîtriser les besoins de financement et fixer un délai de réalisation. Elle doit encourager l'innovation et l'efficacité des PMI et PME.

1°) Les modalités de réalisation de la stratégie d'industrialisation

Ayant esquissé les domaines et formes d'intervention qui constituent les axes d'ancrage de la politique industrielle, il reste à spécifier les moyens et ressources à mobiliser. Ces questions constituent toujours les côtés faibles des stratégies d'industrialisation.

Notre point de départ est que la réalisation d'un vaste programme d'industrialisation essentielle pour le développement économique et social est l'objectif central à atteindre. Cela exige des ressources financières, humaines et technologiques qui ne sont pas totalement disponibles au niveau interne. Que faire pour surmonter cette situation ? Plusieurs approches se sont toujours confrontées, allant de la mobilisation interne des ressources à celle d'un recours systématique aux IDE c'est-à-dire le recours à la concertation et à la coopération avec des partenaires privés individuels ou relevant de firmes multinationales.

Les décideurs dans les PSD doivent exploiter toutes les opportunités qu'ouvre la mondialisation. Les NPI offrent une parfaite illustration de la recherche systématique d'une insertion réussie dans la mondialisation à partir d'un partenariat avec tous les secteurs privés, notamment les firmes multinationales.

2°) Rendre l'Afrique attractive et rentable pour les FM et les IDE.

Il faut définir les conditions qui rendent l'Afrique attractive et motivante. Il est rare de voir des pays dénoncer les codes des investissements des pays d'Asie, y compris la Chine, qui font de larges concessions fiscales et douanières pour attirer les capitaux privés étrangers. Tous ces rapports avec les firmes multinationales, les secteurs privés nationaux ou étrangers doivent être exploités dans le sens d'un partenariat privé-public solide et structuré. C'est de cette façon que l'on se débarrassera du fétichisme économique dominant dans certains secteurs de pensée.

Ces principes devaient être réaffirmés pour consolider l'idée que le développement et la croissance, qui sont les objectifs majeurs, nécessitent un appel aux capitaux extérieurs et aux acquis de la révolution scientifique et technique. La politique industrielle doit bénéficier de toutes ces ressources pour réaliser les raccourcis nécessaires. Il nous faut donc spécifier les politiques de mobilisation des ressources pour la réalisation de l'industrialisation.

Cette question revêt une importance particulière et comporte deux (02) aspects : d'une part la mobilisation des disponibilités financières internes et d'autre part, le recours au financement extérieur, au besoin à l'endettement extérieur. Sur le premier aspect : le financement du développement industriel doit d'abord compter sur les ressources financières internes qui dépendent de la valorisation de certaines richesses naturelles, et des exportations les plus diverses et de la politique d'accumulation. Cet aspect de la question va poser d'énormes problèmes et contradictions entre l'objectif d'industrialisation et celui de la transformation radicale des campagnes. Il s'agira principalement de voir comment concilier une politique agraire visant tout à la fois le développement des forces productives et l'amélioration des conditions d'existence et de travail des agriculteurs et le nécessaire financement de l'industrialisation devant s'effectuer par des transferts de surplus de l'agriculture vers l'industrie. Il y a là un problème délicat d'accumulation et d'allocation de ressources rares. Ces questions doivent être réglées dans le cadre des priorités sectorielles retenues et de la politique de génération et d'absorption des surplus qui sera développée plus loin.

Le second volet de la politique de financement est le recours aux ressources externes, à l'endettement extérieur. Sur ce point également, il s'avère indispensable d'apporter quelque lumière pour replacer les problèmes dans leur véritable contexte. La question principale n'est ni le niveau de l'endettement ni son origine ; elle réside essentiellement dans l'utilisation productive ou non des ressources empruntées. Bien entendu, le capital emprunté n'a pas la même incidence sur l'économie interne selon qu'il est utilisé pour construire des monuments ou des aéroports modernes ou employé productivement pour créer des usines. Sur le second point, il n'existe aucune objection de réaliser un endettement si l'opération d'investissement est rentable. Ici, l'endettement permet le développement. Dans ce sens, A. EMMANUEL observe que *« les grands banquiers prêteurs constituent un groupe international de pression en faveur de tout ce qui renforce la solvabilité et partant l'économie nationale de leurs débiteurs ... Aussi paradoxal que cela puisse paraître, le pouvoir de marchandage des pays en voie de développement qui a dépassé cette borne s'en trouve considérablement renforcé. En fait, c'est le seul motif que les PVD ont aujourd'hui de continuer aussi à s'endetter davantage »*[287]. À cela, il convient d'ajouter le fait que tous les pays qui ont résolu le problème du financement du développement sont passés par une phase de grand débiteur. Une fois encore, il faut savoir ce que l'on veut. Comme l'écrit avec clairvoyance A. EMMANUEL, **« on a le droit de considérer le label national comme une fin en soi et le recours à l'étranger comme le mal suprême. Il faut savoir de quoi l'on parle. Si l'on parle de prestige et de satisfaction morale ou d'un problème économique. Dans le second cas, il faut savoir que l'indépendance d'un pays, quel que soit le sens du mot, est fonction croissante du niveau de son développement et de son potentiel économique. C'est avant tout la faim et la misère qui rendent dépendant ».**

En clair, dans un processus d'industrialisation et de développement accéléré, il faut exploiter toutes les possibilités offertes par le financement extérieur sur toutes les places et institutions financières du monde. L'endettement n'est pas

---

[287] A. EMMANUEL, op. Cit. pp.53-55.

nécessairement un handicap totalement insurmontable comme le laissent entrevoir les bilans terriblement sombres de l'endettement du Tiers Monde[288]. Cet alarmisme se fonde essentiellement d'une part sur le fait que le processus de développement économique et social implique des besoins de financement que ne peut couvrir la faible épargne intérieure ; cela rend l'endettement presque obligatoire et d'autre part, par le fait que l'aggravation de l'endettement à des taux mercantiles a amené les pays du Tiers-monde à emprunter pour payer leur dette[289]. Ce mécanisme bloqué ne pouvait pas ne pas déclencher l'alarme générale. Mais il ne faut pas faire de l'amalgame, car ce qui gêne profondément, c'est la restriction des possibilités de crédit que pose le blocage des mécanismes financiers. Seulement, les menaces d'un effondrement financier que fait peser l'endettement sur l'ordre économique mondial peuvent faire espérer qu'une solution sera trouvée[290]. Pour revenir au propos de départ, l'endettement pour des pays qui connaissent des déficits importants d'épargne est presque une nécessité impérieuse. Beaucoup d'arguments établissement qu'il faut y recourir comme le montre de façon édifiante les pays socialistes d'Europe de l'Est[291]. Le premier argument est que si les ressources financières empruntées à des coûts excessifs ne sont pas productivement utilisées comme dans le cas de la construction de « monuments aux morts », elles permettront d'accroître le potentiel productif et de rendre possible le remboursement sans grand dommage

[288] Ce qui a inquiété, c'est l'évolution rapide de l'endettement au rythme annuel de 20% avec des taux d'intérêt usuriers dus au recours de plus en plus grand au système bancaire privé. Ces prêts publics des organisations internationales ont baissé de 61 à moins de 50%. Ainsi, de 1970 à 1979, la Dette Globale est passée, selon les estimations de la Banque Mondiale, de 114 milliards de dollars à 369 et selon le CAD de 119 milliards à 388.

[289] On peut observer avec ANGELOPULOS que de 1973 à 1980, les pays sous-développés non pétroliers ont emprunté environ 332 milliards et ont dû payer pour le service de cette dette 338 milliards, soit 6 milliards de plus. Cette situation dans laquelle les pays empruntent pour payer leur dette est grave, car on est dans un système totalement stérile et sans issue. À ce pas, les créanciers se feront des jeux d'écriture favorable et les débiteurs ne pourront jamais liquider leur dette. Belle mécanique bloquée qui conduira tôt ou tard à une table de négociation.

[290] La Revue Fortune du 17 novembre 1980 soulignait le risque que fait courir au monde la Dette du Tiers-Monde. En prenant le cas du Mexique avec sa dette de 81 milliards, sa banqueroute aurait entraîné celle de certaines banques américaines (Bank of America, City Corporation, Chase Manhattan) et les entreprises avec elles ont d'étroites liaisons. Tous ces enjeux montrent que les pays endettés ne seront jamais abandonnés ; on finit toujours par leur trouver un traitement.

[291] L'endettement des pays socialistes est aussi caractéristique. La dette globale de ces pays a évolué comme suit : 1971 8 357 millions de dollars ; 1973 : 14 965 millions de dollars ; 1976 : 47 661 millions de dollars ; 1979 : 77 130 millions de dollars. En moins de 10 ans, les crédits ont été multipliés presque par 10, alors qu'ils ne l'ont été pour le même délai, que par 5 pour les pays du Tiers-Monde. Dans ce groupe de pays, l'endettement est passé de 97 milliards de dollars à 425 milliards. Pourtant, on n'a paniqué pour les pays socialistes que pour le cas polonais, plus pour les questions politiques que pour les problèmes strictement économiques.

pour l'économie. Un second argument est qu'il n'existe pas une parfaite et rigoureuse corrélation entre échéancier de remboursement et délai de récupération, surtout si l'investissement sur fonds empruntés est réalisé par l'État dont la bureaucratie est lente à démarrer les projets. En conséquence le remboursement de la dette peut poser conjoncturellement des problèmes. Le troisième argument est que l'endettement a permis à certains pays de sortir systématiquement du sous-développement et d'amorcer un processus irréversible d'expansion économique. Mais il a surtout permis d'éviter l'avènement d'une crise profonde de surproduction. N'oublions pas que les pays les plus fortement endettés du Tiers-Monde sont les grands clients, les débouchés des systèmes industriels des pays capitalistes développés. Toutes ces raisons expliquent que les pays les plus endettés du Tiers-monde sont systématiquement renfloués par leurs créanciers qui ont besoin de les mettre dans les conditions les meilleures qui rendent le remboursement possible. Comme les pays socialistes, comme les pays capitalistes[292], le Tiers-Monde devra continuer de chercher partout les financements à ses projets prioritaires d'industrialisation et de développement. C'est une forme de réalisation d'une péréquation des liquidités et des ressources. Cette péréquation s'effectue normalement entre pays capitalistes développés par des biais divers : les institutions financières internationales, les mécanismes des marchés financiers, les institutions nationales spécialisées. Cette mobilité financière doit être réalisée en faveur des pays du Tiers-Monde.

Pour l'Afrique, dans la recherche des moyens de financement de l'industrialisation, deux possibilités s'offrent et qu'il importe d'exploiter : les emprunts aux institutions financières régionales et la co-production[293]. La première voie concernant les emprunts régionaux est généralement insuffisamment utilisée. Dans le cadre d'une industrialisation, les possibilités de la banque Africaine de Développement et des autres institutions financières et bancaires doivent être mobilisées. En plus, les États devront s'orienter vers la création de mécanismes financiers appropriés et de Fonds Spécialisés dans le financement des activités industrielles. De tels fonds seront alimentés par des ressources internes, mais aussi externes en ouvrant leur capital à des organismes, institutions, opérateurs économiques et États non africains. La philosophie est de mobiliser toute ressource, tout excédent financier disponible dans le monde. La seconde voie à exploiter est la coproduction. Le Plan d'Action de Lagos

---

[292] Les plus endettés, en dernière analyse, sont bel et bien les États capitalistes développés, ce qui fait dire que **les riches vivent de crédits**. En prenant le cas des États-Unis, on peut observer que les prêts contractés par les entreprises, les collectivités locales et les États sont passés de 3 000 et 5 000 milliards de dollars avec des déficits budgétaires qui varient entre 150 et 250 milliards de dollars.

[293] Moustapha KASSE : *ordre économique communautaire : une nouvelle stratégie du développement.*

recommande particulièrement le développement d'une coopération industrielle dans le cadre d'un processus intégrateur.

VI/ Les nouvelles stratégies d'industrialisation : organisation et relance des dynamiques des districts industriels et des Zones économiques spéciales (ZES).

Les zones économiques spéciales sont des enclaves où les pouvoirs publics, pour attirer les investissements privés mettent en place un arsenal d'incitation (coûts d'investissement, de financement et d'exploitation notablement réduits) qui leur permettent de réaliser une production compétitive souvent destinée à l'exportation. Dans cet espace de libre fiscalité, toutes les pesanteurs administratives sont supprimées et les entreprises peuvent s'installer à bon compte, produire et exporter sans tracasseries bureaucratiques.

1°) La ZES un nouveau modèle de politique industrielle.

Les ZES constituent le modèle que la Chine a adopté dans la foulée de son ouverture au monde à la fin des années 1970. Selon beaucoup d'experts et des Institutions Internationales comme la Banque mondiale, elles ont fait leur preuve en favorisant le démarrage économique de la Chine, en accélérant ainsi son industrialisation, l'accès aux ressources naturelles et aux marchés internationaux et la création d'infrastructures. Mais la vague a gagné, par la suite nombre de pays dans le monde émergent : l'Amérique latine et l'Asie comptent de vrais succès avec parfois l'appui conséquent de la Chine.

Au cours des deux dernières décennies, de nombreuses zones économiques spéciales sont créées un peu partout dans le monde : Brésil, Pérou, Iran, Inde, Jordanie, Émirats arabes unis, Corée du Sud, Kazakhstan, Pakistan, Philippines, Russie, Ukraine, Pologne ainsi que des pays africains comme l'Ile Maurice, l'Afrique du Sud, le Gabon, la République démocratique du Congo, le Kenya, la Zambie, l'Egypte et l'Éthiopie. En 2008, on décompte près de 3000 ZES en fonctionnement réparties dans 135 pays. Ces initiatives représentaient à l'époque plus de 68 millions d'emplois directs et plus de 500 milliards de dollars d'échanges de valeur ajoutée entre zones.

Ces succès des ZES ont conduit à organiser (du 1er au 12 mai 2009) un voyage d'étude consacré à l'échange d'expérience et de connaissances entre l'Afrique et l'Asie pour 20 représentants de haut rang des gouvernements des pays suivants : Gambie, Ghana, Lesotho, Liberia, Maurice, Mozambique, Nigeria, Ouganda, Sénégal et Zambie.

Le voyage a donné l'occasion aux participants de trouver des solutions pratiques et de déterminer les mesures à prendre ou à éviter en mettant en place des régimes juridiques, réglementaires et fiscaux efficaces et attractifs pour la création des ZES. La Vice-présidente de la Banque mondiale pour la Région Afrique, Obiageli EZEKWESILI, reconnait que « les expériences spécifiques de la Malaisie, de Singapour et de la Chine dans la mise en place de zones économiques offrent une option stratégique pour le renforcement de la compétitivité et devraient permettre aux participants d'améliorer leurs compétences dans le domaine de la conception des pôles de croissance axés sur l'agriculture, l'agro-industrie, les activités de fabrication légère et l'industrie, entre autres». Dans le cadre de cette nouvelle stratégie, la Chine et ses entreprises privées ou d'État jouent généralement un rôle moteur dans la création des ZES et la promotion de pôles industriels dans le secteur manufacturier en Afrique subsaharienne. Cinq ZES sont actuellement en cours d'aménagement dans quatre pays de la région (Zambie, Nigéria, Maurice, Éthiopie) et une en Égypte. Pour ce faire, 250 millions de dollars ont été investis par la Chine jusqu'à la fin de 2010. Ces projets sont conformes à l'engagement pris lors du Forum sur la Coopération Sino-africaine de 2009, aux termes duquel trois à cinq des cinquante ZES qui seraient créées à l'étranger à moyen terme le seraient en Afrique. Quant aux autorités chinoises, elles apportent généralement des subsides et une aide à la constitution de réseaux aux promoteurs de ces zones. Ainsi, chaque promoteur peut bénéficier de 200 à 300 millions de renminbis (29–44 millions de dollars) de subventions et 2 milliards de renminbis (294 millions de dollars) sous forme de prêts de longue durée. Les subventions auxquelles les promoteurs peuvent prétendre peuvent représenter jusqu'à 30 % de certains des coûts préalables aux travaux de construction. L'État chinois a également organisé des événements commerciaux pour assurer la promotion des ZES et aider les promoteurs à trouver des solutions aux retards qu'accusaient certains projets à Maurice et au Nigéria.

2°) Fondement international de zone économique spéciale.

Les zones économiques spéciales sont considérées comme des moyens efficaces pour, d'une part, intégrer les pays en voie de développement à la mondialisation, et d'autre part, accélérer la globalisation du marché. Elles bénéficient du soutien idéologique, économique et financier d'organisations internationales comme le FMI, la Banque mondiale et le système onusien. Dans la majeur partie des pays affiliés à ces organisations internationales, les économies éprouvent des limites économiques graves : répartition inégale des revenus, faible productivité de l'agriculture, quasi-impossibilité d'établir les filières industrielles de production ainsi que le recours de ces pays aux emprunts proposés par les IBW et par les banques publiques et privées des pays développés. Aussi ces limites observables jusqu'à ce jour, poussent ces pays à adopter des stratégies d'industrialisation orientées vers l'exportation. C'est dans ce cadre que les mesures de libéralisation, de participation et de déréglementation préconisées se traduisent par la mise en place des zones économiques spéciales.

3°) Le timide début du Sénégal qui a un énorme potentiel

Les ZES constituent l'une des dix-sept réformes phares du Plan Sénégal émergent. Les plateformes sont, à l'heure actuelle, au nombre de trois au Sénégal : le Parc industriel de Diamniadio, la Zone économique intégrée spéciale de Diass et la Zone économique spéciale de Sandiara qui s'étend sur plus de 100 hectares a commencé à accueillir quelques entreprises : trois sociétés sont déjà installées avec 300 à 500 emplois déjà créés. Il est attendu 32 entreprises pour 100 milliards d'investissements. Les effets d'annonce pour les grandes ambitions proclamées concernant notamment les domaines de l'agro-business, des Tics, du tourisme, des services médicaux, traduisent une volonté politique insuffisante.

EN CONCLUSION

Globalement, les effets attendus justifient la mise en place de politiques industrielles qui en dernière instance, permettent non seulement une amélioration de la productivité globale et des aptitudes techniques, mais aussi une valorisation ou une exploitation conformément aux besoins de l'activité économique des ressources naturelles. C'est dire que l'industrie crée plus d'emplois que toutes les activités sectorielles, génère des revenus plus substantiels, contribue à la diversification et à la modernisation de l'économie par la diffusion du progrès technique, par la formation des hommes et par les effets d'entraînement sur les autres secteurs économiques. Pour cela, l'industrialisation doit être le pivot de l'émergence économique et social. Sans industrialisation conséquente point d'Émergence.

Le monde des chercheurs, des Institutions internationales de régulation et de coopération (l'ONUDI, la CNUCED, la CEA et l'UA notamment) ainsi que les décideurs politiques commencent à prendre désormais conscience de la fonction motrice de l'industrie dans la croissance, la création d'emplois et la nécessité de soutenir son offre de production domestique. A titre d'illustration, le déficit industriel représente l'une des causes de la fragilité de la croissance et de l'insuffisance de l'emploi en exemple entre 1985 et 2009, la part de l'Afrique dans la valeur ajoutée manufacturière mondiale est passée de 6.2% à 3.3% alors que cette même part est passée de 47% à 74.2% pour les pays d'Asie. Parallèlement, le chômage des jeunes a oscillé entre 18 % et 35% en moyenne au cours de la dernière décennie en Afrique alors qu'il a varié seulement entre 3% et 5% en moyenne en Asie du Sud.

THÈME 26 – RÔLE DE LA POLITIQUE DE RECHERCHE, DE TECHNOLOGIQUE ET D'INNOVATION DANS LE DÉVELOPPEMENT.

Pr. Moustapha KASSE, Texte restructuré pour la CEA dans le cadre du Forum du Réseau des Savoirs à Addis-Abeba en 2007. Une version remaniée a été présentée à la 32ème Réunion du Conseil des Gouverneurs de la Banque Islamique de Développement.

INTRODUCTION

Pour les pays développés, technologiquement avancés, la principale source de création de richesses réside désormais dans les savoirs et les compétences, davantage que dans les ressources matérielles. La compétitivité des entreprises et, au-delà, celle des nations repose fondamentalement sur les capacités à créer et à utiliser les connaissances. Ces capacités conditionnent donc largement les performances en termes de croissance, de revenus et de création d'emplois. **Jean Michel CHARPIN**[294]**.**

«Notre insertion dans la compétition internationale reposera de plus en plus sur notre capacité d'innovation et de recherche et sur la qualité de notre éducation et de notre formation. Je sais que la théorie économique contemporaine accorde à ces facteurs qui sont les investissements et les emplois de demain, une place déterminante pour la croissance à long terme ». ***Lionel JOSPIN.***

En prologue, on peut souligner ces différentes opinions qui caractérisent les sociétés du savoir : Roger GARAUDY note dans son ouvrage *Au rythme auquel le savoir s'épanouit, la somme des connaissances de l'humanité sera quatre fois plus importante qu'elle ne l'est au moment où un enfant né aujourd'hui sortira de l'université. Quand il aura 50 ans 97% de ce qu'il saura aura été inventé depuis sa naissance ».* [295]**La recherche scientifique et technique, conditionne désormais la production des richesses et de la puissance ; est devenue une fin en soi, indépendamment de ses incidences sur l'avenir de l'homme.** L'on définit le développement non comme le développement de l'homme mais comme le développement scientifique et technique dont l'homme est devenu le moyen et non la fin. « Autrefois disait **EINSTEIN**,

---

[294] Le Commissariat général du Plan (France) a réalisé un travail de réflexion et de concertation sur le thème de l'économie du savoir. Ce groupe a rassemblé, entre octobre 2001 et juin 2002, des responsables d'entreprises, des partenaires sociaux, des représentants des ministères concernés et de collectivités territoriales, ainsi que quelques personnalités universitaires.

[295] Roger GARAUDY*« L'Alternative »* Edit R. LAFFONT, Yuval Noah HARARI : « 21 leçons pour le 21ème siècle » Albin Michel, 2018), P.HUGON *: « nouveaux enjeux géopolitiques »* dossier/ mars 2010 / n° 399 51.

« l'on avait des buts parfaits mais des moyens imparfaits. Aujourd'hui, l'on a des moyens parfaits et de grandes possibilités mais des buts confus. » **Yuval Noah Harari renchérit** *« Comment trouver un enracinement éthique solide dans un monde qui va bien au-delà de mes horizons, qui échappe totalement au contrôle de l'homme et tient pour respect tous les dieux et les idéologies. La fusion de l'infotech et de la biotech pourrait sous peu chasser des milliards d'êtres humains du marché de l'emploi tout en minant la liberté et l'égalité. Les algorithmes (méthode, procédés) Big data pourraient créer des dictatures digitales au pouvoir concentré entre les mains d'une minuscule élite tandis que la plupart des gens souffriraient non pas de l'exploitation mais de quelque chose de bien pire : d'être devenus inutiles »*

P. HUGON montre que *« L'Afrique peut bénéficier des coûts décroissants (par exemple, les ordinateurs ou Internet), faire des sauts technologiques dans l'économie verte, trouver de nouveaux créneaux de compétitivité. Elle peut tirer profit d'une diversification des partenaires, notamment asiatiques. L'efficience des nouvelles technologies dépend du tissu social, économique et technique permettant de se les approprier. »*

L'évolution actuelle de la science et de la technologie en relation avec la croissance économique qui est l'objectif premier des PSD donne lieu à de nombreux débats tout en faisant émerger de nouveaux questionnements sur la technologie et le développement. Le monde a vécu quatre révolutions techniques qui ont été des facteurs déterminants dans l'amorce et l'approfondissement de l'industrialisation : la machine à vapeur, l'électricité, le moteur à explosion et les nouvelles technologies de l'information et de la communication. Les trois premières révolutions scientifiques et techniques ont ouvert l'ère de la mécanisation de l'outil industriel ce qui a permis l'avènement de la société de consommation de masse, et par la suite l'amorce des « Trente glorieuses années de croissance » (1945-1975).

Manifestement, **toutes les politiques d'industrialisation ont eu pour support le triptyque interactif recherche scientifique, processus d'innovation et technologie. Historiquement la science et la technique ont fortement contribué au développement et à la croissance économique.** Ils ont surtout concouru, combiné avec le capital, à la maximisation de la quantité de produits améliorant partant le bien-être social. Que doivent faire les PSD caractérisés par le faible niveau de leurs forces productives pour bénéficier des avantages liés à la technologie ? Opérer un transfert massif des techniques les plus performantes, répondent certains auteurs, alors que pour d'autres auteurs l'importation de techniques sans discernement peut s'avérer inopérant et inefficace. La technologie et incidemment sa relation au développement va se trouver au cœur de controverses autour de questions essentielles :

- Quels sont les besoins technologiques des PSD pour leur industrialisation et l'amélioration de leurs performances macroéconomiques ? La question posée autrement : Quelle technologie pour quel développement ?

- Quelles sont les modalités des transferts et à quels coûts ?
- Quels sont les mécanismes d'absorption-appropriation et leurs modes de diffusion au niveau des utilisateurs ?
- Quelles sont les conséquences attendues sur l'ensemble du tissu social ?

Les réponses à ces questions, tel qu'elles ressortent des publications et des programmes de recherche dans les PSD, sont quantitativement et qualitativement insuffisantes, car elles ne montrent pas clairement comment la science et la technologie peuvent contribuer au processus d'industrialisation, à l'augmentation de la quantité de biens disponibles, à la création de richesses et à l'amélioration du bien-être des populations. Parmi les nombreuses raisons qui expliquent ces déficiences, deux au moins méritent d'être soulignées. D'abord, il a manqué une réflexion globale sur les stratégies et les actions à mener pour une politique de maîtrise de la technologie en vue du développement des PSD et ensuite, il s'est structuré un discours culturaliste et environnementaliste de virulente contestation des transferts technologiques au nom d'un refus de l'ethnocentrisme occidental.

Sur le premier point, il faut remarquer que dans la pensée économique, la question de la « technique » est demeurée à la fois familière et énigmatique et apparaît comme une « boîte noire » qui explique tout ou une partie des progrès économiques et sociaux, mais reste elle-même inexpliquée : tantôt facteur exogène, tantôt facteur endogène à la fonction de production, les économistes n'ont pas souvent élucidé le lien direct qu'elle entretient avec la croissance économique. De fait, les réflexions et recherches sur le rôle des innovations technologiques dans le développement sont très peu nombreuses. Elles seront imposées par la suite par l'ampleur, la profondeur et la rapidité des innovations de la quatrième révolution technologique, celle des Technologies de l'Information et de la Communication [296] qui sont non seulement des outils de performances, de productivité, mais aussi des vecteurs de création de richesse. Aujourd'hui, les PSD sont complètement au pied du mur condamnés à rentrer dans les TIC qui structurent les processus productifs et le fonctionnement de l'économie mondiale.

Sur le second point, les idéologies culturalistes ont pendant longtemps obstrué et obscurci le débat sur la technologie et le développement en essayant d'évacuer, au nom de la culture, l'importance stratégique des investissements dans la technologie et la recherche scientifique. Les auteurs mettent en avant le biais de l'accroissement de la dépendance vis-à-vis de l'Occident producteur exclusif de la science et de la technologie et fondent dans une même démarche ethnocentrique la théorie universaliste de l'histoire des sciences (du

[296] Il est communément admis que le monde développé a traversé trois grandes révolutions industrielles celle de la machine à vapeur, celle de l'électricité et celle du moteur à explosion. Les travaux de KONDRATIEF et J. SCHUMPETER ont montré que ces révolutions ont structuré et rythmé les grands cycles de la vie économique

développement de la science) et la théorie dominante du développement (approche « scientifique » du développement, science du développement, développement par la science). Tout se passe comme si la technologie et la science n'ont d'incidence notable que sur la sphère culturelle.

Au début des grandes mutations introduites par **les NTIC, le « Club de Dakar »**[297] **avait initié, lors de sa 8e Assemblée Générale, une grande Rencontre de l'intelligentsia africaine autour du thème les « Nouvelles technologies, développement et identité culturelle »**. Le débat avait laissé apparaître deux attitudes contradictoirement troublantes : selon la première ***«la technologie ne saurait faire l'objet d'un transfert … Leur placage, leur calque béat, la transformation sans relais ni nuance dans les sociétés africaines ne peuvent qu'entraîner perturbations et désorganisations. Elles vont davantage s'aliéner. Il faut, et c'est l'évidence, concevoir autre chose, faire autre chose »***[298]. En somme, n'importe quelle culture, n'est pas en mesure d'utiliser n'importe quel outil sans adaptation nécessaire. Cela d'autant que l'outil lui-même n'est pas neutre et exprime une relation de cause à effet.[299] La deuxième attitude est soutenue par le Professeur YOSHIMORI[300] qui déclare **« les Japonais voyaient de plus en plus les pays asiatiques colonisés par les puissances occidentales, et ceci était ressenti par eux comme une réelle menace à l'intégrité nationale du Japon. La seule solution pour les Japonais, face à ce défi technologique tout à fait énorme, est de concurrencer les Occidentaux sur leur propre terrain, c'est-à-dire en empruntant, en assimilant systématiquement les technologies occidentales ».**

Cette controverse est bien caractéristique des débats des années 70 et 80 sur la technologie et son transfert au niveau des PSD. L'attitude culturaliste défendue par certains philosophes, sociologues et ethnologues était visiblement à côté de l'impérative nécessité de trouver un « raccourci d'accès » aux technologies les plus avancées : les TIC et l'intelligence artificielle[301] pour bénéficier des effets positifs de la révolution des

---

[297]Le Club de Dakar était le pendant du Club de Rome. Cette réunion s'est déroulée à Vienne les 12/14 octobre 1981.

[298] Cette phrase est du Professeur Pascal LISSOUBA, ancien Président de la République du Congo-Brazza, dans une communication intitulée *« Développement et identité culturelle »* faite au Club de Dakar.

[299] Cette opinion de P. BUNGENER est symptomatique de cette attitude « En réalité la question devrait être moins de savoir ce qu'on transmet et comment on le transmet, que de savoir quelle société on aura, quel pouvoir on lui donne, et à qui celui-ci profitera, de voir quels seront les niveaux de résistance ou de passivité auxquels la transmission se heurtera et les raisons de ceux-ci. » La pluralité des mondes : Théories et pratiques du développement, Cahiers de l'IED, Genève, 1975

[300] Il est venu de l'Université de Tokyo et sa communication a porté sur « Développement et réalités culturelles ». Il a présenté un texte d'anthologie sur le rôle des valeurs dans le développement.

[301] La formule et l'idée sont de MAO-TSÉ-TOUNG qui reprenait autrement une idée de LÉNINE qui condamnait les attitudes archaïques et rétrogrades des « moujiks » hermétiques au progrès.

technologies et de l'innovation qui accélèrent le progrès économique et social. En effet, la technologique est avant tout un vecteur de transformation radicale du système des forces productives, en tant que processus de modification de la base matérielle de la société, elle agit indubitablement, entre autres, sur le travail productif, la division sociale interne, sur l'enseignement, la culture et même la psychologie humaine. Alors la pieuse utopie serait de croire qu'une technologie pourrait être socialement, culturellement et politiquement neutre.

Ces débats théoriques, malgré leur ampleur, n'ont pas débouché sur des propositions de programme de recherche d'une politique technologique cohérente et capable d'élargir le développement de la production. Les insatisfactions théoriques et pratiques poussent à éclaircir les véritables enjeux de la problématique de la technologie, au demeurant, à tirer les enseignements essentiels en vue d'élaborer un pool technologique disponible pour les PSD et de définir les bases d'une stratégie de maîtrise des innovations technologiques[2].

I/ Les controverses sur le rôle de la technologie dans le développement.

La technologie a fait l'objet de réflexion et de recherche théorique à la suite de la revendication par les pays du Tiers-Monde d'un transfert sans entrave. Quels sont les points de vue défendus ? Quels enseignements en tirer en direction de l'élaboration d'une politique d'innovations technologiques et de la science comme outils opératoires du développement économique et social.

Sur la question du transfert des innovations technologiques, deux opinions se sont affrontées et continuent encore de le faire autour de deux questions majeures que ce transfert soulève à savoir : les effets économiques, sociaux sur l'environnement humain et physique et le coût financier sur la balance des paiements.

Pour un premier courant, la technologie est un impératif pour la transformation qualitative et quantitative du système industriel ; elle permet en outre une exploitation efficiente des ressources naturelles, élève le niveau de productivité du travail, accroît les connaissances scientifiques et techniques. Ces conséquences positives la rendent indispensable pour des pays caractérisés par le retard appréciable des forces productives matérielles et humaines ; l'archaïsme et l'inefficience des moyens de production et de travail ; la faible productivité du travail qui explique à la fois le volume réduit de la production et des revenus. La révolution technologique est seule à même de rompre d'avec cette situation d'arriération généralisée, de permettre de dépasser l'économie traditionnelle, régressive, en circuit fermé et la production artisanale, de modifier les conditions de production et d'instaurer une autre rationalité économique favorable à l'avènement d'un processus soutenu et irréversible de croissance et d'expansion économique. Dès lors, la technologie, quelle que soit son incidence financière et socioculturelle, doit être systématiquement recherchée. Elle est profondément un facteur privilégié d'indépendance économique d'émancipation scientifique.

Le second courant d'opinion rejette en totalité ces conclusions et montre que si la technologie peut s'avérer être une variable nécessaire, elle demeure un moyen de perpétuer la domination extérieure. Les pays du Tiers-Monde seront encore pour une période des importateurs nets de technologie, il reste entendu que ceux qui possèdent ce facteur contrôle l'utilisateur. Par ailleurs, à ce premier aspect défavorable, s'ajoute deux autres qui concernent d'une part les coûts excessifs de la technologie qui auront une incidence hautement négative sur les ressources en devises et d'autre part, l'aliénation culturelle qui finira par rendre la technologie inopérante. Ce dernier point a été notablement développé : la technologie importée qui véhicule un mode de vie, une vision du monde et une division du travail contraires à ceux du pays récepteur, en conséquence, elle doit être rejetée.

En définitive, pour des raisons liées à la dépendance et aux conséquences socioculturelles et même économiques, il est recommandé aux PSD une extrême prudence en matière technologique. L'innovation nécessaire au développement doit être assumée par des recherches appropriées au plan interne. S'il n'en était pas ainsi, l'importation massive de technologie pourrait être à l'origine d'un vaste mouvement de déculturation et de perte d'identité, tout en échouant dans ce qui est son objectif principal à savoir la transformation des forces productives et l'accélération de la croissance économique et sociale. Bien entendu, pour des pays qui viennent d'accéder à l'indépendance, qui restent attachés à certaines valeurs culturelles, seul ciment d'une nuitée nationale fragile, un tel discours porte. C'est sans doute pour cette raison que ce courant de pensée est dominant au point d'imposer et d'imprimer aux recherches et réflexions des références et des normes d'appréciation. Au nom de la culture et d'une certaine indépendance qu'introduirait la technologie, on prône l'immobilisme, le passéisme et l'autarcie. Ces idées sont non seulement rétrogrades et dangereuses en ce qu'elles s'opposent indûment aux conséquences de la révolution scientifique et technologique, mais scientifiquement non fondées.

En effet, la problématique de la technologie ne relève d'aucune ambiguïté. Il s'agit pour des pays en retard de trouver à l'intérieur ou à l'extérieur, les meilleures réponses techniques aux problèmes que soulève la production industrielle. Il faut donc trouver un pays émetteur qui commercialise sa technologie (à partir de ses coûts-bénéfices) dans le cas d'espèce, aucune considération morale ou autre ne devrait interférer dans le choix technologique. Faut-il remarquer que l'on n'a jamais demandé aux pays sous-développés de renoncer à l'importation de biens et services ou d'autres commodités parce qu'elles véhiculent des valeurs aliénantes ou déculturantes.

Par ailleurs, l'argumentaire avancé n'a qu'une pertinence limitée et certains éléments comme les effets sociaux négatifs sont scientifiquement et historiquement infondés[302]. C'est d'abord le cas des conséquences culturellement négatives de la technologie importée. Une telle idée est partiellement fausse, car si la technologie est un facteur de développent, elle l'est en ce qu'elle affecte positivement la base matérielle de la production sociale, la teneur et la forme du travail humain, la division sociale, elle favorise l'accumulation de connaissances et élève le niveau intellectuel du travailleur. Elle peut même aplanir l'écart entre travail manuel et travail intellectuel. On n'en voit pas très clairement où peuvent se situer les aspects négatifs qui justifieraient une opposition à la technologie. L'argumentation n'est pas historiquement vérifiée. Il sera établi, plus loin, que la technique n'étant jamais neutre, elle produit des perturbations culturelles. Seulement, la culture n'est pas une donnée fixe immuable et elle progresse en fonction du développement des forces productives et du niveau général des connaissances, donc de la technologie. L'histoire du Japon, de la Chine et de beaucoup d'autres pays ayant opéré des mutations technologiques par transfert, le montre de façon édifiante.

En définitive, pour s'industrialiser, il n'existe, pour les PSD que deux alternatives : l'autarcie et le transfert. Il faut alors opérer des choix clairs. Dans le premier cas, il ne faut se fixer aucune échéance. On postule implicitement ou explicitement que le développement est un vaste processus nécessairement long et lent qui doit cependant se dérouler de façon indépendante par mobilisation exclusivement du potentiel scientifique et technique interne. Le pays se barricade et recommence par ses moyens propres tout le cheminement technologique de l'humanité. Bien entendu, cette orientation va conduire à l'élargissement du cap technologique. Au demeurant, le pays sera par rapport au reste du monde dans une permanente retard technologique.

Le rejet de ce choix irrationnel ramène en discussion, comme l'observe A. EMMANUEL, les conditions qui doivent accompagner la seule voie restante à savoir celle du transfert et de l'utilisation des acquis technologiques des pays développés[303]. La technologie est essentiellement liée aux objectifs de développement économique et social qu'une société se donne.

Une fois encore, il peut être attendu de la technologie et de la science un parachèvement rapide de l'industrialisation, un accroissement considérable de la productivité du travail, l'industrialisation de l'agriculture, le dépassement des différences socioéconomiques entre villes et campagnes et l'égalisation progressive de la base matérielle et technique. Les expériences du Japon, de

302 Faut-il se rappeler qu'il y a deux siècles les ouvriers de Lyon détruisaient les premiers métiers à tisser sous prétexte qu'ils leur enlevaient l'emploi. L'outil s'est imposé et s'est profondément transformé pour devenir plus performant et plus exclusif du travail simple.

303 A. EMMANUEL : op. cit. p 34.

l'Union Soviétique et de la Chine sont, de ce point de vue, extrêmement édifiantes, car les technologies les plus progressives, les innovations techniques les plus avancées ont été importées et mises au service du développement économique. Elles ont participé à combler le retard économique de ces pays.

Aujourd'hui, la mondialisation de la production et du capital ouvre des conditions meilleures de transferts technologiques. Les PSD doivent exploiter toutes les opportunités qu'offre la division internationale du travail. Seulement, elles doivent éviter les innovations scientifiques et techniques de nature ponctuelle, par foyer et enclave qui entraînent un accroissement des disproportions sectorielles sans augmentation appréciable de la productivité. Ils doivent puiser dans le potentiel scientifico-technique, les technologies qui contribuent à la restructuration de la production en vue d'une croissance économique accélérée.

C'est seulement après avoir réglé ces fonctions de technologie dans le développement économique et social qu'il faut s'interroger sur son impact culturel, car il ne saurait être question de sous-estimer cette incidence que pourrait entraîner un recours massif à la technologie pour introduire des ruptures dans les cadences de la croissance et de l'expansion économiques. Partant de l'observation que la culture n'est pas une donnée immuable, il s'agit d'analyser la nature des effets négatifs que la technologie induit au niveau culturel pour ensuite apporter les corrections au besoin. A. EMMANUEL, dans cette direction, fait observer que les peuples ont toujours la culture de leur technologie et qu'il serait illusoire de prétendre à l'inverse[304]. Or, dans cette époque de forte accélération de la révolution scientifique et technique, de la division internationale du travail et de mondialisation des phénomènes de production et de consommation, les valeurs culturelles nationales s'homogénéisent tendanciellement.

Ici comme ailleurs, l'économie mondiale fait reculer les barrières nationales étroites et organise une extrême mobilité des modèles culturels et de consommation. Elle impose à tous les peuples, avec des vitesses de pénétration différentes, la culture scientifique comme dominante.

---

304 De ce point de vue, l'expérience japonaise est réellement très édifiante, elle montre l'incidence de la technologie occidentale importée sur la culture. Le Professeur YOSHIMORI note que «même si on assimile au Japon les technologies occidentales, c'est par le biais de l'âme japonaise. C'est ainsi que l'âme japonaise et la technologie occidentale étaient devenues une espèce de slogan pour les Japonais … Les Japonais ont plutôt absorbé les autres civilisations pour les assimiler avec leur propre civilisation. Donc les Japonais n'ont pas cette attitude qu'on peut qualifier d'ethnocentrique qu'ont manifestés les Chinois au moment de leur rencontre avec les Occidentaux. Même aujourd'hui, les Japonais sont fiers de leur civilisation, de leur acquis économique et culturel, mais la modestie est considérée comme l'attitude la plus importante».

Au demeurant, la microélectronique caractéristique de la quatrième révolution technologique transformera définitivement les cultures nationales même dans les pays les moins avancés. Les valeurs sociales, musicales, architecturales et autres seront gérées de façon optimale et efficiente par les ordinateurs. Il ne sert à rien d'être passéiste et de vouloir engager des combats d'arrière-garde perdus à l'avance, mais il faut plutôt procéder à une rigoureuse organisation qui assure les conditions les plus favorables à l'utilisation de la technologie dans l'intérêt du progrès économique et social. Le sens de l'histoire est de comprendre que désormais, le point de départ obligé de tout acte culturel passera par le clavier du microordinateur.

Dans cette direction, on peut observer que les changements induits par la révolution scientifique et technique posent de manière aiguë le problème de la recherche-développement, de l'enseignement et de la formation, de l'assimilation, de la diffusion et de la maîtrise de ces concepts. L'ampleur des questions soulève d'abord un problème politique par suite de l'accroissement du pouvoir technique entre les mains de quelques hommes qui vont ainsi disposer d'une information et d'une organisation terrifiante ; ensuite, un problème pédagogique, car si la masse des connaissances a doublé en huit ou dix ans, il ne suffit pas d'ajouter un chapitre au programme des enseignements pour donner aux enfants une connaissance, même sommaire, de ce qui se crée.

Dès lors, la révolution technologique exige de repenser fondamentalement le problème de la culture, surtout pour les formations sous-développées. On est renvoyé à nouveau à l'opportunité d'élaborer une politique qui parte d'une claire conscience que la technologie est une nécessité impérieuse et que les pays sous-développés doivent organisationnelle ment se préparer pour un meilleur usage.

Parallèlement, une lutte plus ferme et sans concession doit être engagée contre les publicités entreprises par les écologistes et environnementalistes qui s'opposent à l'utilisation des technologies appropriées, notamment dans l'agriculture. La chemisassions et la motorisation dénoncées sans rigueur ne conduiront nullement aux catastrophes annoncées à grand renfort de publicité. Ces opinions répandues à grandes doses dans les pays sous-développés sont scientifiquement mal fondées et n'ont le moindre souci de ce qu'il faut faire pour les ventres creux[305]. Les catastrophes et les problèmes sont ailleurs, ils résident dans la misère et la famine que les politiques agraires ont charge de faire reculer dans les délais les plus brefs possible. Les grands enjeux sont dans l'utilisation incontournable des biotechnologies pour réussir la

[305] Pierre JUDET : *Les transferts technologiques.* Revue des Échanges, n° 155.
Cet auteur, comme d'autres, dénonce le modèle technologique déformant le mimétisme découlant des systèmes de formation. Ainsi, il est affirmé que «la marche forcée vers la chimisation et la motorisation conduirait à des catastrophes». L'obstacle, le vrai, à vaincre est la misère et la famine.

« révolution verte ». La question la plus pressante n'est certainement ni les précautions à observer ni la mise en coupe réglée de l'agriculture mondiale par les multinationales. Cette mainmise planétaire concerne des domaines aussi importants que la production des biens et services, les échanges internationaux, la sphère financière et les TIC.

Toutes ces réflexions, malgré leur extrême diversité, ainsi que les recherches qui les sous-tendent, s'accordent unanimement sur le fait que la technologie agit comme accélérateur de l'industrialisation du développement économique et affecte positivement le travail social en élevant la productivité. Ce sont ces aspects que les politiques doivent rendre optimum tout en minimisant les effets négatifs qui pourraient apparaître, qu'ils soient de nature sociale, culturelle ou autre. Tout cela est à relier à la fois avec les politiques de développement et les options sociales dont les lois, les catégories économiques et les leviers administratifs favorisent l'intensification et l'éclosion de la technologie. En dernière analyse, cette variable peut contribuer à l'élimination rapide du retard économique par une expansion soutenue des forces productives, condition véritable d'une amélioration de la rémunération du travail et de la répartition des revenus.

Encadré 27 : L'émergence des NTIC comme expression d'une mutation fondamentale dans la production de richesse

En juillet 1978, on pouvait lire dans la *New York Times Book Review* l'article de Solow, que le débat en économie figera sous l'appellation de « Paradoxe de Solow » : les ordinateurs sont partout sauf dans les statistiques de la productivité.... La révolution technologique des NTIC oppose la puissance créatrice et coopérative des forces sociales à la cohérence du modèle fordiste d'organisation du travail, qui se voulait scientifique et universel, et qui misait sur la massification-standardisation des besoins et des désirs, ainsi que sur la coopération entre les seules grandes firmes et l'État. Cette révolution fait émerger la culture, la communication, la production langagière, la production sociale de savoir, comme moyens de production et comme produits, tout ce que l'économie avait exclu de son champ d'investigation.

Comment un économiste pourrait-il admettre que la diffusion de l'informatique ne suive pas les lignes des pouvoirs hiérarchiques de la grande entreprise ou de l'État ? En fait, l'émergence des NTIC révèle une mutation profonde qui est sociale avant d'être technologique, et qui dépasse largement le champ technique pour concerner de manière bien plus globale la production sociale de richesse. Depuis les années 1980, la science économique a entrepris de se renouveler en combinant de manière originale des idées et des concepts jusque-là émiettés dans des champs séparés. Deux directions de recherche sont particulièrement intéressantes : *la macroéconomie de la croissance endogène qui traite du capital humain et des externalités et l'approche évolutionniste du changement technique qui conçoit l'innovation comme un processus social d'apprentissage créateur.*

II/ La nouvelle donne technologique, l'avènement de l'économie du savoir.

Aujourd'hui, plusieurs Études et Rapports établissent que l'avènement des sociétés du savoir montre que la richesse d'une nation dépend de sa capacité à transformer les connaissances. L'économie du savoir désigne une économe qui fait du savoir une ressource stratégique et facteur clé de la compétitivité beaucoup plus important que les ressources naturelles. Elle est basée, mais pas seulement sur l'information et les TIC, qui stimulent tout en étant soutenue par le développement du capital humain, par l'accélération des découvertes scientifiques et des innovations technologiques, et par la libéralisation des échanges de biens, de services et d'idées.

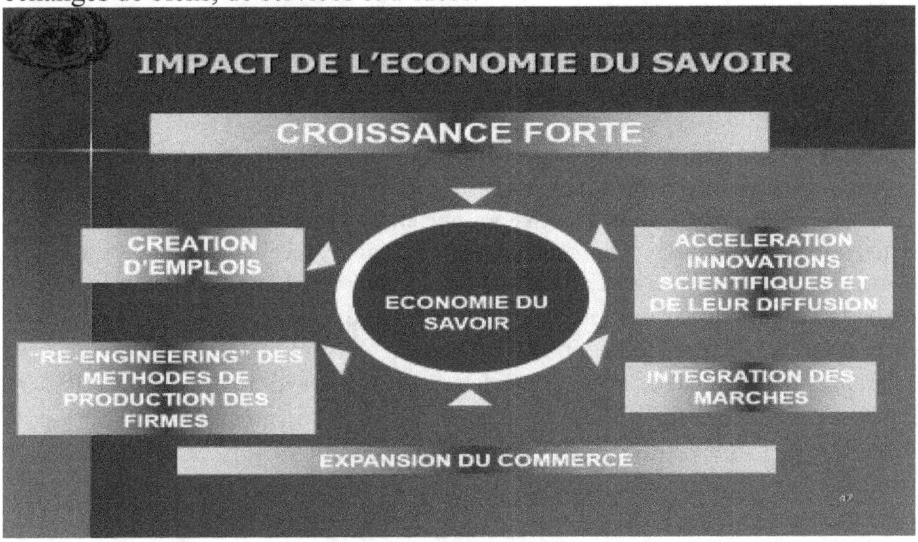

Les paramètres nécessaires sont manquants ou erronés.

Les évolutions technologiques rapides nous mettent à l'aube d'un monde nouveau ou l'interconnexion entre la connaissance et le savoir avec la création des richesses est devenue extrêmement forte. **Cette nouvelle révolution technique et industrielle est caractérisée par son fort contenu de service : plus de matière grise que de matière première.** Comme l'observe L. STOLERU, non seulement la part du software (logiciels, prologiciels) est plus grande que celle du hardware (matériels), et même au sein du software, les coûts de maintenance et de mise à jour sont désormais supérieurs au coût de mise au point. En effet, les TIC sont en train d'introduire au moins trois mutations de grande envergure dans l'ensemble du système économique et social.

La première mutation concerne la modification des systèmes productifs ainsi que les perspectives de la croissance et de l'emploi. Les activités économiques et financières se réorganisent autour d'elles et au détriment des savoirs faire et des métiers traditionnels qui avaient structuré le système industriel devenu maintenant quasi obsolète. P. CHAPIGNAC remarque trois ruptures essentielles qui affectent la totalité des activités productives : d'abord la production de richesse déplace son centre de gravité de l'activité productive (la dialectique entre la machine et l'action humaine) à la création (la conception et le pilotage intellectuel), le travail n'est plus capable de concurrencer les formes de production nouvelles (chaînes, robotisation, réseaux) alors, il se réfugie dans les pays à faible coût de la main-d'œuvre. Ensuite, les transactions de toutes natures et les liens qui en résultent ont tendance à s'imposer comme principaux générateurs de la valeur ajoutée. Dans la structure des entreprises, les fonctions commerciales, marketing et conceptions prennent une importance grandissante au détriment des fonctions de production ou des fonctions industrielles classiques. Enfin, le renversement de la hiérarchie des actifs au sein de l'entreprise : les actifs déterminants sont immatériels. Les actifs matériels avaient une valeur intrinsèque dûment mesurée par la technique comptable et validée par les échanges de capitaux (transaction boursière). Aujourd'hui les actifs immatériels sont déterminants (connaissances, culture, capacité de traitement de l'information). Le capital matériel est subordonné aux actifs immatériels.[306]

La seconde mutation est relative à l'enclenchement et surtout l'explosion des activités économiques, la recomposition des territoires industriels et l'interconnexion des marchés de la planète. Les nouveaux territoires mettent en réseau entreprises, universités, communautés scientifiques autour de programmes de recherche innovants. Ces acteurs ont la même motivation : chercher, trouver, créer et arracher les marchés. La meilleure illustration est certainement « La Californie Silicon Valley » transformée en premier pôle mondial de l'innovation. L'UE suit le mouvement depuis la Conférence de Madrid. En effet, elle consacre environ 2 % de son PIB à la recherche-développement (cette proportion est variable selon les États membres entre 0,5 % à 4 % du PIB). Le niveau des dépenses publiques par poste de chercheur a atteint 171 000 € en 2001 se situant bien en-dessous des financements identiques accordés par les États-Unis (182 000 €) et le Japon (212 000 €). Le nombre de chercheurs (employés à temps plein) par 1000 actifs s'élève à 5,7 pour l'UE alors qu'il se situe à 9,14 au Japon et 8,08 aux États-Unis.

La troisième mutation concerne l'entreprise qui est placée au cœur de toutes les transformations. Elle doit savoir concevoir et produire dans des conditions très contraignantes de flexibilité, de qualité, de coûts et de délai pour tenir la compétitivité structurelle et produire les meilleurs produits, aux moindres coûts pour atteindre les meilleurs marchés. Ces objectifs de l'entreprise impliquent quatre types de flexibilité financière, fonctionnelle, organisationnelle et d'adaptation au marché du travail. En fait, pour

---

306 P.CHAPIGNAC Communication au 12ème Congrès IDT-Marchés et Industries de l'information 1995 in Revue Problèmes économiques n°2464/2465, Mars 1996

« transformer en innovation les opportunités nées de la technologie et de la demande, l'entreprise doit procéder à des investissements en recherche, en apprentissage, en innovation en général. L'efficacité de ces investissements est conditionnée par les caractéristiques de la firme parmi lesquelles la littérature a identifié l'organisation interne et la taille comme étant les plus importantes. »[307]

La rapidité de l'évolution des TIC commande d'avoir une vision, une politique structurante qui permet d'intégrer la numérisation pour en tirer tous les avantages. Dans ce nouveau secteur, il ne faut justement pas baisser les bras, car les PSD ne partent pas battus malgré la longueur du gap numérique.

La théorie économique des classiques à LUCAS, ROMER et BARRO en passant par J. SCHUMPETER a toujours montré que les innovations et le progrès technique sont des facteurs déterminants du développement et de la croissance et les nouvelles théories économiques de la croissance endogène établissent que la croissance est désormais commandée par l'économie de l'immatériel à savoir la recherche, la connaissance, les ressources humaines converties en valeur ajoutée. Ce sont ces facteurs qui différencieront les performances économiques et la compétitivité. Plusieurs Études et Rapports confirment ce constat : la richesse d'une nation dépend de sa capacité à transformer les connaissances.[308] Plus précisément, les modèles de croissance élaborés mettent l'accent sur les externalités engendrées par l'investissement en capital physique qui est finalement la source du progrès technique.

La conséquence est que les États réalisent des investissements massifs dans la Recherche-développement : 330 milliards de dollars aux États-Unis, 240 en Europe. La Chine suit le mouvement et met l'accent à son tour et prioritairement sur la recherche pour passer du statut « d'atelier du monde » à celui d'une économie du savoir avec un volume d'investissements de l'ordre 136 milliards de dollars. Elle passe ainsi devant le Japon.

Tableau 15 : Pourcentage du PIB alloué à la Recherche et Développement (1984 et 1990).

Continent	Amérique	Asie	Europe	Océanie	Afrique
% du PIB (1984)	1,94	1,08	1,79	1,11	0,36
% du PIB (1990)	2,87	2,05	2,21	1,38	0,25

Source : Unesco, Annuaire Statistique, 1984 et 1990 Paris

307 Dominique GUELLEC *: Économie de l'innovation*, p35 Collection Repères, Paris 1999

308 On peut en citer au moins deux de ces Rapports : le Rapport de l'UNESCO sur les sociétés du savoir et celui de l'OCDE sur les Perspectives de la science, de la technologie et de l'industrie et certainement celui du Ministère français du Plan.

L'Afrique, sur la quasi-totalité des segments, est totalement larguée pour un secteur aussi décisif et sur lequel il est possible, pourtant, de s'aménager des raccourcis dans la production et l'utilisation des savoirs.

1) Le constat est désarmant : faible capacité de recherche et de production scientifique et inégale répartition du potentiel. En effet, ce potentiel représente à peine 3% de l'ensemble mondial et il est très inégalement réparti : l'Afrique du Sud, le Kenya et le Nigeria représentent près de 70% du potentiel de chercheurs. Les raisons tiennent au maigre volume d'investissement dans les infrastructures, à la médiocre qualité des institutions de gestion et d'encadrement de la recherche, etc. Pour ces raisons le savoir et la science engendrent fort peu d'effets externes positifs sur l'économique, le social et le politique.

2) La recherche est impulsée partiellement par des donateurs qui ne s'intéressent qu'aux projets répondant à leurs objectifs. L'exemple des PAS sous ce rapport est édifiant. Les économistes africains ont été totalement exclus du débat et lorsqu'il fallait les associer, les Bailleurs ont préféré recruter leurs propres experts locaux. On a mis plus de 20 ans pour enfin reconnaître les réserves techniques émises par les économistes africains dans le Cadre Africain de Référence aux Programmes d'Ajustement Structurel (CARPAS).[309]

3) Sept raisons expliquent les handicaps majeurs du Continent :

- Faible volonté politique : dépenses de recherche souvent considérées comme improductives.
- Faiblesse des structures publiques d'encadrement de la recherche confirmant le désintérêt des gouvernements.
- Absence de crédits qui limite considérablement l'efficacité, quelle que soit la bonne volonté des acteurs impliqués.
- Caractère insignifiant de l'effort du secteur privé en faveur de la recherche.
- Faible productivité théorique et médiocres résultats opérationnels de la recherche.
- Absence de cadres adéquats et d'un environnement propice à l'investigation.
- Mauvaise articulation de la recherche aux réalités culturelles, économiques et politiques.

Dans le contexte de mondialisation les TIC constituent l'un des enjeux les plus importants et appellent l'élaboration d'une politique technologique à l'échelle des organisations régionales africaines : CEDEAO, SADC, COMESA ou même UA qui constituent des cadres opératoires qui permettent

---

[309] J'avais en charge, sur instruction du Pr. Adédéji ADEBAYO, Secrétaire Exécutif de la CEA, les questions monétaires. La Commission macroéconomique était pilotée par le Pr. Makhtar DIOUF.

de disposer de masse critique et de bénéficier des effets d'échelle. Seuls de tels espaces peuvent rentabiliser les investissements massifs que requièrent la R & D, la mise en œuvre de nouveaux territoires, de nouvelles universités, de nouvelles communautés scientifiques autour de nouveaux programmes de recherche.

III/ Le pilotage d'une politique technologique : faire en sorte que la science et la technologie deviennent les instruments clés de l'avenir du continent.

Dans ses travaux sur « La technologie et le développement », Abdelkader DJEFLAT observe qu'« Sur le plan des mises en œuvre, un nombre limité de pays ont réellement tenté d'intégrer leur politique Scientifique et Technique dans leur politique économique de développement. Quand c'était le cas, ils l'ont fait au niveau institutionnel plutôt qu'au niveau économique et toujours avec beaucoup de difficultés. »

Quelques exemples peuvent illustrer cela : en Égypte, le premier plan scientifique et technologique fut produit parallèlement au plan quinquennal de développement économique de 1982-1987 et dans les plans produits postérieurement, mais les relations opérationnelles entre les deux étaient souvent peu claires. Au Ghana, un Groupe d'Analyse et de Planification fut mis en place pour aider le CSIR (Council for Scientific and Industrial Research) et le Ministre de l'industrie. Ceci a conduit à l'inclusion d'une section Science et Technique dans le Plan national développement en 1980 et à la création de 5 comités techniques pour conseiller le comité national pour la formulation d'une politique Scientifique et Technique adéquate. Les résultats obtenus n'ont pas été probants. Le Kenya a mis en place un Conseil National pour la Science et la Technique (NCST) afin de conseiller le gouvernement en matière d'intégration de la Science et de la Technique dans les plans de développement. La Tanzanie a pu élaborer une PST explicite intégrée dans sa politique économique, sans toutefois que les relations entre l'organe de planification et l'organe chargé de la S&T ne soient clairement spécifiées. En RDC, le plan quinquennal de développement (1986-1990) constitue le cadre principal pour la PST. Le Ministère de la recherche scientifique, assisté par le Conseil National de la Science, coordonne les activités de plusieurs institutions de recherche, mais pas suffisamment pour réellement appliquer une véritable planification de la S & T. Au Zimbabwe, le National Council for Research fut créé en 1985, mais c'est au sein du ministère de l'industrie et de la technologie qu'existe un département chargé de promouvoir le développement technologique et de tracer une politique scientifique et technologique liée au plan de développement économique. Au Sénégal, un Ministère de la Recherche Scientifique et Technique a toujours existé dans l'organigramme gouvernemental, mais avec des moyens financiers et humains dérisoires. Le Tableau qui suit est assez édifiant pour montrer le caractère largement insuffisant de l'organisation de structures institutionnelles de gestion de la Science et de la Technique.[310]

Tableau 16 : Répartition des pays africains selon l'importance des structures institutionnelles de gestion de la politique scientifique et technologique.

Catégorie de pays	Nbre de pays	Pourcentage
Pays ayant un organisme chargé spécialement de l'élaboration et du suivi des politiques scientifiques et technologiques doté de termes de références et de ressources	14	26%
Pays ayant un organisme de haut niveau (ministère ou conseil national) chargé de la S&T doté de termes de référence, mais pas de ressources	25	46%
Pays n'ayant aucune institution chargée de la politique scientifique et technologique	15	28%
Total	**4**	**100%**

Source : Estimation d'Abdelkader Djeflat à partir des données de Casatafrica II

À l'échelle régionale comme nationale, le principal problème à résoudre concerne les choix de la technologie à partir d'un panier technologique à l'intérieur duquel les organismes publics définissent les options et les objectifs et évaluent les différentes contraintes déterminées de tous ordres.

La faiblesse des acteurs et celle de leurs ressources humaines et financières doivent mener l'État à jouer un rôle capital d'impulsion de la recherche, de réformes du système de formation et d'aide aux entreprises privées à innover et à tirer parti des nouvelles technologies. Ces actions publiques peuvent revêtir diverses formes : mobilisation des ressources financières internes et externes, aides fiscales aux entreprises innovantes, prise en charge des dépenses de R & D, gestion fonctionnelle de la recherche publique.

1°) Le pool technologique et le choix de techniques

L'analyse des technologies et des innovations montre qu'il existe un pool technologique comprenant au moins quatre composantes :

---

310 Abdelkader DJEFLAT : *La vision standard du progrès technique dans les économies africaines et ses conséquences : essai d'analyse.*

- Les technologies modernes de pointe dans toutes les sphères des TIC sont importées à partir du marché des brevets ou incorporées dans la production d'une firme multinationale,
- Les technologies occidentales modernes, mais désuètes sur les marchés des pays industrialisés qui peuvent être délocalisées par voie directe des entreprises ou indirecte d'achat de brevet.
- Les technologies artisanales locales ou importées d'autres pays du Tiers-Monde comme la Chine, l'Inde, le Brésil, etc.
- Les technologies locales adaptées issues de la modernisation des techniques artisanales.

Cette distinction permet d'appréhender les différentes options et combinaisons possibles pour les agents directement concernés par l'utilisation de la technologie. Les choix procéderont d'une part, des objectifs visés par le producteur et qui pourraient être l'accroissement de la production, l'amélioration de la qualité ou de l'efficacité, l'élévation du volume du profit et d'autre part, des contraintes techniques, de revenu ou sociales. C'est dire que le choix procède toujours d'une certaine rationalité conforme à la politique qui est poursuivie. Donc le déterminisme technologique n'existe pas, les choix correspondent à des objectifs nettement spécifiés comme l'apparition de nouveaux produits, une exploitation et valorisation des facteurs naturels, la réduction du temps de travail, l'augmentation de la productivité, etc. On ne peut finalement exclure ou même privilégier telle ou telle composante technologique. Les critères de choix seront fonction des politiques appliquées. Il y a seulement une réserve de principe à opérer sur les technologies occidentales modernes en désuétude. L'analyse de W. ROSTOW et de tous les tenants de la thèse du retard s'était évertuée à montrer que les PSD disposant de faibles capitaux n'avaient d'autre choix que de favoriser l'industrialisation en faveur des branches et techniques légères. Ils pourraient acquérir les équipements vétustes des pays développés. Toutefois des décennies n'ont pas permis à ces modèles d'industrialisation de produire des effets positifs sur le développement économique et social des pays sous-développés. Ils continuent de connaître les mêmes retards et d'évoluer sur des lignes de sous-développement. La version actualisée de cette politique qui est la délocalisation industrielle n'a encore produit nulle part un processus véritable d'industrialisation. C'est dire que cette composante technologique, sauf exception, doit être abandonnée. Pour le reste du pool, le fonctionnement de la politique donnera des indications sur les choix à opérer.

2°) Les éléments de la politique technologique

À partir de ces considérations, le problème qui suit concerne l'élaboration d'une politique technologique cohérente et intégrale qui définit avec clarté les critères qui président aux choix technologiques, l'appropriation et la diffusion des technologies importées, la promotion de la recherche scientifique et technique, la spécification des moyens et canaux de vulgarisation des innovations technologiques. Cette stratégie technologique dépasse la simple problématique du transfert qui n'est qu'une composante. Les axes de la politique s'articulent autour des cinq volets qui suivent :

a) Le premier volet réside dans l'élaboration d'une stratégie globale, durable et planifiée du développement scientifique et technique ; ce qui suppose :

- la spécification des besoins technologiques à moyen et long terme en fonction des options sectorielles du développement économique et social,
- la quantification des moyens et leur répartition fonctionnelle,
- l'établissement des priorités,
- la définition d'un système de formation des chercheurs hautement qualifiés et d'un personnel auxiliaire adaptés au développement de la science et de la technique.

Cette stratégie doit être partie intégrante de la politique socioéconomique et culturelle d'ensemble dont les objectifs demeurent l'élévation des forces productives par une industrialisation conséquente, la construction d'une économie nationale capable d'autonomie, la satisfaction des besoins matériels, l'amélioration du niveau de vie et l'élévation du niveau culturel et spirituel des producteurs. La science et la technique deviennent ainsi des outils indispensables de réalisation des tâches de développement et de transformation dans le sens de l'édification d'une société socialiste dont il est dans l'essence et la nature, de créer les conditions les plus favorables à l'accélération de l'utilisation de la science, de la technique au bénéfice de la société.

b) ***Le second volet de la stratégie concerne la création et la mobilisation de tous les moyens qui peuvent concourir à une maîtrise par les agents économiques et les scientifiques des anciennes technologies et l'ouverture sur celles de la troisième révolution industrielle.***

Il faut donc combler le gap par un transfert contrôlé et aux moindres coûts. Car, si celui-ci a été apprécié comme une « pieuse utopie », c'est probablement pour souligner le fait qu'il n'avait aucun caractère automatique et non onéreux. Deux moyens peuvent s'offrir : le premier consisterait à encourager l'implantation de filiales de sociétés productrices de technologie et le second serait l'importation directe. Pour le premier moyen, on sait qu'en règle générale, les sociétés-mères transfèrent nécessairement leurs techniques de production, leur savoir-faire et cela quel que soit le niveau de développement du pays d'installation de la filiale. C'est cela qui fait observer à Dimitri GERMIDIS *« une tendance à l'homogénéisation des techniques de production dans chacune des branches industrielles indépendamment des caractéristiques socioéconomiques et culturelles des pays d'accueil.* » La réduction de la sophistication et de la mécanisation des techniques observables dans les formations sous-développées ne procède que des faibles dimensions des marchés internes. L'installation de filiales ou d'autres formes du genre contribue au transfert technologique.

Le second moyen disponible est l'importation directe par l'opérateur économique interne de la technologie appropriée. L'État pourrait encourager cette politique par des subventions financières ou des concessions fiscales et douanières vers donc l'objectif d'alléger les charges de l'entreprise importatrice de technologie. Dans ces deux (02) cas, le transfert est encouragé pour combler tout gap technologique ou empêcher qu'il ne se constitue un autre de plus important dans l'avenir. Bien entendu, les technologies à transférer sont celles qui contribuent à forcer l'allure de l'industrialisation qui permette une valorisation des matières premières de base, une absorption de la main-d'œuvre, un accroissement de la productivité des secteurs économiques et du travail et l'augmentation des revenus.

Les pays sous-développés doivent mobiliser les ressources financières et humaines pour s'ouvrir systématiquement sur les nouvelles technologies caractéristiques des mutations fondamentales en cours, s'effectuant à partir de la filière électronique qui approfondira le développement des bio-industries.

Selon Michel RICHONNIER, en dernière analyse, les nouvelles technologies de la quatrième révolution industrielle (elles ne sont pas toujours aussi nouvelles) sont principalement :

- les énergies renouvelables qui datent de plusieurs millénaires,
- les énergies nucléaires de fusion dont les filières sont scientifiquement maîtrisées depuis quelques décennies,
- les nouvelles technologies de l'information et de la communication amorcées au milieu des années 1960 qui constituent la plus grande révolution de tous les temps
- les biotechnologies qui amènent de prodigieuses découvertes de processus nouveaux de production.

En effet, les pays sous-développés doivent être extrêmement attentifs sur ces nouvelles technologies qui transforment radicalement les conditions de production dans tous les secteurs d'activité.

Au niveau de l'agriculture,

Dans le cadre de l'agriculture les technologies qui contribueront à élever la productivité agricole et à améliorer les bases de la production sont celles qui produiront les impacts qui suivent : être plus économes en énergie et d'autres intrants grâce à un double progrès : la bioconversion et la microbiologie. Cela est important quand on sait que la révolution verte était fondée sur un modèle à profil énergétique élevé[311] ; et être plus productif par suite d'une utilisation

[311] Ainsi la bioconversion permettra une récupération et ventilation systématique des déchets, la microbiologie permettra une fixation de l'azote ce qui va faire baisser le

systématique de la mécanisation et le recours à la télédétection qui permettra d'une part une meilleure connaissance des sols et des climats et d'autre part, un choix plus approprié des cultures.

Au niveau du secteur industriel, l'automatisation, la robotisation et la microélectronique entraîneront des révolutions dont on est loin de soupçonner présentement toutes les conséquences socioéconomiques. Dans les branches productives où ces technologiques sont introduites les grains de productivité sont particulièrement exceptionnels.

Dans cette optique il faut insister particulièrement sur deux (02) aspects : la robotisation qui développera des ateliers flexibles pouvant opérer les assemblages, mais aussi capables de reconnaître des formes (**robots palpens**) et la fabrication assistée par ordinateur qui procédera à la production dans des industries de série commandées directement à partir d'une salle de contrôle, avec une optimisation en temps réel pour réduire au maximum les stocks et répondre à la demande flexible.

Au niveau du secteur tertiaire également, les nouvelles technologies apportent une autre dimension, une autre efficience par le recours de plus en plus généralisé à l'informatique et à la bureaucratie. Ces facteurs modifient complètement le système décisionnel et entraînent des gains de productivité et de temps.

Au total, une stratégie crédible de développement technologique ne saurait se désintéresser de ces mutations en cours qui modifieront dans un futur proche les systèmes et conditions de production, qui bouleverseront radicalement les modes de vie et de pensée et qui feront reculer les prévisions d'épuisement des ressources naturelles. Que ces technologies impliquent des coûts financiers qui peuvent être considérables et des incidences socioculturelles importantes, ces facteurs ne sauraient être des prétextes pour ne point les importer et contribuer à leur maîtrise. Cela d'autant plus qu'elles s'imposent tendanciellement dans les pays développés comme facteurs de sortie de crise. Les pays sous-développés qui ont raté toutes les révolutions industrielles et technologiques doivent s'organiser sous l'impulsion des pouvoirs publics et des opérateurs économiques pour rentrer dans cette troisième révolution capable d'accélérer le progrès et la croissance économique.

c) Le troisième volet de la politique technologique concerne la création d'instituts de recherche pourvus de moyens financiers, d'équipements, de cadres, d'ingénieurs et de chercheurs adaptés aux besoins de développement de la science et de la technique.

Ces structures devront permettre une coordination de la recherche avec la production ; ce qui va amener l'utilisation des acquis scientifiques dans la

---

recours à l'engrais et la génétique mettra au point de nouvelles variétés végétales et animales plus productives production matérielle. Comme l'observe une étude monographique de l'Académie des Sciences « l'achèvement des recherches et, parfois, leur réalisation nécessite des équipements spéciaux sophistiqués, des appareils et des matériaux dont la fabrication n'est possible que dans des conditions industrielles et exigent la création d'industries nouvelles et d'installations dépassant par leur envergure et leur complexité, les usines les plus modernes »[312]. Les instituts de recherche ont alors pour fonction d'orienter et de réaliser les politiques de recherche-développement. Pour cela ils doivent disposer d'un potentiel appréciable de scientifiques, d'ingénieurs et de chercheurs. Or ce tableau montre à souhait l'énorme retard accumulé par l'Afrique à ce niveau

Tableau 17 : Nombre de scientifiques et ingénieurs impliqués dans la R&D

Régions du globe	**Nombre**	**Pourcentages (*)**
Europe	2 206	33,6
Océanie	1 610	24,5
Amérique	1 509	23
Asie	401	6,1
Amérique Latine et Caraïbes	364	5,5
Pays Arabes	363	5,5
Afrique	117	1,8
Total	6570	100

Source : Unesco, Annuaire Statistique 1994 et nos propres calculs

d) Le quatrième volet concerne la planification de la recherche ainsi que son organisation pour une diffusion dans le corps de métier, et chez les utilisateurs potentiels des acquis technologiques. L'efficacité de la recherche s'apprécie par le volume de brevets formalisés, diffusés, commercialisés.

e) Le cinquième volet intéresse une réforme fondamentale de l'Université et du système de formation technique et professionnelle.

L'intensification des financements publics et des réformes des systèmes universitaires et de formation permettait de produire un impact positif sur la productivité, la compétitivité et la croissance. Cela s'explique par le fait que l'université crée un impact direct sur la productivité en formant du capital humain pouvant être utilisé pour réaliser des innovations technologiques.

Le Professeur DJEFLAT opère une analyse comparative de la formation scientifique et technique en Asie et en Afrique et souligne 4 carences des systèmes universitaires de formation :

---

[312] Académie des Sciences de l'URSS : *Les fonctions sociales de la Science.* Revue Sociale n°4, 1982.

- **La première est que l'on mette l'accent mis sur la formation théorique au détriment des formations pratiques, techniques et manuelles** qui ont été la plupart du temps une préoccupation secondaire du système éducatif.
- **La seconde est la faveur accordée aux formations longues au détriment des formations courtes.** À cet effet, le poids de l'héritage colonial surtout dans les pays francophones n'est pas à négliger. La conséquence est le mépris du travail manuel qui va se développer dans les sociétés africaines avec l'oubli que, paradoxalement, c'est par ses travaux manuels, son artisanat et son ingéniosité que l'homme africain s'est développé par le passé.
- **La troisième est le détournement des ingénieurs du terrain de la pratique : la plupart ne reçoivent pas le type de formation qui les rende pleinement opérationnels quand ils sont intégrés dans le circuit de production.** On explique ceci en partie par le fait qu'ils ne possèdent pas de terrain de travaux pratiques adéquats à cause de la faiblesse de l'industrie dans la plupart des pays africains. Par ailleurs, une proportion non négligeable, parmi eux, est nommée à des postes administratifs et souvent au niveau ministériel[313].
- **La quatrième est que l'enseignement de la Science et de la Technique est conçu pour la formation de spécialistes malheureusement, l'accent est mis, surtout, sur l'accumulation des connaissances plutôt que sur le développement de la créativité et du savoir-faire.**

C'est pourquoi les universités doivent être réformées dans leurs structures, comme dans leur contenu pour les rendre capables de gérer les mutations scientifiques et technologiques rapides[314]. La refonte du système universitaire, scolaire, de formation et recherche s'impose et passe par la redéfinition des trois (03) missions de l'Université :

- La redéfinition des missions des universités autour de quatre idées maîtresses : modernité et excellence, développement de la culture technologique, formation professionnelle et formation permanente, ouverture et partenariat. À l'évidence, les appareils productifs et de formation manquent encore de performance, car le premier n'arrive pas à absorber le produit du second. Les explications sont différentes selon le côté auquel on se trouve. Pour les entrepreneurs, les étudiants ont certainement "la tête bien pleine", mais ils n'ont aucune qualification professionnelle permettant leur insertion. Le problème de

---

[313] À la fin des Années 90, le Président Blaise COMPAORÉ avait constaté que plus de 60% des ingénieurs agronomes étaient dans les bureaux administratifs pour un pays qui regorgent de terres inutilisées. Il aida à les recycler dans les campagnes du Burkina et cela a révolutionné les secteurs d'accueil.

[314] *De ce point de vue, Ivan ILLICH observe que «les étudiants ont perdu leur foi et leur respect dans l'institution ... l'Université doit les aider à formuler d'une façon cohérente et rationnelle l'angoisse qu'ils éprouvent».*

l'adéquation entre formation et emploi n'est évidemment pas nouveau ; mais son approche a considérablement évolué dans l'ensemble des pays africains, depuis une vingtaine d'années.

- La deuxième mission est la recherche de ressources financières suffisantes, diversifiées, stables avec une allocation optimale pour les différentes composantes du système. Les crédits de l'Université sont principalement d'origine publique. Cette subvention de l'État à l'université va sans nul doute se poursuivre, mais il est indispensable d'en repenser à la fois le volume et les modalités d'attribution, de gestion et de contrôle.
- La troisième mission est celle de l'organisation et la gestion de la recherche. La recherche est le domaine de la production du savoir, de la création et de l'innovation. C'est un domaine stratégique, car non seulement elle détermine le progrès de la science, mais aussi la compétitivité dans les secteurs-clés, surtout des nouvelles technologies. Les pays industrialisés investissent considérablement à travers leurs institutions d'enseignement supérieur et leurs centres de recherche.

Mais actuellement en Afrique, la recherche est le parent pauvre de la plupart des institutions universitaires. Les budgets alloués par les gouvernements ont considérablement baissé (ou ont tout simplement disparu dans certains pays) à la suite de la crise économique et des mesures d'ajustement mises en place dans la plupart des pays. Or, aucun système d'enseignement supérieur ne saurait remplir sa mission et être un partenaire utile de la société si son personnel enseignant et ses institutions ne font pas des travaux de recherche. Car une des missions essentielles de l'université est d'être un centre actif de créativité, d'élaboration de connaissances et de savoir pour la promotion de la science et de la technologie. En conséquence, il faut mobiliser tous les cerveaux africains afin que les universités contribuent pleinement et efficacement à la réalisation des politiques de R&D et de technologie à l'échelle nationale et continentale.

Il importe alors d'avoir une politique de recherche qui, pour être opérationnelle et répondre aux objectifs du développement économique et social, suppose la mobilisation de moyens matériels importants et des ressources humaines de qualité, c'est-à-dire des hommes de science créatifs, des chercheurs productifs et travaillant en réseaux.

La compétition internationale nécessite actuellement beaucoup d'innovations et de créativité sur le plan technologique. Aujourd'hui, la recherche universitaire doit s'imposer, tant au niveau appliqué que fondamentale. Les universités doivent développer et créer des structures de recherche modernes, tout en mettant l'accent sur l'initiation et la formation des chercheurs, la publication et la diffusion de leurs résultats.

Si nul ne peut contester l'importance de la recherche-développement dans les pays industrialisés, l'université africaine est désormais appelée à s'y associer impliquer afin d'assurer les nouvelles missions qui lui sont assignées. Mais il ne faut pas seulement faire de la recherche pour de la recherche, celle-ci doit aussi se faire en partenariat avec l'industrie, les entreprises et tous les acteurs de la vie socio-économique de la nation.

EN CONCLUSION : Un cas d'école, la Corée du Sud : le rôle déterminant de l'université et de la recherche dans le développement.

On considère généralement que la recherche en Afrique est victime de l'expansion de l'Enseignement Supérieur et de la compétition avec les autres domaines qui aspirent à un financement de l'État (domaines de la santé, les infrastructures de développement, le développement urbain). En 2000, l'Afrique a consacré à la recherche-développement 0,3% de son PIB (Ouganda 0,82%, Afrique du Sud 0,68% comparativement à l'Inde 0,8%, la Chine 1,2% et la Corée du Sud 2,5%). La Corée du Sud a opté pour une économie résolument axée sur le savoir et l'Enseignement Supérieur est le meilleur moyen d'accélérer son développement. Dès le milieu du siècle dernier, ce pays a fait des progrès remarquables vers une économie fondée sur le savoir : en 1960, l'agriculture et la pêche représentaient 36% du PIB du pays, les services 47% et l'industrie 16%. Cette tendance s'est inversée et en 2002, le domaine des services a progressé à 63% de la force du travail et l'agriculture et la pêche ont régressé à 4%.

Le PIB par tête d'habitant qui représentait 3000 $US en 1975 est passé en 2002 à 15000 $US. Le pays investit 2,5% de son PIB dans l'Enseignement Supérieur, ce qui représente un niveau de financement plus élevé que celui de la plupart des pays de l'OCDE. D'après un rapport de la Banque Mondiale (2005), seulement trois (03) pays de l'OCDE ont investi un montant plus élevé de leur PIB dans le savoir (Enseignement Supérieur, TIC, Software et Recherche pour le Développement). En conséquence, l'accès à l'Enseignement Supérieur est passé de 6% en 1965 à 85% en 2002-2003.

Concernant les résultats de la recherche, ils se sont considérablement améliorés. En 1981, le pays disposait de 204 publications académiques de haut niveau dans les domaines des sciences et des sciences sociales. En 1995, le nombre des publications est passé à 5000 pendant que le taux d'inscription dans les institutions de Sciences et Techniques est passé à 39%. Le pays dispose de nombreux programmes d'échanges universitaires avec l'Asie, l'Europe et l'Amérique. Les effectifs des étudiants sont passés de 7000 étudiants en 1971 à 150.000 étudiants en 1999. Toutefois des programmes sont mis en place pour faciliter le retour des diplômés dans leur pays.

En définitive, des réformes des universités sont entreprises dans beaucoup de pays africains pour les repositionner dans le développement économique et social. Toutefois, ces réformes ont rarement réussi, d'abord, à les adapter aux nécessités professionnelles, ensuite à les ouvrir sur les savoirs et les savoirs faire techniques et innovants et enfin, à les engager dans les recherches en vue de jouer un rôle actif dans la communauté mondiale des savants.

Sommairement, selon **Prof. Komlavi Francisco SEDDOH (en 2011),** les caractéristiques des universités apparaissent d'abord dans la distribution des diplômés : 3% dans l'agriculture, 7% dans la santé, 9% dans les sciences de l'ingénieure, 20% dans l'Éducation, 47% dans les sciences sociales etc. Les inscriptions des étudiants en sciences et technologies en 2004 **(Agronomie, Médecine, Sciences de l'ingénieur)** sont de 39% au Sénégal, 32% au Ghana, 61% au Mozambique, 41% au Kenya. L'accès à l'Enseignement supérieur est l'un des plus faibles du monde. Les reproches faits par les employeurs aux diplômés de l'Enseignement Supérieur sont entre autres : Faible capacité de résolution des problèmes, Compréhension insuffisante du milieu des affaires, Maîtrise insuffisante de l'outil informatique, Insuffisance de la capacité à travailler en équipe, Insuffisance de la formation pratique et Formation insuffisante en communication. Il est estimé à 35% le niveau de chômage des diplômés des universités africaines. (Étude sur 2500 diplômés réalisée en 1980). Le niveau est sans doute beaucoup plus important aujourd'hui. Également, le chômage est plus important pour les diplômés des universités des pays francophones comparativement à ceux des pays anglophones. L'accès à l'emploi est meilleur pour les diplômés de Sciences, des Sciences de l'Ingénieur, de Gestion et Commerce. Avec des ressources publiques et une dépense par étudiant en diminution (6.800 $ en 1980, 1200 $ en 2002 et une moyenne de 981 $ pour la période 2004-2005), les universités sont confrontées à une expansion rapide de leurs effectifs sans augmentation corrélative de leurs ressources. Cette situation a un impact négatif sur les politiques de recrutement et de formation des enseignants. En Afrique francophone, si l'on veut préserver le ratio actuel étudiant/enseignant, les projections indiquent qu'il faudrait recruter 58.000 enseignants supplémentaires entre 2006 et 2015

L'Enseignement Supérieur et la Recherche doivent désormais devenir des composantes essentielles du développement culturel et socio-économique des individus, des communautés et des nations. L'Enseignement Supérieur doit anticiper les besoins de la société et des individus, s'ouvrir largement aux adultes à des fins de mise à jour des connaissances, de recyclage, de reconversion et d'amélioration du niveau de leur culture générale. Comme le disait Koffi Annan en 2000 « l'Université doit devenir un outil primordial pour le développement dans le nouveau siècle. C'est elle qui peut aider à développer l'expertise africaine et améliorer l'analyse des problèmes en Afrique, renforcer les institutions nationales, créer l'environnement pour la pratique de la bonne gouvernance, la résolution des conflits, le respect des droits de l'homme. Elle doit permettre aux universitaires africains de jouer un rôle actif dans la communauté mondiale des savants. ».

Pour remplir cette mission, l'Enseignement Supérieur doit changer profondément – changer, EN SE DIVERSIFIANT dans ses institutions, ses standards, ses filières, dans la nature de ses cursus, ses modes et ses formes d'organisation des études. L'Enseignement Supérieur doit anticiper les besoins de la société et des individus, s'ouvrir largement aux adultes à des fins de mise à jour des connaissances, de recyclage, de reconversion et d'amélioration du niveau de leur culture générale. L'Enseignement Supérieur au XXIe siècle doit s'inscrire dans le projet global de l'Éducation permanente pour tous.

Enfin concernant la recherche les publications scientifiques des chercheurs africains comptaient pour 1% de la production mondiale. Celle des États-Unis d'Amérique comptait pour 33,2% et du Japon 10%. En définitive, aucune université ne saurait à elle seule disposer de tous les moyens pour garantir l'excellence dans tous les domaines. Leur accès aux savoirs et innovations se développera de plus en plus en s'articulant autour de centres d'excellence où viendront se former les talents qui construiront l'Afrique de demain.

En définitive, pour aboutir à a vérité scientifique, le chercheur doit savoir raisonner, argumenter, vérifier et falsifier au sens poppérien (évaluation empirique des énoncés généraux par des tests). Au LARED, nous avons deux programmes phares sur l'Économie mondiale et les Politiques d'Émergence, de Croissance et de Développement mais avec une formation des chercheurs à cette méthode conçue initialement pour les sciences dures pour qu'ils acquièrent les 7 vertus qui suivent :

Les 7 qualités du scientifique :

1. L'esprit critique (Toujours remettre en question)
2. La distanciation (Savoir garder une certaine distance par rapport à son objet d'étude)
3. L'objectivité (Accepter tous les faits et seulement les faits comme réels)
4. La rigueur (Rapporter les faits complètement et précisément)
5. Le raisonnement (Approcher les faits avec une pensée rationnelle)
6. La tolérance (Accepter comme vrai ce qui est connu de façon scientifique)
7. La créativité (Rendre familier ce qui est étrange et étrange ce qui est familier)

THÈME 27 – POURQUOI RÉFORMER LA FISCALITÉ : LE BUDGET ANCRAGE D'UNE POLITIQUE, LES VERTUS OUBLIÉES DE L'INTERVENTION DE L'ÉTAT.

Par

Professeur Moustapha KASSE

Conférence prononcée devant le LARED et l'Association des Inspecteurs du Trésor.

L'amélioration de l'efficacité des systèmes fiscaux des pays en développement est la nouvelle frontière de la politique de développement. **Angel GURRIA, l'OCDE.**

Nous allons bientôt retrouver le débat budgétaire au niveau du Parlement. Quoi de plus normal puis que « le budget est l'arme des peuples contre l'abus ». Il est aussi l'acte majeur par lequel, le pouvoir législatif contrôle l'activité de l'exécutif. En conséquence, il concerne tout le monde : le citoyen, le producteur, le consommateur, le travailleur. Théoriquement, il peut servir d'accélérateur ou de frein à la croissance de la production et de l'emploi. Depuis 2000 le Sénégal a augmenté ses recettes mais elle peut lever davantage de recettes suite aux importantes évasions.

S'il incombe aux pays de prendre en charge leurs propres priorités de croissance et de développement, ils doivent mobiliser leurs ressources intérieures propres, telles que les impôts, les recettes douanières qui sont les plus importantes sources de recettes. Fiscalité et développement sont ainsi corrélés. De plus en plus, ce sont les ressources intérieures qui devront soutenir le développement. Face à ces enjeux, il est nécessaire de mobiliser la participation de tous les acteurs et chacun doit prendre sa part de responsabilité dans l'action, les sociétés privées, toutes les institutions qu'elles soient individuelles ou collectives, le secteur public comme privé. Cette mobilisation relève du patriotisme fiscal. Les pays en développement doivent s'appuyer de plus en plus sur leur potentiel fiscal pour financer leur propre développement et sortir de la dépendance trop pesante de « l'aide publique», IDE et de l'endettement.

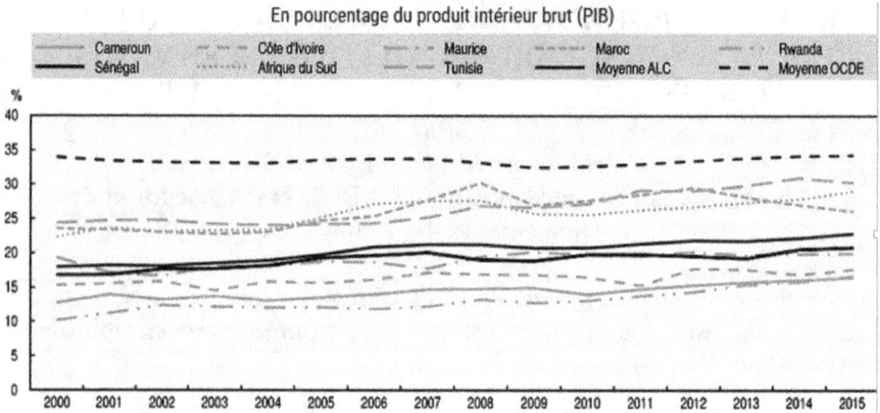

Les moyennes de l'Amérique latine et Caraïbes (ALC) et de l'OCDE ne sont pas pondérées. La moyenne de l'ALC représente un groupe de 24 pays d'ALC. La moyenne de l'OCDE représente le groupe de 35 pays de l'OCDE.

OCDE/ATAF/CUA (2017), *Statistiques des recettes publiques en Afrique 2017*, Éditions OCDE, Paris, http://dx.doi.org/10.1787/9789264280854-en-fr

Le marathon budgétaire, important exercice de notre démocratie, prendra cette année encore le même relief malgré les deux événements conjoncturels d'une rare gravité que vient de traverser le pays, en l'occurrence : la sécheresse endémique qui va se traduire par des pertes de production et de recettes et une calamité nationale : « le naufrage du JOOLA » qui va obliger l'État à opérer la réparation des dommages causés. Ces deux phénomènes conjoncturels, ainsi que l'affectation de ressources à des services en crise (école, santé) peuvent conduire à faire varier considérablement les dépenses en cours d'exercice. Cette conjoncture et l'allocation sectorielle des ressources risquent, sans nul doute, d'occulter le débat budgétaire en laissant en rade des questions importantes relatives aux indispensables réformes de cet instrument d'intervention de l'État. Structurellement, le budget se présente comme l'ensemble des comptes qui décrivent pour une année civile, toutes les ressources et toutes les charges permanentes de l'État. Techniquement, il comporte des lignes, des comptes et des soldes.

Dans son agencement actuel, il est possible avant terme de typer toutes les interventions des Honorables Députés et les réponses assez doctes que les Ministres apporteront. Ainsi, les Augustes Députés de l'Opposition vont tirer à boulets rouges sur l'énormité supposée du déficit budgétaire, sur la maigreur des ressources affectées è tel ou tel secteur jugé prioritaire, si ce ne sont les faibles fonds alloués aux secteurs en détresse. Sans doute, il sera énoncé avec éloquence cette fausse certitude selon laquelle un déficit budgétaire révèle une mauvaise gestion tandis qu'un excédent est le signe d'une bonne maîtrise économique et financière (compétitivité). À quoi le ministre répondra sous un ton assuré que le déficit est soutenable. Alors on passe aux questions de répartition du gâteau et chacun tente de tirer les plus gros morceaux de son côté : un hôpital par-ci, une école par-là si ce n'est la route à réparer ou la piste oubliée. Chaque Honorable Député intervient pour faire un clin d'œil à son électorat donc au marché politique. Reprise de parole du Ministre pour dire que bonne note est prise pour l'année prochaine si les recettes le permettent. En somme, la rationalité et l'objectivité ne sont pas les éléments de ces affrontements feutrés ou violents au sein de l'auguste Assemblée nationale.

Ce débat d'une extrême pauvreté procède principalement du simplisme du budget dont la structure est demeurée figée avec une logique comptable : recettes d'un côté et dépenses de l'autre ponctuées, par un déficit ou un excédent (soldes). Il fait parfois sourire les macro-économistes et les comptables nationaux qui considèrent que la fiscalité est dans la dépendance de l'économie : elle doit l'accompagner, l'infléchir, mais ne jamais la contrarier. Pour reprendre le propos du ministre des finances Mouhamadou TOURE *«la fiscalité est un remarquable instrument de progrès économique et social, mais, elle peut être parfois aussi un facteur de blocage et de conservatisme ».*

<u>Encadré 28</u> : Le potentiel de la fiscalité en tant que vecteur de développement.

La fiscalité permet aux États d'investir dans le développement, d'atténuer la pauvreté et de fournir des services publics, de sorte à pouvoir soutenir la croissance sur le long terme. Des régimes fiscaux solides permettent non seulement de collecter des recettes essentielles, mais également de promouvoir l'inclusivité, d'encourager la bonne gouvernance, d'accroître la redevabilité des pouvoirs publics vis-à-vis de leurs citoyens et de contribuer à la justice sociale. Parce qu'ils permettent d'améliorer la transparence et l'équité et de combattre la corruption, les systèmes nationaux de collecte des impôts favorisent également l'établissement d'un cadre plus propice à l'investissement privé.

Pourtant, les pays à faible revenu doivent surmonter un certain nombre d'obstacles pour pouvoir tirer pleinement parti de ce potentiel. Ces pays se caractérisent en effet par des bases fiscales étroites, un secteur informel important et un niveau relativement faible de revenu par habitant, d'épargne et d'investissement intérieurs. De plus, ils sont bien souvent pénalisés par la faiblesse de leurs institutions et de leur gouvernance, ainsi que par leurs capacités insuffisantes. Ils sont en outre clairement désavantagés par les obstacles externes – comme les stratégies agressives d'évasion fiscale adoptées par les entreprises multinationales et les montages mis en place par des particuliers fortunés pour dissimuler leurs actifs à l'étranger.

En plus et au-delà des avantages directs qu'elle procure aux pays en développement, la coopération internationale dans le domaine de la fiscalité est essentielle dans le contexte de la mondialisation actuelle. Les régimes fiscaux ne peuvent plus être envisagés uniquement sous l'angle national, dès lors qu'ils impliquent un ensemble complexe d'actions, d'acteurs et d'impacts qui dépassent de loin le simple cadre national.

La lutte contre, entre autres, la fraude fiscale, les pratiques de **BEPS*** et la fixation de prix de transfert abusifs, les flux financiers illicites, la corruption et le blanchiment de capitaux, exigent de la transparence, un partage des connaissances et des données, des efforts coordonnés, et la mise en œuvre de normes communes solides. Autant de mesures qui permettent de pleinement tirer parti de la fiscalité pour contribuer au développement au niveau mondial.

***BEPS** (L'érosion de la base d'imposition et le transfert de bénéfices) désignent les stratégies de planification fiscale qui exploitent les failles et les différences dans les règles fiscales en vue de transférer artificiellement des bénéfices dans des pays à fiscalité faible ou nulle où l'entreprise n'exerce guère d'activité réelle, voire aucune, avec pour conséquences :un montant de l'impôt sur les sociétés faible ou nul, un manque à gagner annuel pour les pouvoirs publics compris entre 100 et 240 milliards USD, soit l'équivalent de 4 à 10 % des recettes générées par cet impôt au niveau mondial.

OCDE / G20 Cadre inclusif sur le BEPS.

Une politique budgétaire respectueuse des principes de bonne gouvernance économique doit toujours concilier un double impératif d'une part celui d'assurer l'égalité des citoyens devant l'impôt (équité fiscale) et la correction des inégalités tant sur le plan individuel que régional et d'autre part celui de relancer la croissance par une allocation plus productive des ressources financières mobilisées. C'est dire que la fiscalité ne peut se concevoir indépendamment des politiques économiques et sociales. En effet un bon impôt suppose de pouvoir saisir correctement la matière imposable : production, revenu, dépense, patrimoine. La matière doit être abondante si l'on veut éviter des taux excessifs alors que l'appareil administratif doit être suffisamment performant pour éliminer les fraudes et les injustices. Quelle fiscalité aujourd'hui ou encore quels sont les axes d'une fiscalité au service de la croissance, de l'emploi et de la stabilisation économique et sociale ? Au-delà de l'analyse purement factuelle, il est important de débattre du remodelage du budget pour mettre la mobilisation et l'allocation des ressources en phase avec les priorités économiques et sociales.

I/ Pourquoi réformer les impôts, l'impératif de mettre fin aux faux-semblants ?

Nul n'aime payer des impôts et pourtant chacun souhaite et revendique de disposer du maximum de biens et services publics de bonne qualité : une bonne École, des infrastructures de qualité, des villes plus propres, une sécurité assurée pour tous. Est-il possible alors d'avoir moins d'impôts et plus de dépenses sans laisser filer les déficits ? Cette problématique soulève trois questions d'importance qui devraient secouer à la fois les techniciens des finances publiques et les Honorables Députés : Quel est le niveau actuel des prélèvements obligatoires ? Existe-il un niveau optimal ? Pourquoi et Comment réformer le dispositif fiscal pour répondre aux demandes (voire aux manques) ? Comment combattre la fraude fiscale pour garantir des conditions équitables pour tous ?

L'une des priorités de ce processus de réforme est de lutter contre les stratégies d'évasion fiscale qui exploitent les décalages et les discordances pouvant exister entre les règles fiscales, afin de transférer artificiellement des bénéfices vers des lieux où ils sont peu, ou pas, imposés. Ces stratégies, connues sous le nom de pratiques de BEPS, peuvent revêtir un caractère illégal, même si ce n'est pas le cas pour la plupart d'entre elles. Le phénomène de BEPS porte atteinte à l'équité et l'intégrité des systèmes fiscaux, en permettant aux entreprises qui exercent leurs activités à l'international de s'arroger un avantage concurrentiel sur leurs rivales au champ d'intervention strictement national.

Les solutions sont à chercher du côté des caractéristiques des prélèvements obligatoires à savoir : leur rendement, leur efficacité et l'équité. Cela passe par la mise en place de « systèmes fiscaux modernisés et progressifs », « une politique fiscale mieux conçue » et « une collecte plus efficace des impôts » pour libérer le potentiel des pays à poursuivre le financement de leurs propres priorités en matière de croissance et de développement. En effet, la réforme fiscale devra être graduelle afin de rechercher un juste équilibre entre les différents objectifs : accroître les recettes fiscales en renforçant l'administration fiscale, en luttant contre toutes les évasions fiscales et en incitant les opérateurs du secteur formel, informel et les citoyens au civisme fiscal.

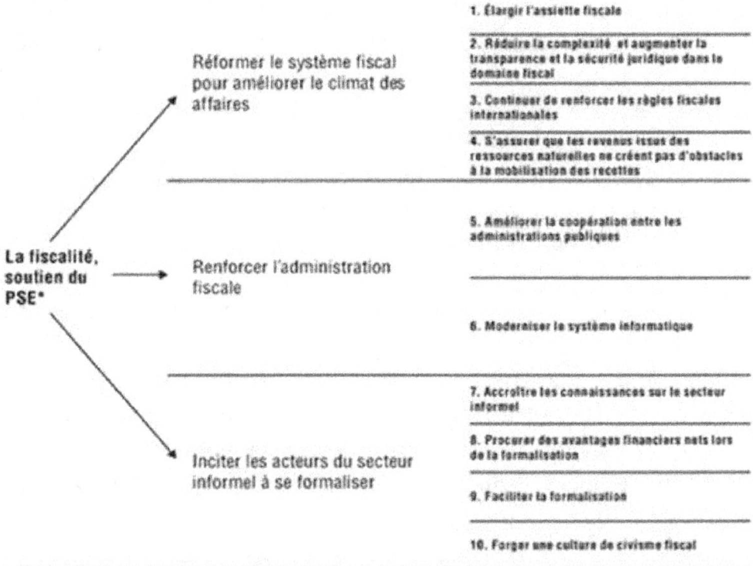

Note : * Plan Sénégal émergent.

1°) Le premier problème est de savoir comment accroître les recettes sans alourdir la pression fiscale : le rééquilibrage de la fiscalité.

L'analyse factuelle montre d'une part que les recettes restent toujours inférieures aux dépenses et d'autre part que les recettes mobilisées sont bien insuffisantes et sont bien en deçà du potentiel fiscal. Comment accroître les recettes pour faire face aux besoins de l'État (rarement formulés de manière explicite) comme organiser les conditions de mise en valeur optimale du capital, construire les infrastructures matérielles et sociales, assurer la sécurité, répondre aux besoins de santé et de formation des ressources humaines. L'impôt retrouve sa fonction originelle : procurer des ressources aux pouvoirs publics. Seulement, la pression fiscale sénégalaise est trop forte si bien qu'une nouvelle élévation des taux risque de rapporter un montant inférieur selon la courbe de LAFFER symbolisée par la formule « trop d'impôt tue l'impôt ». Alors comment accroître les recettes sans alourdir la pression sur l'économie. La réponse est à chercher dans la réforme de l'assiette fiscale par fiscalisation de certains secteurs comme l'informel qui fournit plus de 60% du PIB. Tout le monde a démissionné face à la difficulté de l'entreprise. Il faut ajouter à cela les revenus fonciers et d'autres encore comme l'érosion de la base d'imposition et le transfert de bénéfices surtout des multinationales (BEPS) et garantir aux entreprises certitude et cohérence.

Lors de la 3ème réunion régionale du cadre inclusif sur les pratiques d'érosion des Bases d'imposition et le transfert indirect de bénéfices (BEPS) pour les pays francophone à Saly sous l'égide de l'Organisation de Coopération et de Développement Économique (OCDE) et du Cercle de réflexion et d'échange des dirigeants des administrations fiscales (CREDAF), en partenariat avec la Direction Générale des Impôts et des Domaines (DGID) du Sénégal, il a été analysé les défis fiscaux posés par la numérisation de l'économie et la mise en œuvre des mesures BEPS. Le Coordonnateur de la Direction Générale des Impôts et des Domaines (DGID), Abdoul Aziz GUEYE observe que. *«L'érosion des bases d'imposition et le transfert indirect des bénéfices constitue un obstacle qui obère considérablement toute perspective d'amélioration des recettes de nos États qui doivent faire face aux besoins de plus en plus croissant des populations et aux exigences de prise en charge des questions de développement ».* Par ailleurs, il a indiqué que les pratiques d'érosion de la base d'imposition et de transfert indirect de bénéfices des entreprises multinationales font perdre aux États entre 100 et 240 milliards de dollars de recettes fiscales soit l'équivalent de 4 à 10 % des recettes générées par cet impôt au niveau mondial. C'est pourquoi, pour la période 2018/2021, le thème retenu sera l'élargissement de l'assiette fiscale par recours à la numérisation. L'accompagnement technique de l'OCDE sera d'une grande utilité.

2°) Le deuxième problème concerne l'efficacité qui appelle la numérisation de l'assiette fiscale pour maitriser toutes les niches et amoindrir les diverses évasions.

Le problème de l'efficacité consiste à l'instauration d'une base d'imposition qui augmente parallèlement aux dépenses et non au PIB. La croissance des dépenses quelles qu'en soient les raisons devrait être couverte par des recettes provenant d'un certain nombre d'instruments assis sur une base assez large à telle enseigne qu'il suffira de modifier les taux pour ramener les recettes au niveau voulu. C'est dans cette optique que Vito TANZI énonce les fameux critères d'efficacité d'un système fiscal : présence d'un indice de concentration élevé qui montre que l'on peut collecter une grande part des recettes à partir d'un petit nombre d'impôts, présence d'un indice d'érosion faible, autorisation de brefs retards dans le recouvrement, prévoir des pénalités sévères pour les fraudeurs et éviter les prélèvements spécifiques.

3°) Le troisième problème est relatif à l'équité.

Il est vrai que les institutions financières internationales comme la Banque mondiale et le FMI sont défavorables à toute velléité redistibutive. Pour la Banque mondiale affirme dans un rapport que « dans la pratique, l'impôt ne semble guère être un moyen de modifier la répartition générale des revenus. Leur rôle, au plan de l'équité, est qu'il fournisse les recettes nécessaires pour payer les dépenses redistributives, en particulier en vue d'améliorer la condition des pauvres ». Sans entrer dans un débat aux relents idéologiques, ce point de vue peut être acceptable, à condition de le mettre en œuvre au plan technique.

La résolution de ces trois problèmes exige d'une part un système fiable d'informations sur l'ensemble de l'économie nationale en matière de production, de dépenses et de répartition de revenus et d'autre part un cadre comptable d'enregistrement et de traitement des données. Dès lors, il devient possible de remodeler le budget d'offrir une rationalisation de choix budgétaires avec des critères plus rigoureux et plus efficaces d'allocation des ressources.

II/ Les moyens de réalisation de la réforme.

Le problème des moyens pose la question fondamentale des rapports entre les différents impôts dans le système fiscal : impôts directs, impôts indirects. En instituant la TVA, les impôts indirects ont pris une nette prééminence ce qui soulève beaucoup d'interrogations relatives entres autres à ses incidences sur l'économie et sur les agents.

1°) A-t-on bien évalué le dispositif dominé par les impôts indirects ?

Peut-on réintroduire les exonérations sur les produits de base et instituer des impôts sélectifs comme les accises sur les alcools et tabacs et une taxe sur le luxe et les consommations somptuaires ?

Les impôts indirects sont principalement assis d'une part sur la production et la consommation intérieure, et d'autre part sur les droits et taxes et le commerce extérieur. Incontestablement la TVA présente des avantages bien évidents : outre une large assiette, elle n'influence pas les choix des producteurs, ne se cumule pas au cours du processus de production et ne décourage pas la production pour l'exportation. Pourtant elle comporte des inconvénients sur lesquels on ne discute même plus. Ainsi, les impôts indirects peuvent parfaitement grever les coûts et handicaper la compétitivité sur les marchés extérieurs et décourager conséquemment la production locale.

En conséquence, des considérations d'équité pourraient être soulevées à travers l'exonération des produite de base et l'institution d'impôts sélectifs comme les accises sur les alcools et les tabacs ou une taxe de luxe sur les bijoux importés, les voitures de très grosses cylindrées et les consommations somptuaires.

2°) Faut-il ou non abaisser la pression fiscale ?

Deux pistes peuvent être explorées : d'abord l'abaissement de l'impôt sur les revenus et ensuite la réduction de celui sur les sociétés. Sur le premier point, il est largement établi que l'impôt sur le revenu est difficile à administrer, faiblement pourvoyeur de recettes et inefficaces sur le plan de la redistribution. Il doit être réformé et sans grande incidence. Également l'impôt sur les sociétés est élevé en conséquence de quoi très peu d'entreprises s'en acquittent ce qui accroît à la fois la pression fiscale et conséquemment l'évasion fiscale.

3°) Comment rationaliser et élargir l'assiette fiscale ?

Il existe des gisements d'impôts à exploiter. Nous n'avons pas jeté un bon regard sur le système productif pour exploiter les opportunités d'impôts qui s'offrent. Il s'agira par la suite de se donner les moyens de les exploiter. Plusieurs niches restent largement inexploitées la taxation de l'informel, l'abandon des certaines exonérations douanières et fiscales. Une étude du Conseil Économique avait montré que sur les quelques 4 mille entreprises, seulement étaient en règle avec le fisc ?

III/ Débattre sur les décisions en matière de dépenses publiques.

La question centrale sur laquelle les débats sont souvent bâclés concerne les décisions politiques en matière de dépenses publiques. Les réformes introduites par l'ajustement structurel mettent l'accent sur la réduction drastique des dépenses de personnel, de la masse salariale des fonctionnaires et un contrôle plus strict des dépenses de fonctionnement. Cependant toutes ces restrictions ont des répercussions directes d'une part sur l'efficacité des services publics et d'autre part sur la croissance économique. Par ailleurs, nombreux sont les besoins collectifs dont l'utilité et l'urgence ne font aucun doute comme l'école, la santé, l'accès aux autres services de base, la sécurité, les nouvelles technologies. Est-il raisonnable, dans ces conditions de donner la priorité à la seule réduction des dépenses ? Malheureusement le débat est conduit à l'échelle aux lieux communs selon lesquels la politique budgétaire consiste à contenir certaines dépenses et améliorer l'efficacité de l'administration fiscale. Au demeurant les marges de manœuvre dont dispose l'État en matière de politique budgétaire sont limitées par l'appartenance à la Zone franc qui génère des contraintes comme la fixité du régime de change, la politique monétaire restrictive. À ces contraintes viennent s'ajouter celles liées aux critères de convergence de l'UEMOA qui fixent les seuils des déficits tolérés par le pacte de stabilité.

Malgré toutes ces restrictions, les finances publiques influencent par les recettes comme par les dépenses le déficit de la balance des opérations courantes, l'évolution de la dette publique interne et externe, le taux d'inflation et l'activité économique globale notamment la croissance économique par le triple biais de la consommation, de l'épargne et des investissements.

EN CONCLUSION : LES ENJEUX BUDGÉTAIRES SONT ESSENTIELS pour doter les États les ressources nécessaires au financement des investissements et ne plus dépendre que de l'argent de l'extérieur.

La classe politique devrait dépasser les débats stériles pour s'attaquer aux questions de fonds : comment doter l'État de recettes fiscales substantielles pour le financement de l'investissement dans le développement, la réduction de la pauvreté et la fourniture de services publics, le renforcement des capacités et la redevabilité de l'État c'est-à-dire son aptitude à répondre à la demande sociale en lieux et places de l'emprunt extérieur et l'assistance internationale. Les procédures budgétaires actuelles ne sont pas sans mérite mais elles ne suffisent pas à faire du budget un bon instrument de décision. Il faut actionner le levier fiscal dans une approche keynésienne des finances publiques est la référence pour répondre à cette question (mise en jeu du mécanisme du multiplicateur).

C'est aux pays qu'il incombe de piloter leur propre croissance et développement. De plus en plus, ce sont les ressources intérieures qui soutiendront le développement et la croissance. Les pays doivent prendre en charge leurs propres priorités de développement. Les ressources intérieures propres, telles que les impôts, sont la plus importante source de recettes, même dans les pays les plus démunis. L'OCDE a mis en place deux programmes — Fiscalité et Développement et Inspecteurs des impôts sans frontières — en vue d'améliorer les recettes fiscales. Face à ces enjeux de portée mondiale, il est nécessaire de mobiliser la participation de tous les acteurs — et chacun doit prendre sa part de responsabilité dans l'action, qu'elle soit individuelle ou collective. Les pays en développement s'appuient de plus en plus sur leur potentiel pour alimenter leur propre développement et sortir de la dépendance de « l'aide » et de l'endettement.

On ne peut plus faire l'économie d'une réforme fiscale profonde dans un cadre plus stratégique pour s'inscrire dans un projet à long terme de restructuration de l'économie et des finances publiques. Par exemple, en 2012, 32 pays africains ont collecté moins d'un dollar USD d'impôt par personne et par jour avec un ratio budgétaire inférieur à 20%. Alors, il existe un immense potentiel qui reste encore à exploiter. Il est aujourd'hui, plus qu'important de développer les informations budgétaires au-delà du cadre imposé par le FMI : le TOF. Les budgets programmes sont une avancée mais faut-il disposer d'une bonne base d'information sur la dépense publique et de bons instruments de projection.

Dans cette direction, quatre questions doivent être techniquement réglées: (i) la corrélation entre le civisme fiscal – la volonté des citoyens d'acquitter leurs impôts – et la discipline fiscale (Torgler, 2011) cela révèle le phénomène de corruption, tout comme d'autres facteurs d'une mauvaise gouvernance ; (ii) le problème d'une flamboyante acuité l'imposition des secteurs d'activité « difficiles à imposer » comme l'informel et les TPE ; (iii) l'imposition des richesses issues des ressources naturelles qui sont appréciables, elle est camouflée par les contrats léonins avec certaines multinationales.

Parfois, les pays peuvent éprouver des difficultés à mettre au point et à appliquer des régimes fiscaux transparents, permettant de prélever des recettes publiques sur l'activité d'exploitation qui soient d'un montant raisonnable et (iv) la question des incitations qui est à revoir, d'autant que certaines études ont montré qu'elles n'ont qu'un effet très limité sur le volume des investissements sur la croissance économique (FMI 2009b). Les mesures pour les limiter passent par la publication et l'évaluation du manque à gagner et le rapport sur les dépenses fiscales des bénéficiaires, leur administration de manière transparente, l'intensification de la coopération régionale afin de prévenir la concurrence préjudiciable etc.

THÈME 28 – LES NOUVEAUX PAYS INDUSTRIALISÉS D'ASIE : QUELS ENSEIGNEMENTS POUR LE SÉNÉGAL ?

Par

Professeur Moustapha KASSE Président de l'École de Dakar

Texte d'une conférence prononcée devant le syndicat patronal SCIMPEX

INTRODUCTION

« Je me pose souvent la question : pourquoi la Corée du Sud, la Malaisie et Singapour, qui ont acquis leur indépendance en même temps que nous et qui, en 1960, avaient un revenu par tête inférieur à celui du Ghana, appartiennent-ils aujourd'hui au premier monde et nous au troisième ? Que s'est-il passé ? Qu'est-ce qui n'a pas marché ? Je ne vois pas d'autre réponse que celle-ci : c'est notre responsabilité, pas celle des autres. En réalité, quand nous prenons en compte les immenses richesses de notre continent, c'est nous, Africains, qui devraient être en mesure d'aider le monde. Alors inversons les choses, soyons autosuffisants, sortons de l'aide». **Président Nana AKUFO-ADDO[315].**

La multiplication des références à l'Asie du Président de la République en termes de valeurs et éthiques de développement ou de performances économiques et financières, ses déplacements dans cette région du monde appellent une interpellation : Que va-t-il chercher en Asie ? L'interrogation prend d'autant plus de relief que selon G. SORMAN, « ces expériences semblent susciter en Occident et dans le Tiers Monde, plus de condescendance que d'intérêt véritable. On les caricature volontiers comme des ateliers inhumains où des ouvriers robotisés seraient exploités au profit du capitalisme américain ou japonais. À l'inverse, les apôtres de l'économie de marché les rangent dans un même fourre-tout idéologique en vantant les succès trop flatteurs d'une stratégie capitaliste »

Constatons que le voyage en Asie est devenu, pour beaucoup de décideurs du monde entier, d'entrepreneurs et de scientifiques, une mode dévorante depuis la déclaration de la Banque mondiale faisant de « L'Asie la dernière frontière du monde ». La forte croissance économique de l'Asie de l'Est, surtout dans les années 80, avait dérouté par sa rapidité et son ampleur à telle enseigne que les NPI ont alors été invoqués, tour à tour comme modèle de « sociétés innovantes » reconstruites autour de « valeurs et éthiques asiatiques » ou encore la région des « miracles et mirages économiques » contemporains.

La Chine, (dans ses deux composantes non encore politiquement réunifiées) s'éveille économiquement et exerce des effets de polarisation et d'attraction sur l'ensemble de l'économie mondialisée. Elle fait exploser positivement ou négativement tous les marchés financiers, des biens et services, des matières

---

[315] Discours prononcé le 30 novembre 2017 et publié par le journal Jeune Afrique du 11 décembre 2017 sous l'intitulé, *« La leçon de Nana Akufo-Addo ».*

premières, des technologies. Aujourd'hui, Singapour a un revenu per capita supérieur à celui de la France. Dans l'intervalle d'une génération, des pays (grands et petits) de culture non occidentale et de peuplement non blanc complètement dépourvus de matières premières ont construit des systèmes économiques performants qui les ont fait accéder, en quelques années, au rang de puissance économique, technologique et financière mondiale.

Ces économies ont accumulé des expériences, mais aussi des résultats impressionnants par une croissance régulière, harmonieuse et à des taux élevés (9.2% entre 1987 et 96). En trente ans (1965-1995) le revenu moyen par habitant a quadruplé en Thaïlande et en Malaisie, presque décuplé à Singapour et plus que triplé à Hong Kong. Ces indicateurs montrent que désormais l'Asie fait partie de « l'avenir du monde ». Elle abrite plus des ¾ de l'humanité et produit déjà plus de la moitié du surcroît de la production mondiale.

L'Afrique traverse (1960-1991) une crise grave qui s'approfondit chaque jour et pendant ce temps, les Nouveaux Pays industriels (NPI) et notamment les « 4 dragons (Taiwan, Corée du Sud, Singapour et Hong Kong) » ont atteint une performance qu'aucune Nation n'a réussi durant cette deuxième moitié du 20ème siècle : sortir de la pauvreté de masse en 25 ans. Aujourd'hui, à la veille de la Réunion du G8, le Président de la Banque mondiale et récemment le ministre britannique de l'économie proclament sans nuance que les Objectifs du Millénaire pour le Développement visant à réduire la pauvreté africaine de moitié ne seront pas atteints.

Depuis les années 1990, les pays d'Asie qui étaient très pauvres au départ ont quasiment rattrapé le niveau de vie des pays riches alors que l'Afrique continue toujours d'être confrontée à la dégradation des fondamentaux de l'économie, au surendettement qui n'a pas servi au financement de l'industrialisation, à la stagnation de la production, à l'enfoncement dans la pauvreté. Sous-développement, misère et famine continuent d'y peser comme une fatalité. Pour relancer les enjeux du développement africain, les décideurs avaient privilégié, depuis les années 80, les politiques de stabilisation et d'ajustement au détriment des politiques de développement à long terme. La comparaison dans le domaine des politiques agricoles conduit à observer que les greniers sont vides en : Afrique et pleins en Asie. Depuis les années 70, l'Afrique a progressivement remplacé l'Asie et l'Amérique Latine dans le recours de l'assistance alimentaire internationale. En prenant l'indicateur du revenu réel par habitant en Asie, mesuré en parité de pouvoir d'achat (c'est-à-dire en tenant compte du niveau inférieur des prix pour un panier de bien donné), il représentait en moyenne plus des 2/3 de celui des pays riches en 1996, contre moins de 20% en 1965. En prenant le même indicateur, on observe qu'à l'inverse la situation africaine se détériore. En effet, ce revenu moyen n'a point progressé, son niveau représentait 7% de celui des pays développés en 1996 contre 13% trente ans plus tôt.

Tout au long de l'année 1997, ces pays ont été traversés par un véritable cyclone monétaire et financier qui les a conduits à accueillir des Plans de Restructuration des IBW (notamment du FMI) sur beaucoup de points semblables aux

Programmes d'Ajustement Structurels (PAS) que les économies africaines, pour faire face à leurs échéances extérieures, ont appliqué trois décennies durant sans résultats probants. Une foule de questions se posent et qui peuvent nous concerner dans la recherche de voies pour un développement durable : Comment ont-ils fait ? Que reste-t-il, aujourd'hui du modèle asiatique après la crise ? Les « tigres asiatiques », comme l'on dit, peuvent-ils encore rugir ? Le miracle va-t-il se transformer en mirage, comme en Côte d'Ivoire dans les années 70, avec l'application de plans d'austérité du FMI et la montée de la grogne sociale ?

I/ Comment les NPI ont-ils fait pour sortir du sous-développement ? Faire l'inventaire des bonnes pratiques afin de les appliquer chez soi.

Sans nul doute l'histoire, la géographie et la démographie expliquent pour une part importante la trajectoire des NPI. Le Japon en offre une parfaite illustration. En effet, la difficulté de l'existence des hommes explique l'impérieuse nécessité de trouver des solutions ou de périr. Le pays possède beaucoup de montagnes : à peu près de 80% de la superficie totale est montagneuse, donc économiquement inutile. La population de plus de 120 millions d'hommes vit sur un espace restreint soit en termes de densité de population sur la superficie utile, de plus de 1 500 par km2. Comparativement à la France qui compte actuellement une population de 55 millions sur une superficie totale de 550 000km2. Mais étant donné le fait que la superficie française est économiquement utile, donc la densité de population est 1/15 de la France. Comme l'observe YOSHIMORI, *« Si on transposait cette densité de population en France sur la surface utile au Japon, le Japon compterait une population de seulement 7 millions au lieu de 116 millions ». Ensuite pour échapper à une colonisation rampante et au défi occidental, les Japonais ont opté de concurrencer les Occidentaux sur leur propre terrain, c'est- à –dire en empruntant, en assimilant systématiquement les technologies occidentales et leur savoir-faire. Voilà pourquoi les Japonais se sont mis à se développer, à s'industrialiser et pourquoi ils ont réussi sur le plan économique. Les autres pays asiatiques sont dans une situation pas trop éloignée de celle du Japon. »*

Toutefois, au plan strictement technique et schématiquement, toute croissance économique est le produit des politiques publiques qui doivent réaliser une combinaison optimale des déterminants que sont le travail, le capital, la technologie et les ressources naturelles. De l'École classique anglaise (A. SMITH, RICARDO) jusqu'aux théoriciens contemporains de la croissance endogène (ROMER, LUCAS, BARRO) en passant par les keynésiens (KEYNES, HARROD-DOMAR, KALECKI, HICKS) et les néo-classiques (SOLOW, VON MISES ET HAYEK), ces différentes théories enseignent que la réalisation des taux de croissance les plus élevés est fonction du dosage des différents déterminants et du niveau de productivité des facteurs (compétitivité). De nos jours, les variables de cette équation se modifient. Le capital et les technologies circulent plus librement et les différences vont se jouer principalement sur les avantages comparatifs des coûts de main-d'œuvre et la qualité des infrastructures. Cette opinion est quotidiennement rappelée par le Président Abdoulaye WADE.

À ces déterminants s'ajoutent d'autres pour constituer les bases des modèles de développement économique et social. Si les variables quantitatives et mêmes qualitatives sont bien connues, ce qui l'est moins, c'est la compréhension de leurs enchaînements, de leur mise en œuvre, dans les politiques économiques appropriées. Dans le cas de l'Asie, le modèle de développement asiatique et ses performances se fondent sur quatre préalables : philosophiques et culturels, économiques, institutionnels et sociaux.

1°) Les préalables philosophiques et culturels : le logiciel mental.

Ces préalables sont au nombre de deux : d'une part le mode d'organisation sociale inspirée de CONFUCIUS où l'individu acquiert son identité par son appartenance à la famille, d'autre part et par extension à la société entière le respect de la hiérarchie dans l'activité productive de même que le développement de l'esprit de solidarité et de groupe. À y regardes de prés, ces valeurs ne sont pas étrangères aux africains. Les tentatives de théorisation sur le communautarisme caractéristique du fonctionnement des sociétés africaines le montrent assez largement. Les années 60 ont vu la production de plusieurs recherches sur ces thèmes : le ***« Consciencism »*** de K.NKRUMAH, le ***« communaucratisme »*** de L. SENGHOR et ***le « communalisme »*** de J. NYERERE[316]. Pourquoi ces décideurs de premier plan n'ont-ils pas pu traduire leurs idées en actions concrètes au service du progrès économique comme cela a été fait en Asie ? Pourquoi n'ont-ils pas réussi à traduire le travail de la communauté, par la communauté, pour la communauté en actions qui combineraient salariat et bénévolat pour effectuer des tâches de développement comme : organiser le travail productif collectif, aider et former la jeunesse, assister les personnes dépendantes, embellir les cités et les rues, organiser les fêtes, grâce à un tiers secteur qui se développe déjà dans les milieux associatifs, coopératifs et alternatifs.

Le second aspect du préalable concerne les relations sociales ramenées à une relation hiérarchique : liens sociaux verticaux de supérieur à inférieur, plutôt qu'horizontaux entre égaux. Cette relation fonctionne en Afrique, mais avec une organisation sociale à tendance égalitariste qui se matérialise par la destruction systématique de toute velléité de formation de surplus pour empêcher la formation de différenciation sociale par enrichissement matériel. Cela explique la persistance de ces formes contemporaines de liquidation des surplus par son

[316] J'ai prononcé une Conférence à la Chambre de Commerce de Saint-Louis sur « *Les limites du socialisme africain* » sur invitation du Mouvement des Jeunes de l'Union Progressiste Sénégalais à l'initiative de Djibo KA qui venait d'être nommé Gouverneur Adjoint de la Région de St-Louis.

utilisation improductive dans les multiples cérémonies familiales (naissance, mariage et mort, autres manifestations sociales d'obédience religieuses).

2°) Les préalables économiques.

Ces préalables se réduisent à la mise en œuvre d'une nouvelle stratégie de développement fondée sur des options macroéconomiques et macro financières qui ont tourné autour de réformes agraires pertinentes faisant du secteur agricole le moteur du développement et de politiques commerciales et fiscales favorisant les exportations et amplifiant les incitations à l'investissement productif. La révolution verte avec ses semences sélectionnées à haut rendement, l'utilisation optimale des deltas par irrigation et l'emploi intense des facteurs modernes de production ont permis de haut niveau de production et une croissance de la production alimentaire plus rapide que celle de la population liquidant du coup les pénuries alimentaires. Une population mieux nourrie et qui dispose de revenus plus Importants finit par se fixer dans les zones rurales. Cette agriculture a relancé, en amont comme en aval, l'industrialisation, ce qui donne une industrialisation amorcée à partir de l'agriculture pour s'étendre aux exportations.

La politique financière, commerciale et fiscale appropriée vient en complément des politiques agricoles et industrielles. La politique commerciale est agressive et vise le marché le mondial par une offre de biens diversifiés et aux meilleurs prix. Quant à la politique fiscale, elle a multiplié les incitations pour rendre les plus attractifs et les produits plus compétitifs.

3°) Les préalables institutionnels.

Les préalables institutionnels sont ceux qui permettent de réduire les coûts des transactions et sont de trois ordres : la mise en place d'arrangements institutionnels compatibles avec les objectifs fixés ; les investissements importants dans le capital humain : éducation et santé et un bon État géré par un bon gouvernement comme le préconisait déjà au 18ème siècle J. Stuart MILL. Ces institutions sont accompagnées par des règles et comportements éthiques compatibles avec les objectifs de développement. Ils doivent être socialement bien acceptés et appliqués par les principaux acteurs de la vie économique et sociale. Les règles appliquées dans la pratique sont au nombre de quatre : s'appuyer sur ses propres forces, concentrer ses ressources-là où on a un avantage concurrentiel, choisir le domaine le plus étroit possible et avoir la détermination. Quant aux acteurs, ils se subdivisent en trois catégories : les entrepreneurs qui sont des hommes de talents exceptionnels caractérisés par leur souplesse et leur agilité ; les élites intellectuelles et techniques issues des politiques de valorisation des ressources humaines permettant d'élever le niveau de qualification de la main-d'œuvre et l'État qui est le principal architecte du développement et des transformations.

L'État est ***« pro »*** c'est-à-dire producteur, promoteur, programmeur et prospecteur (P. HUGON). Michel CAMDESSUS notait que *« l'État a joué un rôle essentiel en Asie en renonçant à faire ce qu'il fait le moins bien, se* *substituer à l'entreprise pour faire davantage et mieux ce qu'il est seul à pouvoir faire : faire prévaloir le droit et réprimer les abus, assurer les services sociaux ou collectifs que les signaux de la demande solvable sur le marché ne suffisent pas à assurer ; offrir aux agents économiques des perspectives universelles et de long terme et garantir la stabilité de la monnaie et du cadre macroéconomique global sans laquelle on ne peut pas optimiser la croissance à long terme de l'économie ».*

Organisateur, l'État mobilise et oriente tous les investissements, prend en charge les secteurs stratégiques de l'économie, des infrastructures de base aux industries lourdes et l'éducation. L'industrialisation s'est déroulée à partir d'une étroite articulation entre l'État chargé de la conduite de la politique économique et le secteur privé dynamique et engagé. Les lourdes charges de régulation du système économique et social engagées par l'État a permis à certains auteurs de qualifier le modèle de développement asiatique de nouvelle variante du **capitalisme d'État** pourtant très fortement décrié en Afrique par les IBW et les tenants de la nouvelle orthodoxie néo-libérale (L.VON MISES, F. HAYEK, P. SALIN et P.SIMMONOT) qui préconisent de disqualifier l'État et de l'exclure de toute responsabilité économique et sociale. Pour ces auteurs, l'étatisation excessive est la principale source de gaspillage des ressources. P. JACQUEMOT décèle quatre indices que les IBW avancent pour disqualifier l'État :

1. Les dépenses en salaires qui absorbent une bonne part des recettes budgétaires ; l'absence d'épargne budgétaire empêche toute dotation au titre du budget d'équipement et du service de la dette.
2. Le secteur public globalement déficitaire, fait supporter à la collectivité des surcoûts sans rapport avec le produit créé ou les prestations assurées.
3. La part de l'État et de ses démembrements dans l'encours bancaire et le volume des arriérés intérieurs et extérieurs provoque un effet d'éviction qui contrarie la liquidité de toute l'économie et le financement des investissements productifs.
4. Enfin les interventions de l'État sur le système des prix (prix administrés et subventions) et sur les importations entrainent des distorsions dans le régime d'allocation des ressources. Elles préservent des positions de rente coûteuses pour la collectivité nationale et entravent la croissance d'activités virtuellement rentables.[317]

L'auteur analyse l'échec de l'État-providence en Afrique qu'il faut réhabiliter. Dans la tradition européenne, l'État moderne repose sur quatre éléments fondamentaux : un pouvoir institutionnalisé, un appareil administratif, des lois universalistes et une légitimité de l'exercice de la coercition.

---

[317] P. JACQUEMOT et Marc RAFFINOT: *La nouvelle politique économique en Afrique*. Edit. EDICEF/AUPELF, 1993 348 p.

On n'oublie souvent que l'une des raisons de la faillite de la régulation néolibérale d'ajustement structurel est le bannissement de l'État providence. Il importe de rappeler que l'État providence constitue un des piliers essentiels des économies occidentales qui s'est imposé partout comme un compromis entre la modernisation des sociétés, les exigences du capitalisme, et la solidarité. À partir du milieu des années 1970, la mondialisation et la concurrence exacerbée entre les économies limitent la marge de manœuvre des États. La conjoncture est également beaucoup moins favorable qu'au cours des Trente Glorieuses, véritable âge d'or de l'État providence. Les politiques d'inspiration keynésienne sont abandonnées au profit du monétarisme qui prône une politique de l'offre passant par une limitation des salaires, un accroissement de la flexibilité de l'emploi et une réduction des prestations sociales. Affaibli, depuis les années 1970, l'État providence est aujourd'hui largement remis en cause. Certains comme les IBW annoncent sa fin en faisant l'impasse sur les expériences socio-démocrates des pays scandinaves. Cependant, certains auteurs souhaitent engager une réforme profonde de l'État providence pour s'orienter vers une participation minimale des pouvoirs publics en vue d'articuler le social et l'économique.

4°) Les préalables sociaux.

Les pays asiatiques ont mis en place un pacte social nouveau différent du taylorisme pratiqué en Occident qui aspire des traditions culturelles de travail, d'hiérarchie, de discipline et d'obéissance. Le Président du Patronat japonais Kanusuka MATSUSHITA déclarait devant ses collègues industriels d'Europe: *« Dans la nouvelle compétition, nous allons gagner et l'Occident va perdre... Vos organisations sont tayloriennes, mais le pire, c'est que vos têtes le sont. Vous distinguez d'un côté ceux qui pensent et de l'autre ceux qui exécutent.... Nous pensons que tous les membres de l'entreprise sont impliqués et nos entreprises donnent trois fois plus de formation à tout leur personnel que ne le font vos entreprises ? Réalistes nous pensons qu'il faut faire défendre l'entreprise par l'homme et que celle-ci leur rendra au centuple ce qu'ils auront donné. Ce faisant nous finissons par être plus sociaux »*. Pour Paul KRUGMAN du MIT, la clé du succès en Asie c'est le travail parfois au-delà des normes sociales. En conséquence, selon lui, l'Asie *« croit par transpiration, mais pas par innovation »*. La plupart des NPI sont devenus de véritables « ***sweat shop*** » c'est-à-dire des ateliers de sueur.

Ces expériences positives de forte croissance qui ont de l'Asie un pôle émergent et dynamique de l'économie mondiale vont être entraînées dans un cyclone monétaire et financière en 1997 avec les banques qui ont fait faillite, des bourses qui s'effondrent. Tout cela rappelle étrangement la crise de 1929. Peuvent-elles encore servir de référence pour les pays africains auxquels la Communauté internationale demande, dans le cadre des Objectifs du Millénaire pour le Développement (OMD), d'accélérer la croissance au taux d'au moins 7% pour réduire la pauvreté seulement de moitié d'ici 2015.

II/ Tirer tous les enseignements pour l'Afrique et le Sénégal.

« Celui qui oublie l'expérience est condamné à la répéter» dit en substance un proverbe africain. Au regard de la situation extrêmement morose du Continent, ses intellectuels et son élite devraient se mettre à l'École de l'Asie. Sans nul doute, il faut faire l'inventaire des bonnes pratiques afin de les généraliser. L'idée semble séduisante : au lieu d'imaginer des dispositifs dont on ne peut mesurer *a priori* l'efficacité, il s'agit d'importer ceux qui ont déjà fait leur preuve ailleurs.

S'il n'existe pas de recette toute faite pour accéder au développement économique et social, il y a quelques points de passage obligés que les NPI ont suivi et qui méritent d'être scrutés par tous ceux que le développement durable de l'Afrique intéresse. Dans notre analyse des stratégies comparée de développement entre l'Afrique, l'Asie et l'Amérique Latine, les éléments caractéristiques de la stratégie stratégique peuvent se ramener en définitive à 5 éléments :

1) une géostratégie mondiale favorable qui s'est traduite par une aide financière américaine massive pour contenir le communisme asiatique particulièrement actif et conquérant (Chine, Corée du Nord, Viêt-Nam, Cambodge, Laos, etc.). Cependant l'Afrique a bénéficié d'importantes ressources et continue encore d'obtenir la plus forte part de l'Aide Publique au Développement puisqu'elle a reçu 26 % du total de l'APD fournie à l'ensemble des pays en développement. Les prêts hautement concessionnels ou les dons représentaient environ 95% de cette aide (Finances et Développement juin 1997). Deux décennies auparavant G. AMOA (1984) observait que l'Afrique a reçu des ressources financières aussi importantes que celles du Plan Marshall, mais elles ont été mises au service de mauvaises options ce qui fait qu'elles n'ont impulsé ni révolution agraire ni industrialisation. Aujourd'hui le Président Abdoulaye Wade rouvre le dossier et récuse l'efficacité du « binôme aide–endettement ».

2) un développement endogène et national conduit par un État de qualité appuyé sur une planification à long terme avec un secteur public souvent omnipotent. La stratégie privilégie un secteur agricole réformé et modernisé et un secteur industriel tourné résolument vers le secteur primaire et les exportations ;

3) une politique cohérente de ressources humaines avec un système éducatif et de formation approprié et pertinent en liaison étroite avec les besoins de l'économie et de la société ;

4) une élite fortement enracinée sur ses valeurs propres de cultures, mais ouverte sur l'extérieur : enracinement et ouverture (sempiternel slogan de L.S. SENGHOR). On soulignera jamais assez que **les élites asiatiques ont mieux utilisé leurs ressources même celles de la prédation** en faisant confiance en leurs institutions. C'est le contraire avec les élites africaines qui ont consacré leurs ressources à des placements à l'extérieur ou à des consommations de luxe. La systémie bancaire extérieure a fini par s'accaparer sans autre forme de procès leurs ressources (où sont passées les milliards d'Obacha, ou de Mobutu...).

5) un coût social par moment excessif pas loin du principe « affamer » pour développer. Développement et croissance par transpiration.

La Banque mondiale et le FMI ont cherché à accréditer l'idée selon laquelle les NPI se sont développés grâce à l'application de leurs recettes. Qu'en est-il exactement ? L'archétype de la Banque mondiale exprimé dans les Programmes d'Ajustement Structurel (PAS) retient 5 éléments dont l'interaction dans les programmes de réformes économiques devrait enclencher un processus vertueux de croissance : i) une économie concurrentielle avec élimination de tous les dysfonctionnements des marchés ; ii) un cadre macroéconomique stable, iii) une implication au premier degré du secteur privé et ses corollaires : privatisation et désengagement de l'État ; iv) une insertion forcée dans le système économique mondial par spécialisation et promotion des activités exportatrices et recours aux Investissements Directs Étrangers (IDE) et v) l'investissement dans les ressources humaines.

En comparant ces PAS aux politiques appliquées par les pays asiatiques, on observe de notables différences au niveau : i) de la conception des politiques économiques et leur mise en œuvre. Sous ce point il faut souligner le rôle central accordé à la planification dans la régulation; ii) du rôle imparti à l'État et au marché : le marché est un instrument d'allocation des ressources, mais l'État reste l'agent principal de régulation qui anime l'économie à partir d'un important secteur publique stratégique ; iii) du secteur bancaire commercial qui a grandement ouvert les vannes du crédit entraînant un accroissement considérable de la liquidité apparaissant dans le niveau élevé du ratio M2 /PIB qui était avant la crise 111% pour la Malaisie, 123% en Thaïlande, 80% en Philippines, 57% en Indonésie, 83% à Singapour. Il en résultera un taux d'inflation élevé (environ 5,5% en moyenne pour les pays de la région)

En somme ce modèle asiatique montre qu'il est assez éloigné du prototype néo-libéral que certains zélateurs des institutions internationales ont cru pouvoir offrir en exemple aux pays africains. Un auteur comme Philippe CHALMIN assimile l'expérience à un « colbertisme de marché ». Évaluant les performances, il note que « depuis le Japon, il y a un siècle, la Chine aujourd'hui, a adopté un modèle peu ou prou le même. Il se fonde sur un développement tiré par les exportations dans un premier temps avec des produits à fort contenu en main-d'œuvre (textiles, petites industries). Le modèle monte en gamme peu à peu vers des produits plus sophistiqués, bifurquant à un moment vers l'industrie lourde. Le marché intérieur est protégé. Alors fonctionne un capitalisme certes libéral, mais fortement organisé autour de conglomérats bénéficiant de la protection et de la bénédiction des États. La main-d'œuvre disponible est associée et fait preuve d'un niveau d'épargne élevé. Le régime est dirigé par un État fort qui tire sa légitimité de ses performances économiques et sociales. Cette organisation socio-économique ne correspond guère ni aux canaux du marxisme traditionnel pratiqué dans les pays socialistes d'Europe, ni au modèle du libéralisme en cours dans les pays capitalistes d'occident. C'est exactement cette compréhension qu'exprime le Président Abdoulaye Wade avec un libéralisme social qui réfute à la fois le « socialisme et le néolibéralisme. Ses convictions se réclament de l'économie sociale de marché (voir préface de P. SALIN d'un ouvrage en préparation sur les recherches économiques de Maître Abdoulaye WADE)[318].

Quelles leçons peut-on tirer de ces expériences pour faire avancer nos politiques économiques, financières et sociales en direction d'un développement durable ? Comment les traduire dans les faits ? Pour engager le débat, il convient d'exhumer les éléments caractéristiques à la lumière des décisions que prennent ou envisagent de prendre les décideurs sénégalais.

Le premier élément concerne les stratégies de développement élaborées qui se veulent à la fois endogènes et différentes de ce qui se fait ailleurs mais conduites par un État fort et bienveillant. Le mimétisme mécanique est systématiquement écarté au profit de politiques qui s'appuient sur les ressources disponibles et les exigences du marché, c'est-à-dire, que les efforts internes sont principalement orientés dans des domaines où le pays a un avantage concurrentiel ou alors là où il peut se construire un avantage compétitif.

Notre compréhension de cet élément comprend au moins trois aspects : une vision clairvoyante, un bon cadre macroéconomique et des valeurs et attitude favorables aux transformations et au progrès. La vision se fonde est la transformation du Sénégal par modification profonde du champ de spécialisation vers la recherche et la promotion des secteurs où il est possible de disposer d'avantages comparatifs ou construits plus subséquents pour l'économie nationale. Beaucoup de projets du Chef de l'État vont dans cette direction : la cité des affaires, la promotion des NTIC et de la nouvelle économie, la diversification agricole, l'aménagement du territoire selon un schéma plus créatif qui articule le local, le national, le régional, le continental et le mondial, le développement et la réorientation des infrastructures vers l'espace régional et africain pour un élargissement du marché national. Ce dernier point renvoi à l'intégration de gré ou de force. Il reste entendu que ces projets ne se réaliseront pas « d'une claque de doigts ».

---

[318] Quel lien entre Abdoulaye WADE et cet ultra fanatique du tout libéral qui conclut son ouvrage (Le libéralisme, Edit. Odile Jacob, 2000) qu'il faut du courage pour être libéral dans ce monde de fausses valeurs, d'alibis douteux, de compromis idéologiques, de mimétisme intellectuel et de démagogie politicienne (...). Qui récuse tout à commencer par l'insupportable prétention de l'Etat à vouloir régenter par la contrainte et des lois iniques les comportements des hommes.

Le développement ne peut s'opérer sans un bon cadre macroéconomique. Dans ce sens, les pays asiatiques ont élaboré des politiques monétaires et de change, des politiques budgétaires compatibles avec leurs objectifs de croissance et d'insertion dans la mondialisation. Cela n'a rien à voir avec la rigueur imposée par les PAS pour la simple solvabilité des États.

Enfin pour les valeurs, les expériences asiatiques incitent à réfléchir sur la forte interaction entre les facteurs économiques et les structures d'encadrement dont les structures mentales sont certainement les plus importantes. Lucien Febvre les appelle « l'outillage mental » qui regroupe l'ensemble des concepts, des croyances, des idéologies, des représentations et des comportements qui ont cours dans une société donnée. Que ces valeurs commandent ou orientent l'activité économique ne fait aucun doute. Dans ce sens, les appels du Chef de l'État à l'occasion de la tragédie du « Joola » et de la présentation des vœux de Nouvel An (décembre 2003) ont évoqué la déliquescence des valeurs, le délitement du tissu social qui risquent de ruiner nos efforts de développement. Il a appelé à un véritable réarmement moral pour une nouvelle éthique de responsabilité. Les réactions des intellectuels et de la société civile sont restées timides, modestes et bien en deçà des enjeux. Il semble qu'une fois admis que le développement n'est pas seulement synonyme de croissance et d'extension de marchés, cela appelle automatiquement des réflexions sur toutes les dimensions de l'homme et tous les aspects non économiques.

Le deuxième élément est que ces expériences ont été à la fois peu libérales et pas démocratiques. Partout, on observe un leadership autoritaire avec des États forts qui monopolisent le pouvoir d'orientation et de décision en partant de l'idée qu'on est responsable que sur les choses pour lesquelles on a un certain pouvoir. Le retour indispensable de l'État après le poujadisme proclamé « du moins d'État et du mieux d'État » va dans la bonne direction. Cette option de l'État minimal n'a jamais convaincu que les Bailleurs de fonds. À plusieurs reprises nous avons critiqué très sévèrement cette option (ouvrages « Démocratie et développement » publié en 1994 et « l'État, le banquier et le technicien face aux défis du monde rural » et dans plusieurs autres articles). La réhabilitation de l'État et de la Planification (simple ou double) exprime cette nécessité d'avoir des instruments pour réaliser la vision, car comme l'observait Sénèque « il n'y a pas de vent favorable pour celui qui ne sait où il va ».

La bonne gouvernance politique et économique devrait compléter le dispositif et offrir des institutions de développement.

Le troisième élément réside dans le rôle déterminant joué par le secteur privé qui a vaincu toutes les contraintes pour saisir toutes les opportunités d'investissement. Pour que la promotion du secteur ne soit un simple vœu pour plaire aux bailleurs de fonds, les pouvoirs publics doivent mettre en place un ensemble cohérent d'incitations qui favorisent la croissance et la productivité des entreprises. Ces incitations ne sauraient se réduire exclusivement à l'abaissement de la fiscalité. Quel est le taux de fiscalité compatible avec le niveau des activités souhaitées ? D'autres problèmes existent relativement à la flexibilité des marchés, aux institutions, à la corruption.

La quatrième leçon concerne les coûts sociaux lourds, mais acceptés par les populations qui trouvent quelque intérêt dans le développement économique. Ainsi, la plupart des NPI sont de véritables « **SWEAT SHOP** ». Dans notre pays, il faut revoir complètement les attitudes vis-à-vis du travail : les horaires, les rythmes et les nombreuses fêtes ce que le Président exprime dans son fameux slogan « Travailler, encore travailler, beaucoup travailler et toujours travailler » et dans la recherche d'une moralisation des grèves et des nombreuses manifestations (port d'un bandeau rouge). L'Université ne doit pas rester en dehors de cette tendance générale. Elle doit évoluer vers « une école d'obéissance et de discipline ».

La cinquième leçon concerne l'importance stratégique accordée aux ressources humaines ce qui doit se traduire par l'existence d'un système scolaire et universitaire fortement relié au système productif.

Il s'est constitué en conséquence une bureaucratie publique, mais qui s'est fixée pour mission primordiale de promouvoir le secteur privé. Les acteurs des stratégies du développement sont alors les entrepreneurs nationaux, les élites intellectuelles et techniques et les nouvelles forces sociales notamment les syndicats et les partis politiques.

Cependant, ce qui est surtout remarquable, c'est que les dirigeants politiques cherchent à légitimer leur pouvoir à travers leurs succès économiques. C'est dire que l'incrustation au pouvoir est sanctionnée par une obligation de résultats.

Rien de semblable ne se réalise en Afrique Sub-Saharienne qui s'enfonce dans l'immobilisme économique et social. Il en va de même, en ce qui concerne les Politiques d'Ajustement Structurel. L'Asie ne s'est jamais dessaisi de sa souveraineté de penser et d'action (versus patriotisme économique).

Tableau 18 : Synoptique des leçons d'Asie

LEÇONS IMPORTANTES	POLITIQUES SPECIFIQUES MISES EN ŒUVRE
Exploiter les avantages comparatifs pour développer le secteur industriel.	Le Brésil et la Malaisie sont partis de la culture du café et de l'hévéa respectivement pour construire une économie émergente axée sur la promotion des produits de l'agriculture et de l'industrie agroalimentaire.
	La Russie a réanimé ses industries chimique et alimentaire grâce à l'extraction de pétrole et de gaz, des produits dont les prix ont flambé dans la décennie 2000.
	La Chine a profité de la libéralisation graduelle de son économie pour relever la valeur ajoutée de la gamme des exportations industrielles.

Assainir le cadre institutionnel et mener une régulation incitative des marchés.	Au Brésil, le Plan Sciences, Technologies et Innovations 2007-2010 définit le cadre des réformes gouvernementales en matière de financement et d'évaluation de la recherche universitaire, de changements technologiques dans les secteurs et dans les entreprises, etc.
	La désétatisation impressionnante de la Russie à partir de 1990 est accompagnée de réformes administratives et sectorielles.
	Les réformes « pro-libération » et « pro-business » ont permis d'accélérer la croissance et de favoriser l'émergence de l'Inde.
	En Chine, il s'agit du démantèlement progressif du strict régime d'économie planifiée et les réformes de régulation des marchés, des normes obligatoires ou volontaires de Xiao Ping.
Mettre la science et la technique au service du développement social à travers un plan spécial d'innovation dotée d'une vision gouvernementale.	Le Brésil a mis en œuvre successivement la «Politique industrielle, technologique, et de commerce extérieur» en 2003, le Plan Sciences, Technologies et Innovations 2007-2010 et le « Plano Brasil Maior 2011-2014 ».
	2010-2020 est décrété "décennie de l'innovation" en Inde pour valoriser la recherche, favoriser le transfert de technologies et permettre l'impulsion de l'innovation frugale dans tout le pays.
	La promotion et la diffusion de l'innovation en Chine a été menée dans le cadre de la politique de développement d'un système de normes nationales au service du secteur industriel.
	Au Brésil, les plans d'innovation associent diverses parties prenantes à l'élaboration et à la mise en œuvre de politiques de développement national et sectoriel: communauté des chercheurs, organismes de financement, entreprises et société civile, administrations régionales et locales.
Un partenariat solide entre l'État, le secteur privé, les institutions de R&D et la société civile au service de la promotion et la diffusion de l'innovation	Au Brésil, les plans d'innovation associent diverses parties prenantes à l'élaboration et à la mise en œuvre de politiques de développement national et sectoriel: communauté des chercheurs, organismes de financement, entreprises et société civile, administrations régionales et locales.
	La création et le développement des Zones Économiques Spéciales en Russie illustrent comment l'État, le privé et la société civile s'accordent pour définir les secteurs et les investissements prioritaires
	En Inde, l'accord de partenariat entre le gouvernement et la Confederation of Indian Industry, a permis de bâtir le plus grand réseau mondial de l'innovation.
Impulser l'innovation dans les sous-secteurs	Au Brésil, la priorité a été accordée aux secteurs des semi-conducteurs, des logiciels, des produits

industriels générant de fortes externalités pour l'économie.	pharmaceutiques et des biens d'équipement.
	En Inde, les nouvelles stratégies d'innovation sont, elles-mêmes, génératrices car elles incarnent à la fois la réduction des coûts et la recherche de la qualité.
	En Chine, les pouvoirs publics soutiennent l'innovation dans dix secteurs que sont l'automobile, l'acier, le textile, la manufacture d'équipement, la construction navale, l'information électronique, l'industrie chimique et pétrolière, l'industrie légère, les métaux non ferreux et logistique.
Développer des Systèmes Territoriaux d'Innovation (pôles d'innovation) en fonction des avantages et des atouts régionaux.	Au Brésil, le changement structurel s'amorce d'abord dans les pôles d'excellence des États (Sao Paulo, Porto Real, etc.) et ensuite diffusé dans le reste de l'économie et la sous-région grâce à une politique d'intégration économique volontariste.
	La Russie a une politique active de soutien à l'innovation au niveau des régions suivant leurs potentialités : les ZES, les Technoparcs à vocation régionale et les Clusters à dimension sectorielle.
	La structuration des STI en Inde offre un cadre incitatif à l'innovation dans un contexte de décentralisation poussée et de promotion de l'entreprenariat.
Assurer la cohérence et la coordination des plans nationaux et sectoriels de développement.	En Inde, c'est la Planning Commission qui donne la vision stratégique de long terme au gouvernement, décide des priorités du pays, ainsi que du budget nécessaire.
	L'exemple de la Malaisie montre que le pilotage de la politique d'émergence nécessite la mise en œuvre de plans adaptés avec des objectifs réalisables et des changements de cap anticipés dans la dynamique du processus de transformation.
	Le leadership de Deng Xiao Ping en Chine.

Sources : ESSO et YEO (2014) : *Transformations structurelles et développement sectoriel en Côte d'Ivoire. Étude du CIRES*

EN CONCLUSION : Quelles leçons pour bâtir un Sénégal émergent ?

Depuis plus d'un demi-siècle, les gouvernements successifs se sont avérés incapables de mener des politiques publiques efficaces pour une croissance robuste. Il en est ainsi parce qu'ils ont persisté dans l'utilisation de théories qui n'ont pas été faites pour cela et dans l'application de politiques économiques inspirées par les fanatiques du néolibéralisme avec leur machine idéologique fondée sur la trilogie libéralisation, privatisation et dérégulation[319]. Au résultat un demi-siècle de politiques économiques et autant d'échecs avec ses désastreuses conséquences sociales : croissance atone, inégalités grandissantes, chômage, pauvreté et précarité. Comment les responsables politiques peuvent-ils se tromper à ce point et s'entêter à maintenir un modèle si détraqué? Il est compréhensible de chercher à relever cette sorte fatalité en construisant une économie émergente inspirée des expériences venues des NPI. Il reste que faire du Sénégal un pays émergent cela ne tombe pas du ciel. Les pays émergents ont réussi à sortir du sous-développement en appliquant d'excellentes visions stratégiques qui reposent solidement sur les vertus prussiennes de travail, de rigueur, de discipline, d'épargne et sur le secteur privé soutenu par un patriotisme économique réfléchi et courageux. Ces stratégies sont conduites par un État fort (souvent peu démocratique) dirigé par un leadership transformationnel solidement chevillé à son peuple[320].

Sommairement les variables et déterminants les succès de cette stratégie en Asie sont bien connus. Il s'agit premièrement du mode d'organisation sociale (inspirée de CONFUCIUS, où l'individu acquiert son identité par son appartenance à la famille et, par extension à la société entière). Il en découle le respect de la hiérarchie dans l'activité productive de même que le développement de l'esprit de solidarité et de groupe. En second lieu les relations sociales sont ramenées à une relation hiérarchique : liens sociaux verticaux de supérieur à inférieur, plutôt qu'horizontaux entre égaux. En troisième lieu, les processus décisionnels obéissent à trois règles : S'appuyer sur ses propres forces, se concentrer là où on a un avantage concurrentiel ou construit et choisir le domaine le plus étroit possible. **Ce qui reste insuffisamment analysé dans ces expériences, ce sont les enchaînements et la mise en œuvre de politiques économiques, financières et sociales des NPI.**

Les objectifs fixés par le PSE exigent un État stratège fort et actif (en sommes une sorte d'État-Pro, c'est-à-dire un État producteur, promoteur, programmeur et prospecteur) qui vise la construction d'une économie nationale autocentrée en s'appuyant sur les ressources naturelles, humaines,

---

319 Qu'a gagné le Sénégal dans la privatisation de la cinquantaine de ses entreprises publiques ? Souvent mises en œuvre pour se conformer aux injonctions des IBW et prétendument soulager les finances publiques, vingt ans après les premières cessions des années 70, le bilan est désastreux. Les cessions apparaissent, aujourd'hui, comme une grande braderie souvent mal préparée, sans objectifs clairs, ni motivation. Les rares succès ont été des rétrocessions faites à des multinationales comme la SONATEL-ORANGE.

320 Le Leadership transformationnel repose sur les caractéristiques qui suivent : une vision claire de l'état présent et futur du pays (stratégie attractive et réaliste) l'émergence de la vision provenant de toutes les composantes de la société ; générateur de confiance, positions claires et audacieuses, intégrité; déploiement créatif au moyen d'un regard positif sur soi : utilisation consciente des compétences et des acteurs, application au travail, apprentissage et réapprentissage ; de solides institutions jouant sur les normes et les valeurs, nouvelle philosophie, nouvelle identité.

financières et technologiques pour répondre aux besoins fondamentaux des populations. Cet État doit être capable, pour accroitre l'offre de production, d'impulser et d'organiser l'économie à partir de la création d'externalités positives (infrastructures de base : hydraulique, routes, énergie, école, santé, assainissement), de guider et coordonner les politiques sectorielles (agricoles, industrielles, technologiques, innovations et écosystèmes financiers), d'appuyer et d'impliquer le secteur privé, d'évaluer l'efficacité des institutions d'encadrement (administration honnête et efficace) enfin, de mettre en œuvre une politique de protection sociale fondée sur la justice sociale et l'égalité des chances.

Quel sera l'apport des élites à la fois des politiques (y compris celles des oppositions légitimes qui dépassent les postures exclusivement protestataires), mais surtout intellectuelles face aux chantiers phénoménaux de l'Émergence pour faire reculer les souffrances, la pauvreté, la précarité et créer des emplois qui résorbent les produits du système éducatif et de formation.

Les recherches dans notre laboratoire le LARED avec les doctorants avaient posé trois balises **: la première balise** est relative aux options des politiques de faire de l'Émergence le référent de toutes les politiques économiques et sociales. Dans cette direction, le président Macky SALL note à plusieurs reprises, d'abord que son *ambition est de bâtir, dans le consensus et la mobilisation de tous, un Sénégal émergent et le PSE est l'un des piliers les plus déterminants »,* ensuite que l*es questions économiques et les enjeux sociaux doivent supplanter les considérations politiciennes du débat public au Sénégal »* et enfin que *« Le processus d'élaboration du PSE arrive aujourd'hui à un tournant majeur voire crucial. Alors, il demande au gouvernement de s'approprier davantage l'exercice et d'engager les mutations stratégiques que requiert le succès du projet avec la participation notable de l'administration et de tous les citoyens et patriote.* **La seconde balise** s'adresse aux chercheurs, quelles que soient leurs chapelles de pensée. Il ne saurait s'agir de brider les options des Responsables légitimes démocratiquement élus, mais d'éclairer, de contribuer par nos recherches à la réalisation des stratégies retenues, de contribuer à dégoupiller les transformations sociétales, au service de la collectivité et réaliser des travaux de prospective pour dépasser le présent et s'inscrire dans la durée. Il s'agit véritablement d'un accompagnement technique au service des leaderships transformationnels. Dans ce sens James FREEMAN, observait que *« La différence entre un homme politique et un homme d'État est que le premier pense à la prochaine élection et le second pense aux futures générations. »* **La troisième balise** concerne l'élaboration d'une politique cohérente de communication qui doit briser toutes les asymétries d'information.

Encadré 29 : APRES LE PLAN 2050, DEUX INITIATIVES GRANDIOSES EN CHINE, LA NOUVELLE ROUTE DE LA SOIE (ONE BELT, ONE ROAD, OBOR) ET LE PLAN 2025 DU « MADE IN CHINA ».

A l'échelle mondiale, la Chine travaille à sa puissance et occupe un espace de plus en plus important. Avec 20 % de la population mondiale, elle souhaite disposer de plus de 20 % des ressources bancaires, satellitaires, énergétiques, etc. et s'inscrire parmi le peloton de tête dans l'aventure du 21ème siècle. Elle s'appuie sur les innovations, les hautes technologies et la recherche développement. D'ici 2050, elle veut passer à 40 % de ruraux et pour cela, il faut au moins envoyer 270 millions de personnes dans des villes ou des banlieues. Le Plan pour 2050 déjà publié projette le pays à la première place dans le grand jeu mondial que se livrent les puissances.

L'ambitieux Plan intérimaire 2025 dit « le made in China », élaboré par une bonne centaine d'experts, d'académiciens et de techniciens compétents et innovants, présente les objectifs et les moyens pour atteindre la société d'innovation. Il se compose de 148 secteurs d'innovations qui feront passer la Chine d'atelier du monde au statut de première puissance mondiale de l'innovation et de la technologie.

La réussite du Plan 2020 mobilise d'une part des investissements massifs et d'autre part, toutes les entreprises les PME/PMI ainsi que les majors comme le géant chinois de l'électricité STATE GRID, la compagnie de construction China Road and Bridge Corporation (CRBC) qui a réalisé 600 ouvrages en Afrique, en Asie et au Moyen-Orient, China Harbour Engineering Co Ltd, la CRBC et HUAWEY.

En 2013 le Président chinois a dévoilé son projet "Nouvelle Route de la Soie" OBOR (ONE BELT, ONE ROAD) doit dynamiser l'ensemble du trafic commercial d'une zone comprenant 66 pays d'Europe, du Moyen-Orient, et d'Asie cet ensemble génère plus de 50% du PIB mondial, plus des 2/3 de la population mondiale et 75% des réserves énergétiques mondiales. Le coût du projet sera aux environs de 400 milliards de dollars. Il combine une route terrestre de la soie et une route maritime. Le projet OBOR pourrait offrir à l'Afrique subsaharienne, qui abrite 300 millions de personnes parmi les plus démunies du monde et représente un formidable défi pour le développement, une importante, et jusqu'ici rare, opportunité pour accélérer son intégration internationale et la croissance.

TITRE IV/ LE SÉNÉGAL À LA RECHERCHE D'UN SYSTÉME POLITIQUE DÉMOCRATIQUE.

THÈME 29 – L'ÉLITE DU POUVOIR AU SÉNÉGAL : MÉCANISMES DE GÉNÉRATION ET SYSTÈME DE PROMOTION.

Professeur Moustapha KASSÉ, Directeur du Centre de Recherches Économiques Appliquées (CREA) et Vice-président du Club Nation et Développement (CND).

Texte introductif lors du Séminaire du «Club Nation & développement» sur *«L'engagement des Cadres dans le processus de développement économique, social et Politique»* à Taïba les 28 et 29 mai 1983 sous la Présidence du Dr. Daouda SOW, Président de l'Assemblée Nationale et Président du CND. Il m'a été demandé de réactualiser la conférence de Babacar BA alors ministre des finances sur le thème : *« Les cadres dans la nation ».*[321]

A la vérité, depuis l'indépendance couvait entre les cadres sénégalais, les jeunes et les dirigeants politiques un contentieux latent qui n'était pas sans lien avec les conditions dans lesquelles l'indépendance a été octroyée, avec l'échec e la fédération du Mali, voire avec les événements du 17 décembre. Le CND se voulait une structure souple où les cadres pouvaient se rencontrer et débattre de tout problème national sans tabou et en toute liberté. Son but n'est ni la conquête, ni la conservation, ni l'exercice du pouvoir. Le professeur Abdoulaye WADE, Doyen de la Faculté de Droit et des Sciences Économiques, fut un des plus éminents animateurs du CND. Il a introduit plusieurs conférences de haut niveau portant, entre autres sur : 1) *Options structurelles pour un développement optimal, 2) La doctrine économique du mouridisme, 3) L'obligation d'éducation.*

---

[321] Ce texte modifié dans une nouvelle mouture *« Les cadres et la politique »* a été présenté en conférence à Diourbel le 18 novembre 1989 aux membres de la section locale du Groupe d'Études et de Réflexion (GER) du Parti Socialiste dirigée par le Ministre et Maire Jacques BODIN.

INTRODUCTION :

« *Quand dans un pays petit et sous-développé comme le nôtre, on a le privilège d'appartenir à la classe instruite, on a également le devoir de se situer, de se poser les questions suivantes, élémentaires mais fondamentales : qui suis-je, quelle est ma responsabilité particulière vis-à-vis de ce pays, vis-à-vis de ce peuple* ». **Babacar BA**[322]

La problématique des cadres est abusivement accaparée par les sociologues, les politologues et les historiens. Rarement ces acteurs de la science sociale n'ont senti l'apport indispensable de l'économiste. Pourtant, à y regarder de près, on peut observer une méprise grave : les disciplines évoquées ont monopolisé un discours qui dépasse trop largement leur compétence réelle. Comme le rappelle souvent K. MARX, *«l'économique est la sphère déterminante en dernière instance»,* dès lors les cadres qui s'insèrent dans des processus sociaux et la gestion des entreprises privées et publiques ne peuvent être socialement et politiquement perçus en dehors d'un éclairage économique. Toutefois, que l'on ne se dispute point des préséances, car par-dessus tout, les faits sociaux sont multidimensionnels. Il s'agit simplement, à l'analyse, de ne guère oublier aucune des dimensions impliquées. Car s'il n'en était pas ainsi, le champ d'investigation se restreindrait et les évaluations passeraient, en conséquence, à côté de bien de problèmes majeurs.

Il me plait de rappeler toujours aux uns et aux autres que selon le mot de L.STOLERU « On peut, homme politique, feindre d'ignorer l'économie en expliquant que seule compte la politique. On peut économiste, feindre d'ignorer la politique en expliquant ce qu'il faut faire comme si les échéances électorales et les négociations n'existaient pas. Toutefois, la relation entre politique et économique et à repenser, ensuite l'incertitude devient un élément majeur de la politique économique et nos leviers de commande nationaux sont de plus en plus restreints, de moins en moins efficaces»**[323]**

C'est dire que le débat sur les cadres et les classes sociales est un débat sans fin dans la mesure où le concept est une auberge espagnole : chacun y

---

[322] Babacar BA : *Les cadres dans la nation et un autre article nationalisme et coopération internationale, CND du Sénégal 1972, Édition Présence africaine, Paris 323 p.* Pour rappel, le CND est créé le 1er mars 1969 par 7 grands cadres (Alioune Séne, Dr. Doudou Guéye médecin, Dr. Joseph Mathiam universitaire, Dr. Daouda Sow médecin, Babacar Ba administrateur civil, Thierno Diop avocat et Bara Diouf journaliste) appartenant tous à l'Union Progressiste Sénégalais (UPS) dirigé par L.S.SENGHOR. Il regroupait des cadres, des intellectuels, des universitaires qui ont choisi cette formule de réflexion et d'action. « Consciemment ou non, notre peuple attendait une remise en question et une relance, tant de la pensée que de l'action. ». Le Pr. FOUGEROLLAS dira que « le CND est une soupape de sécurité.» pour le pouvoir

[323]Lionel STOLERU : *L'ambition internationale.*

met ce qu'il veut. Du coup, chacun possède son idée et intègre à ce groupe des cadres les couches sociales qui tirent les marrons du feu des politiques publiques et privées. Sans trancher entre les définitions, nous voulons présenter de façon claire les différentes conceptions pour mieux passer en revue la composition.

L'objet de cette analyse est double. D'une part, elle tente d'apporter quelques clarifications sur un concept couramment utilisé, mais obscur et ambigu : le concept de cadre, et d'autre part, elle veut dégager quelques interrogations relatives aux mécanismes de génération et surtout au système de promotion de l'élite du pouvoir. Nous nous expliquerons plus loin sur l'utilisation de cette terminologie, empruntée à Wright MILLS qui, s'appuyant sur le caractère à la fois unifié et hiérarchisé du pouvoir, place l'élite au centre du système productif et de sa superstructure de base.

L'étude d'un phénomène social aussi important que celui des cadres pour reprendre le terme usuel exige surtout une méthodologie et une démarche rigoureuses sans lesquelles on ne peut atteindre aucun objectif sérieux. Comme le rappelle Paul SWEEZY, dans la science, les méthodes ont probablement joué des fonctions aussi importantes que les théories elles-mêmes. Il revient à la théorie de poser les questions, mais les méthodes doivent permettre les réponses.

L'analyse des cadres comportant une très forte connotation idéologico-politique, l'évaluateur est constamment menacé d'un risque de subjectivisme. Pour le dépasser, il faudrait alors dégager des normes objectives d'appréciation qui doivent tenir lieu d'instrument infaillible de quantification et d'évaluation. De fait, une couche sociale aussi importante par sa place dans les différents appareils du pouvoir, et par les enjeux politico-économiques qu'elle soulève, mérite une analyse précise et claire qui permettent de mieux la situer dans les perspectives des mutations des pays nouvellement indépendants et surtout dans ceux qui traversent une profonde crise du système étatique.

Pour faciliter les débats qui, sans doute, seront très élevés avec des positions controversées, l'analyse va s'articuler autour de trois points :

- d'abord, nous partirons d'une série d'observations pour mieux cerner la complexité, l'importance et les enjeux liés à toute réflexion sur les cadres ;
- ensuite, nous dégagerons des normes d'analyse, les plus dépouillées au plan strictement idéologique ;
- enfin, à partir de ces normes relevant du fonctionnalisme, nous procéderons à un questionnement sur les mécanismes de promotion des cadres au double niveau des appareils technico-administratif et technico-économique de l'État, et des pouvoirs privés du système productif.

I / Observations préliminaires sur l'ambiguïté du concept de cadre et l'absence de données qui permettent de répondre aux questions que pose sa composition.

Toute la littérature sociologique sur les cadres, les intellectuels, les technocrates, établit qu'il s'agit là d'une problématique à la fois complexe, importante et généralement sous-analysée, sous étudiée. La réflexion collective que nous entamons avec les meilleurs cadres académiques, administratifs, gestionnaires et dives experts, devra donc apporter quelques éclairages sur une question aussi déterminante pour l'avenir de notre pays et le fonctionnement de ses appareils politico-administratifs et technico-économiques. La diversité idéologique, politique, technique, ainsi que celle de l'expérience constituent des atouts indéniables.

1°) Au niveau de la terminologie, le concept de cadre soulève des problèmes.

Il faut dire que la question est d'une rare complexité, ce qui apparait au double plan de l'imprécision et du flottement terminologique et celui des multiples approches théoriques relevant d'une pluralité de disciplines et méthodes d'approche de la sociologie à l'anthropologie, de l'économie politique au management des institutions publiques ou privées.

La pluralité des mots utilisés dans le langage courant comme dans le langage scientifique commande que l'on apporte quelques précisions aux termes qui suivent :

- les élites qui sont constituées des élites politiques sanctionnées par le suffrage universel, les élites administratives soumises à l'obligation de réserve, les élites intellectuelles marquées par leur splendeur et misère et les élites académiques avec ses constellations, professeurs, maitre de conférences, maitres assistants,
- les cadres et hauts fonctionnaires assimilables aux élites politiques et administratives caractérisées par leur consanguinité dans l'exercice de leur profession,
- spécialistes, experts, techniciens supérieurs, technocrates formant la technostructure qui se prévalent d'une spécialisation professionnelle adossée à un savoir,
- bourgeoisie, petite bourgeoisie et classe moyenne etc.

Ces termes sont-ils synonymes ? Désignent-ils la même réalité sociale ? Ce sont là quelques questions essentielles qu'il importe de régler pour savoir de quoi l'on parle exactement afin d'éviter tout malentendu de départ qui risque d'obscurcir notre débat d'aujourd'hui.

Pour notre part, tous ces termes ne sont pas dans le fond identiques. Par exemple, les réalités sociologiques ultimes qu'ils recouvrent sont changeantes désignée : a-t-on raison de définir la technocratie l'aristocratie du savoir. Certes, elle représente le plus haut pallié de la bureaucratie, c'est-à-dire le personnel qui actionne les appareils politico-administratifs et technico-économiques. Quel lien avec des termes comme «spécialistes» ou « experts» qui désignent le domaine de compétence, alors que les terminologies de cadres et hauts fonctionnaires sont plutôt utilisées par les politiques.

Ces appréciations sont-elles acceptées par l'analyse marxiste ? Dans ce type d'approche, comme nous le verrons plus loin, la petite bourgeoisie constitue une classe intermédiaire, entre la bourgeoisie et le prolétariat : elle est secrétée par le processus de production fondé sur une division sociale du travail. Peut-on séparer le Travail intellectuel et travail manuel ? Dès lors, un rapport nouveau s'instaure entre Savoir et Pouvoir et se traduit par la nécessité de posséder une technique donc un savoir pour l'exercice du pouvoir. La technocratie introduit de fait une distanciation permanente des masses populaires par rapport aux centres de pouvoir, donc aux centres de décisions. Ainsi, l'instauration d'une série de rituels, des formes particulières de discours, des modes de thématisation, de formalisation et de traitement des questions, dépossède les populations de certains appareils conçus pour fonctionner à leur intention (État, entreprise, institutions d'encadrement, système éducatif et de formation).

Les problèmes à ce niveau sont nombreux et les mots qui les expriment, très loin d'être innocents, véhiculent certaines évaluations. Il est donc nécessaire d'uniformiser le langage pour parler de la même chose : l'élite du pouvoir, ce sont ceux qui travaillent avec leur tête et le savoir et qui actionnent tous les pouvoirs c'est-à-dire tout centre autonome de décision.

2°) Les nombreuses et inévitables controverses théoriques qui traduisent les différences Idéologiques.

Les analyses sociologiques des cadres sont diverses et extrêmement conflictuelles. Aucune unanimité ne se réalise sur les grandes théories. Il y a deux raisons à cela : les enjeux politiques que soulève cette minorité agissante et déterminante et l'absence d'une évaluation neutre, car le théoricien est souvent juge et partie.

a) Les approches marxistes.

Elles ne sont pas homogènes et comportements plusieurs courants d'analyse de l'élite du pouvoir et de ses fonctions dans les systèmes sociaux. Il y a d'abord les analyses de K. MARX et LÉNINE dans lesquelles les cadres (ou petite bourgeoisie) sont assimilés aux «idéologues bourgeois qui se sont haussés jusqu'à l'intelligence théorique de l'ensemble du mouvement historique». Ces cadres se définissent par leur attitude, leur doctrine et surtout le fait qu'ils peuvent dépasser la structure sociale dont ils sont issus. Beaucoup d'appellations relèvent de l'avènement du capitalisme cognitif. Beaucoup d'analystes d'obédience marxiste ont continué à adopter ce système d'évaluation et ont porté, dans le cadre des pays du Tiers-monde, une grande attention à l'intelligentsia (cadres) qui est la couche la plus importante de la petite bourgeoisie.

Nous pouvons prendre deux exemples d'analyses marxistes pour illustrer ces propos. Premièrement l'article de Walter MARKOW qui observe que le rôle de l'intelligentsia est un phénomène crucial. En première approximation, on peut parler d'une action tripartite : les intellectuels issus de la culture traditionnelle, liés aux forces féodales et cléricales ; la nouvelle génération du groupe des riches compradores agissant comme trait d'union intellectuel avec la bourgeoise étrangère ; enfin les jeunes intellectuels nationalistes et démocratiques, issus des classes moyennes des villes et des campagnes … Le problème des intellectuels est aussi le problème des cadres … Il s'agit d'une formation de techniciens, de dirigeants dans la voie de l'émancipation matérielle des pays sous-développés. Les besoins de recrutement sont par conséquent quasi illimités et la formation de ces cadres devient un but politique de premier plan.

Deuxièmement l'article d'Émile R. BRAUNDI qui note que « *c'est également l'évolution normale du système capitaliste qui engendre une intelligentsia issue le plus souvent de la bourgeoisie, mais aussi et parfois des masses paysannes.* Cette intelligentsia aussi est décriée … Au lieu de s'indigner … ; il faut dire que la logique du développement économique exige le développement d'une main-d'œuvre qualifiée, et celui de l'instruction publique. « *Les milliers et les milliers de petits garçons et de petites filles qui vont à l'école pour la première fois, n'accepteront plus demain, les conditions d'existence de leurs parents, mais ils seront trop nombreux pour que la société leur fournisse des situations corruptrices en nombre suffisant. Une fois fermée, la grande porte de l'arrivisme individuel, ils se tourneront de plus en plus nombreux vers les solutions collectives».*

Ces deux auteurs étudient les problèmes des cadres à partir de leur noyau dynamique et marchant : l'intelligentsia. C'est une composante sociale décisive qui se caractérise par la maîtrise d'un savoir. Il faut observer qu'à l'intérieur de l'analyse marxiste existe l'approche originale de Kautsky. Cet auteur considéré que la Petite Bourgeoise est une classe autonome et importante. Il observe dans ce sens que *«l'antagonisme entre intellectuels et prolétariat est un antagonisme social qui se définit par rapport aux classes sociales et non par rapport aux individus».* En conséquence, un intellectuel n'est pas un capitaliste même si son niveau de vie est semblable en beaucoup de points à celui de la bourgeoisie. Il est aussi exploité par le capital et subit de ce fait une certaine humiliation. Seulement, sa situation sociale, ses conditions de travail et de vie sont loin d'être celles du prolétariat. Il s'agit d'une couche sociale décisive dans tous les processus de production de la vie matérielle. Des sociologues d'inspiration marxiste (Nicos POULANTZAS, Christian BAUDELOT et Roger ESTABLET) préfèrent utiliser le vieux terme de " petite bourgeoisie ", tout en analysant le développement de ses composantes salariées (petite bourgeoisie d'État, d'encadrement). Ils dénient à ces couches sociales leur capacité à former une classe sociale à part entière.

Il existe enfin des courants marxistes qui renouvellent totalement l'analyse sociale. Il s'agit de dire si l'analyse des phénomènes comme la technocratie, la petite bourgeoisie et leur importance socio-politique doivent s'opérer à partir de l'étude du rapport organique entre Savoir et Pouvoir. Elle révèle trois situations aux conséquences extrêmement intéressantes à savoir que :

D'abord, l'appareil étatique implique la mise en œuvre et la maîtrise d'un discours dont les masses populaires sont totalement exclues. Dans cette optique, A. BOUHOUCHE observe «qu'une grande partie des fonctionnaires dans les pays en développement sont vus par les masses comme des arbitres capricieux qui assument leurs responsabilités suivant des règles formelles, mais qui, en réalité, ont un pouvoir discrétionnaire pour interpréter les règlements et donner une légitimité à toute décision qu'ils prennent». Il s'agit donc d'une monopolisation du savoir par les agents de l'État qui définiront leur domaine d'évolution par les fonctions spécifiques d'organisation et de gestion du domaine public et privé. En clair, les détenteurs du savoir sont les travailleurs intellectuels et les autres sont les travailleurs manuels tendanciellement polarisés par le prolétariat.

Ensuite, l'État régente la production de la science et de la technologie par le corps particulier des intellectuels, des techniciens supérieurs et des universitaires. Comme l'observe Nicos POULANTZAS, *«les intellectuels sont porteurs de savoir-science et sont devenus (universités, académies, instituts) fonctionnaires d'État par le même mécanisme qui fit des fonctionnaires de cet État des intellectuels»*. L'approfondissement des conditions de la valorisation du capital, la multiplicité des découvertes scientifiques et techniques, les grandes mutations dans les systèmes productifs vont conférer à cette catégorie sociale une importance décisive car qui domine la technologie domine le monde : c'est la nouvelle réalité de la division internationale du travail.

Enfin, le rapport pouvoir-savoir se traduit par la connaissance de techniques particulières d'exercice du pouvoir, par l'établissement de dispositifs de fonctionnement efficient des appareils. La petite bourgeoisie est mieux préparée, mieux lotie pour faire un bon usage de ce rituel. Cette nouvelle approche des cadres est fonctionnaliste, c'est-à-dire que la petite bourgeoisie est identifiée à partir de certains pouvoirs. Ce qui la rend transparente à elle-même, et en conséquence elle n'existe qu'en se reconnaissant totalement dans ces institutions.

Bien entendu, à chaque approche correspond un statut précis conféré aux cadres qui ne constituent pas une classe homogène. Cette hétérogénéité caractéristique fait que les cadres peuvent sans grande difficulté s'allier à une classe sociale déterminée pour des objectifs également fixés. Ils sont par essence du bon versant du pouvoir.

b) Les autres approches.

Elles sont nombreuses, mais deux au moins méritent une attention particulière : la technostructure de J.K. GALBRAITH et les classes moyennes. J.K. GALBRAITH, à la suite de J. SCHUMPETER observe dans les sociétés contemporaines à l'Ouest comme à l'Est, l'amorce d'une domination par la fonction qui remplace progressivement et sûrement la domination par la propriété. Ainsi, selon l'auteur, *«l'avènement des grosses sociétés et l'apparition de l'organisation qu'exigent la technologie et la planification dont que l'entrepreneur n'existe plus en tant que personnes individuelles dans la firme industrielle évoluée.»* La technostructure devient alors un énorme appareil froid de décision de groupe destiné à mettre en commun et à évaluer les informations fournies par des individus, en vue de parvenir à des réalisations optimales qui débordent le cadre des connaissances individuelles de chacun. La technostructure prend une dimension internationale et dispose d'un espace fonctionnel et adéquat de déploiement de l'organisation. Elle sera un pouvoir conglomérat supranational que va animer la petite bourgeoisie.

En ce qui concerne l'approche des classes moyennes, elle est considérée comme le pilier médiateur, le facteur d'équilibre dans la société de classes. Cette approche est précisément celle des théoriciens et partisans de la **«troisième force»** actuellement relayée par les diverses versions et variantes de la social-démocratie à la recherche de la structure sociale d'appui à la «troisième voie.» Sa théorisation remonte à Max WEBER (1905). L'historien David LANDES explique l'essor économique de l'Angleterre par la montée de sa classe moyenne au 18ème et 19ème siècle. Les études se multiplient sur les fonctions de la classe moyenne, certains auteurs en font le pivot de la croissance et du développement en corrélation avec l'urbanisation.

En conclusion, là aussi, les controverses sur les cadres et leurs fonctions peuvent être importantes dans le processus de production. Si l'État gère les hommes, les choses et les rapports sociaux, c'est principalement à son niveau que se localise le pouvoir. Celui-ci sera toujours actionné par les cadres. En définitive, les cadres sont un groupe d'individus qui exercent des fonctions de pouvoir que leur confère un certain savoir ou savoir-faire.

3°) La problématique de l'élite du pouvoir est donc par ces enjeux une problématique importante.

Cette problématique est importante pour trois raisons essentielles qui ont été parfois effleurées, mais il est plus important de les voir en détail.

Les cadres sont une couche importante qui secrète et fait fonctionner tout pouvoir et toute structure de décision. Cela est bien évident et pour le montrer, on peut invoquer deux idées intéressantes émises par : d'abord par Antonio GRAMSCI qui écrit qu'*«une masse humaine ne se distingue pas et ne dévient indépendante d'elle-même sans s'organiser et il n'y as pas d'organisation sans intellectuels, sans organisateurs, et sans dirigeants sans que l'aspect théorique du groupe théorie-pratique se distingue correctement dans une couche de personnes spécialisées dans l'élaboration intellectuelle et philosophique».* **Ensuite, F. BON et A. BURNIER observent que** *«le mode de Gouvernement efficace nécessite l'avènement d'une aristocratie du mérite et non une aristocratie sociale».* Ce pouvoir technocratique est caractéristique des sociétés contemporaines, c'est-à-dire que dans tous les centres de pouvoir, l'élite technocratique détermine les objectifs et les moyens de travail. Elle procède à l'évaluation des résultats et des performances des Systèmes économiques et sociaux et définit les priorités. Les cadres ont donc le mètre, ils sont les maîtres de toutes les situations. En conséquence, ils assument des fonctions exorbitantes et vont se présenter comme les meilleurs défenseurs, les meilleurs commis du capitalisme et les meilleurs théoriciens. Ils peuvent être aussi les dirigeants les plus lucides, mais aussi les plus intransigeants de la classe ouvrière.

Dans les formations sous-développées caractérisées par une immaturité des classes sociales, par suite de l'immaturité du mode de production capitaliste, les cadres constituent une couche fondamentale au plan social, politique et économique. Ils assument les fonctions de conception et de gestion du double pouvoir politico-administratif et technico-économique.

Toutes ces raisons nous édifient sur le rôle essentiel des cadres dans la stratégie de développement économique et social. De ce fait, ils influent sur la vie quotidienne du peuple, et peuvent changer totalement les cours des événements dans des pays où les traditions et les bases de l'État sont fragiles. Ils peuvent le faire en évoquant soit l'intérêt, soit la loyauté à un régime, soit la rationalité dans la question de certaines fonctions.

Pourtant, la question des cadres, bien que complexe et importante, reste sous-étudiée, sous-analysée. Les enquêtes sociométriques qui pourraient nous édifier sur ces questions n'ont pas encore été effectuées. Elles permettraient de mieux répondre à ces questions de savoir : **Qui sont-ils ? Combien sont-ils ? Que font-ils ? Que veulent-ils ? Ces imprécisions sur les cadres sont lourdes de conséquences, ce faisant, l'État peut ignorer la partie dynamique, la composante essentielle de son personnel. Pour des États sous-développés, donc socialement instables et fragiles, les cadres constituent la meilleure couche protectrice au plan politique, économique et technologique.**

L'expérience des pays industrialisés établit que les cadres constituent une couche sociale importante qui est au cœur des mécanismes de fonctionnement de tout système sociétal. Ils actionnent les systèmes et structurent leur architecture institutionnelle. Ils fixent à la fois les moyens de travail, les incitations. Ils participent à la définition des modalités de recrutement de l'élite en fonction exclusivement de leur compétence.

Chacune de ces conditions est un objectif à partir duquel il est possible de mobiliser les cadres qui possèdent une claire conscience de leurs intérêts et sont souvent de **«froids calculateurs».** Ils forment une force totalement irremplaçable comme l'observait LÉNINE. Du fait de cette importance, il nous faut dégager un cadre méthodologique d'évaluation des cadres malgré l'absence de statistique.

II/ L'approche des cadres par les fonctions exercées dans les différents appareils de commandement.

Tous nos développements ont suffisamment montré qu'une bonne perception des cadres est nécessaire et doit passer par l'analyse des fonctions réclamées effectivement et assumées par les cadres, c'est-à-dire l'élite.

Autrement dit, une élite ne se distingue, ne devient transparente que dans l'occupation, l'exercice d'une fonction clairement spécifiée.

Dans tout système social, trois fonctions apparaissent déterminants à savoir : (i) la fonction idéologique, parce que l'idéologie est une variable importante pour la mobilisation d'un peuple autour d'un ensemble d'objectifs socio-culturels majeurs. L'idéologie jouera un rôle de ciment pour conférer à toutes les composantes sociales d'un pays des raisons objectives et subjectives d'accepter une communauté d'existence et une volonté de transformer l'environnement physique ; (ii) la fonction d'administration et de gestion de trois structures de pouvoir : le système politico-administratif, le système technico-économique et le système des grandes institutions super-structurées et (iii) la fonction de production et de gestion de la science et de la technique comme facteurs essentiels de la production des biens matériels ainsi que d'amélioration de l'efficacité du travail productif.

1°) La fonction idéologique.

Dans toute société humaine, particulièrement dans celles qui sont caractérisées par un retard des forces productives matérielles et humaines, les idéologies entendues comme des visions du monde formalisées et systématisées, exprimant à la fois l'état de la société et le rôle des groupes sociaux, jouent une fonction importante. Elles constituent une totalisation de l'expérience historique et du savoir. Elles doivent exprimer les conditions de l'action à travers laquelle les individus prennent conscience d'eux-mêmes et de leur existence.

L'élaboration, la systématisation, la vulgarisation et la diffusion de l'idéologie incombent aux cadres, aux différentes élites. Ce sont là des tâches hautement importantes devant lesquelles ils ne sauraient démissionner, c'est-à-dire qu'il revient aux cadres d'une nation : (i) de définir, au besoin collectivement, les orientations et options de système socio-économique, de structures productives et institutionnelles les plus fonctionnelles, les plus appropriées, (ii) d'élaborer les visions idéalistes et de formaliser les valeurs de référence à partir desquelles on mobilise les peuples et au nom desquelles on demande des sacrifices et on justifie toutes privations ; il est de l'essence même de l'idéologie d'être une vision idéalisée, renversée parfois déviée, (iii) d'élaborer des formes et des mécanismes de fonctionnement, d'administration et de gestion des structures productives et institutionnelles et (iv) de définir une matrice culturelle d'où pourra sortir des manières de vivre, d'appréhender le monde et de «mieux connaître l'ancien pour mieux servir le nouveau.»

Dans ces cas, l'idéologie est fondamentale et constitue comme le note J. ZIEGLER « *un noyau de résistance contre les agressions de l'extérieur. Elle consolide l'État et le rend crédible vis-à-vis des citoyens».* C'est dans cette optique qu'il faut comprendre la naissance et la rapide consolidation d'une idéologie technocratique de l'efficacité du progrès économique et technique, de l'abondance et du bien-être. Dans cette direction, l'État centralisateur devient un acteur essentiel pour la réalisation de l'efficacité du système social et du bien-être. L'État n'est plus hors-jeu, car il lui revient d'organiser le jeu des agents économiques et de réaliser des grands équilibres économiques, sociaux et politiques.

Pour les pays sous-développés comme le Sénégal, il faut arriver à cette conception, non pas jacobine, mais keynésienne de l'État dans la mêlée économique et le vecteur des transformations socio-économiques. Pour ce faire, le personnel de l'État, c'est-à-dire les cadres, doivent être efficaces dans le processus de prise de décision et de mise en œuvre des grands projets de société ou bien individuels. Bien entendu, il existera des obstacles, des handicaps dont deux doivent être soulignés : d'abord, la faiblesse des bases de l'État qui, endetté vis-à-vis des agents économiques internes et externes, disposant de ressources financières limitées, fait qu'il ne dispose pas d'instruments solides pour mener une politique économique et sociale discrétionnaire ; A ces limites s'ajoute la corruption de l'administration qui instaure l'inefficacité et la lenteur des grandes procédures : «les pots-de-vin et consorts» encouragent l'inertie et entravent le jeu normal et transparent du processus décisionnel. La capacité de l'Administration est réduite, carrément bloquée ou détournée au profit de circuits parallèles et occultes. La corruption contribue au dysfonctionnement des marchés et fausse la libre concurrence et la compétition des acteurs par suite des échanges induits des services publics.

L'idéologie doit aider à dépister ces questions et à leur trouver des solutions adéquates. Elle doit à tout moment fonctionner comme ciment entre les différentes composantes de la société et entre les différents agents et secteurs de l'administration. Elle doit contribuer à créer et entretenir une communauté d'intérêts et de préoccupations, d'une part entre les appareils de l'État et le peuple et d'autre part, entre ces appareils et le système productif. Il y a là des tâches extrêmement exaltantes auxquelles doit s'atteler l'élite du pouvoir.

N'est-ce pas là quelques fonctions que les Clubs doivent jouer ? Dans le Sénégal, d'aujourd'hui, ils doivent :

- **travailler à combler le vide intellectuel** et le désert idéologique provenant d'une certaine faillite des appareils partisans et surtout de l'apparition des professionnels de la représentation populaire;
- **réfléchir sur les grandes orientations** et options pour rendre l'action publique plus efficiente, plus opérante ;
- **dégager des structures d'accueil et de réflexions** plus crédibles et plus acceptables pour les nouvelles générations de cadres et les forces vives qui viennent d'accéder aux nouvelles responsabilités politiques, économiques et sociales ;
- **servir de courroie de transmission** aux cadres ainsi que de structure de dialogue et de pédagogie.

La vie démocratique qui comportera de plus en plus de controverses sur les grandes orientations politiques, économiques et idéologiques, établira la nécessité pour les grandes formations politiques d'avoir des Clubs dynamiques et enthousiastes. Ceux-ci doivent répondre à des fonctions : celle d'être des laboratoires d'idées (fonction qu'un Parti engagé dans la lutte quotidienne ne peut assumer) et celle d'être une «structure de passage», de participation et de dialogue. Dans cette direction, *«les clubs sont des maillons indispensables, des sortes de «sociétés à responsabilité limitée»* agitant les grandes idées qui transforment les sociétés et empêchent la sclérose des formations partisanes.

On le voit, les cadres ont de grandes tâches dans le processus de création de valeurs idéologiques. Il a un énorme effort de réflexion et de création à faire, car les syncrétismes idéologiques de l'Europe capitaliste industrielle ne peuvent constituer ce levain indispensable.

2°) La fonction d'administration et de gestion des appareils publics et privés

C'est là une seconde fonction importante qu'assument les cadres. En effet, on peut observer que :

a) Les cadres orientent l'appareil politico-administratif qui gère les hommes, l*es flux réels et monétaires et les rapports sociaux, fixe les grandes orientations et dégage les moyens de la réalisation. Ce sous appareil est essentiel dans une société sous-développée comme le Sénégal caractérisé par : (i) L'absence d'un espace économique homogène, car l'hétérogénéité structurelle se traduit par des cloisons de nature diverses, ethniques, religieuses, géographiques ; (ii) Des régimes sociaux particuliers et autoritaires, interdisant tout débat démocratique, c'est-à-dire au plan économique, un processus de génération des choix collectifs par interaction avec les choix individuels et (iii) L'impossible fonctionnement de règles rigoureuses d'allocation des ressources et de stabilisation d'un système décentralisé. Dans une telle structure, il appartient à l'État de mettre en place un univers et des mécanismes de fonctionnement de la société et des unités socio-économiques qui la composent : homogénéisation de l'espace, organisation économico-administrative, mise en place de mécanismes de fonctionnement, pour un développement autoentretenu qui n'est pas bloqué par des déséquilibres. Il y a donc là des tâches énormes que la vie et les structures imposent à l'appareil politico-administratif. Les cadres doivent apporter les bonnes réponses. Ils doivent prendre les mesures et apporter les modifications nécessaires au procès de production.

b) Les cadres pilotent les appareils technico-économiques privés ou publics. Cela pose le problème de la gestion des entreprises publiques ou privées qui ont vocation à contribuer à la politique élaborée visant (i) à l'élévation permanente du niveau des forces productives matérielles et humaines ; (ii) à la construction d'un ordre économique interne capable d'un auto-développement endogène et tendanciellement autonome vis-à-vis de la division internationale du travail et (iii) à l'amélioration permanente du niveau de vie des masses laborieuses.

Les cadres doivent trouver les réponses techniques et les moyens de réaliser ces objectifs dans les meilleurs délais. Le contrôle qu'ils exercent sur les appareils technico-économiques doit le permettre. Il rend en effet, possible le gouvernement par la technique. Le pouvoir de la technique régulé peut être un mode de gouvernement efficace. Pour ce faire, il faudra certainement régler les questions de promotion des cadres dans ces appareils et leur conférer une large autonomie dans leur travail de gestion et d'administration. Seulement, les dirigeants et cadres du secteur privé devront concevoir leurs unités économiques comme des éléments de la société globale. De même, ils devront traiter les travailleurs comme un élément essentiel de la politique économique et sociale générale du pays. C'est de la sortie que l'on arrivera à établir les grands axes d'une économie concertée où les cadres du syndicat défendront les intérêts de la classe ouvrière. Cette économie concertée devient alors un jeu complexe de pouvoir de décision économique. Le Plan sera alors le guide de toute l'organisation sociale et éclairera toutes les parties sur les priorités retenues, les moyens disponibles, les délais fixés et les structures d'accompagnement mises en place.

3°) Les cadres gèrent les formations partisanes, les Syndicats, les Mouvements citoyens.

Les Partis comme les Syndicats ont aussi leurs élites dont les fonctions se réduisent d'une part, à dégager des plateformes suffisamment mobilisatrices pour les masses laborieuses destinataires en dernière instance de l'action de ces formations et d'autre part à mener des combats soit pour le contrôle du pouvoir politique, soit pour la conquête du pouvoir économique.

À ce niveau aussi, on observe l'avènement de technocrates de la politique et d'une aristocratie ouvrière qui se caractérise par sa participation à une culture technico-empirique. Ces cadres sont essentiels dans le processus de création d'une nouvelle efficacité dans la vie politique et syndicale. Celle-ci a tendance à lasser les masses par les querelles de chefs, les disputes idéologiques sans fin, les scissions et éclatements, les opportunistes et les retournements de veste et d'idées. Ces bouleversements et mutations finissent par introduire une dépolitisation et un éloignement dangereux des masses des grands appareils. Or l'instrument politique est essentiel pour tout pouvoir. Comme l'observe B. BEN BARKA, *«c'est le Parti qui va permettre de poser les problèmes, de penser les solutions et de trouver la voie par la persuasion. Cet instrument politique ne peut être ni la police ni la gendarmerie qui n'ont jamais été des moyens efficaces de persuasion »*.

4°) Les fonctions de gestion de la science et de la technologie.

La révolution scientifique et technique est une donnée essentielle des sociétés contemporaines dont elle améliore le savoir- faire et le savoir quoi faire. Elle a amené un bouleversement total à la fois des modes de production et des modes de vie. Elle a décuplé la productivité et l'efficacité du travail et par moment, elle remplace totalement l'homme dans la plupart de ses attributs physiques et même intellectuels.

La technologie est de nos jours, le principal facteur de production à telle enseigne qu'il n'existe aucune limite technique à la valorisation du capital. Cela confère à la science, à la technologie et aux innovations un poids politique, économique et social considérable. Seulement, l'activité scientifique n'est plus une activité gratuite : elle est récupérée par le système industriel qui lui consacre des moyens financiers, humains et matériels considérables. Cette masse de moyens impose une gestion adéquate de la science et de la technique. Comme l'écrit F. BON *«l'activité scientifique est la profession de foi de milliers d'hommes. Pratique collective, elle doit être organisée, pratique onéreuse, elle doit être gérée. Elle remplit une fonction sociale et exige la formation d'une couche intellectuelle qui développe, diffuse, utilise le progrès scientifique, de la recherche la plus théorique aux applications les plus concrètes.»*

Les pays en développement doivent développer prioritairement et très rapidement une grande capacité technologique et utiliser les acquis de la révolution scientifique et technique. Celle-ci peut modifier dans les meilleurs délais le système des forces productives, matérielles et humaines et installer les conditions d'une reproduction élargie, donc d'une expansion soutenue et rapide de la croissance.

Il est fondamentalement question de trouver un raccourci technologique indispensable qui passe impérativement par des importations et des transferts massifs de technologie. Cela impliquera sûrement des mesures d'accompagnement pour rendre plus efficiente la technologie acquise. Ces mesures se résument :

- à la création de structures d'absorption et de diffusion de la technologie ;
- à la mise en place d'un système adéquat de formation et de recherche ;
- à l'établissement d'une politique programmatique de formation de cadres.

Les techniciens comme le note A. EMMANUEL ne peuvent exister sans la présence d'un champ de carrières correspondantes. Autrement dit, comme toutes les marchandises, on a besoin ici aussi de débouchés préalables. Et A. EMMANUEL d'ajouter que *«si les jeunes étudiants des PVD actuels sont si nombreux dans les sciences sociales et si rares dans la chimie ou l'électronique, ce n'est pas parce qu'ils ont une prédilection congénitale pour les arts de la phrase, mais parce qu'il y a bien chez eux un appareil administratif qui absorbe les diplômes de ces arts alors qu'il n'y a ni chimie, ni électronique. Une question ; qui va former qui et de quelle manière ? ... On confond souvent, sur ce point, le niveau de formation avec le choix d'un métier, la production de l'éducation avec sa consommation»*. C'est dire que les cadres doivent comprendre les enjeux de la technique et aider à l'élaboration d'une politique éducationnelle rigoureusement articulée au système productif et développant d'importantes filières d'une professionnalisation motivante pour le personnel. Cela implique des efforts financiers importants pour combler les retards accumulés et orienter les politiques de recherches et de développement. Si nous ne corrigeons pas le cap technologique dans des délais rapprochés, la dépendance future en matière technologie sera plus grande que par le passé. Il faut alors se greffer, quel qu'en soit le coût, sur les nouvelles technologies caractéristiques de la 3è Révolution industrielle telle que : (i) les énergies renouvelables qui peuvent apporter d'importantes modifications dans l'agriculture qui sera plus économe en énergie, car, en dernière analyse, la révolution verte s'est déroulée sur un modèle de consommation énergétique élevée ; (ii) l'énergie nucléaire ; (iii) la filière électronique et (iii) la biotechnologie.

Les pays sous-développés peuvent tirer d'énormes avantages de ces technologies et révolutionner définitivement leur secteur primaire. Selon Michel RICHONNIER dans la perspective de cette 3ème Révolution Industrielle, le secteur primaire deviendra plus productif à travers la mécanisation, le recours à la télédétection par satellite permettant à la fois un meilleur inventaire et une meilleure utilisation des sols, un choix approprié des cultures et un choix optimal de la période des semailles. L'utilisation de ces technologies va contribuer à élever rapidement la productivité du travail agricole par actif rural et par hectare cultivé. La technique est mise au service de la révolution agraire.

Il y a alors lieu de réformer profondément l'Université moyenâgeuse et notablement vieillie dans son contenu et dans ses missions pour la rendre plus fonctionnelle et plus apte à gérer la révolution scientifique et technique. Nous avons établi, par ailleurs, que le système universitaire actuel est celui des Clercs et des Chérubins (nos tenues académiques le montrent à suffisance) ; ce qui fait qu'il a perdu de sa crédibilité et vit cloisonner. La quasi-totalité de son personnel n'a plus ni foi, ni respect de l'institution. Les cadres doivent redéfinir ses missions et son contenu :

- une mission de formation de cadres techniques compétents au service du développement économique et social ;
- une mission de développement de la recherche scientifique et technique et la diffusion des résultats ;
- une mission politico-idéologique consistant à diffuser des idées justes au sein de la société.

Ainsi, l'institution universitaire fonctionnera comme un foyer de centralisation et de distribution du savoir, un lieu de conservation et de transmission de la matrice culturelle du pays. Son personnel devra alors être mis dans des structures et des conditions financières, matérielles et techniques lui permettant d'élargir et de transmettre le champ idéologique et scientifique aux générations actuelles et futures. Les cadres doivent pousser les réflexions sur toutes ces questions vitales qui engagent l'avenir des peuples.

Nos développements indiquent que les cadres peuvent être saisis et catégorisés selon les fonctions qu'ils exercent en vertu d'un savoir. Dans cette direction, il se posera toujours deux problèmes : la politisation des fonctions qu'ils occupent et le désintérêt que les peuples manifestent pour les batailles en vue du contrôle du pouvoir. Ce sont deux questions auxquelles des solutions doivent être trouvées. Les cadres constituent les cerveaux des systèmes sociaux. Leur blocage entraîne toujours de lourdes conséquences.

III/ les mécanismes de génération et de promotion des cadres dans les instances de décision : existe-t-il au niveau des leaderships politiques des critères de choix de ceux qui les encadrent?

À ce niveau de l'analyse, les problèmes comment à s'éclaircir. On peut dire alors que les cadres forment effectivement l'élite qui actionne tous les appareils de pouvoir à savoir :

- le pouvoir politico-administratif ;
- le pouvoir technico-économique ;
- le pouvoir des grandes institutions de formation et de recherche

La multiplication rapide des pouvoirs est un élément caractéristique des sociétés contemporaines. Aux pouvoirs internes viennent s'ajouter des appareils internationaux qui procèdent de l'internationalisation de la vie politico-économique. L'avènement des activités tertiaires a contribué aussi à une démultiplication des fonctions. Seulement, l'Administration est l'appareil le plus important du pouvoir public. Elle accuse d'ailleurs une ascension irrésistible Nicos POULANTZAS l'explique par plusieurs facteurs dont le plus important réside dans le fait que l'Administration tend à monopoliser le rôle d'organisateur des fonctions variables et complexes de l'État. Cette importance quantitative du personnel administratif est une tendance universelle et s'observe dans tous les systèmes capitalistes comme socialistes. N. BOUKHARINE constatait déjà, dans le cas de l'Union soviétique, que *« dans les pores de notre appareil gigantesque sont nichés des éléments de dégénérescence bureaucratique absolument indifférents aux intérêts des masses, à leur vie, à leurs intérêts matériels et culturels.»* Cette tendance procède, comme souligné, plus haut de l'exercice par l'État de fonctions politico-économico-sociales exorbitantes qui nécessitent un personnel de plus en plus numériquement important, de surcroît spécialisé.

Il nous faut alors analyser le système de promotion des cadres à l'intérieur de ces appareils, car tout système social respectable doit posséder les règles rigoureuses de promotion des cadres dans les différentes structures :

1°) Au niveau de l'appareil politico-administratif.

Le personnel gouvernemental est de loin le plus important, il est au cœur de la réalité effective du pouvoir de décision. Son analyse soulève les interrogations suivantes : Quelle est la sociologie de ce personnel ? Est-il nécessairement uni et autour de quel projet ?

a) La sociologie du personnel gouvernemental.

Le point de départ de toute évaluation est le retour observé vers un régime présidentiel mettant le Président de la République aux premières lignes de l'Administration centrale. De fait, il est au Centre de tous les rouages institutionnels. Il bâtit la Nation, dirige l'État et le personnalise à l'intérieur, comme à l'extérieur. Il le modèle dans le sens des directions tracées et le contrôle. Dans ces conditions générales comme l'écrit Gérard CONAC *«tout ce qui touche à sa personne, à sa santé, à ses problèmes familiaux, à ses liaisons ethniques, à son comportement religieux, à ses méthodes de gouvernement, à ses initiatives intellectuelles, à sa baraka, affecte la vie politique du pays. Le style d'un homme devient le style d'un État.»* Il y a donc une nouvelle transparence qui se fonde sur la prise directe de responsabilité du Chef Suprême de l'Exécutif qui est la source ultime du pouvoir et de la décision.

Bien entendu, dans cette optique, le Chef est mieux à même de conduire personnellement les changements, de disposer de tous les facteurs et variables pour manipuler les appareils et institutions dans le sens des orientations clairement définies. Ce système centralisé, à l'évidence, présente quelques avantages par rapport à celui de l'article 35 dont le potentiel conflictuel latent était un handicap. Il fallait compter sur la sagesse des acteurs pour ne point voir un blocage ou une déviation des mécanismes. Seulement, les textes régissant la vie des peuples ne peuvent tabler pour leur fonctionnement ni sur des éléments humains conjoncturels, ni sur les états subjectifs des responsables. Des changements étaient nécessaires d'autant plus que l'esprit «institution de dévolution» entourait toujours –ou pouvait le faire- toute interprétation politico-administrative par exemple de l'article 35 de la constitution sénégalaise.

Les modifications opérées posent des problèmes, mais d'une autre nature que seule la pratique socio politique peut révéler et même régler. Cependant, la lourdeur, l'étendue et la complexité des charges présidentielles feront probablement problème surtout quand le Président prend personnellement la direction des mutations structurelles. Une ligne d'allègement pourrait se réaliser par le biais d'un dédoublement organique ou de fait du Pouvoir Central et une redynamisation (au niveau des moyens humains et matériels) des appareils de diagnostic (Bureau Organisation et Méthode, BOM) et de Contrôle (Inspection d'État).

Il s'agit dans le fond de concrétiser le Cabinet et le Secrétariat Général comme structures fonctionnelles d'appui. Le Chef de l'État, Responsable ultime de toutes les institutions disposerait d'un peu plus de temps pour se consacrer à la définition des grandes orientations et options de la nation dans les domaines politique, économique, social et les relations internationales.

Dans une conjoncture mondiale du bord du gouffre, dans un pays où les traditions étatiques demeurent faibles, où les problèmes socio-économiques se multiplient sans perspective immédiate de solution, où les bases sociales de l'État sont extrêmement fragiles et où l'ouverture démocratique est récente et accuse des coups de toutes parts, le Chef de la Nation est interpellé par trop de questions, trop de problèmes. L'absence de réponses immédiates sape la crédibilité de l'État et sape une bonne part de son pouvoir et sa volonté de mener les changements structurels de l'ordre interne. Il s'agit d'un acte de courage dans des formations sociales où le personnel politique, les cadres et même le petit peuple rendent le Chef responsable de toutes les situations. Grandeur et servitude vont ensemble seulement dans les pays sous-développés, les servitudes deviennent très vite écrasantes. C'est le faible niveau de conscience politique qui l'explique en partie.

Une opposition «extrémiste de droite ou de gauche» exploiterait tous les dysfonctionnements d'une administration parfois tarée et même corrompue. Le Chef serait vite désigné comme responsable de la corruption des Grands Corps de l'État, des cadres sans scrupules, de l'insolence des privilégiés. On peut même le rendre responsable des calamités naturelles. Une telle propagande malveillante peut parfaitement avoir un impact sur des populations analphabètes et idéologiquement fragiles. Le viol des consciences est lourd de conséquence et à tendance à être une donnée permanente de la politique politicienne. Les oppositions perdent le sens des grandes manœuvres pour être les phares et boussoles des meilleures orientations. Cela est arrivé au niveau des formations de gauche et surtout marxistes qui payent très cher le paradoxe historique de vouloir faire une révolution « prolétarienne » sans prolétariat ou du moins avec un prolétariat extrêmement embryonnaire

En conséquence, l'action du Chef de l'État doit être administrativement renforcée et politiquement soutenue pour lui permettre de mener à bonne fin les options de transformation structurelle et d'atteindre les objectifs fixés en matière socio-économique. Les cadres progressistes y ont intérêt, car tous les changements qui avortent font le jeu de toutes les forces rétrogrades du dedans et du dehors.

Le Sénégal est resté à l'abri de bouleversements économiques et sociaux. C'est un acquis hautement appréciable que tous les cadres bien-pensants doivent aider à consolider. Le projet de Société du Président et des Organisations de masse qui s'en réclament devrait contribuer à la construction d'une société démocratique, patriotique et socialiste. Ces qualificatifs doivent être le ciment de tous les acteurs du changement compris qui militent pour un processus de mise en place des conditions infrastructurelles et superstructurelles de sa réalisation.

Dans cette direction, ces acteurs doivent aider à sa modélisation pour le rendre accessible aux masses laborieuses et permettre leur mobilisation à partir des objectifs fixés. Pour cela, il importe :

- de dégager sa mouture d'ensemble, les structures sociales d'appui et les instruments et moyens d'action (le Parti et les Syndicats rénovés, c'est-à-dire efficients) ;
- de préciser le type d'État appelé à opérer les mutations et de définir ses formes d'organisation, ses mécanismes de fonctionnement, son système de promotion et de sanction ;

- de définir les options économiques de base et de fixer les politiques sectorielles à savoir : une industrialisation nationale mise principalement au service de l'agriculture, valorisant les ressources nationales de base et ouvertes sur les détenteurs de capitaux et de technologie ; une agriculture moderne avec des niveaux de productivité élevée et capable de réaliser l'autosuffisance alimentaire et générer des surplus importants ; un secteur tertiaire dynamique et national au service des grandes options ; une politique de relations économiques avec l'extérieur.
- de définir des politiques économiques claires en matière fiscale, budgétaire, de distribution de revenu, d'emploi, etc. ;
- d'établir une matrice culturelle et idéologique authentiquement nationale et patriotique qui permette à la fois de mobiliser toutes les forces vives et de résister à toutes les agressions surtout externes.

Dans cette optique, les cadres et leurs organisations partisanes pourraient être les vecteurs essentiels de l'édification du futur. Pour ce faire, ils doivent être politiquement et idéologiquement armés et motivés pour être aux avant-postes des grandes transformations conduites par le Chef de l'État. La motivation résiderait entre autres dans la définition de critères de promotion au sein des appareils politico-administratifs et technico-économique. Tout pouvoir doit en effet disposer d'une politique systématique d'utilisation des cadres. **Entendez des plumes acerbes pour rédiger les discours, de grands cerveaux pour penser les visions et les arbitrages et de gros bras pour le défendre.**

b) Les critères de recrutement et de promotion des cadres dans l'attelage gouvernemental à la lumière de la praxis du Président L.S.SENGHOR[324].

Dans un pays caractérisé par une hétérogénéité structurelle et régionale entraînant des déséquilibres qui peuvent être importants ; une forte survivance de structures et réflexes tribopatriarcaux (le mot n'est pas heureux) traduisent l'absence d'une unité nationale ; l'existence de barrières et de cloisonnements ethniques, linguistiques et religieux, les critères de promotion des cadres dans l'Appareil Central seront complexes et discutables. On peut en retenir :

1) Les compagnons et militants politiques.

C'est le critère le plus important de promotion, car toute responsabilité gouvernementale est avant tout politique. De plus, le Parti politique est l'instrument de réalisation et de consolidation de l'État, la variable stratégique de mobilisation et de conscientisation des masses. Il permet de penser les problèmes et les solutions et en même temps de trouver les voies de la

[324] Il m'a été dit que ce texte allait être communiqué au Président Abdou DIOUF. Le débat a été par moment musclé sur certains points entre autres les fonctions des cadres dans les appareils partisans et surtout le 3ème paragraphe les mécanismes de génération et de promotion des cadres dans les instances de décision.

mobilisation et de la persuasion. Il est en dernière analyse la base d'appui de l'Administration Centrale. Pour toutes ces raisons, il est un instrument irremplaçable de désignation des éléments clefs de l'appareil politico-administratif. Les Partis sont avant tout, les appareils de conquête et de conservation des Pouvoirs. Ils doivent être à mesure de gérer les cadres, les mobiliser et les impliquer dans toutes les orientations et directions prises. C'est une boussole et en tant que tel, indispensable pour occuper les millions forts de l'exécutif.

2) Le critère de compétence technique.

Il concerne le corps des cadres choisis comme représentant l'aristocratie du mérite et de la technicité. Dans cette période caractérisée par une complexité des tâches et leur extrême spécialisation, il est nécessaire de mettre des technocrates dans des secteurs spécifiques. Leur technicité leur permet d'une part de fixer les objectifs et les moyens de travail des techniciens et d'autre part d'effectuer la meilleure des synthèses des résultats obtenus. Elle permet aussi de choisir sans aucune difficulté entre les différents cadres techniques. De tels responsables sont indispensables pour créer une nouvelle efficience gouvernementale et administrative. Seulement, une question sera toujours posée à leur propos ; peuvent-ils continuer à bénéficier d'une grande autonomie dans leur travail de gestion ?

3) Le critère relevant des macro-équilibres géopolitiques et régionaux.

C'est un critère qui permet de régler la question centrale des alliances (géopolitique) avec d'autres formations politiques autour d'un programme nettement défini. Dans des situations déterminées, la stratégie politique commande l'organisation d'un bloc du pouvoir dans lequel, par-delà les divergences, chaque formation politique se retrouve au service des grands intérêts de la Nation. L'appareil central réalise un brassage des idées et des hommes pour faire avancer la pratique sociale. Ce critère a un second aspect qui consiste à promouvoir au niveau de l'Administration des Cadres provenant de régions particulières comme les grandes agglomérations urbaines surpeuplées ou inversement. Il est donc tenu compte d'une particularité de type géographique.

4) Le critère qui procède de microdosage ethno tribaliste appelle l'élaboration de statistiques ethniques ou communautaires.

La promotion dans les sommets de l'Appareil politico-administratif est justifiée par l'appartenance du Cadre à un groupe ethnique et tribal spécifique. La présence de tels éléments permettra à l'Administration de disposer de toutes les informations pour réaliser ses fonctions centralisatrices et unificatrices. Il me semble important que nos services de statistiques fassent ce recensement pour cerner ces groupes en vue de leur représentation et d'autres usages. Cela soulève sans doute des problèmes complexes de méthodologie.

Cet arsenal de critères révèle les difficultés qui s'attachent à la formation et à la distribution des responsabilités dans un appareil administratif central. Les dosages procèdent d'arbitrage et d'équilibrage sociopolitiques internes souvent méconnus. Leur analyse appelle une connaissance approfondie des mécanismes de fonctionnement du pouvoir et la stratification des cadres.

Si nous acceptions donc une conception instrumentale de l'État outil de changement, et institution rationalisant de la société, les règles de promotion doivent présenter une logique de fonctionnement rigoureuse, mais transparente pour ceux qui, à des degrés divers, le servent et font partie de sa couche protectrice. Les critères retenus bien sûr ne sont certainement pas les seuls. Bien entendu, les grands hommes d'État réagissent à court terme en regardant les choses telles qu'elles sont, les yeux bien ouverts. Ce faisant, ils peuvent ne point être compris par les intellectuels et cadres qui posent les problèmes et questions à l'échelle du temps. Seulement ce décalage, s'il est effectif, ne doit ni s'accentuer, ni s'éterniser. Le dialogue et les filières de concertation doivent rapprocher ; la circulation de l'information pourrait sortir toutes les parties de l'immobilisme et relancer les cadres et leurs différentes institutions dans l'affrontement des tâches quotidiennes.

Dans les formations développées de l'Est comme de l'Ouest, les mécanismes de promotion se rapprochent de ceux d'une entreprise et se réalisant part une cooptation fondée sur la fidélité et la compétence. Il est vrai que les structures industrielles et l'homogénéité sociale ont contribué à unifier tout aussi bien les modes de recrutement du personnel des grands cadres que l'exercice du pouvoir privé ou public. Dans des formations structurellement hétérogènes, avec des barrières et des discontinuités des plus diverses, les questions de promotion et d'exercice du pouvoir ne sont jamais simples. Les variables du modèle décisionnel sont trop nombreuses et de ce fait les choix peuvent toujours être contestables.

b) La promotion dans l'appareil technico-économique le secteur privé et le secteur public et parapublic.

Concernant le secteur privé, le fait que l'on continue de parler encore de parler de la sénégalisation des Directions des entreprises privées étrangères montre que des mécanismes de promotion ne sont pas mis en place. C'est là un aspect qui reste encore inexpliqué : le capital colonial ne fait aucune confiance aux cadres nationaux pourtant réputés d'une compétence inégalée en Afrique de l'Ouest. Est-ce un réflexe racial, culturel ou simplement économique qui se manifesterait dans le maintien de formules vieillies du secret des affaires ? Quoi qu'il en soit, une telle situation est frustrante et ne pourra plus durer. Il appartiendra à l'État, dans les structures de négociation, d'obliger les partenaires privés à trouver de justes et correctes solutions à ces lancinants problèmes. D'ailleurs, d'une manière générale, ces partenaires privés doivent contribuer à la création d'une communauté de préoccupations non seulement avec l'appareil d'État, mais aussi avec le reste de la société.

Cela contribuerait à mieux articules intérêts de l'entreprise privée étrangère au jeu d'ensemble du système économique national.

En ce qui concerne le secteur public et parapublic, son personnel dirigeant est nommé par le pouvoir central à partir de critères précis devant permettre une parfaite utilisation des compétences nationales, en dehors de toute connotation politique (l'homme qu'il faut à la place qu'il faut). Dans la trilogie néolibérale libéralisation, privatisation et régulation, les entreprises publiques et parapubliques sont décriées puis condamnées à la privatisation. Cette option dénie toute efficacité à l'entreprise publique qui est « réputée » toujours mal gérée et souvent déficitaire. Il s'agit là d'une posture éminemment idéologique sans fondement technique avéré. Il est vrai qu'aujourd'hui, toutes les entreprises privées ou publiques sont confrontées à des défis multiples et complexes : vive compétition sur tous les marchés, financiarisation, déréglementation etc. Tous les cadres managers ont les mêmes défis pour rendre leur entreprise performante. Les difficultés majeures des pays africains sont de promouvoir dans leurs entreprises publiques et parapubliques des compétences techniques, des cadres hautement qualifiés quelle que soit leur conviction politique et idéologique ou leur engagement dans les appareils partisans officiels. Ces technocrates sont mieux formés pour réussir une bonne gestion, fixer les objectifs, dégager les moyens et prendre les bonnes décisions en vue de réaliser des performances. A cela s'ajoute l'absence d'une certaine autonomie de ces entreprises vis-à-vis de l'État qui a de fortes tendances à s'immiscer dans la gestion même si celle-ci doit être démocratisée. En effet, les normes de gestion qui associent les travailleurs constituent une garantie contre la bureaucratisation et la corruption qui sont les maux fondamentaux dont souffrent les entreprises publiques et parapubliques.

Dans les grandes entreprises privées, les frontières ne sont pas nettes entre la corruption et des notions comme les commissions, les courtages, les jetons de présence. L'entreprise n'en souffre pas. Il en va tout autrement quand il s'agit d'une propriété publique où le dirigeant perçoit un revenu non mérité au détriment de l'entreprise. Il faut d'ailleurs souligner que la bureaucratie a toujours tendance à se transformer en une force sociale indépendante ayant ses propres intérêts dont elle prend de plus en plus une très claire conscience et en assure efficacement et énergétiquement la défense. Il importe d'empêcher alors que le secteur public ne devienne une structure de génération et d'entretien de cette couche parasitaire.

EN CONCLUSION.

Dans cette période de crise économique et sociale, la responsabilité primordiale des cadres et des intellectuels est de démontrer, dénoncer mais également proposer à l'opinion publique. Il est aussi de leurs attributions de rendre compte à la société afin de l'aider, par un discours critique, à prendre conscience d'elle-même. Ensuite, ils sont la mémoire et le miroir parfois féroces qui incitent aux transformations et aux changements. Enfin, ils doivent exercer une veille quotidienne sur l'ordre social et sur toutes ses valeurs. Bénis soient les cadres supérieurs et les intellectuels si les sociétés bougent et se transforment, alors, quoi de plus normal que d'exalter leurs interventions et leur implication dans les structures publiques.

Maudis soient-ils si les sociétés et les idées se figent et si l'obscurantisme et la corruption s'installent. C'est pourquoi, observe Régis DEBRAY *«plus les pouvoirs d'État manquent de valeurs spirituelles et morales, de vision, plus l'intelligentsia doit être forte». Or, il se trouve que nous sommes dans une période caractérisée par l'omniprésence en Afrique des «États centralisateurs»* plus soucieux de gestion du court terme, de gestion mimétique de politiques et de programmes économiques élaborés par l'extérieur notamment par les partenaires techniques et financiers.

C'est la faiblesse des réflexions endogènes sur ces sujets qui explique toutes les facilités des institutions internationales à imposer leur discours car elles ne trouvent que très rarement des interlocuteurs robustes sur les choix présents et futurs de la société dans des domaines aussi cruciaux que l'économie, les technologies, l'aménagement de l'espace urbain et rural, la santé, l'éducation et leurs soubassements culturels. Les temps que nous vivons ne supporte ni l'amateurisme ni l'impréparation et cela confère alors aux cadres et à l'intelligentsia de lourdes missions.

Il existe aujourd'hui environ près de 4 500 « think tanks » dans le monde, dont 1 500 aux États-Unis et 700 en Europe. Depuis le début des années 2000, on peut déplorer au Sénégal et généralement en Afrique, la quasi-inexistence d'institutions puissantes de réflexion capables de susciter de vrais débats autour des grands choix économiques et politiques. Elles doivent être dotées de ressources subséquentes humaines et financières dans le jeu politique intérieur et dans la diplomatie intellectuelle mondiale. Souvent, c'est sans grandes discussions publiques préalables que la haute administration économique et monétaire orchestre ses sentences.

Cette absence de laboratoires d'idées se ressent dans la conduite des affaires publiques et dans le renforcement de la démocratie. De telles institutions tendent à occuper la fonction « programmatique », autrefois assumée en interne par les partis politiques. Leur composition sociale et professionnelle leur permet de contribuer au processus de pilotage des processus de changement en anticipant les résistances dans la conduite des stratégies de transformations structurelles (cartographie des acteurs actifs et passifs), de communiquer sur les objectifs et les goulots d'étranglement de tous ordres et d'évaluer l'adaptabilité des programmes.

De plus en plus, les grands partis politiques externalisent cette tâche, à la manière des entreprises qui font appel à des sous-traitants : le budget du think-tank du parti républicain aux États-Unis n'est pas loin de celui du Sénégal.

THÈME 30 – LE MODÈLE DE DÉMOCRATIE OCCIDENTALE L'ÉPREUVE DE L'ÉLECTION PRÉSIDENTIELLE : LE CAS DU SÉNÉGAL.

Professeur Moustapha KASSE, Doyen Honoraire. Introduction au débat autour du thème : « Portée et limite de la démocratie occidentale ».

INTRODUCTION

Les élites africaines doivent enfin comprendre qu'il n'existe pas en politique de « modèle prêt à porter » qui réduit tout au simple vote et à l'adhésion à un parti ou à toute organisation fondée sur le principe dualiste de la délégation et de l'aliénation du pouvoir. Aujourd'hui, les peuples commencent à se détourner des politiques économiques et sociales qu'un groupe de dirigeants prétend faire, penser et décider en leur nom mais en dehors d'eux[325].

L'inquiétude m'habite quand j'observe les multiples tensions à la veille des élections présidentielles (celles sénégalaises de 2019). Il est vrai que les périodes préélectorales sont des moments durant lesquels, sans aucun doute, les passions s'exacerbent au point de prendre le pas sur la raison. Notre classe politique, en lieu et place de choix de société clairs, de propositions de politiques économiques et sociales cohérentes à la fois vraies et applicables, nous sert un verbalisme de guerre civile, des outrances, des insultes grossières, des suffisances grotesques de demi-dieu, de multiples dérapages qui peuvent conduire vers des « fosses à lion » capables de ruiner le socle sociétal et les fragiles velléités démocratiques mimétiques et imposées pour mieux faciliter la « circulation des élites » vers et dans les arcanes des pouvoirs souvent néocoloniaux.

Il existe bel et bien un ordre à prétention républicaine qui, s'il est menacé, doit être défendu par le peuple des citoyens conscients et patriotes en dehors des bousculades politiciennes exprimées par la fameuse **lutte des places « ôte-toi que je m'y mette ».** Nous sommes arrivés ces derniers temps à frôler tous les excès qui sont devenus inacceptables pour **« un pays qui recèle d'immenses ressources matérielles et humaines, surtout des hommes, des femmes, des jeunes pétris d'innombrables qualités intellectuelles et morales qui, mises ensemble, peuvent permettre d'édifier une grande nation ».** (*Moustapha KASSE, Saliou MBAYE, Elhadji Ibrahima SALL et Gorgui CISS : le Sénégal des mutations, NEAS, 1996*).

---

[325] Pour éviter cette dualité Mamadou DIA avait conçu l'animation rurale, une sorte d'institution d'éveil, de conscientisation et de mobilisation de la paysannerie.

Nous assistons à une situation politique kafkaïenne d'une médiocrité extrême, repérée par le paradoxe que ceux qui savent se taisent et ceux qui ne savent rien s'époumonent avec comme discours, un verbalisme haut, des dénonciations de la sinistrose, de la morosité, des insultes et des promesses de l'apocalypse, en somme, un négativisme de pétition largement insuffisant pour constituer un programme alternatif crédible pour sortir du sous-développement. Ces postures sont fortement amplifiées par notre presse au quotidien, les médias, la grande majorité des journaux et magazines, radios, télés ou sites Internet qui consacrent très peu d'espace aux analyses rigoureuses, encore moins aux réflexions prospectives de notre pays. Nous avons là un singulier marché politique.

Au demeurant, on ne débat plus sur les grands enjeux de la cité alors même que les débats sont le mode de fonctionnement et la condition de fortification de la démocratie. Pourtant, les sujets font légion et sont relatifs entre autres aux projets de société qui doivent façonner notre avenir, aux politiques sectorielles capables de modifier les spécialisations régressives, aux institutions décentralisées à même d'associer harmonieusement tous les acteurs, à l'aménagement optimal de l'espace, aux valeurs d'une nouvelle citoyenneté, à l'unité nationale et aux crises d'identité, etc. Il est dangereux dans une élection présidentielle d'avoir des candidats sans projet porteur. Actuellement, les aspirants présentent plus leur personne qu'un programme structuré. Rappelons que dénoncer n'est ni expliquer ni proposer. En paraphrasant R. ARON, notre statut de petit pays pauvre soulève la question de savoir comment *«s'adapter à des situations que l'on peut maudire plus facilement que modifier ».*

Aujourd'hui, nous manquons d'institutions capables de susciter de vrais débats autour des grands enjeux de société et des choix de politique économique et sociale. Or, sans débats publics, c'est la haute administration, enchainée par l'obligation de réserve, qui orchestre les grandes orientations économiques et financières du pays. Où sont donc passés les Clubs des années 70 et 80 (CND, GRESEN, Groupe d'Études et de Recherche, Démocratie et Progrès, les Associations Savantes et les multiples « Conventions ») réputés maillons indispensables de cogitation des visions novatrices pour transformer la société et exercer une veille vigilante sur la qualité des débats de société. Le Club Nation et Développement (CND) et le Groupe de Réflexion et de Recherche (GER) du Parti Socialiste avaient formé un rempart contre toutes les dérives et le diktat des experts en faisant participer toutes les élites de toutes origines au débat politique. Je suis parfaitement **convaincu que l'« épistocratie», peut représenter un grave risque de confiscation de la parole et des idées par des experts « autorisés ».**

Les IBW ont saisi ce vide pour propager l'idéologie néo-libérale et imposer en douce, aux élites sénégalaises, l'évidence libérale qui repose sur quelques axiomes

constitutifs de la pensée unique[326] **:** la mondialisation est la voie du bonheur, l'ajustement libéral des pays du Sud au marché mondial, la libéralisation des échanges est impératif, l'économique prime sur le politique, l'intervention de l'État est disqualifiée puisque nocive car le marché idole peut corriger les aspérités et permettre l'exigence du zéro déséquilibre c'est-à-dire zéro déficit budgétaire, zéro inflation, zéro déficit extérieur etc., l'Asie est l'avenir du monde. Ces poncifs légitimés par les théoriciens de l'orthodoxie libérale sont imposés au monde par de puissants moyens médiatiques. La légitimité communicationnelle de la décision des IBW l'emporte sur leur légitimité scientifique. A la vérité, les décisions des IBW ont un contenu politique d'autant plus sensible qu'il en découle des conséquences financières importantes pour le gouvernement. En clair, leurs analyses et leurs décisions relèvent moins du jeu de la vérité scientifique que du jeu politique. L'économie libérale de marché appelle le fonctionnent d'une démocratie tout aussi libérale : l'occidentalisation du paysage politique. **Le nouveau concept de gouvernance va marquer la rentrée des IBW au cœur de la politique de l'État, puisqu'elle désigne tous les aspects politiques et institutionnels relatifs à la capacité du gouvernement à assurer l'ordre et la stabilité.** Ainsi, au travers de la gouvernance, l'ajustement structurel retrouve sa vocation originelle et prétend réformer tous les lieux de concentration des pouvoirs.

I/ Grandeur et servitude de l'occidentalisation de l'espace politique sénégalais.

Le Sénégal, sur le plan politique, peut se prévaloir d'être pour le continent africain un des tout premiers champs fertiles d'expérimentation de la démocratie portative dont le fonctionnement normal est le débat ainsi que les élections qui sont un passage obligé avec le vote qui est l'épreuve conventionnelle pour départager les offres politiques comme sur un marché. L'acceptation de la démocratie *comme « gouvernement du peuple par le peuple »* est une belle vision de nos manuels de droit constitutionnel.

On a tendance généralement à considérer comme une évidence l'existence d'une corrélation générale associant démocratie et développement alors même que cette corrélation continue à faire l'objet de recherches controversées depuis les travaux fondateurs de Seymour LIPSET en 1959 et que les études de cas sont parfaitement contradictoires. L'idée de fond peut être condensée : l'amélioration des conditions de vie des populations est sensée passer par la croissance économique dont devrai découler la démocratisation des régimes politiques laquelle serait à son tour, à partir d'un seuil à déterminer, un

---

326 Moustapha KASSE : *La science économique et sa méthodologie* notamment : les 10 commandements du Consensus de Washington p15, voir notre ouvrage Repenser Betton Woods

accélérateur du développement. La vulgate du discours démocratique : une rhétorique mais aussi des dynamiques sociales. Cette association illégitime conduit à façonner les trajectoires nationales de chaque société.

Rien cependant ne permet de prédire que ces transferts ou cette diffusion d'une ingénierie politique conduira à la construction d'un modèle unique comme **le montrent ces dites démocraties sans démocrates** que décrivent John WATERBURY et Ghassan SALAME[327] ce qui est le cas presque partout en Afrique. Chaque pays doit suivre son parcours propre. Le modèle de développement occidental qui inclue le régime démocratique est une trajectoire particulière. Pan WEI un idéologue conservateur de 47 ans, est l'un des intellectuels les plus renommés de Chine. Il est de ceux qui veulent promouvoir un nouveau *«modèle chinois»* basé sur l'héritage communiste et la réussite économique actuelle. Pour lui, la démocratie n'est pas un préalable au progrès, et l'Occident ne comprend pas la Chine. Proche du pouvoir, ce professeur de sciences politiques à l'université de Pékin, formé à Berkeley, aux États-Unis, est le héraut d'une Chine fière de sa puissance retrouvée, qui entend inventer et imposer au monde un nouveau système politique.[328]

Les systèmes politiques européens ont eu à faire face, il y a deux siècles, à trois enjeux majeurs : la formation de l'État-Nation, l'émergence des régimes politiques de masse et la structuration des régimes partisans. Cette démocratie, que l'Occident a mis des siècles à bâtir reste, malgré tout, un système imparfait bien qu'elle garantisse à la fois quelques droits aux citoyens et le fonctionnement de l'État dans des conditions à peu près acceptables. De fait, cette démocratie repose sur les règles de la démocratie représentative que l'Occident a mis des siècles à édifier autour du concept de Parti politique[329].

---

[327] G. SALAME *: Démocraties sans démocrates*, Paris Fayard, 1994.

[328] Pan WEI, idéologue, défend le modèle politico-économique de la Chine dans le Quotidien du mardi 8 juillet 2008. Sur la démocratie, il observe « «Mettre en opposition la démocratie et l'autocratie relève d'un obscurantisme politique qui s'est développé après la guerre froide, et surtout après l'éclatement de l'Empire soviétique. Beaucoup de Chinois rejettent cette dichotomie et estiment qu'elle sert surtout à alimenter une croisade contre notre pays. La Chine actuelle ne correspond pas à l'image simpliste d'une autocratie : c'est une méritocratie. Chacun doit grimper l'échelle sociale et politique et faire la preuve de sa valeur. Le droit de vote n'est pas un droit universel, nous avons d'autres méthodes pour sélectionner nos dirigeants. Ce n'est pas une démocratie, mais pas non plus une autocratie au sens occidental.». De même sur les droits de l'homme, il est encore plus tranchant « «C'est un concept développé en Occident, mais vous ne comprenez rien à la Chine. Les droits de l'homme sont toujours interprétés dans un sens politique. Mais où les vies humaines sont-elles le plus respectées? Les États-Unis tuent tous les jours en Irak, le discours des droits de l'homme est une hypocrisie intolérable pour les Chinois. Ici, on réduit la pauvreté, on garantit le progrès à un cinquième de l'Humanité. Le droit à la vie, le droit à l'éducation, c'est cela le plus important.»

[329] M. Rocard dans son ouvrage *Pour une autre Afrique*, Éd. Flammarion 2001, note que « les institutions africaines fondées sur des prises de décisions collégiales et consensuelles et en ce sens ne sont pas inférieures. La méthode en est l'arbre à palabre et l'instrument l'assemblée

À l'orée des années 90, à la Baule, quand François MITTERRAND exigeait des chefs d'État africains francophones de s'ouvrir au multipartisme pour une véritable démocratie. À l'époque, personne n'avait imaginé les graves dangers de l'importation de ce système politique hors de ses frontières. **A-t-on le bon modèle ? Et dispose-t-on des instruments et des moyens pour le réaliser ? Et enfin comment résoudre l'équation bien délicate des sanctions à appliquer en cas de défaillance : Coups d'État militaires ou Insurrections populaires ? Pathologie électorale avec ses émeutes ?**

On s'est vite aperçu que sa mise en œuvre se heurte à plusieurs contraintes dont les cinq plus importantes méritent d'être analysées rigoureusement pour apprécier les chemins de croix de la démocratie, son inefficacité ou non et son coût trop élevé corrélativement au développement.

La première contrainte est que le peuple qui exerce le pouvoir, comme le souligne J.S. MILL, n'est pas toujours identique au peuple sur lequel il est exercé en raison du système dualiste de la délégation du pouvoir qui se matérialise dans la démocratie représentative selon laquelle un groupe dirigeant pense et décide, souvent au nom d'un délégataire, le peuple. Michel ROCARD a souligné les limites en Afrique de telles procédures d'organisation de la démocratie qui sont fondées sur le pluralisme et reposent sur le système des partis politiques. Cela vient, selon Michel ROCARD « *du fait que, depuis deux siècles au moins, les partis politiques ont, en Occident, une immense légitimité : ils ont contribué à construire nos identités nationales et incarnent des intérêts sociaux respectés, que ce soient ceux des agriculteurs, ou des propriétaires, ou des salariés. Rien de tel n'a pu se créer en Afrique, où l'on ne discerne que deux usages des partis politiques : la structuration forte de la clientèle de chaque chef, ou le support d'expression de signes d'identité ethnique, religieuse ou linguistique, le contraire de ce dont l'Afrique a besoin* » *(Communication à l'Académie des Sciences Morales et Politiques sur le thème : Le développement de l'Afrique, affaire de volonté politique, Études 2003/1, Tome 398, p. 21-31).*

La deuxième contrainte est que la démocratie en Occident est conçue sur le modèle du marché capitaliste et l'on attend d'elle les mêmes vertus à savoir que le citoyen assimilé au consommateur, doit pouvoir choisir entre des politiques comme on choisit entre diverses marchandises les théories du public choice de BUCHANAN à TULLOCK réintroduisent l'État qui est à la fois arbitre et joueur. Alors la rencontre de l'économie et des sciences politiques est assurée. Cela suppose un multipartisme qui se fonde sur l'opposition des idées et la compétition des réponses programmatiques, de solides institutions chargées d'organiser des élections transparentes et disputées, un pouvoir judiciaire d'arbitrage et de régulation de l'espace et de résolution des conflits et contentieux politiques, le tout est relayé par une presse libre et compétente.

---

de village. Tout se passe comme si l'Occident a remplacé par la démocratie consensuelle africaine par son produit la démocratie conflictuelle. »

Dans un tel cadre, la participation citoyenne peut s'exprimer par le vote pour élire un chef tous les 4, 5 ou 7 ans. Comme le montre Bertrand BADIE, les nations du Tiers Monde ont en effet une structure sociale originale et sont soumises à des conditions spécifiques de développement qui interdisent tout parallélisme avec les trajectoires suivies par la plupart des pays développés depuis la Renaissance.[330]

La troisième contrainte est relative à l'extrême précarité des partis politiques qui explique en partie la déshérence du militantisme, la sénilité et l'immobilisme structurel de la classe politique et la méfiance des citoyens à l'égard des politiques[331]. Jean Du Bois DE GAUDUSSON note dans son article sur *« Les élections à l'épreuve de l'Afrique »* (Publié dans « Élections et pouvoirs en Afrique noire, Centre d'études d'Afrique noire de Bordeaux, Pédone, 1978), qu'*« Une responsabilité particulière incombe évidemment aux partis politiques»*. Une des origines des tensions et des échecs se situe dans les défaillances des formations partisanes. On s'accorde à constater la faible efficacité de systèmes de partis politiques disposant le plus souvent d'un monopole électoral (prohibition des candidatures indépendantes), mais insuffisamment structurés pour animer et donner substance à la compétition démocratique. Le système de partis est fondamentalement affaibli à la fois par le nomadisme politique, l'absence de permanence dans les options, l'anémie de nombreuses formations politiques, l'inflation de partis nominaux aux fonctions principalement personnelles et financières, ou encore les tentations et les dérives ethniques.

Globalement, de l'inflation de partis nominaux (plus de 250), en dehors de trois – l'APR, le PDS et le Parti Socialiste – on cherchera à la loupe la moindre trace d'un projet national de transformation économique et sociale du pays. Ces carences sont comblées par une imitation parfois grotesque du modèle des campagnes électorales à l'américaine médiatiques et mercantilistes avec beaucoup de bruits, de fresques, mais peu d'idées. Les politiciens sénégalais n'ont perçu et appliqué que la partie visible de l'iceberg avec ces mégas meetings coûteux et folkloriques et des discours creux promettant tout à tout le monde. Dès lors, lorsque les clameurs électorales se terminent et que les sunlights s'éteignent, la vie quotidienne du pays se charge d'effacer le trop-plein de promesses. L'assainissement de la trajectoire vers une démocratie véritable commande l'élimination de tous ces Partis sans programmes ni militants. Leur envahissement déstabilise et décrédibilise la politique et justifie

---

330 Il faut rappeler que les grands penseurs de la modernité du 18 et 19ème siècle, TOCQUEVILLE, A.COMTE, surtout K.MARX, M.WEBER et E.DURKHEIM associent les formes d'organisation du travail et des niveaux technologiques avec des modes de gestion sociale et politique et établissent des liens étroits entre un état économique et social et la natures des régimes politiques.

331 Jacques GÉNÉREUX : *Droite-Gauche-Droite,* est une analyse du marché politique, ses clients, ses risques, ou comment se vendre pour réussir en politique.

le rôle grandissant des nombreuses organisations de la société civile qui articulent et défendent des intérêts et des aspirations que, selon nombre de citoyens, les partis politiques ne défendent plus.

La quatrième contrainte est que la démocratie peut être limitée et bornée par certaines conditions économiques. D'abord J.J.ROUSSEAU puis K.MARX ont souligné que certaines conditions économiques étaient nécessaires pour fonder une démocratie. Dans ce sens, J.J.ROUSSEAU note dans le *Contrat Social* (*livre 2, chapitre 2) « que nul citoyen ne soit assez opulent pour en acheter un autre, et ni assez pauvre pour être contraint à se vendre »*[332]. Cette observation prend toute sa signification pour les pays sous-développés caractérisés par la pauvreté de masse qui peut ouvrir les vannes des achats de conscience. K. MARX va tirer de cette analyse que *« l'argent donne la liberté à celui qui le possède et en dépouille celui qui ne le possède pas »*. Il observe dans les *« Manuscrits de 1844* » que *« L'argent est pour moi, ce que je peux payer... Je suis laid, mais je peux m'acheter la plus belle femme. Donc je ne suis pas laid, car l'effet de la laideur est anéanti par l'argent... Je suis un homme mauvais, malhonnête, sans conscience, sans esprit, mais l'argent est vénéré, donc aussi son possesseur »*.

La cinquième contrainte, certainement la plus importante, est l'immixtion permanente de la prétendue communauté internationale de la mondialisation néolibérale. Il s'agit d'un quarteron de grandes puissances capitalistes qui s'érige en ***« communauté internationale »,*** nouvelle version de défense des zones d'influence avec des interventions particulièrement brutales dans certains pays (Irak, Syrie, Libye, Corée du Nord, Iran et dans la crise des Balkans, et Afrique où les États sont délégitimés sans pouvoir de décision sur ce qu'il faut faire dans leur propre société, etc.). **Il s'agit d'une véritable captation du pouvoir de régulation internationale par un petit nombre d'États, les plus riches et les plus puissants** qui préservent leurs intérêts géoéconomiques et géopolitiques par une diplomatie des sanctions et de la punition selon l'analyse pertinente du Pr Bertrand BADIE.[333] Dans ce contexte, l'humiliation est l'ordinaire des relations internationales. Les nouvelles pratiques diplomatiques qui se banalisent, dévaluent les États du Sud, les mettent souvent sous tutelle, les tiennent à l'écart des lieux de décision, stigmatisent leurs dirigeants et les sanctionnent.

---

[332] ROUSSEAU envisageait une démocratie où tout le monde dispose au moins d'une propriété garantissant son indépendance. Alors que pour Marx seule la socialisation de la propriété des moyens de production pouvait empêcher la dépendance de celui qui ne les possède pas.

[333] B.BADIE : Deux ouvrages remarquables : « *La diplomatie de la connivence, les dérives oligarchiques du système international », Éditions La Découverte, 2012 et « Le temps des humiliés, pathologie des relations internationales », Odile Jacob 2014.*

Ce nouvel ordre néolibéral international, Gorges CORM l'analyse avec beaucoup de lucidité[334]. Il montre dans ses conclusions que les causes des crises économiques du désordre mondial procèdent de l'incapacité des politiques, au Nord comme au Sud, à y répondre efficacement par suite de la méconnaissance du rôle des économies « souterraines » et de la corruption, illusions du libéralisme économique, erreurs répétées de la bureaucratie bancaire, permanence des visions idéologiques du développement.

La régulation du système politique, économique et financier mondial par ladite Communauté internationale est réalisée par un ensemble varié d'institutions et de règles du jeu élaborées par une technostructure d'experts hautains et méprisants (Médecins, Professeurs et Gendarmes, trois fonctions indissociables) qui n'ont aucune légitimité démocratique. En exemple, les IBW qui jouent essentiellement un rôle de gestion des risques et de préservation de la « bonne santé économique » de la mondialisation libérale comme le FMI, la Banque mondiale, l'OMC, l'OTAN, la vaste fresque (nébuleuse) d'ONG et la Cour Pénale internationale (CPI). L'Afrique est en permanence **sous haute surveillance grâce à deux armes qui relèvent d'un véritable terrorisme d'État : la manipulation de l'Aide Publique au Développement, APD, directe ou via les Institutions Financières Internationales et la Cour Pénal Internationale, sorte d'épée de Damoclès qui plane sur la tête principalement des dirigeants. Le premier instrument de sanction concerne l'APD** dont les motifs d'attribution et de sélection sont biaisés par l'intérêt des bailleurs et les conditionnalités. La structure de celles-ci relève d'un critère unique : l'état de la démocratie et des Droits de l'Homme conditionné par l'organisation et la bonne tenue d'élections pluralistes surveillées par une armada « d'observateurs » accommodés. Le moindre accroc dans le processus électoral conduit à l'arrêt brutal de l'APD et la mise en quarantaine des Investissements Directs étrangers (IDE). Une bonne question, qui punition ? **Le deuxième instrument est la CPI** issue pourtant de la volonté de certains dirigeants africains. En 16 ans d'investigation, les 11 enquêtes ouvertes ont visé 10 pays africains, les crimes commis en Irak, en Palestine ou en Afghanistan restent impunis. Cerises sur le gâteau, les 18 juges ont 18.000 euros de salaires. Elle est devenue un outil punitif avec les coupables en Afrique et les innocents ailleurs[335].

---

[334] G. CORM : *Le nouveau désordre économique mondial. Aux racines des échecs du développement », Éditions La Découverte.*

[335] Juan BRANCO, avocat, auteur de « *L'ordre et le Monde : critique de la Cour Pénale Internationale*», aux éditions Fayard, 2016). La CPI est née d'une volonté de certains dirigeants africains de faire plaisir à l'Occident et rassurer certaines puissances comme les États-Unis. Une juridiction qui devait rapprocher le droit et les normes. Selon B.BADIE : cette institution éminemment politique : peut-elle être un instrument préventif ou un outil punitif qui a fini par ne s'intéresser qu'aux Africains. C'est un mauvais outil qu'il est temps d'entrer dans une réflexion critique. On peut égrener plusieurs faits/ Bush, Netanyahu. Mauvais outil imprécis par rapport au droit et à la justice. C'est un instrument illégitime qui

Manifestement, la conjugaison de toutes ces contraintes explique la déshérence du militantisme, la grande méfiance à l'égard des politiques, la désertion des urnes et l'immobilisme structurel des classes politiques. Au demeurant, toutes ces contraintes distendent la corrélation démocratie et développement (*Mon ouvrage Démocratie et développement, Éditions NEAS, 1994*). En 1992, Lee Kuan YEW, grand maitre de Singapour, un des meilleurs artisans d'une politique économique réussie déclarait lors d'une interview *« Je ne crois pas que la démocratie amène le développement nécessairement. Je crois que ce dont un pays a besoin pour se développer c'est de discipline, de travail plus que de démocratie »*. La démocratie poussée très loin conduit à l'indiscipline et au désordre qui ne sont pas, tant s'en faut des facteurs de développement. Les dirigeants indiens présentent leur faible croissance, par rapport à la Chine, comme le prix payé pour la démocratie.

Par un curieux retournement, les élections conçues comme une voie privilégiée de sortie de crises et d'expression du pluralisme retrouvé se voient attribuer la responsabilité des tensions voire des ruptures de consensus qui affectent la vie politique. De très vives critiques se multiplient, souvent exprimées en termes virulents et instruisent des procès sans appel (Albert BOURGI, K. TAPO, K.J. KOFFIGOH). Ces critiques portent sur au moins trois éléments : (i) la recherche de structures impartiales de gestion des opérations électorales ; (ii) la difficile maîtrise du déroulement des opérations électorales et (iii) la responsabilité des acteurs du processus électoral. C'est dire que le sort des élections ne dépend pas seulement, quelle que soit leur portée, des améliorations techniques et réglementaires et des moyens alloués ni même des institutions, mais aussi des acteurs du jeu électoral et de leur comportement. Il faut y ajouter que les pouvoirs publics se trouvent souvent confrontés à une insuffisance des moyens en personnel et financiers pour organiser, matériellement, des élections. Cas aberrant, la RDC est dénoncée par la Communauté internationale pour sa volonté de s'émanciper des appuis financiers et logistiques extérieurs.

II/ Pour une démocratie consensuelle conforme au projet de développement national et populaire.

Depuis le Siècle des lumières, la domination politique occidentale sur les « pays du Sud » s'accompagne d'une domination culturelle et institutionnelle. Or, comme le montre Bertrand BADIE, les nations du Tiers Monde ont en

---

vient souiller les relations internationales, cela ne me gêne pas qu'il y'ait une justice des riches et une pour les pauvres (double standard) à l'intérieur des nations: ici les coupables sont au Sud et les innocents au Nord. Un mauvais instrument qui perturbe les relations internationales : punition et négociations ne se conjuguent pas. C'est un effet de démonstration à l'égard des opinions publiques : c'est le Zorro, le bon justicier des relations internationales et eux les affreux. C'est pour se mousser devant son opinion publique.

effet une structure sociale originale et sont soumises à des conditions spécifiques de développement qui interdisent tout parallélisme avec les trajectoires suivies par la plupart des pays développés depuis la Renaissance (*Le développement politique*). Depuis la décolonisation, les élites n'ont pas fourni aux sociétés une organisation correspondant à leurs traditions. Elles ont adhéré à l'occidentalisation, ce qui n'a pas manqué d'entrainer de multiples traumatismes sociaux et facteurs de désordre. Les échecs répertoriés sont manifestes : troubles et désarticulation sociale, guerres civiles larvées, coups d'État, démobilisation populaire avec une politisation excessive et paralysie des activités économiques, abstention et déserte des urnes, etc. Pourtant, M.ROCARD, à la suite de beaucoup d'historiens et d'anthropologues, souligne que *« l'Afrique avait connu, avant l'esclavage et le colonialisme, un certain nombre de royaumes ou d'empires qui furent stables sur plusieurs siècles. Le mode de prise de décision était la palabre, c'est-à-dire le consensus, à l'Assemblée de village tout d'abord (sous le baobab), puis entre délégués aux assemblées de régions, puis de royaumes ou d'empires »*. L'Afrique a le souvenir de cette démocratie consensuelle, qu'elle pratique encore dans les villages et à laquelle elle aspire aux niveaux supérieurs de l'organisation sociale.

Dans mes réflexions sur la corrélation démocratie et développement et m'inspirant des traditions africaines et des expériences des pays émergents d'Asie, j'avais approché, durant les années 80, le concept de démocratie consensuelle. À cette période, les intellectuels marxistes, particulièrement en Europe (Parti communiste italien et parti communiste français), avaient ouvert un large débat, suite aux réflexions d'Antonio Gramsci sur des questions comme *« le compromis historique »* et *« le bloc historique »*. Lors d'échanges houleux avec l'éminent philosophe Doudou SINE, une grande référence, et Samir AMIN sur les questions du marxisme contemporain, j'avais avancé le **concept de consensus national**. Nos polémiques très rugueuses, mais d'une bonne tenue scientifique m'avez poussé à écrire un article fortement contesté dans la gauche marxiste sur le thème *« Alternative unitaire pour sortir de la crise : le consensus national » repris par les Cahiers du CND 1980-1985*[336]. J'opposais à mes contradicteurs cette idée lumineuse de Roger GARAUDY « *Nous référer à Gramsci, Marx, Lénine ou Mao-Tsé-Toung n'est pas d'en répéter les formules au nom d'une vraie orthodoxie, mais d'en utiliser les méthodes, en faisant pour notre temps*

[336] Moustapha KASSE : *Alternative unitaire pour sortir de la crise : le consensus national »* repris par les *Cahiers du Club Nation et Développement (CND) 1980-1985* (pp 22 à 37), Édition NEA. J'avoue qu'une semaine avant dans une conférence que j'avais animée à la Chambre de Commerce de Dakar avait failli être interdite suite l'envahissement de la place de l'Indépendance par les militants de toute la Gauche, du Parti Socialiste et des Syndicalistes. Le débat houleux avait duré de 20 heures à 05 heures du matin. J'avais conclu mon propos en paraphrasant LÉNINE « quand un pouvoir fait un pas positif, il faut l'aider à en faire deux.»

et notre pays, ce qu'ils ont fait pour leur pays en leur temps, de prolonger, en les repensant, dans des conditions radicalement nouvelles, leurs analyses, de réfléchir sur leurs expériences avec les transpositions nécessaires. »[337]

Théoriquement le concept de consensus est au confluent de presque l'ensemble des disciplines des sciences sociales qui lui sont consubstantielles : l'économie, la science politique et juridique, la sociologie et l'anthropologie, etc. Son Application au Sénégal m'avait amené à analyser plusieurs problèmes entrelacés dans trois plus importants se rapportant à l'organisation sociale, à l'édification d'un système économique performant et compétitif et à l'élaboration d'institutions fortes dont la composante majeure est la nature de l'État qui a été profondément déconstruit par les prétentieuses politiques néolibérales. **Celles-ci voulaient bâtir un capitalisme sans les capitalistes locaux et sans État providence et cela avec un entêtement et un autisme terrifiants. L'offre économique gravitait autour du « tout marché » et une machine idéologique formulée autour de la trilogie libéralisation, privatisation et dérégulation.**

Concernant l'organisation sociale, il faut rappeler que le Sénégal modelé et inséré dans l'économie mondiale fortement productiviste, du fait de sa spécialisation régressive dans des productions primaires à faible valeur ajoutée locale, présentait le double handicap de ne pouvoir accélérer la constitution d'un important fonds d'accumulation à l'échelle nationale, et encore moins promouvoir un développement équilibré et autonome. Contrairement à l'approche sommaire des Institutions Financières Internationales (FMI, BM et autres) menée en termes purement quantitatifs de rétablissements des déséquilibres, d'assainissement et de relance.

Contrairement à cette approche, seule une analyse plus structurelle donc plus approfondie permet de mieux appréhender les crises et les ruptures au niveau de cette économie. Cela commande de remonter à la racine, c'est-à-dire à l'organisation socio-économique qui repose sur les éléments caractéristiques qui suivent : (i) la forte sensibilité de la croissance aux variations de la production et de l'exportation des produits de rente principalement d'origine agricole et minière ; (ii) le système prédateur de prélèvement et d'utilisation insuffisamment productive des ressources tirées de la rente et des apports externes (aide et endettement) ou de l'expansion non maîtrisée de la demande publique et privée ; (iii) la répartition inégale du revenu national au profit d'une hyperconsommation urbaine, publique et privée et l'amorce d'un long et interminable processus d'appauvrissement et de dévitalisation du monde

---

[337] Garaudy R. : *L'Alternative op.cit* p.177. Sa critique contre le dogmatisme est plus sévère. Nous avons accepté le dogmatisme stalinien : L'ensemble était synthétisé en vingt pages fulgurantes censées contenir toute la philosophie. Après le latin sans pleur, la philosophie mise à la portée de tous en trois leçons. L'ontologie : les 3 principes du matérialisme. La logique : les 4 lois de la dialectique. La philosophie de l'histoire les 5 étapes de la lutte des classes. *Marxisme du 20ème siècle* collection 10-18

rural ; (iv) ; la vulnérabilité chronique de l'économie à l'égard de variables exogènes comme le climat, les cours mondiaux des matières premières, le taux d'intérêt ;(v) le modèle de consommation entrainant des distorsions entre offre de production et structures de consommation.

En conséquence, cette organisation sociale s'impose de reconfigurer systématiquement le champ de spécialisation pour développer prioritairement les productions pour lesquelles le pays dispose d'avantages comparatifs ou construits c'est-à-dire un meilleur profil de compétitivité. Les découvertes récentes de ressources minières comme le pétrole, le gaz, le zircon, le fer et les phosphates rendent indispensables cette reconfiguration. D'où l'impératif de développer des politiques économiques et sociales pertinentes pour résorber la pauvreté, le chômage et les diverses précarités.

Concernant l'Économie, quel que soit l'angle d'analyse, les difficultés quasi permanentes de l'économie sénégalaise apparaissent dans le faible volume de création de richesses exprimé par un indicateur de dimension nationale comme la production marchande ou non marchande (PIB), le niveau du revenu national ou per capita ou la dépense nationale. Il faut pour créer des richesses accroitre la croissance. En effet, les quatre facteurs de création des richesses (nécessaires à la croissance) demeurent le travail, le capital, la terre, l'innovation. Sommairement toute production de richesses est fonction des matières premières, de la quantité d'outils dont les bras de l'homme sont armés dans le travail productif et de la matière grise. C'est la combinaison stratégique de ces dotations dans un cadre macroéconomique sain qui fonde les performances économiques et sociales. Certes, ce cadrage macroéconomique est nécessaire, mais il ne suffit pas dans une stratégie visant à exploiter toutes ces opportunités par une véritable économie d'offre qui porte une croissance économique durable au taux le plus élevé possible. **Il faut impérativement aiguillonner le potentiel de croissance des différents secteurs par des politiques sectorielles judicieuses, efficaces et inscrites dans une bonne trajectoire comme le suppose les réussites économiques, financières, technologiques et sociales des pays émergents d'Asie. Faut-il le rappeler, le répéter avec force que faire du Sénégal un pays émergent cela ne tombe pas du ciel. Les pays émergents ont réussi à sortir du sous-développement en appliquant d'excellentes visions stratégiques qui reposent solidement sur les vertus prussiennes de travail, de rigueur, de discipline, d'épargne et sur le secteur privé soutenu par un patriotisme économique réfléchi et courageux.**

Ces politiques doivent être conduites par un leadership transformel adossé sur un « **État Pro** » disposant de puissants instruments de développement (politique budgétaire, monétaire, des relations internationales et de surveillance de l'endettement, de l'inflation et des institutions fortes de gouvernance économique). **La refonte des politiques néolibérales est indispensable pour aller vers une politique de croissance inclusive et équitable avec un puissant socle de protection sociale.** Pour y arriver, il faut alors (i) massifier les investissements dans les secteurs productifs à partir de politiques sectorielles pertinentes ; (ii) élargir les gains de productivité pour rendre l'économie plus compétitive par le développement de trois secteurs transversaux fortement générateurs d'externalités positives devant recevoir des investissements massifs dans les infrastructures routières, hydrauliques, énergétiques et de la formation des ressources humaines et de la recherche ; (iii) mettre les citoyens au travail, travailler plus, produire plus, gagner plus et promouvoir l'entreprise.

Tout le monde désire le développement ; mais ce n'est pas tout le monde qui comprend et accepte les conditions fondamentales du développement. La plus importante de ces conditions est l'ardeur au travail ; (iv) rompre avec l'hyperconsommation des classes moyennes facteur du déficit chronique de la balance commerciale, absence de patriotisme économique est synonyme d'un pays qui travaille pour l'extérieur; (v) élaborer de robustes politiques budgétaires et d'endettement ; et (vii) stimuler l'initiative et les investissements privés, à travers le renforcement des capacités du secteur privé par le financement de l'entreprise, l'unification des organisations patronales la formation professionnelle et l'élargissement des dispositifs institutionnels d'appui.

Cela amène une question : comment alors accélérer la croissance ? C'est que la croissance n'est pas qu'une question « d'ingrédients » qu'il suffirait d'ajouter les uns aux autres comme dans une recette de cuisine. Les politiques sociales et institutionnelles sont tout aussi déterminantes. En outre, les structures d'encadrement créatrices d'externalités positives comme les différentes infrastructures routières, énergétiques, hydrauliques, l'École et la Santé sont à réformer en profondeur et certainement dans la douleur. Il s'impose à toute la classe politique d'avoir des visions claires de politiques macroéconomiques dans une situation d'un double déficit des finances publiques et de la balance commerciale avec une épargne nationale faible en vue de créer de la richesse et de l'emploi.

Concernant les moules institutionnels, sont désignés par le vocal de gouvernance politique qui désigne la compétence institutionnelle consistant à élaborer, mettre en œuvre et assurer le suivi des politiques publiques destinées à exploiter toutes les opportunités en corrigeant les dysfonctionnements de la société et de l'environnement. La gouvernance doit être impérativement perfectionnée pour mieux fonctionner au bénéfice des populations et des composantes les plus turbulentes. De plus, faut-il le rappeler que la démocratie représentative n'a dû sa stabilité (sur un peu plus d'un siècle) qu'à la confiscation du jeu politique par les élites : notables traditionnels et modernes (cadres intellectuels et administratifs), en somme les professionnels de la représentation politique dualiste. C'est dans ce contexte que les citoyens électeurs des sociétés occidentales sont mobilisés pour militer et voter en se remettant toujours à plus capables, plus savants, plus avisés, plus politiques. Faut-il souligner, du reste, la crise profonde que traversent les démocraties libérales avec la montée à l'échelle mondiale des populismes et des gauches laminées (Raphael GLUCKSMANN et B. BADIE). Quand les sociétés ont détruit toutes les structures collectives (partis politiques, syndicats, etc.), les portes de toutes les aventures s'ouvrent (populisme et dictature forte ou douce).

Concernant le secteur social, il soulève des problèmes difficiles et complexes avec l'aggravation du couple chômage-pauvreté. En effet, jamais le monde n'a disposé d'autant de richesses et de techniques et n'a produit autant ; malgré tout jamais l'humanité n'a généré autant d'inégalités et de pauvreté montrant ainsi sa marque socialement duale. Plusieurs approches théoriques de l'État social se confrontent. Pour certains, les institutions sociales ne seraient qu'un vecteur du contrôle social des « classes dangereuses ». Pour l'approche keynésienne, la redistribution des revenus, par l'aide sociale, est source d'efficacité économique (croissance autocentrée par la demande). Toutefois, l'approche qui prévaut, aujourd'hui, est celle des néo-libéraux pour laquelle « l'État-Providence est un obstacle à la régulation par les seuls marchés tant de la production de biens sociaux et médico-sociaux que de la solvabilisation de la demande sociale par les produits assurantiels privés.» (Alain Marchand : Social-libéralisme et état social.). La dissolution des filets traditionnels de protection sociale, les ruptures des solidarités familiales, la restructuration des rapports sociaux (Mathieu, 1990 ; Vidal, 1992) et l'émergence de nouveaux risques sociaux résultant des mutations technologiques et de l'emploi, ces éléments commandent de mettre en urgence la réactivation des politiques sociales et de solidarité.[338]

La question des politiques sociales est d'autant plus alarmante que le processus d'appauvrissement et de précarisation s'accompagne d'un délitement des formes traditionnelles de protection sociale. Dans ce sens, les deux initiatives des autorités sénégalaises que sont la Bourse de Sécurité Familiale (BSF) et la Couverture Maladie Universelle (CMU) au profit des franges de la population les plus pauvres et les plus vulnérables constituent une remarquable avancée sociale. Cependant, ce modèle qui vient du Brésil de Lula soulève de multiples problèmes bien au-delà de ses aspects organisationnels (modicité des allocations et l'utilisation alternative de ressources rares dans un secteur à productivité différée). Au Brésil, l'aggravation des inégalités se serait poursuivie si les réformateurs n'avaient pas en place ces programmes de redistribution en faveur des pauvres avec de meilleurs services publics.

Pour gagner le pari de l'emploi et de la pauvreté, il requiert de réaliser sur une période longue une croissance économique soutenue, équitable et au taux le plus élevé possible. Cela suppose l'édification d'une économie d'offre compétitive et performante. En attendant, que feront ces jeunes ayant entrepris et réussi de brillantes études et qui sont par la suite voués au chômage, sans

---

[338] Pr. Moustapha KASSE *: Mondialisation et politiques sociales : Consultation Régionale sur la Dimension sociale de la mondialisation (*à Arusha les 6 et 7 Février 2003).

travail et sans avenir ? Que fera cette jeunesse rurale chassée de la campagne parce que la pauvreté urbaine est plus attrayante que la pauvreté rurale ? Si tout ce monde continue de désespérer, la société finira par exploser.

Relever ces multiples défis appelle une vision à long terme, une grande mobilisation populaire sous la direction d'un leadership politique transformationnel. L'exemple le plus patent vient d'Asie : en 1961, la Corée du Sud avait un niveau économique inférieur à celui de la Côte d'Ivoire et du Sénégal ; vingt ans après, sous le leadership politique transformationnel du Général PARK CHUNG HEE, la Corée du Sud a atteint un niveau économique proche de celui du Japon. Le paquet essentiel de la Gouvernance politique comprend un ensemble de mesures (ou réformes) ayant pour cibles : la nature de l'État, la qualité du logiciel mental collectif (ou système de valeurs), l'interventionnisme économique et les mécanismes de stabilité politique et institutionnelle.

Lorsque l'architecte du « miracle » singapourien, Lee Kuan YEW, reçoit une délégation africaine venue s'enquérir des recettes du miracle singapourien, il répond sans ambages : *« Une Administration honnête au service de la Nation » et il ajoute : « ce n'est pas de la démocratie dont les pays africains ont le plus besoin, mais d'une Administration honnête.»* Plus généralement, comme le note le Rapport de l'OCDE, **il est extrêmement important de prendre les bonnes décisions politiques. En effet, les réussites étonnantes de ces dernières décennies sont le fait de pays qui ont pris des décisions politiques appropriées. Les miracles économiques de l'Asie ne sont pas le fruit d'une nouvelle grande invention, de la découverte de ressources naturelles précieuses ou de conquêtes**. Ils ont été rendus possibles par des dirigeants qui ont pris de bonnes décisions politiques pour bâtir de redoutables machines économiques, technologiques et financières qui ont vaincu le sous-développement en une génération.

Ayant formalisé théoriquement le consensus national comme solution à la situation de crise, suite aux Élections Présidentielles de Février 1983, j'avais fait parvenir au Président Abdou DIOUF et au ministre d'État Jean COLIN un document d'une vingtaine de pages avec trois propositions de mesures pour sortir des germes d'une guerre civile larvée: **(i) la constitution d'un gouvernement de majorité présidentielle (le concept était à l'époque hasardeux même si il a fait un long chemin depuis) avec Maître Abdoulaye WADE, (ii) la rénovation du Parti Socialiste par la réforme de ses structures directionnelles, la modernisation de son fonctionnement et de son système d'alliance et (iii) une révision constitutionnelle pour réintroduire la primature**[339]. Les critiques ont fusé de toute part et curieusement au niveau de l'oligarchie du parti socialiste qui me faisait passer pour le plumier de toutes les oppositions de l'ombre,

---

[339]. Les aspects juridiques de cette note étaient vus et corrigés par le Professeur Jacques Mariel ZOUENKEU professeur émérite de droit public à la Faculté des Sciences Juridiques et Politiques. Cette note avait soulevé la furie de la baronnie du PS à l'exception de mes camarades du CND notamment Djibo KA et Daouda SOW.

l'agent de tous les adversaires de notre pays, le déstabilisateur du Président de la République. Les faits étant têtus, la majorité présidentielle a fini par s'imposer, ainsi que le Congrès de Rénovation du Parti et la Révision constitutionnelle ramenant la primature.

Face à l'approfondissement de la crise économique et sociale qui conduit à des politiques de rigueur et d'austérité, il fallait mettre en débat sur l'espace public le consensus national comme voie de sortie des multiples tensions issues de la faillite d'une démocratie concurrentielle. Il fallait provoquer les élites lors d'un séminaire du CND à Taïba les 28 et 29 mai 1983 puis à Diourbel sur le même thème[340]. Les débats ont tourné autour d'un article intitulé : L'élite du pouvoir mécanisme de génération et système de promotion. Par-delà le fossé des postures politiques et la profondeur des désaccords sur l'état économique et financier du pays, il nous fallait trouver les conditions nécessaires d'un vaste compromis programmatique de sortie de la crise concertation en passant de l'anathème au dialogue. C'était la seule voie pour lancer la restructuration du système productif et financier, la mobilisation et la mise au travail du pays. La reprise économique en vue devrait contribuer à la résorption ou l'atténuation du poids de la demande sociale de nourriture, de logement, d'éducation et de santé.

Le club « Nations et Développement » avait perçu l'importance et l'impérieuse nécessité d'une vaste alliance nationale pour venir à bout des problèmes de notre pays. C'est dans ce cadre que sera organisée la fameuse « table ronde historique des forces politiques significatives » pour renforcer les bases de la démocratie et pour lever les défis des années 80. Nous avions introduit à Diourbel (18 novembre 1989) une conférence sur le thème *« les cadres et la politique »*. Les conclusions de toutes ces rencontres établissent qu'une démocratie stable ne peut fonctionner que si tous les acteurs du jeu politique ont également un sens élevé de l'État qu'il s'agisse des politiciens professionnels et des autres composantes de la société.

EN CONCLUSION : S'acheminer vers une démocratie consensuelle pour s'émanciper du mimétisme de la démocratie libérale en crise.

Nous avions formalisé les lignes d'une démocratie adulte qui mette le cap sur l'avenir et en confie la responsabilité tantôt à une majorité, tantôt à une autre, mais toujours pour construire l'avenir et non pour démolir le passé. Dès lors, l'alternance devrait faire ni vainqueur ni vaincus que temporairement, ce qui entraînerait une reconnaissance des uns vis-à-vis des autres et qui

---

[340] M. KASSE : *l'engagement des cadres dans le processus de développement économique et social*. La conférence était initiée par le ministre Jacques BODIN. Le texte remanié a été repris dans les Cahiers du Centre de Recherche Economique Appliquée (CREA) et dans les Cahiers du CND : *Le CND à la croisée des chemins*.

empêcherait tout homme ou tout parti de faire croire qu'en dehors de lui, le pays n'a point de salut.

La campagne électorale qui s'ouvre verra, sans doute, des discours qui vont osciller entre un technocratisme de pacotille consistant à proposer pêle-mêle des équilibres macroéconomiques, la résorption du double déficit de la balance commerciale et des finances publiques, l'instauration de grands projets mirobolants capables d'entrainer un cycle vertueux de croissance accélérée. Il sera exhibé un vaste catalogue d'éléments constitutifs d'un bonheur national brut dans lequel on trouve en désordre le plein emploi, l'éradication de la pauvreté, la fin du chômage surtout des jeunes, la santé pour tous et l'éducation et la réforme du système éducatif et universitaire, l'amélioration du niveau de vie En somme toutes ces propositions passeront artistiquement sous silence des questions du comment le faire, à quel coût et qui financera et pour quel impact ?

Encadré 30 : La question problématique de la démocratie portative et mimétique.

Sans nier l'importance des mécanismes institutionnels, on doit alors chercher ailleurs le « secret » de l'État de droit : dans une analyse en termes de légitimité qui assure le respect des règles, leur application effective. Laquelle s'appuie sur deux fondements dramatiquement méconnus en Afrique : les procédés démocratiques d'élaboration des règles, et le respect des valeurs républicaines dans leur mise en application, en d'autres termes la démocratie et la République. La démocratie représentative ne se réduit pas à la liberté d'expression et au pluralisme du scrutin. Elle signifie l'élaboration pacifique d'un compromis (et non pas d'un consensus) entre les attentes parfois opposées de catégories sociales ayant des intérêts distincts, voire contradictoires. Dans les sociétés industrialisées, à l'origine de cette forme de démocratie s'est trouvée, un siècle durant, l'opposition entre d'une part la demande de liberté d'action formulée par ceux qui se sentent forts (les entrepreneurs), et d'autre part la demande d'égalité dans la répartition des biens exprimée par ceux qui se sentent faibles (les salariés).

Le caractère embryonnaire d'un tel clivage sociopolitique dans les sociétés non industrialisées, encore structurées en clans familiaux ou en groupes ethniques plutôt qu'en classes sociales, n'y facilite point la transposition des mécanismes démocratiques, d'emblée détournés au profit des antagonismes de clans dans leur désir d'accaparement des privilèges matériels afférents au pouvoir. Cette situation repose sur des structures sociales objectives - la persistance de solidarités communautaires et la faiblesse des clivages d'ordre socio-économique - et résiste donc à toutes les proclamations de principe de même qu'à tous les appels à l'éthique dont les élites africaines sont, depuis plus de trente ans, prodigues.

Il n'y a ni démocratie ni débat politique authentique sans reconnaissance des conflits qui traversent le corps social, quelle qu'en soit la nature. Redécouvertes et mises en œuvre selon les caractéristiques propres aux sociétés de chaque pays, la démocratie et la République constitueraient en Afrique le fondement d'États renouvelés. Mais une telle refondation suppose l'abolition de l'élection du président de la République au suffrage universel, base de toutes les déviations autoritaires et de tous les accaparements, et son remplacement par un mode de désignation moins solennel le cantonnant au rôle plus effacé qui devrait être le sien, pour le plus grand profit des mécanismes de la démocratie représentative.

THIERRY MICHALON : Pour la suppression de l'élection présidentielle en Afrique, Le Monde Diplomatique, Janvier 1998.

Les conditions pour l'avènement de la démocratie

Quand les Africains auront le minimum vital sur les plans éducatif et sanitaire, quand la sécurité sociale pourra fonctionner comme dans les pays développés qui nous ont légué ce mode d'assistance mutuelle, lorsque l'on pourra vaincre l'interrogation, la précarité et la peur d'un futur incertain chez les jeunes, la démocratie ne sera plus considérée comme un luxe. Disparaîtront alors la majorité des maux qui minent encore nos sociétés et qui nous empêchent de vivre convenablement à travers un multipartisme respectueux. Et l'Afrique, même tardivement, doit prendre conscience de l'enjeu car les nations qui s'y adaptent sont celles qui connaissent la croissance la plus rapide, gage fondamental de la démocratie."

Noël Kodia : La démocratie, un luxe pour les Africains? D+C Développement et Coopération (No. 6, Novembre/Décembre 2002, p. 26-29)

THÈME 31 – FAUX DÉBAT ET VRAIS PROBLÈMES DU LEADERSHIP DANS LE SYSTÈME PRÉSIDENTIEL SÉNÉGALAIS.

Professeur Moustapha KASSE, Président de l'École de Dakar

Il y a tout juste quelques mois je signais dans le Journal « Nouvel Horizon » un article sur *« le crépuscule de l'intelligentsia sénégalaise »* suite à l'endormissement de la vie intellectuelle et politique du pays. La recherche, la réflexion et les débats de société étaient presque au niveau zéro et manquaient terriblement d'animation, d'ampleur, de hauteur et de rigueur, bien que les sujets fussent à la fois nombreux et complexes : modèle de société et stratégie et politiques de développement, nécessaires modifications de spécialisation avec l'essoufflement de l'économie arachidière, les questions de bonne gouvernance, le sempiternel problème de l'École et du capital social, la montée de la pauvreté de masse, l'implosion urbaine, le Sénégal dans son environnement continental et régional de crise et d'instabilité, etc.

Les intellectuels semblaient quelque peu anesthésiés : aucun débat de fond sur ces lancinantes questions. Les plumes du pays, pour l'essentiel se réduisent à quelques noms illustres : Mamadou Dia, Abdoulaye Ly, Abdoulaye Wade, Pathé Diagne Momar Coumba Diop, Djibril Samb, Mamadou Diouf, Sémou Pathé Guéye, Makhtar Diouf, Amady Aly Dieng, Boubacar Diop, El Hadj et Mallé Kassé, Malick NDiaye, Ibrahima Sène, Marie Angélique Savané, auxquels s'ajoutent des scientifiques cités et primés en médecine comme les Professeurs Pierre Ndiaye, Souleymane Mboup et l'équipe de recherche sur le Sida et les écrivains Aminata Sow et Ibrahima Sall. Après c'est le désert absolu pour un pays qui fait le plein de talents intellectuels et qui a la prétention de faire fonctionner une « Académie des Sciences. Les appareils partisans et les nombreux Clubs et Cercles de réflexion regorgent de compétence avérée.

Le Sénégal est le pays où les Formations Politiques sont dirigées par des cadres de très haut niveau : Maître Abdoulaye Wade, Pr. Iba Der THIAM, Pr. Abdoulaye BATHILY, Dr. Landing SAVANE, Amath DANSOKHO et autres Djibo Laïty KA, Samba Diouldé THIAM, Abdourahim AGNE, Mamour CISSE, Ahmed Khalifa NIASS, Sidy Lamine NIASS etc. Où sont donc passés tous ces intellectuels individuels et collectifs des Partis, des Clubs et autres Forums ? Comment jouent-ils leur rôle ? Sont-ils écrasés par le poids de leurs charges ou alors, plus gravement, n'ont plus rien à dire au moment où ils font l'objet de plusieurs interpellations tant au niveau individuel que sur le plan collectif.

Cet assoupissement, intervient dans un contexte particulièrement favorable à la relance du débat : d'abord la présence au sommet de l'État d'une véritable «boîte à idées » et qui se trouve être en même temps parmi les tout derniers intellectuels de la décolonisation ; ensuite l'existence, au sens du méthodologue Imré LAKATOS, d'un vaste Programme continental de recherche et de réflexion sur les nouvelles visions, les stratégies et la prospective (Union Africaine, NEPAD, Programme du Millénaire, Futurs africains...) en outre, l'accalmie politique qui devrait marginaliser les professionnels de la course au pouvoir et accroître la capacité d'écoute sur au moins trois bonnes années et enfin l'impasse du discours et des politiques initiés par les institutions financières internationales à la recherche de mécanismes d'une nouvelle gouvernance de la globalisation (La grande désillusion de J. STIGLITZ).

I/ L'intelligentsia et la classe politique ne peuvent plus faire l'économie d'une réflexion sur le système présidentiel inspiré de la 5ème république française avec ses avatars historiques.

Le Doyen G.VEDEL observait que si « l'Université n'existe pas, les universitaires eux existent ». Respectés pour leur science ou pour leurs titres, ils sont, aujourd'hui, suspectés par l'opinion publique de travailler peu et de ne plus parvenir à se faire entendre des différents auditoires. Alors se posent au moins deux questions essentielles : 1°) Est-ce que l'intelligentsia africaine s'investit suffisamment dans des réflexions sur le modèle démocratique et les stratégies de développement et 2°) Est-ce que les Universités africaines considèrent comme leur mission de contribuer à définir les bonnes politiques ?

Manifestement, le débat est une requête de la nouvelle citoyenneté et de l'indispensable affermissement de la démocratie politique et économique. La présence au sommet de l'État d'un cérébral de très haut niveau dont nul ne conteste ni les hauteurs de vue, ni la compétence, ni l'expérience de la chose politique, constitue un atout majeur. Dans une rencontre avec l'École de Dakar, en Novembre 2001, le Président de la République déclarait en substance : *« Je crois aux idées, je crois aux idéaux et pas aux idéologies parce que, ajoutait-il, la force des idées mène le monde. Elle n'a, en conséquence, rien à envier à d'autres forces matérielles »*. Il terminait son long propos par un appel à la critique interne de sa pensée pour faire avancer le pays : *« vous devez me critiquer ici, même sévèrement, sinon d'autres le feront à l'extérieur »*. Nous étions une cinquantaine d'économistes de tous bords décontenancés par ces propos, mais satisfaits.

Tous ces faits montrent amplement qu'il faut se réjouir de la subite animation du champ de la réflexion par la publication concomitante de trois ouvrages signés respectivement, selon l'ordre chronologique, par Moubarack

LO[341] sur « *Le Sénégal émergent : un agenda pour le futur*», Latif COULIBALY « *Wade un opposant au pouvoir. L'alternance piégée ?* » Et Jacques Habib SY « *La crise de l'audiovisuel au Sénégal* ». Il était devenu indispensable de secouer durement l'intelligentsia surtout politique pour au moins deux raisons majeures. La première tient à la tendance dominante des hommes politiques à ne s'occuper principalement et souvent exclusivement que de leur carrière en oubliant complètement les problèmes du pays. Cette *« lutte des places »* est en train de justifier le dicton populaire selon lequel dans le Sénégal d'aujourd'hui, ***« on ne devient riche que par la politique et le tiercé, mais rarement par l'effort personnel »***. La deuxième raison relève de la circulation d'une foule d'informations souvent sous le manteau de la confidentialité sur l'état du pays, les nouveaux réseaux qui tentent de prendre en otage le Chef de l'État, les fortunes colossales trop rapidement amassées. Toutes ces informations savamment distillées échappaient complètement à la controverse scientifique et à la plus élémentaire critique. Il en est ainsi des rumeurs mal maîtrisées qui, bien orchestrées, donnent toujours aux gens de l'ombre un pouvoir considérable. Ces raisons montrent pourquoi les publications précitées ont des côtés extrêmement positifs. Elles montrent qu'aucun sénégalais ne peut continuer de faire l'économie d'une réflexion.

Sûrement, les trois ouvrages ont contribué à relancer les controverses au triple niveau économique, politique et communicationnel. Celui de Latif COULIBALY a déclenché une agitation interne comme externe sans commune mesure avec le poids des idées. Il a, sans nul doute, conduit à l'agacement au sommet de l'État dans la conduite des affaires publiques, au réveil de certaines formations politiques et à l'activation d'une frange de l'intelligentsia engagée dans un harcèlement quotidien du gouvernement. La conjugaison de ces éléments a fini par donner au livre un indéniable succès de librairie. Les trois auteurs partagent, avec des styles certes différents, une même évaluation de la gestion de l'alternance : elle n'est ni tranquille, ni apaisée puisque traversée par une série de turbulences de divers ordres issues de dossiers chauds : Affaire Maître SEYE, le JOOLA, l'avion présidentiel, le contrôle et l'accès aux médias etc.

Le Chef de l'État, malgré la différence des angles d'attaque, est souvent mis en cause. Pêle-mêle, il lui est reproché de manquer de vision, d'être au cœur de tous les brûlots de la République et d'avoir une grande responsabilité dans les résultats mitigés d'une alternance qui avait soulevé des montagnes d'espérance. Ce n'est pas la première fois que des citoyens interpellent aussi durement la classe politique et au premier chef, le responsable de l'institution présidentielle. Il en a été ainsi sous Senghor avec l'ouvrage de FOUGEYROLLAS «*Où va le Sénégal*», ensuite du camouflet de

---

[341] Moubarak LO : *L'Émergence économique des nations, définition et mesure.* Edit. L'Harmattan 2017, 112 p.

KALFLECHE dénonçant avec une rare virulence la gestion incompétente, catastrophique et patrimoniale d'Abdou Diouf. Dans ce dernier cas, le Comité Central du PS m'avait chargé avec Baîla WONE de produire une réponse-riposte virulente. Nous avons dégonflé le ballon et ramené la question à l'échelle d'un débat d'idées absolument inévitable.

Nous avions estimé, au-delà des dramatisations calculées et des réactions passionnelles et épidermiques, qu'il faut discuter en profondeur sur les questions soulevées, mais particulièrement celles qui peuvent être d'un intérêt certain pour notre pays et son exception démocratique. Cela d'autant plus que les trois auteurs montrent beaucoup d'habileté à poser des questions et proposent paradoxalement très peu de réflexion sur les solutions. Quelles sont alors leurs contributions effectives relativement aux préoccupations essentielles de la société ? Ce qui est intéressant dans un débat d'intellectuels, une recherche appliquée ou une théorie, c'est la capacité à trouver des réponses efficaces aux problèmes concrets des populations, ce n'est certainement pas la dissertation sur le sexe des anges.

Au préalable, il est indispensable de faire deux observations. La première est qu'aujourd'hui, les intellectuels peuvent faire circuler sans aucune entrave leurs idées, parler, écrire et imprimer librement. Ce sont là quelques éléments de preuve du caractère adulte de la démocratie sénégalaise qu'il faut fortifier. La deuxième observation est que pareil degré de vie démocratique présente des exigences qu'il importe de préserver absolument pour éviter des dérapages et des errances préjudiciables : une exigence de vérité, de respect des règles du jeu et des institutions, et une exigence d'humilité et de hauteur. Le respect scrupuleux de ces préceptes devrait permettre à la fois d'éviter le recours à la loi et de favoriser la régulation des confrontations salutaires d'idées en vue de l'éclosion de la vérité et la préservation de l'impérieuse coexistence d'opinions et d'intérêts différents. D'où qu'elles puissent provenir, les outrages et les outrances n'ont jamais servi la démocratie. Efforçons-nous donc à l'objectivité.

Contrairement aux propos de Latif COULIBALY, nous ne pensons pas défendre le Président de la République « pour l'institution qu'il incarne et l'homme pour ce qu'il représente à cause de son âge dans une société comme la nôtre », mais pour ce qu'il apporte effectivement comme le pivot d'un système qui lui confère des compétences discrétionnaires assez étendues. Sous ce rapport, nulle part dans les écrits précités (les 298 pages de MOUBARACK, les 304 pages de J. B. SY et les 300 pages de LATIF), il n'est mentionné que le Président viole des dispositions de la Constitution ou qu'il outrepasse ses prérogatives ou alors qu'il se livre à une gestion patrimoniale de l'État. Étant la source de l'Exécutif, il est personnellement comptable des réussites, mais aussi des échecs. Efforçons-nous donc à l'objectivité. La première qualité exigée de l'homme d'État, c'est d'être un homme d'action. Dans ce sens, Nicolas MACHIAVEL observe que *« pour fonder et consolider son pouvoir, il faut au prince de bonnes lois, de bonnes armes (chap.12), de bons alliés et de bons exemples »*. C'est dire qu'il ne suffit pas d'avoir la bonne cause, ni même d'être le plus fort. Faisant référence au mythe grec selon lequel Achille aurait eu pour précepteur Chiron le Centaure, mi-homme mi-cheval, Machiavel fait valoir que le prince avisé doit pouvoir lutter en homme, avec les lois, la fidélité et la loyauté ; mais aussi comme la bête par la ruse et la force[342].

Au demeurant, l'expérience enseigne qu'aujourd'hui aucune entreprise individuelle ou collective ne peut réussir durablement sans avoir à sa tête une forte personnalité sachant faire partager sa volonté et ses objectifs à l'ensemble du corps social. En paraphrasant F. NIETZSCHE, nous estimons que l'avenir est à ceux qui savent montrer une direction et sont capables de prouver le mouvement en marchant. À vrai dire, les dernières années avant l'alternance ont été marquées par une gestion « *molle, sans bras et complètement aphone* ». Pour faire face à l'ampleur des tâches, le pays avait besoin d'un chef d'orchestre qui pût choisir la partition et entraîner les exécutants. Dans ce cas de figure, comme l'observait TOCQUEVILLE « *le souverain étend ses bras sur la société tout entière, il en couvre la surface d'un réseau de petites règles compliquées, minutieuses et uniformes... Il gère, il comprime, il énerve, il étreint et hébète »*.

Il ne faut jamais perdre de vue que c'est la constitution qui consacre la prépondérance présidentielle. Dans le système présidentiel, il existe une consubstantialité de droit entre l'exclusivité du Président et le nanisme de fait de tous les autres centres de pouvoir ce qui peut créer alors une anomie généralisée. En effet, en tant que Chef de l'État, il incarne l'unité nationale, veille au respect de la constitution, est le garant de l'indépendance et de l'intégrité du territoire. Les Affaires Étrangères comme les Forces armées relèvent de son domaine réservé. Il est le patron de l'Exécutif et exerce en même temps un pouvoir réglementaire. Il dispose d'un énorme pouvoir de nomination sur l'Administration, la Magistrature et les Forces armées.

---

342 Le prince de N.MACHIAVEL : Le prince : ajoutons quelques propos : 1) « les hommes doivent être ou caressés ou écrasés...quand il s'agit d'offenser un homme, il faut le faire de telle manière qu'on ne puisse redouter sa vengeance » (chap3), 2°) les désordres blessent la société tout entière, tandis que les rigueurs ordonnées par le Prince ne tombent que sur des particuliers » (ch15) ; 3°) que l'on considère c'est le résultat. Que le prince songe donc uniquement à conserver sa vie et son État ; s'il y réussit, tous les moyens qu'il aura pris seront jugés honorables et loués par tout le monde ; le vulgaire est toujours séduit par l'apparence et par l'événement, et le vulgaire ne fait-il pas le monde ? » (chap18) ; 4°) Ce que l'on considère c'est le résultat. Que le prince songe donc uniquement à conserver sa vie et son État ; s'il y réussit, tous les moyens qu'il aura pris seront jugés honorables et loués par tout le monde ; le vulgaire est toujours séduit par l'apparence et par l'événement, et le vulgaire ne fait-il pas le monde ? » (chap.18) ; 5°) Concernant la politique extérieure, Machiavel recommande une position nette : se montrer ami ou ennemi de tel ou tel État, car la neutralité, l'irrésolution craintive conduirait à la ruine. Mais il faut éviter de rendre plus puissant un autre prince.

La constitution ne se contente pas de lui conférer la détermination et la conduite de la politique de la nation, elle lui offre également des moyens étendus par les lois organiques et notamment celle relative aux lois des finances. Il lui est parfaitement loisible de réaffecter des ressources budgétaires pour effectuer n'importe quelle transaction dont il est seul juge de l'opportunité : par exemple réparer son avion personnel, indemniser Tartempion. Les justificatifs viendront sur le bureau de l'Assemblée nationale par la mécanique de la Loi de Finance rectificative. On ne soupçonne pas souvent l'énormité des pouvoirs et des possibilités d'arbitrage du Chef de l'État dans un régime présidentiel.

Beaucoup de problèmes que soulève Latif COULIBALY avec des formulations badines, espiègles et parfois anecdotiques ne tiennent nul compte de la remarque pertinente de TOCQUEVILLE ainsi que des attributions que la Constitution confère au Président de la République. De telles formulations ont fait croire mordicus à mon oncle feu MBAYE KASSE que la famille maître SEYE était venue quérir à la Présidence de la République les 600 millions de francs qui tenaient en huit valises de voyage. Plus sérieusement, en élisant le candidat Abdoulaye WADE en Mars 2000, les électeurs voulaient que le pays aille moins mal ou mieux. Que le Président aille quelque part et qu'il sache où il va ! **Voilà les termes de la charge en l'absence d'un programme commun de gouvernement de toutes les forces politiques de l'alternance. Où en est-on aujourd'hui ? Quels sont la somme et le reste pour reprendre la formule de Lucien SEVE ?**

II/ L'avènement d'une alternance démocratique : le Sénégal entre continuité et rupture. Pour quels acquis ?

L'objectif n'est pas de dresser un catalogue complet des réalisations et mesures positives de l'alternance, mais de souligner les points forts des politiques menées qui ont conduit à des performances économiques financières confortées par les engagements massifs des partenaires au développement. Au début de son accession à la magistrature suprême et contrairement aux marxistes repentis, le Président de la République a complètement cessé de se répandre, en jérémiades sur l'état dans lequel l'alternance a trouvé le Sénégal. Il a parfaitement compris qu'il faut en assumer l'entière responsabilité et s'orienter vers d'autres directions de pensée et d'action. Il fallait précisément montrer que l'alternance est une règle normale de fonctionnement d'une démocratie et qu'en conséquence, il redevenait nécessaire de transformer les dispositifs institutionnels, d'opérer les changements et d'entrevoir les transformations dans la continuité c'est-à-dire sans ballotter la société d'un extrême à un autre.

Nos pays en voie de développement ont besoin d'une démocratie adulte qui produit une alternance tranquille et qui met le cap sur l'avenir et confie la responsabilité tantôt à une majorité, tantôt à une autre, mais toujours pour construire l'avenir et non pour démolir le passé. Pareille alternance s'apparente plus à une course de relais qu'à un match de boxe. À chaque fois, elle valorise et fait fructifier les acquis antérieurs et non les dénoncer pour finir à les dilapider. Dans cette perspective à chaque élection, c'est le Sénégal qui gagne et non tel homme ou tel parti.

L'alternance ainsi conduite administre la meilleure leçon aux « anciens combattants » en quête de revanche sur les vaincus et aux « radicaux » qui voulaient précipiter les ruptures et solder les comptes en faisant *« du passé table rase »*. **La clémence d'Auguste a eu plus de force que la poigne de César.** Abdoulaye WADE a clairement choisi cette trajectoire, en bon libéral, pas de radicalisme dans les ruptures, pas de chasse aux sorcières, pas de règlements de comptes, mais l'établissement patient d'un nouvel ordre politique interne. L'histoire montre que les transitions et les alternances réussies, de par le monde, se sont déroulées de la sorte. Bien évidemment, dans pareil contexte, les mesures les plus essentielles apparaissent au commun des citoyens comme trop molles.

Cette orientation empreinte d'une grande maturité a permis au pays de parcourir un long chemin au plan économique, politique et social. Ce parcours justifie largement d'une part l'engagement massif des partenaires au développement et d'autre part le parachèvement d'une démocratie ouverte, libérale, pluraliste, favorable au développement de l'initiative privée et à la bonne marche des affaires.

La construction d'un État de droit appuyé sur des institutions administratives et judiciaires indépendantes compte désormais un temps d'avance. Il s'en est suivi une confiance et une reconnaissance internationale plus affirmée. Il n'y du vrai que du vérifiable disent les scientifiques. Or, ces faits vérifiables ne peuvent être considérés comme des anecdotes. Ils expliquent en grande partie les performances économiques provenant de l'élargissement de l'investissement privé étranger, facteur déterminant de la croissance.

Au niveau économique, dans un contexte de détérioration des finances publiques et d'un endettement insoutenable, l'urgence commandait, au moment de l'alternance, de continuer à restaurer les fondamentaux d'une croissance durable, protégée de l'inflation et des déséquilibres macro-économiques qui peuvent hypothéquer l'investissement. C'est grâce à cette ligne directrice que les secteurs ouverts sur le marché externe, au premier rang desquels figurent la pêche et le tourisme, ont pu tirer l'activité vers le haut. Il en est résulté le freinage d'une croissance exponentielle de l'endettement dans un premier temps, ainsi que, depuis environ deux ans, une consolidation de la reprise économique qui est susceptible de s'installer dans la durée.

Le dernier Rapport de l'UEMOA sur l'évaluation du pacte de stabilité classe le Sénégal en tête de peloton pour l'essentiel des indicateurs : déficits interne et externe (finance publique et endettement), niveau des avoirs monétaires, volume des investissements, maîtrise de l'inflation et rythme de croissance économique. La pression fiscale n'a pas été forte, en tout cas moins qu'au début des années 2000, et les privatisations dans la majorité des cas (exception faite de la SENELEC) ont rencontré un succès certain, qui s'est traduit par des investissements directs qui ont augmenté la qualité comme la quantité des équipements collectifs et amélioré le fonctionnement des services publics. Pourquoi cette fixation sur la SENELEC alors même que le secteur est le casse-tête des économies libérales : États-Unis comme Grande-Bretagne ?

Bien évidemment des insatisfactions ne manquent point. C'est le cas notamment du secteur primaire qui a connu un repli de production et une dégradation de la condition paysanne. La crise agricole se joue largement hors de l'agriculture ; elle se situe en amont au niveau des technologies, des engrais, des semences, de l'encadrement et en aval dans la commercialisation, le transport, le stockage, la sécurité des débouchés. À cela vient s'ajouter la crise générale de la paysannerie et celle de la spécialisation arachidière. Les options qui ont été prises par le Chef de l'État lui-même à l'occasion de sa visite au monde rural en détresse (en août-septembre 2002), la nouvelle loi d'orientation et la réactivation des filières devraient améliorer la situation d'ensemble du monde rural.

Au total, cette embellie économique explique la grande accalmie d'une partie du secteur social. Malgré la persistance de beaucoup de défis à relever au niveau de la pauvreté, de l'emploi, de l'éducation, de la santé et de la détérioration des revenus ruraux. Cette situation est la conséquence du caractère cloisonné de la croissance qui ne diffuse pas ses effets de façon équitable dans l'ensemble du corps social et ne se greffe pas sur des secteurs fortement créateurs d'emplois. C'est dire qu'il n'existe pas de retombée de la croissance sur le tissu social interne par le biais de l'emploi et des revenus distribués. En définitive, le contraste entre l'essor économique et l'avancée de la pauvreté ne favorisera pas un apaisement du climat social qui risque même de s'exaspérer avec l'approfondissement des inégalités. C'est dire qu'il nous faut résoudre ce décalage entre les performances économiques et la déprime sociale.

Les corrections proviendront de deux politiques sur lesquelles le Président se penche : d'abord la mise en place de nouveaux mécanismes de transfert de revenus et ensuite le redimensionnement de la croissance, suite à la réalisation des grands projets qui devraient se traduire par des investissements massifs. Le NEPAD et certains projets des organisations sous-régionales régleront la question déterminante des infrastructures. Les effets multiplicatifs et d'entraînement qui en découleront seront substantiels et devront contribuer fortement à l'amélioration de l'emploi et des revenus. Si de manière concomitante, les réformes de l'agriculture sont amorcées alors toutes les conditions de l'émergence seront alors réunies. Les faiblesses majeures de la thèse de Moubarack LO sont la non-maîtrise des fondamentaux de l'émergence et de leur agencement technique ainsi qu'une lecture inattentive des options du Président A. WADE.

Le problème n'est pas de rêver à des croissances utopiques ou de croire que par une baguette magique on peut ajouter 3 ou 4 points de croissance pour atteindre le rythme de l'émergence. Les trajectoires de la politique économique sont claires : d'abord assurer une croissance régulière, au taux le plus élevé possible sans perdre de vue qu'un bon taux de croissance n'empêche pas le chômage et la pauvreté, ensuite développer des politiques sectorielles adéquates avec la priorité à l'agriculture à promouvoir comme le moteur de la croissance et enfin élaborer une stratégie de satisfaction des besoins de base avec des mécanismes de transferts ciblés pour venir en aide aux exclus de la croissance. La combinaison technique de cet ensemble devra marier efficacité économique et mieux-être social (**Théorie de la bienveillance de l'État).**

Au niveau politique et institutionnel, le Sénégal se comporte bien. Le pluralisme politique, le contrôle de légalité, ainsi que, désormais, la décentralisation, ont fini de former un cadre juridique au sein duquel les « prérogatives exorbitantes du droit commun », le « fait du prince » et autres privilèges dont la puissance publique pouvait se prévaloir, ont été progressivement limités. La meilleure preuve en est la souplesse avec laquelle l'administration contrôle le développement des activités économiques, que ces dernières relèvent ou non du secteur formel. Au lieu d'adresser des commandements tatillons, et suivants en cela des choix politiques, elle tente d'accompagner les initiatives privées dans la voie de leur croissance et de leur modernisation. De même, le transfert à l'échelon local de compétences auparavant détenues par le pouvoir central témoigne de la volonté de gérer les affaires publiques au plus près des besoins des populations, dans le respect de l'intérêt général. L'engagement du Chef de l'État de traduire les principes de "Bonne Gouvernance" dans des textes législatifs et réglementaires devrait parachever les réformes de tous les centres de pouvoir.

L'amélioration du fonctionnement de l'organisme chargé de contrôler le processus électoral, la publicité des procédures de passation des marchés publics et la modernisation de la gestion administrative participeront, en effet, de la même dynamique de stabilisation des institutions publiques. Sur certaines questions le débat est ouvert, par exemple l'institution de gestion des élections. Cette question est ouverte et il faut un consensus des acteurs politiques.

À cela s'ajoute l'épineuse question des relations institutionnelles entre Le Président de la République et le Premier Ministre. Ces relations sont au cœur de beaucoup de problèmes dans tous les pays démocratiques régis par de tels dispositifs constitutionnels. Il importe de les clarifier sinon cela risque de paralyser l'Exécutif ou de dégénérer en affrontement. C'est un drame que CORNEILLE évoquait déjà dans Cinna : *« Lorsque par un désordre fatal, l'un ne veut point de maître et l'autre point d'égal »*. Sous ce rapport institutionnel, le Président de la République seul est le dépositaire de la légitimité.

Il reste encore un chantier stratégique que le Président de la République a voulu ouvrir concernant l'aménagement du territoire. À deux reprises la question fut soulevée par ses réflexions sur la « provincialisation » et la « recherche d'un nouveau site pour abriter la future capitale politique du Sénégal ». Les réactions ont été si vives et si peu coopératives que les réflexions ont été brutalement stoppées. Pourtant, l'aménagement du territoire devrait être un dossier à la fois important, consensuel et urgent à cause justement des tendances lourdes d'une urbanisation chaotique et accélérée qui perturbera la mégalopole dakaroise.

Toutes les réformes de l'ordonnancement institutionnel opérées entre 1960 et 2001 n'ont pas modifié fondamentalement le découpage de l'espace. Le vaste et ample mouvement de décentralisation commencé en 1971 n'a présenté aucun caractère novateur sinon simplement la création de régions nouvelles pour régler par les institutions, des problèmes politiques : Ziguinchor, Kolda, Fatick et récemment Matam. Si on laisse faire, les activités économiques et financières vont tendre spontanément à la concentration géographique par un double phénomène : les effets d'attraction (spread effects) et les effets d'appauvrissement (backwash effects) pour les régions de l'intérieur.

C'est cela qui explique la bipolarité entre Dakar et reste du pays, avec un gigantisme de la région du Cap-Vert et le déclin de toutes les autres régions. Cette logique procède du fait que Dakar représente environ 95% des entreprises industrielles et commerciales, 87% des emplois permanents, 75% des salariés, plus de 60% des infrastructures scolaires et sanitaires et surtout 80% du PIB. On est bien en présence d'un Sénégal binaire aux conséquences économiques et sociales graves et désastreuses. Il appelle une véritable recomposition territoriale. Malgré cette dualité, la demande sociale et les autres besoins en infrastructures viendront s'ajouter au chômage endémique pour faire des agglomérations urbaines des volcans en ébullition. L'État ne pouvant plus assurer ses missions essentielles tout l'ordre social interne est menacé de déstabilisation. Ces perspectives chaotiques sont la marque des nouvelles tendances urbaines (M. Kassé, Rome, Institut FEBRIAO 1998[343]). Cela entraine l'explosion d'une véritable industrie sécuritaire et le développement des polices privées indicateurs des nouvelles peurs dans une ville surchargée. On achète les services de police pour protéger ses biens personnels. Ces perspectives sombres doivent entraîner l'État à corriger les inégalités et à garantir l'égalité des chances entre les territoires.[344]

---

343 Avec une contribution remarquable du Président Alpha Oumar Konaré.

344 J'avais réalisé pour le Conseil économique et Social avec mon assistant MACKEPAYO une étude intitulée : *Pour un aménagement créatif du territoire.*

Sur toutes ces questions, l'APIX est en train de construire des projets techniquement bien conçus, donc financièrement réalisables. La meilleure preuve est l'existence de manifestation d'intérêts. Certains esprits bien-pensants qualifient ces projets de rêve, d'utopies ou d'éléphants blancs potentiels qui risquent d'augmenter l'endettement du pays. Toutefois, il semble peu sérieux d'affirmer qu'une politique est impossible parce qu'elle est particulièrement très ambitieuse. À ce compte-là, l'humanité en serait encore à l'économie politique de l'époque d'Adam et Ève. Par ailleurs, le Président fait preuve de conséquence et de cohérence, car tous les grands projets procèdent de la logique d'investissements massifs nécessaires à la résorption du gap qui sépare pays développés et pays en développement en matière de capital physique (infrastructures de base) et de capital social (ressources humaines) et cela conformément aux options de base du Plan Oméga reprises par le NEPAD.

III/ Les principaux goulots d'étranglement des ambitions présidentielles résident dans la médiocrité des supports politiques et la sénilité de la classe politique[345].

La contrainte majeure de l'alternance réside essentiellement dans la faiblesse de ses supports politiques. À y regarder de près, aujourd'hui, la situation politique est extrêmement confuse suite à la conjugaison de plusieurs facteurs comme l'éparpillement et la « poussiérisassions » des formations politiques, la « clanisation » en règle de la plupart des Partis de masse y compris le Parti présidentiel traversé par d'âpres batailles. La majorité présidentielle est trop éclatée et ne démontre pas encore sa capacité de gouverner ensemble. De l'autre côté, l'opposition ne réussit pas à convaincre que son unité est sincère et qu'elle dispose d'un programme alternatif. En clair, c'est au niveau politique que se situe le maillon faible des ambitions présidentielles.

Dans ce contexte, recomposition politique ou pas, le consensus national devient un impératif. Les initiatives prises dans ce sens en Septembre 2002 et récemment vont dans la bonne direction. La dénomination importe peu : majorité d'idées, majorité présidentielle, consensus autour de l'essentiel. Au lieu de piétiner sur les mots, il vaut mieux avancer vers les idées c'est-à-dire la

---

[345] Dans un article publié au journal national, le Quotidien intitulé *« L'espace politique entre immobilisme et rupture »,* j'observais l'immobilisme et la sénilité de la classe politique subséquents au consensus mou qui non seulement exclu la jeunesse, mais plus grave bloque toutes velléités de rupture et de changement profonds au profit d'âpres luttes de place et de prébende. Ces dirigeants vieillis et amortis se réclament de formations politiques déconnectées des populations et quasiment en voie avancée d'extinction, si bien que personne ne peut savoir exactement leur poids politique, de surcroit, ils trouvent toujours la bonne parade pour échapper aux sanctions des urnes.

réalisation d'une entente entre des partenaires qui ne font pas mystère de leurs divergences, qui maintiennent leur liberté d'organisation et de pensée, mais qui ont en partage le programme présidentiel de transformation de la société sénégalaise.

Les axes de ces chantiers ambitieux sont clairement définis et devraient contribuer à créer une économie compétitive, une société ouverte, une démocratie apaisée et une participation citoyenne, pour un nouveau départ du Sénégal. Dans la situation de crise qui prévalait, suite aux Élections Présidentielles de Février 1983, j'avais fait parvenir au Chef de l'État de d'époque un document d'une vingtaine de pages avec trois propositions de mesures pour sortir des germes d'une guerre civile larvée: d'abord, la constitution d'un gouvernement de majorité présidentielle (le concept était à la fois nouveau et révolutionnaire) avec le Chef de l'opposition Maître Abdoulaye Wade, ensuite la rénovation du Parti Socialiste ou sa dissolution au profit d'une formation plus large et enfin la révision constitutionnelle pour réintroduire au plus vite la primature. J'ai vécu des moments pénibles où on me faisait passer pour le plumitif de toutes les oppositions de l'ombre, l'agent de tous les adversaires de notre pays, le déstabilisateur du Président de la République. Djibo KA et Daouda SOW doivent se tordre de rire en lisant ces lignes. C'était l'inquisition totale. J'ai survécu parce que la politique n'était pas mon métier. Les faits étant têtus, la majorité présidentielle, le Congrès de rénovation du PS et la révision constitutionnelle ont fini par s'imposer.

Naturellement, le succès de la politique économique préconisée par le Chef de l'État ainsi que l'indispensable confiance des investisseurs étrangers dépendront fondamentalement de l'existence d'un climat favorable, de la cohésion sociale et de supports politiques constitués pour mobiliser et libérer toutes les initiatives créatrices, individuelles et collectives. Ces conditions sont seules à même de mettre le pays au travail. Une démocratie stable ne peut fonctionner que si les acteurs du jeu politique ont également un sens élevé de l'État. Qu'il s'agisse des politiciens professionnels, des acteurs du secteur privé et de la société civile, des syndicats, des savants, des techniciens, des journalistes, des juristes, des artistes, des chercheurs, bref de tous ceux qui exercent une fonction sociale différenciée.

Actuellement, et contrairement à beaucoup d'insinuations, le pays ne traverse aucune crise, sinon l'apparition des démons caractéristiques de tout parti de masse au pouvoir. Cela traduit la difficile transition du Parti Démocratique Sénégalais vers un Parti de gouvernement. Cette situation porte de graves préjudices. C'est comme si l'histoire était en train de nous servir le même plat. Ce spectacle surréaliste est en contradiction manifeste avec l'impérative nécessité de créer un vaste rassemblement autour des idéaux du Président de la République.

EN CONCLUSION

Quel que soit l'angle d'évaluation, le magistère de Maître Abdoulaye WADE devrait être une chance considérable pour opérer les transformations économiques et sociales dont le pays avait un grand besoin après plus de trois décennies de léthargie. À la fois pour son âge et les conditions de son avènement à la présidence, il ne peut qu'être animé d'une volonté de marquer l'histoire au plus vite. À l'abri d'échéances électorales et de toute velléité d'incrustation au pouvoir, il lui est possible de prendre les mesures idoines pour construire une société démocratique et un système économique et social performant qui installe une croissance durable, crée des emplois, sauvegarde le pouvoir d'achat, réduit la pauvreté et contribue positivement à la construction de l'Union Africaine et du NEPAD. Continuant de bénéficier d'un état de grâce au niveau national, de la confiance de la communauté internationale et d'un leadership fort sur le continent africain, il détient des atouts indéniables qui bien exploités, donneraient au pays une grande ambition. Il faut alors éviter que ce temps de l'état de grâce ne soit suivi du temps de la contrition.

Tous ces objectifs ne peuvent être menés à terme par les seuls appareils administratifs appuyés par un seul Parti fût-il majoritaire. Il faut plutôt un vaste bloc constitué des forces vives du pays qui libèrent les énergies, les talents et les initiatives en vue de la réalisation du projet national et africain du Président de la République. Cela est possible, car en démocratie, l'opposition a, comme la majorité, la même légitimité républicaine, en conséquence, il faut sortir du système d'affrontements systématiques pour ensemble bâtir un Sénégal nouveau qui joue son véritable rôle de locomotive.

Cela d'autant plus que, le Sénégal est le pays le plus « latin d'Afrique » c'est-à-dire on y parle beaucoup et vite, mais on agit lentement. En relisant le portrait qu'Alexis TOCQUEVILLE a brossé de la nation française les ressemblances sont trop fortes *« N'a-t-il jamais paru sur la terre une seule nation qui fût si remplie de contrastes.... plus conduite par des sensations, moins par des principes... ; un peuple... intelligent, tellement mobile dans ses pensées journalières et dans ses goûts... plus capables d'héroïsme que de vertu, de génie que de bon sens propre à concevoir d'immenses desseins ; la plus brillante des nations et la mieux faite pour devenir tour à tour un objet d'admiration, de haine, de pitié, mais jamais d'indifférence »*.

Notre situation nationale impose l'ouverture d'un large débat en mettant un bémol sur toutes les velléités de monarchies présidentielles. Personne ne possède une science infuse au point de se boucher les oreilles. Il reste que ce débat gagnerait à être organisé par les cercles du pouvoir afin de le rendre à la fois productif et constructif.

Il reste à façonner un consensus social fort qui génère la confiance et l'acceptation collective de conduire les transformations pour mobiliser le capital social encore en latence. L'entente entre les acteurs du terrain politique constitue un cadre d'analyse de la dynamique de la politique consensuelle pour mener à bien les transformations en vue du bien-être commun. Il est normal que dans une démocratie l'homme politique cherche l'extension de sa sphère d'influence et affine sa stratégie pour mettre à profit toutes opportunités et exploiter toute déviance de l'adversaire. Ce faisant, il investit exclusivement pour sa carrière. Cependant, dans l'optique de la réalisation de grands programmes de rédemption nationale, les acteurs politiques peuvent parfaitement participer à la quête d'un environnement stable, négocié et favorable au développement et à la prospérité des citoyens. Il faut alors un jeu coopératif ou collusif qui peut être plus optimal que le jeu concurrentiel et compétitif.

Naturellement, un tel accord (coalition, collusion, consensus) entre acteurs politiques peut avoir des effets positifs sur la stabilité sociale et instaurer un climat de confiance, de sécurité sans lesquels la croissance économique est illusoire.

THÈME 32 – ABSTENTION, DÉFICIT DÉMOCRATIQUE ET LÉGITIMITÉ DES POUVOIRS POLITIQUES.

Prof. Moustapha KASSE, Doyen honoraire de la FASEG

Selon Anne MUXEL (L'abstention : déficit démocratique), l'abstention progresse, quel que soit le type d'élection, dans nombre de pays européens et africains. Comme un baromètre, l'abstention est un indicateur du climat de l'opinion, du lien entre les citoyens et leur représentation politique, et plus largement de l'état de santé du système démocratique. Un autre auteur comme Mark N. FRANKLIN, examinant l'évolution de la participation électorale dans vingt-deux pays sur une longue période – de 1945 à nos jours – constate qu'elle a augmenté en moyenne de 5,5 points.

La problématique est quasi récurrente dans tous les pays et pour la majorité des élections, en dehors des présidentielles, pour lesquelles la mobilisation est souvent très forte et peut varier de 70 à 80%. Toutes les autres élections, sans exception, accusent des taux élevés d'abstention. En prenant le cas de la France, aux régionales de 2004, l'abstention était de 38% au premier tour, aux municipales de 2008, elle était de 35% et en 2010 le taux était encore plus élevé. Il faut également souligner qu'en 2002, le candidat du parti socialiste a été éliminé au premier tour à cause d'une abstention massive. Les élections législatives dernières, en France comme au Sénégal, n'ont point dérogé à ces constats. Pour mémoire, au Sénégal, aux élections législatives de 2007, le taux d'abstention avait frisé les 70%, même si l'Opposition avait boycotté les urnes.

Le débat mené actuellement sur l'abstentionnisme semble très mal engagé. En effet, les considérations politiciennes et ultra partisanes l'emportent sur des réflexions robustes, animées par des chercheurs spécialisés (sociologues, politologues, statisticiens et économistes) qui s'appuient sur des faits quantitatifs et qualitatifs avérés. Le phénomène étant à la fois permanent et massif, il mérite une réflexion profonde pour en savoir le niveau, les causes, les relations avec le déficit démocratique et la légitimité des pouvoirs et enfin les solutions. Cet article est une simple introduction au débat et se propose de lancer quelques pistes autour de deux questions centrales : Quelles sont les causes profondes de l'abstention ? Que faire pour améliorer son niveau ?

I/ Les causes de la montée de l'abstention, une caractéristique des démocraties contemporaines.

À l'analyse, l'abstention électorale est un phénomène extrêmement complexe qu'il est difficile de décrypter sans s'appuyer sur des faits obtenus par des sources officielles appropriées (ministère de l'intérieur entre autres) et des sondages réalisés sur des échantillons représentatifs. Pour beaucoup de chercheurs, l'abstention traduit une crise de la politique dont l'élément majeur est celle de la représentation. Généralement considérée comme la non-exécution d'un droit, les théoriciens de la science politique la présentent comme une sorte de pathologie du fonctionnement démocratique. Pourtant, à y regarder de près, les auteurs ne s'entendent ni sur la signification du concept, ni sur son évaluation quantitative, encore moins sur la portée effective de ses implications. Dès l'instant où des millions d'électeurs se délestent volontairement de leur devoir de voter, il faut s'interroger sur les raisons profondes d'une pareille attitude. Ce comportement qui, certes, n'a rien d'énigmatique, tire ses racines, sans doute, dans plusieurs séries de facteurs dont deux au moins, méritent d'être analysées.

La première série de facteurs concerne la crise actuelle de légitimité qui frappe la représentation d'une institution comme le Parlement dans lequel, le citoyen électeur ne se reconnait plus. Comment expliquer la discordance entre les fonctions présumées des Parlements et le désintérêt ou la résistance par l'abstention électorale ? Les raisons sont diverses. D'abord, les Assemblées nationales sont devenues progressivement des caisses de résonnance de l'Exécutif ; elles sont en fait des chambres d'enregistrement dont les membres sont proposés au suffrage universel par le Président de la République violant ainsi indirectement le sacro-saint principe de la séparation des pouvoirs. Les preuves ne manquent pas : à titre illustratif, on peut noter les multiples modifications de la Constitution sénégalaise adoptées, sans la moindre objection, par l'Assemblée nationale. La dernière modification relative au ticket présidentiel a failli emporter la République, le 23 juin 2011, par une révolution citoyenne qui a complètement disqualifié la fonction de député. Il en va de même pour beaucoup de lois scélérates telles que la Loi EZZAN qui a blanchi des criminels patentés. Ensuite, cette sujétion à l'Exécutif transforme les députés en brigades d'applaudissement sans grande initiative et adoptant tous les textes gouvernementaux. El hadj Falilou MBACKE (Khalife Général des Mourides), avec son bon sens légendaire, en avait cette claire lecture lorsqu'il avait proposé à l'inscription comme député son porte-parole qui, affirmait-il, avait un excellent profil d'«applaudisseur» : il en a apporté la preuve séance tenante. Ensuite, ce discrédit de l'Assemblée Nationale est renforcé par l'absentéisme au sein de l'hémicycle qui est la meilleure manifestation du peu d'intérêt que les députés accordent à leur propre fonction de professionnel de la représentation populaire. Le prestigieux Professeur Raymond Barre disait que son meilleur dortoir était l'Assemblée nationale.

La deuxième série de facteurs concerne la double déficience des acteurs et des supports du jeu électoral à savoir les partis politiques caractérisés par leur éparpillement, leur personnalisation excessive, leur « poussiérisation », leur **« clanisation »** en règle dans la plupart des partis de masse. De plus, ces partis et mouvements citoyens sont dépourvus de programme et de schéma de campagne électorale.

En mars 2012, lors des élections présidentielles, plus de 65% des sénégalais ont voté pour le changement qu'ils attendent depuis les années 80 ; nier ce problème ne suffit pas à le supprimer. L'analyse socio-politique révèle que la constellation des candidatures (refus de changement et irréalisme) est expressive de la percée de l'abstention. Quatre faits massifs l'établissent. **En premier lieu**, les 180 partis politiques inscrits au fichier, en dehors de 3 ou 4, ne sollicitent les populations qu'à l'approche des élections : hormis cette période, ils ne mènent aucune activité et ne manifestent aucune présence sur les champs politiques. C'est le cas de l'écrasante majorité des 24 Partis, Coalitions de partis et Listes citoyennes qui se sont lancées à la conquête des suffrages des citoyens. Leur nombre exorbitant fait que les populations majoritairement analphabètes n'arrivent pas à percevoir les différences d'orientations, le sens des propositions de l'offre politique : ils sont dans l'incapacité totale d'établir les bases de la conflictualité des acteurs en compétition et peinent à opérer un choix. **En second lieu**, à part BENNOO BOOK YAAKAR ((majorité présidentielle qui signifie : commune espérance), la quasi-totalité des acteurs ne présente aucun discours politique cohérent, aucun projet de société, aucune idéologie. La quasi-totalité des acteurs ne présente aucun discours politique cohérent, aucun projet de société, aucune idéologie. Ils se contentent, dans les professions de foi, de présenter des catalogues de propositions qui sont, la plupart du temps, des promesses démagogiques, des vœux pieux sans rapport avec la réalité : « *en veux-tu, en voilà* ».

En matière de politique économique et sociale, aucun de ces acteurs en lice ne s'est risqué à faire des propositions programmatiques techniquement justifiées. Bien que certains d'entre eux se réclament comme des forces de gauche, ils ont totalement oublié de se battre autour des valeurs de gauche que sont la justice sociale, la solidarité, et la demande d'équité. C'est la raison pour laquelle, malgré leur verbe haut, ils caracolent en queue de peloton. **En troisième lieu,** la plupart des leaders ont tablé plus sur des machines électorales que sur la mobilisation effective de militants formés et préparés à la bataille électorale. Toute la classe politique imite sans inintelligence ni discernement le modèle américain de campagne électorale véritable spectacle politique avec ses flonflons ronronnant appuyée par les médias qui rendent compte, à moindres frais, de la théâtralité. **En quatrième lieu,** l'abstention peut être liée à des questions juridiques comme les modes de désignation des députés sur la liste nationale avec l'application de la proportionnelle qui fait que le candidat ou l'élu n'a aucun port d'attache. Il en va de même pour la liste départementale où le scrutin majoritaire à un tour soulève des problèmes propres à ceux relatifs au scrutin de cette nature.

Au total, les acteurs politiques hétérogènes sans vision de société, ni discours économique cohérent, ni idéologie ne sont pas porteurs d'intérêt pour les populations qui, après les distributions de T. Shirts, pagnes et autres médaillons, ont terminé leur part de patriotisme électoral. C'est dire que les politiciens se comportent comme si les sénégalais dont ils sollicitent les suffrages n'ont pas le droit de savoir comment ils seront gouvernés et comment les politiques prendront en charge leurs diverses préoccupations. On ne gouverne pas avec des vœux, et en la matière on ne dépassera jamais le marchand d'illusion qui avait promis aéroports, centrales nucléaires, autoroutes, métro, ports, chemins de fer et même la construction de Manhattan au cœur de Dakar médina : l'électorat n'a pas été dupe de ces foutaises en le renvoyant à ses rêves ampoulés.

II/ Que faire ? Poursuivre la fragmentation ou opérer la recomposition : les partis politiques à l'épreuve d'un retour de responsabilité dans la vie démocratique.

Sur quels axes les réformes doivent-elles porter pour combattre l'abstention ? Plusieurs pistes de correction peuvent être entrevues dont deux semblent se détacher : d'abord l'utilisation de la loi et ensuite la recomposition politique pour arriver à fortifier les partis politiques. La massification de l'abstentionnisme pouvant entrainer progressivement une délégitimisation des pouvoirs politiques, elle peut être corrigée par la loi qui pourrait rendre le vote obligatoire.

La première piste pourrait être la redéfinition des modalités juridiques de la participation politique ainsi que les attributs et les sanctions pour une citoyenneté moderne et plus engagée. Certains pays comme la Belgique ont suivi ces réformes et ont adopté une législation rendant le vote obligatoire. Certains auteurs proposent la mise en œuvre de sanctions diversifiées pouvant comprendre, entre autres, des sanctions pécuniaires. D'autres envisagent la radiation des listes électorales en cas de récidive ou encore impossibilité d'être nommé à des responsabilités publiques. Il faut sans doute creuser toutes ces pistes et prendre les mesures appropriées.

La deuxième piste concerne l'indispensable recomposition politique, car les élections ne dépendent pas seulement des lois et règlements, mais aussi des *acteurs du jeu électoral* comme les partis politiques. En effet, les Partis politiques d'un côté défendent un idéal collectif, incarnent une conception de l'économie et des relations sociales, et de l'autre concourent à l'expression du suffrage universel et à la formation de la volonté politique du peuple. Toutefois, trop nombreux (environ 180), sans idéologie claire ni adjuvant sociétal, sans ancrage territorial, faiblement structurés, inefficaces dans la mobilisation des masses, dépourvus de ressources financières, ils sont incapables de jouer les fonctions que la loi leur assigne. N'ayant pas de fonctionnement permanent et régulier, leur organisation interne n'est souvent pas conforme aux principes démocratiques. Ces défaillances font qu'ils sont les mal-aimés des populations et ne servent pas de repère pour les électeurs. Il importe certainement de les mettre en mesure d'exercer leurs missions, leur responsabilité particulière.

Le système politique sénégalais est, aujourd'hui, menacé par les excès autodestructeurs de l'extrême multiplicité et fragmentation des candidatures aux diverses élections : 12 aux présidentielles et 24 listes aux législatives. Sans doute, le nombre de ces candidatures pollue et discrédite déjà le champ politique. De fait, on est installé dans un paysage volcanique générateur d'instabilité institutionnelle, de coûts budgétaires excessifs, de menaces sur l'unité nationale et de défection des électeurs. Comme en économie où trop d'impôts tuent l'impôt, sans nul doute, en politique aussi trop de démocratie finira par tuer la démocratie. Il importe alors de rationaliser l'offre politique en vue de faire fonctionner une démocratie stable et moderne. Pour ce faire, la recomposition politique, dont les formes finales sont malaisées à déterminer, devient indispensable. Les grandes démocraties modernes sont articulées autour de deux ou trois pôles principaux, droite, centre et gauche, qui constituent la colonne vertébrale des clivages politiques et la base même du système partisan (écuries électorales).

EN CONCLUSION

L'abstention est bien un phénomène encore sous-analysé pour en savoir les causes profondes. En Afrique et au Sénégal en particulier, on peut observer au cours des élections que les citoyens votants sont de plus en plus distants vis-à-vis de la politique et de l'action collective en général. Pourtant, la volonté de changement social et l'intérêt pour la chose publique ne faiblit pas, bien au contraire. Les sénégalais semblent ne plus avoir confiance dans les partis politiques et même dans la politique.

Leurs revendications au quotidien sont plutôt prises en charge par les organisations de la société civile. Toutefois, la vitalité de l'engagement associatif (marches de protestation, manifestations diverse contre la vie chère, activités de soutien, etc.) montre que l'on n'assiste pas à un rejet global de toute forme d'action collective. Dès lors, la montée de l'abstention ne peut découler que de la déshérence et la sénilité du personnel politique. Les médias malheureusement donnent un poids croissant à la forme, au détriment du fond avec un certain un formatage esthétique du message politique. Donc on ne peut plus écarter l'hypothèse d'une crise de confiance profonde et durable, c'est-à-dire une crise de la démocratie qui appelle une phase d'adaptation des partis aux transformations de la société, dans leurs programmes comme dans leur mode d'organisation.

Une partie des citoyens ne se déplace plus parce que les programmes sont moins mobilisateurs qu'avant et parce qu'aussi les politiciens, en professionnels de la représentation populaire, transhument vers les nouvelles prébendes. Même la gauche, en particulier, dépositaire des valeurs du changement social et du système économique et dans le renoncement et la collaboration : puisque la citadelle est mal défendue, il faut l'abandonner sans combattre. S'y ajoute, enfin, que les citoyens n'ont plus le sentiment d'un enjeu démocratique important suite à l'énorme médiocrité des campagnes électorales.

Il faut interpeller les analystes, chercheurs et acteurs de la vie politique sur les causes profondes et les messages convoyés par l'abstention, en vue d'apporter les solutions idoines.

THÈME 33 – CAUSES ET TENTATIVES D'ATTÉNUER L'AMPLEUR D'UNE DÉFAITE ÉLECTORALE.

Professeur Moustapha KASSE, Doyen Honoraire, article publié par la presse locale.

Nous assistons à une situation politique kafkaïenne d'une médiocrité abyssale, repérée par le paradoxe que ceux qui savent se taisent et ceux qui ne savent rien s'époumonent avec un verbalisme haut, des dénonciations de la sinistrose, de la morosité, des insultes et des prévisions apocalyptiques, un négativisme de pétition largement insuffisant pour constituer un programme alternatif crédible. Ces postures sont fortement amplifiées par notre presse au quotidien, les médias, la grande majorité des journaux et magazines, radios, télés ou sites Internet qui consacrent très peu d'espace aux analyses rigoureuses, encore moins aux réflexions prospectives. Cette presse interroge quelques figures médiatiques ou de grandes-gueules politiciennes aux discours creux avec souvent des usurpations de titre et des analyses d'un simplisme de café.

Au demeurant, on ne débat plus sur les grands enjeux de la cité alors même que les débats sont le mode de fonctionnement et la condition de fortification de la démocratie. Pourtant, les sujets font légion : les projets de société qui doivent façonner notre avenir dans le cadre du PSE, les politiques sectorielles capables de modifier les spécialisations régressives, le fonctionnement des centres de pouvoir, les contrepouvoirs, les institutions décentralisées à même d'associer harmonieusement tous les acteurs, à l'aménagement optimal de l'espace, la formation, la recherche et les innovations, les valeurs d'une nouvelle citoyenneté, l'unité et la cohésion nationale face aux velléités identitaires, etc. En paraphrasant R. ARON, notre statut de petit pays soulève la question de savoir comment « s'adapter à des situations que l'on peut maudire plus facilement que modifier ». Il faut savoir que dénoncer n'est pas expliquer.

Par-delà les violences verbales de la précampagne, la sévérité des appréciations, les programmes publiés seulement en plein milieu de la campagne électorale ont montré l'énorme disproportion entre les intentions écrites et les promesses mirobolantes des meetings et des marches. Une analyse socio-économique des trois programmes que sont **MADICKE 2019**, Jam ak Xeveul (47pages**), IDY 2019,Vision1.3.15.45** (147 pages) et de **PUR** (8 pages) montre qu'ils sont largement insuffisants pour donner une caution honorable à de futurs probables présidents qui ont complètement oublié qu'en face il y a un électorat, des citoyens et des observateurs qui ont un cerveau et doté de compétence, de capacité d'analyse et de discernement.

J'avais établi, pour des médias internationaux, un état comparatif avec le programme du Président sortant, **Macky SALL,** intitulé **« Liggééyal Euleuk** » (54 pages) en m'appuyant sur trois interrogations évaluatives : Quelle vision de politiques économiques et sociales et comment la mettre en œuvre ? Quel coût financier global et comment mobiliser les ressources ? Quelles incidences sur les équilibres macroéconomiques ? Les différences qualitatives et quantitatives étaient abyssales. Pourtant, tous les acteurs peuvent disposer des statistiques de l'ANSD et de la DGPPE. Par ailleurs, de mon bureau, j'ai enregistré pendant 21 jours les promesses du genre en veux-tu en voilà : les dotations financières des Collectivités décentralisées, la santé, l'électricité, l'eau, l'école et du social pour tous. Au-delà des envolées, c'est à se demander si véritablement nos hommes politiques, en dehors du Président de la République et d'**Ousmane SONKO**, avaient vraiment envie de parler des véritables problèmes du pays, de leurs causes profondes et des solutions concrètes qu'ils entrevoient. On a oublié que dénoncer ne peut tenir lieu de programme.

Dès achèvement du scrutin, nous avons assisté à des évaluations fantaisistes, des calculs grossiers, des ratiocinations scabreuses et beaucoup de fanfaronnades d'un second tour décrété (présumé) comme une demande sociale. Au finish, les résultats ont été sans appel avec d'un côté, une victoire éclatante du candidat qui a le mieux incarné le profil du métier et de l'autre une contre-performance lourde de l'opposition dont les causes sont difficilement imputables aux défaillances du système électoral, du fichier électoral, des manipulations frauduleuses de la part d'un ministre de l'intérieur partisan, etc. Nous retrouvons là les sempiternels griefs que récusent toutes les oppositions en Afrique pour récuser la sincérité des scrutins : au Mali, au Cameroun, en RDC, au Nigéria, etc.

Dans le cas d'espèce, ce qui est totalement incompréhensible, les candidats se refusent à déposer des recours, car, selon eux, le Conseil constitutionnel, l'institution chargée de la proclamation des résultats, serait à la solde du pouvoir. Incontestablement, l'opposition aurait été plus crédible si elle avait documenté ses preuves devant le cette instance suprême qu'elle soit acquise au pouvoir ou non. On ne voit pas comment cette institution pourrait fermer les yeux sur des preuves irréfutables qui remettent fondamentalement en cause la régularité du scrutin.

Manifestement, l'après-élection est, pour ma part, plus intéressante que le déroulement de la campagne elle-même, en ce sens qu'il permet d'avoir des lectures moins passionnées, plus complètes de l'intégralité du processus électoral ainsi que ses enjeux et les postures des acteurs. Les acteurs ont surtout l'occasion de livrer les enseignements qu'ils tirent du processus électoral : les raisons de la victoire ou les causes de la défaite. Il est vrai que cet exercice n'est souvent pas aisé, car il demande de surpasser les euphories des vainqueurs et la gueule de bois des perdants.

I/ Les causes profondes de la défaite de l'opposition, second pôle de légitimité en démocratie.

La lourde défaite de l'opposition tient à plusieurs facteurs dont les deux principaux sont : la faiblesse organisationnelle de l'opposition sur le terrain et la déshérence du militantisme. Une idée courante, mais fausse concerne les fonctions des partis dans tous les systèmes politiques contemporains. Ils constituent le premier pilier des régimes politiques et aucun pays ne déroge à ce principe institutionnel voire constitutionnel. On confond souvent cette logique à son résultat leur effritement et leur dégénérescence quasi mondiale liée principalement à leur crise structurelle et de fonctionnement.

Globalement, on observe une extrême précarité des partis politiques ce qui explique d'une part, la déshérence du militantisme, la sénilité et l'immobilisme structurel de la classe politique et d'autre part, la méfiance des citoyens à leur égard. Une des origines des tensions et des échecs électoraux se situe dans les défaillances des formations partisanes. Les partis politiques qui disposent, le plus souvent, d'un monopole électoral suite à la prohibition des candidatures indépendantes), ont une faible efficacité et sont insuffisamment structurés pour animer et donner substance à la compétition démocratique. Le système de partis est fondamentalement affaibli à la fois par l'absence d'une vision économique et sociale nationale, le nomadisme politique, l'inexistence de siège ou d'espace de réunion, le fonctionnement régulier et la démocratie interne, l'anémie de nombreuses formations politiques et l'inflation de partis nominaux aux fonctions personnelles et financières, ou encore les tentations et les dérives ethniques.

Nous avons à plusieurs reprises souligné les limites en Afrique de telles procédures d'organisation de la démocratie qui sont fondées sur le pluralisme et reposent sur le système des partis politiques. Selon Michel Rocard *« du fait que, depuis deux siècles au moins, les partis politiques ont, en Occident, une immense légitimité : ils ont contribué à construire nos identités nationales et incarnent des intérêts sociaux respectés, que ce soient ceux des agriculteurs, ou des propriétaires, ou des salariés »*. Rien de tel n'a pu se créer en Afrique, où l'on ne discerne que deux usages des partis politiques : la structuration forte de la clientèle de chaque chef, ou le support d'expression de signes d'identité ethnique, religieuse ou linguistique, le contraire de ce dont l'Afrique a besoin. S'y ajoute l'inflation de partis nominaux au Sénégal où, en dehors de trois, l'APR, le PDS et le Parti Socialiste, on cherchera à la loupe la moindre trace d'un projet national de transformation économique et sociale du pays.

En période électorale, les candidats tentent de combler ces insuffisances notoires du système partisan par une imitation grotesque et couteuse du modèle des campagnes électorales à l'américaine médiatiques et mercantilistes avec beaucoup de bruits, de fresques, mais peu d'idées. Du reste, les politiciens sénégalais n'ont perçu et appliqué que la partie visible de l'iceberg avec ces mégas meetings folkloriques et ces discours pompeux promettant tout à tout le monde. En conséquence, dès que les clameurs électorales se terminent et que les sunlights s'éteignent, la vie quotidienne du pays se charge d'effacer le trop-plein de promesses et les partis retrouvent leur somnolence habituelle.

Il est donc grand temps pour les politiques, par-delà les violences verbales, la sévérité des appréciations, de tirer les enseignements des joutes électorales et de mettre en mouvement les conditions d'une vaste concertation pour passer de l'anathème au dialogue en vue de former des coalitions programmatiques autour du vainqueur des élections en vue de mettre au travail le pays, de restructurer, réformer et ouvrir le système productif en vue d'une résorption des besoins fondamentaux de nourriture, de logement, d'éducation et de santé pour tous. La classe politique doit prendre les choses comme elles sont, c'est-à-dire faire valoir l'intérêt de notre peuple et le faire correspondre aux conditions sociales de la société. Lorsque les hommes politiques apprendront et méditeront ces mots, lorsqu'ils pourront clairement distinguer ce qui est possible de ce qui ne l'est pas, il y aura moins de médiocrité sur la scène politique sénégalaise et plus de lucidité et de sagesse dans le jeu politique. Cela impose des réflexions sur la démocratie consensuelle. Je suis tout à fait à l'aise pour avoir été l'auteur de l'exposé introductif du Club Nations et Développement à *« la table ronde historique des forces politiques significatives en vue de renforcer les bases de la démocratie et pour lever les défis des années 2000 ».*

II/ Une démocratie consensuelle au service d'un projet de développement national et populaire.[346]

Il nous faut rappeler que la démocratie en Occident est conçue sur le modèle du marché capitaliste et l'on attend d'elle les mêmes vertus à savoir que le citoyen assimilé au consommateur, doit pouvoir choisir entre des politiques comme on choisit entre diverses marchandises (les théories du public choice de BUCHANAN à TULLOCK réintroduisent l'État qui est à la fois arbitre et joueur. Alors la rencontre de l'économie et des sciences politiques est assurée). Cela suppose un multipartisme qui se fonde sur l'opposition des idées et la compétition des réponses programmatiques, de solides institutions chargées d'organiser des élections transparentes et disputées, un pouvoir judiciaire d'arbitrage et de régulation de l'espace et de résolution des conflits et contentieux politiques, le tout est relayé par une

---

[346] Moustapha KASSE : *Du sous-développement au socialisme*, Édit. Silex 1988, 277 p. J'avais développé la thèse de l'État de démocratie nationale qui est par essence incompatible avec tout dogmatisme et schématisme, ce qui lui confère une grande richesse. Elle s'oppose radicalement à une philosophie politique du « tout ou rien ». Mamadou DIA a par la suite développé dans ses *Lettres d'un vieux militant*, notamment « la troisième lettre », un concept voisin. J'ai eu sur ce chapitre des observations amicales de S.AMIN et du Groupe d'Étude marxiste.

presse libre et compétente. Dans un tel cadre, la participation citoyenne peut s'exprimer par le vote pour élire un chef tous les 4, 5 ou 7 ans. Cependant nous pouvons observer après Bertrand BADIE, que nos pays ont une structure sociale originale et sont soumis à des conditions spécifiques de développement qui interdisent tout parallélisme avec les trajectoires suivies par la plupart des pays développés depuis la Renaissance. Je me plais toujours à rappeler que **la démocratie peut être limitée et bornée par certaines conditions économiques des citoyens votants. D'abord Rousseau, puis Marx** ont souligné que certaines conditions économiques étaient nécessaires pour fonder une démocratie. J. ROUSSEAU note dans le *Contrat Social* (*livre 2, chapitre 2) « que nul citoyen ne soit assez opulent pour en acheter un autre, et ni assez pauvre pour être contraint à se vendre »*. Cette observation prend toute sa signification pour les pays sous-développés caractérisés par la pauvreté de masse qui peut ouvrir les vannes des achats de conscience. K. MARX a continué cette analyse pour montrer que *« l'argent donne la liberté à celui qui le possède et en dépouille celui qui ne le possède pas »*. Il observe dans les *« Manuscrits de 1844 »* que « *L'argent est pour moi, ce que je peux payer... Je suis laid, mais je peux m'acheter la plus belle femme. Donc je ne suis pas laid, car l'effet de la laideur est anéanti par l'argent... Je suis un homme mauvais, malhonnête, sans conscience, sans esprit, mais l'argent est vénéré, donc aussi son possesseur »*.

Depuis la décolonisation, les élites n'ont pas fourni aux sociétés une organisation correspondant à leurs traditions et à leur niveau de développement. Nous avons fait le saut en copiant le modèle occidental, ce qui n'a pas manqué d'entrainer de multiples traumatismes sociaux et facteurs de désordre. Les échecs répertoriés sont manifestes : troubles et désarticulation sociale, guerres civiles larvées, coups d'État, démobilisation populaire avec une politisation excessive et paralysie des activités économiques, abstention et déserte des urnes, etc. Pourtant, à la suite de beaucoup d'historiens et d'anthropologues, comme le souligne M. ROCARD, l'Afrique avait connu, avant l'esclavage et le colonialisme, un certain nombre de royaumes ou d'empires qui furent stables sur plusieurs siècles. Le mode de prise de décision était la palabre, c'est-à-dire le consensus, à l'Assemblée de village tout d'abord (sous le baobab), puis entre délégués aux assemblées de régions, puis de royaumes ou d'empires. L'Afrique a le souvenir de cette démocratie consensuelle, qu'elle pratique encore dans les villages et à laquelle elle aspire aux niveaux supérieurs de l'organisation sociale.

Dans mes réflexions sur la corrélation démocratie et développement et m'inspirant des traditions africaines et des expériences des pays émergents d'Asie, j'avais approché, durant les années 80, le concept de démocratie consensuelle. À cette période, les intellectuels marxistes, particulièrement en Europe (Parti communiste italien et parti communiste français), avaient ouvert un large débat, suite aux réflexions d'Antonio GRAMSCI sur des questions comme **« le compromis historique »** et **« le bloc historique »**. Dans des échanges avec l'éminent philosophe Doudou SINE et une grande référence Samir AMIN, j'avais exploré le concept de consensus national. Nos échanges très âpres, mais d'une bonne tenue scientifique m'avez poussé à écrire un article fortement discuté par la gauche marxiste sur le thème *« Alternative unitaire pour sortir de la crise : le consensus national » repris par les Cahiers du CND 1980-1985 (CND, à la croisée des chemins, pp 22-37).* J'avais opposé à mes interlocuteurs et contradicteurs cette idée de R.GARAUDY *« Nous référer à Gramsci, Marx, Lénine ou Mao-Tsé-Toung n'est pas d'en répéter les formules au nom d'une vraie orthodoxie, mais d'en utiliser les méthodes, en faisant pour notre temps et notre pays, ce qu'ils ont fait pour leur pays en leur temps, de prolonger, en les repensant, dans des conditions radicalement nouvelles, leurs analyses, de réfléchir sur leurs expériences avec les transpositions nécessaires. »*[347]

Théoriquement le concept de consensus est au confluent de presque l'ensemble des disciplines des sciences sociales qui lui sont consubstantielles : l'économie, la science politique et juridique, la sociologie et l'anthropologie, etc. Son Application au Sénégal m'avait amené à analyser plusieurs problèmes entrelacés dont les trois plus importants se rapportent à l'organisation sociale, à l'édification d'un système économique performant et compétitif et à l'élaboration d'institutions fortes dont la composante principale est la dimension et le volume de l'État qui a été déconstruit par les prétentieuses politiques néolibérales qui ont voulu bâtir un capitalisme sans les capitalistes locaux et sans État providence bienveillant.

Face à l'approfondissement de la crise économique et sociale nous avons mis en débat sur l'espace public le consensus national comme voie de sortie des multiples tensions issue de la faillite d'une démocratie concurrentielle impossible à construire. Il fallait provoquer les élites lors d'un séminaire du Club Nation et Développement (CND[348]), sur l'engagement des cadres dans le processus de développement économique et social à Taïba (les 28 et 29 mai 1983). Les débats ont tourné autour d'un article intitulé : L'élite du pouvoir mécanisme de génération et système de promotion. Par-delà le fossé des postures politiques et la profondeur des désaccords sur l'état économique et financier du pays, il nous fallait trouver les conditions nécessaires d'un vaste

---

347 R.GARAUDY : *Marxisme du 20ème siècle*. Collection « Le monde en 10/18 »

348 Le Club Nation et Développement (CND), le Président L.SENGHOR l'avait conçu comme la **« soupape de sécurité »** du régime, au sortir de la crise de mai 68. Il regroupait toutes les élites intellectuelles et politiques du pays et pouvait s'autosaisir de toutes les grandes questions qui agitent le pays. Les principaux animateurs étaient les universitaires, les chercheurs et la société civile. J'ai assuré pendant plus d'une décennie la vice-présidence de cette institution. De prestigieux intellectuels comme le Pr. Abdoulaye WADE, Samir AMIN, Pierre GOUDIABY, Michel ROCARD, beaucoup d'intellectuels du Parti Socialiste français, Monseigneur GANTIN, Pr. ADOTEWI, Pr. FOUGEROLLAS, Pr. Souleymane NIANG, Mouhamed DIAWARA, le Pr Thomas. MELONE, etc. ont contribué à son animation.

compromis programmatique de sortie de la crise concertation en passant de l'anathème au dialogue. C'était la seule voie pour lancer la restructuration du système productif et financier, la mobilisation et la mise au travail du pays. La reprise économique en vue devrait contribuer à la résorption ou l'atténuation du poids de la demande sociale de nourriture, de logement, d'éducation et de santé. Le club « Nations et Développement » avait perçu l'importance et l'impérieuse nécessité d'une vaste alliance nationale pour venir à bout des problèmes de notre pays. C'est dans ce cadre que sera organisée « la table ronde historique des forces politiques significatives » pour renforcer les bases de la démocratie et pour lever les défis des années 80. En prolongement des échanges, j'avais introduit à Diourbel (18 novembre 1989) une conférence sur le thème *« les cadres et la politique »* manière de faire bouger les lignes

Les conclusions de toutes ces rencontres établissent qu'une démocratie stable ne peut fonctionner que si tous les acteurs du jeu politique ont également un sens élevé de l'État qu'il s'agisse des politiciens professionnels, des syndicats, des acteurs du secteur privé, de la société civile, des journalistes, des juristes, des artistes, des académiciens, des techniciens et des chercheurs bref, de tous ceux qui exercent une fonction sociale différenciée. Notre objectif était de faire bouger tous les acteurs sociaux pour faire face à la crise politique par la formation d'un vaste mouvement populaire et patriotique autour de la définition et de l'exécution d'un vaste programme de redressement et de rénovation nationale. La crise que traversait le pays n'était ni une fatalité, ni une malédiction : elle est le produit d'un ensemble de facteurs qu'il faut maitriser et dépasser. Elle est un grand défi que le peuple peut relever sans grand dommage pour la paix civile.

Encadré 31 : La ritournelle des contestations électorales africaines : Les Sept plaies qui instaurent le doute sur la démocratie africaine.

Généralement, le mode de scrutin présidentiel suscite des violences de plus en plus fréquentes et de plus en plus graves dans la quasi-totalité des pays africains. Il s'achève souvent par les 7 plaies qui suivent dont les auteurs volontairement font un appel du pied à une troisième force régulatrice (peut-être l'armée) :

1) Dénoncer prématurément les fraudes massives, les chiffres falsifiés, le coup d'état, le hold up électoral. C'est la ritournelle de toutes les élections africaines. Cette véhémente dénonciation est plus haute que les preuves matérielles. Bien sûr, il est important de dénoncer les fraudes et les manipulations pour une élection libre et transparente mais il est aussi important de réunir minutieusement les preuves tangibles des allégations. Toutefois, il est dangereux de réduire la signification du processus électoral à la production de cet artefact « l'élection libre, transparente et honnête »

2) Contester ex-post les instruments et dispositifs électoraux à savoir les institutions consensuelles d'organisation des élections, le fichier électoral et les

mécanismes de dépouillement et de proclamation des résultats est tout simplement irresponsable. C'est ex-anté qu'il fallait exiger le plus de garanties possibles, ne faire confiance ni à la parole, ni à la signature de l'adversaire et mettre des clauses sécuritaires contre toutes les contingences. En définitive, il s'agit de se donner tous les moyens de déjouer tous les pièges et la mauvaise foi de l'adversaire. Il est de la plus haute responsabilité des acteurs de surveiller, dans la phase préparatoire, le processus électoral dans sa globalité et d'être vigilants sur toutes les procédures et les mécanismes

3) Déclarer ne pas faire confiance à la justice du pays taxée d'appendice du pouvoir ou de corrompue. Ces dirigeants sont portés aux gémonies du simple fait qu'ils sont nommés par l'Autorité Suprême. On oublie allégrement que la nomination aux plus hautes fonctions de la magistrature relève des prérogatives constitutionnelles du Président de la République souvent chef suprême de la magistrature.

4) S'autoproclamer vainqueur avant même la proclamation officielle des résultats par les institutions juridiques habilitées. C'est une attitude simplement ridicule et moralement répréhensible.

5) Se précipiter vers les médias occidentaux (souvent irrévérencieux) pour faire des déclarations fracassantes et pourfendre le processus électoral qualifié d'opaque, de pas fiable, de peu crédible et marqué de dysfonctionnement discréditant. On oublie que cette presse se prête, en toute circonstance, comme une sorte de caisse de résonnance des intérêts extérieurs qui exploitent de telles déclarations comme preuve de l'infantilisme congénital des africains.

6) Appeler le peuple à descendre dans les rues pour réclamer ou défendre par tous les moyens sa victoire. On cherche souvent à le fanatiser. Cette attitude est la meilleure preuve que l'on ne croit pas à la démocratie et de surcroît que l'on se place d'emblée en dehors de la légalité républicaine. On pense désespérément prendre le pouvoir par la rue.

7) Prendre la tête des premières manifestations pour se volatiliser à l'extérieur dès les premières salves. Comme quoi les généraux ne sont pas faits pour subir les affres de la répression. Ce sort est réservé aux fils des peuples les plus désespérés, les laissés pour compte réputés être les chaires à canon. De guerre lasse on se console : « repose-toi mon âme » jusqu'aux prochaines élections.

THÈME 34 – ENTRE DÉCEPTIONS ET IMPATIENCE : UNE ANALYSE CRITIQUE DE LA SITUATION DU PAYS DE WADE À MACKY SALL.

Professeur Moustapha KASSE, article de presse.

Depuis plus d'un an la scène politique sénégalaise n'arrive pas à sortir de la campagne présidentielle à cause de plusieurs éléments à la fois polluants et obstruant l'horizon : un parti au pouvoir qui se déchire au lieu de préparer son leadership sur l'échiquier politique, une opposition d'invectives à la fois nostalgique et empêtrée dans des procès de prédation financière de ses dirigeants, des alliés de la majorité présidentielle engagés dans d'âpres disputes de positionnement ou d'accaparement de sinécures et enfin un gouvernement qui communique si mal sur son agenda et ses réalisations comme s'il pouvait faire durablement des choses que son opinion publique ne comprend pas simplement parce qu'on ne lui explique pas. Cet ensemble de problèmes se déroule sur fond d'urgences sociales relatives aux conditions de vie et de travail, au triptyque infernal chômage(particulièrement des jeunes), précarité et pauvreté et aux défis de taille pour les résoudre concernant premièrement, les politiques sectorielles (industrie, agriculture, services, TIC et l'économie numérique), deuxièmement, le cadrage macroéconomique et macro financier pertinent pour réaliser le **Yonou Yokouté**[349] **(le chemin de la prospérité)**, troisièmement, les aspects de financement et quatrièmement, l'implication du secteur privé et la mobilisation des autres acteurs du champ social.

Ces problèmes sont peu discutés du fait de l'absence de débats éclairants, conséquence d'une part, de la faillite totale des organisations de gauche dont la vocation est de porter des grandes idées de progrès et d'autre part, de la léthargie de l'intelligentsia. Cette défaillance a fortement contribué à l'affaiblissement de notre presse au quotidien qui consacre très peu d'espace aux analyses scientifiques encore moins aux réflexions prospectives. Ce faisant, elle se condamne à servir de supports aux passes d'armes entre politiciens et autres bonimenteurs et à brasser les faits divers et autres commérages qui rythment la vie sociale et administrative du pays. Senghor avait vu juste quand il raillait « Radio cancan et ses cancaneries ».

C'est dans ce contexte que survient l'« Appel à la reconstruction de la grande famille libérale » lancé par le Président A.WADE, appel qui,

---

[349] Le programme, Yonou Yokouté (le chemin de la prospérité) est élaboré par le Parti du Candidat Macky SALL à la magistrature Suprême en 2012. Document progressiste comportant des points de rupture dans l'exercice du pouvoir avec la gestion vertueuse, l'obligation de rendre compte et des éléments de politique sociale relative à la lutte contre la pauvreté, les précarités et le chômage des jeunes.

malheureusement, marque un second ratage d'une sortie honorable. Ce document, publié par la presse est économiquement, politiquement et socialement à la fois partiel, partial et truffé de contrevérités, et cela nonobstant les outrances haineuses et les appels à la déstabilisation. On y vante orgueilleusement des réalisations sans aucun bénéfice d'inventaire.

I/ Les déceptions de trois décennies perdues du développement.

Au moment de l'indépendance, il a été mis en place (après bien de péripéties politiques diverses) un État développeur fort qui devait conduire des politiques sectorielles adéquates, capables d'impulser la croissance et le développement et de répondre aux demandes d'emploi, de protection sociale, de santé, d'éducation, de logement, avec une implication des acteurs. Au niveau de l'agriculture, les dynamiques régionales de croissance étaient impulsées par diverses sociétés qui valorisent les potentialités locales comme la SAED, la SOMIVAC, la SODEVA, la SODEFITEX, la SODAGRI, la SONACOS et l'ONCAD. Le monde rural était encadré et regroupé en coopératives appuyées par des programmes de modernisation (facteurs modernes de production, semences sélectionnées, machines agricoles, etc.) et un crédit agricole spécifique (CNCAS). Le système industriel reposait sur quatre piliers : les industries agroalimentaires (NSOA, SOCOSAC, SOBOA, SOCAS, CSS, SENELAIT, BATA, SIV, SEIB, SOTIBA SYMPAFRIC, SOTEXKA etc.) les industries de valorisation des matières premières (phosphate (ICS), ciment (SOCOCIM), raffinerie de pétrole (SAR), IRANSENCO, minerais de fer (MIFERSO), etc., les industries de la façade maritime (PAD, Dakar Marine pour les réparations navales, pêche maritime et artisanale et des réceptacles touristiques dans toutes les zones à vocation touristique) et les industries du Bâtiment. Un début d'industrialisation automobile (**voiturette Gaindé**) et des usines de montage étaient mises en place. Les services étaient particulièrement développés dans les domaines surtout des transports (réseau routier, ferroviaire et aéroportuaire) l'assurance et la réassurance, des communications et télécommunications (SONATEL).

Des entreprises de promotion des exportations furent aussi lancées (la ZFID, FIDAK, ASEPEX, Trade Point). Dans le secteur social, des sociétés étaient mises en place comme la SICAP, l'OHLM, la Caisses de Sécurité sociale, la Caisse de Sécurité alimentaire, la Caisse de Stabilisation et de Péréquation des Prix, etc. L'électricité et l'eau étaient confiées à la SENELEC et la SONEES. Tout cet édifice était accompagné par un système bancaire et financier diversifié : la BNDS, l'USB, la BCS, des banques d'investissement comme Banque sénégalo Koweitienne, la SOFISEDIT et le début de la microfinance. La SONEPI fut créé pour réaliser des études de marché et des prises de participation au niveau des PME/PMI.

La planification fut adoptée avec l'objectif de maîtriser de manière cumulative et irréversible le processus d'accumulation productive et le développement soutenu de l'économie nationale. De telles politiques économiques et sociales avaient conduit les pays asiatiques à l'émergence. Elles ont été systématiquement liquidées, par l'aveuglement et l'entêtement des recettes néolibérales sous prétexte de construction d'un capitalisme local.

1°) Les politiques néolibérales conduites par des socialistes des années 80 et 90 ont bloqué l'économie productive et l'industrialisation.

La crise mondiale des années 80 (fin de la convertibilité du dollar le 15 août 1971 et le premier choc pétrolier) va déséquilibrer et accentuer les difficultés internes et externes du Sénégal : explosion des importations (produits alimentaires et énergétiques), amplification des déficits de la balance des paiements, massification de l'endettement, dégradation de la compétitivité, distorsions entre structures de production et structures de consommation. Face à la montée de ces déséquilibres, le Sénégal est transformé en champ d'expérimentation des politiques d'ajustement structurel : Programme de stabilisation à court terme (1979-1980) ; Plan à moyen terme de Redressement Économique et Financier (P.R.E.F.) 1980-1985 ; Programme d'Ajustement structurel à Moyen et Long Terme (P.A.M.L.T.) 1985-1992 ; Plan d'Urgence mort-née de 1993 ; Plan Post dévaluation 1994-1999).

Ces programmes fondés sur la trilogie libéralisation, privatisation et dérégulation visant à construire un capitalisme local sans État providence ont arrêté tous les moteurs du système productif par démantèlement des politiques sectorielles et des entreprises appelées à les réaliser (plus d'une centaine). En détruisant toutes ces usines, comment va-t-on faire pour résorber le chômage et la pauvreté ?

Au bout du compte, les mécanos du néolibéralisme ont complètement éteint le début d'industrialisation, au moment même où l'extension du système éducatif et la démographie galopante augmentaient, à rythme effréné, les demandes d'emploi. L'agriculture est retournée à l'économie de rente avec l'abandon des options de diversification et de réalisation de l'autosuffisance alimentaire : « importer le riz, c'est moins couteux que de le produire localement » proclamait, de docte manière, la banque mondiale. L'agriculture n'est pas seulement bloquée, elle est également déstabilisée par le système des prix imposés par l'ouverture sans protection.

Manifestement, si ces politiques se sont avérées aussi peu efficaces, c'est parce qu'elles ont confondu les moyens avec les fins : la libéralisation, la recherche des grands équilibres, les privatisations sont prises comme des fins plutôt que comme des moyens d'une croissance durable, équitable et démocratique. Les moyens d'intervention de l'État sont réduits avec la faiblesse des ressources fiscales. Elles n'ont pas su reconnaître que le renforcement des institutions financières est aussi important pour la stabilité économique que la maîtrise des déficits budgétaires et de la masse monétaire. Elles se sont concentrées sur les privatisations, mais n'ont guère attaché d'importance à l'infrastructure institutionnelle nécessaire au bon fonctionnement des marchés, et particulièrement de la concurrence.

Le quart de siècle d'ajustement structurel a produit des désastres sociaux qui ont conduit les citoyens à sanctionner, en 2000, le gouvernement socialiste. Du reste, l'alternance a coïncidé avec le mea-culpa et le nouveau crédo du développement de la Banque mondiale : le Document Stratégique de Réduction de la Pauvreté rebaptisé Document de Politique Économique du Sénégal.

2°) L'alternance politique de 2000 s'est soldée par douze années de grandes ambitions et de grandes réalisations économiques ternies à la fin par des phénomènes de clientélisme, de clanisme et de malversations diverses.

L'avènement de la première alternance avait suscité d'énormes espoirs : l'enthousiasme et la mobilisation populaire donnaient aux pouvoirs publics la capacité de **construire un véritable new deal**. Au cours du premier mandat des efforts gigantesques ont été réalisés dans plusieurs secteurs avec la mise en place de l'Agence chargée de la Promotion de l'Investissement et des grands Travaux (APIX) qui procède à une mobilisation de ressources substantielles, mais largement insuffisantes comparativement à des pays comme le Ghana. Plusieurs raisons de taille ont milité massivement en faveur de la constitution d'un vaste consensus politique autour du Président de la République, Maître Wade pour réaliser son Programme économique et social ambitieux et hautement patriotique. Parmi celles-ci, trois au moins méritent d'être soulignées et analysées : d'abord la dimension de l'homme, ensuite ses ambitions affichées et quotidiennement concrétisées pour un Sénégal nouveau dans une Afrique promise à « un grand destin » et enfin les incertitudes voire les menaces de chaos qui calfeutrent et obstruent la lisibilité de l'après Wade.

La première raison a trait à l'homme que l'Opposition caricature par son âge avancé. Nous devions avoir l'intelligence de comprendre que ce facteur est loin d'être un handicap. Il est même une grande chance si la classe politique sait en faire un bon usage. Comme l'une des dernières grandes figures historiques de l'Afrique de l'Ouest francophone, il a une grande ambition pour le Sénégal et l'Afrique, une volonté de marquer son passage : les travaux herculéens d'envergure en attestent. Il allie une exceptionnelle expérience politique et une compétence technique qui en font un visionnaire. Ces valeurs cardinales accumulées sur trois décennies, pour sûr, les dirigeants de demain ne les auront certainement plus. Nous aurions pu accélérer la marche de notre pays si tous les politiques avaient accepté de taire leurs querelles byzantines et de limiter leurs ambitions au profit exclusif de la réalisation d'un grand programme de rédemption nationale qui enjamberait alors tous les autres projets des divers partis politiques. Il est mille fois démontré que le Sénégal n'est grand que lorsque son peuple se retrouve, lorsque chacun peut se sentir l'égal de tous les autres citoyens, lorsque nous avançons ensemble dans la même direction.

La seconde raison concerne les ambitions et les énormes succès économiques et sociaux remportés par cette première alternance sous la direction du Président Abdoulaye Wade. Incontestablement depuis 2000, le Sénégal a construit un système économique performant et un espace démocratique marqué par l'achèvement d'une démocratie ouverte, libérale pluraliste, favorable au développement de l'initiative privée et à la bonne marche des affaires. Il ne faut jamais perdre de vue que dans un contexte de détérioration des finances publiques et d'un endettement insoutenable, l'urgence commandait, au moment de l'alternance, de continuer à restaurer les fondamentaux de l'économie pour une croissance durable, protégée de l'inflation et des déséquilibres macro-économiques qui peuvent hypothéquer l'investissement productif. C'est grâce à cette ligne directrice que les secteurs ouverts sur le marché externe ont pu tirer l'activité vers le haut. Il en est résulté le freinage d'une croissance exponentielle de l'endettement dans un premier temps, ainsi que, depuis environ deux ans, une consolidation de la reprise économique qui est susceptible de s'installer dans la durée.

L'embellie économique réalisée se traduit par les multiples chantiers qui changeront totalement la configuration du Sénégal dans tous les secteurs et domaines d'activité depuis l'agriculture jusqu'aux activités industrielles. Les grands équilibres macroéconomiques sont effectifs avec de notables réductions des déficits internes comme externes ; l'inflation est parfaitement maîtrisée. Dans le secteur social l'éducation, la formation, la santé en somme le capital social se portent bien. Sur les ressources humaines, le Sénégal compte un temps d'avance. Or, selon le mot de PISAR, dans un monde où les capitaux et les technologies circulent librement ce sont les ressources humaines qui feront la différence des performances économiques et sociales. Cette logique explique la grande accalmie du front social sénégalais où les Syndicats peuvent revendiquer et obtenir des hausses de salaire parfois sans rapport avec leur niveau de productivité.

Au total, ces performances expliquent la grande confiance maintes fois renouvelée de tous les Partenaires au développement et qui se traduit concrètement dans les mesures d'annulation de la dette, l'admission à l'AGOA et au MCA, les crédits de la Banque mondiale, de l'UE et d'autres organismes de financement. Bien sûr, malgré ces réussites, il existe encore beaucoup de défis à relever au niveau par exemple de la pauvreté, de l'emploi, des revenus ruraux. Toutefois, ces problèmes certes brûlants sont pour l'essentiel la conséquence du caractère cloisonné de la croissance qui ne diffuse pas ses effets de façon équitable dans l'ensemble du corps social et ne se greffe pas sur des secteurs fortement créateurs d'emplois. Il en résulte une indispensable amélioration de la qualité de la croissance afin que les retombées affectent positivement le tissu social par le biais de l'emploi et des revenus distribués. La Stratégie de la Croissance accélérée doit apporter les corrections nécessaires. D'autres défis existent et le gouvernement s'y penche avec sérieux et détermination par exemple notamment :

- la poursuite et l'approfondissement des réformes économiques et surtout la recherche de mécanismes de redistribution plus équitable des fruits de la croissance. Quatre décennies après l'indépendance, l'économie sénégalaise demeure toujours frappée de faiblesses structurelles qui l'empêchent de résoudre de façon substantielle le couple pauvreté et chômage ;
- le renforcement et l'élargissement des acquis démocratiques par la rénovation quotidienne de l'espace politique pour qu'il soit un espace de liberté et d'expression citoyenne ;

- la poursuivre de la refonte de l'État et des institutions républicaines pour l'avènement d'un État fort outil majeur de transformation et vecteur indispensable des progrès de la société sénégalaise.

- L'approfondissement de la bonne gouvernance politique et économique en vue de la recherche d'une meilleure insertion dans la mondialisation par le biais de l'intégration africaine et d'une présence suivie du Sénégal dans la scène internationale.

Ces questions devraient constituer les grands dossiers des débats électoraux pour édifier davantage les citoyens sur leur traitement.

Incontestablement au cours du premier mandat les efforts ont été gigantesques dans plusieurs secteurs avec la mise en place de l'Agence chargée de la Promotion de l'Investissement et des grands Travaux (APIX) qui procède à une mobilisation de ressources substantielles, mais largement insuffisantes comparativement à des pays comme le Ghana. Le cadre macroéconomique a été amélioré bien que certains déficits persistent : au niveau des finances publiques, de la balance commerciale et de l'endettement interne comme externe. Des investissements ont été réalisés dans les infrastructures, mais elles sont restées mal réparties et coûteuses. Le déficit infrastructurel estimé à 20% du PIB (Banque mondiale) n'est point résorbé. Des efforts ont été consacrés à la formation des ressources humaines, mais sans réforme consistante du système éducatif et de formation avec beaucoup d'effets d'éviction sur les ressources affectées. Les accès aux services publics sont restés largement insatisfaisants. Au demeurant, la mauvaise allocation des ressources en faveur des secteurs productifs porteurs d'emplois et de génération de revenus n'a point animé, la croissance.

Tout cela éloigne le pays de l'atteinte des Objectifs du Millénaire pour le Développement. Le coût des facteurs, notamment l'électricité, plombent complètement la vie des entreprises et des particuliers. Aucune politique rigoureuse de promotion du secteur privé et des PME/PMI n'est élaborée alors même que le Président se proclame comme un libéral de source.

Ces derniers éléments ont augmenté les rangs des déçus du wadisme. Le mécontentement s'exprime au grand jour, le malaise social gangrène toutes les couches sociales, le peuple sénégalais est, de nouveau, monté à l'assaut du pouvoir avec la jeunesse aux avant-postes. C'est surtout à partir de 2007 que commence à se former progressivement un système patrimonial qui se caractérise par un gonflement du budget de la présidence, un gigantisme de l'attelage gouvernemental à partir d'une fragmentation des champs de compétence, un accroissement des agences, une boulimie foncière, etc. Il s'installe, alors, une véritable entreprise de déconstruction des institutions. Deux phénomènes apparaissent et finiront par perdre le régime.

En premier lieu, durant cette période, un profond malaise social s'est emparé de toutes les couches populaires au premier rang desquelles la jeunesse. Le triptyque chômage, précarité et pauvreté s'est approfondi. Près de deux ménages sur trois (64%) ne sont ni chômeurs ni précaires, mais pauvres (des adultes sans revenu). La situation de cette catégorie s'est aggravée au cours des cinq dernières années du régime. Le coût de la vie a atteint des niveaux inacceptables et les inégalités sociales se sont creusées : moins de 10% de la population contrôlent plus de 80% de la richesse nationale.

En second lieu, progressivement, un modèle d'État bonapartiste s'installe sous prétexte de construire un système économique émergent. On a vanté, dans les arcanes du Palais présidentiel, **l'efficacité de la « dictature éclairée » de type Ben ALI**[350]. Il s'est alors instauré quasiment une politique patrimoniale avec un pouvoir patriarcal fortement centralisé, exercé par un chef charismatique qui gouverne par le canal de sa famille, de ses fidèles, de ses serviteurs et d'une clientèle captive. La gestion est assimilée à celle d'un « père de famille » qui amalgame les affaires personnelles et les affaires publiques, administratives et judiciaires. Le Trésor public se confond quasiment avec la caisse du chef tandis que les stations de pouvoir se transforment en instruments d'accumulation qui permettent à ceux qui les exercent d'extraire et de redistribuer les ressources et le patrimoine national. Dans ce cas, l'argent des malversations financières, de la corruption et du blanchissement, va contribuer à donner l'apparence d'une augmentation de la masse monétaire.

Ce système est fortement décrié. En mars 2012, l'opposition politique a réussi un consensus des principales formations politiques nationales sans, pour autant conclure, un programme de gouvernement allant bien au-delà des recettes concoctées aux « Assises nationales ». Toutes les baronnies politiques, du Parti socialiste et ses fractions dissidentes aux partis de gauche ont formé le **Benno Book Yakaar**. Les dinosaures politiques qui ont allègrement traversé la cinquantenaire de notre indépendance se remettent en selle autour d'une formation jeune : l'Alliance pour la République (APR de Macky SALL). Ce melting-pot politique dont les principaux responsables n'ont jamais observé la moindre posture autocritique revient au pouvoir avec un fort risque de continuer le mal développement d'antan. Toutefois, il faut se garder des platitudes du genre alternance générationnelle : le problème est de savoir si ces personnalités auront la volonté politique, les capacités techniques et les compétences, de s'atteler sans fioriture à accompagner le Président de la République, pour la résolution des urgences économiques et sociales ?

[350] Il a été le premier « dégagé » par le printemps arabe.

II/ La seconde alternance de 2012, l'éveil d'un nouvel élan pour conduire les transformations structurelles du système productif et résoudre la question sociale. Nouvelles attentes, nouvelles priorités ou nouvelles déceptions ?

Au Sénégal, comme partout ailleurs en Afrique, les politiques se proposent de bâtir l'émergence dont on ne fixe ni la signification, ni le contenu, ni les moyens, ni le temps de réalisation. Observons que l'émergence économique ne se mesure ni par le niveau d'un taux de croissance, ni par celui du PIB per capita. Il est à la fois un projet politique, économique et social qui implique la soutenabilité et la durabilité des options économiques et financières mises en œuvre par un État qui s'assigne comme objectif de construire une économie nationale autocentrée en s'appuyant sur les ressources naturelles, humaines et technologiques et cela pour répondre aux besoins fondamentaux de ses populations.

L'amorce de l'émergence commence par une appréciation des crises, des ruptures et des faiblesses structurelles de notre économie nationale lesquelles freinent la croissance et le développement. Pour cela, il faut remonter à la racine, c'est-à-dire à l'organisation socio-économique qui repose sur des facteurs caractéristiques comme la forte sensibilité de la croissance aux variations de la production et de l'exportation des produits de rente principalement d'origine agricole et minière; le système prédateur de prélèvement et d'utilisation insuffisamment productive des ressources tirées de la rente et des apports externes (aide et endettement) ; la répartition inégale du revenu national au profit d'une minorité sociale caractérisée par une hyperconsommation de biens de luxe importés; la vulnérabilité chronique de l'économie à l'égard de variables exogènes comme le climat, les cours mondiaux des matières premières, les taux d'intérêt, l'aide publique au développement ; les multiples comportements antiéconomiques de beaucoup d'acteurs.

Pour surmonter ces handicaps, il faut un État fort et actif capable d'impulser et d'organiser la société, de créer les externalités positives au niveau des infrastructures de base (routes, énergie, école, assainissement), de guider et coordonner les politiques sectorielles (industrielles, agricoles et des services technologiques et financiers pour accroitre l'offre de production), des institutions d'encadrement et de gestion du développement, de promouvoir, appuyer et associer le secteur privé, de défendre un patriotisme économique clairvoyant et enfin de mettre en œuvre une politique sociale fondée sur la justice sociale et l'égalité des chances. Les chantiers sont phénoménaux pour faire reculer les souffrances, la pauvreté, la précarité et créer des emplois massifs pour absorber les produits massifs du système éducatif et de formation.

1°) Le premier chantier est de faire de la relance des politiques sectorielles, un enjeu national prioritaire.

L'accroissement de l'offre de production de biens et services est une priorité qui appelle la mise en place de politiques sectorielles audacieuses et concertées de valorisation des importants atouts dont dispose le pays. C'est dans ce cadre qu'il faut développer une nouvelle politique industrielle audacieuse fortement articulée en amont et en aval à l'agriculture et qui valorise les ressources du sol et sous-sol afin d'exploiter toutes les chaines de valeur et de rendre la croissance durable. La politique agricole doit définir et appliquer une nouvelle stratégie permettant l'instauration d'une agriculture performante et intensive et le développement de la société rurale avec un paysan de type nouveau qui possède et contrôle son espace, s'organise sur une base autonome, cherche à peser sur l'échiquier politique et dispose de techniques culturales, de matériels biologiques, de facteurs modernes de production. Ces conditions permettront l'avènement d'une véritable révolution agricole rendant possible une amélioration des productivités par actif rural et par surface cultivée. Si on avait réussi une politique vivrière cohérente et de lutte contre la consommation extravertie par modification des habitudes de consommation et de reconquête des marchés urbains, cela nous aurait permis, ces deux décennies passées, d'économiser plus de 1500 milliards de francs CFA qui représentent le coût des importations de riz, de blé et de lait. Ces ressources auraient renforcé la base de la production agricole, créé des milliers d'emplois et couvert une large part du déficit de la balance des paiements. Enfin, il faut exploiter les énormes possibilités de développement de l'économie des services, des technologies de l'information et des télécommunications et de la recherche/développement.

Au total, en raison de la faiblesse structurelle des liaisons intersectorielles caractérisant l'économie nationale, les politiques d'offre doivent avoir un centre d'impulsion et de régulation qui ne peut être que l'État en partenariat organique avec le secteur privé (Partenariat Public Privé repensé). Nous devons tous éviter de faire du Chef de l'État un homme–orchestre qui sache tout, fasse tout, décide de tout, mais un Chef d'orchestre qui choisit la partition et les exécutants dans un mouvement d'ensemble.

2°) Le deuxième chantier, la création impérative de fortes institutions servant d'outils de gestion et d'encadrement du développement.

Tout n'est pas d'avoir de bonne stratégie, il faut aussi disposer, d'instruments fiables de mise en œuvre des politiques économiques et sociales. Cela relève du domaine des institutions qui sont une combinaison de contraintes mises en place par l'État pour structurer toutes les relations entre les acteurs impliqués dans le développement. Elles sont faites de contraintes formelles (règles, lois, constitution) et de contraintes informelles (normes de comportement, conventions, codes de conduite, etc.). Autrement dit cette combinaison définit les instruments qui modèlent les performances économiques. Elle définit aussi les structures incitatives de l'économie et celles de la société notamment les comportements et attitudes des citoyens à l'égard de l'État et du service public, du travail productif, du progrès matériel et de l'épargne, du temps et de la corruption. Ces attitudes et comportements permettent de réduire les coûts de transactions, d'économiser de l'information et de rationaliser les problèmes de coordination.

3°) Le troisième chantier est la résolution des chainons manquants des politiques économiques : le patriotisme économique, la préférence nationale et l'éradication du modèle de consommation extraverti avec ses effets de propagation.

Le patriotisme économique est le comportement spécifique du consommateur, des entreprises et des pouvoirs publics consistant à favoriser le bien ou le service produit au sein de la nation. Ce concept vise à élargir les préférences nationales à la défense des intérêts économiques nationaux. Tous les pays développés (États-Unis, France compris) le pratiquent avec l'objectif majeur de protéger leur système productif et leurs entreprises nationales (D. DEVILPIN, OBAMA, la crise des panneaux solaires chinois).

Aujourd'hui, plusieurs activités principalement dans l'agro-industrie (le riz, l'huile, les oignons, la tomate, le sucre, le textile, etc.) sont mises en péril par le lobby des importateurs véreux qui ruinent le système productif national avec la complicité du système bancaire commercial. Il est temps de freiner ces activités de ce secteur des importateurs qui n'investissent ni dans l'industrie, ni dans l'agriculture, ni dans les services et qui détournent une bonne partie des ressources financières nationales à des fins spéculatives. Ce sont de véritables sangsues qui sont en passe de transformer le pays en un énorme bazar, un dépotoir de toutes les pacotilles et friperie du monde.

4°) Quatrième chantier est de faire du secteur privé national un des leviers de la création des richesses et de l'emploi.[351]

Les entreprises doivent conquérir d'abord le marché intérieur et chercher à intégrer, ensuite et sans aucune frilosité, l'économie mondiale. Elles doivent être portées par une stratégie commerciale qui implique une stratégie de production axée sur l'innovation permanente, la technologie et la souplesse

---

[351] Moustapha KASSE : *Le secteur privé sénégalais, jambe faible de l'Émergence, entre entreprenants et entrepreneurs,* Édit. L'Harmattan, 2018, 460 p. Après une analyse du secteur, il fallait régler les contraintes qui bloquent le secteur privé : une administration proche des préoccupations du secteur ; établir que l'entreprise et l'initiative privée soient des moteurs de la création des richesses et de l'emploi, assurer l'attractivité de l'environnement économique, associer le secteur dans la définition des stratégies et priorités de la croissance, réformer toute la systémie bancaire, rendre les organisations patronales plus fortes et plus proches des besoins des entreprises, résoudre l'hyperconsommation des élites urbaines de biens importés, pratiquer le patriotisme économique et la préférence nationale, etc..

d'adaptation. Alors, il convient de lever les principales contraintes à l'expansion du tissu entrepreneurial fait de PME/PMI. Celles-ci sont au nombre de trois : les contraintes sociologiques, juridiques et réglementaires (caractère familial, lourdeur des formalités administratives, etc.), les contraintes économiques et financières (faible apport, faible taux de bancarisation, trop forte concentration des prêts sur un nombre limité de secteurs, faibles crédits long terme, capacités limitées du système financier décentralisé). Il serait totalement absurde de douter, un seul instant, du rôle prépondérant de l'État dans ces domaines ; il doit aider au renforcement des systèmes financiers de proximité afin que chaque catégorie d'entrepreneur privé puisse s'adresser à une institution financière adaptée à ses besoins.

Préparer l'avenir, c'est favoriser l'essor des PME/PMI, de leur naissance, à leur croissance et éventuellement à leur mort. Il faut mettre en cohérence les politiques macroéconomiques du gouvernement avec celles microéconomiques des milliers d'entreprises.

5°) Le cinquième chantier est relatif à l'établissement d'une politique sociale et de répartition du revenu pour atténuer la rupture sociale.

L'enjeu fondamental est celui du choix d'une nouvelle politique sociale et de redistribution des revenus qui maximise les potentialités endogènes du développement. L'ampleur du phénomène commande d'en avoir une vision d'ensemble très claire en vue de l'élaboration d'une stratégie cohérente et globale qui va bien au-delà de la mise en place de réseaux de lutte et de solidarité qui accompagnent la pauvreté sans vraiment la réduire. Pour relever ce défi, il faut repenser complètement les finalités du développement en alliant davantage l'efficacité économique et la justice sociale (l'équité) et en renforçant la sécurité sociale au moment où les filets traditionnels de protection se délitent.

6°) Définir une stratégie des relations avec les partenaires pour la promotion des politiques sectorielles pertinentes.

Plusieurs pays africains élaborent une telle stratégie pour exploiter judicieusement toutes les offres de partenariat : Namibie, Maurice, Botswana, Cap-Vert et Maroc, etc. Ces pays établissent des partenariats de production, de joint-venture ou de délocalisation qu'ils inscrivent dans leur plan de développement. Le Maroc offre une illustration, ainsi, pour réduire le déficit commercial et contrebalancer ses importations vis-à-vis de la Chine, les autorités ont fixé, avec des opérateurs économiques chinois, un ensemble de programmes qui augmentent les capacités de production et développent les infrastructures. C'est ce que les Chinois eux-mêmes font avec les multinationales. Il est également possible de nouer un partenariat gagnant-gagnant par la mise en place de Zones Économiques Spéciales. Aujourd'hui, les conditions sont réunies pour le Sénégal de tirer profit de partenariats plus fructueux, plus variés, davantage tournés vers ses propres options de développement économique et social.

7°) S'atteler à modifier les comportements et attitudes des sénégalais face au développement et à la croissance.

Notre politique économique est freinée ou ralentie par des structures sociales, politiques et surtout mentales. Ces dernières forment « l'outillage mental » qui comprend les croyances, les idéologies et les représentations qui ont cours dans la société. Elles commandent ou orientent l'activité économique. Trois attitudes apparaissent importantes dans le développement : attitude à l'égard du progrès matériel (le progrès comme vecteur du changement social), attitude à l'égard du temps (le temps un bien rare qu'il faut aménager et qui a un prix) et l'attitude à l'égard de l'accumulation (l'argent comme source de consommation immédiate, moyen de prestige ou instrument de progrès économique par le biais de l'épargne et l'investissement). Ces trois attitudes façonnent les comportements ruineux pour l'environnement économique et social. Elles se matérialisent dans les nombreuses fêtes, les cérémonies familiales dispendieuses, l'absentéisme qui sont des gaspillages par dilapidation des surplus des familles. Il faut dégager les valeurs favorables au développement pour chacune de ces attitudes et les proposer dans des programmes de changement des mentalités.

EN CONCLUSION

Toute cette analyse montre que le Sénégal fait face à des défis monstrueux en termes de croissance, de création d'emplois, de réduction de la pauvreté. Faire du Sénégal un pays émergent cela ne tombe pas du ciel : il faut travailler avec rigueur et s'inscrire dans le moyen et long terme. Quelles que soient les orientations et les moyens que met en place une société démocratique pour maîtriser son développement, elle ne peut les faire accepter que si les objectifs sont ressentis comme prioritaires par la majorité des populations, mieux si on arrive à transformer en programmes leurs espérances. Cette dynamique est porteuse de progrès économique et social, d'innovation et de créativité. Elle doit être appuyée par une mobilisation des populations et des acteurs économiques au service de l'intérêt national. L'asymétrie d'information et le déficit de communication peuvent être source d'inefficience ou de paralysie, voire de déstabilisation.

THÈME 35 – AU BOULOT CITOYEN, POUR UNE CROISSANCE SOUTENABLE ET DURABLE.

Professeur Moustapha KASSE, Doyen Honoraire de la FASEG.

Les lettrés de la Chine de l'an 81 avant Jésus-Christ s'adressaient au Grand Secrétaire Sang Hongyang : tandis que le peuple n'a même pas une chemise à se mettre sur le dos, les chiens et les chevaux des riches sont recouverts d'habits brodés. Le peuple n'a même le baule de riz pour se nourrir, les oiseaux et les animaux des riches se gavent de sorgho et de viande. Après, le Grand Secrétaire leur répondu : ***« Le gouvernement instruit le peuple par ses édiles, il réprime par ses lois. Quand les premières sont sévères la nation est industrieuse, quand les secondes sont fermes, l'ordre public est assuré ».***[352]

L'intermède politique a été long, trop long : plus d'une année de palabres et de multiples tensions sociales dont la facture financière sociale risque d'être très salée. Sans doute, diront certains, la démocratie a un coût, qu'il faut le solder au plus vite en relançant l'économie nationale. Les programmes de gouvernement ainsi que les promesses électorales de la Coalition victorieuse indiquent à suffisance les visions stratégiques. Depuis 2008, la machine économique est en hibernation malgré quelques projets phares dont les effets d'entrainement sont restés limités. La panne interviendra à partir de 2010 avec la détérioration des indicateurs économiques (ralentissement de la croissance, montée des déficits macroéconomiques et de l'inflation) et celle des indicateurs sociaux (faible niveau de l'Indice du Développement Humain, accroissement du couple pauvreté/chômage, dégradation du pouvoir d'achat, crise du système éducatif et de formation).

La campagne présidentielle est intervenue dans ce contexte. Les discours économiques ont oscillé entre d'une part, un technocratisme de pacotille consistant à proposer un rythme de croissance accélérée sans spécifier ni les facteurs, ni les mécanismes, ni même les moyens financiers et d'autre part, un vaste catalogue d'éléments constitutifs d'un bonheur national dans lequel on trouve pêle-mêle le plein emploi, la santé et l'éducation pour tous, l'amélioration du niveau de vie, etc. Chacun pensait que les vertus de la croissance pouvaient offrir une chance inespérée de gagner en crédibilité technique et de décider l'électorat. Lorsque les clameurs électorales se sont tues, le retour à la vie quotidienne du pays se charge progressivement d'effacer

---

352 *« La dispute sur le sel et le fer »* Edit. J. Lanzmann et Seghers, Paris 1978.

le trop-plein de promesses et des espérances qui ne se réaliseront pas de sitôt. Tout n'étant pas possible tout de suite, il convient d'analyser les éléments des projets et programmes qui peuvent mettre le Sénégal en marche vers la croissance en vue de l'emploi et du pouvoir d'achat.

Les facteurs de succès sont disponibles, il importe de les pister, pour établir leur articulation fonctionnelle, à travers des politiques économiques et sociales appropriées. C'est l'objet de cette réflexion qui, au niveau méthodologique, a été dépouillée des données quantitatives et des relations économétriques qui compliquaient, parfois inutilement, la compréhension du texte.

I/ Les priorités du moment : relancer la croissance contre le chômage et la pauvreté deux faits sérieux qui conditionnent la survie du régime.

La lecture des différents projets de société et programmes de gouvernement des parties constitutives de la coalition BENNO BOOK YAKAAR[353] (Yoonu yokuté, Projet des Assises nationales, Document Stratégique de Réduction de la Pauvreté, Stratégie de la Croissance Accélérée, 12ème Plan de développement économique et social), montre clairement une ambition de construire un pays émergent à l'horizon 2035 et de réaliser, à court terme, les principales promesses électorales à savoir améliorer le pouvoir d'achat et les niveaux de vie, procurer un emploi au plus grand nombre, résoudre la crise du système éducatif et universitaire en vue de former des ressources humaines de qualité, assurer l'accès pour tous aux services publics de santé, pourvoir un logement décent aux populations et agir sur les loyers, et promouvoir les biens culturels. Seule une croissance économique forte, soutenable et durable est capable de donner aux pouvoirs publics les moyens et les marges de manœuvre pour atteindre de tels objectifs. Elle est la boîte de pandore du développement. Dès lors, la priorité des priorités est la relance d'un vaste processus vertueux de croissance.

Lorsqu'on interroge les économistes sur les voies et moyens pour accélérer les rythmes de croissance, ils vous rétorquent de façon abrupte, quelles que soient leurs chapelles idéologiques, qu'il faut mettre les citoyens au travail, massifier les investissements dans les secteurs productifs et élargir les gains de productivité pour rendre l'économie plus compétitive. Ces trois composantes constituent les déterminants de l'offre de production. Pour accélérer les rythmes de croissance dans les prochaines années, un cadre macroéconomique pertinent ou assaini ne suffit pas, il faut impérativement aiguillonner le

353 BENNO BOOK YAKAAR est la coalition de la Majorité présidentielle sous le leadership du Parti présidentiel APR il comprend le Parti Socialiste, l'AFP, les Partis de la gauche marxiste et une foultitude de petits partis au très faible poids électoral, plus les transhumants du Parti Démocratique Sénégalais.

potentiel de croissance des différents secteurs par des politiques structurelles publiques judicieuses, efficaces et inscrites dans une bonne trajectoire.

La première composante concerne le travail : travailler plus, produire plus et gagner plus et promouvoir l'entreprise.

Le travail est le premier facteur de production, la principale source de progrès économique et social : il n'y a de richesse que d'hommes. Au Sénégal, comme dans la plupart des pays en développement, la croissance ne bute pas sur une contrainte quantitative du travail, la démographie fournissant beaucoup de bras valides. Les déficiences notoires des statistiques du travail ne permettent pas d'évaluer même grossièrement deux indicateurs significatifs que sont les taux d'activité de la population et la productivité physique des travailleurs. Toutefois, une série d'indices montrent une attitude holistique trop permissive à l'égard du travail ce qui configure une lourde contrainte et rapproche d'une société de chômage et de repos. En prenant le taux de chômage dans les zones urbaines et périurbaines, il frise les 60%, de même dans le secteur agricole, le paysan travaille 600 heures en moyenne annuelle contre plus de 3000 en Asie. Quant à la productivité, c'est-à-dire le nombre moyen d'heures de travail rapporté à la population en activité, elle est particulièrement faible : les causes tiennent à la démobilisation du travailleur par la démultiplication des sollicitations sociales comme les innombrables cérémonies familiales et les autres motifs d'absentéisme (les défaillances dans les transports, les grèves, le faible niveau de formation, etc.). À l'évidence, ces obligations individuelles et collectives plombent la mobilisation du facteur travail pour la production des biens matériels et interdisent tout calcul d'optimisation. Ainsi, elles créent l'improductivité de la société par suite de l'utilisation stérile du surplus due à la flexibilité sociale et à l'élasticité des filets sociaux. En effet, ce surplus produit dans un univers marchand est dilapidé dans un univers traditionnel.

C'est dire que mettre le pays au travail peut constituer l'exploitation d'un potentiel appréciable de croissance économique. Alors, comment le faire ? Globalement, ces réserves de croissance ne peuvent être mobilisées qu'en opérant des ruptures profondes au sein de la société par la création d'un «Nouveau Type de Sénégalais» et la réforme de tous les systèmes de formation et d'éducation. Cela n'est réalisable que dans un vaste élan de consensus national qui regrouperait les forces politiques et sociales les plus significatives et les plus déterminantes.

La seconde composante est formée par les investissements qui doivent être massifs et orientés prioritairement vers les secteurs productifs.

L'investissement est le rédempteur de l'activité économique et sociale. Une croissance durablement élevée repose sur un taux d'investissement élevé. Les actions à entreprendre relèvent des politiques sectorielles nationales qui doivent développer de manière équilibrée tous les secteurs productifs avec comme priorité l'agriculture qui doit être réformée pour devenir le moteur la croissance. Les objectifs sont connus : diversifier et accroître l'offre de production pour atteindre l'autosuffisance alimentaire de même que le domaine d'investissement (le triptyque eau, terre et crédit). Ce qui est moins bien maîtrisé est la question de la mobilisation et de l'insertion des agricultures dans le processus de modernisation ainsi que la revalorisation des structures et des organisations paysannes pour rendre l'espace rural de plus en plus vivable et de plus en plus attractif. Le schéma industriel est à redessiner autour des filières spécifiées bien connectées, en amont et en aval, à l'agriculture : Les petites et moyennes entreprises industrielles doivent être au départ de ce renouveau industriel qui devrait permettre de tirer pleinement parti des avantages du marché régional. Dans le même temps, il faut relancer les enjeux du secteur minier en partenariat de confiance avec des compagnies minières qui s'inscrivent dans l'objectif de valorisation de toutes nos ressources naturelles. Les organismes publics de promotion du sous-secteur artisanal doivent être restructurés pour redynamiser l'artisanat en l'articulant davantage aux autres activités industrielles, touristiques, technologiques, commerciales et financières. Le secteur des services notamment le tourisme, le transport, les télécommunications et les technologies de l'Information et de la Communication doivent accomplir des bonds prodigieux qualitativement et quantitativement avec l'extension de la couverture téléphonique à l'ensemble de l'espace national. Des jalons importants ont été accomplis dans l'industrie touristique avec la diversification des produits, mais surtout l'accroissement de la capacité des réceptifs. Les investissements qui restent à faire le sont dans le domaine de la promotion et du marketing et cela, en relation avec les tours opérators des principaux pays émetteurs.

Trois secteurs transversaux fortement générateurs d'externalités positives devant recevoir des investissements massifs sont les infrastructures, l'énergie et le secteur de la formation et de la recherche. Sur chacun de ces domaines des avancées significatives doivent être atteintes particulièrement au niveau de l'éducation qui absorbe plus de 30% des ressources budgétaires. Le système éducatif et de formation doit être réformé pour accroître son efficacité, sa pertinence et son ouverture à l'environnement économique, social et culturel. Tout cela pour mettre à disposition des ressources humaines suffisantes en quantité et en qualité qui augmentent la productivité, l'emploi et les salaires à l'échelle de l'économie. Cela permettra à la jeunesse estudiantine et scolaire de disposer de bonnes capacités de réalisation de leurs ambitions en vue d'apporter leur contribution au progrès du pays. Cela évitera au pays le pire des risques : ne pas être compétitive en matière de coûts salariaux et en conséquence ne pas être apte à soutenir la concurrence régionale ou mondiale.

La troisième composante est la technologie, les inventions et les innovations qu'il faut atteindre par la réforme des universités et la promotion de la recherche.

La technique est un levier essentiel de la croissance économique. Des économistes comme KONDRATIEF et SCHUMPETER ont montré que les révolutions technologiques et les innovations déterminent les grands cycles de la vie économique. Poursuivant ces recherches, d'autres économistes tels que Solow et les théoriciens de la croissance endogène ont consacré la technologie comme le facteur déterminant de la fonction de production. Globalement, l'humanité a vécu trois grandes révolutions technologiques, en raccourci, la machine à vapeur, l'électricité et le moteur à explosion. Nous sommes en train de vivre la quatrième, celle des technologies de l'information et de la communication. Industries structurantes, elles introduisent des mutations impressionnantes dans les systèmes productifs et dans la vie sociale. Leur progression fulgurante a conduit à la globalisation des sociétés et économies du savoir. Les TIC sont des facteurs qui permettent d'améliorer la productivité et la compétitivité globale de l'économie. Il faut créer toutes les conditions favorables à la transmission des TIC et à l'accélération du progrès technique à l'ensemble de l'économie nationale.

Le lien réciproque entre la richesse d'une nation et le niveau de formation de sa population est reconnu depuis Adam Smith. Aujourd'hui que la ressource humaine est devenue, dans les sociétés contemporaines du savoir, la clé de la croissance, c'est tout le système éducatif et de formation qu'il faut entièrement réformer pour l'adapter aux besoins de l'économie. Ce système avec des contenus désuets et vivant en vase clos a montré toutes ses limites.

Le point d'étape de ces réflexions est que le Sénégal peut s'en sortir, car les trajectoires techniques sont connues. Il reste à construire les moyens institutionnels c'est-à-dire un État volontariste qui fasse respecter les règles du jeu, sans idéologie utopiste ni conservatisme technocratique et un consensus dynamique des acteurs sociaux autour des chantiers d'une croissance équitable et partagée, lequel devrait justifier le désarmement de toutes les tensions sociales pour un développement concerté et apaisé.

II/ Les moyens à mettre en œuvre ou le lustrage du capital social.

Cette politique de croissance n'a de chance de succès qu'en s'adossant sur les fondamentaux d'une société démocratique de solidarité, de cohésion et de tolérance dans laquelle il n'existe nulle place pour l'exclusion et la marginalisation. Une telle société a pour socle trois piliers fortement imbriqués : une gestion vertueuse de bonne gouvernance assise sur un État de qualité (les institutions), une politique sociale clairvoyante (l'économique) et un consensus national fort pour un jeu coopératif des principaux acteurs de la vie politique et économique du pays (le politique) et une politique créative d'aménagement du territoire et de décentralisation. Analysons ces quatre piliers :

Le premier pilier concerne l'État qui ne doit être ni mou (G. MYRDAL), ni prédateur (F. BAYARD), ni patrimonial (P. JACQUEMOT), ni surchargé (Banque mondiale), ni contourné (P. HUGON). [354]

Une de mes hypothèses de travail est que ce qui freine la croissance n'est pas seulement l'insuffisance des ressources financières, technologiques, mais les paramètres institutionnels et politiques. Les modèles d'État ont conduit partout en Afrique à l'État souvent bonapartiste, mais incapable de construire un système économique performant, un régime politique démocratique. Ce modèle qui comprend plusieurs variantes a précarisé et dévoyé toutes les institutions législatives, judiciaires et exécutives. C'est pourquoi, il suscite, en Afrique comme au Sénégal, beaucoup de controverses relativement à ses défaillances, ses dysfonctionnements et ses impuissances instrumentales. L'analyse de la forme dominante, en l'occurrence l'État patrimonial et prédateur, était en voie d'instauration au Sénégal par le régime libéral issu de l'alternance de 2000. Dans cette période, il s'est constitué progressivement un système politique patrimonial avec un pouvoir patriarcal fortement centralisé, exercé par un chef charismatique qui a gouverné par le canal de sa famille, de ses fidèles, de ses serviteurs et d'une clientèle captive. La gestion institutionnelle est assimilée à celle d'un « père de famille » amalgamant les affaires personnelles et les affaires publiques, administratives et judiciaires. Le Trésor public se confond quasiment avec la caisse du chef tandis que les stations de pouvoir se transforment en instruments d'accumulation qui permettent à ceux qui les exercent d'extraire et de redistribuer les ressources et le patrimoine national.

C'est dire que toutes les institutions sont désacralisées, désarticulées et corrompues par la personnalisation excessive du pouvoir et la stratégie d'accumulation-redistribution. Cette dégénérescence conduit à la constitution d'un État trop gros, pas assez réactif et incapable d'agir efficacement sur l'économie créant ainsi un large hiatus entre le discours libéral délégitimant l'État et autoproclamant les vertus du marché. Il faut opérer des réformes de relégitimation de l'État par l'instauration de la bonne gouvernance. Les multiples débats et impressionnantes controverses sur la taille optimale, les missions, l'efficacité de la gestion publique de l'État sont tranchées par les expériences réussies du modèle de l'État «pro » (P. HUGON) c'est-à-dire promoteur, producteur, prospecteur et programmeur qui manifeste une efficacité insolente en sortant ces pays du sous-développement en l'intervalle d'une génération. Cette forme d'État, à la fois fort et volontariste, est

---

354 Trois autres concepts ont cours parmi les milieux des journalistes, des politiques et universitaires aux États-Unis : les concepts **d'États faillis ou défaillants** (failure states), **d'États fragiles** (weak states) et **d'États voyous** (rogues states). Je tenterai de les définir dans une étude en chantier.

libérateur des énergies, des talents et des initiatives, elle peut servir la croissance économique par une gestion publique vertueuse.

Le second pilier correspond à l'indispensable nécessité d'une politique sociale fondée sur l'équité et l'égalité des chances.

Tous les mouvements sociaux et les multiples revendications tournent autour de questions essentielles que les sénégalais posent aux hommes politiques. Comment résoudre le couple infernal chômage/pauvreté ? Comment améliorer le niveau de vie ? Comment répartir les fruits de la croissance ? Ouvrez les projets de société et programmes des campagnes électorales les réponses y sont gracieusement écrites en lettres d'or : un emploi pour tous, la santé pour tous, l'instruction pour tous, la pauvreté éradiquée et le bien-être social au plus grand nombre. Citoyen, dormez tranquille les politiques veillent sur vous !

Quelle politique mène vers ce bonheur brut, tout le problème est là. Si les hommes politiques sont loquaces sur les politiques économiques, ils parlent peu de la politique sociale c'est-à-dire le « partage du gâteau ». Cette question a fait l'objet des débats épiques entre d'un côté les libéraux estimant qu'on ne peut distribuer que ce qu'on a et que l'on ferait mieux de commencer par produire le plus possible, on verra après et de l'autre les socialistes affirmant que la cohésion sociale exige une juste répartition de la richesse nationale et qu'il faut commencer par là pour mobiliser les hommes. Selon L. STOLERU[355], la réalité est très différente de ces débats idéologiques, car *« le gâteau sort tout découper du four économique sous forme de salaires, de marges bénéficiaires».* Dès lors, la politique sociale est indissociable de la politique économique.

C'est dire que les politiques de croissance économique doivent être génératrices d'emplois et porteuses de politiques de répartition des revenus qui assurent la justice sociale et l'égalité des chances de tous les citoyens. Plus fondamentalement, il faudrait s'efforcer d'augmenter le contenu de la croissance en bien-être social. En effet, une croissance même forte qui laisse sur le bord de la route une proportion significative de la population est tout sauf souhaitable.

Le troisième pilier est relatif au consensus politique national pour désarmer les tensions sociales au nom du redressement de l'économie nationale.

Le consensus est une entente entre des forces politiques qui ne font aucun mystère de leurs divergences, qui maintiennent leur liberté de pensée et d'organisation, mais qui, souscrivant en commun un projet programmatique, conjuguent leurs moyens pour le réaliser. Réussir une politique de forte croissance exige d'abord, la recherche d'un large consensus social qui doit être le ciment reliant, autour d'un programme de redressement et de transformation

---

[355] Lionel STOLERU : *L'Ambition internationale*, Édition Seuil

de la société, tout ou partie des acteurs de la vie politique et économique nationale : les partis et mouvements politiques, les organisations syndicales, celles de la société civile, les réseaux sociaux, les ONG, etc. Cette entente permet à la nation de conduire les politiques économiques et sociales de façon paisible et ordonnée. Tout consensus est le produit de deux facteurs : la justice sociale et la concertation. Le consensus national ayant une motivation programmatique essentielle devient l'expression d'un vivre et d'un agir ensemble et ne peut en conséquence se développer que dans un cadre de justice sociale où chacun a le sentiment que la collectivité lui fait sa juste place. Il est un moyen privilégié pour désarmer, par le dialogue et la concertation, toutes les tensions sociales. Sans stabilité aucune politique économique ne peut réussir.

Les enchainements des paramètres se résument :

Les paramètres nécessaires sont manquants ou erronés.

Croissance : les articulations fonctionnelles.

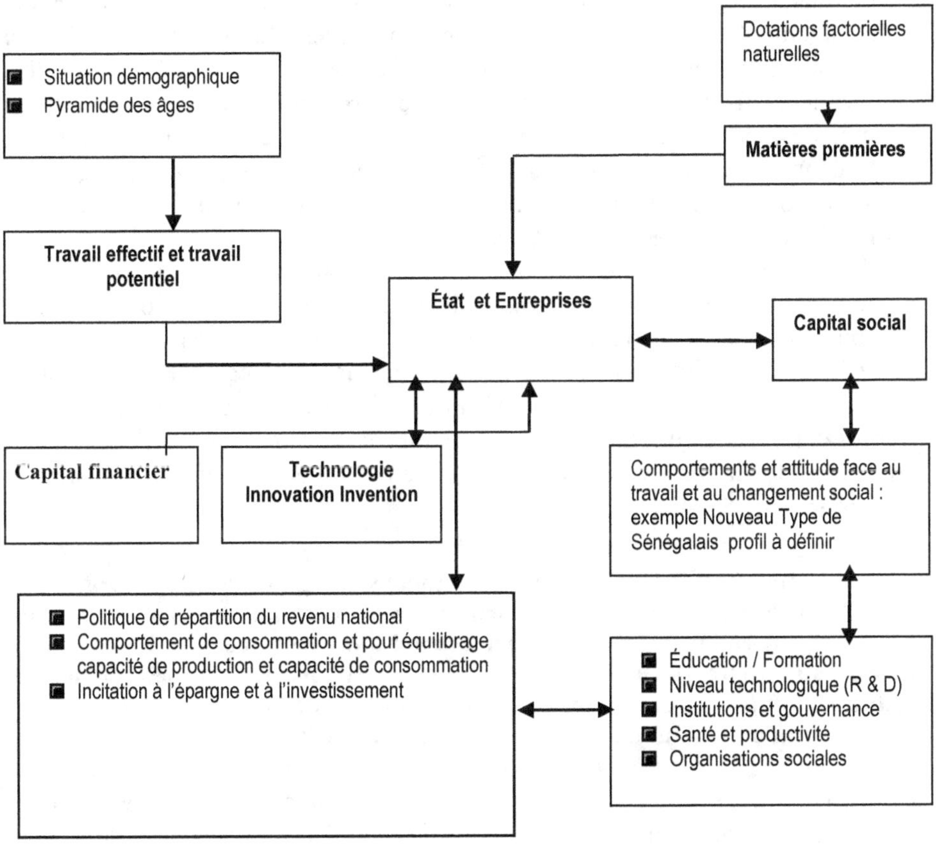

Le quatrième pilier concerne le projet d'aménagement créatif du territoire et de décentralisation qui favorise le développement à la base.

Le mouvement d'urbanisation chaotique et accélérée commande d'urgence les réflexions sur ces questions en relation avec l'aménagement du territoire. Le Sénégal a hérité d'un découpage administratif qui obéissait à la logique d'une mise en valeur coloniale fondée exclusivement sur l'économie de rente agricole et minière. Toutes les réformes de l'ordonnancement institutionnel opérées entre 1960, 1971 et 1994 n'ont pas modifié fondamentalement le découpage de l'espace. Depuis les années 2000, le projet de décentralisation et d'aménagement du territoire visait certains objectifs qui convergent vers l'utilisation de l'espace national conformément aux intérêts de l'ensemble de la collectivité : atténuer la bipolarité, éviter le « scénario de l'inacceptable » à savoir l'iniquité, l'absence de solidarité, l'inefficience de territoires sous optimaux et les limites liées aux articulations administratives. Les enjeux sont alors de trois ordres : Repenser toute la stratégie des politiques publiques, Donner une chance à chaque territoire et Revisiter les institutions de la décentralisation. En articulant, l'espace, les potentialités et les acteurs l'aménagement et la décentralisation constituent alors un moyen de démocratisation en ce qu'ils responsabilisent les acteurs à la base. Plus précisément, il fallait, remodeler l'espace territorial, ensuite redéfinir les champs des spécialisations possibles et enfin, établir de nouvelles trajectoires macroéconomiques. Les enjeux étaient de repenser toute la stratégie des politiques publiques, de donner une chance à chaque territoire et de revisiter les institutions de la décentralisation.

Dès lors, l'aménagement et la décentralisation constituent un moyen de démocratisation en ce qu'ils responsabilisent les acteurs à la base et permettent de recomposer un nouveau schéma de pôles de compétence et de compétitivité. En définitive la politique d'aménagement et de décentralisation devrait (i) assurer une meilleure répartition des activités économiques sur le territoire, (ii) faire émerger des pôles urbains et industriels dynamiques et (iii) équiper le territoire en infrastructures et en équipements modernes afin de l'homogénéiser le plus possible.

EN CONCLUSION : Les enjeux de toute stratégie de croissance robuste et durable passe par de profondes réformes structurelles relativement en premier lieu à l'organisation sociale et aux acteurs qui l'animent (leurs attitudes face au travail, au progrès technique, comportements civiques) et en second lieu les institutions et leur gouvernance en commençant par l'État et son principal levier l'administration (les auditer pour mieux les réformer)?

Ces réformes doivent éviter tout blocage ou ralentissement de l'économie de l'offre (accroissement de la production). Elles doivent alors portées sur les déterminants que sont : l'exhortation des forces et capacités de travail caractérisées au Sénégal par le faible taux d'activité; la massification des investissements surtout de long terme dans les priorités sectorielles (privilégier l'agriculture et l'industrialisation) ; la mobilisation des investissements dans les TIC pour produire l'explosion de la productivité du travail et les mutations dans les techniques de production et favoriser les innovations, inventions et la recherche/développement.

On sait qu'il n'est de richesse que d'homme, malgré la faiblesse des statistiques, la théorie économique académique établit qu'un accroissement du taux d'activité couplée avec une augmentation de la productivité contribue fortement à élever de manière substantielle le taux croissance. Or, ce déterminant est un énorme handicap pour l'économie sénégalaise. Alors, comment mettre le Sénégal au travail. Les appels pathétiques de toutes les autorités sont restés vains de L.SENGHOR à Macky SALL. **L'exclamation du Président Abdoulaye est célèbre : il faut travailler, encore travailler et toujours travailler.**

THÈME 36 – COMPTES ET MÉCOMPTES D'UNE GESTION PATRIMONIALE ET PRÉDATRICE.

Professeur Moustapha KASSE
Doyen Honoraire de la FASEG

Les élections ont donné lieu à un spectacle étrange, voire surréaliste : l'absence de débats crédibles sur les résultats de l'alternance et la déclinaison de projets de société et programmes de gouvernement alternatifs. La superficialité des campagnes à l'américaine, avec ses promesses mirobolantes et démagogiques, a fini par déboucher sur des invectives, des dérapages verbaux, des outrances, et finalement la corruption[356] à grande échelle et l'entrée dans l'espace politique de forces occultes. Aucune analyse profonde de l'autisme politique, économique et social, caractéristique du régime, n'était opérée et pas de débat de fond sur les propositions pour en sortir. Malgré tout, les sénégalais ont massivement désavoué cette politique que l'on peut qualifier de patrimoniale et qui est exécutée par État prédateur.

Dès lors, il est presque inutile de se répandre en jérémiades sur la situation incontestable d'un pays complètement cabossé par une oligarchie prétentieuse et ostentatoire. Cette couche sociale n'a jamais manifesté la moindre volonté de rendre compte, bien au contraire, tous les Rapports des organismes publics de contrôle ont été mis sous le coude. Cette situation appelle, aujourd'hui, l'impérative nécessité d'opérer un bilan exhaustif et sans complaisance au triple plan économique, social et institutionnel. Cela est d'autant urgent, qu'en pleine campagne électorale, le Président candidat avait déclaré clairement que « les caisses de l'État sont vides et qu'il fallait s'attendre à ce que les salaires ne soient pas payés après les élections ». Comment en est-on arrivé à cette situation calamiteuse ?

I/ Les insuffisances économiques d'une gestion patrimoniale et clientéliste.

Depuis une bonne décennie, il s'est instauré progressivement un véritable système politique patrimonial qu'il importe d'analyser pour bien comprendre la double dégénérescence du politique (dévolution monarchique) et économique (gestion informelle par projets). Ce système politique tourne autour d'un pouvoir patriarcal fortement centralisé et organisé autour d'un

---

[356] La corruption gangrène la vie économique, politique des sociétés africaines. Elle apparait particulièrement à l'occasion des joutes électorales. Quel que soit son montant, elle **incite ceux qu'elle arrose** à dilapider plus qu'à investir.

chef qui gouverne seul par le canal de sa famille, des fidèles, des serviteurs et d'une clientèle captive. C'est pourquoi la gestion de l'État s'effectue en « père de famille » avec un amalgame entre d'une part les affaires personnelles et de l'autre les affaires politiques, administratives et judiciaires. Le Trésor public et les aides extérieures se confondent presque avec la caisse du chef de l'État. Les stations de pouvoir sont distribuées pour permettre à ceux qui les occupent d'extraire et de redistribuer le patrimoine et les biens publics. Dans ce contexte, l'État devient prédateur : ses démembrements caractérisés par une expansion désordonnée du secteur public (plus d'une trentaine d'agences gérées par la Présidence) ne sont plus considérés comme des stations de travail, mais plutôt des strapontins affectés aux partisans pour s'enrichir. Selon l'observation de J.F. MEDARD, ces affectations sont l'expression de la « politique du ventre » qui obéit à une logique circulaire : *« Rechercher le pouvoir c'est aussi rechercher la richesse et rechercher la richesse c'est rechercher le pouvoir puisque l'un mène à l'autre et réciproquement »*. Ce système politique et économique est animé principalement par un objectif de redistribution ; il est faiblement engagé vers l'augmentation de l'offre de production : il s'est avéré inapte pour résorber les déséquilibres et réussir une politique soutenue de croissance, ce qui apparaît dans les faibles performances de la politique économique. En effet, on peut souligner, entre autres, 5 limites de la gestion économique patrimoniale :

En premier lieu, la croissance reste largement insuffisante pour résorber le couple infernal pauvreté et chômage masse. Au rythme actuel de la croissance, il faut environ 30 ans pour atteindre les OMD. Les satisfécits fièrement brandis par les autorités cachaient mal le fait qu'en matière de croissance, le Sénégal réalise de plus faibles performances que le Burkina Faso, le Bénin et même la Côte d'Ivoire qui vient, à peine, de sortir de la guerre civile. Ce n'est pas un hasard si la contribution des différents secteurs au PIB montre que la croissance de celui-ci a pour origine le secteur tertiaire qui représente en moyenne 61% du PIB. Ceci dénote de la prédominance des activités informelles dont une bonne partie est précisément incluse dans le secteur tertiaire. **En second lieu, l'absence de politiques sectorielles cohérentes plombe la croissance à moyen et long terme.** Les investissements dans les secteurs porteurs de croissance et d'emplois au niveau des trois piliers que sont l'économie verte et durable, l'économie industrielle et l'économie numérique sont demeurés, durant tout le quinquennat, très faibles. La politique économique est réduite à la juxtaposition de plusieurs projets techniquement mal ficelés et non articulés aux programmes comme le 11ème Plan, le DSRP et la Stratégie de Croissance accélérée. Quelques projets pharaoniques sont mis en chantier (Infrastructures, Corniche de Dakar, Aéroport de Diass, Port Autonome de Dakar, Plan Takal, etc.) et ont constitué de gigantesques gouffres financiers et des sources de corruption et de concussion. **En troisième lieu, l'endettement bien que soutenable est en train de s'envoler.** Le Ministre de l'Économie et des Finances observait « qu'il faut une meilleure et vigilante gestion pour éviter les dérapages ». Malgré cette mise en garde les dérapages n'ont pu être évités. **En quatrième lieu, le déficit de la Balance commerciale s'est creusé.** Ce déficit est une option délibérée pour accroitre les ressources budgétaires, car il provient principalement de trois rubriques : les importations alimentaires, les importations de biens somptuaires et les importations pétrolières. Les droits de porte et les recettes fiscales ont permis de disposer de flux importants et constants de ressources à répartir. Les plans GOANA, REVA, SOLAIRE, BIOCARBURANTS n'ont été que des effets d'annonce et des gouffres à sous. **En cinquième lieu, le déficit budgétaire établit que l'État vit largement au-dessus de ses moyens.** Son niveau élevé procède de la transformation du pays en un vaste bazar (accroissement des recettes provenant des droits de porte et des recettes fiscales). Quant aux dépenses, elles ont servi à entretenir une superstructure institutionnelle prédatrice par ses effectifs pléthoriques et son entretien coûteux.

Ces insuffisances économiques sont à la base d'un malaise social qui a affecté principalement les classes populaires et même les classes moyennes naissantes.

II/ Le malaise social des couches populaires au premier rang desquelles la jeunesse.

Le système politique et économique patriarcal a fini par plonger le pays dans une crise sociale d'une très grande ampleur. Celle-ci se manifeste d'une part dans l'accroissement du couple infernal pauvreté et chômage et d'autre part dans la dépréciation du pouvoir d'achat. En effet, la structure des dépenses publiques n'est ni en cohérence avec les objectifs de développement social régulièrement affichés par le gouvernement ni en conformité avec les exigences du développement humain. L'évolution des ratios de développement humain qui permettent de mesurer le niveau de réalisation des objectifs de l'Initiative 20/20 indique que le Sénégal est loin des normes minimales exigées. Le pouvoir d'achat de toutes les couches sociales s'est fortement détérioré avec la généralisation du renchérissement des prix des biens de première nécessité. Examinons brièvement ces 3 éléments. D'abord, **le couple pauvreté et chômage s'est approfondi.** En milieu rural, 65,2% des individus et 57,5% des ménages vivent en dessous du seuil de pauvreté. Ces pourcentages sont plus faibles dans les autres villes (respectivement 50,1% et 43,3%) et nettement plus bas à Dakar (42,0% et 33,6%). La proportion de demandeurs d'emploi dépourvus de diplôme reste très élevée au Sénégal. Elle est de l'ordre de 57% là où seuls 1,6% sont titulaires d'un diplôme universitaire. Quant au marché de l'emploi, il est marqué par le phénomène du sous-emploi. Et d'après le DSRP, le taux de sous-emploi visible s'établit à 21,8% de la population active. Ensuite, l**e coût élevé de la vie a atteint des niveaux inacceptables avec l'envol des prix des denrées de première nécessité. Les populations connaissent une paupérisation absolue et une précarité importante.**

Selon les Services de la Statistique, « Rien qu'en 2010, les prix des services de « logement, eau, électricité, gaz et autres combustibles » ont crû de 2,1%. La plus importante hausse a été enregistrée par la composante « électricité, gaz et autres combustibles » (+6,5%), sous l'effet d'une forte croissance des prix moyens à la consommation du gaz (+17,7%). À ceci il faut ajouter l'augmentation des prix du transport, mais aussi des prix à la consommation des « produits alimentaires et boissons non alcoolisées » qui ont enregistré une augmentation annuelle de 4,0%. » Et enfin, **les inégalités se sont creusées sans aucune politique claire d'équité et de justice sociale.** Moins de 10% de la population contrôlent plus de 80% de la richesse nationale sans aucune politique correctrice.

Au total, durant une bonne décennie, la gestion s'est traduite par une succession de scandales financiers, de prévarications foncières, de distribution de mallettes d'argent, de dénies de corruption, des détournements de biens publics, de blanchiment d'argent et au finish de crimes horribles de sang. Le pays n'est ni amnésique ni dupe pour oublier de sitôt ces multiples malversations de tous ordres opérés par la famille présidentielle de père en fils et par les plus hautes autorités : les copains, les coquins, les bandes et les prébendes ont fini par abimer et détruire beaucoup de valeurs fondatrices de la société. La marchandisation des services publics, des produits culturels et artistiques, du corps, notamment celui de la femme, ainsi que l'introduction de l'argent dans toutes les strates de la société, ont fini par gangrener tout le corps social, les valeurs culturelles, les modes de vie et même l'organisation des communautés religieuses. Cela a entrainé une sorte de dégénérescence du politique, de la règle de droit et de l'éthique, mais surtout l'explosion de l'économie criminelle et mafieuse dont l'objet est moins de créer des activités productives que de recycler à l'extérieur les ressources tirées de la prédation ou des activités illicites.

Les deux parties rapidement analysées et relatives aux insuffisances de la politique économique et son corollaire le malaise social, appellent un redressement de la situation économique dans la justice sociale. C'est le message clair que le peuple sénégalais a adressé aux nouvelles autorités.

III/ Sortir des médiocres débats sur les audits et la récupération des biens publics et s'investir pour une autre société de méritocratie, de justice et d'égalité des chances.

Le changement de régime commande de faire l'état des lieux du système patriarcal caractérisé par le fonctionnement d'un État qui s'est nourri de la société sans lui rendre des services suffisants et qui est organisé principalement autour de la redistribution, à sa clientèle politique, des ressources publiques et des aides extérieures. Dans ce contexte, la démocratie impose normalement de débattre de l'état des Comptes de la Nation avant que ne se mettent en place la nouvelle administration et le déroulement de ses programmes. Trois points ont fait l'objet d'échanges souvent passionnels portant respectivement sur le budget, les audits et la Cour sur l'enrichissement illicite. Les confusions entretenues sur ces sujets et leur exploitation politicienne appellent d'indispensables clarifications et des mises au point techniques.

D'abord les débats sur l'état du budget sont apparus d'une pauvreté affligeante : les débatteurs, y compris quelques universitaires, ont complètement ignoré que toute évaluation budgétaire se ramène, au départ, à une question centrale : « Que fait l'État de l'argent des contribuables ?». Cette question est d'autant plus importante que l'État sénégalais est passé maître dans l'art de maquiller les statistiques budgétaires : la meilleure preuve, les fameux dépassements qui étaient des détournements déguisés. Dans le fond, toute politique budgétaire respectueuse des principes de bonne gouvernance économique doit toujours concilier un double impératif, d'une part celui d'assurer l'égalité des citoyens devant l'impôt (équité fiscale) et la correction des inégalités (individus et régions) et d'autre part celui d'utiliser de manière réglementaire, opportune et efficace les finances publiques.

Ensuite sur les audits, il est clair que dans un système patrimonial et népotique, il est impératif d'auditer systématiquement tous les gestionnaires de fonds publics. À ce propos, les débats ont été hallucinants et ont frisé souvent l'ignorance sinon l'indécence. Je suis le premier universitaire en Afrique francophone à avoir pris conscience de cette problématique au point d'ouvrir la première formation diplômante sur l'audit dans le cadre de l'Institut de Formation en Administration et en Création d'Entreprise (IFACE). J'en avais acquis la conviction après une invitation à HEC Montréal par mon Collègue le Pr. Hafez FAWZY qui travaillait sur « *L'efficacité de la gestion des entreprises publiques* ».

Les débats engagés devraient être plus techniques que politiques en ce sens que l'audit est une approche technique de contrôle de la gestion d'une entreprise privée ou publique. Au niveau de l'État, il est au service des principes de la bonne gouvernance, de la modernisation de l'État et de la moralisation de la gestion du service public. Un audit rigoureux et efficace permet de clarifier la situation financière de l'institution concernée. Il représente en fait, pour les gestionnaires, un moyen de remplir l'obligation de rendre compte. C'est pourquoi, l'audit est, aujourd'hui, un élément central de la Gestion Axée sur les Résultats imposée aux États bénéficiaires de l'Aide Publique par la Déclaration de Paris de 2004.

Manifestement, le faible développement de la fonction d'audit dans le passé relevait d'un manque évident de volonté politique, ce qui apparaissait à travers l'inefficacité des multiples organismes d'audit public comme la Cours des Comptes, le Contrôle Financier, l'Inspection Générale d'État et les divers Organismes de contrôle attachés à certains Ministères Techniques. Que de Rapports d'audit ont été mis en souffrance ou classés sans suite et qui constituent de véritables bombes. Ce qu'il fait peur, c'est que dans le système patrimonial passé, les gestionnaires, faisant partie du réseau présidentiel, étaient couverts (ou blanchis) par une sorte d'immunité (impunité) qui les plaçait au-dessus des lois. Cette exemption est maintenant éteinte par le peuple sénégalais qui réclame des comptes clairs à ceux qui n'ont jamais été astreints à l'obligation de rendre compte. Cela d'autant plus que le porte-parole du Président de la République les avait bien mis en garde : «si nous perdons le pouvoir nous irons tous en prison ». On ne peut être plus clair.

Les justifications et les argumentaires doivent être présentés aux juridictions compétentes et souveraines qui sont en la matière les seules instances habilitées et outillées pour libérer ou punir. Alors à quoi servent ces interventions intempestives dans les espaces médiatiques par des personnalités incriminées et qui se disent bien couverts par la présomption d'innocence ? Le déploiement médiatique et les stratégies de communication ne peuvent sauver personne. En effet, la communication si parfaite, si opportune qu'elle soit ne peut absoudre un gestionnaire appelé à répondre de malversations présumées. Tous les incriminés n'ont besoin ni d'une excellente communication, ni d'un porte-parole plus loquace que convainquant, mais de bons avocats tenant de bons justificatifs et présentés aux bons endroits. Le débat médiatique n'a plus lieu d'être, il faut laisser la justice faire son travail en toute sérénité.

Enfin, qu'en est-il de la Cour de l'enrichissement illicite opportunément ravivée ? Pourquoi cette levée de boucliers ? Nous avions mené, le Professeur Mariel ZOUENKEU et moi, une réflexion à l'issue de laquelle, nous avions soumis une note au Président Diouf. Cette loi apparaissait d'abord comme une véritable révolution dans un pays gangrené par la corruption généralisée, l'abus de biens sociaux et le détournement de fonds publics, ensuite comme une volonté courageuse d'instituer un « droit pénal du développement » et enfin, elle venait combler les insuffisances de certaines infractions voisines assez courantes comme la corruption, le détournement des deniers publics, l'enrichissement sans cause, le blanchiment d'argent. Nous avions salué l'inversion de la charge de la preuve qui confère à la personne suspectée de démontrer l'origine de ses biens en relation avec ses revenus légaux. Notre travail économico-juridique nous avait conduit à trois interrogations majeures : 1) Quels sont les montants incriminés et existent-t-il des mécanismes de recouvrement ? 2) Quels sont les moyens de détection ? 3) Le Président a-t-il la volonté et les moyens politiques de mener jusqu'à terme toutes les investigations ?

Les platitudes développées et entendues ces derniers temps de la part de certains acteurs politiques sont des ratiocinations politiciennes sans dimension ni portée technique. Aujourd'hui, deux de nos interrogations trouvent des réponses limpides. En premier lieu, la traçabilité des capitaux enfuis dans le méga marché des capitaux est parfaitement maîtrisée. Les travaux réalisés par Léonce NDIKOUMANA de la BAD, montrent que les sommes incriminées pour toute l'Afrique se chiffrent à environ 300 milliards de dollars dont

2milliards au Sénégal. En second lieu, la Banque mondiale et certaines Officines internationales (ONU) ont mis en place des mécanismes adéquats pour traquer et restituer aux pays d'origine les fonds détournés (Initiative STAR). Si le Président de la République manifeste la volonté de faire appliquer la loi jusqu'au bout, toutes nos interrogations sont totalement satisfaites ?

À l'évidence, les élections sont terminées et c'est ramer à contre-courant que de penser disposer d'une légitimité autre que celle conférée par le suffrage universel. Tous les acteurs de la vie politique doivent comprendre que le système politique patriarcal est fini. C'est une exigence démocratique que ce système soit audité de fond en comble en vue d'un nouveau départ pour le redressement du pays. Le Président de la République est dans son droit de décliner avec clarté et rigueur sa volonté de mener jusqu'au bout les audits afin de récupérer l'argent des contribuables. Les journalistes qui écrivent l'histoire au quotidien ne doivent pas oublier de sitôt les péripéties sur le troisième mandat présidentiel : malgré les arguments de béton présentés par la quasi-unanimité d'hommes compétents, il était exigé de leurs auteurs qu'ils s'en remettent à la justice et se soumettent à ses décisions. Beaucoup d'hommes politiques l'ont fait en avalant leurs souliers ou leurs babouches. Force doit rester à la loi.

THÈME 37 – « Y'EN ÁMARRE » : LES NOUVEAUX DÉFIS DES GÉNÉRATIONS GALÈRE EN AFRIQUE.

Professeur Moustapha KASSE
Doyen Honoraire de la FASEG Exposé fait aux Etudiants de la FASEG lors d'un diner débats à la Cité Claudel.

INTRODUCTION : les termes de la problématique du malaise de la jeunesse.

La révolution ou les mutations introduites par les TIC rendent possible de voir et d'entendre le monde entier, village planétaire, par l'intermédiaire de signes et de symboles. La jeunesse peut être présente partout à la fois sur la planète. Elle entre directement, avec les réseaux sociaux, en contact avec des séquences de vie, des modèles de comportement, des luttes sociales qui occupent une place qui finit par être infiniment plus importante que la Famille, l'École et même la religion.

On la croyait apathique, dépolitisée, désabusée, manipulée, la jeunesse a pris brutalement le devant de la scène. De par le monde, elle rappelle, chaque jour par ses colères et ses refus les malaises et les obscurités qui pèsent sur son avenir. Phénomène marquant de la mondialisation, elle représente plus de la moitié de notre planète. Pour l'Afrique, en 2005, plus de 56% de sa population avait moins de 20 ans et 65%, soit près des deux tiers, moins de 25 ans. Au Sénégal, les taux sont presque identiques. La pyramide des âges révèle une base toujours large et le recensement de 2002 confirme que 54.9 % de la population sénégalaise est âgée de moins de 20 ans.

Cette jeunesse, dans sa diversité, monte à l'assaut des citadelles politiques et entre en quasi rébellion contre les divers establishments et les nomenklaturas de tous ordres qui l'excluent des systèmes productifs et culturels, de la vie tout court.

Cette moitié du monde se mobilise partout autour de revendications concernant aussi bien les conditions sociales, l'école, le service public, le système des libertés, la laïcité, l'action humanitaire et la défense de ses identités. Les révolutions dans les pays arabes, qui ont surpris par leur ampleur les journalistes et les analystes les plus avisés, sont de leur fait. C'est également elle qui déstabilise, en Occident, les ordres politiques réputés responsables de leurs précaires conditions de vie : mouvements de révolte en Grèce, en Espagne, en Italie contre les plans d'austérité, les nombreuses émeutes des banlieues en France et récemment en Grande-Bretagne. Les soulèvements des élèves et étudiants et les nombreuses manifestations contre le chômage dans plusieurs pays africains montrent que le Continent africain n'est pas en dehors de l'universalité du malaise de la jeunesse.

Au Sénégal, depuis les années 90, la jeunesse est aux premières lignes des combats pour les changements des systèmes opprimants, pour la démocratie et la bonne gouvernance. Elle s'exprime à travers ses formes propres de lutte à une période où les intellectuels et le mouvement ouvrier ont totalement abandonné leurs missions d'émancipation et d'éveil des peuples. Le relai pris la jeunesse trouve et impose ses canons de communication à travers la musique (hip hop, rap, folk, rock), la danse (le mbalakh et le yusa) et la lutte, repoussoir de l'excès de violence. Cette musique exprime une volonté claire de faire reconnaître et d'imposer leur personnalité propre et leur refus de toutes les formes d'exclusion et de répression d'un système social décrié. Artistiquement et en termes d'arrangement, cette musique n'est pas un spectacle dionysiaque auquel on assiste passivement, mais une rencontre dans un espace ouvert et sans décor où la participation de tous les spectateurs est sollicitée. Dansez, sans style si cela vous chante, mais écoutez les sentences du concert et sa gestuelle. Le « **Mouvement Y'en a marre** » qui commence à faire école dans toute la sous-région, symbolise à perfection cette nouvelle prise de conscience citoyenne qui débouche sur des plateformes de luttes pour un autre Sénégal. C'est pourquoi, il faut être attentif et avoir l'écoute sur ces milliers groupes de Hip Hop et de Rap (on parle de 5000) et même ces milliers d'écuries qui ont des objectifs pas trop éloignés : lutter contre le chômage, la profonde paupérisation des masses (versus terme officiel de la pauvreté), les inégalités sociales criantes avec des individus qui ont amassé des fortunes colossales en des laps de temps record, les restrictions des libertés démocratiques et la mal gouvernance qui se manifeste dans une corruption endémique. Dans ce sens, THIAT, un des membres fondateurs du Mouvement **Y'en a marre** souligne *« Nous avons marre des coupures d'électricité, de la corruption, du détournement des deniers publics. Nous en avons marre.»* Et FOU MALADE, le Directeur Artistique renchérir : *« Nous avons ras le bol de tous ces problèmes ».* Alors, *«Quand l'essentiel est en danger, s'opposer est un devoir».*

Il est important de camper l'état de la pauvreté au Sénégal pour mieux cerner le niveau de la demande sociale et la dégradation des hypothétiques filets de protection des jeunes. Malgré le volume impressionnant des financements en faveur des recherches sur la pauvreté, les résultats au plan quantitatif sont médiocres. Sans rentrer dans des polémiques, observons avec le DSRP que « 65% des ménages interrogés se considèrent comme pauvres et 23 % d'entre eux se déclarent même très pauvres.

Près de deux ménages sur trois (64%) estiment que la pauvreté s'est aggravée au cours des cinq dernières années contrairement aux mesures objectives qui indiquent une réduction de 16%. Le milieu rural contribue à hauteur de 65% à la pauvreté, pour une population de moins de 55% du total. En revanche, Dakar qui compte près d'un quart de la population y contribue pour moins de 18%. Les rédacteurs du DSRP soulignent que l'impact de la croissance sur l'incidence de la pauvreté des populations a été cependant atténué par l'inefficacité des politiques de redistribution. En d'autres termes les

20% les plus riches de la population réalisent plus de 41% des dépenses annuelles totales contre 8,1% pour les 20% les plus pauvres ».

Le DSRP conclut que « les performances économiques et financières enregistrées ces dernières années restent encore insuffisantes pour réduire de façon significative la pauvreté en vue d'atteindre les Objectifs du Millénaire pour le Développement (OMD), notamment la réduction de l'incidence de la pauvreté de moitié à l'horizon 2015. En effet, avec le rythme actuel de progression de l'économie, il faudra 30 ans environ pour doubler le PIB par tête qui demeure l'un des plus faibles au monde (635 $ US en 2003) ».

Le Rapport de 2007 de l'Enquête de Suive de la Pauvreté au Sénégal confirme ces tendances. Il observe (p35) en qui concerne l'emploi mesuré à travers l'activité du moment, c'est-à-dire celle exercée dans les sept jours précédant l'interview que « le taux d'activité est estimé à 50,7% de la population en âge de travailler (personnes de 10 ans et plus). Le taux d'occupation s'établit à 38,7%, ce qui signifie que sur 100 personnes en âge de travailler, moins de 40 occupent un emploi. Le taux de chômage du BIT au sens strict est estimé à 10,0% au niveau national avec un niveau plus élevé dans la zone urbaine de la région de Dakar (16,0% contre 6,3% en milieu rural) et chez les femmes (13,6% contre 7,9% pour les hommes). Près de 23,0% des travailleurs sont en situation de sous-emploi invisible, c'est-à-dire qu'ils ont des revenus d'activité insuffisants, les conduisant à chercher activement à les augmenter pour satisfaire leurs besoins. Cette précarité de l'emploi explique la forte dépendance qui sévit dans le pays : 100 travailleurs ont à leur charge 270 personnes dépourvues d'emploi. La dépendance économique est plus lourde dans les autres villes et en milieu rural (290 inoccupés pour 100 actifs occupés) où le sous-emploi est aussi plus sévère (27,0% des occupés). » Ce taux est totalement inexpressif de la réalité du chômage. Pour ce qui est de la pauvreté, la tendance à son augmentation est confirmée. Ainsi selon l'ESPS, « Au niveau des communautés comme au niveau des ménages, la pauvreté perçue est très étendue. Plus de la moitié des ménages (56,0%) estiment que leur communauté est « très pauvre » ou « un peu pauvre ». Bien que l'incidence de la pauvreté perçue soit moindre au niveau des ménages, elle reste toujours élevée : 52,0% des ménages se considèrent comme 'pauvres'. Sur l'ensemble des ménages qui se sont prononcés sur l'évolution récente de la pauvreté, près de 44,0% pensent que celle-ci s'est plutôt aggravée au cours des cinq dernières années. Toutefois, les perspectives sont moins sombres : moins du quart des ménages (22,0%) pensent que la pauvreté pourrait s'aggraver dans les cinq prochaines années. »

Ces longues citations conduisent à deux conséquences importantes et liées d'une part l'émergence et l'autonomisation de la jeunesse et d'autre part le délitement des filets de protection traditionnels.

Qu'on le déplore ou qu'on s'en réjouisse, il reste que les jeunes sont le moteur principal des révolutions, mais également l'espoir pour introduire les changements indispensables dans des sociétés sclérosées et oligarchiques. Ils sont dans de bonnes prédispositions, car ils n'ont point les préjugés, les peurs et le scepticisme des générations précédentes, leurs pères et leurs grands frères.

Cette réflexion n'est nullement un éloge démagogique de la jeunesse ni un réquisitoire contre elle : elle se propose simplement de déchiffrer avec acuité d'abord ce qu'elle dénonce et ensuite d'essayer de comprendre ce qu'elle annonce. Elle a la prétention de soulever quelques idées qui permettent de camper les enjeux et d'ouvrir le débat urgent avec la jeunesse de nos pays.

On ne comprendra rien aux problèmes de la jeunesse si on les insère pas dans le contexte de la mondialisation libérale caractérisée par les lourdes tendances à l'uniformisation économique, sociale les mutations profondes introduites par les technologies de l'information et de la communication et l'accélération des savoirs qui sont des instruments puissants de démocratisation et d'émancipation : Internet et les réseaux sociaux. Un des spécialistes des émissions scolaires observe qu' «au rythme auquel le savoir s'épanouit, la somme des connaissances de l'humanité sera quatre fois plus importante qu'elle ne l'est au moment où un enfant né aujourd'hui sortira de l'université. Quand il aura cinquante ans, 97% de ce qu'il saura à ce moment-là auront été inventés depuis sa naissance ». Avec les télécommunications, Internet et les réseaux sociaux, les jeunes de n'importe quel coin de la planète sont au contact quotidien avec des modèles de vie, des comportements et des valeurs qui peuvent divorcer d'avec ceux de la famille et de la société.

Les problèmes posés par la jeunesse sont inédits. On n'en saisira rien si l'on essaye de se rassurer en affirmant pour se convaincre : il y a toujours eu des jeunes. Il est symptomatique que l'étincelle qui a conduit Ben Ali à «dégager», le 17 décembre 2010, soit parti de l'immolation par le feu d'un jeune diplômé universitaire à qui la société n'offrait d'autres perspectives que de vendre des fruits dans la rue, ce qui lui a été interdit avec brutalité par la police au nom de l'encombrement humain des trottoirs.

Cette analyse n'est pas celle d'un sociologue encore moins d'un politologue, elle est tout simplement le fruit d'une réflexion longue de quelqu'un qui a eu l'énorme privilège d'avoir été responsable syndical, dans les années de braise de l'Université sénégalaise, d'avoir dirigé pendant une trentaine d'années un Club Omnisport (DUC) et d'avoir rencontré cette jeunesse dans plusieurs campus universitaires du monde. De ces observatoires favorisés, j'ai entendu et compris ce que cette jeunesse dénonce et ce qu'elle annonce.

I/ Ce que la jeunesse dénonce, c'est être la « génération galère » coincée entre malaise social et mal vivre.

Les problèmes posés par les jeunes sont à la fois nombreux, complexes et souvent inédits et assez mal posés. Précisons de prime abord, en écartant tout débat sémantique sur la jeunesse, qu'elle ne constitue pas une classe, mais un groupe social non homogène dont les composantes viennent de classes sociales ayant des origines, des orientations et des façonnements différents. Toutefois, elles sont reliées par des problèmes transversaux dont les plus importants sont le chômage et le sous-emploi, la crise du système éducatif et de formation, la pauvreté et la déliquescence des filets de protection, les déficiences ou l'absence du service public et des infrastructures de promotion et d'épanouissement, le développement de la délinquance et de la toxicomanie et le déficit d'information.

Accablée par toutes ces épreuves, la jeunesse rame pour entrer dans la vie active ; si elle n'est pas une génération sacrifiée, elle est bel et bien une génération galère dont le problème le plus lancinant est le chômage. Beaucoup de jeunes vivent au quotidien la galère du chômage et de la précarité. **Certains d'entre eux ont entrepris des études dures dans les universités les plus huppées, mais risquent de se retrouver au seuil de l'âge de la retraite sans jamais travailler. Pour eux tout se passe comme s'ils sont condamnés à ne jamais « gagner leur vie à la sueur de leur front. »**

La réflexion sur les problèmes que soulève la jeunesse est rendue difficile suite aux insuffisances et imperfections de la statistique concernant les jeunes. Nulle étude crédible sur sa dimension quantitative, sur sa répartition spatiale par âge, par sexe, par secteur d'activité, sur sa stratification sociale, sur son degré d'insertion dans les activités, sur le taux de chômage, sur les filets de protection sociale, n'est disponible. Depuis le temps que les politiques publiques s'intéressent aux jeunes, elles n'arrivent pas encore à produire des enquêtes statistiques et sociologiques fiables comme cela est fait sur la pauvreté qui est un problème d'égale importance.

Le premier problème le plus lancinant que certains auteurs qualifient de bombe est le chômage épizootique, une menace plus forte que celle du présumé terrorisme. Le poids démographique et le chômage sont à la base d'une nouvelle prise de conscience des organisations internationales comme l'Organisation Internationale du Travail (OIT), la Banque mondiale (BM), la Commission Économique pour l'Afrique (CEA) soulignent dans plusieurs de leurs rapports, la nouvelle dimension des enjeux des « générations futures » : elles mettent en garde les États sur la calamité que représente le chômage. Dans un rapport de la Banque mondiale, Eric ZUEHLKE écrit que « l'emploi et le sous-emploi des jeunes sont de plus en plus reconnus comme présentant un risque potentiel d'instabilité sociale dans beaucoup de régions du monde.

Au Sénégal, le taux de chômage est la plus grande inconnue de nos statistiques : il varie d'un chiffre officiel fantaisiste de 6.8% à 67% (évaluation privée) en passant par 48 % pour le Bureau Régional de la CEA qui ajoute *« bien que le pays ait enregistré au cours de ces cinq dernières années l'une des meilleures performances économiques de l'Afrique subsaharienne, cela n'a pas généré suffisamment d'emplois décents en particulier pour les jeunes. Pour preuve, le taux de chômage reste élevé pour se fixer à 38%. »*

Pour l'Afrique de l'Ouest, l'Organisation Internationale du Travail (OIT), note « qu'elle est, avec le reste de l'Afrique subsaharienne, la région la plus jeune du monde. Un nombre important des jeunes sont sans emploi ce qui constitue la menace la plus sérieuse pour la sécurité et la stabilité de la sous-région.

Concernant l'Afrique, sa population de jeunes augmente rapidement alors que l'accès aux emplois sûrs continue d'être problématique : Il existe un taux endémique de chômage élevé et d'après les projections, 3 personnes au chômage sur 5 en Afrique seront des jeunes.

Manifestement, ce fléau affecte aujourd'hui la tranche des 15-25 ans dans laquelle on retrouve les diplômés de l'enseignement supérieur et du secondaire. Faut-il s'y résigner d'autant que les politiques publiques s'avèrent globalement inefficaces et inopérantes. Pour tous ces pays, la crise financière mondiale a rendu les accès aux marchés du travail encore plus difficiles et a exacerbé la situation volatile pour les jeunes.

Cette bombe du chômage qui fait peur aux autorités politiques est la pierre angulaire des revendications des mouvements des jeunes du Sénégal, d'Afrique et d'ailleurs. Elle accroît la fragilité des jeunes et fait naître en eux un sentiment d'exclusion et d'inutilité qui les pousse à « des activités nuisibles pour eux-mêmes et pour la société. Tant que le potentiel des jeunes ne sera pas exploité de manière productive, ni eux ni la société ne pourront prétendre à un avenir satisfaisant", affirme Juan SOMAVIA, Directeur général du BIT. L'expert du PNUD, Jeffrey SACHS, fait du chômage l'une des racines des révolutions arabes, et un des enjeux majeurs des politiques à venir. En effet, cette jeunesse, moins installée dans la vie et ne perdant rien à un changement véritable de société, car ne possédant ni maison, ni enfant, ni voiture, même pas d'emploi, toutes ces exclusions, va se mobiliser massivement pour affronter l'État, la police, les institutions et monter à l'assaut de l'establishment. Alors, il se forme une volonté d'en finir avec des systèmes démoralisant qui ne leur réservent que de sombres perspectives. N'ayant subie ni les humiliations des intellectuels et des élites qui ont échoué à accomplir leurs missions spécifiques d'émancipation des peuples, ni les défaites du mouvement ouvrier, elle se présente comme une force déterminée à arpenter le chemin des luttes révolutionnaires.

Le second problème que la jeunesse soulève concerne le système éducatif. Les revendications des étudiants et des lycéens sont identiques et comportent trois volets : le premier concerne le contenu, le second les conditions de travail et le troisième le chômage des alors même que les pays ont besoin ont besoin de médecins, de professeurs, d'ingénieurs. Elle met en cause la crise des contenus et des missions du système éducatif, l'absence de lisibilité des savoirs, la croissance des flux ni prévue, ni préparée, mais subie alors même que l'encadrement et les infrastructures stagnent. Paradoxalement la massification de l'enseignement n'a pas gommé le caractère très inégalitaire du système scolaire : les nombreux jeunes qui quittent le primaire, le secondaire et l'université sans aucun titre scolaire, n'ont pour horizon immédiat que des recherches incessantes de travail ou, au meilleur des cas, des allers retours entre chômage et prospections de stages.

C'est pourquoi les jeunesses scolaires et universitaires se révoltent d'abord contre les conditions de vie et de travail fortement dégradées et les allocations budgétaires insuffisantes et mal utilisées pour ensuite dénoncer les universités qui sont devenues des fabriques de chômeurs. Les raisons découlent d'une part des faibles liens que les universités entretiennent avec la vie productive et les entreprises et d'autre part de l'absence d'adéquation entre les savoirs dispensés et les profils des compétences. L'université ne s'adresse plus à la fois aux étudiants et aux entreprises.

Le troisième problème qui se pose concerne l'accentuation de la vulnérabilité, de la dépendance de la jeunesse vis-à-vis de la famille qui est le principal filet de protection. La famille commence, suite aux multiples précarités et difficultés quotidiennes, à être vidée de son contenu. Elle n'est plus une unité de travail, ni un foyer d'éducation ni technique ni morale. Elle n'est plus une unité de valeur et moins encore une autorité. La détérioration de la situation sociale avec la montée de la pauvreté de masse contribue fortement à l'affaiblissement progressif des filets de protection sociale. Dès lors, les plus précaires des jeunes, sans allocation chômage, plongeront dans la pauvreté, car l'altruisme familial ne peut plus fonctionner. L'État n'étant pas garant des solidarités, en cas de panne de l'ascenseur social, les jeunes en supportent les frais.

Le quatrième problème sur lequel bute, encore la jeunesse est relatif aux déficiences du service public destiné aux jeunes et les insuffisances des infrastructures de promotion et d'épanouissement. Au Sénégal, les politiques publiques sont dispersées et sans grande imagination ni envergure. Conçues du dehors, par une sorte de délégation implicite, ces politiques prétendent penser et décider pour les jeunes : ceux-ci exclus de fait s'en détournent superbement. Observons que les secteurs où l'État a laissé l'initiative et la liberté d'organisation aux jeunes, comme les «navétanes», la jeunesse se mobilise tellement massivement et de manière enthousiaste et chaotique, qu'elle finit par éveiller des peurs. Leur moindre velléité de protestation ou de contestation est sous haute surveillance, car perçue comme un danger réel.

Le cinquième problème concerne la délinquance et la toxicomanie. Ces deux phénomènes qui ravagent la jeunesse sont perçus comme des perversions venues de l'extérieur par les fameux effets d'imitation. Cette vision est totalement erronée. En raccourci, ces deux pratiques doivent être perçues comme des maladies d'origine sociale : il s'agit d'un désir puissant d'évasion d'un ordre social qui ne vous réserve plus rien. Ce marché est exploité par des réseaux d'organisations mafieuses financièrement puissantes qui ont de multiples anicroches avec la haute finance mondiale. Il ne faut pas oublier que le PIB mondial de cette criminalité fait environ plus de 1500 milliards de dollars. Si l'on veut lutter contre le phénomène, ce n'est pas à la jeunesse qu'il faut s'en prendre, mais au système qui l'engendre et le commercialise.

Enfin le sixième problème concerne l'énorme déficit d'information qui est en fait une exclusion de la modernité et le maintien de l'obscurantisme. Partout dans le monde, la jeunesse est montée à l'assaut des nouvelles technologies de l'information, Internet, téléphone portable et multimédia qu'elle utilise davantage et mieux que leurs parents. Les jeunes sont devenus les fers de lance du milliard de personnes abonnées à Internet. Ces TIC apparaissent comme des outils efficaces qui permettent aux adolescents une libération de la parole, une intégration des réseaux sociaux pour capitaliser les expériences et mettre en place une véritable mémoire collective, un accès à toutes les informations relatives à la vie pratique, aux droits individuels et collectifs, à l'emploi, à la culture, aux loisirs et divertissements. Lesdites informations sont à la fois complètes, relativement impartiales et actualisables.

Ces nouveaux outils ont révolutionné l'univers de la communication, des relations sociales et même celui de l'éducation dans la mesure où ils ont détrôné les bibliothèques pour beaucoup d'étudiants. Pourtant en Afrique, ces outils des temps modernes sont souvent hors de portée pour l'immense majorité des jeunes qui n'ont guère les moyens d'avoir un microordinateur et parfois même pas la petite bourse pour surfer dans un cybercafé si celui-ci a le bénéfice d'exister. Cela soulève alors un énorme problème de démocratisation de l'accès aux informations qui intéressent leur vie quotidienne et l'exercice de leurs droits.

La conjugaison de ces problèmes met la jeunesse dans un profond sentiment d'injustice et de colère qui l'amène perpétuellement à contester et même paralyser tout le système social. Pour y faire face, les gouvernements utilisent ; en général, les discours de la flatterie, des promesses d'un côté et de l'autre les armes de la corruption et de la répression.

II/ Ce que la jeunesse annonce : être désormais l'accélérateur de l'histoire et la locomotive des acteurs des transformations structurelles inclusives et de la gouvernance démocratique.

La jeunesse étant partout rebelle, la profondeur et l'universalité de son malaise et de son mal vivre nous interdisent des réponses partielles que suggèrent nos préférences politiques. Sans nul doute, il s'agit, prioritairement d'une révolte contre leurs précaires conditions de vie suite à l'échec ou même l'absence de politiques sociales la concernant, leur avenir sans issue, contre les despotismes et les pratiques de l'État malveillant.

Toutefois, à bien écouter leurs différentes formes d'expression, la jeunesse s'insurge aussi contre toutes les formes d'exploitation et de répression des peuples, les modes de gestion des biens publics, la faillite des organisations politiques fondées sur le principe dualiste de la délégation du pouvoir, les tares de la société mimétique et extravertie dans laquelle la famille n'est plus un foyer d'éducation. Cela apparaît clairement dans leurs références : Thomas SANKARA, Che GUEWARA, Nelson MANDELA, Bob MARLEY, les Révoltés des townships et des favélas qui représentent des martyrs, des séquences de vie ou des modèles de comportement. Avec une telle plateforme, elle réalise la jonction avec toutes les luttes populaires au côté d'autres acteurs comme la société civile et parfois la classe politique. Il reste que l'originalité de leur engagement, qui est en même temps leur faiblesse, est l'absence d'un leadership d'idées et de projets alternatifs cohérents.

La jeunesse se détourne d'une certaine conception de la politique que l'on prétendait faire en son nom mais sans elle, par une sorte de délégation implicite. Elle se détourne d'une conception « dualiste » apportant aux masses la conscience « du dehors ». Les revendications sont claires, mais souvent posées de manière anarchique, chaotique, voire utopique : Du boulot pour tous ! Avoir du boulot ou bénéficier d'études gratuites ! Un boulot décent avec salaire décent ! Respect des droits démocratiques et de toutes les libertés ! En finir avec la société répressive et de violence et mettre fin au harcèlement policier ! Insertion sociale pas « due dehors » et par « en haut », mais du dedans et par en bas. Honneur et Gloire aux peuples qui luttent ! Changement des mentalités et réhabilitation des valeurs ! Bannir et punir les voleurs de la République ! Ces demandes peuvent être transversales et concerner toutes les catégories de jeunes des villes et des campagnes, des élèves et des étudiants.

Les étudiants et lycéens ajoutent des plateformes spécifiques autour des conditions sociales de vie et d'étude décentes, la réforme d'un système éducatif qui est une fabrique de chômeurs et l'insertion professionnelles des diplômés du supérieur. Cette jeunesse qui sort des universités, bardées de diplômes, mais sans perspectives, sans allocation est contrainte de végéter auprès de leurs parents qui doivent les prendre en charge sans en avoir les moyens. La pauvreté de masse montre les limites liées à la « familiarisation ».

Des structures gouvernementales ont certes été mises en place au niveau national et même régional et continental avec des textes pour faire jouer à la jeunesse un rôle central dans le développement économique, social, politique et culturel. Mais celles-ci sont loin de satisfaire les aspirations profondes des jeunes qui d'ailleurs les désertent superbement. On peut citer les Conseils Nationaux de la Jeunesse qui existent dans la plupart des pays et qui sont des coquilles creuses puisque sans moyens significatifs, la Charte africaine de la jeunesse, le Cadre stratégique du programme du NEPAD relatif à la jeunesse et autre Programme d'action mondial pour la jeunesse à l'horizon 2000. Ces organisations ne décollent pas et restent, au-delà, de simples vœux pieux.

La jeunesse africaine a été au centre des travaux du 17e sommet ordinaire de l'Union africaine (UA) à Malabo en Guinée équatoriale. Le thème central était : « Accélérer l'autonomisation des jeunes pour le développement durable ». Cette rencontre fait suite à l'adoption par le sommet de l'OUA d'Alger de 1999 de la Charte Panafricaine de la Jeunesse qui engageait les États membres, dans une démarche participative, à mettre en œuvre des stratégies nationales globales de promotion des droits des plus jeunes. Le président de l'UA, OBIANG NGUEMA et celui de la COMMISSION JEAN PINK, *« Il est impératif que les discussions sur ce thème aboutissent à des mesures concrètes pour une meilleure prise en charge des besoins de la jeunesse africaine et à l'allocation des ressources requises à cet égard ».* Plus concrètement, il a été décidé entre autres que

• tous les États membres doivent promouvoir l'Agenda de la jeunesse et adopter des politiques et des mécanismes de création d'emplois sûrs, décents et compétitifs, en accélérant la mise en œuvre du Plan d'Action de la Décennie 2009-2018 et le Plan d'Action 2004 de Ouagadougou sur la Promotion de l'Emploi, et la réduction de la pauvreté ;

• la Commission en collaboration avec ses partenaires doit élaborer un cadre d'enseignement technique et de formation professionnelle (EFTP), portant spécifiquement sur les domaines de l'agriculture et des TIC, tout en accélérant la mise en œuvre du Plan d'action de la Décennie africaine de la jeunesse ;

• les États membres allouent des ressources suffisantes à la Commission pour la promotion du programme de la jeunesse y compris le financement de l'Union Panafricaine de la Jeunesse ;

• la Commission de l'Union africaine dirige l'organisation d'un événement parallèle sur le thème « *Accélérer l'autonomisation des jeunes en vue du développement durable »,* sous l'égide du Président en exercice de l'UA, au cours de la réunion de haut niveau de l'Organisation des Nations Unies sur la jeunesse en juillet 2011, au siège des Nations-unies et dont le thème est "*Coopération pour le financement du développement et de l'autonomisation des jeunes en Afrique".*

Lors de ce 17ème Sommet de l'UA de Malabo, le Président Bouteflika a présenté un plaidoyer d'une grande lucidité. Pour lui, il est nécessaire de faire des jeunes *« une partie prenante dans le traitement économique et social du chômage des jeunes », d'autant plus, a-t-il expliqué, que les jeunes sans-emploi représentent 70% des chômeurs en Afrique et vivent « des frustrations et des malaises ».* Il a estimé à ce propos que « l'absence d'occupation professionnelle pour cette catégorie de la population est en effet source de sentiment de marginalisation et d'exclusion ». C'est pourquoi, explique-t-il «*il nous incombe de veiller à l'accompagnement de cette couche sensible de la société, d'accorder notre attention à l'adéquation formation-emploi pour optimiser l'employabilité des jeunes, et de déployer des stratégies de développement prenant en compte l'objectif d'accroître sensiblement l'offre d'emploi »*. De ces stratégies de développement, le Président Bouteflika sur le fait qu'il revient aux pays africains de « tout mettre en œuvre pour permettre aux jeunes d'être acteurs essentiels du développement durable du continent ».

Il reste que ces belles résolutions seront rangées dans les tiroirs et vouées aux oubliettes jusqu'aux prochaines sessions : il est ainsi de la Charte africaine de la jeunesse, du Plan d'Action 2004 de Ouagadougou, du Plan de Promotion de l'Emploi et la réduction de la pauvreté et du Plan d'Action de la Décennie 2009-2018. Aucune de ces initiatives n'a eu le moindre début d'exécution.

Au total, ce malaise de la jeunesse par rapport à l'ordre établi appelle une capacité d'anticipation qui passe par des indications de réforme de toutes les politiques impliquant la jeunesse dans toute sa diversité. A difficulté est que la jeunesse est une force de contestation, mais pas de proposition indiquant la réhabilitation de l'avenir qu'elle souhaite.

En décryptant, ce que la jeunesse annonce, on trouve quelques pistes de solution à leurs angoisses. Dans le désordre on note : faire une place dans le développement socio-économique en général et dans le développement agricole et rural dans une gouvernance démocratique, favoriser son insertion professionnelle grâce notamment à des systèmes éducatifs, universitaires et de formation plus adaptés aux profils de compétence, promouvoir un appui fort dans ses activités génératrices de revenus au niveau des secteurs qu'ils choisissent, garantir toutes les libertés démocratiques, assurer un environnement sain et un service public approprié et accessible, faciliter l'accès à l'information et aux équipements numériques avec des règles consensuelles de protection. La liste est loin d'être exhaustive : ce sont là quelques notes entendues dans les milliers de cris de révolte et que les politiques doivent transformer en musique dans des politiques publiques de jeunesse qui soient en parfaite harmonie avec les autres partitions du peuple.

Quelles sont alors les pistes pour définir des politiques publiques de jeunes ? À défaut d'avoir des propositions péremptoires sur ce que doit être une politique de jeunesse deux points de méthode se posent : le premier est d'abord de bien connaître la jeunesse dans sa diversité et la diversité de ses préoccupations. Pour cela, il faut sortir du discours de la jeunesse comme danger et qui se satisferait d'un certain nombre de clichés ou d'a priori pour se tourner vers un diagnostic partagé qui croise le quantitatif et le qualitatif, ce qui est et ce qu'il faut faire. Le deuxième point va alors concerner les idées qui formeront la trame des politiques. Il faut amener les politiques à pense plus et à délibérer sur la manière à pointer les enjeux des politiques de jeunesse. **Trois idées directrices : la première est la multiplication des espaces de parole pour cerner ce que sont les jeunes, leurs pratiques et leurs sociabilités, ce qu'ils veulent, la deuxième idée est de les associer et impliquer dans la formulation des solutions et la troisième est alors de mettre au centre des stratégies de développement mises au point à tous les niveaux et dans tous les domaines.**

Il reste que cette politique de jeunesse doit être une réflexion éminemment collective menée au premier chef par l'État et devrait impliquer prioritairement la jeunesse dans toute sa diversité mais aussi les autres composantes de la société à savoir la classe politique, la société civile, le secteur privé, les collectivités locales, les mouvements associatifs et culturels, les mouvements citoyens et les divers partenaires sociaux que sont les ONG.

L'âpreté et la consistance des crises économiques, politiques, sociales, environnementales et la crise des valeurs que traversent nos sociétés, indique que nous allons léguer aux jeunes d'aujourd'hui un héritage de dettes diverses extrêmement lourdes. Pour les honorer, la société a la responsabilité, d'ores et déjà, de définir des stratégies de long et moyen terme, des politiques concertées et un agenda de réforme qui permettent à la jeunesse de jouer son rôle dans le développement et d'assurer la relève. Ces stratégies devant porter les politiques publiques de la jeunesse doivent comprendre de façon primordiale d'abord une vision et une option claire pour l'édification d'une société équitable, de justice sociale, d'égalité de chance, de croissance et de prospérité partagée. Ensuite, elles doivent reposer sur les fondamentaux de la démocratie et de la bonne gouvernance. Enfin, elles doivent installer la jeunesse au cœur des dispositifs de création des richesses, de production des biens culturels et des infrastructures des loisirs.

La réalisation de ces politiques publiques de jeunesse peut se décliner en 7 défis majeurs qui indiqueraient les lignes directrices des choix appropriés :

1. **Les défis de l'éducation et de l'emploi**. La population du pays va doubler d'ici 2030, posant de réels problèmes quant à la capacité du pays à apporter des réponses idoines aux besoins fondamentaux. La population est jeune car 56% a moins de 20 ans et 50% a moins de 16 ans. Dans un rapport de la BM intitulé *«Les jeunes et l'emploi en Afrique : le potentiel, le problème, la promesse»,* les jeunes connaissent davantage le chômage et le sous-emploi que les adultes. En 2006, trois chômeurs africains sur cinq seraient des jeunes et 72 % des jeunes en moyenne vivraient avec moins de 2 dollars par jour. C'est à la fois un atout et un défi. Le point de départ est l'impérative nécessité de réformer l'ensemble du système éducatif et de formation pour offrir aux jeunes des parcours de savoirs qui correspondent à des profils de compétence, une École qui ne laisse aucun jeune à l'abandon et qui prépare la jeunesse aux NTIC et au nouvel espace mondial.

2. Les défis de l'insertion dans les circuits du développement durable. Il s'agit d'intégrer la jeunesse dans le processus de développement économique, social et culturel, de promouvoir l'entrepreneuriat individuel et collectif de la jeunesse afin d'accroître la création de nouveaux emplois et la vitalité économique de la société et de faciliter le financement de leurs activités génératrices de revenus. Il s'agit d'impliquer la jeunesse dans la valorisation des emplois et la préservation des intérêts des générations futures.

3. Les défis du mieux-être et de l'intégration sociale. Il est question de créer des institutions qui favorisent le mieux-être global des jeunes, qui valorisent leurs capacités, leurs savoirs et leurs savoirs faire et qui les intègrent à la vie active.

4. **Les défis de la participation dans une société inclusive** et dans le développement, la promotion et l'animation des activités des collectivités locales. Le dynamisme et l'enthousiasme de la jeunesse sont des atouts pour le succès d'une politique de décentralisation.

5. **Le défi de l'information et de la communication.** Ces deux éléments sont d'une importance capitale en ce qu'ils traitent de tous les sujets comme l'enseignement, la formation professionnelle et permanente, l'emploi, la vie associative, la santé, la culture et les loisirs, les sports et contribuent à solidifier

la citoyenneté active de la jeunesse et à renforcer son engagement dans la vie en société.

6. **Le défi de la politisation ou la peur de l'embrigadement et de l'enrôlement.** Ces deux éléments posent toute l'ambigüité des rapports de la jeunesse avec la politique. Il est totalement erroné de penser que la politique de jeunesse doit être exclusivement définie par les jeunes. Il est, sans doute important d'élucider la relation de la jeunesse avec la politique. Toutefois, il ne peut exister de politique de jeunesse sans une véritable volonté politique : c'est le politique qui légitime l'agenda et donne l'impulsion.

7. **Le défi de la «familiarisation» exprime la situation de forte dépendance de la plupart des jeunes vis-à-vis de leur famille :** ce qui soulève, avec acuité, la question de l'autonomisation des jeunes avec ses avantages et ses risques. Celle-ci signifiant la capacité pour les jeunes de se prendre en charge, de faire ses choix et de gérer, en toute indépendance, leur vie sur le plan personnel et sur le plan social.

EN CONCLUSION

Cette série d'articles a été écrite à la fois dans l'angoisse et l'espoir sans esprit de polémique avec la seule volonté d'aider à prendre conscience d'une impasse et de suggérer aux jeunes et aux politiques un avenir possible.

Dans le domaine du chômage des jeunes si la bombe sociale n'a pas encore éclaté comme en Tunisie et dans le printemps arabe, la partie est loin d'être terminée en Afrique subsaharienne car la situation du marché du travail n'est pas prête de s'arranger. Mais ceux qui trinquent le plus, souffrent souvent d'un manque de visibilité du fait que les données disponibles restent lacunaires. Or sans baromètre, les politiques publiques avancent à l'aveugle. Et le gouvernement ne prend manifestement pas la mesure des dégâts sociaux causés par la crise de l'emploi jeunes et les diverses autres précarités.

Il est nécessaire que notre pays procède à une recomposition des politiques publiques de jeunesse à long terme qui soit fondée sur un consensus de toutes les forces sociales et politiques du pays pour créer dès maintenant et pour la prochaine génération, une jeunesse qui soit autonome, solidaire, responsable et engagée. Pour cela trois préalables : **le premier est d'opérer un diagnostic complet** qui croise le quantitatif et le qualitatif pour connaître qui sont les jeunes et quelles sont leurs pratiques et leurs sociabilités. Pour cela, il faut entendre les personnes concernées, les jeunes d'abord, mais aussi les familles, les professionnels de la jeunesse et tous les acteurs qui connaissent les jeunes, de près ou de loin. **Le second est la maîtrise de la distribution spatiale de la jeunesse pour permettre la quantification des besoins** en équipements sportifs, socioéducatifs, socioculturels et autres. **Le troisième est l'existence d'une véritable volonté politique** qui permette aux pouvoirs publics de donner les impulsions nécessaires et qui légitime toutes les actions.

THÈME 38 – QUAND L'INCIVISME PLOMBE LA CROISSANCE. OÚ EN SONT LES TRANSFORMATIONS STRUCTURELLES ET COMPORTEMENTALES.

PAR

Pr. Moustapha KASSE, Doyen honoraire, Conférence actualisée aux cadres du Parti Socialiste au CICES.

INTRODUCTION

Le développement suppose un niveau de conscience individuelle et collective qui n'est ni inné ni donné, mais qui s'acquiert, entre autres, par l'éducation. Il n'y a pas de développement ni de construction de la démocratie sans mise à niveau des mentalités et des comportements, sans civisme et sans participation citoyenne. Le civisme est alors le respect des règles de vie en société, souci du bien de la collectivité et il s'oppose alors à l'individualisme et à l'indifférence. Quant à l'incivisme préjudiciable, il se présente sous trois formes : (i) l'incivisme de conviction : on ne peut être civique dans une société dont on conteste le bien-fondé ; (ii) l'incivisme de la misère : Comment peut-on se considérer comme citoyen à part entière d'une cité qui ne vous assure pas le droit au travail, au logement, aux soins et (iii) l'incivisme de comportement qui n'épargne pratiquement personne et qui est repérable dans les choses les plus quotidiennes (chauffards, resquilleurs, combinards etc.) ; il est aggravé par le mimétisme. Ces trois formes d'incivisme ont des incidences très fortes sur la croissance économique.

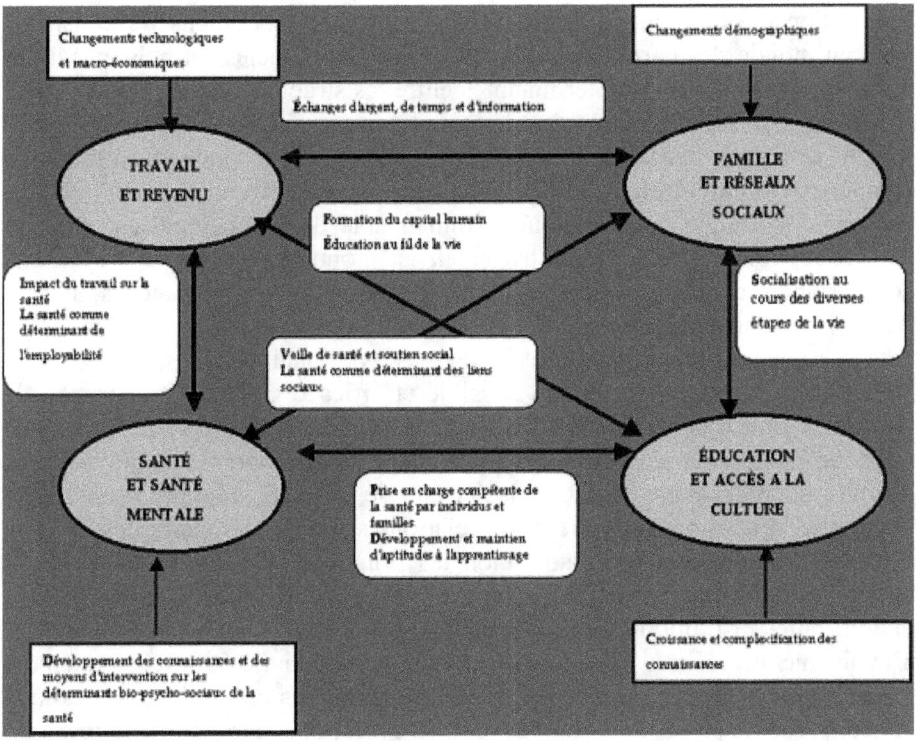

On peut se demander au premier abord si l'économiste a quelque compétence pour étudier les rapports entre civisme et développement. Dans la pensée économique néo-classique dominante, le développement est réduit à des conceptions de techniques strictement économiques et ne met en jeu que des variables de même genre assimilé à la notion de croissance signifiant l'accroissement pendant une période soutenue d'une grandeur de dimension nationale : le produit national brut ou le revenu national.

Cet accroissement sera rendu possible et efficace grâce à l'élaboration de politiques macroéconomiques pertinentes fondées sur les postulats de l'économie pure et des comportements de l'homoéconomicus qui est une créature se présentant de façon isolée sur le marché, dépourvue de passé historique, d'opinion politique et de relations sociales en dehors des simples échanges marchands et qui agit selon les principes de la rationalité pure et maximise sa satisfaction sous contrainte. Dans cette optique, les relations hors marché et les institutions n'entrant pas dans le cadre du marché sont supposées n'avoir aucune répercussion significative sur les activités de développement économique et social. En conséquence, les économies ont une nature statique et dépourvue de passé, le changement et les évolutions marquantes ne résultent que des seules variables économiques et technologiques.

Ainsi, débarrassées des relations sociales et de leur dynamisme historique, les économies sont réduites à de simples appareils techniques servant à l'allocation des ressources rares. Cela permet aux théoriciens de s'installer dans un monde des harmonies universelles et des modèles formels en faisant impasse sur les relations déterminantes entre les structures économiques et les structures d'encadrement que sont les structures mentales, sociales, politiques.

On peut se demander au premier abord si l'économiste a quelque compétence pour étudier les rapports entre civisme et développement. Dans la pensée économique néo-classique dominante, le développement est réduit à des conceptions de techniques strictement économiques et ne met en jeu que des variables de même genre assimilé à la notion de croissance signifiant l'accroissement pendant une période soutenue d'une grandeur de dimension nationale : le produit national brut ou le revenu national.

Cet accroissement sera rendu possible et efficace grâce à l'élaboration de politiques macroéconomiques pertinentes fondées sur les postulats de l'économie pure et des comportements de l'homoéconomicus qui est une créature se présentant de façon isolée sur le marché, dépourvue de passé historique, d'opinion politique et de relations sociales en dehors des simples échanges marchands et qui agit selon les principes de la rationalité pure et maximise sa satisfaction sous contrainte. Dans cette optique, les relations hors marché et les institutions n'entrant pas dans le cadre du marché sont supposées n'avoir aucune répercussion significative sur les activités de développement économique et social. En conséquence, les économies ont une nature statique et dépourvue de passé, le changement et les évolutions marquantes ne résultent que des seules variables économiques et technologiques.

Ainsi, débarrassées des relations sociales et de leur dynamisme historique, les économies sont réduites à de simples appareils techniques servant à l'allocation des ressources rares. Cela permet aux théoriciens de s'installer dans un monde des harmonies universelles et des modèles formels en faisant impasse sur les relations déterminantes entre les structures économiques et les structures d'encadrement que sont les structures mentales, sociales, politiques.

I/ De quelques références théoriques.

Aujourd'hui, beaucoup de chercheurs remettent en question cette opinion bien étroite et admettent que les structures d'encadrement peuvent constituer de véritables freins à la croissance économique. Il est généralement démontré, en Afrique, que les performances économiques médiocres des politiques de développement appliquées depuis cinq décennies prennent leur source pour l'essentiel dans le caractère réducteur du modèle néolibéral et surtout dans ses analyses prétentieuses, étroites, simplistes qui ignorent les interactions des structures économiques et des structures d'encadrement lesquelles peuvent accélérer ou freiner la croissance en cas d'incompatibilité.

En effet, il est impossible d'étudier les problèmes du développement sans prendre en considération le contexte. Tout développement économique doit s'insérer dans une biologie sociale laissant apparaitre deux attitudes possibles :

celle de l'ingénieur qui s'en remet à la mécanique et à la technique et celle du biologiste qui tient compte de tous les éléments de l'environnement. Cette deuxième vision me paraît plus féconde. Elle explique qu'il faut compléter l'analyse en intégrant des variables extra économiques. Pareille opinion peut être appuyée par un important référentiel d'auteurs qui ont soutenu l'importance des aspects non économiques dans les processus de croissance et de développement depuis Adam Smith, Stuart Mill (à qui on doit la première théorie de la croissance), J. Schumpeter jusqu'aux auteurs contemporains comme SCHULTZ, D. NORTH ET FOGEL, LUCAS, ROMER, BARRO, J. STIGLITZ, O. WILLIAMSON ainsi que tous les théoriciens des institutions et de l'agence sans oublier les auteurs des autres sciences sociales sociologues, juristes et historiens.

Dès lors, il faut identifier l'ensemble des conceptions, des valeurs éthiques, des croyances, des idéologies et des représentations des « faiseurs de développement » qui ont longtemps été masquées par des modèles macroéconomiques qui semblaient fonctionner sans eux. Ces variables sociologiques, morales, politiques et sociales ont la forte capacité de commander ou d'orienter l'activité économique comme l'ont clairement établi les travaux de **Max WEBER** sur l'influence de l'éthique protestante dans le décollage économique des pays capitalistes ou ceux de **SOMBART** sur la contribution de la mentalité juive dans la réalisation de la révolution industrielle en Europe. Pour ces auteurs, **trois attitudes paraissent essentielles pour le développement économique et social du fait des valeurs qu'elles véhiculent et qui influencent très fortement la croissance économique et le développement : l'attitude à l'égard du travail social** considéré comme le moteur de toutes les révolutions économiques et politiques (des civilisations antiques, aux religions révélées jusqu'à K.MARX) ; **l'attitude à l'égard du progrès** perçu au double niveau d'une quête permanente des innovations créatrices et de l'accumulation de ressources à des fins d'investissements productifs et **l'attitude à l'égard du temps** autrement considéré comme un bien rare qui a un prix et non exclusivement l'attribut d'une divinité.

Ces trois attitudes forment ce que j'appellerais les structures mentales ou l'outillage mental compris comme l'ensemble des concepts, des croyances et des représentations qui ont cours dans une société et que l'on doit infléchir dans un sens favorable au développement. Elles expliquent pour une très large part, la conception que l'homme se fait de ses relations avec les principaux facteurs de croissance, conception active ou conception passive, acceptation de son état ou volonté de le transformer et de l'améliorer. C'est pour cette raison qu'il est souvent souligné que le développement est une question de mentalité. On comprend dans cette optique le rôle éminemment positif que doit jouer le civisme accepté comme un ensemble de valeurs et de comportements qui agissent sur la conscience de l'être humain, pour lui inculquer une attitude positive, se traduisant par le respect de soi-même, le respect d'autrui, le respect des institutions que les populations se sont données librement. Les règles de civisme invoquées ou imposées par un donneur d'ordre peuvent alors entraîner des attitudes favorables au développement économique.

Alors se pose la question de savoir quels sont les comportements et attitudes qui freinent ou accélèrent la croissance et le développement ? Et en conséquence, comment les mettre en œuvre ?

II/ Comportements et attitudes des acteurs qui freinent la croissance et le développement.

Depuis longtemps les modèles de développement font l'objet de débats surtout en Afrique avec la persistance de la crise des économies et les résultats catastrophiques de l'ajustement structurel appliqué depuis plus de trois décennies et que l'on perpétue avec un aveuglement et un autisme absurde sous des formes plus douces et plus malicieuses avec la coupe réglée et la tutelle des institutions financières internationales (prescription d'un cadrage macroéconomique, haute surveillance des déficits et de l'endettement). L'aboutissement logique de ces projets et programmes est que le développement des pays devra être impulsé de l'extérieur et pour y arriver il suffit simplement d'organiser la mobilité des capitaux, de transférer les technologies et les cultures qui les accompagnent. Les proclamations sur l'émergence actuellement en cours omettent de rappeler que les pays émergents ne sont pas arrivés là où ils sont par hasard. Ils ont réussi à sortir du sous-développement en appliquant d'excellentes visions stratégiques qui reposent solidement sur les vertus prussiennes de travail, de rigueur, de discipline, d'épargne et sur le secteur privé soutenu par un patriotisme économique réfléchi et courageux.

1°) Les attitudes à l'égard du travail : on travaille mal et pas assez ce qui se répercute sur la productivité et la compétitivité. *Travaille dur pour conserver ton emploi, sinon tu vas travailler dur pour en trouver un.*

Tous les constructeurs de système sociétal ont toujours fondé leurs conceptions sur le travail rédempteur et créateur de richesses. Ce propos peut être illustré par certains exemples assez édifiants : un exemple religieux : «tu gagneras ton pain à la sueur de ton front », recommandait le Tout-Puissant à Moïse sur le mont Sinaï, SERIGNE TOUBA KHADIMOURASSOL en a fait un solide pilier de la mouridiyya et tous ses Khalifes ont perpétué cette conduire; un exemple de théorie économique : la valeur d'un bien est déterminée par le temps de travail socialement mis pour sa fabrication et des exemples de politique économique : les différentes révolutions industrielles en Europe et dans le Monde se sont déroulées dans des conditions de travail surexploité. Plus édifiants encore sont les « ateliers de sueur » qui ont permis aux pays asiatiques de vaincre le sous-développement dans l'intervalle d'une génération et d'être le pôle émergent qui fournira plus de la moitié du surcroît de la production mondiale.

La question qui découle de ces exemples est celle de savoir quelle est l'attitude des acteurs sociaux à l'égard du travail ? Trois faits massifs méritent d'être soulignés et sérieusement analysés. Le premier fait concerne les cérémonies familiales et les nombreuses activités de loisirs qui démobilisent tout le corps social et particulièrement sa composante la plus valide : la jeunesse. Le second fait est relatif à la multiplicité des fêtes officielles qui sont des charges exorbitantes pour les entreprises et partant diminuent leur compétitivité structurale. Le troisième fait est la faible productivité du facteur travail dans tous les secteurs d'activité. En prenant le cas de l'agriculture on s'aperçoit que les hommes consacrent au travail 103 jours, soit 600 heures par an et les femmes 155 jours, soit 1.100 heures. Dans les mêmes climats et sur les mêmes sols, le rendement moyen par actif rural et par hectare cultivé est presque 10 fois plus élevé en Asie.

Que faut-il alors faire pour promouvoir une société de travail, c'est-à-dire une société qui se construit autour des valeurs qui agissent sur la conscience des citoyens pour leur inculquer en permanence des attitudes favorables au travail productif et créatif. Il faut certainement aller bien au-delà de simples appels pathétiques de nos leaders à la conscience professionnelle.

2°) L'attitude à l'égard du progrès matériel : faible importance attachée aux innovations de développement et à l'épargne.

Si nous réduisons le progrès matériel à deux variables fondamentales, l'acceptation des innovations technologiques et la recherche, il devient intéressant de savoir si la recherche de ce progrès est tenue pour une finalité de l'activité des citoyens sénégalais. La recherche n'intéresse personne, les preuves ne manquent pas : investissements public et privé dérisoires, les fondations existantes comme les sponsors récompensent principalement les politiciens et les sportifs. Le cas de la lutte sénégalaise est symptomatique au point qu'elle passe pour le LMD (Lutte, Musique, Danse) sponsorisé pour la jeunesse.

Pour ce qui est des innovations, la réceptivité des sénégalais est presque parfaite : vivacité d'esprit, intelligence ouverte à toutes mutations, très forte propension à l'initiation, système éducatif et de formation de bon niveau, mais qui se détruit faute de réformes profondes. Toutes ces raisons font que la dotation de notre pays en ressources humaines est une des meilleures en Afrique francophone.

3°) L'attitude à l'égard de l'accumulation des richesses.

Cette attitude soulève les questions suivantes : la richesse est-elle source de consommation, moyen de prestige ou instrument de progrès économique par accumulation et investissement ? Commençons par élucider le lien entre accumulation et développement. Notre pays a besoin d'une croissance rapide, accélérée, harmonieuse et aux taux le plus élevés possible compte tenu des ressources disponibles. Or, le taux de croissance est une fonction directe du taux d'accumulation donc de l'épargne. En conséquence, il ne peut avoir de développement sans une conciliation entre les capacités de génération (production) et d'absorption (consommation) des surplus. Historiquement, les richesses qui se formaient étaient systématiquement détruites par des mécanismes divers (cérémonies, legs, dons …) ; cela pour maintenir la cohésion et empêcher toute différenciation sociale remarquable. Cette tradition s'est renforcée aujourd'hui entraînant une véritable dilapidation des ressources à l'occasion d'interminables cérémonies de tous ordres. L'interférence de deux valeurs l'une traditionnelle le « **navle** » et l'autre moderne le « pouvoir d'achat » entraîne une surenchère dans les dépenses somptuaires par effet d'imitation et de démonstration que les économistes connaissent bien à travers les effets DUSSENBERY/GIFFEN. Ce double mécanisme finit par liquider ou amoindrir les capacités d'épargne des individus. Les ressources publiques comme celles provenant de la corruption seront détournées par les individus au profit de la famille élargie ou des groupes ethniques. La conséquence est que l'épargne sera faible ainsi que les possibilités de financer les investissements personnels.

Il nous faut réfléchir sur ces expériences des pays asiatiques dont le mode d'organisation sociale n'est pas trop éloigné du nôtre. L'individu y acquiert son identité par son appartenance à la famille. La société est un tout où l'individu, quel qu'il soit, est enserré dans un réseau de relations préétablies. Toutefois, les relations interpersonnelles sont très fortement hiérarchisées si bien que chacun cherchera à établir des liens sociaux verticaux (de supérieur à inférieur), plutôt qu'horizontaux (entre égaux). **La philosophe de CONFUCIUS est transposée dans l'activité productive de même que le développement de l'esprit de solidarité et de groupe :** ***« Que le prince soit prince, que le sujet soit sujet, que le père soit père et que le fils soit fils ».***

Dans ces sociétés asiatiques, les taux d'épargne sont très élevés, car les agents économiques considèrent, dans un premier temps, que les surplus de revenus qu'ils obtiennent sont provisoires et qu'il vaut mieux les mettre de côté pour les temps difficiles. Différemment, le système africain qui, par ses réseaux de solidarité, détruit socialement tous les surplus offre un filet permanent de sécurité sociale. Les élites asiatiques ont mieux utilisé les ressources de la prédation avec la confiance faite à leurs propres institutions. C'est la différence avec les africains qui consacrent leurs ressources à la consommation de luxe ou les placent avec opacité dans la systèmie bancaire extérieure.

Comment ajuster les comportements d'épargne des individus pour qu'ils soient d'une part plus favorables à l'investissement et d'autre part mieux corrélés aux risques et à l'incertitude ? Comment imposer un civisme dans la gestion des ressources individuelles ? Faut-il agir sur le modèle de consommation, sur l'environnement social ou sur les incitations ?

La question est importante. Il s'agit de savoir si le temps est un élément sur lequel l'homme n'a aucune prise ou alors si le temps est un bien rare qui doit être aménagé et qui a un prix. Dans la société sénégalaise d'aujourd'hui, c'est la première perception qui prévaut, ce qui se traduit par un attentisme dans l'élaboration comme dans l'exécution des décisions.

4°) L'attitude à l'égard de la corruption : quand la fin justifie les moyens.

Cette question est décisive dans les économies de marché où la transparence devrait permettre un fonctionnement efficace des relations marchandes et des règles de compétition. Les Institutions Financières Internationales s'intéressent bien après les théoriciens, à l'économie politique de la corruption.

Analysant ce phénomène, un auteur comme le Prix Nobel G. BECKER estime qu'il **s'agit de la confrontation d'une offre et d'une demande selon les principes de l'économie du crime qui permet à des individus de disposer d'avantages indus sans payer ou d'une rente de situation**. Les contractants comparent les gains probables et les risques potentiels.

En revanche, pour la société comme pour les citoyens la corruption impose des coûts moraux, politiques, sociaux et économiques. Ces coûts économiques se traduisent par le gaspillage des fonds publics, l'octroi de rentes de situation parasitaires, la concurrence déloyale pour les entreprises, des pertes de revenus budgétaires et de crédibilité pour l'ensemble du système social. Par ailleurs, elle remet en question l'égalité de traitement des citoyens et l'égalité des chances des entreprises en régime de concurrence. En conséquence, si on laisse la corruption s'incruster et se développer, il va se former des échanges sociaux complexes avec des réseaux qui vont viser à sécuriser les transactions délictueuses hors marché au détriment de l'économie nationale.

5°) L'attitude à l'égard de l'État et du service public : absence totale d'une éthique de l'intérêt général et du souci du bien commun.

L'émergence en Asie est partie d'un État fort adossé sur des institutions stables, utilisant les savoirs et les talents. Il a été qualifié d'« État pro » c'est-à-dire producteur, promoteur, programmeur et prospecteur. Au contraire de l'Asie, en Afrique les politiques néolibérales ont opéré un véritable démontage des pouvoirs de l'État. Pourtant, contextuellement, l'État y est doublement précarisé en haut par la mondialisation et en bas par l'économie informelle dominante. À cela s'ajoute une crise chronique de ses finances publiques du fait de multiples prédations des divers acteurs qui le rendent incapable de disposer de fonds d'accumulation pour investir dans les secteurs créateurs d'externalités positives : infrastructures, éducation et formation, santé, environnement, etc.

Cette prédation concerne d'abord les entreprises (incivisme fiscal qui se traduit par le non accomplissement des obligations, intéressement social, patriotisme d'entreprise), les élites administratives et politiques et les citoyens. Les élites asiatiques ont mieux utilisé leurs ressources de la prédation, de la corruption en faisant confiance en leurs institutions. C'est le contraire avec les élites africaines qui ont consacré leurs ressources à des placements à l'extérieur ou à des consommations somptuaires. Il manque aux acteurs une éthique de l'intérêt général c'est-à-dire le souci du bien commun ou la recherche d'un optimum social.

L'aboutissement de cette situation se traduit dans les malversations financières, la gestion non transparente et gabégique du secteur public, la démultiplication des passe-droits, la promotion et la protection de l'incompétence, la violation des règles d'une compétition stimulante, etc. Pour sûr de tels comportements conduisent un pays à la ruine. Le civisme est alors cette vertu cardinale consistant à préserver le bien public, à s'intéresser à la vie sociale et politique, à se plier aux disciplines nécessaires, à respecter les lois légitimes ainsi que les autorités chargées de les appliquer. Ces qualificatifs ressortent de la bonne gouvernance concept qui a permis aux institutions financières internationales de sortir de l'impasse des années 1970 et 1980 quand elles préconisaient un libéralisme économique forcené hostile à l'État dont l'immixtion dans l'économie était considérée comme la cause principale des déséquilibres.

Dans cette optique, les questions essentielles qui se posent au niveau de la gouvernance auront trait à une organisation plus efficiente du secteur public, plus responsable, plus transparente et plus axée sur la satisfaction des besoins des populations ; une organisation et une gestion plus efficiente des ressources humaines ; un renforcement des capacités de formulation des politiques et de suivi de leur application ; un renforcement des systèmes de contre-pouvoirs (pouvoir législatif, judiciaire, société civile, groupe de pression) afin de leur donner la capacité de suivre et d'évaluer les politiques.

6°) Attitude face au modèle de consommation extraverti avec une hyperconsommation urbaine de biens importés : Consommer plus de tout et de partout pour aller où, pour faire quoi ? Nul ne sait. Effets d'imitation quand tu nous tiens !

Les distorsions constatées entre structures productives et structures de consommation proviennent principalement à des comportements de consommation largement conditionnés par l'extérieur, à des contingences historiques, des traditions productives technologiquement attardées. C'est ainsi que dans le domaine agricole, la perpétuation après 1960 de l'agriculture coloniale de traite et d'un système d'accumulation fondé sur la rente agricole et minière, a inexorablement conduit le pays à une crise agroalimentaire qui a provoqué une explosion des importations de produits alimentaires.

Rompre avec l'hyperconsommation extravertie des classes comprador facteur du déficit chronique de la balance commerciale et de blocage du marché intérieur : absence de patriotisme économique et symptômes d'un pays qui travaille pour l'extérieur. Le patriotisme économique que tous les pays pratiquent sans jamais le dire et qui peut se traduire par la rupture d'avec un modèle de consommation extraverti qui accentue les déséquilibres commerciaux

Il reste beaucoup d'autres attitudes importantes qui devraient être analysées par exemple celles concernant la confiance qui facilité les transactions entre agents économiques et celles relatives à l'acceptation des décisions dans un système démocratique ou également « le patriotisme économique ».

III/ Comment modifier les comportements et développer le civisme : convaincre ou contraindre pour une nouvelle citoyenneté, l'exemplarité du mouridisme, vision, travail et savoir, discipline et prière : *Touba cité céleste pour laquelle les disciples travaillent, s'instruisent et prient.*

Les comportements et les attitudes civiques favorables au développement économique et social peuvent être transcrits en règle normatives claires et précises du genre : **le travail tu exécuteras avec conscience et abnégation; le loisir tu accepteras comme complément au travail ; les ressources tu géreras avec des anticipations rationnelles ; le service et les biens publics tu respecteras ; la confiance tu cultiveras et la corruption tu combattras, etc.** Les Khalifs généraux des mourides de Sérigne Modou Moustapha MBACKE à Sérigne Mountakha Bassirou MBACKE ainsi que toute la lignée de Cheikh Ibra FALL ont érigé en dogmes intangibles cette trilogie du travail (liggey), du savoir (Xam-xam) et du respect de la hiérarchie (ndiggeel) cette combinaison est à la base de leur dynamisme et de leur succès[357]. Le Pr. Abdoulaye WADE a mené des investigations robustes sur la doctrine économique du mouridisme. Il observe *que « la recherche moderne attribue de plus en plus la persistance du sous-développement dans notre monde du 20ème siècle à une mentalité impropre au progrès économique lequel est largement dépendant du progrès technique diffusé par les pays industrialisés. On saisit l'importance d'une doctrine intérieure à l'islam et que l'on pourrait presque traduire comme une sorte de protestantisme musulman à la fois par son authenticité et son originalité et qui a su, au niveau de la doctrine, concilier religion et développement. C'est une doctrine complète, homogène et ouverte. » Ahmadou BAMBA se fonde sur la persuasion et la science qui permet de comprendre la volonté divine… Le*

---

[357] Mamadou DIA dans son ouvrage, « *Afrique, le prix de la liberté* » (Edit. L'Harmattan 2001 voir les pages 170, 171) a tenu en mépris la doctrine économique du Mouridisme contrairement au Pr. Abdoulaye WADE qui a réalisé une étude scientifique exhaustive sur la question. Mamadou DIA a complètement méconnu les capacités organisationnelles de mobilisation, de construction de cités ainsi que le dynamisme en matière commerciale de cette confrérie. Est-ce, à cause de sa proximité avec le marabout Seydou Nourou TALL et certains dignitaires de la confrérie Tidjaniya ?

mouridisme est avant tout une mentalité positive orientée vers l'action. Une telle attitude est favorable à la science, au travail et à l'économie.[358]

Dans la doctrine de Khadimou Rassol, Cheikh Ahmadou BAMBA l'idée du travail, est un élément central de la trilogie science, prière, travail. Elle sanctifie le travail qui rétablit la liaison entre Dieu et la création. Elle généralise ce lien non seulement aux adeptes mais à l'ensemble des êtres humains. Dans cette direction Sérigne Falilou MBACKÉ déclarait que*: « le travail est la clé du paradis. Il est une échelle pour accéder à Dieu. Il doit être fait dans la liberté et la joie puisque le mouride a choisi de suivre Dieu ».* C'est cela qui explique que les mourides sont les piliers de l'économie sénégalaise et les bâtisseurs de milliers de villes, de villages avec des édifices somptueux au Sénégal et à l'Extérieur (les fameux « **Keur Sérigne Touba** » en Europe, aux États-Unis et en Afrique).

Sommairement, Sérigne Touba avait assigné à ses frères, enfants et disciples de fonder et d'organiser des daaras qui sont devenus, aujourd'hui de grands centres urbains à l'image de Touba : Darou-Salam (Cheikh Anta Mbacké), Darou Mouhty (Cheikh Ibrahima MBacké, Mame Thierno), Thiéyene (Sérigne Modou Moustapha), Ndindy (Sérigne Falilou Mbaké), Mbacké Kajjor (Serigne Modou Lamine Bara), Saloum ((Sérigne Bassirou Mbacké). Cheikh Ibra Fall, le génie organisateur et le bras séculier se fixe successivement à Saint Louis, Dakar, Thiès et Diourbel. Dans l'affectation des disciples (talibés), il était imparti les disciples ceddos et les grands travaux à Cheikh Ibra Fall, les apprenants à Mame Thierno Ibra Faty et Cheikh Abdourahman Lo, les érudits à Sérigne Mbacké Bousso. Aujourd'hui, le maillage des daaras mourides couvre l'ensemble du territoire.

Dans son ouvrage *« Le monde sénégalais des affaires »,* Samir AMIN, établit que les grandes fortunes économiques et financières nationales sont constituées de mourides qui ont bâti leurs richesses au forceps : tailleurs, colporteurs, apprentis boulangers, tabliers, maçons, mécaniciens etc.[359]

Tous les Chefs d'État ont lancé sans grand succès, cette mobilisation du pays pour le travail et les comportements civiques : « debout frères » de Léopold SENGHOR, « le sursaut national » d'A. DIOUF, « travailler, encore travailler, toujours travailler d'Abdoulaye WADE et « combattre l'absentéisme » de Macky SALL.

---

[358] Pr. Abdoulaye WADE : *La doctrine économique du mouridisme*, Cahiers du Club Nation est développement, 1972, Édit. Présence africaine pp 94 à 230 avec beaucoup de références bibliographiques étalées sur deux pages. Une autre édition de cet article a été publiée par l'Interafricaine d'Edition.

[359] Samir AMIN *: Le monde sénégalais des affaires*, 1969, les Éditions de Minuit. Un paragraphe est consacré « aux marabouts hommes d'affaires comme Sérigne Cheikh MBACKÉ et Djily MBAYE (p48).

Pour que ces prescriptions ne soient pas une sorte de code éthique ou une kyrielle de vœux pieux, il faut les traduire en mécanismes institutionnels ou en règle juridiques et se donner les moyens de les faire respecter par les acteurs.

Je développerais particulièrement les aspects institutionnels. Toutefois, en partant d'un double éclairage pour mieux cerner les valeurs civiques d'appel qui permettent d'atteindre les objectifs de développement préalablement fixés.

Le premier éclairage est que le Parti social-démocrate (PS) qui a l'ambition d'édifier une économie performante caractérisée par une croissance aussi forte et aussi continue que possible et qui confère une égalité des chances aux citoyens et une répartition équitable des fruits du travail a complétement échoué dans la mobilisation des masses. Le second éclairage est que la volonté de moderniser le pays en s'adossant sur toutes les valeurs positives de notre culture nationale n'a jamais été programmée et internalisée par les populations laborieuses.

1°) Les principes fondateurs d'une nouvelle citoyenneté.

Quels que soient les moyens que se donne une société démocratique pour maîtriser son développement, elle ne peut les faire accepter que si les buts qu'elle se fixe sont clairement dégagés et ressentis comme prioritaire par la majorité des citoyens. C'est dire que seul un « projet collectif » rendant convergentes et cohérentes les aspirations des populations est de nature à les mobiliser et à leur faire accepter les changements favorables au progrès économique et social. Les axes de ce projet de société peuvent se résumer comme suit : l'édification d'une économie performante de croissances ; l'orientation de cette croissance dans le sens de la satisfaction des besoins de base c'est-à-dire les besoins de se nourrir, se loger, se former et se soigner ; le respect de l'égalité des chances de tous les citoyens dans un système démocratique concurrentiel ; l'instauration d'un modèle de justice sociale et de répartition équitable des fruits de la croissance et la participation des populations, par le biais de la décentralisation, à la définition et à l'exécution du projet collectif. Dans ce projet collectif de société, il est reconnu aux citoyens des droits économiques et un égal accès aux services sociaux de base. Dans le cadre que voilà, le civisme devient une vertu cardinale qui oblige les citoyens à observer des attitudes responsables pour préserver les biens publics et élargir les droits collectifs.

2°) Les moyens juridiques, institutionnels et politiques de la mise en œuvre.

Si les valeurs civiques ont une importance aussi capitale, il faut s'interroger sur les moyens dont dispose un État démocratique pour les imposer et les faire respecter. Ces moyens peuvent être de trois ordres : juridiques, institutionnels et politiques.

Le premier moyen auquel on pense est relatif à l'utilisation de la loi et des règlements. Cela devrait alors se ramener à la traduction des valeurs civiques en règle de droit dont la violation est réprimée par les tribunaux au nom de la défense des intérêts supérieurs de la société. Dans ce cadre notre pays avait très tôt légiféré sur les cérémonies familiales qui occasionnent des dépenses somptuaires à la fois improductives et ruineuses.

Nous devons réexaminer sans complaisance cette question pour évaluer tous les obstacles qui ont fait capoter cette législation qui limitait ou interdisait certains gaspillages de ressources rares. Il importe de réactualiser cette législation et de combattre les comportements nuisibles en l'appliquant de manière stricte et contraignante. Dans la même direction, il est souhaitable d'élaborer au plus vite une législation anticorruption qui s'inspirerait des lois anti-trust américaines qui ont eu par moment une efficacité redoutable avec le démantèlement de certains monopoles caractérisés par leur l'incivisme fiscal.

Le deuxième moyen pour promouvoir les valeurs civiques passe par la mise en place d'institutions et de mécanismes d'incitations et de motivation. Il s'agit de la mise en place de sanctions positives pour amener l'individu à adopter un comportement civique. Cela pourrait être le cas pour l'épargne (incitation à épargner) ou pour le travail avec l'instauration d'une rémunération à la tâche ou à la productivité. Les récompenses et les décorations peuvent aussi avoir une fonction de motivation pour les bénéficiaires.

La troisième catégorie de moyen est de nature politique et consisterait à l'implication des formations politiques, des organisations de masse, de la société civile, des syndicats qui ont à jouer des rôles de premier plan dans des campagnes de sensibilisation et de promotion des valeurs civiques. Ces campagnes doivent être menées en ciblant des groupes précis autour de la culture de la responsabilité citoyenne et au développement du sens civique.

EN GUISE DE CONCLUSION

Tous les auteurs qui ont travaillé sur le capital social établissent que ce concept est compris comme un ensemble complexe de valeurs, de normes comportementales, d'obligations et de canaux d'information visant à instaurer la confiance, à garantir l'application des contrats, à instituer des mécanismes d'assurance et à favoriser l'apprentissage social (Putnam, 1993). L'effet du capital social sur la croissance et le développement est l'effet d'une force très qualitative, plutôt qu'une quantité agrégée, dont la mesure est aussi délicate et problématique que celle du capital physique. Cela étant, ils démontrent que le développement d'une nation est tributaire du civisme et de la bonne gouvernance. Dans ce sens, R.D. PUTNAM dans ces recherches soulignent un fort lien entre la performance des institutions politiques et le caractère de la vie civique, ce qu'il appelle la "communauté civique" impliquant l'égalité des droits et des obligations pour tous. Les citoyens dans cette communauté civique sont vertueux, serviables, respectueux et confiants les uns envers les autres et agissent comme égaux.

Pour que cette communauté civique respecte les règles de vie en société, elle doit être soutenue par des organisations civiles et politiques portées par des valeurs d'égalité principe fondamental de l'ordre social, de participation à la gestion de biens publics, de justice sociale, et de mise à niveau des mentalités et des comportements. Sans ces valeurs, il ne saurait exister de développement économique et de construction de la démocratie.

Dans cette optique l'intervention de l'État providence est indispensable ce qui appelle la création d'institutions efficaces capables de créer des incitations favorables à l'activité productive des citoyens. Dans ces conditions, les citoyens peuvent exercer leurs droits, assumer leurs devoirs, accomplir leur travail avec rigueur et conscience, respecter les lois et les règlements, agir solidairement pour la préservation des biens publics et préserver l'environnement.

Quelles que soient les orientations et les moyens que met en place une société démocratique pour maîtriser son développement, elle ne peut les faire accepter que si les objectifs sont ressentis comme prioritaires par la majorité des populations, mieux si on arrive à transformer en programmes leurs espérances. Cette dynamique est porteuse de progrès économique et social, d'innovation et de créativité. Elle doit être appuyée par une mobilisation des populations et des acteurs économiques au service de l'intérêt national.

Ce faisant, notre pays pourra faire fonctionner efficacement un système politique démocratique et une économie performante en ne se fondant que sur ses valeurs et comportements civiques consensuellement acceptés et généralisés à l'ensemble du corps social. Il faut persévérer avec une plus claire vision stratégique et plus d'audace politique et ce sera alors le temps de tous les espoirs. Comme dirait Abdoulaye WADE, *« un système économique ne dure et ne croît que parce qu'il possède un esprit qui lui donne une cohésion supérieure aux disparités mécaniques suscitées par la croissance »*.

EN SAVOIR PLUS 8 : CARACTÉRISTIQUES DES COMPORTEMENTS DES JAPONAIS SELON LE Pr. YOSHIMORI Á L'OCCASION D'UNE ASSEMBLÉE GÉNÉRALE DU CLUB DE DAKAR PRESIDÉE PAR M.DIAWARA ALORS MINISTRE DU PLAN DE CÔTE D'IVOIRE. CET ARTICLE ÉTAIT COPRODUIT AVEC LE Pr. LISSOUBA.

Je voudrais d'abord évoquer deux éléments à mon sens fondamentaux pour comprendre le comportement socio-économique des Japonais : l'un géographique et l'autre historique, qui sont à la base de la modernisation et de l'industrialisation du Japon…

L'existence des hommes est conditionnée par l'environnement, tout le monde le sait et il y a deux éléments, de ce point de vue, qui sont centraux pour saisir les spécificités japonaises. Il s'agit premièrement de la difficulté de l'existence des hommes au Japon, parce que le Japon possède beaucoup de montagnes ; à peu près de 80% de la superficie totale du Japon est montagneuse, donc économiquement inutile.

La population de 116 millions d'hommes vit sur un espace tout à fait restreint. Donc, en termes de densité de population sur la superficie utile, de ce point de vue la densité au Japon est de l'ordre de 1 500 par km2, ce qui place le Japon au premier rang du monde. Si on transposait cette densité de population en France sur la surface utile au Japon, le Japon compterait une population de seulement 7 millions au lieu de 116 millions. Inversement, si on déplace cette densité de la population japonaise sur la superficie utile en France, que serait la population de la France ? Au lieu de 55 millions, on obtiendrait plus de 800 millions. Cela conduit à une existence vraiment difficile pour les japonais.

Deuxième point pour quoi les japonais se sont mis à se développer, à s'industrialiser et pourquoi les japonais ont-ils réussi sur le plan économique ? **C'est paradoxalement la réponse japonaise donnée au défi occidental.** La seule solution pour les japonais face à ce défi technologique tout à fait énorme est de concurrencer les Occidentaux sur leur propre terrain, c'est- à –dire en empruntant, en assimilant systématiquement les technologies occidentales. Donc, on a inventé une formule : même si on assimile au Japon les technologies occidentales. C'est par le biais de l'âme japonaise que les japonais le feront. C'est ainsi que l'âme japonaise et la technologie occidentale étaient devenues une espèce de slogan pour les japonais.

Je voudrais énumérer quelques éléments des mentalités japonaises que les africains en général et les sénégalais en particulier doivent méditer profondément :

1. **La première composante**, c'est la place de l'individu dans la société japonaise.
2. **La deuxième est la position des femmes** dans la société japonaise. Les maris sont très préoccupés par leur propre carrière, car ils travaillent très longtemps, entre 8 et 9 heures et ils rentrent très fatigués et ne veulent pas discuter de choses sérieuses avec les femmes. Donc, l'entière responsabilité de la gestion financière et de l'éducation est laissée aux femmes.
3. **La troisième composante est le dynamisme des Japonais** qui ce sont des gens qui ne peuvent ne rien faire, c'est un peuple qui doit toujours bouger.
4. **La quatrième composante est que les Japonais sont un peuple qui a besoin d'un objectif précis.** Ils sont très efficaces lorsqu'il y a un objectif.
5. **La cinquième composante c'est la loyauté le respect des obligations individuelles,** le respect des obligations vis-à-vis de la société, vis-à-vis du groupe. Les Japonais ont hérité cette mentalité de l'époque féodale.
6. **La sixième composante est une contrepartie de la loyauté, c'est l'intensité du sens des responsabilités.** Si l'on n'a pas rempli nos tâches de façon propre, si on a osé provoquer un dégât ou une chute de prestige très importante au groupe auquel on appartient, c'est la mort par le suicide.

Quelles réponses à ces questions lancinantes : Comment *tuer le vieil homme sénégalais, le parti de clients, le reniement de l'idéal de jadis, le mashlah, le njerign lo feke* ? Comment faire passer un vent purificateur dans les mœurs surtout politiques. Sérigne Abdoul Aziz SY Junior proposait de faire au Sénégal deux actions inévitables : un ramadan de la parole et un « ndeupp » (autocritique) national.

EN CONCLUSION GÉNÉRALE DE CE MÉLANGE.

Au terme de ces réflexions éparpillées, le Sénégal peut s'en sortir, si ses élites savent regarder avec lucidité où sont nos faiblesses pour les corriger dans le sens de nos options, visions et stratégies claires. Nous avons un peuple intelligent, créatif et ambitieux mais qui manque de volonté, d'endurance et d'abnégation.

Il faut affirmer avec force de conviction que notre position n'est pas de remettre en cause l'ouverture, mais la rhétorique de légitimation du néo-libéralisme dominateur dont les politiques économiques et financières de libéralisation ont échoué lamentablement en Afrique et qui de surcroit considèrent, en flagrante contradiction avec les faits, que l'État bienveillant, les politique sociales et de transformations structurelles sont parmi les principaux obstacles au développement. Cette trilogie formulée autour de la libéralisation, la privatisation et la dérégulation est une énorme machine idéologique. **Le néolibéralisme délégitime l'État et le pouvoir national** comme levier du changement et des transformations structurelles en oubliant que les marchés sont aveugles et myope quant aux pauvres et aux inorganisés.

D'ailleurs, les trois crises économiques, financières et sociales mondiales que nous traversons laissent penser que le libéralisme est en train de mourir sans combattre et, plus surprenant encore, sans débat car la religion du marché s'est purement et simplement volatilisée. Bien sûr, Keynes est confirmé lorsqu'il écrit : quand les faits changent, on change d'avis. Si tout le corpus des observations, analyses et pronostics faits sur plusieurs décennies se trouve d'un jour à l'autre dévalué par la force des crises répétitives et toujours plus profondes, comment penser désormais l'économie autrement que comme une charlatanerie ? Il faut nous retourner à l'économie politique comme souligné à plusieurs reprises dans nos développements.

La plupart des pays africains sont engagés à asseoir les bases de la transformation structurelle de leurs économies et de leurs sociétés afin de parvenir à une croissance plus inclusive pour le développement humain durable. Dans plusieurs de mes études antérieures_j'avais établi que les économies nationales sénégalaise et ivoirienne pourraient réaliser des taux de croissance annuels de 10 à 15% leur permettant de rattraper en 15-20 ans les 25 années perdues d'application des ajustements régressifs. C'est ce que tente de faire les dirigeants africains actuels avec l'élaboration de plans d'Émergence que proposent les légions de cabinets étrangers qui les assistent désormais dans la définition de leurs stratégies de développement ce qui pose des problèmes énormes de coût, d'efficacité et même d'utilité (le journal « Jeune Afrique » en a fait le bilan).

Dans la littérature académique, il n'existe pas de définition universelle du concept d'économie émergente. Les conceptions diffèrent d'un auteur à un autre et surtout d'une institution à une autre. L'émergence n'est pas un concept dynamique, elle ne polarise pas seulement sur un marché, une bourse, une place financière, elle concerne le pays tout entier. Il faut, alors, questionner la notion d'émergence, au-delà de la logique financière qui avait présidé à sa genèse car elle se présente comme à la fois un concept flou et polysémique. Sous un angle critique, il s'agit d'envisager l'intérêt et les conditions de possibilité d'un programme de recherche sur l'émergence à partir d'un double questionnement transversal. Le premier concerne l'effectivité des changements économiques, sociaux et/ou politiques d'un ordre différent de ceux que qui ont été observés jusqu'alors dans les nouveaux pays industrialisés ou dans les pays en transition. Le second, plus provocateur, renvoie à la capacité des approches et théories habituelles du développement à rendre compte des changements en cours. Ainsi trois propositions de compréhension de l'émergence ont été avancées pour apporter une clarification de ce nouveau référent : (i) l'émergence désigne des trajectoires de changements économiques et sociaux étroitement articulées à la globalisation ; (ii) l'émergence reste liée aux contextes nationaux, qu'il s'agisse du particularisme des configurations institutionnelles ou de la nature des politiques publiques poursuivies ; (iii) l'émergence signale de nouveaux rapports aux règles et aux normes du jeu international, tant en terme de capacité d'adaptation que de capacité de production. Il résulte des expériences menées par certains pays en voie d'émergence (Hong Kong, Singapour, Malaisie, Taiwan, Thaïlande, Indonésie, Philippines, Corée du Sud, Colombie, Chili, Mexique, Brésil, Argentine et Venezuela, Banque Mondiale dans sa revue «Working Paper»), quatre conditions nécessaires et suffisantes : la rigueur, les réformes, l'ouverture et la mobilisation populaire.

En premier lieu la rigueur appelle : un excellent leadership patriote et endurant capable de gérer un État fort, démocratique, actif qui impulse et organise la société, une vision claire suivie d'une programmation stratégique des politiques sectorielles et une nette conscience des défis à relever, une politique hardie d'infrastructures et de régulation, une gestion vertueuse des finances et des services publics, une rationalisation des procédures administratives, une politique sociale garantissant la justice sociale et l'équité.

En second lieu, de lourdes réformes s'imposent et concernent principalement : le cadrage macroéconomique afin de combattre les déficits et les déséquilibres bloquants, la mise en place d'institutions fortes, efficaces, démocratiques et stables capables de créer un environnement incitatif et lisible pour le secteur privé et de réguler à la fois le jeu politique et économique, le système de formation pour des ressources humaines de qualité en adéquation avec les besoins de l'économie et de la société, l'administration et les institutions du développement qui sont les leviers de l'action publique.

En troisième lieu des politiques hardies d'ouverture doivent être adoptées pour attirer les IDE et des technologies innovantes et surtout pour exploiter toutes les opportunités qu'offrent la régionalisation, la mondialisation et les partenariats qui en résultent.

Un tel programme de développement ne peut réussir sans une mobilisation des populations. Cela appelle d'abord l'élaboration des valeurs positives et y faire adhérer les populations, ensuite une spécification des acteurs les plus dynamiques capables de porter le projet et enfin une politique de communication pour faire comprendre.

Ces trois points se retrouvent dans les nouvelles orientations de la Chine. En effet, depuis 1980 et la fin du maoïsme, les Chinois ont abandonné la confrontation directe, pour s'engager dans la voie **« capitaliste »** du développement par « l'ouverture et la réforme », à la suite de Deng Xiaoping bien qu'il faille définir ce qu'on entend aujourd'hui par capitalisme. Le slogan « l'ouverture et la réforme » permet de ne pas évoquer directement son contraire de la période maoïste, « de repli sur ses propres forces et la révolution ». Cela implique évidemment, puisque la Chine se dit toujours une « démocratie populaire » dirigée par un Parti « communiste », que l'on redéfinisse soigneusement ces termes.

Certaines recherches qui ont analysé les performances économiques et financières de l'Asie pendant ces 30 dernières années, ont propulsé cette nouvelle vulgate du développement qui repose sur le dogme, implicitement ou explicitement décliné, que seule la croissance économique viendra à bout de la pauvreté. Cette croissance doit, être tirée par les exportations et les investissements extérieurs ; l'essor de ces deux derniers facteurs devant lui-même être alimenté par la croissance de l'économie mondiale. Cette spirale vertueuse formalisée par les cabinets et les IBW est présentée comme une « nouvelle économie » de la croissance qui répond parfaitement aux pays africains dans leur lutte contre la pauvreté.

Dans beaucoup de pays les slogans fusent : Côte d'Ivoire Émergent 2015, Benin 2025, Sénégal et Cameroun 2030 etc. La nouvelle stratégie devra être pilotée par un excellent leadership endurant capable de gérer un État fort, démocratique, actif qui impulse et organise la société, en somme un véritable homme d'État. Selon James FREEMAN, « La différence entre un homme politique et un homme d'État est que le premier pense à la prochaine élection et le second aux futures générations ». L'homme d'état, dont l'horizon temporel varie de 25 à 50 ans, fera des projets sur 15 voire 40 ans, projets qui viseront à modifier les tendances négatives actuelles en transformant les structures économiques, sociales et culturelles dans le sens du progrès économique et social.

Au Sénégal cette vision de l'Émergence, ainsi que l'optimisme et la confiance qui l'accompagnent incitent les décideurs du Sénégal à en faire une voie de passage obligé pour accéder à des niveaux de développement économique et social élevés par une croissance forte et soutenable d'ici l'horizon 2035. Le Dr El Hadji Abdourahmane DIOUF (Magazine Vision MAG, 2014) remarque avec pertinence que le PSE est le « point d'atterrissage d'une longue période de tâtonnements durant laquelle le pouvoir n'a pas réussi à démêler les écheveaux entre le très fumeux *Yonou Yokuté* et les autres programmes en vigueur durant le régime précédent. De 2012 à 2014, il était impossible au citoyen sénégalais de savoir ce que le pouvoir a retenu ou rejeté des Documents de Stratégie de Réduction de la Pauvreté (DSRP) 1 et 2 ; de sa véritable posture avec la Stratégie Nationale de Développement Économique et Sociale (SNDES) et de ses supposés accointances avec le *Yonou Yokouté* ; et des liens supposés de tous ces programmes précités avec la Stratégie de Croissance Accélérée (SCA)».

La rationalisation de tous ces programmes a été confiée au bureau d'étude international McKINSEY qui a réalisé le Plan Sénégal Émergent qu'au cœur même de l'État, ceux supposés être les maitres d'œuvre des politiques publiques se perdaient dans la désorientation stratégique. C'est pourquoi, le Plan fut relooké, rhabillé .Le Plan Sénégal Émergent (PSE) ainsi défini s'articule en trois axes : i) une croissance plus forte et durable, de l'ordre de 7% à 8%, fondée sur une mutation structurelle portée par les investissements directs étrangers (IDE) et les exportations; ii) le développement humain et la protection sociale; et iii) le renforcement de la gouvernance, de la paix et de la sécurité

La vision de l'Émergence, ainsi que l'optimisme et la confiance qui l'accompagnent incitent les décideurs du Sénégal à en faire une voie de passage obligé pour accéder à des niveaux de développement économique et social élevés par une croissance forte et soutenable d'ici l'horizon 2035. Dans ce cadre, le président de la République décline sa volonté d'en faire le référent de toutes les politiques économiques et sociales et le passage obligé pour accéder à des niveaux de développement économique et social élevés. Trois déclarations du président de la République qui sonnent comme une profession de foi :

1. *« Mon ambition est de bâtir, dans le consensus et la mobilisation de tous, un Sénégal émergent et le PSE est l'un des piliers les plus déterminants »,*
2. *« Les questions économiques et les enjeux sociaux doivent supplanter les considérations politiciennes du débat public au Sénégal »*
3. *« Le processus d'élaboration du PSE arrive aujourd'hui à un tournant majeur voire crucial. Je demande au gouvernement, de s'approprier davantage l'exercice et d'engager les mutations stratégiques que requiert le succès du projet avec la participation notable de l'administration et de tous les citoyens et patriotes ».*

Certes, les programmes, les projets, les idées se mettent laborieusement en place de même que les ressources humaines et un consensus politique mou. Il faut réaliser la synchronisation des stratégies inclusives (endogènes) de développement fondées sur de bonnes politiques sectorielles avec la massification des investissements dans les secteurs productifs et l'élargissement des gains de productivité pour rendre l'économie plus compétitive. Dans ce cadre, le gouvernement doit faire de bons choix de politique économique, financière et sociale pour soutenir le plus possible une croissance durable capable de résoudre toutes les formes de précarité (pauvreté de masse, chômage des jeunes et calamités diverses).

Sommairement, dans le processus d'édification d'un pays Émergent pour retrouver une croissance robuste et soutenable, les politiques macroéconomiques, certes nécessaires, ne sont pas suffisantes. Elles doivent être complétées par des réformes structurelles et faire des choix responsables, y compris en termes de recettes fiscales, de dépenses publiques et d'endettement interne et externe. Il faut alors d'entreprendre 7 (sept) échelles d'action que seul peut réussir un leadership transformationnel adossé sur un État de qualité et un peuple mobilisé:

1. **Les préalables culturels et philosophiques qui constituent le logiciel mental collectif qui désigne les mentalités, les attitudes et les habitudes à l'origine de comportements tournés vers l'inertie, la régression ou le progrès.** On ne peut parler de développement et de croissance sans prendre en considération le contexte de l'activité économique, les relations entre les structures économiques et le structures d'encadrement à savoir les structures sociales, les structures politiques, les structures administratives et les structures mentales. Deux composantes sont essentielles, d'une part le mode d'organisation sociale et d'autre part l'évaluation à l'échelle de la société entière des attitudes qui paraissent essentielles pour le développement économique et social du fait des valeurs qu'elles véhiculent et qui influencent très fortement la croissance économique.

2. **Repenser les politiques sectorielles dans une dynamique d'offre productive, l'architecture des politiques économiques et les transformations structurelles est une condition préalable nécessaire au développement économique et social.** Cette transformation doit se produire en réaffectant les ressources des activités traditionnelles (telles que l'agriculture de subsistance) vers des secteurs à forte productivité (tels que l'industrialisation manufacture et les services modernes). Le rythme de croissance lent de la production du primaire, combiné à celui du secondaire relativement stagnant et celui du tertiaire plus soutenu et plus rapide, traduit la difficulté pour le Sénégal d'asseoir une dynamique de croissance porteuse de transformation structurelle. L'architecture des politiques économiques qui comprend la mise en œuvre de la nouvelle vision stratégique de développement fondée sur la portée et les limites des options macroéconomiques et macro financières. La complexité de notre économie commande que la pratique de la politique économique soit éclairée par des recherches théoriques et appliquées appuyées sur une capacité analytique d'expertise indépendance dans les domaines qui suivent :

- Cadrage macroéconomique et l'étude de l'opérationnalité de instruments de la politique économique à savoir : la politique budgétaire, la politique monétaire, la soutenabilité de l'endettement ;
- Évaluation des politiques sectorielles : agriculture, industrie, services et secteur quaternaire dans l'optique de leur contribution au processus de croissance;
- Appréciation des politiques transversales concernant les infrastructures : hydrauliques, routières, énergétiques et les réformes structurelles qui les accompagnent

3. **Le financement du PSE** :

Le PSE ne peut plus exclusivement et continuellement compter que sur le seul argent de l'extérieur. Le niveau de financement de l'économie reste faible (environ 20% du PIB) et traduit les griefs persistants que le secteur privé formule vis-à-vis du secteur bancaire. À l'analyse, ce secteur présente des lacunes et dysfonctionnements que révèlent les traits caractéristiques qui suivent : d'abord, les offres de crédits sont destinées à la grande entreprise, aux particuliers et aux PME structurées : elles sont accordées selon des règles prudentielles anormalement dures, ensuite, les crédits sont concentrés sur trois secteurs qui totalisant 78% des concours, en outre, les crédits long terme représentent 5% des crédits à la clientèle et sont essentiellement constitués de crédits immobiliers, et enfin, le taux de bancarisation reste faible (11,6%) une large frange de la population est exclue du système.

L'État a une part importante à jouer pour favoriser le développement d'institutions engagées dans le financement à long terme, d'institutions spécialisées et la promotion d'instruments adaptés à des types particuliers de besoins (capital-risque, crédit-bail, etc.). Les difficultés d'accès au crédit des PME et des TPE restent un problème crucial qui mérite un traitement approprié dont la responsabilité incombe à toutes les parties concernées. Il se pose au moins quatre problématiques :

- État des lieux de la systémie bancaire, ses dysfonctionnements et les politiques correctives pour le financement du développement en relation avec la BCEAO ;
- Créer un marché financier actif et ouvert à tous les cadres et à tous les petits épargnants de la nation
- La mobilisation des ressources nationales disponibles et externes des financements innovants. Évaluer l'efficience des nouvelles institutions financières que sont la BNDE, le FONSIS et le FONGIP ;
- Appréciation des IDE, des financements des partenaires techniques et financiers en relation avec la problématique des décaissements.

4. **Les questions institutionnelles notamment celles qui permettent de réduire les coûts des transactions à savoir**: l'État, ses démembrements et

son premier levier l'administration ; les investissements pertinents dans le capital humain et le capital social ; la sempiternelle réforme de l'Administration et de l'environnement des affaires; la mise en place d'arrangements institutionnels compatibles avec les objectifs fixés ; la réhabilitation de la Planification stratégique en vue d'une vision prospective pour faire face au futur et maîtriser les incertitudes :

- Efficacité de l'État stratège et régulateur économique avec son Administration comme levier de la croissance et du développement. Elle doit corriger ses tares majeures qui ont nom: (i) inefficacité ; (ii) incivisme ; (iii) allégeance aux dirigeants politiques; (iv) clientélisme avec pour conséquences l'inadéquation entre les profils et les postes, les lenteurs administratives, l'absentéisme, la flânerie, le repli identitaire ; (vi) impunité (absence de sanctions négatives) avec pour conséquences : la corruption, la concussion, la fraude et le détournement des deniers publics ; (vii) travail par activités (et non par objectif ou par résultat) et (viii) budgétivore. L'Administration publique au service de l'Émergence doit être compétente c'est-à-dire en capacité d'élaboration des diagnostics, de mise en œuvre des politiques publiques. Elle doit être intègre (tolérance zéro vis-à-vis de l'impunité de toute sorte), républicaine et au service de l'intérêt général et non de coalition politique au pouvoir.
- Réhabilitation de la planification stratégique.
- La formation du capital humain et du capital social qui passe une réforme profonde du système universitaire et de formation.
- Le parachèvement de l'Acte 3 de la décentralisation : districts industriels, polling et renforcement de l'attractivité des terroirs.
- La connaissance de la dynamique des acteurs. Le développement est ce qu'en font les acteurs humains, il est donc le produit de nos actes au quotidien. Une fois définies les politiques qui vont façonner l'avenir de la société sénégalaise, il restera à connaitre les agents potentiellement les plus dynamiques susceptibles de porter la stratégie
- L'Appui aux exploitations familiales rurales et à l'économie sociale et solidaire.

5. L'implication, la promotion et l'appui permanent d'un secteur privé national dynamique, motivé et soutenu par un patriotisme économique réfléchi. Réconcilier l'Entreprise et l'État c'est appuyer le secteur privé pour exploiter toutes les opportunités d'investissements productifs et conquérir les marchés interne et externe. Le progrès d'un pays qui se modernise passe par la cohérence entre une bonne politique macroéconomique du gouvernement et des politiques microéconomiques des milliers d'entreprises qui créent la richesse nationale et les emplois comme l'économie informelle qui constitue plus de 90% du tissu économique, représente plus de 60% du PIB, emploie plus 80% de la main-d'œuvre et génère un cinquième des investissements. **En ce qui concerne le patriotisme**

économique (PE) et la préférence nationale les deux termes sont identiques et traduisent l'obligation de L'État de protéger ses productions nationales dans tous les secteurs d'activité. Comme cela s'est toujours fait et continue à se faire dans les pays développés : États-Unis, Allemagne, France, Grande Bretagne et même au niveau des pays émergents. Après son appel au patriotisme économique le Premier ministre français De Villepin ajoute « *Je sais que cela ne fait pas partie du langage habituel, mais il s'agit bien de défendre la France et ce qui est français.* » Aux États-Unis, les exemples sont multiples : le Comité pour l'investissement étranger aux États-Unis (CFIUS) chargé d'évaluer les acquisitions d'entreprises américaines, refus au pétrolier chinois CNOOC de faire une offre sur Unocal et rejet du rachat par la société Dubai Ports World des activités portuaires du britannique P&O. Ce n'est donc pas le président Donald Trump qui a inauguré cette pratique en taxant les importations d'acier et d'aluminium de Chine et en menaçant l'Union européenne avec son argument: *America First* (L'Amérique d'abord). Comme si l'OMC n'existait pas. On retrouve des slogans comme *Buy American* ("Achetez américain") et *Hire American Citizens* (« Embauchez les citoyens américains »). En Allemagne, la loi protège farouchement ses bijoux nationaux comme Volkswagen en faisant prendre aux Länder de fortes participations publiques. Aucun pays n'est en dehors du PE, Italie, Espagne etc. Toutefois, il faut bien préciser que Le patriotisme économique ne signifie pas ni autarcie, ni repli total sur soi, avec la volonté de tout faire. Il est des cas où l'on doit s'appuyer sur le principe des avantages comparatifs pour promouvoir le commerce avec d'autres pays : les pays des autres continents, mais aussi, les pays africains.

6. Rompre avec l'hyperconsommation extravertie des compradores responsables du déficit chronique de la balance commerciale et du blocage du marché intérieur. Cela débouche, paradoxalement, sur un pays qui crée des emplois à l'extérieur pour s'en priver à l'interne. **Il faut remettre en question la boulimie de consommation, du modèle consumériste à outrance, pour redonner du sens à la consommation positive et se recentrer sur l'achat des productions locales essentielles correspondant à de vrais besoins.** Aujourd'hui, même les nations les plus libérales ou autres pratiquent le patriotisme économique parfois sans jamais le dire. Il est grand temps de rompre d'avec le modèle de consommation extraverti facteur des déséquilibres commerciaux appuyés par une spéculation bancaire cachée.

7. L'élaboration d'un plan stratégique de communication. Le paradoxe de cette ère de communication «globale» c'est justement le décalage perceptible entre le besoin toujours plus grand de connaissances de la situation socio-économico-politique et la difficulté de plus en plus aigüe pour les supports d'y répondre. Ce vide abyssal est comblé par les réseaux sociaux qui congestionnent les médias surtout d'État hermétiquement blindés à toute réflexion critique. Un gouvernement qui communique mal sur son agenda et ses réalisations ne peut faire accepter durablement ses politiques économiques à l'opinion publique. Celle-ci n'adhère pas tout simplement parce qu'on ne lui explique pas.

Au terme de ces analyses, le Sénégal comme la plupart des pays africains peut ne point s'enfoncer dans un chaos de chômage, de précarité et de pauvreté qui nous installera dans la violence et la criminalité. Ce pays dispose de nombreux atouts : géopolitique, démographique, de ressources humaines et naturelles et pardessus tout d'un peuple créatif, talentueux et profondément religieux. Ce pays a raté trois moments historiques de sortir du sous-développement avec Mamadou DIA en 1962 (éjecté par la toute puissante françafrique), Abdou DIOUF en 1981 (marqué par un long règne des rois fainéants et des baronnies politiciennes) et Abdoulaye WADE en 2012 (après un excellent début de mobilisation populaire rattrapé par la patrimonialisation de l'État et les interventions des puissances hégémoniques externes).

Au total, il a manqué au Sénégal un leadership transformationnel avisé, visionnaire, ambitieux et patriotique qui s'adosse sur un État fort non patrimonial ayant comme principal instrument une administration compétente et honnête travaillant en bonne synergie avec le secteur privé national. Un vrai gâchis d'avoir raté beaucoup de virages.

Manifestement, une chevalerie de Don Quichotte ne peut guère mener la gestion d'une Émergence pour un développement soutenable nécessairement populaire et démocratique c'est-à-dire réussir à sortir le pays de la pauvreté de masse, du chômage des jeunes et des précarités diverses. Pourtant, cela pourrait tenir à quelques règles simples, faut-il en avoir la volonté politique et éviter les méandres de la non décision souvent d'origine politicienne : 1°) avoir une stratégie et une vision nationale, patriotique et populaire ; 2°) impliquer et préparer les acteurs sociaux à la résilience pour sortir du sous-développement et de la résignation ? Précisément la puissance d'un pays dépend de la capacité de résilience de son peuple ; 3°) traiter tous les problèmes avec professionnalisme et 4°) avoir une stratégie communication appropriée : informer juste et vraie pour mobiliser et impliquer les acteurs et cela loin des flatteries et autres flagorneries de personnalisation excessive des pouvoirs.

Dans ce contexte pour gagner, il faut savoir choisir son terrain et ses hommes et viser loin car l'avenir appartient à ceux qui ont la mémoire la plus longue (savoir planifier et gérer les risques). La mondialisation darwiniste que nous vivons ne supporte ni l'amateurisme ni l'impréparation : les lièvres dilettantes peuvent se faire dépasser par des tortues besogneuses.

Au demeurant, quels que soient les stratégies, les orientations et les moyens que mettent en place les autorités en vue de l'Émergence, elles ne peuvent les faire accepter que si les objectifs sont ressentis comme prioritaires et profitables aux populations et mieux en transformant leurs espérances en programmes. Ce faisant, il va s'installer une volonté nationale, une acceptation des sacrifices et des contraintes, un changement dans les attitudes et les mentalités. Il faut alors persuader et galvaniser dans un sursaut national collectif, nos concitoyens qui manquent terriblement d'endurance et de patience.

C'est de nous qu'il dépend de ne point entrer dans l'avenir à reculons. Reprenant cette belle phrase du Pr. Saliou MBAYE (dans notre ouvrage collectif « *Le Sénégal des mutations* »), **Avec un tel capital, on peut légitimement se demander jusqu'où n'ira pas le Sénégal en termes de croissance et de développement.**

TITRE V/ DEUX INTERVIEWS, POINT DE VUE SUR DE GRANDES QUESTIONS NATIONALES ET INTERNATIONALES D'UNE BRÛLANTE ACTUALITÉ.

THÈME 39 – INTERWIEW FINANCIAL AFRC du 30 janvier 2017 REALISÉE PAR N'DEYE MAGATTE KÉBE SUR L'ÉMERGENCE.

L'Afrique doit financer son développement n'a-t-on cessé d'entendre à Addis-Abeba. *« Aucun pays ne s'est développé par l'extérieur »,* a répété le président rwandais Paul Kagamé et cela bien après le Président Julius NYERERE. Oui mais comment ?

L'émergence et les changements des modes de production et de consommation renferment les aspects suivants : les moteurs de la croissance, l'innovation et le développement des capacités techniques ; les modèles de diversification des exportations et d'insertion aux marchés mondiaux et régionaux ; le développement des chaines de valeurs, les transformations structurelles (rôle des secteurs agriculture, industrie et services), les questions énergétiques et environnementales.

L'État développementaliste et l'émergence : Cette thématique englobe les aspects suivants : l'amélioration de la gouvernance, voire de la modernisation de l'État comme condition de l'émergence ; l'efficacité de la gouvernance économique et financière ; les réformes des institutions et des marchés ; le financement du développement et la planification de l'émergence.

L'émergence désigne des trajectoires de changements économiques et sociaux étroitement articulées à la globalisation. Comme le signale R. BOYER (2008), les succès économiques des émergents reposent sur la synchronisation entre des stratégies politiques nationales et une configuration favorable de l'économie mondiale, qui n'est bien souvent que fortuite

1°) Qu'est-ce que l'émergence ? Quelles sont les ruptures nécessaires pour arriver à l'émergence ?

La question de l'émergence économique dans le monde est devenue l'une des thématiques les plus débattues dans la littérature académique par les chercheurs. Le concept bien que flou et polysémique remet en cause tout ou partie de la vulgate du développement. Malgré l'ampleur des controverses, il n'existe pas de définition universelle du concept d'économie émergente dans la littérature économique. Les critères et variables déclinés par les institutions internationales sont extrêmement contingents, car l'émergence ne saurait se réduire au seul taux de croissance du PIB (ou des exportations) fut-il élevé sur une période longue (plus d'une décennie). Donnons un exemple : la Banque mondiale et le FMI ont recommandé, en 2010, de modifier le calcul du PIB par simple changement de la base (2006 au lieu de 1993), le Nigéria est devenu la première puissance africaine et le Ghana la troisième de la CEDEAO. Le Professeur Makhtar DIOUF de railler *« Le goorgorlou » ghanéen qui s'est couché la veille le ventre vide, se lève le matin, n'ayant encore rien à se mettre sous la dent est informé qu'il s'est enrichi de 60% pendant qu'il dormait ».* Le concept est présenté comme à la fois un nouveau dogme qui tend à établir que seule la croissance économique viendra à bout de la pauvreté, de la précarité et du chômage et se donne même quelque allure scientifique : 1 pour cent de croissance génère 0.15 à 0.25 pour cent de réduction du taux de pauvreté.

Pour ma part et positivement, en situant la problématique dans les trajectoires de l'émergence qui est aujourd'hui érigée comme référent pour le développement, elle peut être comprise comme l'élaboration d'une vision stratégique globale et l'adoption de politiques publiques pertinentes et efficaces qui rendent la croissance soutenable et durable. L'expérience montre que pour y arriver, il faut un État fort, actif et capable d'impulser et d'organiser la société, de créer des externalités positives au niveau des infrastructures de base (routes, énergie, école, assainissement), de guider et coordonner les politiques sectorielles (industrielles, agricoles et des services technologiques et financiers pour accroitre l'offre de production), d'encadrer toutes les institutions du développement, de promouvoir, appuyer et associer le secteur privé et enfin de mettre en œuvre une politique sociale.

Cette compréhension de l'émergence soulève deux interrogations majeures :

- *La première est d'économie normative* (théories) : Quelle est l'économie politique de l'émergence et quels sont ses liens avec l'Économie du Développement ?
- *La seconde est d'économie positive* (politiques et leurs instruments) : Comment mettre en œuvre les trajectoires de changements économiques, politiques, institutionnels et sociaux pour construire en l'intervalle d'une génération de redoutables machines économiques, technologiques et financières compétitives et performantes.

Cette double interrogation ouvre des voies de recherche à toutes les sciences sociales du développement. La transdisciplinarité offerte par les ressources scientifiques universitaires permettra de diversifier les périmètres d'évaluation des performances pour gagner encore plus en prévisibilité et en cohérence condition d'une irremplaçable adhésion des citoyens.

Toutefois, les proclamations sur l'émergence actuellement en cours omettent de rappeler que les pays émergents ne sont pas arrivés là où ils sont par hasard. Ils revendiquent un espace économique et politique de manière totalement légitime. Ils ont réussi à sortir du sous-développement en l'intervalle d'une génération en appliquant d'excellentes visions stratégiques qui reposent solidement sur les vertus prussiennes de travail, de rigueur, de discipline, d'épargne et sur le secteur privé fortement soutenu. Si les variables quantitatives et mêmes qualitatives de leur succès sont bien connues, ce qui l'est moins, c'est la compréhension de leurs enchaînements, de leur mise en œuvre, dans les politiques économiques appropriées. Le modèle de développement asiatique et ses performances se fondent sur quatre préalables : philosophiques et culturels, économiques, institutionnels et sociaux. En partant de ces préalables, les décideurs politiques ont fait des choix appropriés et pris de bonnes décisions.

2°) Comment les différentes écoles de la science économique appréhendent-elles le rôle de l'état dans le processus de développement ?

En remontant loin, depuis J.S. MILL (1848), A. MARSHALL, K. MARX, J. SCHUMPETER jusqu'aux auteurs contemporains ((RODRIK, P. HUGON, S. AMIN, R. BOYER, C. JAFFRELOT, J. SGARD) qui démontraient que les moyens de réaliser l'accumulation se résument à trois actions décisives : un État de qualité, une administration compétente et le recours aux progrès techniques. La première action est de disposer d'un bon Gouvernement avec une solide administration, au cœur du dispositif institutionnel de l'État qui définit la vision et la stratégie et qui met en place des instruments fiables de leur mise en œuvre par des politiques économiques et sociales pertinentes.

L'Émergence comme processus de développement à croissance robuste exige un encadrement. En effet, tout développement économique s'insère dans une biologie sociale laissant apparaitre deux attitudes possibles : celle de l'ingénieur qui s'en remet à la mécanique et à la technique et celle du biologiste qui tient compte de tous les éléments de l'environnement. Cette deuxième vision me paraît plus féconde. Elle divorce avec le caractère réducteur du modèle néolibéral surtout dans ses analyses vaniteuses, étroites, simplistes qui ignorent les interactions des structures économiques et des structures d'encadrement lesquelles peuvent accélérer ou freiner la croissance.

L'État comme premier pilier ne doit être ni mou (G. MYRDAL), ni prédateur (F. BAYARD), ni patrimonial (P. JACQUEMOT), ni surchargé (Banque mondiale), ni contourné (P. HUGON). Les modèles d'État en Afrique ont conduit partout à l'État souvent bonapartiste mais incapable de construire un système économique performant et un régime politique démocratique. Ce modèle qui comprend plusieurs variantes a précarisé et dévoyé toutes les institutions législatives, judiciaires et exécutives. Les controverses sur la taille optimale, les missions, l'efficacité de la gestion publique de l'État sont tranchées par les expériences réussies du **modèle de l'État «pro »** (P. HUGON) c'est-à-dire promoteur, producteur, prospecteur et programmeur.

Cet État d'une efficacité redoutable a sorti les pays émergents du sous-développement en l'intervalle d'une génération.

La tâche des économistes africains, toutes options idéologiques confondues, est d'appréhender la situation d'ensemble des pays africains, d'identifier les éléments sur lesquels il y a accord afin de définir le nouveau cadre général de concepts en phase parfaite avec l'axiomatique de la rationalité économique.

3°) En Afrique quel regard portez-vous sur les différends modèles d'émergence ? Y'a-t-il un parallélisme entre le Rwanda, la Côte d'Ivoire, le Maroc et le Sénégal ?

Au Sénégal, un demi-siècle de politiques économiques et financières de 1960 à 2012, c'est autant de contreperformances et d'échecs : croissance molle, pauvreté et précarité, chômage, crises à répétition, inégalités grandissantes. Comment la plupart des responsables politiques et leurs techniciens ont-ils pu se tromper à ce point ? Quels sont les ressorts des solutions qui échouent toujours ? Pourquoi les décideurs politiques, sur plus d'une vingtaine d'années (1979-2000), ont-ils été esclaves d'un modèle entièrement soumis à l'épure impertinente de l'ajustement structurel ? Pourquoi ce refus à prendre en charge leurs propres priorités de développement ?

Citons de mémoire cette solide déclaration du Président MANDELA *« Une vision qui ne s'accompagne pas d'action n'est qu'un rêve. Une action qui ne découle pas d'une vision, c'est du temps perdu. Une vision suivie d'action peut changer le monde »*. Le PSE est intervenu dans ce contexte avec une volonté politique clairement affirmée d'opérer les indispensables ruptures.

4°) Quelle évaluation faites-vous du PSE ?

Le Président de la République Macky SALL a commandité au Cabinet international Mc. KINSEY un plan de mise en œuvre de son programme baptisé « Plan Sénégal Émergent ». Cette sollicitation procède d'une volonté, comme dans les agences notation, de crédibiliser, de labelliser, d'estampiller le projet par une institution connue et appréciée des partenaires techniques et financiers.

Le document initial du PSE était une juxtaposition de slides simplistes analytiquement, imagés et percutants inspiré du "poids des mots, choc des photos" de Paris Match. Il tirait sa substance de 4 documents officiels : le DSRP-II 2006–2010 (Document de Stratégie de Réduction de la Pauvreté ; la SCA 2007-2015 (Stratégie de Croissance Accélérée) ; la SNDES 2013-2017 (Stratégie Nationale de Développement Économique et Social) et le DPES 2011-2015 (Document de Politique Économique et Social. Par la suite, l'étude a été reprise, remaniée, réarticulée et presque réécrite par une commission composée de techniciens sénégalais expérimentés. Ainsi relooké, le PSE est porté par une trentaine de projets structurant d'envergure, retenus pour leurs effets d'induction et de rayonnement (théorie de la polarisation de F. PERROUX et, A. HIRSCHMANN) sur l'ensemble de l'économie en vue d'atteindre un taux de croissance annuel moyen d'au moins 7 %. L'opérationnalisation de la Stratégie pour l'étape intermédiaire de 2018, est déclinée en trois axes fondamentaux : (i) Transformation structurelle de l'économie et croissance ; (ii) Capital humain, protection sociale et développement durable et (iii) Gouvernance, institutions, paix et sécurité.)

Les changements structurels profonds, concomitants à des phases de croissance élevée et soutenue, sans, toutefois, que la causalité entre les deux soit clairement établie, sont attendus précisément, d'abord de la gouvernance politique et dans la perspective de l'émergence économique des missions de l'administration en charge de l'élaboration, de la mise en œuvre et du suivi des politiques publiques. Ces missions exécutives sont confiées à des agences qui deviennent les instruments d'action de l'État. Elles réalisent ce que les marchés ne peuvent pas faire suite à leurs dysfonctionnements multiples. D'ici à 2023, le PSE vise un ensemble de projets structurants à fort contenu de valeur ajoutée et d'emploi. C'est dans ce sillage que le Plan d'Actions Prioritaires (PAP 2014-2018) dégage un besoin de financement additionnel de 2 964 milliards de FCFA. Ce qui est à l'origine de l'organisation du Groupe Consultatif les 24 et 25 février 2014 à Paris au siège de la Banque mondiale.

5°) Assistons-nous au retour de l'État avec la mise en place de structures publiques ou mixtes ?

La trajectoire de l'émergence est conditionnée par un État fort appuyée par une administration de qualité devant accomplir des missions essentielles au service de la réalisation des objectifs fixés. Cette administration doit être à la fois compétente et vertueuse. Une délégation africaine venue interroger le Premier Ministre Lee Kuan YEW sur les raisons du « miracle économique » Singapourien, celui-ci a répondu, « Une Administration honnête au service de la Nation » et il a jouté que « ce n'est pas de la démocratie dont les pays africains ont le plus besoin, mais d'une Administration honnête ».

A stratégie d'édification d'une société émergente repose sur 6 piliers :

Le premier programme est relatif aux préalables culturels et philosophiques qui constituent le logiciel mental collectif. Celui-ci désigne les mentalités, les attitudes et les habitudes à l'origine de comportements tournés vers l'inertie, la régression ou le progrès. Deux composantes sont essentielles, d'une part le mode d'organisation sociale et d'autre part l'évaluation à l'échelle de la société entière des attitudes qui paraissent essentielles pour le développement économique et social du fait des valeurs qu'elles véhiculent qui influencent très fortement la croissance économique. Dès lors, il faut identifier toutes ces variables qui ont la forte capacité de commander ou d'orienter l'activité économique comme l'ont clairement montré les travaux de Max WEBER sur l'influence de l'éthique protestante dans le décollage économique des pays capitalistes et ceux de SOMBART sur la contribution de la mentalité juive dans la réalisation de la révolution industrielle en Europe.

Le second pilier concerne l'architecture des politiques économiques qui comprend la mise en œuvre de la nouvelle stratégie de développement fondée sur des options macroéconomiques et macro financières claires. La complexité de notre économie commande que la pratique de la politique économique soit éclairée par des réflexions théoriques et appliquées, par une capacité d'expertise fondée sur une indépendance analytique. Cela appelle des politiques sectorielles (agriculture, industrie, services et secteur quaternaire) ; des politiques transversales concernant les infrastructures, la problématique énergétique ; des instruments de la politique économique à savoir : la politique budgétaire, la politique monétaire et les réformes structurelles qui les accompagnent.

Le troisième pilier concerne le financement du PSE : Ne pouvant exclusivement et toujours compter que sur le seul argent de l'extérieur, il se pose, au moins, quatre problématiques : 1) Comment mobiliser toutes les ressources nationales disponibles ; 2) Comment réformer toute la systèmie bancaire et financière,3) Comment profiter des nouvelles des ressources extérieures et 4) Quelles réformes institutionnelles souhaitables de la Zone franc ?

Le quatrième pilier concerne les questions institutionnelles notamment celles qui permettent de réduire les coûts des transactions. Ces coûts comprennent notamment : les investissements pertinents dans le capital humain et le capital social ; la sempiternelle réforme de l'Administration et de l'environnement des affaires ; la mise en place d'arrangements institutionnels compatibles avec les objectifs fixés ; la réhabilitation de la Planification stratégique en vue d'une vision prospective pour faire face au futur et maîtriser les incertitudes. Deux idées fortes militent en faveur de cette réhabilitation : la 1ère *« Pas de vent favorable pour celui qui ne sait où il va », et la 2ème « L'avenir appartient à celui qui a la mémoire la plus longue ».*

Le cinquième pilier concerne la connaissance de la dynamique des acteurs. Le développement est ce qu'en font les acteurs humains, il est donc le produit de nos actes au quotidien. Une fois définies les politiques qui vont façonner l'avenir de la société sénégalaise, il restera à connaitre les agents potentiellement les plus dynamiques susceptibles de porter la stratégie. Cela nous renvoie au secteur privé et au secteur informel qui sont mal connus quantitativement et qualitativement.

Le sixième pilier concerne l'élaboration d'un plan stratégique de communication. Un gouvernement qui communique mal sur son agenda et ses réalisations ne peut faire accepter durablement ses politiques économiques à l'opinion publique. Celle-ci n'adhère pas tout simplement parce qu'on ne lui explique pas.

6°) Faut-il concevoir l'émergence au niveau national ou continental ?

Les succès économiques des émergents reposent sur la synchronisation entre des stratégies politiques nationales et une configuration favorable de l'économie mondiale comme l'observe R. BOYER (2008). Dès lors, l'émergence reste foncièrement liée aux contextes nationaux, qu'il s'agisse de la nature des politiques économiques poursuivies ou du particularisme des configurations institutionnelles des régimes politiques : démocratiques (Sénégal, Cote d'Ivoire, Maroc) ou autoritaires (Éthiopie, Rwanda, Cameroun) ou néo-patrimonial (Gabon). L'intégration régionale et continentale constitue les marches-pieds vers la mondialisation multipolaire. Seulement, il faut sortir des mimétismes et rappeler que les institutions représentent des règles de jeu et les organisations sont les joueurs (États, Communautés sou-régionales ou régionales). Il importe de mettre en œuvre une réglementation commune fondée sur des règles de loyauté pour un jeu coopératif décliné par une Administration Centrale (non bureaucratique) dont l'autonomie doit être recherchée. Cela pose la question du pouvoir supranational absolument incontournable.

THÈME 40 – INTERVIEW DE Koceila BOUHANIK, JOURNALISTE Á LA TÉLÉVISION CHINOISE CGTN.

Prof Moustapha KASSE, Doyen honoraire de la Faculté des Sciences Économiques et de Gestion Membre des Académies de Sciences et Techniques et Commandeur de l'Ordre National, Commandeur de l'ordre du Mérite universitaire.

Propos introductif tiré d'une Revue réputée intitulé : Donjon et Dragon : *« Donald TRUMP s'emploie à ériger des murs douaniers pour défendre l'économie américaine face au dragon chinois. Cela en réalité n'empêche pas le déficit commercial de son pays de se creuser (419 milliards de dollars). Ceux qui disent qu'il faut investir en Afrique pour freiner l'immigration ne sont pas ceux qui le font. Tandis qu'ils s'enferment dans leur donjon, c'est le dragon chinois qui met la main au portefeuille. »* **Alternatives Économiques 2020 Hors-Série.**

Première question : Quelles sont les prévisions économiques pour le monde - en particulier pour l'Afrique et la Chine alors que la pandémie du COVID-19 se poursuit ?

Prof Moustapha KASSE : La crise sanitaire du COVID-19 a produit sur l'ensemble de l'économie mondiale l'effet d'une véritable bombe à neutron en affectant négativement tous les systèmes productifs économiques, financiers, technologiques et sociaux. Les secteurs les plus durement impactés sont ceux qui sont les plus exposés à la mondialisation : la production des biens et services, les matières premières les plus stratégiques comme le pétrole, les transports aériens, routiers et maritimes, le sous-secteur touristique et restauration et les arts et la culture.

Au plan macroéconomique, toutes les économies connaissent des décroissances de leur PIB qui est de l'ordre de 3% au niveau mondial et de plus de 4% pour l'Afrique entraînant une dégradation des indicateurs comme le déficit des finances publiques, l'inflation, le taux de chômage et de pauvreté en somme toutes les précarités sociales. Les ressources financières de relance sont gigantesques : 1500 milliards d'euros pour l'Europe, 2500 milliards de dollars pour les États-Unis et les besoins pour l'Afrique 150 milliards de dollars.

Les sociétés sont complétement déstructurées suite aux confinements qui ont drastiquement réduit la mobilité des hommes, des biens, et des capitaux. Les élites politiques, administratives et intellectuelles fustigent les conséquences désastreuses de cette pandémie et dénoncent de manière à peine voilée les politiques néolibérales et basculent dans un nouvel univers idéologique. Si nous redémarrons l'économie comme avant, on n'aura tiré aucune leçon de la crise.

Le contexte de la crise sanitaire a révélé la Chine, comme un acteur majeur de la mondialisation avec 25% du PIB mondial, 30% de la production industrielle, une grande part sur toutes les chaines d'approvisionnement et sur les marchés de produits de base. Ce poids en avait fait la locomotive de la croissance mondiale et l'architecte de l'embellie des matières premières qui a permis les taux de croissance élevés de plusieurs pays africains post financière de 2008/2009. Comme premier pays affecté par le nouveau coronavirus la Chine a montré, au reste du monde, le modèle de gestion de cette pandémie qui a ravagé plusieurs pays du Nord, États-Unis en tête.

L'hebdomadaire ultra libéral, *The Economist*, reconnait que cette pandémie va *"affaiblir la reprise, rendre l'économie plus vulnérable et favoriser la propagation de l'instabilité politique"*. Il conclut de manière péremptoire mais contestable : *"Dites au revoir à la mondialisation et craignez ce qui va la remplacer."* Ce qui est inexact, c'est qu'à l'analyse, la solution à cette crise ne peut être qu'internationale. De plus, depuis plus de 20 ans, le prix Nobel d'Économie Paul KRUGMAN a montré que la mondialisation n'est pas coupable, de la foudroyante rapidité de l'extension du virus, de l'impuissance des États à en arrêter la progression, de l'incapacité des politiques néolibérales à produire des infrastructures de santé publique et des équipements médicaux adéquats et en quantité suffisante.

La Chine a réussi à maîtriser la pandémie grâce à la qualité de son régime politique conduit par un Parti unique fort, un État bienveillant et un leadership transformationnel. Cette bienveillance institutionnelle s'est traduite par la fourniture aux États du monde des kits médicaux, du personnel de haut niveau et des appuis financiers pour faire face à la crise. C'est le cas de la fondation Jack MA dont l'intervention a été déterminante en Afrique. De plus, au moment où les multinationales pharmaceutiques engagent déjà une guerre féroce pour capter le marché mondial d'un vaccin (plus de 7 milliards), le Président Xi JINPING déclare aux assises de l'OMS *« Nous devons travailler ensemble pour aider les pays en développement ayant un système de santé publique fragile à renforcer leurs capacités de réaction »*. Il ajoute *« qu'en cas de découverte d'un vaccin en Chine ce produit sera considéré comme un bien public international »*.

Il apparait manifestement un basculement de la richesse industrielle, financière et technologique mondiale vers la Chine et l'Asie qui sont les puissances d'aujourd'hui et le seront davantage demain. Les projections les plus imparables montrent que d'ici 2050, plus de la moitié de la production mondiale se fera en Asie et plus de la moitié des biens échangés iront vers cette même région. (Mon ouvrage sur L'Industrialisation africaine, Edit. L'Harmattan 2013). En atteste, la « Ceinture économique de la Route de la Soie » qui parcoure 12.000 kms pour relier la Chine, l'Asie et l'Europe avec un investissement simplement abyssal.

<u>Deuxième question</u> : Comment la Chine peut-elle continuer à élargir son ouverture et à soutenir le processus de mondialisation ?

Prof Moustapha KASSE : Cette question est d'actualité, toutes les élites se la posent dans l'optique de la quête d'un modèle alternatif au néolibéralisme globalisé et déréglementé pour gérer une économie efficace et bien intégrée aux logiques intrinsèques de la société industrielle. Sous ce rapport ; l'expérience chinoise est très instructive.

A l'échelle mondiale, la Chine travaille à sa puissance et occupe un espace de plus en plus important. Avec 20 % de la population mondiale, elle souhaite disposer de plus de 20 % des ressources bancaires, satellitaires, énergétiques, etc. et s'inscrire parmi le peloton de tête dans l'aventure du 21ème siècle. Elle s'appuie sur les innovations, les hautes technologies et la recherche développement. D'ici 2050, après avoir sorti plus de 600 millions d'individus de la pauvreté en l'intervalle d'une génération, elle veut passer à 40 % de ruraux et pour cela, il faut au moins envoyer 270 millions de personnes dans des villes ou les banlieues. Le Plan pour 2050 déjà publié projette le pays à la première place dans le grand jeu mondial que se livrent les puissances.

Les dirigeants chinois conscients que la technologie, les innovations et l'intelligence artificielle sont les moteurs des rapports économiques, la condition désormais première de richesse et de puissance, ont lancé en mars 2015, l'ambitieux Plan décennal « Made in China 2025 ». Rappelons que la structure sectorielle du PIB en 2018 est : 7% pour secteur primaire, 41% pour secteur secondaire et 52% tertiaire. Élaboré par le ministère de l'industrie et de la technologie de l'information (MIIT), l'Académie chinoise d'ingénierie et en somme une bonne centaine d'experts, d'académiciens, de techniciens compétents et innovants. Le Plan repose sur (5) principes directeurs : (i) l'innovation, (ii) la qualité (plutôt que la quantité), (iii) le développement vert de la production, (iv) l'optimisation de la structure industrielle et (v) le développement des talents humains.

Le Plan 2025 construit les avantages stratégiques liés aux (4) révolutions technologies de demain qui vont modifier les systèmes productifs et les perspectives de la croissance et de l'emploi, entrainer une explosion des activités économiques, recomposer les territoires industriels et interconnecter tous les marchés de la planète. Il s'agit (i) de la révolution numérique qui se passe dans notre ordinateur (la Chine détient le record de la capacité de calcul avec cette machine d'effectuer 33 millions de milliards d'opérations à la seconde ; (ii) de la révolution biologique et les découvertes sur la génétique ; (iii) de la révolution énergétique avec le renouvelable mais aussi la fusion et (iv) de la révolution de l'espace. C'est pourquoi le Plan 2025 réoriente l'économie vers une montée en gamme technologique dans 10 domaines clefs qui feront passer la Chine du statut «d'atelier du monde» à celui de «bureau d'ingénierie industrielle mondiale » : 1°) la robotique, 2°) la technologie de l'information, 3°) l'aviation et espace 4°) l'équipements maritimes high-tech, 5°) les transports ferroviaires et autres, 6°) les véhicules propres, 7°) les équipements énergétiques, 8°) les équipements agricoles, 9°) les nouveaux matériaux et 10°) la pharmacie et médecine.

En définitive, la réussite du Plan 2025 appelle trois paramètres. D'abord, la mobilisation d'investissements massifs qui sont évalués à plus de 2000 milliards de dollars. Ensuite, la réalisation d'investissements substantiels dans la R&D qui équivaut à 2,1% du PIB ce qui a permis à la Chine d'être à la tête des demandes de brevets au niveau de l'OMPI avec 43,6% des demandes totales, devant les États-Unis (19,2%) et le Japon (10,1%). Enfin, la mobilisation de toutes les entreprises, les PME/PMI ainsi que les majors et les champions nationaux comme le géant chinois de l'électricité State Grid, la compagnie de construction China Road and Bridge Corporation (CRBC) qui a réalisé 600 ouvrages en Afrique, en Asie et au Moyen-Orient, China Harbour Engineering Co Ltd, la CRBC.

Un internaute a déclaré que : « *Dieu créa la terre et tout le reste est « made in China »*. Cette boutade a suffi au « Council on Foreign Relations » de relever, dès la fin mars 2018, que « *ce plan 2025 est la vraie menace existentielle au leadership technologique américain »*. Dans le même sens, le locataire de la maison blanche avait envoyé des tweets pour s'exprimer sur le sujet : « *J'ai dit : China 25 est très insultant parce que China 25 signifie qu'en 2025 ils vont dominer économiquement le monde. J'ai dit : cela n'arrivera pas ».*

Au total, tout semble indiquer, que la domination absolue de l'Occident, européen puis américain, n'aura duré que trois siècles (le 17ème, le 19ème et le 20ème). C'est la colonisation et la révolution industrielle qui leur avait permis une hégémonie dominatrice sur toutes les relations internationales qu'elles soient militaires, politiques, économiques, financières et technologiques. Aujourd'hui, l'Europe berceau de cette révolution du 19ème siècle, s'est progressivement fait rattraper puis distancer par d'autres zones géographiques : hier par l'Amérique du Nord et aujourd'hui par l'Asie, la Chine en tête.

Troisième question : Quelle est votre vision de la coopération sino-africaine en général, et concernant la lutte contre le COVID-19 en particulier ?

Prof Moustapha KASSE : Comme souligné plus haut la Revue Économiques (Donjon et Dragon), écrit ce qui répond bien à votre question : « *Ceux qui disent qu'il faut investir en Afrique pour freiner l'immigration ne sont pas ceux qui le font. Tandis qu'ils s'enferment dans leur donjon, c'est le dragon chinois qui met la main au portefeuille* ».

Au-delà des analyses péjoratives et des leurres, la Chine est une grande opportunité pour les pays africains. La présence chinoise a ramené les investissements occidentaux en Afrique et repositionner l'Inde dans les perspectives économiques et financières du continent (J.J.BOILLOT : Chindiafrique, Odile Jacob). Manifestement, (4) quatre composantes décisives charpentent les relations sino-africaines : (i) la Chine est le premier partenaire de l'Afrique dans le domaine des échanges de biens et services, de capitaux et de transfert de technologie pour un niveau appréciable ; (ii) plus de10000 entreprises interviennent dans beaucoup de secteurs ce qui représente un important potentiel de création de richesses et d'emplois ; (iii) une contribution de taille dans la formation des ressources humaines africaines (capital social) avec un volume d'étudiants d'environ 81.562. Également, la Chine est la deuxième destination d'apprentissage derrière la France avec un effectif de 158.000 en 2017/2018 ; (iv) en termes de soft-power, le continent abrite 54 Instituts CONFICIUS entièrement financés par la Chine (contre 64 Centres culturels français).

La coopération sino-africaine a été tracée avec rigueur et sincérité par le Président XI JINPING à l'occasion du Forum de Beijing (FCSA 2018). Il décline, avec une remarquable clarté et précision qui sont la marque des dirigeants chinois, les 4 (quatre) lignes directrices de cette coopération :

1°) **Dans la coopération, la Chine est attachée aux principes de sincérité**, d'amitié et d'égalité. Les plus de 1,3 milliard de Chinois se sont toujours montrés solidaires et fraternels avec les plus de 1,2 milliard d'Africains. ***Nous poursuivons toujours la pratique des "cinq non" dans nos relations avec l'Afrique,*** à savoir : (i) ne pas s'ingérer dans la recherche par les pays africains d'une voie de développement adaptée à leurs conditions nationales, (ii) ne pas s'immiscer dans les affaires intérieures africaines, (iii) ne pas imposer notre volonté à l'Afrique, (iv) ne pas assortir nos aides à l'Afrique de condition politique quelconque, et (v) ne pas poursuivre des intérêts politiques égoïstes dans notre coopération en matière d'investissement et de financement avec l'Afrique.

2°) **Dans la coopération, la Chine est attachée aux principes d'intérêts communs et de primauté de l'amitié**. Elle est convaincue que la coopération sino-africaine passe par la valorisation des atouts respectifs des deux parties et l'association étroite du développement de la Chine à sa contribution au développement de l'Afrique pour réaliser le gagnant-gagnant et le développement partagé

3°) **Dans la coopération, la Chine est attachée** aux principes de pragmatisme, d'efficacité et de développement pour le peuple. Elle place au-dessus de tous les intérêts des peuples chinois et africains et veille à faire progresser et fructifier la coopération dans l'intérêt du bien-être et au bénéfice des peuples chinois et africains.

4°) **Dans la coopération, la Chine est attachée aux principes d'ouverture et d'inclusivité**. Elle est toujours d'avis que l'instauration d'une paix et d'une stabilité durables en Afrique et la réalisation du développement et du renouveau africains constituent non seulement une aspiration des peuples africains, mais aussi une responsabilité de la communauté internationale.

Le président XI JINPING considère que *« la nation chinoise a connu d'innombrables vicissitudes dans son histoire, mais elle ne s'est jamais laissée abattre. Bien au contraire, elle s'est toujours relevée, plus forte et plus vaillante. C'est dans les épreuves qu'elle a grandi et qu'elle s'est construite. »* Les premières paroles de l'hymne national, confortent bel et bien, ces propos du Président : « Debout ! Nous qui refusons d'être esclaves ».

Cette coopération Chine-Afrique mobilise, aujourd'hui, beaucoup de médias mainstream occidentaux dans de vastes opérations de stigmatisation et d'intoxication où les contrevérités et les mensonges sont légion. Dans ce sens, on peut citer au moins (3) manipulations de cette littérature anesthésiante et totalement loufoques :

La première est une stigmatisation ridicule de la Chine. Quand la Chine achète des matières premières, on dit qu'elle pille l'Afrique quand c'est une multinationale occidentale qui exploite les mêmes produits de base on dit qu'elle aide l'Afrique à se développer ;

La seconde est relative au prétendu « piège de la dette chinoise ». Cette dette selon l'Université John HOPKINS était de 114,4 milliards de dollars entre 2000 et 2016 et représentait 18% de la dette totale. On continue de dire que la Chine étouffe les pays. La Chine est largement en tête des donateurs, la première source de financement extérieur des énormes besoins africains en infrastructures physiques et numériques. Les prêts sont alloués pour développer les infrastructures, la construction de gazoducs, d'oléoducs, des lignes ferroviaires et maritimes, des ports, des aéroports etc. Par exemple, elle est partie prenante de 40 ports.

Le Rapport 2018 de la BAD observait que l'Afrique doit investir entre 130 et 170 milliards pour accroitre son PIB de 4,1%. Au concret, la Chine est prête, révèlera le président Xi JINPING « à fournir un soutien de 60 milliards de dollars américains à l'Afrique sous diverses formes comme des aides gouvernementales, investissements et financements par des entreprises et institutions financières. Cela comprend 15 milliards de dollars au total d'aides sans contrepartie, de prêts sans intérêt et de crédits préférentiels, une ligne de crédit de 20 milliards de dollars, le soutien à la création d'un fonds spécial de 10 milliards de dollars pour le financement du développement et d'un fonds spécial de 5 milliards de dollars pour le financement des importations en provenance de l'Afrique, et l'encouragement des entreprises chinoises à investir au moins 10 milliards de dollars en Afrique dans les trois ans à venir.

Dans le même temps, la Chine annulera, en faveur des PMA, des pays pauvres très endettés (PPTE), des pays en développement sans littoral (PDSL) et des petits États insulaires en développement (PIED) de l'Afrique qui ont des relations diplomatiques avec la Chine, leurs dettes non remboursées liées aux prêts intergouvernementaux sans intérêt arrivant à échéance fin 2018 ». Récemment le Président Emmanuel MACRON s'est épanché dans les médias pour déclarer que la France et l'Europe vont annuler massivement les dettes qu'elles ont sur l'Afrique. Mais cela ne concerne qu'une petite partie du fardeau. Car aujourd'hui, la dette privée représente une part importante du total. Les pays africains ayant levé ces dernières années beaucoup de fonds sous forme d'eurobonds, par exemple. Or cette dette privée, souvent morcelée est assez difficile à annuler. C'est pourquoi, Guy KASTLER estime que Monsieur le Président faisait preuve de générosité avec l'argent des autres.

La troisième concerne l'unique base militaire de Djibouti, présentée comme une volonté chinoise de contrôler cet espace maritime. On tente de camoufler d'abord, les quatre (4) autres bases étrangères installées par les occidentaux dans la même aire et ensuite, on reste totalement silencieux sur l'endiguement militaire de la Chine par une chaine de bases étrangères dans son espace régional.

En définitive, dans le cadre d'une coopération élargie avec la Chine et d'autres partenaires l'Afrique dispose de sérieux atouts et un espace pertinent qui devrait permettre aux États de mener des politiques économiques, sociales et industrielles efficaces. Dans le cadre de son intégration, l'Afrique devrait exploiter les programmes intégrateurs d'infrastructures créatrices d'externalités positives pour les économies nationales. Elle ne peut arriver sans des structures institutionnelles solides de commandement et de leadership avéré. Toutes ces questions de développement inclusif, dont les difficultés sont nombreuses et complexes ne peuvent être résolues que par un État stratège fort et soucieux du développement à long terme et qui s'adosse sur un patriotisme économique réfléchi soutenu par un secteur privé dynamique, innovant et engagé.

<u>Quatrième question</u> : 2020 marque le 20ème anniversaire du prochain Forum. Qu'est-ce que ce forum apporte concrètement à la coopération sino-Afrique et quel est son poids sur la scène internationale ? Macky Sall, le président sénégalais, co-préside, le forum, qui pourrait être organisé à Dakar l'année prochaine. Qu'est-ce que ce forum apporte concrètement à la coopération sino-Afrique et quel est son poids sur la scène internationale ?

La pandémie de coronavirus pourrait plonger l'Afrique subsaharienne dans la récession en 2020/21 et peut être au-delà. C'est une première en un quart de siècle, avertit la Banque mondiale, qui a aussi mis en garde contre un risque de "crise alimentaire si la pandémie se prolonge". Invariablement, le Président Xi JINPING dans tous ses discours au niveau des instances internationales précise les deux visions qui portent la politique de la Chine : d'abord, la volonté de création d'une véritable communauté de destin partagé pour l'humanité et ensuite, l'engagement en faveur d'une réforme de la gouvernance mondiale.

La première vision est basée sur une analyse sérieuse et une interrogation relativement à ce que veulent réellement les dirigeants de la Chine, ce qu'ils en disent et non les supputations, rodomontades et autres insinuations que certains médias occidentaux leur prêtent. Historiquement, la Chine a connu une colonisation longue, dure et humiliante sur plusieurs siècles. Le pays a reçu beaucoup de gifles dans le passé, lointain et récent comme le note Pierre GENTELLE (Café Rey de nov. 2005) : *les dirigeants veulent aujourd'hui se donner les moyens de n'en plus recevoir et ont décidé de «se battre » pour gagner le respect de ceux qui, autrefois, les ont giflés. Pour ce faire, il faut construire un pays qui ne puisse plus jamais être dominé. Ils estiment qu'il leur faudra cent ans (Horizon 2050 qui correspond au centenaire du Parti et au-delà) pour y parvenir, car le différentiel de puissance entre les États-Unis et les pays pauvres est, pour l'instant, inébranlable* ». Par ailleurs, en ayant une parfaite lecture de la mondialisation, les dirigeants chinois sont persuadés que les rapports mondiaux ne sont que des rapports de force, en conséquence, ils élaborent une stratégie rigoureuse et planifiée d'un développement pacifique par les réformes et l'ouverture mais dans la stabilité d'où l'oxymore qu'on leur prête : « la paix pour vaincre sans combattre ».

Pour bâtir cette communauté de destin, huit nouvelles initiatives, détaillées, adossées à des mécanismes d'investissement, d'infrastructures, de nouvelles institutions, de promotion des PME, d'économie verte de développement de l'export vers la Chine, de renforcement des capacités, de bourses d'études et de recherche et d'échanges culturels ont été lancées. Elles s'articulent comme suit :

1. Initiative pour la promotion industrielle,
2. Initiative pour l'interconnexion des infrastructures,
3. Initiative pour la facilitation du commerce,
4. Initiative pour le développement vert,
5. Initiative pour le renforcement des capacités,
6. Initiative pour la santé,
7. Initiative pour les échanges humains et culturels,
8. Initiative pour la paix et la sécurité.

Pour sa part, le président Macky SALL note que « Le parcours du peuple chinois est un message d'espoir pour dire que le sous-développement n'est pas une fatalité et que la bataille pour le progrès se gagne par un état d'esprit combatif ». Il considère positivement que la coopération avec la Chine représente à ce jour une quarantaine de projets et programmes et depuis 2005, les financements accordés par la Chine au Sénégal s'élèvent à plus de 1206 milliards et sur ce montant, 963 milliards ont été mobilisés entre 2012 et 2018 ». De son côté, XI JINPING a émis un message d'optimisme à l'égard de l'Afrique : « J'ai le vif sentiment que ce continent recèle un énorme potentiel de développement et qu'il est promis à un avenir radieux. » a-t-il assuré ».

La deuxième vision du Président XI JINPING, assez reliée à la première, concerne l'exigence à la fois fondée et pertinente d'appeler la réforme de la gouvernance mondiale (notre ouvrage avec Ben HAMMOUDA : *La réforme des institutions internationales : les réponses africaines, Karthala*).

Paradoxalement, le système mondial actuel fonctionne comme si un directoire occidental doit à lui seul en assurer la pleine gérance en écartant les acteurs sociaux et les forces vives des sociétés et en tuant à petit feu le multilatéralisme. Cette gestion unilatérale du monde doit s'arrêter. Selon B.BADIE (*Le temps des humiliés. Pathologie des relations internationales*) pareille gouvernance exclut tous les acteurs sociaux qui font l'histoire. Cet auteur relève un extrême paradoxe dans son dernier ouvrage *« Quand le Sud réinvente le monde » à* savoir que dans le système mondial les événements majeurs se passent hors du G7, des autres G et instances de la gouvernance mondiale. Les 173 États de notre humanité qui concentrent environ 100% des souffrances, 95% de la conflictualité, 90% des pathologies mondiales sont exclus des instances de décisions internationales. Au demeurant, la Chine veut changer de catégorie et faire partie de ceux qui mènent le monde, à leur côté plutôt que contre eux : c'est la logique du gagnant-gagnant et cela lui paraît plus efficace. Les dirigeants chinois ont parfaitement compris que « l'Hégémonie coûte chère et ne rapporte rien ». Les preuves ne manquent pas notamment les échecs lamentables des multiples interventions militaires américaines et européennes partout dans le monde (Vietnam, Cuba, Corée, Irak, Afghanistan, Lybie, etc.) ; elles ont entrainé des coûts financiers et humains exorbitants même si, certains géo politologues arguent que ces guerres n'ont pas été financées par l'argent de leurs contribuables.

La Chine a une claire conscience de son rôle comme créateur et acteur de la mondialisation, toutefois, elle n'est ni hégémonique, ni universaliste, de plus, ni prisonnière d'aucune vision messianique pour imposer son modèle, en atteste la logique du **gagnant-gagnant** (win-win) dans laquelle personne ne perd. Un membre du gouvernement chinois déclarait *« Nous avons décidé, dans tous les domaines, d'arriver à l'excellence. Nous mettrons le temps qu'il faudra. Mais, si nous voulons être excellents partout, nous ne voulons nullement humilier les autres ».* On sait maintenant que la volonté hégémonique sur le monde est consubstantielle aux civilisations occidentales. MAH BUBANI (Has China Won) établit que la Chine, première puissance du 21ème siècle, aspire un statut dans la gouvernance mondiale en projetant les mobiles économiques devant toutes autres considérations politiques ou idéologiques. Dans cette direction, un membre du gouvernement chinois a déclaré.

Propos conclusif de deux remarques, d'un grand universitaire chinois qui débusque les ratiocinations et autres arguties (géopolitiques) infondées mille fois relevées dans les intoxications de la presse occidentale surtout française :

La première présente la chine comme une dictature : « Vous, Occidentaux, ne comprenez rien à la Chine », déclare **Pan WEI** professeur de sciences politiques à l'université de Pékin, formé à Berkeley, aux États-Unis, est héraut d'une Chine fière de sa puissance retrouvée, qui entend inventer un nouveau système politique. « Mettre en opposition la démocratie et l'autocratie relève d'un obscurantisme politique qui s'est développé après la guerre froide, et surtout après l'éclatement de l'Empire soviétique. Beaucoup de Chinois rejettent cette dichotomie et estiment qu'elle sert surtout à alimenter une croisade contre notre pays. La Chine actuelle ne correspond pas à l'image simpliste d'une autocratie : c'est une méritocratie. Chacun doit grimper l'échelle sociale et politique et faire la preuve de sa valeur. Le droit de vote n'est pas un droit universel, nous avons d'autres méthodes pour sélectionner nos dirigeants. Ce n'est pas une démocratie, mais pas non plus une autocratie au sens occidental. »

La seconde beugle sur les fameux droits de l'homme : « C'est un concept développé en Occident, mais vous ne comprenez rien à la Chine. Les droits de l'homme sont toujours interprétés dans un sens politique. Mais où les vies humaines sont-elles le plus respectées ? Les États-Unis tuent tous les jours en Irak, le discours des droits de l'homme est une hypocrisie intolérable pour les Chinois. Ici, on réduit la pauvreté, on garantit le progrès à un cinquième de l'Humanité. Le droit à la vie, le droit à l'éducation, c'est cela le plus important. La liberté d'expression n'est plus un problème, tous les ans je parle de Tiananmen. Mais un journaliste étranger n'a-t-il jamais assisté à mes cours ? Les deux seules choses qui vous importent sont Tiananmen et le Tibet. C'est toujours la même litanie dans les journaux occidentaux ». (QUOTIDIEN du mardi 8 juillet 2008)

REMARQUES TERMINALES : les propos introductifs, le tableau ainsi que les propos conclusifs ont été ajoutés après l'interview. Un résumé de cette interview a été réalisé en ITW pour le Journal « Chinafrique ».

Dakar le 29 Mai 2020 à 12 h30 en visioconférence à la salle informatique de l'ISF.

Tableau 19 : Commerce extérieur africain en % du total des imports et des exports

5 PREMIERS FOURNISSEURS.		5 PREMIERS CLIENTS.	
Chine	16, 4	Inde	9,3
Allemagne	5,9	Chine	8,7
Inde	5,8	États-Unis	7
États-Unis	5,2	Pays-Bas	4,5
France	3,5	Espagne	4,0

Quelles perspectives géopolitiques ? Quelques pistes de réflexion ?
Un rôle de relais en Afrique des pays émergents ?

Les reconfigurations géopolitiques liées à la crise ont un impact sur les pays africains, même si ces derniers sont plus spectateurs qu'acteurs, voire s'ils disposent de pouvoirs de nuisance plus que de puissance. Le renforcement des alliances et des relations avec l'Asie, et spécialement avec la Chine, d'un continent traditionnellement tourné vers l'Europe, a transformé structurellement les zones d'influence. L'Afrique demeure convoitée pour ses ressources (biodiversité, forêt, hydrocarbures, mines) et pour un marché qui de 900 millions de personnes doit atteindre 2 milliards en 2050. Les enjeux sont également ceux de la sécurité et des risques liés à la prolifération de « maux publics régionaux ou mondiaux ». Les États-Unis sont, ainsi, de plus en plus présents par les bases militaires, l'initiative transsaharienne ou l'*Africom* (unité de commandement pour l'Afrique). La sécurisation des routes maritimes, notamment des tankers pétroliers et des lieux d'exploitation minière et pétrolière, est devenue centrale. Les économies émergentes, notamment la Chine, pèsent à court terme indirectement demande de produits africains (ex. des métaux) et verra par contre son excédent commercial avec l'Afrique se réduire. La montée en puissance des pays émergents donne beaucoup plus de marge de manœuvre aux pays africains vis-à-vis des conditionnalités de la part des IBW

La voix au chapitre de l'Afrique dans la nouvelle architecture internationale

L'Afrique est concernée par de nombreux enjeux planétaires, qu'ils soient environnementaux, sécuritaires, épidémiologiques ou financiers. Or, exception faite de l'Afrique du Sud, elle est absente du G20 ou du G 14 (les 8 grandes puissances l'Afrique du Sud, le Brésil, la Chine, l'Inde et le Mexique). L'enjeu géopolitique est que les pays africains aient voix au chapitre, qu'ils participent aux instances de décision (Conseil de sécurité des Nations unies), qu'ils voient s'accroitre leurs quote-part de capital aux Institutions de *Bretton Woods*. Les négociations et réformes concernent les niveaux multilatéraux et régionaux. L'élargissement des membres permanents du Conseil de sécurité des Nations Unies doit permettre à un pays africain (a priori l'Afrique du Sud) d'être intégré. **P. HUGON : *L'Économie de l'Afrique,* Paris, Repères (6ème ed.), 2009 et *Géopolitique de l'Afrique,* Paris, Sedes, 2009, 2ème ed.**

Encadré 32 : Un programme de recherche en complément de celui sur l'Émergence.

La recherche doit être principalement motivée par les problèmes du moment et qui sont intrinsèquement liés au devenir du continent. De ce fait, en fonction des domaines d'interventions, des pôles de recherches pertinents doivent être identifiés et servir ainsi de guide indicatif.

	Problèmes	Pôles de recherche
Économie Internationale	Le constat qui se dégage est le recul de la part de l'Afrique dans le commerce international et le faible niveau des exportations et du PIB. Qu'est ce qui a alors empêché les exportations de décoller et d'élever le niveau PIB ?	➔ Les déterminants de la compétitivité internationale ➔ Ouverture commerciale et croissance ➔ Les économies africaines dans les négociations commerciales internationales
	Face aux importants flux financiers que reçoivent les pays africains sans pour autant que cela ne se répercute sur le niveau de vie des populations, il convient de réfléchir sur leur efficacité et leur impact sur la croissance.	➔ Efficacité et impact de l'investissement direct étranger sur la croissance ➔ Aide public au développement et croissance ➔ Endettement extérieur et croissance économique.
	Aujourd'hui, il est indéniable que la question de l'intégration économique requiert une évaluation empirique du niveau d'intégration des économies. Pour cela il faudrait d'abord détecter les critères sur lesquels des distorsions notoires existent.	➔ La convergence des économies dans les différents CER ➔ La convergence des politiques économiques dans les CER ➔ Théorie des zones monétaires optimales et communautés régionales
	Enfin, dans un contexte international devenu de plus en plus trouble, quelle doit être la réaction des économies africaines face aux différents chocs ?	➔ Les économies africaines face à la crise financière : évaluation de l'impact et perspectives de sortie de crise ➔ Chocs pétroliers et performances macroéconomiques

Finance et microfinance	Le paysage des entreprises africaines reste dominé par les PME et le secteur informel. Cependant, l'accès au financement pour ces dernières est marqué par un certain nombre de facteurs bloquants.	➔ L'impact du système financier sur la croissance ➔ Financement des PME ➔ L'accès au financement des PME du secteur informel ➔ Le rôle de la micro-finance comme suppléant du secteur bancaire en Afrique ➔ La microfinance en Afrique : évolutions et stratégies des acteurs ➔ Viabilité financière des institutions de microfinance
Croissance et pauvreté	Il est nécessaire que les États africains connaissent les principales causes de la pauvreté de leurs populations. La plupart des travaux n'ont privilégiés que l'approche uniquement monétaire. Il faudrait à l'avenir introduire dans l'analyse une décomposition synthétique mettant en exergue les caractéristiques socio-économiques des ménages et les groupes qui contribuent à accroître la pauvreté. De plus, depuis quelques années, les économies africaines ont plus ou moins renoué avec la croissance. Cependant, les performances économiques enregistrées n'ont pas conduit à réduire substantiellement la pauvreté. Avec les nombreux programmes initiés en Afrique pour la croissance (exemple de la SCA au Sénégal), il serait utile d'aborder la question de l'impact de la croissance économique sur la réduction de la pauvreté, surtout du monde rural.	➔ Analyse de la pauvreté multidimensionnelle ➔ L'Économique à l'épreuve du social ➔ Croissance économique et pauvreté ➔ Financement de l'agriculture

Économie publique	Les politiques d'ajustement structurel avaient imposé aux pays africains une gestion austère de leurs finances publiques. Cependant le déficit budgétaire n'est pas à priori condamnable, tout dépend de son niveau, il peut être stimulateur de l'activité économique, d'où la nécessité de connaître l'impact du déficit public sur la croissance et aussi de déterminer son niveau optimal. Le rôle des dépenses publiques met en évidence celui de l'État dans l'économie. L'importance des dépenses publiques d'éducation et d'infrastructure pour la croissance de la productivité du secteur privé est beaucoup soulignée dans la littérature économique et il convient de réexaminer ce rapport face à la difficulté des pays africains dans le choix et la pertinence de l'intervention étatique.	➔ Déficit budgétaire et performances macroéconomiques ➔ Analyse de l'impact des dépenses publiques sur la croissance économique ➔ Équité et fiscalité indirecte ➔ Fiscalité et développement du secteur informel ➔ Efficacité des dépenses publiques en capital humain
Économie des ressources humaines		➔ Les systèmes éducatifs et de formation ➔ Les déterminants du chômage des jeunes ➔ Efficacité des dépenses publiques en capital humain ➔ Influence de la santé sur la croissance économique ➔ Analyse de la rentabilité privée de l'investissement éducatif
Économie industrielle	Aujourd'hui, face à la nécessité de libéraliser les économies, un secteur industriel ne peut être durablement compétitif que s'il est capable de rempoter des succès dans le commerce international. Cette compétitivité s'obtient non seulement à travers des facteurs prix (taux de change, coûts salariaux, etc.) mais aussi par des facteurs de nature plus	➔ Analyse de la productivité du secteur manufacturier ➔ Les performances comparées des industries ➔ Productivité et croissance des firmes ➔ Dynamique de transition des petites et moyennes entreprises

	structurelle notamment l'évolution des gains de productivité. La littérature a largement montré le rôle important de l'incertitude, qui permet de comprendre en partie la faiblesse de l'investissement privé en Afrique. D'autres facteurs peuvent aussi influer sur les décisions d'investissement privé et en Afrique, il faudrait les rechercher dans un certain nombre de variables, notamment les variations de la demande (principe d'accélération), la hausse du niveau global de l'activité économique (PIB), l'investissement public, le volume de crédit bancaire au secteur privé.	➔ Les ZES en Afrique de l'Ouest ➔ Analyse économique des décisions d'investissement privé ➔ Les déterminants des investissements
Économie de l'environnement	Beaucoup d'activités semblent être d'une grande valeur ajoutée pour les économies, mais le seraient beaucoup moins si l'on tenait en compte de leur impact environnemental.	➔ Évaluation économique des dommages environnementaux liés - à l'activité industrielle - au trafic urbain - à la surexploitation des ressources maritimes (accords de pêches) ➔ Mécanismes de taxation de la pollution

Différentes recherches allant dans le sens de ce Programme ont été effectuées par plusieurs générations d'étudiants du PTCI. Elles constituent une bonne référence pour des recherches futures et sont consultables sur le site web www.mkasse.com[360] ou www.professeurmoustaphakasse.com [361] et celui de l'IRD (Institut de Recherche et de Développement).

[361] Un CEDEROM est en préparation par la Direction du NPTCI et devrait contenir plus de 500 mémoires et thèses des générations d'étudiants de troisième cycle et du doctorat Phd compris sur la période 1994 à 2017.

TABLE DE MATIÈRES

PRÉFACE du Pr. Albert ONDO OSSA de l'Université Omar Bongo de Libreville, Ancien Ministre de l'Éducation et Membre fondateur et responsable du PTCI......9
PRÉFACE du Pr. Hakim Ben HAMMOUDA, Ancien Responsable du CODESRIA, de la CEA et de l'OMC...... 13
PRÉFACE du Dr. Chérif Salif Sy, Ancien Ministre Conseiller à la Présidence de la République. Secrétaire exécutif de l'École de Dakar...... 15
PRÉFACE du Pr. Mathias Marie Adrien NDINGA, Maître de Conférences agrégé, Doyen de la Faculté des Sciences Économiques de l'Université Marien NGOUABI...... 17

INTRODUCTION GÉNÉRALE......19

TITRE I/ SYNOPSIS DE QUELQUES RÉFÉRENCES DE THÉORIES ÉCONOMIQUES......29

INTRODUCTION À LA THÉORIE ÉCONOMIQUE DE LA CROISSANCE ET DU DÉVELOPPEMENT......29
I/ Le monde immense des théories de la croissance : théories à la fois nombreuses et contradictoires pour inspirer des politiques de croissance rapide et inclusive......31
II/ Quels sont les apports des nouveaux modèles de la croissance endogène mitraillés par les Institutions Financières Internationales (IBW)?38
III/ L'initiative du PNUD de se réapproprier le débat oublié et les recherches ajournées sur le développement économique et social......43
EN SAVOIR PLUS 1 : LE DÉVELOPPEMENT SELON LE PRÉSIDENT JULIUS K.NYÉRÉRÉ......67

THÈME 1 – LA SCIENCE ÉCONOMIQUE DANS LE CORPUS SCIENTIFIQUE EN MUTATION...... 72

I/ la maïeutique du savoir économique : au juste, de quoi parlent les économistes ?......73
II/ Extension, surdéveloppement et crise d'identité de la science économique contemporaine......78
CONCLUSION......82

THÈME 2 – PAUL KRUGMAN : UNE REMARQUABLE PENSÉE ÉCONOMIQUE, ROBUSTE, DIVERSIFIÉE, LISIBLE ET ENGAGÉE. *83*

TITRE II/ MONDIALISATION ET RÉGIONALISME AFRICAIN, LES NOUVEAUX DÉFIS D'UN BINÔME. 87

THÈME 3 – MONDIALISATION, DÉVELOPPEMENT ÉCONOMIQUE DE L'AFRIQUE ET LA SITUATION DES POPULATIONS. *87*

INTRODUCTION : Commençons par lever les quiproquos. 87

I/ Au-delà des controverses, définir la mondialisation par ses éléments caractéristiques : les quatre interdépendances celle du système productif, des échanges commerciaux, du SMI et des TIC. 89

II/ Les asymétries remarquables de la mondialisation. 94

III/ L'Afrique paria de la mondialisation, entre marginalisation, pauvreté et précarité : entre la double ligne « émouvante » de la pauvreté et celle « révoltante » de la richesse. 97

IV/ « L'hypothèque » de la dette africaine, une problématique brouillée par les nouvelles conditionnalités du FMI sur sa soutenabilité. 101

V/ Quelle stratégie d'insertion dans la mondialisation ? 112

VI/ Une mondialisation maitrisée est-elle possible ? 113

CONCLUSION : L'exigence d'une véritable gouvernance mondiale..... 119

THÈME 4 – LA CRISE MULTIDIMENSIONNELLE DU SYSTÈME MONDIAL MULTIPOLAIRE : LES RÉPONSES DU SUD. *124*

INTRODUCTION 124

I/ Sens et portée de l'État-nation. 125

II / L'effacement des frontières, point nodal des analyses libérales de la mondialisation, la terre est plate. 126

III/ Crise de la mondialisation : beaucoup de questions alors même que les politiques traditionnelles ne fonctionnent plus. 128

IV/ Le mirage de la gouvernance mondiale ou de l'improbable régulation de la finance mondiale. 129

THÈME 5 – LA CRISE FINANCIÈRE MONDIALE : COMMENT ET QUELS EFFETS SUR L'AFRIQUE ? *135*

INTRODUCTION 135

I/ La crise, quelle crise ? 136

II/ Face à la crise, les États et les Banques centrales montent des plans de sauvetage et de recapitalisation aux montants astronomiques à des milliers de milliards de dollars. 142

III/ L'Afrique est sans réaction : elle minimise les risques et ne prend aucune initiative d'envergure pour le moyen et long terme. 144

IV/ La crise ramène le débat sur le modèle de la gouvernance financière mondiale et sa capacité à faire face aux turbulences financières. 147

THÈME 6 – CRISE FINANCIÈRE ET PERSPECTIVE DE RÉFORME DE LA GOUVERNANCE MONDIALE : POUR L'AFRIQUE « NOUS PAS BOUGER ». *153*

I/ L'Afrique est concernée au premier chef par la réforme des institutions de gouvernance du système qui exercent tous les pouvoirs initialement dévolus aux États. 155

II/ Les propositions en cours de réforme de la gouvernance du système international. 156

EN CONCLUSION 159

THÈME 7 – L'UNION POUR LA MÉDITERRANÉE ET LE LARGAGE » DE L'AFRIQUE SUBSAHARIENNE. *161*

I/ La méditerranée peut-elle redevenir une aire de puissance dans la mondialisation multipolaire ? 163

II/ Bataille pour le contrôle du « sous-bloc méditerranéen inoccupé » par les superpuissances anciennes et émergentes. 164

EN CONCLUSION : Dans la géopolitique actuellement favorable, l'Afrique doit retrouver ses courages perdus et mettre à plat ses partenariats avec les blocs constitués de la mondialisation multipolaire. 169

THÈME 8– SAMIR AMIN : LE PARCOURS D'UN MONUMENT DE LA SCIENCE ÉCONOMIQUE, UN ANALYSTE ROBUSTE DES ALTERNATIVES AU NÉOLIBÉRALISME. *173*

I / Une analyse rigoureuse du capitalisme contemporain dont la base est l'accumulation à l'échelle mondiale qui établit comment la périphérie sauve le système central dans sa forme mercantiliste comme cognitive. 178

II/ Quelles luttes idéologiques, politiques et sociales, pour sortir du système mondial : la déconnexion. 180

III/ Comment cristalliser les luttes anticapitalistes par la cinquième internationale et les forums sociaux mondiaux ? 182

CONCLUSION : Samir Amin a légué aux intellectuels une œuvre colossale qu'il faut poursuivre, réactualiser et approfondir. 183

EN SAVOIR PLUS 4 : SAMIR AMIN ET LE CAPITALISME COMME SYSTÈME MONDIAL À DÉPASSER par Gilles DOSTALER. Alternatives Économiques, N° 259 (06/2007). 184

THÈME 9 – À LA RECHERCHE D'UN NOUVEAU CONTRAT MONDIAL POUR LE DÉVELOPPEMENT ÉCONOMIQUE DE L'AFRIQUE. *190*
INTRODUCTION 190
I/ La triple crise du développement économique, politique et sociale de l'Afrique : de bons diagnostics pour pister et résoudre les vrais défis. 195
II/ Assainissement et réforme pour une économie libérale selon le « consensus de Washington » : une épure imposée et impertinente. 199
III/ Contractualiser le développement de l'Afrique à partir de la vision partagée de la « communauté internationale ». 201
EN CONCLUSION : Quelle gouvernance du consensus sur l'éradication de la pauvreté ? 209

THÈME 10 – COMMENT FINANCER LES ODD AVEC PLUS D'OBJECTIFS ET PLUS DE BESOINS ? OÙ TROUVER LES RESSOURCES INDISPENSABLES ? *213*
INTRODUCTION 213
I/ Les contraintes liées aux politiques monétaires en Afrique subsaharienne. 215
II/ Les ressources externes des APD, des IDE, des IFI, des fonds souverains et autres financements innovants sont loin du compte. 218
III/ L'aide publique au développement : les promesses des différents G (G7, G8 et G20) à coup de milliards de dollars, jamais tenues. Les pays émergents tentent péniblement de prendre le relai. 221
IV/ Les transferts de fonds des migrants plus importants que l'APD. 223
V/ Les capitaux enfuis et flux financiers illicites 224
EN CONCLUSION 226
EN SAVOIR PLUS 5 : SELON L'OCDE DE PLUS EN PLUS, CE SONT LES RESSOURCES INTÉRIEURES QUI DOIVENT SOUTENIR LE DÉVELOPPEMENT ET LA CROISSANCE. 226

THÈME 11 – LES PLANS DE DÉVELOPPEMENT DE L'AFRIQUE : DU PLAN DE LAGOS AU NEPAD. *228*
INTRODUCTION 228
I/ Les évaluations critiques internes et externes. 229
II/ les autres initiatives africaines des années 8o : l'échec des décennies du développement. 232
III/ La nécessité d'une autre vision : les points de rupture du NEPAD jusqu'à son dévoiement. 233

THÈME 12 – COMMENT SORTIR LE RÉGIONALISME AFRICAIN DE L'IMMOBILISME : S'INTÉGRER OU PÉRIR. *241*
I/ La régionalisation africaine à petits pas. 243

II/ Que nous apprennent les praxis passées d'intégration : les meilleures pistes pour cerner les errements et les non-décisions. 244
III/ Quels sont les facteurs contraignants de la non-opérationnalité des modèles d'intégration ? 247
IV/ Quel schéma opératoire pour les États-Unis d'Afrique ? 249

THÈME 13 – QUE FAUT-IL À L'AFRIQUE POUR INTÉGRER LA GLOBALISATION ? 254
I/ « Du passé faisons table rase » : des faiblesses congénitales conséquences de toutes les dominations 255
II/ Le nouveau chaos des vaines tentatives d'occidentalisation par la démocratie de marché, le libéralisme et les valeurs sélectives des droits de l'homme : « les élites africaines sont-elles piégées ? » 257
III/ Que faire pour sortir de la trappe de la pauvreté ? 263

THÈME 14 – DE L'OUA À l'UNION AFRICAINE : LES QUESTIONS PENDANTES DE L'INTÉGRATION AFRICAINE. 267
INTRODUCTION 267
I/ Contraintes liées aux institutions et á la gouvernance de l'Union 269
II/ Du choix des stratégies et des priorités. 272
III/ Faisabilité des projets d'institutions financières : quel système monétaire africain ? 273
IV/ Des options stratégiques esquivées, mais qui sont, par la suite, améliorées par « le Nouveau Partenariat pour le Développement de l'Afrique » issue de la fusion du plan OMÉGA et du MAP. 275
EN CONCLUSION 276

THÈME 15– APRÈS SOIXANTE ANS DE POLITIQUES PUBLIQUES EN AFRIQUE DE L'OUEST ET LA CRISE PERSISTE. 278
INTRODUCTION 278
I/ La gestion du développement et les politiques publiques au lendemain des indépendances. 279
II/ Crise mondiale, montée des déséquilibres et ajustement structurel. 282
III/ Ajourner l'ajustement ou réformer les réformes ? Quel modèle et quelle trajectoire ? 286
EN CONCLUSION : Que faire, après ce panorama des politiques publiques ? 290

THÈME 16– PÉNURIES ALIMENTAIRES, ÉMEUTES DE LA FAIM : MANGER POUR VIVRE, LES ENJEUX DES POLITIQUES AGRAIRES EN AFRIQUE. 294
I/ Aux sources de la pénurie alimentaire : Greniers pleins en Asie, greniers vides en Afrique. 294

II/ La crise alimentaire : une occasion rêvée pour concilier deux objectifs clés de la politique agricole : la diversification et l'élévation de la productivité du travail agricole par hectare cultivé et par actif rural. 297
EN SAVOIR PLUS 5 : ASIE GRENIERS PLEINS, AFRIQUE GRENIERS VIDES. 298

THÈME 17 – GOUVERNANCE, RÉFORMES ÉCONOMIQUES ET CROISSANCE DURABLE EN AFRIQUE. 301
INTRODUCTION : Déficit d'épargne et recours aux Investissements Directs Étrangers (IDE) pour financer la croissance. 301
I/ Les facteurs qui bloquent l'afflux de capitaux en Afrique. 310
II/ Bonne gouvernance et renforcement des capacités nationales pour attirer les investissements privés en vue de la croissance. 316

THÈME 18 – LE PÉTROLE UN ENJEU PLANÉTAIRE : LANCER LA RECHERCHE SUR LES ÉNERGIES DU FUTUR. 328
INTRODUCTION 328
I/ Le pétrole : une variable clé dans la géostratégie mondiale. 328
II/ Quels choix énergétiques à moyen et long terme ? « Au commencement est l'énergie ; tout le reste en découle » 330
III/ Assurer l'accès des États et des peuples africains à toutes les sources énergétiques. La perspective a été largement étudiée par Cheikh Anta DIOP 332
IV/ Résorption de la fracture énergétique, redéfinition des modèles et mécanismes opératoires de financement. 333
EN CONCLUSION 334

TITRE III/ LE SÉNÉGAL EN QUÊTE D'UN SYSTÈME ÉCONOMIQUE PERFORMANT ET COMPÉTITIF. 339
INTRODUCTION GÉNÉRALE SUR LE RÔLE STRATÉGIQUE DES POLITIQUES SECTORIELLES, LES TROIS (3) CLEFS DU DÉVELOPPEMENT. 339

THÈME 19 – L'AJUSTEMENT STRUCTUREL : DES DÉCENNIES PERDUES DE DEVELOPPEMENT ECONOMIQUE ET SOCIAL 345
INTRODUCTION 345
I/ De la crise à l'ajustement : les politiques de stabilisation ont-elles réussi. 347
II / Les impasses et les failles des Programmes d'Ajustement Structurel (PAS). 360
III/ Que faire aujourd'hui ? 366

CONCLUSION : Mille fois répétées : ces politiques imposées avec un aveuglement et un autisme absurde, ont fortement contribué, la preuve par mille, au retard du développement. 368

THÈME 20 – LES CONTRAINTES EXTÉRIEURES DU SÉNÉGAL. PEUT-ON SE DÉVELOPPER EN IMPORTANT SANS EXPORTER ? 371

INTRODUCTION 371

I/ Le modèle d'organisation socio-économique de l'économie sénégalaise. 373

II/ Les contraintes extérieures et l'ajustement à l'économie mondiale..... 376

III/ Est-ce possible de construire une économie de marché tirée par les exportations ? Peut-on s'enrichir en important sans exporter ?............... 384

IV/ Les relations avec le reste du monde vues à travers la balance des paiements.. 387

V/ Les perspectives de positionnement par structuration de nouveaux champs de spécialisation.. 397

VI/ Les instruments de réalisation des nouvelles stratégies de l'Émergence. 403

EN CONCLUSION : Les solutions pour une économie compétitive et gagnante dans la mondialisation.. 407

THÈME 21 – ENDETTEMENT EXTÉRIEUR, CROISSANCE ET PAUVRETÉ AU SÉNÉGAL. 412

INTRODUCTION : Dette, croissance et répétition des crises financières.412

I/ L'endettement du Sénégal est-il soutenable ? 414

II/ Endettement extérieur et croissance au Sénégal ou encore emprunter pour enrichir.. 417

III/ Endettement extérieur et pauvreté au Sénégal.................................. 419

IV/ La gestion de la dette : est-il possible d'avoir une politique économique et une stratégie de désendettement ?.. 421

CONCLUSION ACTUALISÉE aux nouvelles conditionnalités d'un endettement soutenable préconisé par les IBW.. 422

EN SAVOIR PLUS 6 : LA COVID-19 A L'ASSAUT DE LA DETTE.424

THÈME 22 – PERSPECTIVES DE RÉFORME DE LA ZONE FRANC : POUR DES AJUSTEMENTS CONCERTÉS. 428

INTRODUCTION : Les monnaies africaines dans le Système Monétaire International.. 428

I/ L'impératif de création d'un système monétaire régional.................... 437

II/ Réactivation du débat sur la souveraineté monétaire : *sortir l'Afrique de la servitude monétaire. À qui profite le franc Cfa ? »* 440

III/ Les avantages liés à l'appartenance à la Zone Franc.......................... 441

IV/ Le système de change, l'arrimage à l'euro avec un taux de parité fixe, cette question fortement controversée appelle des analyses plus rigoureuses. 442
V/ Que faire des réserves de la BCEAO ?..443
VI/ Les réformes institutionnelles et de gouvernance de la BCEAO : de nouvelles missions vers une banque centrale indépendante....................444
EN CONCLUSION : 445
EN SAVOIR PLUS 7 : Le Programme de Coopération Monétaire de la CEDEAO: Réalisations, Enjeux et Perspectives..452

THÈME 23 – L'AGRICULTURE, MOTEUR DE LA CROISSANCE ET DU DÉVELOPPEMENT, RÉALITÉ OU SEMPITERNEL SLOGAN ? *455*
I/ Les médiocres résultats des réformes du secteur agricole.....................459
II/ Les modes d'organisation et de transformation inspirés de principes du libéralisme donnent encore de médiocres résultats : le capitalisme rural ne prend pas racine...460
III/ Les résultats des réformes. 464
IV/ Les raisons des contre-performances des réformes dans l'agriculture.466
V/ Les axes d'une stratégie de développement pour faire de l'agriculture le secteur moteur de la croissance. 469
VI/ La nécessité d'élaborer et de mettre en place une politique adéquate de crédit agricole. 482
VII/ La politique des marchés pour des prix incitatifs pour les grands produits et les prix des intrants. 484
VIII/ Les subventions agricoles qui ruinent les agricultures africaines. ...485
IX/ De quelques directions de conclusion sur les enjeux du développement agricole africain. 489

THÈME 24 – L'ÉCONOMIE ARACHIDIÈRE : QUE FAIRE DE LA PAYSANNERIE SÉNÉGALAISE ? *495*
INTRODUCTION 495
I/ Le modèle arachidier est-il essoufflé comme déclamé par les IBW? ...496
II / Coûts et bénéfices de la filière arachidière : les limites de l'évaluation financière dans la perspective de l'assainissement économique. 498
III/ Les perspectives : que faire des paysans ? Comment les soutenir pour réduire ou éradiquer la pauvreté rurale ? 501
EN CONCLUSION : RÉFORMER LES RÉFORMES PAR UNE STRATÉGIE OPÉRANTE DE MODERNISATION DE L'AGRICULTURE, D'INDUSTRIALISATION ET DE VALORISATION DES CHAINES DE VALEUR. 502

THÈME 25 – INDUSTRIALISATION ET DÉVELOPPEMENT : QUELLES PERSPECTIVES POUR L'AFRIQUE ? *504*
INTRODUCTION 504
I/ Quelques observations sur les bénéfices produits et attendus de toute industrialisation. 506
II/ L'industrialisation avortée des pays africains. 508
III/ Le dilemme industrie lourde–industrie légère : la nécessité de l'élaboration d'une politique cohérente de filières industrielles valorisant les ressources naturelles de base. 518
IV/ Définition des domaines d'action industrielle dans le cadre des États africains. 521
V/ Cette stratégie d'industrialisation complexe doit être menée de façon volontariste et permanente par l'État. 530
VI/ Les nouvelles stratégies d'industrialisation : organisation et relance des dynamiques des districts industriels et des Zones économiques spéciales (ZES). 536

THÈME 26 – RÔLE DE LA POLITIQUE DE RECHERCHE, ... DE TECHNOLOGIQUE ET D'INNOVATION DANS LE DÉVELOPPEMENT... *539*
I/ Les controverses sur le rôle de la technologie dans le développement. 543
II/ La nouvelle donne technologique, l'avènement de l'économie du savoir. 549
III/ Le pilotage d'une politique technologique : faire en sorte que la science et la technologie deviennent les instruments clés de l'avenir du continent.553
EN CONCLUSION : Un cas d'école, la Corée du Sud : le rôle déterminant de l'université et de la recherche dans le développement........ 562

THÈME 27 – POURQUOI RÉFORMER LA FISCALITÉ : LE BUDGET ANCRAGE D'UNE POLITIQUE, LES VERTUS OUBLIÉES DE L'INTERVENTION DE L'ÉTAT. *565*
I/ Pourquoi réformer les impôts, l'impératif de mettre fin aux faux-semblants ? 568
II/ Les moyens de réalisation de la réforme........ 571
III/ Débattre sur les décisions en matière de dépenses publiques. 572

THÈME 28 – LES NOUVEAUX PAYS INDUSTRIALISÉS D'ASIE : QUELS ENSEIGNEMENTS POUR LE SÉNÉGAL ? *575*
INTRODUCTION 575
I/ Comment les NPI ont-ils fait pour sortir du sous-développement ? Faire l'inventaire des bonnes pratiques afin de les appliquer chez soi. 577
II/ Tirer tous les enseignements pour l'Afrique et le Sénégal. 582
EN CONCLUSION : Quelles leçons pour bâtir un Sénégal émergent ? . 588

TITRE IV/ LE SÉNÉGAL À LA RECHERCHE D'UN SYSTÉME POLITIQUE DÉMOCRATIQUE. 593

THÈME 29 – L'ÉLITE DU POUVOIR AU SÉNÉGAL : MÉCANISMES DE GÉNÉRATION ET SYSTÈME DE PROMOTION. 593

I / Observations préliminaires sur l'ambiguïté du concept de cadre et l'absence de données qui permettent de répondre aux questions que pose sa composition. 596

II/ L'approche des cadres par les fonctions exercées dans les différents appareils de commandement. 601

III/ les mécanismes de génération et de promotion des cadres dans les instances de décision : existe-t-il au niveau des leaderships politiques des critères de choix de ceux qui les encadrent? 608

EN CONCLUSION. 614

THÈME 30 – LE MODÈLE DE DÉMOCRATIE OCCIDENTALE L'ÉPREUVE DE L'ÉLECTION PRÉSIDENTIELLE : LE CAS DU SÉNÉGAL. 616

INTRODUCTION 616

I/ Grandeur et servitude de l'occidentalisation de l'espace politique sénégalais 618

II/ Pour une démocratie consensuelle conforme au projet de développement national et populaire. 624

EN CONCLUSION : S'acheminer vers une démocratie consensuelle pour s'émanciper du mimétisme de la démocratie libérale en crise. 631

THÈME 31 – FAUX DÉBAT ET VRAIS PROBLÈMES DU LEADERSHIP DANS LE SYSTÈME PRÉSIDENTIEL SÉNÉGALAIS. 634

I/ L'intelligentsia et la classe politique ne peuvent plus faire l'économie d'une réflexion sur le système présidentiel inspiré de la 5eme république française avec ses avatars historiques 635

II/ L'avènement d'une alternance démocratique : le Sénégal entre continuité et rupture. Pour quels acquis ? 639

III/ Les principaux goulots d'étranglement des ambitions présidentielles résident dans la médiocrité des supports politiques et la sénilité de la classe politique 644

EN CONCLUSION 646

THÈME 32 – ABSTENTION, DÉFICIT DÉMOCRATIQUE ET .... LÉGITIMITÉ DES POUVOIRS POLITIQUES. 648

I/ Les causes de la montée de l'abstention, une caractéristique des démocraties contemporaines. 648

II/ Que faire ? Poursuivre la fragmentation ou opérer la recomposition : les partis politiques à l'épreuve d'un retour de responsabilité dans la vie démocratique. 651
EN CONCLUSION 652

THÈME 33 – CAUSES ET TENTATIVES D'ATTÉNUER L'AMPLEUR D'UNE DÉFAITE ÉLECTORALE. *654*
I/ Les causes profondes de la défaite de l'opposition, second pôle de légitimité en démocratie. 656
II/ Une démocratie consensuelle au service d'un projet de développement national et populaire. 657

THÈME 34 – ENTRE DÉCEPTIONS ET IMPATIENCE : UNE ANALYSE CRITIQUE DE LA SITUATION DU PAYS DE WADE À MACKY SALL. *662*
I/ Les déceptions de trois décennies perdues du développement. 663
II/ La seconde alternance de 2012, l'éveil d'un nouvel élan pour conduire les transformations structurelles du système productif et résoudre la question sociale. Nouvelles attentes, nouvelles priorités ou nouvelles déceptions ?669
EN CONCLUSION 673

THÈME 35 – AU BOULOT CITOYEN, POUR UNE CROISSANCE SOUTENABLE ET DURABLE. *674*
I/ Les priorités du moment : relancer la croissance contre le chômage et la pauvreté deux faits sérieux qui conditionnent la survie du régime 675
II/ Les moyens à mettre en œuvre ou le lustrage du capital social. 678
Le quatrième pilier concerne le projet d'aménagement créatif du territoire et de décentralisation qui favorise le développement à la base. 682

THÈME 36 – COMPTES ET MÉCOMPTES D'UNE GESTION PATRIMONIALE ET PRÉDATRICE. *684*
I/ Les insuffisances économiques d'une gestion patrimoniale et clientéliste. 684
II/ Le malaise social des couches populaires au premier rang desquelles la jeunesse. 686
III/ Sortir des médiocres débats sur les audits et la récupération des biens publics et s'investir pour une autre société de méritocratie, de justice et d'égalité des chances. 687

THÈME 37 – « Y'EN ÂMARRE » : LES NOUVEAUX DÉFIS DES GÉNÉRATIONS GALÈRE EN AFRIQUE. *691*
INTRODUCTION : les termes de la problématique du malaise de la jeunesse. 691

I/ Ce que la jeunesse dénonce, c'est être la « génération galère » coincée entre malaise social et mal vivre....................694
II/ Ce que la jeunesse annonce : être désormais l'accélérateur de l'histoire et la locomotive des acteurs des transformations structurelles inclusives et de la gouvernance démocratique....................698
EN CONCLUSION....................703

THÈME 38 – QUAND L'INCIVISME PLOMBE LA CROISSANCE. OÚ EN SONT LES TRANSFORMATIONS STRUCTURELLES....................704
ET COMPORTEMENTALES....................704
INTRODUCTION....................704
I/ De quelques références théoriques....................706
II/ Comportements et attitudes des acteurs qui freinent la croissance et le développement....................708
III/ Comment modifier les comportements et développer le civisme : convaincre ou contraindre pour une nouvelle citoyenneté, l'exemplarité du mouridisme, vision, travail et savoir, discipline et prière : *Touba cité céleste pour laquelle les disciples travaillent, s'instruisent et prient.*....................713
EN GUISE DE CONCLUSION....................716
EN SAVOIR PLUS 8 : CARACTÉRISTIQUES DES COMPORTEMENTS DES JAPONAIS SELON LE Pr. YOSHIMORI Á L'OCCASION D'UNE ASSEMBLÉE GÉNÉRALE DU CLUB DE DAKAR PRESIDÉE PAR M.DIAWARA ALORS MINISTRE DU PLAN DE CÔTE D'IVOIRE. CET ARTICLE ÉTAIT COPRODUIT AVEC LE Pr. LISSOUBA....................717

EN CONCLUSION GÉNÉRALE DE CE MÉLANGE....................719

TITRE V/ DEUX INTERVIEWS, POINT DE VUE SUR DE GRANDES QUESTIONS NATIONALES ET INTERNATIONALES....................729
THÈME 39 – INTERWIEW FINANCIAL AFRC du 30 janvier 2017 REALISÉE PAR N'DEYE MAGATTE KÉBE SUR L'ÉMERGENCE....................729
1°) Qu'est-ce que l'émergence ? Quelles sont les ruptures nécessaires pour arriver à l'émergence ?....................729
2°) Comment les différentes écoles de la science économique appréhendent-elles le rôle de l'état dans le processus de développement ?....................731
3°) En Afrique quel regard portez-vous sur les différends modèles d'émergence ? Y'a-t-il un parallélisme entre le Rwanda, la Côte d'Ivoire, le Maroc et le Sénégal ?....................732
4°) Quelle évaluation faites-vous du PSE ?....................732
5°) Assistons-nous au retour de l'État avec la mise en place de structures publiques ou mixtes ?....................733
6°) Faut-il concevoir l'émergence au niveau national ou continental ?...735

THÈME 40 – INTERVIEW DE Koceila BOUHANIK, JOURNALISTE Á LA TÉLÉVISION CHINOISE CGTN. *736*
Première question : Quelles sont les prévisions économiques pour le monde - en particulier pour l'Afrique et la Chine alors que la pandémie du COVID-19 se poursuit ? 736
Deuxième question : Comment la Chine peut-elle continuer à élargir son ouverture et à soutenir le processus de mondialisation ? 737
Troisième question : Quelle est votre vision de la coopération sino-africaine en général, et concernant la lutte contre le COVID-19 en particulier ? 739
Quatrième question : 2020 marque le 20e anniversaire du prochain forum. Qu'est-ce que ce forum apporte concrètement à la coopération sino-Afrique et quel est son poids sur la scène internationale ? Macky Sall, le président sénégalais, co-préside, le forum, qui pourrait être organisé à Dakar l'année prochaine. Qu'est-ce que ce forum apporte concrètement à la coopération sino-Afrique et quel est son poids sur la scène internationale ? 741
Quelles perspectives géopolitiques ? Quelques pistes de réflexion ? .. 744
Un rôle de relais en Afrique des pays émergents ? 744

TABLE DE MATIÈRES **751**
Les encadrés de l'ouvrage, lecture fortement recommandée **765**

Les encadrés de l'ouvrage, lecture fortement recommandée.

Encadré 1 : Une analyse profane des théories de la croissance endogène.50
Encadré 2 : Les Institutions et le développement. 59
Encadré 3 : Les Engagements de la Déclaration de Monrovia (Février 1979) gelés puis trahis par les élites politiques, administratives et intellectuelles africaines. Synthèse du Rapport d'Albert TÉVOÉDJERÉ.65
Encadré 4 : Que signifient et que valent les concepts de croissance inclusive et de transformations structurelles propagés par les IBW ?......69
Encadré 5 : L'Économie mondiale racontée par cinq Prix NOBEL. 120
Encadré 6 : Résumé de cinq ouvrages sur la globalisation.................... 131
Encadré 7 : Le nouveau désordre économique mondial : Aux racines des échecs du développement. Le sens perdu de l'économie politique........ 133
Encadré 8 : La démultiplication des crises financières mondiales : extrait de mon enseignement au GPE sur la configuration du système productif et financier mondial. 138
Encadré 9 : L'impossible consensus sur la gouvernance du système financier mondial. 149
Encadré 10 : FRANÇAFRIQUE QU'EST CE QUI EN RESTE ? Le discours du Président E. Macaron, qu'il a souhaité fondateur, est-il une vraie rupture ? 171
Encadré 11 : OPTIMISTES ET PESSIMISTES SUR LE DÉCOLLAGE DE L'AFRIQUE... 211
Encadré 12 : Le rôle croissant des envois de fonds en Afrique............. 224
Encadré 13 : La Zone de Libre-échange Continental en Afrique (ZLEC ou ZLECAF), vers une Union Economique Africaine. 239
Encadré 14 : Quatre idées et quatre déceptions sur l'intégration africaine. 250
Encadré 15 : Quelques approches de la pauvreté. 265
Encadré 16 : Politiques néolibérales et la déstructuration de l'économie productive. 291
Encadré 17 : Évolution récente des IDE. 301
Encadre 18 : Le déclin des IDE français en Afrique à travers deux études : 327
Encadré 19 : Le pétrole en dessous de zéro, enjeux de la finance mondiale et des Banques centrales : que doivent faire les Trésors des États africains ? 335
Encadré 20 : Le SÉNÉGAL dans le temps mondial : Extrait de mon exposé au Groupe de Cadres du Parti Socialiste lors de l'élaboration de la Profession de Foi de 2000 qui m'avait été confiée par le Bureau Politique. 342

Encadré 21 : Théories du mécanisme d'ajustement de la balance des paiements. 353
Encadré 22 : Les réponses des nouvelles stratégies....... 401
Encadré 23 : L'ÉCO OU LA CONTINUITÉ DES FONDAMENTAUX DU CFA : un casting désastreux après la déclaration insultante d'Abidjan des Présidents A.OUATTARA et E. MACRON....... 446
Encadré 24 : Situation comparative de l'agriculture dans 3 Continents.456
Encadré 25 : OGM, un potentiel considérable du domaine végétal....... 481
Encadré 26 : Mamadou DIA, le pionnier du développement des politiques sectorielles publiques....... 493
Encadré 27 : L'émergence des NTIC comme expression d'une mutation fondamentale dans la production de richesse....... 548
Encadré 28 : Le potentiel de la fiscalité en tant que vecteur de développement....... 567
Encadré 29 : APRES LE PLAN 2050, DEUX INITIATIVES GRANDIOSES EN CHINE, LA NOUVELLE ROUTE DE LA SOIE (ONE BELT, ONE ROAD, OBOR) ET LE PLAN 2025 DU « MADE IN CHINA ». 591
Encadré 30 : La question problématique de la démocratie portative et mimétique. 632
Encadré 31 : La ritournelle des contestations électorales africaines : Les Sept plaies qui instaurent le doute sur la démocratie africaine....... 660
Encadré 32 : Un programme de recherche en complément de celui sur l'Émergence. 746

Structures éditoriales du groupe L'Harmattan

L'Harmattan Italie
Via degli Artisti, 15
10124 Torino
harmattan.italia@gmail.com

L'Harmattan Hongrie
Kossuth l. u. 14-16.
1053 Budapest
harmattan@harmattan.hu

L'Harmattan Sénégal
10 VDN en face Mermoz
BP 45034 Dakar-Fann
senharmattan@gmail.com

L'Harmattan Cameroun
TSINGA/FECAFOOT
BP 11486 Yaoundé
inkoukam@gmail.com

L'Harmattan Burkina Faso
Achille Somé – tengnule@hotmail.fr

L'Harmattan Guinée
Almamya, rue KA 028 OKB Agency
BP 3470 Conakry
harmattanguinee@yahoo.fr

L'Harmattan RDC
185, avenue Nyangwe
Commune de Lingwala – Kinshasa
matangilamusadila@yahoo.fr

L'Harmattan Congo
67, boulevard Denis-Sassou-N'Guesso
BP 2874 Brazzaville
harmattan.congo@yahoo.fr

L'Harmattan Mali
ACI 2000 - Immeuble Mgr Jean Marie Cisse
Bureau 10
BP 145 Bamako-Mali
mali@harmattan.fr

L'Harmattan Togo
Djidjole – Lomé
Maison Amela
face EPP BATOME
ddamela@aol.com

L'Harmattan Côte d'Ivoire
Résidence Karl – Cité des Arts
Abidjan-Cocody
03 BP 1588 Abidjan
espace_harmattan.ci@hotmail.fr

Nos librairies en France

Librairie internationale
16, rue des Écoles
75005 Paris
librairie.internationale@harmattan.fr
01 40 46 79 11
www.librairieharmattan.com

Librairie des savoirs
21, rue des Écoles
75005 Paris
librairie.sh@harmattan.fr
01 46 34 13 71
www.librairieharmattansh.com

Librairie Le Lucernaire
53, rue Notre-Dame-des-Champs
75006 Paris
librairie@lucernaire.fr
01 42 22 67 13

www.ingramcontent.com/pod-product-compliance
Lightning Source LLC
LaVergne TN
LVHW011213061026
849535LV00001BA/18
* 9 7 8 2 3 4 3 2 2 7 1 7 7 *